D1722752

B-to-B-Markenführung

Carsten Baumgarth
(Hrsg.)

B-to-B-Markenführung

Grundlagen – Konzepte – Best Practice

2., vollständig überarbeitete Auflage

 Springer Gabler

Herausgeber
Carsten Baumgarth
Hochschule für Wirtschaft und Recht Berlin
Berlin, Deutschland

ISBN 978-3-658-05096-2   ISBN 978-3-658-05097-9 (eBook)
https://doi.org/10.1007/978-3-658-05097-9

Die Deutsche Nationalbibliothek verzeichnet diese Publikation in der Deutschen Nationalbibliografie; detaillierte bibliografische Daten sind im Internet über http://dnb.d-nb.de abrufbar.

Springer Gabler
Gedruckt auf säurefreiem und chlorfrei gebleichtem Papier

Springer Gabler ist ein Imprint der eingetragenen Gesellschaft Springer Fachmedien Wiesbaden GmbH und ist ein Teil von Springer Nature.
Die Anschrift der Gesellschaft ist: Abraham-Lincoln-Str. 46, 65189 Wiesbaden, Germany

Geleitwort Wissenschaft

Für viele Praktiker im B-to-B-Bereich ist das Markenmanagement leider immer noch ein vernachlässigtes Gebiet. Die in einer ebenso modernen wie professionellen Markenführung verborgenen Erfolgspotenziale für B-to-B-Unternehmen werden deswegen häufig verschenkt. Ursache für diese Vernachlässigung ist häufig eine große Skepsis gegenüber der Wirkung von Emotionen auf das Verhalten von Menschen in Business-to-Business-Märkten. Viele Manager in B-to-B-Unternehmen sind bezüglich ihrer aktuellen und potenziellen Kunden und der eigenen Mitarbeiter immer noch überzeugte Anhänger des Menschenbildes vom „homo oeconomicus", einem vollständig und immer rational und wohlüberlegt handelnden Menschen. In diesem Menschenbild haben Emotionen keinen Platz und Marken sind deswegen eher unwichtig. Bestenfalls werden Marken eingesetzt, um die überlegene technische Leistungsfähigkeit der eigenen Angebote im Absatzmarkt zu kommunizieren. Weil sich aber gerade die technische Leistungsfähigkeit konkurrierender Angebote in B-to-B-Märkten in den letzten Jahren immer stärker angeglichen hat, können Marken vermeintlich nicht mehr viel bewegen und erscheinen deswegen für den Unternehmenserfolg oft irrelevant zu sein.

Hierbei werden aber zwei wichtige Funktionen von Marken übersehen: Einerseits die Emotionalisierungs- und Differenzierungsfunktion von Marken vor allem aus Sicht der Nachfrager. Andererseits die Motivations- und Verhaltenssteuerungsfunktion der Marke aus Sicht der Mitarbeiter. Beide Funktionen hängen direkt ab vom Ausmaß der Identifikation der Nachfrager und Mitarbeiter mit der Marke. Diese mit starken Gefühlen unterlegte Identifikation findet jedoch nur dann statt, wenn die Marke von klaren inneren Überzeugungen und besonderen Persönlichkeitsmerkmalen geprägt ist. Mit anderen Worten: Marken benötigen – wie Menschen – eine Identität, die bestmöglich zur Identität der anvisierten Zielgruppe und der eigenen Mitarbeiter passt. Nur dann entsteht Identifikation, Emotionalisierung und die gewünschte Verhaltenssteuerung (Kaufverhalten, Arbeitsverhalten). Empirische Studien zeigen diesbezüglich, dass bis zu 40 % des Kaufverhaltens und ein noch größerer Anteil des Arbeitsverhaltens in B-to-B-Märkten allein durch Emotionen zu erklären sind.

Diesen Themenkomplex greift das hier vorliegende Handbuch in höchst kompetenter und zugleich leicht zugänglicher Art und Weise auf. Ein breites Spektrum gut ausgewiesener nationaler und internationaler Experten aus Wissenschaft und Praxis beleuchten zahlreiche interessante Aspekte der Markenführung in B-to-B-Märkten aus den unterschiedlichsten Perspektiven. Gerade diese Vielfalt an Perspektiven ist im Buchmarkt heute ebenso ungewöhnlich wie für den Leser wertvoll. Das Buch ist übersichtlich in acht Hauptkapitel gegliedert, die von einem zusammenfassenden und „knackigen" neunten Kapitel mit zentralen Leitlinien der B-to-B-Markenführung abgerundet werden. Gerade den bis heute in der Praxis oft vernachlässigten Markenfunktionen der Emotionalisierung und internen Mitarbeiterführung wird dabei erfreulicherweise breiter Raum eingeräumt (vgl. z. B. Kap. E).

Das vorliegende Handbuch bietet damit einen sehr aktuellen und außerordentlich umfassenden Überblick über den Stand der B-to-B-Markenführung in Wissenschaft und Praxis. Ich wünsche dem Handbuch deswegen die ihm gebührende sehr schnelle und weite Verbreitung in seinen relevanten Märkten.

Prof. Dr. Christoph Burmann
Inhaber des Lehrstuhls für innovatives Markenmanagement
an der Exzellenz-Universität Bremen

Geleitwort Unternehmenspraxis

Aus Sicht des *Bundesverbandes Industrie Kommunikation* ist ein Werk wie dieses aus offensichtlichen Gründen ein unerlässlicher Leuchtturm in unserer immer komplexer werdenden Kommunikationslandschaft, denn wir erleben momentan den tiefgreifendsten Umbruch, dem unsere Branche jemals ausgesetzt war. Zum einen betrifft das die Rahmenbedingungen, wo Industrie 4.0 und Globalisierung die Regeln und das Tempo in F & E, Produktion, Logistik und Vertrieb rapide verschärfen, zum anderen betrifft es Marketing und Kommunikation selbst, die sich einhergehend mit der Digitalisierung neu erfinden müssen. Diese Digitalisierung beschert uns die Folgen jeder Revolution: Überraschende Gefahren und grandiose Möglichkeiten – beides wird nur zu bewältigen sein, wenn wir verstehen, was geschieht: Warum verhalten sich unsere Kunden plötzlich anders? Wo finden sie uns? Was müssen wir ihnen im 21. Jahrhundert anbieten können? Und vor allem: Was bedeutet das für unsere B-to-B-Marken?

Wir sehen jetzt, dass all das die Struktur unserer Organisationen und Partnerschaften betrifft und tiefgreifend verändern wird. Das Kalkül der B-to-B-Marke ist deshalb weit mehr als eine gemeinsame Idee der Stakeholder von Wissenschaft, Unternehmen, Agenturen bis hin zu Infrastrukturanbietern. Die B-to-B-Marke ist der Rahmen, in dem die Beteiligten eine neue, gemeinsame Sprache für eine neue, gemeinsame Welt finden müssen. Denn diese gemeinsame Sprache ist die vordringlichste Aufgabe in der neuen Zeit: Wenn wir uns nicht schleunigst besser verstehen lernen, werden wir zu langsam vorankommen. Ich sehe das als *bvik*-Vorsitzender aus der Vogelperspektive genauso wie in meiner täglichen Praxis als Marketingverantwortlicher eines global operierenden mittelständischen Unternehmens.

Ein Buch wie dieses dokumentiert diesen gemeinsamen Prozess, referiert Ergebnisse, schafft Eckpfeiler und sortiert Terminologien, Ideen und Ansätze, sodass alle Marktteilnehmer leichter miteinander sprechen können. Denn ohne dieses Miteinander wird es nicht gehen. Dieses Buch ist ein großartiges Angebot dafür.

Kai Halter
Vorstandsvorsitzender des *Bundesverbandes Industrie Kommunikation bvik*
& Director Marketing *ebm-papst*

Geleitwort Beratung & Agentur

Die zunehmende Digitalisierung der Welt hat die Kommunikationslandschaft in den letzten fünf Jahren dramatisch gewandelt und die Rahmenbedingungen für Markenarbeit grundlegend geändert. Die Transparenz von Angeboten, das Zusammenrücken von Nachfragern und Anbietern in einem „digitalen Dorf", die vielfältigen Möglichkeiten der Inszenierung von Marken, aber auch die Schnelligkeit der Kommunikation insgesamt – all das hat zu einem fundamentalen Paradigmenwechsel geführt. Ein Wandel, der jedoch Markenführung im eigentlichen Sinne erst möglich macht.

Ja, die vielfältigen Kanäle mit ihren kaum mehr überschaubaren Möglichkeiten, ihr schnelles Entstehenden und die rasanten Entwicklungen darin steigern die Komplexität für alle Markenverantwortlichen. Es ist schwieriger geworden, diese Kanäle zu planen, weil die Customer Journey des Kunden derart fragmentiert ist.

Andererseits: die digitalisierte Welt bietet zwei ganz entscheidende Vorteile gegenüber früher:

1. Sie schafft ein Wissen über Kunden und deren Entscheidungsverhalten, das es bislang nicht gab. Wir können heute sehr genau verfolgen, wie der Kunde eine Marke wahrnimmt, wie er über sie spricht und wie er sich innerhalb seiner Customer Journey bewegt. Wir lernen, welche Themen ihn interessieren und welche Produkte und Leistungen er sich anschaut – und das in Echtzeit. Wir erhalten auf Knopfdruck Informationen über die Wirksamkeit kommunikativer Mittel und können damit gezielt Maßnahmen anpassen. Wissen hat Vermuten abgelöst.
2. Digitalisierung schafft Integration. Denn sie zwingt Kunden wie auch Agenturen dazu, Marken ganzheitlich zu betrachten. Die Aufteilung der Kommunikationsarbeit in Disziplinen wie „Klassik", „Öffentlichkeitsarbeit", „Messe", „Vertriebsunterstützung" und andere ist obsolet geworden. Digitalisierung integriert Kommunikationsdisziplinen. Und sie lässt die Grenzen von Marketing und Vertrieb verschwinden.

Integration schafft ein Markenverständnis, das den Erfordernissen der Marke erstmals gerecht wird. Wissen wiederum schafft die Grundlage, Marken wirklich zu „führen". Denn nur die Kenntnis von Abweichungen gegenüber einem Zielsystem macht eine echte Steuerung überhaupt möglich. Die Digitalisierung hilft uns, wirklich mit einzelnen Menschen zu sprechen. Business-to-Business ist längst zu Business-to-Person geworden.

Dies alles erfordert aber auch ein Umdenken. Unternehmen sowie Dienstleister an der Marke sind gezwungen, sich organisatorisch, aber auch in ihrem Mindset neu aufzustellen. Das beginnt mit der Markendefinition. Marke ist, was sich in den Köpfen der Menschen an Wissen und Emotionen bildet. Digitale Kanäle, in denen interaktiv mit und über die Marke kommuniziert wird, verändern diese. Wenn damit praktisch jeder am Bau der Marken beteiligt ist, verschiebt das nicht nur die Kommunikation für die Marke in Richtung der Nutzer – es macht die Marke auch zu einem kollaborativen Wesen, dessen Oberhoheit dem Unternehmen selbst in weiten Teilen entzogen ist.

Die Dynamik von Gesellschaft, Menschen, Kanälen, Medien und die hohe Interaktion zwischen diesen hat sich exponentiell beschleunigt. So müssen Marken heute mit dieser Dynamik schritthalten. Um weiterhin Orientierung geben zu können, brauchen sie daher neben ihren vielen dynamischen und flexiblen Eigenschaften zur Interaktion mit der Außenwelt einen unveränderlichen, klaren und differenzierenden Kern. Althergebrachte Markenmodelle werden diesen Anforderungen von Märkten und Kanälen nicht mehr gerecht. Heute müssen wir uns ebenso über die Persönlichkeiten von Marken, deren Themenspektren wie auch ihre innere Geschichte Gedanken machen – ebenso wie über die Erfahrungen, die man mit ihnen innerhalb der Customer Journey machen soll.

Markenarbeit ist heute für Marketers in Unternehmen – ebenso wie für Agenturen – zu einem überprüfbaren Geschäft geworden. Deren Accountability schafft Klarheit in Messgrößen und damit steuerbare Effektivität. Andererseits birgt sie die Gefahr, die Faszination von Marken auf dem Altar der KPIs zu opfern. Der beschriebene Paradigmenwechsel betrifft B-to-B-Marken in besonderem Maße. Operieren sie doch in einem ohnedies schon komplexeren Gefüge der Entscheidungsfindung.

Das vorliegende Buch will aus dem engen Dialog von Theorie und Praxis heraus allen B-to-B-Markenverantwortlichen wirksame Tools an die Hand geben, nachhaltig wertvolle Marken zu schaffen. Es ist das Standardwerk für die Markenarbeit im B-to-B-Segment. Es schafft Klarheit und Orientierung wie kaum ein anderes.

Gunnar Schnarchendorff
Head of Strategy der *wob* AG

Vorwort 2. Auflage

Die B-to-B-Welt sowohl in der Forschung als auch in der Praxis entwickelt sich immer weiter und erkennt trotz oder gerade wegen dem Megatrend Digitalisierung zunehmend den Wert einer starken Marke. Das führte dazu, dass nicht nur die erste Auflage dieses Handbuchs gut vom Markt aufgenommen wurde, sondern schon nach wenigen Jahren mit den Arbeiten an der zweiten Auflage begonnen wurde. Allerdings zog sich die vollständige Überarbeitung über mehrere Jahre hinweg. Das liegt u. a. daran, dass das Management von mehr als 40 Beiträgen mit über 60 Autoren[1], die alle stark ins Tagegeschäft eingebunden sind, eine echte Herausforderung ist. Auch wurden vollständig neue Themen und Beiträge wie u. a. Relevanz von B-to-B-Marken, Co-Creation, Technologiemarken, Employer Branding, Social Media oder auch Marketing Automation aufgenommen. Schließlich wird trotz aller Digitalisierung im Verlagswesen die Herausgabe von umfangreichen Büchern immer schwieriger und komplexer, da diese nun nicht mehr nur für ein klassisches Buch, sondern auch für diverse digitale Devices kompatibel sein müssen.

Aber durch die kontinuierliche Unterstützung der Autoren, bei denen ich mich für die Zusammenarbeit und die Geduld ganz herzlich bedanke, liegt nun ein prallgefülltes, aktuelles und hoffentlich inspirierendes Handbuch zur B-to-B-Markenführung vor Ihnen.

Auch bedanke ich mich ganz herzlich bei den drei Verfassern der Geleitworte, den Herren *Prof. Dr. Christoph Burmann* (*Universität Bremen*), *Kai Halter* (Vorstandsvorsitzender des *Bundesverbandes Industrie Kommunikation bvik* & Director Marketing *ebm-papst)* und *Gunar Schnarchendorf* (Head of Strategy der *wob AG*). Diese Experten verdeutlichen nicht nur die Wichtigkeit des Themas, sondern auch die Perspektivenvielfalt des Buches: Wissenschaft, Unternehmenspraxis und Beratung.

Ferner danke ich ganz herzlich meinen studentischen Mitarbeiterinnen Frau *Katharina Schmiedichen* und *Katharina Böhling*, die tatkräftig an der formalen Überarbeitung der Beiträge beteiligt waren.

---

[1] Im vorliegenden Handbuch wird bei der Personenbezeichnung die jeweils gängige (männliche oder weibliche) Form gewählt. Dies soll keineswegs eine Diskriminierung von Frauen und/oder Männern darstellen, sondern die Lesbarkeit des Textes erhöhen.

Darüber hinaus bedanke ich mich bei Frau *Barbara Roscher* für die Begleitung des Buchprojektes und bei Frau *Birgit Borstelmann* und Frau *Julia Lucas* für das Lektorat. Vielen Dank für die wie immer angenehme und gute Zusammenarbeit!

Weiterhin danke ich allen Sponsoren, die durch einen Druckkostenzuschuss oder eine Anzeige das Buch finanziell unterstützt haben und insbesondere dafür verantwortlich sind, dass es nicht nur ein „dickes", sondern ein schönes Buch geworden ist. Daher danke ich ganz herzlich den Firmen *wob AG* und *Biesalski & Company GmbH*.

Das vorliegende Buch wird hoffentlich einen weiteren Impuls zur weiteren Professionalisierung der B-to-B-Markenführung liefern, aber das Thema ist weder in der Wissenschaft noch in der Praxis auf Top-Niveau. Daher freue ich mich, wenn Sie, liebe Leserin und lieber Leser, eigene Ideen entwickeln und diese bei Bedarf mit mir teilen und diskutieren. Sie können mich am besten unter den folgenden Koordinaten erreichen:

www.cbaumgarth.net
cb@cbaumgarth.net

Ich wünsche Ihnen jetzt eine erkenntnisreiche Lektüre und viele Anregungen für Ihre Forschung und/oder Ihre tägliche B-to-B-Markenarbeit.

Berlin, Juli 2017   Prof. Dr. Carsten Baumgarth

BIESALSKI & COMPANY
BRAND · VALUE · MANAGEMENT

MEHR ALS 50% DER MARKENSTRATEGIEN SCHEITERN IN DER UMSETZUNG!

Wollen Sie es besser machen?

BIESALSKI & COMPANY verbindet die emotionale Welt der Marken mit substanziellen Fakten. Mit Kundenorientierung und Sachverstand entwickeln wir nach vorne gedachte Lösungen für starke B2B-Unternehmen und setzen diese in die Tat um.

Inhaltsverzeichnis

Herausgeber- und Autorenverzeichnis

Der Herausgeber

Prof. Dr. Carsten Baumgarth wurde 1968 in Darmstadt geboren und studierte, promovierte und habilitierte an der Universität Siegen. Von 2006 bis 2010 lehrte und forschte er als Associate-Professor an der *Marmara Universität Istanbul* (Türkei). Seit 2010 ist er als Professor für Marketing, insbesondere Markenführung, an der *HWR Berlin – School of Economics and Law* tätig. Ferner ist er Adjunct Professor an der *Ho Chi Minh City Open University* (Vietnam). Darüber hinaus war er als Gast- und Vertretungsprofessor u. a. an Hochschulen in Stockholm, Shanghai, Weimar, Paderborn, Wien, St. Gallen, Hamburg, Köln, Luzern, Würzburg, Oestrich-Winkel und Frankfurt sowie in einer Vielzahl von Beratungsprojekten und Seminaren in der Praxis tätig. Ferner ist er Gründer und Beiratsvorsitzender des Beratungsunternehmens *Baumgarth & Baumgarth – Brandconsulting*. Bislang hat er mehr als 350 nationale und internationale Publikationen mit den Schwerpunkten Markenpolitik, B-to-B-Marketing, Kulturmarketing und Empirische Forschung publiziert. U. a. sind seine Forschungen in den Zeitschriften *Journal of Business Research, Industrial Marketing Management, European Journal of Marketing, Journal of Marketing Communications, Journal of Business Market Management, Journal of Product and Brand Management, International Journal of Arts Management, Marketing ZFP, Marketing Review St. Gallen* und *Medienwirtschaft* erschienen. Er sitzt im Editorial Board der Zeitschriften *Journal of Product & Brand Management, International Journal of Arts Management, Marketing ZFP* und *transfer – Werbeforschung & Praxis*. Darüber hinaus ist er Verfasser des Standardlehrbuches *Markenpolitik*, welches 2014 in vierter Auflage im Verlag Springer Gabler erschienen ist. Seine Forschungen sind bislang mit mehr als zehn nationalen und internationalen Best Paper Awards ausgezeichnet worden.

2012 gründete er zusammen mit Kolleginnen und Kollegen an der *HWR Berlin* das *Institut für Nachhaltigkeit* (INa, www.institut-ina.de), um das Thema Nachhaltigkeit in Forschung und Lehre besser zu etablieren. 2014 kuratierte er die Pop-up Ausstellung „Farbrausch trifft RAL 4010", die sich mit den Berührungspunkten

und Kollaborationen von Kunst und Marke beschäftigt und mittlerweile über zehnmal in Deutschland und der Schweiz gezeigt wurde. 2015 gründete er zusammen mit den Prof. Dr. Holger J. Schmidt, Prof. Dr. Karsten Kilian und Jürgen Gietl den *Expertenrat Technologiemarken* (www.technologiemarken.de). In seiner Freizeit besucht er Flohmärkte, interessiert sich für Kunst und zaubert.
Weitere Informationen: www.cbaumgarth.net
Kontakt: cb@cbaumgarth.net

Die Autoren

Dr. Andreas Bauer verantwortet als Vice President bei der *KUKA Roboter GmbH* weltweit die Bereiche Marketing & PR. *KUKA* ist ein weltweit führender Anbieter für Robotik mit Hauptsitz in Augsburg und gilt als ein Schlüsselunternehmen für Industrie 4.0 Technologien. Andreas Bauer ist nach seinem wirtschaftswissenschaftlichen Studium mittlerweile seit über 20 Jahren fast ausschließlich in leitenden Positionen im Bereich Marketing und Unternehmenssteuerung in Unternehmen der Investitionsgüterbranche tätig. Schwerpunkte waren hierbei Marktforschung, Branding, Vertriebssteuerung, Controlling und Internationale Marketing-Strategien und Instrumente. Er ist Autor mehrerer Fachartikel und Buchbeiträge zum Thema B-to-B-Marketing. Ferner ist er Vorstand des *Bundesverbands Industriekommunikation (bvik)*.
Kontakt: Andreas.Bauer@kuka.com

Prof. Dr. Hans H. Bauer war Inhaber des Lehrstuhls für Allgemeine Betriebswirtschaftslehre und Marketing II sowie Wissenschaftlicher Direktor des Instituts für Marktorientierte Unternehmensführung (IMU) der *Universität Mannheim*. Er ist Autor bzw. Herausgeber von 14 Büchern und über 300 Artikeln in den Bereichen Konsumentenverhalten, Markenführung und -kommunikation, Multi Channel Management und E-Commerce. Neben seinen Forschungsarbeiten, für die er mehrfach ausgezeichnet wurde, berät er führende Unternehmen und ist Mitglied in diversen Unternehmensbeiräten.
Kontakt: hans.h.bauer@gmx.de

Prof. Dr. Christian Belz ist Ordinarius für Marketing an der *Universität St. Gallen (HSG)* und Direktor am Institut für Marketing, welches er von 1991 bis 2014 leitete. Seine wichtigsten Themen der Forschung und Entwicklung sind Innovatives Marketing, B-to-B-Marketing, Kunden- und Leistungsmanagement sowie Verkauf und Dialogmarketing. Projekte mit Unternehmen und Mandate in Aufsichtsräten sind wichtige Basis für seine praxisorientierte Forschung. Christian Belz ist Mitgründer und -herausgeber der *Marketing Review St. Gallen* (vorher *Thexis*). Er ist Autor von rund 400 Fachartikeln und 40 Büchern zu Marketing und Vertrieb. Dazu gehören u. a. (oft in Zusammenarbeit mit weiteren Autoren): *Value Selling* (2016), *Key Account Management* (2015), *Reales Marketing* (2014), *Stark im Vertrieb* (2013), *Marketing gegen den Strom* (2012), *Internationales Vertriebsmanagement in der Industrie* (2012), *Innovationen im Kundenidialog* (2011).
Kontakt: christian.belz@unisg.ch

Prof. Dr. Galina Biedenbach ist Ass.-Prof. für Marketing an der Umeå School of Business and Economics, *Umeå Universität* (Schweden). Vor ihrem Doktorandenstudium hat sie als Marketingmanagerin in der Telekommunikationsbranche in Estland gearbeitet. Ihre Dissertation über den Markenaufbau im B-to-B-Kontext erstellte sie an der *Umeå Universität* in Schweden in Kooperation mit einem der größten Wirtschaftsprüfungs- und Beratungsunternehmen. Im Rahmen ihrer Forschungsprojekte hat sie mit kleinen und großen Unternehmen und Regierungsorganisationen zusammengearbeitet. Ihre Forschungsinteressen umfassen Corporate Branding, Markenmanagement und Strategisches Marketing.
Kontakt: galina.biedenbach@umu.se

Alexander Biesalski ist Managing Partner bei der *BIESALSKI & COMPANY GmbH* in München, die sich als Managementberatung auf die Steigerung des Unternehmenserfolgs mit der Marke fokussiert.
Er berät international agierende Konzernunternehmen und den innovativen Mittelstand in Fragen der wertorientierten Markenführung. Neben zahlreichen Veröffentlichungen ist er Herausgeber von Markenstudien der *Wirtschaftswoche*. Er ist Referent und Dozent zu den Themen Markenbewertung, Markenstrategie, Markenimplementierung, Markencontrolling und Markenfinanzierung.
Alexander Biesalski studierte Wirtschaftsingenieurwesen und Technische Betriebswirtschaft. Nach dem Studium war er bei *Dr. Wieselhuber & Partner Unternehmensberatung* tätig. Gleichzeitig war er bei *BRAND RATING* maßgeblich an der Entwicklung des Ansatzes zur monetären Markenbewertung beteiligt, wo er federführend den Aufbau des Unternehmens und die Etablierung des Leistungsspektrums im Markt vorangetrieben hat.
Kontakt: biesalski@biesalski-company.com

Prof. Dr. Lars Binckebanck lehrt und forscht an der *Hochschule Furtwangen* und ist Leiter des *Steinbeis-Beratungszentrums Vertriebs- und Marketinginstitut (VMI)*. Er studierte Betriebswirtschaftslehre in Deutschland sowie England und promovierte am Institut für Marketing an der *Universität St. Gallen*. Lars Binckebanck war über zehn Jahre lang in der Praxis als Marktforscher, Unternehmensberater und Vertriebstrainer tätig. Zuletzt verantwortete er als Geschäftsführer bei einem führenden Bauträger in München die Bereiche Marketing und Verkauf. Er ist Autor von rund 100 Fachveröffentlichungen, darunter die Herausgeberwerke *Internationaler Vertrieb, Führung von Vertriebsorganisationen* und *Digitalisierung im Vertrieb*.
Kontakt: lars.binckebanck@hs-furtwangen.de

Tim Bögelein ist geschäftsführender Gesellschafter der B-to-B-Werbeagentur *RTS Rieger Team*. An den Standorten Stuttgart und Düsseldorf realisiert er mit 100 Mitarbeitern Kommunikationslösungen für alle Anforderungen von B-to-B-Unternehmen. Seine Karriere begann Tim Bögelein mit einer Ausbildung zum Werbekaufmann und gelang über mehrere Agenturstationen und einem Engagement in einem Tochterverlag der *Frankfurter Allgemeinen Zeitung* dann zu *Wensauer & Partner*, wo er zehn Jahre tätig war, zuletzt als geschäftsführender Gesellschafter. Bögelein betreute dort zahlreiche B-to-C- und B-to-B-Etats, wie z. B. *Aston Martin, Krombacher Brauerei, Müller Milch* oder *Ritter Sport*.
Kontakt: Tim.Boegelein@rts-riegerteam.de

Fritz Brandes Jahrgang 1950, ist geschäftsführender Gesellschafter der *FBInnovation*, ein 1996 gegründetes Unternehmen für praxisnahe B-to-B-Marktforschung. Seine Berufsausbildung schloss er als Assessor jur., Volkswirt grad. und MBA (*London Business School*) ab. Vor seiner Gründung blickte er auf 16 Jahre Berufserfahrungen als Vertragssyndikus der *SEL AG* Stuttgart (heute *Alcatel-Lucent*) und der *Mannesmann AG*, als Kaufmännischer Leiter *Gematronik GmbH* (Radaranlagen) und als Geschäftsführer der *DUO-FAST GmbH* (Geräte und Maschinen für die Holzverarbeitung) zurück. Fritz Brandes war Mitglied in drei internationalen Marktforschungsverbänden und acht Jahre lang Präsident der *Business Information Group*, einer europäischen Vereinigung von Marktforschungsunternehmen.
Kontakt: fritz.brandes@fbinnovation.de

Prof. Dr. Christoph Burmann studierte Betriebswirtschaftslehre an der *Universität Münster*. Er arbeitete 1985 und 1986 bei der Werbeagentur *Ogilvy & Mather* in Kapstadt/Südafrika. Ab 1989 war er Mitarbeiter von Professor Dr. Dr. h.c. mult. Heribert Meffert am Institut für Marketing der *Universität Münster*. 2002 habilitierte er sich dort im Fach Betriebswirtschaftslehre. Christoph Burmann hat zahlreiche Publikationen zu einem breiten Spektrum an Markenfragestellungen veröffentlicht. Sein Standardwerk zur identitätsbasierten Markenführung (im Springer-Verlag) wurde mittlerweile in Chinesisch, Englisch, Französisch und Italienisch übersetzt. Er war als Gastforscher u. a. an der *Harvard Business School* (USA), dem *Judge Institute of Management Studies* der *Universität Cambridge* (UK) sowie an der *Tongji University* (Shanghai), der *Fudan University* (Shanghai) und an der SILC Sydney International School of Language and Commerce der *Shanghai University* tätig. Seit 2002 ist Christoph Burmann der erste Inhaber des Lehrstuhls für innovatives Markenmanagement (LiM®) an der Exzellenz-*Universität Bremen*.
Kontakt: c.burmann@uni-bremen.de

Prof. Dr. Pallavi Chitturi ist Ass.-Prof. in der Abteilung für Statistik und Direktorin des Zentrums Statistische Analyse der *Temple University* (USA). Pallavi Chitturi unterrichtet Statistik-Kurse an der Fox School of Business und im Rahmen der Executive MBA Programme in Philadelphia und Cali, Kolumbien. Sie unterrichtet ebenso im Executive-Doktor-Programm an der *Fox School of Business* und fungiert als Associate Academic Direktor des Programms. Für ihre Lehre wurde sie mehrfach ausgezeichnet, u. a. mit dem *Lindback Award for Distinguished Teaching*, *Andrisani-Frank Undergraduate Teaching Award* und *Crystal Apple Teaching Awards*.
Pallavi Chitturi's Forschungsinteressen sind wahlbasierte Conjoint Analyse, experimentelle Designs und Qualitätssicherung. Sie konnte mehrfach Forschungsmittel einwerben, u. a. von der *U. S. Navy's Naval Logistics Readiness Research Center* und dem *Amt des The Vice-Provost for Research* an der Temple University. Pallavi Chitturi präsentiert ihre Forschungsarbeiten regelmäßig auf Konferenzen, hat Fachartikel in Statistik- und Qualitätsmanagement-Zeitschriften veröffentlich und das Buch *Choice Based Conjoint Analysis – Models and Design* publiziert.
Kontakt: chitturi@temple.edu

Veronika Classen war Geschäftsführerin Kreation von *Michael Conrad & Leo Burnett*, *Lintas* und *DMB&B/D'Arcy*. Ihre Kampagnen, u. a. für *Condor*, *Braun*, *Rama*, *Sunil*, *Axe*, *Mars*, *DaimlerChrysler*, *Frolic* oder *Fanta* wurden mit zahlreichen Awards für Effizienz und mit über 100 Awards für kreative Exzellenz ausgezeichnet. Seit 1991 ist sie Mitglied im *Art Directors Club* für Deutschland und war von 1996 bis 2004 im *Deutschen Werberat*. Zudem war sie 1998 Mitbegründerin der *Texterschmiede*. Darüber hinaus hielt sie von 2003 bis 2005 eine Gastprofessur im Fachbereich Kommunikationsdesign an der *Hochschule für Bildende Künste Braunschweig* und von 2005 bis 2007 eine Professur für Sprache und Kommunikation an der *Muthesius Kunsthochschule* in Kiel. Sie hat mehrere Bücher veröffentlicht – zusammen mit ihrem Partner Armin Reins.
Kontakt: classen@reinsclassen.de

Jörg Dambacher ist geschäftsführender Gesellschafter der B-to-B-Werbeagentur *RTS Rieger Team*. Nach seinem Abitur studierte er Werbewirtschaft an der *Hochschule für Druck und Medien*. Währenddessen begann er 1986 ein Praktikum als Texter bei *RTS Rieger Team*. Zwei Jahre später war er Grouphead. 1993 wurde er Mitglied der Geschäftsleitung. Nach dem Tod des Gründers Franz Rieger übernahm Jörg Dambacher 1997 mit zwei Partnern die Agentur. Im Jahr 2007 stieg die *TBWA Gruppe* ein – Jörg Dambacher blieb Anteilseigner. Seit 2009 führt er die Geschäfte gemeinsam mit Tim Bögelein und Matthias Heft. Seit 2013 ist Dambacher Vorstandsmitglied des *Gesamtverband Kommunikationsagenturen* (GWA) sowie Sprecher des *GWA B2B-Forums*.
Kontakt: info@rts-riegerteam.de

Dr. Tobias Donnevert ist Leiter des Kundenzentrums der *Dr. Ing. h.c. F. Porsche AG*. Seine Dissertation erstellte er am Lehrstuhl für Allgemeine Betriebswirtschaftslehre und Marketing II an der *Universität Mannheim* über die unterschiedliche Wirkung von Marken in unterschiedlichen Branchen (Markenrelevanz). Parallel dazu betreute er verschiedene Projekte z. B. im Bereich des Markenmanagements und der Kundenzufriedenheitsmessung.
Kontakt: tobias.donnevert@porsche.de

Dr. Salima S. Douven verantwortet bei der *Henkel AG & Co. KGaA* in Düsseldorf global den Bereich Digital Strategy für die Business Unit Adhesive Technologies. Zuvor arbeitete sie bei Henkel in verschiedenen Positionen im B-to-B- und B-to-C-Marketing. Sie hat Betriebswirtschaft mit Schwerpunkt Marketing studiert und zum Thema Wirkungen von B-to-B-Marken promoviert. Parallel dazu begleitete sie einen internationalen Automobilzulieferer bei der Neupositionierung und Implementierung der Unternehmensmarke. Weitere Erfahrungen hat Salima S. Douven u. a. im Bereich Public Relations und sie betreute in einer Hamburger PR-Agentur verschiedene Kunden aus der Konsumgüterindustrie.
Kontakt: salima.douven@henkel.com

Prof. Dr. Franz-Rudolf Esch ist Universitätsprofessor für Marketing und Direktor des Instituts für Marken- und Kommunikationsforschung an der *EBS Business School* in Oestrich-Winkel. Er ist Gründer der Unternehmensberatung *ESCH. The Brand Consultants* (www.esch-brand.com), die namhafte Unternehmen aus unterschiedlichen Branchen zur Markenführung und Kommunikation berät. *ESCH. The Brand Consultants* zählt laut Ranking von *brand eins* und *statista* zu den besten Beratungen in Marketing, Marke und Preis. Franz-Rudolf Esch ist als Beirat in verschiedenen Unternehmen tätig. Seit mehr als zwei Jahrzehnten beschäftigt er sich mit Marken- und Kommunikationsforschung, Kundenverhalten und strategischem Marketing. Für seine Forschung wurde er mehrfach national und international ausgezeichnet.
Kontakt: Franz-Rudolf.Esch@ebs.edu

Prof. Dr. Marc Fischer leitet seit 2011 das Seminar für Allgemeine Betriebswirtschaftslehre, Marketing und Marktforschung an der *Universität zu Köln* und ist Professor an der *University of Technology Sydney*. Zu seiner Expertise gehören die Messung und das Management der Marketing-Performance, das Markenmanagement und die Optimierung des Marketing Mix-Einsatzes. Vorher war er an den *Universitäten Passau, Mannheim* und *Kiel* sowie als Berater bei *McKinsey & Company* tätig. Seine wissenschaftlichen Beiträge sind unter anderem in den Zeitschriften *Journal of Marketing Research, Marketing Science, Management Science, Quantitative Marketing and Economics, International Journal of Research in Marketing* und *Interfaces* erschienen.
Kontakt: marc.fischer@wiso.uni-koeln.de

Thomas Foell verantwortet bei der Kommunikationsagentur *wob AG* die Themen Marketing Automation und Social Media. Er studierte Marketing mit dem Studienschwerpunkt China am Ostasieninstitut der *Hochschule Ludwigshafen/Rhein* inkl. Auslandsaufenthalten an der *Universität Hangzhou* und in Hong Kong. Im internationalen Agentur-Netzwerk *BBN* war und ist er Mitglied verschiedener Task Teams für die Entwicklung von internationalen Arbeitsmodellen im Digital Shift zu den Themen Marketing Automation, Social Media und Content Marketing. Er ist Member of the Board am *Institut für Sales und Marketing Automation (www.ifsma.de)*, begleitet in diesem Rahmen die Durchführung von Studien. Er berät Unternehmen und hält Vorträge zum Thema im deutschsprachigen und internationalen Raum.
Kontakt: thomas.foell@wob.ag

Prof. Dr. Jörg Freiling ist Inhaber des Lehrstuhls für Mittelstand, Existenzgründung und Entrepreneurship an der *Universität Bremen* und zugleich Prodekan im Fachbereich Wirtschaftswissenschaft. Seine Forschungsgebiete sind: transnationale Gründungsaktivitäten, unternehmerisches Denken und Verhalten, Geschäftsmodellinnovationen und Gründungs-Ökosysteme.
Kontakt: freiling@uni-bremen.de

Jürgen Gietl ist ein Mann der Praxis mit über 20 Jahren Erfahrung im operativen und strategischen Management von Marken. Seine Sachkenntnis nutzen namhafte mittelständische Unternehmen und Konzerne, unter anderem *BASF*, *Fein*, *W.L. Gore*, *Interroll*, *Intel*, *Phoenix Contact*, *Stabilo*, *SSI Schäfer* oder *Warema*, um die Entwicklung und Implementierung ihrer Markenstrategien wirksam zu gestalten. Er erwarb sein Wissen nach seinem Studium in verantwortlicher Position im strategischen Marketing und Vertrieb einer weltweit führenden B-to-B-Marke. Von seiner Herangehensweise, unternehmerische Spitzenleistungen in Marken zu verdichten, profitieren heute alle Marken im B-to-C- und B-to-B-Bereich, deren Herausforderung in der Vermittlung der eigenen Spitzenleistungen an ihre Kunden liegt. Er hat sich hierbei dem Markenaufbau und der Positionierung der betreffenden Marke zur Erwirtschaftung profitablen Wachstums, Minimierung der Managementrisiken in unsicheren Zeiten sowie der Steigerung des Marken- und damit des Unternehmenswertes verschrieben. Er hat das *BrandTrust* Portfolio System zum systematischen Aufbau komplexer Markenarchitekturen entwickelt, welches 2011 unter dem Titel „Das Markensystem" im *Harvard Business Manager* erschienen ist. Er ist Verfasser verschiedener Fachbücher, Studien und Publikationen, u. a. *Value Branding* (2013, Haufe Verlag) und der Studie, *Made in Germany 4.0* (2015, www.brand-trust.de).
Kontakt: juergen.gietl@brand-trust.de

Dr. Jakob Guhn wurde 1976 in Hamburg geboren und studierte Rechtswissenschaften an den *Universitäten Trier, Rom* (La Sapienza) und *Köln*. 2007 promovierte er zum Thema „Die Produktpiraterieverordnung 2003" an der *Universität zu Köln*. Seit 2005 ist er als Rechtsanwalt im Bereich des Marken-, Design-, Wettbewerbs- und Urheberrechts in Düsseldorf tätig und schloss sich 2013 der US-amerikanischen Kanzlei *Jones Day* an. Der Beratungsschwerpunkt liegt hierbei auf streitigen Auseinandersetzungen. Als Prozessanwalt vertrat er in seiner Laufbahn bisher unter anderem Mandanten wie *Apple, Mattel, Toyota* und *SAP*. Er ist Fachanwalt für Gewerblichen Rechtsschutz, Autor diverser Artikel zum Gewerblichen Rechtsschutz sowie Co-Autor bei *Cepl/Voß – Prozesskommentar zum Gewerblichen Rechtsschutz*.
Kontakt: jguhn@jonesday.com

Prof. Dr. Uta Herbst ist Inhaberin des Lehrstuhls für Marketing II der *Universität Potsdam*. Ihre Forschungsschwerpunkte liegen im Bereich des B-to-B-Marketings, des Verhandlungsmanagements und des Business Developments. Als Direktorin der *Negotiation Academy Potsdam* berät Uta Herbst internationale Unternehmen in komplexen Verhandlungen. Darüber hinaus ist sie Gesellschafterin der *Voeth Herbst Managementberatung*, einer wissenschaftsnahen Beratung, die auf Coaching, Consulting und Research für B-to-B- und Dienstleistungsunternehmen spezialisiert ist.
Kontakt: uta_herbst@uni-potsdam.de

Dr. Christoph Herrmann war nach dem Studium der Betriebswirtschaftslehre im In- und Ausland (*Universität Passau, London School of Economics and Political Science*) und der Promotion am *Aral* Stiftungslehrstuhl für Strategisches Marketing der *Universität Witten/Herdecke* zunächst in verschiedenen Managementpositionen führender Industrie- und Beratungsunternehmen tätig. 2003 gründete er gemeinsam mit Günter Moeller die auf Innovationen spezialisierte Unternehmensberatung *hm+p Herrmann, Moeller + Partner* mit Sitz in München. In den vergangenen Jahren hat er Innovationsprojekte für Unternehmen wie *Audi, Brauholding International (BHI), DaimlerChrysler, Fischer, Infineon, Otto, Philip Morris, Qimonda, Red Bull* und *Volkswagen* begleitet. Christoph Herrmann ist Autor und Herausgeber zahlreicher Fachbücher und Fachbeiträge zu den Themen „Produktinnovation", „Markenführung" und „Design". Ferner war er als Gastprofessor an der *Universität der Künste Berlin* und Lehrbeauftragter an verschiedenen Hochschulen im In- und Ausland tätig. An der *European Business School (EBS)* leitete er gemeinsam mit Günter Moeller, Prof. Dr. Ronald Gleich und Prof. Dr. Peter Russo die Forschungsgruppe „Industrial Design & Innovationsmanagement".
Kontakt: c.herrmann@hmp-innovation.de

Prof. Dr. Peter Hultén ist Assoc.-Prof. für Marketing an der Umeå School of Business and Economics, *Umeå Universität* (Schweden). In seiner akademischen Karriere hat er an der *Umeå Universität, Stockholm Universität, Texas Wesleyan Universität, ESC-Rennes School of Business* und *Hull Universität* gelehrt und Forschung betrieben. Früher arbeitete er an der *Schwedischen Agentur für internationale Entwicklungszusammenarbeit* als Landesbeauftragter für die Ukraine. Seine Forschungsinteressen umfassen Strategisches Marketing, Marketing Management, politische Intelligenz und Entscheidungsfindung von Konsumenten.
Kontakt: peter.hulten@umu.se

Prof. Dr. Kevin Lane Keller ist E. B. Osborn Professor für Marketing an der Tuck School of Business, *Dartmouth College*. Sein akademischer Werdegang umfasst Abschlüsse an den *Universitäten Cornell, Duke*, und *Carnegie-Mellon*, diverse Auszeichnungen für seine Forschung und Funktionen an den Universitäten *Berkeley, Stanford* und *UNC*. Darüber hinaus hat er einige der weltweit erfolgreichsten Marken wie u. a. *Accenture, American Express, Disney, Ford, Intel, Levi-Strauss, L.L. Bean, Procter & Gamble* und *Samsung* beratend unterstützt. Sein Lehrbuch „Strategic Brand Management", welches mittlerweile in der vierten Auflage vorliegt, wird weltweit in den Top Business Schools und führenden Unternehmen eingesetzt und gilt als die „Bibel des Markenmanagements". Darüber hinaus ist er zusammen mit Philip Kotler Co-Autor vom meistverkauften Marketing-Buch *Marketing Management*, welches aktuell in der 15. Auflage vorliegt. Von Juli 2013 bis Juli 2015 war er Geschäftsführer des *Marketing Science Instituts*.
Kontakt: kevin.keller@dartmouth.edu

Prof. Dr. Karsten Kilian hat mit *Markenlexikon.com* das größte Markenportal im deutschsprachigen Raum aufgebaut. Seit mehr als 15 Jahren lehrt der an der *Universität St. Gallen* promovierte Diplom-Kaufmann der *Universität Mannheim* an Hochschulen im In- und Ausland, u. a. an der *Universität Erlangen-Nürnberg* und der *China Europe International Business School (CEIBS)*. Karsten Kilian arbeitete mehrere Jahre als Consultant bei *Simon, Kucher & Partners*. Seit vielen Jahren berät er mittelständische Unternehmen in Markenfragen und hält regelmäßig Vorträge auf Konferenzen und Kongressen. Seit 2008 moderiert er die *B2B Markenkonferenz* von *Vogel Business Media* in Würzburg und seit 2013 das *Festival der Marken* (früher *Marken-Gipfel*) der *Verlagsgruppe Handelsblatt* in Düsseldorf. Der gefragte Keynote-Speaker ist Jury-Mitglied des „Marken-Award", Gründungsmitglied des *Expertenrat Technologiemarken* und Mitglied im Herausgeberrat der Fachzeitschrift *transfer – Werbeforschung & Praxis*. Jeden Monat erklärt der Autor von über 150 Fachartikeln und Buchbeiträgen in der Zeitschrift *Absatzwirtschaft* in „Kilians Lexikon" Fachbegriffe aus der Welt der Marken. Zudem lehrt er seit 2012 als Professor an der *Hochschule Würzburg-Schweinfurt*, wo er auch den Masterstudiengang *Marken- und Medienmanagement* leitet.
Kontakt: kilian@markenlexikon.com

Sybille Kircher ist Mitbegründerin der Namensagentur *NOMEN International Deutschland GmbH* mit Sitz in Düsseldorf. Die Diplom-Wirtschaftsromanistin und Sprachwissenschaftlerin startete ihre Marketing-Karriere im Ausland. Besonderer Schwerpunkt ihrer Arbeit ist neben ihrer Tätigkeit als Geschäftsführerin die Entwicklung von Markenarchitekturen, internationalen Namensstrategien und Markennamen für B-to-B-Unternehmen.
Kontakt: s.kircher@nomen.de

Dr. Christian Knörle ist Projektleiter Unternehmensstrategie bei der *Dr. Ing. h.c. Porsche AG*. Zuvor war er in verschiedenen Positionen in der Strategieentwicklung der *Daimler AG* sowie als Berater bei *ESCH. The Brand Consultants GmbH* tätig. Seine Dissertation verfasste er als externer Doktorand bei Prof. Dr. Franz-Rudolf Esch am Lehrstuhl für Marketing der *Justus-Liebig-Universität Gießen*.
Kontakt: christian.knoerle@web.de

Dr. Christian Koch ist Marketing-Dozent an der *Kristianstad University*, Schweden. Zuvor war er als Brand Stratege bei Deutschlands führender Branding und Design Agentur, der *Peter Schmidt Group*, tätig. Dort betreute er vor allem Kunden aus dem B-to-B Sektor. Seine Dissertation (*Lund University*, Schweden) mit dem Titel „Corporate Brand Positioning – Case Studies across Firm Levels and Over Time" befasst sich mit markengetriebenen Transformations- und Veränderungsprozessen am Beispiel von strategischer Positionierung und Repositionierung von Unternehmensmarken im Zeitablauf.
Kontakt: christianheinrichkoch@gmail.com

Stephan-Christian Köhler ist seit 1999 bei *Endress+Hauser Conducta* mit Hauptsitz in Gerlingen bei Stuttgart zunächst für Marketingkommunikation verantwortlich. Seit 2006 leitet er die Bereiche Personalmanagement und Unternehmenskommunikation. Das Unternehmen ist Teil der *Endress+Hauser Gruppe*, einem international führenden Anbieter von Messgeräten, Dienstleistungen und Lösungen für die industrielle Verfahrenstechnik mit weltweit 13.000 Beschäftigten. In seiner inhaltlichen Ausrichtung begleitet er parallel verschiedene Kommunikationsprojekte für die *Endress+Hauser Gruppe* und leitet u. a. seit 2012 das Projekt Employer Branding für die deutschen *Endress+Hauser* Unternehmen.
Kontakt: stephan.koehler@conducta.endress.com

Prof. Dr. Manfred Krafft ist Direktor des Instituts für Marketing an der *Universität Münster*. Von 1999 bis 2003 war er Inhaber der Otto-Beisheim-Stiftungsprofessur an der *Wissenschaftlichen Hochschule für Unternehmensführung (WHU)*, Vallendar. Er promovierte an der *Universität Kiel*. Momentan ist er Editor-In-Chief beim *Journal of Personal Selling & Sales Management*. Manfred Krafft ist bekannt für seine wissenschaftlichen Veröffentlichungen zu den Themen Customer Relationship Management, Direktmarketing und Vertriebsmanagement. Seine Artikel sind unter anderem in den Zeitschriften *Journal of Marketing*, *Journal of Marketing Research*, *Marketing Science*, *International Journal of Research in Marketing*, *Journal of the Academy of Marketing Science*, *Journal of Retailing* und *Journal of Service Research* erschienen.
Kontakt: mkrafft@uni-muenster.de

Prof. Dr. Ralf T. Kreutzer ist seit 2005 Professor für Marketing an der *Hochschule für Wirtschaft und Recht Berlin* sowie Marketing und Management Consultant, Trainer und Coach. Er war 15 Jahre in verschiedenen Führungspositionen bei *Bertelsmann*, *Volkswagen* und der *Deutschen Post* tätig, bevor er 2005 zum Professor für Marketing berufen wurde. Ralf T. Kreutzer hat durch regelmäßige Publikationen und Vorträge maßgebliche Impulse zu verschiedenen Themen rund um das Dialog- und Database-Marketing, das Online-Marketing und den digitalen Darwinismus gesetzt und eine Vielzahl von Unternehmen im In- und Ausland in diesen Themenfeldern beraten. Er ist ein gefragter Keynote-Speaker auf nationalen und internationalen Konferenzen.

Seine jüngsten Buchveröffentlichungen sind u. a. *B2B-Online-Marketing und Social Media* (2015, zusammen mit Andrea Rumler und Benjamin Wille-Baumkauff), *Digitaler Darwinismus – der stille Angriff auf Ihr Geschäftsmodell und Ihre Marke* (2. Auflage, 2016, zusammen mit Karl-Heinz Land), *Digital Business Leadership – Digitale Transformation – Geschäftsmodell-Innovation – agile Organisation – Change-Management* (2017, zusammen mit Tim Neugebauer und Annette Pattloch) und *Praxisorientiertes Marketing* (5. Auflage, 2017).

Kontakt: kreutzer.r@t-online.de

Samuel Kristal ist gemeinsamer Doktorand von Prof. Dr. Carsten Baumgarth (*HWR Berlin*) und Prof. Dr. Jörg Henseler (*Universität Twente*). Seine Dissertation fokussiert das Thema Brand Co-Creation. Darüber hinaus lehrt er im Bereich Marketing und Marktforschung u. a. an der *HWR Berlin* und der *HTW Berlin*.

Kontakt: samuelkristal@googlemail.com

Eric M. Lennartz ist Doktorand und wissenschaftlicher Mitarbeiter am Seminar für Allgemeine Betriebswirtschaftslehre, Marketing und Marktforschung der *Universität zu Köln*. In seiner Forschung beschäftigt er sich mit der Entwicklung psychologischer Skalen, dem Markenmanagement und der Preiswahrnehmung durch Konsumenten. Im Bereich des Markenmanagements setzt er sich insbesondere mit der Wahrnehmung und Relevanz von Marken auf B-to-B-Märkten auseinander.

Kontakt: eric.lennartz@wiso.uni-koeln.de

Dr. Florian Maier verantwortet als Leiter Strategy & Brand bei der *Jungheinrich AG* die weltweite Markenführung, konzipiert die strategische Ausrichtung des globalen Marketings und führt in seinem Team alle digitalen Markenkanäle sowie die E-Commerce-Ausrichtung des Konzerns. Von 2010–2014 forschte er als externer Doktorand am Lehrstuhl Marketing der *Universität Bayreuth* bei Prof. Dr. Claas Christian Germelmann zu den Einflüssen von Social Media auf die B-to-B-Markenführung. Von 2008–2016 war er in verschiedenen Funktionen bei *Publicis Pixelpark*, einer der führenden deutschen Marketingberatungen und Full-Service-Agenturen tätig – zuletzt als Strategy & Planning Director. In dieser Funktion beriet Florian Maier als leitender Markenstratege sowohl internationale Konzerne als auch mittelständische Unternehmen bei allen Fragen rund um den Aufbau und das Management von B-to-B-Marken. Außerdem war er von 2002–2008 als Geschäftsführer von *8Komma3 Marketing Solutions* Sparringspartner für mittelständische B-to-B-Unternehmen aus Maschinenbau, Bauindustrie, Großhandel, Immobilien und Medien gerade zu Themen des digitalen Marketings und der B-to-B-Markenführung. Florian Maier studierte Betriebswirtschaftslehre mit Schwerpunkt Marketing, Dienstleistungsmanagement und Strategischem Management an der *Universität Bayreuth*.
Kontakt: florian.maier@jungheinrich.de

Dr. Belinda Martschinke war wissenschaftliche Mitarbeiterin und Doktorandin am Health Care Management Institute der *EBS Universität für Wirtschaft und Recht*. Darüber hinaus beschäftigt sie sich mit diversen gesundheitsökonomischen Fragestellungen, Telemedizin sowie dem Bereich des Market Access. Früher bearbeitete sie diverse strategische Marketingprojekte im Rahmen ihrer Tätigkeit als Unternehmensberaterin.
Kontakt: belinda.martschinke@ebs.edu

Dr. Sabine Meissner promovierte nach dem Studium der Betriebswirtschaftslehre an der *Westfälischen Wilhelms-Universität Münster*
über die Bewertung von Marken bei Unternehmensfusionen in der
Pharmaindustrie an der *Leibniz Universität Hannover*. Den gesund-
heitswissenschaftlichen Fokus unterlegte sie mit einem Aufbaustu-
dium Gesundheitswissenschaften. Sie führte Forschungs- und Beratungsprojekte u. a. zu den Themen Markenarchitektur im Pharma-
markt, B-to-B-Marketing, Innovationsmanagement sowie nationale
und internationale Projekte in den Bereichen Gesundheitssystemfor-
schung, Medizintechnik und Krankenhausmanagement durch. Sie
arbeitet in unterschiedlichen Funktionen im Gesundheitswesen und
als systemischer Business-Coach. Heute ist sie als Referentin für
Grundsatzangelegenheiten und Politik des *Deutscher Heilbäderverband e.V.* tätig.
Kontakt: SabineMeissner@gmx.net

Frank Merkel parallel zum Studium der Betriebswirtschaft an
der *Universität Mannheim* (Abschluss zum Diplomkaufmann 1978)
gründete er im April 1973 die *WOB Werbeagentur GmbH*. Von
Januar 2001 bis Dezember 2014 war er Vorstand der umgegrün-
deten *wob AG*, seit Januar 2015 Aufsichtsratsvorsitzender der *wob
Consult AG*. Seit 1983 ist Frank Merkel Strategieberater für externe und interne Kommunikation. Von 1990 bis 2000 fungierte er
im Vorstand des *Gesamtverbands Werbeagenturen (GWA)*, Frankfurt und war dort zuständig für das Ressort „Führungsnachwuchs
und Qualifizierung". Er hatte verschiedene Lehraufträge an der
Universität Mannheim und seit 1995 ist er regelmäßiger Betreuer
von praxisorientierten Abschlussarbeiten diverser Universitäten und
Hochschulen. Seit 1998 ist er Kooperationspartner von Prof. Dr.
Klaus-Peter Wiedmann (*Universität Hannover*) im Bereich innovative wissenschaftliche Projekte für Marktforschung. Von 1998
bis 2010 war er Initiator und Motor des Sponsoringprojektes „Re-
naissance des Barockschlosses" der *Universität Mannheim*. Seit
Sommer 2000 ist er Ehrensenator der *Universität Mannheim* und
von 2008 bis 2012 war er Präsident des Absolventennetzwerkes der
Universität Mannheim, AbsolventUM. Von 2008 bis 2015 war Frank
Merkel Mitglied im Vorstand des *GWA*, sowie Sprecher der inhaber-
geführten Agenturen und des Forums der B-to-B-Agenturen. Private
Interessen sind seine Familie, Reisen, Fotografieren, Theologie und
Philosophie.
Kontakt: frank.merkel@wob.ag

Jan Merkel ist Director bei der Unternehmensberatung *Simon-Kucher & Partners*. Seine Beratungsschwerpunkte liegen im Bereich Strategie, Marketing, Vertrieb und Pricing. Er studierte Betriebswirtschaftslehre an der *Universität Mannheim* und schrieb seine Diplomarbeit in Zusammenarbeit mit der Kommunikationsagentur *wob AG* zum „Einfluss Integrierter Kommunikation auf die Markenstärke im B2B-Markt".
Kontakt: jan.merkel@simon-kucher.com

Günter Moeller war nach dem Studium des Industriedesigns und der Betriebswirtschaftslehre an der *Universität Kassel* und Abschluss als Diplom-Designer zunächst in verschiedenen Positionen der Industrie und der Beratungsbranche tätig, wo er sich von Anfang an konsequent mit Fragen des markenorientierten Designs und seiner industriellen Nutzung auseinandergesetzt hat. 2003 hat er gemeinsam mit Christoph Herrmann die auf Fragen der Produkt-, Marken- und Designinnovation spezialisierte Unternehmensberatung *hm+p Herrmann,Moeller + Partner* mit Sitz in München gegründet. In den zurückliegenden Jahren hat er zahlreiche Innovations-, Marken- und Designprojekte für Unternehmen wie *ACO, Bosch, Brenntag, Carl Zeiss, DLW, Gardena, Haworth, Otto* und *T-Mobile* betreut. Neben seiner praktischen Tätigkeit war er als Lehrbeauftragter für Marken- und Designmanagement an verschiedenen Hochschulen tätig (u. a. an der *Bauhausuniversität Weimar* und der *Hochschule für Gestaltung Offenbach*). Gemeinsam mit Christoph Herrmann und verschiedenen Innovationsexperten aus Europa hat er 2005 das *Management Institute for Innovation + Design (MID)* in Mailand gegründet und verschiedene Publikationen zu Innovations-, Design- und Marketingfragen veröffentlicht.
Kontakt: g.moeller@hmp-innovation.de

Prof. Dr. Susan M. Mudambi ist Research-Professorin für Marketing an der Fox School of Business, *Temple University* (USA) und einem zweiten Schwerpunkt in Management-Informations-Systemen. Sie ist an der Fox School's Marketing für das Doktorandenprogramm tätig und Associate Director of Mentorship for the Executive Doctorate in Business Administration. Ihre Forschungen beschäftigen sich mit Marketingstrategien und International Business, mit Customer- und Supplier-Relationship-Strategien und der Rolle von Technologie und Social Media. Sie hat mehr als ein Dutzend Beiträge in referierten Zeitschriften veröffentlicht, einschließlich: *Industrial Marketing Management*, *MIS Quarterly*, *Journal of Management Studies*, *Journal of Product Innovation Management*, *Journal of International Management*, *Journal of Product and Brand Management* und *Journal of Economic Geography*, mit insgesamt mehr als 3.300 Google Scholar Zitaten. Sie verfügt über eine umfangreiche Lehrerfahrung in Bachelor, MBA, Executive und Promotionsprogrammen und hat mehrere Lehrpreise gewonnen. Ihre Praxis- und Führungserfahrung erwarb sie bei *Bell+Howell* und *IBM*. Sie erwarb einen B.A. von der *Miami University*, einen M.S. von der *Cornell University* und einen PhD von der *University of Warwick*.
Kontakt: susan.mudambi@temple.edu

Jörg Nitschke ist Leiter der Konzernfunktion Kommunikation der *Carl Zeiss AG*. Seit Anfang 2008 verantwortet er dort die externe und interne Unternehmenskommunikation und die Markenführung der *ZEISS Gruppe*. Jörg Nitschke studierte Betriebswirtschaftslehre an der *Universität des Saarlandes* in Saarbrücken. Seine ersten beruflichen Stationen waren *IBM* und der *AOK-Bundesverband*. Im Jahr 1998 wechselte er zur *ratiopharm GmbH*. Sein Aufgabenbereich dort war die Unternehmenskommunikation und globale Markenführung der *ratiopharm Gruppe*.
Kontakt: joerg.nitschke@zeiss.com

Johannes Pauen ist geschäftsführender Gesellschafter von *kleiner und bold* – die Transformationsagentur für ganzheitliche Markenführung. Nach seinem Studium an der *Universität Hamburg* und der *Georgetown University* in Washington D.C. hat der Diplom-Volkswirt 1992 seine Laufbahn als Kulturmanager in Berlin begonnen. Von 2000 bis 2007 hat er die Markenberatung für die Agentur *Triad Berlin* aufgebaut. Mit *kleiner und bold* hat er sich auf Transformationsprojekte von Unternehmensmarken spezialisiert. Johannes Pauen verbindet Methoden der Markenführung mit Service Design, um Markenerlebnisse aus Identitäts- und Nutzerperspektive zu optimieren. Am liebsten beschäftigt er sich mit Fragestellungen zur Marke als Steuerungs- und Motivationsinstrument in Organisationen.
Kontakt: pauen@kleinerundbold.com

Marco Petracca ist seit über zehn Jahren als Berater für identitätsbasierte Markenführung im B-to-B tätig. Als Senior Berater der B-to-B-Agentur *psv marketing* setzt er den Schwerpunkt weniger auf werbewirksame Effekthascherei, sondern vielmehr auf die ergebnisorientierte Implementierung von Markenwerten. Mit dem Denkansatz, auch emotionale Erfolgserlebnisse als messbares Ergebnis der unternehmerischen Leistung zu betrachten, berät Marco Petracca Mandanten wie die *Würth Gruppe*, *Paul Hartmann* oder *FRANKE*, sowie kleinere mittelständische Industrieunternehmen und Zulieferer bei der internen Markenführung, der markenorientierten Konzeption von Kommunikationsstrategien, der wertschöpfenden Verankerung und Nutzung von Markenwerten und ihrer Transponierung in die digitale Welt.
Kontakt: m.petracca@psv-marketing.de

Henning Rabe war bis 2017 Leiter Konzernmarketing der CLAAS Gruppe. *CLAAS* mechanisiert die landwirtschaftlichen Prozesse auf allen Feldern der Welt. Im Konzernmarketing arbeiten ca. 65 Experten, die von der Marktdatenerhebung über sämtliches Marketingmaterial bis hin zu Veranstaltungen und Vorführungen die Vertriebsorganisation unterstützen. Und die Marke führt. Als Diplom Kaufmann hat Henning Rabe nach Stationen bei *HAKO* (Dr. Tyll Necker) und *Lufthansa* Konzernentwicklung 17 Jahre lang in Markenberatungsunternehmen gearbeitet (*Interbrand Zintzmeyer&Lux*, *Luxon-Carra*, *Wolff Olins*), bevor er über ein Beratungsprojekt mit *CLAAS* in Kontakt kam. Und blieb.
Er ist verheiratet, lebt am Rande Hamburgs, hat drei erwachsene Söhne und segelt, wenn Freizeit und Wetter zusammenpassen.
Kontakt: h.rabe@rabeonline.de

Armin Reins ist strategisch denkender Kreativer und kreativer Stratege für Marken. Seine Agentur-Stationen als Texter, CD und Geschäftsführer Kreation waren *McCann-Erickson*, Hamburg, *Lowe*, *Lürzer*, *Michael Conrad & Leo Burnett* und *DMB&B* (alle Frankfurt) sowie *Wilkens Ayer* (Hamburg).
Seine mit über 100 Kreativpreisen (u.a. ADC, Cannes, Clio, New York Festival) ausgezeichneten Kampagnen führten 1996 zur Aufnahme in den *Art Directors Club* von Deutschland. 1998 war er Mitbegründer der *Texterschmiede e.V.* Seit 1999 hält er regelmäßig Textseminare und realisiert zusammen mit Veronika Classen Buchprojekte: *Die Mörderfackel* (Armin Reins fragt die besten Texter, wie sie das Mittelmaß in der Deutschen Werbung bekämpfen), *Die Sahneschnitte* (Wie die besten Texter aus Deutschland, Österreich und der Schweiz das Mittelmaß in der Werbung bekämpfen), *Corporate Language* (Wie Sprache über Erfolg oder Misserfolg von Marken und Unternehmen entscheidet), *Text sells* (Wie Sie Texte schreiben, die wirken. Wie Sie Unternehmen und Marken durch Sprache Profil geben) und *Deutsch für Inländer*.
Kontakt: reins@reinsclassen.de

Charles Schmidt ist als einer der ersten Social Media Officer in Deutschland der zentrale Treiber hinter den Social Media Aktivitäten der *KRONES AG*. Im Bereich des B-to-B-Marketings leistete er in vielerlei Hinsicht Pionierarbeit. Dabei stellt er immer den Menschen in den Mittelpunkt und betont die niederschwellige Kommunikation in den sozialen Netzwerken.
Kontakt: charles.schmidt@krones.com

Prof. Dr. Holger J. Schmidt studierte an den *Universitäten Mannheim* und *Barcelona* und promovierte an der *Leibnitz Universität Hannover*. Von 1993 bis 2010 arbeitete er in verschiedenen marketingnahen Positionen. Seit 2011 lehrt und forscht er an der *Hochschule Koblenz* sowie als Gastprofessor im In- und Ausland. Seine Forschungs- und Publikationsschwerpunkte liegen in der strategischen Markenführung, der internen Markenentwicklung, der Markenorientierung sowie in den Bereichen B-to-B-Marken, Technologiemarken, Dienstleistungsmarken und Sozialunternehmen. Er ist Verfasser des kompakten Lehrbuchs *Markenführung* (Springer Gabler 2015) und Autor zahlreicher weiterer wissenschaftlicher Veröffentlichungen. Darüber hinaus ist er Mitglied des *Expertenrats Technologiemarken* (www.technologiemarken.de) und sitzt im Beirat der *Generationsbrücke Deutschland* (www.generationsbruecke-deutschland.de).
Kontakt: hjschmidt@hs-koblenz.de

Dr. Marco Schmidt verantwortet als Geschäftsführer der *Dr. Oetker* Landesgesellschaften USA und Kanada die Bereiche Finance, Controlling, HR, IT und Legal. Seine berufliche Laufbahn startete er als Assistent der persönlich haftenden Gesellschafter der *Oetker Gruppe* (Corporate Controlling) und wechselte im Anschluss von der Holding zur *Dr. August Oetker Nahrungsmittel GmbH* in die Konsumgüterindustrie, wo er das Internationale Controlling für die Region Westeuropa und Amerika leitete. Seine Dissertation erstellte er am Lehrstuhl für Marketing der *Universität Siegen* über die Messbarkeit und Erfolgsrelevanz von Interner Markenstärke bei B-to-B-Unternehmen.
Kontakt: marco.schmidt@oetker.ca

Maria Seywald verfasste schon ihre Bachelorarbeit zum Themengebiet der sozialen Medien im B-to-B-Umfeld. Dabei analysierte sie die Aktivitäten der *KRONES AG*, wo sie nach Abschluss ihres Studiums ins Berufsleben einstieg. Seither ist sie Teil des Social Media Teams um Charles Schmidt und betreut die Kanäle der *KRONES AG*.
Kontakt: maria.seywald@krones.com

Anja Sohn leitet seit 2011 die Abteilung Brand & Marketing Communications beim Dentalspezialisten *BEGO*.
Zuvor war sie nach dem Studium der Wirtschaftswissenschaft an der *Ruhr-Universität Bochum* u. a. als Consultant bei *TNS Infratest* in München sowie als wissenschaftliche Mitarbeiterin am Lehrstuhl für Mittelstand, Existenzgründung und Entrepreneurship (LEMEX) an der *Universität Bremen* tätig.
Kontakt: Sohn@bego.com

Dominique Specht ist ein internationaler Branding-, Kommunikations- und Marketing-Experte mit über 15 Jahren Erfahrung auf Agentur-, Beratungs- und Unternehmensseite. Bei *DKSH Management Ltd.* in Zürich verantwortet er den Bereich Group Marketing Communications. Dies umfasst neben klassischen Corporate Communications Aufgaben wie Branding, Corporate Design und Identity, externer und interner Mitarbeiterkommunikation, Corporate Publishing und Group Digital Communications auch die gruppenweite marktgerichtete Kommunikation mit Klienten und Kunden. Er absolvierte das Studium der Volks- und Betriebswirtschaftslehre mit Schwerpunkt Marketing und dem Abschluss Master of Arts in Economics an den *Universitäten Hamburg* und *Basel* sowie eine Weiterbildung an der *HSG* in St. Gallen in Kommunikation und Management. Weitere berufliche Stationen umfassten die *Daimler AG* in Stuttgart, *J. Walter Thompson Ltd.* in Kapstadt, *Added Value* in Nürnberg sowie *Interbrand* in Zürich.
Kontakt: Dominique.Specht@dksh.com

Petra Toischer war zwischen 2012 und 2015 als Marketing Director und Head of Brand Management bei *Metabo* tätig. In dieser Zeit baute sie, beginnend mit einem Marken-Repositionierungsprozess und der weltweiten Umsetzung des neuen Markenauftritts die strategische Markenführung des Elektrowerkzeug-Herstellers aus. Zuvor war sie 14 Jahre bei der Schweizer *Zehnder Group* – zuletzt als Head of Group Brand Management, wo sie die Positionierung und Führung der weltweiten strategischen Marken *Zehnder* und *Runtal* verantwortete. Heute leitet sie bei *Testo AG* die Bereiche strategische Markenführung, das internationale Instrumentation- und Lösungs-Marketing für die Geschäftsfelder Heizung, Lüftung, Klima, Food und Pharma sowie Corporate Communications. Petra Toischer doziert an verschiedenen Hochschulen in Deutschland und der Schweiz über Markenführung und strategisches Marketing. Ihren MBA absolvierte sie 2004 an der *TIAS School for Business and Society*.
Kontakt: petra@toischer.com

Prof. Dr. Ralph Tunder ist Akademischer Direktor des *Health Care Management Institute (HCMI)* und außerplanmäßiger Professor an der *EBS Universität für Wirtschaft und Recht*. Sein Lehr- und Forschungsschwerpunkt liegt in den Bereichen des Marketings, des Dienstleistungsmanagements sowie der Geschäftsfeld- und Unternehmensstrategien. Daneben widmet er sich der Bearbeitung diverser gesundheitsökonomischer Themen und dem Bereich des Market Access, dem erfolgreichen Neuzugang von Pharmazeutika und Medizinprodukten in den Markt.
Kontakt: ralph.tunder@ebs.edu

Prof. Dr. Markus Voeth ist Inhaber des Lehrstuhls für Marketing und Business Development an der *Universität Hohenheim*. Seine Forschungsschwerpunkte liegen in den Bereichen des Dienstleistungsmarketings, des Industriegütermarketings und der Marktforschung. Markus Voeth leitet den Standort Stuttgart der *Negotiation Academy Potsdam*. Zudem ist er Gesellschafter der *Voeth Herbst Managementberatung*, einer wissenschaftsnahen Beratung, die auf Coaching, Consulting und Research für B-to-B- und Dienstleistungsunternehmen spezialisiert ist.
Kontakt: voeth@uni-hohenheim.de

Dr. Undine von Diemar ist Partnerin im Münchener Büro der internationalen Rechtsanwaltssozietät *Jones Day*. Im Rahmen ihrer juristischen Ausbildung absolvierte sie als Stipendiatin des *Deutschen Akademischen Austauschdienstes (DAAD)* und der *Rotary-Stiftung* ein Master of Laws-Studium an der *University of Michigan* Law School (Ann Arbor, USA). Für ihre Promotion zum Thema *Die digitale Kopie zum privaten Gebrauch* erhielt sie den Fakultätspreis der *Universität Potsdam*. Undine von Diemar berät international tätige Unternehmen auf den Gebieten des Technologie- und IT/IP-Rechts sowie des Datenschutzrechts. Ihre Tätigkeitsschwerpunkte umfassen die Beratung bei der Nutzung von IP-Rechten im Umfeld neuer Technologien sowie die Durchführung von Technologie- und Outsourcing-Transaktionen.
Kontakt: uvondiemar@jonesday.com

Dr. Hauke Wetzel ist Assistant Professor im Bereich Marketing. Er lehrt und forscht an der *Massey University* in Auckland, Neuseeland, in den Bereichen B-to-B-Marketing, Marketing Analytics, Marketing Performance und Relationship Marketing. Er ist Autor zahlreicher Beiträge in international führenden Fachzeitschriften und wurde mehrfach für seine Arbeiten ausgezeichnet. Darüber hinaus leitet er Beratungsprojekte und Kooperationen mit international agierenden Unternehmen.
Kontakt: h.wetzel@massey.ac.nz

René Will geb. 1960 in Frankfurt am Main, ist Leiter der Unternehmenskommunikation bei *SEW-EURODRIVE* in Bruchsal/Baden. Sein Arbeitsschwerpunkt bei dem global agierenden Hersteller von Antriebstechnik liegt auf der weltweiten Steuerung des Corporate-Designs, der Entwicklung von nationalen und internationalen Projekten zur Sicherstellung der Markenposition sowie der Gestaltung der internen und externen Kommunikation. Vor seiner Tätigkeit bei *SEW-EURODRIVE* war René Will in verschiedenen Managementpositionen tätig, u. a. als Leiter der Marktkommunikation von *Rittal* sowie als Marketingleiter von *AEG Stromversorgungen*.
René Will hat Volkswirtschaftslehre an der *Universität Siegen* sowie Gesellschafts- und Wirtschaftskommunikation in Berlin studiert. Seine Marketinglaufbahn begann der Diplom-Kommunikationswirt als Management-Trainee bei einem internationalen Elektrotechnikkonzern. Neben seinem Marketingwissen hat er seither seine Branchen- und Methodenkompetenz, insbesondere in der Investitionsgüter-Kommunikation, stetig ausgebaut. René Will blickt auf mehr als 25 Berufsjahre in der Planung und Realisierung von Kommunikationsmaßnahmen für erklärungsbedürftige Produkte zurück.
Kontakt: Rene.Will@sew-eurodrive.de

Dr. Wolfgang Wünsche geb. 1950 in Wien ist Chairman und CEO von *Advisory Board International* einer Unternehmerberatungsfirma, die sich auf ganzheitliche Corporate Governance und Entwicklung immaterieller Vermögensgegenstände, insbesondere Marken spezialisiert. Er verfügt über eine jahrzehntelange Praxis als CEO, Aufsichtsrat in der Industrie und ist Beirat von internationalen Industrie-, Finanz- und Dienstleistungsunternehmen. Nach seiner Promotion in Hamburg verdiente er sich seine Sporen in Handelsunternehmen und in der Konsumgüterindustrie, wo er für die strategische und operative Markenführung und die Internationalisierung des Unternehmens in Asien, im Mittleren Osten und in Europa verantwortlich zeichnete.
Kontakt: wwuensche@yahoo.com

Besonderheiten und Relevanz der B-to-B-Marke

Status quo und Besonderheiten der B-to-B-Markenführung

Carsten Baumgarth

Zusammenfassung

B-to-B-Marke und B-to-B-Markenführung sind sowohl in der Praxis als auch in der Wissenschaft noch relativ junge Felder. Der Beitrag erläutert zunächst die ökonomische Relevanz von B-to-B-Marken und klärt die Begriffe B-to-B-Marke und B-to-B-Markenführung. Ferner wird der aktuelle Stand der B-to-B-Markenführung in der Unternehmenspraxis sowie in der Wissenschaft und Lehre aufgezeigt. Die Diskussion der Besonderheiten der B-to-B-Markenführung verdeutlicht, dass sich diese zwar nicht grundsätzlich von der B-to-C-Markenführung unterscheidet, aber fundamentale und situative Merkmale eine Adaption der klassischen Markenführung notwendig machen. Schließlich liefert der Beitrag unter Verwendung eines Bezugsrahmens der B-to-B-Markenführung einen Überblick über das vorliegende Buch.

Schlüsselbegriffe

Besonderheiten der B-to-B-Marke · B-to-B-Marke · Status quo der B-to-B-Markenführung

Inhaltsverzeichnis

C. Baumgarth (✉)
Hochschule für Wirtschaft und Recht Berlin
Berlin, Deutschland
E-Mail: cb@cbaumgarth.net

© Springer Fachmedien Wiesbaden GmbH, ein Teil von Springer Nature 2018
C. Baumgarth (Hrsg.), *B-to-B-Markenführung*, https://doi.org/10.1007/978-3-658-05097-9_1

1 B-to-B-Markenführung als Management immaterieller Werte

Management im Allgemeinen und im industriellen Umfeld im Speziellen bezog sich in der Vergangenheit auf die Optimierung von Produktionsprozessen, die Anschaffung einer neuen Fertigungsstraße, die Eröffnung eines Produktionsstandortes im Ausland oder die Sicherstellung von Kreditlinien. Dies alles sind Beispiele für das Management von materiellen Werten und die Finanzseite des Unternehmens. Diese Entscheidungsbereiche lassen sich gut in Zahlen fassen, ihre Qualität lässt sich durch Kennzahlen evaluieren und sie passen in die überwiegend ingenieursorientierte Denkweise des Top-Managements in B-to-B-Unternehmen. Allerdings ist damit die Gefahr verbunden, dass sich das Management einseitig auf etwas ausrichtet, das zunehmend an Bedeutung verlieren wird für das Überleben und den Erfolg von B-to-B-Unternehmen. Diese Fokussierung auf materielle Werte spiegelt sich auch deutlich im Rechnungswesen, dem Controlling und der Bilanzierung von B-to-B-Unternehmen wider. Dort dominieren „**harte**" Aspekte wie Anlagevermögen, Prozesszeiten und finanzielle Kennzahlen.

Hingegen verdeutlicht eine Vielzahl von Studien, dass die **immateriellen Werte** der Unternehmen, wie Patente, Kundenbeziehungen, Mitarbeiter-Know-how und eben auch Marken, immer wichtiger werden (Völckner und Pirchegger 2006; KPMG 2008; Menninger et al. 2012). Eine Auswertung der amerikanischen Unternehmen aus dem S & P 500-Index zeigt, dass sich der Anteil der immateriellen Werte am Gesamtwert im Zeitablauf immer weiter erhöht und mittlerweile rund 87 % des Gesamtunternehmenswertes erreicht hat (vgl. Abb. 1).

Auch wenn die Bedeutung von immateriellen Werten im Allgemeinen (Ocean Tomo 2015) und Marken im Speziellen (PwC und Sattler 2001; Menninger et al. 2012) zwischen verschiedenen Branchen variiert, lässt sich auch für den B-to-B-Bereich erkennen, dass die Summe der immateriellen Werte die Summe der materiellen Werte deutlich übersteigt. Die immateriellen Werte umfassen u. a. folgende Kategorien (siehe auch Völckner und Pirchegger 2006):

- Marketingbezogene Vermögenswerte (z. B. Marken, Internet-Domains)
- Kundenbezogene Vermögenswerte (z. B. Kundendaten, Kundenbeziehungen)
- Technologiebasierte Vermögenswerte (z. B. Patente, Software)
- Rechtliche Vermögenswerte (z. B. Lizenzen, Service- und Wartungsverträge)
- Humanvermögenswerte (z. B. Wissen, Loyalität)
- Netzvermögenswerte (z. B. Kooperationen, Lieferbeziehungen)

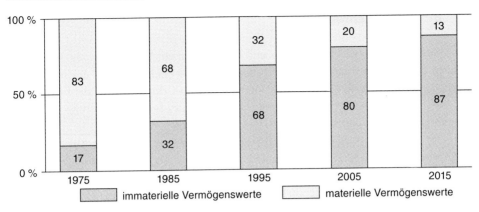

Abb. 1 Anteil immaterieller Werte am Marktwert der S & P 500-Unternehmen. (Quelle: Ocean Tomo 2015)

Zwar liegen für den B-to-B-Bereich keine belastbaren Zahlen vor, allerdings belegen allgemeine Studien, dass der Vermögenswert „Marke" einen der wichtigsten immateriellen Vermögenswerte darstellt (z. B. 50 % des gesamten Unternehmenswertes; Menninger et al. 2012). Daraus folgt, dass Marken zum einen ein Thema für das Top-Management darstellen sollten und dass dieser Vermögenswert zum anderen professionell zu managen ist. Das Delegieren der Markenführung auf untergeordnete Abteilungen und externe Dienstleister (z. B. Werbeagenturen) oder die Markenführung aus dem „Bauch" heraus sind schwere Managementfehler und bedeuten die Vernichtung von Unternehmenswert.

Allerdings setzt sich diese Erkenntnis erst langsam im Management durch. So berücksichtigen beispielsweise nur 20,3 bzw. 15,6 % der befragten deutschen Unternehmen immaterielle Werte in der betrieblichen Steuerung bzw. in der Kostenrechnung (KPMG 2008). Wie der nachfolgend darzustellende Status quo zeigen wird, weist speziell im B-to-B-Bereich auch die Professionalisierung der Markenführung (noch immer) deutliche Defizite auf.

2 Status quo der B-to-B-Markenführung

Markenführung war in der Vergangenheit die Domäne der Konsumgüterhersteller. Immer wieder wird das Markenkonzept an Konsumgütermarken wie *Coca-Cola, BMW* oder *Nike* und neuerdings auch an Technologiemarken wie *Apple, Google* oder *Tesla* erläutert. Sogar in einem Buch wie diesem finden sich häufig Verweise auf diese Benchmarks der Markenführung. Aber zunehmend erkennen sowohl die Praxis als auch die Wissenschaft die Bedeutung der Marke im B-to-B-Umfeld und deren Besonderheiten. Im Folgenden soll nach einer kurzen Definition der Begriffe B-to-B und Markenführung ein Überblick über die B-to-B-Markenführung in der akademischen und unternehmerischen Welt skizziert werden.

2.1 B-to-B-Markenführung

Die Unterscheidung zwischen B-to-B- und B-to-C-Marketing findet sich regelmäßig sowohl in der Praxis als auch in der Wissenschaft. Diese beiden Formen des Marketings grenzen sich über die Zielgruppe ab. Während sich B-to-C-Marketing an die Endverwender – die Konsumenten – richtet, sind die Zielgruppen des B-to-B-Marketings Unternehmen, Organisationen und andere professionelle Nachfrager.

In der Literatur gibt es neben dem **B-to-B-Marketing** verwandte oder synonyme Begriffe wie Investitionsgüter- bzw. Industriegütermarketing und industrielles bzw. Industrial Marketing (z. B. Backhaus und Voeth 2014, S. 5 f.). Die Begriffsvielfalt zeigt sich auch darin, dass etablierte Lehrbücher im Laufe der Zeit ihren Titel veränderten (z. B. wechselte Klaus Backhaus den Titel von „Investitionsgütermarketing" über „Industriegütermarketing" hin zu „Industriegütermarketing – Grundlagen des B-to-B-Marketings": Backhaus 1982; Backhaus und Voeth 2007, 2014; Peter Godefroid hat den Titel seines Buches von „Investitionsgütermarketing" zu „Business-to-Business-Marketing" verändert: Godefroid 1995; Godefroid und Pförtsch 2013). Im Rahmen dieses Buches wird pragmatisch der Begriff B-to-B als Abkürzung für Business-to-Business verwendet. Eine *Google*-Abfrage (Abfrage: 04.06.2017) zeigt, dass es sich bei Business-to-Business-Marketing (95.700.000 Treffer) bzw. B-to-B-Marketing (45.800.000 Treffer) um die am häufigsten verwendeten Begriffe handelt (Industriegütermarketing: 25.300; Investitionsgütermarketing: 25.700). Auf die aus dem Internetjargon stammende Leetspeak-Abkürzung B2B-Marketing wird hingegen aus sprachlichen Gründen, aber auch aus Gründen der geringeren Verwendungshäufigkeit (5.560.000 Treffer) verzichtet.

Der zweite Wortbestandteil von B-to-B-Markenführung ist weit schwieriger zu definieren. In der Literatur, aber auch in der Praxis gibt es eine Vielzahl von **Markendefinitionen** (z. B. Baumgarth 2014, S. 1 ff.). In einer Befragung von zwanzig Experten aus Werbeagenturen und Marktforschungsunternehmen konnten fünfzehn verschiedene Definitionsansätze identifiziert werden (de Chernatony und Dall'Olmo Riley 1998). Hier soll ein **wirkungs- bzw. nachfragerbezogener Markenbegriff** zugrunde gelegt werden. Danach existiert eine Marke nicht an sich, wird nicht durch den Einsatz bestimmter Instrumente und auch nicht durch die rechtliche Absicherung gebildet, sondern entsteht in den Köpfen der Nachfrager oder anderer relevanter Stakeholder (z. B. Berekoven 1978; Bruhn 1994; Baumgarth 2014, S. 5). Ohne Wirkungen auf der Nachfragerseite handelt es sich nicht um eine Marke. Umstritten sind allerdings die relevanten Wirkungskategorien. Hier sollen als Kriterien die folgenden drei (Erfolgs-)Indikatoren Verwendung finden (Baumgarth 2014, S. 5):

- Hoher Bekanntheitsgrad
- Im Vergleich zum Wettbewerb differenzierendes Image
- Präferenzen

Dieser wirkungsorientierte Ansatz lässt sich gut anhand eines Blindtests verdeutlichen. Bei einem Blindtest beurteilen Nachfrager zunächst bestimmte Leistungen ohne Angabe der Marke. Anschließend bewertet die gleiche oder eine zweite, aber vergleichbare Gruppe von Nachfragern die gleichen Leistungen mit zusätzlicher Markennennung. Die Unterschiede zwischen den beiden Durchläufen bei der Beurteilung (z. B. Image, Präferenz, Kaufabsicht) lassen sich auf die Markenwirkung beim Abnehmer zurückführen. Die Ergebnisse solcher Blindtests aus dem B-to-C-Bereich werden regelmäßig publiziert (z. B. Kenning et al. 2002, S. 3; Keller 2008, S. 48 ff.; de Chernatony et al. 2011, S. 16). Aus dem B-to-B-Bereich liegt bislang erst eine Studie vor, die den Effekt von Marken mithilfe eines Blindtests analysiert hat (Gordon et al. 1993).

Markenführung (synonym: Markenmanagement, teilw. Markenpolitik) beschäftigt sich demnach mit den Handlungen zur Stärkung der Marke in den Köpfen der relevanten Stakeholder. Dabei lässt sich eine institutionelle und eine funktionale Sicht voneinander abgrenzen (allg. Steinmann et al. 2013, S. 6). Die institutionelle Sicht beschäftigt sich mit den Personen, die innerhalb und außerhalb der Organisation eine bestimmte Marke führen. Die funktionale Sicht, die im Weiteren verfolgt wird, beschäftigt sich hingegen zunächst unabhängig von einzelnen Personen oder Abteilungen mit den Handlungen zur Stärkung der Marke. Solche Handlungen können unterschiedlich sein und umfassen insbesondere Planung, Organisation und Kontrolle.

Zusammenfassend lässt sich daher B-to-B-Markenführung als die Summe aller Handlungen (Planung, Organisation und Kontrolle) verstehen, die in den Köpfen der professionellen Nachfrager und weiteren Stakeholdern für ein Leistungsangebot einen hohen Bekanntheitsgrad, ein differenzierendes Image und eine Präferenz erzeugen.

2.2 Unternehmerische Welt: Praxis der B-to-B-Markenführung

Den Stand der B-to-B-Markenführung in deutschen B-to-B-Unternehmen haben die Studien von Richter (2007) und Baumgarth (2007) sowie speziell zu mittelständischen B-to-B-Dienstleistern Müller et al. (2003) untersucht. Die aktuelle Bedeutung lässt sich aus der jährlich durchgeführten Budgetstudie des *bvik* ablesen. In dem sogenannten *bvik*-Trendbarometer, das regelmäßig die zukünftige Wichtigkeit (in den nächsten drei Jahren) von verschiedenen Themen für das B-to-B-Marketing erhebt, ist die Markenführung immer im oberen Drittel vertreten. 2016 sagten z. B. 67 % der befragten Marketingmanager, dass die Markenführung in den nächsten drei Jahren wichtiger oder erheblich wichtiger wird (bvik 2017). *Esch – The Brand Consultants* konnten in ihrer Studie „B2B Brand Excellence Studie 2014" eine Zustimmung von 43 % für das Statement „Hohe Relevanz des Themas Markenführung im eigenen Unternehmen" und von 40 % für die Aussage „Zukünftig steigende Bedeutung des Themas Marke im eigenen Unternehmen" ermitteln (Esch et al. 2014).

Der hohen Bedeutung der B-to-B-Marke stehen aber immer noch deutliche Defizite in der praktischen Markenführung gegenüber. In der schon erwähnten Studie „B2B Brand

Excellence Studie 2014" von *Esch – The Brand Consultants* schätzten nur 31 % die eigene Markenführung als professionell ein (Esch et al. 2014). In der Studie von Baumgarth (2007), die 2006 durchgeführt wurde, zeigten sich u. a. Schwachpunkte im Markencontrolling, in der Markenpositionierung und der internen Markenverankerung (vgl. Abb. 2). Auch die Ergebnisse von Richter (2007, S. 172) zeigen u. a. deutliche Schwächen im Markencontrolling (für B-to-B-Dienstleister vgl. Müller et al. 2003). Nur 22 % der befragten Unternehmen führen regelmäßig Wettbewerbsanalysen für die Marke durch, nur 12 % messen regelmäßig das Markenimage und nur 6 % der Unternehmen ermitteln regelmäßig den monetären Markenwert.

Auch im Bereich der Markenpositionierung belegt die Studie von Richter (2007) ein erhebliches Defizit (vgl. Abb. 3) (auch Esch et al. 2014). Die Mehrzahl der Markenpositionierungen fokussiert auf relativ austauschbare Dimensionen wie Produktqualität, kundenindividuelle Lösungen und Serviceleistungen. Emotionale Aspekte, die nachweislich auch im B-to-B-Bereich eine hohe Relevanz besitzen (z. B. Bausback 2007), werden nur von rund jedem zehnten Unternehmen als ein Inhalt der Markenpositionierung angesehen (für B-to-B-Dienstleistungsunternehmen vgl. Müller et al. 2003, S. 38).

Trotz dieser Defizite lassen sich aber in der Unternehmenspraxis erste Indikatoren wie die Etablierung der seit 2006 jährlich stattfindenden Markenkonferenz B2B (www.

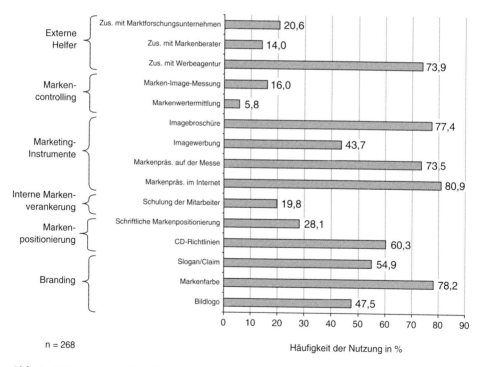

n = 268   Häufigkeit der Nutzung in %

Abb. 2 Status quo der B-to-B-Markenführung in der Unternehmenspraxis. (Quelle: Baumgarth 2010, S. 44)

Gegenüber unseren Kunden soll unsere wichtigste Marke in erster Linie Folgendes versprechen:

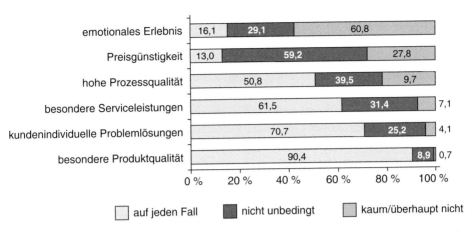

Abb. 3 Genutzte Dimensionen zur B-to-B-Markenpositionierung. (Quelle: Richter 2007, S. 170)

markenkonferenz.de), die Ausschreibung von entsprechenden Kommunikations- und Markenpreisen (z. B. BoB des Kommunikationsverbandes, *GWA* Profi, Business Superbrands B-to-B: bislang nicht in Deutschland, www.superbrands.com), die Einrichtung eines Arbeitskreises im Rahmen der *GWA* (Forum BtoB-Kommunikation) oder auch die Gründung und Etablierung des Bundesverbandes Industriekommunikation (*bvik*, Gründung: 2010) als Hinweise für eine zunehmende Beschäftigung und damit eine zunehmende Professionalisierung erkennen. Im Jahre 2013 hat der *VDI* (2013) unter der Nummer VDI 4506 sogar eine Richtlinie zum „Markenmanagement mit dem Business Coach" veröffentlicht. Schließlich liegen mittlerweile auch einige gut dokumentierte Fallstudien zur B-to-B-Markenführung vor (z. B. Lamons 2005; Himmelsbach 2007; Esch und Armbrecht 2009; Gey 2017).

2.3 Akademische Welt: Lehre & Forschung der B-to-B-Markenführung

In der Vergangenheit hat sich die akademische Welt sowohl in der Lehre als auch in der Wissenschaft nur sporadisch mit der B-to-B-Marke auseinandergesetzt.

In der **Lehre** lässt sich die geringe Bedeutung dieses Themas an Lehrbüchern belegen. Eine Auswertung der Lehrbuchliteratur zeigte, dass in Lehrbüchern zum B-to-B-Marketing im Durchschnitt sich nur 4,4 Seiten (0,9 %) und in Lehrbüchern zur Markenführung nur 4 Seiten (0,9 %) des Gesamtinhaltes mit dem Thema B-to-B-Marke beschäftigen (Baumgarth und Douven 2006, S. 138). Auch Monographien (mit Ausnahme von Doktorarbeiten) zu diesem Thema finden sich erst seit rund 15 Jahren (Malaval 2001; Lamons 2005; Pförtsch und Schmid 2005; Pförtsch und Müller 2006; Kotler und Pfoertsch 2006; Mattmüller et al. 2009; Masciadri und Zupancic 2013). Ferner ist dem Verfasser keine einzige Hochschule im deutschsprachigen Raum (und auch international) bekannt, die regelmäßig im Bachelor- und Masterbereich oder MBA-Bereich ein Lehrprogramm speziell zur B-to-B-Markenführung anbietet. Am ehesten finden sich im Rahmen von spezialisierten Master- und MBA-Programmen zur Markenführung oder zum B-to-B-Marketing Bezüge zur B-to-B-Markenführung. Tab. 1 listet einige Angebote auf. Daneben existieren an vielen Hochschulen im In- und Ausland Master- und MBA-Angebote, die sich eher auf allgemeines Management beziehen und im Rahmen dieses Angebotes auch einzelne Kurse zur Markenführung oder zum B-to-B-Marketing anbieten.

In der Vergangenheit hat sich auch die **Forschung** nicht intensiv mit der B-to-B-Markenführung beschäftigt. In der Literaturauswertung von Baumgarth und Douven (2006) für den Zeitraum 1967–2005 konnten insgesamt nur 93 Publikationen identifiziert werden, wobei eine nennenswerte Publikationstätigkeit (mehr als fünf Publikationen pro Jahr) erst ab der Jahrtausendwende zu erkennen ist. Frühe internationale Forschungsarbeiten mit einem großen Einfluss auf die jüngere Forschung sind u. a. die Arbeiten von Lehmann und O'Shaughnessy (1974), Saunders und Watt (1979), Gordon et al. (1991) und McDowell Mudambi et al. (1997). Im deutschsprachigen Raum sind insbesondere die Dissertationen von Baumgarth (1998), Kemper (2000), Sitte (2001) und Schmidt (2001) als relativ frühe Arbeiten mit einem B-to-B-Markenfokus zu nennen.

Aktuell ist eine zunehmende Beschäftigung in der Wissenschaft mit der B-to-B-Markenführung zu erkennen. Deutliche Zeichen dafür sind z. B. verschiedene Special Issues in renommierten Zeitschriften (z. B. 2010: *European Journal of Marketing*: „Branding and the Marketing of Technological and Industrial Products" und *Industrial Marketing Management*: „Building, Implementing, and Managing Brand Equity in Business Markets"; 2011: *Industrial Marketing Management*: „Business to Business Branding"). Im deutschsprachigen Raum sind in den letzten zehn Jahren auch einige Dissertationen zu dem Forschungsfeld B-to-B-Marke entstanden (z. B. Binckebanck 2006; Bausback 2007; Richter 2007; Douven 2009; Donnevert 2009; Schmidt 2009; Özergin 2011; Schmitt 2011; Schultheiss 2011; Worm 2012; Krause 2013; Maier 2016; Elsäßer 2016). Schließlich enthalten auch die aktuellen Auflagen von Lehrbüchern und Aufsatzsammlungen zur Markenführung (z. B. Baumgarth 2014; de Chernatony et al. 2011; Dall'Olmo Riley et al. 2016) und zum B-to-B-Marketing (z. B. Backhaus und Voeth 2014; Hutt und Speh 2010) eigene Kapitel zur B-to-B-Marke. Aktuelle und komprimierte Überblicke über die B-to-B-Markenforschung liefern die Beiträge von Glynn (2011), Keränen et al. (2012), Leek und Christodoulides (2011) und Baumgarth (2015).

Tab. 1 Master- und MBA-Programme mit Schwerpunkt B-to-B-Marketing oder Markenführung (Auswahl)

Hochschule	Name des Programms	Internet	Art des Programms	Schwerpunkt
Brand Academy	Master International Brand Management	https://www.brand-acad.de/international-brand-management/	4 Semester, Vollzeit, englischsprachig	Markenführung
Hochschule Pforzheim	Master of Arts in Creative Communication & Brand Management	https://businesspf.hs-pforzheim.de/studium/studierende/master/creative_communication_brand_management_ma/	3 Semester, Vollzeit, überwiegend deutschsprachig	Marken- und Kommunikationsmanagement
FU Berlin	Executive Master Business Marketing	http://www.fu-berlin.de/studium/studienangebot/master/executive_business_marketing/index.html	2 Semester, Fernstudium mit Präsenzphasen, deutschsprachig	B-to-B-Marketing
Hochschule Luzern	MAS in Brand and Marketing Management	https://www.hslu.ch/de-ch/wirtschaft/weiterbildung/mas/ikm/brand-and-marketing-management/	4 Semester, berufsbegleitend, deutschsprachig	Markenführung
Hochschule Würzburg-Schweinfurt	Marken- und Medienmanagement	https://fwiwi.fhws.de//studium/master_marken_und_medienmanagement/allgemeines.html	3 Semester, deutschsprachig	Markenführung
Lund University	Master Program International Marketing and Brand Management	http://www.lunduniversity.lu.se/lubas/i-uoh-lu-EAGIB	2 Semester, englischsprachig	Markenmanagement
Westfälische Wilhelms-Universität Münster	Executive MBA in Marketing	http://weiterbildung.uni-muenster.de/de/masterstudiengaenge/emba-marketing/marketingmba/	4 Semester, berufsbegleitend, deutsch- und englischsprachig	Marketing mit einem Modul zum Marken- und Kommunikationsmanagement
Wisconsin School of Business (Center of Product and Brand Management)	Wisconsin MBA	https://wsb.wisc.edu/programs-degrees/mba/full-time/program-overview	2 Jahre, Vollzeit, englischsprachig	Markenführung

3 Besonderheiten der B-to-B-Markenführung

Die Markenführung für B-to-B-Marken zeichnet sich im Vergleich zur klassischen B-to-C-Marke durch einige Besonderheiten aus (z. B. Baumgarth 1998, 2001, 2004, 2015; Caspar et al. 2002; Kemper 2000; Brown et al. 2007). Dabei lassen sich fundamentale Besonderheiten, die aus den grundsätzlichen Merkmalen der industriellen Leistung und deren Vermarktungsprozessen resultieren, und situative Besonderheiten, die sich in der aktuellen Praxis der B-to-B-Markenführung zeigen, voneinander abgrenzen.

3.1 Fundamentale Besonderheiten

(1) Marktleistung
Die B-to-B-Markenführung bezieht sich gegenüber der B-to-C-Markenführung auf **heterogene Leistungen**. Beispielsweise umfassen die Leistungen des B-to-B-Bereichs sowohl Commodities (z. B. Standardkunststoffe der chemischen Industrie, Standardsoftware) als auch Spezialitäten (z. B. individuell erstellte Walzstraßen), sowohl niedrigpreisige (z. B. Büromaterial, Standschrauben) als auch hochpreisige Leistungen (z. B. Flugzeuge, Betonpumpen) und sowohl Standardleistungen (z. B. Schaltschränke, Bohrmaschinen, Logistik) als auch erklärungs- und interaktionsbedürftige Leistungen (z. B. individuell angepasste Unternehmenssoftware, Zulieferteile für die Automobilindustrie). Dies führt dazu, dass im Rahmen der B-to-B-Markenführung die Besonderheiten der jeweiligen Leistungskategorie bzw. des Geschäftstyps zu berücksichtigen sind.

(2) Nachfrager
Im Gegensatz zu Konsumgütern handelt es sich bei den Nachfragern nach B-to-B-Marken immer um Organisationen (z. B. Unternehmen, staatliche und nicht-kommerzielle Institutionen) oder professionelle Nachfrager (z. B. Steuerberater, Handwerker, Werbeagenturen). Mit dieser professionellen und i. d. R. **organisationalen Beschaffung** sind u. a. folgende Aspekte verknüpft:

- Hoher Formalisierungsgrad der Informations- und Entscheidungsprozesse
- Hoher Anteil an sachlich-rationalen Entscheidungskriterien
- Kollektive Entscheidungen (Buying Center)
- Abgeleitete Entscheidungen (Bedarf und Entscheidungskriterien resultieren aus den nachgelagerten Märkten)
- Geringe Zahl von Nachfragern (hohe Markttransparenz, internationale bzw. globale Märkte)

(3) Marktprozesse
Die Marktprozesse im B-to-B-Bereich zeichnen sich regelmäßig durch langfristige und durch persönliche Interaktionen beeinflusste Geschäftsbeziehungen aus, d. h. bei der B-

to-B-Markenführung stehen nicht einmalige Transaktionen und mediale Markenkontakt-punkte im Fokus, sondern **langfristige Geschäftsbeziehungen** und **persönliche Kommunikation.**

3.2 Situative Besonderheiten

(1) Dominanz von Dachmarken

Im Bereich der B-to-B-Markenführung dominieren in der Unternehmenspraxis Marken-konzepte mit einer ausgeprägten Markenbreite (Aspara und Tikkanen 2008). Richter (2007) konnte in seiner branchenübergreifenden Studie zeigen, dass in rund 31 % der Unternehmen reine Dachmarkenkonzepte und in weiteren rund 47 % Markenkonzepte mit einer Integration der Dachmarke eingesetzt werden (vgl. Abb. 4; auch Baumgarth 2007; Homburg 2003; o.V. 1993).

Diese Dominanz führt zu Besonderheiten bei der internen Verankerung der Marke, da die Unternehmenskultur und Markenpositionierung in einem engen Verhältnis zueinander stehen. Ferner resultieren Schwierigkeiten bei der Formulierung von differenzierenden Markenpositionierungen, da diese für eine Vielzahl von Leistungen, Branchen und Länder gültig sein müssen.

	1	2	3	4	5	6	7
Unternehmens-ebene	Dachmarke	Dachmarke	Dachmarke	Dachmarke			
Produktgruppen-ebene		Familienmarke		Familienmarke	Familienmarke		Familienmarke
Produktebene			Einzelmarke	Einzelmarke		Einzelmarke	Einzelmarke

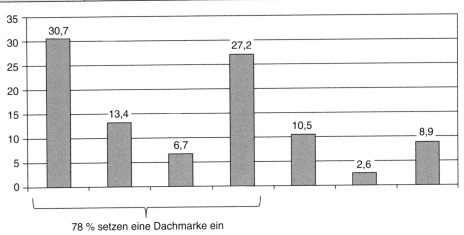

Abb. 4 Markenstrategien im B-to-B-Bereich. (Quelle: Richter 2007, S. 170)

(2) Fehlendes Bewusstsein und Know-how für Markenführung

Viele B-to-B-Unternehmen sind im Top-Management technisch orientiert. In vielen Fällen dominieren der Gründer bzw. die Gründerfamilie, die die jeweiligen Produkte in der Gründungsphase des Unternehmens selbst entwickelt haben, das Unternehmen. Daher fehlt dem Management sowohl vom Selbstverständnis her als auch beim Know-how eine Markt- und Markenorientierung. Dies führt dazu, dass dem Thema B-to-B-Marke auf der Top-Management-Ebene häufig keine entsprechende Aufmerksamkeit zuteilwird und es auf untergeordnete, mit wenigen Kompetenzen ausgestattete Hierarchieebenen (z. B. Marketingabteilung) oder sogar an externe Dienstleister (z. B. Werbeagenturen) (weg)delegiert wird. Auch resultieren aus diesem fehlenden Bewusstsein und dem fehlenden Know-how die bereits skizzierten Defizite der B-to-B-Markenführung in der Unternehmenspraxis.

(3) Geringe Budgets für die Markenführung und fehlende Machtbasis

Aufgrund des geringen Bewusstseins vieler B-to-B-Unternehmen für das Thema Marke sowie dem insgesamt geringen Stellenwert des Marketings in vielen B-to-B-Unternehmen (Dominanz des Vertriebs) stehen der B-to-B-Markenführung i. d. R. nur geringe Budgets zur Verfügung. Eng verknüpft ist damit der Aspekt, dass die Manager, die sich um das Thema B-to-B-Marke in Unternehmen schwerpunktmäßig kümmern sollen, häufig nur eine geringe interne Machtbasis besitzen. Daraus folgt, dass B-to-B-Markenführung für die Manager häufig nicht nur Durchsetzung von Markenpositionierung und integrierten Kommunikationsansätzen, sondern interne Überzeugungsarbeit von anderen Fachabteilungen (z. B. Personalabteilung, F&E und Vertrieb) bedeutet.

4   Bausteine der B-to-B-Markenführung und Überblick über das Buch

4.1   Bausteine der B-to-B-Markenführung und Konzeption des Buches

B-to-B-Markenführung als spezielle Ausprägung der Markenführung lässt sich entsprechend dem allgemeinen Managementzyklus bzw. einer entscheidungsorientierten Betrachtung in mehrere Entscheidungsphasen einteilen (z. B. Burmann und Meffert 2005; Baumgarth 2014, S. 56 f.). Trotz der Vielfalt an Stufenmodellen, der Erkenntnis, dass Strategien und die daraus abgeleiteten konkreten Maßnahmen nur bedingt planbar sind (z. B. Mintzberg 1978), und der Interdependenzen zwischen den Bausteinen liegt diesem Buch eine vierstufige Logik der Markenführung zugrunde. In einem ersten Schritt erfolgen auf der Basis von Analysen die Grundsatzentscheidung zum Aufbau einer Marke sowie die Festlegung strategischer Aspekte. Diese zeichnen sich durch Seltenheit der Entscheidung, geringe Revidierbarkeit und starke Auswirkungen auf andere Entscheidungen aus. Im Einzelnen handelt es sich dabei um die Festlegung der Markenpositionierung und der Markenstrategie.

In einem nächsten Schritt ist eine Marke innerhalb des Unternehmens zu implementieren. Speziell im B-to-B-Bereich ist die Umsetzung einer Marke im Markt ohne eine erfolgreiche Implementierung innerhalb des B-to-B-Unternehmens wenig Erfolg verspre-chend. Diese Aspekte werden insbesondere unter dem Begriff der internen Markenführung behandelt. Allerdings verdeutlicht diese Ebene die starke Interdependenz und die Grenzen eines stufenorientierten Prozessschemas. Die Abhängigkeiten zeigen sich z. B. darin, dass die externe Umsetzung der Marke, im Rahmen der Markenkommunikation, auch Wirkun-gen nach innen entfaltet. Der Dauercharakter der internen Verankerung der Marke im B-to-B-Unternehmen spricht gegen eine Prozessbetrachtung, die den Eindruck erweckt, dass bestimmte Stufen abgeschlossen werden können.

Auf der nächsten Stufe erfolgt die Umsetzung der Marke im Markt. Dieser eher operati-ve Schritt wird im Rahmen dieses Buches aufgrund der Vielzahl an Optionen noch einmal unterteilt in die Bereiche „Branding und Design" und „Markenkommunikation". Anzu-merken ist, dass neben diesen Bereichen auch alle übrigen Marketingfelder wie Pricing oder Distribution in der Umsetzung der Markenführung zu berücksichtigen sind.

Auf der letzten Ebene erfolgt die Kontrolle der Markenführung. Neben Aspekten des Markencontrollings ist im Rahmen der informatorischen Unterstützung der Markenfüh-rung insbesondere der Einsatz des Marktforschungsinstrumentariums notwendig. Auch hierbei wird deutlich, dass die informatorische Unterstützung nicht erst nach Durchlauf aller Schritte der Markenführung erfolgt, sondern die Informationen den Input für alle Entscheidungsbereiche darstellen (z. B. Grundlage für die Wahl einer Markenpositionie-rung).

Die Betrachtung dieser vier Ebenen der B-to-B-Markenführung hat zum einen immer die Besonderheiten des B-to-B-Bereichs und die Relevanz der Marke in dem jeweiligen Unternehmen der jeweiligen Branche zu berücksichtigen. Zum anderen kann die Analyse der Vorteilhaftigkeit der verschiedenen Optionen der strategischen, internen und operati-ven Markenführung sowie des Markencontrollings aus der Perspektive unterschiedlicher Theorien erfolgen. Daher werden diese Aspekte – Besonderheiten (Teil A) und Relevanz der B-to-B-Marke (Teil B) sowie theoretische Perspektiven (Teil C) – der Darstellung der eigentlichen B-to-B-Markenführung vorangestellt.

Die Markenführung im Allgemeinen und die B-to-B-Markenführung im Besonderen zeichnen sich durch eine hohe Heterogenität der Umwelt, der Branchen- und Wettbe-werbssituation sowie der Unternehmensspezifika aus. Daher lassen sich keine für alle Situationen und Unternehmen gültigen „Markengesetze" bestimmen. Allerdings lassen sich einige Leitlinien ableiten, die bei der praktischen B-to-B-Markenführung als grobes Gerüst dienen können. Die Darstellung solcher Leitlinien schließt daher in Teil I das Buch ab. Abb. 5 fasst die Bausteine der B-to-B-Markenführung, die gleichzeitig die Struktur dieses Buches bilden, grafisch zusammen.

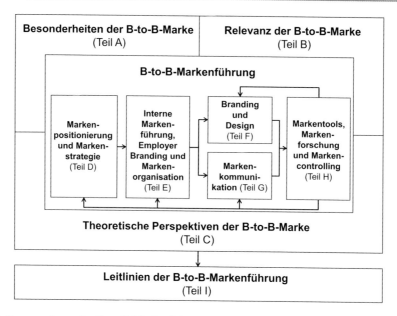

Abb. 5 Bezugsrahmen der B-to-B-Markenführung und Aufbau des Buches

4.2 Synopsis der Einzelbeiträge

Teil A: Besonderheiten der B-to-B-Marke

Mit Beiträgen zu den Besonderheiten und der Relevanz der B-to-B-Marke begründet Teil A die Notwendigkeit einer Betrachtung von B-to-B-Marken.

Baumgarth: Status quo und Besonderheiten der B-to-B-Markenführung

Dieser einführende Beitrag begründet mit der Einordnung der B-to-B-Marke als Bestandteil des immateriellen Wertes die ökonomische Relevanz von B-to-B-Marken. Darüber hinaus werden die zentralen Begriffe B-to-B-Marke und B-to-B-Markenführung definiert sowie die Besonderheiten der Markenführung im B-to-B-Bereich aus Sicht der Anbieter und Nachfrager skizziert. Schließlich wird der aktuelle Stand der Auseinandersetzung in der betrieblichen und akademischen Welt mit der B-to-B-Marke beleuchtet. Dabei zeigt sich, dass sowohl die Wissenschaft und Lehre als auch die Praxis in diesem Feld noch Defizite aufweist, wobei speziell in der Forschung in den letzten Jahren das Feld B-to-B-Marke deutlich an Aufmerksamkeit gewonnen hat.

Schmidt/Baumgarth/Gietl/Kilian: B-to-B-Technologiemarken

Seit einigen Jahren ist in der Praxis zu erkennen, dass speziell Technologien eine immer größere Relevanz einnehmen. Dies gilt sowohl für den B-to-C- als auch den B-to-

B-Bereich. Technologische Neuerungen sind für den Erfolg von Unternehmen immer bedeutsamer, reichen aber für den Unternehmenserfolg im globalen Wettbewerb alleine nicht mehr aus. Daher behandelt der Beitrag das Konzept der Technologiemarke. Nach einer Definition skizziert der Beitrag die Besonderheiten von B-to-B-Technologiemarken. Anschließend stellt der Beitrag sieben Thesen zur B-to-B-Markenführung von Technologieunternehmen in Deutschland auf.

Belz: Markenführung für komplexe B-to-B-Unternehmen

B-to-B-Marken agieren regelmäßig in komplexen Umfeldern, die sich u. a. durch Individualisierung der Leistungen, Dynamik und differenzierte Kundenansprache auszeichnen. Die daraus resultierenden Besonderheiten der B-to-B-Markenführung werden thematisiert sowie wichtige Bausteine der B-to-B-Markenführung vorgestellt.

Teil B: Relevanz der B-to-B-Marke

Trotz mittlerweile jahrelanger Forschung und auch einer Vielzahl von Best-Practice-Beispielen aus der Unternehmenspraxis wird speziell außerhalb der Marketingabteilung die Bedeutung von B-to-B-Marken immer wieder infrage gestellt. Dies führt dazu, dass B-to-B-Marken häufig als zeitlich befristetes Projekt und nicht als Daueraufgabe gesehen werden und Markenbudgets als „weiche" Budgets in Krisenzeiten und in der Jahresplanung als erste vom Controlling gekürzt werden. Teil B begründet konzeptionell und vor allem empirisch die Relevanz von B-to-B-Marken.

Baumgarth: Empirische Evidenzen für die Relevanz von B-to-B-Marken

B-to-B-Markenführung kann nur effektiv und langfristig ausgerichtet sein, wenn es den Verantwortlichen gelingt, intern eine Legitimierung auf dem C-Level zu erreichen. Dies hängt aber, wie empirische Studien zeigen, insbesondere davon ab, ob es der Markenführung gelingt, Zahlen über den Impact der B-to-B-Markenführung zu liefern. An dieser Stelle setzt der Beitrag an und skizziert zentrale Studien und Ergebnisse der quantitativen B-to-B-Markenforschung. Die Übersicht von insgesamt 100 Studien zeigt, dass die B-to-B-Marke sowohl positive vorökonomische als auch ökonomische Effekte hat, wobei die Wirkung auch von Moderatoren wie dem Risiko der Kaufentscheidung, der Buying-Center-Rolle und dem Geschäftstyp abhängt.

Lennartz/Fischer/Krafft: Treiber von B-to-B-Marken

Dieser Beitrag präsentiert die Ergebnisse einer großangelegten länder- und branchenübergreifenden Studie (n = 1892 Beobachtungen) zum Einfluss der B-to-B-Markenpositionierung auf die Markenstärke. Die Studie belegt, dass die Markenassoziationen „Nachhaltigkeit und verantwortungsbewusste Unternehmensführung" und „Innovation und Kompetenz" signifikant und ungefähr im gleichen Maße die Markenstärke beeinflussen. Hinsichtlich der Marketing-Mix-Instrumente wird die B-to-B-Markenstärke insbesondere von der Produkt- und Vertriebswahrnehmung beeinflusst, wobei diese Effekte stark zwischen den Branchen und Ländern variieren.

Wünsche: Marken- und Unternehmenswert im B-to-B-Bereich

Marken und speziell B-to-B-Marken werden immer noch zu häufig als reines Kommunikationsinstrument mit unklarem Erfolgsbeitrag beurteilt. Vor diesem Hintergrund wird aufgezeigt, dass auch im B-to-B-Bereich Marken ein beachtliches ökonomisches Potenzial besitzen. Um diese ökonomische Relevanz auch im Einzelfall nachvollziehbar zu machen, werden Verfahren der Markenbewertung skizziert. Ferner erfolgt ein Überblick über eine am Markenwert orientierte B-to-B-Markenführung.

Teil C: Theoretische Perspektiven der B-to-B-Marke

Markenführung im Allgemeinen und B-to-B-Markenführung im Speziellen lassen sich aus unterschiedlichen theoretischen Perspektiven beleuchten. Insbesondere vier Perspektiven eignen sich für die Analyse von B-to-B-Marken.

Freiling/Sohn: Managementtheoretische Betrachtung von B-to-B-Marken im Kontext investiver Dienstleistungen

Eine erste Perspektive betrachtet unter Verwendung von Erklärungsansätzen aus der Management- und der Organisationstheorie die B-to-B-Marke aus Sicht des Markeninhabers. Solche Ansätze wie Informationsökonomie und kompetenzbasierter Ansatz werden vorgestellt und deren Aussagewert für die Markenführung am Beispiel investiver Dienstleistungen aufgezeigt.

Baumgarth/Meissner: Verhaltenswissenschaftliche Betrachtung von B-to-B-Marken

B-to-B-Marken entstehen nicht am „Reißbrett", sondern in den Köpfen der Zielgruppen. Diese Wirkungen lassen sich insbesondere durch verhaltenswissenschaftliche Theorien modellieren. Aufbauend auf der Klärung der verhaltenswissenschaftlichen Perspektive und der Vorstellung eines Bezugsrahmens werden wichtige Theorien zur Erklärung des Kunden- und Mitarbeiterverhaltens sowie deren Anwendungen in der B-to-B-Markenforschung dargestellt.

Burmann/Maier: Identitätsbasierte Führung von B-to-B-Marken

Eine dominierende theoretische Sichtweise der Markenführung in den letzten Jahren stellt der identitätsbasierte Ansatz dar. Zentraler Gedanke dieses Ansatzes ist es, dass Marken nur von innen, sprich aus der Markenidentität heraus, erfolgreich aufgebaut und geführt werden können. Der Beitrag stellt diesen Ansatz – konkretisiert am Basisansatz nach Meffert und Burmann (1996) – vor und überträgt ihn auf die B-to-B-Markenführung.

Baumgarth/Kristal: Brand Co-Creation im B-to-B-Bereich

Eine relativ neue theoretische Position der (internationalen) Markenforschung nimmt das Co-Creation-Paradigma ein. Danach erfolgt die Bildung der Markenassoziationen und der Markenstärke durch einen Aushandlungsprozess zwischen Markeninhaber und Markenbeteiligten (z. B. Kunden). Der Beitrag überträgt diese theoretische Sichtweise auf die B-to-B-Marke. Dazu werden die theoretischen Bezugspunkte Innovationsmanagement, Service Dominat Logic und Verhaltenswissenschaften vorgestellt und anhand von B-to-B-Beispielen illustriert.

Teil D–H: B-to-B-Markenführung

Trotz aller Interdependenzen lassen sich konzeptionell fünf Bereiche der Markenführung unterscheiden: Markenpositionierung und Markenstrategie (Teil D), Interne Markenführung, Employer Branding und Markenorganisation (Teil E), Branding und Design (Teil F), Markenkommunikation (Teil G) sowie Markentools, Markencontrolling und Marktforschung (Teil H).

Teil D: Markenpositionierung und Markenstrategie

Mudambi/Chitturi: Optionen der B-to-B-Markenpositionierung

B-to-B-Marken sind dann erfolgreich, wenn sie den wahrgenommenen Wert für den Kunden erhöhen. Als Alternative zur Wertgenerierung wird ein innovativer Bezugsrahmen vorgestellt, der konzeptionell zwischen der Quelle (Beziehung, Differenzierung) und der Ebene (Produkt, Unternehmen) unterscheidet. Die dargestellten Ergebnisse einer explorativen Untersuchung unter Verwendung eines Discrete-Choice-Experiments verdeutlichen, dass unabhängig von situativen Merkmalen die Differenzierung der wichtigste Ansatz zur Generierung von Wert aus Kundensicht darstellt. Ferner deuten die Ergebnisse darauf hin, dass eine Unternehmensmarke speziell bei hohen Kaufvolumina und hohem Risiko von Vorteil ist.

Koch: Positionierung von Corporate Brands

Die Markenpositionierung bildet das „Herz" der B-to-B-Markenführung. Allerdings wurde die Positionierung bislang überwiegend als Tool und als extern wirkendes Konzept behandelt. Der Beitrag thematisiert am Beispiel von zwei B-to-B-Marken die interne Dynamik von solchen Positionierungsprozessen für Corporate Brands. Aus den theoretischen Überlegungen und empirischen Befunden leitet der Beitrag sieben Leitlinien für ein erfolgreiches Management von Markenpositionierungsprozessen ab.

Gietl: Resilienz von B-to-B-Marken

Resilienz ist ein Konzept, welches die Widerstands- und Überlebensfähigkeit von Marken in turbulenten Umfeldern beschreibt. Der Beitrag diskutiert dieses Konzept, welches auf einer Kombination von Stabilität und Agilität fußt, und präsentiert Erkenntnisse von empirischen Studien aus dem B-to-B-Bereich. Abgerundet wird der Beitrag mit zehn Indikatoren von resilienten B-to-B-Marken, die als Input und als Evaluationsansatz für die eigenen B-to-B-Marke dienen können.

Rabe: Integration und Rebranding der Traktorensparte von Renault in die CLAAS Gruppe

Eine der größten strategischen Herausforderungen für die Unternehmens- und Markenführung bilden große Mergers & Acquisitions. Neben Fragen der Markenpositionierung, der Markenstrategie und des Branding sind davon insbesondere auch interne Prozesse, Strukturen und Mitarbeiter betroffen. Der Beitrag stellt am Beispiel der Akquisition der Traktorensparte von *Renault* durch das Unternehmen *CLAAS* den mehrjährigen, erfolgreichen Integrationsprozess dar. Dabei wird deutlich, dass ein solcher Prozess nicht einzelne Bereiche betrifft, sondern einer Einbeziehung vieler Funktionen und Hierarchieebenen bedarf. Ferner zeigt das Fallbeispiel, dass neben einer systematischen Planung und einem langen Zeitraum insbesondere klare Entscheidungen und ein hohes Commitment der Top-Führungskräfte notwendig sind. Die wichtigsten Erfolgsfaktoren dieses Zusammenschlusses werden abschließend schlagwortartig zusammengefasst.

Baumgarth/Binckebanck: CSR-Markenführung im B-to-B-Umfeld

Nachhaltigkeit bzw. CSR werden auch für B-to-B-Unternehmen und für die B-to-B-Markenführung immer zentrale Themen. Allerdings kann CSR als Markenpositionierungsansatz nur dann effektiv sein, wenn es gelingt, die Glaubwürdigkeit und Differenzierung sicherzustellen. Der Beitrag liefert dazu ein holistisches Modell, welches an die Besonderheiten von B-to-B-Unternehmen angepasst wurde und durch B-to-B-Markenbeispiele erläutert wird.

Toischer: Der effiziente Weg zur internationalen Positionierung der Marke Metabo als reine Profi-Marke

Am Fallbeispiel *Metabo* werden in diesem Beitrag anschaulich die drei Haupterfolgsfaktoren einer B-to-B-Markenpositionierung abgeleitet und erläutert. Erster Erfolgsfaktor ist, dass die Positionierung für die Kunden tatsächlich eine Relevanz besitzt. Weiterhin muss die Positionierung für das B-to-B-Unternehmen auch erfüllbar sein. Schließlich hängt die Effektivität einer Positionierung davon ab, dass es gelingt, eine Differenzierung gegenüber dem Wettbewerb aufzubauen und zu verteidigen. Weiterhin betont der Beitrag die

Bedeutung der internen Verankerung der Positionierung bei den eigenen Mitarbeitern und die Notwendigkeit eines systematischen und phasenorientierten Positionierungsprozesses.

Esch/Knörle: Markenarchitekturstrategien in B-to-B-Märkten erfolgreich konzipieren und umsetzen

Zwar dominieren im B-to-B-Bereich Dachmarkenkonzepte, aber häufig finden sich auch Kombinationen von verschiedenen Markenebenen, sogenannten Markenarchitekturen. Neben der Darstellung der grundsätzlichen Varianten werden die Konzeptions- und die Implementierungsphase mit ihren jeweiligen Teilaufgaben zur Optimierung einer (neuen) Markenarchitektur vorgestellt.

Tunder/Martschinke: Ingredient Branding

Ingredient Branding stellt die marktstufenübergreifende Markenführung für Produktions-güter dar, die i. d. R. mit (End-)Produktmarken gemeinsam auf dem Markt auftreten. Daraus folgt, dass diese markenstrategische Option sowohl den Markeninhaber des Ingredient Brands als auch den Kooperationspartner (Host Brand) betreffen. Der Beitrag fokussiert, neben der Klärung begrifflicher Grundlagen und der Darstellung von erfolgreichen Ingre-dient-Branding-Beispielen, auf die Beurteilung dieser Strategie aus beiden Perspektiven. Ferner werden für beide Perspektiven Erfolgsfaktoren dieser Strategie diskutiert und in Form einer Checkliste zusammengefasst.

Petracca: KMUs zur B-to-B-Marke entwickeln

B-to-B-Unternehmen sind zum größten Teil mittelständische Unternehmen. Dies führt bei der Implementierung von B-to-B-Markenkonzepten zu besonderen Herausforderun-gen. Neben der Analyse von möglichen Barrieren gegen die Marke in KMUs wird an dem Fallbeispiel des mittelständischen Unternehmens *transfluid* der gesamte Markenpro-zess (Situationsanalyse, Markenkern, Markenstrategie, interne und externe Umsetzung) verdeutlicht.

Teil E: Interne Markenführung, Employer Branding & Markenorganisation

Baumgarth/Schmidt: Markenorientierung und Interne Markenstärke als Erfolgstreiber von B-to-B-Marken

Die Verankerung der Marke bei den Mitarbeitern stellt einen der wichtigsten Baustei-ne einer starken B-to-B-Marke sowie einen der fundamentalen Unterschiede zur B-to-C-Markenführung dar. Zur Beschreibung und theoretischen Durchdringung werden die un-ternehmenskulturelle Größe Markenorientierung und die individuelle Größe Interne Mar-kenstärke vorgestellt sowie die Ergebnisse zweier empirischer Studien präsentiert. Ferner werden informations- und aktionsbezogene Instrumente auf der Kultur- und Mitarbeiterebene zur Steigerung der Markenorientierung und der Internen Markenstärke skizziert.

Kilian: Interne Markenführung

Aufbauend auf den Erkenntnissen zur Wichtigkeit der internen Verankerung der Marke bei den eigenen Mitarbeitern und zu den Erfolgsfaktoren einer guten Markenpositionierung, diskutiert und systematisiert dieser Beitrag die Instrumente der internen Markenführung. Exemplarisch werden insgesamt 15 Instrumente vorgestellt, die vom Verhalten der Führungskräfte über Markenhandbücher bis hin zum Empowerment reichen.

Schmidt: Markenstolz in B-to-B-Unternehmen

Zum besseren theoretischen Verständnis der Wirkungen der internen Markenführung sind in der Vergangenheit mit Commitment, Organizational Citizenship Behavior, interner Markenstärke etc. schon eine Reihe von Konstrukten in die Literatur eingeführt worden. Dieser Beitrag führt mit dem Konstrukt Markenstolz bei Mitarbeitern ein weiteres Konstrukt ein. Neben der Definition von Markenstolz werden auch potenzielle Determinanten und Wirkungen thematisiert und mit der Geschichte der Marke, der Verdeutlichung des eigenen Beitrags der Mitarbeiter zur Markenführung sowie der Betonung von wahrgenommenem Prestige und Nutzen der Marke vier Handlungsfelder zur Steigerung des internen Markenstolzes für B-to-B-Unternehmen aufgezeigt.

Dambacher/Nitschke: Für diesen Moment arbeiten wir

B-to-B-Unternehmen verfolgen regelmäßig eine Dachmarkenstrategie, welche speziell bei Dachmarken mit unterschiedlichen Produktkategorien und unterschiedlichen, auch internationalen Märkten zu besonderen Herausforderungen bei der Positionierungsarbeit führt. Der Beitrag verdeutlicht am Beispiel des Technologieunternehmens *ZEISS* und der mehrfach ausgezeichneten Kampagne „*ZEISS* Momente", wie eine solche Markenarbeit gelingen kann und welche prozessualen, strategischen und instrumentellen Erfolgsfaktoren zu berücksichtigen sind.

Pauen/Specht: Vom Hidden Champion zum börsennotierten Dienstleistungskonzern

Strategische Markenarbeit ist in vielen B-to-B-Unternehmen nur sinnvoll und Erfolg versprechend, wenn es zu einem Kulturwandel kommt und Marketing bzw. Markenführung einen höheren Stellenwert einnimmt und professionalisiert wird. Am Beispiel des B-to-B-Dienstleisters *DKSH* wird der über zehn Jahre dauernde Markenprozess mit den Bausteinen Strategie- und Designentwicklung, Markenimplementierung und Markenaufbau nachgezeichnet.

Baumgarth: B-to-B-Employer Branding

Neben Kunden stellen seit geraumer Zeit auch potenzielle Arbeitnehmer eine höchst relevante Zielgruppe für B-to-B-Marken dar. Der Beitrag liefert einen Überblick über das sogenannte Employer Branding. Neben einer Definition und der Diskussion der Ziele wird eine komprimierte Zusammenstellung der Employer-Branding-Forschung zur Verfügung gestellt. Weiterhin werden zentrale Erkenntnisse zur Wirkung und zum Management einer Employer Brand im B-to-B-Kontext skizziert.

Bögelein/Köhler: Die „Formel für Zufriedenheit"

Aufbauend auf dem theoretischen Beitrag zum Employer Branding präsentiert dieser Beitrag mit dem Employer-Branding-Konzept von *Endress+Hauser* ein erfolgreiches Praxisbeispiel für das Employer Branding im B-to-B-Kontext. Dieses basiert auf einem klaren Prozess, der, aufbauend auf der Situationsanalyse und Agenturauswahl, im Kern eine für den Arbeitsmarkt geeignete Positionierung auswählt und diese dann konsequent und kreativ unter dem Leitthema „Formel für Zufriedenheit" umsetzt.

Teil F: Branding und Design

Kircher: B-to-B-Branding

Branding und speziell Markennamen stellen das „Gesicht" einer Marke dar. Im B-to-B-Bereich dominieren dabei immer noch Firmennamen, die sich häufig aus dem Namen des Gründers ableiten, oder rational-klingende Namen, Buchstaben- und Zahlenkombinationen darstellen. Die zentralen Anforderungen an einen guten Markennamen, der Prozess zur Strukturierung eines Namensportfolios sowie die Besonderheiten des Naming im B-to-B-Kontext werden konzeptionell und beispielhaft vorgestellt. Abgeschlossen wird der Beitrag mit einem Fallbeispiel zum Branding der Klebstoffsparte von *Henkel*.

Will: Corporate Design als effektives Mittel zur Stärkung der Marke SEW-EURODRIVE

Neben dem Markennamen stellt das Corporate Design ein zentrales Branding-Instrument im B-to-B-Bereich dar. Die wichtigsten Grundlagen eines erfolgreichen Corporate Designs werden allgemein behandelt. Ferner wird ausführlich am Fallbeispiel *SEW-EURODRIVE* die konkrete Umsetzung in ein wirkungsvolles Corporate Design verdeutlicht. Dabei wird auch die Bedeutung und Verknüpfung zwischen Markenpositionierung und Umsetzung in ein Corporate Design, die Relevanz des Corporate Designs für das Employer Branding sowie die digitale Markenkommunikation aufgezeigt.

Herrmann/Moeller: Design als Instrument der B-to-B-Markenführung

Ein drittes wichtiges Branding-Instrument für den B-to-B-Bereich bildet das (Produkt-)design. Ein professionelles und die Marke stärkendes Design hängt dabei von einer Vielzahl von internen Erfolgsfaktoren sowie einer systematischen Vorgehensweise ab. Als wichtigste Erfolgsfaktoren werden entsprechende Einstellungen, organisatorische Voraussetzungen, professionelle Instrumente sowie das Wissen der Mitarbeiter identifiziert und diskutiert. Darauf aufbauend wird mit den Phasen Designpotenzialanalyse, Designstrategie, Designrahmenkonzeption sowie Designentwicklungen ein idealtypischer Prozess zur Umsetzung eines Designmanagements vorgestellt.

von Diemar/Guhn: Rechtliche Absicherung

B-to-B-Marken entstehen in den Köpfen der professionellen Abnehmer. Trotz dieser wirkungsorientierten Betrachtung von Marken bedarf es der rechtlichen Absicherung des Branding, um die Marke gegenüber Angriffen von Wettbewerbern zu verteidigen. Die wichtigsten rechtlichen Grundlagen eines nationalen und internationalen Markenschutzes werden nachvollziehbar und kompakt dargestellt. Im Einzelnen wird geklärt, was überhaupt schutzfähig ist, wie man Markenschutz erlangt, welche Rechte aus einem Markenschutz für den Markeninhaber entstehen, welche Risiken mit einem mangelhaften Markenschutz verbunden sind und wie man rechtlich geschützte Marken wirtschaftlich verwerten kann.

Teil G: Markenkommunikation

Merkel: Kommunikative Markenführung im B-to-B-Bereich

Mediale Kommunikation stellt auch für B-to-B-Marken ein Schlüsselinstrument zur Profilierung der Marke dar. Allerdings zeigt die Unternehmenspraxis, dass dies häufig weder im Detail professionell gemacht, noch mit der Markenpositionierung verknüpft wird. Als wichtige Voraussetzungen für eine markenorientierte B-to-B-Kommunikation werden in diesem Beitrag sieben Erfolgsfaktoren abgeleitet, die von der Verankerung des Markenkonzeptes auf unterschiedlichen Mitarbeiterstufen und der organisatorischen Einbettung über die Klarheit und Fokussierung der Markenpositionierung und der Markenbotschaften bis hin zur Absicherung durch eine systematische Evaluation, die Reduzierung der Markenanzahl sowie das Verfolgen einer integrierten Kommunikation reichen. Ferner wird die praktische Umsetzung dieser Erfolgsfaktoren an den Fallbeispielen *ebm-papst*, *MDC Power* und *BAU* verdeutlicht.

Reins/Classen: Klassische Werbung als Instrument der B-to-B-Markenführung

Auch wenn klassische Werbung bei B-to-B-Marken eine geringere Relevanz als im B-to-C-Bereich aufweist, lässt sich durch eine effektive Werbekampagne, die sich durch eine Fokussierung auf eine zentrale Markenbotschaft, einen hohen Integrationsgrad, eine eigenständige Bildsprache und einen originellen Kommunikationsstil auszeichnet, die Marke nachhaltig stärken. Die Umsetzung dieser Erfolgsfaktoren wird an dem mehrfach ausgezeichneten Fallbeispiel *Lexware* verdeutlicht.

Binckebanck: Interaktive Markenführung

Im Vergleich zur B-to-C-Markenführung hängt der Erfolg der B-to-B-Marke viel stärker von der persönlichen Kommunikation und speziell von der Kommunikation des Vertriebs mit den Kunden ab. Die Ergebnisse einer empirischen Studie, welche die Wichtigkeit der Verkäuferpersönlichkeit und des Beziehungsverhaltens für die B-to-B-Markenstärke bestätigen, werden vorgestellt. Ferner wird im Rahmen einer managementorientierten Betrachtung skizziert, wie durch Entwicklung einer Vertriebs-Markenidentität, durch Gestaltung entsprechender Vertriebsstrukturen, durch eine systematische und mehrstufige Implementierung sowie durch Reduzierung von Änderungswiderständen der Vertrieb in die B-to-B-Markenführung integriert werden kann.

Maier: Trialogische Markenführung

Social Media, Web und Mobile verändern auch die B-to-B-Markenführung. Basierend auf empirischen Erkenntnissen über deren Wirkungen auf Markenkommunikation, Markenmanagement und die Marke-Nachfrager-Beziehung schlägt der Beitrag Ergänzungen der identitätsbasierten Markenführung vor, welche zu einer erhöhten Agilität der B-to-B-Marke beitragen sollen. Dieser als trialogische Markenführung bezeichnete Ansatz plädiert insbesondere für ein neues Verständnis bezüglich der Marken-Stakeholder und deren Vernetzung untereinander. Dieses zunächst abstrakte Konzept wird anschließend in einen handhabbaren Managementansatz übersetzt.

Schmidt/Seywald: Social Media bei der Krones AG

Allen Verantwortlichen im B-to-B-Marketing ist klar, dass Social Media heute einen wichtigen zusätzlichen Kanal zum Markenaufbau und zur Markenpflege darstellt. Allerdings ist die Umsetzung einer Social-Media-Strategie in vielen B-to-B-Unternehmen mit Problemen und Misserfolgen verknüpft. Am Beispiel der B-to-B-Marke *Krones* stellt dieser Beitrag ein Best-Practice-Beispiel dar, welches bereits seit 2010 aktiv Social Media als Instrument der Markenkommunikation einsetzt. Im Kern arbeitet die Fallstudie heraus, dass der zentrale Erfolgsfaktor von Social Media eine „echte" Kommunikation ist, die nur möglich ist, wenn ausreichende personelle Kapazitäten und Fähigkeiten sowie eine Mentalität des Anpassens und Reflektierens vorhanden sind.

Bauer/Baumgarth: „The Duel" und mehr

Virales Marketing wird überwiegend mit dem B-to-C-Bereich verknüpft. Das Fallbeispiel der Kampagne „The Duel" von *KUKA* zeigt aber auf, dass virales Marketing auch für den B-to-B-Markenkontext effektiv sein kann. Allerdings ist dieses Potenzial nur abrufbar, wenn sechs zentrale Erfolgsfaktoren (Spannung, Selbstironie, Details, Loslassen, Reaktionsbereitschaft und -schnelligkeit, Erfahrungen im Social-Media- und nicht klassischem Kommunikationsbereich), die weit über die eigentliche Kampagne hinausgehen, berücksichtigt werden.

Kreutzer: Konzepte und Instrumente des B-to-B-Dialog-Marketings im Kontext der Markenführung

Aufgrund der i. d. R. überschaubaren Kundenzahl in den B-to-B-Märkten, den technologischen Entwicklungen sowie der wachsenden Notwendigkeit, die Effektivität und Effizienz von Marketingmaßnahmen nachzuweisen, nutzen B-to-B-Unternehmen zunehmend dialogorientierte Kommunikationsinstrumente, d. h. Instrumente mit einer direkten Reaktionsmöglichkeit der Zielpersonen. Neben den Grundlagen des Dialog-Marketings skizziert der Beitrag mit den Modellen Kundenwert und Kundenbeziehung die konzeptionelle Basis dieses Marketingansatzes. Einen Schwerpunkt bildet darauf aufbauend die Darstellung von Dialog-Marketing-Instrumenten für die Kundenakquisition und Kundenbindung.

Bauer/Donnevert/Wetzel/Merkel: Integration als Garant erfolgreicher Markenkommunikation

Die Effektivität und Effizienz der Markenkommunikation hängt nicht nur von der Qualität der einzelnen Instrumente ab, sondern auch von der inhaltlichen, formalen und zeitlichen Abstimmung dieser Markenkontaktpunkte (Integrierte Kommunikation). Die Ergebnisse einer Studie über die Effekte dieser drei Ebenen der Integrierten Kommunikation auf die B-to-B-Markenstärke werden vorgestellt. Sie verdeutlichen zum einen, dass alle drei Dimensionen der Integrierten Kommunikation einen positiven Einfluss auf die Markenstärke aufweisen, und zum anderen, dass speziell bei hoher Produktkomplexität die inhaltliche Integration den stärksten Einfluss auf die Markenstärke ausübt.

Teil H: Markentools, Markenforschung und Markencontrolling

Baumgarth/Douven: B-to-B-Markencontrolling

Eine nachhaltige B-to-B-Markenführung bedarf eines systematischen und umfassenden Markencontrollings. Dieses ist, wie empirische Studien zeigen, aber eines der Hauptdefizite der B-to-B-Markenführung in der Unternehmenspraxis. Vor diesem Hintergrund wird ein Überblick über die generellen Funktionen eines B-to-B-Markencontrolling und die Anforderungen an ein solches System vorgestellt. Ferner werden ein Controllingsystem für B-to-B-Marken entwickelt und ausgewählte Instrumente des internen, externen sowie des integrierten Markencontrollings vorgestellt.

Foell: Echtzeit-B-to-B-Markenführung mit Marketing Automation

Die Frage nach Effizienz und Effektivität ist ein Dreh- und Angelpunkt der B-to-B-Markenführung. Durch die Digitalisierung entstehen bislang ungeahnte Möglichkeiten. Zunehmendes Interesse erfährt dabei die Automatisierung von Kommunikationsprozessen – kurz Marketing Automation. Der Beitrag skizziert anhand von aktuellen empirischen Erhebungen den Entwicklungsstand von Marketing Automation in Deutschland. Anschließend verdeutlichen Beispiele den Einsatz von Marketing Automation im Rahmen der B-to-B Markenführung.

Biesalski/Brandes: Marktforschung und Markenwertmessung von B-to-B-Marken

Ausgehend davon, dass B-to-B-Marken nicht nur einen Marketingansatz, sondern auch einen zentralen Bestandteil des Unternehmenswertes darstellen, werden Verfahren zur Bestimmung des monetären Markenwertes skizziert. Ferner wird verdeutlicht, wie sich ein solcher Markenwert für finanzorientierte Fragestellungen nutzen lässt und wie eine Marke wertorientiert geführt werden kann. Da eine solche Markenwertbestimmung auf reliablen und validen Marktforschungsinformationen aufbaut, werden anschließend Konzepte, Methoden und Fallstricke einer B-to-B-Marktforschung behandelt.

Biedenbach/Hultén: B-to-B-Markenwert

Dass der Markenwert die zentrale Zielgröße der B-to-B-Markenführung darstellt, ist unstrittig. Allerdings wird dieses Konzept bislang in der Praxis kaum genutzt und es besteht Unklarheit über deren Messung. Der Beitrag diskutiert daher die Herausforderungen und Möglichkeiten, den Ansatz des (verhaltenswissenschaftlichen) Markenwerts als ein Tool für die B-to-B-Markenführung zu nutzen. Dies wird auch verdeutlicht an einer empirischen Studie aus dem Bereich Professional Services (Wirtschaftsprüfung). Abgeschlossen wird der Beitrag mit Ideen für die zukünftige Forschung sowie konkreten Managementempfehlungen.

Herbst/Voeth: Markenpersönlichkeitsmessung von B-to-B-Marken

Das Image von Marken wird schon seit geraumer Zeit mithilfe der Metapher (menschlicher) Persönlichkeit gemessen und erklärt. Speziell die umfangreiche, für den B-to-C-Bereich entwickelte Skala von Jenifer Aaker hat weltweit die Forscher und Praktiker inspiriert, sich verstärkt mit diesem Konzept zu beschäftigen. Die auf einer empirischen Studie basierende Adaption dieser Skala für den B-to-B-Bereich, welche die drei Dimensionen Leistungsfähigkeit, Erregung & Spannung sowie Aufrichtigkeit umfasst, wird vorgestellt.

Teil I: Leitlinien der B-to-B-Markenführung

Keller: Aufbau starker B-to-B-Marken

B-to-B-Markenführung ist bislang noch wenig erforscht und in der Praxis mit einer Vielzahl von Defiziten behaftet. Ferner weist die B-to-B-Markenführung durch die Spezifika der Märkte zusätzliche Facetten auf und besitzt speziell durch die hohe Relevanz des einzelnen Mitarbeiters eine erhöhte Komplexität. Die wichtigsten Managementimplikationen aus den Feldern interne Verankerung der B-to-B-Marke, Markenstrategie, Markenpositionierung sowie Marktsegmentierung werden in Form von sechs Leitlinien zusammengefasst.

Literatur

Aspara, J., & Tikkanen, H. (2008). Significance of corporate brand for business-to-business companies. *The Marketing Review, 8*(1), 43–60.

Backhaus, K. (1982). *Investitionsgüter-Marketing*. München: Vahlen.

Backhaus, K., & Voeth, M. (2007). *Industriegütermarketing* (8. Aufl.). München: Vahlen.

Backhaus, K., & Voeth, M. (2014). *Industriegütermarketing* (10. Aufl.). München: Vahlen.

Baumgarth, C. (1998). *Vertikale Marketingstrategien im Investitionsgüterbereich*. Frankfurt a. M: Peter Lang.

Baumgarth, C. (2001). Markenpolitik im Business-to-Business-Bereich. In L. Weidner (Hrsg.), *Handbuch Kommunikationspraxis*. Landsberg: Moderne Industrie.

Baumgarth, C. (2004). Markenführung von B-to-B-Marken. In K. Backhaus & M. Voeth (Hrsg.), *Handbuch Industriegütermarketing* (S. 799–823). Wiesbaden: Gabler.

Baumgarth, C. (2007). Markenorientierung kleiner und mittlerer B-to-B-Unternehmen. In J.-A. Meyer (Hrsg.), *Planung in kleinen und mittleren Unternehmen* (S. 359–373). Lohmar, Köln: Eul.

Baumgarth, C. (2010). Status quo und Besonderheiten der B-to-B-Markenführung. In C. Baumgarth (Hrsg.), *B-to-B-Markenführung* (S. 37–62). Wiesbaden: Gabler.

Baumgarth, C. (2014). *Markenpolitik* (4. Aufl.). Wiesbaden: Springer Gabler.

Baumgarth, C. (2015). B-to-B-Marken. In K. Backhaus & M. Voeth (Hrsg.), *Handbuch Business-to-Business-Marketing* (2. Aufl., S. 385–414). Wiesbaden: Springer Gabler.

Baumgarth, C., & Douven, S. (2006). Business-to-Business-Markenforschung. In A. Strebinger, W. Mayerhofer & H. Kurz (Hrsg.), *Werbe- und Markenforschung* (S. 135–167). Wiesbaden: Gabler.

Bausback, N. (2007). *Positionierung von Business-to-Business-Marken*. Wiesbaden: DUV.

Berekoven, L. (1978). Zum Verständnis und Selbstverständnis des Markenwesens. In V. o (Hrsg.), *Markenartikel heute* (S. 35–48). Wiesbaden: Gabler.

Binckebanck, L. (2006). *Interaktive Markenführung*. Wiesbaden: DUV.

Brown, B. P., Bellenger, D. N., & Johnston, W. J. (2007). The implications of business-to-business and consumer market differences for B2B branding strategy. *Journal of Business Market Management, 1*(3), 209–229.

Bruhn, M. (1994). Begriffsabgrenzungen und Erscheinungsformen von Marken. In M. Bruhn (Hrsg.), *Handbuch Markenartikel* (Bd. 1, S. 3–41). Stuttgart: Schäffer-Poeschel.

Burmann, C., & Meffert, H. (2005). Managementkonzept der identitätsorientierten Markenführung. In H. Meffert, C. Burmann & C. Koers (Hrsg.), *Markenmanagement* (2. Aufl., S. 73–112). Wiesbaden: Gabler.

bvik (2017). *Budgetverteilung von Marketing-Ausgaben in Industrieunternehmen 2016*. Augsburg: bvik.

Caspar, M., Hecker, A., & Sabel, T. (2002). *Markenrelevanz in der Unternehmensführung*. Münster: MCM, McKinssey.

de Chernatony, L., & Riley, D. O. F. (1998). Defining a "Brand". *Journal of Marketing Management, 14*(4), 417–443.

de Chernatony, L., McDonald, M., & Wallace, E. (2011). *Creating powerful brands* (4. Aufl.). Amsterdam: Butterworth-Heinemann.

Dall'Olmo Riley, F., Singh, J., & Blankson, C. (Hrsg.). (2016). *The Routledge companion to contemporary brand management*. London, New York: Routledge.

Donnevert, T. (2009). *Markenrelevanz*. Wiesbaden: Gabler.

Douven, S. S. (2009). *Markenwirkungen in der Automobilzulieferindustrie*. Wiesbaden: Gabler.

Elsäßer, M. (2016). *Rationale und emotionale Erfolgsfaktoren im B-to-B-Branding*. Lohmar: Eul.

Esch, F.-R., & Armbrecht, W. (Hrsg.). (2009). *Best Practice der Markenführung*. Wiesbaden: Gabler.

Esch, F.-R., Knörle, C., Kochann, D., & Seibel, F. (2014). *B2B Brand Excellence Studie 2014*. Saarlouis: Esch. The Brand Consultants.

Gey, T. (Hrsg.). (2017). *Brand the future*. Wiesbaden: Springer Gabler.

Glynn, M. S. (2011). Primer in B2B brand-building strategies with a reader practicum. *Journal of Business Research, 65*(5), 666–675.

Godefroid, P. (1995). *Investitionsgüter-Marketing*. Ludwigshafen: Kiehl.

Godefroid, P., & Pförtsch, W. (2013). *Business-to-business-marketing* (5. Aufl.). Ludwigshafen: Kiehl.

Gordon, G. L., Calantone, R. J., & di Benedetto, A. (1991). How electrical contractors choose distributors. *Industrial Marketing Management, 20*(1), 20–42.

Gordon, G. L., Calantone, R. J., & di Benedetto, A. (1993). Brand equity in the business-to-business sector. *Journal of Product & Brand Management, 2*(3), 4–16.

Himmelsbach, C. (2007). *Böhler* (2. Aufl.). Wien: WWG.

Homburg, C. (11. Aug. 2003). Marken sind auch für Industriegüter ein Thema. *FAZ*.

Hutt, M. D., & Speh, T. W. (2010). *Business marketing management* (10. Aufl.). Mason: South-Western Cenage Learning.

Keller, K. L. (2008). *Strategic brand management* (3. Aufl.). Upper Saddle River: Pearson Prentice Hall.

Kemper, A. C. (2000). *Strategische Markenpolitik im Investitionsgüterbereich*. Lohmar, Köln: Eul.

Kenning, P., Plaßmann, H., Deppe, M., Kugel, H., & Schwindt, W. (2002). *Die Entdeckung der kortikalen Entlastung*. Münster: Westfälische Wilhelms-Universität Münster.

Keränen, J., Piirainen, K. A., & Salminen, R. T. (2012). Systematic review of B2B branding. *Journal of Product & Brand Management, 21*(6), 404–417.

Kotler, P., & Pfoertsch, W. (2006). *B2B brand management*. Berlin: Springer.

KPMG (2008). *Patente, Marken, Verträge, Kundenbeziehungen*

Krause, J. (2013). *Identitätsbasierte Markenführung im Investitionsgüterbereich*. Wiesbaden: Springer Gabler.

Lamons, B. (2005). *The case for B2B branding*. Mason: Thomson.

Leek, S., & Christodoulides, G. (2011). A literature review and future agenda for B2B branding. *Industrial Marketing Management, 40*(6), 830–837.

Lehmann, D. R., & O'Shaughnessy, J. (1974). Difference in attribute importance for different industrial products. *Journal of Marketing, 38*(1), 36–42.

Maier, F. (2016). *Trialogische Markenführung im Business-to-Business*. Wiesbaden: Springer Gabler.

Malaval, P. (2001). *Strategy and management of industrial brands*. Boston: Kluwer academic publishers.

Masciadri, P., & Zupancic, D. (2013). *Marken- und Kommunikationsmanagement im B-to-B-Geschäft* (2. Aufl.). Wiesbaden: Springer Gabler.

Mattmüller, R., Michael, B. M., & Tunder, R. (Hrsg.). (2009). *Aufbruch*. München: Oldenbourg.

McDowell Mudambi, S., Doyle, P., & Wong, J. (1997). An exploration of branding in industrial markets. *Industrial Marketing Management, 26*(5), 433–446.

Meffert, H., & Burmann, C. (1996). *Identitätsbasierte Markenführung*. Arbeitspapier Nr. 100. Münster: Wissenschaftliche Gesellschaft für Marketing und Unternehmensführung.

Menninger, J., Reiter, N., Sattler, H., Högl, S., & Klepper, D. (2012). *Markenstudie 2012*. München: PwC.

Mintzberg, H. (1978). Patterns in strategy formation. *Management Science, 24*(9), 934–948.

Müller, C., Nahr-Ettl, C., & Rottweiler, D. (2003). *Markenaufbau und Markenführung in kleinen und mittleren Unternehmen (KMU)*. Stuttgart: Universität Stuttgart.

o.V. (1993). Trends und Perspektiven im Investitionsgütermarketing. In W. Droege, K. Backhaus & R. Weiber (Hrsg.), *Strategien für Investitionsgütermärkte* (S. 17–98). Landsberg: Moderne Industrie.

Ocean Tomo (2015). Annual study of intangible asset market value from ocean Torno LLC. http://www.oceantomo.com/blog/2015/03-05-ocean-tomo-2015-intangible-asset-market-value/. Zugegriffen: 5. Juni 2017.

Özergin, B. (2011). *Services ingredient branding*. Hamburg: Dr. Kovač.

Pförtsch, W., & Müller, I. (2006). *Die Marke in der Marke*. Berlin, Heidelberg: Springer.

Pförtsch, W., & Schmid, M. (2005). *B2B-Markenmanagement*. München: Vahlen.

PwC, & Sattler, H. (2001). *Praxis von Markenbewertung und Markenmanagement in deutschen Unternehmen* (2. Aufl.). Frankfurt a. M.: PwC.

Richter, M. (2007). *Markenbedeutung und -management im Industriegüterbereich*. Wiesbaden: DUV.

Saunders, J. A., & Watt, F. A. W. (1979). Do brand names differentiate identical industrial products? *Industrial Marketing Management, 8*(2), 114–123.

Schmidt, H. (2001). *Markenmanagement bei erklärungsbedürftigen Produkten*. Wiesbaden: DUV.

Schmidt, M. (2009). *Interne Markenstärke von B-to-B-Unternehmen*. Frankfurt a. M: Peter Lang.

Schmitt, J. (2011). *Strategisches Markenmanagement in Business-to-Business-Märkten*. Wiesbaden: Gabler.

Schultheiss, B. (2011). *Markenorientierung und -führung für B-to-B-Familienunternehmen*. Wiesbaden: Gabler.

Sitte, G. (2001). *Technology branding*. Wiesbaden: DUV.

Steinmann, H., Schreyögg, G., & Koch, J. (2013). *Management* (7. Aufl.). Wiesbaden: Gabler.

VDI (Hrsg.). (2013). *Markenmanagement mit dem Business-Coach*. Berlin: Beuth.

Völckner, F., & Pirchegger, B. (2006). Immaterielle Werte in der internen und externen Berichterstattung deutscher Unternehmen. *Die Betriebswirtschaft, 66*(2), 219–243.

Worm, S. (2012). *Branded component strategies*. Wiesbaden: Gabler.

B-to-B-Technologiemarken – Begriff, Besonderheiten und Thesen

Holger J. Schmidt, Carsten Baumgarth, Jürgen Gietl und Karsten Kilian

Zusammenfassung

Technologische Neuerungen sind bedeutsam, reichen aber für den Unternehmenserfolg im globalen Wettbewerb alleine nicht mehr aus. Es ist deshalb ratsam, gezielt Technologiemarken zu entwickeln. Der vorliegende Beitrag definiert die zentralen Markenbegriffe und zeigt die Besonderheiten von B-to-B-Technologiemarken auf. Hieran anknüpfend werden sieben Thesen zur B-to-B-Markenführung von Technologieunternehmen in Deutschland vorgestellt.

Schlüsselbegriffe

Technologiemarke · Technology Brand · Schlüsseltechnologie · Mittelstand · Hidden Champion · Technologieunternehmen · Industriestandort Deutschland

H. J. Schmidt (✉)
Hochschule Koblenz
Koblenz, Deutschland
E-Mail: hjschmidt@hs-koblenz.de

C. Baumgarth
Hochschule für Wirtschaft und Recht Berlin
Berlin, Deutschland
E-Mail: cb@cbaumgarth.net

J. Gietl
Brand Trust GmbH
Nürnberg, Deutschland
E-Mail: juergen.gietl@brand-trust.de

K. Kilian
Hochschule Würzburg-Schweinfurt
Würzburg, Deutschland
E-Mail: kilian@markenlexikon.com

© Springer Fachmedien Wiesbaden GmbH, ein Teil von Springer Nature 2018
C. Baumgarth (Hrsg.), *B-to-B-Markenführung*, https://doi.org/10.1007/978-3-658-05097-9_2

Inhaltsverzeichnis

1   Relevanz der Thematik

Die uns bekannte Welt verändert sich in einer Geschwindigkeit wie niemals zuvor. Treiber dieser Veränderungen sind vor allem neue Technologien, die die Erwartungen und
das Verhalten vieler Kunden dramatisch verändern (PwC 2016) und die Geschäftsmodelle
zahlreicher Unternehmen in Frage stellen. Das Smartphone ist aus unserem Alltag nicht
mehr wegzudenken, Apps bestimmen unser Informationsverhalten, soziale Medien begleiten das Leben der Menschen, Daten wandern in die Cloud, On- und Offline-Medien
verschmelzen, um nur einige zentrale technologische Entwicklungen zu nennen, die das
Verhalten der Kunden und die Welt der Anbieter spürbar beeinflussen.

Neben den Anbietern klassischer Konsumgüter trifft der „erbarmungslose" technologische Wirbelwind (Tapscott 1996, S. 23) auch Unternehmen, die ihre Produkte und
Services ausschließlich oder überwiegend gewerblichen Kunden anbieten. Von den B-
to-B-Firmen sind insbesondere diejenigen betroffen, die in ihren eigenen Entwicklungs-,
Produktions- und/oder Vermarktungsprozessen auf Schlüsseltechnologien angewiesen
sind, sogenannte B-to-B-Technologieunternehmen. Die Durchdringung der Industrie und
ihrer Produktionsprozesse mit Software, die Vernetzung ihrer Produkte und Services
über das Internet, auch als Industrie 4.0 bezeichnet (Sendler 2013, S. 1), sowie neuartige
Produktions-, Verkehrs- und Mikrosystemtechnologien sind Beispiele solcher Schlüsseltechnologien. „Deutschlands Wettbewerbsfähigkeit als Produktionsstandort hängt
wesentlich davon ab, wie die wirtschaftlichen Potenziale solcher Schlüsseltechnologi-
en genutzt werden", argumentiert die Bundesregierung (BMWI 2016a) und unterstützt
deshalb die breite Nutzung von Schlüsseltechnologien für neue Produkte und Dienstleistungen.

Welche Bedeutung aus Markensicht den Unternehmen des Technologiesektors mittlerweile zukommt, verdeutlichen zahlreiche Rankings. Die Markenberatung *MillwardBrown* beispielsweise stellte bei der Analyse ihres Rankings der 100 wertvollsten Marken der Welt des Jahres 2015 fest, dass der Gesamtanstieg der Markenwerte um 12 % gegenüber 2014 im Wesentlichen auf die sehr positive Entwicklung der Marken des Technologiesektors (plus 24 %) zurückzuführen war (MillwardBrown 2016). Insgesamt repräsentieren *Brand Finance* (2016) zufolge die Top 10 Technologie- und IT-Marken des Jahres 2016 einen Markenwert von insgesamt fast 600 Mrd. US$. Aus der deutschen Perspektive betrachtet ist jedoch zu befürchten, dass die technologische Entwicklung insbesondere die Wettbewerbsfähigkeit des Mittelstands und damit vieler deutscher B-to-B-Unternehmen im Technologiesektor gefährdet. Veränderungspotenziale, die sich durch den technologischen Wandel ergeben, werden bei uns häufig nicht ausgeschöpft (Göbel 2015, S. 535). Viele Hidden Champions der deutschen Tech-Szene scheinen nach einem ähnlichen Erfolgsmodell zu funktionieren wie ihre Vorgänger aus der Old Economy: Sie sind technologisch und qualitativ erstklassig und extrem stark in der Nische (Müller 2016). Doch Attribute wie Qualität, Zuverlässigkeit und Innovationsstärke, die traditionell gerade deutschen Unternehmen zugeschrieben werden (Feige et al. 2014; Frieders 2006), werden längst auch von B-to-B-Anbietern außerhalb Deutschlands erbracht (BrandTrust 2015). Es ist deshalb an der Zeit, sich in der Markenführung stärker als bisher mit der Frage zu beschäftigen, wie die deutsche Technologieszene, die sich, von Ausnahmen wie *Jimdo*, *Sennheiser* oder *Delivery Hero* abgesehen, auf das Geschäft mit Firmenkunden konzentriert (Müller 2016), starke Marken am Standort Deutschland aufbauen und erfolgreich weiterentwickeln kann.

Der vorliegende Beitrag liefert hierzu erste wertvolle Hinweise. Basis des weiteren Diskurses stellt eine fundierte, nachvollziehbare Definition des Begriffs B-to-B-Technologiemarke dar (Abschn. 2). Im Fokus steht der Begriff der Technologiemarke, da er im Vergleich zum Begriff der B-to-B-Marke relativ neu ist und bisher noch nicht umfassend betrachtet wurde. Hierauf aufbauend gilt es, die Besonderheiten von B-to-B-Technologiemarken zu analysieren und herauszuarbeiten (Abschn. 3). Zentrale Thesen zur Zukunft von B-to-B-Technologiemarken am Standort Deutschland werden im Anschluss entwickelt (Abschn. 4). Der Beitrag schließt mit einem Fazit und einem kurzen Ausblick auf die Zukunft deutscher B-to-B-Technologiemarken (Abschn. 5).

2 Definition B-to-B-Technologiemarke

2.1 Technologiemarke

Literaturüberblick
Unter dem Begriff Technologie versteht man die „Wissenschaft von der Umwandlung von Roh- und Werkstoffen in fertige Produkte und Gebrauchsartikel, indem naturwissenschaftliche und technische Erkenntnisse angewendet werden" sowie die „Gesamtheit der

Tab. 1 Verbreitung von Technologiemarke und verwandten Begriffen

Wort	Sprache	*Google* (allgemeine Verwendung)	*Google Scholar* (wissenschaftliche Verwendung)
Technologiemarke	Deutsch	12.200	89
Technology Brand	Englisch	304.000	2170
Technikmarke	Deutsch	5750	43
Technique Brand	Englisch	9550	217
Tech Brand	Englisch	304.000	347
Hightech-Marke	Deutsch	2770	4
Hightech Brand	Englisch	1320	3

Abruf am 22.08.2016; Suchanfrage bei mehreren Wörtern in Anführungszeichen

zur Gewinnung oder Bearbeitung von Stoffen nötigen Prozesse und Arbeitsgänge" (Duden 2016). Der Begriff der Technologiemarke ist bislang allerdings kaum explizit definiert worden (vgl. als Ausnahme Pettis 1995). Zudem finden neben dem Begriff der Technologiemarke ähnliche Begriffe wie Technikmarke, Hightech-Marke etc. im deutsch- und englischsprachigen Raum Verwendung. Tab. 1 zeigt die Häufigkeit der Einträge in *Google* und *Google Scholar*.

Im deutschen Sprachraum wird bislang zumeist von Technologiemarke gesprochen, weshalb dieser Begriff im Folgenden Verwendung findet. Dies erscheint auch deshalb sinnvoll, weil es im Markenbereich den inhaltlich abweichenden Begriff der Markentechnik (Deichsel und Schmidt 2011; Domizlaff 2005) gibt, der bei der Verwendung des Begriffs Technikmarke zu Verwechslungen führen könnte.

Bislang gibt es nur wenige Publikationen, die sich explizit mit Technologiemarken beschäftigen. Sitte (2001) definiert in seiner Dissertation mit dem Titel „Technology Branding" ein technisches Produkt folgendermaßen: „Ein ‚technologisches Produkt' ist ein materielles Gebrauchsgut, das durch technische Komponenten und eine gewisse Komplexität und Erklärungsbedürftigkeit des Produkts gekennzeichnet ist. Die daraus resultierende Serviceintensität und, über das physische Produkt hinausgehend, zusätzlich angebotene Dienstleistungen führen oft zu einer starken Kunden-Lieferanten-Bindung" (Sitte 2001, S. 21). In seinen Ausführungen beschränkt er sich jedoch auf den B-to-B-Sektor und wird somit der Heterogenität von Technologiemarken nur zum Teil gerecht. Jost-Benz (2009) wiederum nennt den Begriff Technologiemarke explizit im Untertitel seiner Dissertation, wobei eine Telekommunikationsmarke Gegenstand seiner Untersuchungen ist. Eine explizite Begriffsdefinition aber unterbleibt. Auch Ward et al. (1999) behandeln in ihrem *Harvard-Business-Review*-Beitrag die Markenführung im Hightech-Bereich, eine explizite Definition jedoch sucht man vergebens.

Temporal und Lee (2000) sprechen von Technikbranchen, die sich ihrer Ansicht nach durch starke Wachstumsraten, schnellen Wechsel, hohe Fragmentierung sowie geringes Marketing- und Markeninvestment kennzeichnen lassen. Pettis (1995) verwendet im Un-

Tab. 2 Fragekatalog zu C- und T-Marken. (Quelle: Pettis 1995, S. 40)

C-Branding	T-Branding
Simple	Complex
Personal use	Business use
Shorter life cycle	Longer life cycle
Impulse purchase	Considered purchase

tertitel seines Buches „*How to create & use ‚brand identity' to market, advertise & sell technology products*" den Begriff Technologieprodukte. Auch hier steht allerdings eher die Branche als die Marke im Vordergrund. Pettis vergleicht explizit „Consumer Branding (C-Branding)" mit „Techno-Branding (T-Branding)". Um die Besonderheiten von T-Branding zu betonen, fragt er den Leser, welche der in Tab. 2 aufgeführten Eigenschaften eher auf die eigene Marke zutreffen.

Insgesamt fokussiert sich aber auch Pettis (1995) auf B-to-B-Marken und berücksichtigt Technologiemarken des B-to-C-Bereichs nur am Rande.

Technologiemarken-Definition des Expertenrats Technologiemarken

Aufbauend auf der bisherigen Unschärfe des Begriffes Technologiemarke bzw. der fehlenden Existenz einer Definition hat der im Jahre 2015 gegründete *Expertenrat Technologiemarken* (www.technologiemarken.de) einen eigenen Definitionsvorschlag entwickelt, der sich an vier Bezugspunkten orientiert (Baumgarth et al. 2016), die im Folgenden skizziert werden:

(1) Branchenansätze

Ein erster Bezugspunkt liefert die Abgrenzung von Technologie- bzw. Hightech-Branchen. Abgrenzungen dieser Art werden häufig von staatlichen Institutionen oder statistischen Ämtern vorgenommen. In Tab. 3 sind drei Ansätze exemplarisch aufgeführt.

Die genannten Branchenaufzählungen liefern zwar erste Hinweise (z. B. hohes F&E-Budget), sind aber wenig geeignet, da sie zum einen von einer Homogenität innerhalb der Branche ausgehen und zum anderen nicht überschneidungsfrei sind. Insbesondere eine branchenbezogene Systematisierung erscheint aus Markensicht wenig sinnvoll. Zwar zählen z. B. die Marken *Dacia* und *Tesla* beide zur Kategorie Pkw, aber mit ersterer wird kaum ein Experte oder Endkunde im Kern Technologie verbinden. Weiterhin besitzen derartige Definitionsansätze den Nachteil, dass sie häufig zeitlich nicht stabil und international nicht anwendbar sind.

(2) Enumerative Ansätze

Den zweiten Bezugspunkt für eine Definition liefern Kataloge von Marken und Unternehmen, die als Technologiewerte oder Technologiemarken explizit aufgeführt werden. Tab. 4 zeigt drei Beispiele für diesen Ansatz.

Alle drei Ansätze sind aufgrund ihrer unklaren Definition und des Zeitpunktbezugs wenig geeignet für eine allgemeine Definition.

Tab. 3 Exemplarische Branchenansätze verschiedener Institutionen

Hightech-Branchen nach OECD (2011; Hatzichronoglou 1997)	Schlüsseltechnologien nach BMWI (2015)	Felder der Hightech-Strategie (Die Bundesregierung 2015)
High-technology products – Aircraft and spacecraft – Pharmaceuticals – Office, accounting and computing machinery – Radio, TV and communication equipment – Medical, precision and optical instruments **Medium-high-technology industries** – Electrical machinery and apparatus – Motor vehicles, trailers and semi-trailers – Chemicals excluding pharmaceutical – Railroad equipment and transport equipment – Machinery and equipment	– Biotechnologie – Elektromobilität – Elektronik – Energieforschung – Fahrzeug- und Systemtechnologien – IKT – Luftfahrttechnologien – Maritime Technologien – Medizintechnik – Mikrosystemtechnologien – Nanotechnologie – Optische Technologien – Produktionstechnologien und Werkstoffinnovationen – Raumfahrt	– Digitale Wirtschaft und Gesellschaft – Nachhaltige Wirtschaft und Energie – Innovative Arbeitswelt – Gesundes Leben – Intelligente Mobilität – Zivile Sicherheit

(3) Begriffsdefinition Technik

Einen dritten Bezugspunkt bilden Ansätze zur Definition von Technik. So hat u. a. der *VDI* in der Richtlinie „Technikbewertung VDI 3780" Technik anhand folgender Eigenschaften charakterisiert (VDI 2000, S. 66):

- Nutzenorientierte, künstliche, gegenständliche Gebilde (Artefakte oder Sachsysteme)
- Menschliche Handlungen und Einrichtungen, in denen Sachsysteme entstehen
- Menschliche Handlungen, in denen Sachsysteme verwendet werden

Diese Definitionsrichtung vernachlässigt sowohl die Innovationsidee von Technologiemarken als auch die Markenperspektive.

(4) Begriffsdefinition Marke

Demgegenüber diskutiert die Literatur mittlerweile seit vielen Jahrzehnten den Begriff der Marke (z. B. de Chernatony und Riley 1998). Es wurden bereits zahlreiche Ansätze, wie rechtliche, objektbezogene, anbieterorientierte oder nachfragerorientierte Definitionen, vorgeschlagen (z. B. Schmidt 2015, S. 4 ff.; Baumgarth 2014, S. 3 ff.; Bruhn 2004, S. 9 ff.; de Chernatony 2010, S. 29 ff.). Im Folgenden wird der nachfragerorientierten Auffassung gefolgt, die Marken aus Sicht der relevanten Stakeholder (z. B. Kunden) beschreibt (z. B. Berekoven 1978, S. 43). Burmann et al. (2015) definieren eine Marke als

Tab. 4 Exemplarische enumerative Listen von Technologiemarken

TecDAX (Index von Technologiewerten, Stand 02.03.2016; Finanzen.net 2016)	Ranking der wertvollsten Technologiemarken (Statista 2015)	Tech-Brand-Ranking (Top 10) von Brand Finance (2015)
– ADVA Optical Networking	– Apple	– Apple
– Aixtron	– Google	– Google
– Bechtle	– Microsoft	– Microsoft
– Cancom	– IBM	– Samsung
– Carl Zeiss Meditec	– Tencent	– Amazon
– CompuGroup Medical	– Facebook	– GE
– Dialog Semiconductor	– Baidu	– IBM
– Drägerwerk	– SAP	– Intel
– Drillisch	– HP	– Facebook
– Evotec	– Oracle	– Oracle
– Freenet	– Samsung	
– GFT Technologies	– Accenture	
– Jenoptik	– Intel	
– LPKF Laser & Electronics	– Cisco	
– Morphosys	– Siemens	
– Nemetschek	– Huawei	
– Nordex	– LinkedIn	
– Pfeiffer Vacuum	– Twitter	
– Qiagen	– Sony	
– QSC	– Adobe	
– RIB Software		
– Sartorius		
– Siltronic		
– SMA Solar Technology		
– Software		
– Stratec Biomedical		
– Telefónica Deutschland Holding		
– United Internet		
– Wirecard		
– XING		

„ein Bündel aus funktionalen und nicht-funktionalen Nutzen, deren Ausgestaltung sich aus Sicht der Zielgruppen der Marke nachhaltig gegenüber konkurrierenden Angeboten differenziert" (Burmann et al. 2015, S. 28). Ähnlich definiert Esch (2014) Marken als „Vorstellungsbilder in den Köpfen der Anspruchsgruppen, die eine Identifikations- und Differenzierungsfunktion übernehmen und das Wahlverhalten prägen" (Esch 2014, S. 22). Konkretisieren lässt sich diese nachfragerorientierte Perspektive dadurch, dass eine Marke aus Sicht der relevanten Stakeholder mindestens folgende Kriterien erfüllen muss (Baumgarth 2014, S. 5):

- hoher Bekanntheitsgrad am Markt
- differenzierendes Image im Vergleich zum Wettbewerb
- klare Präferenzbildung bei den Kunden

Aufbauend auf den genannten Bezugspunkten (1) bis (4) hat der Expertenrat Technologiemarken für die eigene Arbeit den Begriff der Technologiemarke wie folgt definiert:

► „Eine Technologiemarke (engl. Technology Brand) entsteht in den Köpfen der relevanten Stakeholder durch die konsequente Markenführung von Unternehmen, die technologische Produkte und/oder technologiebasierte Dienstleistungen anbieten und den größten Teil ihres Umsatzes mit eigenen Schlüsseltechnologien generieren, wodurch das Unternehmen zugleich ein hohes F&E-Budget aufweist" (Baumgarth et al. 2016, S. 8).

2.2   B-to-B-Marke

Hieran anknüpfend sind die Begriffe „Marketing für B-to-B-Unternehmen" und „B-to-B-Marketing" zu unterscheiden. Während ersteres sämtliche Marketingaktivitäten umschreibt, welche durch Unternehmen durchgeführt werden, die ihren Umsatz überwiegend mit gewerblichen Kunden erzielen und somit auch private Zielgruppen einbeziehen (z. B. Nachbarn, Öffentlichkeit), sind die Zielgruppen des B-to-B-Marketings stets professionelle Nachfrager, z. B. Unternehmen oder staatliche Organisationen (Baumgarth 2010, S. 41). Das B-to-B-Marketing ist somit ein Teilbereich des Marketings für B-to-B-Unternehmen, geht aber weiter als der des Investitionsgütermarketings, da gewerbliche Dienstleistungen und Zuliefergeschäfte mit einbezogen werden (Pförtsch und Godefroid 2013, S. 23).

Mit Bezug auf die im vorangegangenen Abschnitt dargestellte nachfrageorientierte Perspektive der Markenführung (4) können somit B-to-B-Marken als Vorstellungsbilder in den Köpfen der Anspruchsgruppen von Unternehmen verstanden werden, die den größten Teil ihres Umsatzes mit gewerblichen Abnehmern erzielen. Sie sind das Ergebnis aller Handlungen eines solchen Unternehmens, die für das Unternehmen oder für ein spezifisches Leistungsangebot des Unternehmens einen hohen Bekanntheitsgrad, ein differenzierendes Image und eine Präferenzbildung hervorrufen (Baumgarth 2010, S. 42).

2.3   B-to-B-Technologiemarke

Aus der Synthese der in den Abschn. 2.1 und 2.2 vorgeschlagenen Definitionen von Technologiemarken und B-to-B-Marken ergibt sich folgende Definition für eine B-to-B-Technologiemarke:

► **B-to-B-Technologiemarken** sind Vorstellungsbilder in den Köpfen der Anspruchsgruppen von Unternehmen, die gewerblichen Abnehmern technologische Produkte und/oder technologiebasierte Dienstleistungen anbieten und den größten Teil ihres Umsatzes mit eigenen Schlüsseltechnologien für professionelle Kunden generieren, wodurch das Unternehmen zugleich ein hohes F&E-Budget aufweist.

Zentrale Merkmale der Definition sind:

- B-to-B-Technologiemarken entstehen nicht innerhalb des Unternehmens, sondern in den Köpfen der relevanten Stakeholder. Damit wird auch zum Ausdruck gebracht, dass es sich auch um eine B-to-B-Technologiemarke handelt, wenn diese bspw. nur bei Experten einer Branche bekannt ist und nicht in der Gesamtbevölkerung. Durch die Stakeholderperspektive werden explizit auch andere Gruppen als nur Kunden, z. B. (potenzielle) Mitarbeiter im Rahmen des Employer Branding, berücksichtigt.
- B-to-B-Technologiemarken umfassen sowohl technologisch geprägte Produkte, technologiebasierte Dienstleistungen als auch Kombinationen von Sach- und Dienstleistungen.
- Der „überwiegende Teil" des Umsatzes bedeutet, dass mindestens 50 % des Umsatzes der zu betrachtenden Einheit (Dach-, Familien- oder Produktmarke) im technologischen Bereich und mit gewerblichen Kunden erwirtschaftet wird.
- Der Begriff „Schlüsseltechnologien" orientiert sich an der Aufzählung des BMWI (vgl. Tab. 3), ist aber ggf. im Zeitverlauf zu aktualisieren.
- Ein „hohes F&E-Budget" berücksichtigt als Vergleichsmaßstab sowohl die F&E-Intensität der Branche im Vergleich zu anderen Branchen als auch innerhalb der Branche.

3   Besonderheiten von B-to-B-Technologiemarken

Die Markenführung unterscheidet grundsätzlich zwischen Konsumgüter-, Investitionsgüter- und Dienstleistungsmarken. Während die Unterscheidung der ersten beiden Markentypen aufgrund der Zielgruppe – private Endverbraucher oder gewerbliche Abnehmer – erfolgt (Baumgarth 2010, S. 48), ist für Dienstleistungen u. a. kennzeichnend, dass ihr Verbrauch gleichzeitig zur Produktion erfolgt (Meffert und Bruhn 2012, S. 15 f.). Dienstleistungsmarken sind demnach nicht transport- und nicht lagerfähig. Sie können dabei sowohl konsumtiver als auch investiver Natur sein (Backhaus und Hahn 1998, S. 95).

Die in Abschn. 2.3 vorgeschlagene Definition verdeutlicht, dass sich B-to-B-Technologiemarken auf heterogene Leistungen beziehen (Baumgarth 2010, S. 48) und somit keiner der drei klassischen Markenkategorien eindeutig zugeordnet werden können. Sie sind aufgrund ihrer Definition aber auf keinen Fall Konsumgüter. Viele B-to-B-Technologiemarken vereinen Eigenschaften von Investitionsgüter- und Dienstleistungsmarken. Sie wenden sich an gewerbliche Abnehmer und erweitern das Produktangebot durch eine breite Dienstleistungspalette (z. B. *IBM*, *Siemens*, *ABB*, *KUKA*).

Tab. 5 gibt einen Überblick über die wichtigsten Besonderheiten von B-to-B-Technologiemarken.

Ausgehend von den Besonderheiten von B-to-B-Technologiemarken lassen sich sieben Thesen ableiten, die im Folgenden näher betrachtet werden.

Tab. 5 Besonderheiten von B-to-B-Technologiemarken

Perspektive	Besonderheiten
Unternehmenskultur	Stark „ingenieursgeprägt"; Führungskräfte haben sehr oft einen naturwissenschaftlichen Hintergrund (Baumgarth 2010)
Stellung der Vertriebsabteilung	Starke Stellung des Vertriebs; Marketing ist oft nur ausführende Abteilung (Backhaus und Voeth 2015)
Funktion der Marke	Die Risikoreduktionsfunktion ist die dominierende Markenfunktion (Schmidt 2015, S. 20)
Kaufprozess	Multipersonalität (Buying Center) des Einkaufsprozesses, hoher Formalisierungsgrad und ein hoher Anteil an sachlich-rationalen Entscheidungskriterien (Baumgarth 2010, S. 48 f.)
Spannungsfelder in der Markenführung	Hohe Technologie- und Marktrisiken und damit Ungewissheiten (Mohr et al. 2014, S. 11 ff.; Schneider 2002, S. 39 ff.), die zu einer ständigen Gradwanderung zwischen Konsistenz in der Markenführung und Innovationserfordernissen führen
Innovationsmanagement	Hohe Bedeutung des Innovationsmanagements, aber auch hohe Kosten der Technologie- und Neuproduktentwicklung (Schneider 2002, S. 39 ff.); speziell die Kosten für die erste Produkteinheit sind hoch (Mohr et al. 2014, S. 19)
Netzeffekte	Technologien erhöhen häufig ihren Nutzen erst durch Netzeffekte, d. h. der Nutzen für den einzelnen Kunden steigt mit der zunehmenden Anzahl weiterer Kunden, die diese Technologie nutzen (z. B. „Metcalfe-Gesetz"). Dies erfordert Coopetition, Industriestandards und -normen sowie das Angebot umfassender Systeme (Mohr et al. 2014, S. 19 ff.)
Wertschöpfungskette	Hohe Bedeutung des Lieferantenmanagements; Zugang zu Rohstoffen, Komponenten und anderen externen Ressourcen kann ein entscheidender Engpass sein
Marktabgrenzung	Neue Technologien führen oft dazu, dass sich tradierte Marktabgrenzungen in Bezug auf Kunden und Wettbewerber vollständig verändern. Häufig lassen sich neue Technologien auch in diversen Märkten und Produkten einsetzen, wodurch eine Marktabgrenzung und Zielgruppenbestimmung erschwert wird (Mohr et al. 2014, S. 19 ff.)
Internationalität	Aufgrund der Kosten der Neuproduktentwicklung herrscht eine hohe Bedeutung von Skaleneffekten und damit das Erfordernis der Erschließung eines internationalen Marktes, sprich eine starke internationale Orientierung (Baumgarth 2010, S. 48 f.)
Markenverankerung	Aufgrund des hohen Serviceanteils und der Vielzahl an Markenkontaktpunkten ist die Markenverankerung bei den Mitarbeitern (Internal Branding) besonders bedeutsam (Schmidt 2015, S. 70 ff.; Kilian 2012, S. 35 ff.)

4 Thesen zur Führung von B-to-B-Technologiemarken am Standort Deutschland

Sieben allgemeine Thesen zur Führung von Technologiemarken können skizziert werden. Sie lassen sich auch auf die Führung von B-to-B-Technologiemarken im Speziellen – als Teilmenge von Technologiemarken – anwenden. Die Thesen basieren auf den Vorüberlegungen des *Expertenrates Technologiemarken* (Baumgarth et al. 2016, S. 15 ff.) und dienen als Diskussionsgrundlage, um die Intensivierung der Markenführung für B-to-B-Unternehmen des Technologiesektors in Deutschland anzuregen.

4.1 Bedeutung der Markenführung wird unterschätzt

Deutschland ist ein führender Technologie- und Innovationsstandort mit einem starken industriellen Kern (Braun et al. 2011, S. 13). Deutsche Technologieunternehmen des verarbeitenden Gewerbes (B-to-B) und der ITK-Industrie (teilweise B-to-B) generieren fast 30 % des deutschen BIP (Statistisches Bundesamt 2013) und bilden das Fundament für einen der führenden Technologiestandorte. Die international angesehene deutsche Ingenieurskunst ist das Ergebnis einer langen Tradition der fundierten technischen Ausbildung an deutschen Hochschulen, die in herausragenden Produkten und Lösungen mündet. Sie führen dazu, dass Deutschland seit vielen Jahren zu den drei größten Exportnationen der Welt zählt.

Trotz aller Erfolge stecken die deutschen Technologieunternehmen, insbesondere im B-to-B-Sektor, in einem Dilemma. Denn asiatische Konkurrenten liefern mittlerweile häufig ähnlich bis gleich gute Qualität, und US-amerikanische Unternehmen haben das große Talent und auch häufig die entsprechenden Budgets, um ihre Innovationen interessanter darzustellen. Damit der Technologiestandort Deutschland wettbewerbsfähig gehalten werden kann, gilt es nicht nur, den Fachkräftemangel zu beseitigen, die Innovationskraft zu stärken und den Wandel hin zur Industrie 4.0 zu gestalten. Es geht auch darum, die Wertschätzung für die erbrachten Spitzenleistungen zu erhöhen und in Wertschöpfung umzumünzen. Studien legen jedoch nahe, dass die Bedeutung der Markenführung in vielen B-to-B-Segmenten – und damit auch im Technologiesektor – oft unterschätzt wird. Laut einer Untersuchung der Markenberatung *Cuecon* (2013) halten zwar 96 % der befragten B-to-B-Unternehmen die Marke für relevant, aber nur 62 % haben bereits eine Positionierung vorgenommen, und nur bei 49 % sieht sich die Geschäftsleitung für die Markenführung verantwortlich. In einer Studie von *Dietrich Identity* (2016) gaben nur rund 23 % der Teilnehmer an, darunter viele aus dem B-to-B-Umfeld, dass die Markenführung in ihren Unternehmen Chefsache sei. In gleicher Weise betonten 39 % der befragten B-to-B-Manager im „Deutschen Markenmonitor 2015" des *Rats für Formgebung* und der *GMK Markenberatung*, dass die Implementierung der Markenstrategie im Unternehmen unzureichend sei, und 26 % bemängeln eine zu geringe Aufmerksamkeit des Managements für das Thema (Kilian 2015, S. 14). *Esch. The Brand Consultants* (2014) wiederum ermittelten in ihrer Studie zur B-to-B-Markenführung, dass nur für 43 % aller B-to-B-Unternehmen das Thema Markenführung eine hohe Relevanz besitzt. Noch nachdenklicher stimmt, dass die befragten B-to-B-Entscheider im Durchschnitt elf Themen angaben, für die ihre Marke besonders stehe – eine sehr hohe Zahl, die zeigt, dass eine Fokussierung auf wenige, relevante Differenzierungsmerkmale kaum stattfindet.

Für die zukünftige Wettbewerbsfähigkeit des Technologiestandorts Deutschland ist es essenziell, Marke als Konzept und Werkzeug zu nutzen, um sich gegen Wettbewerber aus Asien und den USA durchzusetzen und die notwendige Wertschätzung für die erbrachten Spitzenleistungen zu erhalten. Das gilt auch und insbesondere für den B-to-B-Sektor und damit für B-to-B-Technologiemarken.

4.2   B-to-B-Technologiemarken werden zu selten erfolgreich geführt

Die zweite These ist eng mit der vorherigen verbunden, zielt aber weniger auf die wahrgenommene Bedeutung der Markenführung im Umfeld von B-to-B-Technologiemarken ab, sondern fokussiert vielmehr die Qualität und das Know-how der Markenführung in den entsprechenden Unternehmen. Deutsche Firmen sind in 27 von 51 industriellen Sektoren unter den Top 3 (Deutsche Bank 2015). Gleichzeitig schafft es mit *SAP* auf Platz 26 nur ein deutsches Technologieunternehmen mit B-to-B-Schwerpunkt in die Top 50 des *Interbrand*-Markenrankings „Best Global Brands" (Interbrand 2015), obwohl dort zahlreiche weitere B-to-B-Unternehmen vertreten sind (z. B. *GE, Intel, Cisco* und *Oracle*). Insgesamt finden sich unter den Top 50 nur noch vier weitere deutsche Technologiemarken, die allesamt aus dem Automobilbereich stammen (und überwiegend B-to-C geprägt sind).

Die genannten Zahlen unterstützen die These, dass es deutschen Firmen noch immer gelingt, in der Mehrheit der Branchen eine technologisch führende Rolle zu spielen. Diese Unternehmen haben aber gleichzeitig ein Defizit, wenn es darum geht, die notwendige Aufmerksamkeit auf ihre Besonderheit, ihre Spitzenleistungen und Errungenschaften zu lenken und mithilfe einer starken Marke zum Ausdruck zu bringen. Die Gründe hierfür sind vielfältig. Sie sind in jedem Fall historisch nachvollziehbar. In vielen Branchen war es aufgrund des technologischen Vorsprungs deutscher Anbieter im angestammten Marktsegment viele Jahre und Jahrzehnte nicht notwendig, in die Vermarktung ihrer Spitzenleistungen und somit in die Markenführung zu investieren. Je enger die Märkte jedoch werden, je höher der Sättigungsgrad dieser Märkte ist und je kleiner der technologische Vorsprung deutscher Unternehmen wird, desto größer wird die Notwendigkeit, sich als profilierte Marke von den ausländischen Wettbewerbern abzugrenzen. Je schwächer die Marke *Made in Germany* wird, desto stärker muss diese Abgrenzung mithilfe der eigenen Marke geschehen (Slavik 2013). Hierzu gilt es, entsprechendes Know-how aufzubauen.

4.3 B-to-B-Technologiemarken fehlt es an Innovationen mit Kundenrelevanz

Mit *Siemens*, *BASF* und *Bosch* befinden sich gleich drei deutsche B-to-B-Technologie-unternehmen unter den Top 10 der Patentanmelder in Europa. Die Innovationskraft der deutschen Technologieunternehmen scheint ungebrochen. *Kurt Bock*, CEO der *BASF*, sieht in Innovation gar den einzigen „Werttreiber, den wir eigenständig beeinflussen können" (Kurt Bock auf der Jahrestagung der Chemischen Industrie, April 2016). Diese Aussage untermauert die Bedeutung und Aufmerksamkeit für das Thema Innovations-kraft.

Was aber, wenn es eine Vielzahl an Innovationen gibt, die in Patenten gesichert, aber von Kunden nicht nachgefragt werden? Die repräsentative Technologiemarkenstudie „*Made in Germany 4.0*" (BrandTrust 2015) zeigt, dass Technologiemarken beim Thema „Unverzichtbarkeit" von den Befragten nur rund 43 von 100 möglichen Punkten erhielten. In der gleichen Studie wurde den betreffenden Technologiemarken jedoch eine hohe Zu-kunftsfähigkeit zugesprochen. Daraus kann man schließen, dass die tatsächlich erbrachte Innovationsleistung den Marken wohl die Zukunft sichern wird, dass sie aber nicht dazu führt, die Unternehmen für ihre Kunden unverzichtbar zu machen.

Aus dieser Beobachtung lässt sich die These ableitet, dass das Hauptaugenmerk von Technologieunternehmen nicht nur darauf liegen darf, möglichst innovativ zu sein. Gerade den B-to-B-Technologiemarken muss es gelingen, die Innovationskraft auf Ergebnisse zu lenken, die höchste Kundenrelevanz haben und die betreffenden Unternehmen vor der Austauschbarkeit bewahren.

4.4 Unverzichtbare B-to-B-Technologiemarken bieten Ökosysteme statt Produkte

Mit 49 % sind Innovationsstärke, Festigung der Innovationsökologie und strategisch sinn-volle Partnerschaften die meist genannten Erfolgskriterien für die eigene Technologie-marke in der oben genannten Studie „*Made in Germany 4.0*" (BrandTrust 2015). Inno-vationspartnerschaften sind vor allem dann notwendig, wenn Technologieunternehmen Innovationen über die eigenen Kernkompetenzen hinaus generieren wollen. Damit können Produkte zu Systemen ausgebaut werden. Kunden erhalten Systemlösungen, statt einzelne Anforderungen erfüllt zu bekommen. Dies dürfte insbesondere für gewerbliche Kunden von besonderer Relevanz sein.

Was dies in der Praxis bedeutet, macht folgendes Zitat von *Eric Schmidt*, Ex-CEO von *Google* und heute Executive Chairman von *Alphabet* deutlich: „Alle, die sich über das Pro-dukt definieren, werden sterben, und nur wer sich als Unternehmen über sein Öko-System definiert, wird überleben" (Schmidt und Rosenberg 2014). Ähnliches können Kunden des deutschen Technologieunternehmens *Siemens* berichten. Die B-to-B-Technologiemarke ist seit ihrer „Vision 2020" genannten strategischen Neuausrichtung unter CEO *Joe Kae-*

ser ein gutes Beispiel dafür, wie einzelne Produkte inklusive passender Applikationen sowie zusätzlicher Services zu einem Gesamtsystem verknüpft und entsprechend vermarktet werden können. Den Auftrag, in Ägypten mit drei Gaskraftwerken bis zu zwölf Windparks und diverse Umspannwerke zu errichten, konnte *Siemens* gewinnen, weil es ein Komplettangebot vorlegte. Dies führte zu rund acht Milliarden Euro Umsatz. Auch in der Industrieautomation bietet *Siemens* ein komplettes Angebot für die vernetzte Produktion und ist damit unter dem Label „Digitale Fabrik" erfolgreich (Maier 2016, S. 39 f.).

4.5   B-to-B-Technologiemarken müssen die Relevanz und Akzeptanz in der Gesellschaft erhöhen

Die gesellschaftliche Akzeptanz ist für den Erfolg von Innovationen (Kollmann 1998, S. 2) und für das Überleben von Technologieunternehmen von zentraler Bedeutung. Das gilt insbesondere für Technologieanbieter im B-to-B-Sektor. Jedoch ist seit 2005 die Zahl der Deutschen, die an Wissenschaft und Technik interessiert sind, von 85 auf 53 % gesunken (EU Kommission o.J.). In Zeiten von Digitalisierung und Industrie 4.0 sind das erschreckende Zahlen. Denn wo soll die Motivation zur Entwicklung und Nutzung neuer Technologien herkommen, wenn die Gesellschaft dafür nicht aufgeschlossen ist? Technologien müssen nicht gegen, sondern für die Gesellschaft, nicht gegen, sondern für Arbeitsplätze entwickelt werden.

Für B-to-B-Technologiemarken ist die gesellschaftliche Akzeptanz besonders wichtig, da für sie eine hohe Anzahl an Markenkontaktpunkten charakteristisch ist (vgl. Abschn. 3) und die Markenführung die Erwartungen vieler Stakeholder berücksichtigen muss, darunter Nachbarn, interessierte Öffentlichkeit, Politik und Gesetzgebung sowie potenzielle Arbeitnehmer. Sinkt die Akzeptanz von Technologien insgesamt, werden auch B-to-B-Technologiemarken weniger attraktiv. Schon heute findet sich aus Sicht von Studierenden wirtschaftswissenschaftlicher Studiengänge keine deutsche B-to-B-Technologiemarke unter den zehn beliebtesten Arbeitgebern Deutschlands (Trendence 2016).

4.6   Vertrieb ist und bleibt der Schlüssel für erfolgreiche B-to-B-Technologiemarken

„Die Markenstärke von B2B-Unternehmen und die Qualität ihrer Kommunikation sind für Einkäufer in deutschen Großunternehmen zusammen genommen genauso entscheidend wie der Produktpreis", folgerten die Berater von *McKinsey* (2016) nach der Auswertung ihrer Umfrage unter 1000 Einkaufsentscheidern. Dies dürfte auch für Technologieunternehmen gelten. Doch 60 % der Vertriebsmitarbeiter wissen nicht, wie sich ihr Unternehmen vom Wettbewerb differenziert (Ledingham et al. 2014). Dabei ist der Vertrieb in ingenieursgetriebenen Umfeldern noch immer einer der wichtigsten Markenkontaktpunkte, wenn es darum geht, den Wert der eigenen Leistung möglichst gut zu vermitteln.

Vertriebsmitarbeiter sind häufig das letzte und zentrale Glied in der Kette dieses Wertvermittlungsprozesses. Wenn jedoch der Vertrieb die Differenzierung zum Wettbewerb nicht versteht, sofern überhaupt eine Differenzierung besteht, wie soll dann der Kunde davon erfahren? Hierin liegt ein enormes Verbesserungspotenzial, zumal gerade im Umfeld von B-to-B-Technologiemarken der Vertrieb eine starke Stellung einnimmt und das Marketing oft nur eine ausführende Abteilung ist (siehe Abschn. 3 sowie Backhaus und Voeth 2015). Im Idealfall sollten deshalb alle Vertriebsmitarbeiter präzise und klar vermitteln können, was die Leistungen des eigenen Unternehmens glaubwürdig, attraktiv und vor allem differenzierend macht. Deshalb gilt es, im Rahmen der Markenimplementierung bei technologisch geprägten B-to-B-Unternehmen insbesondere den Wissensstand der Vertriebsmitarbeiter zur Marke, ihre markenbezogenen Fähigkeiten sowie ihr Commitment gegenüber der Marke deutlich zu verbessern (Kilian 2012, S. 37; Wentzel et al. 2012, S. 83 f.).

4.7 B-to-B-Technologiemarken ohne Markenansatz werden sterben

Hinzu kommt, dass für mehr als 80 % der Teilnehmer an der „Survey on the Global Agenda 2014" heute eine weltweite Führungskrise durch Vertrauensverlust herrscht (World Economic Forum 2015). Die Ursachen für diesen Zustand sind vielfältig. Die fehlende Integrität von Führungspersönlichkeiten in Politik und Wirtschaft, gepaart mit den rasanten Veränderungen in allen Bereichen des gesellschaftlichen und wirtschaftlichen Lebens, bleiben nicht ohne Wirkung. Wir leben in einer **VUCA**-Welt (Bouée 2013). Das vom Militär geprägte Akronym setzt sich zusammen aus den Anfangsbuchstaben der Begriffe Volatility, Uncertainty, Complexity und Ambiguity. Mit der Bezeichnung VUCA soll verdeutlicht werden, dass wirtschaftliche Märkte, politische Situationen, die Umwelt und weitere Systeme immer schwerer vorhersehbar sind, wodurch sich Unsicherheit und Ungewissheit bei der Führung und Gefolgschaft gleichermaßen einstellen.

Je unsicherer, unvorhersehbarer und ungewisser die Umfelder für Menschen werden, desto größer wird die Sehnsucht nach Halt und Vertrauen. Wenn Marken nicht nur als Kommunikationswerkzeuge gesehen, sondern als Vertrauenssysteme richtig geführt werden, können sie in solchen Situationen Mitarbeitern wie Führungskräften die nötige Stabilität und Agilität geben, um in schwierigen Umfeldern resilient (widerstandsfähig) zu sein. Werden aus einem definierten Markenkernwert zusammen mit einer präzisen Markenpositionierung klare Regeln abgeleitet, welche als Handlungsrahmen für alle Entscheidungen, Maßnahmen, Botschaften und Signale eines Unternehmens dienen, so werden Kunden, Mitarbeiter, Geschäftspartner und die interessierte Öffentlichkeit Integrität spüren. Wenn Unternehmen dann noch kompetent in dem sind, was sie liefern, und wohlwollend agieren, kann das Vertrauen in die Unternehmen und ihre Führungskräfte deutlich gesteigert werden.

Ohne einen solchen Markenansatz führt der zunehmende Vertrauensverlust zu Angstgefühlen, Minderleistungen der Mitarbeiter und ausbleibenden Entscheidungen der Kun-

den für die Angebote der Unternehmen. Die Folge: Innovationskraft, Profitabilität und das
Bestehen des Unternehmens werden langfristig gefährdet. Es ist ein zentraler Irrtum vieler
Ingenieure, dass sich die bessere Leistung stets am Markt durchsetzt (Gietl 2013, S. 29).
Marken helfen Technologieunternehmen, ihre Leistungen wertvoll zu vermarkten – auch
und gerade im B-to-B-Umfeld. Das ist notwendig, um weitere kostspielige Entwicklungen
für die Zukunft finanzieren zu können.

5   Fazit und Ausblick

Technologiemarken im Allgemeinen und B-to-B-Technologiemarken im Speziellen haben
eine hohe Bedeutung für Wachstum und Wohlstand. Wollen industrialisierte Länder wie
Deutschland in Zeiten der Globalisierung wirtschaftliches Wachstum, gesellschaftlichen
Wohlstand und hohe Beschäftigungsquoten sicherstellen, so ist hierfür ihre technologische Innovationsfähigkeit ein zentraler Erfolgsfaktor (Breitschopf et al. 2005, S. 43),
da industrielle Schlüsseltechnologien eine beachtliche volkswirtschaftliche Hebelwirkung
besitzen (BMWI 2016b).

Umso überraschender ist es, dass die Bedeutung von B-to-B-Technologiemarken in
Deutschland bisher massiv unterschätzt wird. Zwar sind deutsche Technologieunternehmen, viele davon aus dem B-to-B-Sektor, nach wie vor sehr leistungsfähig, wie die Liste
der hier ansässigen „Hidden Champions" eindrucksvoll belegt (Biesalski 2015; Simon
2007, 2012; Venohr und Meyer 2007). Sie weisen zugleich aber deutliche Defizite auf,
wenn es darum geht, die notwendige Aufmerksamkeit auf ihre Besonderheiten, Spitzenleistungen und Errungenschaften zu lenken, im Markenimage zu bündeln und mithilfe
eines starken Markenauftritts zum Ausdruck zu bringen. Die genannten Defizite sind
insbesondere in Zeiten dynamischen, technologisch geprägten Wandels mit dafür verantwortlich, dass der Vorsprung deutscher Technologiemarken, insbesondere deutscher
B-to-B-Technologiemarken, im globalen Wettbewerb gefährdet ist. Qualität, Zuverlässigkeit und Innovationsstärke sind Leistungen, die längst auch von Technologieunternehmen
außerhalb Deutschlands erfüllt werden.

Gefragt sind deshalb vor allem mehr Innovationen mit Kundenrelevanz, der Ausbau
von Produkten zu Ökosystemen, eine Steigerung der gesellschaftlichen Relevanz von B-
to-B-Technologiemarken sowie ein leistungsfähiger Vertrieb. B-to-B-Unternehmen des
Technologiesektors, die keinen strategischen Markenansatz verfolgen, werden zukünftig
um ihr Überleben kämpfen. In der Folge gilt dies auch für den Industriestandort Deutschland als solchen. Demgegenüber weisen starke technologische Leistungen gepaart mit
einer starken Technologiemarke den Weg in die Zukunft.

Literatur

Backhaus, K., & Hahn, Chr (1998). Das Marketing von investiven Dienstleistungen. In M. Bruhn & H. Meffert (Hrsg.), *Handbuch Dienstleistungsmanagement* (S. 93–114). Wiesbaden: Gabler.

Backhaus, K., & Voeth, M. (2015). Besonderheiten des Industriegütermarketing. In K. Backhaus & M. Voeth (Hrsg.), *Handbuch Business-to-Business-Marketing* (S. 17–29). Wiesbaden: Springer Gabler.

Baumgarth, C. (2010). Status quo und Besonderheiten der B-to-B-Markenführung. In C. Baumgarth (Hrsg.), *B-to-B-Markenführung* (S. 37–62). Wiesbaden: Gabler.

Baumgarth, C. (2014). *Markenpolitik* (4. Aufl.). Wiesbaden: Springer Gabler.

Baumgarth, C., Gietl, J., Kilian, K., & Schmidt, H. J. (2016). *Technologiemarken. In Arbeitspapiere des Expertenrats Technologiemarken*. Arbeitspapier Nr. 1. Koblenz: Expertenrat Technologiemarken.

Berekoven, L. (1978). Zum Verständnis und Selbstverständnis des Markenwesens. In C.-A. Andreae (Hrsg.), *Markenartikel heute* (S. 35–48). Wiesbaden: Gabler.

Biesalski (2015). Marken der Hidden Champions. http://www.biesalski-company.com/Studienband_Marken_der_Hidden_Champions_2015.pdf. Zugegriffen: 11. Aug. 2016.

BMWI (2015). Schlüsseltechnologien. http://www.bmwi.de/DE/Themen/Technologie/schluesseltechnologien.html. Zugegriffen: 27. Juli 2015.

BMWI (2016a). Potentiale der Schlüsseltechnologien. http://www.hightech-strategie.de/de/Potenziale-der-Schluesseltechnologien-fuer-die-Wirtschaft-nutzen-974.php. Zugegriffen: 4. März 2016.

BMWI (2016b). Industrielle Schlüsseltechnologien. http://www.bmwi.de/DE/Themen/Industrie/Industrienation-Deutschland/industrielle-schluesseltechnologien.html. Zugegriffen: 4. März 2016.

Bouée, C. (2013). *Light footprint management*. Boston: Bloomsbury.

Brand Finance (2015). Tech 100 2015. http://brandfinance.com/images/upload/brand_finance_tech_100_2015.pdf. Zugegriffen: 2. März 2016.

Brand Finance (2016). Tech 100 2016. http://brandfinance.com/images/upload/brand_finance_tech_100_2016_web.pdf. Zugegriffen: 4. März 2016.

BrandTrust (2015). Made in Germany 4.0. Die große BrandTrust Technologiemarken-Studie. http://www.brand-trust.de/images/pdf/2015/BrandTrust-Made-in-Germany4-0Studie.pdf. Zugegriffen: 19. Apr. 2016.

Braun, A., Scheiermann, A., & Zweck, A. (2011). *Technologiestandort Deutschland 2020*. Düsseldorf: VDI.

Breitschopf, B., Haller, I., & Grupp, H. (2005). Bedeutung von Innovationen für die Wettbewerbsfähigkeit. In A. Sönke & O. Gassmann (Hrsg.), *Handbuch Technologie- und Innovationsmanagement* (S. 41–60). Wiesbaden: Gabler.

Bruhn, M. (2004). Begriffsabgrenzungen und Erscheinungsformen von Marken. In M. Bruhn (Hrsg.), *Handbuch Markenführung* (2. Aufl., S. 3–49). Wiesbaden: Gabler.

Burmann, C., Halaszovich, T., Schade, M., & Hemmann, F. (2015). *Identitätsbasierte Markenführung* (2. Aufl.). Wiesbaden: Springer Gabler.

de Chernatony, L. (2010). *From brand vision to brand evaluation* (3. Aufl.). Amsterdam: Elsevier.

de Chernatony, L., & Riley, F. D. (1998). Defining a "Brand". *Journal of Marketing Management*, *14*(4), 417–443.

Cuecon (2013). B2B-Markenstudie 2013. http://www.cuecon.de/wissen/studien. Zugegriffen: 12. Aug. 2016.

Deichsel, A., & Schmidt, M. (Hrsg.). (2011). *Jahrbuch Markentechnik 2011/2012*. Wiesbaden: Gabler.

Deutsche Bank (2015). 16 gute Gründe für den Wirtschaftsstandort Deutschland, zitiert bei *Fokus Money Online*. http://www.focus.de/finanzen/news/konjunktur/tid-21953/deutschland-heimat-vieler-weltmarktfuehrer_aid_617729.html. Zugegriffen: 29. Apr. 2016.

Die Bundesregierung (2015). Prioritäre Zukunftsaufgaben für Wertschöpfung und Lebensqualität. http://www.hightech-strategie.de/de/Prioritaere-Zukunftsaufgaben-82.php. Zugegriffen: 27. Juli 2015.

Dietrich Identity (2016). Die Bedeutung der Marke 2016. https://www.dietrichid.com/veroeffentlichungen/studien/. Zugegriffen: 12. Aug. 2016.

Domizlaff, H. (2005). *Die Gewinnung des öffentlichen Vertrauens* (7. Aufl.). Hamburg: Marketing Journal.

Duden (2016). Technologie. http://www.duden.de/rechtschreibung/Technologie. Zugegriffen: 4. März 2016.

Esch, F.-R. (2014). *Strategie und Technik der Markenführung* (8. Aufl.). München: Vahlen.

Esch. The Brand Consultants (2014). B2B-Markenführung. http://www.esch-brand.com/publikationen/studien/neu-studie-zu-b2b-brand-excellence/. Zugegriffen: 12. Aug. 2016.

EU Kommission (2010). Eurobarometer Spezial 340: Wissenschaft und Technik. http://ec.europa.eu/public_opinion/archives/ebs/ebs_340_de.pdf. Zugegriffen: 29. Apr. 2016.

Feige, S., Fischer, P. M., Mahrenholz, P. J., & Reinecke, S. (2014). *Marke Deutschland*. St. Gallen: Thexis.

Finanzen.net (2016). TecDAX Top/Flop. http://www.finanzen.net/index/TECDAX/Topflop. Zugegriffen: 2. März 2016.

Friederes, G. (2006). Country-of-Origin-Strategien in der Markenführung. In A. Strebinger, W. Meyerhofer & H. Kurz (Hrsg.), *Werbe-und Markenforschung* (S. 109–132). Wiesbaden: Gabler.

Gietl, J. (2013). *Value branding*. München: Haufe.

Göbel, K.-B. (2015). Digitalisierung als Chance und Herausforderung für mittelständische Unternehmen. In G. Fahrenschon, A. G. Kirchhoff & D. B. D. B. Simmert (Hrsg.), *Mittelstand* (S. 529–537). Wiesbaden: Springer.

Hatzichronoglou, T. (1997). *Revision of the high-technology sector and product classification*. Paris: OECD Science.

Interbrand (2015). Best global brands 2015. http://interbrand.com/best-brands/best-global-brands/2015/ranking. Zugegriffen: 11. Aug. 2016.

Jost-Benz, M. (2009). *Identitätsbasierte Markenbewertung*. Wiesbaden: Gabler.

Kilian, K. (2012). Interne Markenverankerung bei den Mitarbeitern. *transfer – Werbeforschung & Praxis*, *58*(4), 35–40.

Kilian, K. (2015). *Die B2B-Marke als Erfolgsgarant, Das Würzburger Modell weist den Weg*. Jubiläumsschrift 10 Jahre Markenkonferenz B2B. Würzburg: Vogel.

Kollmann, T. (1998). *Akzeptanz innovativer Nutzungsgüter und -systeme*. Wiesbaden: Gabler.

Ledingham, D., Kovac, M., Beaudin, L., & Burton, S. D. (2014). Mastering the new reality of sales. http://www.bain.com/publications/articles/mastering-the-new-reality-of-sales.aspx. Zugegriffen: 29. Apr. 2016.

Maier, A. (2016). Das Wendemanöver. *Manager Magazin*, *2016*(7), 36–41.

McKinsey (2016). Einkäufer vertrauen starken Marken: Image auch im B2B-Bereich ein wichtiger Entscheidungsfaktor. https://www.mckinsey.de/eink%C3%A4ufer-vertrauen-starken-marken-image-auch-im-b2b-bereich-ein-wichtiger-entscheidungsfaktor-0. Zugegriffen: 12. Aug. 2016.

Meffert, H., & Bruhn, M. (2012). *Dienstleistungsmarketing* (7. Aufl.). Wiesbaden: Gabler.

MillwardBrown (2016). Brand categories. http://www.millwardbrown.com/brandz/top-global-brands/2015/brand-categories. Zugegriffen: 4. März 2016.

Mohr, J., Sengupta, S., & Slater, S. (2014). *Marketing of high-technology* (3. Aufl.). Harlow: Pearson.

Müller, E. (2016). Hidden Champions. *manager magazin*. http://www.manager-magazin.de/magazin/artikel/tech-industrie-50-hidden-champions-der-digitalunternehmen-a-1083491.html (Erstellt: 15. Febr. 2016). Zugegriffen: 12. Aug. 2016.

OECD (2011). ISIC rev. 3 technology intensity definition. http://www.oecd.org/sti/ind/48350231.pdf. Zugegriffen: 2. März 2016.

Pettis, C. (1995). *TechnoBrands*. New York: Amacom.

Pförtsch, W., & Godefroid, P. (2013). *Business-to-business-marketing* (5. Aufl.). Herne: Kiehl.

PwC (2016). Redefining business success in a changing world, 19th Annual Global CEO Survey. https://www.pwc.com/gx/en/ceo-survey/2016/landing-page/pwc-19th-annual-global-ceo-survey.pdf. Zugegriffen: 21. Apr. 2017.

Schmidt, H. J. (2015). *Markenführung*. Wiesbaden: Springer Gabler.

Schmidt, E., & Rosenberg, J. (2014). *How Google works*. New York, Boston: Grand Central.

Schneider, D. J. G. (2002). *Einführung in das Technologie-Marketing*. München, Wien: Oldenbourg.

Sendler, U. (2013). Industrie 4.0. In U. Sendler (Hrsg.), *Industrie 4.0* (S. 1–13). Berlin: Springer.

Simon, H. (2007). *Hidden Champions des 21. Jahrhunderts*. Frankfurt, New York: Campus.

Simon, H. (2012). *Hidden Champions*. Frankfurt, New York: Campus.

Sitte, G. (2001). *Technology branding*. Wiesbaden: DUV.

Slavik, A. (2013). Label ohne Wert. Süddeutsche Zeitung. http://www.sueddeutsche.de/wirtschaft/streit-um-made-in-germany-label-ohne-wert-1.1743839 (Erstellt: 11. Aug. 2013). Zugegriffen: 11. Aug. 2016.

Statista (2015). Markenwerte der wertvollsten Technologiemarken weltweit im Jahr 2015. http://de.statista.com/statistik/daten/studie/156431/umfrage/markenwerte-der-wertvollsten-technologiemarken-weltweit. Zugegriffen: 27. Juli 2015.

Statistisches Bundesamt (2013). IKT-Branche in Deutschland. Bericht zur wirtschaftlichen Entwicklung. https://www.destatis.de/DE/Publikationen/Thematisch/UnternehmenHandwerk/Unternehmen/IKT_BrancheDeutschland5529104139004.pdf?__blob=publicationFile. Zugegriffen: 29. Apr. 2016.

Tapscott, D. (1996). *Die digitale Revolution*. Wiesbaden: Gabler.

Temporal, P., & Lee, K. C. (2000). *Hi-tech hi-touch branding*. Singapore: John Wiley.

Trendence (2016). trendence Graduate Barometer 2016 – German Business Edition. https://www.trendence.com/fileadmin/trendence/content/Unternehmen/Rankings/tGrad16_DE_Ranking_BUS_DE.pdf. Zugegriffen: 12. Aug. 2016.

VDI (2000). *Technikbewertung. Begriffe und Grundlagen. Richtlinie VDI 3780, September*

Venohr, B., & Meyer, K. E. (2007). *The German miracle keeps running*. IMB Working Paper No. 30. Berlin: IMB.

Ward, S., Light, L., & Goldstine, J. (1999). What high-tech managers need to know about brands. *Harvard Business Review, 77*(4), 85–95.

Wentzel, D., Tomczak, T., Kernstock, J., Brexendorf, T., & Henkel, S. (2012). Der Funnel als Analyse- und Steuerungsinstrument von Brand Behavior. In T. Tomczak, F.-R. Esch, J. Kernstock & A. Herrmann (Hrsg.), *Behavioral Branding* (3. Aufl., S. 81–99). Wiesbaden: Gabler.

World Economic Forum (2015). Outlook on the global agenda. http://www3.weforum.org/docs/GAC14/WEF_GAC14_OutlookGlobalAgenda_Report.pdf. Zugegriffen: 29. Apr. 2016.

Markenführung für komplexe B-to-B-Unternehmen

Christian Belz

Zusammenfassung

Besonders für komplexe B-to-B-Anbieter gilt es, mit den vielfältigen Situationen des Unternehmens mit spezifischen Kunden umzugehen. Dazu taugt die bekannte Markenführung aus dem Bereich B-to-C wenig. Eine professionelle Markenführung für B-to-B-Unternehmen bewegt sich in Spannungsfeldern, wie beispielsweise integriert und differenziert, global und lokal, orientiert an Masse und einzelnen Kunden. Daraus lassen sich wirksame Ansätze ableiten. Dabei ist die Markenführung und Kommunikation der B-to-B-Anbieter komplex. Die Lösungen lassen sich auch als allgemeines Marketing und nicht nur als Markenführung bezeichnen; diese Bereiche verschmelzen für B-to-B-Unternehmen. Entscheidend ist jedoch nicht eine disziplinäre Abgrenzung, sondern die anspruchsvolle Aufgabe mit dem Ziel, die Kompetenz oder Leistungsfähigkeit des Anbieters effektiv und effizient in die Interaktion mit Kunden zu bringen.

Schlüsselbegriffe

Behavioral Branding · Inbound Marketing · Persönliche Interaktion · Spannungsfelder der Markenführung · Unternehmenskomplexität

Inhaltsverzeichnis

C. Belz (✉)
Institut für Marketing, Universität St. Gallen
St. Gallen, Schweiz
E-Mail: christian.belz@unisg.ch

© Springer Fachmedien Wiesbaden GmbH, ein Teil von Springer Nature 2018
C. Baumgarth (Hrsg.), *B-to-B-Markenführung*, https://doi.org/10.1007/978-3-658-05097-9_3

1   Vielfalt als Herausforderung

Es genügt nicht, die Markenerkenntnisse vom Massengeschäft auf die Industrie zu übertragen. Ohne Zweifel gewichten aber manche Anbieter die Markenführung und Kommunikation ungenügend. Symptome sind beispielsweise veraltete Markenauftritte, zufällig gestaltete Dokumentationen, Defizite in der Emotionalität und technisch geprägte Bezeichnungen für Leistungen. Einerseits stützt sich die Markenführung der komplexen Anbieter auf vielfältige, kundennahe, dezentrale Formen der Kommunikation. Andererseits gelingt es nur durch kommunikationsfähige Strategien und eine eindeutig wahrgenommene Kompetenz des Anbieters, den Mitarbeitern, den Kunden und den weiteren Anspruchsgruppen eine wichtige Orientierung zu geben. Markenführung wird für das Management zum wichtigen Ansatz, um die wachsende Komplexität und dezentrale Organisationen zu beeinflussen. Wichtige Aufgabe des Topmanagements ist es daher, die zahlreichen Aktivitäten eines Unternehmens zu integrieren und die Schwerpunkte für seine langfristige Entwicklung zu setzen (Müller-Stewens und Lechner 2005, S. 17 ff.). Dazu stützt sich die Geschäftsleitung auf Strategien, Strukturen und auch die Markenführung. Im Folgenden wird unser Markenverständnis dargelegt.

Marken und Markenmanagement
Marken kennzeichnen Produkte, Sortimente, Leistungs- und Marketing-Systeme oder ganze Unternehmen. Sie sind der Zugang des Kunden zur spezifischen Kompetenz des Unternehmens oder der Leistung. Äußerlich sind Marken durch Namen, Farben und Symbole oder Bilder und Ton bestimmt; mit ihnen verbindet der Kunde besondere Erfahrungen, Einstellungen und Gefühle. Er stützt sich auf Dokumentationen, Werbung, Unternehmensgebäude, Messestände, Produktdesign und alle Formen der Interaktion mit Kunden. Kurz: auf den Marketing-Gesamteindruck. Marken geben Orientierung im Unternehmen und in den Märkten und helfen, Komplexität zu bewältigen.

Marken sind das Ergebnis eines langen und konsequenten Weges der Unternehmen, der intern Beteiligten und der Kunden. Nachhaltigkeit für relevante Werte und Angebote ist erfolgreicher. Diese Botschaft ist in einer hektischen Zeit wichtig. Erfolgreiche Marken beruhen auf einer anspruchsvollen Führungsleistung im Unternehmen und im Markt.

Professionelle Markenführung und -kommunikation nutzen die Chancen, um Unternehmen nachhaltig und erfolgreich zu entwickeln. Dabei integrieren sie neben den Aufgaben zentraler Marketingservices speziell die Aufgaben und Chancen der Marken für das Topmanagement und eine dezentrale Markenführung im Unternehmen (insbesondere von sämtlichen Personen mit Kontakten zu Kunden).

Marken sind für die Verantwortlichen in B-to-B-Unternehmen kein etablierter Zugang. Meist ist es ergiebiger, über die Kompetenz des Unternehmens und die Reputation zu diskutieren.

Quelle: Belz (2006, S. 11); Belz und Kopp (1994, S. 1577 ff.).

Die Herausforderung für das Marketing liegt jedoch nicht in der Integration, sondern in der **Differenzierung**. Wie gelingt es, mit vielfältigen Leistungen, zahlreichen Kundensegmenten oder verschiedenen Marktgebieten erfolgreich umzugehen? Marketing differenziert, spezifiziert und konkretisiert. Ziel ist es letztlich, die vielfältigen Situationen mit jedem Kunden erfolgreich zu nutzen. Eine solche Vielfalt lässt sich nach innen und außen schwierig kommunizieren, denn Kunden und Mitarbeiter verlieren den Überblick und wissen kaum mehr, wofür ein Unternehmen steht. Hier setzt die Markenführung an und versucht zu **verdichten**, zu **verbinden** und von anderen Anbietern klar zu **unterscheiden**. Das Spannungsfeld zwischen Vielfalt und Konzentration ist omnipräsent und beschäftigt die Verantwortlichen fortwährend.

Allerdings sind internationale Anbieter von Konsumgütern und Standardservices schlechte Vorbilder für B-to-B-Unternehmen. Hinweise zur Markenführung stützen sich nämlich implizit meist auf Massengüter und internationale Konzerne, welche die Begegnung mit den einzelnen Kunden an den Einzelhandel oder an die Niederlassungen delegieren. Markenführung bezieht sich somit maßgeblich auf Massenkommunikation. Entsprechende Budgets sind für die Hersteller hoch, weil sie ihren verbleibenden Marketingspielraum nutzen, und rechtfertigen zentrale Abteilungen.

Es gibt die weltweit führenden Marken wie *Nike*, *Coca-Cola* und *Microsoft*, die mit einer Art Invasionsmarketing arbeiten. Für die meisten Anbieter ist es aber weit wirksamer, die Märkte zu moderieren und subtil auf die Kunden einzugehen. Wohl träumt auch jeder Marketingverantwortliche eines B-to-B-Anbieters davon, bei allen Kunden klar präsent zu sein (wie die großen Marken). Jeder Vertriebsmitarbeiter möchte nicht zuerst mühsam erklären, was das eigene Unternehmen tun kann. Diese Träume und Wünsche kosteten aber manche Unternehmen viel, ohne etwas zu bewirken. Denn die Empfehlungen für Massenmarketing passen nicht notwendigerweise auch für komplexe Anbieter. Stattdessen verschwenden falsche Übertragungen Kommunikationsbudgets. Es genügt folglich nicht, einen vermeintlichen Nachholbedarf für B-to-B-Unternehmen zu dramatisieren.

Zudem ist die klassische Markenführung auch für Konsum- und Standardgüter nicht unumstritten. Manche Branchen verabschieden sich weitestgehend von einer Präsenz in den Massenmedien und setzen stärker auf die intensive Zusammenarbeit und Verkaufsförderung mit dem Handel. Nischenanbieter sind in der Publikumswerbung kaum mehr präsent. Eine verbreitete Annahme für die Markenführung lautet: Verankere attraktive Angebote in den Köpfen der Kunden, sie werden diese Leistungen begehren, sich bewegen und kaufen. Von der gedanklichen Identifikation und den positiven Gefühlen zu den konkreten Handlungen des Kunden ist es aber ein weiter Weg. So zeigen Verhaltensanalysen deutlich, dass Marken in den fein etappierten Informations- und Kaufprozessen von Kunden nur marginal wirken (Rutschmann 2005, S. 15 ff.; Rutschmann und Belz 2014, S. 39 ff.). Attraktive Marken ziehen den Kunden selten bis zum Kauf. Im B-to-B-Bereich mit seinen anspruchsvollen Kundenprozessen muss die Skepsis zur Wirkung der Marke noch stärker ausfallen. Kundenerlebnisse und -handlungen machen Marken stark, während Marken umgekehrt kaum Kaufhandlungen bewirken.

Die Herausforderung, mit Vielfalt umzugehen, stellt sich also naturgemäß besonders in komplexen Unternehmen, wie sie im B-to-B-Bereich üblich sind.

2 Komplexe Unternehmen

Komplexe Unternehmen im B-to-B-Marketing sind geprägt durch mehrere Sparten, vielfältige Sortimente, aufwändige Services, Marktnetze und differenzierte Kundengruppen mit Einkaufsgremien. Diese Anbieter führen oft weltweit Niederlassungen und setzen lokale Schwerpunkte (Belz 2006, S. 22 ff.). Ihr Marketing und die Marke werden besonders durch die zahlreichen **Kontakte** der **Ingenieure**, **Servicetechniker** und **Verkäufer** mit den Kunden geprägt. Zwar empfiehlt beispielsweise Esch (2012, S. 279 ff.), die Leistungsfähigkeit von Massenkommunikation und persönlicher Kommunikation kritisch einzuschätzen, seine Hinweise lesen sich aber mehrheitlich als Plädoyer für Massenkommunikation. Tab. 1 zeigt, was Unternehmen einfach oder komplex macht.

Die Situation der Markenführung für B-to-B-Unternehmen unterscheidet sich je nach Geschäftsmodell. So lassen sich für Anbieter von Systemen, Anlagen, Komponenten oder die Kundengruppe der Erstausrüster differenzierte Ansätze entwickeln (Backhaus und Voeth 2014, S. 24 ff.). Beispielsweise sind die Ansätze für Kommunikation und Vertrieb in diesen Geschäftstypen sehr verschieden (Weibel 2014). Eine eigene Kategorie von Unternehmen untersucht Simon (2012) mit seinen Hidden Champions oder heimlichen internationalen und globalen Marktführern. Sie finden sich in sämtlichen Geschäftsfeldern des B-to-B-Marketing (und teilweise auch im Bereich B-to-C). Bereits mit dem Hinweis auf Heimlichkeit verdeutlicht er, dass diese Unternehmen nur in Nischenmärkten und nicht breit bekannt sind und kundennah, spezifisch, flexibel und vielfältig mit ihren Kunden interagieren (Simon 2012, S. 211 ff.).

Tab. 1 Komplexe und einfache Unternehmen und Angebote. (Quelle: Belz 2006, S. 25 f.)

Kriterien	Einfache Unternehmen und Angebote (tendenziell Konsumgüter und Standardservices)	Komplexe Unternehmen und Angebote (tendenziell B-to-B-Unternehmen mit anspruchsvollen Leistungen)
Wettbewerbsposition	Das Unternehmen ist Marktführer oder gehört zu den drei großen Anbietern im Gesamtmarkt oder einer Nische. Im Vergleich zu Wettbewerbern sind die Ressourcen groß.	Das Unternehmen ist ein kleiner oder mittlerer Anbieter im Markt oder in einer Nische. Im Vergleich zu Wettbewerbern sind die Ressourcen klein. Die Mittel zersplittern sich auf vielfältige Aufgaben.
Organisation	„Monoangebot" des Unternehmens oder klare Abgrenzung von unabhängigen Geschäftseinheiten (oder Produkten, Marken usw.).	„Multiples Angebot" mit verschiedenen Sparten oder Leistungen in verschiedenen Ländern, Teilmärkten und Segmenten.
Interne Beteiligung und Mitarbeiterzahl	Klar definierte Kunden-Kontaktpersonen mit standardisierten Verkaufsprozessen (inkl. der Unterstützung durch Informationssysteme, Intranet und Internet); geringe Mitarbeiterzahl für eine Marke.	An der Zusammenarbeit mit Kunden sind Mitarbeiter verschiedener Funktionen und Sparten beteiligt (z. B. Topmanagement, Technik, Vertrieb, Kundendienst, Innendienst usw.) (Selling Centers); hohe Mitarbeiterzahl für eine Marke.
Strategische Veränderung	Das Angebot wird langfristig und konstant ausgerichtet; robuste Marken sind wichtiges Ziel.	Dynamische Veränderungen der Segmente und Leistungen; oft kombiniert mit dem Zukauf, Verkauf von Geschäftseinheiten und neuen Integrationen.
Strategischer Fokus	Bezug sind Ressourcen und Gestaltung.	Markt und Anpassung stehen im Vordergrund.
Marken(zahl)	Eine Marke oder wenige Marken; gleiche Bezeichnung von Unternehmenseinheit und Produkten.	Viele Marken, komplexe Markenhierarchie, mehrere Eigenmarken und Fremdlabels.
Leistung	Die Produkte und Sortimente sind verhältnismäßig einfach und standardisiert. Geringe Bedeutung von Services.	Komplexe, erklärungsintensive und innovative Leistungen, die oft projektbezogen und individuell in einer anspruchsvollen Zusammenarbeit mit Kunden angeboten und vollzogen werden. Hohe Bedeutung von Services.
Anspruchsgruppen	Endkunden dominieren als Anspruchsgruppe. Die Orientierung am Kunden prägt auch das Verhältnis zu den übrigen Anspruchsgruppen des Unternehmens oder der Institution.	Neben den Kunden sind für den Erfolg die weiteren Anspruchsgruppen (je nach Konstellation) ebenso wichtig oder manchmal wichtiger. Differenzierte Erwartungen unterschiedlicher Stakeholder.
Kundenzahl	Das Unternehmen bearbeitet viele Kunden oder Massenmärkte.	Das Unternehmen bearbeitet wenige Kunden intensiv und vielfältig.

Tab. 1 (Fortsetzung)

Kriterien	Einfache Unternehmen und Angebote (tendenziell Konsumgüter und Standardservices)	Komplexe Unternehmen und Angebote (tendenziell B-to-B-Unternehmen mit anspruchsvollen Leistungen)
Kundenstruktur	Endkunden und Handel lassen sich klar identifizieren, segmentieren und bearbeiten.	Die Kunden sind vielfältig und umfassen Endkunden, Communities, multiple Vertriebspartner, Engineering Unternehmen, Beeinflusser, Erstausrüster (Original Equipment Manufacturers). Vielfältige Marktnetze werden nur moderiert und mitgestaltet.
Kunden-entscheide	Der Kunde trifft einfache und spontane Entscheidungen und ist wenig involviert.	Bei Kunden sind „Buying- und Using-Centers" mit verschiedenen Fachspezialisten an der Zusammenarbeit beteiligt. Die Informations-, Entscheidungs- und Nutzungsprozesse sind anspruchsvoll und über längere Zeiträume verteilt.
Internationalität	Im internationalen Marketing wird ein globaler Ansatz verfolgt.	Aktivitäten in internationalen Märkten sind sehr differenziert, die Marktanteile, Distributionsstrukturen, Leistungs- und Kundenschwerpunkte unterscheiden sich in jedem Land und führen zu unterschiedlichen Vorgehensweisen.
Vertikale Arbeitsteilung	Die Produkte werden durch den Handel vertrieben. Verschiedene Marketingfunktionen (besonders für Kundenkontakte) sind an den Handel delegiert.	Direktverkauf und multiple Distributionskanäle werden kombiniert.
Marketing-Instrumente	Im Marketing-Mix dominieren die Werbung und unpersönliche Massenkommunikation (inkl. Sponsoring usw.).	Der Marketing-Mix wird durch eine persönliche und dezentrale Marktbearbeitung geprägt (CRM, persönlicher Verkauf, Direktmarketing, persönliche Beziehungen usw.). Werbekampagnen spielen eine untergeordnete Rolle.
Folgerung	Massenmarketing für einfache Leistungen (z. B. Konsumgüter, Komponenten, Standardsoftware, einfache Gebrauchsgüter, standardisierte Dienstleistungsprodukte); Fokus auf robuste und erneuerungsfähige Marken. Eigenständige Markenführung mit vorwiegend unpersönlicher Kommunikation und sichtbaren Kampagnen (sichtbares, – „Above-the-line-Marketing").	Differenziertes Marketing für komplexe Gebrauchs- und Investitionsgüter sowie Dienstleistungen und Leistungssysteme für wenige Kunden. Fokus auf robuste und innovative Leistungen und umfassende Problemlösungen für Kunden. Dominante Markenführung durch Vertriebs-, Projekt- und Beziehungsmanagement (dezentrales „Below-the-line-Marketing" – nahe an der Kundenhandlung). Markenführung wird zum Synonym für Marketing.

Zentral bleibt die Frage, ob eine einfache oder eine komplexe Leistung an wenige oder viele Kunden (oder Beeinflusser) vermarktet werden soll. Industrieanbieter mit Standardleistungen für die Masse sind dabei den Herstellern für Konsumgüter oder den Dienstleistern im Mengengeschäft ähnlicher.

Bei komplexen Unternehmen sind die **Zielgruppen oft klein** und die **Botschaften differenziert** und **anspruchsvoll**. Meist folgern sogar die Führungskräfte, dass die Markenführung deshalb unbedeutend ist. Markenführung wird auch meist in der Linie integriert oder an externe Dienstleister delegiert und ist in diesen Unternehmen deshalb keine eigene Disziplin. Ohnehin ist Markenführung für Industrieunternehmen oft deckungsgleich mit Marketing.

Die Marken von Konzernen wie *Siemens*, *ABB*, *BASF* oder *Telekom* sind in der Öffentlichkeit sichtbar und werden als B-to-B-Marken gerne erwähnt. Weil diese Unternehmen so groß sind, fallen sogar die flankierenden Budgets für Markenführung und Corporate Identity vergleichsweise groß aus. Trotzdem handelt es sich auch für diese Konzerne um Nebenschauplätze.

Es gibt in vielen Märkten und Unternehmen eine **Dynamik zu mehr Komplexität**: mehr Anbieter, mehr Segmente, mehr Länder, mehr Produkte, mehr Services und differenzierte Kanäle. Über alles wird auch in immer mehr Medien informiert. Verschärft wird die Problematik durch beschleunigte Prozesse in den Märkten. Auf diese vielfältigen Ansprüche antwortet die eigene Organisation durch mehr Spezialisten und erweiterte Geschäfte, was die Strukturen und Prozesse zunehmend unübersichtlich werden lässt. Unternehmen konkurrieren somit intern und mit ihren Kunden, was wiederum die Zahl der Konflikte weiter steigert.

Für den Anbieter gilt es zu erfassen, welche Aspekte seine Komplexität erhöhen und die Kommunikation prägen. Integration ist in komplexen Organisationen eine anspruchsvolle Führungsaufgabe und hat nur wenig mit abgestimmten Logos zu tun. Die Hauptaufgabe der Kommunikation besteht darin, die Leistungsfähigkeit des Unternehmens in die Interaktion mit den attraktivsten Kunden zu bringen (Belz 2014; Belz und Schmitz 2011).

3   Markenführung in Spannungsfeldern

Wie lässt sich in der Markenführung mit der Komplexität von B-to-B-Unternehmen umgehen? Einfache Hinweise zur Positionierung, zu klaren Marken oder mehr Emotionalität greifen hierbei zu kurz. Zu fordern ist vielmehr der differenzierte Umgang mit den Spannungsfeldern der Markenführung, wie sie in Abb. 1 gezeigt werden.

Im B-to-B-Marketing prägen diese Spannungsfelder die Markenführung, wobei eher die rechte Ausprägung der Abb. 1 zutrifft. Für jedes wichtige Feld gilt es, die gegenwärtige und angestrebte Position des eigenen Unternehmens oder Geschäftsfeldes zu bestimmen, um daraus wiederum Strategien, Maßnahmen und die Kontrolle der Markenführung abzuleiten. Das Management dieser Spannungen ist anspruchsvoll, aber wirksamer als einseitige Ansätze. Hierbei ist das Sowohl-als-auch erfolgreicher als ein Entweder-oder.

Spannungsfelder der Markenführung

1	Invasion	Anpassung
2	Markenfokus	Markenausweitung
3	Kontinuität	Agilität und Überraschung
4	Zukunft und langfristiger Erfolg	aktuelle Ergebnisse
5	Kunden	Kundennetze und Anspruchsgruppen
6	Emotion	Erklärung und Sache
7	Kampagnen	multiples Marketing und Kundenkontakte
8	Masse	Individualisierung
9	Integration (global)	Differenzierung (lokal)
10	Zentrale Führung ‚top down'	Führung ‚bottom up', Nähe zum Markt

Einfache Unternehmen und Angebote ⬌ Komplexe Unternehmen und Angebote

Abb. 1 Spannungsfelder der Markenführung

4 Eckpunkte der Markenführung von B-to-B-Unternehmen

Es lassen sich nicht alle Spannungsfelder ausloten und darin liegende mögliche Ansätze der Markenführung für B-to-B-Unternehmen vertiefen. Einige Eckpunkte zeigen jedoch die Richtung (ohne sich explizit auf die Spannungsfelder zu beziehen) auf, an der sich Markenführung orientieren sollte. Marketing ist in vielen B-to-B-Unternehmen ein Teil des Vertriebs. Marketing, Marke und Vertrieb haben die gemeinsame Aufgabe, den Kunden zum Kauf zu führen (Rutschmann und Belz 2014).

4.1 Markenhierarchie

Komplexe Unternehmen gewichten mit Vorteil das Corporate Branding (und weniger die Marken für Sparten und Produkte) (Esch 2012, S. 501 ff.). Allerdings besteht dabei die Gefahr, dass der Auftritt im Markt recht abstrakt und demgemäß im Vergleich zum Wettbewerb auswechselbar ausfällt. Beispielsweise setzte *ABB* viele Jahre auf die Kommunikation von „Customer Focus" oder *Schott* konzentrierte sich im Corporate Branding auf „Total Customer Care". Solche Aussagen sind für die vielfältigen Angebote dieser Unternehmen richtig, nur gleichzeitig auch generisch. Sie passen auf Wettbewerber ebenso wie auf ganz andere Märkte.

Marken in komplexen Unternehmen brauchen nicht immer abgehoben oder „blutleer" zu sein. Dies verdeutlicht ein Beispiel aus einem ganz anderen Bereich: Der bekannte Urwaldarzt Albert Schweizer publizierte eine ganze Bibliothek von Büchern zu Religion, Ethik, Philosophie und zu seinen Projekten. Die übergreifende Aussage seines Lebenswerkes lässt sich dabei als „Ehrfurcht vor dem Leben" zusammenfassen. Ähnlich gilt es, die Aussagen einer Unternehmensgruppe auf den wichtigen und bewegenden Punkt zu bringen. Leider wird dieser Aspekt der Markenführung selten explizit verfolgt.

Manche Unternehmen müssen akzeptieren, dass sich ihre Sparten, Botschaften und Zielgruppen zu stark unterscheiden, um eine gemeinsame Marke zu stärken. Die Kommunikation setzt dann die Schwerpunkte auf die strategischen Geschäfteinheiten und Teilmärkte. Es lohnt sich nicht, eine Integration zu erzwingen, wenn es nichts Wesentliches zu integrieren gibt.

Auch der unbedingte Wille zur Harmonie ist ein kritisches Unterfangen. Dynamische Marken bedürfen der Spannung. Übertriebene Harmonie wirkt selbstverständlich und oft nur langweilig. Besser ist **Stimmigkeit**, die durchaus stimulieren kann. Sie lässt sich erleben, aber schlecht beschreiben. Vergleichbar wäre sie mit dem Gefühl, einen interessanten Garten oder ein Haus zu betreten, in dem man sich einfach wohl und angeregt fühlt. Einzelne Pflanzen, Vorhänge oder Polstermöbel sind keine Erklärung, wohl aber das stimmige Zusammenspiel der einzelnen Elemente.

In vielen Unternehmen wird die Markenführung zum „Polizist" der Corporate Identity. Die Konsequenz des Auftritts im Rahmen einer guten Markenführung ist dabei notwendig, aber nicht hinreichend. Vielmehr fördern exzellente Marken gleichzeitig die dezentrale und spezifische Initiative in einer gewünschten Richtung und behindern sie nicht; sie setzen somit zusätzliche Kräfte frei.

Nicht zuletzt sollten im Rahmen des B-to-B-Marketing auch Maschinen und Anlagen am ehesten so bezeichnet werden, dass sich ihr Nutzen den Kunden vermitteln lässt sowie **Herkunft** und **Anbieterkompetenz** klarwerden lässt. Vielfach übliche technokratische Kürzel entfalten wenig Wirkkraft.

4.2 Vertrauen und Emotion

Komplexe Unternehmen brauchen (soweit möglich) ein Gesicht und wollen das Vertrauen der Anspruchsgruppen und Kunden gewinnen. Vertrauen stützt sich dabei auf Kompetenz und Sympathie. Besonders (Hoch-)Technologieanbieter haben oft ein Sympathiedefizit, das sich erst im kundennahen Dialog überwinden lässt. Dabei ist das Ergebnis eines echten Dialoges immer offen und wird durch alle Beteiligten geprägt (vgl. Abschn. 4.8).

Häufig wird mehr Emotion in der Kommunikation für B-to-B-Marken gefordert. Es genügt aber nicht, einige fröhliche Kunden abzubilden. Auch technologische Führerschaft, Wirtschaftlichkeit, Professionalität, Kundennähe oder Qualität im harten Einsatz gilt es, **emotional zu kommunizieren**.

Emotion lässt sich in keiner Interaktion ausschließen. Auch das vorliegende Fachbuch weckt beispielsweise spezifische Gefühle der Leserin oder des Lesers. Allerdings erweist sich überzogene Emotionalisierung als kontraproduktiv. Bereits im B-to-C-Bereich verwischten Erlebnismarketing und einseitige oder abgehobene Bilderwelten die Unterschiede zwischen Anbietern, statt (wie versprochen) klare Profile zu schaffen. In diese Fehlentwicklung der falschen Emotionen im Marketing sollte nun der B-to-B-Sektor nicht einstimmen. Und: Wichtig sind im emotionalen Bereich des B-to-B-Geschäfts die persönlichen Beziehungen (Belz et al. 1998).

4.3   Inbound-Marketing

Unternehmen bearbeiten in der Regel die Märkte aktiv. Sie steigern den Druck auf Kunden durch Werbung, Direktmarketing und Besuche. Dieses Vorgehen lässt sich als Outbound-Marketing bezeichnen. Die Problematik ist dabei, dass diese Marketingaktivitäten selten bei den richtigen Kunden, zur richtigen Zeit, mit dem richtigen Inhalt und über die richtigen Kanäle treffen. Der Response des Kunden wird zum Engpass.

Immer, wenn Kunden selbst die Initiative für Informationen, Rückfragen, Beschwerden, Probleme usw. ergreifen, stimmen für ihn Zeit, Sache und Kanal. Leider richten aber viele Anbieter ihren Customer Service nur administrativ aus oder delegieren ihn an externe Dienstleister. Kunden verlieren sich in Warteschlangen, werden weitervermittelt oder gar abgewimmelt. Inbound-Marketing fördert und nutzt an dieser Stelle die Initiativen des Kunden proaktiv und professionell. Es stützt sich auf einen ausgezeichneten Response des Unternehmens. Wer die **Kundeninitiativen selbst verstärkt**, der fördert damit die eigene und wirksame Initiative des Unternehmens (vgl. Abschn. 4.10). Inbound-Marketing scheint besonders für B-to-B-Unternehmen mit langlebigen Produkten und komplexer Nutzung durch Kunden ergiebig (Belz und Schagen 2008).

4.4   Pull-Markenführung

Grundsätzlich betreiben B-to-B-Unternehmen eher ein Push-Marketing. In besonderen Situationen engagieren sich die Anbieter aber auch in einer Pull-Markenführung (Unger-Firnhaber 1996). Typisch ist Ingredient Branding für die Anbieter von Komponenten (z. B. *Intel*) oder Lieferanten von innovativen Modulen (z. B. *Bosch* für die Automobilindustrie).

Beispiel

Verschiedene Unternehmen bearbeiten große Zielgruppen und kombinieren B-to-B- und B-to-C-Angebote. Typisch dafür ist der Sanitärhersteller *Geberit* (mit dem Marken-Claim „know-how inside"). Im angestammten Bereich werden die Großhändler (als direkte Kunden) mit einem Push-Marketing bearbeitet. Das Pull-Marketing konzentriert sich beispielsweise auf eine intensive Schulung der Installateure und Gewerbebetriebe, die *Geberit* bei ihren Großhandels-Lieferanten aktiv verlangen sollen. Anders gelagert sind Innovationen von *Geberit*, wie das Dusch-WC oder die meisten Produkte der übernommenen *Sanitec* (Closing Anfang 2015). Hier unterstützt *Geberit* die Entscheidungsprozesse der Bauherren oder Endkunden (B-to-C). Die Installateure und Gewerbler werden dazu befähigt, die anspruchsvollen Produkte „durch zu verkaufen" (B-to-B). Bei diesen Leistungen spielen hohe Preise und Ästhetik eine wichtige Rolle, während sich *Geberit* früher mehrheitlich „hinter der Wand" betätigte. Natürlich ergeben sich dabei zwischen den Aktivitäten und der Kommunikation Wechselwirkungen.

4.5 Solutions

Lösungen und Erfolgsbeiträge, Know-how sowie Services werden im Industriegeschäft immer wichtiger. Entscheidend ist dabei nicht nur, was Unternehmen anbieten, sondern besonders wie sie mit ihren Kunden zusammenarbeiten. Besonders im Wettbewerb mit Volumenanbietern differenzieren Anbieter ihre Zusammenarbeit zwischen schlank und extensiv (Belz 2015, 2016). Damit wird die Industrie zum Dienstleister, und Dienstleistungskommunikation bedeutet **Erklärungswettbewerb** (Belz und Simão 2008; Simão 2006). Beispielsweise gilt es zu kommunizieren und zu belegen, inwiefern ein Kunde mit der besten Beratung eines Anbieters rechnen kann. Im Wettbewerb der Ankündigungen und Behauptungen machen nämlich schon alle Wettbewerber mit, hier bestehen viel weniger Möglichkeiten, sich gegenüber der Konkurrenz zu profilieren.

Viele Anbieter gewichten die Kommunikation von Dienstleistungen weit weniger als jene von Maschinen. So werden aufwändige Produktdokumentationen oft von handgestrickten Dienstleistungskatalogen begleitet. Auch wechseln Anbieter ihre Leistungen, Nutzenargumente und Bilderwelten für Services zu häufig, weil Services „intangibel" sind. Doch auch hier braucht es Professionalität und Konsequenz.

Markenführung für industrielle Solutions Provider nutzt drei Ebenen: Unternehmens-, Interaktions- und Leistungsebene. Dabei gewichten Industrieunternehmen die Interaktionsebene am stärksten, es folgt die Leistung und erst dann die Unternehmensebene mit klassischen Ansätzen zu Markenführung und Positionierung (Simão 2006, S. 78 ff.).

4.6 Drive durch den Vertrieb

B-to-B-Unternehmen wählen in der Kommunikation oft nicht Marken, sondern eher Kundeninformationssysteme und Vertrieb als Zugang (Binckebanck 2006). Bei Unternehmen mit einem Drive im Vertrieb folgt auch die **Markenführung** einer **anderen Logik** (Belz 2010). Die Marken dienen dann dazu, die Opportunitäten des Vertriebs zu fördern. Besonders mittlere Unternehmen betreuen deshalb verschiedene Marken (mit Prioritäten je nach Region) und nutzen die Möglichkeiten mit Fremdlabels der Vertriebspartner und weiterer

Hersteller (Erstausrüster-Geschäft). Sie verzichten damit bewusst auf eine Markenberei-
nigung oder die Präsenz unter einer eigenen Marke. Vertriebsdominierte Unternehmen tun
sich daher schwer mit Markenführung.

Beispiel

Beispielsweise steht *Schulthess* im Bereich der Waschtechnik im Wettbewerb mit weltweiten Anbietern wie *Electrolux, Miele* oder *Siemens.* Das Unternehmen führt die
Eigenmarken *Schulthess* und *Merker* (besonders in der Schweiz), produziert Eigenmarken für den Handel und für internationale Vertriebspartner und beliefert gleichzeitige
Wettbewerber unter deren Marken. Die Markenlogik würde für diesen kleineren Anbieter nahelegen, nur auf eine Marke zu setzen und sich auf diese zu konzentrieren.
Dominant ist jedoch die Vertriebslogik: Mit verschiedenen Marken gelingt es dem Unternehmen, vielfältige Geschäfte national und international zu nutzen. Das Beispiel
zeigt auch: Kleine Unternehmen setzen eher auf ein B-to-B-Marketing mit Handels-
partnern (Push) als auf ein B-to-C-Marketing zu Konsumenten (Pull). Oft wird sogar
argumentiert, dass sich die Endkundenwerbung am stärksten auf die Motivation der
Absatzmittler auswirkt.

4.7 Kundenprozesse

Kundenprozesse sind vielschichtig und langwierig. Bei Kunden stehen Projekte im Wettbewerb mit weiteren Initiativen. Deshalb werden Beschaffungsprojekte storniert, verscho-
ben, verändert oder verlagert. Marketing und Vertrieb müssen die realen Prozesse des
Kunden verstehen, um sie wirksam zum Kauf zu führen. Es gilt die wichtigen Hebel zu
bestimmen, an denen Verkauf und Marketing ansetzen können. Grobe Schemata mit vier
bis acht Phasen genügen dazu nicht (Rutschmann und Belz 2014).

Bereits für einen Autokauf durchläuft ein Kunde 55 Schritte, an jedem Schritt kann er
abbrechen. Deshalb erwarten wir im Bereich der Investitionsgüter noch viel komplexere
Prozesse. Marketing für Industriegüter ist oft bereits projekt- und prozessorientiert. Nur
überwiegen die Perspektive des Anbieters und rationale Schemen.

Folgendes Vorgehen ist geeignet, um reale Kundenprozesse zu erforschen:

- Bestimmung des Unternehmensbereichs und der Bezugspersonen für das Projekt.
- Analyse verwendeter Prozessdarstellungen des Unternehmens für Kundenpro-
  jekte.
- Auswahl eines Portfolios von fünf erfolgreichen und fünf erfolglosen Projekten
  mit jeweils dem Lead der Person beim eigenen Unternehmen und beim Kunden
  (je mit drei Projekten als Reserve). Die Projekte sollen eher unterschiedlich sein.

- Anfrage der Kundenpersonen zur Mitwirkung und Information der intern Verantwortlichen.
- Erfassung jedes der zehn ausgewählten Projekte im Detail aus Sicht der Kunden und des Lieferanten. Konzentration der Erhebung auf konkrete Handlungen und Vorkommnisse im Projekt und Vermeidung von Interpretationen (das „Wie" statt das „Warum" der Kunden klären).
- Auswertung und Darstellung der Projektprozesse.
- Gemeinsamer Workshop zu Ergebnissen, Identifikation der Stellhebel und Entwicklung von wirksamen Ansätzen für Vertrieb und Marketing.

Bei erfolgsversprechenden Ergebnissen lässt sich der Ansatz ausweiten. Naturgemäss sind auch Bezüge zu verbreiteten Lost Order-Analysen möglich. Dabei genügt aber der zu hohe Preis nicht mehr als Begründung.

4.8   Kommunikationsinstrumente

B-to-B-Unternehmen setzen nicht auf TV-Spots und Medienkampagnen. Die Instrumente der Kommunikation sind Dokumentationen und Prospekte, Internet, Inserate und Berichte in Fachzeitschriften, eigene Technologiezentren, Messen, Direktmarketing, E-Communication, Social Media, Kundenevents und -schulungen, Kundenintegration für neue Lösungen sowie besonders die persönliche Interaktion. Die dezentrale und kundennahe Kommunikation ist durch die beteiligten Personen bestimmt. Wichtig ist für viele Industrieanbieter, wie sie mit Kundenfällen umgehen, weil die Kundenlösungen sehr vielfältig sind. Ein guter Kundenfall umfasst Ausgangslage, Prozess der Zusammenarbeit, Lösung, Ergebnisse und Learnings. Eindrücklich war die Initiative von *Sick*. Das Unternehmen veranstaltete international ein internes Rennen um gute Kundenfälle und stellte innerhalb eines Jahres mehr als 100 Fälle ins Internet.

Bei den Instrumenten gilt das Prinzip: Beherrsche zuerst die Instrumente und konkreten Lösungen vor einer Integration derselben. Zum Beispiel sollte eine Internetseite nicht wie eine Inserate-Kampagne oder ein gedruckter Jahresbericht daherkommen. Skeptisch sollte man bei klassischen Dienstleistern sein, die plötzlich unter dem Titel der Integration ein ganzes Portfolio von Instrumenten und Marketingansätzen abdecken wollen, obschon sie davon nur einzelne Instrumente wirklich beherrschen.

Es scheint in diesem Zusammenhang nützlich, das Thema Cross Media sogar zum Cross-Marketing zu erweitern, um das Zusammenspiel der vielfältigen Kräfte im gesamten Marketing zu berücksichtigen. Angestrebt ist damit ein Verstärkungsmarketing, das sich auf vielfältige Maßnahmen stützt, die sich fortlaufend gegenseitig anstoßen, aufschaukeln und potenzieren.

In diesem Prozess werden fortwährend einzelne Bausteine angepasst. Groß ist deshalb aber auch die Gefahr, dass sich ein Wildwuchs an Stilen, Auftritten und Botschaften ergibt. Nur **klare Werte,** eine **ausgeprägte Unternehmenskultur** und **Spielregeln** für die **Unternehmensidentität** geben den vielfältigen Aktivitäten eine Richtung. Sie steuern die dezentrale Kreativität und die jeweils notwendigen Anpassungen.

4.9   Behavioral Branding

Unternehmen mit großem Vertrieb, vielen Mitarbeitern in Technik und Service prägen ihre Marken (wie erwähnt) vorwiegend durch die **Interaktion mit den Kunden.** Ein solches Behavioral Branding setzt am markenspezifischen Verhalten der Mitarbeiter mit Kundenkontakten an (Tomczak et al. 2012). Danach sollen sich Mitarbeiter so im Markt bewegen, wie es den Unternehmenswerten und -strategien entspricht. **Marketing verbindet** sich dabei mit dem **Personalmanagement** und prägt Selektion, Förderung und Schulung sowie Führung. Insbesondere das Vorbild der Chefs spielt hierbei eine wichtige Rolle. Allerdings ist Behavioral Branding auch ein Top-down Ansatz. Lässt sich das herstellerspezifische Lächeln zur Begrüßung des Kunden spezifizieren? Oft genügt die Servicequalität, es ist beispielsweise bereits ergiebig, den Kunden zuzuhören und sich anständig zu verhalten.

4.10   Initiative des Unternehmens

Unternehmen werden auch im B-to-B-Bereich zunehmend in die Defensive gedrängt. Die Kunden bestimmen mit Ausschreibungsverfahren, E-Business oder formalisierten Entscheidungsprozessen häufig das Prozedere einer Zusammenarbeit und setzen Lieferanten dadurch unter Druck.

Vor diesem Hintergrund liegt eine Hauptaufgabe jeder Markenführung darin, dem Kunden die Kompetenz des Unternehmens zu erklären sowie Beziehungen und Vertrauen aufzubauen. Mit klassischen Kampagnen und Logos allein lässt sich diese Aufgabe jedoch nicht lösen. Denn auch wenn die Marke die Basis erfolgreicher Marketingarbeit darstellt, so ist sie doch keinesfalls das alles entscheidende Kaufkriterium der Kunden.

Mögliche Ansätze zur Rückgewinnung der Initiative durch die Anbieter liegen im **Premarketing** und sind beispielsweise:

- aktive Bearbeitung von Potenzialkunden und Kundenpotenzialen im Vertrieb
- neue Einstiegsformen bei Kunden und Anregungen für neue Lösungen und Erfolge (z. B. Ansatz des „Total Cost of Ownership")

- Agenda Setting für Kunden mit dominanten Innovationsthemen (Tagungen, Kundenevents und Schulungen); Erörterung relevanter Themen ohne Auftragsdiskussion
- neue Formen der Kundenintegration (Lead User Konzepte, übertragenes „Open Source-Development")
- gemeinsam finanzierte Entwicklungsprojekte mit Kunden mit verbundenen Ressourcen von Kunden und Anbieter
- Vernetzung und persönliche Beziehungen (z. B. von Top Management und Technikern bei Anbietern und Kunde)
- Argumentationslinien ergänzend zu Nutzenkatalogen; intelligentes Vorgehen bei Preiserhöhungen
- Spielräume und Arbeitsfreude für Verkäufer

Auch damit soll aufgezeigt werden, wie sich Markenführung in das gesamte Marketing und die Marktbearbeitung integriert.

5   Fazit

Trotz der kritischen Bemerkungen ist Markenführung, richtig eingesetzt, besonders für komplexe Organisationen geeignet. Verbindende und relevante Werte sowie entsprechende Kommunikation sind oft die Chance für Topmanager und Führungskräfte, um in vielschichtigen Konzernen etwas zu bewegen. Marken unterstützen die Implementierung von Strategien und umgekehrt. B-to-B-Anbieter unterschätzen oft die Bedeutung der Kommunikation, aber nur kommunikationsfähige Strategien und der vermittelte Nutzen für Kunden wirken.

Gleichzeitig gilt es, die omnipräsenten Ansätze der B-to-C-Massenanbieter nicht zu überschätzen und damit falsch auf B-to-B-Marketing zu übertragen. Der Ansatz der Spannungsfelder erlaubt es, die Kommunikationsbedingungen und -ziele differenziert auszuloten und die Kommunikation effektiver und effizienter einzusetzen. Die Eckpunkte zur Markenführung zeigen wichtige Entscheidungsbereiche in der B-to-B-Markenführung.

Literatur

Backhaus, K., & Voeth, M. (2014). *Industriegütermarketing* (10. Aufl.). München: Vahlen.
Belz, C. (2006). *Spannung Marke*. Wiesbaden: Gabler.
Belz, C. (2010). Auf der Suche nach der richtigen Marketinglogik. *Marketing Review St. Gallen, 27*(6), 7–17.
Belz, C. (2014). Verbreiterung der Verkaufsaufgabe verunsichert die Kunden. *Sales Management Review, 23*(1), 18–24.

Belz, C. (2015). Mehrwertanbieter im Massengeschäft. *Marketing Review St. Gallen, 32*(5), 12–24.

Belz, C. (2016). Neue Formen der Zusammenarbeit mit Kunden in der Industrie. In C. Hoffmann, S. Lennerts, C. Schmitz, W. Stölzle & F. Uebernickel (Hrsg.), *Business Innovation* (S. 105–121). Wiesbaden: Springer Gabler.

Belz, C., & Kopp, K.-M. (1994). Markenführung für Industriegüter als Kompetenz- und Vertrauensmarketing. In M. Bruhn (Hrsg.), *Handbuch Markenartikel* (Bd. 3, S. 1577–1599). Stuttgart: Schäffer-Poeschel.

Belz, C., & Schagen, A. (2008). Inboundmarketing. In C. Belz, M. Schögel, O. Arndt & V. Walter (Hrsg.), *Interaktives Marketing* (S. 205–220). Wiesbaden: Gabler.

Belz, C., & Schmitz, C. (2011). Verkaufskomplexität. In C. Homburg & J. Wiesek (Hrsg.), *Handbuch Vertriebsmanagement* (S. 179–206). Wiesbaden: Gabler.

Belz, C., & Simão, T. (2008). Markenführung für industrielle Lösungsanbieter. In H. H. Bauer, F. Huber & C.-M. Albrecht (Hrsg.), *Erfolgsfaktoren der Markenführung* (S. 415–430). München: Vahlen.

Belz, C., Brademann, E., Fuchs, H. J., Gessner, W., Hidber, F., Kleiner, J.-C., Knecht, W., König, C., Schaub, O., Schlegel, H., Schleiffer, P., Simon, G., Steffen, G., & Vogt, O. J. (1998). *Management von Geschäftsbeziehungen.* St. Gallen: Ueberreuter, Thexis.

Binckebanck, L. (2006). *Interaktive Markenführung.* Wiesbaden: DUV.

Esch, F.-R. (2012). *Strategie und Technik der Markenführung* (7. Aufl.). München: Vahlen.

Müller-Stewens, G., & Lechner, C. (2005). *Strategisches Management* (3. Aufl.). Stuttgart: Schäffer-Poeschel.

Rutschmann, M. (2005). *Kaufprozesse von Konsumenten erkennen und lenken.* Heidelberg: mi-Fachverlag.

Rutschmann, M., & Belz, C. (2014). *Reales marketing.* Stuttgart: Schäffer-Poeschel.

Simon, H. (2012). *Hidden champions.* Frankfurt: Campus.

Simão, T. (2006). *Kommunikation für industrielle Dienstleister.* St. Gallen: Thexis.

Tomczak, T., Esch, F.-R., Kernstock, J., & Herrmann, A. (Hrsg.). (2012). *Behavioral branding* (3. Aufl.). Wiesbaden: Gabler.

Unger-Firnhaber, A. E. (1996). *Pull strategies for parts and component suppliers in business-to-business markets.* Bamberg: Difo-Druck.

Weibel, M. (2014). *Vertrieb im Industriegütergeschäft aus Anbietersicht.* Wiesbaden: Gabler.

Relevanz der B-to-B-Marke

Empirische Evidenzen für die Relevanz von B-to-B-Marken – Ein Überblick

Carsten Baumgarth

Zusammenfassung

Ohne „harte" Zahlen lassen sich innerhalb von B-to-B-Unternehmen nur schwer die verschiedenen Stakeholdergruppen wie Vorstand, Vertrieb, F&E etc. von der Wichtigkeit einer B-to-B-Markenführung überzeugen. Der Beitrag skizziert auf der Basis von insgesamt 100 identifizierten empirischen Studien wichtige und belastbare Ergebnisse zum Beitrag der B-to-B-Marke zur vorökonomischen und ökonomischen Marktperformance. Weiterhin werden mit dem Kaufrisiko, der Buying Center-Rolle sowie dem Geschäftstyp wichtige Moderatoren zur Wirkung einer B-to-B-Marke vorgestellt.

Schlüsselbegriffe

Empirische B-to-B-Markenstudien · Markenrelevanz · Marktperformance · Preispremium · Unternehmenswert

Inhaltsverzeichnis

C. Baumgarth (✉)
Hochschule für Wirtschaft und Recht Berlin
Berlin, Deutschland
E-Mail: cb@cbaumgarth.net

© Springer Fachmedien Wiesbaden GmbH, ein Teil von Springer Nature 2018
C. Baumgarth (Hrsg.), *B-to-B-Markenführung*, https://doi.org/10.1007/978-3-658-05097-9_4

1   Warum Zahlen wichtig für die B-to-B-Markenführung sind

B-to-B-Unternehmen denken und handeln technisch, zahlen- und controllingorientiert. Marketing- und Markenbudgets hingegen sind „weiche" Budgets und können in Krisenzeiten und bei Abweichungen in der jährlichen Budgetplanung einfach und aus Controller- und C-Level-Sicht folgenlos reduziert werden. Weiterhin wird immer wieder gerne die Phrase „If you can't measure it, you can't manage it", die im Ursprung auf den Managementdenker Peter Drucker zurückgeht, angeführt.

Das B-to-B-Marketing und damit auch die B-to-B-Markenführung haben sich in den letzten Jahrzehnten zu stark auf ihre Kreativität und Gestaltung verlassen und die Messbarkeit sowie den Erfolgsnachweis stark vernachlässigt. Beispielsweise ergab die *bvik*-Marketing-Budget-Studie 2012, dass von den befragten B-to-B-Unternehmen nur zwischen 18 und 50 % (in Abhängigkeit von der Unternehmensgröße) überhaupt aktiv Kennzahlen zur Marketingsteuerung einsetzen (bvik 2013). Als Hauptgründe gegen die Nutzung von Kennzahlen führt die Studie Zuordnungsprobleme (47 %), Unkenntnis über geeignete Marketing-KPIs (42 %) und Kapazitätsengpässe (38 %) an. Ähnlich ernüchternd sind auch die Ergebnisse einer aktuellen *Bitkom*-Studie, nach der nur 32 % der befragten Unternehmen aus dem IT-Bereich (überwiegend B-to-B) regelmäßig (mindestens einmal pro Jahr) eine Erfolgskontrolle für das Marketing durchführen (Bitkom 2016). In einer schon etwas älteren Studie zur B-to-B-Markenführung in der DACH-Region aus dem Jahre 2006 ergab sich ein ähnliches Bild. Nur 16 % der befragten Unternehmen führten Markenimage-Messungen durch und nur knapp 6 % ermittelten den Markenwert (Baumgarth 2010a).

Gleichzeitig ist zu beobachten, dass das Marketing und die Markenführung nicht nur im B-to-B-Bereich in den letzten Jahren deutlich an Bedeutung verloren hat. Neben einer zunehmenden Reduzierung des Aufgabenspektrums der B-to-B-Marketingabteilungen auf reine Kommunikationsaufgaben (Homburg et al. 2015; bvik 2017) verliert das Marketing auch an interner Macht und Wertschätzung auf dem C-Level. Mehrere empirische Studien untersuchten die Gründe für diesen Bedeutungsverlust (O'Sullivan und Abela 2007; Verhoef und Leeflang 2009; Verhoef et al. 2011; Baumgarth 2015; Homburg et al. 2015). Ein zentrales Ergebnis ist, dass die Wertschätzung der Marketingabteilung auf dem C-Level stark von der Fähigkeit abhängt, die Effizienz und Effektivität von Marketinginvestment durch „harte" Zahlen nachzuweisen. In einer länderübergreifenden Studie (Deutschland, Niederlande, Großbritannien, Israel, USA, Schweden, Australien) von Verhoef et al. (2011) wurde die Wertschätzung durch das Top-Management durch drei Aspekte (Einfluss, Respekt, Entscheidungseinfluss) gemessen. Die Marketingabteilung wurde durch fünf verschiedene Fähigkeiten (zahlengestützter Erfolgsnachweis, Innovationsunterstützung, Kundenkontakt, Kreativität, Zusammenarbeit mit anderen Abteilungen) charakterisiert. Die in Tab. 1 dargestellten Ergebnisse zeigen, dass insbesondere die Fähigkeit „Erfolgsnachweis" einen starken Einfluss auf die interne Stellung des Marketing hat.

Die Eigenschaft „zahlengestützter Erfolgsnachweis" ist für alle drei „Wertschätzungsgrößen" ein wichtiger Treiber. Aus dieser und ähnlichen Studien lässt sich ableiten, dass

Tab. 1 Treiber des internen Einflusses der Marketingabteilung. (Quelle: zusammengestellt aus Verhoef et al. 2011, S. 67 ff.)

	Einfluss	Respekt durch das Top-Management	Entscheidungseinfluss
Zahlengestützter Erfolgsnachweis	**0,28**	**0,15**	**0,13**
Kundenkontakt	0,08	0,12	0,18
Innovationsunterstützung	0,08	0,04	0,30
Kreativität	−0,08	0,01	−0,15
Zusammenarbeit mit Vertrieb	−0,02	0,07	−0,04
Zusammenarbeit mit Finanzen	0,04	0,19	0,03
Zusammenarbeit mit F&E	−0,06	0,06	0,00

ein zahlengestütztes Marketing- und Markencontrolling eine wichtige Determinante für die Stellung der Marketingabteilung bildet.

Diese Gemengelage aus geringer interner Legitimierung, Einordnung von Marketing- und Markenbudgets als „weiche" Budgets und weiterhin fehlenden Zahlen zur Messung der Marketing- und Markenperformance verhindert in vielen B-to-B-Unternehmen eine professionelle, kontinuierliche und mit entsprechenden Budgets ausgestattete B-to-B-Markenführung. Dieser Beitrag soll durch einen Überblick über empirische Studien zum Impact von B-to-B-Marken sowohl dem Praktiker Zahlen für die interne Argumentation liefern als auch aufzeigen, wie im Einzelfall ein zahlenorientierter Nachweis der Markenperformance möglich ist.

2 Entwicklung der empirischen B-to-B-Markenforschung

In der Vergangenheit wurde immer wieder bemängelt, dass die B-to-B-Markenführung auch in der Forschung noch nicht sehr weit entwickelt ist und kaum empirische Ergebnisse vorliegen. Um die Aktualität dieser Aussage zu überprüfen, wurde eine systematische Literaturauswertung vorgenommen. Dazu wurden zunächst die wichtigsten Marketing- (*Journal of Marketing, Journal of Marketing Research, MarketingZFP*), Marken- (*Journal of Product & Brand Management, Journal of Brand Management, transfer – Werbeforschung & Praxis*) und B-to-B-Marketing-Journals (*Industrial Marketing Management, Journal of Business & Industrial Marketing*) von 2000 bis einschließlich Mai 2017 ausgewertet. Darüber hinaus wurde per *Google Scholar, Google, EBSCO* und *Researchgate* eine Recherche mit den Begriffen B-to-B-Marke, B-to-B-Brand und verwandten Begriffen durchgeführt. Schließlich wurden Überblicksartikel zur B-to-B-Markenforschung und durch ein Closed-Circle-Verfahren die Literaturlisten der identifizierten Publikationen systematisch ausgewertet. Berücksichtigt wurden nur Arbeiten, die empirische Daten beinhalten und einen quantitativen Ansatz verfolgen. Gezählt wurden nicht die Studien, sondern die Publikationen, die mindestens eine empirische und quantitativ orientierte Studie zur B-to-B-Marke enthalten. Die Anzahl der tatsächlichen B-to-B-Markenstudien weicht von der Anzahl der Publikationen vermutlich leicht ab, da es

sowohl Datensätze gibt, die in mehreren Publikationen verwendet wurden, als auch einige
Publikationen existieren, die mehrere Studien enthalten.

Auch wenn diese Sammlung nicht vollständig ist, deckt sie doch einen Großteil der
verfügbaren Forschung ab. Insgesamt konnten 100 Beiträge mit empirischen Studien zur
B-to-B-Marke identifiziert werden.[1] Abb. 1 zeigt die zeitliche Entwicklung der B-to-B-
Markenforschung. Zunächst lässt sich erkennen, dass ab 2007 regelmäßig empirische Pu-
blikationen zur B-to-B-Marke erschienen sind. 2010 und 2011 wurden besonders viele
empirische Arbeiten publiziert. Diese hohe Publikationsanzahl in diesen beiden Jahren
ist insbesondere auf zwei Special Issues im *Industrial Marketing Management* (2010:
„Building, Implementing, and Managing Brand Equity in Business Markets" und 2011:
„Business to Business Branding") zurückzuführen. Bei einer Analyse der Zeitschriften-
Outlets zeigt sich, dass bislang die meisten Beiträge (n = 42, fast 50 %) in Zeitschrif-
ten zum Industriegütermarketing erschienen sind. In den markenorientierten Zeitschriften
(*Journal of Product & Brand Management, Journal of Brand Management, transfer –
Werbeforschung & Praxis*) hingegen finden sich bislang kaum empirische Arbeiten zur B-

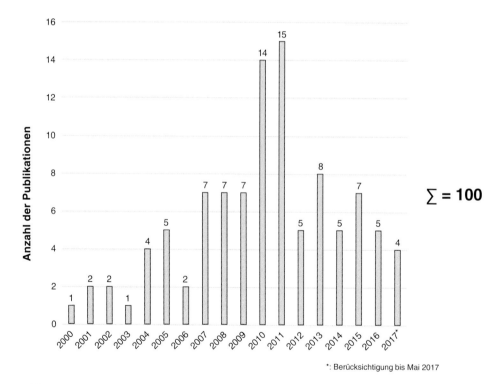

*: Berücksichtigung bis Mai 2017

Abb. 1 Empirische B-to-B-Markenforschung im Zeitverlauf

---

[1] Die Liste mit den Publikationen kann beim Verfasser per E-Mail angefordert werden
(cb@cbaumgarth.net).

to-B-Marke (n = 5). Weiterhin belegen die über 100 empirischen Publikationen, dass das Themenfeld B-to-B-Marke mittlerweile auch über eine solide empirische Basis verfügt. Es ist auch für die Zukunft zu erwarten, dass diese Basis weiter ausgebaut wird, da z. B. für 2017 („Branding in the Business-to-Business Context") und 2018 („Positioning Strategies in Industrial and B2B Markets") neue Special Issues in der Zeitschrift *Industrial Marketing Management* angekündigt sind.

3 Ausgewählte empirische Evidenzen

Ziel dieses Kapitels ist es nicht, einen vollständigen Überblick über die empirische B-to-B-Markenforschung zu liefern. Vielmehr soll dieses Kapitels einige „harte" Zahlen zur Wirkung von B-to-B-Marken präsentieren, die dem Praktiker zum einen eine solide Basis zur Legitimierung von Investments in den Aufbau und die Pflege von B-to-B-Marken liefern. Zum anderen sollen die skizzierten Studien auch Hinweise zur empirischen Messung von B-to-B-Marken-Effekten geben, welche die Basis für ein sinnvolles und notwendiges B-to-B-Markencontrolling liefert.

3.1 Marktperformance

Die Marktperformance misst den Effekt von B-to-B-Marken auf die Abnehmer. Dabei werden vorökonomische und ökonomische Effekte voneinander abgegrenzt. Die vorökonomischen Effekte, die insbesondere für die Diagnose von B-to-B-Marken relevant sind, bilden die kausalen Treiber der ökonomischen Effekte. Die ökonomischen Effekte hingegen sind insbesondere für die Legitimierung von Investments auf Top-Management-Ebene von Bedeutung.

Vorökonomische Wirkungen
Eine Vielzahl von empirischen Studien hat sich mit der grundsätzlichen **Relevanz von B-to-B-Marken** (synonym: Markensensitivität) für die Kaufentscheidung auseinandergesetzt (z. B. Mudambi 2002; Bendixen et al. 2004; Baumgarth und Haase 2005; Walley et al. 2007; Donnevert 2009; Brown et al. 2011, 2012; rts rieger team 2011; Gomes et al. 2016). Methodisch basieren diese Studien häufig auf einem Conjoint-Ansatz, bei dem die (Stärke der) B-to-B-Marke eines unter mehreren Attributen (z. B. Preis, Produktqualität, Servicelevel) darstellt (z. B. Bendixen et al. 2004; Baumgarth und Haase 2005; Homburg et al. 2006; Walley et al. 2007). Auch wenn die Ergebnisse dieser Conjoint-Studien durch den unterschiedlichen Branchenkontext sowie die unterschiedliche Anzahl an berücksichtigten Attributen nicht direkt vergleichbar sind, bestätigen diese alle, dass die B-to-B-Marke ein wichtiges Kaufentscheidungskriterium darstellt. Beispielsweise konnten Walley et al. (2007) für den Traktorenbereich eine Wichtigkeit der Marke von 39 % (Preis: 26 %, Kundennähe des Händlers: 15 %; Servicequalität: 18 %, Erfahrungen mit

dem Händler: 6 %) feststellen. Bendixen et al. (2004) konnten für elektronische C-Teile bei ebenfalls fünf Attributen eine Markenrelevanz von 16 % (Lieferzeit: 27 %; Preis: 24 %; Technologie: 19 %; Verfügbarkeit: 14 %) identifizieren. Homburg et al. (2006) taxierten bei fiktiven Marken die Markenrelevanz bei insgesamt sieben Merkmalen (Qualität: 21 %; zeitliche Flexibilität: 18 %; Lieferzuverlässigkeit: 14 %; technische Flexibilität: 14 %; Preis: 14 %; Serviceumfang und -qualität: 11 %) nur auf 8 %. In einer zweiten Gruppe von Studien wurde die Relevanz des Attributes Marke direkt erhoben (z. B. Mudambi 2002; Donnevert 2009; Gomes et al. 2016). Mudambi (2002) konnte beispielsweise für den Kugellagermarkt insgesamt zeigen, dass die Markenmerkmale Markenbekanntheit (3,88), die Markenloyalität (3,82) und insbesondere die Markenreputation (4,72) wichtige Kaufentscheidungsmerkmale (gemessen auf einer Siebener-Skala: 1: sehr unwichtig; 7: extrem wichtig) darstellen. Ferner konnte sie mithilfe einer Clusteranalyse drei Segmente voneinander abgrenzen, wobei sich ein Segment (37 % des Gesamtmarktes) durch eine sehr hohe Markenaffinität auszeichnet. Donnevert (2009) untersuchte in einer Befragung von Konsumenten und professionellen Einkäufern die Markenrelevanz. Dabei landeten die drei B-to-B-Kategorien in einer Liste von 40 Produktkategorien auf Platz 3 (Lasermaschinen), 19 (Postpress Maschinen/Klebebinder) und 33 (Profi-Elektrowerkzeuge). Diese Studie untersuchte auch die Determinanten der Markenrelevanz. Dabei zeigte sich für die B-to-B-Produktkategorie Klebebinder, dass die Risikoreduktionsfunktion mit Abstand der wichtigste Treiber der Markenrelevanz darstellt. Ein ähnliches Ergebnis lieferte auch die Markenrelevanzstudie von *McKinsey* und *MCM Münster* (Caspar et al. 2002; auch Backhaus et al. 2011; Backhaus und Gausling 2015). Wie Abb. 2 zusammenfassend darstellt ist im B-to-B-Bereich im Vergleich zum B-to-C-Bereich die Funktion

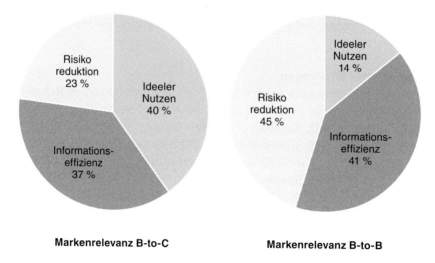

Markenrelevanz B-to-C   **Markenrelevanz B-to-B**

Abb. 2 Bedeutung der Determinanten für die Markenrelevanz in B-to-C- und B-to-B-Märkten. (Quelle: Caspar et al. 2002)

Risikoreduktion deutlich wichtiger für die Markenrelevanz und die ideelle Funktion deutlich unwichtiger.

Schließlich hat die Praxisstudie BtoB insight von *rts rieger team* (2011) interessante Zahlen zur Markenrelevanz ermittelt. In dieser Studie wurden professionelle Entscheider u. a. zu ihrer letzten Einkaufsentscheidung befragt. Zusätzlich wurden sie aufgefordert, die Wichtigkeit von Gründen für die interne Kommunikation und Rechtfertigung anzugeben. Wie Abb. 3 zeigt, spielen markenbezogene und vor allem emotionale Größen wie Vertrauen und Reputation eine entscheidende Rolle in der Kaufentscheidung. Hingegen werden diese „Markenargumente" im Rahmen der internen Rechtfertigung durch „rationale" Gründe wie Produktqualität und Preis-Leistungs-Verhältnis verdrängt.

Eine weitere häufig analysierte Wirkungskategorie der B-to-B-Marke bildet die **Markenloyalität** (z. B. Taylor und Hunter 2003; Taylor et al. 2004; Baumgarth 2008; Juntunen et al. 2011; Krause 2013; Cassia und Magno 2012; Cassia et al. 2017). Eine erste Gruppe von Studien hat empirisch für verschiedene B-to-B-Märkte nachgewiesen, dass das Markenimage einen positiven Effekt auf die Markenloyalität aufweist. Beispielsweise konnte Juntunen et al. (2011) für den Logistikbereich zeigen, dass die Markenloyalität mit einem Strukturgleichungskoeffizienten von 0,57 die Markenloyalität signifikant und positiv beeinflusst. Cassia et al. (2017) konnten aktuell für den medizintechnischen Bereich nach-

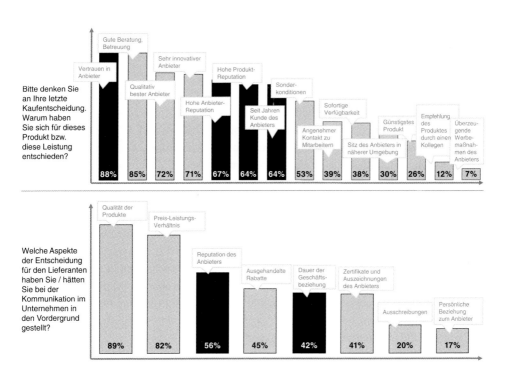

Abb. 3 Marke als Kaufentscheidungs- und Rechtfertigungskriterium im Rahmen von professionellen Beschaffungsentscheidungen. (Quelle: zusammengestellt aus rts rieger team 2011, S. 29 und 35)

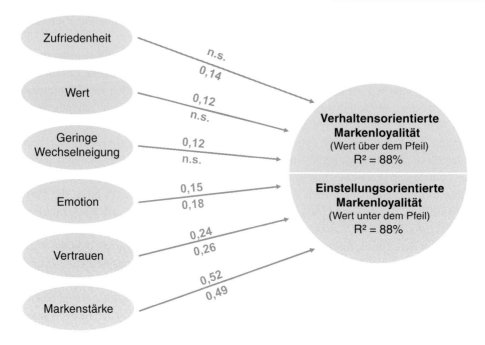

n.s.: nicht signifikant

Abb. 4 Treiber der B-to-B-Markenloyalität. (Quelle: zusammengestellt aus Taylor et al. 2004)

weisen, dass die Markenloyalität in diesem Markt insbesondere vom servicebasierten und nicht vom produktbasierten Markenimage abhängt. Taylor et al. (2004) untersuchten für den Markt der klassischen Investitionsgüter (große Maschinen und Anlagegüter) die Treiber der einstellungs- und verhaltensorientierten Markenloyalität. Für beide Formen der Loyalität zeigte sich, dass die Markenstärke den stärksten Treiber der Loyalität darstellt (vgl. Abb. 4).

Eine dritte Kategorie von empirischen Studien beschäftigt sich mit der verhaltenswissenschaftlichen Größe **Markenstärke** (synonym: brand equity, brand strength) (z. B. Richter 2007; Davis et al. 2009; Biedenbach und Marell 2010; Baumgarth und Binckebanck 2011; Biedenbach et al. 2011, 2015; Biedenbach 2012; Biesalski und de Crignis 2015; Lennartz et al. 2015; Zhang et al. 2016). Die Markenstärke stellt dabei eine integrierende Größe verschiedener verhaltensorientierter Konstrukte wie Markenbekanntheit, Markeneinstellung, wahrgenommene Qualität, Markenloyalität etc. dar. Im Rahmen dieser Erfolgsgröße werden insbesondere drei Aspekte analysiert: (1) Markenranking, (2) Markenkonzept und (3) Interne Markenverankerung.

(1) Markenranking
Ein Beispiel für Markenrankings auf der Basis der Markenstärke bildet das von *Biesalski & Company* und *Wirtschaftswoche* (Biesalski und de Crignis 2015) veröffentlichte

Tab. 2 Top 20 der deutschen Hidden Champions-Marken. (Quelle: Biesalski und de Crignis 2015, S. 5)

Rang 2015	Unternehmen	Marken-Performance-Index (max. 100 Punkte)	Unternehmens-Performance-Index (max. 100 Punkte)	Score 2015	2013
1	Herrenknecht	72,8	76,6	149,4	(151,4)
2	Otto Bock	70,7	73,1	143,8	(132,4)
3	Lürssen	74,7	64,2	138,9	(134,5)
4	Delo	69,2	68,6	137,7	(neu)
5	Windmöller & Hölscher	72,7	61,3	134,0	(neu)
6	Grimme	66,6	64,6	131,2	(132,1)
7	Haver & Boecker	68,7	60,7	129,3	(neu)
8	Duravit	65,0	61,9	126,9	(131,4)
9	Kaeser Kompressoren	61,9	63,1	124,9	(125,2)
10	Peri	54,9	68,2	123,1	(130,1)
11	Schunk	64,8	58,3	123,1	(neu)
12	DORMA	56,3	65,3	121,6	(117,8)
13	Sick	45,3	75,3	120,7	(neu)
14	Mennekes	66,1	53,3	119,4	(117,7)
15	Abeking & Rasmussen	61,4	57,9	119,4	(111,0)
16	KWS Saat	51,1	65,4	116,5	(118,2)
17	Renolit	55,6	60,5	116,1	(110,2)
18	Sennheiser	58,1	56,6	114,6	(109,7)
19	Max Weishaupt	52,6	60,6	113,2	(111,6)
20	Big Dutchman	54,4	58,5	112,9	(100,6)

Ranking der Hidden Champions. Dieses Ranking basiert auf einer Expertenbefragung und bestimmte 2015 für über 200 B-to-B-Unternehmen (Anforderungen: u. a. Umsatz: 50 bis 1100 Mio. EUR; Marktvolumen mehr als 100 Mio. EUR) den sogenannten Marken-Performance-Index sowie den sogenannten Unternehmens-Performance-Index. Aufbauend auf diesen beiden Indizes wurde dann das in Tab. 2 auszugsweise wiedergegebene Ranking erstellt.

(2) Markenkonzept

In dieser Kategorie wird der Einfluss der grundsätzlichen Ausrichtung der B-to-B-Markenführung bzw. einzelner Markeninstrumente auf die Markenstärke analysiert. Beispielsweise verglichen Lennartz et al. (2015) den Einfluss eines innovationsorientierten (z. B. „XY ist ein führendes Unternehmen", „XY formt die Entwicklung unseres Marktes") und eines CSR-orientierten (z. B. „XY fördert Nachhaltigkeitsansätze in seinen Produkten und Serviceleistungen", „XY kümmert sich um einen ehrlichen und offenen Dialog mit seinen Kunden, Investoren und der Gesellschaft") Positionierungsansatzes auf die B-to-B-Markenstärke miteinander. Die länder- und branchenübergreifende Analyse (n = 1.656) zeigt, dass beide Ansätze signifikant und ungefähr gleich stark die B-to-B-Markenstärke beeinflussen.

Baumgarth und Binckebanck (2011) untersuchten in einer branchenübergreifenden B-to-B-Studie (n = 201) den Einfluss des Vertriebs und des klassischen Marketings auf die Markenstärke. Dabei zeigte sich, dass die beiden vertriebsorientierten Treiber (Persönlichkeit des Vertriebs = 0,24; Verhalten des Vertriebs = 0,42) die Markenstärke deutlich stärker positiv beeinflussen als die marketingorientierten Treiber (Produktqualität = 0,14; mediale Kommunikation = 0,09).

(3) Interne Markenverankerung

Empirische Studien dieser Kategorie untersuchen den Einfluss der internen Markenverankerung auf die B-to-B-Markenstärke. Beispielsweise konnten Baumgarth und Schmidt (2010) in einer branchenübergreifenden B-to-B-Studie zeigen, dass die interne Markenstärke bei den Mitarbeitern mit einem Pfadkoeffizienten von 0,40 die externe Markenstärke signifikant und positiv beeinflusst. Zhang et al. (2016) untersuchten im Kontext von B-to-B-Services in China den Einfluss der Markenorientierung als unternehmenskulturelle Größe sowie der Internen Markenführung als instrumentelle Größe auf die Markeneinstellung sowie die Markenstärke. Die Ergebnisse, die Abb. 5 zusammenfasst, verdeutlichen zum einen, dass die Markenorientierung und die Interne Markenführung starke Treiber der B-to-B-Markenstärke sind. Zum anderen belegt die Studie auch, dass Word-of-Mouth den stärksten Einfluss auf die B-to-B-Markenstärke aufweist.

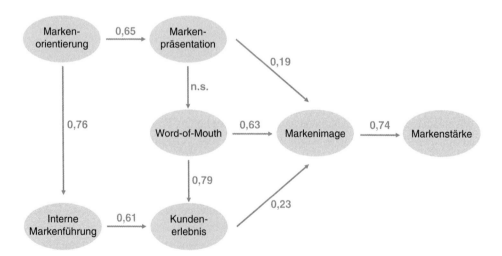

n.s.: nicht signifikant

Abb. 5 Markenorientierung und Interne Markenführung als Treiber der B-to-B-Markenstärke. (Quelle: Zhang et al. 2016, S. 93)

Ökonomische Markenwirkungen

Empirische Studien in diesem Kapitel belegen den Einfluss der B-to-B-Marke auf „harte" ökonomische Größen wie Preispremium, Markterfolg oder Unternehmenswert.

(1) Spezifische ökonomische Effekte

Leischnig und Enke (2011) konnten in der Lebensmittelzulieferindustrie empirisch aufzeigen, dass die (einstellungs- und verhaltensorientierte) Loyalität, die direkt und indirekt stark durch die Markenstabilität determiniert wird, einen positiven Effekt auf das erzielbare **Preispremium** aufweist. Baumgarth (2008) konnte in der Bauzulieferindustrie für drei verschiedene Zielgruppen (Handwerker, Händler, Einkäufer von Industrieunternehmen) aufzeigen, dass die Markenstärke im Vergleich zur Leistungsqualität (Produkt- und Prozessqualität) und Beziehungsqualität den stärksten Einfluss auf das Preispremium, aber auch auf die Markenloyalität und die Advokatsfunktion (Weiterempfehlung, Referenzkunde) besitzt. Für den Markt der Kurierdienste zeigte eine australische Studie, dass das Preispremium insbesondere von der (einstellungsorientierten) Markenloyalität beeinflusst wird und das Preispremium für die bevorzugte Marke im Durchschnitt 7,7 % beträgt (Rauyruen et al. 2009). In einer Conjoint-Studie in der Minenindustrie in Südafrika konnten Alexander et al. (2009) für Ersatzreifen ein Preispremium von 19,8 % für Markenreifen vs. nicht markierte Reifen und von 13,6 % von starken Markenreifen im Vergleich zum Durchschnitt ermitteln.

Worm (2012) identifizierte für den speziellen Fall des Ingredient Branding, dass die Markenstärke der Zuliefermarke u. a. einen positiven Effekt auf den **Lieferanteil** aufseiten des OEMs verursacht.

(2) Markt- und Finanzerfolg

Der überwiegende Teil der empirischen B-to-B-Studien, die den ökonomischen Erfolgsbeitrag von B-to-B-Marken untersuchen, nutzt mehrdimensionale Ansätze zur Messung des Markt- und Finanzerfolgs. Dabei werden regelmäßig Manager nach dem subjektiven Erreichungsgrad von Zielen wie Marktanteil, Umsatz oder Rentabilität befragt.

Schmitt (2011; auch Homburg et al. 2010) konnte in einer branchenübergreifenden Studie (n = 310) aufzeigen, dass die aus Sicht der verantwortlichen Markenmanager wahrgenommene Markenbekanntheit sowie die wahrgenommene Markeneinstellung im Absatzmarkt einen signifikanten Einfluss auf den **mengenbezogenen** (Markenbekanntheit = 0,17; Markeneinstellung = 0,34) sowie den **preisbezogenen Markterfolg** (Markenbekanntheit = n. s.; Markeneinstellung = 0,20) aufweisen. Baumgarth (2010b) analysierte in einer branchenübergreifenden Studie (n = 261) den Einfluss der **Markenorientierung** auf den Markterfolg von B-to-B-Unternehmen. Der theoretisch vermutete Einfluss konnte empirisch bestätigt werden, wobei erfolgreiche im Vergleich zu den weniger erfolgreichen B-to-B-Unternehmen in allen vier Dimensionen der Markenorientierung (Werte, Normen, Symbole und Verhalten) auf einer 100er-Skala einen absoluten Abstand von 10 bis 20 % aufweisen. Lee et al. (2008) verglichen empirisch den Einfluss des Markenmanagementsystems auf den Markterfolg zwischen B-to-C und B-to-B-Unternehmen. Das

Markenmanagementsystem wurde über elf Items gemessen und umfasst Größen wie das Interesse des CEOs an der Marke, die Macht des Markenmanagements innerhalb der Organisation, die interne Markenführung und die Etablierung eines Markencontrollings. In beiden Kontexten hat das Markenmanagementsystem einen starken und positiven Einfluss auf den Markterfolg, wobei dieser im B-to-C-Bereich stärker ausfällt.

(3) Marken- und Unternehmenswert

B-to-B-Marken sind auch regelmäßig in den bekannten Markenwertrankings enthalten und verdeutlichen damit ihren ökonomischen Wert. Tab. 3 listet die wertvollsten B-to-B-Marken auf. Im *Interbrand*-Ranking sind 21 % der Marken reine B-to-B-Marken, im *BrandZ*-Ranking 17 %. Hinzu kommen in beiden Rankings Marken, die sowohl im B-to-C- als auch B-to-B-Geschäft tätig sind (z. B. *Microsoft*, *Mercedes-Benz*).

Es gibt einige wenige Studien, die versuchen, eine Beziehung zwischen Marke und objektiven ökonomischen Größen herzustellen. Im *Harvard Business Review* wurde 2007 eine Liste mit dem Anteil des Markenwertes am **Unternehmenswert** (gemessen am Aktienkurs) publiziert (Gregory und Sexton 2007). Für die insgesamt acht abgebildeten Branchen ergab sich im Durchschnitt ein Anteil von 7 %, wobei dieser Anteil in den Branchen Luftfahrt/Militärtechnik (11,8 %) und Büroausstattung (11,2 %) am höchsten ausfiel. Wei-

Tab. 3 Wertvollste B-to-B-Marken. (Zusammengestellt aus Interbrand 2016 und BrandZ 2016)

Interbrand (2016)	*BrandZ* (2016)
(6) IBM (53 Mrd. $)	(4) AT & T (107 Mrd. $)
(10) GE (43 Mrd. $)	(10) IBM (86 Mrd. $)
(14) Intel (37 Mrd. $)	(15) China Mobile (56 Mrd. $)
(16) Cisco (31 Mrd. $)	(16) GE (54 Mrd. $)
(17) Oracle (27 Mrd. $)	(17) UPS (50 Mrd. $)
(22) SAP (21 Mrd. $)	(18) Alibaba (49 Mrd. $)
(29) UPS (15 Mrd. $)	(22) SAP (39 Mrd. $)
(37) accenture (12 Mrd. $)	(38) accenture (23 Mrd. $)
(44) Hewlett Packard Enterprise (11 Mrd. $)	(42) HP (21 Mrd. $)
(52) Siemens (9 Mrd. $)	(49) Oracle (20 Mrd. $)
(54) Goldman Sachs (9 Mrd. $)	(50) Huawei (19 Mrd. $)
(59) 3M (8 Mrd. $)	(63) FedEx. (16 Mrd. $)
(63) Adobe (8 Mrd. $)	(67) Cisco (15 Mrd. $)
(65) Morgan Stanley (7 Mrd. $)	(73) DHL (13 Mrd. $)
(66) Thomas Reuters (7 Mrd. $)	(81) Siemens (13 Mrd. $)
(72) Huawei (6 Mrd. $)	(85) LinkedIn (12 Mrd. $)
(77) DHL (6 Mrd. $)	(100) Adobe (10 Mrd. $)
(79) FedEx (6 Mrd. $)	
(82) Caterpillar (5 Mrd. $)	
(84) Xerox (5 Mrd. $)	
(91) John Deere (5 Mrd $)	

Zahlen in Klammern: Rangplatz im jeweiligen Ranking; *Dollarzahlen in Klammern*: gerundeter Markenwert

terhin zeigte sich, dass die starken B-to-B-Marken in den jeweiligen Branchen einen Markenwertanteil am Unternehmenswert von 14,8–19,2 % erzielen. Ähnlich konnten die Berater von *Wolff Olins* und *Booz Allen Hamilton* zeigen, dass B-to-B-Unternehmen mit einer hohen Markenorientierung einen **EBITDA** von 17 % (10 %: B-to-B-Unternehmen mit einer geringen Markenorientierung) erwirtschaften (Harter et al. 2005).

3.2 Moderatoren

Die bislang vorgestellten Studien gehen implizit von einem generellen Einfluss von B-to-B-Marken oder einzelnen Bausteinen der B-to-B-Markenführung auf Erfolgsgrößen aus. Allerdings existiert auch eine Reihe von Studien, die wichtige Moderatoren explizit integrieren und empirisch untersuchen. Im Folgenden werden drei Aspekte hervorgehoben: (1) Risiko, (2) Buying Center-Rolle und (3) Geschäftstyp.

(1) Risiko
Schon die allgemeinen Studien und Überlegungen zur Relevanz der B-to-B-Marke weisen darauf hin, dass B-to-B-Marken insbesondere in der Lage sind, das wahrgenommene Risiko der Entscheider zu reduzieren. Diese Risikoreduktionsfunktion wird auch in Studien bestätigt, die das Risiko systematisch variieren. In einer Conjoint-Studie von Homburg et al. (2006) wurde das Risiko durch die Manipulation der **Wichtigkeit** und des **Neuigkeitsgrades** des Kaufs variiert. Insgesamt berücksichtigte das Conjoint-Design sieben Kriterien. Die Ergebnisse zeigen, dass in risikoarmen Entscheidungssituationen (geringe Wichtigkeit und geringe Neuartigkeit) die B-to-B-Marke mit 1,5 %-Anteil an der Kaufentscheidung nur eine geringe Relevanz besitzt. Allerdings steigt die Relevanz der Marke bei einem **hohen Risiko** (hohe Wichtigkeit und hohe Neuartigkeit) auf 15,8 % und wandert im Ranking vom letzten auf den dritten Platz. Auch die empirischen Studien von Brown et al. (2011) bestätigen den Einfluss des wahrgenommenen Risikos auf die Markenrelevanz. Dabei zeigt sich ein u-förmiger Verlauf, den Abb. 6 wiedergibt. Danach ist die Markenrelevanz besonders hoch bei Kaufentscheidungen mit geringem und hohem wahrgenommenem Risiko.

(2) Buying Center-Rolle
Ein zweiter wichtiger Moderator ist die Frage nach den Wirkungen von B-to-B-Marken auf die unterschiedlichen Rollen im Buying Center. Gomes et al. (2016) untersuchten für professionelle Dienstleistungen (Ingenieurs- und Consultingleistungen für große Bauprojekte) die Markenrelevanz in Abhängigkeit von der Rolle im Buying Center. Dabei wurde jeweils die Relevanz der Markenbekanntheit, der Markenreputation sowie der Häufigkeit früherer Käufe verwendet. Beim Vergleich zwischen der Entscheider-Ebene und den ande-

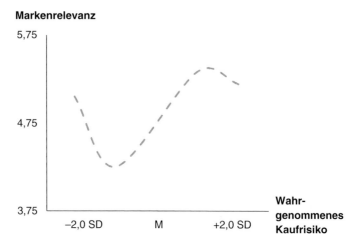

Abb. 6 Zusammenhang von Risiko und Markenrelevanz. (Quelle in Anlehnung an Brown et al. 2011, S. 200)

ren Rollen zeigte sich, dass die bisherigen Kauferfahrungen insbesondere für die anderen Rollen eine hohe Wichtigkeit und die **Markenreputation** eine hohe Wichtigkeit für die **Entscheider-Rolle** besitzen. Für die **Gatekeeper-Rolle** weist insbesondere die **Marken-bekanntheit** im Vergleich zu den anderen Rollen eine hohe Bedeutung auf. Weiterhin wurde die Rolle im Buying Center als Moderator in zwei Conjoint-Studien berücksichtigt. Bendixen et al. (2004) untersuchten in der Elektrozulieferindustrie in Südafrika die Relevanz von Marke im Vergleich zu anderen Entscheidungskriterien. Dabei zeigte sich, dass die Markenrelevanz besonders hoch bei den Usern (28 %) und den technischen Spezialisten (24 %) ausfällt. Hingegen ist diese bei den Gatekeepern relativ gering (7 %). Für die Rollen Buyer (16 %) und Entscheider (19 %) spielt die Marke eine mittelstarke Rolle. In der Studie von Alexander et al. (2009) in der Reifenindustrie für Minenfahrzeuge wurden nur die Rollen User, Influencer und Entscheider berücksichtigt. Tab. 4 zeigt, dass die Marke insgesamt eine hohe Rolle spielt, wobei sie bei den **Usern** und **Entscheidern** auf dem jeweils ersten Platz rangiert.

Tab. 4 Markenrelevanz in Abhängigkeit von der Buying Center-Rolle. (Quelle: Alexander et al. 2009, S. 5)

Rolle	Marke	Langlebigkeit der Reifen	Lieferzeit	Technischer Support	Preis
User	42,1 %	27,8 %	10,5 %	8,9 %	10,7 %
Influencer	22,5 %	42,5 %	11,2 %	8,7 %	15,0 %
Entscheider	48,1 %	20,5 %	10,0 %	7,0 %	14,4 %

(3) Geschäftstyp

Speziell in der deutschen B-to-B-Marketingliteratur wird der sog. **Geschäftstypenansatz** verwendet, wobei sich die Typologie von Backhaus (Backhaus und Voeth 2014, S. 195 ff.) durchgesetzt hat. Danach lassen sich idealtypisch vier Geschäftstypen voneinander abgrenzen: Produktgeschäft, Systemgeschäft, Zuliefergeschäft (synonym: Integrationsgeschäft) und Projektgeschäft. In einer empirischen Studie (n = 630), die auf den Daten von Caspar et al. (2002) basiert, untersuchten Backhaus et al. (2011) den Einfluss des Geschäftstyps auf die Markenrelevanz. Dabei bildete das Produktgeschäft den Vergleichsmaßstab. Zunächst bestätigten die Ergebnisse ebenfalls die große Bedeutung der Risikoreduktionsfunktion auf die Markenrelevanz. Weiterhin zeigte sich, dass der Geschäftstyp die Markenrelevanz beeinflusst, wobei die größte Markenrelevanz im Systemgeschäft, gefolgt vom Zuliefer- und Projektgeschäft vorliegt.

4 Fazit

B-to-B-Markenführung benötigt empirische Forschungsergebnisse sowohl für die interne Legitimierung als auch für das wissenschaftliche Verständnis. Eine umfangreiche Literaturrecherche zeigt, dass die B-to-B-Marken-Community mittlerweile auf 100 empirische, quantitativ orientierte Publikationen zurückgreifen kann.

Die empirischen Zahlen liefern zu verschiedenen Zielgrößen wie Markenrelevanz, Markenloyalität, Markenstärke, Preispremium, Lieferanteil, Markterfolg sowie Marken- und Unternehmenswert belastbare Ergebnisse zum positiven Beitrag von starken B-to-B-Marken. Weiterhin lassen sich mit dem wahrgenommenen Risiko der Kaufentscheidung, der Rolle im Buying Center sowie dem Geschäftstyp drei zentrale Moderatoren identifizieren.

Der Überblick wichtiger empirischer Ergebnisse und konkreter Zahlen kann dem Management dabei helfen, Investments in eine konsequente B-to-B-Markenführung innerhalb des Unternehmens (z. B. auf dem C-Level) zu legitimieren. Allerdings dürfen diese Ergebnisse nicht blind übertragen werden, da diese immer auch von der konkreten Branche, dem Kontext (z. B. Land) und dem Studiendesign abhängig sind. Daher ist für den tatsächlichen, zahlengestützten Nachweis der Effizienz bzw. der Effektivität der eigenen B-to-B-Marke eine eigene empirische Überprüfung im Rahmen eines Markencontrollings notwendig. Die skizzierten Studien können dabei helfen, solche eigenen Studien zu konzipieren.

Literatur

Alexander, N. S., Bick, G., Abratt, R., & Bendixen, M. (2009). Impact of branding and product augmentation on decision making in the B2B market. *South African Journal of Business Management, 40*(1), 1–20.

Backhaus, K., & Gausling, P. (2015). Markenrelevanz auf Industriegütermärkten. In K. Backhaus & M. Voeth (Hrsg.), *Handbuch Business-to-Business-Marketing* (2. Aufl., S. 365–383). Wiesbaden: Springer Gabler.

Backhaus, K., & Voeth, M. (2014). *Industriegütermarketing* (10. Aufl.). München: Vahlen.

Backhaus, K., Steiner, M., & Lügger, K. (2011). To invest, or not to invest, in brands? *Industrial Marketing Management, 40*(7), 1082–1092.

Baumgarth, C. (2008). Integrated model of Marketing Quality (MARKET-Q) in the B-to-B Sector. *Journal of Business Market Management, 2*(1), 41–57.

Baumgarth, C. (2010a). Status quo und Besonderheiten der B-to-B-Markenführung. In C. Baumgarth (Hrsg.), *B-to-B-Markenführung* (S. 37–62). Wiesbaden: Gabler.

Baumgarth, C. (2010b). "Living the brand". *European Journal of Marketing, 44*(5), 653–671.

Baumgarth, C. (2015). *Vom Gaukler zum Adel. Vortrag im Rahmen der bvik-Veranstaltung „Mitglieder für Mitglieder" bei der Firma Elanders*. Waiblingen: bvik.

Baumgarth, C., & Binckebanck, L. (2011). Sales force impact on B-to-B brand equity. *Journal of Product & Brand Management, 20*(6), 487–498.

Baumgarth, C., & Haase, N. (2005). Markenrelevanz jenseits von Konsumgütern. *planung & analyse, 3/2003*, 44–48.

Baumgarth, C., & Schmidt, M. (2010). How strong is the business-to-business brand in the workforce? *Industrial Marketing Management, 39*(5), 1250–1260.

Bendixen, M., Bukasa, K. A., & Abratt, R. (2004). Brand equity in the business-to-business market. *Industrial Marketing Management, 33*(5), 371–380.

Biedenbach, G. (2012). Brand equity in the business-to-business context. *Journal of Brand Management, 19*(8), 688–701.

Biedenbach, G., & Marell, A. (2010). The impact of customer experience on brand equity in a business-to-business services setting. *Journal of Brand Management, 17*(6), 446–458.

Biedenbach, G., Bengtsson, M., & Wincent, J. (2011). Brand equity in the professional service context. *Industrial Marketing Management, 40*(7), 1093–1102.

Biedenbach, G., Bengtsson, M., & Marell, A. (2015). Brand equity, satisfaction, and switching costs. *Marketing Intelligence & Planning, 33*(2), 164–178.

Biesalski, A., & de Crignis, T. (2015). *Die Marken der deutschen Hidden Champions 2015*. München: Biesalksi & Company.

Bitkom (Hrsg.). (2016). *Marketingbudgets und -maßnahmen in der ITK-Branche*. Berlin: Bitkom.

BrandZ (2016). BrandZ top 100 most valuable global brands 2016. http://www.millwardbrown.com/brandz/top-global-brands/2016. Zugegriffen: 20. Mai 2017.

Brown, B. P., Zablah, A. R., Bellenger, D. N., & Johnston, W. J. (2011). When do B2B brands influence the decision making of organizational buyers? *International Journal of Research in Marketing, 28*(3), 194–204.

Brown, B. P., Zablah, A. R., Bellenger, D. N., & Donthu, N. (2012). What factors influence buying center brand sensitivity? *Industrial Marketing Management, 41*(3), 508–520.

bvik (2013). *Budgetverteilung von Marketing-Ausgaben in Industrieunternehmen 2012*. Augsburg: bvik.

bvik (2017). *Budgetverteilung von Marketing-Ausgaben in Industrieunternehmen 2016*. Augsburg: bvik.

Caspar, M., Hecker, A., & Sabel, T. (2002). *Markenrelevanz in der Unternehmensführung*. Münster: MCM/McKinssey.

Cassia, F., & Magno, F. (2012). Business-to-Business branding. *Canadian Journal of Administrative Sciences, 29*(3), 242–254.

Cassia, F., Cobelli, N., & Ugolini, M. (2017). The effects of goods-related and service-related B2B brand images on customer loyalty. *Journal of Business & Industrial Marketing, 32*(5), 722–732.

Davis, D. F., Golicic, S. L., & Marquardt, A. J. (2009). Measuring brand equity for logistics services. *The International Journal of Logistics Management*, *20*(2), 201–212.

Donnevert, T. (2009). *Markenrelevanz*. Wiesbaden: Gabler.

Gomes, M., Fernandes, T., & Brandão, A. (2016). Determinants of brand relevance in a B2B service purchasing context. *Journal of Business & Industrial Marketing*, *31*(2), 193–204.

Gregory, J. R., & Sexton, D. E. (2007). Hidden Wealth in B2B Brands. *Harvard Business Review*, *85*(3), 23.

Harter, G., Koster, A., Peterson, M., & Stomberg, M. (2005). *Managing brand for value creation*. München: Wolff Olins & Booz Allen Hamilton.

Homburg, C., Jensen, O., & Richter, M. (2006). Die Kaufverhaltensrelevanz von Marken im Industriegüterbereich. *Die Unternehmung*, *60*(4), 281–296.

Homburg, C., Klarmann, M., & Schmitt, J. (2010). Brand awareness in business markets. *International Journal of Research in Marketing*, *27*(3), 201–212.

Homburg, C., Vomberg, A., Enke, M., & Grimm, P. H. (2015). The loss of the marketing department's influence. *Journal of Academy of Marketing Science*, *43*(1), 1–13.

Interbrand (2016). Anatomy of growth. http://interbrand.com/best-brands/best-global-brands/2016/. Zugegriffen: 20. Mai 2017.

Juntunen, M., Juntunen, J., & Juga, J. (2011). Corporate brand equity and loyalty in B2B markets. *Journal of Brand Management*, *18*(4/5), 300–311.

Krause, J. (2013). *Identitätsbasierte Markenführung im Investitionsgüterbereich*. Wiesbaden: Springer Gabler.

Lee, J., Park, S. Y., Baek, I., & Lee, C. (2008). The impact of the brand management system on brand performance in B-B and B-C environments. *Industrial Marketing Management*, *37*(7), 848–855.

Leischnig, A., & Enke, M. (2011). Brand stability as a signaling phenomenon. *Industrial Marketing Management*, *40*(7), 1116–1122.

Lennartz, E. M., Fischer, M., Krafft, M., & Peters, K. (2015). Drivers of B2B brand strength. *Schmalenbach Business Review*, *67*(1), 114–137.

Mudambi, S. (2002). Branding importance in business-to-business markets. *Industrial Marketing Management*, *31*(5), 525–533.

O'Sullivan, D., & Abela, A. V. (2007). Marketing performance measurement ability and firm performance. *Journal of Marketing*, *71*(2), 79–93.

Rauyruen, P., Miller, K. E., & Groth, M. (2009). B2B services. *Journal of Services Marketing*, *23*(3), 175–186.

Richter, M. (2007). *Markenbedeutung und -management im Industriegüterbereich*. Wiesbaden: DUV.

rts rieger team (2011). *BtoB insight*. Stuttgart, Düsseldorf: rts rieger team.

Schmitt, J. (2011). *Strategisches Markenmanagement in Business-to-Business-Märkten*. Wiesbaden: Gabler.

Taylor, S. A., & Hunter, G. (2003). An exploratory investigation into the antecedents of satisfaction, brand attitude, and loyalty within the (B2B) eCRM industry. *Journal of Customer Satisfaction, Dissatisfaction and Complaining Behavior*, *16*, 19–35.

Taylor, S. A., Celuch, K., & Goodwin, S. (2004). The importance of brand equity to customer loyalty. *Journal of Product & Brand Management*, *13*(4), 217–227.

Verhoef, P. C., & Leeflang, S. H. (2009). Understanding the marketing department's influence within the firm. *Journal of Marketing*, *73*(2), 14–37.

Verhoef, P. C., Leeflang, P. S. H., Reiner, J., Natter, M., Baker, W., Grinstein, A., Gustafsson, A., Morrison, P., & Saunders, J. (2011). A cross-national investigation into the marketing department's influence within the firm. *Journal of International Marketing*, *19*(3), 59–86.

Walley, K., Custance, P., Taylor, S., Lindgreen, A., & Hingley, M. (2007). The importance of brand in the industrial purchase decision. *Journal of Business & Industrial Marketing*, *22*(6), 383–393.

Worm, S. (2012). *Branded component strategies*. Wiesbaden: Gabler.

Zhang, J., Jiang, Y., Shabbir, R., & Zhu, M. (2016). How brand orientation impacts B2B service brand equity? *Journal of Business & Industrial Marketing*, *31*(1), 83–98.

Treiber von B-to-B-Marken – Ergebnisse einer internationalen und branchenübergreifenden Studie

Eric M. Lennartz, Marc Fischer und Manfred Krafft

Zusammenfassung

Obwohl B-to-B-Marken substanziell zum Unternehmensgewinn beitragen können, sind sie bislang kaum Gegenstand der Forschung. Hier setzt die vorliegende Studie an. Sie zeigt für drei Länder und sieben Branchen, dass die Markenassoziationen „Nachhaltigkeit und verantwortungsbewusste Unternehmensführung" und „Innovation und Kompetenz" maßgeblich die Stärke von B-to-B-Marken beeinflussen. Hinsichtlich der Marketing-Mix-Instrumente prägen zusätzlich die Produkt- und Vertriebswahrnehmung die Markenstärke. Die Effekte der Wahrnehmungen der einzelnen Marketing-Mix-Instrumente variieren jedoch stark zwischen den Ländern und Branchen.

Schlüsselbegriffe

Branchenspezifische Effekte · Business-to-Business-Märkte · Länderspezifische Effekte · Markenassoziationen · Markenstärke

*Dieser Artikel ist eine gekürzte Version in deutscher Sprache von Lennartz, E. M., Fischer, M., Krafft, M. und Peters, K. (2015). Drivers of B2B Brand Strength – Insights from an International Study across Industries. Schmalenbach Business Review, 67(1), 114–137.

E. M. Lennartz (✉) · M. Fischer
Lehrstuhl für ABWL, Marketing und Marktforschung, Universität zu Köln
Köln, Deutschland
E-Mail: eric.lennartz@wiso.uni-koeln.de

M. Fischer
E-Mail: marc.fischer@wiso.uni-koeln.de

M. Krafft
Marketing Center Münster, Westfälische Wilhelms-Universität Münster
Münster, Deutschland
E-Mail: mkrafft@uni-muenster.de

Inhaltsverzeichnis

1   Einleitung

Der größte Teil der Forschungsbeiträge zur Führung von Marken untersucht Business-to-Consumer-Marken (B-to-C) (Sethuraman et al. 2011, S. 458; Homburg et al. 2010, S. 201). Dies steht im Kontrast zur Wertschaffung von Marken in Business-to-Business-Märkten (B-to-B). Einen Beleg hierfür bietet der Index der Markenstärke von *Interband* (2016), der mit *General Electric, IBM* und *Microsoft* drei B-to-B-Marken unter den zehn stärksten Marken weltweit aufführt. Aufgrund der zunehmenden Verbreitung von „Ingredient-Branding"-Strategien gewinnen zugleich auch Zulieferermarken an Bedeutung (z. B. Ghosh und John 2009, S. 597). Bei diesen Strategien nutzt ein Endproduzent bewusst die Marke eines in der Wertschöpfungskette vorgelagerten Unternehmens, um vorteilhafte Assoziationen mit der eigenen Marke oder dem eigenen Produkt zu verknüpfen. Ein prominentes Beispiel hierfür ist der Werbeslogan *Intel Inside*.

Der Literaturüberblick dieser Studie unterstützt die Beobachtung, dass eine Forschungslücke hinsichtlich der B-to-B-Markenführung besteht. Insbesondere ist unklar, welche Faktoren die Stärke von B-to-B-Marken beeinflussen und in welchem relativen Ausmaß dies geschieht. Dieses Wissen ist jedoch essenziell für Unternehmen. Nur wenn sie den relativen Einfluss einzelner Faktoren auf die B-to-B-Markenstärke kennen, ist es ihnen möglich, geeignete Markenprofile und Strategien zum Aufbau starker Marken zu entwickeln und letztendlich gewinnbringende Markeninvestitionen zu tätigen.

Bisherige Studien, die sich mit der B-to-B-Markenführung beschäftigen, wenden meist B-to-C-Erkenntnisse und -Theorien auf B-to-B-Marken an (z. B. Backhaus et al. 2011). Ein solches Vorgehen erscheint jedoch unzulässig, da sich potenzielle Einflussfaktoren von B-to-B-Marken grundlegend von denjenigen von B-to-C-Marken unterscheiden (z. B. Homburg et al. 2010, S. 204 f.). Im Gegensatz dazu entwickelt die vorliegende Studie zunächst ein B-to-B-eigenes, konzeptionelles Modell der Markenstärke. Anhand von Umfragedaten zu sieben Branchen in drei Ländern werden aufbauend auf diesem Modell Treiber der B-to-B-Markenstärke getestet und umfassende Implikationen für Forschung und Praxis abgeleitet.

2 Konzeptionelles Modell

2.1 Bisherige Forschung

Mehrere Studien finden Hinweise darauf, dass die Brand-Value-Chain auch im B-to-B-Bereich gilt. So zeigen Aaker und Jacobson (2001, S. 490 f.), dass die Einstellung zu einer Marke in hoch technologisierten B-to-B-Branchen die Kursgewinne eines Unternehmens beeinflusst. Homburg et al. (2010, S. 207) finden einen Effekt der Bekanntheit einer Marke auf marktspezifische Erfolgsgrößen eines Unternehmens. Fischer et al. (2011, S. 42) zeigen, wie potenzielle Attribute der Marke *DHL* deren Bewertung durch Kunden beeinflussen. Bezüglich potenzieller Attribute zeigen Brown und Dacin (1997, S. 70) zudem, dass Unternehmensassoziationen generell die beiden Bereiche Verantwortungsbewusstsein und Leistungsfähigkeit eines Unternehmens widerspiegeln. Für B-to-B-Marken heißt dies, dass Assoziationen sich in die Faktoren „Nachhaltigkeit und verantwortungsbewusste Unternehmensführung" (z. B. Torres et al. 2012, S. 14) und „Innovation und Kompetenz" (Aaker und Jacobson 2001, S. 491 f.) unterteilen sollten.

Bisher betrachtet jedoch keine Studie umfassend, wie sich B-to-B-spezifische Markenassoziationen auf die Stärke von B-to-B-Marken auswirken. Insbesondere wird nur unzureichend berücksichtigt, dass Marken in vielen verschiedenen B-to-B-Branchen verwendet werden und B-to-B-Marken globalen Marktstrukturen unterliegen (Torres et al. 2012, S. 16). Zusätzlich verfolgen die Studien, die B-to-B-Markenassoziationen betrachten, ausschließlich qualitative Ansätze (z. B. Fischer et al. 2011). Um jedoch klare Richtlinien für die Gestaltung von Markenprofilen für B-to-B-Marken ableiten zu können, bedarf es wie in der vorliegenden Studie einer quantitativen Datengrundlage über Länder und Branchen hinweg.

Weiterer Klärungsbedarf existiert hinsichtlich der Effekte der Marketing-Mix-Instrumente auf die B-to-B-Markenstärke. Hier mangelt es an generalisierbaren Erkenntnissen, da bisherige Studien jeweils nur ausgewählte Marketing-Mix-Instrumente betrachten (z. B. Homburg et al. 2010, S. 205 f.). Es ist daher unklar, welche Marketing-Mix-Instrumente tatsächlich und in welchem Ausmaß die B-to-B-Markenstärke beeinflussen. Die vorliegende Datengrundlage kann auch hier zur Lösung beitragen, da sie Werte für die Wahrnehmung aller vier Marketing-Mix-Instrumente enthält.

2.2 Konzeptionelles Modell der B-to-B-Markenstärke

Die Stärke einer Marke spiegelt aus Kundensicht die Vertrautheit mit und das Wissen über eine Marke sowie ihre wahrgenommene Leistungsfähigkeit wider (Hoeffler und Keller 2003, S. 437). Sie entscheidet darüber, ob Marken Wachstum und höhere Gewinne stimulieren. So helfen starke Marken Unternehmen, die Preissensitivität zu senken (z. B. Erdem et al. 2002, S. 12), Markenerweiterungen durchzuführen (z. B. Rühle et al. 2012, S. 135 f.) oder bei Kaufentscheidungen als Alternative berücksichtigt zu werden (z. B. Lehmann und Pan 1994). Die meisten Erkenntnisse hierzu stammen aus B-to-C-Studien. Nichtsdestotrotz können auch auf B-to-B-Märkten starke Marken zu Wettbewerbsvorteilen führen (z. B. Ghosh und John 2009). In der vorliegenden Studie wird daher die B-to-B-Markenstärke als abhängige Variable verwendet.

Entsprechend der Brand-Value-Chain (Keller und Lehmann 2006, S. 753 f.) sind Markenassoziationen dem Markenerfolg vorgelagert. Sie bündeln Attribute, Nutzen und Einstellungen, die Kunden mit einer Marke verbinden. Wie oben gezeigt, spiegeln sie im B-to-B-Bereich die Expertise und das Verantwortungsbewusstsein des Unternehmens wider (Brown und Dacin 1997, S. 79 f.). Die Items, die innerhalb der Umfrage für die Markenassoziationen verwendet werden, decken daher diese beiden Bereiche ab.

Wie im B-to-C-Bereich (z. B. Stahl et al. 2012, S. 47) sollte zusätzlich der Eindruck des Marketing-Mix beeinflussen, wie Manager B-to-B-Marken wahrnehmen. Der konzeptionelle Rahmen führt daher die vier Marketing-Mix-Dimensionen Produkt, Vertrieb, Preis und Kommunikation als potenzielle Einflussfaktoren auf die Markenstärke auf.

Homburg et al. (2010, S. 207 f.) zeigen zudem, dass Branchen- und Unternehmenscharakteristika die Leistungsfähigkeit einer Marke beeinflussen. In Anlehnung an aktuelle Studien (z. B. Homburg et al. 2012, S. 600 ff.; Torres et al. 2012, S. 16 ff.; Zablah et al. 2010, S. 252) schließt der konzeptionelle Rahmen daher Land, Branche und Unternehmenseigenschaften als Kontrollfaktoren ein. Letztere unterteilen sich in die Rolle des Befragten innerhalb des Unternehmens, die globale Reichweite, die Gewinnverteilung zwischen B-to-C- und B-to-B-Geschäft und die Größe des Unternehmens. Abb. 1 enthält eine grafische Veranschaulichung des konzeptionellen Rahmens.

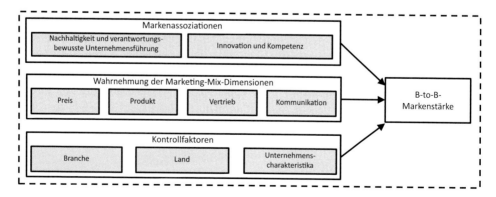

Abb. 1 Konzeptioneller Rahmen für die Markenstärke in B-to-B-Märkten

3 Empirische Analysen

3.1 Messung der Konstrukte

Die Daten der Studie stammen aus einer Online-Umfrage unter Managern. Abb. 2 enthält alle verwendeten Skalen. Die Markenstärke, die Markenassoziationen und die Wahrnehmung der Marketing-Mix-Dimensionen werden mittels fünfstufiger Multi-Item-Likert-Skalen gemessen. Die Ergebnisse eines Pretests der Items zeigen, dass die Relevanz einiger Items für die Markenstärke und die Wahrnehmung der Marketing-Mix-Dimensionen

Markenstärke	*Produkt*
1. A company with good reputation 2. A company I trust 3. A company I feel positive about 4. A company that I know well 5. A company that is clear on what it stands for	1. Wide variety of different products or services (breadth of product/service offer) 2. A lot of meaningful value added to the products or services (e.g., warranties, support) 3. Exactly the products/services that meet to my needs 4. Ahead of the market through constant product innovation 5. Good quality products/services
Markenassoziationen	*Vertrieb*
1. Cares about an honest and open dialog with its customers, investors und society 2. Role models corporate social responsibility 3. Promotes and practices sustainability in its products or services 4. Promotes diversity and equal opportunities 5. Acts responsibly across its supply chain 6. Fits in well with my values and beliefs in its work 7. Is a driver of innovation 8. Has a high level of expertise 9. Shapes the direction of the market 10. Is a leader in its field 11. Has global reach	1. Convenient access to the company's offering whenever I need it 2. Fast response times 3. Sales representatives and personnel with the necessary expertise and knowledge 4. Strong relationship with the dealer/supplier of this company 5. Timely and reliable delivery of products/services
	Preis
	1. Lower prices than comparable products or services from other manufacturers 2. Good value for money 3. Fair and transparent pricing policies and price adjustments over time 4. Cheapest cost for product maintenance 5. Attractive terms and conditions (e.g., discounts, financing conditions)
	Kommunikation
	1. Provides the information I need 2. Keeps me informed about relevant new topics 3. Highly visible and present in media 4. A relevant source of industry-specific information 5. Offers a wide range of possibilities for online interaction

Abb. 2 Original-Items für die Markenstärke, Wahrnehmung des Marketing-Mix und Markenassoziationen in englischer Sprache. Befragte bewerten jedes Item auf einer fünfstufigen Likert-Skala mit englischer Beschriftung „strongly disagree" (*1*), „disagree" (*2*), „neither agree nor disagree" (*3*), „agree" (*4*), „strongly agree" (*5*)

zwischen Unternehmen, Branchen und Ländern variiert. Die Befragungsteilnehmer können daher für diese Skalen jeweils die drei Items auswählen und beantworten, denen sie die höchste Relevanz beimessen. Eine Überprüfung der Reliabilität aller möglichen Drei-Item-Kombinationen zeigt in diesem Zusammenhang, dass das Verständnis der Skala unabhängig von der Wahl der Items für alle Befragungsteilnehmer gleich bleibt. In den weiteren Analysen wird daher mit den Mittelwerten der drei jeweils gewählten Items für die Markenstärke und die Wahrnehmung der Marketing-Mix-Instrumente gearbeitet.

Die latente Struktur der Items für die Markenassoziationen wird einer explorativen Faktoranalyse unterzogen. Auf Basis des Scree-Kriteriums ergeben sich zwei Faktoren bzw. Hauptmarkenassoziationen, die 62,6 % der Varianz der Items erklären (vgl. Tab. 1). Entsprechend der Faktorladungen repräsentieren sie „Nachhaltigkeit und verantwortungsbewusste Unternehmensführung" (Faktor 1) und „Innovation und Kompetenz" (Faktor 2). Die Werte für Cronbach's Alpha von 0,884 für Faktor 1 und 0,885 für Faktor 2 weisen zudem auf eine hohe Reliabilität hin. In den weiteren Analysen werden daher standardisierte Faktorwerte basierend auf der rotierten Faktorlösung verwendet.

Die Kontrollvariablen definieren sich für den einzelnen Befragungsteilnehmer wie folgt: Die Rolle im Entscheidungsprozess beinhaltet, ob er alleine handelt oder Teil eines Teams ist. Jeweils für sein Unternehmen erfasst die Reichweite des Geschäftes das geographische Verbreitungsgebiet, die Gewinnverteilung, den Anteil des Gewinns aus dem B-to-C-Geschäft am Gesamtgewinn und die Unternehmensgröße sowie die Anzahl der Mitarbeiter.

Tab. 1 Faktorladungen der explorativen Faktoranalyse

Item	Faktor 1 Nachhaltigkeit & verantwortungsbewusste Unternehmensführung	Faktor 2 Innovation & Kompetenz
Cares about an honest and open dialog with its customers, inventors und society	**0,766**	0,234
Role models corporate social responsibility in its work	**0,759**	0,282
Promotes and practices sustainability in its products or services	**0,746**	0,286
Promotes diversity and equal opportunities	**0,723**	0,301
Acts responsibly across its supply chain	**0,715**	0,295
Fits in well in my values and believes	**0,715**	0,309
Is a driver of innovation	0,471	**0,608**
Has a high level of specialist expertise	0,435	**0,612**
Shapes the direction of the market	0,381	**0,664**
Is a leader in its field	0,385	**0,716**
Has global reach	0,106	**0,838**

Beide Faktoren erklären 62,6 % der gesamten Varianz

Extraktionsmethode: Hauptkomponentenanalyse; Rotationsmethode: Varimax mit Kaisernormalisierung

3.2 Stichprobe und deskriptive Ergebnisse

In der Zeit von August bis September 2012 wurden 1090 Manager in Unternehmen mit mindestens 100 Mitarbeitern aus Deutschland, den USA und Indien in einer Online-Studie befragt. Diese Länder sind für die untersuchte Problematik besonders relevant, da sie ein breites kulturelles, ökonomisches und politisches Spektrum abdecken und zusammen im Jahr 2014 mehr als 30 % des weltweiten Bruttoinlandsproduktes erwirtschafteten (World Bank 2016). Die Befragungsteilnehmer beantworten den Fragebogen zu je einer von sieben (in Indien fünf) Branchen. Diese Datenstruktur ermöglicht es, Unterschiede zwischen Ländern und Branchen zu quantifizieren und gleichzeitig die Generalisierbarkeit der Ergebnisse zu sichern.

Zusätzlich werden die Items zur Markenstärke, den Markenassoziationen und den Marketing-Mix-Dimensionen jeweils zweimal abgefragt. Die Befragungsteilnehmer beantworten diese zunächst für ihren Hauptanbieter und dann für einen alternativen Anbieter in der zugeordneten Branche. Die Stichprobe umfasst daher 2180 Beobachtungen. Die Antworten von 144 Teilnehmern (288 Fälle) werden nicht berücksichtigt, da sie qualitative Mängel (z. B. ein systematisch verzerrtes Antwortverhalten) aufweisen. Tab. 2 zeigt die detaillierte Stichprobenstruktur der verbleibenden 1892 Beobachtungen.

Tab. 3 enthält die Mittelwerte und Standardabweichungen der Variablen über alle Beobachtungen hinweg sowie auf Länder- und Branchenebene. Interessanterweise variiert die Markenstärke in den einzelnen Ländern und Branchen nur wenig. Alle Werte liegen zwischen 3,672 und 3,982 und damit innerhalb einer Standardabweichung der Mittelwerte der anderen Länder und Branchen. Dies könnte daraus resultieren, dass ausschließlich Manager größerer Unternehmen (mehr als 100 Mitarbeiter) befragt wurden. Diese Unternehmen sind meistens international tätig und damit ähnlichen Anforderungen ausgesetzt. Im Gegensatz dazu ist die Varianz innerhalb der Länder und Branchen beachtlich: Standardabweichungen reichen von 17 bis 25 %.

Die Mittelwerte der Assoziation „Nachhaltigkeit und verantwortungsbewusste Unternehmensführung" reichen von 3,340 bis 3,835. Sie variieren somit stärker zwischen den einzelnen Ländern und Branchen als die Mittelwerte der Markenstärke. Manager scheinen insbesondere die jeweiligen Branchen mit unterschiedlichen Eigenschaften zu assoziieren.

Tab. 2 Stichprobenstruktur nach Land, Branche und Unternehmensgröße

Land (N)	Branche (N)	Unternehmensgröße als Anzahl der Beschäftigten (N)
Deutschland (660); Indien (652); USA (580)	Chemikalien, Gebrauchsgüter und Rohstoffe (290); IT (322); Kommunikation (320); Logistik (300); Maschinen und Anlagen (302); Finanzen und Versicherungen (174); Versorgungswirtschaft (184)	100–999 (428); 1000–9999 (922); ≥ 10.000 (528)
Σ 1892 Beob.	Σ 1892 Beob.	Σ 1878 Beob.

Tab. 3 Deskriptive Statistiken der Konstrukte

Variable	Gesamt	Deutschland	Indien	USA	Chemikalien, Gebrauchsgüter und Rohstoffe	IT	Telekommunikation	Logistik	Maschinen und Anlagen	Finanzen und Versicherungen	Versorgungswirtschaft
Markenstärke	3,861 (0,758)	3,805 (0,745)	3,982 (0,709)	3,789 (0,810)	3,886 (0,718)	3,951 (0,679)	3,819 (0,822)	3,858 (0,729)	3,974 (0,779)	3,741 (0,728)	3,672 (0,829)
Nachhaltigkeit und verantwortungsbewusste Unternehmensführung	3,593 (0,692)	3,340 (0,671)	3,835 (0,675)	3,606 (0,631)	3,670 (0,653)	3,606 (0,647)	3,482 (0,722)	3,680 (0,673)	3,758 (0,689)	3,436 (0,644)	3,377 (0,748)
Innovation und Kompetenz	3,715 (0,686)	3,594 (0,689)	3,850 (0,683)	3,702 (0,659)	3,791 (0,623)	3,791 (0,682)	3,609 (0,721)	3,780 (0,675)	3,892 (0,646)	3,548 (0,675)	3,208 (0,669)
Produktwahrnehmung	3,726 (0,747)	3,635 (0,734)	3,870 (0,726)	3,668 (0,761)	3,789 (0,727)	3,797 (0,724)	3,699 (0,764)	3,736 (0,706)	3,821 (0,796)	3,598 (0,710)	3,502 (0,748)
Vertriebswahrnehmung	3,750 (0,765)	3,640 (0,769)	3,900 (0,720)	3,700 (0,785)	3,780 (0,744)	3,800 (0,744)	3,620 (0,800)	3,810 (0,747)	3,850 (0,741)	3,630 (0,776)	3,650 (0,793)
Preiswahrnehmung	3,617 (0,773)	3,435 (0,734)	3,858 (0,731)	3,553 (0,793)	3,706 (0,700)	3,653 (0,778)	3,539 (0,819)	3,710 (0,742)	3,711 (0,752)	3,423 (0,815)	3,431 (0,765)
Kommunikationswahrnehmung	3,640 (0,762)	3,480 (0,760)	3,800 (0,741)	3,660 (0,750)	3,680 (0,795)	3,630 (0,742)	3,590 (0,787)	3,720 (0,745)	3,710 (0,761)	3,600 (0,724)	3,490 (0,742)
Rolle des Befragten	0,460 (0,499)	0,415 (0,493)	0,607 (0,489)	0,345 (0,476)	0,448 (0,498)	0,385 (0,487)	0,438 (0,497)	0,547 (0,499)	0,470 (0,500)	0,448 (0,499)	0,500 (0,501)
Globale Reichweite	1,700 (0,940)	1,620 (0,880)	1,700 (0,891)	1,810 (1,051)	1,620 (0,901)	1,570 (0,905)	1,820 (1,002)	1,730 (0,921)	1,600 (0,929)	1,840 (0,906)	1,870 (0,976)
Gewinn aus B-to-B- im Vergleich zum B-to-C-Geschäft	2,640 (1,191)	2,450 (1,201)	2,530 (1,009)	2,970 (1,316)	2,370 (1,093)	2,480 (1,249)	2,830 (1,216)	2,590 (1,100)	2,630 (1,157)	2,880 (1,201)	2,880 (1,276)
Unternehmensgröße	30,644 (21,383)	33,187 (22,263)	23,842 (17,791)	35,370 (22,163)	28,236 (19,472)	34,340 (21,210)	32,750 (22,650)	30,880 (21,373)	30,550 (20,931)	26,709 (20,472)	27,780 (22,690)

Standardabweichungen in Klammern; Mittelwerte und Standardabweichungen für Nachhaltigkeit und verantwortungsbewusste Unternehmensführung sowie Innovation und Kompetenz wurden im Unterschied zu Tab. 2 auf Basis der Items, die hauptsächlich auf den Faktor laden, berechnet

So lassen sich im Detail niedrige Werte des Faktors „Innovation und Kompetenz" für die Branchen Finanzen und Versicherungen, Versorgungswirtschaft und Telekommunikation finden. Alle drei Branchen waren und sind immer noch stark reguliert. Manager scheinen diese Regulierung mit Defiziten in der Unternehmensführung und folglich mangelnder Kompetenz zu verbinden. Dennoch liegen trotz der höheren Varianz auch die Mittelwerte der Branchen und Länder innerhalb einer Standardabweichung der Mittelwerte der anderen Branchen und Länder. Dies deutet auf vergleichbare Treiber der Markenstärke in den Untergruppen hin. Die folgenden Analysen untersuchen daher, inwiefern diese Treiber insgesamt die Markenstärke beeinflussen und inwieweit sie sich zwischen Ländern und Branchen unterscheiden.

4 Schätzung und Ergebnisse

4.1 Modell und Schätzung

In Anlehnung an Torres et al. (2012, S. 18) wird folgendes lineares Modell für die Markenstärke des Anbieters j aus Sicht des Befragungsteilnehmers k verwendet:

$$
\begin{aligned}
BS_{jk} = {} & \beta_0 + \beta_1 SC_{jk} + \beta_2 IE_{jk} + \gamma_1 PD_{jk} + \gamma_2 D_{jk} + \gamma_3 PR_{jk} + \gamma_4 C_{jk} + \delta_1 ROLE_k \\
& + \delta_2 BR_k + \delta_3 SR_k + \sum_{s=1}^{6} \delta_{4+s} D_{IND_{ks}} + \sum_{l=1}^{2} \delta_{10+l} D_{COU_{kl}} + \varepsilon_{jk}
\end{aligned} \tag{1}
$$

mit Fehlerterm: $\varepsilon_{jk} \sim N(0; \sigma^2)$

BS_{jk} Markenstärke des Anbieters j aus Sicht des Befragten k

SC_{jk} Ausprägung der Assoziation „Nachhaltigkeit und verantwortungsbewusste Unternehmensführung" des Anbieters j aus Sicht des Befragungsteilnehmers k

IE_{jk} Ausprägung der Assoziation „Innovation und Kompetenz" des Anbieters j aus Sicht des Befragungsteilnehmers k

PD_{jk} Wahrnehmung der Produktgestaltung des Anbieters j aus Sicht des Befragungsteilnehmers k

D_{jk} Wahrnehmung der Vertriebsgestaltung des Anbieters j aus Sicht des Befragungsteilnehmers k

PR_{jk} Wahrnehmung der Preisgestaltung des Anbieters j aus Sicht des Befragungsteilnehmers k

C_{jk} Wahrnehmung der Kommunikationsgestaltung des Anbieters j aus Sicht des Befragungsteilnehmers k

$ROLE_k$ Rolle des Befragungsteilnehmers k (1: Beteiligung als Einzelperson/0: Beteiligung in einer Gruppe)

BR_k Reichweite des Geschäftes des Unternehmens des Befragungsteilnehmers k (1: global, 2: im Heimatkontinent, 3: im Heimatland, 4: in einer spezifischen Region im Heimatland)

SR_k Anteil des Gewinns aus B-to-C- im Vergleich zu B-to-B-Aktivitäten des Unternehmens des Befragungsteilnehmers k (1: fast ausschließlich B-to-B, 2: mehrheitlich B-to-B, 3: in gleichen Teilen B-to-B und B-to-C, 4: mehrheitlich B-to-C, 5: fast ausschließlich B-to-C)

FS_k Unternehmensgröße als Anzahl der Beschäftigten des Unternehmens des Befragungsteilnehmers k (1: 100–200 Beschäftigte, 4: 250–999 Beschäftigte, 20: 1000–4999 Beschäftigte, 40: 5000 bis 9999 Beschäftigte, 60: mehr als 10.000 Beschäftigte)

D_{INDks} Dummy-Variable für die Branche in der Fragebogenversion des Befragungsteilnehmers k ($s = 1$: Chemikalien, Gebrauchsgüter und Rohstoffe, $s = 2$: IT, $s = 3$: Telekommunikation, $s = 4$: Logistik, $s = 5$: Finanzen und Versicherungen, $s = 6$: Versorgungswirtschaft, Vergleichskategorie: Maschinen und Anlagen)

D_{COUkl} Dummy-Variable für das Land des Befragungsteilnehmers k ($l = 1$: Deutschland, $l = 2$: Indien, Vergleichskategorie: USA)

j, k, l, s Index für Anbieter j, Befragungsteilnehmer k, Land l and Branche s

Es werden elf Modelle mittels einer linearen Regression geschätzt. Das Grundmodel I fasst alle Beobachtungen unabhängig von Land und Branche zusammen. Die β-, γ- und δ-Koeffizienten stellen die zu schätzenden Parameter der Regression dar. Die Kodierung der Markenstärke, Marketing-Mix-Wahrnehmungen und Kontrollvariablen erfolgt wie oben erläutert. Dummy-Variablen bilden die fixen Effekte für Branchen und Länder ab. Um die Treiber der Markenstärke zwischen den Branchen und Ländern zu vergleichen, werden zudem drei länderspezifische Modelle II–IV und sieben branchenspezifischen Modell V–XI geschätzt. Die Modelle II–IV enthalten keine Dummy-Variablen für die Länder, die Modelle V–XI keine Dummy-Variablen für die Branchen.

4.2   Güte und Robustheit

Umfassende Tests weisen auf keine Multikollinearität hin. Als alternative Modellspezifikationen wurden weiterhin ein multiplikatives, ein semi-logarithmisches und ein Modell mit quadratischem Term für die Kommunikation getestet. Sie führen zu vergleichbaren Ergebnissen, aber einer leicht schlechteren Güte. Da eine zu kurze oder zu lange Antwortzeit auf ein verzerrtes Antwortverhalten hinweisen könnte (z. B. Homburg et al. 2012, S. 606), wird das Modell auch mit einer reduzierten Stichprobe der Teilnehmer, die für die Beantwortung der Umfrage zwischen 10 und 45 min gebraucht haben, getestet. Auch hier ergeben sich vergleichbare Ergebnisse. Abschließend deutet Harmans (1976, S. 113 ff.) One-Factor-Test auf keine Methodenverzerrung hin.

4.3 Empirische Ergebnisse

Tab. 4 führt die Ergebnisse der Modelle I bis XI auf. Alle Modelle weisen eine hohe Güte auf. Das korrigierte R^2 liegt für alle Modelle zwischen 0,533 (Versorgungswirtschaft/Modell XI) und 0,680 (USA/Modell IV). Insgesamt unterstützen alle Modelle die vorliegende Konzeptualisierung.

(1) Grundmodell

Die Koeffizienten aller Hauptvariablen sind signifikant, während bei den Kontrollvariablen nur die Rolle des Befragten ($\delta_{1,I} = -0,055$, $p < 0,05$) und der fixe Effekt für Deutschland ($\delta_{11,I} = 0,105$, $p < 0,01$) signifikant sind. Insbesondere sind die Effekte der Assoziationen „Nachhaltigkeit und verantwortungsbewusste Unternehmensführung" ($\beta_{1,I} = 0,112$, $p < 0,01$) und „Innovation und Kompetenz" ($\beta_{2,I} = 0,103$, $p < 0,01$) beide signifikant und ungefähr gleich groß. Unternehmen besitzen daher zwei gleichwertige Möglichkeiten, um starke B-to-B-Marken aufzubauen: Sie können entweder in Maßnahmen investieren, die verantwortungsvolles und nachhaltiges Verhalten fördern, oder sich so positionieren, dass Innovation, Kompetenz und Kreativität zentrale Unternehmenswerte repräsentieren.

Alle Marketing-Mix-Dimensionen weisen signifikante Effekte auf. Einzig der relativ schwache Effekt der Kommunikationsdimension ($\gamma_{4,I} = 0,058$, $p < 0,05$) erscheint zunächst widersprüchlich. Er lässt sich jedoch damit erklären, dass B-to-B-Beziehungen einen wesentlich höheren Grad an Professionalität und Rationalität als B-to-C-Beziehungen aufweisen. In Folge besitzen die leistungsbezogenen Dimensionen Produkt ($\gamma_{1,I} = 0,293$, $p < 0,01$) und Vertrieb ($\gamma_{2,I} = 0,254$, $p < 0,01$) eine wesentlich höhere Bedeutung als traditionelle Kommunikation. Der starke Effekt des Vertriebes zeigt in diesem Zusammenhang, dass Kommunikation in B-to-B-Märkten hauptsächlich persönlich über Beschäftigte im Vertrieb erfolgt. Dies deckt sich auch mit den Ergebnissen von Fischer und Albers (2010, S. 113 ff.), dass im Pharmaziegeschäft Verkaufstätigkeiten von Vertretern bei Ärzten effektiver sind als Werbung in medizinischen Fachzeitschriften oder Patientenwerbung. Der positive Effekt der Wahrnehmung des Preises ($\gamma_{3,I} = 0,100$, $p < 0,01$) zeigt zudem, dass B-to-B-Kunden über Länder und Branchen hinweg Marken mit einem guten Preis-Leistungs-Verhältnis schätzen. Insgesamt stimmen die Ergebnisse der vorliegenden Studie daher mit denen von Ataman et al. (2010, S. 869) überein. Sie finden, dass hauptsächlich die Produktgestaltung (60 % des Gesamteffektes) und Vertriebsstrategie (32 %) zu langfristigen Marketingeffekten beitragen, während Werbung (6 %) und Preisrabatte (2 %) eine wesentlich geringere Bedeutung besitzen.

(2) Ländermodelle

Die Grund-Markenstärke, die unabhängig von anderen Faktoren besteht und im Achsenabschnitt gemessen wird, variiert stark zwischen den Ländern. Sie ist in Deutschland ($\beta_{0,II} = 1,711$, $p < 0,01$) und Indien ($\beta_{0,III} = 1,640$, $p < 0,01$) weit höher als in den USA ($\beta_{0,IV} = 0,699$, $p < 0,01$). Ähnlich sind die Effekte der Markenassoziationen in den USA am geringsten ($\beta_{1,IV} = 0,067$, $p < 0,05$; $\beta_{2,IV} = 0,091$, $p < 0,05$), während sich die stärksten

Tab. 4 Regressionsergebnisse (Abhängige Variable: Markenstärke)

Item	Modell I (Gesamt)	Modell II (Deutschland)	Modell III (Indien)	Modell IV (USA)	Modell V (Chemikalien, Gebrauchsgüter und Rohstoffe)	Modell VI (IT)	Modell VII (Telekommunikation)	Modell VIII (Logistik)	Modell IX (Maschinen und Anlagen)	Modell X (Finanzen und Versicherungen)	Modell XI (Versorgungswirtschaft)
Achsenabschnitt (β_0)	1,236*** (0,109)	1,711*** (0,199)	1,640*** (0,184)	0,699*** (0,175)	0,790*** (0,211)	1,862*** (0,267)	1,324*** (0,273)	1,249*** (0,273)	0,875*** (0,265)	0,729** (0,356)	1,779*** (0,415)
Nachhaltigkeit und verantwortungsbewusste Unternehmensführung (β_1)	0,112*** (0,016)	0,110*** (0,028)	0,167*** (0,026)	0,091** (0,028)	0,089*** (0,033)	0,139*** (0,041)	0,179*** (0,038)	0,120*** (0,042)	−0,022 (0,040)	0,094* (0,053)	0,164*** (0,058)
Innovation and Kompetenz (β_2)	0,103*** (0,014)	0,135*** (0,027)	0,122*** (0,024)	0,067** (0,025)	0,075** (0,033)	0,172*** (0,035)	0,097*** (0,034)	0,078** (0,038)	0,104*** (0,038)	0,021 (0,047)	0,199*** (0,056)
Produktwahrnehmung (γ_1)	0,293*** (0,028)	0,247*** (0,052)	0,309*** (0,042)	0,272*** (0,052)	0,261*** (0,064)	0,251*** (0,070)	0,424*** (0,071)	0,173** (0,067)	0,394*** (0,066)	0,360*** (0,090)	0,281*** (0,100)
Vertriebswahrnehmung (γ_2)	0,254*** (0,026)	0,266*** (0,046)	0,139*** (0,040)	0,388*** (0,049)	0,298*** (0,059)	0,257*** (0,066)	0,079 (0,062)	0,358*** (0,063)	0,337*** (0,067)	−0,037 (0,087)	0,392*** (0,095)
Preiswahrnehmung (γ_3)	0,100*** (0,023)	0,088** (0,040)	0,083** (0,035)	0,101** (0,041)	0,137** (0,059)	0,074 (0,057)	0,133** (0,055)	0,114** (0,054)	−0,019 (0,056)	0,133** (0,061)	0,111 (0,095)
Kommunikationswahrnehmung (γ_4)	0,058** (0,024)	0,015 (0,044)	0,060 (0,037)	0,097** (0,048)	0,099* (0,056)	−0,060 (0,056)	0,038 (0,059)	0,067 (0,067)	0,113* (0,061)	0,334*** (0,077)	−0,194* (0,098)
Rolle des Befragten (δ_1)	−0,055** (0,012)	0,029 (0,046)	−0,103*** (0,038)	−0,124*** (0,046)	0,013 (0,053)	−0,042 (0,061)	−0,150** (0,072)	−0,139** (0,062)	−0,154** (0,061)	−0,109 (0,076)	−0,030 (0,096)

Tab. 4 (Fortsetzung)

Item	Modell I (Gesamt)	Modell II (Deutschland)	Modell III (Indien)	Modell IV (USA)	Modell V (Chemikalien, Gebrauchsgüter und Rohstoffe)	Modell VI (IT)	Modell VII (Telekommunikation)	Modell VIII (Logistik)	Modell IX (Maschinen und Anlagen)	Modell X (Finanzen und Versicherungen)	Modell XI (Versorgungswirtschaft)
Globale Reichweite (δ_2)	−0,016 (0,014)	−0,037 (0,029)	−0,004 (0,021)	−0,009 (0,023)	−0,006 (0,031)	0,027 (0,037)	−0,016 (0,036)	−0,008 (0,031)	0,010 (0,036)	−0,016 (0,043)	−0,046 (0,057)
Gewinn aus B-to-B- im Vergleich zu B-to-C-Geschäft (δ_3)	0,004 (0,011)	−0,023 (0,019)	0,004 (0,019)	0,034** (0,017)	−0,002 (0,024)	−0,019 (0,025)	0,002 (0,026)	−0,029 (0,026)	0,029 (0,028)	0,013 (0,032)	−0,004 (0,040)
Unternehmensgröße (δ_4)	−6,272e-006 (0,030)	7,687e-005 (0,001)	4,673e-005 (0,001)	7,275e-005 (0,001)	−0,001 (0,001)	−0,003* (0,002)	−0,001 (0,002)	−0,001 (0,001)	−0,001 (0,0002)	0,003 (0,002)	−0,001 (0,002)
Feste Effekte für die Branche[a]											
Chemikalien, Gebrauchsgüter und Rohstoffe (δ_5)	−0,028 (0,042)	0,021 (0,084)	0,002 (0,057)	−0,145* (0,084)							
IT (δ_6)	0,054 (0,042)	0,031 (0,084)	0,107* (0,059)	0,016 (0,081)							
Telekommunikation (δ_7)	0,033 (0,042)	0,053 (0,086)	0,154*** (0,058)	−0,186** (0,080)							
Logistik (δ_8)	−0,036 (0,041)	−0,037 (0,084)	0,051 (0,058)	−0,178** (0,077)							
Finanzen und Versicherungen (δ_9)	−0,032 (0,051)	−0,016 (0,083)		−0,166** (0,081)							
Versorgungswirtschaft (δ_{10})	−0,023 (0,051)	−0,063 (0,084)		−0,100 (0,080)							

Tab. 4 (Fortsetzung)

Item	Modell I (Gesamt)	Modell II (Deutschland)	Modell III (Indien)	Modell IV (USA)	Modell V (Chemikalien, Gebrauchsgüter und Rohstoffe)	Modell VI (IT)	Modell VII (Telekommunikation)	Modell VIII (Logistik)	Modell IX (Maschinen und Anlagen)	Modell X (Finanzen und Versicherungen)	Modell XI (Versorgungswirtschaft)
Deutschland (δ_{11})	0,105*** (0,031)				0,191** (0,076)	0,029 (0,075)	0,234*** (0,088)	0,157** (0,079)	−0,046 (0,088)	0,078 (0,078)	−0,034 (0,110)
Indien (δ_{12})	0,011 (0,033)				0,007 (0,067)	−0,023 (0,076)	0,193** (0,093)	0,084 (0,075)	−0,110 (0,083)		
Feste Effekte für die Länder[b]											
N	1656	540	620	496	266	260	276	278	266	152	158
Korrigiertes R^2	0,605	0,539	0,600	0,680	0,671	0,607	0,626	0,611	0,611	0,632	0,533
F-Wert; d.f.; p-Wert	141,632; 1637; 0,000	40,434; 523; 0,000	67,424; 605; 0,000	66,647; 479; 0,000	46,007; 253; 0,000	34,363; 247; 0,000	39,345; 263; 0,000	37,230; 265; 0,000	35,722; 253; 0,000	24,569; 140; 0,000	17,318; 146; 0,000

*$p<0,1$; **$p<0,05$, ***$p<0,01$

[a]Vergleichskategorie Maschinen und Anlagen

[b]Vergleichskategorie USA

Effekte für den Faktor „Nachhaltigkeit und verantwortungsbewusste Unternehmensführung" in Indien ($\beta_{1,III} = 0,167, p < 0,01$) und für den Faktor „Innovation und Kompetenz" in Deutschland ($\beta_{2,II} = 0,135, p < 0,01$) ergeben. Kunden in Wachstumsmärkten wie Indien scheinen eine Langzeitorientierung zu schätzen. In Deutschland sind Technologieführerschaft und Innovation zentrale Werte.

Ähnlich wie im Grundmodell weisen sowohl die Wahrnehmungen der Produkt- als auch der Preisdimension in allen drei Ländern vergleichbare signifikante Effekte auf. In den USA besitzt jedoch die Vertriebsdimension einen überdurchschnittlich hohen Effekt ($\gamma_{2,IV} = 0,388, p < 0,01$), während dieser Effekt in Indien unterdurchschnittlich ausgeprägt ist ($\gamma_{2,III} = 0,139, p < 0,01$). Interessanterweise ist der Koeffizient der Kommunikationswahrnehmung nur in den USA signifikant ($\gamma_{4,IV} = 0,097, p < 0,05$).

Im Gegensatz zum Grundmodell existieren auf Länderebene vier signifikante Brancheneffekte. In Indien ist die Markenstärke für die Telekommunikationsbranche signifikant höher als in der Vergleichskategorie Maschinen und Anlagen ($\delta_{7,III} = 0,154, p < 0,01$). Dies scheint daraus zu resultieren, dass die Telekommunikationsbranche hier eine relativ junge Branche mit nur wenigen großen Wettbewerbern ist. Starke Marken sind deshalb besonders relevant, um sich von der Konkurrenz abzugrenzen. Dagegen weist die Telekommunikationsbranche als etablierte Branche in den USA eine signifikant geringere Markenstärke auf ($\delta_{7,IV} = -0,186, p < 0,05$). Dies gilt auch für die Branche Finanzen und Versicherungen ($\delta_{9,IV} = -0,166, p < 0,05$), welche zum Zeitpunkt der Datenerhebung 2012 immer noch mit Auswirkungen der globalen Finanzkrise in 2009 zu kämpfen hatte.

(3) Branchenmodelle

Die Ergebnisse unterstützen auch hier den konzeptionellen Rahmen. Nachfolgend werden daher nur die bedeutenden Unterschiede zwischen den Branchen aufgeführt. Erstens ist die Grund-Markenstärke für die Kategorien IT (1,862) und Versorgungswirtschaft (1,779) überdurchschnittlich hoch, während sie für die Kategorien Chemikalien, Rohstoffe und Gebrauchsgüter (0,790), Maschinen und Anlagen (0,875) und Finanzen und Versicherungen (0,729) unterdurchschnittlich ausgeprägt ist. Hauptgrund hierfür könnte sein, dass IT- und Versorgungsunternehmen lange Zeit starken Regulierungen unterlagen. Nach der Regulierung haben sie in der näheren Vergangenheit hohe Investitionen in Marken getätigt, um sich von den Wettbewerbern abzusetzen. Die Branchen mit geringer Markenstärke haben hingegen mit branchenweiten Krisen zu kämpfen (Finanzen) oder konzentrieren sich auf gute Kundenbeziehungen und eine hohe Zuverlässigkeit als Zulieferer (Chemikalien, Maschinen), sodass Marken prinzipiell weniger relevant sind.

Zweitens ist der Effekt von „Innovation und Kompetenz" in der Branche Finanzen und Versicherungen nicht signifikant. Erklärungen hierfür liefern der geringe Grad an Innovationen im Bankensektor und die damit verbundene Schwierigkeit, Innovationen nachhaltig als Wettbewerbsvorteil nutzen zu können. Auch der Effekt des Faktors „Nachhaltigkeit und verantwortungsbewusste Unternehmensführung" im Bereich Maschinen und Anlagen ist nicht signifikant. Nachhaltigkeit könnte hier ausschließlich als Hygienefaktor gesehen werden. Hierauf deutet auch der überdurchschnittlich hohe Mittelwert dieses Faktors für Maschinen und Anlagen hin.

Drittens existieren einige interessante Muster hinsichtlich der Kommunikationswahrnehmung. IT und Versorgungswirtschaft weisen keinen oder sogar einen geringen negativen Effekt für die Kommunikationsdimension auf. Gleichzeitig ist die Grund-Markenstärke hier überdurchschnittlich hoch. Dies könnte das Resultat einer Übersättigung sein. Insbesondere Stromversorger haben unlängst versucht, ihre Produkte durch hohe Investitionen in Kommunikation voneinander zu differenzieren. In der Branche Finanzen und Versicherungen ist darüber hinaus der Koeffizient der Kommunikationsdimension ($\gamma_{4,X} = 0{,}334$; $p < 0{,}01$) höher als in allen anderen Modellen. Gleichzeitig weist der Achsenabschnitt einen vergleichsweise niedrigen Wert auf. Eine Erklärung hierfür ist, dass, wenn Marken über die gesamte Branche hinweg als schwach angesehen werden, Kommunikation eine geringe Grund-Markenstärke kompensieren kann.

5 Diskussion der empirischen Ergebnisse

Trotz wachsender Bedeutung von Marken auf B-to-B-Märkten betrachten nur wenige Studien, wie Unternehmen starke B-to-B-Marken entwickeln können. Die vorliegende Studie leistet hier einen entscheidenden Beitrag für Forschung und Management. Auf Basis einer Umfrage zu sieben Branchen in drei Ländern wird analysiert, welche Faktoren das Potenzial besitzen, Marken auf B-to-B-Märkten nachhaltig zu stärken.

5.1 Implikationen für die Forschung

Die vorliegende Studie zeigt, dass das Konzept der Markenstärke auf den B-to-B-Bereich übertragen werden kann. Wie auf B-to-C-Märkten nehmen Einkäufer hier tangible und intangible Eigenschaften von Produkten wahr und beurteilen letztere anhand von Assoziationen. Da die Markenstärke zudem ein konsumentenbasierter Markenwert ist, zeigen die Ergebnisse der Studie, dass auch dieses Konzept eine Entsprechung auf B-to-B-Märkten besitzt.

Ein Hauptunterschied zwischen B-to-C- und B-to-B-Marken ist jedoch, dass letztere häufig wesentlich mehr Interessengruppen gegenüberstehen. Auch die Treiber beider Konzepte sollten sich daher unterscheiden. Die Ergebnisse der vorliegenden Studie unterstützen diese These. Sie zeigen, dass sich die relevanten Markenassoziationen auf B-to-B-Märkten stark von denjenigen auf B-to-C-Märkten unterscheiden. Während auf B-to-B-Märkten „Nachhaltigkeit und verantwortungsbewusste Unternehmensführung" und „Innovation und Kompetenz" relevant sind, zählen auf B-to-C-Märkten Dimensionen wie „Erregung/Spannung" oder „Kultiviertheit" (z. B. Monga und Lau-Gesk 2007, S. 391). Dieses Ergebnis gilt für drei Länder und sieben Branchen und lässt sich somit umfassend generalisieren. Insgesamt wird sichtbar, dass B-to-C-Konzeptualisierungen nicht ausreichen, um die Markenstärke und damit den (konsumentenbasierten) Wert von B-to-B-Marken zu erklären.

Abschließend lässt sich feststellen, dass die Wahrnehmung aller vier Marketing-Mix-Dimensionen einen signifikanten Effekt auf die Markenstärke aufweist. Insbesondere Produkt- und Vertriebswahrnehmung zeigen einen starken Einfluss, während die Kommunikation nur eine untergeordnete Rolle spielt. Dies lässt sich dadurch erklären, dass traditionelle Kommunikation auf ein breites Publikum abzielt, während die Zielgruppen auf B-to-B-Märkten oft kleiner und heterogener sind. Diese Zielgruppen benötigen meist nur sehr spezifische Informationen. Traditionelle Kommunikationsmaßnahmen verlieren folglich an Bedeutung. Gleichzeitig gewinnt die Gestaltung von Produkt und Vertrieb an Einfluss. Über diese beiden Instrumente können auch komplexe und detaillierte Informationen zwischen Unternehmen und Kunden ausgetauscht werden.

5.2 Implikationen für das Management

Die Markenassoziationen „Nachhaltigkeit und verantwortungsbewusste Unternehmensführung" und „Innovation und Kompetenz" sowie Produkt- und Vertriebswahrnehmung sind die Haupterfolgsfaktoren von B-to-B-Marken. B-to-B-Kunden schätzen nicht nur eine gute Produktausführung, sondern auch emotionale Aspekte. Für Manager bedeutet dies, dass eine Strategie, die nur darauf ausgelegt ist, dass Produkt und Vertrieb Kundenbedürfnissen entsprechen, nicht zum Erfolg einer Marke führen kann. Vielmehr müssen erfolgreiche Strategien sowohl Kundenbedürfnisse erfüllen als auch Verknüpfungen zwischen den relevanten Assoziationen und der Marke herstellen.

Der Erfolg einer Marke eines Unternehmens hängt insbesondere davon ab, wie Kunden den Vertrieb und das Produkt wahrnehmen. Ein wichtiger Ansatzpunkt ist daher der Kontakt zwischen den Beschäftigten eines Unternehmens und seinen Kunden. Hier lässt sich die Wahrnehmung beider Komponenten beeinflussen. Außendienstmitarbeiter sollten daher entsprechend geschult und ausgebildet werden. Jedoch reicht dies alleine nicht aus. Manager müssen vielmehr ihre eigenen Angestellten als eine Zielgruppe der Marke begreifen. Nur wenn diese die Werte des Unternehmens verinnerlichen und an die Kunden weitergeben, gelingt es, die Marke mit den gewünschten Assoziationen zu verknüpfen.

Wichtig in diesem Zusammenhang ist, dass traditionelle Kommunikationsstrategien im B-to-B-Bereich einen geringeren Einfluss auf die Markenstärke besitzen als auf B-to-C-Märkten. Intangible Assoziationen beeinflussen aber auch hier langfristig die Markenstärke. Kommunikation als Marketing-Mix-Instrument darf daher nicht vernachlässigt werden. Vielmehr sollten Unternehmen andere Kommunikationsstrategien verwenden. Im Detail sollten sie ihren Fokus nicht auf große Kommunikationskampagnen, sondern vielmehr auf kleine diversifizierte Programme legen. Nur so lassen sich die heterogenen Zielgruppen auf B-to-B-Märkten geeignet ansprechen.

Die Hauptmarkenassoziationen „Nachhaltigkeit und verantwortungsbewusste Unternehmensführung" und „Innovation und Kompetenz" variieren kaum in ihrer Signifikanz, dafür aber umso mehr in ihrer Effektgröße zwischen den Ländern und Branchen. Es ist zu erwarten, dass diese Effekte noch komplexer sind, wenn die betrachteten Interessengruppen feiner spezifiziert werden. Nur eine konsistente Positionierung der Marke gegenüber allen Interessengruppen scheint hier erfolgsversprechend. Dazu können nicht alle Interessen im gleichen Maß berücksichtigt werden, sondern es müssen einzelne Interessen bevorzugt werden. Andernfalls läuft das Unternehmen Gefahr, dass die Marke mit gegensätzlichen Attributen assoziiert wird und ein diffuses Bild entsteht.

6 Zusammenfassung

Dieser Beitrag unterstreicht die Wichtigkeit der B-to-B-Markenführung für Praktiker sowie für die aktuelle und zukünftige Forschung. Da B-to-B-Markenführung bislang kaum untersucht wurde, ergeben sich folgende neue Erkenntnisse:

- Die Markenstärke ist eine relevante Metrik im B-to-B-Markenmanagement.
- „Innovation und Kompetenz" und „Nachhaltigkeit und verantwortungsbewusste Unternehmensführung" sind diejenigen Markenassoziationen, die die Markenstärke auf B-to-B-Märkten maßgeblich beeinflussen.
- Der Einfluss der einzelnen Marketing-Mix-Instrumente auf die Markenstärke variiert stark: Vertrieb- und Produktwahrnehmung sind die beherrschenden Instrumente, während Kommunikation nur eine untergeordnete Rolle spielt.
- Trotz starker Varianz lässt sich über die Branchen und Länder hinweg generalisieren, dass die Stärke einer B-to-B-Marke unmittelbar von den Assoziationen abhängt, die Kunden mit ihr verbinden.

Die vorliegende Studie weist folgende Limitationen auf, die Ansätze für zukünftige Forschung darstellen: Erstens testet sie nicht, welchen Effekt Marken für unterschiedliche Interessengruppen haben. Zweitens, obwohl sie die Bedingungen und Treiber erfolgreicher B-to-B-Marken analysiert, untersucht sie nicht, wie sich die Wirkung starker Marken auf die Unternehmensleistung zwischen B-to-B- und B-to-C-Märkten unterscheidet. Drittens stammen die verwendeten Daten aus einer Umfrage. Diese unterliegen prinzipiell subjektiven Verzerrungen und können keine kausalen Zusammenhänge testen.

7 Danksagung

Die Autoren der Studie danken *McKinsey & Company* für ihre großzügige Unterstützung der Datenerhebung dieser Studie. Insbesondere sind sie dankbar für die Industrie-Expertise und Diskussion mit *Dr. Tjark Freundt* und *Sascha Lehmann*.

Literatur

Aaker, D. A., & Jacobson, R. (2001). The value relevance of brand attitude in high-technology markets. *Journal of Marketing Research, 38*(4), 485–493.

Ataman, M. B., van Heerde, H., & Mela, C. F. (2010). The long-term effect of marketing strategy on brand sales. *Journal of Marketing Research, 47*(5), 866–882.

Backhaus, K., Steiner, M., & Lügger, K. (2011). To invest, or not to invest, in brands? Drivers of brand relevance in B2B markets. *Industrial Marketing Management, 40*(7), 1082–1092.

Brown, T. J., & Dacin, P. A. (1997). The company and the product: corporate associations and consumer product responses. *Journal of Marketing, 61*(1), 68–84.

Erdem, T., Swait, J., & Louviere, J. (2002). The impact of brand credibility on consumer price sensitivity. *International Journal of Research in Marketing, 19*(1), 1–19.

Fischer, M., & Albers, S. (2010). Patient- or physician-oriented marketing: what drives primary demand for prescription drugs? *Journal of Marketing Research, 47*(1), 193–121.

Fischer, M., Giehl, W., & Freundt, T. (2011). Managing global brand investment at DHL. *Interfaces, 41*(1), 35–50.

Ghosh, M., & John, G. (2009). When should original equipment manufacturers use branded component contracts with suppliers. *Journal of Marketing Research, 46*(5), 597–611.

Harman, H. H. (1976). *Modern factor analysis.* Chicago: University of Chicago Press.

Hoeffler, S., & Keller, K. L. (2003). The marketing advantages of strong brands. *Journal of Brand Management, 10*(6), 421–445.

Homburg, C., Klarmann, M., & Schmitt, J. (2010). Brand awareness in business markets: when is it related to firm performance? *International Journal of Research in Marketing, 27*(3), 201–212.

Homburg, C., Klarmann, M., Reimann, M., & Schilke, O. (2012). What drives key informant accuracy? *Journal of Marketing Research, 49*(4), 594–608.

Interbrand (2016). Best global brands 2015. www.interbrand.com. Zugegriffen: 15. März 2016.

Keller, K. L., & Lehmann, D. R. (2006). Brands and branding: research findings and future priorities. *Marketing Science, 25*(6), 740–759.

Lehmann, D. R., & Pan, Y. (1994). Context effects, new brand entry und consideration sets. *Journal of Marketing Research, 31*(3), 364–374.

Monga, A. B., & Lau-Gesk, L. (2007). Blending cobrand personalities. *Journal of Marketing Research, 44*(3), 389–400.

Rühle, A., Völckner, F., Sattler, H., & Hatje, C. (2012). Attitude-based versus choice-behavior-based success of brand extensions. *Schmalenbach Business Review, 64*(2), 125–140.

Sethuraman, R., Tellis, G. J., & Briesch, R. A. (2011). How well does advertising work? *Journal of Marketing Research, 48*(3), 457–471.

Stahl, F., Heitmann, M., Lehmann, D. R., & Neslin, S. A. (2012). The impact of brand equity on customer acquisition, retention and profit margin. *Journal of Marketing, 76*(4), 44–63.

Torres, A., Bijmolt, T. H. A., Tribó, J. A., & Verhoef, P. (2012). Generating global brand equity through corporate social responsibility to key stakeholders. *International Journal of Research in Marketing, 29*(1), 13–24.

World Bank (2016). Gross domestic product ranking table. http://data.worldbank.org/data-catalog/GDP-ranking-table. Zugegriffen: 12. März 2016.

Zablah, A. R., Brown, B. P., & Donthu, N. (2010). The relative importance of brands in modified rebuy purchase situations. *International Journal of Research in Marketing, 27*(3), 248–260.

Marken- und Unternehmenswert im B-to-B-Bereich – Existenz und Ansatzpunkte zur Optimierung

Wolfgang Wünsche

Zusammenfassung

Marken sind immaterielle Vermögenswerte und zählen als solche zu den Werttreibern des 21. Jahrhunderts. Insofern verwundert es, dass Marken im B-to-B-Bereich bislang ein Schattendasein führen. Jüngere Studien zeigen, dass die Funktionen, die Marken generell erfüllen sollen – Informationseffizienz, Risikoreduktion und Nutzenstiftung – auch für B-to-B-Märkte gelten. Das aktive Management von Marken aber steckt in den Kinderschuhen. Ineffizienzen der Ressourcen-Allokation und suboptimale Entscheidungen im Hinblick auf die Wertschöpfung und den Unternehmenswert können die Folge sein. Ziel dieses Beitrags ist es aufzuzeigen, wie das aktive Management und die Steuerung von Marken im B-to-B-Bereich in die Gesamtsteuerung des Unternehmens integriert werden und so zum nachhaltigen Unternehmenserfolg beitragen können.

Schlüsselbegriffe

Markenbewertung · Markenwert · Unternehmenswert

Inhaltsverzeichnis

W. Wünsche (✉)
Advisory Board International
Zürich, Schweiz
E-Mail: wwuensche@yahoo.com

© Springer Fachmedien Wiesbaden GmbH, ein Teil von Springer Nature 2018
C. Baumgarth (Hrsg.), *B-to-B-Markenführung*, https://doi.org/10.1007/978-3-658-05097-9_6

1 Einleitung

Marken sind immaterielle Vermögenswerte. Diese zählen zu den zentralen Werttreibern des 21. Jahrhunderts (KPMG 2008). Diverse Unternehmen in Industriegütermärkten setzen gezielt auf den Aufbau von Dachmarken oder Unternehmensmarken bei gleichzeitiger Eliminierung kleinerer Einzelmarken. Studien zeigen, dass die klassischen Funktionen, die Marken generell erfüllen – Informationseffizienz, Risikoreduktion und Imagestiftung – ebenfalls für das B-to-B-Geschäft gelten. In der Regel geht das Management von B-to-B-Marken heute jedoch selten über die defensive Verwendung dieser gewerblichen Schutzrechte im Sinne der Erzielung von Kostenersparnissen durch Markenzusammenfassung oder des einfachen Ausschlusses von Wettbewerbern hinaus.

Das strategische Management von B-to-B-Marken steckt noch in den Anfängen und scheint unterentwickelt. Ursache hierfür sind gleich mehrere Faktoren. Zum einen ist es die fehlende Identifikation und Akzeptanz der Marken als ein Werttreiber von Unternehmen im vermeintlich rational ausgerichteten B-to-B-Geschäft. Des Weiteren spielt die Unsicherheit im Hinblick auf die sachgerechte Wertmessung von Marken eine bedeutende Rolle. Verbunden damit ist das unzureichende Wertbewusstsein mit der Konsequenz, dass Strategien zur optimalen Nutzung der Marken häufig gar nicht erst entwickelt werden. Ineffizienzen in der Ressourcen-Allokation und suboptimale Entscheidungen im Hinblick auf die Wertschöpfung und damit die Unternehmenswertentwicklung können die Folge sein. Ziel dieses Beitrags ist es daher aufzuzeigen, wie aktives Markenmanagement und die Steuerung von Marken zum nachhaltigen Unternehmenserfolg gerade auch im B-to-B-Geschäft beitragen können.

Dieser Beitrag ist wie folgt strukturiert: In Abschn. 2 wird die Bedeutung der B-to-B-Marken für die Gesamtwertschöpfung anhand empirischer Befunde aufgezeigt sowie die Markenwirkung aus Sicht von Theorie und Rechnungslegung beleuchtet. Da die Steuerung, Bilanzierung und Finanzierung von Marken nur dann möglich ist, wenn ihr Wert verlässlich gemessen werden kann, werden in Abschn. 3 die Konzepte und Methoden zur Ermittlung von Markenwerten und deren Bezug zum Unternehmenswert vorgestellt. In Abschn. 4 wird schließlich dargestellt, wie sich Marke und Markenwert effizient steuern lassen, um den nachhaltigen Unternehmenserfolg sicherzustellen.

2 Marken als Wertschöpfungsfaktor

2.1 Aktuelle Entwicklungen

Marken stellen einen Wert per se mit einem erheblichen Anteil an der Gesamtwertschöpfung von Unternehmen dar. Abb. 1 verdeutlicht dies exemplarisch: Sie zeigt, dass rund 42 % der durchschnittlichen Marktkapitalisierung der DAX-Unternehmen in den Jahren 2007/08 durch Marken erklärt wird. Ein Großteil der Unternehmen im DAX 30 ist zwar im Konsumgüterbereich tätig, aber auch bei Unternehmen im B-to-B-Geschäft wie *SAP*, *BASF* oder *Infineon* deutet ein Markenwertanteil von mindestens 20 % auf die Relevanz von Marken im B-to-B-Umfeld hin.

Eine Studie von Gregory und Sexton (2007) über den Einfluss von B-to-B-Marken auf den Aktienkurs unterstützt diese Beobachtung in zweierlei Hinsicht. Zum einen zeigt sie, dass der Markenwert bei B-to-B-Unternehmen, wie z. B. *FedEx*, bis zu 20 % des Aktienkurses erklären kann. Des Weiteren kommt die Studie zu dem Ergebnis, dass der anteilige Einfluss der Marke auf den Aktienkurs bei Unternehmen der gleichen Branche sehr unterschiedlich ausfällt und bis zu 20 % betragen kann. Dies lässt den Schluss zu, dass B-to-B-Unternehmen durch eine effektive Markenführung ihren Marktwert steigern können.

Zu ähnlichen Ergebnissen kommt eine Studie von Cheridito (2003) über den geschätzten Anteil der Markenwerte am Gesamtunternehmenswert nach Branchen bei an der Schweizer Börse notierten Unternehmen. Obgleich nur 9 % der traditionell markenwertlastigen Konsumgüterindustrie in der Studie enthalten sind, ergab sich ein durchschnittlicher Markenwertanteil von 31 %. Besonders überraschend ist mit 37 %

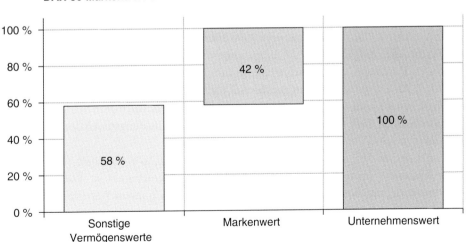

Abb. 1 Anteil des durchschnittlichen Markenwerts an der Marktkapitalisierung der DAX-30-Unternehmen in 2007/08. (Quelle: BBDO 2007)

der Wert der traditionellen Industriebranchen Bau, Maschinen, Transport, Elektro und Energie.

Die Bedeutung von Marken im B-to-B-Geschäft lässt sich ferner am Beispiel von Unternehmenstransaktionen aufzeigen. Nach eigenen Erfahrungen und Gesprächen mit der *KPMG* und *Credit Suisse* entfielen bei Unternehmenserwerben in den Jahren 2004 bis 2007 im Durchschnitt rund 5 % des Kaufpreises auf den Erwerb der B-to-B-Marken, wobei der Markenwertanteil von einstelligen Prozenten bis zu 30 % variiert.

Während überwiegend bei Kauf- und Verkaufstransaktionen eine Markenbewertung stattfindet und der Kauf-/Verkaufspreis dadurch wesentlich bestimmt wird, entwickelte sich zunehmend auch im B-to-B-Bereich ein Bewusstsein für Marken als kritisches strategisches Wertschöpfungsinstrument. Die Erkenntnis, dass Marken ein wesentlicher Vermögensgegenstand sind, der sorgfältig gemanagt werden muss, und einen wesentlichen Bestandteil zur Generierung zusätzlicher Cash Flows für die Steigerung des Firmenwertes darstellen sowie ein schützenswerter Wettbewerbsvorteil sind, ist nicht grundlegend neu. Zunehmend wird jedoch die Aufmerksamkeit darüber hinaus auf Handlungen mit strategischer Bedeutung, wie z. B. Markenportfoliomanagement, Akquisitions- und Desinvestitionsentscheidungen, Risikobewertung, Preispolitik etc., sowie auf operative Maßnahmen, wie Markenleistungsverbesserung, Markenwahrnehmungserhöhung, Markenberührungspunktoptimierung und Ressourcenallokation, gerichtet.

Obwohl nach den einschlägigen Rechnungslegungsstandards, wie den International Financial Reporting Standards (IFRS) für selbsterstellte immaterielle Ressourcen wie Technologien und Marken, derzeit ein grundsätzliches bilanzielles Ansatzverbot besteht, sind diese immateriellen Ressourcen eines erworbenen Unternehmens durch den Käufer zu bilanzieren, sofern sie Ansatzkriterien der Rechnungslegungsstandards erfüllen.

In der Tat zielen viele Unternehmenstransaktionen gerade im B-to-B-Bereich mittlerweile nicht mehr auf den Erwerb eines Unternehmens oder Geschäftsbereichs als Ganzes ab, sondern auf bestimmte Bündel an immateriellen Vermögenswerten, die dem Unternehmen Alleinstellungsmerkmale verleihen. Illustriert sei dies an einem Unternehmen der IT-Branche, das ein anderes Unternehmen der gleichen Branche übernimmt. Es ist an dessen Hardware- und Softwarelösungen und darüber hinaus an dessen Marken interessiert. Anders als im Konsumgüterbereich steht hier in der Regel nicht das Image, das die Marke dem Kunden vermittelt, im Vordergrund. Vielmehr verringern Marken in Industriegütermärkten insbesondere das wahrgenommene Entscheidungsrisiko des Einkäufers, zwischen verschiedenen Alternativen wählen zu müssen.

Insgesamt ist festzuhalten, dass die Marke auch im B-to-B-Geschäft eine immaterielle Ressource darstellt und damit Werttreiber des Unternehmens ist. Dabei stellt sie eine transferierbare und nach neuem Markenrecht auch nach ihrem Warenzeichen teilbare und übertragbare Klasse an Wirtschaftsgütern dar, mit denen sich zusätzliche Erträge und Wachstum erzielen, Risiken minimieren und die Kapitalbeschaffung optimieren lassen. Ein bilanzieller Indikator für die Relevanz der immateriellen Vermögenswerte ist daher der Goodwill oder die Übernahmeprämie. Dieser Bilanzposten tritt immer dann als Vermögensposition auf, wenn Unternehmen bei Übernahmen mehr bezahlten als das im Nachgang der Übernahme ermittelte Vermögen der neuen Tochter wirklich wert ist. Ein wesentlicher Teil dieses Goodwills sind die übernommenen Marken. Anschaulich wird dies indirekt an den Goodwillwerten in den Bilanzen der DAX-Unternehmen. Einer Studie nach, die von *Thorsten Sellhorn*, Professor am Institut für Rechnungswesen und Wirtschaftsprüfung an der *LMU München*, durchgeführt wurde, tauchte bei 18 DAX-Transaktionen im Jahr 2012 fast die Hälfte aller gezahlten Kaufpreise für neue Tochtergesellschaften als Goodwill in der Bilanz auf. Nicht einmal ein Drittel der Kaufpreise war wirklich „hartes Vermögen" (Schürmann 2014). Dies ist Grund genug, ihr auch im B-to-B-Sektor Beachtung zu schenken.

2.2 Marken als rechtliche und kommerzielle Werte

Bevor Marken bewertet und gesteuert werden können, gilt es zunächst, das Steuerungsobjekt „Marke" inhaltlich zu definieren und abzugrenzen. Die rechtliche Definition der Marke findet sich im Markengesetz: Nach § 3 Abs. 1 Markengesetz können „als Marke [...] alle Zeichen, insbesondere Wörter einschließlich Personennamen, Abbildungen, Buchstaben, Zahlen, Hörzeichen, dreidimensionale Gestaltungen einschließlich der Form einer Ware oder ihrer Verpackung sowie sonstige Aufmachungen einschließlich Farben und Farbzusammenstellungen geschützt werden, die geeignet sind, Waren oder Dienstleistungen eines Unternehmens von denjenigen anderer Unternehmen zu unterscheiden". Demnach dient die Marke dem Unternehmen als Differenzierungsmerkmal, um sich deutlich zu positionieren und von anderen Unternehmen abzusetzen.

Der rechtliche Schutz, der entweder durch nationale Marken, Eintragung in das Internationale Register (sog. IR-Marken) oder Gemeinschaftsmarken gewährt werden kann, verschafft dem Unternehmen als Markeninhaber gewissermaßen eine gesetzlich legitimierte Monopolstellung – auf Zeit. Auf Zeit deshalb, weil die Gewährung des rechtlichen Schutzes die Nutzung der Marke durch das Unternehmen voraussetzt. Auf Zeit auch deshalb, weil die Alleinstellung nur dann wertvoll ist, wenn es dem Markeninhaber gelingt, mithilfe der Marke Märkte zu segmentieren und zumindest in diesem Segment einen Alleinstellungsanspruch zu erlangen, also sich in gewissem Maße vom Wettbewerb abzuschotten, d. h. schließlich über Marken profitabler als unter vollständigen Wettbewerbsbedingungen zu agieren. Dies ist regelmäßig dann gegeben, wenn der Markeninhaber über Differenzierungen Produkte oder Dienstleistungen bereitstellt, die den Kunden einen höheren Nutzen stiften als Produkte oder Dienstleistungen der Wettbewerber. Als Folge der laufenden Beurteilung und Überprüfung durch die Kunden handelt es sich bei Marken folglich um keine echten Monopole, durchaus aber um Vertrauensmonopole. Gerade in einer Welt, in der durch Regulierung zwangsläufig eine gewisse Angleichung der Produkte und Dienstleistungen stattfindet, gilt mehr als je zuvor die prägnante Feststellung des Vorstandsvorsitzenden von *Unilever*, Neill Fitzgerald (2003): „Brands are one of the few kinds of monopoly that any company can have."

Als Wirtschaftsgüter haben Marken und die ihnen zugrundeliegenden gewerblichen Schutzrechte keinen signifikanten eigenständigen Wert (Lev 2003, S. 123). Wertvoll werden sie erst im Kontext des jeweiligen Geschäftsmodells, wenn sie als ein Instrument zur Erzielung von Wettbewerbsvorteilen im Sinne der Geschäftsstrategie eingesetzt werden. Dies ist der Fall, wenn sie mit anderen Wirtschaftsgütern gezielt zusammengeführt werden, um ein markiertes Produkt herzustellen oder eine geschützte Dienstleistung zu erbringen, die Nutzen für den Kunden stiften. Wenig zweckmäßig erscheint daher eine isolierte Betrachtung und Bewertung der rechtlichen und wirtschaftlichen Dimensionen der Marke, zumal eine „Marke" ohne wirkungsvollen Rechtsschutz von Wettbewerbern grundsätzlich kopiert werden kann. Andererseits ist die ausschließliche Bewertung des Rechtsschutzes ebenso wenig sinnvoll, da die Marke ohne kommerzielle Substanz keine wirtschaftliche Grundlage hat. Die ökonomischen Verwertungsmöglichkeiten ergeben sich aus der kommerzialisierten Marke und dem Umfang des rechtlichen Schutzes.

2.3 B-to-B-Marke und Unternehmenserfolg

Marken- und Unternehmensstrategie sind im Kern miteinander verbunden. Unternehmer und langfristig orientierte Investoren sind an dem nachhaltigen Erfolg eines Unternehmens interessiert. Nachhaltiger Erfolg bedeutet, als Unternehmen zu überleben, und konkretisiert sich an drei Merkmalen: erstens an der Erzielung positiver Ergebnisse, zweitens an der Überlegenheit gegenüber Wettbewerbern und drittens an Innovationen als Treiber von Fortschritt. Das Unternehmer- und Investoreninteresse bestimmt sich also über die drei Faktoren Ertragskraft, Wachstum und Risiko. Um den Beitrag von Marken zum Unternehmenserfolg aufzuzeigen und messen zu können, ist demnach das Wirken der Marke auf eben diese Faktoren zu eruieren.

Funktionen und Wirkung von B-to-B-Marken

Eine starke Marke kann den Unternehmenserfolg über verschiedene „Einfallstore" beeinflussen. Dies liegt zum einen an den unterschiedlichen Verwertungsmöglichkeiten wie der exklusiven Nutzung oder dem Co-Branding bis hin zur Lizenzierung nicht (exklusiv) genutzter Marken. Darüber hinaus wird ein Adressatenkreis mit einem Markenversprechen angesprochen, der mittelbar oder unmittelbar Einfluss auf das Unternehmensergebnis durch den Markenkauf nimmt. Die Marke ist dabei umso wirkungsvoller, je stärker sie von einem rein funktionalen Wirtschaftsgut, wie z. B. der Schutzfunktion über den Ausschluss von Wettbewerbern, zu einem vertrauenswürdigen Bindungsmittel zwischen Unternehmen und Kunden, Mitarbeitern, Lieferanten und Kapitalgebern wird.

Auf Kunden wirken Marken in den in Abschn. 2.1 bereits angesprochenen Markenfunktionen: Image, Informationseffizienz, Entscheidungssicherheit bzw. Risikoreduktion. Dabei spielt – in der Terminologie der Informationsökonomie – die Verringerung von Informationsunsicherheit und des Entscheidungsrisikos bei der Kaufentscheidung im Industriegütermarkt die zentrale Rolle (Backhaus et al. 2002). Drei Besonderheiten prägen die Einkaufssituation im B-to-B-Geschäft: Erstens werden Kaufentscheidungen häufig in sogenannte Buying Centern getroffen, die sich durch eine größere Zahl von an der Kaufentscheidung Beteiligten (Einkäufer, Betriebsleiter, Nutzer) auszeichnen. Der Beschaffungsprozess ist dadurch stärker als im Konsumgüterbereich formalisiert, was die Entscheidungsfindung zunächst einmal grundsätzlich verlangsamt und komplexer gestaltet. B-to-B-Marken bieten in solchen Fällen nicht nur eine Orientierung bei Vorliegen mehrerer Angebote, sondern können auf die beteiligten Personen harmonisierend wirken, indem sie gezielt über spezifische positive Markenassoziationen auf mehrere Mitglieder des Buying Centers gleichzeitig Einfluss nehmen. Der Entscheidungsaufwand wird reduziert und Mehrheiten für ein bestimmtes Markenprodukt können so schneller entstehen. Auch empirisch wird dieser Harmonisierungseffekt bestätigt. So zeigen Lehmann und O'Shaughnessy (1974) auf, dass Konflikte im Kaufgremium durch Marken entschärft oder verhindert werden können.

Zweitens können gerade im B-to-B-Geschäft Produkte und Dienstleistungen eine hohe technische Komplexität aufweisen, die zudem meist individuell auf den Kunden ausgerichtet ist. Die Entscheidung des Einkäufers für eine bekannte Marke mindert das Beschaffungsrisiko und deckt sein Sicherheitsbedürfnis. Markenprodukte verringern hier zum einen das wahrgenommene Risiko eines Kunden, die falsche Entscheidung zu treffen, da durch sie Vertrauen in die erhoffte Funktionsweise und Qualität des Produktes entsteht und damit die Wertschöpfung des eigenen Unternehmens abgesichert wird. Zum anderen dienen Marken der Legitimation der Kaufentscheidung und geben dem Einkäufer, der häufig nicht der Nutzer des Produktes ist, das Gefühl, auf der sicheren Seite zu stehen, denn „Nobody ever got fired for buying an *IBM*".

Drittens ist der Kontinuitätsaspekt zu nennen: Waren und Dienstleistungen werden im B-to-B-Geschäft häufig langfristig eingesetzt. Ein Systemwechsel ist hier regelmäßig nur mit hohen Kosten möglich, sodass es unerlässlich ist, die Kompatibilität des erworbenen Systems mit künftigen Erweiterungsinvestitionen zu gewährleisten. Marken stehen hier für die Sicherheit, dass auch in Zukunft Serviceleistungen wie Wartung und Ersatzteilbeschaffung abgesichert sind.

Insofern tragen starke Marken zum organischen Wachstum des Unternehmens bei, da sie höhere Umsätze und Erträge über den Mehrabsatz und/oder Premiumpreise generieren. Schaffen Marken darüber hinaus auch loyale Kunden, stabilisieren sich Umsatzerlöse und Erträge, sodass sich insgesamt das Geschäftsrisiko des Unternehmens verringert. Die Marke wirkt auch auf Mitarbeiter und damit auf die Kostenseite positiv ein, indem sie ihnen eine Identifikationsmöglichkeit bietet (Fluktuationsreduktion) oder Talente (geringere Anwerbungskosten) anzieht. Lieferanten gegenüber lassen sich Einkaufsvorteile sichern oder Co-Branding-Aktivitäten gestalten. Häufig ist der Zugang zu Technologien oder die Zusammenarbeit mit anderen Unternehmen oder Institutionen nur durch eigene starke Marken möglich.

In einigen Branchen ist zu beobachten, dass zentrale B-to-B-Markenprodukte erfolgreich zu B-to-C-Marken ausgeweitet werden. Dies geschieht in der Regel, wenn die B-to-B-Komponente für wesentliche Eigenschaften einer B-to-C-Lösung steht. Die Betriebswirtschaftslehre subsumiert dies unter dem sogenannten Ingredient Branding (Norris 1992; Freter und Baumgarth 2005). Hiervon profitiert das Unternehmen, wenn erworbene B-to-B- oder B-to-C-Markenprodukte in das eigene markierte Produkt integriert und zu einem höheren Preis am Markt abgesetzt werden, wie dies bspw. die Zusammenarbeit des Mikroprozessorenherstellers *Intel* mit PC-Herstellern in der „*Intel Inside*"-Kampagne zeigt. Hierdurch ergeben sich in Bezug auf die Vermarktung der B-to-B-Komponente eine Vielzahl unterschiedlicher Pull- oder Pushstrategien (Voigt et al. 2006, S. 4 ff.). Wirtschaftlich interessant wird dies insbesondere in den Fällen, in denen über ein durchgehendes Branding eine Margenverlagerung zwischen dem industriellen und dem Konsumentenmarkt erzielt werden kann.

Auf Investorenseite führt eine starke Marke zu Vorteilen bei der Kapitalbeschaffung, denn Banken und andere Kapitalgeber werten stabile Erträge und Zahlungsströme als die Bonität erhöhend. Dem Unternehmen entstehen somit geringere Kosten bei der Beschaffung von Kapital. Dies gilt insbesondere für viele mittelständische Unternehmen, die in der Regel geringe Eigenkapitalquoten aufweisen (von Diemar 2008). Über die Freisetzung von Liquidität, die Erhöhung der Rentabilität durch Reduzierung der Kapitalbindung und die Optimierung der Bilanzstrukturen können Unternehmensziele unmittelbar unterstützt werden.

Rentabilität von B-to-B-Marken

Die obigen Ausführungen haben gezeigt, dass Marken selbst in Branchen, die von Innovation und Technologie geprägt sind, eine (über-)lebenswichtige Aufgabe übernehmen, indem sie die Forschungs- und Entwicklungsleistung eines Unternehmens in finanziellen Markterfolg übersetzen. Das gezielte Management von Marken wird daher zum unverzichtbaren Bestandteil einer jeden Unternehmensstrategie. Paradoxerweise bewerten bislang nur wenige Unternehmen ihre Marken und noch weniger Unternehmen steuern ihre Marken wertbasiert. Von Marketingabteilungen und deren Chefs werden Marken als Rechtfertigung für Marketing-Budgets aufgeführt, da dieser Bereich nach wie vor unter dem Aspekt „Kunst" und nicht nach Wertsteigerungsbeitrag geführt wird. Falls Markenbewertungen durchgeführt werden, erfolgt die Evaluierung in aller Regel in Dimensionen wie Markenbekanntheit und Image, Kundenzufriedenheit und Marktanteile. Unberücksichtigt bleibt dabei erstens, dass nicht nur aktuelle Kennzahlen, sondern ausdrücklich die Entwicklung derselben einen Ausschlag für die Wertbestimmung geben. Zweitens lassen sich diese Größen nicht oder nur mittels vereinfachender Annahmen und Modelle in monetäre Größen übersetzen, sodass eine Bewertung unter Erfolgsgesichtspunkten aus unternehmerischer Sicht nicht bzw. nur eingeschränkt erfolgen kann.

Erforderlich ist jedoch die Verzahnung der Marken-Performance in Produktmärkten mit der finanzwirtschaftlichen Ertragskraft der Marken im Zeitablauf. Eine solche Lesart des Markenwesens – diese Aussage gilt unisono für B-to-B- wie B-to-C-Marken – versteht sich komplementär zu dem bisherigen eher marketingorientierten Ansatz. Sie erfordert Änderungen der Unternehmensprozesse und der Kommunikation zwischen in der Vergangenheit eher wenig verbundenen Unternehmensfunktionen. Eine solche Markenpraxis verlangt insgesamt ein Umdenken der unternehmerischen Entscheidungsträger: Aufwendungen für Marken werden zu Investitionen und damit zum Gegenstand eines wirtschaftlich motivierten Markenmanagements.

Zusammenfassend bleibt festzuhalten, dass die Rentabilität der Marketinginvestitionen im B-to-B-Geschäft und ihre Auswirkungen auf den langfristigen Erfolg, den Unternehmenswert oder die Marktkapitalisierung regelmäßig nicht oder nur unzureichend erörtert werden. Umfassende Statistiken und Analysen sind hierzu – insbesondere auch in Abgrenzung zum B-to-C-Geschäft – bis dato nur eingeschränkt verfügbar. Dies verwundert umso mehr, als Marken als reale Wirtschaftsgüter zu verstehen sind, die es wie materielle Wirtschaftsgüter nach Risiko- und Renditegesichtspunkten zu beurteilen gilt. Diesem Gesichtspunkt trägt mittlerweile auch die Bilanzierung Rechnung, obwohl die nationalen und internationalen Standards weiterhin (noch) den Ansatz selbststellter Marken dem Grunde nach untersagen. Daher fordern auch einige Autoren deren Gleichbehandlung im finanziellen Rechnungswesen: „Es kann auf Dauer nicht im Sinne der Transparenz und Vergleichbarkeit sein, dass ein Unternehmen, das (. . .) solche Werte (Markennamen usw.) erwirbt, diese bilanzieren muss, wogegen ein anderes Unternehmen, das diese gleichen Werte über lange Jahre erfolgreicher Geschäftstätigkeit selber erarbeitet hat, diese in seiner finanziellen Berichterstattung nicht ausweisen kann" (Stenz zitiert bei Cheridito 2003, S. 88).

2.4   Bilanzierung von B-to-B-Marken

In der nationalen und internationalen Rechnungslegung ist die Behandlung von immateriellen Werten und insbesondere Marken seit langer Zeit umstritten. Hierbei teilen B-to-B- und B-to-C-Marken dasselbe Schicksal. Als zu wenig greifbar und damit vom Markt als „nicht objektiv werthaltig genug" wird eine Aktivierung von selbst geschaffenen Marken als bilanzieller Vermögenswert abgelehnt. Nach IFRS ist die Aktivierung von selbst geschaffenen Marken nach IAS 38.63 ebenso verboten wie nach deutschem Handelsgesetzbuch gemäß § 248 Absatz 2 HGB. Auch der aktuelle Regierungsentwurf zum Bilanzrechtsmodernisierungsgesetz („BilMoG") behält das explizite Ansatzverbot für selbstgeschaffene Marken und vergleichbare immaterielle Vermögensgegenstände des Anlagevermögens bei. Aufwendungen, die in den Aufbau der eigenen Marke(n) investiert werden, gehen weiterhin als Aufwand in die Gewinn- und Verlustrechnung ein und verringern den Jahresüberschuss. Eine Kapitalisierung und sukzessive Amortisation in Analogie zu Maschinen oder Gebäuden bleibt Marken somit im Moment versagt.

Allerdings sind Marken entsprechend dem transaktionsorientierten Charakter der Rechnungslegung zu aktivieren, wenn sie einzeln oder im Rahmen eines Unternehmenszusammenschlusses erworben werden und den bilanziellen Identifikations- und Ansatzkriterien entsprechen. Aus dieser Ungleichbehandlung von selbsterstellten und erworbenen Marken in der externen Rechnungslegung können deutliche Unterschiede in den Bilanzen resultieren. Unternehmen, die sich vor allem durch Zukäufe vergrößern, weisen in der Regel deutlich höhere Markenwerte aus als Unternehmen, die stärker organisch wachsen. Dies schlägt sich auch auf bilanzielle Kennzahlen und deren Folgeeffekte für Finanzierung oder Rating nieder.

Wichtig ist zudem die Folgebewertung der in der Bilanz angesetzten Markenwerte. Diese sind im Fall der unbestimmten Nutzungsdauer nach IAS 36.10 mindestens einmal jährlich auf Wertminderung zu testen. Die Bedeutung einer möglichen Abschreibung von Markenwerten zeigt sich am folgenden Beispiel aus dem Finanzsektor: *UBS AG* entschied sich im November 2002, in den USA nicht mehr unter der bisher verwendeten Marke *UBS Paine Webber* aufzutreten, sondern die Aktivitäten unter der Marke *UBS* zu bündeln. In der Folge musste die in der Konzernbilanz angesetzte Marke *Paine Webber* im Wert von ca. 1 Mrd. Schweizer Franken abgeschrieben werden.

Spätestens mit der Bilanzierung erworbener Vermögenswerte kommen Unternehmen also nicht umhin, Marken wie materielle Wirtschaftsgüter nach Risiko- und Renditegesichtspunkten zu beurteilen und zu managen, um gegebenenfalls einen Wertberichtigungsbedarf zu vermeiden. Dies setzt voraus, dass ihr Wert hinreichend messbar ist und auch regelmäßig nach stetigen Bewertungsgrundsätzen gemessen wird.

3   Markenbewertung

3.1   Wertkonzepte

Die Bewertung von Marken ist ein zentrales Instrument im Prozess des strategischen Marken(wert)managements. Nur wenn der Wert der Marke auch gemessen werden kann, ist eine Steuerung, Bilanzierung und Finanzierung möglich. Wie bei jeder Bewertung sind auch vor jeder Markenbewertung zunächst zwei zentrale Fragen zu klären. Die erste Frage stellt sich im Hinblick auf das Bewertungsobjekt, d. h., was soll genau bewertet werden? Entscheidend für den Markenwert ist häufig das Zusammenspiel verschiedener materieller und immaterieller Wirtschaftsgüter. Daher ist das Thema der Abgrenzung des **Bewertungsobjekts** ebenso zentral wie schwierig. Geht es also um die Bewertung von Marken wie der Wort- und Bildmarke oder um die Bewertung des Bündels von rechtlichen Elementen in Verbindung mit weiteren marketingbezogenen Aspekten, wie bspw. der Darbietung und der Verpackung, oder gar um die Bewertung einer Marke im Sinne einer Brand, die ein Bündel an materiellen und immateriellen Ressourcen umfasst?

Die zweite zentrale Frage betrifft den **Bewertungszweck**. Grundsätzlich wird zwischen objektivierten oder technischen und subjektiven oder kommerziellen Bewertungen von Marken unterschieden. Technische Markenbewertungen werden im Allgemeinen für Zwecke der handelsrechtlichen und steuerlichen Bilanzierung, der Rechtsprechung, der Beleihung und der sonstigen Monetarisierung durchgeführt. Dabei wird ein objektivierter Wert der Marke zu einem bestimmten Zeitpunkt unter Zugrundelegung typisierender Prämissen ermittelt. Das Ergebnis ist folglich ein Markenwert im Sinne eines beizulegenden Zeitwerts (Fair Value), Teilwerts, gemeinsamen Werts usw.

Kommerzielle Markenbewertungen sind subjektiv und dynamisch angelegt. Anders als bei objektivierten Bewertungen werden mögliche Wachstumsoptionen explizit modelliert und einbezogen, sodass regelmäßig strategische Werte ermittelt werden. Zur Unterstützung bei der Entscheidungsfindung werden sie insbesondere für Zwecke der Markt- und Markenstrategie, der Markensteuerung und des Portfoliomanagements einschließlich der Ressourcenallokation (Budget) sowie bei Unternehmensübernahmen und -käufen herangezogen.

3.2 Verfahren und Methoden zur Bewertung von Marken

Zur Bewertung von Marken stehen grundsätzlich die drei auch zur Bewertung von Unternehmen angewendeten Verfahren zur Verfügung: marktpreisorientierte Verfahren, kapitalwertorientierte Verfahren wie Ertragswert- oder Discounted-Cash-Flow-Verfahren und kostenorientierte Verfahren. Abb. 2 fasst die gängigen Bewertungsverfahren und die Zuordnung der jeweiligen Bewertungsmethoden zusammen.

Während die Rechnungslegungsstandards wie die IFRS den marktpreisorientierten Verfahren den Vorrang einräumen, setzt der an betriebswirtschaftlichen Gesichtspunkten orientierte IDW Standard „Grundsätze zur Bewertung immaterieller Vermögenswerte" vom 12. Juli 2007 („IDW S 5") auf die Bewertungsmethoden, die zu den kapitalwertorientierten Verfahren zählen. Im Folgenden wird zunächst dargelegt, weshalb sich marktpreis- und kostenorientierte Verfahren in aller Regel nicht für die Bewertung von Marken eignen. Anschließend werden die kapitalwertorientierten Bewertungsmethoden erörtert.

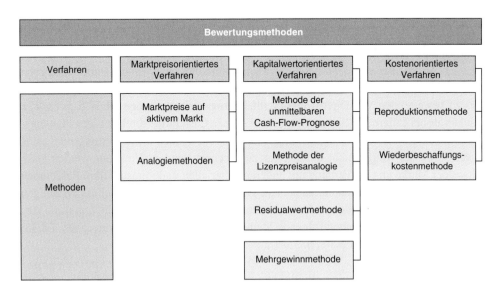

Abb. 2 Bewertungsverfahren und -methoden in Anlehnung an den IDW S 5. (Quelle: IDW 2007)

(1) Marktpreisorientierte Verfahren

Die marktpreisorientierten Verfahren ziehen Marktpreise entweder für den zu bewertenden Gegenstand selbst oder für vergleichbare Objekte heran, um unter Verwendung von Verhältniskennzahlen (Multiplikatoren) den Markenwert über unternehmensexterne Wertgrößen abzuleiten (IDW S 5 TZ 19 ff.). Dieses Verfahren ist aus zwei Gründen nur eingeschränkt anwendbar (Beyer und Mackenstedt 2008, S. 342 f.): Erstens ist jede Marke einzigartig und wird in der Regel nicht gehandelt. Zweitens liegen Marktpreise für vergleichbare Markttransaktionen nur selten vor. Sind solche Marktdaten ausnahmsweise doch verfügbar, ist ihre Qualität meist zweitklassig und nicht belastbar zu verwenden.

(2) Kostenorientierte Verfahren

Die kostenorientierten Verfahren stellen auf die Substanz der Marke ab, die sich entweder auf Basis historischer Kosten oder Wiederbeschaffungskosten bemisst (IDW S 5 TZ 48 ff.). Im ersteren Fall werden sämtliche Aufwendungen summiert, die in der Vergangenheit zum Aufbau der Marke notwendig waren, wie die Kosten der Anmeldung und Aufrechterhaltung, der Entwicklung und des Designs sowie der Werbung. Durch Inflationierung dieser Aufwendungen auf den Bewertungsstichtag wird der aktuelle Markenwert bestimmt. Bei Bewertung zu Wiederbeschaffungskosten werden dagegen die aufzuwendenden Kosten zum Bewertungszeitpunkt geschätzt, um eine Marke von vergleichbarer Stärke zu schaffen. Hierbei werden aktuelle Preis- und Marktinformationen verwendet. Die Wertermittlung auf einer kostenorientierten Grundlage ist nur in den seltenen Fällen geeignet, in denen der Verzehr von Ressourcen den Wert der Marke auch tatsächlich reflektiert.

(3) Kapitalwertorientierte Verfahren

Nach den kapitalwertorientierten Verfahren wird der Markenwert aus den zukünftigen Cash Flows bestimmt, welche die Marke innerhalb der wirtschaftlichen Nutzungsdauer erzielen kann (IDW S 5 TZ 22 ff.). Es wird also ein Zukunftserfolgswert der Marke bemessen. Zu dem Barwert der Cash Flows kann, sofern dies aufgrund der steuerrechtlichen Situation angemessen ist, der Steuervorteil, der sich aus den steuerlichen Abschreibung des zu bewertenden Vermögenswerts ergibt, hinzugerechnet werden (IDW S 5 Tz. 47). Anders als bei Unternehmensbewertungen, bei denen Cash Flows direkt aus den Planungsrechnungen des Bewertungsobjekts abgeleitet werden, können die bewertungsrelevanten Cash Flows der Marke nicht unmittelbar zugerechnet werden. Vielmehr werden Cash Flows der Marke erst im Verbund mit anderen materiellen und immateriellen Ressourcen erzielt. Daher ist es notwendig, aus einem geplanten Einzahlungsüberschuss denjenigen Anteil zu ermitteln, der allein auf die Verwendung der Marke zurückgeht. Um diese Abgrenzung zu erreichen, stehen folgende Methoden zur Verfügung (Weikert 2009, TZ 48; Castedello und Schmusch 2008, S. 352 f.):

- Die **Lizenzpreisanalogiemethode** nimmt eine zur Residualwertmethode konträre Sicht ein. Sie unterstellt, dass sich die Marke im Eigentum eines Dritten befindet. Es sind die Lizenzgebühren zu ermitteln, die an den Dritten für die Nutzung zu entrichten wären. Die Berechnung der Lizenzgebühr umfasst zwei Schritte: die Ableitung der Umsätze, die der Marke unmittelbar zugerechnet werden können, und die Bestimmung einer geeigneten Lizenzrate. Die Lizenzrate wird aus Lizenzraten abgeleitet, die aufgrund vergleichbarer Transaktionen im Markt beobachtet werden. Somit weist diese Methode die gleiche Schwäche wie marktpreisorientierte Verfahren auf. Aufgrund des Rückgriffes auf vergleichbare transaktionsbezogene Daten subsumieren einige Bewertungsstandards, wie z. B. der American Statement on Standards for Valuation Services (AICPA 2007), die Lizenzpreisanalogiemethode unter den marktwertorientierten Verfahren. Die diesem Verfahren inhärenten Mängel kommen auch bei der Lizenzpreisanalogiemethode zum Tragen.

- Die **Residualwertmethode** unterstellt, dass die Marke für das Unternehmen das einzige Wirtschaftsgut darstellt und alle anderen unterstützenden Vermögenswerte wie Sachanlagevermögen, Working Capital und/oder Technologien in dem Umfang, der für die Erzielung von Cash Flows erforderlich ist, von einem Dritten gemietet oder geleast werden. Die der Marke unmittelbar zurechenbaren Cash Flows – Umsätze abzüglich operativer Kosten inklusive der Leasingraten – werden Residualerträge genannt. Die Residualwertmethode kommt dem in der Unternehmensbewertung angewandten Discounted-Cash-Flow-Verfahren am nächsten. Der markenbezogene Residualertrag ist mit den freien Cash Flows des zu bewertenden Unternehmens vergleichbar und wird aus einer Ertragsberechnung abgeleitet, die um Zahlungsstrom-relevante Effekte angepasst wird.

- Die **Mehrgewinnmethode** schätzt den Mehrwert, der durch die Marke generiert wird. Die relevanten Cash Flows der Marke repräsentieren entweder eine Prämie zu generischen Preisen und/oder Volumina von unmarkierten Produkten oder Dienstleistungen. Dabei wird unterstellt, dass das Vergleichsunternehmen vollständig auf die Nutzung der Marke verzichtet. Ein Mehr in den Cash Flows kann ebenfalls aufgrund von Kosteneinsparungen entstehen, die auf die Marke zurückzuführen sind. Die Herausforderung der Anwendung dieser Methode liegt darin, den Mehrumsatz aus der Verwendung der Marke bzw. die spezifischen Kostenersparnisse von produkt- oder prozessbezogenen Cash Flows zu isolieren.

Die Ermittlung des Markenwerts unterscheidet sich von einer Unternehmensbewertung in Hinblick auf die Restnutzungsdauer. Während bei einer Unternehmensbewertung eine unendliche Nutzungsdauer unterstellt wird, erzielt eine Marke Cash Flows unter Umständen nur über eine begrenzte Zeitspanne, sofern die Marke entweder ihren Markenschutz verliert oder wirtschaftlich nicht mehr nutzbar ist. Wenn die theoretische Nutzungsdauer einer Marke weder durch gesetzliche noch vertragliche Regeln begrenzt ist und das Management ein ureigenstes Interesse daran hat, eine physische oder technologische Veralterung zu vermeiden, darf durchaus angenommen werden, dass mit einer unendlichen Nutzungsdauer gerechnet werden kann. Hinzu kommt, dass bei vielen B-to-B-Unternehmen die Marke mit der Firmenbezeichnung übereinstimmt. Als Beispiele seien die Marken *IBM*, *SAP*, *Bosch* und *Siemens* genannt.

Unabhängig von der Bewertungsmethode werden die markenrelevanten Cash Flows in einen Barwert transformiert, indem sie mit einem Zinssatz diskontiert werden, der den Zeitwert des Geldes sowie das Risikomuster der künftigen Cash Flows widerspiegelt. Als Ausgangsgröße dienen in der Praxis die gewogenen Kapitalkosten des Unternehmens (Beyer und Mackenstedt 2008, S. 345 f.), die häufig auch als Weighted Average Cost of Capital (WACC) bezeichnet werden. Sie repräsentieren die Renditeforderung, die an die Marke gestellt wird.

Obwohl alle drei kapitalwertorientierten Verfahren gleichberechtigt nebeneinander stehen, eignen sie sich unterschiedlich gut für die Bewertung einzelner Marken. Die Residualwertmethode dürfte am ehesten bei der Bewertung einer Marke im Sinne eines Brands einzusetzen sein, während sich die Lizenzpreisanalogiemethode für die überschlagsmäßige Wertmessung eignet. Die Mehrgewinnmethode ist das aus theoretischer Sicht zu bevorzugende, wenn auch das aufwändigste Verfahren (IDW S 5 Tz. 61). Zentraler Vorteil der Mehrgewinnmethode ist, dass die der Bewertung zugrundeliegenden Annahmen offengelegt und damit diskussionsfähig werden.

3.3 Markenwert und Unternehmenswert

Unternehmens- und Markenwert bemessen sich aus ihrer Fähigkeit, künftige Cashflows zu erwirtschaften. Der Unternehmenswert bestimmt sich ebenfalls über die drei Faktoren Ertragskraft, Wachstum und Risiko. In Abschn. 3.1 wurde gezeigt, dass eine starke Marke höhere Erträge und Wachstum generiert, das unternehmerische Risiko reduziert und die Kapitalkosten senkt.

Voraussetzung für jede Bewertung ist eine Planungsrechnung, die in der Regel drei bis fünf Jahre als Detailplanungszeitraum umfasst. Daran schließt sich das sogenannte nachhaltige Ergebnis oder das residuale Ergebnis an. Dieses nachhaltige Ergebnis trägt in der Regel zu 75 % des Markenwerts bei. Es wird allein an der Größenordnung des nachhaltigen Ergebnisses deutlich, weshalb Markenstrategie und -steuerung wichtig ist.

Wachstum mit der Marke kann im Wege der besseren Marktdurchdringung, der Markt- und Produktentwicklung sowie Diversifikation in völlig neuen Geschäftsfeldern erfolgen. Selbstverständlich kann die Marke auch zwecks Änderung der Richtung des Wettbewerbs, für Partnerschaften mit Kunden und Lieferanten genutzt werden. Diesen Erweiterungspotenzialwert gilt es ebenfalls systematisch zu managen, um daraus Nutzen durch die Markenwertentwicklung zu ziehen. Schließlich gilt es bei der Ermittlung des Markenwerts den Finanzierungsbedarf, der durch das Wachstum entsteht, zu berücksichtigen. Die Marke kann helfen, diesen zu decken. Den Zusammenhang zwischen der Marke und deren Einfluss auf den Unternehmenswert veranschaulicht Abb. 3.

Dem wirkungsvollen Management von Marken kommt somit eine zunehmend wichtige Rolle bei der Gestaltung der Geschäftsstrategie und der Wertmessung des Unternehmens zu.

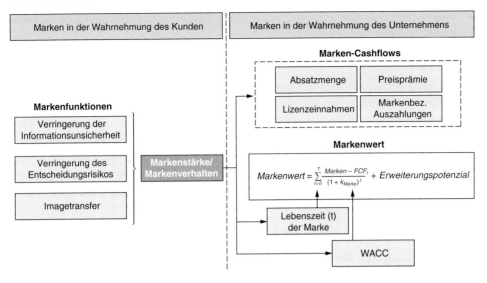

Abb. 3 Einfluss der Marke auf den Unternehmenswert

4 Strategisches Markenwertmanagement

4.1 Zielsetzung und Anforderungen

Das Wissen um die Wirkung von Marken ist nicht nur entscheidend für die Unternehmensbewertung, sondern auch für die unternehmerische Strategieentwicklung und Entscheidungsfindung. Die Markenstrategie ist folglich in die Unternehmensstrategie einzubetten. Die Hauptursache für nicht wettbewerbsfähige Einbettungsstrukturen ist häufig die ungenügende Verzahnung zwischen den Managementbereichen Marketing, Forschung & Entwicklung und Finanzen. Als kritischer Erfolgsfaktor für die erfolgreiche Umsetzung gelten daher die konsequente Zielorientierung und detaillierte Planung sowie die konstruktive Steuerung der unterschiedlichen Interessen dieser drei Funktionen. Bereits *Helmut Maucher* (1992), der ehemalige Vorstandsvorsitzende der *Nestle AG*, betonte: „Die Pflege der Marken und die gesamte Kommunikationspolitik müssen wieder stärker in die Arbeit und den Verantwortungsbereich (. . .) der Chefs einbezogen werden."

Das strategische Markenwertmanagement fungiert hierbei als Bindeglied zwischen den genannten drei Funktionsbereichen und soll folgende fünf Anforderungen erfüllen:

- Identifikation und Trennung der werttreibenden von den unwichtigen Marken (Markenportfoliobewertung)
- Aufdecken und Bewertung von Wertsteigerungsgrößen und -hindernissen (Prozessoptimierung)
- Entwicklung und Umsetzung eines Wertsteigerungsprogramms (integrierte strategische Planung und Wertschöpfungsanalyse)

- Messen der Performance (individualisierte Key Performance Indicators und Benchmarking)
- Umsetzung in steueroptimierte Finanzierungsoptionen

Für die Bewirtschaftung von Markenportfolios ist dabei irrelevant, ob selbst entwickelte Marken die Ansatzkriterien der Rechnungslegung erfüllen. Aus Praktikabilitätsgründen wird häufig das Markenportfolio in wesentliche und unwesentliche Marken unterteilt. Ggf. bietet es sich darüber hinaus an, Marken vergleichbarer Produkte und/oder vergleichbarer Positionierung zu Markensubportfolios zusammenzufassen, da dies sowohl die Bewertung als auch die spätere Steuerung erleichtert. Von größerer Bedeutung sind für den Unternehmer mögliche Messprobleme bei der Bestimmung der den Markenwert begründenden Faktoren sowie die Auswirkungen auf die Messung der Performance von Marken.

4.2 Messung der Wirkung von B-to-B-Marken

Als eine zuverlässige und in der Industrie weit verbreitete Methode zur Analyse und Abbildung des Ursache-Wirkungs-Zusammenhangs zwischen dem Mittel „Marke" und den finanziellen Erfolgsgrößen dient das Business Enhancement Activation Model (BEAM). Das BEAM ist ein speziell entwickeltes Marktanalyse-Instrument, das auf Erkenntnissen der Ökonophysik fußt und als Analyseinstrument Teilaspekte der Conjoint-Analyse vereint (allg. Green und Srinivasan 1990; Backhaus et al. 2005; speziell zur Anwendung für B-to-B-Marken Baumgarth und Haase 2005; Homburg et al. 2006). Bei der mit dem BEAM-Ansatz deutlich optimierten Ergebnisqualität der Conjoint-Analyse, werden einzelnen Versuchsteilnehmern im Rahmen einer Befragung bestimmte Produkte mit unterschiedlichen Produkteigenschaften vorgelegt. Die Kunden sollen die einzelnen Produkte nun in eine bestimmte Präferenzreihenfolge bringen. Je nach gewählter Reihenfolge ist es nun möglich, die Präferenzen der Kunden hinsichtlich der Produkteigenschaften und -kombinationen zu ermitteln und einen Preis festzusetzen. Beispielsweise können IT-Einkäufern PC-Systeme vorgestellt werden, die sich hinsichtlich Preis, Rechnerleistung und Markennamen unterscheiden. Je nachdem, ob die Einkäufer z. B. eher Markenprodukte oder eher preisgünstige Rechner favorisieren, kann der jeweilige Einfluss von Marke, Preis und Leistung separiert und bepreist werden. Damit die Motive, die hinter den Entscheidungspräferenzen stehen, systematisch und belastbar ausgewertet werden können, ist bei der Gestaltung des Befragungsprozesses entscheidend, dass die Interviewpartner keine Möglichkeit bekommen, taktische Antworten zu geben. So wird bspw. durch das BEAM sichergestellt, dass sich ein Befragter nicht als zu preissensitiv darstellen kann, wenn sein tatsächlicher Fokus bei der Produktauswahl auf Entscheidungskriterien wie Langlebigkeit oder Serviceverfügbarkeit liegt. Abb. 4 fasst die Idee des BEAM- Ansatzes zusammen.

Mithilfe des BEAM lassen sich das Kundenverhalten und die dahinterliegende Motivation absolut und zahlenbasiert offenlegen. Es werden Zusammenhänge aufgezeigt, aus denen sich die optimale Preisgestaltung eines Produkts, Zuwächse von Marktanteilen und

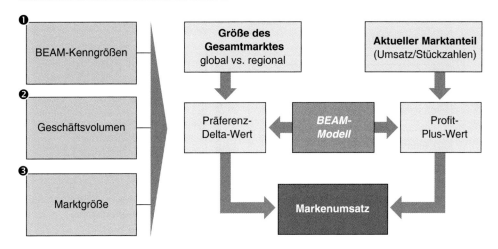

Abb. 4 BEAM-Modellbeschreibung nach *BEAM Consulting GmbH*

Kannibalisierungseffekte errechnen sowie andere, nicht nur lineare ökonomische Wirkungszusammenhänge ableiten lassen. Damit kann der Effekt der Marke klar abgegrenzt und in markenspezifische Preis- und Mengenprämien sowie Kosteneinsparungen übersetzt werden. Je nach Design und Modellierung lassen sich darüber hinaus Rückschlüsse auf die optimale Ressourcenallokation ziehen. Zudem ist dieser Ansatz eine Notwendigkeit, um die bereits behandelte Mehrgewinnmethode anwenden zu können.

4.3 Markenportfoliosteuerung

Im nächsten Schritt können die identifizierten und bewerteten Marken in ein Markenportfolio überführt und Investitionen in Marken gesteuert werden. Die Ergebnisse des BEAM lassen sich als zahlenbasierte und handlungsorientierte Entscheidungsvorlagen in die strategische Planung integrieren und über Maßnahmen bzw. Maßnahmenpakete finanzwirtschaftlich abbilden (Bodek 2013). Damit können der Markenwert sowie der Beitrag der Marke zum Unternehmenswert im Zeitablauf gemessen werden. Szenarioanalysen vervollständigen das Bild.

Um die Performance einer Marke überwachen zu können, müssen anschließend Kennzahlen gebildet werden, welche die Wertentwicklung der Marke im Vergleich zu anderen Marken und im Zeitablauf verdeutlichen. Hierzu eignen sich Steuerungskennzahlen wie z. B. der relative Wertbeitrag einer Marke, der wie folgt berechnet wird:

$$\frac{\text{Markenwert} - \sum \text{Markenaufwand}}{\text{Markenwert}}$$

Aus dem relativen Wertbeitrag wird ersichtlich, wie gut sich eine Marke innerhalb einer Periode im Verhältnis zu den dafür notwendigen Aufwendungen entwickelt hat. Wie

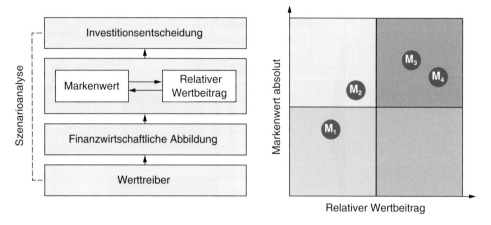

Abb. 5 Markenperformance

Abb. 5 verdeutlicht, kann anschließend der Markenwert und der korrespondierende relative Wertbeitrag in eine 2×2-Matrix überführt und so das vorhandene Markenportfolio transparent gemacht werden.

Dies ermöglicht es, rasch und leicht verständlich Schwachstellen oder „Poor Dogs" im Markenportfolio zu identifizieren. Bei Marken, die einen Wertbeitrag < 1 besitzen (M1 und M2), sollte beispielsweise kritisch analysiert werden, ob diese noch ein Wertsteigerungspotenzial besitzen. Liegt auch der absolute Markenwert vergleichsweise niedrig (M1), könnte eine Veräußerung der Marke oder eine Beendigung der Investitionen sinnvoll sein. Ist der relative Wertbeitrag dagegen > 1 mit möglicherweise steigender Tendenz, sollte diese Marke gefördert werden. Insgesamt kann eine Markensteuerung nach einem solchen System dem Management helfen, finanzielle Mittel für die Markenentwicklung sinnvoll und wertsteigernd einzusetzen.

4.4 Finanzierungsstrategien

Der Wert von Marken zeigt sich vor allem in der Nutzung des Markenwerts zur Erschließung alternativer Finanzierungsquellen. So ist der Term „Asset Backed Securities" der Finanzbranche seit Langem ein Begriff. Dahinter verbirgt sich ein Konzept, bei dem spezifische Aktiva zur Einwerbung von Finanzierungen eingesetzt werden. Seit Kurzem werden nun auch Marken zur Hinterlegung von Krediten als Kreditsicherheit genutzt. Damit können Unternehmen, die eine verlässliche Bewertung ihrer Marken und ein Markenmanagement vorweisen können, im Einklang mit Banken und Leasingunternehmen den Kreditrahmen erweitern und neue Finanzierungsfazilitäten einwerben. Auch zur Optimierung des Liquiditätsmanagements können Marken Verwendung finden. So werden Marken z. B. im Rahmen von „Sale and Lease Back"-Transaktionen von Leasingfirmen erworben und an das Unternehmen zurückgeliehen.

Es wird deutlich, dass die immaterielle Ressource „Marke" verbreiteten betriebswirtschaftlichen Nutzungsmustern angenähert wird. Basis hierfür ist eine verlässliche (technische) Bewertung, da nur eine solche als belastbare Ausgangsbasis für mögliche Verhandlungen von Refinanzierungsvolumina und einer möglichst geringen Leasingrate herangezogen werden kann. Auch zur Abwehr einer bilanziellen Überschuldung können Marken genutzt werden. Nach § 19 Absatz 2 der Insolvenzordnung liegt Überschuldung vor, „wenn das Vermögen des Schuldners die bestehenden Verbindlichkeiten nicht deckt". Durch die Aktivierung der Marke bzw. den plausiblen Nachweis des Markenwerts kann die Aktivseite eines Überschuldungsstatus gegebenenfalls erhöht und eine potenzielle Überschuldung eher vermieden werden.

4.5 Steuereffiziente Markenführung

Aus steuerlicher Sicht ist es interessant, in internationalen Konzernstrukturen eine Markenlizenz mit einer Dividendenzahlung zu vergleichen. Wie Cheridito (2003, S. 77) anhand eines Beispiels aufzeigt, vermag ein aktives Markenmanagement aus steuerlicher Sicht in einem international tätigen Konzern zur Realisierung eines beachtlichen Gewinnpotenzials führen. Durch die Ausnutzung des internationalen Steuergefälles zwischen einzelnen Ländern können relative Steuervorteile (Lizenz- versus Dividendenzahlung) von 32 % erreicht werden. Gleichwohl gilt es hier, die zuvor postulierte Notwendigkeit des engen Zusammenwirkens zwischen den Managementbereichen Marketing, Forschung und Entwicklung sowie Finanzen auszuschöpfen, denn die skizzierte Nutzung des Vorteils kann entsprechend den *OECD*-Regeln nur nach dem „Arm's Length"-Prinzip erfolgen (OECD 2010), wobei

- die Höhe der Markenlizenz mittels wirtschaftlicher Kriterien begründet sein muss,
- die Marke tatsächlich vom Lizenznehmer im wirtschaftlichen Verkehr genutzt wird und
- die Höhe der Markenlizenz einem Drittvergleich standhalten muss.

Gerade Letzteres ist vom Wert der Marke und damit vom Nutzen für den Lizenznehmer abhängig.

5 Zusammenfassung und Ausblick

Ziel dieses Beitrags war es aufzuzeigen, wie das aktive Management von Marken(werten) im B-to-B-Geschäft zur nachhaltigen Steigerung des Unternehmenswerts beitragen kann. Dabei wurde deutlich, dass Marken gerade im B-to-B-Geschäft an Bedeutung gewonnen haben und einen erheblichen Teil des Unternehmenswertes ausmachen (können). Der Nutzen von Marken zeigt sich dabei auf verschiedenen Ebenen. Neben der Generierung von Cash Flows durch höhere Mengen und Preise reduzieren Marken operative Risiken und können auch für die Liquiditätsbeschaffung und die Senkung der Kapitalkosten genutzt werden. Steuerlich bieten sich Möglichkeiten zur Reduzierung der Konzernsteuerlast. Aus bilanzieller Sicht können durch eine intelligente Markensteuerung möglicherweise kostspielige Abschreibungen von Markenwerten vermieden werden.

Die Nutzung dieser Möglichkeiten erfordert allerdings eine hohe Expertise und zudem eine enge Kooperation der verschiedensten Bereiche. So bedarf es für die Bewertung der Marken umfassender finanzmathematischer Kenntnisse. Die steuerliche Nutzung setzt detaillierte Expertise im Außensteuer- und Körperschaftssteuerrecht voraus. Die bilanzielle Behandlung von Marken ist seit der Einführung der IFRS deutlich komplexer geworden und erfordert aktuelles und verlässliches Wissen über die Standards IFRS 3, IAS 36, aber auch die korrespondierenden HGB-Regelungen. Und schließlich ist zur Analyse der Werttreiber auch die Kenntnis der Wirkung einer Marke in der jeweiligen Branche unerlässlich. Da die einzelnen Abschnitte der Markenwertsteuerung ineinandergreifen und teilweise voneinander abhängig sind, könnte ein getrenntes Management der drei Komponenten zu hohen Reibungsverlusten führen. Dies wiederum stünde einer effizienten und langfristig angelegten Markenwertentwicklung entgegen und sollte daher vermieden werden. Erfolgversprechender erscheinen hingegen Konzepte, welche die wesentlichen Aspekte des Wertschöpfungsprozesses erfassen und damit in möglichst vielen Unternehmensbereichen den Nutzen der Marken voll ausschöpfen.

Literatur

AICPA (2007). *Statement on standards for valuation services*. New York: AICPA.

Backhaus, K., Schröder, J., & Perrey, J. (2002). B2B-Märkte. *Absatzwirtschaft, 44*(11), 48–54.

Backhaus, K., Voeth, M., Sichtmann, C., & Wilken, R. (2005). Conjoint-Analyse versus Direkte Preisabfrage zur Erhebung von Zahlungsbereitschaften. *Die Betriebswirtschaft, 65*(5), 439–457.

Baumgarth, C., & Haase, N. (2005). Markenrelevanz jenseits von Konsumgütern. *planung & analyse, 3/2005*, 44–48.

BBDO (2007). Allianz ist Deutschland wertvollste Marke. http://www.bbdo.de/de/home/presse/aktuell/2007/22_06_2007_-_allianz.html. Zugegriffen: 2. Juni 2009.

Beyer, S., & Mackenstedt, A. (2008). Grundsätze zur Bewertung immaterieller Vermögenswerte (IDW S 5). *Die Wirtschaftsprüfung, 61*(8), 338–349.

Bodek, M. (2013). Erfolgreich im internationalen Wettbewerb. *SPS-MAGAZIN, 8/2013*, 148–149.

Castedello, M., & Schmusch, M. (2008). Markenbewertung nach IDW S 5. *Die Wirtschaftsprüfung, 61*(8), 350–356.

Cheridito, Y. (2003). *Markenbewertung*. Bern: Haupt.

von Diemar, U. (2008). Marken und Patente sind Geld wert. *Lebensmittel Zeitung, 20/2008*, 23.

Fitzgerald, N. (2003). *Rede des Chairman of Unilever anlässlich der Verleihung des Publicity Club of London Cup am 21. November 2003*

Freter, H., & Baumgarth, C. (2005). Ingredient Branding. In F.-R. Esch (Hrsg.), *Moderne Markenführung* (4. Aufl., S. 455–480). Wiesbaden: Gabler.

Green, P. E., & Srinivasan, V. (1990). Conjoint analysis in marketing. *Journal of Marketing, 54*(4), 3–19.

Gregory, J. R., & Sexton, D. E. (2007). Hidden wealth in B2B brands. *Harvard Business Review*, *85*(3), 23.

Homburg, C., Jensen, O., & Richter, M. (2006). Die Kaufverhaltensrelevanz von Marken im Industriegüterbereich. *Die Unternehmung, 60*(4), 281–296.

IDW (2007). IDW Standard: Grundsätze zur Bewertung immaterieller Vermögenswerte (IDW S 5). *WPg, 60*(Supplement 4), 64–75.

KPMG (Hrsg.). (2008). *Patente, Marken, Verträge, Kundenbeziehungen.* Köln, München: KPMG.

Lehmann, D. R., & O'Shaughnessy, J. (1974). Differences in attribute importance for different industrial products. *Journal of Marketing, 38*(2), 36–42.

Lev, B. (2003). Intangibles at crossroads. *Controlling, 15*(3/4), 121–127.

Maucher, H. (1992). *Marketing ist Chefsache.* Düsseldorf: ECON.

Norris, D. G. (1992). Ingredient branding. *Journal of Consumer Marketing, 9*(3), 19–31.

OECD (Hrsg.). (2010). *Transfer pricing guidelines for multinational enterprises and tax administrations.* Paris: OECD Publishing.

Schürmann, C. (2014). Wie DAX-Unternehmen ihre Bilanzen aufpumpen. http://www.wiwo.de/finanzen/boerse/bilanzen-unter-der-lupe-uebernahmen-pumpen-den-goodwill-auf/10657610-7.html. Zugegriffen: 22. März 2015.

Voigt, K.-I., Czaja, L., & Mann, S. (2006). *Markenführung von Investitionsgütern der Automobilzulieferindustrie am Beispiel von Ingredient Branding.* Arbeitspapier Nr. 15. Nürnberg: Lehrstuhl für Industriebetriebslehre der Friedrich-Alexander-Universität.

Weikert, D. (2009). The IP-manager and mergers & acquisitions. In A. Wurzer (Hrsg.), *IP-manager* (S. 75–79). Göttingen: Heymanns.

Theoretische Perspektiven der B-to-B-Marke

Managementheoretische Betrachtung von B-to-B-Marken im Kontext investiver Dienstleistungen

Jörg Freiling und Anja Sohn

Zusammenfassung

Ziel des vorliegenden Beitrags ist es, die – auch heute noch kontrovers diskutierte – Bedeutung der Marke im investiven (Dienstleistungs-)Bereich aus Sicht der Management- und Organisationstheorie unter Bezugnahme auf ausgewählte ökonomisch-theoretische Ansätze und somit alternativ zu verhaltenswissenschaftlichen Theoriezugängen zu beleuchten. Die Ausführungen verdeutlichen, dass der Marke auch im Kontext investiver Dienstleistungen sowohl aus informationsökonomischer als auch aus kompetenztheoretischer Perspektive aufgrund der jeweils vorgestellten Wirkungsweisen eine Relevanz zukommt. Darüber hinaus werden aus beiden Theoriezugängen jeweils wesentliche Managementimplikationen abgeleitet.

Schlüsselbegriffe

Informationsökonomik · investive Dienstleistungen · kompetenzbasierter Ansatz · Managementtheorie · Markenrelevanz · Reputation

Inhaltsverzeichnis

J. Freiling (✉)
Universität Bremen
Bremen, Deutschland
E-Mail: freiling@uni-bremen.de

A. Sohn
Bego GmbH & Co KG
Bremen, Deutschland
E-Mail: Sohn@bego.com

1   Managementtheorie und Markenkonzepte: eine Annäherung

Der Einsatz von Marken nimmt sowohl Einfluss auf die rationale als auch die emotionale Seite des menschlichen Handelns, wobei der letztgenannte Aspekt zumeist im Vordergrund der Diskussion steht. Nicht zuletzt deswegen ist das Potenzial verhaltenswissenschaftlicher Ansätze zur Erklärung der Wirkungen von Marken nicht zu unterschätzen. Was aber kann die Managementtheorie – und hier vor allem ihr nachfolgend im Mittelpunkt stehender ökonomischer Teil – dazu beitragen, die Notwendigkeit von Marken im Allgemeinen und für den investiven Dienstleistungsbereich im Besonderen zu erklären? Es wird argumentiert, dass sich die Begründungslinien verhaltens- und managementtheoretischer Herangehensweisen erheblich unterscheiden, aber auch Gemeinsamkeiten aufweisen. Um dies zu belegen, ist es in einem ersten Schritt wichtig, die Grundfragen und -anliegen der Managementtheorie zu klären und sie zur Markenführung in Beziehung zu setzen. Sodann ist darzulegen, welche managementtheoretischen Ansätze in besonderer Weise geeignet sind, sich markenbezogenen Fragestellungen zu nähern, um auf dieser Grundlage die Forschungsfrage des vorliegenden Beitrags zu formulieren und zu bearbeiten.

Die Managementtheorie hat zum Ziel, allgemeine, übergeordnete Aussagensysteme zu entwickeln, welche die Führung und Leitung sozialer Systeme zum Inhalt haben (Wolf 2005, S. 39). Fällt das Management von Marken überhaupt in diesen Objektbereich? Auch wenn man Marken nicht unmittelbar als soziale Systeme verstehen möchte, so stellt sich aber die Frage, worauf sich Markenführung im Kern bezieht. Unstrittig sind in diesem Zusammenhang etwa Produkte, Produktgruppen und das Unternehmen selbst als Bezugs- und Ankerpunkt der Markenpolitik. Zumindest im Rahmen dachmarkenbezogener Überlegungen, die für den hier näher zu untersuchenden Bereich von zentraler Bedeutung sind, ist damit die Verbindung von Managementtheorie und Markenführung offenkundig.

Des Weiteren ist zu fragen, was genau an Aussagensystemen in der Managementtheorie im Vordergrund steht und Anknüpfungspunkte für die Markenführung liefert. In diesem Zusammenhang interessiert sich die Managementtheorie primär für Einflussgrößen der Erreichung zentraler Unternehmensziele (betriebliche Oberziele). Diese Zielgrößen, die zugleich Ergebnisgrößen des Managements sind, können sowohl finanzieller Natur (z. B. Erlös, Gewinn, Rentabilität) als auch der Finanzsphäre vorgelagert sein. Den Fokus richtet die Managementforschung auf Wettbewerbsvorteile sowie die damit in enger Verbindung stehende Entwicklung und Pflege von Erfolgspotenzialen (Freiling 2007). Für die Markenführung ergeben sich auch hier interessante Anknüpfungspunkte: Die **Marke** wird im Rahmen des vorliegenden Beitrags verstanden als „(. . .) ein individuelles und schutzfähiges Zeichen bzw. Zeichenbündel, das ein Marktteilnehmer im Wettbewerb verwenden kann, um angebotene bzw. anbietbare Leistungsbündel durch die Kennzeichnung von denen anderer Marktteilnehmer zu unterscheiden und durch die Verwendung zugleich in seinem Sinne positive, d. h. tauschrelevante Wirkungen bei aktuellen und potenziellen Tauschpartnern bzw. Tauschbeeinflussern zu entfalten, die seine Zielsetzungen zu erreichen helfen" (Welling 2006, S. 35).

Ein derartiges Verständnis vermag unterschiedliche Markenbegrifflichkeiten (für einen Literaturüberblick siehe: Burmann et al. 2005, S. 5 ff.) zu integrieren bzw. das Spannungsfeld, welches sich zwischen den interdependenten Ebenen von Marken als Zeichen, Marken-Absatzobjekten und Marken-Wirkungen bewegt, zu berücksichtigen. Darüber hinaus lässt es eine Anschlussfähigkeit für Managementtheorie und Markenführung sowie konkrete Markenkonzepte erkennen: Marken selbst sind in den Kontext der Erfolgspotenziale einzuordnen. Eine kausale Einflussmöglichkeit auf erfolgsrelevante Größen ist der oben genannten Definition zu entnehmen. Konkret ist es möglich, durch Markenkonzepte Wettbewerbsvorteile zu begründen, die nachhaltiger Natur sind und somit auch in den Fokus von Management und Managementtheorie rücken. Nun aber stellt sich die Frage, welche managementtheoretischen Ansätze in besonderer Weise geeignet sind, der Markenforschung und Markenführung als Bezugsbasis zu dienen. Nimmt man die Breite disziplinenübergreifender Management- und Organisationstheorien als Grundlage, so rücken u. a. folgende Ansätze in den Blick:

- Die **Strukturationstheorie** im Sinne von Giddens (1984) betont die Rolle von Handlungen und Strukturen im gesellschaftlichen Kontext. Dabei stellt Giddens heraus, dass Handlungen und Strukturen wechselseitig aufeinander bezogen sind. So kann auch die Marke als Strukturmerkmal betrachtet werden, das sowohl innerbetrieblich als auch außerhalb der betrachteten Organisation Wirkungen entfaltet, die das Verhalten von Kunden und Mitarbeitern steuern. Allerdings ist der verhaltenssteuernde Einfluss nicht unbegrenzt. Ferner wirkt auch das Verhalten der Menschen umgekehrt wieder auf Strukturfaktoren wie die Marke ein: So müssen Marken als Zeichen wahrgenommen und interpretiert werden, was in vielfacher Weise möglich ist. In strukturationstheoretischer Interpretation beziehen sich die Menschen in ihren Handlungen auf gegebene Strukturfaktoren und produzieren bzw. reproduzieren sie auf diese Weise.

- Auch der **(neo-)institutionalistische Ansatz**, der vor allem auf Meyer und Rowan (1977) sowie DiMaggio und Powell (1983) zurückgeht, eignet sich zur Erfassung der Markenführung. Betont wird die symbolisch-kulturelle Dimension von Organisationen, der in der Auffassung der Neo-Institutionalisten zu wenig Beachtung geschenkt wird. Marken als Zeichen mit einer spezifischen Bedeutung lassen sich exakt hier einordnen. Sie genießen im Sinne des Neo-Institutionalismus Institutionencharakter, der sich entlang mehrerer Schritte herausbildet (Berger und Luckmann 1993): (1) Die sogenannte **Externalisierung** bezieht sich auf die Äußerung einer Interpretation eines Individuums im Raum, so etwa die individuellen Assoziationen mit einer Marke. (2) Daran schließt sich die **Habitualisierung** an, welche beinhaltet, dass Interpretationen oder auch Verhaltensformen von mehreren Menschen geteilt und somit verstetigt werden. Einheitliche oder zumindest ähnliche Markenverständnisse im sozialen Raum fallen somit unter die Habitualisierung. (3) Die **Institutionalisierung** führt zu einer weiteren Verfestigung und einer zunehmenden Internalisierung – z. B. von Markenassoziationen. (4) Die **Objektivierung („Objectivation")** beschreibt schließlich den Zustand, dass die ursprünglich subjektiven Wahrnehmungen von den Betroffenen allmählich als objektive Wirklichkeit erlebt werden. Attribute werden mit einem Markenzeichen immer mehr verschmolzen. Eine Marke kann auf diesem Weg sowohl innerbetrieblich als auch im Kontext von Märkten mit konkreten Attributen belegt werden, was möglicherweise in die Konstituierung einer Markenidentität (Burmann und Meffert 2005, S. 79) münden kann.

Die genannten Ansätze erscheinen in vielerlei Weise lohnend, sind aber in der Markenführung bislang kaum nennenswert beachtet worden. Im Rahmen des vorliegenden Beitrags, dessen Fokus auf dem **ökonomischen Bereich der Managementtheorie** liegen soll, werden sie allein aufgrund ihres anders gelagerten Fokus nicht weiter verfolgt. Welche Ansätze geraten aber bei einer solchen Eingrenzung dann in den Blickpunkt?

- Betrachtet man erneut die oben genannte Markendefinition, so treten diejenigen Ansätze in den Vordergrund, welche die Signalisierungsfunktion abzubilden vermögen. Die in diesem Zusammenhang möglicherweise wichtigste Theorie ist die **Informationsökonomik**, die sich im Kontext unvollständiger Information mit Informationsasymmetrien beschäftigt und z. B. Marken als Signaling-Instrumente versteht. Nach zwei vorbereitenden Arbeitsschritten zum Status quo (Abschn. 2) und zu Anknüpfungspunkten (Abschn. 3) der Markenführung im Bereich investiver Dienstleistungen wird sich Abschn. 4 der Anwendung informationsökonomischen Gedankenguts auf den Kontext investiver Dienstleistungsmarken widmen.
- Versteht man überdies Marken als (Erfolgs-)Potenziale, die das Individuum interpretiert und mit seiner Erfahrungswelt verknüpft, so bietet es sich an, die ressourcenorientierte Forschung zu bemühen. Hier verspricht vor allem der kompetenzbasierte Ansatz interessante Kausalmechanismen, um die Wirkung von Marken auch im Kontext investiver Dienstleistungen erfassen zu können (Abschn. 5).

Die beiden Ansätze unterscheiden sich kategorial. Die Informationsökonomik ist in ihrer Anlage komparativ-statisch und betrachtet das Verhältnis von Unternehmungen zur Umwelt eher deterministisch. Der kompetenzbasierte Ansatz ist als Teilbereich der evolutorischen Ökonomik dynamisch angelegt und unterstellt zumindest partielle Gestaltungsmöglichkeiten der Außenwelt durch das Unternehmen. Auch mit Blick auf diese Rahmenbedingungen lässt sich erahnen, dass sich die Rolle von Marken je nach theoretischer Provenienz deutlich unterscheidet.

Auf dieser Basis wird im weiteren Verlauf des Beitrags folgende **Forschungsfrage** näher untersucht: Wie lässt sich mittels Informationsökonomik und ressourcenorientierter Forschung erklären, ob und gegebenenfalls wie Marken im B-to-B-Bereich wirkungsvoll und somit von Relevanz sind? Speziell wird hier der Bereich der investiven Dienstleistungen betrachtet. Dieser eignet sich als Bezugsobjekt besonders, weil die Kontextfaktoren – wie noch zu zeigen sein wird – in besonderer Weise den Einsatz von Marken nahelegen, obwohl sich dies auf den ersten Blick und unter Zugrundelegung klassischer Argumentationsschemata zu den Haupteinsatzgebieten nicht sofort erschließen mag.

2   Marken im investiven Dienstleistungsbereich: Terra incognita?

Während Marken als Instrument zur Kaufverhaltensbeeinflussung von Kunden im Konsumgüterbereich scheinbar unstrittig sind, fällt die Beurteilung von Marken im Investitionsgüterbereich uneinheitlich aus und wird – insbesondere in frühen Arbeiten – zuweilen grundsätzlich bezweifelt (zu einem Überblick Bausback 2007, S. 65 ff.). Begründet wird dies zumeist mit dem bei organisationalen Beschaffungsentscheidungen unterstellten hohen Professionalitätsgrad und damit in Zusammenhang stehend der Dominanz rationaler Kaufverhaltenskriterien gegenüber emotionalen Aspekten (Homburg et al. 2006, S. 282). Wenngleich das Markenmanagement bei Weitem nicht als Instrument der (rein) emotionalen Ansprache des Kunden verstanden werden kann (Welling 2006), stellt sich mit Blick auf die Grundanlage der Markenführung dennoch die Frage, ob und inwieweit Marken überhaupt auf organisationale Kauf- bzw. Beschaffungsentscheidungen wirken (können).

Auch wenn in den letzten Jahren eine zunehmende Auseinandersetzung mit Fragen der Markenrelevanz sowie des Markenmanagements auf Investitionsgütermärkten – ungeachtet noch zahlreicher Forschungspotenziale (z. B. Baumgarth und Douven 2006) – erfolgt ist (u. a. Hague und Jackson 1994; Kemper 2000), fokussieren empirische Arbeiten, die die Marke als kaufentscheidendes Merkmal explizit untersuchen, vorrangig auf investive Sachleistungen (z. B. Homburg et al. 2006; Richter 2007; anders z. B. Blombäck 2005; Caspar et al. 2002). Ob und inwieweit sich aufgrund der Spezifika investiver Dienstleistungen, zu denen z. B. Logistik-, Beratungs-, Montage- oder auch Instandhaltungsleistungen zu zählen sind, Besonderheiten gegenüber der Beschaffung von investiven Sachleistungen (Axelsson und Wynstra 2002; Engelhardt und Schwab 1982; Kißling 1999; Thiell 2006) ergeben und welche Implikationen daraus für das Markenmanagement investiver Dienstleistungen abgeleitet werden können, wurde durch wissenschaftliche Studien bislang kaum erforscht. Dies verwundert, weil Märkte für unternehmensbezogene Dienstleistungen seit mehreren Jahren hohe Wachstumsraten aufweisen, wobei investive Dienstleistungen einen Großteil dieser unternehmensbezogenen Dienstleistungen ausmachen und wesentlich an Bedeutung gewinnen (Thiell 2006, S. 92 ff.). Eine Übertragung des Markenmanagements auf investive Dienstleistungen steht somit – zumindest im hier zu thematisierenden Fokus – noch weitgehend aus.

3 Markenspezifische Grundlagen der Beschaffung investiver Dienstleistungen

3.1 Charakteristika investiver Dienstleistungen und deren Beschaffung

Die begriffliche Bestimmung investiver Dienstleistungen wird vor allem aufgrund der Schwierigkeiten einer trennscharfen Unterscheidung von Sach- und Dienstleistungen (Engelhardt et al. 1993) erschwert. Ohne die in der Literatur diesbezüglich vielfach thematisierten (Abgrenzungs-)Probleme hier ansprechen zu können, werden **investive Dienstleistungen** als Absatzobjekte verstanden, die unter vergleichsweise starker Integration externer Faktoren (vor allem Personen, Objekte und/oder Informationen) in die betrieblichen Prozesse eines Anbieters erbracht werden und durch ein hohes Maß an verhaltensbezogener Unsicherheit der beteiligten Marktpartner (Woratschek 1996) gekennzeichnet sind. Dies ist nicht zuletzt auf den hohen Immaterialitätsgrad des Leistungsergebnisses (Engelhardt et al. 1993, S. 118 ff.) zurückzuführen. Der investive Charakter manifestiert sich darin, dass Investitionsgüter „(…) nicht zur konsumtiven Letztverwendung, sondern von Organisationen (Nicht-Konsumenten) beschafft werden, um mit ihrem Einsatz (Ge- oder Verbrauch) weitere Leistungen für die Fremdbedarfsdeckung zu erstellen oder um sie unverändert an andere Organisationen weiter zu veräußern, die die Leistungserstellung vornehmen" (Engelhardt und Günter 1981, S. 24).

Ansatzpunkte für die Frage, inwiefern sich mit investiven Dienstleistungen spezifische Merkmale im Kaufverhalten und im Interaktionsprozess verbinden, die den Einsatz eines Markenmanagements in besonderem Maße erfordern, lassen sich sowohl aus den in der Literatur ausführlich diskutierten Dienstleistungsspezifika als auch den ebenfalls umfänglich aufgearbeiteten Besonderheiten investiver Nachfrage ableiten und zusammenführen. Beispielhaft sind die folgenden konstitutiven **Dienstleistungsmerkmale** (Engelhardt et al. 1993; Woratschek 1996) zu berücksichtigen:

- Investive Dienstleistungen stellen keine vollständig vorproduzierten und damit vor dem Kaufabschluss überprüfbaren Leistungen dar. Vielmehr handelt es sich um **Leistungsversprechen**, bei denen der Absatzzeitpunkt vor der finalen Leistungserstellung liegt. Alchian und Woodward (1988) haben in diesem Zusammenhang zwischen „Exchange"- und „Contract"-Situationen unterschieden. Der Kontraktgut-Charakter betrifft auch und insbesondere investive Dienstleistungen.

- Investive Dienstleistungen sind darüber hinaus als **Leistungsbündel** anzusehen (Engelhardt et al. 1993), die einer spezifischen und aufgrund der Beschaffungskompetenz des Nachfragers oft exakt spezifizierten Bedarfssituation zu entsprechen haben (Leistungsebene), was eine **individuelle Auslegung der Leistung** voraussetzt. Ob und wie weit jedoch der Anbieter bereit und in der Lage ist, derartige Anpassungen vorzunehmen, ist aus Sicht des Nachfragers nicht immer hinreichend klar. Vor allem ergibt sich eine Intransparenz aus Nachfragersicht, weil nicht alle Schritte der Leistungserstellung überblickt werden können.
- Investive Dienstleistungen beruhen des Weiteren auf der Mitwirkung des Nachfragers (zur **Integrativität** Engelhardt et al. 1993; Kleinaltenkamp 1997), wobei der Einfluss des Nachfragers auf das zu empfangende Leistungsbündel im Falle investiver Dienstleistungen tendenziell als hoch anzusehen ist. Der Anbieter muss folglich in der Lage sein, externe Faktoren zu integrieren und kompetent Interaktionsmomente zu beherrschen. Darüber hinaus muss er grundsätzlich über Integrationsvoraussetzungen verfügen, was entsprechende Flexibilität und im Sinne von Teece (1986; daneben Jacobides et al. 2006) eine „Ko-Spezialisierung" im Sinne einer Potenzialanpassung an den Kunden (Engelhardt und Freiling 1995) erfordert. Auch mit Blick auf die in diesem Kontext erforderlichen spezifischen Investitionen werden die Unsicherheitspotenziale ersichtlich, die investiven Dienstleistungen immanent sind.
- Für die Markenführung ist zudem zu berücksichtigen, dass Dienstleistungen überwiegend **immaterieller** Natur sind (Engelhardt et al. 1993), was in vielen Fällen ein Verwenden von Markenzeichen im Kernproduktbereich erschwert bis unmöglich macht.

Daneben ergeben sich **Besonderheiten der organisationalen Beschaffung**, welche für den Investitionsgüterbereich typisch sind und sich gemäß herrschender Meinung vom Konsumentenverhalten kategorial unterscheiden (Backhaus und Voeth 2015; Plinke 1991):

- So impliziert die organisationale Beschaffung in den meisten Situationen **Mehrpersonenentscheidungen** von Beschaffungsgremien. Das anbieter- und leistungsbezogene Wissen seitens der Mitglieder von Buying Centern ist zumeist ungleich verteilt und Interessendivergenzen zwischen den Beteiligten können selten vermieden werden. Die beschaffende Organisation verfügt somit zwar tendenziell über umfangreiches Wissen bezüglich Einkaufsvorgängen, dieses ist jedoch zumeist dezentralisiert. Mit Blick auf die Situation einzelner Mitglieder des Buying Centers können sich somit erhebliche Informationslücken und Ambiguitäten ergeben, die aufgrund innerbetrieblicher Interessendivergenzen nicht zwangsläufig durch Kontaktierung anderer Organisationsmitglieder geschlossen werden können. Dies zeigt, dass eine Differenzierung zwischen organisational, gruppenbezogen und individuell verfügbarem Wissen notwendig und sinnvoll ist.
- Investive Dienstleistungskäufe unterliegen **organisationalen Beschaffungsrichtlinien, -grundsätzen und -routinen**. Insbesondere besteht – vor allem bei hohen Wertvo-

lumina – Rechtfertigungszwang für getroffene Entscheidungen. Beschaffungsentscheidungen müssen damit intern „legitimierbar" und in besonderer Weise nachvollziehbar sein.

- Investive Dienstleistungen dienen der **Fremdbedarfsdeckung**. Insofern muss bei der Kaufentscheidung des Nachfragers dessen eigene Kundschaft bedacht werden. Es kann sich sogar eine mehrstufige Integrationsproblematik ergeben, bei der Kontakte zwischen dem Anbieter investiver Dienstleistungen und dem Kunden des Kunden bestehen. Insofern muss eine Zusammenarbeit mit investen Dienstleistungsanbietern auch vor dem Hintergrund der Wirkung auf eigene Kunden gestaltet werden.

Inwiefern die Besonderheiten investiver Dienstleistungen eine entsprechende Markenführung bedeutend machen, wird im Abschn. 3.2 thematisiert.

3.2   Relevanz der Markenführung bei investiven Dienstleistungen

Mit Blick auf die dargelegten Charakteristika investiver Dienstleistungen ergibt sich bezüglich der Markenrelevanz dieser eine interessante Ausgangssituation: So findet sich in der Literatur zum Dienstleistungsmarketing aufgrund der Dienstleistungsspezifika vielfach der Verweis auf die Notwendigkeit einer Markenführung. Neben der bereits angesprochenen Unsicherheitsproblematik wird dabei u. a. auch die leichte Imitierbarkeit von Dienstleistungen betont, da diese kaum vor Nachahmung (etwa durch Patente) zu schützen sind, Angebotsideen leicht kopiert und vom Nachfrager nur mit erheblichen Schwierigkeiten unterschieden werden können (Stauss 2004, S. 104). Die Kaufverhaltensrelevanz der Marke im (primär sachleistungsbezogenen) Investitionsgütermarketing wird hingegen uneinheitlich bewertet und zuweilen (allerdings immer seltener) in Abrede gestellt. Die Annahme der (höheren) Professionalität bzw. Rationalität des organisationalen Beschaffungsverhaltens und die der Marke zumeist zugewiesene eher „emotionale" als „rationale" Rolle könnten hierfür eine Erklärung liefern.

Wenngleich die Abgrenzung zwischen rationaler und emotionaler Entscheidung fließend sein kann, so scheint Rationalverhalten zuweilen als Klammer für alles zu gelten, was mit dem Denken oder dem Verstand einer Person in Zusammenhang steht, während die emotionale Dimension auf das Gefühlsleben einer Person abstellt (z. B. auch Bausback 2007, S. 30 ff.). Dass beide Termini keine Gegensätze darstellen – denn „irrational" ist als das Gegenteil von „rational" anzusehen und daher nicht mit „emotional" gleichzusetzen –, wird bereits am Rationalitätsverständnis von Popper deutlich: Rationalität bedeutet demnach, dass Akteure ein der jeweiligen Situation angemessenes (Nutzen maximierendes) Verhalten zeigen (Popper 1967/2000, S. 352) – ein Verständnis, das emotionale Nutzenelemente nicht ausschließt. Gezeigt werden soll daher im Folgenden, dass der Marke sehr wohl auch eine Funktion bei rationalen Entscheidungen (im Popperschen Sinn) im Rahmen der Beschaffung investiver Dienstleistungen zukommt, die Marke folglich auch organisationalen Nachfragern einen Nutzen stiftet und somit im Rahmen der Kaufentscheidung von Relevanz sein kann. Ansatzpunkte für die auf ökonomisch-theoretischen Überlegungen basierenden Ausführungen liefert dabei zunächst die Informationsökonomik.

4 Informationsökonomische Perspektive der Markenführung bei investiven Dienstleistungen

4.1 Besonderheiten der Beschaffung investiver Dienstleistungen aus informationsökonomischer Sicht

Die Informationsökonomik stellt einen Zweig der Neuen Institutionenökonomik dar. Sie fokussiert sich auf die asymmetrische Informationsverteilung zwischen Austauschpartnern als Ursache von Marktunsicherheit (neben Umweltunsicherheit), die dadurch bestehende Möglichkeit zu opportunistischem Verhalten sowie das Informationsverhalten (Screening und Signaling) der Marktakteure als Strategien zur Reduktion dieser Unsicherheit (Adler 1996). Nachfrager sind – entweder einzeln, in der Gruppe, aber gerade bei investiven Dienstleistungen auch als Organisation – im Beschaffungsprozess mit Informationsdefiziten konfrontiert, die sie zu beheben versuchen. Dabei ist der nachfragerseitige Informationsstand geprägt durch die Eigenschaften der vorliegenden Tauschsituation, die für den Fall der Beschaffung investiver Dienstleistungen vor dem Hintergrund der in Abschn. 3.1 genannten Besonderheiten kurz zu skizzieren ist.

Basierend auf einer von Welling (2006, S. 165 ff.) vorgeschlagenen Typologie können aus Nachfragerperspektive **idealtypisch** drei **Tauschsituationen** – benannt in Anlehnung an die typischen informationsökonomischen Vertreter Nelson (1970), Akerlof (1970) und Arrow (1963) – unterschieden werden. Wesentlich ist dabei die Trennung von **logischer Beurteilbarkeit** von Gütereigenschaften (Situationsbeschreibung) und deren **faktischer Beurteilung** als Ergebnis eines Entscheidungskalküls des Nachfragers (Anwendung des Rationalprinzips):

- In **Nelson-Situationen** ist die Beurteilung von Leistungsbündeleigenschaften durch den Nachfrager vor dem Tausch grundsätzlich logisch möglich, d. h. es liegen logische Sucheigenschaften vor, die als Ergebnis eines Entscheidungskalküls vor dem Tausch beurteilt werden können. Deren Beurteilung kann aber auch auf einen Zeitpunkt nach dem Tausch verlagert werden (Kalkül-Erfahrungseigenschaften) oder gänzlich entfallen (Kalkül-Vertrauenseigenschaften).
- **Akerlof-Situationen** sind hingegen solche, in denen der Nachfrager zwar nicht vor, wohl aber nach dem Tausch logisch die Möglichkeit besitzt, die für ihn relevanten Gütereigenschaften zu beurteilen (logische Erfahrungseigenschaften). Vor dem Tausch müsste der Nachfrager zur Entscheidungsfundierung auf Informationssubstitute zurückgreifen. Bei Verzicht auf eine Beurteilung in der Nachtauschphase liegt die logische Erfahrungseigenschaft als Kalkül-Vertrauenseigenschaft vor.

- In **Arrow-Situationen** hingegen besitzt der Nachfrager weder vor noch nach dem Tausch die logische Möglichkeit zur Beurteilung der relevanten Eigenschaften und würde für seine Entscheidung auch keine Informationssubstitute heranziehen, da auch sie den Charakter von Vertrauenseigenschaften besäßen.

Wenngleich Beschaffungsentscheidungen in der Realität einen **Mix** aus den genannten Situationen darstellen, sind investive Dienstleistungen im oben definierten Sinn als Leistungsversprechen anzusehen, die erst im Anschluss an den Absatz erstellt werden, weshalb vor dem Tausch logisch keine Möglichkeit zur Beurteilung der für den Nachfrager relevanten Leistungsbündeleigenschaften besteht. Da deren logische Beurteilbarkeit nach dem Tausch jedoch in der überwiegenden Zahl der Fälle vorliegt, soll hier angenommen werden, dass **(investive) Dienstleistungen idealtypisch in Akerlof-Situationen zu beschaffen** sind. Nelson- und Arrow-Situationen können daher aus der weiteren Betrachtung ausgeschlossen werden.

Welche Wirkungsweise der Marke als Zeichen – die im Sinne der von Spence (1973, 1976) dargestellten Signaling-Instrumente als „Index" zu begreifen und von Reputation als „exogenously costly signal" zu unterscheiden ist (Welling 2006, S. 182) – in Akerlof-Situationen beobachtet werden kann, ist Thema des folgenden Abschn. 4.2.

4.2 Informationsökonomische Überlegungen zu Markenwirkungen

Markenfunktionen sind in der Literatur vielfältig thematisiert und dabei auch (aufgrund unterschiedlicher Markenverständnisse und Theoriezugänge) unterschiedlich dargelegt worden. Ein allgemein anerkannter Systematisierungsansatz von Markenfunktionen ist bis dato nicht auszumachen (Kemper 2000, S. 11). Der Fokus liegt hier auf nachfragerseitigen Markenfunktionen, die primär im Beschaffungsprozess ihre Wirkung entfalten können und sich aus informationsökonomischer Sicht in eine Informationskosten- und eine Unsicherheitsreduktionsfunktion unterteilen lassen (Welling 2006, S. 183 f.): Eine **Informationskostenreduktionsfunktion** kommt der Marke dann zu, wenn durch ihren Einsatz eine direkt die Kosten des Beschaffungsprozesses reduzierende Wirkung eintritt. Von der Erfüllung der **Unsicherheitsreduktionsfunktion** einer Marke wäre zu sprechen, wenn sich durch die Existenz der Marke bei gleicher Höhe der im Beschaffungsprozess anfallenden Informationskosten direkt die Qualitätseinschätzung (bzw. die Einschätzung der Eignung zur Bedürfnisbefriedigung) des Nachfragers bezüglich der mit der Marke markierten Leistung ändert.

Um aufzuzeigen, inwiefern der Marke als Zeichen bei der Beschaffung investiver Dienstleistungen eine Informationskosten und/oder eine Unsicherheit reduzierende Wirkung im obigen Sinne zukommt, erfolgt eine weitergehende idealtypische Unterscheidung konkreter Tauschsituationen. Geht man dabei davon aus, dass der Nachfrager eine bestimmte Nutzenerwartung hat, er das aus seiner Sicht qualitativ überlegene Leistungsbündel wählen und daher einen Tausch eingehen will, stellt sich die Markenwirkung in „verschiedenen" Akerlof-Situationen (im Vergleich zum Fall ohne Einsatz von Marken) folgendermaßen dar (Welling 2006, S. 186 ff.):

(1) In Beschaffungssituationen, in denen ein organisationaler Nachfrager über keinerlei Vorwissen bezüglich der Qualitätsausprägung der relevanten Eigenschaften des Leistungsbündels und dessen Anbieter verfügt, kann weder die Informationskosten- noch die Unsicherheitsreduktionsfunktion der Marke greifen. Dies liegt darin begründet, dass logisch keine Möglichkeit zur Beurteilung der relevanten Eigenschaften besteht und dementsprechend keine Informationsprobleme und somit keine Informationskosten vor dem Tausch entstehen. Unter der Annahme, dass keine weiteren Möglichkeiten zur Informationsübertragung vorhanden sind, würden Nachfrager hier zufällig eine Alternative aus dem gesamten Güterangebot wählen.

(2) Ein anderes Bild ergibt sich hingegen, wenn man Beschaffungssituationen betrachtet, in denen ein Nachfrager das im Erstkauf erworbene Wissen für seine aktuelle Entscheidungsfindung nutzen kann und vereinfachend unterstellt wird, dass weder Präferenzänderungen auf Nachfrager- noch Qualitätsänderungen auf Anbieterseite stattgefunden haben. Zwar entfaltet die Marke aufgrund der fehlenden Beurteilungsmöglichkeit vor dem Kauf und den oben aufgezeigten Konsequenzen keine Informationskosten senkende Wirkung. Sie kann jedoch auf die Unsicherheit und somit das Entscheidungsverhalten des Nachfragers Einfluss nehmen, was darin begründet liegt, dass der Nachfrager die Erfahrungseigenschaft nach dem Erstkauf überprüfen kann und das dadurch gewonnene Wissen den Informationsstand im Wiederholungskauf verbessert. Zu unterscheiden ist dabei, ob die Erwartung des Nachfragers beim Erstkauf (über-)erfüllt (Zufriedenheit) oder nicht erfüllt wurde (Unzufriedenheit).

(3) Des Weiteren ist der Fall denkbar, dass sich ein Nachfrager in einer Situation befindet, in der er zwar keine eigene Erfahrung in einer „Produktkategorie" hat, jedoch durch Kommunikation mit anderen Nachfragern Informationen über die für ihn relevanten Leistungsbündeleigenschaften erlangt. Von der Möglichkeit eines solchen interpersonellen Informationstransfers und einer identischen Informationsverwendung ausgehend, würde der Marke auch hier eine Unsicherheit reduzierende Wirkung zukommen, wobei diese im Unterschied zum zuvor beschriebenen Fall nicht auf der Extrapolation eigener, sondern dem Transfer fremder Erfahrungen beruht.

(4) Die Unsicherheitsreduktionsfunktion der Marke greift auch in Entscheidungssituationen, in denen ein Nachfrager den Bedarf in einer anderen als der bisherigen „Produktkategorie" zu befriedigen beabsichtigt, wobei er zwar nicht die entsprechenden Leistungseigenschaften der für ihn neuen „Produktkategorie" kennt, wohl aber die zur Kennzeichnung verwendeten Marken. Die mit einem Anbieter in bereits getätigten Transaktionen gemachten Erfahrungen kann er somit auf die veränderte Kaufsituation extrapolieren, d. h. seine Qualitätserwartungen an den ihm bereits bekannten Marken ausrichten.

Während in den skizzierten Fällen vereinfachend ein Nachfrager unterstellt wird, sind mit Blick auf die eingangs dargelegten Besonderheiten organisationaler Beschaffung weitere (hier nur angedeutete) Aspekte zu berücksichtigen. So wurde bereits darauf verwiesen, dass es sich im Falle investiver Nachfrage zumeist um Mehrpersonenentscheidungen handelt. Selbst, wenn im dritten geschilderten Fall idealtypisch von einer entsprechenden Möglichkeit der Informationsvermittlung und -verwendung zwischen den Mitgliedern des Buying Centers ausgegangen wird, wäre zu hinterfragen, welche Kaufentscheidung erfolgen würde, wenn die an der Kaufentscheidung Beteiligten ganz unterschiedliche Erfahrungen mit dem zu beschaffenden Markenleistungsbündel gemacht haben. Zudem ist mit Blick auf investive Dienstleistungen im Vergleich zu investiven Sachleistungen anzumerken, dass es sich aufgrund der Individualität von Dienstleistungen nie um identische, sondern um mehr oder weniger modifizierte Wiederholungskäufe handelt und sich eigene oder Erfahrungen Dritter daher nur mit Einschränkungen auf andere Tauschsituationen übertragen lassen.

Bevor im folgenden Abschnitt auf die Implikationen für die Markenführung eingegangen werden kann, sollen auch entsprechende Anbieteraktivitäten in die Analyse einbezogen werden. Dabei ist die Qualität nicht mehr (wie zur Analyse der isolierten Markenwirkung vereinfachend unterstellt) als Konstante, sondern als Aktionsvariable des Anbieters anzusehen, die er in Abhängigkeit seiner erwarteten Gewinnsituation mehr oder weniger variieren und seinen Nachfragern entsprechend signalisieren kann. Damit rückt die oben bereits kurz angesprochene Reputation in den Blickpunkt. In Reputationsmodellen (z. B. Klein und Leffler 1981; Shapiro 1982) wird argumentiert, dass der Anreiz bzw. Nutzen eines Anbieters, seine Qualität aufrechtzuerhalten, in der ab-diskontierten Preisprämie bzw. den zukünftigen Gewinnen liegt, die er durch diese Aktivitäten erwarten kann. Wird dies vom Nachfrager antizipiert, verfügt er unter bestimmten Umständen über eine Art „Geisel" (Klein und Leffler 1981, S. 626), die so zu verstehen ist, dass der Nachfrager – sobald der Anbieter schlechte Qualität liefert – mit Abwanderung reagiert und so die Gewinnerzielungsabsichten des Anbieters zunichtemacht.

Reputation soll hier als isolierte Erwartung der Tauschpartner verstanden werden, die sich auf das Verhalten der jeweiligen Marktgegenseite bezieht (Müller 1996, S. 93). Sofern diese gegenseitigen Erwartungen von Anbieter und Nachfrager kongruent sind, kommt es zum Wiederholungskauf. Die Marke als Zeichen kann dabei als „**Reputationsanker**" angesehen werden, an den die Erwartungen des Nachfragers anknüpfen, und stellt insofern die Voraussetzung für Aufbau und Nutzung der Markenreputation dar (Welling 2006, S. 204 f.; ferner auch Irmscher 1997, S. 180). Bezogen auf den oben dargestellten Fall des Wiederkaufs kommt es dadurch zum Reputationsaufbau, dass Nachfrager durch die Beurteilung der gewählten Leistungen nach dem Tausch erste Qualitätserfahrungen machen und diese dann extrapolieren. Der **Reputationsmechanismus** greift, sofern die Nachfrager gewillt sind, dem Anbieter aufgrund der gemachten Erfahrung eine Qualitätsprämie zu zahlen, die dieser wiederum als ausreichend ansieht. Der Reputation kommt dann entsprechend der aufgezeigten direkten Wirkung der Marke eine Unsicherheit reduzierende Wirkung zu.

Welche (weiteren) Möglichkeiten sich einem Anbieter investiver Dienstleistungen im Rahmen der Markenführung zum Reputationsaufbau zwecks Herbeiführung von Wiederholungskäufen bieten, wird im Folgenden skizziert.

4.3 Informationsökonomische Implikationen für das Markenmanagement

Im Rahmen der Markenführung können die Entscheidungen zu den von Anbietern intendierten Markenwirkungen idealtypisch als Ausgangs- bzw. Orientierungspunkt der Entscheidungen zur Gestaltung der Markenelemente und der mit der Marke zu kennzeichnenden Leistungsbündel angesehen werden (z. B. Bruhn 1994, S. 20 f.). Ein Anbieter investiver Dienstleistungen hat insbesondere Entscheidungen über die Art der Erwartungen zu treffen, die er bei seinen Nachfragern zu „wecken" gedenkt (z. B. im Hinblick auf verschiedene Qualitätsstufen), die er dann letztlich auch erfüllen muss, damit es zur Etablierung einer Geschäftsbeziehung kommen kann. Dabei ist vor allem zu berücksichtigen, dass die Erwartungen einzelner Buying-Center-Mitglieder recht unterschiedlich sein können.

Nach Maßgabe dieser vom Anbieter investiver Dienstleistungen intendierten Markenwirkungen sind dann entsprechende Entscheidungen über die Markenelemente zu treffen, die sich insbesondere auf Ausgestaltung, Anzahl und Kombination zu nutzender Markenelemente beziehen. Diese Entscheidungen wiederum stehen in engem Zusammenhang mit Entscheidungen bezüglich der Markenleistungsbündel, die vor allem die integrative Gestaltung aller mit der Marke in Verbindung gebrachter Maßnahmen fokussiert (zur besonderen Bedeutung dienstleistungsspezifischer Marketinginstrumente z. B. Stauss 2004, S. 111 ff.).

Der Gestaltung des Markenzeichens kann im Rahmen der Markenführungsbemühungen eine besondere Bedeutung beigemessen werden, da die Markenelemente in ihrem Zusammenwirken das „Erscheinungsbild" der Marke prägen (Welling 2006) und hier bereits die Weichen für einen Reputationsaufbau gestellt werden können. Insbesondere bei der Namensgebung kann es sich für Anbieter investiver Dienstleistungen als sinnvoll erweisen, die Eignung „freier" Reputation (z. B. Country-of-Origin-Effekt) zu prüfen (Welling, 2006, S. 216 f.).

Zum Aufbau von Markenreputation kann es für einen Anbieter investiver Dienstleistungen auch nützlich sein, von der **Reputation fremder Marken** im Sinne der Verwendung von Kundenreferenzen (die über eine entsprechende Reputation aus Nachfragersicht verfügen) Gebrauch zu machen. Mit Blick auf die eingangs erwähnte Besonderheit der derivativen Nachfrage bei investiven Dienstleistungen soll auch der umgekehrte Fall nicht unerwähnt bleiben. So ist es nämlich ebenso denkbar, dass die Reputation des Anbieters investiver Dienstleistungen auf das beschaffende Unternehmen übertragen wird, sich also z. B. ein Hersteller von Investitionsgütern als Anbieter von Leistungen auf nachgelagerten Märkten die Reputation eines als zuverlässig geltenden Logistikunternehmens zunutze macht. Die Reputation eines Dienstleistungsanbieters (z. B. eines Beratungsunternehmens) kann für den organisationalen Nachfrager nicht zuletzt auch in Bezug auf dessen Position auf Beschaffungsmärkten (z. B. bei der Fremdkapitalbeschaffung) bedeutend sein (Thiell 2006, S. 107 f.).

Eine weitere Möglichkeit des Aufbaus von Markenreputation besteht in der Nutzung der **bereits bestehenden eigenen Reputation**, d. h. im Transfer einer bereits genutzten Marke auf ein weiteres Leistungsbündel, was dem Nachfrager eine Extrapolation seiner bisherigen Erfahrungen mit dem Anbieter investiver Dienstleistungen ermöglicht (Welling 2006, S. 213). Neben der Möglichkeit zur Tandemmarkierung dürfte hier der klassische Fall der Markenerweiterung, d. h. der Nutzung eines bestehenden Zeichens für ein neues Leistungsbündel, ohne für dieses ein neues Zeichen zu entwickeln, der bedeutendere Fall sein.

Neben den genannten Ansatzpunkten zum Reputationsaufbau unter Rückgriff auf bereits bestehende eigene oder fremde Reputation bieten sich einem Anbieter investiver Dienstleistungen – abgesehen von Qualitätsmaßnahmen – weitere Möglichkeiten, den Reputationsaufbau anzustoßen, **ohne** aber bereits **Reputation** vorauszusetzen. So kann ein Anbieter investiver Dienstleistungen u. a. darauf abstellen, das Gesamtkalkül des organisationalen Nachfragers zu beeinflussen, indem er beispielsweise seine Entgeltforderungen reduziert oder auf die Verwendung expliziter Verträge (Spence 1976), wie z. B. Garantien oder Konventionalstrafen, zurückgreift.

Nachdem auf Basis informationsökonomischer Überlegungen gezeigt wurde, dass Marken (und der an sie gekoppelten Reputation) eine Unsicherheitsreduktionsfunktion und somit Relevanz im Beschaffungsprozess investiver Dienstleistungen zukommt und welche Ansatzpunkte bestehen, um eine Markenreputation aufzubauen, gilt es nun, die eingangs gestellte Forschungsfrage aus ressourcen- und kompetenztheoretischer Sicht zu beantworten.

5   Ressourcen- und kompetenzbasiertes Markenmanagement investiver Dienstleistungen

5.1   Kompetenzbasierter Ansatz im Markenkontext

Der kompetenzbasierte Ansatz (Teece et al. 1997; Helfat et al. 2007; Teece 2007; Freiling et al. 2008; Teece 2012) ist Teil der ressourcenbasierten Forschung (Resource-based View; Freiling 2001, 2004) und versucht, Wettbewerbsvorteile bzw. die Wettbewerbsfähigkeit von Unternehmen durch die Verfügbarkeit marktrelevanter Potenziale – so auch Marken – zu erklären. Dabei steht die zeitliche Komponente des Aufbaus und der weiteren Entwicklung von Erfolgspotenzialen im Mittelpunkt. Es wird davon ausgegangen, dass sich durch den unternehmerischen Einsatz dieser Potenziale die geltenden Rahmenbedingungen von Unternehmen beeinflussen lassen. Diese gemäßigt voluntaristische und zugleich evolutorische Perspektive stellt die wichtigsten Unterscheidungsmerkmale zur oben betrachteten Informationsökonomik dar.

Eine solche Betrachtungsweise ermöglicht es, den Aufbau von Markenkonzeptionen nachzuvollziehen, wobei der Blick nicht nur auf die Kombination des Markenzeichens mit anderen Anbieterpotenzialen als „Ankerpunkte" fällt, sondern gerade auch die Interaktion zwischen dem Anbieter und der Mehrzahl der relevanten Kunden in den Mittelpunkt rückt. Die evolutorische Perspektive gestattet es, sowohl den Markenwert steigernde als auch senkende Kräfte zu betrachten; die dynamische Perspektive des Dynamic Capabilities Approach (Teece 2007) sensibilisiert für die Notwendigkeit und Möglichkeiten systemischer Weiterentwicklung von Marken und Markenführungskonzepten. Dabei konstituieren sich „Dynamic Capabilities" gemäß Teece (2007, 2012) aus Aktivitäten des Sensing (der Identifikation neuer Handlungsoptionen), Seizing (der Ausübung und Umsetzung neuer Handlungsoptionen) und Reconfiguring (den veränderungsbedingten Strategie- und Strukturanpassungen).

Unter den Potenzialen kann zweckmäßigerweise zwischen endlicher, regenerierbarer und generativer Art unterschieden werden (Moldaschl 2005). Die Differenzierung ist wichtig, weil für alle Kategorien unterschiedliche Verwertungsregeln gelten. Während endliche Faktoren sparsam, regenerierbare Mittel hingegen nachhaltig eingesetzt werden sollten, gelten für generative Potenziale andere Regeln: Sie reichern sich nämlich durch ihren Einsatz an, gewinnen demnach – zumindest bei sachgemäßem Einsatz – an Wert. Entsprechend sollten sie eher „verschwenderisch" genutzt werden. Marken fallen exakt in diese Kategorie – Dynamic Capabilities im Übrigen ebenfalls. Zu betonen ist, dass eine derartige Nutzung im Schwerpunkt auf den Einsatz von Marken im Markt zu beziehen ist. Je stärker das Kontaktpotenzial von Marken ist, desto mehr Möglichkeiten bestehen, über die Mittel der Eigen- und Fremdkommunikation (hier insbesondere Referenzen, Mund-zu-Mund-Kommunikation) die Bekanntheit der Marke zu erhöhen und darüber weitere förderliche Effekte auszulösen. Mit Blick auf den Charakter investiver Dienstleistungen ist dies von besonderer Bedeutung, da das Kontaktpotenzial derartiger Leistungen im Bereich des anonymen Vorkaufsmarketings ansonsten eher begrenzt ist.

Dass der kompetenzbasierte Ansatz ansonsten die Eignung aufweist, den Besonderheiten investiver Dienstleistungen zu entsprechen, wird in der Literatur bestätigt (Freiling und Gersch 2008), was vor allem auf die Grundargumentation zurückzuführen ist: Ausgangspunkt von Wettbewerbsfähigkeit sind die betrieblichen Potenziale, die es zu nutzen und zu veredeln gilt, um sie in Prozessen marktkonform zu aktivieren und in möglichst überlegene Marktleistungen einfließen zu lassen. Diese Argumentationslogik bildet exakt die Dimensionen der Dienstleistungsproduktion (Bereitstellungsleistung, Erstellungsprozess und Leistungsergebnis) ab und erlaubt eine Berücksichtigung der im Markenkontext relevanten konstitutiven Dienstleistungsmerkmale (siehe Abschn. 3.1).

Was aber sind die Markenfunktionen bei Zugrundelegung einer kompetenztheoretischen Sicht? Dieser Frage ist im Abschn. 5.2 nachzugehen.

5.2 Kompetenztheoretische Überlegungen zu Markenwirkungen

Im kompetenzbasierten Ansatz werden Unternehmen als offene Systeme verstanden (Sanchez et al. 1996), die auf unterschiedlichste Weise mit diversen externen Parteien kooperieren. Diese Kooperation dient durchweg der Stärkung und Veredelung der eigenen betrieblichen Potenziale – z. B. indem wichtige Lücken geschlossen werden. Eine zentrale Rolle fällt gerade in investiven Kontexten den Kunden zu. Sie sind Leistungsempfänger und kommen – insbesondere bei investiven Dienstleistungen – in mehrfacher Weise durch die Kundenintegration mit unterschiedlichen Anbieterpotenzialen in Kontakt. Ihre Wahrnehmung der Anbietersphäre ist aufgrund enger Anbieter-Nachfrager-Beziehungen daher besonders intensiv. Sie geraten folglich mit der Marke und vor allem mit der markenrelevanten Umgebung mehrfach in Kontakt.

Dieser Punkt ist vor dem Hintergrund der Interconnectedness-Diskussion des kompetenzbasierten Ansatzes wichtig (Dierickx und Cool 1989): Die Interconnectedness verweist auf bestehende Kopplungen oft vielfältiger Art im Potenzialbereich des Anbieters. Diese Zusammenhänge schlagen sich auch in den Beurteilungsmustern (oft mit dem Begriff der „Logiken" erfasst) der Nachfrager nieder, wobei aufgrund der Subjektivismus-Annahme des Ansatzes (Freiling et al. 2008) jeder Mensch – bedingt durch sein individuelles Wissen und Können – zu anderen Einschätzungen gelangt. Dies jedenfalls erklärt, wie eine Marke als Zeichen eine nicht nur unternehmens-, sondern auch kundenspezifische Symbolkraft erhalten kann: Durch Potenzial-, Prozess- und Ergebnisassoziation auf Leistungs- sowie Anbieterebene wird eine Marke „aufgeladen", ein Prozess, der durch die Verbindung der Marke zu den sie umgebenden Potenzialen entspringt. Vor diesem Hintergrund erlangt die Marke eine Symbolkraft aus Sicht des Käufers, welche die übliche Vorstellung vom „Information Chunk" bekräftigt. Für den Käufer geht damit eine wesentlich einfachere Orientierung einher. Berücksichtigt man ferner den Wissensfluss zwischen den Mitgliedern von Beschaffungsgremien, werden Fortschreibungseffekte sichtbar, die in ähnlicher Weise Informations- und Wissenslücken der betreffenden Personen schließen können.

Marken erlangen in kompetenztheoretischer Interpretation in industriellen Beschaffungsvorgängen aber vor allem auch dann eine Bedeutung, wenn die organisationalen Beschaffungsregeln und die damit verbundenen Überwachungssysteme ins Blickfeld geraten. Der kompetenzbasierte Ansatz argumentiert hier mit Routinen, die zum Teil formaler, oftmals aber informeller Natur sind. Routinen sind wissensbasierte und einstudierte Handlungsfolgen, die auf die Lösung eines bestimmten Aufgabenkontextes gerichtet sind. Die Beschaffungsroutinen sollen die Zieladäquanz und Professionalität der Beschaffung unter Rückgriff auf vorhandenes Erfahrungswissen sicherstellen. Marken werden in formale Routinen oftmals keinen Eingang finden, wohl aber in die informellen Abläufe der Mitglieder des Beschaffungsgremiums sowie derjenigen Personen, welche die Evaluation von Entscheidungen des Zukaufs investiver Dienstleistungen leiten. So ist davon auszugehen, dass Anbieter mit „reputationsstarken" Marken in den Entscheidungskalkülen der Beschaffungsgremien über Vorteile verfügen und ferner die Mitglieder des Buying Centers ihre Entscheidungen mit Verweis auf die Auswahl von markenstarken Anbietern leichter rechtfertigen können. Marken schaffen daher Orientierung im Beschaffungsprozess und reduzieren Risiken auf effiziente Weise, können bei Beschaffern aber auch Fehlentscheidungsrisiken bedingen, wenn Marke und investive Dienstleistung divergieren. Es ist im Unterschied zur Informationsökonomik zu betonen, dass der kompetenzbasierte Ansatz erfasst, wie das markenbezogene Wissen des Nachfragers über die Mitglieder des Buying Centers ständig fortgeschrieben wird und wie Änderungen in der Interpretation der Marke und der mit ihr verbundenen Umgebung zu nachfragerseitigen Irritationen führen können, weil sich im gesammelten Wissen Inkonsistenzen des Anbieters offenbaren.

5.3 Kompetenztheoretische Implikationen für das Markenmanagement

Der folgende Abschnitt soll schlaglichtartig beleuchten, welche – zueinander in Beziehung stehenden – Akzente ein kompetenztheoretisches Markenmanagement in den Vordergrund rückt.

Marken mögen als Zeichen Teile der „Oberflächenstruktur" des Anbieters sein. Allerdings lehrt das Interconnectedness-Argument, dass eine Sicht, die auf dieser Strukturebene stehen bleibt, den eigentlichen Sinn des Einsatzes von Marken kaum zu erfassen vermag: Marken sind in subtiler Weise mit anderen Potenzialen – und zwar auf Anbieter- **und** auf Nachfragerseite – zumeist untrennbar verknüpft. Es sind vor allem die anbieterseitigen Tiefenstrukturen (z. B. Werte, Kultur, Verhaltensweisen, Können), zu denen die Marke in Beziehung steht. Das bedeutet, dass ein Markenmanagement gerade auch im industriellen Dienstleistungsbereich ein Vehikel darstellt, um nicht nur (halbwegs) fassbare Eigenschaften aus dem Anbieterbereich zu spiegeln, sondern vor allem schwer greifbare Werte, komplexe Fähigkeiten oder wichtige Verhaltensgrundsätze zu symbolisieren, die ansonsten nur schwer zu vermitteln sind. Dies spiegelt sich etwa auch im Ansatz der identitätsbasierten Markenführung (Burmann und Meffert 2005). Diese Überlegungen betreffen im Kern die oben genannten Informationssubstitute, die gerade für die Vermarktung investiver Dienstleistungen in der Forschung als zentral gesehen werden. Die Abstimmung zwischen einzelnen Elementen der Oberflächen- und Tiefenstruktur, also das **Fit-orientierte Markenmanagement**, wird somit zu einer zentralen Aufgabe in einem weiter gefassten Markenmanagement, welches sowohl nach innen als auch nach außen gerichtet ist.

Dem Fit-orientierten steht das **Stretch-orientierte Markenmanagement** gegenüber. Diese auf Dehnung ausgerichtete Komponente kompetenzorientierten Markenmanagements betont die evolutorische Dimension. In diesem Zusammenhang sind folgende Kontexte zu unterscheiden: (1) die behutsame Kreation und Etablierung neuer Marken, (2) die zwar eine „verschwenderische Nutzung" dieses generativen Potenzials betreibende, zugleich aber mit Augenmaß vollzogene Markenextension und (3) die vorsichtige Umpositionierung nicht mehr völlig zeitgemäßer Marken. Der Grund für die sehr bedachte Vorgehensweise liegt darin, dass Marken als Zeichen aufgrund ihrer Verästelung mit anderen betrieblichen Potenzialen sehr leicht zu Disharmonien führen können, welche positive Wirkungen der Marke teilweise schlagartig zunichtemachen können. Daher gilt es, die organisationale Entwicklung des Anbieters mit den Entwicklungstendenzen im Markt in Einklang zu bringen. Dies erfordert insbesondere Anbindungen des Markenzeichens an langfristige und wichtige Stärkepositionen des Anbieters im Wettbewerb, auf die sich die Positionierung der Marke gründen lässt. Die schwierigsten Entscheidungen in diesem Bereich sind ohne Zweifel die Extensionen und Umpositionierungen. Bei Extensionen besteht die Gefahr, dass die anbieterseitig beabsichtigten Verbindungen mit anderen Potenzialen (vor allem Kompetenzen) nicht zu bewerkstelligen oder nicht zu vermitteln sind. Im Falle der Umpositionierung ist insbesondere das nachfragerseitige Wissen der entscheidende Faktor, da es hier zu Irritationen kommen kann, die trotz der engen Märkte im investiven Dienstleistungsbereich vom Anbieter schlecht erkannt werden können, was ein gezieltes Einwirken erschwert.

Im Sinne der drei Komponenten von Dynamic Capabilities gemäß Teece (2007) fordern auch Sensing, Seizing und Reconfiguring das Markenmanagement investiver Dienstleistungen heraus. Das Sensing setzt bei investiven Dienstleistungsmarken bereits bei der Analyse getätigter Service-Transaktionen an, von denen Impulse auf die Veränderung des Markenkerns, aber auch der Markenperipherie ausgehen können. Es gilt hier etwa, neue Anwendungskontexte für investive Dienstleistungsmarken zu identifizieren, die sich auf die bestehende Kundschaft, einen erweiterten Kundenkreis bzw. neue Marktsegmente bis hin zu Services für neue Branchen erstrecken können. Das Seizing beinhaltet, damit in Verbindung stehend, Impactanalysen der Ergreifung neuer Markenoptionen, Entscheidungsfindungsprozesse sowie Neukonzeption von Teilmarkenkonzepten und Anpassungen in Markenkern und Markenperipherie. Das Reconfiguring schließt Änderungen in den Oberflächen- (Prozesse im Markenmanagement, Zuständigkeiten u. dgl.) und Tiefenstrukturen (Werte, Markenführungskompetenzen) ein.

6   Fazit

Das Ziel des vorliegenden Beitrags bestand darin, die Bedeutung der Marke im B-to-B-Bereich und speziell für investive Dienstleistungen aus Sicht der Management- und Organisationstheorie unter Bezugnahme auf ausgewählte ökonomisch-theoretische Ansätze und somit alternativ zu verhaltenswissenschaftlichen Theoriezugängen zu beleuchten.

Die Ausführungen verdeutlichen, dass der Marke auch im Kontext investiver Dienstleistungen aus sowohl informationsökonomischer als auch kompetenztheoretischer Perspektive aufgrund der jeweils vorgestellten Wirkungsweisen eine Relevanz zukommt. Darüber hinaus wurden aus beiden Theoriezugängen jeweils wesentliche Managementimplikationen abgeleitet.

Literatur

Adler, J. (1996). *Informationsökonomische Fundierung von Austauschprozessen.* Wiesbaden: Gabler.

Akerlof, G. A. (1970). The market for "lemons". *Quarterly Journal of Economics, 84*(3), 488–500.

Alchian, A. A., & Woodward, S. (1988). The firm is dead, long live the firm. *Journal of Economic Literature, 26*(1), 65–79.

Arrow, K. J. (1963). Uncertainty and the welfare economics of medical care. *American Economic Review, 53*(5), 941–973.

Axelsson, B., & Wynstra, F. (2002). *Buying business services.* West Sussex: Wiley.

Backhaus, K., & Voeth, M. (2015). Besonderheiten des Industriegütermarketings. In K. Backhaus & M. Voeth (Hrsg.), *Handbuch Industriegütermarketing* (2. Aufl., S. 17–29). Wiesbaden: Springer.

Baumgarth, C., & Douven, S. (2006). Business-to-Business-Markenforschung. In A. Strebinger, W. Mayerhofer & H. Kurz (Hrsg.), *Werbe- und Markenforschung* (S. 135–167). Wiesbaden: Gabler.

Bausback, N. (2007). *Positionierung von Business-to-Business-Marken.* Wiesbaden: Gabler.

Berger, P., & Luckmann, T. (1993). *Die gesellschaftliche Konstruktion der Wirklichkeit.* Frankfurt a. M.: Fischer.

Blombäck, A. (2005). *Supplier brand image.* Jönköping: Jönkoping University.

Bruhn, M. (1994). Begriffsabgrenzungen und Erscheinungsformen von Marken. In M. Bruhn (Hrsg.), *Handbuch Markenartikel* (Bd. 1, S. 3–41). Stuttgart: Schaffer-Poeschel.

Burmann, C., & Meffert, H. (2005). Theoretisches Grundkonzept der identitätsorientierten Markenführung. In H. Meffert, C. Burmann & M. Koers (Hrsg.), *Markenmanagement* (2. Aufl., S. 37–72). Wiesbaden: Gabler.

Burmann, C., Meffert, H., & Koers, M. (2005). Stellenwert und Gegenstand des Markenmanagements. In H. Meffert, C. Burmann & M. Koers (Hrsg.), *Markenmanagement* (2. Aufl., S. 3–17). Wiesbaden: Gabler.

Caspar, M., Hecker, A., & Sabel, T. (2002). *Markenrelevanz in der Unternehmensführung.* MCM/McKinsey-Reihe zur Markenpolitik, Arbeitspapier Nr. 4. Münster: MCM Münster.

Dierickx, I., & Cool, K. (1989). Asset stock accumulation and sustainability of competitive advantage. *Management Science, 35*(11), 1504–1511.

DiMaggio, P. J., & Powell, W. W. (1983). The iron cage revisited. *American Sociological Review, 48*(1), 147–160.

Engelhardt, W. H., & Freiling, J. (1995). Die integrative Gestaltung von Leistungspotentialen. *Schmalenbachs Zeitschrift für betriebswirtschaftliche Forschung, 47*(10), 899–918.

Engelhardt, W. H., & Günter, B. (1981). *Investitionsgüter-Marketing.* Stuttgart: Kohlhammer.

Engelhardt, W. H., & Schwab, W. (1982). Die Beschaffung von investiven Dienstleistungen. *Die Betriebswirtschaft, 42*(4), 503–513.

Engelhardt, W. H., Kleinaltenkamp, M., & Reckenfelderbäumer, M. (1993). Leistungsbündel als Absatzobjekte. *Zeitschrift für betriebswirtschaftliche Forschung, 45*(5), 395–426.

Freiling, J. (2001). *Resource-based View und ökonomische Theorie.* Wiesbaden: Gabler.

Freiling, J. (2004). A competence-based theory of the firm. *Management Revue, 15*(1), 27–52.

Freiling, J. (2007). Erfolgspotenziale. In R. Köhler, H.-U. Küpper & A. Pfingsten (Hrsg.), *Handwörterbuch der Betriebswirtschaft* (6. Aufl., S. 402–412). Stuttgart: Schäffer-Poeschel.

Freiling, J., & Gersch, M. (2008). Auf dem Weg zu einer „Dienstleistungstheorie". In J. Freiling, C. Rasche & U. Wilkens (Hrsg.), *Jahrbuch Strategisches Kompetenz-Management* (Bd. 2, S. 99–130). München, Mering: Rainer Hamp.

Freiling, J., Gersch, M., & Goeke, C. (2008). On the path towards a competence-based theory of the firm. *Organization Studies, 29*(8/9), 1143–1164.

Giddens, A. (1984). *The constitution of society.* Cambridge, London: Polity Press.

Hague, P. N., & Jackson, P. (1994). *The Power of Industrial Brands*. London: McGraw-Hill.

Helfat, C. E., Finkelstein, S., Mitchell, W., Peteraf, M. A., Singh, H., Teece, D. J., & Winter, S. G. (2007). *Dynamic capabilities – understanding strategic change in organizations*. Malden: Blackwell Publishing.

Homburg, C., Jensen, O., & Richter, M. (2006). Die Kaufverhaltensrelevanz von Marken im Industriegüterbereich. *Die Unternehmung*, 60(4), 281–296.

Irmscher, M. (1997). *Markenwertmanagement*. Frankfurt a. M.: Peter Lang.

Jacobides, M. G., Knudson, T., & Augier, M. (2006). Benefiting from innovation. *Research Policy*, 35(8), 1200–1221.

Kemper, A. C. (2000). *Strategische Markenpolitik im Investitionsgüterbereich*. Lohmar, Köln: Eul.

Kißling, V. (1999). *Beschaffung professioneller Dienstleistungen*. Berlin: Duncker & Humblot.

Klein, B., & Leffler, K. B. (1981). The role of market forces in assuring contractual performance. *Journal of Political Economy*, 89(4), 615–641.

Kleinaltenkamp, M. (1997). Integrativität als Kern einer umfassenden Leistungslehre. In K. Backhaus (Hrsg.), *Marktleistung und Wettbewerb* (S. 625–648). Wiesbaden: Gabler.

Meyer, J. W., & Rowan, B. (1977). Institutionalized organizations. *American Journal of Sociology*, 83(2), 440–463.

Moldaschl, M. (2005). *Immaterielle Ressourcen*. München, Mering: Rainer Hampp.

Müller, J. (1996). *Diversifikation und Reputation*. Wiesbaden: DUV.

Nelson, P. (1970). Information and consumer behavior. *Journal of Political Economy*, 78(2), 311–329.

Plinke, W. (1991). Investitionsgütermarketing. *Marketing ZFP*, 13(3), 172–177.

Popper, K. R. (2000). *Das Rationalitätsprinzip* (S. 350–359). Tübingen: Mohr Siebeck.

Richter, M. (2007). *Markenbedeutung und -management im Industriegüterbereich*. Wiesbaden: DUV.

Sanchez, R., Heene, A., & Thomas, H. (1996). Towards the theory and practice of competence-based competition. In R. Sanchez, A. Heene, H. Thomas & S. Chichester (Hrsg.), *Dynamics of competence-based competition* (S. 1–35). Oxford: Elsevier.

Shapiro, C. (1982). Consumer information, product quality, and seller reputation. *Bell Journal of Economics*, 13(1), 20–35.

Spence, M. A. (1973). Job market signaling. *Quarterly Journal of Economics*, 87(3), 355–374.

Spence, M. A. (1976). Informational aspects of market structure. *Quarterly Journal of Economics*, 90(4), 591–597.

Stauss, B. (2004). Dienstleistungsmarken. In M. Bruhn (Hrsg.), *Handbuch Markenführung* 2. Aufl. (Bd. 1, S. 95–118). Wiesbaden: Gabler.

Teece, D. J. (1986). Profiting from technological innovation. *Research Policy*, 15(6), 285–305.

Teece, D. J. (2007). Explicating dynamic capabilities: the nature and microfoundations of (sustainable) enterprise performance. *Strategic Management Journal*, 28(13), 1319–1350.

Teece, D. J. (2012). Dynamic capabilities: routines versus entrepreneurial action. *Journal of Management Studies*, 49(8), 1395–1401.

Teece, D. J., Pisano, G., & Shuen, A. (1997). Dynamic capabilities and strategic management. *Strategic Management Journal*, 18(7), 509–533.

Thiell, M. (2006). *Strategische Beschaffung von Dienstleistungen*. Nürnberg: VDM.

Welling, M. (2006). *Ökonomik der Marke*. Wiesbaden: Gabler.

Wolf, J. (2005). *Organisation, Management, Unternehmensführung*. Wiesbaden: Gabler.

Woratschek, H. (1996). Die Typologie von Dienstleistungen aus informationsökonomischer Sicht. *der markt*, 35(1), 59–71.

Verhaltenswissenschaftliche Betrachtung von B-to-B-Marken

Carsten Baumgarth und Sabine Meissner

Zusammenfassung

Ziel des verhaltenswissenschaftlichen Ansatzes ist die Erklärung tatsächlichen Verhaltens. Auf der Basis theoretischer Ansätze und empirisch fundierter Ergebnisse sollen Erklärung, Prognose und Gestaltung von Verhalten ermöglicht werden. Dabei werden sowohl individuelle Faktoren wie Motivationen, Emotionen und Kognitionen als auch soziale Faktoren wie der Gruppeneinfluss berücksichtigt. Aufgrund der hohen Komplexität des Untersuchungsgegenstandes ist es bisher nicht gelungen, ein empirisch überprüfbares Totalmodell zu entwickeln. Vielmehr gibt es eine Vielzahl von Partialmodellen. Wegen der gleichermaßen hohen Bedeutung von Kunden und Mitarbeitern für den Erfolg der B-to-B-Marke bezieht sich eine verhaltenswissenschaftliche Betrachtung der B-to-B-Marke auf beide Zielgruppen.

Schlüsselbegriffe

Brand Citizenship Behavior · Brand Commitment · Beschaffungsphasen · Buying Center · Führungstheorien · Geschäftstypen · Kaufklassenansatz · Markenorientierung · Nutzen · Risiko · Verhaltenswissenschaften

C. Baumgarth (✉)
Hochschule für Wirtschaft und Recht Berlin
Berlin, Deutschland
E-Mail: cb@cbaumgarth.net

S. Meissner
Deutscher Heilbäderverband
Berlin, Deutschland
E-Mail: sabine.meissner@dhv-berlin.de

© Springer Fachmedien Wiesbaden GmbH, ein Teil von Springer Nature 2018
C. Baumgarth (Hrsg.), *B-to-B-Markenführung*, https://doi.org/10.1007/978-3-658-05097-9_8

Inhaltsverzeichnis

1   Verhaltenswissenschaftlicher Ansatz in der Betriebswirtschaftslehre

In der Management-, Marketing- und Markenforschung gibt es eine Vielzahl von theoretischen Positionen oder „Denkschulen" (z. B. Kuß 2013, S. 205 ff.; Sheth et al. 1988; Wolf 2013) zur Deskription und Explanation von interessierenden Phänomenen.

Der verhaltenswissenschaftliche Ansatz ist eine – nach einer in den 1980er-Jahren speziell in Deutschland heftig geführten Debatte (z. B. Dichtl 1983; Schneider 1983) – mittlerweile fest etablierte Denkschule im Management (z. B. Staehle 1999; Steinmann et al. 2013), im Marketing (z. B. Kroeber-Riel und Esch 2015) und in der Markenpolitik (z. B. Esch 2014; Keller 2013). Deutliches Zeichen dafür ist auch die Existenz renommierter Spezialzeitschriften (z. B. *Journal of Consumer Research*), von Verbänden (z. B. *Association for Consumer Research*), Spezialmonographien (z. B. Kroeber-Riel und Gröppel-Klein 2013) und ausführliche Kapitel in Lehrbüchern zum Marketing (z. B. Backhaus und Voeth 2014, S. 37 ff.; Homburg und Krohmer 2009, S. 23 ff.; Meffert et al. 2015, S. 96 ff.) und zur Markenpolitik (z. B. Baumgarth 2014, S. 46 ff. und S. 85 ff.).

Auch Franke (2002, S. 93 ff.) kommt in seiner Befragung von amerikanischen und deutschen Marketingwissenschaftlern zu dem Ergebnis, dass die verhaltenswissenschaftliche Denkschule etabliert und die von den Wissenschaftlern z. Zt. in beiden Ländern am stärksten präferierte theoretische Perspektive ist.

Der Kerngedanke der verhaltenswissenschaftlichen Betrachtung in der Betriebswirtschaftslehre ist die Analyse und Erklärung **tatsächlichen Verhaltens** von Menschen (z. B. Kuß 2013, S. 217; Wolf 2013, S. 234). Das heißt, das tatsächliche Verhalten von Personen bildet den Ausgangspunkt der Analyse, wobei angenommen wird, dass dieses Verhalten „Gesetzmäßigkeiten" aufweist (Schanz 1990, S. 230). Dabei umfasst das Verhalten nicht

nur Handlungen als zielgerichtet-rationale Aktionen, sondern gerade auch nicht zielgerichtete, emotionale oder anders angetriebene Aktionen (Wolf 2013, S. 236). Im Einzelnen
folgen daraus nachstehende Merkmale des verhaltenswissenschaftlichen Ansatzes (ähnlich Wolf 2013, S. 242 ff.):

- Verhalten von Individuen und Gruppen von Individuen (z. B. Unternehmen) bilden den
  Ausgangspunkt der Analyse.
- Deskriptiv-realtypischer Untersuchungsansatz: Ausgangspunkt verhaltenswissenschaftlicher Forschung bildet immer das reale Verhalten. Die Kernfrage lautet daher
  immer „Wie verhalten sich bzw. entscheiden Menschen oder Gruppen von Menschen
  wirklich?" Diese Betrachtung des Verhaltens geschieht regelmäßig empirisch. Aufbauend auf diesem deskriptiv-empirischen Schritt erfolgt dann die Entwicklung von
  Theorien, die eine Erklärung, Prognose und Gestaltung des Verhaltens erlauben.
- Menschliches Verhalten kann nur dann hinreichend beschrieben werden, wenn sowohl
  individuelle Faktoren wie Motivationen, Emotionen und Kognitionen als auch soziale
  Faktoren wie Gruppeneinfluss berücksichtigt werden.
- Verhalten beschränkt sich nicht nur auf geplante und zielgerichtete Handlungen, son-
  dern muss auch ungeplantes Verhalten berücksichtigen. Häufig ist dieses ungeplante
  Verhalten sogar wichtiger und dominiert das tatsächliche Verhalten und Entscheiden.

Trotz dieses gemeinsamen Kerns des verhaltenswissenschaftlichen Ansatzes handelt
es sich bei dieser Denkschule um ein heterogenes Feld. Zum einen stammen die im
Marketing und in der Markenpolitik verwendeten verhaltenswissenschaftlichen Theorien
regelmäßig aus **Nachbarwissenschaften** wie insbesondere Psychologie und Soziologie.
Zum anderen sind bislang sowohl im Konsumgüter- als auch im Industriegüterbereich
alle Versuche gescheitert, Totalmodelle des Verhaltens zu entwickeln (zu Ansätzen z. B.
Blackwell et al. 2006; Webster und Wind 1972a). Daher hat man es bei einer verhaltenswissenschaftlichen Betrachtung mit einer Vielzahl an Partialtheorien zu tun, die teilweise
auch zu gegensätzlichen Erklärungen, Prognosen und Gestaltungsempfehlungen führen.
Letztlich kann nur die empirische Überprüfung des tatsächlichen Verhaltens quasi als
„Schiedsrichter" die Überlegenheit einer **Partialtheorie** gegenüber anderen Erklärungsansätzen beantworten.

Ziel dieses Beitrags kann es daher auch nicht sein, einen vollständigen Überblick über
die vorhandenen Partialansätze zur Erklärung von Verhalten im Kontext von B-to-B-Marken zu liefern. Vielmehr sollen die grundsätzliche Fruchtbarkeit und der Kerngedanke der
verhaltenswissenschaftlichen Betrachtung, eine Systematisierung möglicher Suchfelder
der verhaltenswissenschaftlichen Erklärung sowie zentrale Partialtheorien und Erkenntnisse der B-to-B-Markenwissenschaft aufgezeigt werden.

2 Verhaltenswissenschaftliche Suchfelder zur Erklärung von B-to-B-Marken

Wie angedeutet, ist die verhaltenswissenschaftliche Betrachtung durch eine starke Heterogenität gekennzeichnet, die einen Überblick und einen Einstieg in diese Denkschule erschwert. Daher soll im Folgenden eine Systematik vorgestellt werden, die nicht nur den vorliegenden Beitrag systematisiert, sondern darüber hinaus helfen soll, sich im „Dschungel der verhaltenswissenschaftlichen Partialtheorien" zu orientieren.

Dabei werden zwei Dimensionen mit mehreren Ausprägungen unterschieden: Betrachtungsgegenstand und Erklärungsebene.

(1) Betrachtungsgegenstand

Im Gegensatz zur klassischen B-to-C-Markenforschung und -politik spielen im B-to-B-Kontext die Nachfrager- und die Anbieterebene im Bereich der verhaltenswissenschaftlichen Ansätze eine gleich wichtige Rolle. Dies liegt darin begründet, dass im B-to-B-Bereich die Marke nicht unabhängig von den Mitarbeitern aufgebaut und geführt werden kann. Ohne die Implementierung der Marke im (anbietenden) Unternehmen ist eine starke B-to-B-Marke undenkbar. Daher ist neben der Erklärung des **Nachfragerverhaltens** auch die Erklärung des **Anbieterverhaltens** Kern der verhaltenswissenschaftlichen Betrachtung von B-to-B-Marken. Darüber hinaus zeichnet sich das B-to-B-Geschäft durch stärkere Interaktionen zwischen Anbieter und Nachfrager aus, weshalb auch **Anbieter-Nachfrager-Ansätze** potenzielle Erklärungen für die Funktionsweise von B-to-B-Marken liefern können.

Die Nachfragerperspektive wird allgemein schon seit langem im (Industriegüter-)Marketing, im Käuferverhalten und in der Markenpolitik thematisiert. Potenzielle Partialtheorien und empirische Erkenntnisse werden daher am stärksten aus diesen Feldern stammen. Das Anbieterverhalten hingegen ist eher Gegenstand der Management-, Organisations- und Personalforschung, weshalb diese Felder den größten Beitrag erwarten lassen. Anbieter-Nachfrager-Beziehungen werden in der BWL bislang noch relativ wenig verhaltenswissenschaftlich fundiert diskutiert. Am ehesten lassen sich Ansätze in Forschungsarbeiten zum Vertrieb und zum Beziehungsmanagement vermuten.

(2) Erklärungsebene

Klassisch wird in einer verhaltensorientierten Betrachtung des Marketing und des Management zwischen den Ebenen **Individuum** und **Kollektiv** differenziert (z. B. Kroeber-Riel und Gröppel-Klein 2013). Diese Einteilung bietet sich auch zur Analyse von B-to-B-Marken an. Dabei stammen die Erklärungsansätze für die Ebene Individuum schwerpunktmäßig aus der Psychologie, speziell der Sozialpsychologie, und die Ansätze auf der Ebene Kollektiv überwiegend aus der Soziologie.

Abb. 1 fasst diese Systematisierung mit einigen ausgewählten Partialtheorien zusammen.

			Bisherige Hauptnutzer in der Betriebswirtschaftslehre		
			Management, Personal, Organisation	(Industriegüter-) Marketing, Käuferverhalten, Markenpolitik	Vertrieb, Beziehungsmanagement
		Betrachtungsebene / Erklärungsebene	Anbieterverhalten	Nachfragerverhalten	Anbieter-Nachfrager-Beziehung
Dominierende Herkunft der Partialtheorie	Psychologie, Sozialpsychologie	Individuum	▨ Brand Commitment ▨ Organizational Citizenship Behavior ▨ …	▨ Informationsverhalten ▨ Risikotheorie ▨ Nutzentheorie ▨ Image- und Einstellungstheorien ▨ …	▨ Kommunikationstheorien ▨ Adaptive Selling ▨ Vertrauen ▨ …
	Soziologie	Kollektiv	▨ Führungstheorien ▨ Unternehmenskultur ▨ …	▨ Buying Center ▨ Transaktionstypen ▨ …	▨ Netzwerktheorie ▨ Machttheorien ▨ …

Abb. 1 Verhaltenswissenschaftliche Suchfelder zur Erklärung von B-to-B-Marken

3 Industrielles Nachfragerverhalten

3.1 Individuum: Nachfrager

Informations- und Entscheidungsverhalten von industriellen Kunden

Einen zentralen Ansatzpunkt zur Analyse von Marken im B-to-B-Bereich bildet das Verständnis des Informations- und Entscheidungsverhaltens von industriellen Käufern. Dabei bildet die Frage nach den relevanten Beurteilungs- und Entscheidungskriterien und damit verbunden auch die Frage nach der Relevanz der Marke als Entscheidungskriterium einen ersten Zugang. Im Folgenden werden mit der Dichotomie tangible vs. intangible Merkmale des Produktes bzw. der Leistungen sowie dem Nutzenansatz zwei Ansätze exemplarisch dargestellt.

(1) Tangible vs. intangible Merkmale der Leistungen

Die Untersuchung der relevanten Beurteilungs- und Entscheidungskriterien der industriellen Käufer ist eine klassische verhaltenswissenschaftliche Analyse des industriellen Kaufverhaltens. **Tangible Eigenschaften** sind physisch präsent, direkt erfahrbar sowie in gewisser Weise mess- und objektivierbar. Die Quote fehlerhafter Produkte, die Anzahl angebotener Serviceleistungen oder die finanzielle Lage des Lieferanten sind Beispiele für tangible Eigenschaften. **Intangible Eigenschaften** resultieren hingegen aus kognitiven

Prozessen der Entscheider und beinhalten häufig emotionale Aspekte (z. B. McDowell Mudambi et al. 1997). Der Innovationsgrad, die Zuverlässigkeit der Lieferung, die Kundenorientierung oder die Reputation sind Beispiele für intangible Eigenschaften. Auch die Marke ist zunächst eine typische intangible Eigenschaft, wenn sie auch durchaus auf tangiblen Eigenschaften beruht. In Theorie und Praxis werden die tangiblen Eigenschaften regelmäßig als die relevanten Entscheidungskriterien des industriellen Käufers im B-to-B-Bereich angenommen. Im Folgenden werden einige Studien skizziert, die aufzeigen, dass diese Aussage nicht haltbar ist.

Schon Levitt (1965, zitiert in McDowell Mudambi et al. 1997) konnte zeigen, dass die Unternehmensreputation – Firmenmarke – wichtiger für die Entscheidung industrieller Käufer ist als der Vertrieb. Lehmann und O'Shaughnessy (1974) befragten Einkaufsmanager in den USA und in Großbritannien nach der Wichtigkeit von 17 tangiblen und intangiblen Merkmalen für vier verschiedene Kaufsituationen. Die Reputation rangierte bei der Kaufrelevanz in Abhängigkeit von der konkreten Kaufentscheidungssituation zwischen Rang zwei und Rang sieben. Bei Kaufentscheidungen über Computer-Betriebssysteme konnte gezeigt werden, dass für die meisten Käufer herstellerbezogene, intangible Eigenschaften wichtiger sind als die physischen Eigenschaften des Produktes (Shaw et al. 1989). Grund sei die hohe Produktkomplexität. Die herstellerbezogenen, intangiblen Eigenschaften wurden in der Studie spezifiziert durch die Glaubwürdigkeit des Anbieters, die Kenntnis der Rahmenbedingungen des Marktes seitens des Herstellers, seine Sensibilität für Veränderungen der Bedürfnisse des Kunden und das zukünftige Angebot aktueller Applikationen.

Auch die explorativ orientierte Studie von McDowell Mudambi et al. (1997) im Bereich Präzisionswalzlager und die Studie von Blombäck und Axelsson (2007) im Bereich Auswahl von Sublieferanten zeigen, dass die Kaufentscheidung stark von intangiblen Eigenschaften, speziell der Unternehmensreputation, abhängt. Ferner konnte Mudambi (2002) für die Präzisionswalzlager nachweisen, dass von den drei identifizierten Kundensegmenten ein Segment (37 % aller Befragten) starken Wert auf die intangiblen Merkmale der Marke (Markenbekanntheit, Reputation, Markenloyalität) legt.

Auch die Praxisstudie *BtoB insight* (RTS Rieger Team 2011), die professionelle Einkäufer telefonisch befragte, zeigte, dass beim letzten Kauf das „Vertrauen in den Anbieter" mit 89 % das wichtigste Entscheidungskriterium noch vor Kriterien wie „Gute Beratung/Betreuung" (85 %) oder „Qualitativ bester Anbieter" (72 %) ist. Vermeintliche rationale Kriterien wie „Sofortige Verfügbarkeit" (38 %) oder „Günstigstes Produkt" (26 %) landeten abgeschlagen auf den hinteren Rängen. Interessanterweise verändert sich das Bild bei der Frage nach der internen Rechtfertigung der letzten Kaufentscheidung. Hier dominieren dann die „Qualität der Produkte" (89 %) und das „Preis-Leistungs-Verhältnis" (82 %) vor der „Reputation des Anbieters" (56 %).

Die hier skizzierten und viele weitere Studien aus unterschiedlichen Branchen belegen seit Langem, dass die industrielle Kaufentscheidung auch stark von intangiblen Eigenschaften wie insbesondere der **Reputation** des Anbieters beeinflusst wird.

(2) Nutzen

Zur Erklärung des Kaufverhaltens spielt der Nutzen der Objekte eine zentrale Rolle. Dabei repräsentiert der Nutzen die (subjektive) Fähigkeit des Objektes, die Bedürfnisse eines Individuums oder einer Gruppe zu befriedigen. Leistungen, die einen höheren Nutzen aufweisen, werden präferiert.

Im Rahmen der B-to-B-Marke stellen die Arbeiten, die mit Hilfe eines **Conjoint-Ansatzes** die Relevanz der Marke im Vergleich zu anderen Nutzenmerkmalen wie dem Preis analysieren, auf das Nutzenkonzept ab (z. B. Baumgarth und Haase 2005; Bendixen et al. 2004; Homburg et al. 2006; Walley et al. 2007).

Ferner sind Ansätze vorgeschlagen worden, die einzelne Teilnutzenarten von B-to-B-Marken aus der Abnehmersicht (Caspar et al. 2002; Donnevert 2009) analysieren. Im Folgenden wird der Ansatz der Markenfunktionen, der in einem Gemeinschaftsprojekt des *Marketing Centrums Münster* und *McKinsey* entwickelt wurde, skizziert.

Die Studie identifiziert als zentrale Nutzenarten von Marken drei Funktionen (Caspar et al. 2002, S. 14): **Informationseffizienz**, **Risikoreduktion** und **ideeller Nutzen**. Die Kernfunktionen lassen sich wie folgt charakterisieren (Backhaus und Gausling 2015, S. 371 ff.; Fischer et al. 2002, S. 18 f.):

- Informationseffizienz: Marken erleichtern die Informationsbeschaffung vor dem Kauf, indem sie dessen Hersteller kennzeichnen und somit das (Wieder-)Erkennen des Produktes erleichtern sowie produktbezogene Informationen verdichten (Information Chunking; Wiswede 1992), was die Speicherung der produkt- und herstellerbezogenen Informationen erleichtert und sie so in der aktuellen Kaufsituation rascher und gezielter „abrufbar" macht.
- Risikoreduktion: Marken reduzieren das kundenseitige Risiko finanzieller, qualitativer und (im Falle eines ideellen Markennutzens) ideeller Fehlinvestitionen. Sie geben damit Sicherheit bei der Kaufentscheidung. Erfüllen Marken aus Sicht des Käufers den versprochenen Produktnutzen, schaffen sie Vertrauen in das Produkt und in den Hersteller.
- Ideeller Nutzen: Über den reinen Produktnutzen hinaus können Marken den Vorteil bieten, gegenüber Außenstehenden z. B. zu demonstrieren, dass im Rahmen der eigenen Beschaffung hochwertige Komponenten und Dienstleistungen eingekauft und eingesetzt werden (z. B. *Intel Inside*, *KPMG*, *McKinsey*).

Einen Überblick über Funktionen von B-to-B-Marken in Abgrenzung zu B-to-C-Marken gibt Tab. 1.

Empirisch konnten Caspar et al. (2002) die drei Markenfunktionen für den B-to-B-Bereich nachweisen. Im Vergleich zu B-to-C-Märkten weisen die Markenfunktionen allerdings eine unterschiedliche Gewichtung auf. Die größte Bedeutung kommt bei B-to-B-Marken der **Risikoreduktion** zu, gefolgt von der Informationseffizienz und dem ideellen Nutzen. Die relativ geringe Relevanz des ideellen Nutzens im B-to-B-Bereich liegt

Tab. 1 Markenfunktionen in Konsumgüter- und Industriegütermärkten. (Quelle: Backhaus und Sabel 2004, S. 791)

Funktion / Bereich	Informationseffizienz	Risikoreduktion	Ideeller Nutzen
B-to-B	Kommunikationshilfe Komplexitätsreduktion	Rechtfertigungsmöglichkeit Sicherheit bzgl. Problemlösungskompetenz und Kontinuität	Kommunikation der Unternehmenswerte Reputationstransfer
B-to-C	Schnellere und bessere: ■ Identifikation durch Differenzierung der Herkunftsangabe ■ Wiedererkennung		Emotionalisierung
Beide Bereiche	Orientierungshilfe	Qualitative Sicherheit Monetäre Sicherheit	Demonstration

aufgrund der Spezifika des Beschaffungsverhaltens (formalisierte Beschaffungsprozesse, Buying Center, derivative Nachfrage) nahe.

Risikotheorie

Wie im Rahmen des Nutzenansatzes bereits aufgezeigt, beeinflusst das mit dem Kauf verbundene subjektiv wahrgenommene Risiko die Kaufentscheidung und die Markenrelevanz. Die Risiken können **finanzielle Risiken, Leistungsrisiken, soziale Risiken, psychologische Risiken, zeitliche Risiken** und/oder **physische Risiken** sein (Jacoby und Kaplan 1972; Roselius 1971). Bezugspunkt der Risiken können entweder der Käufer selbst (persönliche Risiken) oder das kaufende Unternehmen sein. Erstere sind z. B. die persönliche Unzufriedenheit mit der Kaufentscheidung (Nachkaufdissonanzen), die Belastung der Beziehungen zu den Nutzern des Produktes oder (mit der geringsten Bedeutung der drei Faktoren) die Verringerung der persönlichen Beliebtheit (Hawes und Barnhouse 1987). Risiken für Unternehmen sind nicht so eindeutig zu identifizieren. Sie können zusammengefasst werden als Risiken der Fehlinvestition finanzieller und zeitlicher Ressourcen, ergänzt um soziale und psychologische Risiken.

Grundsätzlich resultieren Risiken aus fehlenden Informationen, die sowohl bestimmen, welche Risiken jeweils relevant werden, als auch deren empfundenes Ausmaß (Mitchell 1995, S. 116). Die Wahrnehmung des Risikos wird beeinflusst durch die Demographie des Käufers (z. B. Alter, Geschlecht), den Unternehmensbereich, in dem der Entscheider tätig ist (Marketing, Finanzierung, Technik), die persönliche Risikoneigung des Entscheiders, die Größe und Zusammensetzung des Buying Centers, die Produktkategorie (einfache

Produkte, Produkte mit hoher Bedeutung für den Herstellungsprozess und strategische Produkte), die Interaktion zwischen Kunden und Zulieferer, Eigenschaften des Marktes, die Größe des Unternehmens, den Erfolg des Unternehmens und das Land, in dem die Austauschbeziehungen stattfinden (Mitchell 1995, S. 117 ff.). Risiko führt zu einem Spannungszustand beim Käufer, den er versucht zu vermeiden. Neben dem Nichtkauf bzw. der Wahl einer anderen risikoärmeren Alternative versuchen industrielle Käufer, das Risiko zu reduzieren. Dazu stehen ihnen mehrere grundsätzliche Strategien zur Verfügung (Sweeney et al. 1973): externe und interne Ungewissheitsreduktion sowie externe und interne Begrenzung der Konsequenzen. Die Marke stellt aus Sicht der Käufer eine sinnvolle Strategie der **externen Ungewissheitsreduktion** dar. Daher ist zu erwarten, dass die Marke speziell in Kaufsituationen, die sich durch einen hohen Grad an wahrgenommenem Risiko auszeichnen, eine besonders hohe Bedeutung besitzt. Diesen Effekt konnte Hutton (1997) auch empirisch für den B-to-B-Bereich nachweisen. Wenn die Gefahr eines Produktfehlers, der entweder für das gesamte Unternehmen oder für den Einkäufer persönlich negative Konsequenzen verursacht, besteht, verlässt sich der Einkäufer auf bekannte Marken. Schmitt (2011) konnte in einer experimentellen Studie zeigen, dass im B-to-B-Kontext im Vergleich zum B-to-C-Kontext die Markenbekanntheit und das Markenimage stärker zur Reduktion des wahrgenommenen Kaufrisikos beitragen. Weiterhin konnte Schmitt (2011) nachweisen, dass der Einfluss der Markenbekanntheit auf das wahrgenommene Kaufrisiko insbesondere für komplexe Leistungen im B-to-B-Kontext gilt.

3.2 Kollektiv: Nachfragerunternehmen

Buying Center
Anders als Kaufentscheidungen des täglichen Lebens werden Kaufentscheidungen in Unternehmen (zumindest sofern es sich um komplexe B-to-B-Leistungen handelt) nicht von einzelnen Personen, sondern von einer Gruppe von Personen – **Buying Center** – getroffen (Robinson et al. 1967). Daher ist es für den Hersteller relevant, den organisatorischen Charakter (formelle vs. informelle Gruppe), die Zusammensetzung (welche Personen) und die Struktur (Rollen und Funktionen der Mitglieder) des Buying Centers zu kennen (Backhaus und Voeth 2014, S. 45).

Zur Analyse der internen Struktur von Buying Centern kommen insbesondere **Rollenmodelle** zur Anwendung. Im Folgenden werden die beiden prominentesten Rollenmodelle skizziert und deren Relevanz für die B-to-B-Marke aufgezeigt.

(1) Promotoren-/Opponenten-Modell
Das Promotoren-/Opponenten-Modell (Witte 1973) unterscheidet in seiner ursprünglichen Fassung zwei Rollen: Personen, die den Prozess der Beschaffung eines Investitionsgutes aktiv unterstützen (**Promotoren**) und Personen, die den Beschaffungsprozess behindern oder verzögern (**Opponenten**). Beide Gruppen werden nochmals untergliedert in eine **Fach-** und eine **Machtebene**. Fachpromotoren fördern unabhängig von ihrer hierarchi-

schen Position im Unternehmen den Entscheidungsprozess aktiv durch ihr Fachwissen. Sie erweitern ihr Fachwissen kontinuierlich und geben es innerhalb des Unternehmens weiter (Witte 1973, S. 19). Mit Blick auf die Marke ist für diese Personengruppe die Funktion der Informationsbündelung von besonderer Bedeutung. Machtpromotoren bekleiden eine hierarchische Position innerhalb der Aufbauorganisation, mittels derer sie fördernden Einfluss auf den Kaufentscheidungsprozess nehmen (Witte 1973, S. 17). Fach- und Machtpromotoren ergänzen einander. Während Fachpromotoren eher auf operativer Ebene arbeiten, schaffen Machtpromotoren geeignete Rahmenbedingungen wie die Bewilligung von Etats und die Schaffung zeitlicher Freiräume der Mitarbeiter, um den Prozess erfolgreich voranzutreiben und abzuschließen (Witte 1973, S. 20 f.). Das Promotoren-/Opponenten-Modell wurde um die **Prozessebene** erweitert (Havelock 1973; Hauschildt und Chakrabarti 1988). Prozesspromotoren unterstützen den Kaufprozess, indem sie organisatorische und administrative Widerstände überwinden. Prozesspromotoren haben bei komplexen und schwierigen Kaufentscheidungen und in vielgliedrigen Unternehmen eine besonders große Bedeutung bei Kaufentscheidungsprozessen (Hauschildt und Salomo 2011, S. 125). Alle drei Ebenen (Fach-, Macht- und Prozessebene) finden sich analog zu den Promotoren auch bei der Gruppe der Opponenten.

(2) Webster-/Wind-Modell

Alternativ zur Systematisierung der Rollen im Buying Center anhand von Promotoren/Opponenten können die am Kaufentscheidungsprozess beteiligten Personen bzw. Rollen anhand des Rollenkonzeptes von Webster und Wind (1972b) analysiert werden. Anhand der Funktionen, die die Beteiligten im Kaufprozess erfüllen, kann mit dem Modell, unabhängig von einer konkreten Person, Verhalten und daher auch Markenrelevanz erklärt werden (Fließ 1995, S. 345 f.). Unterschieden werden die Rollen **Verwender**, **Beeinflusser**, **Einkäufer**, **Informationsselektierer** und **Entscheider**. Verwender sind mögliche Initiatoren von Kaufprozessen. Sie haben neben Fachwissen viel Erfahrungswissen. Daher kann das Markenimage Einfluss auf ihre Produktwahl haben (Kemper und Geerdes 1997, S. 25). Durch die Formulierung von kaufrelevanten Kriterien oder eine konkrete Vorauswahl nehmen Beeinflusser Einfluss auf die Produkt- und Markenwahl. Für technisches Personal konnte nachgewiesen werden, dass eine positive Unternehmensreputation die Kaufentscheidung positiv beeinflusst (Brand 1972, S. 87). Die Rolle des Einkäufers ist im Gegensatz zu den anderen Rollen i. d. R. institutionell identifizierbar und bietet für die Marke besonders viele Ansatzpunkte. Durch die Angebotseinholung und damit erste Selektion möglicher Anbieter haben diejenigen Marken Vorteile, die überhaupt bekannt sind, d. h. im Evoked Set vertreten sind (Kemper und Geerdes 1997, S. 24). Damit sind Einkäufer zumeist auch Informationsselektierer. Entscheider treffen letztlich die Entscheidung über die Produkt- und Markenwahl, wobei ihre Rolle nicht an eine formale Position gebunden sein muss. Der Einfluss von Marken auf die konkrete Entscheidung des Entscheiders hängt u. a. von dessen Fachkenntnis, seinen Erfahrungen mit der Marke und dem Grad, in der er seine Entscheidung im Unternehmen rechtfertigen muss, ab.

Die Bedeutung der Kenntnis der Größe, Strukturen und Rollen im Buying Center wird u. a. daran deutlich, dass die Art der gesuchten Informationen im Entscheidungsprozess durch die Rolle geprägt wird. So suchen Manager objektivierbare, quantitative Informationen (Chakrabarti et al. 1982). Techniker vertrauen bei Käufen, mit denen sie hohe Risiken verbinden, der Reputation des Unternehmens mehr als der Präsentation des Produktes (Levitt 1965). Den Einfluss der Eigenschaften bzw. der Fähigkeiten der Kunden auf die entscheidungsrelevanten Eigenschaften des Anbieters konnten auch McDowell Mudambi et al. (1997) nachweisen. Kunden, die über relativ geringes technisches Know-how bzgl. der Technologie des Produktes verfügen, neigen dazu, bei Herstellern mit umfassendem Serviceangebot zu kaufen. Lehmann und O'Shaughnessy (1974) konnten empirisch zeigen, dass die Bedeutung der Marke – gemessen als Reputation – insbesondere in politisch riskanten Kaufentscheidungen, d. h. bei großen und mit Konflikten verbundenen Buying Centern, eine große Rolle für die Kaufentscheidung spielen.

Transaktionstypen

Die Transaktionen und das damit verbundene Entscheidungs- und Kaufverhalten im B-to-B-Bereich sind heterogen. Daher wurde eine Vielzahl von Einzelkriterien und darauf aufbauend Typologien, die aus der Kombination mehrerer Kriterien resultieren, zur Systematisierung von Transaktionstypen im B-to-B-Bereich entwickelt. Im Folgenden werden einige wichtige Typologien dargestellt.

(1) Kaufklassensatz

Anhand des **Neuigkeitsgrades** der Kaufentscheidung für das einkaufende Unternehmen, des daraus resultierenden **Informationsbedarfs** und der in den Entscheidungsprozess einbezogenen **Alternativen** können drei Kaufklassen unterschieden werden, die Einfluss auf die Bedeutung von Marken im Entscheidungsprozess haben: **Neukauf, modifizierter Wiederkauf** und **identischer Wiederkauf** (Robinson et al. 1967, S. 25; vgl. auch Anderson et al. 1987; Moon und Tikoo 2002). Bei Neukäufen ist das zu lösende Problem erstmalig im Käuferunternehmen relevant. Daraus resultieren ein hoher Informationsbedarf und die Analyse mehrerer Lösungsmöglichkeiten. Auch Ersatzinvestitionen können Neukäufe sein, wenn die bisherige Lösung z. B. aufgrund neuer technischer Entwicklungen durch eine andere Lösung ersetzt werden soll (Backhaus und Voeth 2014, S. 79). Modifizierte Wiederkäufe zeichnen sich durch Erfahrungen mit dem zu beschaffenden Produkt aus, das allerdings leicht verändert ist. Folglich muss das Käuferunternehmen neue Informationen zusammentragen und neue Lösungsalternativen in den Auswahlprozess einbeziehen. Die Beschaffungskosten (Investitionen von Zeit für die Informationsbeschaffung und Alternativenbeurteilung) sind jedoch niedriger als bei Neukäufen. Identische Wiederkäufe haben die geringsten Beschaffungskosten. Es wird eine identische Leistung wiederbeschafft, so dass keine neuen Informationen und keine zusätzlichen Entscheidungsalternativen gewonnen werden müssen. Daher zeichnen sich identische Wiederkäufe oftmals durch eine hohe Lieferantentreue aus (z. B. Webster und Wind 1972a, S. 115).

Die unterschiedliche Bedeutung von Marken in Abhängigkeit von den Kaufklassen und den mit ihnen einhergehenden Eigenschaften der Kaufsituation konnte in empirischen Studien belegt werden. So konnte gezeigt werden, dass die Bedeutung von Marken mit zunehmender Komplexität der Kaufentscheidung wächst (McDowell Mudambi et al. 1997, S. 436), d. h., Marken weisen bei Neukäufen eine höhere Bedeutung als bei Wiederkäufen auf. Allerdings finden Studien unterschiedliche Bedeutungen von Marken in den einzelnen Kaufklassen. So zeigen Robinson et al. (1967), dass Kunden bei Neukäufen das Risiko einer Fehlinvestition durch intensive Informationssuche und Suche nach Alternativen reduzieren und der Marke damit die Funktion eines Vertrauensankers und der Informationsbündelung zukommt. Anderson et al. (1987) hingegen zeigen eine Konzentration auf einen kleinen Kreis bekannter Hersteller zur Reduktion des Risikos einer Fehlinvestition. In diesem Fall sind Markenbekanntheit und -image relevant.

Homburg et al. (2006, 2008) untersuchten im Rahmen einer Conjoint-Studie die Relevanz der Marke im Vergleich zu anderen Kaufentscheidungskriterien (z. B. Preis, Produktqualität) in Abhängigkeit vom Neuigkeitsgrad und der Wichtigkeit der Kaufentscheidung. Die Ergebnisse, die in Tab. 2 dargestellt sind, zeigen, dass die Marke insbesondere in neuartigen und wichtigen Kaufentscheidungen – tendenziell eher Neukauf – eine hohe Relevanz besitzt.

Tab. 2 Relative Wichtigkeit der Marke in Abhängigkeit von Neuartigkeit und Wichtigkeit der Kaufsituation. (Quelle: Homburg et al. 2008, S. 410)

		Neuartigkeit der Kaufsituation			
		gering		**hoch**	
Wichtigkeit der Kaufsituation	**gering**	Marke: 1,5 %	Q: 21 % Z: 17 % L: 17 % T: 17 % S: 9 % P: 18 %	Marke: 3,5 %	Q: 20 % Z: 19 % L: 14 % T: 17 % S: 14 % P: 13 %
	hoch	Marke: 9 %	Q: 20 % Z: 16 % L: 16 % T: 15 % S: 11 % P: 14 %	Marke: 15,8 %	Q: 24 % Z: 18 % L: 12 % T: 9 % S: 10 % P: 12 %

Q: Qualität   T: technische Flexibilität
Z: zeitliche Flexibilität   S: Serviceumfang und -qualität
L: Lieferzuverlässigkeit   P: Preis

(2) Geschäftstypen nach Backhaus

Eine weitere etablierte Einteilung von Transaktionstypen ist der Geschäftstypenansatz nach Backhaus (Backhaus et al. 1994; Backhaus und Muehlfeld 2015; Backhaus und Voeth 2014, S. 210 ff.), der Nachfrager- und Anbietermerkmale kombiniert. Dieser Ansatz differenziert nach der Abhängigkeit vor bzw. nach dem Kauf aus Anbieter- und Kundensicht vier Typen:

- **Zuliefergeschäft (Integrationsgeschäft):** Leistungen in diesem Geschäftstyp werden für einen Kunden spezifisch entwickelt, wobei eine längerfristige Beziehung zwischen Anbieter und Kunden aufgebaut wird. Bei diesem Geschäftstyp sind beide Seiten voneinander abhängig. Bsp.: Industrieautomation, First Tier in der Automobilindustrie.
- **Systemgeschäft:** Durch den Kauf einer Leistung bindet sich der Käufer an einen Anbieter, da es einen Kaufverbund gibt. In der Regel erfolgt das Systemgeschäft, ähnlich wie das Produktgeschäft, auf anonymen Märkten. Bsp.: Büromöbelsysteme, Alarmanlagen, Telekommunikationsanlagen, Kassensysteme, Call-Center-Dienste, Systemsoftware.
- **Projektgeschäft (Anlagengeschäft):** Kauf einer Leistung ist ein in sich abgeschlossener Kaufakt und die Leistung wird projekt- und kundenspezifisch erstellt. Durch die langen Vorlauf- und Produktionszeiten befindet sich der Anbieter in einer Abhängigkeitsposition, da er beim Scheitern des Geschäfts die Leistung nicht an andere Interessenten vermarkten kann. Bsp.: Fertigungsstraßen, Werbeagenturleistung, Gebäudekomplexe.
- **Produktgeschäft:** Leistungen werden auf einem anonymen Markt vermarktet und es resultiert aus einem Kauf sowohl für den Anbieter als auch den Nachfrager keine Abhängigkeit. Bsp.: Geschäftsflugreisen, Betriebsgastronomie, Dienstwagen, Logistik, Industriechemikalien, Feuerversicherungen.

In der bereits skizzierten empirischen Studie haben Caspar et al. (2002) die Markenfunktionen für diese vier Geschäftstypen aus Kundensicht analysiert. Die Ergebnisse, die Abb. 2 zusammenfassend zeigt, belegen, dass die Marke insbesondere im Projektgeschäft eine große Rolle spielt und der ideelle Nutzen speziell im Zuliefergeschäft eine überproportional hohe Bedeutung aufweist.

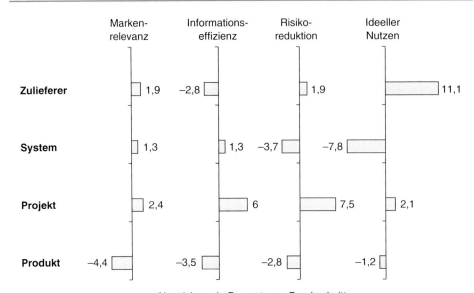

Abb. 2 Markenfunktionen aus Sicht der Kunden in Abhängigkeit vom Geschäftstyp. (Quelle: Caspar et al. 2002, S. 47)

Phasenansätze des Beschaffungsverhaltens und Beschaffungsstrategie

Während Kaufentscheidungen im Konsumgüterbereich vielfach durch Impuls- oder Spontankäufe charakterisiert sind, verlaufen Kaufentscheidungen von B-to-B-Leistungen in der Regel geplanter und systematischer. Daher lassen sie sich eindeutiger in Phasen untergliedern, die durch unterschiedliche Informationsbedarfe, Kontaktpersonen und Markenrelevanz gekennzeichnet sind. Dabei unterscheiden verschiedene Autoren unterschiedlich viele Phasen. Während der Spiegel Verlag (1982) drei Phasen des Beschaffungsverhaltens identifiziert, benennt Webster (1965) vier Phasen. Webster und Wind (1972a), Kelly (1974) und Backhaus und Günther (1976) beschreiben fünf Phasen, Fitzgerald (1989) und Richter (2001) sogar sieben bzw. neun Phasen. Exemplarisch wird nachfolgend das von Backhaus und Günther (1976) entwickelte Phasenkonzept des Beschaffungsverhaltens vorgestellt. Die Autoren unterscheiden folgende fünf Phasen: (1) Voranfrage, (2) Angebotserstellung, (3) Kundenverhandlungen, (4) Abwicklung und (5) Gewährleistung.

Die Voranfragephase (1) ist durch unternehmensinterne Prozesse des nachfragenden Unternehmens gekennzeichnet. Zunächst wird der eigene Bedarf identifiziert (Problemerkennung) und die grundsätzliche Entscheidung getroffen, eine Investition zu tätigen. Im Anschluss wird entschieden, welche(s) Unternehmen gebeten werden (wird), ein Angebot zur Lösung des Kundenproblems zu erstellen. Bereits zu diesem Zeitpunkt hat die Marke des anbietenden Unternehmens erhebliche Bedeutung, denn das nachfragende Unternehmen kann nur diejenigen Unternehmen um eine Angebotserstellung bitten, dessen (Unternehmens-)Marke sich im Evoked Set befindet, d. h., die er mit seinem aktuellen

Problem in Verbindung bringt und der er die Lösung zutraut (Fließ 1995, S. 327; Merbold 1991, 1993). Relevant ist also (Bezug nehmend auf den verhaltenstheoretischen Ansatz der Markenführung) die kundenseitige Wahrnehmung der Marke und die mit ihr in Verbindung gebrachte Problemlösungskompetenz des Produktes (Fließ 1995, S. 327; Kemper und Geerdes 1997, S. 21).

In der sich anschließenden Phase der Angebotserstellung (2) bestätigt oder widerlegt sich in der Interaktion für den Kunden das Image bzw. die Unternehmensreputation des Herstellers. Tritt der Hersteller beispielsweise in den Augen des Nachfragers inkompetent auf, wird das nachfragende Unternehmen die mit der (Unternehmens-)Marke verbundene Kompetenz grundsätzlich in Frage stellen.

Nach dem Eingang aller Angebote wird das nachfragende Unternehmen eines der Angebote in der Kundenverhandlungsphase (3) auswählen und das jeweilige Unternehmen beauftragen. Es folgt die Phase der Projektabwicklung (4), an die sich die Gewährleistungsphase (5) anschließt. In der Phase der Nutzung und ggf. erforderlichen Inanspruchnahme von Gewährleistungen kommt der Marke ebenfalls Bedeutung zu. Während dieser Phasen wird das Versprechen, das der Kunde mit der Marke verbindet, bestätigt oder widerlegt. Die Erfahrungen mit der Marke werden auf weitere Kaufentscheidungen dieses Kunden sowie aufgrund von Gesprächen des Kunden mit weiteren (potenziellen) Kunden indirekt auch auf Kaufentscheidungen weiterer Unternehmen Einfluss haben.

Bislang wurde die Phasenbetrachtung von industriellen Kaufentscheidungen kaum für die verhaltenswissenschaftliche Analyse von B-to-B-Marken genutzt (Thompson et al. 1997/1998). Die Reputation als unternehmensbezogenes Markenelement scheint aber insbesondere zu Beginn eines mehrstufigen Kaufprozesses ein wichtiges Kaufentscheidungskriterium darzustellen (Moller und Laakson 1986).

4 Industrielles Anbieterverhalten

4.1 Individuum: Mitarbeiter

Marken werden im B-to-B-Bereich nicht nur von einem kleinen Kreis von Managern in Zusammenarbeit mit einer Werbeagentur geschaffen, sondern von allen Mitarbeitern in der persönlichen Interaktion mit dem Kunden gelebt. Daher ist die Analyse und Erklärung der internen Markenwirkung auf der individuellen Mitarbeiterebene ein wichtiges Feld verhaltenstheoretischer Ansätze. Im Folgenden werden mit dem Brand Commitment und dem Brand Citizenship Behavior zwei zentrale Ansätze der anbieterseitigen Markenidentifikation und deren Wirkung im Interaktionsprozess skizziert.

Commitment und Brand Commitment

Brand Commitment (teilweise synonym: echte Markentreue, Markenbindung) als spezielle Ausprägung des Commitments (zum Commitment im Rahmen des Beziehungsmarketings z. B. Anderson und Weitz 1992; Morgan und Hunt 1994; Zimmer 2000) stellt eine besondere Form der Treue zu einer Marke dar und zeichnet sich dadurch aus, dass diese Treue auf einer psychologischen Verbundenheit basiert. Diese Größe wurde auch schon häufiger zur Erklärung von Markenwirkungen auf der Nachfragerseite verwendet (z. B. Armine 1998; Beatty und Kahle 1988; Beatty et al. 1988). Darüber hinaus besitzt dieses Konstrukt auch zur Erklärung des Mitarbeiterverhaltens im Rahmen der internen Markenführung eine zentrale Bedeutung (z. B. Burmann und Zeplin 2005a; Esch et al. 2012; Thomson et al. 1999; Zeplin 2006). Als Ansätze zur Erklärung des Brand Commitment auf Mitarbeiterebene lassen sich sowohl einstellungsbasierte Theorien (z. B. Eagly und Chaiken 1993, S. 512 ff. und S. 5882 ff.) als auch Ansätze zum Commitment in der Organisationsforschung (z. B. Allen und Meyer 1996; O'Reilly und Chatman 1986, 1996; van Dick 2004) heranziehen.

Schwerpunkt der Brand-Commitment-Forschung im Bereich der Internen Markenführung bildet die Diskussion über die Facetten des Brand Commitment, deren Voraussetzungen und Konsequenzen. Zur Modellierung der Facetten des Brand Commitment wird häufig auf die folgenden Ansätze zurückgegriffen:

- Affektives, abwägendes und normatives Commitment (Allen und Meyer 1996; Meyer und Allen 1997; Anwendung auf internes Brand Commitment z. B. Esch et al. 2012)
- Fügsamkeit, Identifikation und Internalisierung (O'Reilly und Chatmann 1996; zur Anwendung auf internes Brand Commitment z. B. Zeplin 2006)

Da das Brand Commitment keine interessierende Größe an sich darstellt, sondern als Erklärungsgröße für markenförderndes Verhalten der Mitarbeiter dienen soll, macht es Sinn, das abwägende Commitment bzw. das auf Fügsamkeit basierende Commitment aus der weiteren Betrachtung auszuschließen, da ein solches Commitment eher zu opportunistischem Mitarbeiterverhalten führt (Zeplin 2006, S. 91). Daher lässt sich das Brand Commitment der Mitarbeiter durch jeweils zwei Facetten, affektives und normatives Commitment bzw. **Internalisierung** und **Identifikation**, hinreichend gut beschreiben. Auf Internalisierung basierendes Brand Commitment resultiert aus dem hohen Fit zwischen den Markenwerten und dem Selbstkonzept des Mitarbeiters. Identifikation mit der Marke basiert hingegen auf der Akzeptanz des sozialen Einflusses durch andere Mitarbeiter aufgrund eines Zugehörigkeitsgefühls.

Als Voraussetzungen lassen sich daher abstrakt solche Determinanten unterscheiden, die die Internalisierung oder die Identifikation positiv beeinflussen. Konkret liefern die Ergebnisse der organisationalen Commitmentforschung Erkenntnisse über mögliche Voraussetzungen (z. B. Mathieu und Zajac 1990; Meyer et al. 2002; Steers 1977). Darüber hinaus hat Zeplin (2006) in einer empirischen Studie den Einfluss von konkreten Managementbereichen und Kontextfaktoren auf das Brand Commitment analysiert. Einen positiv signifikanten Einfluss zeigten in dieser Studie in jeweils abnehmender Stärke folgende Voraussetzungen:

- Maßnahmen: Interne Markenkommunikation, markenorientierte Führung und marken-orientiertes Personalmanagement
- Kontextfaktoren: Kultur-Fit, Anreiz-Struktur-Fit

Als Konsequenzen eines hohen Brand Commitment lassen sich verschiedene positive Effekte voneinander abgrenzen:

- Verbleib im Unternehmen (z. B. Baumgarth und Schmidt 2010)
- Arbeitsleistung und Organizational Citizenship Behavior (z. B. Burmann und Zeplin 2005a; Zeplin 2006)
- Markenkonformes und markenförderndes Verhalten (z. B. Baumgarth und Schmidt 2010; Zeplin 2006)

Zwar liegen mit Ausnahme der Arbeit von Baumgarth und Schmidt (2010; auch Schmidt 2009) noch keine Arbeiten vor, die das Konzept des internen Brand Commitments explizit im B-to-B-Kontext empirisch analysiert haben, aber es ist zu erwarten, dass die Erkenntnisse aus anderen Bereichen (z. B. Service, Handel) auf den B-to-B-Bereich übertragbar sind.

Organizational Citizenship Behavior und Brand Citizenship Behavior
Eine zweite individuelle, verhaltenswissenschaftlich basierte Größe der Internen Marken-führung ist das Brand Citizenship Behavior (BCB). Diese Größe, die von Zeplin (2006) für die interne Markenwirkung zum ersten Mal explizit genutzt wurde, stellt eine Adapti-on der verhaltenswissenschaftlich etablierten Größe Organizational Citizenship Behavior (OCB) dar. Das Organizational bzw. Brand Citizenship Behavior beschreibt individuelles, freiwilliges Verhalten, welches nicht durch formale Anreizsysteme belohnt wird und das in Summe die Leistungsfähigkeit des Unternehmens bzw. die Stärke der Marke steigert (Organ 1988; Podsakoff et al. 2000; Zeplin 2006). Merkmale des OCB bzw. BCB sind zum einen die Freiwilligkeit und zum anderen der positive Beitrag zur Stärkung einer kollektiven Größe.

OCB und BCB werden regelmäßig als mehrdimensionale Konstrukte konzeptualisiert. Aufbauend auf den Ansätzen zur OCB-Konzeptualisierung nach Smith et al. (1983) und Podsakoff et al. (2000) sowie Expertengesprächen hat Zeplin (2006) das BCB-Konstrukt entwickelt, das in Abb. 3 dargestellt ist.

Als Voraussetzungen von OCB wurden in der Vergangenheit eine Vielzahl verschie-dener Determinanten untersucht (zur Übersicht z. B. Hertel et al. 2000; Organ und Ryan 1995). Dabei zeigten sich für OCB die **Arbeitszufriedenheit**, das **organisationale Com-mitment**, der **Führungsstil** und das **Empowerment** (u. a. Allen und Meyer 1996; Organ und Ryan 1995; Podsakoff et al. 1996, 2000) als besonders relevante Einflussfaktoren. Im Rahmen der internen Markenwirkungen hat Zeplin (2006) insbesondere den starken

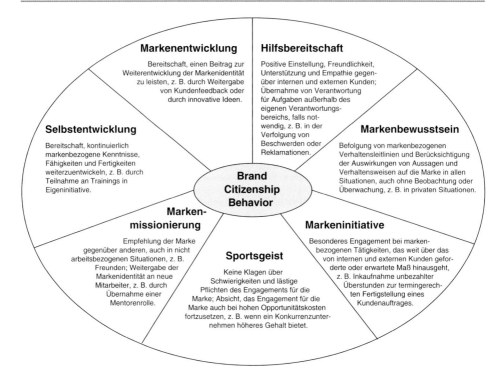

Abb. 3 Dimensionen des Brand Citizenship Behavior. (Quelle: Burmann und Zeplin 2005b, S. 1026)

Einfluss des Brand Commitment auf das BCB nachgewiesen. Baumgarth und Schmidt (2010) konnten für den B-to-B-Bereich empirisch zeigen, dass das **Markeninvolvement**, das **Brand Commitment** und die Unternehmenskulturgröße **Markenorientierung** einen positiven Einfluss auf die interne Markenstärke aufweisen, wobei das BCB eine Dimension der internen Markenstärke darstellt.

Als Konsequenz eines hohen OCB wurde empirisch u. a. der Einfluss auf den Unternehmenserfolg häufig untersucht und empirisch bestätigt (z. B. Podsakoff et al. 2000). Im Rahmen des BCB konnten positive Effekte auf die externe Markenstärke nachgewiesen werden (Baumgarth und Schmidt 2010; Zeplin 2006).

4.2 Kollektiv: Anbieterunternehmen

Führungstheorien

Zur Verankerung der Marke bei den Mitarbeitern wird immer wieder auf die Bedeutung der Führung durch Vorgesetzte hingewiesen (z. B. Esch und Vallaster 2005; Vallaster und de Chernatony 2006). Zur verhaltenswissenschaftlichen Analyse dieses Einflusses eignen sich Ansätze der Führungsforschung (zum Überblick Homburg und Stock 2002; Neuberger 2002; Staehle 1999, S. 328 ff.). Im Folgenden werden mit der Sozialen Lerntheorie und der Dichotomie transaktionale vs. transformationale Führung zwei Ansätze skizziert.

(1) Soziale Lerntheorie

Die Soziale Lerntheorie, die maßgeblich von Bandura (1977; Bandura et al. 1976) entwickelt wurde, geht davon aus, dass Personen – hier Mitarbeiter – neue Einstellungen und Verhaltensweisen dadurch erlernen, dass sie diese bei Dritten (hier: Führungskräften) beobachten. Nach Bandura (1977) verläuft dieser Lernprozess in vier Phasen:

- „Modell" (hier: Führungskraft und Führungsverhalten) muss beim Mitarbeiter Aufmerksamkeit erregen.
- Mitarbeiter muss das beobachtete Verhalten im Gedächtnis speichern.
- Mitarbeiter muss hinreichend qualifiziert sein.
- Verhalten muss verstärkt werden.

Dieser grundsätzliche Prozess des Modelllernens gilt für die verschiedenen Formen des Lernens (Bandura 1969):

- Lernern durch **Imitation**: Beobachtetes Verhalten eines lebenden (z. B. Vorgesetzter) oder eines symbolischen Modells (z. B. Film, graphische Darstellung) wird nachgeahmt.
- Lernen aus **Konsequenzen** des Verhaltens anderer: Die positiven oder negativen Verstärkungen (z. B. Auszeichnung eines Mitarbeiters als Markenchampion in Anwesenheit Dritter), welche andere für ein bestimmtes Verhalten erhalten, bilden die Basis des Lernens.
- **Aktivierung** vertrauter Verhaltensweisen: Bereits gelernte Verhaltensmuster werden durch das Vorbildverhalten wieder aktiviert.

Neben der grundsätzlichen Rolle des Führungsverhaltens im Rahmen der internen Markenführung erlaubt diese Partialtheorie auch konkrete Ansatzpunkte wie **aufmerksamkeitserregendes Führungsverhalten** oder **positive Verstärkung**. Die Anwendung dieser Theorie in verhaltenswissenschaftlich orientierten wissenschaftlichen Studien zur B-to-B-Marke fehlt bislang, allerdings lassen sich Studien aus dem Bereich der Kundenorientierung übertragen (Homburg und Stock 2002).

(2) Transaktionale vs. transformationale Führung

Bei der transaktionalen vs. transformationalen (teilw. synonym: charismatische) Führung geht es grundsätzlich darum, ob der Führende Verhaltensweisen des Mitarbeiters im Sinne eines Austauschverhältnisses mit entsprechenden Belohnungen „tauscht" oder es dem Führenden gelingt, dass der Mitarbeiter seine eigenen Ziele ohne Anreize oder Sanktionen den Zielen und Idealen der Organisation bzw. Marke unterordnet (Bass 1985; Burns 1978; Morhart et al. 2013). Während der transaktionale Führungsstil auf einem reinen

Abb. 4 Transaktionaler und transformationaler Führungsstil. (Quelle: in Anlehnung an Morhart et al. 2013, S. 398)

berechnenden Kalkül des Mitarbeiters basiert (extrinsische Motivation), setzt der transformationale Führungsstil auf die Internalisierung von übergeordneten Zielen und Idealen bei den Mitarbeitern (intrinsische Motivation). Abb. 4 verdeutlicht den Einfluss der beiden Führungsstile auf das Mitarbeiterverhalten.

Bislang wurde dieser Führungsstilansatz häufig in konzeptionell orientierten Arbeiten zur internen Markenführung verwendet, hingegen liegen bislang kaum empirische Erkenntnisse über die **Effektivität** der beiden Führungsstile im Rahmen der Internen Markenführung vor. Eine Ausnahme bildet die Arbeit von Morhart et al. (2009), die im Rahmen einer empirischen Studie in der Telekommunikationsindustrie zeigt, dass speziell eine Kombination aus einem hohen Niveau an transformationaler und einem mittleren Niveau an transaktionaler Führung Erfolg versprechend für die Verankerung der Marke bei den Mitarbeitern ist. Weitere Ansatzpunkte liefern die Instrumente zur Messung dieser beiden Führungsstile durch die MLQ-Skala (Bass 1985; Hater und Bass 1988) und die Anwendung dieser Theorie allgemein in der Mitarbeiterführung (z. B. Kark et al. 2003; Podsakoff et al. 1996), speziell im Vertrieb (MacKenzie et al. 2001) bzw. beim Kundenkontaktpersonal (Bass 1997).

Unternehmenskultur und Markenorientierung

Eine eher aus der Soziologie stammende Partialtheorie ist die Kultur und darauf aufbauend die **Unternehmenskultur**. Trotz aller abweichenden Definitionen lassen sich einige gemeinsame Merkmale von Unternehmenskultur ableiten (Baetge et al. 2007; Macharzina und Wolf 2015, S. 242 f.; Steinmann et al. 2013, S. 653 f.):

- Unternehmenskultur als Summe der gemeinsam geteilten Überzeugungen der Organisationsmitglieder ist ein implizites Phänomen.

- Unternehmenskultur wird gelebt und prägt das tägliche Handeln der Mitarbeiter.
- Unternehmenskultur resultiert aus Lernprozessen. Erfolgreiche Handlungsweisen werden nach und nach in die Kultur übernommen, erfolglose hingegen nicht.
- Unternehmenskultur repräsentiert die konzeptionelle Sicht des Unternehmens, die den Handlungen des Unternehmens Sinn und Orientierung vermittelt.

Unternehmenskulturen haben durch ihren impliziten und verfestigten Charakter starke Auswirkungen auf das Verhalten der einzelnen Mitarbeiter. Dabei können diese Effekte sowohl **positiv** als auch **negativ** für das Unternehmen sein (zur Übersicht Steinmann et al. 2013, S. 668 ff.). Aufgrund dieses Einflusses auf die Mitarbeiter wurde allgemein in konzeptionellen Arbeiten und speziell im B-to-B-Bereich häufig auf die Bedeutung der Unternehmenskultur für die interne Markenführung hingewiesen (z. B. Vallaster und de Chernatony 2006; Zeplin 2006).

Zur Analyse von Unternehmenskulturen sind verschiedene strukturelle und materielle Modelle entwickelt worden. Strukturelle Modelle versuchen, die verschiedenen Ebenen der Unternehmenskultur sowie deren Zusammenspiel zu beschreiben, ohne Aussagen zum konkreten Inhalt zu machen. Das bekannteste Modell dieser Klasse stammt von Schein (2004). Materielle Modelle hingegen versuchen, verschiedene Kulturtypen abzuleiten (z. B. Cameron und Quinn 2006; Deal und Kennedy 1982; Deshpandé et al. 1993; de Vries und Miller 1986) oder einzelne Typen detailliert zu erfassen (z. B. Marktorientierung: Kohli et al. 1993; Narver und Slater 1990).

Eine spezielle inhaltliche Ausprägung der Unternehmenskultur stellt die **Markenorientierung** dar. Diese zeichnet sich durch eine hohe Relevanz der Marke in der gesamten Unternehmensführung sowie ein hohes Ausmaß an systematischer und professioneller Markenführung aus (Baumgarth 2007, 2009; ähnlich Hankinson 2001a, 2001b; Urde 1994, 1999; Urde et al. 2013). Urde (1999) beschreibt Markenorientierung als das „Mindset" des Unternehmens.

In empirischen Studien über zahlreiche B-to-B-Branchen konnte zum einen gezeigt werden, dass die Markenorientierung einen signifikanten Einfluss auf den Markterfolg ausübt (Baumgarth 2009; Schultheiss 2011) und zum anderen, dass sie das Verhalten der einzelnen Mitarbeiter (z. B. Loyalität, Brand Commitment, Brand Citizenship Behaviour) stark beeinflusst (Baumgarth und Schmidt 2010; Schmidt 2009).

Insgesamt scheinen die Unternehmenskultur und die Markenorientierung eine fruchtbare Theorieklasse zur verhaltenswissenschaftlichen Erklärung von B-to-B-Marken darzustellen.

5 Anbieter-Nachfrager-Beziehung

Die Vermarktung von B-to-B-Leistungen ist in der Regel durch Interaktionen zwischen Anbieter und Kunden gekennzeichnet, die sich durch wechselseitige Beeinflussung auszeichnen. Trotz der unumstrittenen Relevanz dieser Interaktionen liegen bislang wenige

Tab. 3 Verhaltenswissenschaftliche Theorien und Konzepte zur Analyse von Anbieter-Nachfrager-Beziehungen

Anzahl der Interaktionspartner / Betrachtungsebene	Dyade	Netzwerk
Person	▣ Kommunikationstheorien (z. B. Austauschtheorien, Machttheorien) (Diller et al. 2005, S. 127 ff.) ▣ Verhandlungsforschung (Raiffa 1982; Voeth/Herbst 2009, S. 16 ff.; Voeth/Rabe 2004) ▣ Behavioral Accounting (Mussweiler/Galinsky 2002; Tversky/Kahneman 1974) ▣ Adaptive Selling (Spiro/Weitz 1990)	
Organisation	▣ Beziehungstheorien (z. B. Vertrauen, Normen, Commitment) (Klee 2000; Morgan/Hunt 1994)	▣ Netzwerkansätze (z. B. IMP-Group) (Turnbull/Valla 1989)

belastbare Erkenntnisse vor. Dies lässt sich insbesondere durch die Schwierigkeit der empirischen Analyse derartiger Interaktionen und den fehlenden Zugang von Forschern zu Interaktionen und Netzwerken begründen (Backhaus und Voeth 2014, S. 119). In Tab. 3 wird daher nur ein kurzer Überblick wichtiger Theorien und Arbeiten geliefert.

Grundsätzlich kann man die Ansätze nach der Ebene der Betrachtung und der Anzahl der Interaktionspartner differenzieren. Bei der Ebene der Betrachtung lassen sich die Personen- und die Organisationsebene voneinander abgrenzen. Bei der Anzahl der Interaktionspartner lassen sich Dyaden (zwei Elemente) und Netzwerke voneinander abgrenzen. Tab. 3 zeigt wichtige Arbeiten und Theorien aus diesen vier Gruppen.

Die verhaltenswissenschaftliche Analyse von B-to-B-Marken hat sich diese Theorien bislang nicht vertieft zunutze gemacht.

6 Nutzung der verhaltenswissenschaftlichen Sichtweise für die B-to-B-Markenführung

Insgesamt ist festzuhalten, dass die verhaltenswissenschaftliche Perspektive einen fruchtbaren Ansatz zur wissenschaftlichen Betrachtung von B-to-B-Marken darstellt. Dabei können die verhaltenswissenschaftlichen Ansätze dazu beitragen, sowohl die Wirkungen bei den Kunden (externe Perspektive) als auch die Verankerung bei den Mitarbeitern (interne Perspektive) theoretisch zu fundieren. Auch hat die bisherige Forschung zur B-to-B-Marke immer wieder auf verhaltenswissenschaftliche Partialtheorien zurückgegriffen und bereits einige empirisch abgesicherte Erkenntnisse entwickelt. Allerdings handelt es sich dabei bislang – wie in der gesamten Forschung zur B-to-B-Marke – noch um rudimentäre Ansätze. Entweder wurden die Partialtheorien nur implizit verwendet, womit eine strenge deduktive Vorgehensweise unterbleibt, oder die empirische Überprüfung weist Defizite in der Methodik (z. B. Stichprobengröße/-zusammensetzung, Analyseverfahren) auf. Darüber hinaus sind bestimmte Bereiche der B-to-B-Marke bislang noch nicht näher verhaltenswissenschaftlich untersucht worden. Beispielsweise gibt es bislang keine Arbeit, die den Einfluss von Marken unter Verwendung der Partialtheorien von Anbieter-Nachfrager-Interaktionen betrachtet.

Für das Management von B-to-B-Marken liefert die verhaltenswissenschaftliche Perspektive zum einen theoretisch fundierte und empirische abgesicherte Erkenntnisse (z. B. Markenrelevanz in Abhängigkeit von Determinanten wie Kaufklasse oder Geschäftstyp; Entstehung einer internen Markenverankerung bei Mitarbeitern). Zum anderen ermöglichen speziell die in empirischen Arbeiten entwickelten und getesteten Messansätze der verhaltenswissenschaftlichen Konstrukte (z. B. Nutzen, Markenorientierung, Brand Commitment) die Integration in ein internes und externes B-to-B-Markencontrolling. Schließlich hilft die verhaltenswissenschaftliche Perspektive dem Management dabei, die Effekte von Maßnahmen (z. B. Durchführung interner Markenworkshops oder Stärkung der emotionalen Ausrichtung der B-to-B-Marke durch Imagekommunikation) zu verstehen, zu antizipieren und effektiver zu gestalten.

Einschränkend ist allerdings anzumerken, dass eine isolierte verhaltenswissenschaftliche Perspektive zu kurz greift. Neben den inhärenten Schwächen dieser Betrachtung (Partialtheorien, „Ausleihen" von Theorien aus Nachbardisziplinen, verbunden mit dem Problem des Dilettantismus) sollte eine solche Perspektive um eine Betrachtung, welche die Möglichkeiten und Kompetenzen des B-to-B-Unternehmens (managementorientierte Betrachtung) berücksichtigt, ergänzt werden.

Literatur

Allen, N. J., & Meyer, J. P. (1996). Affective, continuance, and normative commitment to the organization. *Journal of Vocational Behavior*, *49*(3), 252–276.

Anderson, B. B., & Weitz, B. (1992). The use of pledges to build and sustain commitment in distribution channels. *Journal of Marketing Research*, *29*(1), 18–34.

Anderson, E., Chu, W., & Weitz, B. (1987). Industrial purchasing. *Journal of Marketing*, *51*(3), 71–86.

Armine, A. (1998). Consumers' true brand loyalty. *Journal of Strategic Marketing*, *6*(4), 305–319.

Backhaus, K., & Gausling, P. (2015). Markenrelevanz auf Industriegütermärkten. In K. Backhaus & M. Voeth (Hrsg.), *Handbuch Business-to-Business-Marketing* (2. Aufl., S. 365–383). Wiesbaden: Springer Gabler.

Backhaus, K., & Günther, B. (1976). A phase-differential interaction approach to industrial marketing decisions. *Industrial Marketing Management*, *5*(5), 255–270.

Backhaus, K., & Muehlfeld, K. (2015). Geschäftstypen im Industriegütermarketing. In K. Backhaus & M. Voeth (Hrsg.), *Handbuch Business-to-Business-Marketing* (2. Aufl., S. 93–120). Wiesbaden: Springer Gabler.

Backhaus, K., & Sabel, T. (2004). Markenrelevanz auf Industriegütermärkten. In K. Backhaus & M. Voeth (Hrsg.), *Handbuch Industriegütermarketing* (S. 779–797). Wiesbaden: Gabler.

Backhaus, K., & Voeth, M. (2014). *Industriegütermarketing* (8. Aufl.). München: Vahlen.

Backhaus, K., Aufderheide, D., & Späth, M. (1994). *Marketing für Systemtechnologien.* Stuttgart: Schäffer-Poeschel.

Baetge, J., Schewe, G., Schulz, R., & Solmecke, H. (2007). Unternehmenskultur und Unternehmenserfolg. *Journal für Betriebswirtschaft, 57*(3/4), 183–219.

Bandura, A. (1969). *Principles of behavior modification.* New York: Holt, Rinehart & Winston.

Bandura, A. (1977). *Social leraning theory.* Englewood Cliffs: Prentice-Hall.

Bandura, A., Ross, D., & Ross, S. (1976). Statusneid, soziale Macht und sekundäre Verstärkung. In A. Bandura (Hrsg.), *Lernen am Modell* (S. 75–92). Stuttgart: Klett.

Bass, B. M. (1985). *Leadership and performance beyond expectations.* New York: Free Press.

Bass, B. M. (1997). Personal selling and transactional/Transformational leadership. *Journal of Personal Selling & Sales Management, 17*(3), 19–23.

Baumgarth, C. (2007). Markenorientierung kleiner und mittlerer B-to-B-Unternehmen. In J.-A. Meyer (Hrsg.), *Planung in kleinen und mittleren Unternehmen* (S. 359–373). Lohmar: Eul.

Baumgarth, C. (2009). Living the brand. *European Journal of Marketing, 43*(5), 653–671.

Baumgarth, C. (2014). *Markenpolitik* (4. Aufl.). Wiesbaden: Springer Gabler.

Baumgarth, C., & Haase, N. (2005). Markenrelevanz jenseits von Konsumgütern. *planung & analyse, 3/2005,* 44–48.

Baumgarth, C., & Schmidt, M. (2010). How strong is the business-to-business brand in the workforce. *Industrial Marketing Management, 39*(5), 1250–1260.

Beatty, S. E., & Kahle, L. R. (1988). Alternative hierarchies of the attitude relationship. *Journal of the Academy of Marketing Science, 16*(2), 1–10.

Beatty, S. E., Kahle, L. R., & Homer, P. (1988). The involvement-commitment-model. *Journal of Business Research, 16*(2), 149–167.

Bendixen, M., Bukasa, K. A., & Abratt, R. (2004). Brand equity in the business-to-business market. *Industrial Marketing Management, 33*(5), 371–380.

Blackwell, R. D., Miniard, P. W., & Engel, J. F. (2006). *Consumer behavior* (10. Aufl.). Mason: Thomson South-Western.

Blombäck, A., & Axelsson, B. (2007). The role of corporate brand image in the selection of new subcontractors. *Journal of Business & Industrial Marketing, 22*(6), 418–430.

Brand, G. T. (1972). *Industrial buying decisions.* New York: Institute of Marketing Industrial Marketing Research.

Burmann, C., & Zeplin, S. (2005a). Building brand commitment. *Journal of Brand Management, 12*(4), 279–300.

Burmann, C., & Zeplin, S. (2005b). Innengerichtete Markenkommunikation. In F.-R. Esch (Hrsg.), *Moderne Markenführung* (4. Aufl., S. 1021–1036). Wiesbaden: Gabler.

Burns, J. M. (1978). *Leadership.* New York: Harper & Row.

Cameron, K. S., & Quinn, R. E. (2006). *Diagnosing and changing organizational culture* (2. Aufl.). San Francisco: Jossey-Bass.

Caspar, M., Hecker, A., & Sabel, T. (2002). *Markenrelevanz in der Unternehmensführung.* Münster: MCM Münster.

Chakrabarti, A. K., Feinman, S., & Fuentevilla, W. (1982). Targeting technical information to organizational positions. *Industrial Marketing Management, 11*(3), 167–236.

Deal, T. E., & Kennedy, A. A. (1982). *Corporate cultures.* Reading: Addison-Wesley.

Deshpandé, R., Farley, J. U., & Webster, F. E. (1993). Corporate culture, customer orientation, and innovativeness in Japanese firms. *Journal of Marketing, 57*(1), 23–37.

Dichtl, E. (1983). Marketing auf Abwegen? *Zeitschrift für betriebswirtschaftliche Forschung*, *35*(11/12), 1066–1074.

van Dick, R. (2004). *Commitment and Identifikation mit Organisationen*. Göttingen: Hogrefe.

Diller, H., Haas, A., & Ivens, B. (2005). *Verkauf und Kundenmanagement*. Stuttgart: Kohlhammer.

Donnevert, T. (2009). *Markenrelevanz*. Wiesbaden: Gabler Edition Wissenschaft.

Eagly, A., & Chaiken, S. (1993). *The psychology of attitudes*. Fort Worth: Harcourt Brace College.

Esch, F.-R. (2014). *Strategie und Technik der Markenführung* (8. Aufl.). München: Vahlen.

Esch, F.-R., & Vallaster, C. (2005). Mitarbeiter zu Markenbotschaftern machen. In F.-R. Esch (Hrsg.), *Moderne Markenführung* (4. Aufl., S. 1009–1020). Wiesbaden: Gabler.

Esch, F.-R., Hartmann, K., & Strödter, K. (2012). Analyse und Stärkung des Markencommitment in Unternehmen. In J. Kernstock & A. Herrmann (Hrsg.), *Behavioral Branding* (3. Aufl., S. 121–139). Wiesbaden: Gabler.

Fischer, M., Hieronimus, F., & Kranz, M. (2002). *Markenrelevanz in der Unternehmensführung*. Münster: MCM Münster.

Fitzgerald, R. L. (1989). *Investitionsgütermarketing auf Basis industrieller Beschaffungsentscheidungen*. Wiesbaden: DUV.

Fließ, S. (1995). Industrielles Kaufverhalten. In M. Kleinaltenkamp & W. Plinke (Hrsg.), *Technischer Vertrieb* (S. 287–397). Berlin: Springer.

Franke, N. (2002). *Realtheorie des Marketing*. Tübingen: Mohr Siebeck.

Hankinson, P. (2001a). Brand orientation in the Charity sector. *International Journal of Nonprofit and Voluntary Sector Marketing*, *6*(3), 231–242.

Hankinson, P. (2001b). Brand orientation in the top 500 fundraising charities in the UK. *Journal of Product & Brand Management*, *10*(6), 346–360.

Hater, J., & Bass, B. (1988). Supervisors evaluations and subordinates' perceptions of transformational and transactional leadership. *Journal of Applied Psychology*, *73*(4), 695–702.

Hauschildt, J., & Chakrabarti, A. K. (1988). Arbeitsteilung im Innovationsmanagement. *Zeitschrift Führung + Organisation*, *57*(6), 378–388.

Hauschildt, J., & Salomo, S. (2011). *Innovationsmanagement* (5. Aufl.). München: Vahlen.

Havelock, R. G. (1973). *The change agent's guide to innovation in education*. Englewood Cliffs: Educational Technology.

Hawes, J. M., & Barnhouse, S. H. (1987). How purchasing agents handle personal risk. *Industrial Marketing Management*, *16*(4), 287–293.

Hertel, G., Bretz, E., & Moser, C. (2000). Freiwilliges Arbeitsengagement. *Gruppendynamik*, *31*(2), 121–140.

Homburg, C., & Krohmer, H. (2009). *Marketingmanagement* (3. Aufl.). Wiesbaden: Gabler.

Homburg, C., & Stock, R. (2002). Führungsverhalten als Einflussgröße der Kundenorientierung von Mitarbeitern. *Marketing ZFP*, *24*(2), 123–137.

Homburg, C., Jensen, O., & Richter, M. (2006). Die Kaufverhaltensrelevanz von Marken im Industriegüterbereich. *Die Unternehmung*, *60*(4), 281–296.

Homburg, C., Jensen, O., & Richter, M. (2008). Sind Marken im Industriegüterbereich relevant? In H. H. Bauer, F. Huber & C.-M. Albrecht (Hrsg.), *Erfolgsfaktoren der Markenführung* (S. 399–413). München: Vahlen.

Hutton, J. G. (1997). A study of brand equity in an organizational-buying context. *Journal of Product & Brand Management*, *6*(6), 428–439.

Jacoby, J., & Kaplan, L. (1972). The components of perceived risk. In M. Venkatestan (Hrsg.), *Proceedings of the 3rd Annual Conference of the Association for Consumer Research* (S. 382–393). Chicago: Association for Consumer Research.

Kark, R., Shamir, B., & Chen, G. (2003). The two faces of transformational leadership. *Journal of Applied Psychology*, *88*(2), 246–255.

Keller, K. L. (2013). *Strategic brand management* (4. Aufl.). Harlow: Pearson.

Kelly, J. P. (1974). Functions performed in industrial purchase decisions with implications for marketing strategy. *Journal of Business Research, 2*(4), 421–433.

Kemper, A. C., & Geerdes, C. (1997). *Markenpolitik im Investitionsgüterbereich.* Köln: Institut für Markt- und Distributionsforschung.

Klee, A. (2000). *Strategisches Beziehungsmanagement.* Aachen: Shaker.

Kohli, J. K., Jaworki, B. J., & Kumar, A. (1993). MARKOR. *Journal of Marketing Research, 30*(4), 1–18.

Kroeber-Riel, W., & Esch, F.-R. (2015). *Strategie und Technik der Werbung* (8. Aufl.). Stuttgart: Kohlhammer.

Kroeber-Riel, W., & Gröppel-Klein, A. (2013). *Konsumentenverhalten* (10. Aufl.). München: Vahlen.

Kuß, A. (2013). *Marketing-Theorie* (3. Aufl.). Wiesbaden: Springer Gabler.

Lehmann, D. R., & O'Shaughnessy, J. (1974). Difference in attribute importance for different industrial products. *Journal of Marketing, 38*(1), 36–42.

Levitt, T. (1965). *Industrial purchasing behavior: a study of communication effects.* Boston: Harvard University.

Macharzina, K., & Wolf, J. (2015). *Unternehmensführung* (9. Aufl.). Wiesbaden: Springer Gabler.

MacKenzie, S., Podsakoff, P. M., & Rich, G. A. (2001). Transformational and transactional leadership and salesperson performance. *Journal of the Academy of Marketing Science, 29*(2), 115–134.

Mathieu, J. E., & Zajac, D. M. (1990). A review and meta-analysis or the antecedents, correlates and consequences of organizational commitment. *Psychological Bulletin, 108*(2), 171–194.

McDowell Mudambi, S., Doyle, P., & Wong, V. (1997). An exploration of branding in industrial markets. *Industrial Marketing Management, 26*(5), 433–446.

Meffert, H., Burmann, C., & Kirchgeorg, M. (2015). *Marketing* (12. Aufl.). Wiesbaden: Springer Gabler.

Merbold, C. (1991). Marken-Wirkungen bei Investitionsgütern. *Marktforschung & Management, 35*(3), 109–112.

Merbold, C. (1993). Zur Funktion der Marke in technischen Unternehmen. *Markenartikel, 55*(12), 578–580.

Meyer, J. P., & Allen, N. J. (1997). *Commitment in the workplace.* Thousand Oaks: SAGE.

Meyer, J., Stanley, D. J., Herscovitch, L., & Topolnytsky, L. (2002). Affective, continuance, and normative commitment to the organization. *Journal of Vocational Behavior, 61*(1), 20–52.

Mitchell, V.-W. (1995). Organizational risk perception and reduction. *British Journal of Management, 6*(2), 115–133.

Moller, K. E., & Laakson, M. (1986). Situational dimensions and decision criteria in industrial buying. In A. Woodside (Hrsg.), *Advances in business marketing* (S. 163–207). Greenwich: JAI Press.

Moon, J., & Tikoo, S. (2002). Buying decision approaches of organizational buyers and users. *Journal of Business Research, 55*(4), 293–299.

Morgan, R., & Hunt, S. (1994). The commitment-trust theory of relationship marketing. *Journal of Marketing, 58*(2), 20–38.

Morhart, F., Herzog, W., & Tomczak, T. (2009). Brand-specific leadership. *Journal of Marketing, 73*(5), 122–142.

Morhart, F., Jenewein, W., & Tomczak, T. (2013). Mit transformationaler Führung das Brand Behavior stärken. In T. Tomczak, F.-R. Esch, J. Kernstock & A. Herrmann (Hrsg.), *Behavioral branding* (3. Aufl., S. 389–406). Wiesbaden: Gabler.

Mudambi, S. (2002). Branding importance in business-to-business markets. *Industrial Marketing Management*, *31*(6), 525–533.

Mussweiler, T., & Galinsky, A. D. (2002). Strategien der Verhandlungsführung. *Wirtschaftspsychologie*, *4*(2), 21–27.

Narver, J., & Slater, S. F. (1990). The effects of a market orientation on business profitability. *Journal of Marketing*, *54*(4), 20–35.

Neuberger, O. (2002). *Führen und geführt werden* (6. Aufl.). Stuttgart: Enke.

O'Reilly, C. A., & Chatman, J. A. (1986). Organizational commitment and psychological attachment. *Journal of Applied Psychology*, *71*(3), 492–499.

O'Reilly, C. A., & Chatman, J. A. (1996). Culture as social control. In B. M. Staw & L. L. Cummings (Hrsg.), *Research in organizational behavior* (Bd. 18, S. 157–200). Greenwich: JAI Press.

Organ, D. W. (1988). *Organizational citizenship behavior*. Lexington: Lexington Books.

Organ, D. W., & Ryan, K. (1995). A meta-analytic review of attitudinal and dispositional predictors of organizational citizenship behaviour. *Personnel Psychology*, *48*(4), 775–802.

Podsakoff, P. M., MacKenzie, S. B., & Bommer, W. H. (1996). Transformational leader behaviors and substitutes for leadership as determinants of employee satisfaction, commitment, trust and organizational citizenship behaviors. *Journal of Management*, *22*(2), 259–298.

Podsakoff, P. M., MacKenzie, S. B., Paine, J. B., & Bachrach, D. G. (2000). Organizational citizenship behaviors. *Journal of Management*, *26*(3), 513–563.

Raiffa, H. (1982). *The art and science of negotiation*. Cambridge: Belknap Press.

Richter, H. P. (2001). *Investitionsgütermarketing*. München: Fachbuchverlag Leipzig.

Rieger Team, R. T. S. (2011). *BtoB insight*. Stuttgart, Düsseldorf: RTS Rieger Team.

Robinson, P. J., Faris, C. W., & Wind, Y. (1967). *Industrial buying behaviour and creative marketing*. Boston: Allyn & Bacon.

Roselius, E. (1971). Consumer rankings of risk reduction models. *Journal of Marketing*, *35*(1), 56–61.

Schanz, G. (1990). Der verhaltenswissenschaftliche Ansatz in der Betriebswirtschaftslehre. *Wirtschaftswissenschaftliches Studium*, *19*(5), 229–234.

Schein, E. H. (2004). *Organizational culture and leadership* (3. Aufl.). San Francisco: Jossey-Bass.

Schmidt, M. (2009). *Interne Markenstärke von B-to-B-Unternehmen*. Frankfurt a. M: Peter Lang.

Schmitt, J. (2011). *Strategisches Markenmanagement in Business-to-Business-Märkten*. Wiesbaden: Gabler.

Schneider, D. (1983). Marketing als Wirtschaftswissenschaft oder Geburt einer Marketingwissenschaft aus dem Geiste des Unternehmensversagens? *Zeitschrift für betriebswirtschaftswirtschaftliche Forschung*, *35*(11/12), 197–223.

Schultheiss, B. (2011). *Markenorientierung und -führung für B-to-B-Familienunternehmen*. Wiesbaden: Gabler.

Shaw, J., Giglicrano, J., & Kallis, J. (1989). Marketing complex technical products. *Industrial Marketing Management*, *18*(1), 45–53.

Sheth, J. N., Gardner, D. M., & Garrett, D. (1988). *Marketing theory*. New York: Wiley.

Smith, C. A., Organ, D. W., & Near, J. P. (1983). Organizational citizenship behavior. *Journal of Applied Psychology*, *68*(4), 653–663.

Spiegel-Verlag (1982). *Der Entscheidungsprozess bei Investitionsgütern*. Hamburg: Spiegel.

Spiro, R. L., & Weitz, B. A. (1990). Adaptive selling. *Journal of Marketing Research*, *27*(1), 61–69.

Staehle, W. H. (1999). *Management* (8. Aufl.). München: Vahlen.

Steers, R. M. (1977). Antecedents and outcomes of organizational commitment. *Administrative Science Quarterly*, *22*(1), 46–56.

Steinmann, H., Schreyögg, G., & Koch, J. (2013). *Management* (7. Aufl.). Wiesbaden: Springer Gabler.

Sweeney, T. W., Mathews, H. L., & Wilson, D. T. (1973). *An analysis of industrial buyers risk reducing behavior*. AMA Proceedings. (S. 217–221).

Thompson, K. E., Knox, S. D., & Mitchell, H. G. (1998). Business to business brand attributes in a changing purchasing environment. *Irish Marketing Review, 10*(2), 25–32.

Thomson, K., de Chernatony, L., Arganbright, L., & Khan, S. (1999). The buy-in-benchmark. *Journal of Marketing Management, 15*(8), 819–835.

Turnbull, P. W., & Valla, J.-P. (1989). *Strategies for international industrial marketing*. London: Croom Helm.

Tversky, A., & Kahneman, D. (1974). Judgement under uncertainty. *Science, 185*(4157), 1124–1131.

Urde, M. (1994). Brand orientation. *Journal of Consumer Marketing, 11*(3), 18–32.

Urde, M. (1999). Brand orientation. *Journal of Marketing Management, 15*(1–3), 117–133.

Urde, M., Baumgarth, C., & Merrilees, B. (2013). Brand orientation and market orientation. *Journal of Business Research, 66*(1), 13–20.

Vallaster, C., & de Chernatony, L. (2006). Internal brand building and structuration. *European Journal of Marketing, 40*(7/8), 761–784.

Voeth, M., & Herbst, U. (2015a). *Verhandlungsmanagement* (2. Aufl.). Stuttgart: Schäffer-Poeschel.

Voeth, M., & Herbst, U. (2015b). Preisverhandlungen. In K. Backhaus & M. Voeth (Hrsg.), *Handbuch Business-to-Business-Marketing* (2. Aufl., S. 537–556). Wiesbaden: Springer Gabler.

de Vries, K., & Miller, D. (1986). Personality, culture and organization. *Academy of Management Review, 11*(2), 266–279.

Walley, K., Custance, P., Taylor, S., Lindgreen, A., & Hingley, M. (2007). The importance of brand in the industrial purchase decision. *Journal of Business & Industrial Marketing, 22*(6), 383–393.

Webster, F. E. (1965). Modeling the industrial buying process. *Journal of Marketing Research, 2*(2), 370–376.

Webster, F. E., & Wind, Y. (1972a). *Organizational buying behaviour*. Englewood Cliffs: Prentince-Hall.

Webster, F. E., & Wind, Y. (1972b). A general model of organizational buying behavior. *Journal of Marketing, 36*(2), 12–14.

Wiswede, C. (1992). Psychologie des Markenartikels. In E. Dichtl & W. Eggers (Hrsg.), *Marke und Markenartikel als Instrumente des Wettbewerbs* (S. 71–95). München: DTV.

Witte, E. (1973). *Organisation für Innovationsentscheidungen*. Göttingen: Otto Schwatz & Co.

Wolf, J. (2013). *Organisation, Management, Unternehmensführung* (5. Aufl.). Wiesbaden: Springer Gabler.

Zeplin, S. (2006). *Innengerichtetes identitätsbasiertes Markenmanagement*. Wiesbaden: DUV.

Zimmer, P. (2000). *Commitment in Geschäftsbeziehungen*. Wiesbaden: DUV.

Identitätsbasierte Führung von B-to-B-Marken

Christoph Burmann und Florian Maier

Zusammenfassung

Der Beitrag befasst sich mit der identitätsbasierten Betrachtung von B-to-B-Marken. Obwohl die Wissenschaft und Praxis die Relevanz von Marken im B-to-B immer deutlicher bestätigt, besteht für die theoretische Auseinandersetzung mit der B-to-B-Markenführung weiterhin Aufholbedarf. So geht es heute nicht mehr um die Frage, ob Marken in B-to-B-Märkten relevant sind, sondern wie diese erfolgreich geführt werden können. Aus der Perspektive des identitätsbasierten Markenführungsansatzes nach Meffert und Burmann (1996) bildet die Markenidentität dabei den Ausgangspunkt für eine erfolgreiche Markenführung. Da sich das Markenimage in den Köpfen der Zielgruppen aufgrund seiner Subjektivität der direkten Steuerung durch die markenführende Institution entzieht, können starke Marken langfristig nur „von innen heraus" über die Identität aufgebaut und geführt werden. Dieser Beitrag überträgt den Ansatz der identitätsbasierten Markenführung auf den spezifischen Kontext von B-to-B-Marken, um daraus Implikationen für das Markenmanagement abzuleiten.

Schlüsselbegriffe

B-to-B-Markenführung · B-to-B-Markenmanagement · Identitätsbasierte Markenführung · Markenidentität

C. Burmann (✉)
Lehrstuhl für innovatives Markenmanagement, Universität Bremen / FB 7
Bremen, Deutschland
E-Mail: c.burmann@uni-bremen.de

F. Maier
Jungheinrich AG
Hamburg, Deutschland
E-Mail: florian.maier@jungheinrich.de

© Springer Fachmedien Wiesbaden GmbH, ein Teil von Springer Nature 2018   181
C. Baumgarth (Hrsg.), *B-to-B-Markenführung*, https://doi.org/10.1007/978-3-658-05097-9_9

Inhaltsverzeichnis

1   Einleitung

Die Markenführung wurde in den letzten Jahren umfangreich erforscht und dabei das Markenverständnis geschichtlich im Detail aufbereitet: von der Antike, über die Industrialisierung bis in die aktuelle Zeit hoher Informationsvielfalt, steigender Commoditisierung und globalen Preiswettbewerbs (Burmann et al. 2015, S. 20 ff.; Esch 2014, S. 1 ff.; Köhler 2004, S. 2767; Aaker und Joachimsthaler 2000, S. IX). Dabei wurde die Bedeutung von Marken auf Konsumgütermärkten in Wissenschaft und Praxis weitestgehend bestätigt und deren Vorteile in diesen Märkten als zentraler Stellhebel für den Unternehmenserfolg erkannt (Fischer et al. 2002; Esch et al. 2005; Bauer und Huber 1998a, 1998b). Vor allem die Möglichkeiten der strategischen Abgrenzung Wettbewerbern gegenüber, Präferenzerzeugung und Risikoreduktion auf Nachfragerseite sowie Preisgestaltung und Kundenbindung auf Anbieterseite gelten dabei als die wichtigsten Vorteile (Esch 2014, S. 4 ff.; Keller 2013, S. 34 ff.; Aaker 1996). Obwohl eine hohe Markenorientierung als moderne, zielführende Strategie und Hauptursache für Neukundengewinnung, Kundenbindung und Durchsetzung eines Preispremiums betrachtet wird, herrscht teils noch die Meinung, dass dies vor allem für B-to-C-Märkte gelte (Baumgarth 2014, S. 465; Schultheiss 2011, S. 2; Kotler und Pförtsch 2006, S. 15). Demgegenüber wird in der forschungs-, technologie- und produktorientierten B-to-B-Praxis die Kraft der Marke noch teils angezweifelt, als steigende Werbeausgaben abgetan und auf die rationale Argumentation beim Industriegütervertrieb verwiesen (Schultheiss 2011, S. 2 f.; Petracca 2010, S. 320; Bausback 2007, S. 66 ff.). Obwohl die meisten B-to-B-Markenentscheider Interesse am Konzept der Markenführung zeigen, lehnen es viele für ihr Geschäft vorschnell ab (Schultheiss 2011, S. 7; Ward et al. 1999), gehen zu pragmatisch damit um (Schmitt 2011, S. 2; Richter 2007, S. 4 f.) oder versuchen unmodifiziert B-to-C-Markenstrategien auf anders funktionierende B-to-B-Märkte zu übertragen (Richter 2007, S. 2; Mudambi et al. 1997). Darüber hinaus beziehen sich Vergleiche zumeist auf Produkt- oder Familienmarken und nicht auf die im B-to-B weitaus häufiger auftretenden Dachmarken oder Corporate Brands (z.B. Richter 2007, S. 170; Bausback 2007, S. 59; Pförtsch und Schmid 2005, S. 45; Lynch und de Chernatony 2004; Caspar et al. 2002). Allerdings haben einige weltbekannte Unternehmen wie *ABB, BASF, GE, IBM, Intel, Microsoft, SAP, Siemens* oder *Telekom* die Bedeutung ihrer Marken in B-to-B-Märkten erkannt. Aufgrund von Unternehmensgröße und ökonomischer Relevanz agieren diese Player aber auch mit umfangreichen Budgets, was Hidden Champions nicht als Vorbild dienen kann (Kotler und Pförtsch 2006, S. 16). Dem Umstand, dass B-to-B-Marken in der Forschung bislang eher „stiefmütterlich" behandelt wurden (Richter 2007, S. 2), treten in den letzten Jahren zwar immer mehr empirische Studien entgegen (u. a. Maier 2016; Krause 2013; Schultheiss 2011; Schmitt 2011; Bauer et al. 2010; Mudambi 2002). Allerdings scheint insbesondere Nachholbedarf bei der erfolgreichen Führung von B-to-B-Marken sowie einem Managementansatz, der Dach- und Produktmarken umfasst und einen Handlungsrahmen für ein umfangreiches und integratives Vorgehen bietet.

Der vorliegende Beitrag möchte an dieser Stelle ansetzen und eine Betrachtung aus der Perspektive der identitätsbasierten Markenführung im B-to-B anbieten. Im Abschn. 2 wird dafür zunächst kurz in die identitätsbasierte Markenführung im B-to-B eingeführt, um dann im Abschn. 3 das Grundmodell der identitätsbasierten Markenführung im B-to-B ausführlicher zu erläutern. Abschn. 4 beschreibt den Managementansatz. Abschn. 5 schließt mit einem kurzen Fazit.

2 Markenführung im B-to-B

2.1 Besonderheiten des B-to-B-Geschäfts

B-to-B-Märkte umfassen alle Leistungen, die von Organisationen an andere Organisationen verkauft werden, wobei explizit Endkonsumenten oder Letztverbraucher ausgeschlossen sind (Schultheiss 2011, S. 29 f.). Im Kern handelt es also um die Beziehung zwischen anbietenden und nachfragenden Organisationen bzw. zwischen beteiligten Personen innerhalb dieser Organisationen. B-to-B-Märkte sind dabei stark segmentiert und die erstellten Leistungen in ihnen höchst heterogen. So unterscheidet sich die Vermarktung von Schrauben an gewerbliche Abnehmer ganz erheblich von der Vermarktung eines Kraftwerks (z. B. Backhaus und Voeth 2014, S. 195 ff.). Baumgarth führt beispielhaft Leistungen im B-to-B Bereich auf: „... sowohl Commodities (z.B. Standardkunststoffe der chemischen Industrie [...]) als auch Spezialitäten (z.B. individuell erstellte Walzstraße), sowohl niedrigpreisige (z.B. [...] Standardschrauben) als auch hochpreisige Leistungen (z.B. Flugzeuge [...]), sowohl Standardleistungen (z.B. Schaltschränke [...]) als auch erklärungs- und interaktionsbedürftige Leistungen (z.B. [...] Zulieferteile für die Automobilindustrie)" (Baumgarth 2010, S. 48). Folglich ist es schwierig, generische Strategien für gleichsam alle B-to-B-Leistungen aufstellen zu wollen, auch wenn das andere Extrem, nämlich aufgrund der hohen Diversifizierung dieser Märkte auf Einzelfallbetrachtungen zurückzufallen, bei der Marktbearbeitung ebenfalls nicht zum Ziel führt (Backhaus und Voeth 2014, S. 195). Es lassen sich folgende Spezifika des B-to-B-Geschäfts ableiten (z. B. Backhaus und Voeth 2014, S. 7 ff.; Baumgarth 2010, S. 48 f.):

- Produkte werden oft mit zusätzlichen Leistungen als Leistungsbündel verkauft.
- zumeist heterogene, erklärungsbedürftige, komplexe und teils hoch-individualisierte Leistungen
- oft hohe Investitionsvolumina durch in vielen Fällen hoch spezialisierte, kundenindividuelle Fertigungsprozesse
- häufig persönlicher Verkauf und hoch-integrative Leistungserstellung zwischen Mitarbeitern der anbietenden und nachfragenden Organisation
- Multipersonalität durch mehrere an der Kaufentscheidung beteiligter Personen (Buying-Center, Buying-Network, . . .) und Multiorganisationalität durch mehrere beteiligte Unternehmen
- formalisierter, oft rational-geprägter Kaufentscheidungsprozess, der der Nachvollziehbarkeit und Risikoreduktion auf Nachfragerseite dient.

2.2 Definition B-to-B-Marke

Es existieren zahlreiche Definitionsansätze des Markenbegriffs, die häufig für Verwirrung sorgen, da Begriffe wie Markenartikel und Warenzeichen ähnlich oder synonym verwendet wurden (Bruhn 2003, S. 180 f.). Daher überrascht nicht, dass die Definitionen über längere Zeit Investitionsgüter konsequent ausschlossen, sind diese Begriffe doch auf Konsumenten fokussiert oder beschreiben rein formale Zusammenhänge (Maier 2016, S. 26 f.; Meffert und Burmann 2005, S. 23). Doch weder in die Beschreibung von Warenzeichen oder unter den Begriff des Markenartikels noch in die formal-merkmalsorientierte Definition von Marke im Deutschen Markengesetz lassen sich Sach- und Dienstleistungen im B-to-B oder gar Vorstellungen in den Köpfen von Kunden oder Mitarbeitern fassen.

Daher formuliert die identitätsbasierte Markenführung eine eigene Definition für die **Marke** als „. . . ein Bündel aus funktionalen und nicht-funktionalen Nutzen, deren Ausgestaltung sich aus Sicht der Zielgruppen der Marke nachhaltig gegenüber konkurrierenden Angeboten differenziert" (Burmann et al. 2015, S. 28). Somit basiert dieser Ansatz nicht allein auf der Wahrnehmung der Nachfrager oder stellt gar nur auf das formale Schutzrecht einer Marke ab. Im B-to-B werden Leistungsbündel zwischen Unternehmen und durch deren Mitarbeiter erbracht, die ebenfalls Nutzenbündel darstellen und sich zusätzlich von anderen Leistungsbündeln differenzieren müssen. Folglich erfasst diese Definition auch B-to-B-Marken (Maier 2016, S. 28).

Ergänzend sei an dieser Stelle noch auf den Begriff des Nachfragers eingegangen. Maier erweitert in seiner empirischen Untersuchung über die Dynamisierung der B-to-B-Markenführung den Begriff des Kunden durch den des **Nachfragers**, damit der Vielzahl an beteiligten Personen einer multipersonellen und multiorganisationalen Beschaffungsentscheidung im B-to-B Rechnung getragen wird (Maier 2016, S. 63; auch Burmann und Launspach 2010, S. 158). Durch den offeneren Begriff des Nachfragers bietet sich außerdem die Möglichkeit, auch Interessenten und weitere an der Marke interessierte Stakeholder in die Betrachtung aufzunehmen (Maier 2016, S. 63).

3 Grundmodell der identitätsbasierten Markenführung im B-to-B

3.1 Überblick

Ziel einer professionellen Markenführung ist die Differenzierung der Marke vom Wettbewerb und die Generierung von Präferenzen für die eigenen Leistungen (Meffert et al. 2015, S. 325; Burmann et al. 2005, S. 12). Bei der **identitätsbasierten Markenführung** handelt es sich um ein Markenführungskonzept, bei dem die langfristige Differenzierungskraft einer Marke gegenüber anderen Marken vor allem auf der Identität der Marke aufbaut. Dies unterscheidet das Konzept auch von merkmals-, funktions-, verhaltens-, image- und technokratisch-strategieorientierten sowie fraktalen Markenführungsansätzen (Burmann et al. 2015, S. 20 ff.). Somit basiert dieser Ansatz nicht allein auf der Wahrnehmung der Nachfrager oder stellt gar nur auf das formale Schutzrecht einer Marke ab. Der Ansatz geht davon aus, dass die Marke von innen heraus geführt und „durch die Handlungen der Markenmitarbeiter [. . .] sprichwörtlich ‚zum Leben' erweckt" wird (Burmann und Launspach 2010, S. 159). Somit vereint die identitätsorientierte Markenführung die anbieterseitige (Inside-Out) und nachfragerseitige (Outside-In) Perspektive (Burmann et al. 2005; Adjouri 2002; Aaker und Joachimsthaler 2000; Kapferer 1992a). Da die Mitarbeiter im B-to-B eine besondere Rolle im Zusammenhang mit hoch-integrativen, individuell-erstellten und mit Dienstleistungen verbundenen Leistungsbündeln haben, erscheint diese Fokussierung für ein B-to-B-Markenführungsmodell besonders angebracht. Dass der Ansatz der identitätsbasierten Markenführung im B-to-B breite Anerkennung findet, können Petracca et al. (2013) in einer Untersuchung von 300 B-to-B-Markenentscheidern nachweisen: 74 % der befragten Unternehmen im B-to-B setzen den identitätsbasierten Ansatz ein.

Im Unterschied zu anderen Markenführungsansätzen bringt die identitätsbasierte Markenführung außerdem nicht nur ein umfangreiches Grundmodell mit, sondern bietet mit dem Managementansatz darüber hinaus ein prozessuales Konzept zur professionellen B-to-B-Markenführung.

Das Grundmodell der identitätsbasierten Markenführung beschreibt das grundlegende Verständnis, wie die Markenidentität als Selbstbild der Marke, das Markenimage als Fremdbild der Marke und die Marke-Nachfrager-Beziehung als Verbindung zwischen ihnen entsteht (vgl. Abb. 1).

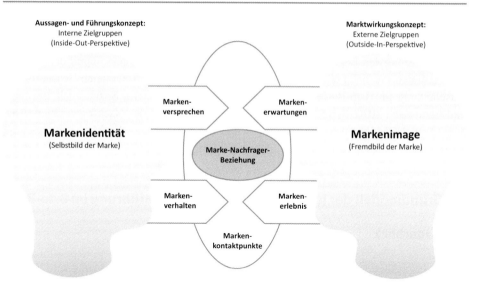

Abb. 1 Vereinfachtes Grundmodell der identitätsbasierten Markenführung. (Quelle: in enger Anlehnung an Burmann et al. 2015, S. 30)

Die **Markenidentität** wird dabei als eigentliche Substanz einer Marke verstanden. Sie stellt zum einen ein Aussagenkonzept (Markenidentität im engeren Sinne) dar, das die wesensprägenden Merkmale der Marke, für die sie nach innen und außen steht beziehungsweise in Zukunft stehen wird, zum Ausdruck bringt. Dieses Selbstbild der Marke konstituiert sich allerdings erst durch die Beziehungen der Markenmitarbeiter untereinander und durch deren Interaktion mit den Nachfragern. Des Weiteren ist die Markenidentität ein Führungsinstrument des Markenmanagements (Markenidentität im weiteren Sinne). Die Führungsaufgabe besteht dabei sowohl in der nach außen gerichteten konsistenten Vermittlung des Markennutzenversprechens in Form eines relevanten Kundennutzens (Inside-Out-Perspektive) als auch in der Umsetzung eines der Markenidentität entsprechend konformen Verhaltens der Mitarbeiter und Leistungsbündel (ausführlich Burmann et al. 2015, S. 29 ff.).

Das **Markenimage** dagegen beschreibt ein Marktwirkungskonzept, das sich nach der Konzeptualisierung und identitätskonformen Führung der Marke zeitverzögert und über einen längeren Zeitraum bei den relevanten Zielgruppen formt (Meffert und Burmann 1996, S. 34; Kapferer 1992b, S. 45). Dabei kann auch von einem Fremdbild der Marke aus Sicht der externen Zielgruppen gesprochen werden (Outside-In-Perspektive).

Die Markenführung kann langfristig nur erfolgreich sein, wenn die Inside-Out- mit der Outside-In-Perspektive gleichermaßen berücksichtigt wird. Die **Marke-Nachfrager-Beziehung** verbindet dann die Markenidentität mit dem Markenimage und stellt eine zentrale Zielgröße und Grundlage für den ökonomischen Wert der Marke dar. Sie entsteht an allen Markenkontaktpunkten, wenn Markennutzenversprechen und Markenerlebnis sowie Markenverhalten und Markenerwartung übereinstimmen. Nach dieser Einführung werden in den folgenden Kapiteln die Markenidentität, das Markenimage und die Marke-Nachfrager-Beziehung im Detail erläutert.

3.2 Markenidentität als Selbstbild der Marke

Die Markenidentität wird im identitätsbasierten Markenmanagement als eine Sonderform der Gruppenidentität interpretiert, welche sich in gemeinsamen Werten ausdrückt und diese Gruppe von anderen Gruppen abgrenzt (Burmann et al. 2015, S. 34 ff.). Die Identität der Marke entsteht dabei als Selbstbild der gemeinsamen Wertvorstellungen der internen Zielgruppe von Eigentümer, Topmanagement, Mitarbeitern sowie allen weiteren relevanten Stakeholdern und „umfasst raum-zeitlich gleichartige Merkmale der Marke, die aus Sicht der internen Zielgruppen in nachhaltiger Weise den Charakter der Marke prägen" (Meffert und Burmann 1996, S. 31).

Aufgrund verhaltenswissenschaftlicher Forschungsergebnisse lässt sich die Markenidentität auf sechs Komponenten (vgl. Abb. 2) aufteilen, die mit spezifischen Fragen für die Erarbeitung der Markenidentität verknüpft sind: Markenherkunft, Markenvision, Markenführungskompetenzen, Markenwerte und Markenpersönlichkeit (Meffert et al. 2015, S. 320 ff.; Burmann et al. 2015, S. 43 ff.).

Die **Markenherkunft** („Woher kommen wir") stellt dabei das Fundament der Identität dar und wird intern wie extern als Ursprung der Marke verstanden. „Knowing the roots of a person, place, or firm can help create interest and a bond. The same is true for a brand." (Aaker und Joachimsthaler 2000, S. 249). In der Psychoanalyse, der neuen Institutionenökonomie und Managementtheorie ist das vielbeachtete Phänomen auch unter dem Begriff der Pfadabhängigkeit bekannt. Das sogenannte „History matters"-Argument beschreibt dabei einen Prozess, in dem Entscheidungen der Vergangenheit Einfluss auf die der Zukunft haben und Verantwortliche stark von den Entscheidungspfaden ihrer Herkunft geprägt sind (Burmann et al. 2015, S. 44; Schreyögg et al. 2003). In der identitätsbasierten Markenführung beschreibt die Markenherkunft den Teil der Markenidentität, der sich aus der Identifikation der markenführenden Organisation mit einem Raum, einer Kultur, einer Organisation oder einer Branche ergibt (Becker 2012). Im B-to-B ist eine regionale Herkunftsbeschreibung traditionell die hohe Kompetenz deutscher Ingenieurskunst und deutscher Qualität und Gründlichkeit. Neben dieser Country-of-Origin-Betrachtung kann die Identität auch durch eine kulturelle Herkunft oder Culture-of-Brand-Origin geprägt sein (Maier 2016, S. 199 f.). Nach Lim und O'Cass (2001) begreifen Nachfrager „cultural cues" wie einen asiatischen Firmennamen oder einen bayerischen Biergarten als zentrales Motiv viel schneller als juristisch bestimmte Herkunftsländer. Bei der Unternehmens- oder Organisationsherkunft spielen – gerade im B-to-B – insbesondere der Firmengründer, die Eigentümerfamilie, die Unternehmensführer und die Unternehmenskultur eine entscheidende Rolle (Schultheiss 2011, S. 150 f.; Burmann und Maloney 2004). Auch die Branchenherkunft kann Gestaltungsmöglichkeiten bieten, vor allem wenn Hidden Champions im B-to-B ihre Branche bereits seit langer Zeit in aller Stille prägen. Im Unterschied

Abb. 2 Komponenten der Markenidentität. (Quelle: in enger Anlehnung an Burmann et al. 2015, S. 43)

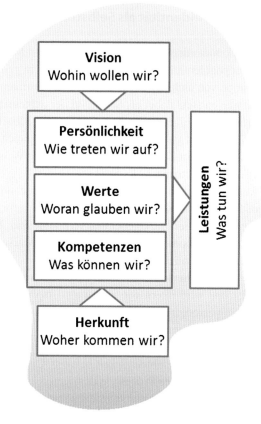

Markenidentität:
Selbstbild der Marke
(Inside-Out-Perspektive)

zur Markenhistorie, die lediglich Ereignisse der Vergangenheit auflistet, kann durch Auswahl und Betonung bestimmter Aspekte die wahrgenommene Markenherkunft langfristig beeinflusst werden.

Die **Markenvision** („Wohin wollen wir?") gibt als Gegenpol dazu die langfristige Entwicklungsrichtung der Marke für die nächsten fünf bis zehn Jahre vor. Dieser Zeithorizont unterscheidet die Vision auch von den Markenzielen, die sich durch eine kürzere Perspektive von ein bis fünf Jahren und einen hohen Konkretisierungsgrad auszeichnen. Die Markenvision hat einen hohen motivatorischen Charakter für die Mitarbeiter, bietet allen ein gemeinsames Credo und nimmt eine Identifikations- sowie Koordinationsfunktion zum markenzielkonformen Handeln ein (Ind 2003). Deshalb sollte sie auch als langfristig realisierbare und in den Augen aller internen Zielgruppen attraktive Wunschvorstellung formuliert und mittels bildhaft-emotionaler Leitlinien vermittelt werden (Burmann et al. 2015, S. 48). Entscheidend ist dabei, die Beteiligung der Marke zur Erreichung der Unternehmensziele zu vermitteln. Weit mehr als eine Unternehmensphilosophie, die lediglich die fundamentalen Wertvorstellungen des Unternehmens aufgreift, geht es bei der Formulierung der Vision darum, ein Bild einer attraktiven Zukunft zu erschaffen und damit unternehmensweit einen Leitstern für markenkonformes Handeln zu setzen. Dadurch können Mitarbeiter, die ja gerade im B-to-B die entscheidende Größe bei der teils hochintegrativen Leistungserstellung verkörpern, das aktuelle Produkt- und Mitarbeiterverhalten damit abgleichen. Sie erkennen somit, welche Kompetenzen noch weiter ausgebaut werden müssen, um dieser Vision näher zu kommen. In die Formulierung der Vision fließen darüber hinaus entscheidende Argumente für eine klare Positionierung und Differenzierung gegenüber Wettbewerbern und anvisierte Marktsegmente der Zukunft ein (Kapferer 1992b, S. 110 f.).

Die **Markenkompetenzen** („Was können wir?") führen allen internen Zielgruppen vor Augen, welche Leistungen sie tatsächlich erbringen können und stellen sicher, dass das den externen Zielgruppen gegenüber kommunizierte Markennutzenversprechen durch die Organisation im tatsächlichen Markenverhalten umgesetzt wird (Burmann und Launspach 2010, S. 162). Markenkompetenzen lassen sich definieren als „wiederholbare, auf der Nutzung von Wissen beruhende, durch Regeln geleitete und daher nicht zufällige Handlungspotenziale einer markenführenden Organisation, die im Zusammenhang mit den Aufgaben der Markenführung dem Erhalt der als notwendig erachteten Wettbewerbsbewährung und gegebenenfalls der Realisierung konkreter Wettbewerbsvorteile der markenführenden Organisation dienen" (Blinda 2007, S. 174). Die Kompetenzen einer Marke leiten sich aus ihrer Herkunft ab und repräsentieren die spezifischen Fähigkeiten eines Unternehmens zur marktgerechten Identifikation, Veredelung und Kombination von Ressourcen (Burmann et al. 2015, S. 48). Um sich im Markt zu halten oder gegenüber Wettbewerbern zu behaupten, muss eine Marke einen dauerhaft mit Preisbereitschaft verknüpften Kundennutzen erzeugen, der auf den Kernkompetenzen der Marke beruht (Freiling 2001, S. 26 ff.). Entscheidend ist die Erkenntnis, dass Markenkompetenzen auf temporären Wissensvorsprüngen dem Wettbewerb gegenüber basieren, weshalb Unternehmen kontinuierlich in die Weiterentwicklung bestehender Kompetenzen, Entstehung neuer Kompetenzen, Schaffung identitätskonformer Strukturen und vor allem in die Bindung relevanter Mitarbeiter investieren müssen (Burmann et al. 2015, S. 50).

Als zentrale emotionale Komponente der Markenidentität bringen die **Markenwerte** („Woran glauben wir?") zum einen die Grundüberzeugungen und Glaubenssätze interner Zielgruppen, zum anderen aber auch die Wünsche relevanter externer Zielgruppen zum Ausdruck. Fokussiert auf wenige Aussagen, sollten sie einen Beitrag zum ideellen Zusatznutzen im Markenversprechen leisten (Burmann et al. 2015, S. 50 ff.). So adressiert beispielsweise die *Robert Bosch GmbH* in ihren Werten Verantwortung, Fairness und Zuverlässigkeit. Die *Jungheinrich AG* gibt mit zentralen Werten wie Professionalität, Leistungsorientierung und Innovationsfreude allen Mitarbeitern Orientierung und formuliert daraus den Dreisatz „Visionär denken, begeisternd handeln und ganzheitlich Lösungen schaffen". Bei der *ZF Friedrichshafen AG* beruht die Stärke ihrer technischen Präzision auf Integrität, Respekt und Loyalität Mitarbeitern, Kunden und Zulieferern gegenüber.

Solche Markenwerte haben direkten Einfluss auf die Authentizität und Glaubwürdigkeit der Marke, weshalb es wichtig ist, dass sie tatsächlich von Mitarbeitern gelebt werden (Schallehn 2012).

Die **Markenpersönlichkeit** („Wie treten wir auf?") beschreibt die von Nachfragern der Marke zugeschriebenen Persönlichkeitsmerkmale, also wie die Marke außerhalb des Unternehmens wahrgenommen werden möchte. Diese stellt einerseits eine emotionale Beziehung zwischen Marke und Nachfrager her. Andererseits beschreibt sie den verbalen und nonverbalen Kommunikationsstil von Mitarbeitern, Führungskräften sowie Markenrepräsentanten. In der Persönlichkeit manifestieren sich Markenherkunft, Markenvision sowie Markenwerte und haben Einfluss auf die Wahrnehmung sowie Einstellung der Nachfrager (Burmann et al. 2003). Die Markenpersönlichkeit lässt sich dabei als „the set of human personality traits that are both applicable and relevant for brands" (Azoulay und Kapferer 2003, S. 151) beschreiben. Bei der Gestaltung der Markenidentität muss ausgehend von der Ist-Wahrnehmung im Markt eine Soll-Markenpersönlichkeit entwickelt werden, die die internen und externen Zielgruppen mit dieser in der Zukunft verbinden sollen. Um sie in Bezug auf das Selbstkonzept der Zielgruppen relevant und Wettbewerbern gegenüber differenzierend zu gestalten, muss sie operationalisiert und messbar gemacht werden. Dies geschieht häufig anhand von Markenpersönlichkeitsskalen (z. B. Aaker 1997).

Die **Markenleistung** („Was tun wir?") schließlich stellt eine authentische Kombination der anderen fünf Komponenten zu einem funktionalen wie symbolischen Nutzen dar. Sie beruht vor allem auf den Markenkompetenzen und definiert die grundsätzliche Form und Ausstattung von Produkten und Dienstleistungen der Marke (Burmann et al. 2015, S. 54 ff.). Damit fungiert sie als zentrales Bindeglied zwischen aktueller Markenidentität und angestrebtem Soll-Markenimage.

Abschließend ist für die Markenidentität festzuhalten, dass die Bedeutung der jeweiligen Komponente unter Berücksichtigung der konkreten Rahmenbedingung und im Einzelfall zu treffen ist. Aaker und Joachimsthaler (2000, S. 57) haben dazu fünf Fragen entwickelt, die bei der Identifikation und Bewertung der relevanten Markenidentitätskomponenten helfen können: „1. Does it capture an element important to the brand and its ability to provide the customer value or support customer relationship? 2. Does it help differentiate the brand from its competitors? 3. Does it resonate with the customer? 4. Does it energize employees? 5. Is it believable?"

3.3   Markenimage als Fremdbild der Marke

Auf der anderen Seite beschreibt das Markenimage die subjektive Wahrnehmung des Nachfragers und dessen Interpretation der Marke zur individuellen Bedürfnisbefriedigung. Das Image einer Marke stellt somit das Fremdbild der Marke bei externen Zielgruppen wie Kunden, Nutzern, Community, Verwendern und Nachfragern dar (Burmann und Arnhold 2008, S. 42; Burmann et al. 2003, S. 6). Das Markenimage kann als mehrdimensionales Einstellungskonstrukt verstanden werden (z. B. Foscht et al. 2015, S. 126), welches das „in der Psyche relevanter externer Zielgruppen fest verankerte, verdichtete, wertende Vorstellungsbild von einer Marke wiedergibt" (Burmann et al. 2015, S. 56). Dabei entsteht es erst zeitversetzt und entwickelt sich eher langfristig. Als Marktwirkungskonzept ist das Markenimage das Ergebnis der individuellen, subjektiven Wahrnehmung und Dekodierung aller vom Nutzenbündel Marke ausgehenden Signale. Dabei spielt vor allem die Bewertung der Eignung einer Marke zur Befriedigung individueller Bedürfnisse eine entscheidende Rolle (Burmann et al. 2003, S. 59). Wie die Markenidentität lässt sich auch das Markenimage in mehrere Komponenten aufteilen, die in Abb. 3 dargestellt werden (ausführlich Burmann et al. 2015, S. 56 ff.).

Voraussetzung für die Bildung eines Markenimages bei externen Zielgruppen ist zunächst die **Markenbekanntheit**, welche die Fähigkeit potenzieller Nachfrager beschreibt,

Abb. 3 Komponenten des Markenimages. (Quelle: in enger Anlehnung an Burmann et al. 2015, S. 57)

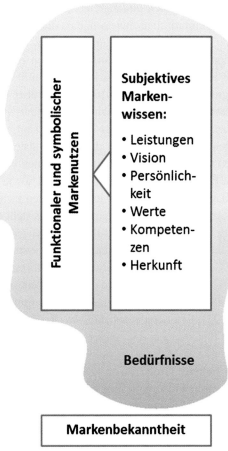

Markenimage: Fremdbild der Marke (Outside-In-Perspektive)

Funktionaler und symbolischer Markenutzen

Subjektives Markenwissen:

• Leistungen
• Vision
• Persönlichkeit
• Werte
• Kompetenzen
• Herkunft

Bedürfnisse

Markenbekanntheit

sich an die Marke zu erinnern (Brand Recall, ungestützte Markenbekanntheit), sie nach akustischer und/oder visueller Stützung wieder zu erkennen (Brand Recognition, gestützte Markenbekanntheit) und sie einer Produktkategorie zuzuordnen (Aaker 1991, S. 61). Da die Markenbekanntheit eine Grundvoraussetzung für die Entstehung eines Vorstellungsbildes im Kopf der Zielgruppen ist, ist sie definitorisch keine Komponente des Markenimages im engeren Sinne.

Ebenfalls keine eigentliche Komponente des Markenimages sind die vorhandenen **Bedürfnisse** des Individuums, da sie ein von der Marke unabhängiger Teil des Individuums sind. Gerade im B-to-B stellt sich allerdings die Frage, inwieweit überhaupt individuelle Bedürfnisse eine Rolle spielen. Eine weit verbreitete Sicht in Praxis und Forschung sieht den im B-to-B vorherrschenden organisationalen Kauf als einen nüchternen, „hardheaded, calculated process", bei dem Entscheider rational, kognitiv und nach objektiven Kriterien Entscheidungen treffen (z. B. Schmitt 2011, S. 8; Lehmann und O'Shaughnessy 1974). Diese Perspektive der „verstärkten Rationalität", die im Kern auf dem mikroökonomischen Menschbild des Homo Oeconomicus beruht, also dem rational agierenden Individuum, hält sich im B-to-B „bis heute sehr hartnäckig" (Bausback 2007, S. 150). Bausback (2007) hat sich umfangreich mit der Emotionalität im B-to-B auseinandergesetzt und kann empirisch nachweisen, dass die hohe Rationalität auf der Anbieterseite vor allem auf die häufig vorherrschende Inside-Out-Perspektive einer hohen Ingenieurs- und Technikerdominanz im B-to-B zurückzuführen ist. Auf der Nachfragerseite allerdings spielen vor allem Nachvollziehbarkeit, Plausibilität und Rechenschaft Anderen gegenüber eine große Rolle. Maier (2016) leitet darüber hinaus informationsökonomisch und risikotheoretisch her, dass organisationale Kaufentscheidungen mit Konsequenzen für das Unternehmen und den Entscheider verbunden sind, woraus organisatorische und persönliche Risiken entstehen, welchen durch formalisierte Kaufprozesse, klar definierte Anforderungen und rationale Kriterien zu begegnen versucht wird. Darüber hinaus erklärt Schafmann (2000), dass die Multipersonalität sowie die damit verbundene breitere Informationslage im Buying Center die Beteiligten zwingen, ihre Meinung mit sachlichen, fundierten Argumenten zu vertreten. Allerdings steht demgegenüber genauso fest: „Auch den industriellen Einkauf tätigen Menschen" (Bausback 2007, S. 156). Als menschliches Wesen mit individuellem Motiv- und Emotionssystem werden Entscheider oder Beteiligte im Buying Center und Buying Network mit Informationsüberlastung, beschränkter Informationsverarbeitungskapazität und selektiver Wahrnehmung konfrontiert und haben nicht genug Verarbeitungszeit sowie -tiefe für eine umfangreiche Auseinandersetzung (Maier 2016, S. 23). Emotionale Aspekte, wie Reputation, Glaubwürdigkeit und angenehme persönliche Beziehungen mit Anbietern unterstützen sie als kortikale Entlastung bei der Entscheidung (z. B. Maier 2016, S. 54 f.; Bausback 2007, S. 157; Dambacher und Rahmes 2012). Ein weiterer Grund ist im Entscheidungsumfeld mit hohem Zeitdruck, umfangreichen Investitionen, komplexen Leistungsangeboten und Entscheidungstragweiten von hoher Bedeutung für Unternehmen und Beteiligte zu suchen, was zu einer hohen informationsökonomischen Verhaltensunsicherheit des Entscheiders führt und dieser folglich auf emotionale Informationssurrogate wie Marke, Image, Reputation und Vertrauenswürdigkeit zurückgreift (z. B. Bausback 2007, S. 157 f.; Lynch und de Chernatony 2004; Merbold 1993). Außerdem führt der steigende Wettbewerbsdruck durch gesättigte Märkte, steigende Commoditisierung, schnellen technologischen Wandel, hohe Informationsvielfalt und Preisdruck dazu, dass rein technisch-rationale Versprechen nicht mehr ausreichen oder nur noch kurzfristig wirken (z. B. Binckebanck 2010, S. 529; Bausback 2007, S. 158 f.; Lynch und de Chernatony 2004). Dabei geht es allerdings nicht um „leere Gefühlsduseleien", sondern um Emotionen mit direktem Bezug zu den angebotenen Leistungen (Bausback 2007, S. 162 f.; Barten 1997, S. 172; Wiedmann und Schmidt 1997, S. 20). Bausback (2007) fand in ihrer empirischen Untersuchung heraus, dass im B-to-B andere Emotionen als im B-to-C relevant sind, „Sicherheit", „Zuverlässigkeit" und „Erreichbarkeit" dominieren hier, emotionale Reize sollten immer im Zusammenhang mit den Leistungen stehen und sinnvoll mit rationalen Argumenten kombiniert werden. Keller (2010) bestätigt „Sicherheit" oder „Unsicherheitsreduktion" als Emotion von B-to-B-Entscheidern und ergänzt darüber hinaus „soziale Anerkennung" und „Selbstwertgefühl" durch Erfüllung persönlicher Ziele. Somit entsteht ein Bündel aus organisationalen und individuellen Bedürfnissen, das es zu befriedigen gilt.

Aufgrund von Leistungsbündeln mit hohen informationsökonomischen Erfahrungs- und Vertrauenseigenschaften und damit verbundenem Risiko beim Nachfrager, spielt die Marke im B-to-B eine entscheidende Rolle. Zum einen als „Information Chunk", der die Entscheidungskomplexität reduziert und den Kaufprozess beschleunigt. Zum anderen als Vertrauensanker, der das vom Nachfrager subjektiv wahrgenommene Entscheidungsrisiko vermindert (Burmann und Launspach 2010, S. 164). Vor dem Hintergrund der Befriedigung individueller Bedürfnisse spaltet daher die identitätsbasierte Markenführung das Markenimage in zwei Hauptkomponenten auf: das subjektive Markenwissen und den damit verbundenen Markennutzen.

Das **subjektive Markenwissen** repräsentiert dabei das wahrgenommene und gespeicherte Wissen des Nachfragers über die Markenidentität. Im Gegensatz zur Identität kann das subjektive Markenwissen nicht direkt gesteuert werden, sondern entsteht durch die Art der Übermittlung der Markenidentität nach außen. Die Informationsübermittlung erfolgt an allen Markenkontaktpunkten durch das konkrete Verhalten von Markenmitarbeitern, bei der tatsächlichen Produktverwendung (z. B. Klang einer *Hilti* Bohrmaschine) und über sämtliche Maßnahmen der Markenkommunikation (Burmann et al. 2015, S. 59).

Im Marketing wird allgemein unter einem Nutzen der Grad der Befriedigung von Bedürfnissen verstanden, den ein Objekt aus all seinen Merkmalen für den Nachfrager erbringt (Perrey 1998, S. 12). In der identitätsbasierten Markenführung wird der **Markennutzen** weiter in den **funktionalen** und den **symbolischen** Nutzen unterteilt.

Der vom Nachfrager wahrgenommene **funktionale Markennutzen** beruht dabei auf dem subjektiven Wissen des Nachfragers über die Leistungen (z. B. Produkte, Dienstleistungen), die Kompetenzen und die Herkunft der Marke. Der funktionale Nutzen kann dabei weiter in den funktional-utilitaristischen, also die physikalisch-technischen Eigenschaften einer Marke, sowie in den ökonomischen Nutzen aus Nachfragersicht unterteilt werden (Burmann et al. 2015, S. 58). Demgegenüber entsteht der **symbolische Mar-**

kennutzen beim Nachfrager primär aus dem subjektiven Wissen über die Vision, die Persönlichkeit, die Werte und ebenfalls über die Herkunft der Marke (Burmann et al. 2015, S. 58 f.). Die symbolische Nutzenbewertung setzt sich aus drei Ebenen zusammen: dem aus sozialen Bedürfnissen entstehenden sozialen Nutzen (z. B. Gruppenzughörigkeit, Anerkennung, Selbstverwirklichung), dem sinnlich-ästhetischen Nutzen (z. B. Schönheit, Geschmack, Haptik, Akustik) sowie dem hedonistischen Nutzen (z. B. Individualitätsstreben, Abwechslung, Vielfalt) (Burmann und Stolle 2007, S. 71 ff.).

Bezugnehmend auf die individuellen Bedürfnisse von Nachfragern kann ein professionelles Markenmanagement im B-to-B daher eine langfristige Differenzierung vom Wettbewerb aufbauen, indem es eine emotionale Bindung der externen Zielgruppen mit der Marke herstellt. Dafür muss neben einem rational-funktionalen auch ein emotional-symbolischer Markennutzen vermittelt werden (Binckebanck 2010; Bausback 2007, S. 159; Temporal und Lee 2001).

3.4 Marke-Nachfrager-Beziehung

Um das Ziel der identitätsbasierten Markenführung zu erreichen, Präferenz beim Nachfrager und damit Differenzierung vom Wettbewerb zu erzeugen, ist gerade im B-to-B aufgrund der intensiven Interaktionen mit Nachfragern der Aufbau einer langfristig stabilen und werthaltigen Marke-Nachfrager-Beziehung von herausragender Bedeutung (Burmann und Krause 2009, S. 1 f.). Dabei ist die Marke-Nachfrager-Beziehung der „. . . Grad der subjektiv wahrgenommenen, kognitiven und affektiven Verbundenheit eines Nachfragers (. . .) gegenüber einer Marke" (Burmann und Meffert 2005, S. 101). Im Rahmen der identitätsbasierten Markenführung wird die Marke-Nachfrager-Beziehung als subjektiv bewertete soziale Interaktion bezeichnet, die einen unmittelbaren oder reaktionsorientierten Austausch zwischen Marke und Nachfrager beschreibt (Wenske 2008, S. 97). Sie stellt die zentrale Verbindung zwischen Markenidentität und -image dar, wobei eine starke Marke-Nachfrager-Beziehung das Markenimage und die Wiederkauf- bzw. Weiterempfehlungsintention sowie die Preisbereitschaft der Nachfrager positiv beeinflusst (Krause 2013). Außerdem bietet eine Marke-Nachfrager-Beziehung die Möglichkeit, durch das Sammeln von nachfragerspezifischen Erkenntnissen individuelle Leistungen auf diesen „schneidern" zu können, was insbesondere im B-to-B eine zentrale Rolle spielt.

Damit zwischen der Markenidentität und dem Markenimage bzw. zwischen dem Selbstbild der internen und dem Fremdbild der externen Zielgruppe eine Marke-Nachfrager-Beziehung entsteht, muss aus den Identitätskomponenten ein funktionales sowie symbolisches Markennutzenversprechen oder **Markenversprechen** verdichtet werden. Um sich im Kopf der Nachfrager zu positionieren, ist die „Glaubwürdigkeit des Markenversprechens [. . .] maßgeblich durch den Fit der Identitätskomponenten determiniert" (Burmann und Launspach 2010, S. 164). Außerdem muss für ein dazu stimmiges **Markenverhalten** gesorgt werden. Damit entscheiden alle Handlungen jedes Markenmitarbeiters, alle Kontakte zu Leistungen des Unternehmens und jegliche Kommunikationsmaßnahmen über die Einlösung des Markenversprechens beim Nachfrager. Basierend auf internen Markenführungsmaßnahmen entsteht so eine markenidentitätskonforme Einstellung (Brand Commitment) und die daraus stimmige Verhaltensweise von Markenmitarbeitern (Brand Citizenship Behavior). Die Kommunikation des Markennutzenversprechens und die multisensuale Wahrnehmung dessen an Markenkontaktpunkten (Brand Touchpoints) stehen der Markenerwartung und dem Markenerlebnis auf Nachfragerseite gegenüber. Ein individueller „Confirmation-Disconfirmation"-Vergleich zwischen subjektiver Wahrnehmung und subjektiver Erwartung führt beim Nachfrager dann schließlich zu Zufriedenheit oder Unzufriedenheit (Oliver 1997). Während die Glaubwürdigkeit des Markenversprechens vor allem vom Fit der im Selbstkonzept definierten Markenidentitätskomponenten abhängt, muss sich das Markenversprechen vor allem im konkreten Markenverhalten widerspiegeln.

Während das Markenimage das Vorstellungsbild der Marke in den Köpfen der Nachfrager repräsentiert und dabei maßgeblich durch Markenerlebnisse geprägt wird, wird die Markenidentität durch Interaktion der internen und externen Zielgruppen entscheidend beeinflusst. Die Marke-Nachfrager-Beziehung beschreibt somit einerseits den Abgleich des Markenversprechens des Anbieters mit der **Markenerwartung** des Nachfragers, andererseits das Zusammentreffen des Markenverhaltens des Anbieters mit dem **Markenerlebnis** des Nachfragers. Im Sinne des Confirmation-Disconfirmation-Paradigmas sollte auch im B-to-B darüber hinaus eine Übereinstimmung subjektiver Markenerwartung und subjektivem Markenerlebnis bzw. -wahrnehmung auf Nachfragerseite angestrebt werden, um ein glaubwürdiges und stimmiges Markenimage zu fördern.

4 Managementansatz der identitätsbasierten Markenführung im B-to-B

4.1 Überblick

Basierend auf dem Grundmodell der identitätsbasierten Markenführung kann ein Managementprozess skizziert werden, der alle relevanten Schritte zur professionellen Führung einer Marke im B-to-B strukturiert (Maier 2016, S. 40; Burmann und Meffert 2005). Dabei strebt das Prozesskonzept, das an die klassischen Phasen des Managementzyklus angelehnt ist, die Integration aller mit der Marke zusammenhängenden, funktions- und unternehmensübergreifenden Entscheidungen und Aktivitäten an, um den Aufbau und die Pflege langfristig stabiler und werthaltiger Marke-Nachfrager-Beziehungen zu fördern. Burmann et al. (2015, S. 83 f.) unterteilen den Prozess in strategische Planung, operative Umsetzung und Controlling, wobei diese drei Schritte als fortlaufender Zyklus zu verstehen sind (vgl. Abb. 4).

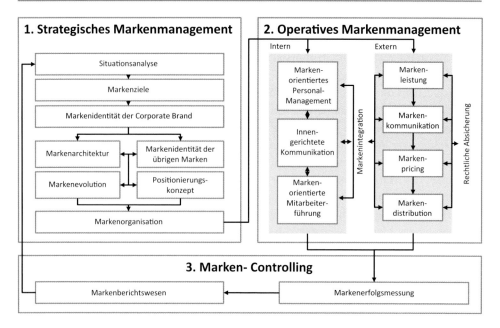

Abb. 4 Managementansatz der identitätsbasierten Markenführung. (Quelle: in enger Anlehnung an Burmann et al. 2007, S. 12)

4.2   Strategisches Markenmanagement

Als erste Phase wird im Rahmen des strategischen Markenmanagements die **Situations-analyse** durchlaufen, in der alle internen und externen Einflussfaktoren zusammengetragen sowie die IST-Situation der markenrelevanten Rahmenbedingungen dargestellt werden. Nachfolgend wird die SOLL-Situation als konkrete **Markenziele** formuliert, wobei dies für einen Zeitrahmen von rund fünf Jahren und so eindeutig wie möglich geschehen soll (Burmann et al. 2007, S. 12 ff.). Daraufhin wird in der zentralen Phase die planerische Konzeptionierung der Markenidentität vorgenommen, was sich zunächst auf die Unternehmens- oder Dachmarke bezieht. Daran schließt sich die Markenarchitektur an sowie die Identitäten anderer Marken innerhalb der Architektur, falls neben der Dachmarke weitere existieren. Bei der **Markenidentität der Dachmarke** kommen alle obigen sechs Komponenten des Selbstbildes aus dem Grundmodell der identitätsbasierten Markenführung zum Tragen. Im B-to-B nimmt die Unternehmensmarke eine entscheidende Funktion ein, da sie entweder als Dachmarke die einzig markierte Leistung darstellt oder Familien- und Produktmarken ergänzt. Dabei spielen die relevanten Zielgruppen, der zentrale Markennutzen und das Markenportfolio ebenfalls eine Rolle und stehen im Wettbewerb mit der Markenidentität der Hauptkonkurrenten. Im B-to-B führt dies unweigerlich zu einer notwendigen Koordination des gesamtunternehmerischen Markenportfolios, um Ineffizienzen und Kannibalisierungseffekten entgegen zu wirken. Eine Besonderheit von

B-to-B-Märkten ist es, dass über 75 % der Unternehmen Dachmarken etabliert haben und nur 25 % Familien- und Monomarken auf Produktebene einsetzen. Gründe hierfür können das breite Leistungsangebot oder die speziellen Einzelfertigungsbesonderheiten von Anbietern oder die technologisch-bedingte Kurzlebigkeit von Produkten im B-to-B sein (Baumgarth 2010; Richter 2007, S. 170 f.).

Im folgenden Schritt werden die hierarchischen und organisationalen Ebenen der Markennutzung in einer nach Unternehmens-, Produktgruppen- und Produktebene unterteilten Architektur systematisiert (Keller 2013, S. 385 ff.; Aaker 2004). Wobei man aus strategischer Sicht unter **Markenarchitektur** die organisationale Planung und Umsetzung der Beziehungen zwischen den Marken des Markenportfolios eines Unternehmens versteht. Ein Markenportfolio wiederum beschreibt die Gesamtheit aller Marken eines Unternehmens, zu deren Gestaltung das Unternehmen als Markeninhaber berechtigt ist (Kanitz 2013, S. 11). Drei Markenarchitekturdimensionen helfen dann bei der konkreten Ausgestaltung des Markenportfolios: Die Intensität der Verknüpfung von Marken auf hierarchisch-organisationalen Ebenen bildet die vertikale Dimension, während die Anzahl der angebotenen Marken je Marktsegment die horizontale Dimension und die Positionierung des Unternehmens im vertikalen Wettbewerb die handelsgerichtete Dimension darstellen (Richter 2007, S. 44 ff.). Letztere wird im B-to-B durch eine markt- oder nachfragerbezogene Markenarchitekturdimension ersetzt, um damit unterscheiden zu können, inwieweit eine Marke bis zum Endverbraucher bekannt ist. Beispielsweise ist die *Inbus-Schraube* eine ehemalige Einzelmarke der Firma *Bauer & Schaurte*, der *Volkswagenkonzern* verfolgt mit seiner Nutzfahrzeugsparte eine Familienmarkenstrategie auf Produktgruppenebene (z. B. *VW Caddy*, *VW Crafter*, *VW Caravelle*) und die *Deutsche Telekom* richtete sich jahrelang mit *T-Systems* an Geschäfts- und mit *T-Home* an Privatkunden.

Die Ausgestaltung der Markenarchitektur wird in der **Markenevolution** um eine in die Zukunft gerichtete Perspektive erweitert und beinhaltet einen Entwicklungsplan einer Marke für die folgenden zwei bis fünf Jahre. Grundsätzlich sind dabei zwei strategische Tendenzen der Markenentwicklung denkbar. Bei der Markenkonsolidierungsstrategie wird zur effizienteren Nutzung von Ressourcen auf anderen Marken kurz-, mittel- oder langfristig eine Marke vom Markt genommen. Andererseits werden bei der Markenexpansionsstrategie nicht ausgeschöpfte Marktpotenziale der Marke durch unterschiedliche Expansionen genutzt. Hier sind die im B-to-B häufig Anwendung findenden Expansionsstrategien des Co-Branding, Ingredient Branding sowie Inversen Ingredient Branding zu nennen. Dabei kooperieren beim Co-Branding mindestens zwei Marken der gleichen Wertschöpfungsstufe für den Kunden wahrnehmbar miteinander und erschaffen dadurch ein gemeinsames Leistungsbündel, während beim Ingredient Branding Marken auf vor- und nachgelagerten Wertschöpfungsstufen zusammenarbeiten, wie eine Hersteller- mit einer Lieferantenmarke (Baumgarth 2003, S. 2 f.). Bei dieser mehrstufigen Markenstrategie zielt die Lieferantenmarke darauf ab, die derivative Nachfrage durch einen Nachfragesog oder „Pull-Through"-Effekt für sich zu entscheiden. Beim Inversen Ingredient Branding ist vice versa die Strategie des Endherstellers, sich mit der meist bekanntere Marke des Zulieferers stärker bei den Nachfragern zu positionieren (Pförtsch und Müller 2006; Baumgarth 2003, S. 22 f.).

Das darauffolgende **Positionierungskonzept** ist ein wichtiger strategischer Managementschritt, da dadurch einerseits die Verankerung des Markennutzenversprechens mit relevanten Markeneigenschaften in der Psyche der Nachfrager und andererseits eine Differenzierung vom Wettbewerb erzielt werden kann. Letzteres kann im Rahmen einer „Points-of-Difference"-Positionierung durch eine deutliche Unterscheidung von den Leistungen der Konkurrenz geschehen. Alternativ imitiert man den Wettbewerb weitestgehend, was als „Points-of-Imitation"-Positionierung bekannt ist. Diese Strategieoptionen lassen sich bei einzelnen Leistungsbündelkomponenten auch kombinieren, wobei die Literatur darüber hinaus die Kombination einer reaktiven und aktiven Positionierung empfiehlt. Also die grundsätzliche Ausrichtung auf artikulierte Kundenwünsche zum einen und die Aufdeckung bislang unbekannter kaufentscheidungsrelevanter Markeneigenschaften zum anderen.

Abschließend gilt es in der **Markenorganisation** die für die Markenführung entscheidenden Strukturen und Prozesse zu schaffen und an Informations- und Anreizsysteme zu koppeln. Diese Verankerung ist entscheidend, damit die Marke selbständig geführt werden kann und trotzdem von Synergiepotenzialen profitiert. Maier beschreibt darüber hinaus die Notwendigkeit, sich auf Unternehmensseite auf die Dynamisierungseffekte aus Social Media, Web und Mobile organisational einzurichten (Maier 2016, S. 257). Dabei sollten B-to-B-Marken zum einen spannende Inhalte aus dem Unternehmen verbreiten und auf Wünsche der Nachfrager proaktiv eingehen. Zum anderen müssen starke B-to-B-Marken eine Community aufbauen, die das Sozialkapital der Marke steigert. Dies führt unweigerlich zu einer Kombination von Top-Down- und Button-Up-Prozessen innerhalb der Organisation, wobei Markenentscheider gut beraten sind, iterative Prozesse mit beschleunigtem organisationalen Lernen zu etablieren (Maier 2016, S. 259 ff.).

4.3   Operatives Markenmanagement

Die rahmensetzenden Strategieschritte werden im zweiten Schritt in konkrete Maßnahmen umgesetzt, wobei die inhaltliche, formale und zeitliche Integration eine wichtige Rolle spielt. Dabei kann zwischen der internen und externen Markenführung unterschieden werden, wobei eine hohe Interaktionsintensität zwischen den jeweiligen Beteiligten zu einer stärkeren Übereinstimmung von interner Markenidentität und externem Markenimage führt (Burmann und Launspach 2010; Burmann et al. 2003).

Zur **internen Markenführung** zählen dabei das markenorientierte Personalmanagement, die markenorientierte Mitarbeiterführung und die innengerichtete Kommunikation. Die psychologische Verbundenheit jedes einzelnen Mitarbeiters mit der Marke, das sog. Brand Commitment, führt dazu, dass Mitarbeiter sich mit der Marke identifizieren und durch ein stärkendes Verhalten schließlich die Marke zum Leben erwecken (Piehler 2011, S. 21 ff.)

Da das Markenverhalten und die damit entstehenden Marken-Kunden-Beziehung gerade im B-to-B entscheidend von den Mitarbeitern abhängt, wird im Rahmen des **mar-**

kenorientierten Personalmanagements auf einen hohen Mitarbeiter-Markenidentitäts-Fit Wert gelegt. Die Attraktivität des Unternehmens oder deren Marken wird im Employer Branding in den Mittelpunkt gestellt, um damit die passenden Mitarbeiter anzuziehen (Maier 2016, S. 45 f.; Burmann et al. 2007).

Bei der **markenorientierten Mitarbeiterführung** unterscheidet man dann zwischen Makro- also Managementebene und Mikro- also Führungskräfteebene, die in jeweils unterschiedlicher Ausprägung die Glaubwürdigkeit der internen Markenführung vermitteln. Aufgrund komplexer Erstellungsprozesse, erklärungsbedürftiger Produkte und hoch individualisierter sowie integrativer Leistungsbündel kommt im B-to-B Vertriebs- und Servicemitarbeitern eine besondere Bedeutung zu (Maier 2016, S. 46; Burmann et al. 2007).

Bei der **innengerichteten Kommunikation** geht es schließlich um die Verständlichkeit und Verankerung der Markenidentität, damit bei den Mitarbeitern die Relevanz und Verinnerlichung der Marke entstehen kann (Esch und Vallaster 2005). Nur durch ein klares Bewusstsein und ein auf die Markenidentität hin motiviertes Verhalten aller Mitarbeiter, kann das Markennutzenversprechen glaubhaft den externen Zielgruppen vermittelt und dort als Markenerlebnis manifestiert werden. Aufgrund der Besonderheiten im B-to-B Geschäft und der damit einhergehenden entscheidenden Beteiligung von Mitarbeitern bei der originären Leistungserstellung sowie dem Aufbau und Erhalt einer starken Marke-Nachfrager-Beziehung, kommt der Verankerung der Markenidentität bei allen Mitarbeitern eine zentrale Bedeutung zu (Keller 2010, S. 736; Richter 2007, S. 181). Dabei müssen nicht nur alle Mitarbeiter informiert werden, sondern entscheidende Teilgruppen in die Entstehung der Markenidentität eingebunden und eine Vielzahl von Mitarbeitern „mitgenommen" werden. Erfolgskritisch ist die Einbindung der Geschäftsführung, der zweiten Führungsebene, der Vertriebs- und Kundendienstabteilungen sowie Mitarbeitern mit direktem Kunden- oder Besucherkontakt (Merkel 2010). Gerade Führungskräfte und Top-Management haben darüber hinaus noch die Aufgabe, die Marke vorzuleben, beherzt die Implementierungslücke von sich aus zu schließen und ihre Mitarbeiter markenadäquat zu führen. So nennt *Caterpillar* sein Programm „One-Voice", bei dem die neue Identität in drei Stufen an zehntausende Mitarbeiter vermittelt wird (Baumgarth und Schmidt 2008). *Hilti* prägt durch ein demonstratives Vorleben des Top-Managements und ausgewählter Mitarbeiter als „Brand-Champions" das gemeinsame Markenbewusstsein aller Mitarbeiter (Baumgarth und Schmidt 2008; Wichert 2004).

Neben den internen Komponenten lassen sich vier Handlungsfelder der **externen Markenführung** beschreiben, die den 4Ps des klassischen Marketing-Mix entsprechen: Markenleistung, Markenpricing, Markendistribution und Markenkommunikation (Burmann et al. 2015, S. 201 ff.).

Bei der **Markenleistung** werden nicht nur rein technisch-qualitative Ausgestaltungen der Marke einbezogen, sondern ebenfalls die Innovationskraft, die gerade bei wachsenden Kundenerwartungen zentrale Bedeutung hat. So zählen Design und Zeichen der Marke sowie Produktdesign und Verpackungsgestaltung zu den Aufgaben dieses Bereichs. Eine hohe Spezifität auf B-to-B-Märkten kann dabei zu einzigartigen Individualleistungen führen, wobei im Industriedesign funktionale sowie ästhetische Aspekte immer wichtiger werden (Pförtsch und Schmid 2005, S. 18 ff.).

Das **Markenpricing** unterscheidet sich, aufgrund der Heterogenität der unterschiedlichen Leistungsbündel, je nach Geschäftstyp im B-to-B stark voneinander. Grundsätzlich beschreibt die konkrete Ausgestaltung der Konditionen, Preisaktionen und Lieferbedingungen die Positionierung der Marke im Markt, wobei vor allem starke und bekannte Marken dem steigenden Verdrängungswettbewerb entgegenwirken können. So schöpfen diese meist eine höhere Preisprämie durch erhöhte Preisbereitschaft ab und beeinflussen mitunter das Kaufverhalten der Nachfrager positiv (Meffert et al. 2015, S. 437 ff.)

Die **Markendistribution** beschreibt die Übertragung von materiellen und immateriellen Leistungen an den Käufer, wobei zwischen der Absatzkanalentscheidung und der psychischen Übermittlung im Rahmen eines Logistiksystems unterschieden wird (Meffert et al. 2015, S. 511). Dem Vertrieb kommt im B-to-B eine besondere Bedeutung zu, was sich in Handelsvertretern, Reisenden, Vertriebsniederlassungen, Key Account Management oder indirektem Vertrieb darstellt. Dabei unterstützt das Markenmanagement mit einem konsistenten Erscheinungsbild der Marke nach außen, aufeinander abgestimmter integrierter Kommunikation und einem Fit zur Markenidentität sowie einer konkreten Vertriebsunterstützung durch beispielsweise Argumentationsleitfäden, Sales Apps oder markenkonforme Präsentationsbaukästen.

Die **Markenkommunikation** hat innerhalb des operativen Markenmanagements unbestritten eine hohe Bedeutung. Bei Übermittlung des Markennutzenversprechens und der konkreten Manifestation des Markenverhaltens spielt die Markenkommunikation das gesamte Orchester denkbarer Kommunikationsmaßnahmen: von der Werbung, Verkaufsförderung, Sponsoring, Dialogmarketing, über Messen, Events, Fachpresse, hin zu Online Marketing, Placements, Websites und Apps (Maier 2016, S. 89 ff.). Obwohl der Markenkommunikation im B-to-B-Bereich nicht der gleiche Stellenwert wie im Konsumgüterbereich zukommt, gewinnt sie doch durch Commoditisierung, globalen Wettbewerb und Emotionalisierung verstärkt an Bedeutung. Dem Instrument des persönlichen Verkaufs kommt bei der B-to-B-Markenführung als Distributions- und Kommunikationsinstrument eine Doppelrolle zu, was dessen große Bedeutung weiter unterstreicht. Zentrale Kommunikationsinstrumente im B-to-B sind die Corporate Website, Fachmessen, Öffentlichkeitsarbeit, spezielle Events und Sponsoring-Maßnahmen (Backhaus und Voeth 2014, S. 316 ff.).

Abschließend sei die **Markenintegration** aller internen und externen Komponenten als Teil des operativen Markenmanagements noch hervorgehoben. Es ist für den Aufbau von Marken von erheblicher Bedeutung, dass alle internen und externen Maßnahmen ein konsistentes Bild der Markenidentität widerspiegeln. Im Rahmen der **rechtlichen Absicherung** geht es dann schließlich einerseits um die Nutzung aller rechtlichen Möglichkeiten zum Schutz der Marke vor Missbrauch sowie andererseits um die mittelfristige Absicherung der Wettbewerbsposition (Burmann et al. 2015, S. 305 ff.). In diesen Schritt fallen auch formale Markenanmeldungsprozeduren, die, gerade bei einer im B-to-B durchaus üblichen weltweiten Verbreitung einer Marke, einen nicht zu unterschätzenden Kosten- und Zeitfaktor darstellen.

4.4 Markencontrolling

Den dritten Teilbereich des Managementprozesses bildet das Markencontrolling. Dieses beschreibt die Informationsversorgung und Beratung aller mit dem Markenmanagement betrauten Stellen innerhalb des Unternehmens (Kriegbaum 2001, S. 66 ff.). Das Markencontrolling stellt damit die Ergebnisorientierung der Markenführung sicher und lässt sich als zielgerichtete Verbesserung der Reaktionsfähigkeit des Markenmanagements beschreiben. Das Markencontrolling kann in Markenerfolgsmessung und Markenberichtswesens unterteilt werden (Burmann et al. 2015, S. 255).

Die identitätsbasierte **Markenerfolgsmessung** ermöglicht eine Evaluation der Ergebnisse des Markenmanagements und eine Diagnose über denkbare Ursachen. Das **Markenberichtswesen** bereitet dann die ermittelten Resultate in einer zur Entscheidungsunterstützung geeigneten Form auf und bewertet die Erreichung der gesetzten Ziele. Dabei werden alle am Markenmanagement beteiligten Personen mit den relevanten Informationen versorgt. Diese können dann ins Kalkül strategischer Überlegungen übernommen und darauf basierend die strategischen Schritte angepasst werden. Durch ein regelmäßiges Kontrollieren der Zielerreichung kann das Markencontrolling darüber hinaus rechtzeitig Steuerungsmaßnahmen etablieren (Burmann et al. 2015, S. 255 f.; Kriegbaum 2001, S. 66 ff.). Insbesondere im B-to-B mit den häufig anzutreffenden Bedürfnissen der Nachvollziehbarkeit und Unsicherheitsreduktion stellt die Einbindung von relevanten Stakeholdern und Vermittlung von markenspezifischen Erkenntnissen einen entscheidenden Schritt für die erfolgreiche Markenführung innerhalb des Unternehmens dar.

Darüber hinaus plädiert Maier (2016) in seiner empirischen Auseinandersetzung mit den disruptiven Effekten von Social Media, Web und Mobile auf die B-to-B-Markenführung dafür, das Markencontrolling mit kurzfristigeren Erhebungen zu versorgen. So könnte eine fortlaufende Überwachung der Markendiskussionen in den Social Media zu einem strategischen Frühindikator ausgebaut werden. Langfristige Kundenzufriedenheitsbefragungen und Wettbewerbsanalysen könnten durch kurzfristige, schwache Signale aus dem Web angereichert werden oder die ständig dokumentierte Interaktion mit Nachfragern das Markencontrolling systematisch dynamisieren.

5 Fazit

Die zunehmende Homogenisierung von Leistungsangeboten zum einen und die steigende Komplexität organisationaler Kaufentscheidungsprozesse zum anderen erschwert es dem B-to-B-Markenmanagement, Präferenzen bei Nachfragern zu erzeugen und sich somit vom Wettbewerb zu differenzieren. Der Aufbau einer langfristigen, werthaltigen und stabilen Marke-Nachfrager-Beziehung steht damit im Mittelpunkt einer professionellen Markenführung im B-to-B. Einen zentralen Ausgangspunkt liefert dabei die Markenidentität, die einen starken Einfluss auf das subjektiv vom Nachfrager geprägte Markenimage hat. Starke Marken können dabei nur von „innen heraus" geführt werden, was sich neben der Entwicklung einer stimmigen Markenidentität vor allem durch eine klare Veranke-rung der Marke bei allen Mitarbeitern, eine auf einem funktionalen und emotionalen Nutzen beruhenden Markennutzenversprechen sowie einem konsistenten Markenverhal-ten in Kommunikation, Vertrieb und persönlichen Kontakt bewerkstelligen lässt.

In diesem Beitrag wurde daher die Übertragung der identitätsbasierten Markenführung auf den Kontext von B-to-B-Marken skizziert. Herausforderungen für die professionel-le Markenführung ergeben sich dabei insbesondere durch die hohe Interaktionsintensität zwischen den internen und externen Zielgruppen, was aber auch gleichzeitig eine große Chance darstellt. Um langfristige Marke-Nachfrager-Beziehungen aufzubauen, die nach-weislich Einfluss auf den Unternehmenserfolg haben und außerdem das Sozialkapital der Marke erweitern, ist entscheidend, was Nachfrager von der Marke halten, im Gedächtnis speichern und bei einer späteren Kaufentscheidung wieder abrufen. Die identitätsbasierte Markenführung liefert nicht nur ein Grundmodell zur Erarbeitung aller hierfür notwendi-gen Bestandteile, sondern bietet mit dem Managementansatz auch gleich ein prozessuales Vorgehen, um sich Schritt für Schritt einer professionellen Markenführung im B-to-B zu-zuwenden.

Literatur

Aaker, D. A. (1991). *Managing brand equity*. New York: Free Press.

Aaker, D. A. (1996). *Building strong brands*. New York: Free Press.

Aaker, D. A. (2004). *Brand portfolio strategy*. New York: Free Press.

Aaker, J. L. (1997). Dimensions of brand personality. *Journal of Marketing Research*, *34*(3), 347–356.

Aaker, D. A., & Joachimsthaler, E. (2000). *Brand leadership*. New York: Free Press.

Adjouri, N. (2002). *Die Marke als Botschafter*. Wiesbaden: Gabler.

Azoulay, A., & Kapferer, J.-N. (2003). Do brand personality scales really measure brand personality. *Journal of Brand Management*, *11*(2), 143–155.

Backhaus, K., & Voeth, M. (2014). *Industriegütermarketing* (10. Aufl.). München: Vahlen.

Barten, G. (1997). *Marketingkommunikation im industriellen Anlagengeschäft*. Frankfurt am Main: Peter Lang.

Bauer, H. H., & Huber, F. (1998a). Die Marke: Dinosaurier oder Erfolgsfaktor für den Wettbewerb im nächsten Jahrtausend? (Teil 1). *Markenartikel*, *60*(1), 36–41.

Bauer, H. H., & Huber, F. (1998b). Die Marke: Dinosaurier oder Erfolgsfaktor für den Wettbewerb im nächsten Jahrtausend? (Teil 2). *Markenartikel*, *60*(2), 40–46.

Bauer, H. H., Donnevert, T., Wetzel, H., & Merkel, J. (2010). Integration als Garant erfolgreicher Markenkommunikation. In C. Baumgarth (Hrsg.), *B-to-B-Markenführung* (S. 613–634). Wies-baden: Gabler.

Baumgarth, C. (2003). *Wirkungen des Co-Brandings*. Wiesbaden: DUV Gabler.

Baumgarth, C. (2010). Status-Quo und Besonderheiten der B-to-B-Markenführung. In C. Baum-garth (Hrsg.), *B-to-B-Markenführung* (S. 37–62). Wiesbaden: Gabler.

Baumgarth, C. (2014). *Markenpolitik* (4. Aufl.). Wiesbaden: Springer Gabler.

Baumgarth, C., & Schmidt, M. (2008). Persönliche Kommunikation (PK) als vergessenes Instru-ment der Markenkommunikation. *transfer – Werbeforschung & Praxis*, *54*(2), 43–48.

Bausback, N. (2007). *Positionierung von Business-to-Business-Marken*. Wiesbaden: DUV Gabler.

Becker, C. (2012). *Einfluss der räumlichen Markenherkunft auf das Markenimage*. Wiesbaden: Springer Gabler.

Binckebanck, L. (2010). Interaktive Markenführung. In C. Baumgarth (Hrsg.), *B-to-B-Markenführung* (S. 51–538). Wiesbaden: Gabler.

Blinda, L. (2007). *Markenführungskompetenzen eines identitätsbasierten Marken-managements*. Wiesbaden: DUV Gabler.

Bruhn, M. (2003). Markenpolitik. *Die Betriebswirtschaft*, *63*(2), 179–201.

Burmann, C., & Arnhold, U. (2008). *User generated branding*. Berlin: LIT.

Burmann, C., & Krause, J. (2009). *Identitätsbasierte Markenführung im Investitions-gütermarketing*. Arbeitspapier, Nr. 36. Bremen: Lehrstuhl Innovatives Markenmanagement (LiM).

Burmann, C., & Launspach, J. (2010). Identitätsbasierte Betrachtung von B-to-B-Marken. In C. Baumgarth (Hrsg.), *B-to-B-Markenführung* (S. 155–178). Wiesbaden: Gabler.

Burmann, C., & Maloney, P. (2004). *Vertikale und horizontale Führung von Marken*. Arbeitspapier, Nr. 9. Bremen: Lehrstuhl Innovatives Markenmanagement (LiM).

Burmann, C., & Meffert, H. (2005). Managementkonzept der identitätsorientierten Markenführung. In H. Meffert, C. Burmann & M. Koers (Hrsg.), *Markenmanagement* (2. Aufl., S. 73–114). Wiesbaden: Gabler.

Burmann, C., & Stolle, W. (2007). *Markenimage*. Arbeitspapier, Nr. 28. Bremen: Lehrstuhl Innovatives Markenmanagement (LiM).

Burmann, C., Blinda, L., & Nitschke, A. (2003). *Konzeptionelle Grundlagen des identitätsbasierten Markenmanagements*. Arbeitspapier, Nr. 1. Bremen: Lehrstuhl Innovatives Markenmanagement (LiM).

Burmann, C., Meffert, H., & Koers, M. (2005). Stellenwert und Gegenstand des Markenmanage-ments. In H. Meffert, C. Burmann & M. Koers (Hrsg.), *Markenmanagement* (2. Aufl., S. 3–17). Wiesbaden: Gabler.

Burmann, C., Meffert, H., & Feddersen, C. (2007). Identitätsbasierte Markenführung. In A. Florack, M. Scarabis & E. Primosch (Hrsg.), *Psychologie der Markenführung* (S. 3–30). München: Vahlen.

Burmann, C., Halaszovich, T., Schade, M., & Hemmann, F. (2015). *Identitätsbasierte Markenfüh-rung* (2. Aufl.). Wiesbaden: Springer Gabler.

Caspar, M., Hecker, A., & Sabel, T. (2002). *Markenrelevanz in der Unternehmensführung*. Arbeits-papier, Nr. 4. Münster: McKinsey & Company Inc./Marketing Centrum Münster.

Dambacher, J., & Rahmes, C. (2012). Die Bedeutung der Marke für B-to-B-Unternehmen. In T. Baaken, T. Kesting, T. Kliewe & R. Pörner (Hrsg.), *Business-to-Business-Kommunikation* (2. Aufl., S. 151–162). Berlin: Erich Schmidt.

Esch, F.-R. (2014). *Strategie und Technik der Markenführung* (8. Aufl.). München: Vahlen.

Esch, F.-R., & Vallaster, C. (2005). Mitarbeiter zu Markenbotschaftern machen. In F.-R. Esch (Hrsg.), *Moderne Markenführung* (4. Aufl., S. 1009–1020). Wiesbaden: Gabler.

Esch, F.-R., Wicke, A., & Rempel, J. E. (2005). Herausforderungen und Aufgaben des Marken-managements. In F.-R. Esch (Hrsg.), *Moderne Markenführung* (4. Aufl., S. 3–55). Wiesbaden: Gabler.

Fischer, M., Hieronimus, F., & Kranz, M. (2002). *Markenrelevanz in der Unternehmensführung*. Ar-beitspapier, Nr. 1. Münster: McKinsey & Company Inc./Marketing Centrum Münster (MCM).

Foscht, T., Swoboda, B., & Schramm-Klein, H. (2015). *Käuferverhalten* (5. Aufl.). Wiesbaden: Springer Gabler.

Freiling, J. (2001). *Resource-based View und ökonomische Theorie*. Wiesbaden: DUV.

Ind, N. (2003). Inside out. *Journal of Brand Management*, *10*(6), 393–402.

Kanitz, C. (2013). *Gestaltung komplexer Markenarchitekturen*. Wiesbaden: Springer Gabler.

Kapferer, J.-N. (1992a). *Strategic brand management*. London: Kogan Page.

Kapferer, J.-N. (1992b). *Die Marke*. Landsberg: Modern Industrie.

Keller, K. L. (2010). Aufbau starker B-to-B-Marken. In C. Baumgarth (Hrsg.), *B-to-B-Markenführung* (S. 733–748). Wiesbaden: Gabler.

Keller, K. L. (2013). *Strategic brand management* (4. Aufl.). Boston: Pearson.

Köhler, R. (2004). Entwicklungstendenzen des Markenwesens aus Sicht der Wissenschaft. In M. Bruhn (Hrsg.), *Handbuch Markenartikel* 2. Aufl. (Bd. 3, S. 2765–2798). Wiesbaden: Gabler.

Kotler, P., & Pförtsch, W. (2006). *B2B Brand Management*. Berlin: Springer.

Krause, J. (2013). *Identitätsbasierte Markenführung im Investitionsgüterbereich*. Wiesbaden: Springer Gabler.

Kriegbaum, C. (2001). *Markencontrolling*. München: Vahlen.

Lehmann, D. R., & O'Shaughnessy, J. (1974). Differences in attribute importance of different industrial products. *Journal of Marketing, 38*(2), 36–42.

Lim, K., & O'Cass, A. (2001). Consumer brand classifications. *Journal of Product & Brand Management, 10*(2), 120–136.

Lynch, J., & de Chernatony, L. (2004). The power of emotion. *Journal of Brand Management, 11*(5), 403–419.

Maier, F. (2016). *Trialogische Markenführung im Business-to-Business*. Wiesbaden: Springer Gabler.

Meffert, H., & Burmann, C. (1996). *Identitätsorientierte Markenführung*. Arbeitspapier, Nr. 100. Münster: Wissenschaftliche Gesellschaft für Marketing und Unternehmensführung e. V.

Meffert, H., & Burmann, C. (2005). Wandel in der Markenführung. In H. Meffert, C. Burmann & M. Koers (Hrsg.), *Markenmanagement* (2. Aufl., S. 19–36). Wiesbaden: Gabler.

Meffert, H., Burmann, C., & Kirchgeorg, M. (2015). *Marketing* (12. Aufl.). Wiesbaden: Springer Gabler.

Merbold, C. (1993). Zur Funktion der Marke in technischen Unternehmen. *Markenartikel, 55*(12), 578–580.

Merkel, F. (2010). Kommunikative Markenführung im B-to-B-Bereich. In C. Baumgarth (Hrsg.), *B-to-B-Markenführung* (S. 481–503). Wiesbaden: Gabler.

Mudambi, S. (2002). Branding importance in business-to-business markets. *Industrial Marketing Management, 31*(6), 525–533.

Mudambi, S. M., Doyle, P., & Wong, V. (1997). An exploration of branding in industrial markets. *Industrial Marketing Management, 26*(5), 433–446.

Oliver, R. L. (1997). *Satisfaction*. New York: McGraw-Hill.

Perrey, J. (1998). *Nutzenorientierte Marktsegmentierung*. Wiesbaden: Gabler.

Petracca, M. (2010). KMUs zur B-to-B-Marke entwickeln. In C. Baumgarth (Hrsg.), *B-to-B-Markenführung* (S. 317–331). Wiesbaden: Gabler.

Petracca, M., Franke, A., & Abbate, S. (2013). *Was ist die B2B-Marke wert?* Köln: cuecon.

Pförtsch, W., & Müller, I. (2006). *Die Marke in der Marke*. Berlin: Springer.

Pförtsch, W., & Schmid, M. (2005). *B2B-Markenmanagement*. München: Vahlen.

Piehler, R. (2011). *Interne Markenführung*. Wiesbaden: Gabler.

Richter, M. (2007). *Markenbedeutung und -management im Industriegüterbereich*. Wiesbaden: DUV Gabler.

Schafmann, E. (2000). *Emotionen im Business-to-Business Kaufentscheidungsverhalten*. Aachen: Shaker.

Schallehn, M. (2012). *Marken-Authentizität*. Wiesbaden: Springer Gabler.

Schmitt, J. (2011). *Strategisches Markenmanagement in Business-to-Business-Märkten*. Wiesbaden: Gabler.

Schreyögg, G., Sydow, J., & Koch, J. (2003). Organisatorische Pfade. In G. Schreyögg & J. Sydow (Hrsg.), *Strategische Prozesse und Pfade* (S. 257–294). Wiesbaden: Gabler.

Schultheiss, B. (2011). *Markenorientierung und -führung für B-to-B-Familienunternehmen*. Wiesbaden: Gabler.

Temporal, P., & Lee, K. C. (2001). *Hi-tech hi-touch branding*. Singapur: John Wiley & Sons.

Ward, S., Light, L., & Goldstine, J. (1999). What high-tech managers need to know about brands. *Harvard Business Review, 77*(4), 85–95.

Wenske, V. (2008). *Management und Wirkungen von Marke-Kunde-Beziehungen*. Wiesbaden: Gabler.

Wichert, C. (2004). Wie ein Unternehmen Markenstärke von innen heraus generiert. *Absatzwirtschaft, 47*(4), 30–33.

Wiedmann, K.-P., & Schmidt, H. (1997). *Markenmanagement erklärungsbedürftiger Produkte*. Hannover: Universität Hannover.

Brand Co-Creation im B-to-B-Bereich

Carsten Baumgarth und Samuel Kristal

Zusammenfassung

Der vorliegende Beitrag beschäftigt sich mit dem postulierten Paradigmenwechsel in der Markenführung, angeregt durch die verstärkt aufkommende Co-Creation-Debatte, die bislang vorwiegend im B-to-C-Marketing stattgefunden hat. Zunächst wird der Begriff und die Idee der Brand Co-Creation erläutert. Anschließend wird die Relevanz der Brand Co-Creation für die B-to-B-Markenführung diskutiert. Insbesondere wird aufgezeigt, wie multilaterale Austauschprozesse zwischen Unternehmen und Stakeholdern zur Entstehung des Markenwerts und der Markenbedeutung einer B-to-B-Marke beitragen können. Darauf aufbauend werden die gängigen „Scheinwerfer" der Brand Co-Creation sowie deren Wurzeln im B-to-B-Marketing vorgestellt und durch Beispiele näher besprochen. Der Beitrag schließt mit Ideen für Forschung und Markenpraxis ab.

Schlüsselbegriffe

Brand Co-Creation (BCC) · Co-Creation · (Brand) Community · Service-Dominant Logic · User Generated Content

C. Baumgarth (✉)
Hochschule für Wirtschaft und Recht Berlin
Berlin, Deutschland
E-Mail: cb@cbaumgarth.net

S. Kristal
Universität Twente/Hochschule für Wirtschaft und Recht Berlin
Berlin, Deutschland
E-Mail: samuelkristal@googlemail.com

© Springer Fachmedien Wiesbaden GmbH, ein Teil von Springer Nature 2018   207
C. Baumgarth (Hrsg.), *B-to-B-Markenführung*, https://doi.org/10.1007/978-3-658-05097-9_10

Inhaltsverzeichnis

1   Wandel des Markenverständnisses

Das klassische Verständnis von Markenführung als unternehmensgesteuerte Aufgabe (z. B. Keller 2013) scheint überholt. Stattdessen gewinnt das Label „Co-Creation" innerhalb der Markenführung immer mehr an Bedeutung, wodurch die Marke zum komplexen sozialen Phänomen wird und (externe) Stakeholder (üblicherweise Konsumenten) nicht als passive Zielgruppen, sondern als aktive Partner auf Augenhöhe gesehen werden (Hatch und Schultz 2009; Iglesias et al. 2013; Ind 2014). Ind et al. (2013, S. 9) verstehen Co-Creation als einen kreativen und sozialen Prozess zwischen Unternehmen und verschiedenen Stakeholdern, bei dem Ressourcen integriert und gemeinsam genutzt werden, um so Wert zu generieren. Hatch und Schultz (2010, S. 592) beschreiben Brand Co-Creation (BCC) als Phänomen in verschiedenen und sich permanent ändernden Stakeholder-Netzwerken. In diesem Zuge schlagen die beiden Autorinnen vor, den Begriff des Corporate Branding zu überdenken, und entwickeln die Perspektive des Enterprise Branding (Hatch und Schultz 2009, 2010).

Corporate Branding legt den Schwerpunkt der Markenführung auf das Unternehmen (z. B. Balmer 1995). Auch wenn dabei Beziehungen zwischen dem Unternehmen und diversen Stakeholdern berücksichtigt werden (Schwaiger und Sarstedt 2011), so ist doch das Unternehmen primäre Quelle des Markenaufbaus. Die Enterprise Brand hingegen wird gemeinsam mit Stakeholdern erschaffen und geführt. Dadurch schließt sich auch die mögliche Lücke zwischen dem Markenversprechen des Unternehmens und dem tatsächlichen Empfinden von Stakeholdern (Iglesias et al. 2013). Auf diesen Überlegungen aufbauend lässt sich BCC als permanenter Prozess definieren. Basierend auf Austausch und Verhandlungen zwischen Markeninhaber und Markenbeteiligten in verschiedenen Netzwerken, wird die Marke gemeinsam geführt und weiterentwickelt und dadurch die Bedeutung und der Wert der Marke determiniert.

Demnach lässt sich BCC als neues Paradigma einer **multilateralen Markenführung** verstehen. Markenführung stellt also keine unilaterale, vom rechtlichen Markeninhaber ausgehende Aktivität dar, sondern ist vielmehr das kontinuierlich veränderliche Ergebnis eines Aushandelns zwischen mehr oder weniger gleichberechtigten Markenbeteiligten

(Iglesias et al. 2013). Die BCC-Markenführung zeichnet sich durch **Partizipation, Offen-heit** und **Empowerment** aus (Ind et al. 2012). Die Marke entwickelt sich immer mehr von einer organisationszentrierten Aufgabe zu einem kollaborativen Prozess, der nicht länger zwingend vom Unternehmen gesteuert wird, sondern auch von Konsumenten und weiteren Stakeholdern. Damit werden nicht nur klassische, sondern auch aktuelle und in der Markenliteratur dominierende Markenparadigmen, wie der identitätsbasierte Ansatz (z. B. Burmann et al. 2015) oder die Markenorientierung (z. B. Baumgarth et al. 2011), zumindest in Frage gestellt, da die Trennung zwischen interner und externer Perspektive nicht mehr so eindeutig vorgenommen werden kann.

Aus Sicht der BCC ist die Schaffung der Markenidentität keine exklusiv dem rechtlichen Markeninhaber vorbehaltene Aufgabe mehr. Identität entsteht durch permanente und anhaltende Austauschprozesse und Verhandlungen zwischen allen Markenbeteiligten wie dem Unternehmen, Konsumenten und weiteren Stakeholdern. Markenführung wird also als gemeinsames „Projekt" aller Beteiligten verstanden, aus dem die Bedeutung und der Wert der Marke entstehen. Unternehmen sind zwar nach wie vor dafür verantwortlich, Entscheidungen zu treffen und eine eindeutige Richtung für die Marke festzulegen, jedoch darf diese nicht starr und unflexibel sein. Anstatt eine rigorose Positionierung festzulegen und durchzusetzen, besteht die „neue" Rolle des Markenmanagers aus Zuhören, permanenten Verhandlungen und Interaktion mit verschiedenen Markenbeteiligten. Flexibilität und Aktion sind entscheidend für die „neue" Markenführung (Iglesias et al. 2013).

BCC fordert Wissenschaftler und Praktiker nicht nur zum Umdenken auf, sondern unterstreicht mit dem postulierten Paradigmenwechsel einen fluiden Aspekt der Marke, der so bisher innerhalb der klassischen Markenliteratur noch kaum Beachtung gefunden hat. Beispielsweise beschäftigt sich keines der deutschen Markenlehrbücher (Baumgarth 2014; Esch 2014; Burmann et al. 2015) explizit mit BCC.

2 BCC-Paradigma

Es stellt sich die Frage, welche Rolle die Idee der BCC innerhalb der B-to-B-Markenführung spielt oder spielen kann. Bislang fokussiert sich die BCC-Literatur vorwiegend auf B-to-C-Märkte und Konsumenten als entscheidende Stakeholder in den Co-Creation-Prozessen. Organisationale Nachfrager als Markenbeteiligte finden nur wenig Beachtung, obwohl immer wieder darauf hingewiesen wird, dass es auch andere Stakeholder gibt, die ebenfalls Teil der Austauschprozesse sind und somit auch Bedeutung und Wert der Marke mitbestimmen (Iglesias et al. 2013). Insbesondere der Multi-Stakeholder-Gedanke, der verstärkt im B-to-B-Bereich diskutiert wird (z. B. Vallaster und Lindgreen 2011), eignet sich hierbei als Ausgangspunkt, um die theoretische Perspektive der BCC zu erörtern.

Die B-to-B-Marke ist umgeben von internen und externen Stakeholdern, wie zum Beispiel (potenziellen) Mitarbeitern, Kunden, Investoren, Zulieferern, Distributoren, Partnern oder Gesetzgebern. All diese Individuen und Gruppen, die potenzielles Interesse an der Marke haben, können als relevante Markenbeteiligte betrachtet werden und le-

gen demnach Richtung und Bedeutung der B-to-B-Marke im Austausch mit dem rechtlichen Markeninhaber fest. Somit entwickelt sich auch die Identität einer Marke nicht
nur durch unternehmensinterne Entscheidungen und Prozesse oder durch eine strikte vom
Top-Management ausgewählte und abgesegnete Markenpositionierung, sondern Markenidentität bildet sich vielmehr durch reziproke Interaktionen und Austauschprozesse zwischen den verschiedenen Markenbeteiligten (Aarikka-Stenroos und Jaakkola 2012).

Folgt man den Ausführungen diverser Forscher (z. B. Ballantyne und Aitken 2007;
Grönroos 2011; Grönroos und Ravald 2011; Vallaster und Lindgreen 2011; Mäläskä et al.
2011; Lambert und Enz 2012; Aarikka-Stenroos und Jaakkola 2012) bezüglich Co-Creation im B-to-B-Markt, entsteht Bedeutung und Wert einer Marke ganz allein und ausschließlich durch **Interaktionen** zwischen den verschiedenen Akteuren. Das Unternehmen nimmt hierbei die Rolle des „Value Facilitator" (Grönroos und Ravald 2011) ein und
stößt zwar durch das Produkt oder die Dienstleistung den Wertschaffungsprozess an, aber
die eigentliche Wertschöpfung gelingt nur durch Co-Creation und nicht durch das Produkt
oder dessen Merkmale, z. B. die Kapazität einer Maschine. Bezieht man diese Überlegung
auf die B-to-B-Markenführung, so ist BCC entscheidend und unumgänglich, um die „Assets" der Marke nachhaltig aufzubauen und Markenwert zu generieren.

Der Paradigmenwechsel in der Markenführung, der oftmals im Hinblick auf die B-
to-C-Marke postuliert wird, findet ebenfalls im B-to-B-Bereich entsprechende Anwendung. Steigende Komplexität in Industriegütermärkten (z. B. durch Wettbewerb, homo-
gene Märkte, steigende Bedeutung von Dienstleistungen) erfordert ein Umdenken der
Markenführung. Einerseits wird die Marke im B-to-B-Markt immer wichtiger, um wettbewerbsfähig zu bleiben, andererseits reicht eine „moderne" Markenführung, z. B. durch
identitätsorientierte Ansätze, nicht mehr aus, da auch im B-to-B-Bereich die Grenzen
zwischen intern (Identität) und extern (Image) immer mehr verwischen und gemeinsam
mit Stakeholdern Markenwert und Bedeutung determiniert werden. Auch in der B-to-B-
Markenführung gehen die kollaborativen Prozesse zwischen rechtlichem Markeninhaber
und Markenbeteiligten weit über das Markenimage hinaus und umschließen ebenso die
Schaffung der Markenidentität (Mäläskä et al. 2011). Dabei ist davon auszugehen, dass
jegliche Interaktion, direkt und indirekt, zwischen Markeninhaber und Markenbeteiligten
zur Wertschöpfung der Marke beitragen kann.

Würde man den Gedanken beibehalten, dass die Bedeutung und Identität einer Marke
aus kommunikationspolitischen Maßnahmen hervorgehen, die von den Zielgruppen reaktiv angenommen werden, so würde die Verantwortung für die Marke komplett in Händen
des Unternehmens liegen und die BCC-Perspektive bliebe damit unbeachtet (Ballantyne
und Aitken 2007). Dies würde bedeuten, dass die Markenführung als unilaterale und he-
gemonische Aktivität verstanden werden kann. Ein bewusster Kontrollverlust, eine fluide
sowie agile Führung der Marke und ein dementsprechendes Verhalten des Managements

ist im B-to-B- ebenso wie im B-to-C-Markt gefordert und eine Voraussetzung (Salomon-son et al. 2012; Iglesias et al. 2013), um der BCC-Perspektive gerecht zu werden und somit Bedeutung und Wert einer Marke gemeinsam mit den Stakeholdern auszuhandeln und nachhaltig aufzubauen.

BCC im B-to-C-Markt bedeutet oftmals, dass der rechtliche Markeninhaber mit einer unüberschaubaren Anzahl von Markenbeteiligten verbunden ist. Ein B-to-B-Unternehmen kennt durch die häufig hohe Markttransparenz seine Stakeholder, insbesondere Kunden und Zulieferer, genauer und kann daher auch die BCC extensiver und persönlicher gestal-ten (Aarikka-Stenroos und Jaakkola 2012). Die entsprechenden Austauschprozesse zwi-schen Markeninhaber und Markenbeteiligten finden innerhalb spezieller BCC-Netzwerke statt (Iglesias et al. 2013). Innerhalb dieser Netzwerke werden sowohl funktionale als auch emotionale Aspekte der Marke kollaborativ festgelegt und weiterentwickelt (Mäläs-kä et al. 2011) sowie die Bedeutung der Marke ausgehandelt (Ind 2014). Dabei lassen sich aus Sicht des Markeninhabers direkte und indirekte Netzwerke abgrenzen. Die **direkten Netzwerke** umfassen alle Beziehungen zwischen dem Markeninhaber und weiteren Mar-kenbeteiligten. Die **indirekten Netzwerke** hingegen sind für das Unternehmen nur schwer zugänglich, da der Austausch hier außerhalb der Reichweite des Unternehmens stattfindet. So kreieren Kunden beispielsweise ohne Beteiligung des Markeninhabers innerhalb einer Brand Community (Muniz und O'Guinn 2001) oder ihrer sozio-kulturellen Umgebung (Arnould und Thompson 2005) autonom den Wert und die Bedeutung einer Marke.

Markenbedeutung und Markenwert lassen sich also als dynamische Größen verstehen, die die Gedanken und Verständnisse von Stakeholdern über eine Marke wiedergeben und innerhalb der Netzwerke immer wieder neu ausgehandelt werden (Vallaster und von Wall-pach 2013). Abb. 1 verdeutlicht die Entstehung von Markenbedeutung und Markenwert im Rahmen des BCC-Ansatzes. Es wird sichtbar, dass der rechtliche Markeninhaber „nur" ein Beteiligter unter vielen ist und die Bestimmung von Bedeutung und Identität kei-ne eindimensionale Perspektive mehr einnehmen kann. Je stärker die Markeninhaber mit Stakeholdern, aber auch Stakeholder untereinander verflochten sind, umso höher ist auch die Intensität des Austausches. Auch im B-to-B-Markt wird der Austausch durch soziale Medien gefördert und die Vernetzung zwischen Stakeholdern ermöglicht. Virtuelle Um-welten (z. B. Websites, Blogs, Communities, Foren) fördern Interaktion(en) und erhöhen Transparenz, indem markenbezogene Inhalte verbreitet werden und somit auch potenziell neue Markenbeteiligte angezogen werden, die bislang keine Beziehung zur Marke hatten. Stakeholder können innerhalb der Netzwerke Informationen erhalten und in direkten Kon-takt zu anderen Stakeholdern und dem Unternehmen treten und somit auch Bedeutung und Wert der Marke mitbestimmen (Vallaster und von Wallpach 2013). Daher ist das Manage-ment und die bestmögliche Ausschöpfung von Netzwerken ein entscheidender Faktor für eine erfolgreiche B-to-B-Markenführung (Mäläskä et al. 2011).

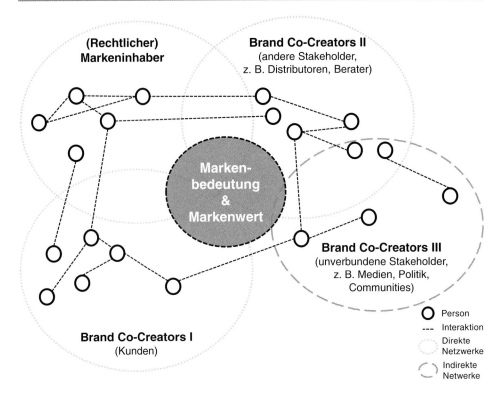

Abb. 1 B-to-B-Markenbedeutung und -wert im Rahmen der BCC. (Quelle: in Anlehnung an Baumgarth und Kristal 2015, S. 15)

3 Theoretische Säulen der BCC

3.1 Überblick

Die Co-Creation-Idee hat diverse theoretische Wurzeln (z. B. Psychotherapie, Pädagogik, Management, Organisationsgestaltung, Software-Entwicklung). Auch innerhalb der marketing- und markenbezogenen Co-Creation-Forschung nutzen immer mehr Teildisziplinen das „Co-Creation-Label". Neben der Markenführung findet beispielsweise auch das Kundenbeziehungsmarketing, das Servicemarketing oder die Kommunikationspolitik Gefallen am Co-Creation-Begriff, was wiederum zu einer stetigen Zunahme an Co-Creation-Publikationen führt (Galvagno und Dalli 2014). Um eine theoretische Basis für das Verständnis von BCC zu entwickeln, ist eine systematische Auseinandersetzung mit dem Gesamtfeld Co-Creation fruchtbar. Daher stellt sich zunächst die Frage nach den gängigen „Scheinwerfern" der Co-Creation-Forschung. Insgesamt finden sich vier Publikationen (Payne et al. 2009; Ind und Coates 2013; Ind et al. 2013; Galvagno und Dalli 2014), die verschiedene „Scheinwerfer" der Co-Creation-Forschung systematisieren. Aus den iden-

Abb. 2 Drei-Säulen-Modell
der B-to-B-BCC-Forschung.
(Quelle: in Anlehnung an
Baumgarth und Kristal 2015,
S. 16)

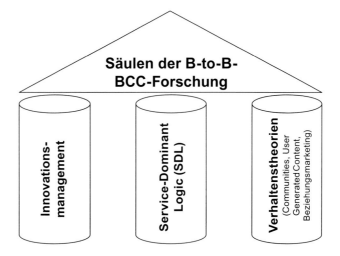

tifizierten Richtungen lassen sich drei thematische Cluster synthetisieren, die sich in ein
Drei-Säulen-Modell der BCC (vgl. Abb. 2) integrieren lassen: (1) Innovationsmanagement, (2) Service-Dominant Logic (SDL) und (3) Nachfragerverhalten (auch Baumgarth
und Kristal 2015).

Im Folgenden werden die drei Säulen der BCC skizziert und in einem „Dreisprung"
erläutert. Zunächst wird die Säule aus einer allgemeinen Perspektive beleuchtet, anschließend wird auf das B-to-B-Feld Bezug genommen und abschließend wird jeweils ein kurzes Praxisbeispiel aufgeführt.

3.2 Innovationsmanagement

Das traditionelle Innovationsparadigma sieht Konsumenten als passive Empfänger, d. h.
Innovationen hängen vom Innovationspotenzial des Unternehmens ab. Diese Sichtweise
wird zunehmend infrage gestellt und stattdessen auf die Notwendigkeit einer Kollaboration mit externen Stakeholdern in der Neuproduktentwicklung (z. B. von Hippel 1988)
sowie auf offene Innovationsprozesse (z. B. Chesbrough 2003) hingewiesen. Co-Creation
wird in der Literatur als Weiterentwicklung beider Forschungsfelder gesehen (Hatch und
Schultz 2010). Sowohl **Kundenintegration** (Customer Integration) in die Neuproduktentwicklung als auch **Open Innovation** brechen mit einem unternehmensinternen Verständnis von Innovation und fokussieren Austauschprozesse zwischen Unternehmen und
externen Stakeholdern. Der Wert für den Kunden und auch der komparative Konkurrenz-
vorteil werden dabei nicht vom Unternehmen autonom entwickelt, sondern gemeinsam
durch Co-Creation erschaffen.

Auch in der B-to-B-Marketingliteratur lassen sich zunehmend Publikationen identifizieren, die auf die Notwendigkeit von Stakeholder-Integration in Innovationsprozesse

hinweisen (z. B. Swink 2006; Owen et al. 2008; Mäläskä et al. 2011; Roser et al. 2013). Im B-to-B-Feld wird Co-Creation mit Bezug auf Innovation oftmals aus verschiedenen Perspektiven diskutiert. Einen Schwerpunkt bildet hier verstärkt die Literatur zu strategischen Allianzen zwischen verschiedenen Unternehmen, die durch kollaborative Prozesse gemeinsam Innovationen hervorbringen (z. B. Doz und Hamel 1998). Ein anderer Schwerpunkt sind Innovationen, die durch vertikale Partnerschaften entlang der Wertschöpfungskette entstanden sind (z. B. Hoecht und Trott 2006), wodurch Kundenwissen und Kundenbedürfnis Anstoß für Innovation sein können (Swink 2006). Andere Ansätze der kollaborativen Innovation, die klassischerweise im B-to-C-Marketing von Bedeutung sind, werden ebenfalls in das B-to-B-Marketing transferiert. So sind zum Beispiel offene Innovationsprozesse denkbar, bei denen diverse Stakeholder-Gruppen gemeinsam an neuen Ideen arbeiten und diese weiterentwickeln. Moderne Technologien und interaktive Plattformen ermöglichen einen schnellen Informationsbeschaffungs- und Informationsdistributionsprozess (Owen et al. 2008; Vallaster und von Wallpach 2013).

Ein B-to-B-Beispiel für Co-Creation im Innovationsbereich liefert der CRM-Anbieter *Salesforce* aus den USA. Das 1999 gegründete Unternehmen beschäftigt aktuell rund 20.000 Mitarbeitern und ist mit seinen Cloud-Lösungen einer der führenden Anbieter in diesem Marktsegment. 2006 startete *Salesforce* die Plattform *IdeaExchange*. Auf dieser Plattform können Kunden Verbesserungsvorschläge und Ideen posten. Zum zehnjährigen Jubiläum veröffentlichte *Salesforce* ein kurzes Video zu dieser Initiative und bezifferte die Anzahl der eingegangenen Vorschläge auf über 50.000. Die Teilnehmermotivation wird auf dieser Plattform durch exklusive Vorabversionen der Lösungen, Verlosungen und Events aufrechterhalten.

3.3   Service-Dominant Logic

Ein weiterer Ursprung der BCC-Forschung liegt in der zunehmenden Bedeutung von Dienstleistungen und in dem damit einhergehenden Paradigmenwechsel von der Goods-Dominant Logic (GDL) hin zur Service-Dominant Logic (SDL) (Payne et al. 2009). Insbesondere die Arbeit von Vargo und Lusch (2004) hat maßgeblich dazu beitragen, dass sich der Co-Creation-Gedanke in der Forschung durchgesetzt hat. Im Gegensatz zur GDL argumentiert die SDL, dass Unternehmen den Wert einer Ware nicht bestimmen, sondern lediglich Wertangebote unterbreiten können. Der eigentliche Wert, unabhängig davon, ob es sich um Sachgüter oder Dienstleistungen handelt, wird als „Value-in-Context" bezeichnet und entsteht erst durch die Nutzung auf Kundenseite. Dabei wird die klassische Rolle des Kunden neu definiert, nämlich als aktiver und integrierter „Co-Creator of Value".

Im B-to-B-Feld finden sich zahlreiche Veröffentlichungen, die die Service-Dominant Logic im Industriegütermarketing thematisieren (z. B. Ballantyne und Aitken 2007; Grönroos 2011; Lambert und Enz 2012; Aarikka-Stenroos und Jaakkola 2012). Auch im B-to-B-Bereich entstehen Wert und Bedeutung erst im Zuge der Nutzung eines Produkts oder einer Dienstleistung und durch Austauschprozesse zwischen Unternehmen und Stakeholdern (Ballantyne und Aitken 2007). Das Anbieterunternehmen trägt zwar die Verantwortung für den Produktionsprozess, die Lieferung einer Leistung oder administrative Prozesse, jedoch stellen diese isoliert weder einen Wettbewerbsvorteil, noch einen Nutzen für Stakeholder dar (Grönroos und Ravald 2011). Erst durch Interaktionen in Form von produktbegleitenden Dienstleistungen entsteht Kundennutzen. Die hier zugrundeliegende Co-Creation zwischen Unternehmen und Stakeholdern spiegelt den dynamischen und interaktiven Charakter der BCC idealtypisch wieder.

Die TotalCare-Dienstleistung von *Rolls-Royce* ist ein viel zitiertes Beispiel für das Value-in-Use-Konzept (z. B. Macdonald et al. 2011). Der Triebwerkhersteller operiert dabei nach dem sogenannten Power-by-the-Hour-Prinzip. Die Bereitstellung des Triebwerks und dessen Überwachung, Wartung und Reparatur für die gesamte Lebensdauer liegt in der Verantwortung des Erstausrüsters (Original Equipment Manufacturer – OEM). Die Fluglinien bezahlen einen festgelegten Stundenpreis nur für die Dienstleistung, die das Triebwerk erbringt, wenn es läuft. Ruht das Triebwerk oder ist es außer Betrieb, fallen keine Kosten an. Dabei können die Fluglinien dank einer App über ein mobiles Endgerät jederzeit Kontakt zu *Rolls Royce* aufnehmen oder diverse Informationen erhalten, wie zum Beispiel detaillierte Angaben über die Performance des Triebwerks. Das Hauptaugenmerk liegt also nicht mehr auf dem Verkauf des Triebwerks, sondern auf der Dienstleistung. Der Wert entsteht für beide beteiligten Parteien erst dann, wenn das Triebwerk in Betrieb ist und dadurch die dazu begleitenden Dienstleistungen zum Tragen kommen. Die Power-by-the-Hour-Dienstleistungen steigern sowohl die Produktivität als auch die Effektivität für den Nutzer und zwar genau dann, wenn der eigentliche Nutzvorgang stattfindet. Für *Rolls-Royce* bedeutet solch ein Value-in-Use-Konzept einen Vorteil gegenüber Konkurrenten, die auf „klassische" Eigentumsübertragung setzen – also den Verkauf des Triebwerks an den Nutzer.

3.4 Verhaltenstheorien

Diese Säule fasst drei eigenständige Forschungsfelder unter einem Dach zusammen, die alle gemeinsam haben, dass sie das Verhalten der Markenbeteiligten in den direkten und indirekten Netzwerken überwiegend auf der Basis von psychologischen und soziologischen Theorien erklären.

(1) Communities
User Communities im Allgemeinen und **Brand Communities** im Speziellen stellen ein wichtiges Spielfeld der BCC dar. Innerhalb einer Brand Community findet permanent ein multilateraler Austausch zwischen Fans einer Marke statt, der als Folge Wert und Bedeutung für die Marke erschafft (z. B. Muniz und O'Guinn 2001). Bislang existieren wenige Studien zu User Communities im B-to-B-Marketing (z. B. Dholakia et al. 2009; Snow et al. 2010) und nur zwei Studien, die sich speziell auf Brand Communities fokussieren

(Andersen 2005; Bruhn et al. 2014). Insgesamt lässt sich jedoch festhalten, dass Communities eine wichtige Plattform bieten, damit sich Kunden untereinander und mit dem Unternehmen austauschen und vernetzen können. Resultat der Interaktionsprozesse ist die Schaffung von Markenwert und Bedeutung (Andersen 2005; Bruhn et al. 2014). Der mögliche positive Effekt einer Community auf die Marke könnte im B-to-B- sogar größer sein als im B-to-C-Bereich, da Geschäftskunden stärkeres Interesse an einer Vernetzung haben könnten als Endverbraucher (Andersen 2005).

Ein Beispiel für die Community-Idee im B-to-B-Umfeld liefert die 1957 gegründete *Coloplast AG*, die Medizinprodukte in über 40 Ländern vertreibt. *Coloplast* betreibt verschiedene Brand Communities, in denen sich hauptsächlich Krankenschwestern untereinander und mit dem Unternehmen vernetzen. Anstatt den Fokus auf die verschiedenen Produkte und deren Qualität zu legen, will sich *Coloplast* von Konkurrenzanbietern mit ähnlichen Produkten unterscheiden, indem der Austausch mit Krankenschwestern innerhalb der Brand Communities gefördert wird. Dies geschieht vor dem Hintergrund, dass Krankenschwestern einerseits eine zentrale Rolle im Buying Center einnehmen können und andererseits auch verantwortlich für den späteren Heilungsprozess der Patienten sind, der die Anwendung verschiedener medizintechnischer Produkte beinhaltet. Die Brand Communities sind somit eine wertvolle Informationsquelle, um das Unternehmen weiterzuentwickeln und bei den Krankenschwestern „top of mind" zu sein (Andersen 2005).

(2) User Generated Content

Der Aspekt des **User Generated Content** (UGC) ist fruchtbar, wenn es um BCC geht. Ohne von Nutzern erstellte Inhalte wären die beschriebenen direkten und indirekten Netzwerke quasi leer. Das Internet und die sich schnell entwickelnden Technologien haben die Informationsasymmetrie durcheinandergebracht, die viele Jahre im Sinne der Markenmanager funktioniert hat (Christodoulides 2009). Der von externen Stakeholdern erstellte Inhalt, der sich explizit auf die Marke bezieht, wird auch als User Generated Branding (UGB) bezeichnet (Arnhold 2010). UGB ist dabei das Gegenteil von „command and control branding" und verdeutlicht den Grundgedanken einer multilateralen Markenführung (Christodoulides 2009).

Auch im B-to-B-Marketing wird anerkannt, dass der von Stakeholdern erstellte Content dazu beitragen kann, die Marke weiterzuentwickeln (z. B. Michaelidou et al. 2011; Vallaster und von Wallpach 2013; Ind 2014). Oftmals reichen Offline-Settings nicht aus, um der Fluidität und dem dynamischen Charakter der BCC gerecht zu werden (Iglesias et al. 2013). Daher ist im Industriegütermarketing der von Nutzern erstellte Inhalt, beispielsweise in Blogs oder Foren, entscheidend, um Bedeutung und Wert der B-to-B-Marke zu erhöhen. Ohne UGC wären auch im B-to-B-Bereich die beschriebenen Netzwerke inhaltlos.

Das Unternehmen *Hootsuite*, ein 2008 in Kanada gegründetes Unternehmen mit über 1000 Mitarbeitern, bietet verschiedene professionelle Lösungen für die simultane Verwaltung und das Management mehrerer Social-Media-Kanäle an. Hauptnutzen dieser Marke für den Nutzer ist eine Vereinfachung. Um diesen Aspekt hervorzuheben hat *Hootsuite* einen Wettbewerb auf Instagram mit dem Hashtag #iworkfromhere gelauncht. Bis Ende 2016 haben über 1000 Nutzer Fotos und Videos gepostet, die dann in der Community zur Abstimmung gestellt wurden. Durch diesen Wettbewerb hat die Marke ihre Bedeutung durch UGC-Inhalte kommuniziert und gestärkt.

(3) Beziehungsmarketing

Eine sowohl im B-to-C- als auch im B-to-B-Umfeld seit vielen Jahrzehnten verfolgte Theorierichtung bildet das **Beziehungsmarketing** (Relationship Marketing). Im Kern zeichnet sich dieses umfassende Forschungsgebiet durch die Betrachtung von periodenübergreifenden Geschäftsbeziehungen aus, die auf Interaktionen zwischen den Partnern basieren (zum Überblick Ivens und Leischnig 2015; Weiber und Ferreira 2015). Neben den überwiegend strukturorientierten Forschungsergebnissen der IMP-Group (z. B. Turnbull und Valla 1986), sind für die BCC insbesondere die Entstehung von beziehungsstabilisierenden Größen wie Vertrauen oder Commitment fruchtbar.

Nach der **Commitment-Trust-Theorie** (Anderson und Weitz 1992; Morgan und Hunt 1994) sind diese beiden Größen die zentralen Erklärungsansätze für stabile Geschäftsbeziehungen. Dabei umfasst das Vertrauen die Zuversicht in die Verlässlichkeit und Integrität des Interaktionspartners. Das Commitment bildet hingegen den Wunsch, auch unter Inkaufnahme kurzfristiger Nachteile die Beziehung langfristig fortsetzen zu wollen. Ein hohes Vertrauen und Commitment führt aber nicht nur zu langfristigen Beziehungen, sondern auch zu kooperativem Verhalten. Als Einflussfaktoren von Vertrauen und Commitment werden z. B. gemeinsame Werte und intensive Kommunikation genannt (z. B. Morgan und Hunt 1994). Für die BCC lässt sich aus der Beziehungsmarketingforschung u. a. ableiten, dass für positive BCC eine Vertrauensbasis und ein gegenseitiges Commitment jenseits von formalen Verträgen oder Abhängigkeitsverhältnissen notwendig sind und diese auf gemeinsamen Werten und Kommunikation basieren müssen.

Das Chemieunternehmen *W.L. Gore & Associates* setzte zum Aufbau und zur Pflege seiner Ingredient Brand *Gore-Tex* auf partnerschaftliche und langfristige Beziehungen zu ihren Endproduktherstellern. Beispielsweise zeichnete *Gore-Tex* während der *ISPO* immer wieder Endprodukthersteller aus, mit denen eine mindestens 20-jährige Geschäftsbeziehung bestand (Baumgarth 2003, S. 87). Diese langen Partnerschaften basieren auf hohem gegenseitigen Respekt und Vertrauen, intensiver und häufiger Kommunikation und gemeinsamen Überzeugungen. Die Stabilität dieser für die Marke *Gore-Tex* fundamentalen Beziehungen lässt sich nur durch gegenseitiges Vertrauen und Commitment erklären.

4 Fazit

Die praktische Relevanz und das paradigmatische sowie integrierende Potenzial des BCC-Scheinwerfers für die B-to-B-Markenführung sind unstrittig. Allerdings befindet sich die BCC-Forschung im Allgemeinen und die B-to-B-BCC-Forschung im Speziellen noch in den Kinderschuhen und zeichnet sich durch begriffliche Ungenauigkeit, konzeptionelle Überlappungen und theoretische Insellösungen aus. Die folgenden beiden Punkte skizzieren einige Ideen für die zukünftige Forschung und Markenpraxis.

(1) BCC als neues Paradigma

Größere paradigmatische Innovationen im Markenumfeld in den letzten Jahren waren die Etablierung der identitätsbasierten Markenführung sowie die Kontrastierung von Markt- und Markenorientierung. Beide Theoriegruppen zeichnen sich durch eine starke Innensicht aus. BCC verändert diese Perspektive fundamental, indem sie Markenführung als Aushandlungsprozess zwischen dem rechtlichen Markeninhaber und diversen Stakeholdern interpretiert. Die zukünftige Forschung kann aufbauend auf den drei Säulen der B-to-B-BCC-Forschung einen ganzheitlichen Bezugsrahmen entwickeln, der diesen Interaktionscharakter in den Mittelpunkt stellt.

(2) BCC als Managementansatz

BCC kann auch die Strukturen, die Prozesse und das Instrumentarium der praktischen B-to-B-Markenführung verändern. Stichwortartig sind z. B. folgende Aspekte zu nennen: (1) neues Rollenverständnis der Markenführung als Kurator und nicht als Markenlenker, (2) Erweiterung der Markenbeteiligten von Kunden auf weitere Stakeholder-Gruppen, (3) Veränderung des Markenführungsstils von bürokratisch-kontrollierend hin zu elastisch-agierend und (4) Ergänzung der klassischen, kennzahlenorientierten Marken-Controllinginstrumente um kontinuierliches und verstehendes Zuhören.

Literatur

Aarikka-Stenroos, L., & Jaakkola, E. (2012). Value co-creation in knowledge intensive business services. *Industrial Marketing Management, 41*(1), 15–26.

Andersen, P. (2005). Relationship marketing and brand involvement of professionals through web-enhanced brand communities. *Industrial Marketing Management, 34*(1), 39–51.

Anderson, J. C., & Weitz, B. (1992). The use of pledges to build and sustain commitment in distribution channels. *Journal of Marketing Research, 29*(1), 18–34.

Arnhold, U. (2010). *User generated branding*. Wiesbaden: Gabler.

Arnould, E., & Thompson, C. (2005). Consumer culture theory (CCT): twenty years of research. *Journal of Consumer Research, 31*(4), 868–882.

Ballantyne, D., & Aitken, R. (2007). Branding in B2B markets. *Journal of Business and Industrial Marketing, 22*(6), 363–371.

Balmer, J. M. T. (1995). Corporate branding and connoisseurship. *Journal of General Management, 21*(1), 22–46.

Baumgarth, C. (2003). *Wirkungen des Co-Brandings*. Wiesbaden: DUV Gabler.

Baumgarth, C. (2014). *Markenpolitik* (4. Aufl.). Wiesbaden: Springer Gabler.

Baumgarth, C., & Kristal, S. (2015). Die Mitmachmarke. *transfer – Werbeforschung & Praxis, 61*(4), 14–20.

Baumgarth, C., Merrilees, B., & Urde, M. (2011). Kunden- oder Markenorientierung. *Marketing Review St. Gallen, 28*(1), 8–13.

Bruhn, M., Schnebelen, S., & Schäfer, D. (2014). Antecedents and consequences of the quality of e-customer-to-customer interactions in B2B brand communities. *Industrial Marketing Management*, *43*(1), 164–176.

Burmann, C., Halaszovich, T., & Hemmann, F. (2015). *Identitätsbasierte Markenführung* (2. Aufl.). Wiesbaden: Springer Gabler.

Chesbrough, H. (2003). *Open innovation*. Boston: Harvard Business School Press.

Christodoulides, G. (2009). Branding in the post-internet era. *Marketing Theory*, *9*(1), 141–144.

Dholakia, U., Blazevic, V., Wiertz, C., & Algesheimer, R. (2009). Communal service delivery. *Journal of Service Research*, *12*(2), 208–226.

Doz, Y., & Hamel, G. (1998). *Alliance advantage*. Boston: Harvard Business School Press.

Esch, F.-R. (2014). *Strategie und Technik der Markenführung* (8. Aufl.). München: Vahlen.

Galvagno, M., & Dalli, D. (2014). Theory of value co-creation. *Managing Service Quality: An International Journal*, *24*(6), 643–683.

Grönroos, C. (2011). A service perspective on business relationships. *Industrial Marketing Management*, *40*(2), 240–247.

Grönroos, C., & Ravald, A. (2011). Service as business logic. *Journal of Service Management*, *22*(1), 5–22.

Hatch, M., & Schultz, M. (2009). Of bricks and brands. *Organizational Dynamics*, *38*(2), 117–130.

Hatch, M., & Schultz, M. (2010). Toward a theory of brand co-creation with implications for brand governance. *Journal of Brand Management*, *17*(8), 590–604.

von Hippel, E. (1988). *The sources of innovation*. New York: Oxford University Press.

Hoecht, A., & Trott, P. (2006). Innovation risks of strategic outsourcing. *Technovation*, *26*(5–6), 672–681.

Iglesias, O., Ind, N., & Alfaro, M. (2013). The organic view of the brand. *Journal of Brand Management*, *20*(8), 670–688.

Ind, N. (2014). How participation is changing the practice of managing brands. *Journal of Brand Management*, *21*(9), 734–742.

Ind, N., & Coates, N. (2013). The meanings of co-creation. *European Business Review*, *25*(1), 86–95.

Ind, N., Fuller, C., & Trevail, C. (2012). *Brand together*. London: KoganPage.

Ind, N., Iglesias, O., & Schultz, M. (2013). Building brands together. *California Management Review*, *55*(3), 5–26.

Ivens, B., & Leischnig, A. (2015). Interaktionen in Geschäftsbeziehungen. In K. Backhaus & M. Voeth (Hrsg.), *Handbuch Business-to-Business-Marketing* (2. Aufl., S. 55–72). Wiesbaden: Springer Gabler.

Keller, K. (2013). *Strategic brand management* (4. Aufl.). Boston: Pearson.

Lambert, D., & Enz, M. (2012). Managing and measuring value co-creation in business-to-business relationships. *Journal of Marketing Management*, *28*(13–14), 1588–1625.

Macdonald, E., Wilson, H., Martinez, V., & Toossi, A. (2011). Assessing value-in-use. *Industrial Marketing Management*, *40*(5), 671–682.

Mäläskä, M., Saraniemi, S., & Tähtinen, J. (2011). Network actors' participation in B2B SME branding. *Industrial Marketing Management*, *40*(7), 1144–1152.

Michaelidou, N., Siamagka, N., & Christodoulides, G. (2011). Usage, barriers and measurement of social media marketing. *Industrial Marketing Management*, *40*(7), 1153–1159.

Morgan, R. M., & Hunt, S. D. (1994). The commitment-trust-theory or relationship marketing. *Journal of Marketing*, *58*(3), 20–38.

Muniz, A., & O'Guinn, T. (2001). Brand community. *Journal of Consumer Research*, *27*(4), 412–432.

Owen, L., Goldwasser, C., Choate, K., & Blitz, A. (2008). Collaborative innovation throughout the extended enterprise. *Strategy & Leadership, 36*(1), 39–45.

Payne, A., Storbacka, K., Frow, P., & Knox, S. (2009). Co-creating brands. *Journal of Business Research, 62*(3), 379–389.

Roser, T., DeFillippi, R., & Samson, A. (2013). Managing your co-creation mix. *European Business Review, 25*(1), 20–41.

Salomonson, N., Åberg, A., & Allwood, J. (2012). Communicative skills that support value creation. *Industrial Marketing Management, 41*(1), 145–155.

Schwaiger, M., & Sarstedt, M. (2011). Corporate branding in a turbulent environment. *Journal of Brand Management, 19*(3), 179–181.

Snow, C., Fjeldstad, Ø. D., Lettl, C., & Miles, R. (2010). Organizing continuous product development and commercialization. *Journal of Product Innovation Management, 28*(1), 3–16.

Swink, M. (2006). Building collaborative innovation capability. *Research Technology Management, 49*(2), 37–47.

Turnbull, P. W., & Valla, J.-P. (1986). Strategic planning in industrial marketing. *European Journal of Marketing, 20*(7), 5–20.

Vallaster, C., & Lindgreen, A. (2011). Corporate brand strategy formation. *Industrial Marketing Management, 40*(7), 1133–1143.

Vallaster, C., & von Wallpach, S. (2013). An online discursive inquiry into the social dynamics of multi-stakeholder brand meaning co-creation. *Journal of Business Research, 66*(9), 1505–1515.

Vargo, S., & Lusch, R. (2004). Evolving to a new dominant logic for marketing. *Journal of Marketing, 68*(1), 1–17.

Weiber, R., & Ferreira, K. (2015). Transaktions- versus Geschäftsbeziehungsmarketing. In K. Backhaus & M. Voeth (Hrsg.), *Handbuch Business-to-Business-Marketing* (2. Aufl., S. 121–146). Wiesbaden: Springer Gabler.

B-to-B-Markenführung: Markenpositionierung und Markenstrategie

Optionen der B-to-B-Markenpositionierung – Generierung von Wert für den Kunden durch Marken

Susan M. Mudambi und Pallavi Chitturi

Zusammenfassung

Wissenschaft und Praxis diskutieren vielfältige Strategien, um den wahrgenommenen Wert von Produkten für den Kunden zu erhöhen und dem Preiskampf zu entgehen. In diesem Beitrag wird ein Ansatz vorgestellt, der die verschiedenen Möglichkeiten zum Aufbau von Wert durch Marken für den Kunden (im Folgenden als Markenwert bezeichnet) im B-to-B-Bereich strukturiert und vergleicht. Dies umfasst Entscheidungen über die Quelle des Markenwertes und die Ebene des Markeninvestments. Die Hauptquellen von Markenwert sind Differenzierung und Beziehungsaufbau. Die Hauptebenen für das Markeninvestment sind die Produkt- und die Unternehmensebene. Die relative Vorteilhaftigkeit der verschiedenen Optionen aus Kundensicht wird mithilfe einer Reihe von Wahlexperimenten mit Einkaufsmanagern getestet. Die Analyse zeigt, dass Differenzierung wichtiger als Beziehungsaufbau ist. Ferner belegen die Ergebnisse, dass in Situationen mit geringen Kaufvolumina und geringem Risiko eher die Produktebene wichtig ist. Hingegen wird in Situationen mit hohen Preisen und hohem Risiko eher eine Kombination von Produkt- und Unternehmensebene präferiert. Diese Erkenntnisse helfen B-to-B-Unternehmen, systematischer über die Positionierung der Marke und deren Strategie sowie die Markenrelevanz nachzudenken.

Übersetzung und Adaption durch den Herausgeber.

S. M. Mudambi (✉)
Temple University
Philadelphia, USA
E-Mail: susan.mudambi@temple.edu

P. Chitturi
Temple University
Philadelphia, USA
E-Mail: chitturi@temple.edu

© Springer Fachmedien Wiesbaden GmbH, ein Teil von Springer Nature 2018   223
C. Baumgarth (Hrsg.), *B-to-B-Markenführung*, https://doi.org/10.1007/978-3-658-05097-9_11

Schlüsselbegriffe
Beziehungsmarketing · B-to-B-Marke · Differenzierung · Discrete-Choice-Modelle · Markenwert

Inhaltsverzeichnis

1   Einführung

B-to-B-Unternehmen befinden sich in den meisten Märkten in einem intensiven Verdrängungswettbewerb. Marktkräfte fordern immer mehr Kostenreduzierungen bei gleichzeitiger Verbesserung der tatsächlichen Produkteigenschaften. In reifen Märkten verfolgen die Wettbewerber häufig ähnliche Strategien, weisen vergleichbare Kostenstrukturen auf und bieten physisch fast identische Leistungen an. Dies führt dazu, dass es den Unternehmen immer schwerer fällt zu vermeiden, dass die Kunden die Leistungen als austauschbare Angebote wahrnehmen (**Commoditisierung**). Um den daraus resultierenden Preiskampf zu vermeiden, suchen die Unternehmen nach Möglichkeiten, den wahrgenommenen Wert für den Kunden zu erhöhen. Forschungsarbeiten, die auf Howard und Sheth (1969) und Kotler und Levy (1969) zurückgehen, haben gezeigt, dass die Kundenzufriedenheit vom **wahrgenommenen Wert** abhängt. Bei der Suche nach Möglichkeiten, den Wert zu erhöhen, werden mehr und mehr intangible Ansätze wie Marke, Reputation oder Beziehungen diskutiert. Jeder dieser Ansätze hat Vorteile und seine Befürworter in Wissenschaft und Praxis. Bislang gibt es allerdings keine abschließende Antwort darauf, welche dieser Quellen am relevantesten in B-to-B-Märkten ist. Im Kern weisen diese Ansätze konzeptionelle und in der praktischen Umsetzung deutliche Überschneidungen auf.

Obwohl im Konsumgütermarkt das Thema Marke zunächst einmal auf der Produktebene diskutiert wurde, besitzen auch Unternehmens- bzw. Dachmarken das Potenzial, die Unternehmensreputation zu stärken (Schultz und Kitchen 2004). Ferner zeigt sich in der Unternehmenspraxis, dass Markenführung Überschneidungen mit dem Beziehungsmarketing aufweist. Unternehmen positionieren sich als „anders und besser" auf der Basis der engen Beziehungen zwischen Kunde und Unternehmen. Diese Beziehung verdeutlichen Ulaga und Eggert (2006, S. 119) in ihrer Schlussfolgerung: „As product and price become less important differentiators, suppliers of routinely purchased products search for new ways to differentiate themselves in a buyer-seller relationship." Diese Relation zwischen Marken- und Beziehungsaufbau zeigt sich ebenso in der Etablierung von realen und virtuellen Markencommunities.

Bei Existenz verschiedener Optionen zur Schaffung von Wert für den Kunden stellt sich die Frage, wie der Marketingmanager die beste Option wählen kann. Manager benötigen eine Strategie zum Aufbau und zur Pflege von Wert für den Kunden mit dem Ziel, dass der Kunde zu jeder Zeit einen Grund hat, mit dem Unternehmen ein Geschäft abzuschließen. Diskussionen über die Markenpersönlichkeit bei Konsumenten oder PR-Kampagnen können manchmal vom Kern der Markenführung im B-to-B-Bereich ablenken. Obwohl die Bedeutung der Unternehmensreputation und der Dachmarke zunehmend erkannt wird, kämpfen Manager nach wie vor damit, dass sie auf der Produktebene für ein umfangreiches Portfolio mit einer geringen Differenzierung verantwortlich sind. Um den Commodity-Status zu vermeiden, müssen auf der Produktebene immer wieder Markenentscheidungen getroffen werden, wie z. B. die Entscheidungen über die Produkteliminierung nach Zusammenschlüssen, die Verwendung der Dachmarke für einzelne Produkte, der Einsatz von Ingredient Brands zur Stärkung der Produkte oder die Verwendung von Handelsmarken.

Im Weiteren erfolgt auf der Basis der Literatur die Erklärung, wie im B-to-B-Kontext Wert durch Marken für den Kunden (im Folgenden vereinfacht als Markenwert bezeichnet) entsteht. In den folgenden Abschnitten wird zunächst ein konzeptionelles Modell des kundenorientierten Markenwertes entwickelt, welches anschließend mithilfe einer Reihe von Wahlexperimenten (Discrete-Choice-Ansatz) empirisch getestet wird. Abgeschlossen wird dieser Beitrag mit der Diskussion der Managementimplikationen.

2   Wert für den Kunden durch B-to-B-Marken

2.1   Überblick

Wertgenerierung umfasst alle Tätigkeiten und Funktionen, die der Lieferant ergreift, um dem Kunden einen Wert zu liefern (Sharma et al. 2001). Allerdings besteht bislang noch keine Einigkeit darüber, wie man am besten die Optionen zur Wertgenerierung strukturiert und kommuniziert (Anderson et al. 2006).

Klassischerweise sind im B-to-B-Bereich tangible Eigenschaften wie Preis und Funktionalität relevant. Diese Sichtweise ist in Forschung und Praxis des organisationalen Beschaffungsverhaltens fest verankert. Allerdings zeigt sich, dass bis zu 85 % des Unternehmenswertes der 500 S&P Unternehmen aus intangiblen Werten resultiert (Nakamura 2004). Diese intangiblen Werte umfassen die **Reputation**, die **Markenstärke**, die **Nachhaltigkeit**, die **Sicherheit** und die **Kundenbeziehungen**. Marke stellt dabei einen, aber nicht den einzigen Ansatz zur Erklärung des intangiblen Unternehmenswertes dar (Rao et al. 2004). Die bislang unbeantwortete Frage ist daher, welcher der intangiblen Werte für den industriellen Käufer besonders relevant ist. Kundenwertmodelle zeigen, dass viele Kunden ihre Anforderungen kennen, nicht aber was die Erfüllung dieser Anforderungen an Wert für sie bedeutet. Für Anbieter ist diese Lücke eine Möglichkeit, den Wert des eigenen Angebotes zu beweisen und damit die Kaufentscheidung des Käufers zu vereinfachen (Anderson und Narus 1998).

Kunden nehmen Leistungen typischerweise als ein **Bündel von Eigenschaften** wahr, bei dem jede Eigenschaft mit entsprechendem **Nutzen** und **Risiko** verbunden ist. Unternehmen entwickeln Markenpositionierungen, um dieses Eigenschaftsbündel in bestimmten Bereichen zu stärken, mit der Erwartung, dass dieser Zusatzwert für den Kunden wichtig ist. Manchmal zeigt sich aber, dass die vom Anbieter gestärkten Eigenschaften für den Kunden keine oder zumindest nur eine untergeordnete Rolle spielen. Aus einer Kundenperspektive ist es daher zunächst vorrangig, die für die Wahlentscheidung relevanten Merkmale zu identifizieren. B-to-B-Unternehmen können darauf aufbauend dann ihre Markenpositionierung zur Stärkung dieser relevanten Eigenschaften entwickeln. Im Idealfall wählt der Anbieter eine Markenpositionierung, die dem Kunden einen **Zusatzwert** bei einem sehr **relevanten Merkmal** liefert und dadurch seine Kaufentscheidung erleichtert. Die Marke muss dem Kunden klare Nutzenvorteile liefern. Ohne diesen Zusatznutzen für den Kunden hat die Marke aber auch für den Anbieter keinen Wert.

2.2   Wertgenerierung durch Beziehungen

Beziehungen werden im B-to-B-Bereich seit Langem als Schlüssel zur Gewinnung, Bindung und Befriedigung von Kunden angesehen. Intensive Forschung hat sich u. a. mit den Entwicklungen von Anbieter-Kunden-Beziehungen (z. B. Dwyer et al. 1987; Ford 1980; Narayandas und Rangan 2004) beschäftigt. Literaturübersichten (z. B. Palmatier et al. 2006; Ulaga und Eggert 2006) zitieren sowohl konzeptionelle Überlegungen als auch empirische Ergebnisse, die den Wert von Beziehungen aus Kundensicht belegen. Kunden, die Beziehungen wertschätzen, interessieren sich für Vertrauenswürdigkeit, Zuverlässigkeit und Glaubwürdigkeit (Webster und Keller 2004).

Beziehungen im B-to-B-Bereich werden auf zwei Ebenen aufgebaut: auf der **Produktebene** durch den Vertrieb und das Servicepersonal sowie auf der **Unternehmensebene**, basierend auf strategischen Partnerschaften und langfristigen Kooperationen. Der überwiegende Teil der bisherigen Forschung beschäftigte sich mit den persönlichen Beziehungen zwischen Einkaufsmanagern und den Vertriebsmitarbeitern **(Personen-Personen-Beziehung)**. Der Vertrieb stiftet dem Kunden einen Zusatzwert durch die Interaktion, die Weitergabe und Aufbereitung von Informationen sowie Produkt- und Marktkenntnissen.

Aktuell beschäftigt sich die Forschung auch verstärkt mit den Beziehungen auf der Unternehmensebene **(Unternehmen-Unternehmen-Beziehung)**. Anderson und Narus (1998) behaupten, dass in B-to-B-Märkten strategische Partnerschaften der effizienteste

Weg sind, um den Kunden einen Wert zu liefern und gleichzeitig die eigene Profitabilität zu sichern. Begriffe wie strategische Allianzen, strategische Partnerschaften
oder Kooperationen bezeichnen diese Ebene der Beziehungen. Die Konsolidierung der
Beschaffungsquellen führt dazu, dass die Unternehmen mit einer geringen Anzahl ausgewählter Lieferanten langfristige Beziehungen aufbauen (Ulaga und Eggert 2006). Dies
führt zu einer Neuinterpretation der Rollen und neuen Möglichkeiten der Nutzensteige-
rung für beide Seiten.

Unabhängig von der Bedeutung von Beziehungen zeichnen sich viele B-to-B-Märkte
immer noch durch Leistungsvorteile und Preise als dominierende Kaufentscheidungsmerkmale aus. Wenn zudem Beziehungen mehr oder weniger von allen Anbietern als
Strategie gewählt werden, verliert dieser Wertansatz zunehmend an Bedeutung. Anbieter
müssen dann nach anderen Möglichkeiten suchen, um ihr Angebot von dem der Wettbewerber abzuheben.

2.3   Wertgenerierung durch Differenzierung

Differenzierung ist die Veränderung des Produktes bzw. der Dienstleistung, um die Attraktivität des Angebots für den Kunden auf der Produkt- oder Unternehmensebene zu
steigern. Für eine Differenzierung ist es notwendig, sich im Kopf des Kunden durchzusetzen und einen echten Wettbewerbsvorteil zu erzielen. Allerdings existiert kein „bester
Weg" zur Erreichung einer Differenzierung der Produkte oder Serviceleistungen. Sie kann
jedoch den Preiswettbewerb in einem gesättigten Markt erhöhen oder dem Kunden zusätzlichen Nutzen anbieten.

Die B-to-B-Marken-Literatur diskutiert eine Vielzahl von Ansatzpunkten zur Markendifferenzierung. Diese „Points-of-Difference" (Beverland et al. 2007) beinhalten sowohl
tangible als auch **intangible** Eigenschaften. Tangible Eigenschaften umfassen physikali-
sche Produkteigenschaften, funktionale Spezifikationen und Leistungsperformance (Michell et al. 2001; Bendixen et al. 2004) sowie messbare Eigenschaften der Serviceleistungen und des Unternehmens. Intangible Eigenschaften beinhalten das Image und die
Beziehungen sowohl auf der Produkt- als auch auf der Unternehmensebene.

Mudambi (2002) konnte zeigen, dass, obwohl industrielle Käufer das Hauptgewicht
meist auf die tangiblen Eigenschaften wie Preis und quantifizierbare Aspekte der Produktqualität legen, einige Käufer auch intangible Aspekte wie Unternehmensimage, wahrgenommene Servicequalität oder Reputation wertschätzen. Diese intangiblen Aspekte können eine wichtige Basis für eine Differenzierung darstellen und den wahrgenommenen
Wert des Angebots im Rahmen der Kaufentscheidung deutlich erhöhen.

Eine starke Marke wird vom Kunden als etwas wahrgenommen, das tatsächlich, wenn
auch intangibel, das Angebot in einem entscheidenden Maße von Wettbewerbsangeboten
abgrenzt (Mudambi et al. 1997). Viele Märkte sehen sich mit einer Vielzahl von Marken
und Submarken konfrontiert. Aber auch der Aufbau einer Dachmarke auf der Unternehmensebene kann intangiblen Wert für die einzelnen Leistungen erzeugen, wodurch sich

das Unternehmen als Ganzes und sein Leistungsportfolio vom Wettbewerb abhebt. Die Dachmarke definiert dabei die Wahrnehmung des Unternehmens, welches hinter den konkreten Leistungen steht.

Insgesamt erzeugt eine starke Marke loyale Kunden, erhöht die vom Kunden wahrgenommene Qualität, liefert ihm positive Markenassoziationen und steigert die Markenbekanntheit. Diese Faktoren erzeugen sowohl kunden- als auch anbieterorientierten Markenwert (Aaker 1996). Im Folgenden wird auf Basis dieser Ausführungen ein Markenwertmodell aus Kundensicht vorgestellt.

3 Modell des Markenwertes

Obwohl Kritiker immer wieder die fehlende Fassbarkeit des intangiblen Aspekts von Marken bemängelten, ist Marke und Markenführung keine Zauberei. Effektive B-to-B-Markenführung basiert auf der Identifikation der Quellen des Markenwertes sowie dem Investment auf der geeigneten Ebene.

3.1 Quellen des Markenwertes

In der Vergangenheit bauten B-to-B-Marketingmanager ihre Marken auf den zwischenmenschlichen Beziehungen zwischen Vertriebsmitarbeitern und Kunden auf. Aktuell führen der Druck durch die Globalisierung und das Internet dazu, dass Unternehmen wie *BASF* und *3M* stärker auf die Firma und die Produktprogramme als Quelle der Differenzierung abstellen. Paradoxerweise versuchen Konsumgüterunternehmen wie z. B. *Harley-Davidson* oder *Red Bull* hingegen, die bislang den Markennamen, das Logo und das medial erzeugte Image als Differenzierungsquellen nutzten, verstärkt reale oder virtuelle Beziehungen zu ihren Kunden zu etablieren. Diese Konvergenz verdeutlicht, dass Markenführung eine Balance zwischen Differenzierung und Beziehungsaufbau finden muss.

Abb. 1 zeigt, dass einige B-to-B-Unternehmen Beziehungen, andere hingegen Differenzierung als Quelle zur Generierung von Markenwert verwenden.

Sanitone, Lieferant von Seifenprodukten für Reinigungen, zielt beispielsweise auf die Differenzierung ab. Dies wird z. B. deutlich in Slogans wie „A process that's safe for clothes and the environment" oder „Not just soap. Solutions". Im Gegensatz dazu drückt der Slogan „Leading Technology. Lasting Partnership" und die Mission „To develop lasting relationships with our employees, customers and partners which enchance their personal and business success" von *InoVision* die Fokussierung auf die Beziehungen aus.

Manager haben ihre eigenen Wahrnehmungen über die Quellen des Markenwertes. Diese Wahrnehmungen sollten mit der medialen und persönlichen Kommunikation abgeglichen werden. Für den Aufbau von Markenwert ist allerdings nicht die Managerwahrnehmung, sondern die **Kundenwahrnehmung** von Bedeutung.

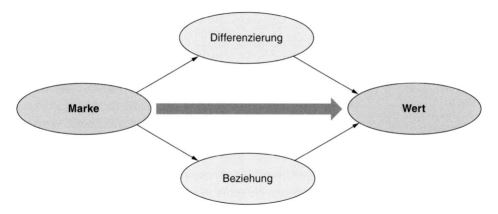

Abb. 1 Quellen des Markenwertes

3.2 Ebenen des Markenwertes

Markenführung umfasst auch immer Entscheidungen über das Investment auf der Produkt- und Unternehmensebene. Manager müssen analysieren und entscheiden, auf welcher Ebene das Investment schwerpunktmäßig erfolgt bzw. zukünftig erfolgen sollte (vgl. Abb. 2).

Eine ausschließliche Fokussierung auf der **Produktebene** ist im B-to-B-Bereich nicht üblich. Auch erschwert die Vielzahl an Produkten und Services, welche die meisten B-to-B-Unternehmen anbieten, eine Fokussierung des Markeninvestments. Üblicher ist hingegen ein Markeninvestment auf der Unternehmensebene. *GE* und *Berkshire Hathaway* haben ihre Marken insbesondere auf der Unternehmensebene aufgebaut. *DuPont* hingegen hat starke Marken sowohl auf der Unternehmens- als auch der Produktebene etabliert und geht mit der Generierung von Markenwert auf der Endkonsumentenebene sogar noch

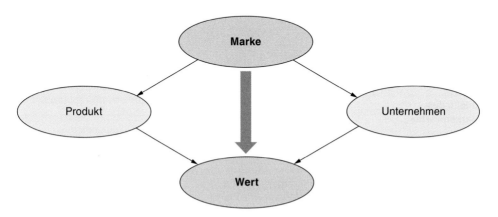

Abb. 2 Ebenen des Markeninvestments

einen Schritt weiter. Die Identität der Unternehmensmarke *DuPont* zeigt sich in „The Miracles of Science", während sich die Marke auf der Produktebene in Slogans wie „Life runs a little smoother with *Teflon*" und „Go ahead and get comfortable ... with *Stainmaster*" widerspiegelt.

Markenführung kann auf beiden Ebenen herausfordernd sein. Webster und Keller (2004) empfehlen den B-to-B-Unternehmen eine Fokussierung auf die Unternehmensebene, gleichzeitig aber auch eine Berücksichtigung der untergeordneten Ebene. Manager mit umfangreichen Leistungsportfolios stehen vor der Hausforderung zu entscheiden, welches Produkt ein Markeninvestment erfährt. Eine weitere Schwierigkeit besteht in dem Umgang mit Markenprodukten, die durch Mergers und Akquisitionen neu zum Portfolio hinzugekommen sind. Manchmal können die durch Akquisition neu erworbenen Produkte ihre Produktmarke unter dem Schirm der Dachmarke behalten. Unabhängig davon, ob die Marke(n) intern entwickelt oder extern dazugekauft wurden, muss das Management entscheiden, ob ein Markeninvestment eher auf der Produkt- oder Unternehmensebene erfolgen soll.

Ohne eine klare Markenpositionierung kann es passieren, dass Unternehmen an Kunden (und auch Mitarbeiter) ungewollt die Botschaft kommunizieren, keine besseren Leistungen als die Wettbewerber anzubieten. In der Praxis sind jedoch viele Manager nicht in der Lage, ihre aktuelle Markenpositionierung und -strategie bzw. die der Wettbewerber zu beschreiben. Die in Abb. 3 dargestellte Matrix kann dabei helfen, die eigene Markenpositionierung und -strategie sowie die der Wettbewerber zu bestimmen und auf dieser Grundlage auch eine zukünftige Ausrichtung zu entwickeln.

Als ersten Fokus der Markenstrategie kann das Unternehmen – entweder auf Produkt- oder auf Unternehmensebene – einen **Differenzierungsansatz** verfolgen.

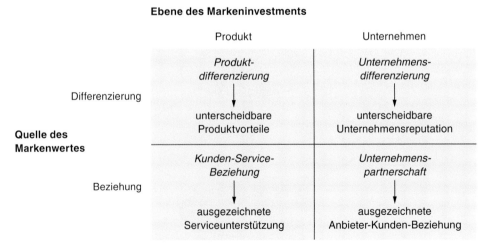

Abb. 3 Optionen der B-to-B-Markenpositionierung zur Generierung von Markenwert

Die erste Option „Differenzierung auf der **Produktebene**" basiert auf der Entwicklung von Produkten mit klar abgegrenzten Leistungsmerkmalen und der Kommunikation des daraus entstehenden Nutzen für den Kunden mit dem Ziel, dass der Kunde einen unterscheidbaren und zusätzlichen Produktnutzen wahrnimmt.

Die zweite Option stellt die Differenzierung auf der **Unternehmensebene** dar. In diesem Fall betont die Markenkommunikation die Einzigartigkeit des Unternehmens, häufig in direkter Abgrenzung zu Wettbewerbern, mit dem Ziel, dass der Kunde das Unternehmen mit einer verbesserten Reputation verbindet.

Als alternativer Fokus kann die **Beziehungsstrategie** gewählt werden. Beziehungsaufbau auf der **Produktebene** als dritte Option basiert auf einer starken Serviceorientierung, die insbesondere auch die Bedürfnisse nach der Kaufentscheidung berücksichtigt. Diese Option führt dazu, dass der Kunde Nutzen aus der überlegenen Serviceleistung und dem Support zieht.

Beziehungsaufbau auf der **Unternehmensebene**, die vierte und letzte Option, fokussiert mittels Partnerschaften oder Allianzen auf die Beziehung zwischen Kunden- und Anbieterunternehmen. Der Nutzen für den Kunden resultiert dabei aus einer außergewöhnlichen Anbieter-Kunden-Beziehung.

In B-to-B-Märkten basiert eine effektive Markenführung auf der Erkenntnis, dass eine Marke durch (1) Differenzierung oder Beziehungsaufbau und (2) durch Investment auf der Produkt- oder Unternehmensebene geschaffen wird. Jedes Unternehmen muss dann für seine speziellen Märkte die richtige Balance zwischen **Produktvorteilen, Serviceunterstützung, Unternehmensreputation** und **Anbieter-Kunden-Beziehung** finden.

Die Forschung im Bereich organisationales Beschaffungsverhalten hat gezeigt, dass insbesondere zwei Faktoren die Präferenzbildung beeinflussen. Das Beschaffungs- bzw. **Kaufvolumen** sowie das wahrgenommene **Risiko** des Kaufs beeinflussen die Wahrnehmung von Eigenschaften einer Marke (für einen Überblick vgl. Mitchell 1995). Daraus lassen sich die beiden folgenden Hypothesen ableiten:

H_1: *Die Bedeutung von Eigenschaften zur Generierung von Markenwert hängt vom Kaufvolumen ab.*

H_2: *Die Bedeutung von Eigenschaften zur Generierung von Markenwert hängt vom wahrgenommenen Risiko ab.*

Ferner ist die Wettbewerbssituation zu berücksichtigen. Speziell in B-to-B-Märkten schätzt der Kunde den Wert einer Marke immer im Kontext von Alternativen ein (Anderson und Narus 1998). Die Lieferanten, die der Kunde in die engere Wahl zieht, werden häufig als ähnlich wahrgenommen. Um eine Kaufentscheidung zu treffen, sucht der Kunde aber nach Unterschieden zwischen den potenziellen Lieferanten. In wettbewerbsintensiven Märkten sind Kunden zudem selten bereit, Leistungen zu akzeptieren, die auch nur bei einem relevanten Merkmal nicht die Erwartungen erfüllen. Unter der Annahme identischer Preise würde der Kunde im Idealfall ein Angebot präferieren, welches alle seine

Anforderungen übertrifft, im Vergleich gegenüber einem Produkt, das die Anforderungen nur erfüllt. In der Realität erfüllen alle konkurrierenden Marken den Großteil der Anforderungen und übertreffen diese in Bezug auf einzelne Eigenschaften. Für Marketingmanager ist es daher wichtig zu wissen, welche Eigenschaften am stärksten die Wahlentscheidung beeinflussen.

Aufgrund von Preisdruck auf ihren eigenen Märkten wählen Kunden oft Angebote, die ihre Anforderungen gerade erfüllen. Um dabei diejenige Eigenschaft zu identifizieren, die für Kunden am wichtigsten ist, bietet sich ein Wahlexperiment an. In diesem bekommt der Kunde eine Auswahl von Angeboten präsentiert, die alle in einem bestimmten Bereich die Anforderungen übertreffen. Zum Beispiel erfüllen alle Marken in der Auswahlmenge drei Eigenschaften und übertreffen jeweils die Anforderungen einer vierten Eigenschaft. Unter diesen Bedingungen ist zu erwarten, dass der Kunde das Angebot wählt, welches die Anforderungen an das wichtigste Merkmal übererfüllt.

Alternativ kann man dieses Wahlexperiment auch in einem anderen Kontext durchführen. In manchen wettbewerbsintensiven Märkten kann es sein, dass die Wettbewerbsmarken die Anforderungen bei allen Schlüsselmerkmalen übertreffen. Obwohl der Kunde ein Angebot, das bei allen relevanten Eigenschaften die Anforderungen übertrifft, präferieren würde, würde er auch ein Angebot akzeptieren, das bei bestimmten Eigenschaften die Anforderungen nur erfüllt. In einem Experiment, in dem die Marken bei drei Eigenschaften die Anforderungen übertreffen und nur bei einer Eigenschaft die Anforderungen lediglich erfüllen, würde der Kunde die Alternative wählen, die die Anforderungen der unwichtigsten Eigenschaft nur erfüllt. Diese Beziehung ist genau spiegelbildlich zu der zuerst beschriebenen Wahlsituation bei keiner Änderung der relativen Wichtigkeit der Eigenschaften. Daraus lässt sich die dritte Hypothese ableiten:

H_3: *Bei gleichem Kaufvolumen und gleichem Risiko ist die relative Wichtigkeit von Eigenschaften für die Generierung von Markenwert stabil. Die wichtigste Eigenschaft kann entweder als diejenige Eigenschaft dargestellt werden, die als einzige die Anforderungen des Kunden übertrifft, oder als diejenige Eigenschaft, die am wenigsten präferiert wird, da sie die Anforderungen nur erfüllt.*

Um diese Beziehung besser zu verstehen, ist ein empirischer Test dieser Wahlentscheidungen und der Trade-Offs notwendig. Im Folgenden wird eine empirische Studie der verschiedenen Markenpositionierungsoptionen mithilfe dieses Ansatzes vorgestellt.

4 Empirische Studie

4.1 Design und Methode

Zum Test des Modells wurde ein Discrete-Choice-Experiment (allgemein zu Discrete-Choice-Modellen z. B. Temme 2009) durchgeführt. Die Teilnehmer der Studie wählten eine Alternative aus einer Auswahlmenge von Alternativen aus. Für das Wahlexperiment wurde ein 2^4-Design mit vier Eigenschaften und jeweils zwei Ausprägungen verwendet. Die Ausprägungen waren „Erfüllung des Anspruchsniveaus" (= 0) und „Übererfüllung des Anspruchsniveaus" (= 1). Es gab keine dominanten Alternativen, d. h., keine Alternative war bei allen Merkmalen den anderen Alternativen überlegen. Raghavarao und Zhang (2002) haben gezeigt, dass die Schätzung der Haupteffekte eines 2^4-Designs durch die Verwendung von zwei Pareto-optimalen Auswahlmengen ausreichend ist. Diese können als {0001, 0010, 0100, 1000} und {1110, 1101, 1011, 0111} dargestellt werden. Entsprechend den Empfehlungen anderer Forscher (z. B. Anderson et al. 2000; Simonson und Tversky 1992) wurde diese Wahlentscheidung durch den Bezug zu früheren Entscheidungen verankert und durch die Option „Keine der Alternativen" ergänzt. Die Anweisung für die Teilnehmer lautete folgendermaßen:

„In dieser Studie sollen Sie sich vorstellen, dass Sie in Ihrem Unternehmen für eine Kaufentscheidung verantwortlich sind. Der bisherige Lieferant hat angekündigt, dass er das Produkt in Zukunft nicht mehr liefern kann. Ihr Unternehmen benötigt daher einen neuen Lieferanten für dieses Produkt. Ihnen stehen vier Alternativen (A, B, C, D) zur Verfügung. Weiterhin können Sie sich auch dafür entscheiden, keine der Alternativen zu wählen und damit die Suche nach einem neuen Lieferanten erneut zu starten."

Die Stichprobe umfasste 238 MBA-Studenten (USA). Die Teilnehmer wurden vorher auf ihre professionellen Kauferfahrungen überprüft und nur solche Personen nahmen an der Studie teil, die in der Vergangenheit in ihren Unternehmen bereits Kaufentscheidungen getätigt hatten. Drei Gruppen wurden gebildet, die sich in Bezug auf die Beschreibung der Kaufentscheidung unterschieden. Der „Kontrollgruppe" wurde eine Kaufentscheidung mit einem geringen Kaufvolumen und einem geringen Risiko vorgegeben. Der „Kaufvolumengruppe" wurde ein hohes Kaufvolumen, allerdings verknüpft mit einem geringen Risiko, als Beschreibung der Kaufentscheidung vorgegeben. Die „Risikogruppe" schließlich sollte ihre Wahlentscheidungen vor dem Hintergrund eines Kaufs mit geringem Kaufvolumen, aber hohem Risiko treffen. Die Teilnehmer sollten dann jeweils aus einer Menge von vier Alternativen, die alle durch vier Merkmale beschrieben wurden, eine Wahl treffen. In der ersten Wahlentscheidung erfüllten die Alternativen die Anforderungen bei jeweils drei Merkmalen und übererfüllten sie bei jeweils einem weiteren Merkmal. In der zweiten Wahlentscheidung übererfüllten die Alternativen jeweils drei Merkmale, jeweils ein Merkmal erfüllte die Anforderungen nur. Die Teilnehmer bekamen folgende Anweisung:

„Die Alternativen A, B, C und D werden alle zum gleichen Preis angeboten. Welche der Alternativen würden Sie auf der Basis der in der Tabelle angegebenen Informationen auswählen?"

Die Tab. 1 und 2 zeigen zusammenfassend die beiden Auswahlmengen.

Tab. 1 Auswahlmenge I des Wahlexperiments

Auswahlmenge I

Alternativen	Produktvorteile	Serviceunter-stützung	Unternehmens-reputation	Anbieter-Kun-den-Beziehung
Ehemaliges Produkt	Anforderung erfüllt	Anforderung erfüllt	Anforderung erfüllt	Anforderung erfüllt
A	Anforderung erfüllt	Anforderung erfüllt	Anforderung erfüllt	**Anforderung übertroffen**
B	Anforderung erfüllt	Anforderung erfüllt	**Anforderung übertroffen**	Anforderung erfüllt
C	Anforderung erfüllt	**Anforderung übertroffen**	Anforderung erfüllt	Anforderung erfüllt
D	**Anforderung übertroffen**	Anforderung erfüllt	Anforderung erfüllt	Anforderung erfüllt
Neue Suche				

Tab. 2 Auswahlmenge II des Wahlexperiments

Auswahlmenge II

Alternativen	Produktvorteile	Serviceunter-stützung	Unternehmens-reputation	Anbieter-Kun-den-Beziehung
Ehemaliges Produkt	Anforderung übertroffen	Anforderung übertroffen	Anforderung übertroffen	Anforderung übertroffen
A	Anforderung übertroffen	Anforderung übertroffen	Anforderung übertroffen	**Anforderung erfüllt**
B	Anforderung übertroffen	Anforderung übertroffen	**Anforderung erfüllt**	Anforderung übertroffen
C	Anforderung übertroffen	**Anforderung erfüllt**	Anforderung übertroffen	Anforderung übertroffen
D	**Anforderung erfüllt**	Anforderung übertroffen	Anforderung übertroffen	Anforderung übertroffen
Neue Suche				

4.2 Ergebnisse

In der Auswahlmenge I erfüllte das ehemalige Produkt alle vier Anforderungen (Anbieter-Kunden-Beziehung, Unternehmensreputation, Serviceunterstützung und Produktvorteile), während die vier Alternativen jeweils bei einem Merkmal die Anforderungen übertreffen. Die Teilnehmer konnten eine Alternative wählen, die in einer Eigenschaft besser war als alle anderen Alternativen, oder sie wählten die „Neue Suche"-Alternative.

Auf Basis dieser Auswahlmenge wurden die Hypothesen 1 und 2 anhand des Discrete-Choice-Modells getestet. Aufgrund der geringen Stichprobengröße handelt es sich im vorliegenden Fall allerdings eher um eine explorative Studie als um einen formalen Test.

In der Hypothese 1 wurde angenommen, dass bei einem hohen Kaufvolumen die Wichtigkeit einiger Eigenschaften variiert (vgl. Tab. 3).

Tab. 3 Effekte von Kaufvolumen und Risiko auf die Eigenschaftspräferenzen

	Kontrollgruppe	Kaufvolumengruppe	Risikogruppe
Anbieter-Kunden-Beziehung	5 (13,5 %)	7 (18,9 %)	5 (11,4 %)
Unternehmensreputation	6 (16,2 %)	8 (21,6 %)	12 (27,3 %)
Serviceunterstützung	10 (27 %)	7 (18,9 %)	13 (29,5 %)
Produktvorteile	16 (43,2 %)	15 (40,5 %)	13 (29,5 %)
Neue Suche	0	0	1
	n = 37	n = 37	n = 44

In zwei Kaufszenarien – „Kontrolle" und „Kaufvolumen" – ist das Attribut Produktvorteile das wichtigste Merkmal. Allerdings sind die identifizierten Präferenzen für die anderen drei Merkmale nicht so eindeutig. In der Kontrollgruppe war die Produktunterstützung die zweite Präferenz, während in der „Kaufvolumengruppe" die Eigenschaften Anbieter-Kunden-Beziehung, Unternehmensreputation und Serviceunterstützung ungefähr die gleiche Präferenz besitzen. Obwohl die Unterschiede zwischen der „Kaufvolumengruppe" und der „Kontrollgruppe" nicht signifikant sind, liefern die Ergebnisse einen ersten Hinweis darauf, dass in Situationen mit hohem Kaufvolumen eher auch ein Markeninvestment auf der Unternehmensebene erfolgen sollte.

Als Quelle des Markenwertes zeigt sich für beide Gruppen, dass die Differenzierung (Unternehmensreputation, Produktvorteile) eine größere Rolle spielt als die Beziehung (Anbieter-Kunden-Beziehung, Serviceunterstützung).

Die zweite Hypothese erwartete abweichende Präferenzen in Abhängigkeit vom Risiko. Wie Tab. 3 zeigt, spielen in der „Kontrollgruppe" die Vorteile auf der Produktebene die größte Rolle. Im Gegensatz zu den Ergebnissen der „Kaufvolumengruppe" zeigt die „Risikogruppe" keine eindeutigen Präferenzen für die Produktebene. In der „Risikogruppe" sind die Präferenzen für die Eigenschaften Produktvorteile, Serviceunterstützung und Unternehmensreputation ähnlich stark ausgeprägt. Zwar sind auch diese Unterschiede statistisch nicht signifikant, allerdings unterstützen sie tendenziell die zweite Hypothese. Produktvorteile scheinen bei hohem Kaufrisiko nicht zu dominieren. Ebenso scheint für das Markeninvestment bei hohem Risiko die Produktebene eher nicht die größte Rolle zu spielen. Die Quelle des Markenwertes ist bei der „Kontrollgruppe" und der „Risikogruppe" mit einer größeren Bedeutung der Differenzierung im Vergleich zur Beziehung eher homogen.

Die Daten in der Auswahlmenge II wurden zur Untersuchung der Hypothese 3 verwendet. Den Teilnehmern wurde gesagt, dass das ehemalige Angebot die Anforderungen aller vier Eigenschaften übererfüllt hat, während die neuen Angebote die Anforderungen nur bei jeweils drei Eigenschaften übererfüllen und bei einer Eigenschaft die Anforderungen erfüllen. Die Teilnehmer konnten entweder die Alternative „Neue Suche" oder eine der vier Alternativen wählen. Hypothese 3 untersuchte, ob die relative Wichtigkeit der Eigenschaften unabhängig vom Wahlszenario ist. Die beiden Auswahlmengen repräsentieren zwei verschiedene Wahlszenarios. Es wurde erwartet, dass beide Auswahlmengen spiegelbildliche bzw. inverse Ergebnisse liefern. Die Ergebnisse, die Tab. 4 zusammenfasst, unterstützen diese Vermutung.

In der „Kontrollgruppe" ist die Eigenschaft „Anbieter-Kunden-Beziehung" in der Auswahlmenge II das unwichtigste Merkmal. Dieses Muster stellt sich ähnlich auch für die „Kaufvolumengruppe" und die „Risikogruppe" dar. Allerdings zeigen die Ergebnisse in Tab. 4 ferner, dass es nützlich ist, beide Auswahlmengen in einer Studie zu berücksichtigen. Obwohl die aufgedeckten Rangfolgen der Eigenschaften relativ stabil sind, lassen sich Unterschiede erkennen.

Insgesamt verdeutlichen die Ergebnisse, dass in Situationen mit geringem Kaufvolumen und geringem Risiko dem industriellen Nachfrager die beiden Markeneigenschaften auf der Produktebene wichtiger sind als die Eigenschaften auf der Unternehmensebene. In Situationen mit einem hohen Kaufvolumen hingegen sind zwar die Produktvorteile die wichtigste Eigenschaft für den Markenwert, die beiden Eigenschaften auf der Unternehmensebene erreichen aber eine vergleichbare Wichtigkeit mit der Serviceunterstützung. In einer risikoreichen Kaufsituation wiederum erreichen alle vier Merkmale eine ähnlich hohe Relevanz. In einfachen Kaufentscheidungen, d. h. Kaufentscheidungen mit geringen Kaufvolumina und geringem Risiko, dominieren aus Kundensicht die Eigenschaften auf der Produktebene. In komplexen Kaufentscheidungen – hohes Kaufvolumen oder hohes Risiko – ist die Kundenwahrnehmung vielschichtiger. In diesen Situationen präferiert der Kunde eine Kombination von Eigenschaften auf der Produkt- und Unternehmensebene. Über alle drei Situationen hinweg erweist sich darüber hinaus die größere Bedeutung der Differenzierung gegenüber der Beziehung. Ferner zeigen die Ergebnisse, dass durch die Berücksichtigung verschiedener Auswahlmengen in einer empirischen Studie zusätzliche Informationen gewonnen werden können.

Tab. 4 Effekte von Kaufvolumen und Risiko auf die Eigenschaftspräferenzen

	Kontrollgruppe		Kaufvolumengruppe		Risikogruppe	
Auswahlmenge[a]	**I**	**II**	**I**	**II**	**I**	**II**
Anbieter-Kunden-Beziehung	5 (13,5 %)	20 (50 %)	7 (18,9 %)	12 (32,4 %)	5 (11,4 %)	15 (34,9 %)
Unternehmens-reputation	6 (16,2 %)	7 (17,5 %)	8 (21,6 %)	11 (29,7 %)	12 (27,3 %)	14 (32,6 %)
Service-unterstützung	10 (27 %)	5 (12,5 %)	7 (18,9 %)	6 (16,2 %)	13 (29,5 %)	6 (14,0 %)
Produktvorteile	16 (43,2 %)	6 (15 %)	15 (40,5 %)	7 (18,9 %)	13 (29,5 %)	6 (14,0 %)
Neue Suche	0	2 (5 %)	0	1 (2,7 %)	1 (2,3 %)	2 (4,7 %)
	n = 37	n = 40	n = 37	n = 37	n = 44	n = 43

[a] Auswahlmenge I: Alternativen erfüllen jeweils die Anforderungen von 3 Merkmalen und übertreffen die Anforderungen von 1 Merkmal
Auswahlmenge II: Alternativen übertreffen die Anforderungen von jeweils 3 Merkmalen und erfüllen die Anforderungen von 1 Merkmal

5   Implikationen

Unabhängig vom zunehmenden Interesse an B-to-B-Marken sind Topmanager häufig noch nicht davon überzeugt, dass der „Hype" um die B-to-B-Marke eine wirksame Waffe im harten Verdrängungswettbewerb darstellt. Die Einordnung der B-to-B-Marke in klassische Konzepte des Industriegütermarketings kann dabei helfen, diese Skepsis zu überwinden. Die in diesem Beitrag vorgestellte Matrix mit den Dimensionen Markeninvestment (Produkt- oder Unternehmensebene) und Markenquelle (Differenzierung oder Beziehung) verknüpft das Markenthema mit klassischen Ansätzen des Industriegütermarketings. Den Schlüssel bildet die Verbindung zwischen Marke und wahrgenommenem Kundennutzen bzw. Kundenwert. Wie Ulaga (2003) festgestellt hat, haben viele bisherige Ansätze zur Analyse des Beziehungswertes die Kundenperspektive vernachlässigt.

Ein erster empirischer Test dieses Trade-offs zwischen den verschiedenen Quellen des Markenwertes wurde in diesem Beitrag mit dem neuen Ansatz des Discrete-Choice-Modells in Verbindung mit den Pareto-optimalen Mengen vorgestellt. Trotz der geringen Fallzahl zeigen die Ergebnisse den potenziellen Trade-off. Die Ergebnisse unterstützen, wenn auch auf nicht signifikantem Niveau, die Hypothese, dass die Kunden in Situationen mit hohem Kaufvolumen den Markenwert anders wahrnehmen als in Situationen mit geringem Kaufvolumen. Auch bestätigen die Ergebnisse Unterschiede in Abhängigkeit vom wahrgenommenen Risiko. Schließlich zeigen sich auch Unterschiede in Abhängigkeit vom Befragungsdesign.

Insgesamt verdeutlichen die Ergebnisse das Potenzial des Bezugsrahmens. Die Einkaufsmanager scheinen die Differenzierung im Vergleich zur Beziehung über alle drei Kaufsituationen hinweg höher zu bewerten. Auch scheint eine Unternehmensmarkenstrategie bei hohen Kaufvolumina oder hohem Risiko sinnvoller. Die Ergebnisse unterstreichen zudem, dass es keine universell richtige Markenpositionierung und -strategie für B-to-B-Märkte gibt. Wie schon frühere Arbeiten zeigen, ist die B-to-B-Marke nicht für alle B-to-B-Kunden von gleich großer Bedeutung (Mudambi 2002). Diese Abhängigkeit der Wichtigkeit der B-to-B-Marke von **Kaufsituation** und **Kundentyp** unterstreicht die Notwendigkeit zu verstehen, was dem Kunden echten Wert vermittelt und wie es dem Unternehmen gelingt, diesen Wert zu schaffen und zu kommunizieren.

Durch die Verknüpfung der B-to-B-Marke mit den Ansätzen der Differenzierung und Beziehung leistet diese Untersuchung einen Beitrag zur theoretischen Fundierung der B-to-B-Marke. Die Verwendung des Discrete-Choice-Ansatzes in Verbindung mit den Pareto-optimalen Auswahlmengen bildet darüber hinaus eine methodische Weiterentwicklung. Den vermutlich wichtigsten Beitrag aber stellt die Entwicklung der Matrix dar, welche die verschiedenen Optionen der Markenpositionierung und -strategie systematisiert. Diese Matrix kann dem Management helfen, zukünftig entsprechende Markenkonzepte im B-to-B-Umfeld zu entwickeln. Dabei sollten Situationsdeterminanten wie Kaufvolumen und wahrgenommenes Risiko berücksichtigt werden.

Literatur

Aaker, D. A. (1996). Measuring brand equity across products and markets. *California Management Review, 38*(3), 102–120.

Anderson, J. C., & Narus, J. A. (1998). Business marketing. *Harvard Business Review, 76*(6), 53–65.

Anderson, J. C., Thomson, J. B., & Wynstra, F. (2000). Combining value and price to make purchase decisions in business markets. *International Journal of Research in Marketing, 17*(4), 307–329.

Anderson, J. C., Narus, J. A., & Van Rossum, W. (2006). Customer value propositions in business markets. *Harvard Business Review, 84*(3), 90–99.

Bendixen, M., Bukasa, K. A., & Abratt, R. (2004). Brand equity in the business-to-business market. *Industrial Marketing Management, 33*(5), 371–380.

Beverland, M., Napoli, J., & Lindgreen, A. (2007). Industrial global brand leadership. *Industrial Marketing Management, 36*(8), 1082–1093.

Dwyer, R. F., Schurr, P. H., & Oh, S. (1987). Developing buyer-seller relationship. *Journal of Marketing, 51*(2), 11–27.

Ford, D. (1980). The development of buyer-supplier relationships in industrial markets. *European Journal of Marketing, 14*(5/6), 339–353.

Howard, J., & Sheth, J. N. (1969). *Theory of buyer behavior*. New York: John Wiley & Sons.

Kotler, P., & Levy, S. J. (1969). Broadening the concept of marketing. *Journal of Marketing, 33*(1), 10–15.

Michell, P., King, J., & Reast, J. (2001). Brand values related to industrial products. *Industrial Marketing Management, 30*(5), 415–425.

Mitchell, V.-W. (1995). Organizational risk perception and reduction. *British Journal of Management, 6*(2), 115–133.

Mudambi, S. (2002). Branding importance in business-to-business markets. *Industrial Marketing Management, 31*(6), 525–533.

Mudambi, S. M., Doyle, P., & Wong, V. (1997). An exploration of branding in industrial markets. *Industrial Marketing Management, 26*(5), 433–446.

Nakamura, L. (2004). A trillion dollars a year in intangible investment and the new economy. In J. R. Hand & B. Lev (Hrsg.), *Intangible assets* (S. 19–47). New York: Oxford University Press.

Narayandas, D., & Rangan, V. K. (2004). Building and sustaining buyer-seller relationships in mature industrial markets. *Journal of Marketing, 68*(3), 63–77.

Palmatier, R. W., Dant, R. P., Grewal, D., & Evans, K. R. (2006). Factors influencing the effectiveness of relationship marketing. *Journal of Marketing, 70*(4), 136–153.

Raghavarao, D., & Zhang, D. (2002). 2n behavioral experiments using pareto optimal choice sets. *Statistica Sinica, 12*(4), 1085–1092.

Rao, V. R., Agarwal, M. K., & Dahlhoff, D. (2004). How is manifest branding strategy related to the intangible value of a corporation? *Journal of Marketing, 68*(4), 126–141.

Schultz, D. E., & Kitchen, P. J. (2004). Managing the changes in corporate branding communication. *Corporate Reputation Review, 6*(4), 347–366.

Sharma, A., Krishnan, R., & Grewal, D. (2001). Value creation in markets. *Industrial Marketing Management, 30*(4), 391–402.

Simonson, I., & Tversky, A. (1992). Choice in context. *Journal of Marketing Research, 29*(3), 281–295.

Temme, J. (2009). Discrete-Choice Modelle. In S. Albers, D. Klapper, U. Konradt, A. Walter & J. Wolf (Hrsg.), *Methodik der empirischen Forschung* (3. Aufl., S. 327–358). Wiesbaden: Gabler.

Ulaga, W. (2003). Capturing value creation in business relationship. *Industrial Marketing Management, 32*(8), 677–693.

Ulaga, W., & Eggert, A. (2006). Value-based differentiation in business relationships. *Journal of Marketing, 70*(1), 119–136.

Webster, F. E., & Keller, K. L. (2004). A roadmap for branding in industrial markets. *Journal of Brand Management, 11*(5), 388–402.

Positionierung von Corporate Brands – Herausforderungen in Veränderungsprozessen von B-to-B-Unternehmen

Christian H. Koch

Zusammenfassung

Positionierung ist ein Schlüsselkonzept in den Bereichen Marketing, Marke und Strategie. Aus dem Blickwinkel der Markenführung ist es die Aufgabe von Positionierung Identitäts- (Marke), Relevanz- (Zielgruppe) und Differenzierungsmerkmale (Wettbewerb) in ein Gleichgewicht bringen. Die empirische Positionierungsforschung untersucht vor allem die Wirksamkeit bestimmter Strategien. Wenig ist jedoch bekannt über den Managementprozess und die firmeninterne Dynamik von Positionierungsarbeit. Vor allem im Kontext von komplexen Corporate Brands im B-to-B-Bereich sind Aktivitäten, Entscheidungen und Herausforderung im Positionierungsprozess wenig erforscht. Dieser Beitrag widmet sich dem vertiefenden Verständnis der Positionierung und den spezifischen Herausforderungen in Veränderungsprozessen von B-to-B-Corporate Brands. Sieben Leitlinien für ein erfolgreiches Management von Markenveränderungsprozessen runden diesen Beitrag ab.

Schlüsselbegriffe

Change-Management · Corporate Brands · Positionierung · Prozess(forschung)

C. H. Koch (✉)
Kristianstad University
Malmö, Schweden
E-Mail: drchristianhkoch@gmail.com

241

Inhaltsverzeichnis

1 Einleitung

Positionierung bildet das Fundament der Markenführung (Esch 2014, S. 71 ff.). Grundsätzlich haben alle etablierten Marken eine Position. Die aktuelle Position einer bestimmten Marke ist mehr oder weniger klar ersichtlich im Markt oder für Stakeholder und stimmt mehr oder weniger mit den Intentionen des Markeninhabers überein. Alle Aktivitäten und Entscheidungen des Markeninhabers (das Hervorheben von markanten Eigenschaften einer Marke, diese attraktiv für die Zielgruppe zu machen) beeinflussen die Markenposition; alle Aktivitäten und Entscheidungen der Anderen (wie beispielsweise die Positionierungsbemühungen der Konkurrenzmarken) können die Markenposition ebenfalls beeinflussen. Diesem systematischen und analytischen Prozess folgend, sollte die Positionierung die Richtung der gesamten Marketingaktivitäten steuern, um eine starke Marke aufzubauen und eine geplante Position zu erreichen oder zu schützen (Aaker 1996; Kapferer 2012; Keller und Lehmann 2006; Riezebos und van der Grinten 2012).

Die Forschung zur Markenpositionierung ist im Kontext von Produktmarken mit einem Fokus auf schnelllebige Konsumgüter (FMCG) fest etabliert. In diesem Zusammenhang bezieht sich die Positionierung hauptsächlich auf ein einzelnes Produkt, eine genau abgegrenzte Zielgruppe und wenige Markenwerte. Jedoch sind diese Annahmen zunehmend unrealistisch, da heutzutage die Markenrealität vielfältiger ist: Mehrere Produkte und Services werden unter einer Marke für mehrere Zielgruppen (Stakeholder) mit unterschiedlichen Bedürfnissen angeboten (Jowitt und Lury 2012). Während dies schon lange für B-to-B-Unternehmen die Realität ist, hat sich die B-to-B-Markenforschung bislang wenig mit der Positionierung von Corporate Brands beschäftigt. Allerdings gibt es starke Unterstützung für die Auffassung, dass B-to-B-Marken wertvolle Ressourcen darstellen, die einem Unternehmen einen Wettbewerbsvorteil verschaffen können (Baumgarth 2010;

Beverland et al. 2007; Mudambi et al. 1997). Einige der stärksten Marken der Welt, wie beispielsweise *DHL*, *SAP* oder *IBM*, sind B-to-B-Marken und verfolgen eine Corporate-Brand-Strategie. Solch komplexe B-to-B-Unternehmen (Belz 2006) sind oftmals geprägt durch eine hohe Anzahl an Sparten, vielfältige Produkte und/oder hochgradig differenzierte Kundengruppen. Dieser Kontext komplexer B-to-B-Unternehmen wirft zudem einige interessante Fragen zur Markenpositionierung auf:

- Wie sind die Positionierung der Unternehmensmarke (Konzernebene) und ihrer Angebote (Marktebene) verbunden?
- Wer hat die Kontrolle über die Positionierungsentscheidungen einer Marke?
- Was sind potenzielle Schwierigkeiten im Aufbau einer klaren und aussagekräftigen Positionierung?
- Was beeinflusst einen dynamischen Positionierungsprozess einer Corporate Brand über verschiedene Ebenen des Unternehmens?
- Wie findet man einen gemeinsamen Positionierungskonsens ohne an Relevanz und Differenzierung zu verlieren?

Dies sind nur einige exemplarische Fragen, welche die Relevanz eines dynamischen Verständnisses für die Positionierung von Corporate Brands im B-to-B-Sektor verdeutlichen.

2   *IBM* als Einführungsbeispiel einer klar positionierten B-to-B-Corporate Brand

Die global agierende Markenberatung *Interbrand* stuft *IBM* seit langem als eine der weltweit innovativsten, profitabelsten und nachhaltigsten Technologiemarken ein. Seit 2008 hat das Unternehmen seine Ausrichtung mit einer Unternehmensinitiative geschärft, die sich auf intelligente Systeme fokussiert, um Wirtschaftswachstum, eine nachhaltige Entwicklung und gesellschaftlichen Fortschritt zu erreichen. Der Ansatz „Smarter Planet" verknüpft die Marke mit Lösungen für drängende soziale Probleme. Das unternehmerische Ziel war es, die Markenposition von *IBM* über die traditionelle Basis von Geschäftskunden, Medien und Aktionären hinaus zu kommunizieren. Das heißt neue Zielgruppen, wie öffentliche Entscheidungsträger und Konsumenten, sollten erreicht werden. Heute positioniert sich *IBM* immer wieder neu, um den ständig wechselnden Marktbedürfnissen gerecht zu werden und Aspekte wie Schwellenländer, Big Data oder Cloudcomputing zu adressieren. *IBMs* „Smarter Planet"-Markenpositionierungsansatz treibt die Entwicklung von Lösungen sowie die Steigerung des Mitarbeiter- und gesellschaftlichen Engagements des Unternehmens an. Laut *Interbrand* wird *IBM* in hohem Maße mit Werten wie „Vertrauen", „Weisheit" und „Idealismus" assoziiert. Eine konstante Herausforderung für *IBM* ist es immer noch, das Image von *IBM* als PC-Hersteller zu beseitigen (die PC Sparte wurde 2004 an *Lenovo* veräußert). Durch die Vermittlung der Funktion von *IBM* als das Rückgrat der Gesellschaft, hilft die Marke dem Unternehmen, einen Platz in den Herzen und den Köpfen der Konsumenten zu erlangen, was wiederum zu einer höheren Vertrauenswürdigkeit und besseren Differenzierung bei den Geschäftskunden beiträgt. Durch das Aufzeigen von Aufrichtigkeit und Kontrolle verdeutlicht die Marke *IBM* die Möglichkeit, eine führende B-to-B-Marke zu positionieren. Um im Wettbewerb bestehen zu können, muss *IBM* sicherstellen, dass es weiterhin echte und relevante Innovationen liefert. Dies soll auch gewährleisten, dass die Marke ihr wertvolles Erbe des sich weltweit verändernden technologischen Fortschrittes, im Sinne der Schaffung eines „Smarter Planet" beibehält.

Das Beispiel von *IBM* zeigt, wie wichtig es ist, klar positioniert zu sein. Was wir aber nicht wissen, ist, wie sich ein solcher Positionierungsprozess entfaltet. Was sind die firmeneigenen Aktivitäten, Entscheidungen und Herausforderungen, die bei Corporate-Brand-Positionierungsprojekten auftreten? Schließlich könnte man sich fragen, wie Unternehmen die Komplexität oder sogar das Paradoxon der erfolgreichen Positionierung einer Corporate Brand gegenüber verschiedenen Stakeholdern bewältigen können?

3 Positionierung als Veränderungsprozess verstehen

Im Laufe der Jahre wurden Positionierungstypologien mit unterschiedlichen Perspektiven entwickelt. Sie basieren beispielsweise auf konzeptionellen Managementideen oder auf der (empirisch analysierten) Kundensicht. Mit anderen Worten: Eine spezifische Typologie kann aus organisatorischer Sicht auf Positionierungsdimensionen (z. B. niedrige Preise gegenüber hohem Preis, Premiumqualität gegenüber Basisqualität, Innovationen gegenüber Imitation) oder auf der externen Wahrnehmung von Positionierungen (z. B. Preis-/Leistungsverhältnis, Attraktivität) basieren. Positionierungstypologien sind wichtig, da sie Strategien (Inputfaktoren) identifizieren und das Verständnis des Konzepts und seiner Operationalisierung beeinflussen. Neben der Fokussierung auf Inputfaktoren haben Markenforscher vor allem Positionierung als wichtigen Output des Markenmanagements mit dem Schwerpunkt auf Werbe- oder Kommunikationswirksamkeit – auch im B-to-B-Kontext – interpretiert (Kalafatis et al. 2000).

3.1 Von statischem zu dynamischem Verständnis von Positionierung

Die dominierenden statischen Forschungsansätze sowohl über die Inputfaktoren (wie z. B. Typologien) als auch über den Output (wie z. B. Kommunikationseffektivität in Form von Werbewirksamkeit) sind wichtig, jedoch sagen sie nichts über die dynamischen Aspekte der Markenpositionierung aus. Dieser Prozessblickwinkel ist aber wichtig, da Forschungen, die auf die Markenwahrnehmung abzielen, z. B. Positionsmerkmal A (wird als schlecht beurteilt) und B (wird als positiv beurteilt), wenig darüber aussagen wie man von A nach B kommt. Dies ist aber zentral, wenn wir verstehen wollen, wie Positionierungsprojekte und -entwicklungen tatsächlich stattfinden.

So kann die Markenführungstheorie und -praxis viel von der Prozessforschung lernen, die daran interessiert ist, zu verstehen, wie sich die Dinge im Laufe der Zeit entwickeln und warum sie sich in einer bestimmten Art und Weise entwickeln (z. B. Langley 1999; Pettigrew 1997).

Prozessansätze werden außerhalb des Forschungsbereichs Markenführung stärker genutzt. Beispielhafte Felder sind der organisatorische Wandel (Pettigrew et al. 2001) oder die Strategiebildung (Mintzberg et al. 2009). Die Erkenntnis, dass z. B. eine Strategie das Ergebnis individueller Machtverhältnisse gepaart mit politischen Prozessen und Verhandlungen ist (z. B. March 1962) und dass das Verhalten von Unternehmen eher emergent als geplant ist (z. B. Mintzberg und Waters 1985), erweitert die Perspektive auf den Strategiebegriff, der komplexer ist als ein einfaches und rationales Beziehungsgeflecht von In- und Output-Faktoren. In dieser Hinsicht dürfte die Erforschung der dynamischen Aspekte der Markenpositionierung von den Erkenntnissen der Prozessforschung profitieren.

3.2 Besonderheit von Corporate Brands bei Positionierungsaktivitäten

Corporate Brands (synonym Unternehmensmarken) unterscheiden sich von Produktmarken hinsichtlich ihrer Komplexität, ihrer Verwurzelung in organisatorischen Werten und einer höheren strategischen Priorität (Gyrd-Jones et al. 2013). Ihre grundlegenden Ziele – nämlich Differenzierung und Präferenzbildung – werden jedoch oft als identisch angesehen (de Chernatony 2002). Der Begriff Corporate Brand signalisiert, dass hinter der Marke die gesamte Organisation steht (King 1991; Balmer 1995; Hatch und Schultz 2003). Anders als die Produktmarke hat die Corporate Brand multidisziplinäre Wurzeln, eine breitere Themenabdeckung und umfasst verschiedenste Stakeholder. Darüber hinaus resultieren Corporate Brands im Vergleich zu Produktmarken eher aus einer Identitäts- (Inside-out) als aus einer Imageperspektive (Outside-in). Dadurch, dass Corporate Branding sowohl die Absichten des Topmanagements für die Marke als auch die Sicht auf die Marke durch die Mitarbeiter und/oder die Stakeholder berücksichtigen muss, entsteht ein Paradoxon: Integration einer wettbewerbsorientierten Markenpositionierung versus interner Zusammenhalt zwischen den Stakeholdern (Gyrd-Jones et al. 2013).

Corporate Branding ist stark definiert als eine Managementtätigkeit, die der Organisation dient. Im Kontext des Corporate Branding interpretieren einige Wissenschaftler die Positionierung als generelle Gestaltung der Corporate Brand (z. B. Knox und Bickerton 2003), während andere die spezifischere strategische Aufgabe des Findens einer Differenzierung im Vergleich zu Konkurrenten, aber auch Aspekte der kollektiven Funktion (ein Zugehörigkeitsgefühl sicherstellen) von Corporate Brands betonen (Hatch und Schultz 2008). Dennoch lassen diese Konzeptualisierungen noch unklar, wie sich die Positionierung und Repositionierung von Corporate Brands im Zeitablauf tatsächlich entwickelt.

4 *ABB* und *Trelleborg*: Positionierung globaler B-to-B-Marken im Zeitablauf

Die Schlüsselmerkmale, die *ABB* (Energie- und Automatisierungstechnologien) und *Trelleborg* (Polymer Engineering Technologien) zu interessanten Fallstudienobjekten machen, sind ihre Organisationsstruktur, ihre Geschichte und Herkunft und ihre im Zeitablauf zunehmende Markenorientierung (ausführlich Koch 2014). Die Organisationsstrukturen von *ABB* und *Trelleborg* zeichnen sich durch zahlreiche Geschäftsfelder und Produktgruppen sowie ihre hohe organisatorische Komplexität aus. Darüber hinaus bietet die Historie von (ehemaligen) Mischkonzernen einen interessanten Kontext für das Verstehen von Markenpositionierungsprozessen. In Bezug auf die Geschichte und Herkunft besitzen beide Unternehmen eine mehr als hundertjährige Tradition. Das weit zurückreichende Markenerbe und die Erfolgsgeschichte sind interessant für die Analyse des Positionierungsdenkens und Umsetzens im Zeitablauf. Was die ausgewählten Fälle noch interessant macht, ist die zunehmende Markenlogik, die sich in den Unternehmen in Aspekten wie Steigerung der Ressourcen für die Markenführung und die erhöhte Wahrnehmung des Themas auf der Topmanagementebene manifestiert. Die Bedeutung von Corporate Branding für das Topmanagement hat deutlich zugenommen. Die beiden Fälle verdeutlichen die Komplexität und Herausforderungen bei der Entwicklung und Umsetzung von Positionierungen für Corporate Brands.

4.1 *ABB* – „Ein weltweit führendes Unternehmen der Energie- und Automationstechnik"

ABB ist ein führender Anbieter von Energie- und Automatisierungstechnologien, der seinen Industriekunden ermöglicht, gleichzeitig die Performance ihrer eigenen Produkte zu verbessern und die Umweltbelastung zu reduzieren. Die *ABB*-Unternehmensgruppe ist in rund 100 Ländern weltweit aktiv und beschäftigt rund 150.000 Mitarbeiter. Das Unternehmen ist auf mehreren Märkten stark vertreten und bietet Produkte und Dienstleistungen zur Automatisierung und Verbesserung von industriellen und kommerziellen Prozessen an. *ABB* ist in Europa, Amerika, Asien und dem Nahen Osten und Afrika tätig. Der Hauptsitz befindet sich in Zürich in der Schweiz.

Die *ABB*-Gruppe entstand 1988 aus der Fusion der schwedischen *ASEA AB* und der Schweizer *BBC Brown Boveri AG*. *ASEA* wurde 1883 gegründet und war ein wichtiger Akteur bei der Einführung von Strom und bei der Entwicklung des Eisenbahnnetzes in Schweden. Später erweiterte das Unternehmen sein Betätigungsfeld um Stromerzeugung, Bergbau und Stahl. Die *BBC Brown Boveri AG* wurde 1891 in der Schweiz gegründet und war zunächst auf Stromerzeugung und Turbinen spezialisiert. Das Unternehmen expandierte dann in ganz Europa und erweiterte sein Angebot um ein breites Spektrum an elektrotechnischen Lösungen.

Die Geschäftsführungsstruktur von *ABB* besteht derzeit aus fünf Divisionen (Energietechnik, Energietechniksysteme, Industrieautomation und Antriebe, Niederspannungstechnik, Prozessautomation). Alle fünf Divisionen agieren in zwei Schlüsselmärkten für *ABB*: Energie und Automatisierung. Während der Energiemarkt vor allem Produkte, Systeme und Dienstleistungen zur Stromversorgung einsetzt, ist der Automatisierungsmarkt vor allem darauf ausgerichtet, die Produktqualität, Energieeffizienz und Produktivität in industriellen Anwendungen zu verbessern. Das Unternehmen unterhält weltweit sieben Forschungszentren und investiert weiterhin intensiv in Forschung & Entwicklung, um Technologien zu entwickeln, die den Vorsprung in der Industrie sicherstellen.

ABB ist in einem hart umkämpften Markt tätig. Intensiver Wettbewerb gefährdet, wie in vielen Märkten, die Margen und Marktanteile. Das Unternehmen versucht sich über die Produktleistung, die Entwicklung integrierter Systeme und Anwendungen, die Preisgestaltung und die Einführung neuer Produkte sowie von Serviceleistungen abzugrenzen. Die *ABB*-Divisionen konkurrieren weltweit mit Unternehmen wie *Siemens*, *Alstom*, *Areva*, *General Electric*, *Schneider Electric*, *Fanuc Robotics*, *Kuka Robot Group*, *Emerson* oder *Honeywell*.

Die Corporate Brand *ABB* soll die Qualität und den Mehrwert des gesamten Portfolios sicherstellen. *ABB* definiert eine Marke in erster Linie als einen Namen, der die Macht hat, den Markt zu beeinflussen. Tatsächlich sind es jedoch Assoziationen und Beziehungen, die sich im Laufe der Zeit bei den Kunden, Distributoren und anderen Stakeholdern entwickeln, die einen Namen in eine Marke verwandeln. Hier sieht *ABB* zwei wesentliche Vorteile einer starken Marke: erstens Bekanntheit durch Wiedererkennung; zweitens Differenzierung von anderen auf dem Markt. Die Strategie des Unternehmens ist es, Unternehmen zu erwerben, die ihre eigene Produktpalette und ihre geografische Präsenz ergänzen, um ihr Geschäft und ihre Marke zu stärken. Die Strategie „Eine Marke, Ein Unternehmen" von *ABB* manifestiert sich auch in einem rechtlich geschützten Claim über den Zweck- und die Vision: „Power and Productivity for a Better World".

Positionierung einer multinationalen Firma

Zunächst wurde die Positionierung des neu gegründeten Unternehmens (*ABB*) durch die Fusion zwischen *ASEA*, Schweden, und *Brown Boveri* aus der Schweiz getrieben. Diese Ausgangspositionierung war in erster Linie durch die Notwendigkeit gekennzeichnet, einen Namen und eine visuelle Identität für das neue Unternehmen zu finden. Der Firmenname *ABB* wurde gewählt, um das Erbe der beiden ehemaligen unabhängigen Unternehmen anzuerkennen. Um schnelle Erfolge zu erzielen, wurden bestimmte Eigenschaften betont und Erfolge kommuniziert. Die Vision des damaligen CEOs war es, durch die Gründung ein innovatives und industrielles Vorzeigeunternehmen zu schaffen. Trotz der Herausforderung eine Organisationsstruktur aufzubauen, die in der Lage war, die Komplexität eines großen und wachsenden Konglomerats zu bewältigen, gelang es, die Marke *ABB* weltweit schnell zu etablieren. Positive Presseberichterstattung, Gewinn von Awards und Best-Practice-Fallstudien über den „*ABB*-Weg" halfen, die Vision und die beabsichtigte Position zu verwirklichen. *ABB* verfolgte eine geschäftsgetriebene Strategie und verstand die Marke als Name, welcher ein Image vermittelt. Seit den frühen und schnellen Erfolgen mit zahlreichen Akquisitionen, erfolgte eine Konzentration auf die erreichte Markenposition und das unverkennbare rote Logo. Jedoch erkannten die Verantwortlichen schließlich, dass das, wofür die Marke *ABB* steht, völlig unklar war.

Krise, Wende und Neupositionierung

Zu Beginn des neuen Jahrtausends geriet *ABB* durch eine Reihe von internen und externen Ursachen in eine tiefe, existenzbedrohende Krise. Personelle Veränderungen auf der Topmanagement-Ebene, reaktives Krisenmanagement und Change-Management retteten schließlich das Unternehmen. Die Veräußerung vieler unwesentlicher Geschäftsbereiche und eine Fokussierung auf das Kerngeschäftskonzept Energie- und Automatisierungstechnologien waren wesentliche Entscheidungen in der Neuausrichtung von *ABB*. Neben diesen direkt geschäftsbezogenen Neupositionierungsentscheidungen initiierten die Verantwortlichen schließlich ein Projekt zur internen Erforschung der Kernwerte und dem, was die Marke eigentlich aus der Perspektive ihrer Mitarbeiter rund um den Globus darstellte. Diese Aktivitäten zur Stärkung der „One brand"-Philosophie und zum Zusammenhalt ermöglichten die Veränderung der Unternehmenskultur und der Strategie, zur internen und externen Stärkung der Marke. Ein weiteres Ziel war es, die zahlreichen und dezentral geführten Geschäftseinheiten den *ABB*-Markenwerten anzunähern, indem intensive Gespräche zwischen Verantwortlichen für die Corporate Brand und Kommunikationsverantwortliche der Geschäftseinheiten und Regionen initiiert wurden. Im Rahmen des Positionierungsprozesses einigten sich Topmanagement und Unternehmenskommunikation darauf, den „One Brand-Ansatz" zu verfolgen und die für die Corporate Brand beschlossenen Markenwerte mit gezielten Marketingbotschaften bei der Positionierung und der Kommunikation von Angeboten der einzelnen Geschäftsbereiche zu kombinieren. Schließlich wurde eine neue Corporate Brand mit dem Ziel entwickelt, die neu entwickelte Mission, Vision und Zielsetzung von *ABB* zu untermauern: „Power and Productivity for a Better World".

Geschäftsstabilisierung und Neupositionierung

Nach dem Ende turbulenter Zeiten und der damit einhergehenden Unternehmensstabilisierung wurden Ressourcen zur Verfügung gestellt, um die Marke und die Positionierung von *ABB* auf Basis des neu definierten Geschäfts- und Markenkerns zu optimieren. Veränderungen im Topmanagement, ein konservativer und fragmentierter Markenausdruck und abnehmende Differenzierung gegenüber Wettbewerbsmarken brachten *ABB* in eine weitere Episode der Neupositionierung der Corporate Brand verbunden mit einer stringenten Unternehmensstrategie. Es wurde deutlich, dass ein kleines Markenmanagement-Team die eigentliche interne Markenarbeit steuerte, wobei ein Großteil der Markenarbeit an externe Markenberater ausgelagert war. Die Hauptaufgabe des Markenprojektleiters kann als Balance der internen Aufgabe zur Vereinheitlichung der Marke und der Kreativität der externen Agenturen charakterisiert werden. Bemerkenswert ist, dass für die Aufgabe das Unternehmen stärker markenorientiert auszurichten, ein Manager mit umfangreicher Erfahrung im FMCG-Geschäft berufen wurde. Die Lenkung interner Marken- und Marketinginstitutionen zur Diffusion der aktualisierten Markenpositionierung bildete eine weitere übergreifende Aktivität während dieses letzten Positionierungsprozesses. Die Betonung der internen Verankerung der Markenpositionierung wurde notwendig, um die interne Wahrnehmung der Marke *ABB* zu verändern. Diese Veränderung beinhaltete den Schritt von „Marke als Logo und Name" zu einer Manifestation von Marke und Markenverständnis als ein allumfassendes System.

Fazit

Der situative Kontext der skizzierten Corporate Brand-Entwicklung in wiederkehrenden Positionierungsepisoden resultiert insbesondere aus der Unternehmensherkunft und der Organisationsstruktur, die sich durch Dezentralisierung und eine Entrepreneur-Kultur auszeichnet. Bei der anfänglichen Fokussierung auf die Entwicklung eines Branding (Episode 1) wandelte sich, bedingt durch radikale Veränderungen in Krisenzeiten bei *ABB*, das Markenverständnis in eine wert- und identitätsorientierte Ausrichtung (Episode 2). Anschließend wurde ein umfassender Marken-Claim, der sowohl das Branding als auch die Identität berücksichtigt, entwickelt und mit Schwerpunkt auf interne Verankerung umgesetzt (Episode 3). Ziel dieser dritten Stufe war es, die Position von *ABB* als führende Technologiemarke abzusichern und auszubauen.

4.2   *Trelleborg* – „Ein weltweit führender Hersteller von Polymerlösungen"

Trelleborg ist ein weltweit führendes Technologieunternehmen im Bereich der Polymertechnologien. Das Unternehmen bietet Lösungen an, die in den anspruchsvollsten Umfeldern abdichten, dämpfen und somit schützen. Das Unternehmen ist in Nord- und Südamerika, Europa und Asien tätig und hat seinen Hauptsitz in Trelleborg, Schweden. Weltweit beschäftigt die Gruppe rund 20.000 Mitarbeiter.

Trelleborg wurde 1905 als Kautschukfabrik gegründet. Nach Jahren des Wachstums und der Internationalisierung und dem schwerpunktmäßigen Geschäft mit Pkw- und Lkw-Reifen, stoppte *Trelleborg* Mitte der 1970er-Jahre die Produktion von Reifen. Als Folge der Portfolioveränderungen wurde der Firmenname von *Trelleborgs Gummifabrik AB* auf *Trelleborg AB* verkürzt, um zu zeigen, dass das Unternehmen nicht mehr nur ein Gummiproduzent war. Allerdings verkauften sich die industriellen Gummiprodukte immer noch am besten, während sich *Trelleborg* in den 1980er-Jahren schnell in ein wachsendes Konglomerat verwandelte. Das Unternehmen wurde primär durch Akquisitionen erweitert und in mehrere Bereiche aufgegliedert, die sich immer weiter von den Kernkompetenzen entfernten. Ende der Neunzigerjahre brachte eine strategische Veränderung *Trelleborg* wieder dazu, die Aktivitäten auf Polymerlösungen zu konzentrieren und die Nicht-Kerngeschäfte zu veräußern. Heute richtet das Unternehmen seine Aktivitäten auf ein profitables

Wachstum aus und baut eine fokussierte Polymergruppe auf, indem es die Struktur, das Leistungsportfolio und die geografische Abdeckung verbessert.

Trelleborg verfügt heute über fünf Geschäftsfelder (Wheel Systems, Sealing Solutions, Industrial Solutions, Coated Systems und Offshore and Construction). *Trelleborg* konkurriert weltweit mit den größten Gummiproduzenten wie *Bridgestone* aus Japan, *Michelin* aus Frankreich und *Goodyear* aus den USA. Diese Marken sind meist eng mit der Reifenindustrie verbunden, die etwa die Hälfte aller Gummiprodukte weltweit nachfragt. Die verbleibende Nachfrage nach Kautschuklösungen verteilt sich etwa gleichstark auf die Automobil- und die Konsumgüterindustrie. Innerhalb des Industriegummisektors zählt neben *Trelleborg* noch das französische Unternehmen *Hutchinson* und das deutsche Unternehmen *Continental* zu den größten Gummiunternehmen. Die Automobilindustrie ist einer der größten Abnehmer von Gummilösungen. Ein Auto enthält die bemerkenswerte Anzahl von mehr als 1000 Gummikomponenten. Solche Bauteile werden vor allem für Dichtungen, für Strömungssysteme sowie Schwingungs- und Schallschutzsysteme, die den Alltag komfortabler, sicherer und umweltfreundlicher machen, genutzt. Bei den meisten *Trelleborg*-Produkten und -Lösungen agiert die Firma als sogenannter „Second-tier", da diese in Komponenten und Systemen weiter verbaut werden.

Trelleborg verfolgt eine Markenhierarchiestrategie bestehend aus einer Muttermarke und mehreren Tochtermarken. Die Glaubwürdigkeit der Muttermarke bildet die Basis der Identität der Tochtermarken. Diese Strategie eröffnet Spielraum für die Tochtermarken, sich auf nicht-konfliktartige Weise zu entwickeln. Diese Submarken können wiederum dazu beitragen, die Muttermarke (*Trelleborg*) in verschiedenen Segmenten und Märkten zu positionieren. *Trelleborgs* Markenstrategie basiert auf einer einheitlichen und wettbewerbsorientierten Positionierung, die sich auf die Kernkompetenzen des Unternehmens stützt, nämlich in anspruchsvollen industriellen Umgebungen zu dichten, zu dämpfen und zu schützen. *Trelleborg* unterstreicht die Bedeutung einer starken Corporate Brand, denn sie baut Vertrauen über die Zeit auf, präsentiert ein Gesicht für die Welt, definiert die Organisation, stärkt und unterstützt Produkt- und Dienstleistungsmarken im Portfolio und schafft Vertrauen, welches wiederum zu Loyalität führt. Die Entscheidung, *Trelleborg* als Corporate Brand mit Spielraum für Tochtermarken zu gestalten, unterstützt auch die Strategie immer wieder andere Unternehmen zu kaufen und einzubinden. Das Ziel der Markenstrategie ist die Maximierung der Markeneffizienz innerhalb der *Trelleborg*-Gruppe durch Nutzung von Synergien zwischen Corporate Brand und Geschäftseinheiten.

Markenstrategiebildung und Positionierung

Seit ihrer Gründung Anfang des 20. Jahrhunderts ist die Entwicklung von *Trelleborg* gekennzeichnet durch Wachstum, Internationalisierung und die Umwandlung in ein industrielles Konglomerat- und Portfoliounternehmen mit einer stark dezentralisierten und unternehmerischen Struktur. Ein Reputations- und Vertrauensverlust in der Finanzwelt zwang die Verantwortlichen des Unternehmens Anfang des neuen Jahrtausends zu einer strategischen Neuausrichtung mit einer Fokussierung auf die Kernkompetenz der Polymertechnologie mit Desinvestitionen und passenden Akquisitionen. Die neue Unternehmensstrategie verlangte, dass viele Nicht-Kerngeschäfte veräußert werden mussten und vor allem die Automobilindustrie, gestützt durch den Erwerb von Unternehmen im Kautschuk- und Polymergeschäft, zum Kerngeschäft weiterentwickelt wurde. Sobald die Unternehmensstabilisierung und die Fokussierung auf den Kern erreicht wurden, konnten Ressourcen zur Verfügung gestellt, um das Leistungsportfolio von *Trelleborg* zu verbessern und eine Markenstrategie mit klarer Fokussierung auf die Corporate Brand *Trelleborg* umzusetzen, wobei taktische Tochtermarken weiterhin zugelassen waren. Mit Hilfe der Corporate Brand zielt *Trelleborg* darauf ab, die Positionen in ausgewählten Segmenten weltweit zu ergänzen und zu stärken. Die auf einem Mischkonzern gestützte Strategie der Vergangenheit führte zu großen Schwierigkeiten bei der Definition gemeinsamer Werte, Markenelemente und einer differenzierten Positionierung. *Trelleborg* nutzte auch die neu geschaffene Ausrichtung „seal, damp, and protect" als Grundlage für die Markenpositionierung und fügte die Worte Zuverlässigkeit und Innovation hinzu. Dies führte zu dem folgenden Markenversprechen: „Innovative and reliable solutions that seal, damp and protect". Um die Positionierung der Corporate Brand zu stärken, wurden Workshops zur Formulierung der Kernwerte der Marke *Trelleborg* durchgeführt, umfangreiche Markentools erstellt, Ansätze zur besseren Verzahnung von Markenführung und Unternehmensstrategie vor allem im Kontext von Veräußerungen und Akquisitionen umgesetzt und eine externe Imagekampagne zur Kommunikation der neuen Corporate-Brand-Positionierung realisiert. Eine große Herausforderung bestand darin, die Unternehmensmarke angesichts der Vielzahl unterschiedlicher Geschäftsbereiche, Produktbereiche und Geschäftsmodelle zu positionieren.

Strategische Neuausrichtung und Neupositionierung

Vor kurzem änderte eine weitere strategische Neuausrichtung die Unternehmensstruktur und das Geschäftsmodell. Veränderungen der Organisationsstruktur sowie bislang nicht hinreichend gut beantwortete Fragen der Markenpositionierung führten zu einer Neuausrichtung der Corporate Brand im Zusammenspiel mit einer fokussierten Unternehmensstrategie. Nach dem Start des Projekts und der Entscheidung mit externen Markenberatern zusammenzuarbeiten, wurde eine aktualisierte Positionierung der Marke *Trelleborg* grob skizziert, bevor eine detaillierte Markenanalyse durchgeführt wurde. Diese Markenanalyse umfasste eine interne und externe Analyse unter starker Einbeziehung der Mitarbeiter durch Input von markenbezogenen internen Institutionen wie dem Markenbeirat. Ergebnis war die Erstellung eines Entwurfs der neuen Markenpositionierung. Bei der Erarbeitung von Leitlinien für eine neue wertebasierte und fokussierte Positionierung entschieden sich die Projektverantwortlichen für die Schaffung von Unterstützungsmaterial, welches in standardisierter Form sowohl universell verbindliche als auch für die einzelnen Geschäftsfelder maßgeschneiderte Markenpositionselemente beinhaltete. Nach mehreren Durchläufen zur Überzeugung und Mitnahme des Topmanagements, zum Test der Wirkungen der neuen Positionierung bei den Führungskräften der einzelnen Geschäftsbereiche und weiterer Workshops mit Vertretern der Geschäftsbereiche zur Abklärung notweniger Veränderungen wurde die neue Markenpositionierung letztlich vom CEO und dem Executive

Board abgesegnet. Darauf folgte die Auswahl eines Pilotsegments, um die Anwendung der neuen Markenplattform und der Positionierung in der Praxis zu testen. Weiterhin wurden interne Markenschulungen durchgeführt, um das Verständnis für notwendige Veränderungen zu erhöhen. In den Workshops wurde mit einzelnen Geschäftseinheiten gearbeitet, um das Werteversprechen und die Positionierungen der Geschäftseinheiten mit der Positionierung der Corporate Brand abzustimmen. Weiterhin wurden auf der Unternehmensebene Workshops organisiert, um die neue Markenplattform auch auf weitere Stakeholdergruppen auszuweiten. Die größte Herausforderung für die Projektleiter war es, eine Balance von zentralen und weniger zentralen Aspekten der Corporate Brand innerhalb einer dezentralen Organisationsstruktur mit nahezu autonomen Einheiten zu finden. Sie mussten sicherstellen, dass die Ausrichtung der Geschäftseinheiten mit der Positionierung und der Markenplattform der Corporate Brand zusammenpasste, um die Corporate Brand für die Positionierung auf Geschäftsfeldebene nutzen zu können.

Fazit

Auch bei *Trelleborg* zeichnet sich der situative Kontext für die wiederholenden Phasen der Entwicklung der Corporate-Brand-Positionierung vor allem durch die Unternehmensgeschichte und die tief verwurzelte dezentrale Organisationsstruktur aus. Nach dem Rückzug aus einer Konglomerats- und Portfolio-Strategie, die sich nicht auf *Trelleborg* als Corporate Brand konzentrierte, fokussierten sich die ersten Positionierungsversuche auf ein wert- und identitätsorientiertes Markenverständnis, das durch den Verlust von Reputation und Vertrauen durch externe Stakeholder ausgelöst wurde. Die jüngste Neupositionierungsphase konzentrierte sich auf die Entwicklung der Corporate Brand und ihre Absicht, die Markenwahrnehmung von einem „funktionalen Lösungsanbieter" zu einer „wertsteigernden und profitablen Marke" zu ändern und die Position als Weltmarktführer in der Polymertechnologie zu stärken.

5 Positionierung von Corporate Brands: Aktivitäten, Entscheidungen, Herausforderungen

Die zwei kurz skizzierten Fallstudien (ausführlich Koch 2014) verdeutlichen die Komplexität von Positionierungsstrategien im Zeitablauf hinsichtlich möglicher Aktivitäten, Entscheidungen und Herausforderungen sowie eine gewisse Pfadabhängigkeit aufgrund von historisch gewachsenen Strukturen und Strategien.

5.1 Positionierungsaktivitäten

In der Markenliteratur wurde bereits argumentiert, dass die klassischen, normativen und stark vereinfachten Schritt-für-Schritt-Produktpositionierungsmodelle nicht mehr vollständig realistisch sind (Jowitt und Lury 2012) und daher weniger brauchbar im Zusammenhang mit der Positionierung von Corporate Brands komplexer Organisationen. Denn Probleme ergeben sich beispielsweise aus der Schwierigkeit zu beurteilen, wer als Konkurrent in einem Corporate-Brand-Umfeld angesehen werden kann und welche Art von Kunden- und anderen Stakeholder-Wahrnehmungen überhaupt die Basis für die Positionierung von Corporate Brands bilden soll. Zu den Elementen einer Corporate Brand-Positionierung gehört unter anderem die Beantwortung der Fragen „Wer sind wird?" und „Wer möchten wir sein?" unter der Berücksichtigung der eigenen Identität, der relevanten Stakeholdergruppen, der Abstimmung aller Markenaussagen bei allen Markenkontaktpunkten sowie dem Controlling der Markenbemühungen (siehe auch Schultz und Hatch 2003). Allerdings haben die beiden Fallstudien der episodischen Neupositionierung gezeigt, dass zentrale Identitäts- und Werteaspekte der Corporate Brand nicht immer wieder neu verhandelt werden (müssen). Markenidentitätsaspekte werden nur selten aktualisiert oder es werden zusätzliche Identitätsaspekte zum Kern hinzugefügt. Dies verdeutlicht auch das generelle Verständnis der Markenpositionierung, die im Vergleich zur Markenidentität nicht alle Bedeutungsdimensionen und Werte der Marke umfasst (Kapferer 2012). Es zeigt auch, dass eine Markenidentität relativ feste und stabile Bedeutungen im Vergleich zu reflexiven, dynamischen und facettenreichen sozialen und organisatorischen Identitäten besitzt (Csaba und Bengtsson 2006). Sobald Kernidentitätselemente wie Markenwerte und Markenversprechen entwickelt werden, dienen sie idealerweise als Leitlinien für den internen und externen Markenaufbau (Urde 2013).

Markenpositionierungsepisoden zeichnen sich im Wesentlichen durch Aktivitäten wie interne Überzeugungsarbeit, Organisation, Analyse, Visualisierung, Aufklärung und Weiterbildung, Integration und Implementierung aus. Zentrale Tätigkeiten sind die Aufklärung und Bildung der Mitarbeiter durch kontinuierliche Kommunikation der Markenpositionierung (Interne Markenführung), damit die Notwendigkeit des Wandels tatsächlich auch verstanden wird. Dieser Punkt betont auch die Wichtigkeit, Stakeholder während des Positionierungsprozesses oder Repositionierungsprozesses mitzunehmen, und damit nicht erst zu beginnen, wenn die Markenpositionierung extern umgesetzt wird (Miller et al. 2014). Kontinuierliche Maßnahmen zur Identifikation der Mitarbeiter und des Managements auf verschiedenen Ebenen wie z. B. aufwärts in Richtung CEO, horizontal in Richtung anderer Funktionsbereiche der Unternehmensleitungsebene (z. B. HR Abteilung oder Investor Relations) und abwärts in Richtung verschiedener Geschäftsbereiche stellen einen zentralen Erfolgsbaustein dar.

5.2 Positionierungsentscheidungen

Bei der inhaltlichen Wahl der Positionierung von Corporate Brands ist es notwendig, sowohl Aspekte der Differenzierung und Abgrenzung gegenüber Wettbewerbsmarken als auch die Integration aller Geschäftsbereiche eines Unternehmens zu balancieren. Diese Herausforderung wurde auch als eines der Hauptparadoxen des Corporate Branding identifiziert (Gyrd-Jones et al. 2013). Mit anderen Worten: Firmen mit vielfältigen Geschäftsbereichen, wie z. B. *ABB* und *Trelleborg*, die sich mit der Positionierung ihrer Corporate Brands beschäftigen, müssen „beidhändig" agieren, um gleichzeitig eine starke, übergeordnete Corporate-Brand-Positionierung zu entwickeln und eine Formulierung von spezifischen Nutzenversprechen für die einzelnen Geschäftsbereiche, Kundensegmente, Produkte und Lösungen zu finden. Auf diese Weise kann eine differenzierte, wettbewerbsorientierte Position für die einzelnen Geschäftsbereiche erreicht werden, während gleichzeitig das zweite Ziel, eine innere organisatorische Kohärenz aufzubauen, erreicht werden kann. Die Positionierung von Corporate Brands erfordert sicher nicht, dass die Projektverantwortlichen zwischen Positionen wählen, die glaubwürdig oder erstrebenswert bzw. funktional oder emotional sind. Eine gute Corporate-Brand-Positionierung muss die Elemente Glaubwürdigkeit und zukünftiges Streben sowie Funktionalität und Emotionalität (siehe *ABB*: „Power and Productivity for a Better World") miteinander verbinden. Diese Elemente sollten in der Lage sein, spezifische Positionierungen der Geschäftsfelder zu unterstützen und auch Relevanz für zusätzliche Stakeholdergruppen wie potenzielle Mitarbeiter oder die Finanzcommunity besitzen. Dieser Balanceakt gelingt, wenn den Produkten und Lösungen, die unter der Corporate Brand angeboten werden, konkrete Eigenschaften und Nutzen hinzugefügt werden, während die Corporate Brand mit abstrakten und übergreifenden Aussagen verknüpft wird (Kapferer 2012). Markenwerte auf der Corporate- und auf der Geschäftsfeldebene müssen dann im Rahmen des globalen Positionierungsansatzes aktiv kommuniziert werden. Markenwerte auf der Corporate-Ebene sind meistens verknüpft mit den Fähigkeiten und der Philosophie des Unternehmens. Konkretere Positionierungen mit klar herausgearbeitetem Kundennutzen finden sich dann auf der Geschäftsfeldebene.

In Bezug auf das Prozessdesign zur Positionierung von Corporate Brands zeigen die Erkenntnisse der zwei Fallstudien einige Aspekte auf, die bislang in der Forschung kaum Beachtung gefunden haben. Die aktive Einbeziehung von Schlüsselakteuren (z. B. CEO, Topmanagement, Geschäftsführer wichtiger Sparten) zu strategisch wichtigen Zeitpunkten, verdeutlicht die politische Dimension eines Positionierungsprozesses. Darüber hinaus wurde bislang das Outsourcing der Positionierungsarbeit an externe Markenberater in der Forschung als gegeben angenommen und deren unterschiedliche Funktionen und Rollen nicht weiter diskutiert. In Bezug auf die Markenanalyse zeigen die beiden Fallstudien zudem, dass aus Nützlichkeitsüberlegungen globale Wettbewerber als Analysegegenstand ausgewählt werden. Typischerweise ist in der Analyse auch zu entscheiden, wie intensiv eine interne oder eine externe Analyse stattfinden soll, wobei in der Fallanalyse eine Tendenz zur internen, identitätsgetriebenen Analyse zu erkennen ist, um die unternehmensweite Unterstützung für die Corporate Brand-Positionierung sicherzustellen. Es zeigt sich auch, dass es schwierig ist, die Kunden-Insights aller Geschäftsbereiche zu berücksichtigen und zu integrieren. Die Wahl von Positionierungsausrichtungen auf der Basis von internen und externen Analysen macht allerdings insgesamt nur einen geringen Teil der Arbeit aus. Die Hauptarbeit besteht in der Überzeugung von verschiedenen internen Stakeholdergruppen. Markenpositionierungsprozesse verdeutlichen auch die Wichtigkeit, insbesondere in den ersten Phasen der Positionierungsarbeit, Informationen zu vereinfachen und zu verdichten. Reduktion, Vereinfachung und Integration sind wichtige Ansätze, um aus der Vielzahl und Komplexität an Informationen Bedeutung zu kreieren. Als Konsequenz daraus erscheinen komplexe und detaillierte Analyseergebnisse stabiler und weniger veränderbar (z. B. die Entscheidung von *ABB* sich bei der Analyse auf wenige weltweite Wettbewerber zu beschränken und nicht alle Wettbewerber zu berücksichtigen). Der Aufbau von internen Markenbotschaftern und „Brand Champions" in Geschäftseinheiten (z. B. *Trelleborg*) oder Regionen (z. B. *ABB*) ist eine weitere wichtige Entscheidung im Rahmen der Positionierung, um die Werte und Veränderungen in die einzelnen Geschäftseinheiten und die weltweiten Niederlassungen zu transportieren und dauerhaft zu etablieren. Um die Passung zwischen den Aussagen der Corporate Brand und den Aussagen auf Geschäftsfeldebene sicherzustellen, sind explizit Aussagen für die Corporate-Ebene und für die einzelnen Geschäftsbereiche, Kundensegmente und alle relevanten Stakeholdergruppen zu formulieren. Um diesen Abgleich sicherzustellen, ist eine intensive und kontinuierliche Kommunikation und intensive Verhandlungsarbeit notwendig. Strategische Events wie z. B. globale Management Meetings sind wichtig, um den aktuellen Stand von Markenpositionierungsprojekten intern zu präsentieren und um das Interesse der Führungskräfte für das Projekt aufrechtzuerhalten. Ebenfalls sollten externe Events wie Investor-Relations-Treffen oder Messen genutzt werden, um die Akzeptanz der neuen Botschaften bei internen und externen Stakeholdern zu testen und dadurch auch eine kontinuierliche interne Unterstützung beizubehalten.

5.3 Herausforderungen

Vor dem Hintergrund zahlreicher Herausforderungen bei der Positionierung und Neupositionierung von Corporate Brands müssen die Projektverantwortlichen eine Reihe von Aktivitäten gleichzeitig managen, um mögliche Barrieren zu beseitigen (auch Gotsi und Andriopoulos 2007; Miller et al. 2014):

- Verständnis für Veränderungen zu Beginn des Prozesses aufbauen
- Einbeziehung von internen Stakeholdern z. B. durch Workshops
- Sicherstellung der Konstanz von zentralen Markenwerten bei gleichzeitiger Veränderung von Markenelementen
- Abstimmung von internen Stakeholdern auf der Corporate- und der Geschäftsfeldebene
- Konfrontation mit vielen Sub-Identitäten und Übersetzung dieser in eine „One company, One voice"-Strategie

Darüber hinaus stellt die Balance zwischen Unternehmensleitungsebene und Geschäftseinheiten eine zentrale Herausforderung dar. Beispielsweise müssen Unternehmen ein Gleichgewicht finden zwischen Zentralisierung, die nicht in einer Wahrnehmung als „Markenpolizei" enden darf, und einer Dezentralisierung, die nicht zu einem „Flickenteppich" verkommen darf (Schultz und Hatch 2003). Ein abwechselnder Einsatz von

„Pull"- und „Push"-Maßnahmen kann helfen, die Positionierung vom Corporate-Level zu den Geschäftseinheiten und umgekehrt zu schärfen und umzusetzen. Aufgrund der Komplexität und des damit verbundenen hohen Zeitbedarfs ist es notwendig, immer wieder zeitnahe Aktivitäten (z. B. Workshops) zu organisieren, um die interne Unterstützung trotz vieler Diskussionsrunden, zeitraubenden Abstimmungsprozessen und notwendigen Kompromissen aufrechtzuerhalten.

6 Implikationen für Corporate Brand Manager komplexer B-to-B-Unternehmen

Der Positionierungsprozess von Corporate Brands muss als Ergebnis von vielen Akteuren (z. B. CEO, Topmanagement, Corporate Brand-Projektleiter, Verantwortliche auf Geschäftsfeldebene, Produktverantwortliche, externe (Marken)Berater) und ihrer gemeinsamen Maßnahmen, interpretiert werden. Mit anderen Worten, Corporate-Brand-Positionierung ist das Ergebnis hierarchie-, funktions- und unternehmensübergreifender Interaktion und Zusammenarbeit. Um diesen Abstimmungsprozess besser zu gestalten, werden abschließend auf Basis der B-to-B-Fallstudien sowie der allgemeinen Literatur zum Change-Management (z. B. Kotter 1995) sieben Leitlinien vorgestellt.

(1) Ausmalen der beabsichtigten Positionierung durch den CEO
Die Vergegenwärtigung und das Skizzieren der neuen Markenpositionierung sollten, wenn nicht sogar müssen zusammen mit dem CEO erfolgen. Schlussendlich ist der CEO der „Hüter" der Corporate Brand und somit verantwortlich für die Ausrichtung einer Organisation an drei Hauptorientierungspunkten:

- Mission und Vision: Warum gibt es uns? (mehr als Geschäfte machen und Geld verdienen)
- Markenkern: Was ist unser zentraler Zweck und was sind unsere zentralen Versprechen?
- Markenpositionierung i. e. S.: Welche Wahrnehmung unserer Marke streben wir an?

Sobald es Änderungen in der Unternehmensstrategie gibt, die auch die Corporate Brand betreffen, beauftragt der CEO regelmäßig den Markenprojektverantwortlichen, die Positionierung anzupassen. Es ist empfehlenswert, dass der CEO zum einen unterstützend und zum anderen kritisch reflektierend geplante Veränderungen der Markenpositionierung begleitet. Dies führt auch dazu, dass es dem CEO durch eine erhöhte Glaubwürdigkeit besser gelingt, zentrale Stakeholder im Executive Board und einflussreiche Manager auf Unternehmens- und Geschäftsfeldebene zu überzeugen.

(2) Aufbau eines internen Markennetzwerkes

Markenmanager auf dem Corporate-Level sind darauf angewiesen, informelle Netzwerke von internen Unterstützern auf allen Ebenen des Unternehmens aufzubauen. Diese erleichtern im Rahmen der Positionierungsprozesse die Durchsetzung von Veränderungen in dezentralisierten Unternehmen und reduzieren die Gefahr von unproduktiven Spannungen.

Den Projektverantwortlichen wird auch empfohlen, frühzeitig eine gewisse Art der Dringlichkeit für Veränderungen bei den Schlüsselentscheidern aufzubauen. Dies gilt auch, wenn das Markenpositionierungsprojekt nicht aus einer akuten Krisensituation resultiert.

(3) Organisation von Positionierungsdialogen

Um einen reflektierenden Austausch zur geplanten Markenpositionierung zu organisieren, bietet sich die Durchführung entsprechender Markenworkshops auf Unternehmens- und Geschäftsbereichsebene an. Diese Workshops können die Möglichkeit für eine direkte und unmittelbare Reflektion schaffen, da die regulären Kommunikations- und Hierarchiestufen ausgeschaltet werden. Dies erleichtert den kreativen Austausch auf Augenhöhe. Solche Workshops und Seminare sind nicht nur wichtig, um neue und/oder veränderte Strategien zu diskutieren, die sich sowohl auf Corporate- als auch auf Geschäftsbereichs-Ebene auswirken, sondern auch zur Anpassung, Bestätigung oder Verstärkung dieser Strategien im Laufe des Positionierungsprojektes. Eine solide Analyse und Begründung der beabsichtigten Corporate-Brand-Markenpositionierung hilft auch, frühzeitig potenzielle Barrieren für die spätere Implementierung der aktualisierten Positionierung über alle Unternehmensebenen hinweg zu reduzieren. Inhaltlich wird empfohlen, dass auf dem Corporate-Level die Fähigkeiten des Unternehmens (breit und allgemein) und auf Geschäftsbereichs-Ebene konkrete Kundennutzen (eng und spezifisch) mit spezifischen „Claims" formuliert werden.

(4) Balance dezentraler Beteiligung und zentraler Autorität

Den Projektverantwortlichen wird empfohlen, mit dem internen Netzwerk die verschiedenen Szenarien der geplanten Markenpositionierung zu diskutieren. Die aktive Einbindung auch von Verantwortlichen auf Geschäftsfeld-Ebene stellt die Entwicklung einer abgestimmten und breit akzeptierten Markenpositionierung sicher. Das Gefühl der Verantwortlichen auf Geschäftsfeld-Ebene bei der Entwicklung der Markenpositionierung gehört zu werden und Vorteile für das eigene Geschäft zu erkennen, erleichtert die spätere Implementierung.

Allerdings gilt gleichzeitig, dass in diesen Abstimmungsrunden nicht zu viele Kompromisse gemacht werden sollten, da sonst die Gefahr besteht, dass schon in der Startphase eine diffuse Markenpositionierung entwickelt wird, die zu einem späteren Zeitpunkt nur schwer und mit zusätzlichen Kosten zu korrigieren ist.

Wenn dann eine Positionierungsroute ausgewählt und fixiert wurde, sollten auf der Geschäftsfeld-Ebene Personen ausgewählt werden, welche die Umsetzung der Positionierung auf dieser Ebene auch kontrollieren.

(5) Begeisterung und Unterstützung aufrechterhalten

Positionierungsprojekte neigen dazu, wie auch viele andere Change-Projekte, im Zeitablauf an Energie und Dynamik zu verlieren (z. B. durch viele Diskussionsrunden oder Genehmigungsschleifen). Eine Möglichkeit die notwendige Energie aufrechtzuerhalten, ist es, die Dringlichkeit immer wieder herauszuarbeiten. Dies kann durch eine kontinuierliche interne Kommunikation, wie Präsentationen, Besprechungen und/oder Workshops, erfolgen. Darüber hinaus wird den Projektleitern empfohlen, die Sprache und den Dialog kontinuierlich zu managen. Zwei Strategien können dabei helfen:

- „Gut argumentieren": z. B. Fokussierung einer Argumentation, die den Positionierungs-Change im Zusammenhang mit der Schaffung eines besser funktionierenden Geschäfts kommuniziert, also die Verbindung zu harten Erfolgskennzahlen herstellt.
- „Anders sprechen": z. B. fortlaufende Betonung eines Schlüsselthemas oder von Kernbegriffen, um unternehmensweit strategische Dialoge zu führen, die auch zu einem nachhaltigen kulturellen Wandel führen können.

(6) Nutzung von zentralen Events

Um die Akzeptanz der Markenveränderung intern zu stärken, empfiehlt es sich, externe Events wie Messen oder Investor-Relations-Veranstaltungen zu nutzen. Solche Ereignisse lösen i. d. R. positive Reaktionen bei externen Kritikern (z. B. der Finanzcommunity) aus und fungieren daher intern als Verstärker. Externe positive Reaktionen verursachen positive interne Reaktionen und tragen dazu bei, interne Skeptiker zu überzeugen (z. B. Produktmanager, die von den Vorteilen der Änderungen bislang nicht überzeugt werden konnten). Somit sorgen solch zentrale Markenevents nicht nur kurzfristig für Akzeptanz und Erfolg, sondern können auch mittel- und langfristig positiv wirken.

(7) Integration in Routineabläufe

Sobald die Markenpositionierung vom CEO und dem Executive Board beschlossen wurde, ist es wichtig, diese auch in diverse Leitlinien und Projekte umzusetzen. An dieser Umsetzung sind eine Reihe von Personen wie CEO, Projektleiter Corporate Brand, Verantwortliche für die Geschäftseinheiten sowie Produktmanager beteiligt. Dabei ist es wichtig, dass klare Rollen und Verantwortlichkeiten auf der Corporate- und Geschäftsfeld-Ebene formuliert werden. Auf der Geschäftsfeld-Ebene sind insbesondere die Produktverantwortlichen für die Umsetzung positionierungsunterstützender Projekte verantwortlich. Produkt-Manager müssen dafür Sorge tragen, dass konkrete Produkte und Lösungen die Markenpositionierung der Corporate Brand erlebbar machen.

Zusammenfassend bleibt festzuhalten, dass diese Leitlinien nicht als „einfache Rezepte" verstanden werden sollten. Variierende und vor allem einzigartige Unternehmenskontexte verbieten in Stein gemeißelte „Positionierungsgesetze". Allerdings können und sollten diese hier vorgestellten Leitlinien Managern als Grundlage zur Reflektion eigener Positionierungsprojekte dienen.

Literatur

Aaker, D. A. (1996). *Building strong brands*. New York: The Free Press.

Balmer, J. M. T. (1995). Corporate branding and connoisseurship. *Journal of General Management*, *21*(1), 24–46.

Baumgarth, C. (2010). Living the brand. *European Journal of Marketing*, *44*(5), 653–671.

Belz, C. (2006). *Spannung Marke*. Wiesbaden: Gabler.

Beverland, M., Napoli, J., & Lindgreen, A. (2007). Industrial global brand leadership. *Industrial Marketing Management*, *36*(8), 1082–1093.

de Chernatony, L. (2002). Would a brand smell any sweeter by a corporate name? *Corporate Reputation Review*, *5*(2/3), 114–132.

Csaba, F. F., & Bengtsson, A. (2006). Rethinking identity in brand management. In J. E. Schroeder & M. Salzer-Mörling (Hrsg.), *Brand culture* (S. 118–135). Abingdon: Routledge.

Esch, F.-R. (2014). *Strategie und Technik der Markenführung* (8. Aufl.). München: Vahlen.

Gotsi, M., & Andriopoulos, C. (2007). Understanding the pitfalls in the corporate rebranding process. *Corporate Communications: An International Journal*, *12*(4), 341–355.

Gyrd-Jones, R., Merrilees, B., & Miller, D. (2013). Revisiting the complexities of corporate branding: Issues, paradoxes, solutions. *Journal of Brand Management*, *20*(7), 571–589.

Hatch, M. J., & Schultz, M. (2003). Bringing the corporation into corporate branding. *European Journal of Marketing*, *37*(7/8), 1041–1064.

Hatch, M. J., & Schultz, M. (2008). *Taking brand initiative: How companies can align strategy, culture, and identity through corporate branding*. San Francisco: Jossey-Bass.

Jowitt, H., & Lury, G. (2012). Is it time to reposition positioning? *Journal of Brand Management*, *20*(2), 96–103.

Kalafatis, S. P., Tsogas, M. H., & Blankson, C. (2000). Positioning strategies in business markets. *Journal of Business & Industrial Marketing*, *15*(6), 416–437.

Kapferer, J.-N. (2012). *The new strategic brand management* (5. Aufl.). London: Kogan Page.

Keller, K. L., & Lehmann, D. R. (2006). Brands and branding. *Marketing Science*, *25*(6), 740–759.

King, S. (1991). Brand building in the 1990s. *Journal of Consumer Marketing*, *8*(4), 43–52.

Knox, S., & Bickerton, D. (2003). The six conventions of corporate branding. *European Journal of Marketing*, *37*(7/8), 998–1016.

Koch, C. H. (2014). *Corporate brand positioning*. Lund: Lund University Press.

Kotter, J. P. (1995). Leading change. *Harvard Business Review*, *73*(2), 59–67.

Langley, A. (1999). Strategies for theorizing from process data. *Academy of Management Review*, *24*(4), 691–710.

March, J. G. (1962). The business firm as a political coalition. *Journal of Politics*, *24*(4), 662–678.

Miller, D., Merrilees, B., & Yakimova, R. (2014). Corporate rebranding. *International Journal of Management Reviews*, *16*(3), 265–289.

Mintzberg, H., & Waters, J. A. (1985). Of strategies, deliberate and emergent. *Strategic Management Journal*, *6*(3), 257–272.

Mintzberg, H., Ahlstrand, B., & Lampel, J. (2009). *Strategy safari*. Harlow: FT Prentice Hall.

Mudambi, S., Doyle, P., & Wong, V. (1997). An exploration of branding in industrial markets. *Industrial Marketing Management*, *26*(5), 433–446.

Pettigrew, A. M. (1997). What is a processual analysis? *Scandinavian Journal of Management*, *13*(4), 337–348.

Pettigrew, A. M., Woodman, R. W., & Cameron, K. S. (2001). Studying organizational change and development. *Academy of Management Journal*, *44*(4), 697–713.

Riezebos, R., & van der Grinten, J. (2012). *Positioning the brand: an inside-out approach to strategic brand positioning*. Abingdon: Routledge.

Schultz, M., & Hatch, M. J. (2003). The cycles of corporate branding. *California Management Review*, *46*(1), 6–26.

Urde, M. (2013). The corporate brand identity matrix. *Journal of Brand Management*, *20*(9), 742–761.

Resilienz von B-to-B-Marken

Jürgen Gietl

Zusammenfassung

Der Begriff Resilienz entstammt der Psychologie und Soziologie. Er wird aber auch für Unternehmen in sich schnell verändernden, unsicheren und chancenreichen Zeiten immer relevanter. Marken-Resilienz beschreibt dabei die Möglichkeit, Unternehmen dabei zu unterstützen, mithilfe einer starken Marke stabiler und gleichzeitig agiler zu werden. Die dazu notwendigen Voraussetzungen und Stellhebel wurden in einer qualitativen und daran anschließend einer quantitativen Studie untersucht und sind nachfolgend beschrieben. Um zu einer starken B-to-B-Marke zu werden, bedarf es aber vor allem einer Änderung der Haltung der Führungskräfte jener Unternehmen. Die Entwicklung einer resilienten Marke ist nicht länger „nice-to-have", sondern zentrale Managementdisziplin, um das profitable Wachstum in sich schnell verändernden, unsicheren und volatilen Zeiten sicherzustellen.

Schlüsselbegriffe

Agilität · Resilienz · Stabilität · Technologiemarken

Inhaltsverzeichnis

J. Gietl (✉)
Brand Trust GmbH
Nürnberg, Deutschland
E-Mail: juergen.gietl@brand-trust.de

© Springer Fachmedien Wiesbaden GmbH, ein Teil von Springer Nature 2018   261
C. Baumgarth (Hrsg.), *B-to-B-Markenführung*, https://doi.org/10.1007/978-3-658-05097-9_13

1   Konzept und Bedeutung von Resilienz für B-to-B-Marken

Der Begriff Resilienz wurde in den 1950er-Jahren von den Professoren Jack Block und
Jeanne Humphrey Block von der University of California, Berkley in die Psychologie
eingeführt (z. B. Block und Block 1980). Er bezeichnet die psychische Widerstandskraft,
d. h. die Fähigkeit, schwierige Lebenssituationen ohne anhaltende Beeinträchtigung zu
überstehen oder aus ihnen sogar gestärkt hervorzugehen. Später wurden die Entwicklung
von Gesundheit, Widerstandsfähigkeit, Bewältigungsstrategien und Faktoren der Selbster-
haltung einbezogen. Seither haben sich verschiedenste Forscher mit der Frage beschäftigt,
warum manche Menschen aus Krisen besser und gestärkter hervorgehen als andere.

Stärker in den Vordergrund der Managementdenker und der Managementpraxis rückte
die Resilienztheorie nach der Finanzkrise 2008 und im Zuge der gesellschaftlichen Veränderungen durch die Digitalisierung sowie die starken politischen Krisen wie den Brexit
oder die Flüchtlingsströme. Führungskräfte, Mitarbeiter, Unternehmen und ganze Länder
geraten immer mehr unter Druck und müssen sich auf starke Veränderungen einstellen und
Krisen bewältigen. Industrie 4.0 und Digitalisierung verändern die Welt der Technologieunternehmen gerade im B-to-B-Bereich rasant. Neue Märkte, neue Produkte, neue Wettbewerber, neue Kunden und neue Geschäftsmodelle entwickeln sich in immer kürzeren Zyklen. B-to-B-Unternehmen müssen sich neu aufstellen, um in Zukunft wachsen zu können,
und sie müssen sich gegen Krisen wappnen, um ihr wirtschaftliches Überleben zu sichern.
Da hilft auch das Label „Made in Germany" nur noch bedingt. Es steht zwar für Qualität,
Innovation und Zuverlässigkeit. Dies sind aber längst austauschbare Faktoren geworden,
welche auch von der internationalen Konkurrenz geliefert werden. Die Gefahr steigt, vom
wertgeschätzten Premium- zum austauschbaren Volumen-Anbieter zu verkommen.

Führungskräfte wie Mitarbeiter fühlen sich den schnellen Veränderungsnotwendigkei-
ten nicht gewachsen, aktuelle Organisationsformen und Prozesse stehen im Widerspruch
zu diesen schnellen Zyklen. In der Automobil- und Automobilzuliefererindustrie hat man
sich über Jahrzehnte darauf eingestellt, neue Fahrzeuge und Fahrzeugteile im Sechs-Jah-
reszyklus zu entwickeln. Amerikanische Technologiekonzerne wie *Tesla* denken in völlig
anderen, kürzeren Dimensionen.

Yossi Sheffi (2015) behandelt in seinem Buch „Power of Resilience: How the Best
Companies Manage the Unexpected" eine Vielzahl von Strategien und Möglichkeiten für
Unternehmen, um Krisen aufzuspüren, ihnen vorzubeugen bzw. sie abzuschwächen und
am Ende gegen Krisen widerstandsfähig zu werden. Wie fast alle Resilienzforscher kommt
er auch zu dem Ergebnis, dass es nicht nur darum geht, die **Stabilität** des betreffenden
Objektes, der betreffenden Person oder Organisation zu erhöhen. Resilienz entsteht dann,
wenn gleichzeitig die **Agilität** erhöht wird.

Wie gelingt es heute noch erfolgreichen Unternehmen also, sich auch in Zukunft erfolgreich am Markt zu positionieren? Welche unerschlossenen Potenziale gibt es, um in diesem Umfeld profitabel zu wachsen? Womit steigern Unternehmen ihre Stabilität und Agilität, die sie dringend brauchen, um im Tempo der internationalen Konkurrenz weiter Schrittmacher zu sein, Kunden zu binden, Wettbewerber auf Abstand zu halten und notwendige Preise durchzusetzen? Und wie erlangt das Top-Management das nötige Vertrauen und die Gefolgschaft von Mitarbeitern und Kunden?

Wenn Unternehmen sehr agil sind, kann es passieren, dass sie sich vor lauter Agilität selbst verlieren. Das heißt, Kernkompetenzen, Schlüsselprodukte, Positionierung und andere für den Erfolg der Unternehmen substantielle Aspekte gehen verloren: das Unternehmen wird **labil**. Wenn Unternehmen im Gegensatz dazu sehr stabil sind, können die Veränderungsgeschwindigkeit oder die Veränderungsbereitschaft leiden: das Unternehmen wird **träge**. Ist das Unternehmen jedoch gleichermaßen von Agilität und Stabilität geprägt, wird es resilient.

Marken erhalten für B-to-B-Unternehmen in diesem Zusammenhang eine bisher nur wenig beachtete Bedeutung. Allerdings tragen bei genauem Hinsehen führende Marken Funktionen in sich, welche die Stabilität sowie die Agilität von Unternehmen beeinflussen. Wenn B-to-B-Marken beispielsweise im Kopf ihrer Kunden eine bestimmte Marktkategorie besetzen, wird es für Wettbewerber schwerer, diesen Markt für sich zu gewinnen: somit wird die Stabilität des Unternehmens durch eine Kategorie-führende Marke erhöht. Ein ähnlicher Effekt tritt ein, wenn diese Unternehmen eine Innovation am Markt präsentieren, die zu dem passt, wofür das Unternehmen bereits im Kopf der Kunden positioniert ist. Denn Kunden geben solchen Innovationen eher eine Chance als Produkten, die nicht zu diesem Unternehmen passen, oder Produkten von Unternehmen, die sich aus Kundensicht noch nicht dafür empfohlen haben. Marken steigern in diesem Fall die Agilität des Unternehmens. Das ist gerade im B-to-B-Sektor gegeben, wo Geschäfte durch Vertrauen, enge Kundenbeziehungen und technisch komplexe Produkte und Prozesse gekennzeichnet sind.

Deshalb lohnt sich ein kurzer Abstecher in die Psychologie des Vertrauens. Gerade für B-to-B-Unternehmen im Wandel oder in der Krise ist es von Vorteil zu wissen, wie und woraus **Vertrauen** entsteht, wie es sich auf das Geschäft auswirkt und wie man Vertrauen systematisch vergrößern kann. Im Neuromarketing werden dabei drei essenzielle Faktoren genannt, durch die eine Person eine andere als vertrauenswürdig einschätzt (Riedl und Javor 2012). Die von ihm beschriebenen drei wesentlichen Faktoren sind Kompetenz, Wohlwollen und Integrität. Mit **Kompetenz** sind Begabungen, Fähigkeiten und Fertigkeiten gemeint. Als **Wohlwollen** gelten Offenheit gegenüber den Anliegen jener Person, der diese Haltung gilt, z. B. durch Unterstützung. Und unter **Integrität** ist die Einhaltung von Werten, Normen und Gesetzen zu verstehen.

Diese Erkenntnis ist im Zusammenhang mit der Markenführung von B-to-B-Marken von besonderer Bedeutung, denn alle drei Faktoren zur Beurteilung der Vertrauenswürdigkeit können durch gut geführte Marken direkt oder indirekt beeinflusst werden. Eine der Urfunktionen von Marken ist es, die Spitzenleistungen, also Kompetenzen der dahinterstehenden Unternehmen, Produkte oder Dienstleistungen, so zu vermitteln, dass sie von den Kunden wertgeschätzt werden. Je besser das gelingt, umso kompetenter und damit vertrauenswürdiger sind sie also. Marken werden in der Regel nie darauf ausgerichtet, Kunden und Mitarbeitern etwas Schlechtes zu wollen. Dieser Aspekt ist also implizit. Und gut geführte Marken werden nach einem transparenten System von Markenkernwerten als Handlungsrahmen für alle Leistungen, Maßnahmen, Entscheidungen, Botschaften und Signale geführt. Wirklich gut geführte Marken sind also integer. Wenn B-to-B-Unternehmen ihre Marken in diesem Sinne einsetzen, können sie also die Vertrauenswürdigkeit in ihr Unternehmen, ihre Führung und ihre Spitzenleistungen erhöhen. Dies sorgt erheblich für eine Steigerung der Resilienz dieser Unternehmen, da Kunden und Mitarbeiter in Krisen und in sich ändernden Umfeldern diesen Unternehmen mehr trauen und eher folgen, da sie im Sinne der Agilität neuen Geschäftsmodellen, Produkten und Services mehr Vertrauen schenken.

Richtig eingesetzt haben sich Marken in den letzten Jahrzenten also vom reinen Kommunikationsinstrument zum Vertrauens- und Wertschöpfungssystem entwickelt.

2   Studie „Made in Germany 4.0"

Marken steigern die Robustheit von B-to-B-Unternehmen, indem sie z. B. Markteintrittsbarrieren erhöhen, bestehende Kunden binden und neue Kunden anziehen sowie produktübergeordneten Zusatznutzen vermitteln. Gleichzeitig erhöhen starke Marken die Agilität von Unternehmen, indem sie die passendsten Talente anziehen. Klar definierte Glaubwürdigkeitsgrenzen stecken den Handlungsrahmen für alle Mitarbeiter ab und machen dadurch Innovationsprozesse zielgerichteter und damit schneller. Das Unternehmen agiert integer.

2.1   Design

Dieser Zusammenhang zwischen resilienten Unternehmen und starken Marken wurde von *BrandTrust* in der breit angelegten Studie „Made in Germany 4.0" analysiert (BrandTrust 2015). Dabei wurde untersucht, was Unternehmen resilient macht und wie resilient B-to-B-Unternehmen aus Sicht von Kunden sind. Beurteilt wurden Branchenführer aus zwölf Technologiebranchen in Deutschland sowie deren wichtigste Herausforderer aus dem Ausland. In einem zweistufigen Prozess sprachen zunächst 72 Top-Entscheider von führenden Technologieunternehmen in qualitativen Interviews in Deutschland aus, was Unternehmen resilient und damit erfolgreich macht. Daraus ergaben sich insgesamt zehn Resilienzfaktoren (vgl. Abschn. 3). Anschließend erfolgte die Beurteilung der Markenwahrnehmung und Resilienz von 53 führenden B-to-C- und B-to-B-Technologiemarken in Deutschland auf Basis von insgesamt 3300 Kundeninterviews (davon 580 B-to-B-Kundeninterviews). Die Kunden wurden dabei danach befragt, wie gut die Unternehmen die Resilienzkriterien erfüllen. Dabei konnten die Unternehmen in jedem Kriterium maximal zehn Punkte, also insgesamt 100 Resilienzpunkte erreichen.

2.2 Zentrale Ergebnisse

Brose ist unter den analysierten Marken die B-to-B-Marke mit der größten Markenresilienz (vgl. Abb. 1). *Brose* erreicht mit 72,4 Punkten den höchsten Resilienz-Wert. Abgeschlagen dagegen *Evonik*, deren Engagement im Fußballsponsoring sich scheinbar nur wenig auf die unten beschriebenen Resilienzkriterien auswirkt.

Das Fazit der Studie:

(1) Großes Potential für zusätzliche Wertschöpfung

Fast alle Technologieunternehmen aus dem B-to-B-Sektor zeigen in den ermittelten Resilienzindikatoren eine nur durchschnittliche Ausprägung. In der Erhöhung der Agilität und Stabilität ihrer Unternehmen mithilfe ihrer Marken liegt ungenutztes Wertschöpfungspotenzial.

(2) Unternehmen haben es selbst in der Hand

Es ist nicht eine Frage des Wettbewerbsdrucks oder der schweren Umfeldbedingungen. Die Studie zeigt: die Unternehmen haben es selbst in der Hand, ihre Marken noch aufmerksamer zu führen und als Wertschöpfungs- und Führungsinstrument einzusetzen.

(3) Resilienzindikatoren für die richtige Positionierung im Wandel

Mithilfe der Top-Entscheider-Interviews und auf Basis einer repräsentativen Marktforschung wurden zehn Resilienzindikatoren ermittelt. Mit deren Hilfe können Unternehmen prüfen, wie stabil und agil ihr Unternehmen aktuell ist.

Abb. 1 Ranking der resilientesten B-to-B-Technologiemarken. (Quelle: BrandTrust 2015)

3 Indikatoren von resilienten B-to-B-Marken

Die folgenden Faktoren haben sich als wichtigste Treiber für die Resilienz von B-to-B-Marken herauskristallisiert:

(1) Historische Leistungsbeweise
Gleich der erste hier genannte Resilienzfaktor ist problembehaftet. Im B-to-B-Sektor, einer innovationsgetriebenen Welt, beschäftigen sich Mitarbeiter und Führungskräfte tagein, tagaus mit der Zukunft, mit neuen Produkten, Missionen und Visionen. Wert entsteht aber immer aus der Vergangenheit. Alles, was Kunden, Mitarbeiter und andere Anspruchsgruppen über Unternehmen und deren Angebote an Positivem gespeichert haben, stammt aus der Vergangenheit bis zur Gegenwart. Kompetenz als Faktor für Vertrauenswürdigkeit ist nichts, das von heute auf morgen entsteht. Somit liegt ein Teil der Resilienz von B-to-B-Marken in der Unternehmensgeschichte begründet. B-to-B-Unternehmen haben ihre Verlässlichkeit und Stabilität über den Verlauf der Unternehmensgeschichte bereits bewiesen und in der Marke gespeichert.

(2) Unternehmenskultur
Stabilität durch eine starke Unternehmenskultur heißt, das Unternehmen bleibt seinen Werten trotz bedeutender Umfeldveränderungen treu und wird durch eine starke Mission in die Zukunft getragen. Unternehmenskultur kann man als den Ausdruck der Besonderheit und Charakteristik in der Leistungserbringung und Zusammenarbeit im Unternehmen verstehen. Im Zuge dessen ist sie nichts anderes als die täglich spürbare Integrität aller Mitarbeiter. Auch diesen Aspekt kennen wir bereits aus dem vorher Beschriebenen. Viele Unternehmen wissen um die Bedeutung ihrer Unternehmenskultur, scheitern aber daran, sie zu beschreiben, zu steuern oder zu verändern. Markenstrategien machen Unternehmenskulturen über definierte und gelebte Markenkernwerte oder Markenidentitäten sicht- und steuerbar und damit anpassungsfähig. In B-to-B-Unternehmen sorgt eine Marke somit für eine Balance aus (technischen) Spitzenleistungen und den sogenannten weichen Faktoren, die Kunden gerade in der Beziehung zum Vertrieb spüren und wertschätzen.

(3) Preis-Premium
Der Preisabstand ist einer der härtesten Faktoren zur Messung der Attraktivität von Marken. Professionelle Entscheider von Einkaufsprozessen in B-to-B-Unternehmen sollten sich in Preisverhandlungen eigentlich nicht davon beeinflussen lassen, ob das Angebot von einer starken B-to-B-Marke ist oder nicht. Dennoch zeigen viele repräsentative Befragungen auch im professionellen Einkauf, dass Kunden bereit sind, für führende Marken in einem Segment höhere Preise zu bezahlen als für vergleichbare technische Lösungen weniger starker Marken. Der langfristige Preisabstand zum Wettbewerb und die dadurch entstehende Finanzkraft und finanzielle Unabhängigkeit sind Faktoren, die es Unternehmen erlauben, einen langfristigen Investitionskurs zu verfolgen und damit die Agilität und Stabilität der Unternehmen gleichermaßen sicherstellen.

(4) Kundenvertrauen

Diese Thematik wurde bereits beschrieben. Es geht in erster Linie darum, ob das Unternehmen kompetent ist, ob es diese Kompetenz für Kunden wahrnehmbar macht und lückenlos über die gesamte Customer Journey an allen Kontaktpunkten das einhält, was es verspricht. Dies kann B-to-B-Marken viel leichter gelingen als B-to-C-Marken, da sie häufig eine viel geringere Anzahl an Kunden, Kundenkanälen und Markenkontaktpunkten mit den Kunden haben. Wenn B-to-B-Marken das Potenzial erkennen, ihr Versprechen an ihre Kunden lückenlos in ihren Leistungen, Botschaften und Signalen halten, können Marken ein wahrer Schutzschild in Zeiten von Veränderungen und Krisen sein.

(5) Zukunfts- und Anpassungsfähigkeit

Es ist selbstredend, dass Innovationsführerschaft B-to-B-Unternehmen resilient machen sollte. Allerdings gilt dies nur mit Einschränkungen. Nicht derjenige, der die meisten Erfindungen und Patente für sich beansprucht, wird zukunftsfähig, sondern der, der die relevantesten Innovationen erfolgreich am Markt platziert. Kunden, die Marken vertrauen, geben neuen Produkten eher eine Chance. Diese in vielen Studien bewiesene These wird im Unternehmensalltag von B-to-B-Unternehmen nicht immer beachtet. Es sind wenige Innovationsprozesse bekannt, die in den verschiedenen Entwicklungsstufen Fragen zur Kompatibilität der Innovation mit dem Wertesystem und der Positionierung der Marke beinhalten. Die Gefahr besteht darin, dass dieser Resilienzfaktor nicht zur Wirkung kommt, wenn Innovationen floppen, die Glaubwürdigkeit der Marke beschädigen oder die Innovation von den wichtigen Anspruchsgruppen nicht wahrgenommen oder nicht wertgeschätzt wird. Zukunftsfähigkeit und IP-Schutz findet heute nicht mehr am Patentamt, sondern im Kopf der Kunden statt.

(6) Markenerlebnisexzellenz

B-to-B-Unternehmen und deren Einkaufs- und Verkaufsprozesse sind durch die Vermittlung von Fakten, Leistungsbeweisen und Ähnlichem gekennzeichnet. Über Fakten werden aber häufig nur die Funktionen der B-to-B-Angebote übermittelt, nicht aber ihr Wert für die Kunden und deren Kunden. Resilienz entsteht durch B-to-B-Marken, wenn sie den Wert der Funktion durch die emotionale Vermittlung der eigenen Spitzenleistungen sicherstellen. Marken sind also die Symbole für den Wert einer Leistung. Nur wenn B-to-B-Unternehmen es schaffen, nicht nur die Funktion, sondern auch den Wert ihrer Leistungen zu vermitteln, dann werden sie von Kunden dafür auch wertgeschätzt. Wertschätzung ist wiederum eine Voraussetzung für Wertschöpfung und damit für Stabilität im Wandel.

(7) Starke Partnerschaften

Es ist längst kein Geheimnis mehr, dass Unternehmen die Herausforderungen der Zukunft nicht mehr isoliert bewältigen können. Produkte werden zu Ökosystemen, Unternehmen zu Plattform-Unternehmen und die seit Langem bestehenden Entwicklungspartnerschaften schöpfen längst gemeinsam Wert. Welche Partner passen aber zusammen? Welche Partnerschaften fruchten, welche floppen? Wo hört die Kompetenz des einen Partners auf und wo fängt die Kompetenz des anderen Partners an? Gehen wir eine Liaison, einen Flirt, eine Partnerschaft oder eine Ehe ein und wie vermitteln wir das unseren Kunden, um nicht die erhöhte Agilität eines starken Partners durch sinkendes Vertrauen und Glaubwürdigkeit bei der Kundschaft zu riskieren? Gut geführte Marken, welche die Identität und Grenzen, die Positionierung und Mission, die Vision und Prinzipien klar definiert haben, können in kürzester Zeit entscheiden, welcher Partner auf welche Weise in ihr Netzwerk aufgenommen werden soll, um gemeinsam zu entwickeln, zu vertreiben, zu fertigen oder gemeinsame Normen und Standards zu definieren.

(8) Vertrauensvolle Führung und Anpassungsfähigkeit

Agile Einheiten benötigen agile Strukturen, Umfelder und Organisationsformen. Stabile Einheiten benötigen all jenes in stabiler Form. Wie sollen also Organisationen aufgebaut werden, deren Agilität sich erhöhen, deren Stabilität aber nicht leiden soll? Wie können B-to-B-Unternehmen durch Marken resilient werden, indem sie eine passende Führungskultur und Organisationsstruktur einführen? Wie werden Mitarbeiter durch den laufenden Wandel oder durch die Krise geführt – in Zeiten der Unsicherheit, Ungewissheit und Volatilität? B-to-B-Marken können den Führungskräften und Mitarbeitern den nötigen Handlungsrahmen geben, den sie für schnelle, aber sichere Entscheidungen benötigen und innerhalb dessen sich Mitarbeiter trotz Ungewissheit über die Zukunft vertrauensvoll weiterentwickeln können.

(9) Mitarbeiterstolz und Fans

Stolze Mitarbeiter setzen sich stärker für ihre Marke ein. Hierzu gibt es eine Reihe von Studien, die dieses Phänomen untersuchen. Hinsichtlich der Agilität und Stabilität von Unternehmen wurde dieses Kriterium von den befragten Top-Entscheidern ebenfalls genannt. Ihrer Meinung nach führt die erhöhte Leistungsbereitschaft der Mitarbeiter u. a. zu einer höheren Agilität des Unternehmens. Zusätzlich unterstützen gerade stolze Mitarbeiter das jeweilige Unternehmen in schwierigen Zeiten besonders stark. In diesem Zusammenhang erhalten die Konzepte der integren Führung, des Employer Branding und der Markenbotschafter eine besondere Bedeutung.

(10) Gesellschaftliche Relevanz

Die Relevanz der Marken für die Gesellschaft wurde von den befragten Top-Entscheidern ebenfalls als wesentliches Merkmal zur Bildung einer resilienten Marke angesehen. Dabei werden darunter verschiedene Aspekte zusammengefasst. Dazu gehört die Begeisterung für und Akzeptanz der jeweiligen Technologie genauso wie die Nähe der jeweiligen Marke zu ihren Kunden, Mitarbeitern und zur Bevölkerung in der Region der Unternehmensstandorte. Ein weiterer Aspekt der gesellschaftlichen Relevanz wird von den Befragten in der Einbeziehung der Kunden in den Innovationsprozess, z. B. durch Co-Creation-Prozesse, gesehen, um technologische Produkte und Services zu entwickeln, die für Kunden, Mitarbeiter und Gesellschaft wirklich sinnvoll und wertstiftend erscheinen. Dies erhöht nicht nur die Attraktivität, sondern eben auch die Innovationskraft der jeweiligen Technologiemarke.

4   Resiliente B-to-B-Marke – oder reicht „Made in Germany" und „Hidden Champion"?

„Made in Germany" steht weiterhin für Qualität, Innovation und Zuverlässigkeit, aber grenzt die deutsche Industrie nicht mehr von der internationalen Konkurrenz ab. Damit steigt die Gefahr für deutsche Technologieunternehmen, vom wertgeschätzten Premium- zum austauschbaren Volumen-Anbieter zu verkommen. Auch das Verstecken hinter dem Label „Hidden Champions" hilft bei einer Differenzierung und Wertschaffung nicht weiter. Wie gelingt es deutschen CEOs, in der Industrie 4.0 die Innovationsgeschwindigkeit zu erhöhen, die passendsten Partner zu gewinnen, die Stakeholder im Wandel mitzunehmen und die erzeugte Wertarbeit auch in Wertschöpfung zu verwandeln? Das reine Etikett „Made in Germany" reicht in der Industrie 4.0 nicht mehr aus, um als Technologieunternehmen ein Preis-Premium durchzusetzen, für Privat- sowie Firmenkunden unverzichtbar zu werden und Wertarbeit in Wertschöpfung zu verwandeln. Die größte Gefahr für deutsche Technologieunternehmen besteht darin, dass das Label „Made in Germany" zum Kommunikationsinstrument verkommt und mehr Wunsch als Wirklichkeit darstellt.

Unternehmen dürfen sich nicht mehr hinter den Labels „Made in Germany" und „Hidden Champions" verstecken, sondern müssen selbst besser dafür sorgen, ihre Spitzenleistungen und Wertarbeit wertvoller zu vermarkten. Dabei geht es nicht zwingend darum, die Bekanntheit des Unternehmens mithilfe einer Marke zu vergrößern, sondern die Haltung im Unternehmen dahingehend weiterzuentwickeln, dass die Vermittlung von Spitzenleistungen keine „nice-to-have" Werbeaufgabe, sondern eine Managementaufgabe darstellt. Denn es muss im ganzen Unternehmen dafür gesorgt werden, Spitzenleistungen und Wertarbeit so zu vermitteln, dass sich die Wertschätzung bei Mitarbeitern, Kunden und anderen Anspruchsgruppen erhöht.

Literatur

Block, J. H., & Block, J. (1980). The role of ego-control and ego-resiliency in the organization of behavior. In W. A. Collins (Hrsg.), *Minnesota symposia on child psychology* (Bd. 13, S. 39–101). Hildsdale: Erlbaum.

BrandTrust (2015). Made in Germany 4.0. http://www.brand-trust.de/de/studien/2015/made-in-germany-4-0.php. Zugegriffen: 7. März 2017.

Riedl, R., & Javor, A. (2012). The biology of trust. *Journal of Neuroscience, Psychology, and Economics, 5*(2), 63–91.

Sheffi, Y. (2015). *The power of resilience.* Cambridge: MIT Press.

Integration und Rebranding der Traktorsparte von *Renault* in die *CLAAS* Gruppe – Ein Unternehmer bürgt mit seinem guten Namen

Henning Rabe

Zusammenfassung

Die erfolgreiche Integration in einem interkulturellen, deutsch-französischen Kontext ist eine große Herausforderung. Und es ist mittlerweile allgemein bekannt, dass die meisten schlecht gemanagten Akquisitionen deshalb gescheitert sind, weil die dem Kauf folgende Integration nicht rechtzeitig geplant oder schlecht umgesetzt wurde. Am Beispiel *CLAAS* wird deutlich, welche besonderen Herausforderungen sich für eine Premium-Marke nach einer Akquisition ergeben. Dieser Beitrag beschreibt die Integration der Traktorsparte von *Renault* in die *CLAAS*-Gruppe nach Akquisition von 51 % der Anteile im April 2003. Außerdem erfolgt eine Analyse der Auswirkungen der Integration auf die Marke *CLAAS* über einen Zeitraum von circa fünf Jahren.

Schlüsselbegriffe

Familienunternehmen · Integration · kulturelle Integration in Frankreich · Landtechnik · M&A · Markenmanagement in M&A-Prozessen

Inhaltsverzeichnis

H. Rabe (✉)
Claas KGaA mgH
Harsewinkel, Deutschland
E-Mail: h.rabe@rabeonline.de

© Springer Fachmedien Wiesbaden GmbH, ein Teil von Springer Nature 2018   271
C. Baumgarth (Hrsg.), *B-to-B-Markenführung*, https://doi.org/10.1007/978-3-658-05097-9_14

1   M&A-Transaktionen und deren Bedeutung für Unternehmen

Das globale M&A-Volumen betrug in 2007 über vier Billionen US Dollar, mehr als dreimal so viel wie in 2003, als *CLAAS* die Traktorsparte von *Renault* übernahm (Thomson Financial zitiert in Tschök und Klemen 2009, S. 341). Auch wenn die Subprime-Krise in 2008 aufgrund der hohen Risikozuschläge kreditfinanzierte Übernahmen von Finanzinvestoren ausbremste, werden Unternehmenskäufe und -zusammenschlüsse auch in Zukunft immer wieder Schlagzeilen machen. Auch die so genannten strategischen Investoren, die in der Regel ein Interesse daran haben, das akquirierte Unternehmen langfristig zu halten und ggf. sogar in die bestehende Organisation zu integrieren, sind in der Lage, große Akquisitionen zu realisieren. Jedes gut geführte Unternehmen sollte sich rechtzeitig mit diesem Thema auseinandersetzen und es in seine Unternehmens- und Markenstrategie aufnehmen. Studien belegen, dass mehr als die Hälfte aller M&A-Vorhaben scheitern (z. B. Gerds und Schewe 2014, S. 4), insbesondere aufgrund einer zu spät geplanten oder schlecht umgesetzten Integration. Dass Integration weit mehr als die reine organisatorische und IT- bzw. systemtechnische Eingliederung bedeutet, ist allgemein bekannt. Aber die tatsächliche Arbeit an der kulturellen Annäherung, an der markentechnischen (Neu-)Positionierung ist mühevolle Kleinarbeit in vielen Schritten, dauert eine Zeit und braucht den unbedingten Dialog mit allen Stakeholdern. Am Beispiel von *CLAAS* soll gezeigt werden, wie eine Integration in einem interkulturellen, deutsch-französischen Kontext zum Erfolg geführt werden kann. Nach den Erfahrungen aller Beteiligten ergeben sich elf Erfolgsfaktoren, die nachfolgend ausführlich dargestellt werden. Doch zunächst zur Situation der *CLAAS*-Gruppe vor der Akquisition.

2   *CLAAS*-Historie

Allen Ausführungen muss vorangestellt werden, dass *CLAAS* ein **klassisches Familienunternehmen** ist, gehalten und geführt von einer generationenübergreifend denkenden und handelnden Unternehmerfamilie. Das macht es selbstverständlich, dass *CLAAS* seit der Firmengründung in 1913 durch August Claas in Clarholz/Westfalen vor allem organisch gewachsen ist – getrieben durch technische Entwicklungen und Produktgestaltungen, die bis heute von einem tiefen Verständnis der Ernteprozesse geprägt sind. 1936 bringt *CLAAS* den ersten in und für Europa konstruierten Mähdrescher auf den Markt. In diesem Markt hat sich *CLAAS* gut behaupten können und ist seit Jahren europäischer Marktführer bei Mähdreschern und Weltmarktführer bei Selbstfahrenden Feldhäckslern. Auch im Markt der Futtererntemaschinen ist *CLAAS* gut positioniert, nicht in allen Märkten als mengenmäßiger Marktführer, aber klar im Premiumsegment marktgestaltend. Futtererntemaschinen sind aber ein Beispiel dafür, dass es in der Historie von *CLAAS* auch eine Reihe von Akquisitionen gab, z. B. 1969 die Übernahme der Landmaschinenfabrik *Josef Bautz* (heute *CLAAS* Saulgau GmbH) oder 1997 der Erwerb eines Werkes in Törökszentmiklós (Ungarn). „Saatengrün" nennen die Mitarbeiter von *CLAAS* die Farbe, die inzwischen zu einem Markenzeichen geworden ist. Die Menschen, die für *CLAAS* arbeiten, identifizieren sich stark mit der Marke *CLAAS*. Sie arbeiten in einem Familienunternehmen, in dem die Leidenschaft für Landwirtschaft eine große Bedeutung hat. Denn schließlich trägt der technologische Fortschritt in der Mechanisierung der Landtechnik auch dazu bei, dass die weltweit wachsende Bevölkerung in Zukunft ernährt werden kann und dass für die notwendige Abkehr von fossilen Rohstoffen durch alternative Lösungen aus Biomasse für die stoffliche und energetische Nutzung ein Beitrag geleistet werden kann.

3   Eigenes M&A-Know-how im Unternehmen

Zur Wachstumsstrategie von Unternehmen gehören natürlich kontinuierliche Erweiterungen, entweder in den Produkten und im Portfolio oder in Absatzkanälen und Märkten oder auch in beiden. Erfolgreiche Unternehmen halten sich zudem aber auch beständig vorbereitet für Akquisitionen, beobachten Marktveränderungen, sondieren potenzielle M&A-Partner. Laut einer Studie (Gerds und Schewe 2014) sind diejenigen Unternehmen erfolgreicher, die über einen eigenen M&A-Bereich verfügen und in regelmäßigen Abständen Transaktionen durchführen. M&A-Know-how gehört zu den Kernkompetenzen zur Sicherung der Wettbewerbsfähigkeit in einer globalisierten Wirtschaft. Nur fünf Prozent aller Manager in Deutschland sind jedoch auf das Thema M&A vorbereitet (Gerds und Schewe 2014). Deutsche Manager sind häufig nicht in der Lage, die hohe Komplexität der M&A-Prozesse und vor allem der Integration richtig einzuschätzen. Eine richtige Integration endet nicht schon nach den ersten einhundert Tagen. So wie jede kulturbedingte Veränderung bei Menschen Zeit braucht, wird auch jede Integration, bei der unterschiedliche Unternehmenskulturen aufeinandertreffen, mindestens eine Mitarbeitergeneration in Anspruch nehmen. Die besten Mitarbeiter müssen für die Integrationsarbeit begeistert, engagiert und zum Teil sogar phasenweise freigestellt werden.

Bei *CLAAS* existiert ein **eigener M&A-Bereich**, der zusätzlich die Themen Unternehmensentwicklung und strategische Markt- und Wettbewerbsbeobachtung verantwortet. Diese organisatorische Verzahnung stellt sicher, dass die Unternehmensstrategie auch M&A-Elemente enthält. Die eigene M&A-Mannschaft ist in der Lage, auch komplexe M&A-Projekte eigenständig zu managen.

Dieser Beitrag konzentriert sich auf die Integrationsphase. Dennoch ist ein kurzer Ab-
riss über die drei Phasen typischer M&A-Projekte sinnvoll:

- Strategieentwicklungsphase
- Transaktionsphase
- Integrationsphase

In der Strategieentwicklungsphase wird bei *CLAAS* gemeinsam mit den Geschäftseinheiten in einem projektorientierten Ansatz die Unternehmensstrategie entwickelt. Die strategischen Optionen werden bewertet und neben einer Stand-alone-Strategie (organisches
Wachstum) wird auch eine M&A-Strategie entwickelt. Daraus werden einzelne strategische Initiativen abgeleitet, die in unterschiedlichen Projektteams abgearbeitet werden. In
den M&A-relevanten Projektteams werden danach Anforderungsprofile für potenzielle
M&A-Targets entwickelt.

In der Transaktionsphase folgen dann Sondierungsgespräche. Es wird eine Vorprüfung
durchgeführt, ggf. ein unverbindliches, indikatives Angebot abgegeben und erst wenn das
Unternehmen genau den Vorstellungen von *CLAAS* entspricht, wird eine sehr ausführliche und sorgfältige Prüfung des Unternehmens veranlasst (Due-Diligence-Prüfung, zum
Überblick Berens et al. 2013). In der Due-Diligence-Phase wird auch der Integrationsplan
so weit vorbereitet, dass unmittelbar nach dem Closing die Integration beginnen kann.
Bevor die Phase der Integration am Beispiel von *Renault Agriculture* genauer beschrieben
wird, müssen die Situation und Beweggründe aufgezeigt werden, die Ausgangspunkt zur
Übernahme von *Renault Agriculture* waren.

4 Herausforderung der Marke *CLAAS* im Wandel der Landtechnik-Distribution

Der Landtechnikmarkt hat aus seiner Geschichte heraus eine Eigentümlichkeit, die es in
anderen Branchen selten gibt. Er ist zum Teil hoch fragmentiert, eher lokal geprägt und
zum Teil sehr konzentriert. Der Konzentrationsgrad hängt davon ab, wie stark die Maschinen und Geräte in den Boden eingreifen. Bodenbearbeitungsgeräte wie Pflüge oder
Grubber mussten immer exakt angepasst werden auf die lokale Bodenstruktur, um optimal
(und damit vor allem energieeffizient) zu funktionieren. Die Anbieter mussten den Boden,
der tatsächlich regional deutliche Unterschiede aufweist, verstehen und „lesen" können.
Ein paar Kategorien wie „lehmig", „sandig" oder „tonerdig", für die man entsprechende
Produktlinien anbieten könnte, reichen nicht aus. Dies macht eine überregionale Skalierung für solche Anbieter bis heute besonders aufwändig. Entsprechend können Anbieter
von Geräten, die tief in den Boden eingreifen, nur in den Regionen präferierte Anbieter
werden, in denen sie die Bodenverhältnisse genau verstehen. Je weniger die Maschinen
allerdings in den Boden eingreifen, desto unabhängiger werden sie in ihrer regionalen Vermarktung. Traktoren fahren im Prinzip überall – wenngleich es auch dort Spezifika gibt,

die aber leichter kategorisierbar sind. Erntemaschinen können ebenfalls mit entsprechend angepassten Erntevorsätzen fast überall eingesetzt werden. Das Gleiche gilt für Feldspritzen und Düngerstreuer. Anbieter solcher Maschinen konnten also mit überschaubarem Aufwand ihre Internationalisierung vorantreiben.

Die Marktentwicklung der vergangenen 20 Jahre zeigt dies. *CLAAS* und besonders seine größten Wettbewerber haben die Internationalisierung und Arrondierung ihres Produktportfolios massiv vorangetrieben. Was *CLAAS* von diesen Mitbewerbern unterschieden hat, war die konsequente Fokussierung auf die Erntetechnik. Aus dem Kompetenzschwerpunkt und dem Markenkern der Marke *CLAAS* heraus war dies die richtige Strategie. Der Erfolg von *CLAAS* im Feld der Erntetechnik bestätigt das. Obwohl einige Wettbewerber am Umsatz gemessen größer sind und obwohl sie alle Erntemaschinen in ihrem Programm haben, kann *CLAAS* bis heute die Marktführerschaft in vielen Gebieten der Welt und in jedem Fall die Kompetenzführerschaft verteidigen.

Eine andere Eigentümlichkeit des Landtechnikmarktes aber führte dazu, dass *CLAAS* aus der Fokussierung heraus die Verbreiterung des Produktsortiments angehen musste. Dies hat mit dem hochfragmentierten, lokal geprägten Handel zu tun. Viele heutige Landtechnik-Händler sind aus dörflichen Schmieden hervorgegangen, die zu der Zeit vor der Motorisierung in der Landwirtschaft entstanden sind. Mit der Motorisierung kamen dann die Traktoren zum Sortiment. Die Schmiede, die Neuprodukte produzierte und für Reparatur und Service bereitstand, ergänzt das Angebot um Handelsprodukte. Mit der hochdynamischen Entwicklung im Zuge der Motorisierung nahm der Handel und der anschließende Service so viel Raum ein, dass aus der Schmiede der Landtechnik-Händler wurde – mit dem seit dieser Zeit traditionellen Fokus auf den Traktor. Einige Jahre später erfasste die Technologieentwicklung auch die Erntetechnik.

CLAAS war hier, wie beschrieben, Vorreiter im europäischen Raum in der Entwicklung von „Selbstfahrern", also Mähdreschern, die eine eigene Motorisierung hatten und nicht länger von Traktoren gezogen wurden. Erntetechnik von *CLAAS* wurde für die Händler zu einem wichtigen zweiten Standbein, das jeweils etwa ein Viertel ihres Umsatzes ausmachte, während der Traktor gut ein Drittel zum Umsatz beitrug. Ein Gleichgewicht, das über viele Jahre gut funktionierte und das von *CLAAS* entsprechend gepflegt wurde. Die Traktorenmarke stand in der Wahrnehmung der Kunden – unabhängig von ihrer jeweiligen Positionierung und Image-Wertung – dennoch traditionell etwas im Vordergrund. Mit dieser leichten Dominanz in der Markenpräsenz konnte sich *CLAAS* allerdings gut arrangieren, solange die Traktorenmarken ihrerseits unabhängig waren bzw. ihre Marke vornehmlich auf Traktoren beschränkt blieb. So entstand international ein buntes Bild: *Ford* war der wichtigste Partner in Großbritannien und Nordamerika, *Renault* in Frankreich, *Volvo* in Skandinavien, *Fiat* im südlichen Europa und in Westdeutschland die Marke *Deutz* und *Fendt*. *CLAAS* konnte sich als Erntespezialist jeweils eine klar abgegrenzte eigene Positionierung als Premiumanbieter erarbeiten.

Der Konsolidierungs- und Globalisierungsprozess der letzten zwei Dekaden aber veränderte die Situation. Wie in einer Kettenreaktion zerbrachen für *CLAAS* diese Kooperationen im Händlernetz. Denn durch Fusionen und Akquisitionen bildeten sich Markengruppen, die eine oder sogar mehrere Traktorenmarken und zusätzlich eben auch Ernte-technik-Marken bündelten. Partner mutierten zu Konkurrenten. Die erste Irritation entstand zum Beispiel, als *Deutz* die Firmen *Fahr* und *Ködel & Böhm* kaufte, beide auch Mähdrescherhersteller. Wenig später brachte *Ford* seine Traktordivision in die Firma *New Holland* ein, die ein komplettes Mähdrescherprogramm im Angebot hatte – das Ende einer langjährigen Kooperation in Nordamerika. *Ford/New Holland* wurde bald darauf von *Fiat* übernommen. Sämtliche Händlerkooperationen mit *Fiat* mussten neu geordnet werden. *CLAAS* fand in *Case* einen guten Ersatzpartner für den amerikanischen Markt. Aber auch diese Zusammenarbeit wurde irritiert durch den Kauf von *IHC* (International Harvester Company) durch *Case*. Wieder hatte ein Traktorenhersteller eine komplette Mähdrescher-reihe gekauft. Im Heimatmarkt Deutschland und Kerneuropa wurde die nach der Trennung von *Deutz* fruchtbare Zusammenarbeit mit *Fendt* massiv ausgebremst, als kurz nach dem Tod des Eigentümers die Firma *Fendt* an eine amerikanische Unternehmensgruppe verkauft wurde. Von solchen Gruppen wird den Händlern seitdem eine ausreichende Palette an Produkten und Marken geboten, die als Businessmodell hinreichend attraktiv sind. So sind sie in der Lage, ihr Distributionsnetz konsequent mit Exklusivhändlern auszubauen, vielleicht mehrere Marken im Angebot zu haben, aber alle von einem Hersteller.

Die Alternative für *CLAAS* war ehrgeizig, aber die einzig sinnvolle Lösung, die langfristig einen erfolgreichen Fortbestand der Premiummarke *CLAAS* sichern konnte: der breite Einstieg in den Traktorenmarkt – entweder unter einer Zweitmarke (wenn die zu akquirierende Traktorenmarke international ausreichend Reputation und Potenzial hätte) oder unter der Marke *CLAAS*, was für die Markenwahrnehmung eine signifikante Erweiterung bedeutete. Damit verbunden ist der analoge Aufbau eines eigenen Netzwerks von Exklusivhändlern, die authentisch *CLAAS*-Händler mit breitem Sortiment sind: Händler, die die Markenqualität in Erntemaschinen, in Traktoren und in der Heuwerbung bzw. bei Futtererntemaschinen repräsentieren.

CLAAS hatte sich bereits Jahre vor dem Einstieg bei *Renault Agriculture* mit der Entwicklung eigener Spezialtraktoren beschäftigt. Einvernehmlich konzentrierten sich die Ingenieure auf hochwertige, leistungsstarke und komfortable Maschinen, weil dies dem Anspruch und der Kompetenz der Marke entspricht. Denn so hatte *CLAAS* schon immer Märkte mitgestaltet – nicht über das Volumengeschäft, sondern über die Technologieführerschaft. Entwicklung und Bau von Traktorenmodellen in Leistungssegmenten, in denen bereits starker Wettbewerb und Preisdruck bestand, konnte für *CLAAS* kein gewinnbringendes Investment sein. Anders im Top-Segment der leistungsstarken Maschinen mit neuen Technologiekonzepten (vier gleichgroße Räder, Vollrahmenkonzept, mittig angeordnete Kabine, intelligentes, möglichst stufenloses Getriebe). Hier konnte *CLAAS* ein exklusives Segment erschließen, das heute die Basis für nachhaltiges Wachstum darstellt, weil der Bedarf nach mehr Leistung, mehr Effizienz und mehr Agilität stetig zunimmt – besonders in osteuropäischen Märkten: das Segment der 4×4-Großtraktoren.

Parallel zur Eigenentwicklung ergab sich aus einer intensiven Kooperation mit *Caterpillar* die Option zur Adaption und Vermarktung von Raupenschleppern im europäischen Markt. Auch hier ging es um besondere Leistungsfähigkeit im Feldeinsatz. *CLAAS* konnte mit den für europäische Einsatzbedingungen spezifizierten Modellen eine Reihe von landwirtschaftlichen Großbetrieben überzeugen. Allerdings stieß der Markt schnell an Grenzen. Raupenschlepper der bisherigen Bauart brauchen Systembedingungen, die, zumindest in Westeuropa, nie mehr als einen Nischenmarkt ermöglichen. *CLAAS* wollte jedoch mehr als diesen möglichen Nischenmarkt besetzen. Deshalb verfolgten die Techniker ebenfalls eigene radgetriebene Konzepte weiter.

Zurück zu den sich verändernden Marktbedingungen: Die Konzentrationsentwicklung in der Landtechnikbranche, die Fusionen zu größeren Markengruppen, entwickelte sich Ende der neunziger Jahre und um die Jahrtausendwende schneller als je zuvor. Die Traktoren-Marken derjenigen Händler, die auch das Sortiment von *CLAAS* führten, wurden durch die Übernahmen zunehmend Teil des Sortiments der großen Wettbewerber. Und diese Wettbewerber setzen seitdem folgerichtig auf ein Netzwerk von Exklusivhändlern. Damit *CLAAS* also nicht perspektivisch „Zweitmarkenpartner" im Händlernetz würde, ging es darum, ein ebenso starkes Distributionsnetzwerk zu bilden, in dem *CLAAS* treibende Marke mit einem ausreichend breiten Produktsortiment ist. Die Absicherung und der Ausbau des Vertriebs in Frankreich, dem größten Landwirtschaftsmarkt Westeuropas, waren weitere Gründe und ein wesentliches Argument für das Engagement bei *Renault Agriculture*. Das dichte Netz der *Renault-Agriculture*-Händler in Frankreich vertrat traditionell auch die Erntemaschinen von *CLAAS*. Insofern hätte die Übernahme dieser Traktorensparte durch einen Wettbewerber wiederum die aufwändige Neuordnung des *CLAAS*-Vertriebs, diesmal in Frankreich, notwendig gemacht.

5   Transaktion mit *Renault*

In 2002 ergaben sich Gespräche mit *Renault* über eine mögliche Veräußerung des Landtechnikbereichs. Für die Traktorsparte, die traditionell einen starken lokalen Schwerpunkt in Frankreich hatte, ergaben sich durch das internationale Vertriebsnetz von *CLAAS* zusätzliche Wachstumschancen und *CLAAS* konnte sein Programm erweitern und somit seine Attraktivität im Vertrieb erhöhen. Die strategische Logik war gegeben. Doch bevor der kostenintensive Prozess der Due-Diligence-Prüfung durchgeführt wurde, startete *CLAAS* mit einem kleinen Team eine Vorprüfung vor Ort. Dieses Team hat daraufhin kurzfristig ein mögliches Geschäftskonzept, einen groben Business-Plan und eine erste Unternehmensbewertung erstellt. Außerdem wurde die Transaktion auf mögliche Synergien und vor allem auf die Integrationsfähigkeit hin überprüft. In dieser frühen Phase waren auch die ersten Ideen für eine erfolgreiche Markenintegration geboren. Nach der Vorprüfung war bereits vorgezeichnet, dass die Traktoren künftig den Namen *CLAAS* tragen würden. Entsprechend wurde die Due Diligence geplant. Es musste sorgfältig geprüft werden, ob die Traktoren technologisch und qualitativ den hohen Kundenanforderungen von *CLAAS* gerecht werden konnten und ob das Markenimage der *Renault*-Traktoren mit dem Markenimage der Erntemaschinen von *CLAAS* kompatibel sein konnte. Entscheidend waren in dieser Akquisitionsphase auch die Prüfung der Unternehmenskultur und der In-

Abb. 1 Vertragsunter-
zeichnung zwischen *Renault*
Agriculture SAS und der
CLAAS KGaA

tegrationsmannschaft. Noch im Herbst 2002 erfolgte eine ausführliche Due-Diligence-Prüfung, die dann in verschiedenen Verhandlungen bis Ende Februar 2003 in einen Vertragsabschluss mündete. Der Integrationsplan war in der Due-Diligence-Phase detailliert vorbereitet worden und wurde in wichtigen Eckpunkten bereits Bestandteil des Kaufvertrages. Das Closing, d. h. die Kaufpreiszahlung und die Übertragung von 51 % der Anteile an *Renault Agriculture* an *CLAAS,* konnte bis Ende April 2003 realisiert werden (vgl. Abb. 1).

6   Integration

6.1   Integrationsvorbereitung

Schon während der **Due-Diligence-Prüfung** wurde die Integration sorgfältig vorbereitet, denn immerhin handelte es sich um die größte Akquisition in der Unternehmensgeschichte, bei der fast die Hälfte des damaligen *CLAAS*-Umsatzes (1,3 Mrd. € in 2002) durch die erworbene Traktorsparte dazukam. „Growing together" war das Motto der Integration, welches auf zweierlei Weise zu interpretieren war. Zum einen sollte es *Renault Agriculture* und *CLAAS* gemeinsam gelingen, profitabel zu wachsen, und zum anderen war es das erklärte Ziel der Post-Merger-Phase, einen hohen Integrationsgrad zu erreichen und daher markentechnisch und kulturell (im Sinne gemeinsamer Identifikation mit diesem dann einen Unternehmen) zusammenzuwachsen. Die frühzeitige Entwicklung dieser wertorientierten Strategie und der klaren Strukturen gehört zu den notwendigen Vorbereitungen. Außerdem hängt der Erfolg einer Integration davon ab, die richtigen Dinge möglichst effizient und schnell auf den Weg zu bringen. Das gelingt nur mit einem hoch motivierten, proaktiven Projektteam und Mitarbeitern, die den Wandel positiv begleiten, wandlungsfähig und -bereit sind. Eine wichtige Voraussetzung für die Integration insbesondere von großen Organisationen ist auch die Existenz von gut dokumentierten und aktuellen Prozessbeschreibungen, Richtlinien und sonstigen Unternehmensstandards. Gerade in der Anfangsphase sind klare Regeln erforderlich, um wertvolle Zeit zu sparen und den Mitarbeitern in der akquirierten Organisation unmittelbar Orientierung zu geben. Für ein Unternehmen, das nicht regelmäßig Integrationsprojekte in vergleichbarer Größenordnung durchführt, empfiehlt es sich zudem, integrationserfahrene Projektberater zu engagieren.

6.2 Kommunikation des Integrationsziels

Zunächst wurde das Ziel, gemeinsam zu wachsen, an alle Mitarbeiter von *CLAAS* und *Renault Agriculture* kommuniziert. Unmittelbar nach einer Akquisition entstehen typischerweise viele Unsicherheiten bei den Mitarbeitern über deren Zukunft. Das Risiko ist hoch, gute Mitarbeiter zu verlieren. Da der Zusammenschluss von *CLAAS* und *Renault Agriculture* aufgrund der weltweit stabilen Aufwärtsentwicklung im Landtechnikmarkt jedoch nicht darauf abzielte, Mitarbeiter abzubauen, sondern weiter zu wachsen, gab es faktisch keinen Grund zur Sorge. Diese Logik wurde bei jeder Gelegenheit immer wieder kommuniziert. Die klare, offene und starke Kommunikation der bereits detailliert festgelegten Veränderungen durch das *CLAAS*-Top-Management bildete eine gute Voraussetzung für die weiteren Schritte. Darüber hinaus wurden symbolisch Zeichen für die Akquisition gesetzt (vgl. Abb. 2).

Abb. 2 Erste „Zeichen" für die Akquisition am Stammwerk von *Renault* in Le Mans

6.3 Projektorganisation

Schnelle Entscheidungen waren notwendig, um die angedeuteten Unsicherheiten Schritt für Schritt zu beseitigen und den gemeinsamen Wandel voranzutreiben. Zu diesem Zweck wurde ein „Program Office" eingerichtet, in dem Vertreter des Top-Managements von *CLAAS*, *Renault Agriculture* und der Integrationsberater gemeinsam wöchentlich über die Lösungsvorschläge zu entscheiden hatten, die von den Integrationsteams erarbeitet wurden. Die Teams hatten jeweils eine Doppelspitze mit Vertretern aus dem mittleren Management von *Renault Agriculture* und *CLAAS*. Entscheidungen mussten gemeinsam getroffen werden. Die „Schiedsrichterfunktion" übernahm das Program Office, in dem die beste Lösung zu bestimmen war. Durch diese parallele Organisation war sichergestellt, dass das Kerngeschäft von *CLAAS* auch weiter im Fokus blieb. Das Top-Management von *CLAAS* hatte häufig den direkten Draht zu den Integrationsteams und war in der Lage, schnell zu reagieren. Ein straffes Projektmanagement mit einem wöchentlichen Berichtswesen über den Projektfortschritt (mit Ampelfunktion bzgl. des jeweiligen Status) wurde eingeführt. Und die Mitarbeiter von *CLAAS* und *Renault Agriculture* wurden alle zwei Wochen über den Newsletter „update", der auch Mitarbeiterinterviews enthielt, über den Integrationsfortschritt, kulturelle Besonderheiten in Frankreich und Deutschland und über besondere Integrationsleistungen informiert.

6.4 Kulturelle Unterschiede

Um möglichst schnell Verständnis für die kulturellen Unterschiede zu entwickeln, waren regelmäßige, mindestens zweiwöchentliche Treffen der Teams vor Ort in Frankreich und Deutschland ein Muss. Diese Treffen wurden explizit vom Top-Management eingefordert. Jeder Projektleiter hatte eine direkte Berichtslinie zu einem der Top-Manager als „Sponsor" aus dem Program Office. Zudem gab es tägliche Telefonkonferenzen der Teams. Die Projektsprache war Englisch, um mögliche Sprachkonflikte zu vermeiden und eine neutrale Sprache zu verwenden. Die Umsetzungsgeschwindigkeit konnte durch die erhöhte Akzeptanz, das Vertrauen und die damit verbundene erhöhte Wandelbereitschaft wesentlich gesteigert werden. Die Förderung des gegenseitigen Verständnisses wurde zusätzlich durch Seminare für die Projektmitglieder sichergestellt, in denen die kulturellen und sonstigen Besonderheiten im Geschäftsleben der beiden Länder Deutschland und Frankreich gegenübergestellt wurden. Für das mittlere und das Top-Management von *Renault Agriculture* und *CLAAS* gab es zu Beginn der Integration eine gemeinsame Segeltour, bei der wichtige persönliche Kontakte entstanden.

6.5 Nutzung und Überleitung des vorhandenen Reportings

Direkt nach dem Closing, noch bevor die offiziellen Integrationsteams sich gebildet hatten, gab es ein gemeinsames Treffen in Paris mit den Managern aus dem Finanzbereich von *Renault Agriculture* und *CLAAS*. Dort hatten die Kollegen die erste Gelegenheit zu einer persönlichen Vorstellungsrunde und einem ersten Erfahrungsaustausch. Diese Gelegenheit wurde sofort dazu genutzt, den groben Umfang der von *CLAAS* zu erwartenden Monatsberichte, Termine und die Bilanzierungsstandards (US-GAAP) vorzustellen. Innerhalb von drei Wochen wurde dann unter höchstem Zeitdruck mit dem Team Finanzen das bei *Renault Agriculture* vorhandene Berichtswesen auf die *CLAAS*-Standards übergeleitet. Das frühzeitige „Andocken" des vorhandenen Reportings ist wichtig, um mögliche operative Probleme schnell transparent zu machen und unverzüglich gegensteuern zu können. Die ersten Wochen nach einer Übernahme sind besonders kritisch bzgl. möglicher operativer Nachlässigkeiten im übernommenen Geschäft. Die vorhandenen Systeme und Methoden sollten aber gerade in der Anfangsphase weitergeführt werden, weil eine sofortige Komplettumstellung zu lange dauern und ggf. zu nicht überschaubaren Risiken führen kann. Kleine, überschaubare Schritte sind hier gefragt. Zunächst müssen die Besonderheiten des übernommenen Geschäfts hinreichend bekannt sein. Erst wenn die Auswirkungen der Veränderung sicher abgeschätzt werden können, dürfen Systeme und Prozesse geändert werden. Dementsprechend wurden sämtliche EDV-Systeme erst zwei Jahre nach der Akquisition vollständig auf das *CLAAS*-System (*SAP*) umgestellt.

6.6 Reorganisation des Vertriebs

Ein Jahr nach der Akquisition wurde die größte Vertriebseinheit von *Renault Agriculture*, die für Frankreich zuständig war, mit der französischen Vertriebsgesellschaft von *CLAAS* zusammengeführt (vgl. Abb. 3).

Außerdem wurden die 22 eigenen Vertriebsniederlassungen von *Renault Agriculture* in eine Tochtergesellschaft eingebracht (carve-out), die daraufhin ein eigenständiges Management, unabhängig von *Renault Agriculture*, erhielt. Die regionalen Zuständigkeiten der französischen Händler, teilweise im Eigentum von *CLAAS*, mussten neu definiert werden. Viele der übernommenen Händler hatten bereits *CLAAS*-Erntemaschinen im Angebot. Es ergab sich für *CLAAS* jedoch in Frankreich auch ein zusätzliches Potenzial, insbesondere im Bereich der Futtererntemaschinen. *Renault* galt in Frankreich bei Traktoren als Premiummarke mit der größten Population im Markt. Daher war hier in der Markenumstellung eine hohe Sensibilität gefragt. Die bei *CLAAS* typische gesellschaftsrechtliche Trennung von Produktverantwortung und Vertriebsverantwortung wurde in Frankreich ein Jahr später als im internationalen Vertrieb realisiert. Für jedes Land wurde eine individuelle Lösung im Vertrieb erarbeitet. Die Mitarbeiter der deutschen Vertriebstochtergesellschaft von *Renault Agriculture*, die in Deutschland noch keine nennenswerte Position aufgebaut hatte und daher geschlossen wurde, übernahmen die *CLAAS*-Ver-

Abb. 3 Zusammenführung der Händlernetze von *Renault* und *CLAAS*

triebsgesellschaft. In vielen Ländern waren *Renault Agriculture* und *CLAAS* entweder mit Importeuren oder eigenen Tochtergesellschaften präsent. Es gab also unmittelbar nach der Akquisition zahlreiche Überlappungen. Mit allen Beteiligten wurde immer die beste Lösung erarbeitet und schnell umgesetzt. Den Mitarbeitern konnte in der Regel ein Übernahmeangebot gemacht werden. Die nicht mehr benötigten Tochtergesellschaften wurden entweder verkauft oder geschlossen und Verträge mit Importeuren beendet, um vertriebsseitig einen gemeinsamen *CLAAS*-Auftritt zu realisieren. Entscheidend war die schnelle Umsetzung. Die typischerweise nach einer Zusammenführung zweier Vertriebsorganisationen entstehenden Unsicherheiten im Vertrieb konnten somit auf ein Minimum reduziert werden. In nur wenigen Jahren nach der Akquisition hat sich das internationale Traktorgeschäft so gut entwickelt, dass *Renault Agriculture* (seit Juli 2008 *CLAAS Tractor*) den Exportanteil verdoppeln und *CLAAS* im Erntegeschäft weiter wachsen konnte. Die größten Integrationsbarrieren bestanden bei der Veränderung der Verantwortungsbereiche der Manager und Mitarbeiter, nicht bei der Umstellung von Systemen.

6.7 Markenmanagement im Integrationsprozess

Für die Marke *CLAAS* war die Akquisition von *Renault Agriculture* in doppelter Hinsicht ein Meilenstein. Die „Erntemaschinen"-Marke mit eindeutigem Schwerpunkt auf Mähdreschern und Feldhäckslern (bei denen *CLAAS* auch heute und zukünftig eine führende Stellung auf dem Weltmarkt einnimmt) arrondiert sich nicht nur um einige weitere Ernte-Spezialmaschinen, sondern betritt, wie bereits beschrieben, ein neues Gebiet: das von Wettbewerber-Marken besetzte Traktoren-Feld. Die in der Landtechnik-Branche übliche Unterscheidung in „Full-Liner" (Traktoren, Anbaugeräte und ergänzende Erntemaschinen) und „Short-Liner" (Anbieter von speziellen Landmaschinen, jedoch keine Traktoren) wurde mit der Akquisition um eine Variante bereichert. Denn bei *CLAAS* bleibt das angestammte Feld der Erntemaschinen dominante Mitte der Marke, die Traktoren aber sind keine marginale Ergänzung des Portfolios, sondern integraler Bestandteil in einem umfassenden Arbeitsprozess – für all jene Aufgaben, die zu einer guten Ernte beitragen. Damit sämtliche notwendigen Arbeitserledigungen perfekt ineinandergreifen, optimal aufeinander abgestimmt sind, komfortabel und effizient erledigt werden können, entwickelt *CLAAS* Maschinen vom Standpunkt des Arbeitssystems, nicht des Antriebssystems aus. Hier hat ein Traktor seinen Platz – als Zugmaschine für Anbaugeräte, als Geräteträger oder als Logistik-Unterstützung. Genauso aber sind selbstfahrende Erntemaschinen Teil dieses System-Ansatzes, der in der Summe die beste Arbeitserledigung im Ernteprozess großer landwirtschaftlicher Betriebe gewährleistet.

Um diesen Ansatz des integrierten Arbeitssystems zum Ausdruck zu bringen, war es wichtig, auch bei antriebsdominierten Traktoren Zeichen zu setzen – schneller, als es Dogmatikern einer klaren und ehrlichen Marke vielleicht lieb sein mochte. Denn nur wenige Monate nach der Übernahme entschieden sich Management und Gesellschafter von *CLAAS*, die Traktoren auf das *CLAAS*-typische Erscheinungsbild umzustellen (vgl. Abb. 4 und 5). Für eine begrenzte Phase bedeutete dies ganz bewusst, dass noch nicht drinsteckte, was draufstand – zunächst in allen Märkten außerhalb Frankreichs, ein Jahr später jedoch auch auf dem Heimatmarkt der traditionsreichen Marke *Renault Agriculture*.

Diese markentechnische Unklarheit aber wurde überstrahlt von einem klaren Commitment des Gesellschafters *Helmut Claas*, das allen wichtigen Stakeholdern entsprechend deutlich kommuniziert wurde (sinngemäß zitiert): Ich meine es ernst mit dem Engagement bei *Renault Agriculture*. Ich lasse meinen Namen auf die Produkte schreiben, weil ich dazu stehe. Und ich verspreche, dass wir als gesamtes Team der *CLAAS*-Gruppe unsere Kompetenzen bündeln werden, um für die Traktoren den gleichen Qualitätsstandard sicherzustellen, den unsere Kunden von den anderen *CLAAS*-Produkten gewöhnt sind.

Abb. 4 Vereinheitlichung des Brandings bei noch getrennten Produkten (1. Phase)

Abb. 5 Parallelität der Produktgestaltung (1. Phase)

Ein Unternehmer bürgt mit seinem Namen – bemerkenswerter Mut in einer solchen Phase, Herausforderung für das Markenmanagement, den integrierten Bereich in richtiger Weise, aber nicht zu lange zu subventionieren, und hoher Anspruch an Ingenieure und Techniker bezüglich der zügigen Angleichung der Standards in Qualität und Technologie. Heute, einige Jahre später, hat sich dieser Mut ausgezahlt. Neue Modelle mit weitreichend erneuerter Technologie sind als authentische *CLAAS*-Traktoren im Markt eingeführt, neue Kundensegmente und Märkte sind erschlossen, der System-Anbieter von Maschinen für umfassende Ernteprozesse unterstreicht im jeweiligen Wettbewerbsumfeld konsequent seinen Premium-Anspruch. Aber die Herausforderung an die Marke bleibt: *CLAAS* ist Technologie- und zum Teil Weltmarktführer bei Erntemaschinen mit einem bekannt erstklassigen Service und prompter Ersatzteilversorgung. *CLAAS* hat aber nicht das Ziel, mengenmäßig führend im Volumensegment der Traktoren zu sein, sondern sich als anspruchsvoller Anbieter technologisch hochwertiger Traktoren, vornehmlich für angestammte *CLAAS*-Kunden, zu etablieren. Diese Dualität gilt es klug zu managen.

Etwas Anderes ereignet sich quasi von selber und bereichert die Marke: Die Traktoren unterstreichen die Sichtbarkeit und Positionierung der Marke, sie werden „selbstverständlich *CLAAS*" – ein Prozess, der andauert. Denn mit Traktoren ist die Marke in doppelter Hinsicht viel präsenter. Traktoren werden, anders als Erntemaschinen, über die reine Erntesaison hinaus ständig genutzt, sind also für Kunden und für das Umfeld beständig wahrnehmbar. Aus dem nur in der Erntezeit präsenten Spezialisten *CLAAS* wird zusätzlich der Alltagshelfer. Zudem erschließen sich mit Traktoren für die Marke nun konsequent Kundensegmente, die bisher lediglich mit dem Teilsortiment der Grünlandbearbeitung und Heuwerbung bedient wurden. Kleinere Viehbetriebe und Nebenerwerbslandwirte sind potenzielle Kunden, die sich nun deutlich intensiver mit der Marke *CLAAS* umgeben. Der Großmaschinen-Anbieter *CLAAS* ist nun auch für diejenigen interessant und kaufbar, für die *CLAAS* bisher nur in sehr engen Grenzen erforderlich oder erreichbar war. Deren Markenloyalität aufzubauen, zu binden und zu nutzen, ist eine erfrischende Zusatzaufgabe für das Markenmanagement der nächsten Jahre.

Gleichzeitig, und das war der zweite Meilenstein, hat die Integration von *Renault Agriculture* einen andauernden, vornehmlich gruppeninternen Effekt. *CLAAS* war bereits vor 2003 ausgesprochen exportgetrieben und produzierte Maschinen und Komponenten in ausländischen Fabriken. Die großen Entwicklungs- und Produktionsstandorte in Frankreich befördern seit der Akquisition allerdings einen kulturellen Prozess, der andauert. Mit der Integration wird aus der deutschen, ja westfälischen Marke auf dem Weltmarkt eine multilokale, zunehmend internationale Marke mit deutschen Wurzeln. Traktoren, zumindest ein großer Anteil des Traktoren-Portfolios von *CLAAS* sind „made by *CLAAS*", aber ebenso eindeutig „made in France". *CLAAS* als Marke ist nicht länger gleichbedeutend mit „made in Germany" – zumindest nicht für alle Teile des Produktportfolios. Das hatte und hat Auswirkungen auf die Positionierung im vertrieblichen Umfeld. Noch mehr aber hat es seit der Akquisition von *Renault Agriculture* Auswirkungen auf die mentale Haltung aller Mitarbeiter in der *CLAAS*-Gruppe. Nicht aus der Zentrale in Harsewinkel allein kommt die Technologie, stammen alle Innovationen, mit denen *CLAAS* sich im Weltmarkt behauptet. Im Gegenteil: mehrere Kompetenz-Zentren innerhalb der Gruppe sorgen im Verbund, in enger Abstimmung für den technologischen Fortschritt. Die französischen Standorte sind und bleiben Kompetenz-Zentrum für Traktoren, ergänzt um Expertise aus Harsewinkel und aus anderen Standorten. Diese vernetzte Entwicklungsarbeit braucht eine Kultur des Respekts, der Achtung der jeweiligen Kompetenzen und der verteilten Intelligenz. Das Bekenntnis zur multilokalen Marke ist bei *CLAAS* keine Akklamation, sondern ein Programm der kulturellen Entwicklung als Unternehmen, das weiter wachsen will. Denn damit bereitet sich die Unternehmensgruppe vor, weitere Gelegenheiten für Akquisitionen auf dem Weltmarkt zu nutzen und die damit einhergehende Integrationsarbeit wiederum erfolgreich zu bewerkstelligen.

6.8 Post-Integrationsphase

Der Präsident von *Renault Agriculture* wurde nach der Akquisition in das Top-Management-Team von *CLAAS* aufgenommen und begleitete die Integration in dieser Rolle. Anfang 2006 erhöhte *CLAAS* seinen Anteil bereits auf 80 %. Nachdem etwa ein Jahr nach der Übernahme die wesentlichen organisatorischen Veränderungen umgesetzt waren und die formale Integrationsorganisation aufgelöst wurde, konnte durch die Teilnahme des Präsidenten an den Top-Management-Meetings immer noch sichergestellt werden, dass den Besonderheiten von *Renault Agriculture* Gehör verschafft wird. Gleichzeitig war der Präsident der beste Garant dafür, dass der von ihm in der Due-Diligence-Phase erstellte Business-Plan auch in Frankreich immer im Fokus blieb. Und um die Situation in Frankreich vor Ort immer mit einem *CLAAS*-Blick im Auge behalten und Fehlentwicklungen frühzeitig erkennen zu können, haben in einem begrenzten Umfang *CLAAS*-Mitarbeiter vor Ort operative Verantwortung übernommen, ohne das *Renault-Agriculture*-Management zu entmachten. Die Integration wurde so weit wie möglich mit den vorhandenen französischen Managern umgesetzt. Das sorgte für Stabilität und Kontinuität, wenn auch in Einzelfällen Einschnitte notwendig waren. Die richtigen Personalentscheidungen spielen gerade in der Integrationsphase eine herausragende Rolle. In dieser Phase müssen falsche Entscheidungen unmittelbar und ohne falsche Kompromisse korrigiert werden, weil die Gefahr des Scheiterns der Integration sonst zu groß ist.

Auch wenn, wie beschrieben, das Erscheinungsbild der Traktoren bald nach der Übernahme umgestellt wurde, der juristische Unternehmensname *Renault Agriculture* wurde erst 2008 auf „*CLAAS Tractor*" umgestellt, nachdem *CLAAS* 100 % der Anteile übernommen hatte. Diese Umstellung war der symbolische nachträgliche Vollzug dessen, was in den vergangenen Jahren bereits intensiv vorangetrieben wurde, dass nämlich die Mitarbeiter von *Renault Agriculture* jetzt vollständig in die „*CLAAS* Familie" aufgenommen sind, „Claasianer" werden nun nicht länger „RAler" bleiben. Konsequenterweise wurde in der bis ca. 2015 andauernden „Polishing-Phase" des Integrationsprozesses jeder Hinweis auf den alten Unternehmensnamen ausgetauscht. Nun wird kein Aufbrauchen alter Aufkleber oder Formulare, kein Auftragen alter Kittel, kein *Renault*-Orange in irgendwelchen Ecken mehr geduldet. Keine Kisten für Ersatzteile und Zulieferteile von Lieferanten tragen länger das alte Label. Konsequenz bis ins Detail tilgt jetzt jede Reminiszenz. Nach Jahren des Übergangs müssen irgendwann klare Schnitte folgen, wenn der Boden dafür bereitet ist. Die kulturelle Integration, die weit über dieses Sichtbare hinausgeht, steht noch einige Jahre auf der Agenda von *CLAAS* und wird weiterhin die Kommunikations- und Markenarbeit aller am Prozess Beteiligten bestimmen. Der Charakter und der Anspruch des Familienunternehmens bleiben unveränderte Grundlage.

7   Fazit: Erfolgsfaktoren einer Integration

Zusammenfassend hier die wichtigsten Erfolgsfaktoren aus der Sicht des Autors:

1. Offene, klare und wirksame Kommunikation zwischen Top-Management und allen Beteiligten.
2. Aufsetzen eines mit hoher Aufmerksamkeit des Top-Managements versehenen Integrationsteams mit gestaltungsstarken Mitarbeitern, die über exzellente Kenntnis des eigenen Unternehmens verfügen, und Beratern mit Integrationserfahrung, die ausschließlich für das Projekt zur Verfügung stehen.
3. Bereitschaft und Fähigkeit zum Wandel muss auf beiden Seiten vorhanden sein oder entwickelt werden können.
4. Hohes Integrationstempo, begleitet von einer Meilensteinplanung und einem regelmäßigen Berichtswesen über den Projektfortschritt.
5. Kulturelle Unterschiede müssen transparent gemacht werden, um gegenseitiges Verständnis und Vertrauen zu entwickeln.
6. Frühzeitige Entwicklung einer klaren wertorientierten Strategie und geeigneter Strukturen.

7. Umfassende Due-Diligence-Prüfung in ausreichender Tiefe und eine frühzeitige Kontrolle über die Finanzen und das Berichtswesen.
8. Die richtigen Dinge tun, individuell angepasst an die Mitarbeiter und die Organisation.
9. Standardprozesse und -systeme sind sehr hilfreich als Basis für das Reengineering.
10. Unsicherheiten schnell ausräumen, die Positionierung der Marke zügig klären und kommunizieren, Geschichten dieser neuen (gemeinsamen) Marke erzählen, bebildern, erlebbar machen.
11. Nach einiger Zeit des gegenseitigen Vertrauensaufbaus ein klarer Schnitt mit allen Reminiszenzen an die alte Marke, die ehemalige Unternehmung.

Über diesen Erfolgsfaktoren steht allerdings ein weit wichtigerer, entscheidender Grund für den Erfolg. Der unbeirrbare Wille eines Gesellschafters bzw. einer Unternehmer-Familie, die sich bei allen Hindernissen, eventuellen Umwegen und Verzögerungen nicht von ihrem großen Ziel abbringen lässt: eine über hundertjährige Marke in eine größere, breitere, internationalere Zukunft zu führen. Bei *CLAAS* ist dies geglückt. Mitarbeiter und Management haben das unbedingte Vertrauen, dass die Marke mit den Traktoren eine solche Zukunft hat.

Literatur

Berens, W., Brauner, H. U., Strauch, J., & Knauer, T. (Hrsg.). (2013). *Due Diligence bei Unternehmensakquisitionen* (7. Aufl.). Stuttgart: Schäffer-Poeschel.
Gerds, J., & Schewe, G. (2014). *Post merger integration* (5. Aufl.). Wiesbaden: Springer Gabler.
Tschök, K., & Klemen, B. (2009). M&A-Zyklus. *M&A Review*, *19*(7), 341–345.

CSR-Markenführung im B-to-B-Umfeld – Modell und Fallbeispiele

Carsten Baumgarth und Lars Binckebanck

Zusammenfassung

Immer mehr Anbieter auch in B-to-B-Märkten sehen Nachhaltigkeitsthemen als strategische Wettbewerbsvorteile. Corporate Social Responsibility (CSR) spielt in diesem Kontext eine zentrale Rolle. Besondere Durchschlagskraft erhält das Konzept, wenn es gelingt, CSR-Aspekte glaubwürdig und differenzierend im Rahmen der B-to-B-Markenführung zu vermitteln. Allerdings sind wissenschaftliche Erkenntnisse zum Thema noch dünn und teilweise widersprüchlich. Auf der Basis einer Analyse der Literatur und der Besonderheiten des B-to-B-Marketings überträgt dieser Beitrag ein von den Autoren entwickeltes holistisches Modell zur Führung von CSR-Marken auf den B-to-B-Bereich und erläutert dieses mithilfe von kurzen Markentelegrammen.

Schlüsselbegriffe

B-to-B-Markenführung · Corporate Social Responsibility (CSR) · CSR-Markenführung · Markenidentität · Unternehmenskultur

Inhaltsverzeichnis

C. Baumgarth (✉)
Hochschule für Wirtschaft und Recht Berlin
Berlin, Deutschland
E-Mail: cb@cbaumgarth.net

L. Binckebanck
Hochschule Furtwangen
Villingen-Schwenningen, Deutschland
E-Mail: lars.binckebanck@hs-furtwangen.de

© Springer Fachmedien Wiesbaden GmbH, ein Teil von Springer Nature 2018   289
C. Baumgarth (Hrsg.), *B-to-B-Markenführung*, https://doi.org/10.1007/978-3-658-05097-9_15

1 Einführung

Corporate Social Responsibility (CSR) weist eine hohe Aktualität in der Forschung und Praxis auf. Allerdings beschäftigen sich die meisten wissenschaftlichen Arbeiten mit der Wirkung von CSR-Argumenten auf Konsumgütermärkten. Aber auch für Industriegütermärkte gewinnt die proaktive Auseinandersetzung mit veränderten ökologischen, sozialen und ökonomischen Anforderungen an Bedeutung für die strategische Positionierung der Unternehmensmarke. So ist etwa *Siemens* nach dem Gewinn des Deutschen Nachhaltigkeitspreises in 2012 zum ersten Mal Supersector Leader im renommierten Dow Jones Sustainability Index für die Kategorie „Industrial Goods and Services". 2015 wurde *Siemens* im gleichen Index Silbergewinner mit 90 von 100 Punkten in der Kategorie „Industrial Conglomerates" und hat sich dabei gegen Unternehmen wie *General Electric*, *3M*, *Philips* und *Toshiba* durchgesetzt. Das damalige Mitglied des *Siemens*-Vorstandes Barbara Kux dazu: „Unsere Strategie, Vorbild zu sein und vor allem Nachhaltigkeit als Geschäftschance zu verstehen, geht auf" (Siemens 2012). Beim Deutschen Nachhaltigkeitspreis 2015 waren unter den Top 3 in den jeweiligen Kategorien mit *Vaillant*, *BASF*, *Remondis*, *Rinn*, *Mader*, *Bosch* und *ZINQ* fast die Hälfte B-to-B-Unternehmen (DNP 2016).

Auf der anderen Seite zeigt die Studie von *bvik* (2016), dass aus Sicht der überwiegenden Anzahl der B-to-B-Unternehmen CSR bzw. Nachhaltigkeit (noch) kein relevantes Thema für das eigene Marketing ist. Bei der Abfrage nach relevantesten Themen für die eigene Marketingarbeit in den nächsten drei Jahren landete das Thema CSR mit 6 % (nach 3 % im Jahr 2014) abgeschlagen auf dem dreizehnten Platz (von fünfzehn Plätzen).

Ziel dieses Beitrags ist es, auf der Basis der Literatur ein Modell zur CSR-Markenführung im B-to-B-Umfeld vorzustellen und mithilfe von Beispielen zu illustrieren.

2 Fundierung

2.1 Begrifflichkeiten

CSR ist weder ein neues Konzept noch ein neuer Begriff (Bowen 1953; Lee 2008). Aktuell ist CSR allerdings ein Modebegriff, der sowohl in der Wissenschaft als auch in der Praxis vielfältig verwendet wird. Die Grenzen des Konzeptes, auch im Vergleich zu verwandten Begriffen wie Nachhaltigkeit, Corporate Philantrophy etc., sind vage und der Inhalt wird nicht selten durch die Interessen der Autoren geprägt (Carroll 1991; Werther und Chandler

2006; zur Übersicht auch Schneider 2015). Eine weite Begriffsauffassung (auch Europäische Kommission 2001, 2011), die für die vorliegende Betrachtung ergiebig erscheint, definiert CSR als die freiwillige und über Gesetze hinausgehende Integration sozialer, ökologischer und ökonomischer Aspekte in die gesamte Unternehmensführung.

Wichtig für die weitere Diskussion ist festzuhalten, dass CSR (1) soziale und ökologische Ziele im Zusammenspiel mit ökonomischen Prozessen umfasst, (2) ein breites Spektrum an potenziellen Stakeholdern berücksichtigt, und (3) diese Aktivitäten einen freiwilligen Charakter aufweisen. Barnett (2007) betont, dass der ökonomische Nutzen des CSR-Ansatzes für Unternehmen im Aufbau positiver Beziehungen zu ihren Anspruchsgruppen zu sehen ist.

Auch der Markenbegriff und das darauf aufbauende Markenmanagement werden in Literatur und Praxis vielfältig und uneinheitlich verwendet (Baumgarth 2014, S. 1 ff.; de Chernatony und Riley 1998). Wir folgen der Definition von de Chernatony (2010) und kombinieren diese mit einem allgemeinen Managementverständnis: Markenmanagement ist demnach ein systematischer Prozess zur Schaffung von differenzierenden und Präferenz auslösenden Assoziationen in den Köpfen der relevanten Stakeholder.

CSR-Markenmanagement (teilweise synonyme Begriffe sind Ethical Branding, Sustainable Branding, Citizen Brand, z. B. Meffert und Rauch 2014; Rauch 2012; Fan 2005; Hermann 2005; Willmott 2001) ist die Kombination dieser beiden Konzepte und lässt sich wie folgt definieren: CSR-Markenmanagement ist ein systematischer Prozess zur Schaffung von differenzierenden und Präferenz auslösenden, ökologisch und sozial orientierten Assoziationen in den Köpfen der relevanten Stakeholder. CSR-Markenmanagement ist damit eine spezielle Ausprägung der Markenführung, die sich zum einen durch die **Art der Markenwerte** und zum anderen durch die **breitere Abdeckung** von **Ziel- bzw. Stakeholdergruppen** auszeichnet. Bei einer CSR-Marke geht es darum, dass CSR im Mittelpunkt der Markenführung steht und CSR-Assoziationen zur Differenzierung und Präferenzbildung auf den Absatzmärkten zentral beitragen (sollen). Klassische Marken, die CSR aus Marktdruck oder Trendüberlegungen heraus als ergänzende Markenwerte postulieren oder in der Kommunikation und bei Promotions temporär CSR-Argumente (z. B. Cause-Related-Marketing) einsetzen, sind mit diesem Verständnis nicht kompatibel.

Das B-to-B-Marketing (synonym: Business-to-Business- oder Industriegütermarketing) umfasst die Gestaltung und die Vermarktung von Marktleistungen an Organisationen, die diese für ihre eigene Leistungserstellung verwenden oder unverändert an andere Organisationen weiterverkaufen (Masciadri und Zupancic 2013). Dies impliziert eine Betrachtung von Marketing und CSR nicht nur in Richtung Kunde („downstream") entlang der Wertschöpfungskette, sondern auch in Richtung Produktion und Beschaffung („upstream") (Smith et al. 2010). Der Wettbewerbsdruck auf Konsumgütermärkten wird dabei an Anbieter in B-to-B-Märkten weitergegeben (Lim und Phillips 2007): „. . . a sourcing policy that prioritizes low costs, high quality and just in time delivery creates advantages to consumers but might be accompanied by a high price to be paid by other stakeholders" (Smith et al. 2010, S. 620). Allerdings hat gleichzeitig auch das Interesse der Endverbraucher an den Nebeneffekten ihrer eigenen Einkaufsentscheidungen zugenommen

(Curras-Perez et al. 2009; Trudel und Cotte 2009), wodurch ein Nachfragesog entlang der gesamten vorgelagerten Wertschöpfungskette entsteht.

2.2 CSR-Markenführung für B-to-B-Anbieter

Der Trend zu CSR für Konsumgüter hat demnach „upstream" erhebliche Konsequenzen für die Geschäftsbeziehungen auf vorgelagerten B-to-B-Märkten, deren Unternehmen auf diese veränderten Anforderungen entsprechend reagieren müssen. Da dies jedoch mehr oder weniger für alle Anbieter gilt, resultieren aus der reinen Reaktion auf veränderte Nachfragerbedürfnisse keine differenzierenden Wettbewerbsvorteile. Die Herausforderung lautet also für B-to-B-Unternehmen, **Nachhaltigkeit als Wettbewerbsvorteil** zu definieren und die vielfältigen Stakeholder durch authentische CSR-Markenführung von der Glaubwürdigkeit des ökologischen, sozialen und ökonomischen Engagements zu überzeugen. Das funktioniert nur, wenn der eigene Anspruch der CSR-Markenführung den „Stresstest" der Realität besteht (Baumgarth und Binckebanck 2012) und sich daraus Wettbewerbsvorteile ergeben, die das freiwillige Engagement auch ökonomisch rechtfertigen.

Dabei gilt es, einen Ansatz für die CSR-Markenführung von B-to-B-Unternehmen zu entwickeln, der die Besonderheiten dieses Marktumfeldes berücksichtigt (vgl. Tab. 1).

Tab. 1 Ableitung von Besonderheiten für CSR-Marken in Industriegütermärkten. (Quelle: in Anlehnung an Backhaus und Voeth 2014)

Charakteristikum B-to-B-Marketing	Implikationen für die CSR-Markenführung von B-to-B-Anbietern
Nachfrageseite	
Organisationale Nachfrager	Rationalisierungserfordernis der organisationalen Beschaffung benötigt Verbindung sozialer und ökologischer Belange mit ökonomischer Effizienz und Effektivität
Derivative Nachfrage	Ansatzpunkte für CSR ergeben sich nicht notwendigerweise bei den unmittelbaren Abnehmern der betrieblichen Leistung, sondern auch auf nachgelagerten Wertschöpfungsstufen (mittelbare Zielgruppen)
Multipersonalität und Multiorganisationalität der Beschaffungsprozesse	Unmittelbare Zielgruppe der CSR-Aktivitäten im Industriegütermarketing ist das Buying Center mit einem breiten Spektrum potenzieller Stakeholder. CSR- oder Nachhaltigkeitsverantwortliche auf der Kundenseite bilden vermehrt eine zusätzliche „Rolle" im Buying Center
Formalisierte Prozesse der Auftragsvergabe	CSR-Kommunikation muss durch entsprechende Nachweise (Zertifikate, Auszeichnungen etc.) und Garantien untermauert, „Greenwashing" aufgrund zu erwartender Reaktanzen vermieden werden
Internationale Marketing-Probleme	Kulturell und historisch unterschiedlicher Stellenwert der Nachhaltigkeitsdimensionen erschwert globale CSR-Ansätze und eröffnet gleichzeitig Angriffsflächen bei international uneinheitlichen CSR-Aktivitäten

Tab. 1 (Fortsetzung)

Charakteristikum B-to-B-Marketing	Implikationen für die CSR-Markenführung von B-to-B-Anbietern
Anbieterseite	
Anbietergemeinschaften	Gefahr des opportunistischen Verhaltens einzelner Partner zulasten der CSR-Glaubwürdigkeit der Gemeinschaft
Staatliche Einflussnahme	Neue gesetzliche Vorgaben können den bislang freiwilligen und differenzierten Charakter von CSR-Aktivitäten relativ schnell entwerten
Hohe Markttransparenz	Hohe Transparenz von CSR-Aktivitäten erfordert Professionalität, Systematik und Authentizität
Interaktive Vermarktung	Vertrieb und persönliche Kommunikation sind als Instrumente der CSR-Markenführung zu integrieren und müssen hohen ethischen Standards (z. B. Compliance-Regeln) genügen
Geschäftsbeziehungen	CSR sollte langfristig und nachhaltig an strategischen Leitlinien ausgerichtet sein und einen hohen Grad an interner Konsistenz aufweisen

2.3 Stand der Forschung

Eine Analyse der Literatur zeigt, dass CSR-Markenführung für B-to-B-Unternehmen nur selten explizit behandelt wird (Homburg et al. 2013; Baumgarth et al. 2011). Daher erfolgt neben der Skizzierung des Forschungsstandes zu CSR-Marken im B-to-B-Bereich auch ein Rückgriff auf CSR-Markenführung im Allgemeinen und CSR-Marketing im B-to-B-Kontext.

(1) CSR-Markenführung

Die Literatur zur CSR-Markenführung im Allgemeinen befindet sich sowohl in konzeptionell-theoretischer als auch empirischer Hinsicht in einem frühen Entwicklungsstadium. Erste Arbeiten beschäftigen sich mit einer Klassifikation der möglichen Integrationsformen von CSR in die Markenführung (z. B. Vallaster et al. 2012). Weiterhin hat Hermann (2005) ein umfangreiches Prozessmodell für das Management von CSR-Marken vorgeschlagen. Andere Arbeiten beschäftigen sich hingegen mit ausgewählten Instrumenten und Erfolgsfaktoren von CSR-Marken, wie beispielsweise Transparenz der Markenkommunikation (Brady 2003) und Unterstützung durch das Topmanagement (Middlemiss 2003). Ferner gibt es auch Studien, welche die externen Effekte von CSR-Marken untersuchen, wobei die Ergebnisse auf positive außerökonomische und ökonomische Erfolgswirkungen von CSR-Marken schließen lassen (z. B. Chen 2008; Rauch 2012; Wang 2010). Weitere Publikationen präsentieren Sammlungen von „Erfolgsbeispielen" von CSR-Marken (Ind und Horlings 2016; Kirchhof und Nickel 2014).

(2) CSR-Marketing im B-to-B-Kontext

Andere Arbeiten beschäftigen sich mit der Effektivität von CSR-Marketing auf B-to-B-Märkten (zum Überblick Sharma et al. 2010). So wird etwa ein vertrauensvolles Geschäftsbeziehungsmanagement entlang der Wertschöpfungskette als Voraussetzung für den Erfolg übergreifender CSR-Aktivitäten betrachtet (Carter und Jennings 2002; Faisal 2010). Ethische Standards im Entscheidungsverhalten industrieller Einkäufer sind ebenfalls häufig Gegenstand von Studien (Ford et al. 2000; Ho 2012; Millington et al. 2005). Der qualitative Beitrag von Drumwright (1994) hat beispielsweise gezeigt, dass ökologische Aspekte durchaus industrielles Kaufverhalten beeinflussen können. Homburg et al. (2013) konnten empirisch zeigen, dass es zwei verschiedene Facetten von CSR im B-to-B-Marketing gibt, die einen unterschiedlichen Einfluss auf die Kundenwahrnehmung ausüben. Während CSR-Maßnahmen mit einem direkten Bezug zum eigentlichen Geschäftsmodell das Vertrauen auf Kundenseite positiv beeinflussen, erhöht ein eher philanthropisch orientiertes CSR-Engagement die Identifikation des Kunden mit dem Lieferanten.

(3) CSR-Marken im B-to-B-Kontext

Es gibt bislang nur wenige Arbeiten mit explizitem Bezug von CSR-Marken auf B-to-B-Märkten. Beispielsweise behandelt keines der deutschen Standardwerke zur B-to-B-Markenführung und -Markenkommunikation (Baaken et al. 2012; Baumgarth 2010; Masciadri und Zupancic 2013; Pförtsch und Schmid 2005) explizit das Thema CSR. Lediglich das internationale Werk von Kotler und Pfoertsch (2006) identifiziert CSR als ein mögliches Zukunftsthema der B-to-B-Markenführung. Weiterhin sind die wenigen vorliegenden wissenschaftlichen Ergebnisse widersprüchlich. Der Beitrag von Beverland et al. (2007) unterstreicht beispielsweise die Relevanz von CSR als Positionierungseigenschaft von B-to-B-Marken, während die Studie von Bausback (2007) zeigt, dass CSR als Positionierungsdimension keinen oder gar einen negativen Einfluss auf die Stärke von B-to-B-Marken hat. Zur Markenführung von CSR-Marken im B-to-B-Kontext lassen sich wenige und zum Teil diskrepante Studien identifizieren. Virtsonis und Harridge-March (2009) zeigen für die englische Druckindustrie, dass CSR-Aspekte am seltensten als Positionierungseigenschaft in der Online-Kommunikation Anwendung finden. Dagegen konnten Lai et al. (2010) in Taiwan einen starken und positiven Einfluss von CSR auf Markenwert und Unternehmensreputation nachweisen. Auch in einer weiteren empirischen Studie aus Taiwan konnten Pai et al. (2015) aufzeigen, dass in B-to-B-Märkten CSR insbesondere dann stark auf die sog. Markenadvokatsfunktion (Bereitschaft, Innovationen zu testen, Weiterempfehlungsbereitschaft und Fehlertoleranz) und letztlich auf die Markenstärke positiv wirkt, wenn der Einkäufer das CSR-Verhalten des Zulieferers als intrinsisch motiviert wahrnimmt. Schließlich konnten Lennartz et al. (2015) in einer länder- und branchenübergreifenden B-to-B-Studie empirisch belegen, dass die Markenstärke signifikant von dem Nachhaltigkeitsimage beeinflusst wird und dieser Effekt sogar etwas höher ausfällt als der Effekt des Innovationsimages auf die Markenstärke.

Insgesamt zeigt die Literaturanalyse, dass CSR, wenn überhaupt, im B-to-B-Kontext zumeist als taktisches Marketinginstrument interpretiert wird. Allerdings zeigen die bisherigen Ergebnisse überwiegend, dass CSR auch in verschiedenen B-to-B-Märkten einen positiven Einfluss auf den Markterfolg (z. B. Erhöhung der Markenstärke) besitzt. Nur wenige Beiträge beschäftigen sich mit der Wechselwirkung von interner Verankerung des CSR-Konzepts, beispielsweise in Strategie und Unternehmenskultur, und wahrgenommener externer Glaubwürdigkeit und den damit verbundenen Wirkungen von holistischen CSR-Ansätzen. Außerdem fällt auf, dass sich bisherige Studien stark auf die Kunden fokussieren, während die Berücksichtigung anderer Stakeholder (z. B. Mitarbeiter, Investoren, Lieferanten) die Ausnahme darstellt (z. B. Yu 2008). Weiterhin konzentriert sich die Diskussion bislang stark auf CSR-Aktivitäten multinationaler Unternehmen und vernachlässigt die CSR-Potenziale für kleine und mittlere Unternehmen (Pedersen 2009), die allerdings den Großteil der B-to-B-Unternehmen ausmachen. Schließlich fehlen trotz der großen Aufmerksamkeit, die das Thema CSR bislang erfahren hat, Hinweise zur erfolgreichen Implementierung und Integration von CSR in die langfristige und strategische B-to-B-Markenführung (Bhattacharya et al. 2009). Daher soll im Folgenden ein holistisches und die verstreut vorliegenden Erkenntnisse integrierendes Modell der CSR-Markenführung vorgeschlagen werden, welches die Implementierung der Marke unter Berücksichtigung der Besonderheiten des B-to-B-Geschäfts unterstützt.

3 Modellvorschlag: CSR-Markenführung für B-to-B-Anbieter

Unter Rückgriff auf identitätsbasierte Überlegungen der Markenführung (z. B. Burmann et al. 2015; de Chernatony 2010) erscheint der Ansatz von Hatch und Schultz (2001, 2008) in Verbindung mit den CSR-orientierten Modellen von Kujala et al. (2011) und Nasruddin und Bustami (2007) vor dem Hintergrund der Literaturanalyse ergiebig. Folgende Grundüberlegungen zeichnen den Modellvorschlag aus (ausführlich Baumgarth und Binckebanck 2011a, 2011b, 2014):

- Die für die Markenführung notwendige CSR-Markenidentität ist durch B-to-B-Unternehmen nicht direkt gestaltbar, sondern hängt von der **lückenlosen Übereinstimmung** der gewählten Positionierung der Marke, der Unternehmenskultur und dem tatsächlichen Verhalten des Unternehmens nach innen und außen ab.
- CSR-Marken entstehen auch bei Vorliegen einer entsprechenden Markenidentität nicht automatisch, sondern im Sinne einer hinreichenden Bedingung durch **authentische** und **glaubwürdige Kommunikation** mit internen und externen Stakeholdern des B-to-B-Unternehmens in deren Wahrnehmung.

Effektive CSR-Markenführung für B-to-B-Anbieter setzt also die Existenz notwendiger (CSR-Markenidentität) und hinreichender (CSR-Markenkommunikation) Bedingungen voraus. Sie ist darüber hinaus dann effizient, wenn die einzelnen Elemente der Markenführung unter Berücksichtigung der Besonderheiten des B-to-B-Geschäfts reibungslos und synergetisch zusammenwirken. Dafür sind für die Bausteine des CSR-Markenmodells industriegüterspezifische Erfolgsfaktoren zu beachten.

Abb. 1 zeigt das resultierende CSR-Markenmanagement-Modell für B-to-B-Anbieter im Überblick.

Das resultierende Modell interpretiert die CSR-Marke im B-to-B-Bereich als ein von innen, aus der Markenidentität entstehendes Konzept, welches fünf Bausteine (vgl. die Zahlen in Klammern in Abb. 1) umfasst:

(1) Positionierung bzw. Vision und Mission: Dieser Baustein beinhaltet die explizite Entscheidung des Topmanagements über die grundsätzliche Ausrichtung der Marke, wobei die Vision und Mission des Unternehmens integrale Bestandteile sind. Für B-to-B-Unternehmen mit einer CSR-Markenführung bedeutet dies, über die Anforde-

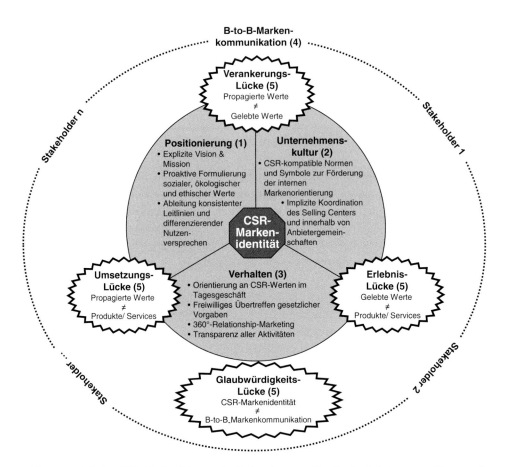

Abb. 1 Modell der CSR-Markenführung für Industriegüter. (Quelle: in Anlehnung an Baumgarth und Binckebanck 2011a, S. 342)

rungen, die sich aus der derivativen Nachfrage ergeben oder aus juristischen Vorgaben resultieren, hinauszugehen und proaktiv soziale, ökologische und ethische Aspekte in das Nutzenversprechen gegenüber den Stakeholdern zentral zu integrieren. Bei einer solchen Positionierung ist auf eine langfristige Konsistenz der resultierenden Leitlinien zu achten.

Markentelegramm 1: Pfeiler der *Werkhaus*-Philosophie

Das 1992 von Holger und Eva Danneberg gegründete Unternehmen *Werkhaus* produziert überwiegend aus mitteldichten Faserplatten (MDF) diverse Produkte für den Büro- und Wohnbereich, den Außen- und Gartenbereich und den Messebau sowie Spielzeuge und Displays für den Handel. Der B-to-B-Bereich (Displays und Messebau) bildet mit einem Umsatzanteil von rund 70 % das Haupttätigkeitsfeld. Von Anfang an verfolgen *Werkhaus* und deren Gründer als Markenpositionierung vier Werte: Soziale Verantwortung, innovative Produkte, ökologischer Anspruch und Produktion in Deutschland. Diese Werte wurden zwar nicht gesondert als Leitbild formuliert, allerdings finden sich diese explizit in allen Druckwerken (z. B. Katalog, Anzeigen) und sonstigen Kommunikationsinstrumenten (z. B. Homepage).

Quelle: Green Brands 2015; Baumgarth und Binckebanck 2014.

---

(2) Unternehmenskultur: Dieser Baustein umfasst alle Werte, die von allen Mitarbeitern geteilt und tatsächlich gelebt werden. Eine CSR-Marke basiert darauf, dass alle Mitarbeiter die CSR-Positionierung verstehen und kennen, als relevant wahrnehmen, diese leben und sich aktiv dafür einsetzen. Eine solche Unternehmenskultur spiegelt sich in entsprechenden Normen und Symbolen wider. Eine CSR-basierte Unternehmenskultur ist aufgrund der interaktiven Vermarktung zwischen Selling und Buying Center und den resultierenden vielfältigen Schnittstellen zu Stakeholdern ein zentraler impliziter Koordinationsmechanismus für die persönliche Kommunikation (Vertrieb, Innendienst etc.) und für die Zusammenarbeit mit Partnern innerhalb von Anbietergemeinschaften.

Markentelegramm 2: Symbole der Unternehmenskultur bei *Auro*

Das 1983 von Dr. Hermann Fischer gegründete Unternehmen *Auro* produziert mit heute rund 40 Mitarbeitern Farben sowie Pflege- und Reinigungsprodukte ohne petrochemische und synthetische Inhaltsstoffe überwiegend für den professionellen Markt. Gesundes Bauen, Wohnen und Leben sind das prägende Leitbild der Firma *Auro*. Diese Philosophie schlägt sich auch in Symbolen wie einer Photovoltaik-Anlage auf dem Dach der Produktion, der Ausstattung der Büroräume mit Naturholzmöbeln, dem Anbieten von biologischem Kaffee und Keksen sowie einer eigenen Bücherei mit Werken über die Kultur- und Chemiegeschichte nieder. Die hohe personelle Kontinuität bei *Auro* spricht für die bindende Kraft der gelebten Unternehmenskultur.

Quelle: Baumgarth und Binckebanck 2011b.

(3) Verhalten: Dieser Baustein beinhaltet konkrete, nach innen und außen wirkende, überwiegend explizit ausgewählte und gestaltete Maßnahmen des Unternehmens. In erster Linie bedeutet dies, dass die angebotenen Leistungen die propagierten CSR-Werte aufweisen müssen, was insbesondere im Falle von Anbietergemeinschaften einen erhöhten Komplexitätsgrad aufweist. Die CSR-Markenidentität muss im Tagesgeschäft ihren Widerhall finden, indem gesetzliche Vorgaben freiwillig übertroffen werden, und zwar im Rahmen eines systematischen Multi-Stakeholder-Ansatzes (360°-Relationship-Marketing). Die hohe Transparenz auf B-to-B-Märkten erfordert Professionalität, Systematik und Authentizität, sowohl „upstream" als auch „downstream".

Markentelegramm 3: Thermoplastische Rohstoffe von *Tecnaro*

Das Unternehmen *Tecnaro* wurde 1998 als Spin-Off des *Fraunhofer-Instituts* Chemische Technologie von Helmut Nägele und Jürgen Pfitzer gegründet. Gründungsidee war die Entwicklung eines Bio-Kunststoffes. Das Unternehmen entwickelte aus Lignin, einem natürlichen Polymer, das auch als Flüssigholz bezeichnete Thermoplast *Arboform*. In der Folgezeit wurden, aufbauend auf diesem Produkt, weitere nachhaltige Einsatzstoffe und Compounds entwickelt, die unter den Marken *Arboblend* und *Arbofill* vermarktet werden. Heute erwirtschaften rund 30 Mitarbeiter einen siebenstelligen Umsatz. Im Zeitraum von 2009 bis 2012 wurde der Umsatz um 300 % gesteigert. Die Produkte von *Tecnaro,* die auf mehr als 15 Patentfamilien und 2000 selbst erstellten Rezepturen basieren, finden sich in vielfältigen Produkten in unterschiedlichen Branchen (z. B. Schuhabsatz von *Gucci*-Schuhen, Figuren von *Playmobil*, *Vogtland*-Flöten oder Automobilindustrie wie *Porsche*, *Audi* oder *Mercedes*).

Quelle: Green Brands 2015; Defke 2012; Runge 2010.

---

(4) B-to-B-Markenkommunikation: Dieser Baustein berücksichtigt alle nach außen gerichteten persönlichen oder medialen Kontakte mit den verschiedenen Stakeholdergruppen. Für CSR-Marken ist hierbei die Glaubwürdigkeit zentral, die durch Faktoren wie Transparenz, Garantien und nachprüfbare Fakten aufgebaut werden kann. Wichtiger als das eigentliche Branding (Name, Logo, Markenfarben etc.) ist dabei die interaktive Markenführung (Binckebanck 2006) mit vielfältigen Anspruchsgruppen, in deren Rahmen insbesondere Vertrieb und Service zu zentralen Treibern einer glaubwürdigen CSR-Marke auf B-to-B-Märkten werden.

Markentelegramm 4: *GreenTech* by *ebm-papst*

Die Firma *ebm-papst* ist mit rund 12.500 Mitarbeitern und einem Jahresumsatz von knapp 1,7 Mrd. € Weltmarktführer bei industriellen Ventilatoren. Um die Vorteile der *ebm-papst*-Lösungen in Bezug auf Energieeffizienz kommunikativ herauszustellen, wurde 2008 das Label *GreenTech* entwickelt. Auf der Internetseite wird prominent (Startseite) über die dahinterstehende Überzeugung, die Entwicklung und Produktion, Auszeichnungen und Anwendungen von *GreenTech* informiert. Auch in weiteren

Kommunikationsinstrumenten (Broschüren, Messestände, Produktmarkierungen, Gebäudearchitektur, Videos etc.) wird das Label *GreenTech* und die Inhalte des CSR-Ansatzes umfassend dargestellt. Die Glaubwürdigkeit dieser Positionierung wird durch den Gewinn und die Kommunikation diverser Nachhaltigkeitspreise und Zertifikate belegt. 2013 gewann *ebm-papst* z. B. den Deutschen Nachhaltigkeitspreis als nachhaltigstes Unternehmen.

    Quelle: DNP 2016; ebm-papst 2016.

(5) Lücken: Zwischen den ersten vier Bausteinen sollte eine möglichst hohe Übereinstimmung vorliegen, da Abweichungen zu Widersprüchen und damit zur Schwächung der CSR-Markenidentität sowie zur Gefährdung der Effektivität der CSR-Markenführung führen. Eine **Verankerungs-Lücke** liegt vor, wenn die vom Topmanagement postulierte Ausrichtung der B-to-B-Marke nicht mit den von den Mitarbeitern gelebten Überzeugungen und Werten übereinstimmt. Dies kann der Fall sein, wenn das Unternehmen nachhaltige Kundenbeziehungen als Leitbild postuliert, dann aber Entlohnungssysteme im Vertrieb einseitig auf kurzfristige Abschlüsse und Umsatzdenken ausrichtet. Die **Erlebnis-Lücke** resultiert aus Abweichungen des tatsächlichen Verhaltens des Unternehmens (z. B. Produkte) und den innerhalb der Belegschaft gelebten Werten. Eine solche Situation wäre zu erwarten, wenn etwa ökologische Beratungsleistungen in das Angebot eines B-to-B-Unternehmens aufgenommen werden, die nicht dem Selbstverständnis eines primär betriebswirtschaftlich geprägten Außendienstes entsprechen. Eine **Umsetzungs-Lücke** bedeutet, dass die festgelegten CSR-Werte nicht in konkrete Verhaltensweisen umgesetzt sind. Sie entsteht beispielsweise, wenn ein B-to-B-Unternehmen zwar Umweltorientierung als Wert in das Unternehmensleitbild hineinschreibt, die angebotenen Produkte dann aber nicht über die gesetzlichen Anforderungen im Bereich Energieeffizienz hinausgehen. Schließlich kann eine **Glaubwürdigkeits-Lücke** entstehen, wenn die CSR-Markenidentität und die nach außen gerichtete Kommunikation (z. B. Vertrieb) nicht übereinstimmen. Dies betrifft das leider zu häufig zu beobachtende Greenwashing von Unternehmen, wenn diese also ihren „grünen" Werbeaussagen nicht nachkommen.

4   Fazit

Ökologische und soziale Anforderungen werden auch für B-to-B-Unternehmen zunehmend wichtiger. Eine CSR-Markenführung im B-to-B-Umfeld geht über reaktive Anpassungsmaßnahmen hinaus und integriert CSR-Aspekte zentral in die Markenidentität. Da diese nicht direkt gestaltet werden kann, ist auf einen hohen Fit zwischen Positionierung, Unternehmenskultur und Verhalten zu achten. Auf diese Weise wird die CSR-Argumentation glaubwürdig und lässt sich zum integralen Bestandteil des Nutzenversprechens gegenüber den Kunden ausbauen. Differenzierende Wettbewerbsvorteile entstehen daraus aber nur, wenn die Besonderheiten des B-to-B-Marketings bei der Konzeption Beachtung finden. Hierfür wurde in diesem Beitrag ein Modell vorgeschlagen, welches bei Gestaltung, Umsetzung und Analyse der CSR-Markenführung für B-to-B-Unternehmen hilfreich sein kann.

Wir sind davon überzeugt: CSR ist kein Hype, sondern ein „nachhaltiger" Megatrend, von dem aber nur diejenigen B-to-B-Unternehmen profitieren werden, die ehrliches und holistisches Agenda Setting betreiben wollen und können. Und so kann „Made in Germany", „Made in Austria" oder „Swiss Made" eines Tages bei professionellen Nachfragern rund um den Globus vielleicht nicht mehr nur für höchste technische und handwerkliche Qualität, sondern auch für Differenzierung durch ethische Standards und Nachhaltigkeit stehen.

Literatur

Baaken, T., Kesting, T., Kliewe, T., & Pörner, R. (Hrsg.). (2012). *Business-to-Business-Kommunikation* (2. Aufl.). Berlin: Erich Schmidt.

Backhaus, K., & Voeth, M. (2014). *Industriegütermarketing* (10. Aufl.). München: Vahlen.

Barnett, M. (2007). Stakeholder influence capacity and the variability of financial returns to corporate social responsibility. *Academy of Management Review, 32*(3), 794–816.

Baumgarth, C. (Hrsg.). (2010). *B-to-B-Markenführung*. Wiesbaden: Gabler.

Baumgarth, C. (2014). *Markenpolitik* (4. Aufl.). Wiesbaden: Springer Gabler.

Baumgarth, C., & Binckebanck, L. (2011a). CSR-Markenmanagement in der mittelständischen Bau- und Immobilienwirtschaft. In J.-A. Meyer (Hrsg.), *Nachhaltigkeit in kleinen und mittleren Unternehmen* (S. 337–366). Lohmar: Eul.

Baumgarth, C., & Binckebanck, L. (2011b). *CSR-Markenmanagement: Markenmodell und Best-Practice-Fälle am Beispiel der Bau- und Immobilienwirtschaft.* Working Papers, 62 des IMB Berlin. Berlin: IMB.

Baumgarth, C., & Binckebanck, L. (2012). Glaubwürdige CSR-Kommunikation durch eine identitätsbasierte CSR-Markenführung: Forschungsstand und konzeptionelles Modell. *UmweltWirtschaftsForum, 19*(3–4), 199–205.

Baumgarth, C., & Binckebanck, L. (2014). Best Practices der CSR-Markenführung und -kommunikation. In H. Meffert, M. Kirchgeorg & P. Kenning (Hrsg.), *Sustainable Marketing Management* (S. 175–203). Wiesbaden: Springer Gabler.

Baumgarth, C., Binckebanck, L., & Merrilees, B. (2011). *CSR-branding in b-to-b markets: Concept, literature review and routes for further research (Conference Paper).* Thought Leaders International Conference in Brand Management, Lugano.

Bausback, N. (2007). *Positionierung von Business-to-Business-Marken.* Wiesbaden: DUV Gabler.

Beverland, M., Napoli, J., & Lindgreen, A. (2007). Industrial global brand leadership. *Industrial Marketing Management, 36*(8), 1082–1093.

Bhattacharya, C. B., Korschun, D., & Sen, S. (2009). Strengthening stakeholder-company relationships through mutually beneficial corporate social responsibility initiatives. *Journal of Business Ethics, 85*(2), 257–272.

Binckebanck, L. (2006). *Interaktive Markenführung.* Wiesbaden: DUV Gabler.

Bowen, H. (1953). *Social responsibilities of the businessman.* New York: Harper.

Brady, A. K. O. (2003). How to generate sustainable brand value form responsibility. *Journal of Brand Management, 10*(4–5), 279–289.

Burmann, C., Halaszovich, T., & Hemmann, F. (2015). *Identitätsbasierte Markenführung* (2. Aufl.). Wiesbaden: Springer Gabler.

bvik (2016). *bvik-Studie B2B-Marketing-Budgets 2015*. Augsburg: bvik.

Carroll, A. B. (1991). The pyramid of corporate social responsibility. *Business Horizons, 34*(4), 39–48.

Carter, C. R., & Jennings, M. M. (2002). Social responsibility and supply chain relationships. *Transportation Research Part E, 38*(1), 37–52.

Chen, Y.-S. (2008). The driver of green innovation and green image. *Journal of Business Ethics, 81*(3), 531–543.

de Chernatony, L. (2010). *From brand vision to brand evaluation* (3. Aufl.). Amsterdam: Elsevier.

de Chernatony, L., & Riley, F. D. (1998). Defining a "Brand". *Journal of Marketing Management, 14*(4), 417–443.

Curras-Perez, R., Bigne-Alcaniz, E., & Alvarado-Herrera, A. (2009). The role of self-definitional principles in consumer identification with a socially responsible company. *Journal of Business Ethics, 89*(4), 547–564.

Defke, U. (2012). Flüssiges Holz. FTD. http://www.ftd.de/unternehmen/industrie/:oeko-erfindung-fluessiges-holz/70048906.html (Erstellt: 12. Juni 2012). Zugegriffen: 9. Jan. 2013.

DNP (2016). Preisträger 2015. https://www.nachhaltigkeitspreis.de/category/preistraeger/001_unternehmen/. Zugegriffen: 30. Juli 2016.

Drumwright, M. E. (1994). Socially responsible organizational buying. *Journal of Marketing, 58*(2), 1–19.

ebm-papst (2016). Homepage. www.ebmpapst.com. Zugegriffen: 1. Aug. 2016.

Europäische Kommission (2001). *Europäische Rahmenbedingungen für die soziale Verantwortung der Unternehmen*. Brüssel: Europäische Kommission.

Europäische Kommission (2011). Mitteilung der Kommission an das Europäische Parlmant, den Rat, den Europäischen Wirtschafts- und Sozialausschuss und den Ausschuss der Regionen. http://eur-lex.europa.eu/legal-content/DE/TXT/PDF/?uri=CELEX:52011DC0681&from=DE. Zugegriffen: 28. Aug. 2016.

Faisal, M. N. (2010). Analysing the barriers to corporate social responsibility in supply chains. *International Journal of Logistics – Research and Applications, 13*(3), 179–195.

Fan, Y. (2005). Ethical branding and corporate reputation. *Corporate Communication, 10*(4), 341–350.

Ford, J. B., LaTour, M. S., & Henthorne, T. L. (2000). Cognitive moral development and Japanese procurement executives. *Industrial Marketing Management, 29*(6), 589–600.

Green Brands (2015). *Green Brands Germany*. Bd. II. Ashbourne: Green Brands.

Hatch, M. J., & Schultz, M. (2001). Are the strategic stars aligned for your corporate brand? *Harvard Business Review, 79*(2), 128–134.

Hatch, M. J., & Schultz, M. (2008). *Taking brand initiative*. San Francisco: Jossey-Bass.

Hermann, S. (2005). *Corporate sustainability branding*. Wiesbaden: DUV Gabler.

Ho, Y.-H. (2012). A review of research on ethical decision-making of purchasing professionals. *Information Management and Business Review, 4*(2), 72–78.

Homburg, C., Stierl, M., & Bornemann, T. (2013). Corporate social responsibility in business-to-business markets. *Journal of Marketing, 77*(6), 54–72.

Ind, N., & Horlings, S. (Hrsg.). (2016). *Brands with a conscience*. London: KoganPage.

Kirchhof, A.-K., & Nickel, O. (Hrsg.). (2014). *CSR und Brand Management*. Wiesbaden: Springer Gabler.

Kotler, P., & Pfoertsch, W. (2006). *B2B Brand Management*. Berlin, Heidelberg: Springer.

Kujala, J., Penttilä, K., & Tuominen, P. (2011). Creating a conceptual model for building responsible brands. *Electronic Journal of Business Ethics and Organization Studies, 16*(1), 6–12.

Lai, C.-S., Chiu, C.-J., Yang, C.-F., & Pai, D.-C. (2010). The effects of corporate social responsibility on brand performance: The mediating effect of industrial brand equity and corporate reputation. *Journal of Business Ethics, 95*(3), 457–469.

Lee, M.-D. P. (2008). A review of the theories of corporate social responsibility. *International Journal of Management Reviews, 10*(1), 53–73.

Lennartz, E. M., Fischer, M., Krafft, M., & Peters, K. (2015). Drivers of B2B brand strength. *Schmalenbach Business Review, 67*(1), 114–137.

Lim, S. J., & Phillips, J. (2007). Embedding CSR values: the global footwear industry's evolving governance structure. *Journal of Business Ethics, 81*(1), 143–156.

Masciadri, P., & Zupancic, D. (2013). *Marken- und Kommunikationsmanagement im B-to-B-Geschäft* (2. Aufl.). Wiesbaden: Springer Gabler.

Meffert, H., & Rauch, C. (2014). Sustainable branding. In H. Meffert, P. Kenning & M. Kirchgeorg (Hrsg.), *Sustainable marketing management* (S. 159–174). Wiesbaden: Springer Gabler.

Middlemiss, N. (2003). Authentic not cosmetic. *Journal of Brand Management, 10*(4–5), 353–361.

Millington, A., Eberhardt, M., & Wilkinson, B. (2005). Gift giving, Guanxi and illicit payments in buyer-supplier relations in China. *Journal of Business Ethics, 57*(3), 255–268.

Nasruddin, E., & Bustami, R. (2007). The yin and yang of CSR ethical branding. *Asian Academy of Management Journal, 12*(2), 83–100.

Pai, D.-C., Lai, C.-S., Chiu, C.-J., & Yang, C.-F. (2015). Corporate social responsibility and brand advocacy in business-to-business market. *Journal of Business Ethics, 126*(4), 685–696.

Pedersen, E. R. (2009). The many and the few. *Supply Chain Management – An International Journal, 14*(2), 109–116.

Pförtsch, W., & Schmid, M. (2005). *B2B-Markenmanagement*. München: Vahlen.

Rauch, C. (2012). *Corporate sustainable branding*. Wiesbaden: Springer Gabler.

Runge, E. (2010). Die Erfinder des Jahres, in: Cicero vom 28.10.2012. http://www.cicero.de/97.php?ress_id=6&item=5524. Zugegriffen: 9. Jan. 2013.

Schneider, A. (2015). Reifegradmodell CSR. In A. Schneider & R. Schmidpeter (Hrsg.), *Corporate social responsibility* (3. Aufl., S. 21–42). Wiesbaden: Springer Gabler.

Sharma, A., Iyer, G. R., Mehrotra, A., & Krishnan, R. (2010). Sustainability and business-to-business marketing. *Industrial Marketing Management, 39*(2), 330–341.

Siemens (2012). Siemens an der Spitze bei Nachhaltigkeit – erstmals Supersector Leader im DJSI. http://www.siemens.com/press/de/pressemitteilungen/?press=/de/pressemitteilungen/2012/corporate/axx20120940.htm. Zugegriffen: 19. Dez. 2012.

Smith, N. C., Palazzo, G., & Bhattacharya, C. B. (2010). Marketing's consequences. *Business Ethics Quarterly, 20*(4), 617–641.

Trudel, R., & Cotte, J. (2009). Does it pay to be good? *Sloan Management Review, 50*(2), 61–68.

Vallaster, C., Lindgreen, A., & Maon, F. (2012). Strategically leveraging corporate social responsibility. *California Management Review, 54*(3), 1–27.

Virtsonis, N., & Harridge-March, S. (2009). Brand positioning in the b2b online environment. *Journal of Brand Management, 16*(8), 556–570.

Wang, H. D. (2010). Corporate social performance and financial-based brand equity. *Journal of Product and Brand Management, 19*(5), 335–345.

Werther, W. B., & Chandler, D. (2006). *Strategic corporate social responsibility*. Thousand Oaks: SAGE.

Willmott, M. (2001). *Citizen brands*. Chichester: John Wiley & Sons.

Yu, X. (2008). Impacts of corporate code of conduct on labor standards. *Journal of Business Ethics, 81*(3), 513–529.

Der effiziente Weg zur internationalen Positionierung der Marke *Metabo* als reine Profi-Marke

Petra Toischer

Zusammenfassung

Die Fallstudie *Metabo* zeigt, dass eine Marke erfolgreicher sein kann, wenn sie sich auf Zielgruppen fokussiert und ihr Angebot basierend auf den Präferenzen der Zielmärkte ausrichtet. Fokus allein genügt jedoch nicht, um eine Marke erfolgreich zu positionieren. Dazu sollten die folgenden drei Voraussetzungen erfüllt sein: Eine Markenpositionierung muss erstens den Zielgruppen einen relevanten Mehrwert bieten und damit eine höhere Preisbereitschaft auslösen, zweitens muss sie für die Organisation erreichbar sein und sich im dritten Schritt vom Wettbewerb differenzieren. Ist diese ideale Positionierung gefunden, muss sie in einen starken, effizienten Markenauftritt übersetzt werden. Dieser muss zuerst in der Organisation disseminiert und verstanden werden. Nur so können so viele Mitarbeiter wie möglich zu Markenbotschaftern werden, die helfen, die Marke in den Köpfen und Herzen der Zielkunden zu verankern und in die Märkte zu den Zielgruppen zu tragen. Die Fallstudie zeigt eine übertragbare Vorgehensweise in drei Haupt- und neun Einzel-Phasen und weist die Erfolgsfaktoren für Markenprojekte aus.

Schlüsselbegriffe

Internationaler Rollout · Markenpositionierung · Markenstrategie · Markenziele · Touchpoints · Marken-KPIs

P. Toischer (✉)
Testo SE & Co. KGaA
Lenzkirch, Deutschland
E-Mail: petra@toischer.com

© Springer Fachmedien Wiesbaden GmbH, ein Teil von Springer Nature 2018
C. Baumgarth (Hrsg.), *B-to-B-Markenführung*, https://doi.org/10.1007/978-3-658-05097-9_16

Inhaltsverzeichnis

1 Historie und Ausgangslage

Metabo, gegründet 1924, ist ein traditionsreicher deutscher Hersteller von Elektrowerkzeugen mit Sitz im schwäbischen Nürtingen bei Stuttgart. Damals baute *Albrecht Schnizler* die erste Handbohrmaschine, einen sogenannten *METAllBOhrdreher*, aus dem sich der Firmenname ableitet. Heute ist *Metabo* ein mittelständisches Unternehmen, das außer am Stammsitz Nürtingen auch im chinesischen Shanghai produziert und zur japanischen *Hitachi* Power Tools Gruppe gehört. Das Unternehmen entwickelt, fertigt und vertreibt Elektrowerkzeuge mit passendem Verbrauchs- und Systemzubehör in mehr als 120 Ländern, davon in 23 mit eigenen Niederlassungen. Weltweit arbeiten knapp 1900 Menschen für *Metabo*. Im Jahr 2016 wurde ein Umsatz von 423 Mio. € erwirtschaftet.

Der Elektrowerkzeugmarkt ist geprägt durch moderates Wachstum und kurze Produktlebenszyklen von drei bis fünf Jahren. Ein wachsendes Angebot an Elektrowerkzeugen aus Asien, die zu Einstiegspreisen über Baumärkte und Discounter, oft als Eigenmarken, angeboten werden und damit vordringlich den Heimwerker-Markt adressieren, verschärft den bereits hohen Kosten- und Wettbewerbsdruck. Für die professionellen Anwender gibt es – vereinfacht dargestellt – zwei Gruppen von Marken: Die Generalisten, zu denen *Metabo* zählt und bei denen *Makita*, *Bosch* und *Dewalt* die größten Wettbewerber sind. Diese bieten eine breite Palette an Produkten für viele Zielgruppen und haben durch ihre Economies of Scale Kostenvorteile. Daneben gibt es die Spezialisten wie beispielsweise *Festool* oder *Fein*, die sich fokussiert auf einzelne Zielgruppen im Handwerk positioniert haben. Das Internet gewinnt als internationaler Vertriebskanal schnell an Bedeutung und sorgt durch seine breite Angebotspräsenz für zusätzlichen Margendruck bei Handel und Herstellern.

In den 2000er-Jahren hat *Metabo* Elektrowerkzeuge sowohl für Heimwerker als auch für professionelle Anwender entwickelt und produziert. Durch seine Größe war es *Metabo* jedoch nicht möglich, für die sehr unterschiedlichen Zielgruppen – professionelle Anwender und Heimwerker – komplett getrennte Produktprogramme anzubieten. Deshalb wurde versucht, mit nur einem Portfolio an Produkten und einer Corporate Identity beiden Anwendergruppen gerecht zu werden. Durch das Adressieren des Heimwerkermarktes sank die Relevanz bei den professionellen Anwendern, weshalb *Metabo* zunehmend Marktanteile im eigentlichen Kernsegment der professionellen Anwender verloren hat.

Das änderte sich 2009, als der damals neue Vorstandsvorsitzende *Horst W. Garbrecht* einen Strategiewechsel in Form einer Re-Fokussierung auf handgeführte Elektrowerkzeuge ausschließlich für professionelle Anwender in Handwerk und Industrie einleitete. Dabei wurden auch zwei Kernzielgruppen definiert: Metallhandwerk und -industrie sowie Bau- und Renovierungshandwerk. Unter *Garbrechts* Regie hat sich *Metabo* schnell zu einem marktorientierten Unternehmen entwickelt, in dem das Zuhören als Ausgangspunkt für das Produktkonzept eine zentrale Rolle spielt und in dem die Anwender im Entwicklungsprozess kontinuierlich eingebunden werden, um sicherzustellen, dass ihnen die Produkte einen relevanten Mehrwert bieten.

Metabo gewann mit durchdachten Systemlösungen und Kompetenzprodukten, die sie als Problemlöser für die konkreten Bedürfnisse der Zielgruppe der Handwerker kennzeichneten, ein deutlich höheres Maß an Interesse in der Fachwelt, und das durchgängig hohe Qualitätsniveau der neuen Produkte überzeugte die Profis in Industrie und Handwerk mehr und mehr.

Zur neuen Strategie gehörte auch eine Fokussierung auf Innovationen. *Garbrecht* formulierte die „Vision der kabellosen Baustelle und Werkstatt" (o. V. 2015). Innerhalb weniger Jahre eroberte sich *Metabo* mit einer ganzen Reihe vielbeachteter Neuheiten die Technologieführerschaft im zukunftsträchtigen Segment der akkubetriebenen Elektrowerkzeuge und drang 2015 mit einer neuartigen Akku-Technologie namens LiHD in Leistungsdimensionen vor, die kein anderer Elektrowerkzeug-Hersteller bis dahin erreicht hatte. 67 % mehr Leistung, 87 % mehr Laufzeit, eine um bis zu 100 % längere Lebensdauer und damit mehr Produktivität sind relevante Vorteile, die bei den Anwendern Präferenz auslösen (Weber 2015). Dadurch wurden Einsätze möglich, die bisher nur kabelbetriebenen Werkzeugen vorbehalten waren. *Metabo* hat in vielen Ländern hohe Bekanntheitswerte. Durch verschiedene Strategiewechsel vor 2009 hatte aber die Markenbegehrlichkeit bei den Profis gelitten und *Metabo* an Relevanz verloren. In den rund 100 Ländern, in denen *Metabo* über Importeure vertreten ist, hat die Marke teilweise keine hohen Bekanntheitswerte, und der Markenauftritt ist oft geprägt vom Corporate Design des Importeurs, ergänzt um einige Elemente aus verschiedenen Auftritten der Marke. Dies lag daran, dass die Importeure den jeweiligen Markenauftritt und das Corporate Design nicht kannten. Die Diskrepanz zwischen Markenimage und Unternehmensstrategie sollte – nachdem die Auswirkungen der strategischen Neuausrichtung in Form eines in weiten Teilen erneuerten Produktprogramms inklusive einiger einzigartiger Innovationen im Markt erkenn- und verfügbar waren – durch einen strukturieren Markenstrategie-Prozess beseitigt werden.

2 Herausforderung: Ressourcenknappheit und mangelnde Kundenpräferenz

Eine Innovationsquote (Umsatz mit Produkten, die nicht länger als drei Jahre im Markt sind) von 40–50 % halten, diese Fülle neuer Produkte erfolgreich in den internationalen Märkten einführen, die Technologieführerschaft im Akku-Bereich erst erobern, um sie dann auszubauen – dazu parallel die Marke in 23 Ländern sowie in 100 Ländern, in denen über Importeure vertrieben wird, weltweit neu positionieren: Wer sich diese Aufgabenliste vor Augen hält, erkennt schnell die Herausforderungen, vor die sie ein mittelständisches Unternehmen mit im Jahr 2009 rund 340 Mio. € Umsatz stellte.

Die Unternehmenskultur mit den Werten Dynamik, Leidenschaft, Vertrauen und Mut war ein wichtiger „Enabler" dafür, dass die Marke so schnell weiterentwickelt werden konnte. *Metabo* hatte kurze Wege, flache Hierarchien und eine extrem motivierte Mannschaft. Aber angesichts der Relation zwischen To-Do-Liste und vorhandenen Ressourcen war Vorsicht geboten. Ein Markenprozess ist ein Kraftakt. Denn zu den knappen Ressourcen kommt auch noch, dass die Märkte in der Elektrowerkzeugbranche international teils sehr unterschiedlich ticken und Eigenheiten haben, die man berücksichtigen muss, um erfolgreich zu sein. Professionelle Anwender sind zudem auch noch vergleichsweise loyal ihren „Stammmarken" gegenüber, teils weil sie auf Bewährtes setzen, teils aber auch, weil sich Elektrowerkzeuge immer mehr zu Systemlösungen entwickeln, in denen die Maschine eingebettet ist in ein umfangreiches Paket aus speziell abgestimmten Zubehören und Verbrauchsmaterialien. Bei akkubetriebenen Elektrowerkzeugen kommt hinzu, dass die Akku-Schnittstellen herstellerspezifisch sind und damit die ganze Peripherie wie Akku-Packs oder Ladegeräte immer nur mit den Maschinen eines Herstellers funktioniert. Diese Systematik fördert Markentreue.

Metabo hatte es sich zum Ziel gesetzt, stärker zu wachsen als der Markt. Dazu mussten Kunden loyalisiert und zu Markenbotschaftern werden. Diese halfen, Kunden anderer Hersteller zu überzeugen, dass ein Wechsel zu *Metabo* für sie vorteilhaft wäre. Die Empfehlung eines Kollegen oder Freundes hat in dieser Branche einen sehr hohen Einfluss (mit 72 %, die am häufigsten genannte Informationsquelle) auf die Kauf- und Verwendungsentscheidung (Metabo 2013).

3 Zielsetzung: Internationale Markenstärkung und Effizienzsteigerung

Als Grundlage für eine erfolgreiche Markenarbeit wurden 2012 organisatorische Rahmenbedingungen geschaffen, indem die bis dato verschiedenen Marketingbereiche unter einer Leitung zusammengefasst, das neu entstandene Corporate Marketing um die Aufgabe des internationalen Brand Managements erweitert und der Bereich direkt unter dem Vorstandsvorsitzenden angesiedelt wurde. Die beiden Aufgabenstellungen im Bereich Markenführung waren:

- internationale Stärkung der Marke durch relevantere Markenpositionierung und -auftritt,
- internationale Effizienzsteigerung des Marketingbudgets durch Reduktion der nationalen Anpassungen und Fokussierung der Touchpoints.

Dies wurde erreicht durch:

- Erarbeiten einer Markenpositionierung, die international für die Fokus-Zielgruppen relevant und für *Metabo* erreichbar ist, die sich vom Wettbewerb für die Zielmärkte relevant differenziert und die nicht nur aktuell funktioniert, sondern auch die zukünftigen Markenziele stützt.
- Ableitung eines Markenauftritts, der die neue Positionierung ideal inszeniert und erlebbar macht, der sowohl global, als auch lokal effizient funktioniert und mit dem sich auch die Organisation identifiziert.
- Definition der Marketingstrategie mit zielgruppenspezifischer Touchpoint- und Content-Strategie mit Zeit, Budget/Ressourcen und Kennzahlen (KPI)-Zielen.

Die gewählte Herangehensweise war, die „Kultur des Zuhörens" auch in der Markenführung anzuwenden, um herauszufinden, wie die Marke von Mitarbeitern (Selbstbild), professionellen Anwendern und Händlern (Fremdbild) gesehen wird, was beim Anwender Präferenz und Preisbereitschaft erzeugt und was *Metabo* von den „guten Markenkennern" zugetraut wird.

4 Strategie: Positionierung der Marke *Metabo* als weltweite Profi-Marke

Ausgangspunkt aller Markenentscheidungen bildet die Festlegung der Positionierung (Baumgarth 2014, S. 210).

4.1 Stakeholder einbeziehen

Ein Strategiewechsel ist ein signifikanter, zeit-, ressourcen- und budgetintensiver Einschnitt in der Entwicklung eines Unternehmens. Während dies intern mit einem langfristig angelegten Changeprozess gefördert und begleitet wurde, musste die Repositionierung der Marke dafür sorgen, dass der Markenkern in den Köpfen der Mitarbeiter sowie der professionellen Anwender weltweit verankert wurde. Nur so konnte *Metabo* für eine möglichst große Zahl von ihnen zum Elektrowerkzeug-Partner der Wahl werden. Da dies über eine Kommunikationsaufgabe weit hinausreicht, waren während des gesamten Prozesses nicht nur der Vorstand, sondern auch die wichtigsten Stakeholder, die Verantwortlichen aus der Entwicklung, dem Produktmanagement und dem Vertrieb eng einbezogen. Diese geschah u. a., indem dieser Personenkreis Teil des **Brand Steering Committees** war, das die wesentlichen Milestones des Projektes mitgetragen und abgenommen hat. Ein solches Vorgehen sorgt für eine gesteigerte Identifikation mit dem Ergebnis und sichert den Erfolg.

4.2 Dreiphasige Vorgehensweise

Zusammen mit *Dr. Christine Wichert* und ihrer Schweizer Markenberatung *Logibrand*, wurde ein Modell mit einer mehrstufigen Analyse- und Definitionsphase verwendet (vgl. Abb. 1). Ergänzt wurde dieses um ein vierstufiges Implementierungsmodell.

Analyse

In der Analysephase wurde in drei Schritten thesengenerierend vorgegangen. Im ersten Schritt wurden Manager und Schlüssel-Mitarbeiter aus verschiedenen Bereichen und Ländern in Einzelinterviews zu Stärken und Schwächen, Leistungspotenzial und -limitationen, aktueller Positionierung, möglicher rationaler und emotionaler Treiber sowie der Wettbewerbssicht befragt.

Im zweiten Schritt wurde der internationale Wettbewerb im Vergleich zu *Metabo* analysiert und dazu deren Markenauftritt, Inhalte der Kommunikation, Zielgruppen und deren Ansprache, Farben, Bildsprache, Markenanspruch, Claim etc. untersucht.

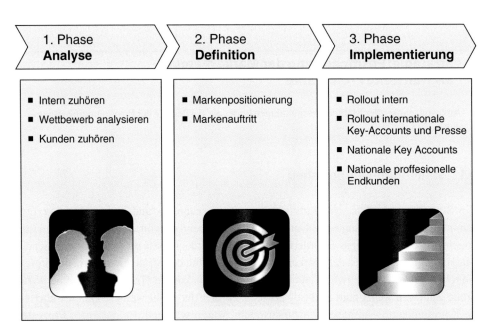

Abb. 1 Phasen der Markenpositionierung

Im dritten Schritt wurden Handelspartner aus drei Ländern telefonisch zur Marke und den Wettbewerbern befragt. Hierbei wurden Erfolgsfaktoren und wettbewerbsdifferenzierende Faktoren identifiziert sowie Gründe erfragt, weshalb der Marke die Treue gehalten wird.

Für die optimale Markenidentität braucht es Hypothesen und Modelle, mit deren Hilfe man die Relevanz der einzelnen Markenidentitäten für die Käufer simulieren kann (Wichert 2005, S. 177). Basierend auf den Erkenntnissen wurden Faktoren identifiziert, die für die zukünftige Positionierung relevant sein könnten. Die erfolgversprechendsten wurden zu einer These zusammengefasst. Faktoren und These wurden im Brand Steering Committee besprochen und verabschiedet.

Definition

In der Definitionsphase der Markenpositionierung wurden die Stellhebel empirisch mit 800 Telefoninterviews mit professionellen Anwendern in den Kernmärkten USA, Russland und Deutschland herausgearbeitet. Die Ziel-Positionierung sollte hierbei zweierlei leisten: bestehende Fans der Marke zu loyalisieren und in den Fokus-Zielgruppen Fans von morgen zu gewinnen. Durch die Entwicklung der Marke von innen nach außen, das gewählte Modell und die darin implementierten analytischen Kontrollen hatten wir ein datenbasiertes Ergebnis, das nicht mehr nur Meinungen, sondern die empirische Überprüfung der Belastbarkeit des neuen Markenkerns beinhaltete. Durch dieses mehrstufige und fundierte Vorgehen wurde darauf vertraut, dass der Markenkern effektiv helfen würde, die Zielsetzung zu erreichen, für die Zielgruppen relevanter zu werden und darüber profitabler zu wachsen. Als Markenkern stand am Ende des Prozesses die „Sichere Investition" mit den Markenwerten „Begeisterung", „Leistungsfähige Produkte" und „Stressfreies Arbeiten".

Aufbauend darauf erfolgte die Definition und Erarbeitung des Markenauftritts, auf die im Abschn. 5 eingegangen wird.

Implementierung

Bei der Implementierung einer Markenpositionierung ist es unabdingbar, dass diese in aufeinander aufbauenden Phasen erfolgt. Zu Beginn werden die internen Stakeholder wie Geschäftsleitungen und Marketingleitungen weltweit sowie Produktentwicklung, -design, Produktmanagement, Vertrieb und – nicht zu vergessen – der Betriebsrat in einer Kommunikationskaskade informiert und geschult. Die Information wird hierbei top-down auf internationaler Ebene kommuniziert. Wichtig ist es, diejenigen Gruppen zu identifizieren und zu berücksichtigen, die einen schnellen potenziellen Multiplikationseffekt als **Brand Ambassadors** haben können wie bspw. Marketing oder Vertriebsmitarbeiter. Diese sollten idealerweise in einer Kaskade vor Spezialisten, wie bspw. Produktentwicklern und -designern, einbezogen werden. Mittelständische Unternehmen verstehen Markenführung mehr und mehr als strategisches Instrument, um profitabel zu wachsen (cuecon 2013). Wenn es allerdings darum geht, die notwendigen Budgets bereitzustellen, tun sich viele

Firmen mit Implementierungsbudgets oft schwer, da der kurzfristige Erfolgsbeitrag oft nur teilweise gesehen wird und nicht messbar scheint. Es ist daher wichtig, im Rahmen der Definitionsphase die Marken-KPIs (Key Performance Indicators) sowie die Zielwerte und Zeiträume festzulegen. Bei *Metabo* wurde der Marken-Rollout aufgrund der hohen Reichweite, der Chance auf einen schnellen Rollout und aus Budgetgründen mit dem weltweiten Launch der wichtigsten Produktgruppe der Winkelschleifer durchgeführt. Hierzu kamen in der ersten Kaskade die Geschäftsführer aller Ländergesellschaften ins Headquarter nach Nürtingen und wurden informiert. Im nächsten Schritt folgten die Marketing-Manager weltweit. Danach wurde der neue Markenauftritt im Rahmen der internationalen Pressekonferenz zum Produkt-Launch mit kommuniziert, wodurch die neue Markenpositionierung sehr schnell über die Fachpresse verbreitet wurde. Direkt im Anschluss zur Pressekonferenz lernten die internationalen Key Accounts und Importeure den neuen Markenauftritt kennen. Die weltweiten Importeure wurden kurz danach in einer zusätzlichen Vertriebskonferenz noch ausführlicher informiert. Auf nationaler Ebene waren weitere Launch-Events für die Key Account-Händler und Roadshows für die professionellen Endkunden zur Einführung der Produktgruppe geplant, in denen auch der neue Markenauftritt sehr glaubhaft vorgestellt werden konnte.

Ein wichtiges Hilfsmittel im Rahmen des Rollouts ist das **Brand Book**, in dem erklärt wird, wofür die Marke *Metabo* steht. Es endet mit einem Elevator Pitch, in dem die wesentlichen Positionierungsaussagen auf den Punkt gebracht werden. Dies ist besonders für die Mitarbeiter im Vertrieb wertvoll, die täglich als Markenbotschafter im Kundenkontakt stehen. Damit müssen sie den Transfer in ihren Verkaufsalltag nicht selbst leisten und die Kommunikation der Vertriebsmannschaft wird als wichtiges Medium stringent und einheitlich in den Marketingmix integriert.

5   Definition des Markenauftritts und des Marketing-Mix

5.1   Von der Positionierung zum Markenauftritt

Nach Festlegung der Markenpositionierung wurde daraus ein Agenturbriefing abgeleitet. In einem mehrstufigen Auswahlprozess wurde eine internationale Leadagentur für die klassische Werbung ausgewählt. Diese hat sowohl durch ihr erstklassiges Verständnis für die Zielgruppen als auch durch die gemeinsam entwickelte und international tragfähige „Big Idea" überzeugt. Besonders fasziniert hat, wie der Markenkern „Sichere Investition" sowohl rational überzeugend als auch emotional begeisternd aufgeladen wird und für die Profis dadurch an Relevanz gewinnt. Parallel wurden auch andere Agenturen gebrieft. Speziell die PR-Agentur, die vom damals neuen Vorstandsvorsitzenden *Horst W. Garbrecht* bereits Anfang 2010 ausgewählt wurde und den Strategiewechsel insgesamt kommunikativ begleitet hatte, übernahm beim Launch-Event und der internationalen Pressekonferenz eine Schlüsselrolle.

Abb. 2 Beispiel für das Leitthema „Time for Trust"

In der Kampagne mit dem Leitthema „Time for Trust" porträtiert *Metabo* internationale „Härtetests", denen sich die Produkte im täglichen Einsatz stellen müssen – in Form von starken Bildern in einem redaktionellen, reportageartigen Stil (vgl. Abb. 2).

Es werden also keine künstlichen Werbewelten geschaffen, sondern reale Geschichten inszeniert, die sich durch Authentizität, Glaubwürdigkeit und Faszination auszeichnen. Mit dem Fokus auf Großprojekte auf der ganzen Welt positioniert sich *Metabo* ferner als Global Player und unterstreicht die internationale Bedeutung der Marke – ohne an Relevanz bei den Handwerkern vor Ort zu verlieren. Die Kernaussage der Marke, „Time for trust" in der hierfür eigens entwickelten *Metabo* Logo-Schrift (vgl. Abb. 3), wird durch das jeweilige Produkt konkretisiert. Dabei steht der Nutzen für den Anwender im Fokus, untermauert durch das jeweilige technische Produkt-Feature. „Time for Trust" wird teilweise in die jeweilige Landessprache übersetzt, so dass ein international einheitlicher Markenauftritt genutzt wird, bei dem jedoch zugleich ein Höchstmaß an lokaler Identifikation gewährleistet ist.

Metabo hat zwar im deutschen Markt in den Zielgruppen eine fast 100-prozentige Bekanntheit. Aber in einigen der mehr als 120 internationalen Märkte, in denen *Metabo* aktiv ist, sind noch nicht alle relevanten Zielgruppen mit der Marke vertraut. Deshalb, und auch um zu zeigen, dass *Metabo* nicht nur Elektrowerkzeuge anbietet, sondern zusätzlich Lösungen, die auch das Verbrauchs-, Systemzubehör und ergänzende Produkte, wie beispielsweise Allessauger, umfassen, wurde entschieden, ergänzend zum *Metabo* Logo die Line „Professional Power Tool Solutions" zu etablieren.

Abb. 3 *Metabo*-Branding

5.2 Customer Journey, Touchpoints und Content-Strategie

Mit einer repräsentativen Befragung von 800 professionellen Endkunden wurden die Touchpoints und ihre Bedeutung erhoben. In einer weiteren qualitativen Telefonbefragung bei professionellen Endkunden wurde zusätzlich die Customer Journey abgefragt – mit spezifischem Fokus auf digitale und nicht digitale Touchpoints.

Nach der persönlichen Empfehlung sind Hersteller-Katalog und Prospekte bei den Handwerkern nach wie vor mit 71 % die wichtigsten Touchpoints, gefolgt von den Internetauftritten, welche die jüngere Generation stärker ansprechen, sowie Messen (jeweils 55 %). Dann folgen persönliche Touchpoints wie Handels-Außendienstbesuche und Produktvorführungen. Werbung und Testberichte in Zeitschriften werden von etwas mehr als 40 % als Informationsquelle genutzt. Hier sind es tendenziell die älteren Handwerker. Im Durchschnitt wurden 7,5 Informationsquellen angegeben (Metabo 2013).

Auf Basis der Forschungsergebnisse und aufgrund der hohen Markenbekanntheit in manchen Ländern sowie der vergleichsweise geringen Präferenz wurde beschlossen, zuerst Content zu erarbeiten, der zu Markenpräferenz führt, bevor in Bekanntheit investiert wird.

In einem zweitägigen Workshop, an dem die Leiter sowie Spezialisten aus den verschiedenen Marketingdisziplinen teilnahmen, wurden die Customer Journeys sowohl online als auch offline definiert, um im Nachgang die Touchpoint- und Content-Strategie zu erarbeiten. Eine daraus abgeleitete RACI-Liste (R: Responsible; A: Accountable; C: Consulted; I: Informed) regelt die Verantwortlichkeiten, auch zu den Schnittstellen in Vertrieb und Produkt-Management.

Innerhalb weniger Monate wurde der gesamte Markenauftritt für die Top-Touchpoints überarbeitet und in einem CD-Workbook festgehalten. Die Content-Strategie wurde im Weiteren detailliert und umgesetzt (vgl. Abb. 4).

Die neue Positionierung und mit ihr die „Time for Trust"-Kampagne gingen vier Monate nach Entscheidung für das Kreativkonzept und die neue Leadagentur in den weltweiten Roll-Out. Alle Touch Points der Zielgruppen wurden sukzessive überarbeitet oder neu entwickelt und auf die Positionierung abgestimmt. Die neue Website ging im Mai 2014 online und dem Handel wurde neues POS Material für die jeweils aktuellen Kampagnen zur Verfügung gestellt.

Damit war das Markenkonsistenz-Ziel, das neue Corporate Design an den definierten Touchpoints innerhalb einer definierten Zeit (bei Ressourcenknappheit mit Gruppenbil-

Abb. 4 Beispiele für die kommunikative Umsetzung

dung, mit vorrangigem Fokus auf Hauptmärkte) umzusetzen und so weltweit Adaptions-Ressourcen und Budgets einzusparen und die Marke zu stärken, ein Jahr nach dem Launch zu weiten Teilen erreicht.

Am Ende ist die Arbeit damit noch lange nicht. Es ist der Anfang des langen Weges in die Köpfe der professionellen Endkunden. Bis sich die neue Positionierung dort richtig festgesetzt hat, wird es noch dauern. Für das Marketing bedeutet das, die Marke immer wieder mit neuen Impulsen weiterzuentwickeln. Denn: Markenarbeit ist nie zu Ende. Starke Marken entwickeln sich kontinuierlich aus ihrem stabilen Kern heraus und bleiben so stets aktuell, eigenständig und differenzierend.

6   Fazit

6.1   Ergebnisse

Wir hätten erwartet, dass der alte Claim „Work. Don't Play", der 2005 eingeführt wurde, um sowohl professionelle Anwender als auch Heimwerker anzusprechen, Fans hat, die ihm nachtrauern, da er nicht durch einen neuen Claim, sondern mit „Professional Power Tool Solutions" durch ein rationales Positionierungsstatement ersetzt wurde. Die Emotionalisierung der Marke erfolgt über „Time for Trust" als Kernaussage der Kampagne. Im Rahmen des Rollouts wurde der Wechsel sowohl von Handwerkern als auch von Händlern und *Metabo*-Mitarbeitern unisono als zielgerichtet und die Leistungen der Marke auf den Punkt bringend bewertet.

Um über die internationale Konsistenz des Markenauftritts hinaus den Erfolg der Markenarbeit bewerten zu können, ist es hilfreich, sich ein Markencockpit mit relevanten Kennzahlen aufzubauen und diese regelmäßig zu messen. Diese KPIs sollten SMART (Doran 1981) sein.

Wir haben uns bei den Kennzahlen an der REAN-Struktur (Jackson 2009, S. 23 ff.) orientiert. Gemessen und gesteigert werden sollen (*: KPIs, die im Rahmen einer Post-Untersuchung nach zwei bis drei Jahren getrackt werden sollen):

(1) Reach (Reichweite, Bekanntheit):
- Anteil Top of Mind sowie die Bekanntheit*
- Social Media Reichweite
- Kosten pro Reichweite online und in Printmedien
- Volumen Ratio der verschiedenen „Referrer" der Website

(2) Engagement (Vertrautheit):
- Website Bounce Rate
- Anzahl Page Views
- Vertrautheit mit der Marke*

(3) Activate (Erwägung)
- Conversions-Rate auf der Website (Anzahl der definierten Conversions je Anzahl der Besuche)

(4) Nurture (Präferenz)
- Markenpräferenz*
- Wiederkehrender Website-Besucher-Index (Anzahl der wiederkehrenden Besucher/Anzahl der Besucher)
- E-Mail Öffnungsrate/Rate Besuch verlinkter Landingpages

(5) Weitere Ziele:
- *Metabo* wird von den Zielkunden als Profimarke wahrgenommen.*
- Markenidentität wird von Zielkunden stärker *Metabo* zugeschrieben.*
- Markentreue nimmt zu, der Anteil an durchschnittlich gekauften Produkten und Produktgruppen steigt.*
- Preisbereitschafts-Index ist gestiegen.*
- Marktanteilssteigerung nach Wert*

Die neue Positionierung – und mit ihr der neue Markenauftritt – kommen an. 94 % der beim Launch-Event im Rahmen von persönlichen Interviews befragten Key-Account-Kunden, Presse-Vertreter und Importeure stuften den neuen Markenauftritt als deutlich stärker als den bisherigen ein. Im 2015 erhobenen zweijährigen Leistungsspiegel des Handels, der Zeitung *markt intern*, hat sich *Metabo* in den beiden Marketingkategorien Aktionen vom neunten auf den zweiten Platz verbessert und in der Kategorie Abverkaufs-Unterstützung vom zweiten auf den ersten Platz (markt intern 2016). Insgesamt konnte sich *Metabo* auf den zweiten Platz positionieren (vorher dritter Platz). 2015 wurde *Metabo* zu einer der deutschen *Superbrands* gewählt (Superbrands 2015).

Auch die wirtschaftlichen Kennzahlen stimmen. *Metabo* ist mit einem Plus von 10 % beim Umsatz 2014 fast doppelt so stark gewachsen wie der Markt. Beim Ergebnis hat die Marke auch aufgrund einer gesteigerten Preisbereitschaft überproportional um 22 % zugelegt – und das, obwohl die Währungskursentwicklungen für *Metabo* ungünstig gelaufen sind.

Das ist natürlich nicht allein das Verdienst der neuen Positionierung, sondern der ganzen Organisation, weil beispielsweise auch neue Produkte und Technologien eine wichtige Rolle gespielt haben. Aber es zeigt, dass immer mehr Profis auf *Metabo* als sichere Investition bauen und die Positionierung funktioniert.

6.2 Erfolgsfaktoren

Für die erfolgreiche Positionierung von *Metabo* waren die folgenden Faktoren wichtig:

- Ein Markenpositionierungsprozess ist nur dann erfolgreich, wenn das Top-management dahintersteht und die relevanten Stakeholder des Unternehmens eingebunden sind.
- Die Positionierung muss für die Marke erreichbar sein, sich vom Wettbewerb differenzieren und für die Zielkunden relevant und „wertvoll" sein.
- Die Designsprache des Produktes als Haupt-Touchpoint muss die Markenmission vermitteln.
- Die Markenmission „sichere Investition" sowie die weiteren Markenwerte müssen für die Profis an den Touchpoints erlebbar sein, um sie zu begeistern.
- Das Agenturbriefing sollte systematisch und detailliert aus der Positionierung abgeleitet werden, damit der Markenauftritt auf die Positionierung einzahlt.
- Ein gut strukturiertes, aussagekräftiges Corporate Design sichert einen international einheitlichen Auftritt.
- Wichtig: Ein Booklet mit dem Wording zur Marke sorgt dafür, dass jeder weiß, wofür sie steht und die Marke bei Kunden, Lieferanten, Partnern, Presse usw. auch international einheitlich kommuniziert wird.
- Alle müssen geschult werden: das Management, Kollegen aus den Fachbereichen (auch international) und Agenturen.
- Markenarbeit erfordert Disziplin. Mit der Einführung ist die Aufgabe nicht erledigt, die Marke muss kontinuierlich gepflegt und selbstähnlich weiterentwickelt werden.

Dieser Erfolg wäre jedoch ohne die Strategie und den Fokus des CEOs nicht möglich gewesen, der mit seiner Vision und seinen Führungswerten die Grundlage und Rahmenbedingungen für die erfolgreiche Neupositionierung der Marke *Metabo* geschaffen hat.

Literatur

Baumgarth, C. (2014). *Markenpolitik* (4. Aufl.). Wiesbaden: Springer Gabler.
cuecon (2013). *Was ist die B2B-Marke wert?* Köln: cuecon.
Doran, G. T. (1981). There's a S.M.A.R.T. way to write management's goals and objectives. *Management Review, 70*(11), 35–36.
Jackson, S. (2009). *Cult of analytics.* Amsterdam: Butterworth-Heinemann.
markt intern (2016). Leistungsspiegel. http://www.markt-intern.de/redaktionen/eisenwaren-werkzeuge-garten/leistungsspiegel/. Zugegriffen: 3. Aug. 2016.
Metabo (2013). *Markenstudie Metabo*

o. V. (2015). Kabel sterben aus. *dds – Das Magazin für Möbel und Ausbau*. o.Jg.(2), 10–11.

Superbrands (Hrsg.). (2015). *Superbrands Germany*. Bd. VI. London: Superbrands.

Weber, L. (2015). Mehr Saft im Akku. http://www.faz.net/aktuell/technik-motor/umwelt-technik/metabo-hat-neue-lithium-akkus-fuer-mehr-leistung-entwickelt-13646703.html. Zugegriffen: 2. Aug. 2016.

Wichert, C. (2005). *Die Logik der Marke*. Wiesbaden: Gabler.

Markenarchitekturstrategien in B-to-B-Märkten erfolgreich konzipieren und umsetzen

Franz-Rudolf Esch und Christian Knörle

Zusammenfassung

Starke Marken schaffen nachhaltigen Wert und müssen systematisch aufgebaut werden. Historisch gewachsene Markenportfolios bedürfen einer Struktur, die für Kunden und Mitarbeiter einfach und nachvollziehbar ist. Markenarchitekturen sind daher aus strategischer, Kunden- und Mitarbeiter-Perspektive zu entwickeln und nachhaltig umzusetzen. Erst dann kann es gelingen, auch das volle Potenzial der Marken zu kapitalisieren.

Schlüsselbegriffe

Markenarchitektur · Markenidentität · Markenrestrukturierung · Migrationsstrategien

Inhaltsverzeichnis

F.-R. Esch (✉)
EBS Business School
Oestrich-Winkel, Deutschland
E-Mail: Franz-Rudolf.Esch@ebs.edu

C. Knörle
Porsche AG
Stuttgart, Deutschland
E-Mail: christian.knoerle@web.de

© Springer Fachmedien Wiesbaden GmbH, ein Teil von Springer Nature 2018   319
C. Baumgarth (Hrsg.), *B-to-B-Markenführung*, https://doi.org/10.1007/978-3-658-05097-9_17

1 Bedeutung starker Marken auf B-to-B-Märkten verstehen

Viele Vorstände in B-to-B-Branchen verstehen unter einer Marke nur „bunte Kommunikation" oder ein Logo (Morrison 2001, S. 33). Aktuelle Beispiele wie das Rebranding von *Merck* zeigen, dass dieses Verständnis auch heute noch an der Tagesordnung ist. Dieses Verständnis greift jedoch zu kurz. Wie der ehemalige Vorstandsvorsitzende von *Linde* Wolfgang Reitzle zu Recht bemerkt, leisten Marken auch in B-to-B-Märkten einen nachhaltigen Beitrag zur Wertschöpfung und sind daher so professionell zu steuern wie das Produktions-, Entwicklungs- oder Kostenmanagement (Reitzle 2005, S. 880). **Marken sind Vorstellungsbilder in den Köpfen der Anspruchsgruppen**, die eine **Identifikations-** und **Differenzierungsfunktion** übernehmen und das **Wahlverhalten prägen** (Esch 2014, S. 22). Dabei beziehen sich Marken in B-to-B-Branchen nicht nur auf Produkte, sondern auch auf Unternehmen, deren Mitarbeiter (z. B. Call Center, Kundenservice, Produktentwicklung, technischer Vertrieb etc.), Geschäftsprozesse, Services und Kommunikationsauftritte (z. B. Corporate Design, Broschüren, Internet etc.) (Bendixen et al. 2004, S. 376; Frigge und Houben 2002, S. 30 ff.; McDowell Mudambi et al. 1997; Ward et al. 1999). Starke Marken wie *Heidelberger Druckmaschinen* **reduzieren die Unsicherheit** industrieller Kunden und schaffen **Vertrauen**. Markenpräferenzen werden aufgebaut, Cross-Selling-Potenziale ermöglicht und die Markenloyalität gestärkt (Kemper 2000, S. 126; Mudambi 2002, S. 543; Shipley und Howard 1993, S. 59; Sinclair und Seward 1988, S. 32 f.; Ward et al. 1999, S. 94). Starke Marken treiben zudem **Absatzvolumen** und **Profit**: Für starke Marken sind Premiumpreise zu erzielen (Michell et al. 2001, S. 422; Sinclair und Seward 1988, S. 32 f.; Ward et al. 1999, S. 95). *Die Heidelberger Druckmaschinen AG* erzielt als Weltmarktführer nicht nur höhere Preise im Verkauf als ihre Wettbewerber, sondern ihre Kunden erhalten bei den Banken für die Finanzierung der teilweise 2 Mio. € teuren Maschinen auch ein besseres Rating, wenn sie eine *Heidelberger Druckmaschine* finanzieren möchten. Der Wiederverkaufswert ist höher als beim Wettbewerb, die Nachfrage nach gebrauchten Maschinen dementsprechend enorm. Der Return on Investment starker Marken ist aus Kundensicht daher höher als der von schwachen Marken. Starke B-to-B-Marken stabilisieren und beschleunigen freie Cashflows, schaffen eine bessere Position bei anderen Stakeholdern, wie dem Kapitalmarkt (Kredit- und

Kapitalbeschaffung) oder dem Personalmarkt (Mitarbeitergewinnung) (Kriegbaum-Kling 2004, S. 333). Nur wenige Vorstände von B-to-B-Unternehmen erkennen bislang allerdings in Marken den „Schlüssel für einen Markterfolg". Ausnahmen bilden Unternehmen wie *Caterpillar*, *Gildemeister*, *IBM*, *Würth*, *ThyssenKrupp* oder *BASF*, die die Bedeutung der Marke erkannt haben und den Beweis liefern, dass auch im B-to-B-Bereich starke Marken zum Erfolg beitragen. In unserer B2B-Brand Excellence Studie hatten Unternehmen mit professioneller Markenführung 25 % mehr Umsatz, ein 17 % höheres Preispremium und 18 % mehr Gewinn im Vergleich zum Durchschnitt aller befragten Unternehmen (ESCH. The Brand Consultants 2014).

2   Starke Marken aufbauen: Das Beispiel *BASF*

Starke Marken entstehen nicht von heute auf morgen. Bei der *BASF* wurde Anfang 2001 angesichts eines heterogenen Produktportfolios und zahlreicher Geschäftsbereiche mit teilweise eigenen Bezeichnungen auf internationaler Ebene und einem eher diffusen Markenbild ein systematischer Markenbildungsprozess initiiert. Ziel des Projekts war es, eine möglichst hohe Kohärenz zwischen der Identität und dem Image der Corporate Brand *BASF* in den Köpfen der Anspruchsgruppen (Mitarbeiter, Kunden, Medien, Anteilseigner etc.) zu erzielen. Als Instrument zur Systematisierung wurde das Markensteuerrad verwendet. In diesem werden in Analogie zum menschlichen Gehirn logisch-rationale Aspekte (linke Gehirnhälfte) sowie Bilder, Gefühle und nonverbale Eindrücke (rechte Gehirnhälfte) erfasst. Zur Entwicklung der Corporate Brand *BASF* wurden gemeinsam mit *ESCH. The Brand Consultants* drei Schritte eingeleitet (ausführlich Gress et al. 2009):

Schritt 1: Zunächst wurde der **Ist-Status der Corporate Brand *BASF* aus interner und externer Sicht** analysiert. Dabei galt es prüfen:

- Wer ist die *BASF*? Was ist der Kern der Marke *BASF*? (Markenkompetenz)
- Was bietet die *BASF* den einzelnen Zielgruppen? Welches sind funktionale und emotionale Mehrwerte der Marke? (Nutzen und Tonalitäten)
- Wie tritt die *BASF* gegenüber den Zielgruppen am Markt auf? Was sind *BASF*-typische Elemente? (Markenbild)
- Wie und wodurch unterscheidet sich die *BASF* von der Konkurrenz? (Positionierung)

Diese Elemente der Markenidentität wurden in Workshops sowie durch persönliche Interviews auf Ebene des Top- und mittleren Managements sowie bei 102 Mitarbeitern in 13 Fokusgruppen in Europa, Asien, USA und Brasilien erhoben. Dabei zeigte sich, dass die Markenassoziationen zwischen den Geschäftsbereichen und Ländern stark variierten. Zur Erfassung der externen Perspektive wurden 608 Personen in Europa, USA, Asien und Brasilien per Telefoninterview zu Markenimage, -stärke und Markentreibern befragt. Auch hier zeigte sich, dass das Bild der Corporate Brand *BASF* geschärft werden musste.

Schritt 2: In der nächsten Phase wurden Ergebnisse der internen und externen Perspektive in ein Ist-Markensteuerrad zusammengeführt. Dabei wurde herausgearbeitet, welche Assoziationen bei Mitarbeitern, Managern und externen Zielgruppen übereinstimmen. Weiter wurden differenzierende Markencharakteristika mit hoher Relevanz für die Anspruchsgruppen extrahiert.

Schritt 3: Schließlich wurde in einem letzten Schritt und auf Basis des Ist-Status das Soll-Markensteuerrad und die Positionierung für die Corporate Brand entwickelt. Für die Ableitung des Soll-Steuerrads wurden die strategische Ausrichtung, Zukunftsszenarien zu Trends und Bedürfnissen der Anspruchsgruppen sowie potenzielle Handlungen der Wettbewerber integriert. Somit stand Evolution anstatt Revolution auf der Agenda. Bestehende Stärken der *BASF* sollten ausgebaut und zur Aufladung der Corporate Brand behutsam erweitert werden. Im Rahmen von Kreativworkshops wurden drei strategische Optionen für das Soll-Markensteuerrad sowie alternative Positionierungsstatements erarbeitet (vgl. das Beispiel in Abb. 1). Die finale Festlegung des Soll-Steuerrads und der Positionierung erfolgte schließlich gemeinsam mit dem Vorstand der *BASF*.

Die Lösung, heterogene Produktportfolios und Geschäftsbereiche durch eine Corporate-Brand-Strategie zu ersetzen, ist allerdings nur eine Alternative, um bestehende Markenkomplexität zu strukturieren. In vielen Fällen kann auch eine differenzierte Markenarchitekturstrategie sinnvoll sein.

3   Markenarchitektur-Varianten auf B-to-B-Märkten erkennen

In den letzten Jahren haben sich bei vielen B-to-B-Unternehmen durch zahlreiche Übernahmen, zunehmende Produktinnovationen und daraus resultierende Angebotsvielfalt ansehnliche Markenportfolios entwickelt, denen häufig eine Strukturlogik fehlt. Wildwuchs bei Kommunikationsmitteln, Qualitätssiegeln und Produktdesigns komplettieren das bestehende Chaos. Ist das Unternehmen dann noch mit verschiedenen Tochtergesellschaften, Beteiligungen, Marken und Produkten vertreten, gewinnt die bestehende Komplexität eine nahezu unaufhaltsame Eigendynamik (Esch 2014, S. 541 f.). Die theoretische Einteilung nach Einzel-, Familien- und Dachmarkenstrategie wird der realen Komplexität damit nicht mehr gerecht. Selbst wenn Produktmarken aufgebaut werden, treten diese selten allein auf, sondern meist in Kombination mit einer Unternehmensmarke. So konnte Richter (2007) in einer Studie in den Branchen Maschinenbau, Chemie, Elektrotechnik und Automobilzulieferer nachweisen, dass selbst innerhalb von Branchen neben der Corporate-Brand-Strategie viele Kombinationen von Markenstrategien existieren (vgl. Abb. 2). Je komplexer diese Kombinationen von Marken werden, umso wichtiger ist es, sie für Kunden und

Mitarbeiter einfach und verständlich in Form einer Markenarchitektur zu gestalten (Esch 2014, S. 543; Joachimsthaler und Pfeiffer 2004, S. 731; Keller 2012, S. 385).

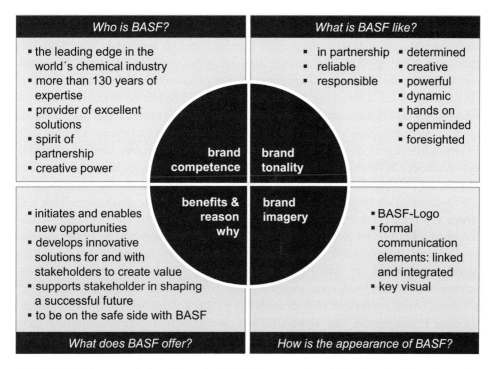

Abb. 1 Mögliche strategische Option der *BASF* Corporate Brand Identity. (Quelle: ESCH. The Brand Consultants 2014)

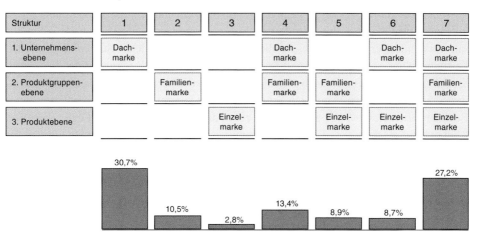

Abb. 2 Verbreitung der Markenarchitekturoptionen bei Industriegütern. (Quelle: in Anlehnung an Richter 2007, S. 170)

Unter einer **Markenarchitektur** versteht man die **Anordnung aller Marken eines Unternehmens zur Festlegung (1) der Positionierung, (2) der Beziehung der Marken und (3) der jeweiligen Produkt-Markt-Beziehungen aus strategischer Sicht** (Aaker 2004, S. 13; Esch und Bräutigam 2005, S. 844; Kapferer 2012, S. 347; Keller 2012, S. 387). **Komplexe Markenarchitekturen** sind Markenarchitekturen, bei denen zwei oder mehr Marken auf unterschiedlichen Hierarchieebenen angeordnet sind (Esch und Bräutigam 2005, S. 855). Die zentrale Zielsetzung bei der Gestaltung von Markenarchitekturen ist die Nutzung größtmöglicher **Synergiepotenziale** zwischen den Marken. Gleichzeitig ist die notwendige **Eigenständigkeit** der Marken zu erreichen, damit die Zielgruppen das Leistungsangebot klar und einfach erfassen können. Dabei müssen Strukturen im Markenportfolio für alle Anspruchsgruppen logisch und nachvollziehbar sein. Die Berücksichtigung dieser „Mental Convenience" ist Voraussetzung für die Profilierung entsprechender Vorstellungsbilder sowie die Glaubwürdigkeit und Akzeptanz einzelner Marken in der Markenarchitektur (Esch 2014).

Die Komplexität einer Markenarchitektur wird in erster Linie durch deren **Tiefe** und **Breite** getrieben (Esch et al. 2004, S. 761). Die Tiefe bringt die hierarchischen Abstufungen der Marken untereinander zum Ausdruck (z. B. übergeordnete Unternehmensmarke versus Produktmarke des Unternehmens). Die Breite beschreibt die Anzahl der Marken, die parallel auf einer Hierarchieebene geführt werden (z. B. mehrere Produktmarken in derselben Produktkategorie). Je mehr Hierarchieebenen und je mehr Marken auf einer Ebene angeordnet sind, desto höher ist die Komplexität der Markenarchitektur eines Unternehmens. Die Verständlichkeit einer komplexen Markenarchitektur kann vor allem dadurch erhöht werden, dass die hierarchischen Markenbeziehungen einer klaren Logik unterliegen und auf horizontaler Ebene eine trennscharfe Differenzierung der Marken gewährleistet ist. Hierfür ist eine deutliche Gestaltung der Markenarchitektur im Markenauftritt erforderlich (Esch und Bräutigam 2005, S. 853).

Neben den reinen Markenstrategien kann die Unternehmensmarke im Zusammenspiel mit einer Einzelmarke dominant auftreten. Beispielsweise kann eine Dachmarke einen Zusatz verwenden, ein sogenanntes **Subbranding**. Durch ein solches Subbranding werden Leistungsfelder genauer spezifiziert (z. B. *Bosch Service*, *MAN Finance* oder *Honeywell Security*). Daneben können auch gleichberechtigte Positionen verschiedener Marken existieren (z. B. *Bosch Rexroth* oder *DB Schenker*). Dabei kommt die Gleichberechtigung beim Beispiel *Bosch Rexroth* vor allem verbal zum Ausdruck, aber nicht im Logo. Weiterhin kann es Sinn machen, dass Einzel- oder Familienmarken dominant auftreten und von der Stützung durch eine Dachmarke profitieren. Diese werden dann durch ein **Endorsement** (z. B. „by Honeywell", „Bosch Gruppe") mit der Dachmarke verbunden. Darüber hinaus lassen sich weitere Einzelmarken, außerhalb einer Markenarchitektur, als „Stand-Alone Brands" ohne Assoziation mit einem Dachmarkenverbund führen. Gründe für diese Strategie können z. B. darin liegen, dass kein ausreichender strategischer Markenfit mit der Dachmarke vorliegt (z. B. wenn eine Niedrigpreismarke im Verbund von Premiummarken existiert). Das heißt, das Endorsement stützt nicht das Image der Einzelmarke, sondern

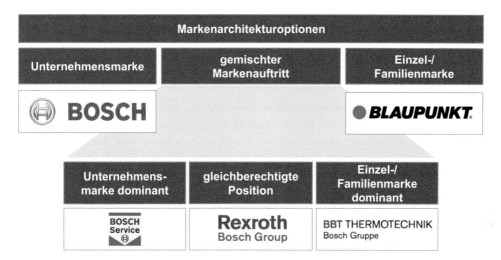

Abb. 3 Markenarchitekturoptionen. (Quelle: in Anlehnung an Esch und Bräutigam 2005, S. 855)

schadet ihr möglicherweise sogar. Daneben können auch strategische Überlegungen damit verbunden sein, die Marken vor dem Kunden als Konkurrenten auftreten zu lassen. So führt bspw. die *Würth* Gruppe mehr als 400 Gesellschaften in 86 Ländern. Viele davon stehen in direkter Konkurrenz zueinander, wodurch eine verstärkte Wettbewerbskultur, allerdings auch starke Kannibalisierungseffekte erreicht werden. Abb. 3 fasst die verschiedenen Optionen zusammen.

4 Markenarchitekturstrategie konzipieren

4.1 Marken systematisch erfassen und analysieren

Am Anfang der Markenarchitekturkonzeption steht die Bestandsaufnahme und Analyse des vorhandenen Markenportfolios. Dabei ist die grundsätzliche Frage zu klären „**Was alles ist eine Marke?**" Gerade in stark technologiegetriebenen B-to-B-Unternehmen existiert kein gemeinsames oder überhaupt kein Verständnis davon, was sich genau hinter dem Begriff verbirgt. Zu Beginn der Analysen ist es daher empfehlenswert, ein einheitliches Verständnis zu schaffen. Dabei zählt alles als Marke, was der Kunde tatsächlich als solche wahrnimmt. Daher können auch nicht rechtlich geschützte Markierungen als Marken interpretiert werden.

Die **Erfassung und Analyse der Marken** sind je nach Branche und Unternehmen individuell auszugestalten. Um die relevanten Daten systematisch zu erheben, sind vorab Kriterien zu definieren und diese in Tabellenform zu sammeln. Dabei sind generell drei Perspektiven zu betrachten:

1. Die **strategische Perspektive** beinhaltet unternehmensstrategische Überlegungen sowie finanzielle Aspekte, die bei der Gestaltung des Markenportfolios zu beachten sind. Gleichzeitig spielen rechtlich-finanzielle Aspekte eine wichtige Rolle, da der rechtliche Durchgriff eine wichtige Grundvoraussetzung für eine Anpassung der Markenarchitektur darstellt.

2. Die **Kundenperspektive** ist deshalb so entscheidend, weil nur diejenigen Marken relevant sind, die auch für den Kunden sowohl wahrnehmbar als auch attraktiv sind und von diesen regelmäßig gekauft werden. Gleichzeitig müssen diese Kundensegmente aus Unternehmenssicht profitabel und zukunftsfähig sein. Die Kundenperspektive ist somit ein erfolgskritischer Filter für die Überlegungen aus strategischer Perspektive.

3. Neben der Kundenwahrnehmung ist auch die **Mitarbeiterperspektive** von hoher Bedeutung. Mitarbeiter können hilfreichen Input für die Wahrnehmung der Markenkonstellation sowie für die Schaffung klarer Strukturen nach innen geben. Sie können allerdings auch zu einem „Hemmschuh" bei der Veränderung der Markenarchitektur werden. Gerade in B-to-B-Unternehmen ist es häufig der Fall, dass man Verantwortlichkeiten und interne Strukturen durch eine entsprechende Markierung nach außen kommuniziert, obwohl der Erklärungsbeitrag einer solchen „Subbrand" für die Kunden marginal ist. Beliebt sind beispielsweise Subbrandings nach Branchen, z. B. XY Automotive, XY Industrie usw. Zwar sind die Geschäftsbereiche sicherlich zweckmäßig, nicht jedoch deren Markierung nach außen.

Vor diesem Hintergrund sind in folgenden Themenfeldern Prüffragen zu beantworten:

1. Bestandsaufnahme und Eigentumsverhältnisse:

- Welche Marken existieren im Portfolio des Unternehmens?
  Die Erfassung aller relevanten Marken ist eine langwierige Aufgabe, die sich erfahrungsgemäß auf die gesamte Konzeptionsphase erstreckt. Die Rechts- und Patentabteilung bildet für diesen Schritt die erste Anlaufstation. Oft ist diese erste Erfassung irreführend, da viele Marken geschützt sind, aber faktisch nicht beim Kunden in Erscheinung treten. Neben der Sichtung von bestehenden Dokumentationen sind daher Kurzworkshops oder Interviews mit ausgewählten Managern zur Bestandsaufnahme sowie Analysen der Kommunikation hilfreich.

- Ist die Marke rechtlich eigenständig? Gibt es rechtliche Einschränkungen bei der Führung einer Marke?
  Grundlage für die Durchsetzung markenstrategischer Überlegungen ist die rechtliche Beteiligungsstruktur. Erst eine rechtliche Beteiligung ermöglicht den operativen Zugriff auf verschiedene Brandingoptionen. Zudem kann es aufgrund rechtlicher Markteintrittsbarrieren notwendig sein, rechtlich eigenständige Marken zu führen, die nicht mit einer Dachmarke assoziiert werden sollen. Beispielsweise ermöglichen diese Konstellationen erst den Zugriff auf bestimmte staatliche Aufträge für Wehrtechnik in den USA.

2. Markenidentitäten, Markenpositionierungen und strategische Rollen der Marken:

- Für welche Inhalte steht eine Marke? Wie sind diese Marken positioniert? Wer sind Kunden, zentrale Wettbewerber und Anspruchsgruppen einer Marke?

  Dies ist erfahrungsgemäß die am schwierigsten zu erarbeitende Fragestellung. Denn gerade bei vielen B-to-B-Marken sind Markenidentität und Positionierung mehr oder weniger implizit dokumentiert. So empfiehlt es sich bei starken Dachmarken im Rahmen der Markenarchitekturüberlegungen, eine Definition der Markenidentität vorzunehmen. Bei vielen Einzelmarken sind zumindest Leistungsversprechen (Nutzen, Tonalitäten), Positionierung und kommunikative Umsetzung zu erfassen, um Ansatzpunkte für ein inhaltliches Assessment vorzunehmen.

- Wie ist die aktuelle und zukünftige Marktposition der Marke zu beurteilen? Wie hoch sind der aktuelle Umsatz und das Umsatzpotenzial der Marke? Welche Bedeutung hat die Marke für den Gesamtumsatz?

  Unerlässlich für die Analyse sind zudem markenbezogene Kennzahlensets an Geschäfts- und Finanzkennzahlen (z. B. Marktanteil, Umsatz, Umsatzanteil, Umsatzpotenzial etc.). Hierbei sind die Marken aus historischer und zukünftiger Perspektive anhand von Finanzprojektionen nachzuvollziehen. In diesem Kontext sind zudem die Markeninvestitionen zu prüfen, die für einzelne Marken aufgewendet werden.

3. Leistungsspektrum und geographische Abdeckung der Marken:

- Welches Produkt- und Servicespektrum decken die Marken ab?

  In einem ersten Schritt sind generell das Produkt- und Servicespektrum der zu analysierenden Marken und der relevante Markt klar einzugrenzen. Hiermit lassen sich bereits komplementäre und konkurrierende Marken identifizieren, die für die Gestaltung der Markenarchitektur von Nutzen sein können. So kann hieraus z. B. im Falle markierungstechnischer Problemfelder ein verändertes Branding von technischen Komponenten erfolgen.

- Wie stellt sich die geographische Abdeckung der Marken dar?

  Je internationaler das Markenportfolio aufgestellt ist, desto intensiver sind auch geographische Präsenz und die jeweiligen Performancekennzahlen in den einzelnen Ländern zu berücksichtigen.

4. Verankerung der Marken im Unternehmen:

- Wie gestaltet sich die Rolle der Marke in der Vertriebsstruktur und im Geschäftsmodell? An welchen Kundenkontaktpunkten tritt die Marke auf?

  Je nach Branche, Geschäfts- und Vertriebsmodell kann eine Marke von unterschiedlicher Relevanz für das Kundengeschäft sein. Gleichzeitig können sich für die Markenarchitektur zu überwindende Umsetzungsprobleme und Limitationen ergeben, die es frühzeitig für das Konzept zu berücksichtigen gilt. Beispielsweise können Fälle auftreten, in denen Marken stark über Distributionskanäle profiliert sind oder im Vertrieb Kollisionen entstehen, was für die Umsetzungsplanung von Bedeutung ist. Zudem sind diese Hintergründe für eine Marktforschungskonzeption zur Erfassung der Kundenperspektive hochrelevant.

- Wie sind diese Marken organisatorisch verankert? Wer trägt für die Führung dieser Marken die Verantwortung?
  Im Zuge der Analyse und der Interviews sind organisatorische Verantwortlichkeiten auf lokaler und globaler Ebene zu dokumentieren. Gerade die Nutzung des Know-hows einzelner Mitarbeiter ist hierbei essenziell. Personen, die täglich mit den Marken und Produkten arbeiten, können wertvollen Input im Hinblick auf Marktanforderungen und Kundenwünsche geben. Zudem bewirkt die frühzeitige Einbeziehung eine hohe Motivation, den Prozess ein Stück mitzugestalten.

4.2 Relevanz der Marken für die Kunden verstehen

Zur Analyse der Zielstruktur müssen die relevanten Kunden und Märkte abgegrenzt werden. Eine Abgrenzung des bearbeiteten Marktes und der auf diesem Markt angebotenen Marken ist jedoch nicht immer trennscharf. Entscheidend ist, welche Marken die Kunden als Alternativen für ihre Kundenbedürfnisse betrachten (Freter 2008, S. 84). Vor diesem Hintergrund sind dann nachfolgende Fragestellungen zu behandeln:

- Welche Marken nehmen Kunden tatsächlich wahr? Welche Rolle spielt die Marke für den Kaufprozess? Zentrale Indikatoren für die Relevanz einer Marke sind bspw. die ungestützte und gestützte Markenbekanntheit sowie Kauf, Kaufanteil, Kundenanzahl und Markenloyalität. Hier gilt es zu prüfen, welchen Einfluss die jeweilige Marke auf den Kauf eines Produktes oder Dienstleistung tatsächlich ausübt.
- Welches Leistungsversprechen und Image nehmen die Kunden wahr? Eng verknüpft mit der vorangegangenen Fragestellung ist auch die Prüfung des Markenversprechens und -images aus Kundensicht. Diese Ergebnisse sind bei der Gegenüberstellung mit der internen Wahrnehmung erfahrungsgemäß für die betroffenen Manager besonders ernüchternd.
- Was sind die Kundenbedürfnisse bei bestehenden und potenziellen Kunden? Neben zentralen Kennzahlen zu Kauf und Loyalität sind auch zentrale Kaufentscheidungs- und Markentreiber zu identifizieren.
- Wer sind die relevanten Wettbewerber aus Kundensicht? Eng verbunden mit der Frage der strategischen Rolle einer Marke innerhalb des Portfolios sind aus Kundensicht zentrale Wettbewerber zu identifizieren.

Diese Fragen sind meist nur anhand von Marktforschungsdaten zu beantworten, etwa durch Marktforschungsstudien, Vertriebsinformationen, Werbestudien, Wettbewerbsanalysen oder Kundenzufriedenheitsstudien. Vertiefende Informationen können durch qualitative Fokusgruppen, Vertriebsmitreisen, Internetrecherchen sowie quantitative und qualitative Kundeninterviews gesammelt werden (Petromilli et al. 2002, S. 23). Insbesondere durch qualitative Studien lassen sich bereits Markenarchitekturvarianten auf ihre Akzeptanz beim Kunden testen.

4.3 Markenarchitekturentscheidungen treffen

Sind alle internen und externen Daten gesammelt, muss eine Zusammenführung und Bewertung für die Ausgestaltung der Markenarchitektur erfolgen. Hierfür werden in der Praxis zwei grundlegende Instrumente herangezogen:

- Besonders verbreitet sind Entscheidungsbäume zur Selektion der Brandingoptionen. Zentrale Kriterien wie bspw. rechtliche Beteiligungsstruktur oder die Markenbekanntheit werden in diesem Konzept herangezogen, um so sukzessive zu einer Brandingentscheidung zu gelangen. Mit dieser Mechanik können auch zukünftige Akquisitionen und Eigenentwicklungen in die bestehende Markenarchitekturlogik integriert werden. Dies kann bei einer Akquisition vor dem Kauf im Rahmen einer Brand Due Diligence geschehen. Bei Neuentwicklungen ist ebenfalls frühzeitig zu bedenken, unter welcher Marke ein Neuprodukt geführt werden sollte. In der Praxis ist allerdings gerade im B-to-B-Bereich häufig die Vorgehensweise verbreitet, dass die Zugehörigkeit des entwickelnden Ingenieurteams oder der Fabrikationsstandort das Branding bestimmt. Dies führt dann zwangsläufig zu Problemen bei der stringenten Umsetzung der Markenarchitektur und der klaren Positionierung einzelner Marken.
- Des Weiteren können unterschiedliche Markenarchitekturkonzeptionen durch Szenarien inhaltlich, finanziell und visuell detailliert werden. Beispielsweise lassen sich auch finanzielle Szenarien erstellen, welche die unterschiedlichen Markenarchitekturoptionen und deren Konsequenzen finanziell berechnen. Anhand des Discounted-Cashflow-Verfahrens lassen sich auf Basis der gewonnenen Erkenntnisse Kostenstrukturen und Umsatzentwicklungen modellieren. Umsatzseitig werden die veränderten Konstellationen bezüglich des Markenwerts sowie der Relevanz der Marke berechnet. Kostenseitig werden die Einsparungen in Marketingprozessen, Personal- und Mediakosten berücksichtigt. Zudem müssen Markeninvestitionen im Rahmen von Markenaufbau und Umsetzung beachtet werden.

4.4 Masterplan für die Markenrestrukturierung erstellen

Ist die Markenarchitekturkonzeption festgelegt, so ist ein Masterplan für die Überleitung der bisherigen Markenstruktur in die Zielstruktur zu erstellen. Denn gerade die Umsetzung der Markenrestrukturierung ist besonders erfolgskritisch (Bauer et al. 2003, S. 6; Voeth und Wagemann 2004, S. 1089). Hierzu sind (1) Migrationsstrategien für alle involvierten Marken festzulegen, (2) ein Masterplan und eine Roadmap zu erstellen sowie (3) Investitionen für Markenmigrationen zu kalkulieren. Im Folgenden werden einige zentrale Aspekte hierzu erläutert.

Zu 1: Migrationsstrategie für die Markenrestrukturierung festlegen

Die Migrationsstrategie (synonym: Markenwechsel, Markenüberführung, Markenmigration, Brand Migration oder Brand Change; vgl. Esch 2014, S. 392 ff.; Kapferer 2001, S. 399, 2012, S. 337 ff.; Keller 2012, S. 366; Wiedmann et al. 2003, S. 74 f.) für bestehende Marken ist auf Basis der Markenarchitekturstrategie festzulegen. Hier können zwei grundlegende Optionen unterschieden werden (vgl. Abb. 4).

(1) **Schlagartiger Wechsel des Markennamens ohne zeitliche Verzögerung:** Hier wird eine bestehende Marke mit geringem Potenzial durch eine neue oder stärkere Marke ersetzt (Kapferer 1992, S. 257, 2001, S. 380 f.; Liedtke 1994, S. 805; Riezebos et al. 2003, S. 205). Vorteil eines schlagartigen Wechsels ist die Verringerung von Gedächtnisüberlagerungen zwischen alten und neuen Markeninhalten bei den Kunden, die die Neupositionierung eines Unternehmens beeinträchtigen können (Esch und Langner 2005, S. 576). Ein schlagartiger Wechsel erfordert allerdings eine sorgfältige Planung und eine vorbereitende Analyse. Für eine konkrete Umsetzung sind alle Marketing-Mix-Instrumente ganzheitlich aufeinander abzustimmen. Bei dieser Variante ist allerdings auch mit einem großen Widerstand der involvierten Mitarbeiter zu rechnen, wenn ein komplett neuer Markenname eingeführt wird.

(2) **Schrittweise Überführung des Markennamens:** Hier wird der Markenauftritt langsam über mehrere Jahre gewechselt, um Konfusion bei den Kunden zu vermeiden (Kapferer 2001, S. 395 ff.). Bei einem schrittweisen Markennamenswechsel wird die alte Marke über eine bestimmte Periode in die neue Marke überführt. Sowohl der alte als auch der neue Markenname werden für einen begrenzten Zeitraum parallel

Abb. 4 Markenmigrationsstrategien

verwendet. Es findet ein Umbenennungsprozess statt. Eine Revidierung des Markennamenstauschs ist hierbei mit einem geringeren Risiko behaftet.

Zu 2: Masterplan und Roadmap erstellen

Für die Umsetzung der Markenmigrationsstrategie ist ein Masterplan mit integrierter **Roadmap** zu erstellen. Der Masterplan enthält Ziele, Projektinhalte, Verantwortlichkeiten, Timing und Budgets aller definierten Aktionspläne. Inhaltlich umfasst der Masterplan die Kernelemente Strategie, Strukturen, Prozesse und Verhalten. Entscheidend ist, dass alle Maßnahmen parallel orchestriert werden. Hierbei sind klare Ziele zu definieren und ein ganzheitlicher Prozess zu gestalten sowie diese Punkte offen zu kommunizieren.

Für die kurz- bis mittelfristige Anpassung der Markenarchitektur empfiehlt sich die Erstellung eines **100-Tage-Plans**. Operativ sind hier Kommunikationsprojekte, Neuausrichtungen von Budgets, Planungsoptimierungen und im Extremfall auch Personalabbau vorzunehmen. Auf der strukturellen und prozessorientierten Ebene beinhaltet dieser Plan auch ein Redesign von Prozessen zur Erzielung von Gruppensynergien.

Da Markenarchitekturkonzepte meist auf aktuellen Marktforschungsdaten basieren, spiegeln diese den aktuell akzeptierten Integrationsgrad auf. Daher kann der Fall auftreten, dass in einer langfristigen Perspektive eine Marke mit einer stärkeren Anbindung als in einer mittelfristigen Perspektive etabliert werden soll (Weißkopf und im Spring 2003, S. 145). Diese dynamische Anpassung der Markenarchitektur ist durch entsprechende Phasen bzw. Stufenpläne zeitlich zu fixieren. Einmal gewählte Markenarchitekturen sind dementsprechend durch Maßnahmen im Zeitablauf zu verändern und in adäquatem Maße anzupassen (Douglas et al. 1999, S. 6; van Riel 2001, S. 12).

Zu 3: Investitionen für Markenmigrationen kalkulieren

Für die Migration des Status quo in die Ziel-Markenarchitektur ist ein **Migrationsbudget** notwendig. Dieses ist von der gewählten Migrationsstrategie, dem Zeithorizont, den finanziellen Ressourcen und dem Management-Commitment für den Prozess abhängig. Zusätzliche Aufwendungen werden erforderlich für:

- Externe Berater und Agenturen (Marktforschung, Analysen des Status quo, Entwicklung von Markenarchitekturszenarien, Entwicklung eines Roll-Out-Plans)
- Externe Agenturen für die visuelle Umsetzung in Corporate Design und Bildwelten
- Roll-Out durch Events und Kommunikationskampagnen in Fach- und Publikumsmedien
- Unternehmensweite Umstellungskosten je nach Tragweite des organisatorischen und kommunikativen Change Managements

Die Migrationskosten sind unternehmensspezifisch und je nach Tragweite der Veränderung zu ermitteln. Im Fall der *BASF* wurden beispielsweise rund 7 Mio. € investiert (Schubert und Grünewald 2007, S. 111). Für die Eliminierung des Markenportfolios der *RAG*, *STEAG* und *Degussa* sowie Neueinführung von *Evonik* wurden bspw. knapp

30 Mio. € aufgewendet. Diese Summen machen eines deutlich: Je schneller die Migration, je geringer die Markenbekanntheit und je weniger ausgeprägt das Image neuer Marken in der Zielstruktur ist, desto teurer wird solch ein Projekt. Migrationskosten lassen sich durch zeitliche Staffelung und schrittweise Überführung jedoch stark minimieren. Zudem setzen Markenkonsolidierungen auch finanzielle Ressourcen frei. Beispielsweise reduzierte *Heidelberger Druckmaschinen* durch den Aufbau der Dachmarke und Konsolidierung der restlichen Marken das Marketingbudget um 71 %. Hier gilt grundsätzlich: Je besser alle Branding-Elemente aufeinander abgestimmt sind, desto schneller gelingt der Aufbau einer neuen Markenarchitektur und desto weniger muss in die Markenkommunikation investiert werden (Langner und Esch 2003).

5 Markenarchitekturkonzept wirksam umsetzen

Nach der Konzeption eines neuen Markenarchitekturkonzepts ist die Markenarchitektur auf verschiedenen Ebenen des Unternehmens wirksam und nachhaltig umzusetzen. Auch wenn die Markenarchitektur im Konzept stimmig ist, können Umsetzungsprobleme die klare und wahrnehmbare Vermittlung gefährden.

5.1 Mehrmarkenarchitektur in den Organisationsstrukturen verankern

Markenarchitekturen beeinflussen in B-to-B-Märkten die Organisationsstrukturen durch zwei wesentliche Prinzipien:

(1) Je stärker die Corporate Brand bzw. Dachmarke, desto höher der Zentralisierungsgrad des Unternehmens (z. B. *Siemens*, *GE*, *HP*, *IBM* etc.). Der Dezentralisierungsgrad steigt in der Regel durch Akquisition neuer Marken in neuen geographischen Regionen sowie durch Ansprache neuer Kundensegmente.
(2) Von zentraler Bedeutung ist jedoch die Kundenperspektive. Je stärker das Produktangebot standardisiert ist, desto stärker nutzen Unternehmen differenzierte Markenarchitekturen, wie bspw. die *BASF* und deren Produktranges. Je stärker die Angebote hingegen durch kundenspezifische Lösungen individualisiert werden, desto eher nutzen Unternehmen eine einfache Markenarchitektur, wie bspw. *SAP* oder *IBM*. Dieses Phänomen wird auch als „B-to-B Branding Paradox" bezeichnet (Muyelle et al. 2012, S. 67).

Um die Markenarchitektur und damit das Mehrmarkenmanagement auch dauerhaft zu verankern, sind klare Verantwortlichkeiten auf lokaler und internationaler Ebene für alle relevanten Marken zu etablieren. Dabei müssen Abstimmungs- und Koordinationsprozesse klar definiert und in den Stellenbeschreibungen fixiert sein. Darüber hinaus sind in markenübergreifenden Abstimmungsrunden, sog. Brand Councils, in regelmäßigen Abständen markenübergreifende Aspekte wie z. B. Synergierealisierung im Markenportfolio oder strategische Rollen innerhalb der Markenarchitektur zu thematisieren. Dies verhindert die monolithische Führung paralleler Markensilos, bei denen es zwangsläufig zu Ineffizienzen für das Gesamtportfolio kommt. Schließlich sind gemeinsame Kennzahlensets zu definieren, die auf Marken- und Mehrmarkenebene eine aktive Steuerung der Marken ermöglichen. Die *Vaillant Group* ist hierfür ein gutes Beispiel. Neben der Corporate Brand agieren parallel die beiden Marken *Vaillant* und *Saunier Duval*, die zentral hinsichtlich ihrer Markenführung in zwei parallelen Strukturen geführt werden. Gleichzeitig werden jedoch auch Synergien durch ständigen Austausch und gemeinsame Kennzahlen sichergestellt.

5.2 Markenarchitektur in der Kommunikation umsetzen

Die Markenarchitektur betrifft im Prinzip jeden Kontaktpunkt des Kunden mit den einzelnen Marken. Dies bedeutet jedoch nicht, dass jede Marke an jedem Kontaktpunkt auftauchen muss. Dies kann anspruchsgruppenspezifisch und themenbezogen variieren. Beispielsweise kann die Unternehmensmarke bei High Potentials als potentielle Arbeitnehmer eine größere Rolle und Dominanz in der Kommunikation einnehmen, während Produktmarken stärker bei Kunden in den Fokus rücken können. Für die jeweiligen Anspruchsgruppen, Themenfelder und kommunikativen Kontaktpunkte sind nach sachlogischen Kriterien genaue Vorgaben hinsichtlich der Kommunikation der Marken innerhalb einer Markenarchitektur vorzunehmen. Dies betrifft vor allem die Frage, ob die Unternehmensmarke oder untergeordnete Marken stärker in den Fokus rücken. Die Umsetzung einer Markenarchitektur kann durch die Belegung von Themen und Positionierungsinhalten (z. B. werden Nachhaltigkeitsthemen durch die Unternehmensmarke, Innovationen je nach Positionierung durch eine Produktmarke belegt), die Gestaltung des Markennamens (mit oder ohne Bezug zur Dachmarke), spezifische Bildwelten sowie durch Form- und Farbcodes wirksam erfolgen (Langner und Esch 2014).

Im einfachsten Fall tritt eine Marke einzeln oder mit einem Endorser auf. Komplexer wird die Situation allerdings, wenn mehrere Marken in unterschiedlichen Konstellationen auftreten. Der Baustoffhersteller *Xella* führt z. B. mehrere Marken im Portfolio: *Silka* (Kalksandstein), *Ytong* (Porenbeton), *Aestuver* (Brandschutzplatten) und *Fermacell* (Trockenbausystem). Wenn die Marken einzeln auftreten, dominiert die Produktmarke mit der Dachmarke *Xella* als Endorser. Bei einigen Anwendungen kann es jedoch passieren, dass die Marken *Ytong* und *Silka* gemeinsam als Systemlösung auftreten. In diesem Fall bleiben die Marken allerdings durch starke formale und textliche Differenzierung klar zuordenbar (vgl. Abb. 5).

Neben dem Produkt und den Produktbroschüren ist in den meisten B-to-B-Branchen die Messe einer der zentralen Markenkontaktpunkte (vgl. Abb. 6).

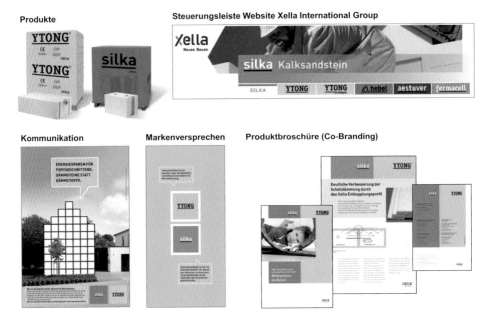

Abb. 5 Markendifferenzierung am Beispiel *Xella*

Abb. 6 Umsetzung der Markenarchitektur bei Messeauftritten am Beispiel *ZF*

Gerade hier haben Anbieter mit mehreren Marken erhebliche Schwierigkeiten bei der klaren Vermittlung der Markenarchitektur. Beispielsweise sind im Automotive Aftermarket viele Unternehmen mit mehreren Marken vertreten. Die meisten Wettbewerber treten daher mit „Markenlaufbändern" auf, die reihenweise Logos ohne inhaltliche Aussage präsentieren. Anders löst der Automobilzulieferer *ZF* diese Herausforderung. Zwar erscheinen auf dem Messestand auch die Aftermarket-Marken *Sachs*, *Lemförder*, *Boge* und *ZF Parts*, allerdings werden diese durch Markenzonen für jede einzelne Marke hervorgehoben. Gleichzeitig wird jedoch *ZF* durch ein übergeordnetes Dach als Haus aller Marken betont.

5.3 Markendifferenzierung innerhalb der Markenarchitektur bei Produkten und Dienstleistungen umsetzen

Um eine Markenarchitektur zu beleben, ist Kommunikation alleine nicht ausreichend. Vielmehr muss diese auch in den Produkten und Dienstleistungen ihre Ausprägung finden. Die *Kion Group* ist hierfür ein gutes Beispiel. Während andere Wettbewerber im Markt für Gabelstapler, wie z. B. *Toyota* und *Jungheinrich*, mit einer einzigen Marke vertreten sind, agiert die *Kion Group* mit mehreren Marken (vgl. Abb. 7).

Während die Premium-Marke *Linde* für Innovation und Wirtschaftlichkeit steht, legt die Marke *Still* ihren Fokus auf Intralogistik-Lösungen und bietet somit verstärkt kundenspezifische Services. Die Marke *OM* erschließt stärker das Value-Segment, während das Joint-Venture mit der chinesischen Marke *Baoli* die untersten Preissegmente mit den

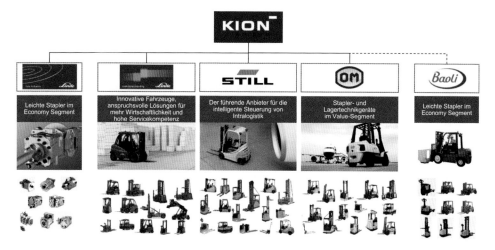

Abb. 7 Markenarchitektur am Beispiel *Kion Group*

essenziellsten Bedürfnissen bedient. Neben der formalen Differenzierung durch den Farbcode sorgen auch unterschiedliche Produktdesigns und Leistungsschwerpunkte der Produkte für eine Differenzierung. Hierdurch gelingt es der *Kion Group* mit spitz profilierten Marken, verschiedene Kundenbedürfnisse und Preissegmente abzudecken.

Eine nachhaltige Differenzierung setzt jedoch nicht erst bei den bestehenden Produkten an, sondern beginnt bereits mit deren Schaffung. Daher ist der F&E-Bereich frühzeitig zu involvieren, um markenspezifische Charakteristiken herauszuarbeiten.

Auch auf **Produktprogrammebene** kann eine klare Markenstruktur für Orientierung sorgen. Bei der B-to-B-Marke *Tork* des Unternehmens *SCA* für Hygieneprodukte (z. B. Handtücher) entwickelte sich über die Zeit eine Vielzahl an Subbrands, die schließlich zu einer suboptimalen Angebotsstruktur führten (vgl. ausführlich Hartnagel et al. 2009). So wurden bei der Namensgebung unterschiedliche Ansätze verwendet: Beschreibende Subbrands (z. B. „offset") waren ebenso zu finden wie numerische (z. B. „909") oder abstrakte Namen (z. B. „Mekanik"). Zudem wurden die Kunden mit einer Vielzahl an Produktvarianten mit unsystematischen Farbcodierungen konfrontiert. Daraus ergab sich die Notwendigkeit, eine starke Komplexitätsreduktion vorzunehmen und die Angebotsstruktur zu vereinfachen. Um das angestrebte Ziel zu erreichen, wurden Produktnamen und Verpackungen weitreichend verändert und modernisiert. Das Logo der Dachmarke blieb dabei unverändert. Die bisherigen Subbrands wurden für die Überarbeitung in drei Qualitätsstufen transformiert. *Tork Premium* beinhaltet die Topqualität und Systemlösungen für höchste Ansprüche. *Tork Advanced* bietet eine leistungsstarke Qualität und überzeugende Systemlösung für gehobene Ansprüche, während *Tork Universal* bewährte Qualität für Basisansprüche abdeckt. Diese Struktur war für Kunden wesentlich einfacher nachzuvollziehen und spiegelt sich seit dem 01.01.2005 in der Markierung der Produkte und der Verpackung wider (vgl. Abb. 8).

Abb. 8 Umsetzung der Programmarchitektur bei *Tork* Handtücher.
(Quelle: Hartnagel et al. 2009, S. 254)

5.4 Markendifferenzierung innerhalb der Markenarchitektur durch Mitarbeiter im Vertrieb und Kundenservice umsetzen

Insbesondere im Vertrieb kommt die B-to-B-Markenarchitektur erst zum Tragen. So sind neben den im Rahmen einer Markenarchitektur zu berücksichtigenden Ebenen der Produkte, der Kommunikation und der internen Strukturen auch Mitarbeiterschulungen zur Markenarchitektur durchzuführen, um die Bedeutung der einzelnen Marken und deren Beziehung zueinander zu vermitteln.

Die Rolle der Markenarchitektur ist in B-to-B-Märkten entlang der Customer Journey (Reise des Kunden entlang Kontaktpunkten) zu definieren. Während in der Kontakt- und Informationsphase zunächst die Dachmarke eine zentrale Rolle spielt, gewinnt mit der Transaktion und Nutzung stärker die Produktmarke an Bedeutung. Erst in der Nachkaufphase gewinnt mit dem Kundendienst in der Regel die Dachmarke wieder stärker an Bedeutung.

Darüber hinaus ist in den einzelnen Phasen die Marke an sich als Argument stärker zu berücksichtigen. B-to-B-Transaktionen involvieren oft eine Vielzahl an Personen. OEM-Ingenieure interagieren mit Vertriebsleuten und einer Vielzahl von Ansprechpartnern auf Kundenseite. Die meisten Vertriebsleute der B-to-B-Branche könnten mit ihren detailverliebten Ausführungen ganze Bücher füllen und sind wahre Kenner ihres technischen Produkts. Bei direkter Nachfrage können sie jedoch nur selten die Frage beantworten, warum ein Kunde das eigene Produkt gegenüber den Wettbewerbern vorziehen soll bzw. worin die Vorteile einzelner Marken im Sortiment bestehen und worin dabei der entsprechende Kundennutzen liegt. Dies ist u. a. darauf zurückzuführen, dass Vertriebsmitarbeiter oftmals technisch sehr gut ausgebildete Personen sind, die einseitig auf technische Details geschult werden, denen es jedoch an Markenschulungen sowie Informationen zum Transfer von Markeninhalten in einen konkreten Kundennutzen mangelt. Meist wird in der Konsequenz dann der Preis als ausschlaggebendes Kriterium benannt und somit überbewertet. Sofern dies so auch in das Unternehmen berichtet wird, können daraus eklatante Fehlschlüsse gezogen werden. Dies führt im Kontext von Markenarchitekturen meist zu intensivem Preiswettbewerb und interner Kannibalisierung. Selbst stark austauschbare Produkte bieten jedoch Möglichkeiten, eine nachhaltige Differenzierung zu schaffen. Anstatt die Kaufargumentation individuellem Verhandlungsgeschick zu überlassen, müssen Unternehmen Argumentationslinien entlang den zentralen Nutzen einer Marke herausarbeiten und ihre Vertriebsmannschaft darauf einschwören. Das Versprechen einer Marke muss in wenigen Aussagen vermittelt werden können. Hier empfiehlt es sich, (1) funktionale (Was ist der technische Vorteil?), (2) ökonomische (Was bringt das Produkt in finanzieller und zeitlicher Hinsicht?) und (3) emotionale Nutzen (Wie fühlt sich die Geschäftsbeziehung mit der Marke an?) auf Basis der Markenidentität zu erfassen. Ist kein tatsächlicher Differenzierungsaspekt zu identifizieren, kann das emotionale Kundenerlebnis durch symbolische Verhaltensweisen einen Differenzierungspunkt zum Wettbewerb schaffen. Neben diesen inhaltlichen Parametern können formale Aspekte wie Farbeinsatz und Schlüsselbilder in Produktkatalog und Kommunikationsmaterialien Strukturen im Vertrieb schaffen.

6 Fazit: Erfolgreiche Markenarchitekturen sind dynamisch und nachhaltig zu verankern

Markenarchitekturen in B-to-B-Unternehmen schaffen Klarheit und Orientierung nach innen und außen. Erst dies ermöglicht die optimale und effiziente Ausschöpfung des vorhandenen Markenpotenzials. Eine Corporate-Brand-Strategie muss dabei nicht immer die optimale Lösung sein. Gerade durch intelligente Markenarchitekturstrategien lassen sich Märkte gezielter und effizienter führen. Hierfür sind vorhandene Marken und Kundensegmente eingehend zu prüfen und zu einer zukunftsfähigen Plattform für die Erschließung der relevanten Märkte zu verknüpfen. Die Ausschöpfung von Synergien bei gleichzeitiger Wahrung der notwendigen Eigenständigkeit der Marken steht hierbei im Mittelpunkt. Dies lässt sich durch systematische Analyse und Konzeption realisieren. Eine Markenarchitekturkonzeption stellt kein statisches Konstrukt dar, sondern ist langfristig zu planen und gegebenenfalls anzupassen. Eine nachhaltige, wirkungsvolle Markenarchitektur muss in der Kommunikation, im Vertrieb, in F&E und in den Organisationsstrukturen konsequent umgesetzt werden, wenn das Konzept zum Wettbewerbsvorteil werden soll.

Literatur

Aaker, D. A. (2004). *Brand portfolio strategy*. New York: Free Press, Simon & Schuster, Inc.

Bauer, H. H., Mäder, R., & Valtin, A. (2003). *Auswirkungen des Markennamenswechsels auf den Markenwert*. Wissenschaftliche Arbeitspapiere Nr. W70. Mannheim: Institut für Marktorientierte Unternehmensführung, Universität Mannheim.

Bendixen, M., Bukasa, K. A., & Abratt, R. (2004). Brand equity in the business-to-business market. *Industrial Marketing Management, 33*(5), 371–380.

Douglas, S.-P., Craig, C.-S., & Nijssen, E.-J. (1999). *International brand architecture development, drivers and design*. Arbeitspapier. New York: Stern School of Business der New York University.

Esch, F.-R. (2014). *Strategie und Technik der Markenführung* (8. Aufl.). München: Vahlen.

Esch, F.-R., & Bräutigam, S. (2005). Analyse und Gestaltung komplexer Markenarchitekturen. In F.-R. Esch (Hrsg.), *Moderne Markenführung* (4. Aufl., S. 839–861). Wiesbaden: Gabler.

Esch, F.-R., & Langner, T. (2005). Branding als Grundlage zum Markenaufbau. In F.-R. Esch (Hrsg.), *Moderne Markenführung* (4. Aufl., S. 573–586). Wiesbaden: Gabler.

Esch, F.-R., Bräutigam, S., Möll, T., & Nentwich, E. (2004). Gestaltung komplexer Markenarchitekturen. In M. Bruhn (Hrsg.), *Handbuch Markenführung* 2. Aufl. (Bd. 1, S. 747–769). Wiesbaden: Gabler.

ESCH. The Brand Consultants (2014). *B2B Brand Excellence Studie. B2B-Markenführung. Starke Marken zahlen sich aus.* Saarlouis: ESCH. The Brand Consultants.

Freter, H. (2008). *Markt- und Kundensegmentierung* (2. Aufl.). Stuttgart: Kohlhammer.

Frigge, C., & Houben, A. (2002). Mit der Corporate Brand zukunftsfähiger werden. *Harvard Business Manager*, *24*(1), 28–35.

Gress, F., Kiefer, H., Esch, F.-R., & Roth, S. (2009). Aktives Management der Corporate Brand BASF. In F.-R. Esch & W. Armbrecht (Hrsg.), *Best Practice der Markenführung* (S. 79–98). Wiesbaden: Springer.

Hartnagel, A., Esch, F.-R., & Winter, K. (2009). Mental Convenience im Produktprogramm der B-to-B-Marke Tork. In F.-R. Esch & W. Armbrecht (Hrsg.), *Best Practice der Markenführung* (S. 243–257). Wiesbaden: Springer.

Joachimsthaler, E., & Pfeiffer, M. (2004). Strategie und Architektur von Markenportfolios. In M. Bruhn (Hrsg.), *Handbuch Markenführung* 2. Aufl. (Bd. 1, S. 723–746). Wiesbaden: Gabler.

Kapferer, J.-N. (1992). *Die Marke.* Landsberg/Lech: Moderne Industrie Verlag.

Kapferer, J.-N. (2001). *Les marques, capital de l'entreprise* (3. Aufl.). Paris: Eyrolles.

Kapferer, J.-N. (2012). *The new strategic brand management* (5. Aufl.). London: Kogan Page.

Keller, K. L. (2012). *Strategic brand management* (4. Aufl.). Upper Saddle River: Prentice Hall.

Kemper, A. C. (2000). *Strategische Markenpolitik im Investitionsgüterbereich.* Lohmar, Köln: Josef Eul.

Kriegbaum-Kling, C. (2004). Bedeutung, Bewertung und Steuerung von Investitionsgütermarken. In P. Horvath & K. Möller (Hrsg.), *Intangibles in der Unternehmenssteuerung* (S. 331–346). München: Vahlen.

Langner, T., & Esch, F.-R. (2003). In sechs Schritten zum erfolgreichen Branding. *Absatzwirtschaft*, *46*(7), 48–51.

Langner, T., & Esch, F.-R. (2014). Das Branding der Corporate Brand gestalten. In F.-R. Esch, T. Tomczak, J. Kernstock, T. Langner & J. Redler (Hrsg.), *Corporate Brand Management* (3. Aufl., S. 107–128). Wiesbaden: Gabler.

Liedtke, A. (1994). Der Wechsel des Markennamens. In M. Bruhn (Hrsg.), *Handbuch Markenartikel* (Bd. 2, S. 791–811). Stuttgart: Schäffer-Poeschel.

McDowell Mudambi, S., Doyle, P., & Wong, V. (1997). An exploration of branding in industrial markets. *Industrial Marketing Management*, *26*(5), 433–446.

Michell, P., King, J., & Reast, J. (2001). Brand values related to industrial products. *Industrial Marketing Management*, *30*(5), 415–425.

Morrison, D. P. (2001). B2B Branding. *Marketing Management*, *10*(3), 30–34.

Mudambi, S. (2002). Branding importance in business-to-business markets. *Industrial Marketing Management*, *31*(6), 515–524.

Muyelle, S., Dawar, N., & Rangarajan, D. (2012). B2B brand architecture. *California Management Review*, *54*(2), 58–71.

Petromilli, M., Morrison, D., & Million, M. (2002). Brand architecture. *Strategy & Leadership*, *30*(5), 22–28.

Reitzle, W. (2005). Marken als strategischer Erfolgsfaktor im Investitionsgütergeschäft. In H. Hungenberg & J. Meffert (Hrsg.), *Handbuch Strategisches Management* (2. Aufl., S. 877–891). Wiesbaden: Gabler.

Richter, M. (2007). *Markenbedeutung und -management im Industriegüterbereich.* Wiesbaden: DUV.

Riezebos, R., Kist, B., & Koostra, G. (2003). *Brand management.* Harlow: Financial Times Prent.

Schubert, C., & Grünewald, T. (2007). Unternehmensbranding. In P. Szyszka & U.-M. Dürig (Hrsg.), *Strategische Kommunikationsplanung* (S. 103–114). Konstanz: UVK.

Shipley, D., & Howard, P. (1993). Brand-naming industrial products. *Industrial Marketing Management, 22*(1), 59–66.

Sinclair, S. A., & Seward, K. E. (1988). Effectiveness of branding a commodity product. *Industrial Marketing Management, 17*(1), 23–33.

van Riel, C.-B. M. (2001). Corporate branding management. *Thexis, 18*(4), 12–16.

Voeth, M., & Wagemann, D. (2004). Internationale Markenführung. In M. Bruhn (Hrsg.), *Handbuch Markenführung* 2. Aufl. (Bd. 1, S. 1071–1089). Wiesbaden: Gabler.

Ward, S., Light, L., & Goldstine, J. (1999). What high-tech managers need to know about brands. *Harvard Business Review, 77*(4), 85–95.

Weißkopf, S., & im Spring, D. (2003). Grundsätzliche Optionen zur Gestaltung von Markenportfolios und Markenarchitekturen. In O. Göttgens, A. Gelbert & C. Böing (Hrsg.), *Profitables Markenmanagement* (S. 131–148). Wiesbaden: Gabler.

Wiedmann, K.-P., Meissner, S., & Grotheer, A. (2003). *Markenintegration als strategische Herausforderung bei Mergers & Acquisitions.* Schriftenreihe Marketing Management (Nr. 62). Hannover: Institut für Marketing und Management, Leibniz Universität Hannover.

Ingredient Branding – Eine Einführung zum theoretischen Hintergrund und zur strategischen Anwendung

Ralph Tunder und Belinda Martschinke

Zusammenfassung

Im Zuge der Informationsüberflutung kämpfen Marken zunehmend mit der Überwindung der selektiven Wahrnehmung durch den Konsumenten. Ein zukunftsweisender Weg zu einer höheren Aufmerksamkeit ist die Bündelung starker Marken. Das Ingredient Branding stellt eine besondere Form der Markenkooperation dar: Eine häufig bereits bestehende Marke eines Endprodukts (Hostbrand) erfährt eine weitere Markierung durch die Kennzeichnung von Vorprodukten (Ingredient Brand). Bekannte Beispiele hierfür sind *Intel* und *GORE-TEX®* als Vorprodukte, die in Endprodukte einer anderen Marke eingebracht werden. Von besonderem Interesse beim Ingredient Branding sind die verschiedenen Zielsetzungen von Hostbrand und Ingredient Brand, woraus sich unterschiedliche Erfolgsfaktoren der Umsetzung ableiten lassen.

Schlüsselbegriffe

Ingredient Brand · Hostbrand · Markenkooperation · Markenstrategie · Markentransfer

Inhaltsverzeichnis

R. Tunder (✉) · B. Martschinke
EBS Business School
Oestrich-Winkel, Deutschland
E-Mail: ralph.tunder@ebs.edu

B. Martschinke
E-Mail: belinda.martschinke@ebs.edu

C. Baumgarth (Hrsg.), *B-to-B-Markenführung*, https://doi.org/10.1007/978-3-658-05097-9_18

1   Theoretische Grundlagen des Ingredient Branding

Bereits im antiken Ägypten markierten Handwerker ihre Ziegel, da sie der Meinung waren, dass ihre eigenen Ziegel von höherer Qualität seien als die Ziegel ihrer Wettbewerber (Esch 2006, S. 3629). Schon im damaligen Handelsverkehr wurden so markenähnliche Symbole und Schriftzüge verwendet, um die Herkunft von Vorprodukten entsprechend zu kennzeichnen. Diese historische Perspektive zeigt, dass **Kennzeichnungen zur Differenzierung** bestimmter Güter oder zur Markierung einer Leistung keine Erfindung der Neuzeit sind.

Die Marke nach unserem heutigen Verständnis entwickelte sich jedoch erst in den letzten einhundert Jahren. Die Bedeutung der Marke kann dabei über das „eigentliche" Produkt hinausgehen. Häufig werden Kaufentscheidungen nicht am sachlichen Produktnutzen oder an Produkteigenschaften festgemacht, sondern an den Assoziationen, die mit dem Produkt verbunden werden (Aaker 1992, S. 22; Esch 2006, S. 3629). Bei zahlreichen Kaufentscheidungen – insbesondere bei erklärungsbedürftigen Produkten – ist die Informationsasymmetrie zwischen dem Kunden auf der einen und dem Hersteller auf der anderen Seite der Bedeutung der Marke zuträglich. In diesem Fall fungiert die Stärke der Marke als Ersatzindikator für die Qualität des Produkts. Diesen Qualitätstransfer kann sich auch ein Hersteller von Vorprodukten zunutze machen, wenn er seine Leistungen so markiert, dass sie in der weiteren Produktion nicht untergehen, sondern für den Konsumenten sichtbar bleiben oder sogar explizit in die Endproduktwerbung aufgenommen werden. Durch diese Kennzeichnung löst sich der Vorprodukthersteller aus der Anonymität und trägt seinen Teil dazu bei, dass die Informationsasymmetrie beim Endkunden abgemildert wird. Gleichzeitig kann der Vorprodukthersteller seine Position gegenüber seinem Abnehmer stärken. Insbesondere aufgrund der abnehmenden Fertigungstiefe der Folge- und Endprodukthersteller, die eine immer größere Zahl an Vorprodukten auslagern, konkurrieren zahllose Komponentenhersteller um die Fertigungsverträge (Krüger und Homp 1997). Um dieser Substitutionsgefahr zu entgehen, streben Komponentenhersteller daher immer häufiger nach der Umsetzung einer stufenübergreifenden Markenstrategie (Simon und Sebastian 1995, S. 42 ff.).

Der Austritt aus der Beliebigkeit kann über die Markierung (Branding) der „Zutaten" (Ingredients) des Folge- bzw. Endprodukts durch den Vorprodukthersteller erfolgen, das sogenannte **Ingredient Branding**. Grundsätzlich versteht man darunter die „promotion of the ingredient to the final user" (Norris 1992, S. 20). Das Ingredient Branding gehört allerdings nicht zu den strategischen Ansätzen, die neuen Ursprungs sind. Vielmehr lassen sich die ersten Ansätze bereits in den 1930er-Jahren nachweisen (Corey 1962; Hertzberg 1963). Trotz dieser langen Zeit rückte das Ingredient Branding erst in den vergangenen Jahren zunehmend in den Vordergrund marktstrategischer Entscheidungen der Vorprodukthersteller

(Baumgarth 1998; Pförtsch und Müller 2006, S. 1). Hierfür mögen die allseits bekannten Erfolgsgeschichten von *Intel* und *GORE-TEX*® ihren Beitrag geleistet haben.

Die weiteren Ausführungen dienen dazu, nicht nur anhand ausgewählter Beispiele die Potenziale des Ingredient Brandings herauszustellen, sondern auch ausgewählte Erfolgsfaktoren kritisch zu beleuchten. Dabei werden zwei Perspektiven eingenommen, zum einen die des Vorproduktherstellers, und damit des eigentlichen Rechteinhabers der Ingredient Brand, und zum anderen die des Endproduktherstellers und seiner Marke, der sogenannten „Hostbrand". Eine **Ingredient Brand** ist die Marke des Herstellers eines Vorprodukts (z. B. die Marke *Intel* als Hersteller von Computerprozessoren als Vorprodukt), die neben der Hostbrand des Folgeprodukts (z. B. *Dell* als Hostbrand des Folgeprodukts Computer) als zusätzliche Markierung auf dem Folgeprodukt für den Endnachfrager deutlich zu erkennen ist. Somit kann jede existierende Marke in Form einer Ingredient Brand verwendet werden. Die **Hostbrand** bezeichnet die Hauptmarkierung des Endprodukts durch das Markensymbol des Endproduktherstellers (z. B. die Hostbrand *Dell* als Markensymbol des Endproduktherstellers von Computern).

Die mit den beiden Perspektiven verbundenen Begriffszuordnungen – Ingredient Brand einerseits, Hostbrand andererseits – zeigen schon, dass in der Diskussion um das Ingredient Branding eine saubere Begriffsabgrenzung notwendig ist. Im Folgenden wird daher dieser Notwendigkeit Genüge getan, um daran anschließend die allgemeine Bedeutung des Ingredient Brandings durch einige bekannte Fallbezüge herauszustellen. Im Anschluss daran werden nochmals die wesentlichen Erfolgsfaktoren für eine Ingredient Brand aus den beiden Perspektiven – Ingredient Brand versus Hostbrand – aufgezeigt. Der Begriff des Ingredient Brandings kann in der wörtlichen Übersetzung zunächst als **Markierung von Bestandteilen** bezeichnet werden. Wie bereits skizziert, wird unter Ingredient Branding der explizite **Hinweis auf die Herkunft ausgewählter Bestandteile** eines Folgeprodukts durch den Folge- oder Endprodukthersteller verstanden. Dieser Hinweis ist häufig in Form einer zusätzlichen Markierung des Folgeprodukts durch die Marke des Vorproduktherstellers zu erkennen.

Ingredient Branding steht somit einerseits für eine „... marktstufenübergreifende Markenpolitik für eine Produktkomponente, die zumeist wesentlicher Bestandteil des Hauptprodukts wird, im letzteren aber untergeht und für die Abnehmer auf nachfolgenden Stufen unsichtbar bleibt" (Kleinaltenkamp und Rudolph 1999, S. 301). Dieses eher weit gefasste Verständnis von Ingredient Branding als möglichem Weg aus der Substitutionsfalle beleuchtet die Markenstrategie eher aus der Sicht von Komponentenherstellern. Andererseits macht Norris durch die Auffassung von Ingredient Branding als „... promotion of the ingredient to the final user" (Norris 1992, S. 20) wiederum auf die Wichtigkeit des Endkunden als Zielobjekt dieser Markenpolitik aufmerksam.

Zusammengenommen wird Ingredient Branding demnach als „... marktstufenübergreifende Markenpolitik von Materialien, Komponenten oder Teilen verstanden, die in anderen Produkten mit dem Ziel zum Einsatz kommen, dass ihre Leistung vom Endkonsumenten als eigenständiger Bestandteil dieser Produkte wahrgenommen wird. Marken im Rahmen einer Ingredient-Branding-Strategie werden hierbei nicht nur auf der direkten

Abnehmerstufe, sondern auch über mehrere Stufen hinweg bis zum Endnachfrager oder Endverwender eingesetzt" (Mattmüller et al. 2009, S. 12).

Vor diesem Hintergrund ist die grundsätzliche Vorstellung zu erweitern, dass die Marke sich „... nicht allein nur auf ein bestimmtes Austauschobjekt" beschränkt, sondern „... sich ebenso auf den Markeninhaber als Ganzes" (Mattmüller 2006, S. 184; auch Meyer 1978, S. 171) beziehen kann. Diese erweiterte Sichtweise ist insbesondere für das Ingredient Branding von Bedeutung, denn durch die zusätzliche Kennzeichnung der Hostbrand durch eine weitere eigenständige Marke, wie die der Ingredient Brand, kombiniert der Endkunde die positiven Assoziationen der einzelnen Marken zu einem Gesamtbild, was sowohl für die Hostbrand als auch für die Ingredient Brand zu einer gesteigerten Qualitätswahrnehmung führen kann. Bei einem positiven Verlauf gewinnt die Hostbrand durch die Ingredient Brand an Wertschätzung beim Endkunden.

Nach dieser ersten Klärung des Begriffs Ingredient Branding sind zum besseren Verständnis weitere, verwandte Begrifflichkeiten zu präzisieren bzw. abzugrenzen. So werden etwa Co- und Vertical Branding, Inverses Ingredient Branding, Komponentenmarken- und Gütezeichenpolitik nicht selten mit dem Begriff des allgemeinen Verständnisses von Ingredient Branding gleichgesetzt (Mattmüller et al. 2009, S. 13). Exemplarisch soll daher an dieser Stelle das häufig synonym verwendete Co-Branding kurz vorgestellt und dem zuvor definierten Ingredient Branding gegenübergestellt werden. Co-Branding im Allgemeinen liegt laut Binder dann vor, „... wenn ein Produkt mit zwei an sich eigenständigen Marken gleichzeitig markiert wird" (Binder 1996, S. 58; ausführlich Baumgarth 2003, S. 22 ff.). Wie beim Ingredient Branding wird auch bei einer Co-Branding-Strategie ein Produkt mit einer zusätzlichen Markierung ausgestattet. Während jedoch das Co-Bran-

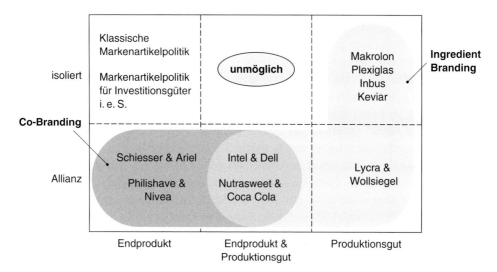

Abb. 1 Vergleich Ingredient Branding und Co-Branding. (Quelle: Freter und Baumgarth 2005, S. 463)

ding sowohl vertikale als auch horizontale Kooperationen beinhaltet (Mattmüller et al. 2009, S. 14), wird Ingredient Branding auf die Form einer vertikalen Kooperation begrenzt. Dementsprechend überschneiden sich die Begriffe inhaltlich lediglich zum Teil. Eine Markenallianz zwischen Endprodukt- und Komponentenhersteller kann sowohl dem Co-Branding als auch dem Ingredient Branding zugeordnet werden. Allerdings ist das Co-Branding in seiner Begrifflichkeit weiter gefasst (vgl. Abb. 1).

Nach der nun erfolgten terminologischen Abgrenzung des Ingredient Branding wird im folgenden Abschnitt der Fokus auf die Darstellung und Diskussion von Ingredient Branding als Markenstrategie gerichtet.

2 Ingredient Branding als Markenstrategie

2.1 Ausgewählte Praxisbeispiele und Bedeutung der Ingredient Brands für die Marktteilnehmer

Der Ende der 1960er-Jahre in den USA gegründete Chiphersteller *Intel* hat seinen Produkten und damit der Marke *Intel* durch eine konsequent verfolgte Ingredient-Branding-Strategie zu weltweitem Ruhm und Erfolg verholfen. Das Anfang der 1990er-Jahre bei den Endkonsumenten noch völlig unbekannte Unternehmen verfügt mit seiner Marke *Intel* im Jahre 2015 nach dem *Interbrand* Best Global Brand Ranking über einen Markenwert von 35,42 Mrd. US-Dollar und belegt damit Platz vierzehn auf der Liste der international wertvollsten Marken.

Zunächst war den Endkunden die Tatsache, dass Prozessoren die Leistung eines PCs ganz essentiell beeinflussen, beim Kauf eines Computers nicht bewusst, da der Prozessor wie die Festplatte und das Mainboard lediglich eine weitere Komponente des Endprodukts Computer darstellt. *Intel* war somit anfänglich ein Hersteller dieser Chip-Komponente, die den meisten Nachfragern eher bedeutungslos erschien. Daraufhin entwickelte *Intel* in den 1990er-Jahren eine groß angelegte Kommunikationskampagne, um die Prozessoren zunächst überhaupt einmal in den Wahrnehmungsraum der Nachfrager zu bringen. Nachdem *Intel* in einem ersten erfolgreichen Schritt bei den Konsumenten das Bewusstsein für Computerprozessoren geschaffen hatte, konzentrierte sich das Unternehmen im Anschluss darauf, die Marke *Intel* als überlegene Marke für Computerprozessoren zu positionieren (Esch und Honal 2009, S. 75 f.). Durch breit angelegte Kommunikationsmaßnahmen konnte *Intel* neben der neu geschaffenen Wahrnehmung von Computerprozessoren gleichzeitig aus der Anonymität der Chiphersteller heraustreten und somit das eigene Angebot an Prozessoren von den Konkurrenzherstellern differenzieren.

Bei allem Erfolg war bzw. ist *Intel* allerdings auf die Kooperation mit den PC-Herstellern angewiesen. Dementsprechend setzt *Intel* neben der eigenen Markenwerbung auch auf Kooperationswerbung mit führenden PC-Herstellern, die von *Intel* dafür bis zu 50 % an Werbekostenzuschüssen erhalten (Esch und Honal 2009, S. 81). Im Gegenzug taucht das *Intel* Logo in den Werbekampagnen der PC-Hersteller auf. Darüber hinaus wird in diesem Zusammenhang nicht nur die Werbung sowie die Verpackung des Endprodukts mit dem *Intel* Markenlogo versehen, sondern auch die Endprodukte selbst erhalten neben der Marke des PC-Herstellers eine explizite zusätzliche Markierung durch die Ingredient Brand *Intel* in Form eines Aufklebers auf der Computeroberfläche. Das Ergebnis ist eine Win-Win-Situation für PC-Hersteller und den Chiphersteller. *Intel* profitiert als Ingredient Brand vom **Imagetransfer** der Hostbrands führender Computerhersteller, die im Gegenzug dank dem durch die Kommunikationskampagnen von *Intel* generierten **Nachfragesog** wiederum von höheren Absatzzahlen profitieren (Kleinaltenkamp 2001, S. 264). Die höheren Absatzzahlen der PC-Hersteller haben wiederum für *Intel* größere Verkaufszahlen ihrer Chipsätze zur Folge, die in den Endgeräten der Computerhersteller verbaut werden. Gleichzeitig sinkt die Gefahr, durch andere (nicht markierte) Komponentenhersteller substituiert zu werden. Ein weiterer positiver Effekt der Ingredient-Branding-Strategie ist die deutlich **verstärkte Präsenz und Wahrnehmung** der Marke *Intel* in der Welt der Nachfrager.

Heutzutage wirbt der Großteil der führenden Computerhersteller mit dem Hinweis „*Intel inside*" und die (Ingredient) Brand *Intel* ist als Aufkleber auf den meisten PC-Endgeräten deutlich zu erkennen. Werden in diesem Zusammenhang zwei außerordentlich starke Marken zusammengeführt, entstehen **Synergieeffekte**, die nicht selten in einem Wettbewerbsvorteil resultieren, der von der Konkurrenz nur schwer einzuholen ist. Ein gutes Beispiel dafür liefert die Zusammenarbeit von *Intel* (Prozessor als Komponente) und *Sony VAIO* (Laptop als Endprodukt).

Diese **Transfereffekte** zwischen Host und Ingredient Brand (in der Literatur auch als **Feedback** oder **Spillover-Effekte** bezeichnet) wurden von Radighieri et al. (2013, S. 1–14) näher untersucht. In drei Studien zeigten sie, dass bei einer erfolgreichen Vermarktung eines Endproduktes sowohl Host als auch Ingredient Brand in ihrer Marke gestärkt werden. Dabei wird die jeweils schwächere Marke mehr gestärkt als die bereits stärkere Marke, wobei jedoch beide von der gemeinsamen Vermarktung profitieren. Eine Gefahr besteht allerdings dann, wenn das Endprodukt am Markt scheitert: dann leiden sowohl Host als auch Ingredient Brand – mit der Ausnahme von sehr starken Ingredient Brands, die selbst unter negativen Bedingungen (z. B. bei Nichterreichen des erhofften Absatzpotenzials) vor einem Verlust an Markenwert geschützt sind.

Eine ähnliche Erfolgsstory wie *Intel* hat das 1958 in den USA gegründete Unternehmen *W. L. Gore & Associates* mit seiner Marke *GORE-TEX*® zu verzeichnen. Anfang der 1970er-Jahre gelang es dem Unternehmen, eine atmungsaktive Textilstruktur zu entwickeln, die sowohl wasser- als auch winddicht ist. Im Jahre 1976 kam es zur Markteinführung der mit *GORE-TEX*® hergestellten Textilien, die unter dem Namen *GORE-TEX*® angeboten wurden. Trotz der innovativen Technologie gehörte *GORE-TEX*® zunächst jedoch zu den unbekannten Komponentenherstellern. Das ist darauf zurückzuführen, dass die besonderen Produkteigenschaften den entsprechenden Zielgruppen nicht wirksam genug vermittelt wurden und somit der **Mehrwert des Ingredients** für den Endverbraucher nicht sichtbar war.

Schließlich kommunizierte das Unternehmen die Besonderheiten seiner neu entwickelten wasser- und winddichten und trotzdem atmungsaktiven Textilstruktur an die Textilhersteller, die – nachdem das Material sie überzeugt hatte – die Endkunden explizit auf die technologischen Vorteile der *GORE-TEX*®-Textilstruktur in ihren Produkten aufmerksam machten und letztere somit in den Wahrnehmungsraum der Konsumenten rückten. Daraufhin etablierten sich die *GORE-TEX*®-Materialien in kürzester Zeit auf dem Textilmarkt. Somit konnte das Unternehmen *W. L. Gore & Associates* sogar durchsetzen, dass die Komponenten der Marke selbst auf den Kleidungsstücken der zum Teil starken Hostbrands deutlich sichtbar mit dem Markenlogo von *GORE-TEX*® gekennzeichnet werden (Baumgarth 2003, S. 83 ff.; Esch und Stein 2001; Haller 2001, S. 21).

Die Potenziale des Ingredient Brandings existieren nicht nur bei der Hostbrand oder bei den Vorproduktherstellern, sondern auch bei den Endkunden. Für diese kann eine starke Ingredient Brand, wie etwa *Intel* oder *GORE-TEX*®, als **Qualitätsindikator** dienen, indem die Ingredient Brand dem Konsumenten ein weiteres Qualitätsversprechen gibt. Die Kennzeichnung durch eine Ingredient Brand fungiert somit ähnlich wie ein zusätzliches Qualitätssiegel, was etwaige Zweifel oder Unsicherheiten des Konsumenten beim Kauf vermindern kann. Einhergehend mit diesem additiven Qualitätsversprechen sorgen Ingredient Brands neben einer zusätzlichen **Orientierungsfunktion** als weitere (und vor allem auch bekannte) Marke auf dem Endprodukt für eine verbesserte **Informationsfunktion**, die wiederum die Basis für **Glaubwürdigkeit** und Vertrauen schafft (Meffert et al. 2005, S. 13). Diese Effekte der Ingredient Brand auf Qualitätswahrnehmung und Vertrauensbildung lassen sich durch die **Signaling-Theorie** erklären. Diese Theorie besagt, dass die Markierung eines Produktes einen direkten Hinweis bzw. ein Signal an den Konsumenten über die Qualität des Produktes sendet, woraufhin dieser eher zu einem Vertrauensaufbau in Bezug auf die Marke geneigt ist (Erdem und Swait 1998, S. 152, Ponnam et al. 2015, S. 525).

Bei allen diesen Vorteilen darf der isoliert betrachtete (sachliche) Nutzen des hinter einem Ingredient Brand stehenden Produkts nicht außer Acht gelassen werden. Um beim Endkunden durch das Ingredient Branding einen Mehrwert zu stiften, hat das Endprodukt durch die Verarbeitung des Vorprodukts einen vom Endkunden wertgeschätzten Nutzenvorteil zu erzielen (Pförtsch und Schmid 2005, S. 129). Genau diesen sachlichen Mehrwert haben *Intel* und *GORE-TEX*® eindringlich bei den Endkunden platzieren können. Ist der Nutzenvorteil erst einmal fest in der Wahrnehmung der Endkonsumenten verankert, so repräsentiert die Ingredient Brand neben der Hostbrand ein starkes Symbol der **Vertrauenswürdigkeit** und sorgt bei den Endkunden für eine Steigerung der **Informationseffizienz** sowie eine daraus resultierende zusätzliche **Reduktion von Komplexität** und Risiken der Kaufentscheidung. Insbesondere mit der Schaffung von zusätzlichem Vertrauen kann ein direkter Einfluss auf die Steigerung der **Kaufbereitschaft** beim Endkunden nachgewiesen werden. Insofern kann der Ingredient Brand daher auch eine signifikante Funktion zur **Verkaufsförderung** zugesprochen werden.

Insbesondere die Markenstärke von *Intel* und *GORE-TEX*® ist außergewöhnlich: Als Ingredient Brands besitzen sie mittlerweile eine derart starke Wirkung auf den Endnachfrager, dass die Hostbrand häufig in den Hintergrund der Qualitätswahrnehmung gerät (Kleinaltenkamp 2001, S. 268). So ist beim Kauf eines PCs dessen Herkunft besonders bei unerfahrenen Käufern nicht selten unbedeutend, solange der PC über einen *Intel*-Prozessor verfügt, da ein *Intel*-Chipsatz vom Nachfrager als ausreichender **Qualitätsindikator** wahrgenommen wird (Kleinaltenkamp 2009, S. 162). Es lässt sich also generell festhalten, dass die Ingredient Brands von *Intel* und *GORE-TEX*® eine so starke Wirkung beim Endkunden erzielen, dass sie eine eigene Präferenzkraft bilden und somit als eine Art strategischer **Differenziator** fungieren (Baumgarth 2009, S. 136; Simon und Sebastian 1995, S. 42).

Ein jüngeres Beispiel für Ingredient Branding zur Schaffung von Vertrauen und mehr Transparenz als Antwort auf die Wünsche der Konsumenten zeigt die weltweit größte Restaurantkette *McDonald's* (Schramm und Götting 2009, S. 276 ff.). Neben den Softdrinks, die seit jeher unter der Marke der *Coca Cola Company* angeboten werden, hat *McDonald's* bereits im Jahr 2000 damit begonnen, explizit auf seine namhaften Markenlieferanten hinzuweisen (Schramm und Götting 2009, S. 282). Mittlerweile wird dem Konsumenten genauestens dargelegt, dass die Burger-Brötchen von der *Kamps GmbH*, der Salat von der *Bonduelle Group* und die Pommes Frites von *McCain* stammen. Das Markieren der Zutaten umfasst sogar Milch- und Kaffeeprodukte, Saucen, Toppings, Fleisch und Geflügel. Die Kommunikation der Ingredient Brands erfolgt hauptsächlich über die Tablettsets und die Homepage. Selbstverständlich funktioniert eine solche Strategie nur, wenn die Herstellermarken eine **ausreichende Bekanntheit** bei den Konsumenten besitzen, respektive über einen entsprechenden **Markenwert** sowie ein **positives Image** verfügen. Dementsprechend sollte die **Auswahl der Ingredient Brands** mit höchster Sorgfalt erfolgen, wie auch Ranu und Rishu darlegen (2012, S. 766).

Die Anwendbarkeit von Ingredient-Branding-Strategien erstreckt sich nicht nur auf tangible Endprodukte, sondern kann auch auf den **Dienstleistungsbereich** ausgeweitet werden. So bewerben viele Krankenhäuser oder radiologische Kliniken die Qualität ihrer Dienstleistungen, indem sie die Nutzung eines Magnetresonanztomographen (MRT) der Firma *Siemens* hervorheben. Die erhoffte Wirkung für die Hostbrand (das Klinikum oder die radiologische Praxis) liegt darin, dass das bereits existierende Image der Marke *Siemens* auf die Qualität der kompletten Dienstleistung des Krankenhauses übertragen wird. Insbesondere bei Dienstleistungen wie einer Arztbehandlung, bei der die Qualität der erbrachten Leistung schwer zu beurteilen ist, werden von den Konsumenten gerne Ersatzindikatoren zur Beurteilung der Qualität herangezogen, so z. B. die bereits etablierte Marke eines Untersuchungsapparates wie eines MRT.

Ein weiteres Beispiel einer innovativen Art der Zusammenarbeit im Rahmen einer Ingredient-Branding-Strategie bildet die Kooperation des deutschen Konsumgüterherstellers *Henkel AG & Co. KGaA* mit der italienischen Designfabrik *Alessi*, deren Tagesgeschäft aus der Produktion von Designerhaushaltsgeräten besteht. Der Grund für die Kontaktaufnahme von *Henkel* mit dem italienischen Designer lag in den Ergebnissen eigener Fokusgruppenbefragungen, die eine Trendwende in der Wahrnehmung des Badezimmers von einem rein funktionalen Raum zu einem Wohlfühl- und Erholungsort andeuteten (Wendler und Götting 2009, S. 338). Das Ziel dieser auf den ersten Blick eher ungewöhnlich erscheinenden Zusammenarbeit bestand darin, dass die Hostbrand *Henkel* den funktionalen Teil der Produktentwicklung eines neuen WC-Duftsteins übernahm und *Alessi* als namhafter italienischer Designer seine Marke als Ingredient Brand zur Verfügung stellte, um mit der eigens für das Projekt entwickelten Surfergestalt die physische Gestaltung des Endprodukts zu übernehmen. Die Zusammenarbeit war von Erfolg gekrönt, wenn auch auf unterschiedlichen Ebenen. *Henkel* verzeichnete durch die Neuprodukteinführung sowohl eine deutliche Vergrößerung des Marktanteils im Segment der WC-Duftsteine als auch eine signifikante Steigerung der Umsatzrendite. Des Weiteren verstärkte die Ingredient Brand *Alessi* das positive Image der Hostbrand *Henkel*. Demgegenüber sorgten bei *Alessi* zum einen die Lizenzeinnahmen durch den Verkauf der WC-Spülsteine für ein bedeutsames Umsatzwachstum, zum anderen gelang dem italienischen Designer die Erschließung neuer Kundenkreise durch die aus der Zusammenarbeit resultierende Brand Entry Penetration (Wendler und Götting 2009, S. 344).

- Ingredient Brand als **strategischer Differenziator**
- Austritt aus der Anonymität und **Schaffung von Präferenzen**
- **Verstärkte Präsenz** im Wahrnehmungsraum der Nachfrager
- **Imagetransfer** von der Hostbrand
- Nutzung möglicher **Synergieeffekte**
- Erschließung **neuer Kundenkreise**
- Ingredient Brand als starkes **Vermarktungsinstrument**
- **Absatzsteigerungen** der eigenen Produkte
- Vergrößerung des **Marktanteils**

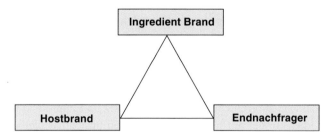

Ingredient Brand

Hostbrand   **Endnachfrager**

- Ingredient Brand als **Qualitätsindikator**
- Zusätzlich wahrgenommener **Nutzenvorteil**
- (Kommunikations-)**Kostenvorteile**
- Profitable Nutzung des **Nachfragesogs**
- Steigerung von **Absatzzahlen** und **Marktanteil**
- Starkes **Symbol für Vertrauenswürdigkeit**
- **Steigerung der Kaufbereitschaft**
- Nutzung möglicher **Synergieeffekte**
- **Imagesteigerung**

- Ingredient Brand als zusätzliches **Qualitätssiegel**
- Steigerung der **Informationseffizienz** durch eine **zusätzliche Orientierungsfunktion**
- **Reduktion** von **Komplexität und Risiken** bei der Kaufentscheidung
- **Sichtbarer Mehrwert** des Ingredients
- **Schaffung von Vertrauen** und **mehr Transparenz**

Abb. 2 Bedeutung und Funktionen der Ingredient Brand für die Marktteilnehmer

Das Beispiel von *Henkel* und *Alessi* zeigt somit auf, dass eine Ingredient-Branding-Strategie auch Erfolgspotenziale bei eher losen Verbundeffekten zwischen Vor- und Endproduktthersteller bietet. Das entscheidende Verbindungsstück zwischen einer Ingredient Brand und einer Hostbrand ist der eigenständige **Nutzenvorteil**, der von der Ingredient Brand auszugehen hat. Fehlt dieser oder wird dieser von den Konsumenten auch nicht als **kaufrelevant** eingeschätzt, kann auch keine Synergie zwischen Ingredient Brand und Hostbrand hergestellt werden (Esch und Honal 2009, S. 73). Jegliche gewünschten Effekte würden dann als Kommunikationsphantome verpuffen. Gleichwohl hat andererseits die Hostbrand dafür Sorge zu tragen, dass die Wirkung der Ingredient Brand nicht so stark ausstrahlt, dass sie die eigene Markenstärke bzw. die eigenen Nutzenaussagen in den Schatten stellt. Abb. 2 fasst Bedeutung und Funktionen der Ingredient Brand für die verschiedenen Beteiligten zusammen.

2.2 Erfolgsfaktoren für Ingredient Brand und Hostbrand

Im Abschn. 2.1 wurde anhand ausgewählter Fallbeispiele das grundsätzliche Potenzial von Ingredient Branding aufgezeigt. Dabei wurde implizit neben der Perspektive der Hostbrand und der Ingredient Brand auch die Position des Endkunden eingenommen. In Abschn. 2.2 rückt die Kundenbezogenheit in den Hintergrund, stattdessen werden getrennt nach den zwei Perspektiven – zum einen der Ingredient Brand als Anbieter und zum anderen der Hostbrand als Nutzer der Ingredient Brand – Erfolgsfaktoren des Ingredient Brandings abgebildet.

Perspektive des Anbieters einer Ingredient Brand

Generell handelt es sich bei den Anbietern von Ingredient Brands vor allem um Komponentenhersteller und Zulieferer, deren Produkte wesentliche Bestandteile von Folge- oder Endprodukten darstellen. Durch eine Ingredient-Branding-Strategie versuchen diese Unternehmen zum einen, eine Markenpolitik für ihre Produkte zu entwickeln, die zum einen vermeiden soll, dass sie aufgrund der Weiterverarbeitung im Endprodukt untergehen und somit für den Endnachfrager auf nachfolgenden Stufen unsichtbar bleiben (Kleinaltenkamp 2009, S. 156). Zum anderen – und das ist häufig der primäre Grund – zielt eine Ingredient-Branding-Strategie darauf ab, aus dem Schatten der Endproduktthersteller hervorzutreten und durch die Schaffung einer starken Ingredient Brand für den Folge- bzw. Endproduktthersteller nicht mehr ohne Weiteres austauschbar zu sein. Der konsequenten Verfolgung einer solchen Strategie sollte jedoch in jedem Fall eine **kritische Nutzenanalyse** vorangehen, da sich eine Ingredient-Branding-Strategie keinesfalls für jedes Unternehmen eignet.

Sobald ein Unternehmen sich dazu entschließt, das eigene Produkt als Ingredient Brand aufzustellen und die vorher weitgehend unbekannten Produkte somit verstärkt in den Wahrnehmungsraum der Endnachfrager und der Öffentlichkeit zu rücken, ist es in erster Linie bestrebt, der **Substitutionsfalle** zu entgehen und zudem (dadurch impliziert) aus der **Anonymität** zu treten, was im optimalen Fall in einer **nachhaltigen Wettbewerbs-differenzierung** des Ingredient-Anbieters resultiert.

Wie in den bisherigen Ausführungen bereits beispielhaft gezeigt, muss zu Beginn einer Ingredient-Branding-Strategie zunächst einmal das Ingredient selbst eine Wertschätzung durch den Endkunden erfahren. Um diesen Sprung von einem unbekannten zu einem wertgeschätzten Produkt zu vollziehen, ist nicht selten ein hoher Kommunikationsdruck und somit ein **hohes Marketingbudget** die Voraussetzung. Allerdings kann der Anbieter der Ingredient Brand seine Marketingaufwendungen reduzieren, indem er mit der Hostbrand **gemeinsame Kommunikationsmaßnahmen** einleitet. Dabei ist jedoch zu beachten, dass eine solche Kooperation davon abhängt, inwieweit sich die beiden Marken – also die Ingredient Brand auf der einen und die Hostbrand des nachgelagerten (End-)Produkts auf der anderen Seite – hinreichend unterscheiden und gleichzeitig wechselseitig ergänzen.

In einem ersten Schritt sollte daher der Anbieter einer Ingredient Brand zunächst die eigenen Kernkompetenzen kritisch evaluieren und die daraus resultierende **Unique Selling Proposition** (USP, auch als Alleinstellungsmerkmal bezeichnet) als Basis für die Umsetzung einer Ingredient-Branding-Strategie verwenden. Eine solche USP kann z. B. in einer überdurchschnittlich hohen Produktqualität, einem signifikanten Technologievorsprung, einer erfolgreichen Unternehmensgeschichte oder einem speziellen Know-how liegen. Selbstverständlich kann auch die Markenstärke einer (Ingredient) Brand und deren positives Image bei den Endnachfragern eine USP repräsentieren. Letztlich ist es für den Anbieter der Ingredient Brand unabdingbar, dass zunächst der (potenzielle) Nutzer diesen Vorteil auch erkennt und somit eine Zusammenarbeit mit dieser Marke für erstrebenswert hält. Dabei sollte die Stärke der eigenen Marke jedoch nie unterschätzt werden, nur weil diese als Ingredient Brand lediglich eine „Marke in einer Marke" darstellt. So zeigen die Erfolgsbeispiele *Intel* und *GORE-TEX*® deutlich, dass eine Ingredient Brand sogar stärker als die Hostbrand der Endprodukte sein kann, der sie ursprünglich als zusätzliche Markierung dienen sollte.

Durch das mit einer Ingredient-Branding-Strategie einhergehende zusätzliche Markieren eines Folgeprodukts taucht die Ingredient Brand entsprechend überall dort auf, wo die Produkte der Hostbrand zu finden sind. Auf den ersten Blick erscheint diese verstärkte **Präsenz** der eigenen Marke in Form einer Ingredient Brand durchaus verlockend, jedoch sollte auch aus Sicht der Anbieter eine hohe Sorgfalt bei der **Prüfung der Partner** herrschen, sodass die Endprodukte der Ingredient Brand Nutzern auch die Qualität repräsentieren, für die der Anbieter der Ingredient Brand steht. Denn ist die Ingredient Brand erst einmal zur Verfügung gestellt, kann dessen Anbieter keinen direkten Einfluss auf das Endprodukt mehr nehmen.

Im Idealfall sollte die Partnerschaft daher sowohl für den Anbieter als auch für den Nutzer der Ingredient Brand positive Auswirkungen zur Folge haben wie beispielsweise eine Steigerung der Markenbekanntheit, die Stärkung des Images sowie schließlich höhere realisierbare Absatzzahlen. Nicht zuletzt ist gerade aufgrund der gegenseitigen Abhängigkeit genauestens darauf zu achten, dass es nicht zu einem **einseitig dominierten Machtverhältnis** kommt.

Perspektive der Hostbrand als Nutzer von Ingredient Brands

Bevor sich ein Unternehmen für die Integration einer zusätzlichen Markierung in Form einer Ingredient Brand in die eigene Markenstrategie entscheidet, ist auch vonseiten des Nutzers (Hostbrand) in einem ersten Schritt eine **fundierte Nutzenanalyse** durchzuführen, denn die eigene Marke zählt zu den wichtigsten Vermögensgegenständen eines jeden Unternehmens. Sobald die Hostbrand mit einer Ingredient Brand zusammenarbeitet, beeinflusst das auch die Wahrnehmung der Nachfrager. Dabei repräsentieren sowohl die Stellung der eigenen Marke als auch das damit verbundene Brand Knowledge in der Nachfragerwahrnehmung bedeutende Werte des immateriellen Unternehmensvermögens, die einen signifikanten Einfluss auf die Produktivität des gesamten Marketings besitzen (Keller 1993, S. 2). Dieser Zusammenhang verdeutlicht die Wichtigkeit der detaillierten Evaluierung einer Ingredient-Branding-Strategie auch vonseiten der Hostbrand. Die Ingredient Brand sollte neben ihren anderen Vorteilen auch hinsichtlich ihrer Marken- und Unternehmensphilosophie zur Hostbrand und somit zum Unternehmen des Nutzers passen. Sind diese Voraussetzungen erfüllt, ist die Basis für eine Ingredient-Branding-Strategie gelegt.

Wie bereits erörtert, legt eine Ingredient-Branding-Strategie durch die für den Endnachfrager sichtbare Zusammenarbeit auf Endproduktebene auch aus Sicht der Endprodukthersteller eine **Kooperation auf Kommunikationsebene** nahe, die sowohl klassische (z. B. Co-Advertising wie *Intel* und *Sony VAIO*, Verlinkung und Hinweise auf den unternehmenseigenen Webseiten) als auch nicht-klassische Instrumente (z. B. Promotion-Touren, gemeinsame Informationsstände im Einzelhandel) enthalten kann (Baumgarth 2009, S. 144). Die Zielsetzung des Nutzers von Ingredient Brands besteht dabei vor allem im Aufbau eines möglichst hohen Kommunikationsdrucks bei minimaler Budgetaufwendung. Des Weiteren ist denkbar, dass der Nutzer für die Verwendung der Marke eines Vorproduktherstellers als Ingredient Brand **zusätzliche Kostenvorteile** im Einkauf als Gegenleistung einfordert.

Dennoch sollte die Realisierung von (Kommunikations-)Kostenvorteilen nicht das alleinige Ziel der Verwendung einer Ingredient Brand sein. Insbesondere können die Nutzer starker Ingredient Brands von einem starken **Nachfragesog** profitieren, der in der Regel einen großen Einfluss auf die Verkaufszahlen der eigenen Produkte zur Folge hat. Um diesen Nachfragesog jedoch zu maximieren, sollte die Ingredient Brand bereits vor der gemeinsamen Zusammenarbeit im Wahrnehmungsraum der Nachfrager der Hostbrand verankert sein.

Ein weiteres Argument, das den potenziellen Nutzer zur Integration einer Ingredient Brand bewegen sollte, ist die Aussicht auf einen positiven **Reputationstransfer**. Qualitativ hochwertige Komponenten sprechen für die Qualität des Endprodukts, was auch dem Großteil der Nachfrager bewusst ist. Verfügt beispielsweise die Marke eines Komponentenherstellers bereits im B-to-C-Bereich über eine gute Reputation und einen ideellen Nutzen, so ist damit die Basis für einen potenziellen Reputationstransfer auf die Unternehmensmarke des Endproduktherstellers im Rahmen einer Ingredient-Branding-Strategie gelegt (Backhaus et al. 2002, S. 48 ff.). Dennoch sollte in jedem Fall beachtet werden, dass selbst die erfolgreichste B-to-B-Marke bei Endprodukten im B-to-C-Markt erst dann sinnvoll als Ingredient Brand genutzt werden kann, wenn diese auch im Wahrnehmungsraum der entsprechenden Nachfrager vorhanden und mit positiven Assoziationen verbunden ist.

Die Analyse der zahlreichen unterschiedlichen Kriterien macht deutlich, dass die jeweilige Markenstärke der Anbieter und Nutzer einer Ingredient Brand die Strategiewahl erheblich beeinflusst. Je stärker etwa die Marke des potenziellen Nutzers einer Ingredient Brand ist, wie beispielsweise im Fall *BMW* als imageträchtige Automobilmarke, desto weniger Erfolg versprechend erscheint eine Ingredient-Branding-Strategie, da eine Kooperation mit einer Ingredient Brand die eigene Kompetenz und in diesem Zusammenhang auch die aufgebaute Corporate Identity gefährden könnte (Esch und Honal 2009, S. 71; Kemper 2000, S. 310; Rid und Pförtsch 2013, S. 49) und vice versa. So verbieten Automobilhersteller ihren Zulieferern nicht selten, die gelieferten Komponenten mit der eigenen Marke zu kennzeichnen (Chur und Riesner 2004, S. 1161). Der Fall *Intel* zeigt im Extremen, dass diese Angst durchaus berechtigt ist. So hat *Intel* seinen eigenen Erfolg als starke Ingredient Brand auf dem Rücken anderer bekannter Marken wie beispielsweise *IBM* oder *Dell* erreicht, deren eigene Marktposition dadurch zum Teil erheblich geschwächt wurde (Bugdahl 1996, S. 110 f.). Aus diesen Gründen beendete *Dell* 1994 sogar für zwei Jahre vorübergehend die Zusammenarbeit mit *Intel*. Für Endprodukthersteller mit einer ohnehin starken Hostbrand ist eine enge Zusammenarbeit mit ihren Zulieferern in Form einer Ingredient-Branding-Strategie daher nur bedingt empfehlenswert. Die Vorteile einer Ingredient-Branding-Strategie sollten in jedem Falle immer auf beiden Seiten liegen, um langfristig erfolgreich und vor allem nachhaltig realisierbar zu sein.

Die diskutierten Erfolgsfaktoren für beide Perspektiven werden nachfolgend noch einmal zusammengefasst.

Erfolgsfaktoren für Ingredient Brand und Host Brand
Ingredient Brand

1. Schaffung einer (verstärkten) Präsenz der Ingredient Brand im **Wahrnehmungsraum der Nachfrager**
2. Kritische Evaluation der eigenen Kernkompetenzen und Bestimmung der daraus resultierenden **Unique Selling Proposition** (USP) als Basis (Nutzenvorteil) einer Ingredient-Branding-Strategie
3. **Kaufrelevante Verankerung** des eigenständigen **Nutzenvorteils der Ingredient Brand** im Wahrnehmungsraum des Konsumenten
4. **Objektive Einschätzung** der eigenen **Markenstärke**
5. **Sorgfältige Prüfung der Hostbrand-Partner**, Partnerwahl auf Basis einer fundierten Nutzenanalyse
6. **Äquivalente Stärken** von Ingredient Brand und Hostbrand

7. Gemeinsame **Diskussion** potenzieller **Hindernisse** und **Konsequenzen** mit dem Kooperationspartner
8. Anpassung des **Marketingbudgets** an die Ingredient-Branding-Strategie
9. Kostenoptimierung durch **gemeinsame Kommunikationsmaßnahmen**
10. Konsequente und zielorientierte **Steuerung der Ingredient Brand** und die Kontrolle von deren Wirkungen

Hostbrand

1. Durchführung einer **fundierten Nutzenanalyse** als Basis für die Partnerwahl
2. Berücksichtigung und Abstimmung der **Marken- und Unternehmensphilosophie** von Hostbrand und Ingredient Brand
3. Vorhandensein der Ingredient Brand im Wahrnehmungsraum der entsprechenden Nachfrager – **ausreichende Bekanntheit** bei den Konsumenten ist essenziell
4. Einforderung von (Kommunikations-)**Kostenvorteilen** vom Anbieter der Ingredient Brand
5. **Kooperation auf Kommunikationsebene**: Aufbau von möglichst hohem Kommunikationsdruck bei minimaler Budgetaufwendung
6. **Maximierung des Nachfragesogs** (Ingredient Brand sollte daher bereits vor der gemeinsamen Zusammenarbeit im **Wahrnehmungsraum der Hostbrand-Nachfrager** vorhanden sein)

3   Zusammenfassung

Trotz einiger Erfolgsbeispiele aus naher Vergangenheit hat die Markenstrategie des Ingredient Branding erst langsam wieder an Popularität gewonnen. In diesem Zusammenhang hat die Diskussion gezeigt, dass sich Ingredient Brands in ihren Funktionen größtenteils nur wenig von Marken ohne Ingredient-Branding-Strategie unterscheiden. Häufig sind die Funktionen sogar direkt auf Ingredient Brands übertragbar, variieren im Vergleich allerdings in ihrer Intensität. Im Rahmen der obigen Ausführungen konnten dabei folgende Eigenschaften als primäre Funktionen einer Ingredient Brand herausgestellt werden:

- Informationsfunktion (Steigerung der Informationseffizienz)
- Orientierungsfunktion (Reduktion der Komplexität)
- Vertrauensindikator (Schaffung von Glaubwürdigkeit und Vertrauen und damit einem direkten Einfluss auf die Steigerung der Kaufbereitschaft)
- Qualitätsindikator (Signalisierung von Qualität)
- Reduktion von Kaufrisiken (insbesondere bei investitionslastigen Produkten)

- Differenzierungsfunktion (Ingredient Brand als strategischer Differenziator, der den Austritt aus der Anonymität und die Schaffung von Präferenzen ermöglicht).

Die Diskussion der Erfolgsfaktoren für Anbieter und Nutzer von Ingredient Brands hat darüber hinaus gezeigt, dass grundsätzlich jede existierende Marke als Ingredient Brand Verwendung finden kann. Dennoch sollte die Strategieentscheidung und Partnerwahl auf Basis einer fundierten Nutzenanalyse erfolgen, die sowohl aus Anbieter- als auch aus Nutzerperspektive einer Ingredient Brand mit größter Sorgfalt durchzuführen ist. Dazu gehört in einem finalen Schritt ebenfalls die gemeinsame Diskussion möglicher negativer Konsequenzen für Anbieter und Nutzer der Ingredient Brand. Denn gerade aufgrund der gegenseitigen Abhängigkeit in der Zusammenarbeit ist genauestens darauf zu achten, dass die Kooperation nicht zu einem einseitig dominierten Machtverhältnis führt. Dementsprechend wird die Strategiewahl insbesondere von den Markenstärken der Ingredient Brand auf der einen und der Hostbrand auf der anderen Seite erheblich beeinflusst.

Im Idealfall sollte die Partnerschaft neben einer möglichen Kooperation auf Kommunikationsebene sowohl für den Anbieter als auch den Nutzer der Ingredient Brand positive Auswirkungen im Sinne eines gegenseitigen Reputationstransfers, einer beidseitigen Steigerung der Markenbekanntheit sowie der Stärkung der Unternehmensimages haben, um dadurch höhere Absatzzahlen zu realisieren und im Wahrnehmungsraum des Nachfragers die eigenen Positionen zu festigen und zu verbessern.

Für eine Ingredient Brand ist es nicht leicht, die Erfolgsstory von *Intel* oder *GORE-TEX*® zu wiederholen, da dazu wie aufgezeigt eine Vielzahl von Voraussetzungen erfüllt sein muss. Grundsätzlich besteht jedoch für jedes (Zulieferer-)Unternehmen die Möglichkeit, eine starke Ingredient Brand aufzubauen, sofern es dem Unternehmen gelingt, einen zentralen und relevanten Nutzen seiner Marke an die Endnachfrager zu kommunizieren. Ingredient Branding bietet sowohl für den Nutzer als auch für den Anbieter von Ingredient Brands eine Erfolg versprechende Möglichkeit zur Wettbewerbsdifferenzierung und liefert somit Ansatzpunkte zum Austritt aus der Markenanonymität (Mattmüller et al. 2009, S. 20). Um den langfristigen Erfolg einer Ingredient-Branding-Strategie sicherzustellen, ist eine konsequente und zielorientierte Steuerung der Ingredient Brand und die Kontrolle von deren Wirkung entscheidend (Esch und Honal 2009, S. 82).

Dennoch ist an dieser Stelle abschließend zu betonen, dass Ingredient Branding kein für sich stehendes Thema ist, sondern eine strategische Option und einen wichtigen Baustein im Rahmen eines integrativen Marketingprozesses (Mattmüller 2006, S. 58 f.) darstellt.

Literatur

Aaker, D. A. (1992). *Management des Markenwerts*. Frankfurt a. M.: Campus.
Backhaus, K., Schröder, J., & Perrey, J. (2002). B2B-Märkte. *Absatzwirtschaft*, *45*(11), 48–54.
Baumgarth, C. (1998). *Ingredient branding*. Arbeitspapier des Lehrstuhls für Marketing. Siegen: Universität Siegen.
Baumgarth, C. (2003). *Wirkungen des Co-Brandings*. Wiesbaden: DUV.

Baumgarth, C. (2009). Kommunikationspolitik für Ingredient Brands. In R. Mattmüller, B. M. Michael & R. Tunder (Hrsg.), *Aufbruch* (S. 132–147). München: Oldenbourg.

Binder, C. U. (1996). Brand alliances. *Absatzwirtschaft, 39*(4), 54–63.

Bugdahl, V. (1996). Ingredient branding. *Markenartikel, 58*(3), 110–113.

Chur, W., & Riesner, J. (2004). Marketing in der Automobilzulieferindustrie. In K. Backhaus & M. Voeth (Hrsg.), *Handbuch Industriegütermarketing* (S. 1143–1170). Wiesbaden: Gabler.

Corey, E. R. (1962). *Industrial marketing*. New Jersey: Englewood Cliffs.

Erdem, T., & Swait, J. (1998). Brand equity as a signaling phenomenon. *Journal of Consumer Psychology, 7*(2), 131–157.

Esch, F.-R. (2006). Markenmanagement. In Handelblatt (Hrsg.), *Wirtschafts-Lexikon* (Bd. 7, S. 3629–3638). Stuttgart: Handelsblatt.

Esch, F.-R., & Honal, A. (2009). Ingredient Branding als Strategieoption für Zulieferunternehmen im Rahmen des Markenmanagements. In R. Mattmüller, B. M. Michael & R. Tunder (Hrsg.), *Aufbruch* (S. 60–87). München: Oldenbourg.

Esch, T., & Stein, M. (2001). Ingredient branding. *Planung & Analyse, 28*(1), 64–68.

Freter, H., & Baumgarth, C. (2005). Ingredient branding. In F.-R. Esch (Hrsg.), *Moderne Markenführung* (4. Aufl., S. 455–480). Wiesbaden: Gabler.

Haller, T. (2001). Ingredient branding. *Textil Zeitung, 33/2001*, 21.

Hertzberg, W. (1963). Markenwerbung für einen Kunststoff. *Absatzwirtschaft, 6*(10), 732–736.

Keller, K. L. (1993). Conceptualizing, measuring, and managing customer-based brand equity. *Journal of Marketing, 57*(1), 1–22.

Kemper, A. C. (2000). *Strategische Markenpolitik im Investitionsgüterbereich*. Lohmar, Köln: Josef Eul.

Kleinaltenkamp, M. (2001). Ingredient Branding. In R. Köhler, W. Majer & H. Wiezorek (Hrsg.), *Erfolgsfaktor Marke* (S. 261–270). München: Vahlen.

Kleinaltenkamp, M. (2009). Ingredient Branding bei Industriegütern. In R. Mattmüller, B. M. Michael & R. Tunder (Hrsg.), *Aufbruch* (S. 148–165). München: Oldenbourg.

Kleinaltenkamp, M., & Rudolph, M. (1999). Mehrstufiges Marketing. In M. Kleinaltenkamp & W. Plinke (Hrsg.), *Strategisches Business-to-Business-Marketing* (S. 283–319). Berlin: Springer.

Krüger, W., & Homp, C. (1997). *Kernkompetenz-Management*. Wiesbaden: Gabler.

Mattmüller, R. (2006). *Integrativ-Prozessuales Marketing* (3. Aufl.). Wiesbaden: Gabler.

Mattmüller, R., Irion, T., & Götting, P. (2009). Ingredient Branding. In R. Mattmüller, B. M. Michael & R. Tunder (Hrsg.), *Aufbruch* (S. 2–23). München: Oldenbourg.

Meffert, H., Burmann, C., & Koers, M. (2005). Stellenwert und Gegenstand des Markenmanagements. In H. Meffert, C. Burmann & M. Koers (Hrsg.), *Markenmanagement* (2. Aufl., S. 3–17). Wiesbaden: Gabler.

Meyer, P. W. (1978). Markenspezifisches Herstellermarketing. In *Markenartikel heute* (S. 159–181). Wiesbaden: Gabler.

Norris, D. G. (1992). Ingredient Branding. *The Journal of Consumer Marketing, 9*(3), 19–31.

Pförtsch, W., & Müller, I. (2006). *Die Marke in der Marke*. Berlin: Springer.

Pförtsch, W., & Schmid, M. (2005). *B2B-Markenmanagement*. München: Vahlen.

Ponnam, A., Sreejesh, S., & Balaji, M. S. (2015). Investigating the effects of product innovation and ingredient branding strategies on brand equity of food products. *British Food Journal, 117*(2), 523–537.

Radighieri, J. P., Mariadoss, B. J., Grégoire, & Johnson, J. L. (2013). Ingredient branding and feedback effects. *Marketing Letters, 25*(2), 123–138.

Ranu, G., & Rishu, R. (2012). Ingredient branding. *Asian Journal of Management Research, 2*(2), 761–768.

Rid, J., & Pförtsch, W. (2013). Ingredient branding of industrial goods. *The IUP Journal of Brand Management*, *10*(4), 49–65.

Schramm, A., & Götting, P. (2009). Inside McDonald's. In R. Mattmüller, B. M. Michael & R. Tunder (Hrsg.), *Aufbruch* (S. 270–287). München: Oldenbourg.

Simon, H., & Sebastian, K.-H. (1995). Ingredient Branding. *Absatzwirtschaft*, *38*(6), 42–48.

Wendler, U., & Götting, P. (2009). Henkel Surfer meets Alessi. In R. Mattmüller, B. M. Michael & R. Tunder (Hrsg.), *Aufbruch* (S. 332–347). München: Oldenbourg.

KMUs zur B-to-B-Marke entwickeln – Praktische Integration theoretischer Grundlagen am Beispiel der transfluid Maschinenbau GmbH

Marco Petracca

Zusammenfassung

Das vorliegende Fallbeispiel setzt sich mit der praktischen Umsetzung theoretischer Grundlagen der B-to-B-Markenführung auseinander. Gerade in KMUs werden die Möglichkeiten, die das Instrument Marke eröffnet, selten erkannt. Ursachen hierfür sind unter anderem die Komplexität des Themas an sich sowie der unzureichende Transfer von praktikablem Wissen. Am Beispiel des Schmallenberger Maschinenherstellers *transfluid* wird aufgezeigt, wie das Thema Marke für den Mittelstand greifbarer gemacht werden kann und welche Ansätze der Markenführung notwendig sind, um sich als mittelständisches B-to-B-Unternehmen in einem nur schwerlich differenzierbaren Wettbewerbsumfeld als Marke profilieren zu können. Auf Basis eines Change-Management-Prozesses wurde die Markenführung implementiert und zum Kernbestandteil der Unternehmensstrategie erhoben. Wichtigster Faktor war die Erhebung der Markenidentität, um aufzuzeigen, dass die Markenpersönlichkeit des Unternehmens einen unmittelbaren Einfluss auf die Wahrnehmung im Markt und somit auch die Wertschöpfung hat. Danach folgte die Übersetzung der auf der Identität basierenden Markenwerte in praktikable Leitlinien, um die Marke an den relevanten internen und externen Kontaktpunkten spürbar und erlebbar zu machen. Um nicht nur aus der Innensicht heraus zu agieren, wurde ein grundlegendes Verständnis für Kundenbedürfnisse entwickelt, das alle Maßnahmen steuert und somit im Zusammenspiel mit dem Bewusstwerden der Markenidentität für eine differenziertere und differenzierbarere Positionierung im Markt sorgt. Der Wandel der Perspektive auf Unternehmen, Arbeit und Markt erforderte letztlich auch eine Neuausrichtung der Kommunikation, die im B-to-B-Bereich häufig nur auf werbliche Maßnahmen reduziert wird und das Potenzial

M. Petracca (✉)
PSV Marketing GmbH
Siegen, Deutschland
E-Mail: m.petracca@psv-marketing.de

© Springer Fachmedien Wiesbaden GmbH, ein Teil von Springer Nature 2018   359
C. Baumgarth (Hrsg.), *B-to-B-Markenführung*, https://doi.org/10.1007/978-3-658-05097-9_19

der Einflussnahme auf die persönliche Beziehung zwischen Kunden, Mitarbeitern und Marke außer Acht lässt. Es zeigt sich, dass die Implementierung der Marke ein Prozess ist, der auf den ersten Blick kostenintensiv erscheint, jedoch mit einer realistischen markenstrategischen Vision auch mit kleinen Mitteln umgesetzt werden kann. Das Beispiel transfluid beweist, dass die B-to-B-Marke für mittelständische Unternehmen auch in Krisenzeiten ein effektives Konzept sein kann.

Schlüsselbegriffe

Change-Management · Markenkontaktpunkte · Markenidentität · Markenkommunikation · Positionierung

Inhaltsverzeichnis

---

1 „Stiefkind Marke" im mittelständischen B-to-B-Markt

Die Macht der Marke wird im industriellen Mittelstand nach wie vor unterschätzt und nur von wenigen Unternehmen professionell genutzt (Silberball und Spectra 2016; cuecon 2013; psv consult 2010; Baumgarth 2007a, 2007b). Dabei ist gerade sie das Instrument, das in Zeiten des schärfer werdenden Wettbewerbs, der kaum kalkulierbaren Marktschwankungen, der Ungewissheit im Zuge der Digitalisierung und der immer empfindlicher reagierenden Wirtschaft kleineren und mittelgroßen Unternehmen die Kraft geben kann, diesen Umwelteinflüssen zu trotzen. Insbesondere im B-to-B-Bereich kann ein ganzheitliches Markenmanagement dazu beitragen, sich zwischen stark vergleichbaren Angeboten deutlicher zu positionieren – nicht nur als Bild in den Köpfen der Entscheider, sondern vor allem als treibende Kraft für den Markt.

Die Erfahrung als Markenberatung für B-to-B-Unternehmen zeigt, dass die Gründe für das unzureichende Markenbewusstsein nicht unbedingt bei den Unternehmen selbst zu suchen sind. Es liegt vielmehr an der Kommunikation. Tatsache ist, dass die Prinzipien der Markenführung im B-to-B-Markt mangels unternehmensindividueller Adaptierbarkeit nur schwer zu vermitteln sind und die wissenschaftlichen Erkenntnisse auf diesem Gebiet von ganz unterschiedlichen Annahmen ausgehen (z. B. Berthon et al. 2008; Inskip 2004; Wong

und Merrilees 2005). Markenführung wird gemeinhin als kommunikative Disziplin dargestellt, oftmals erläutert anhand von Beispielen aus der Konzern- oder Konsumgüterwelt.
Identitätsbasierte Ansätze, die in Anbetracht der stark persönlichen Komponente des B-to-
B-Geschäftes angebrachter werden, sind wiederum häufig zu abstrakt, um praktikabel zu
sein. Es fehlt die Übertragbarkeit. Diese Kommunikationslücke, die sich zwischen Theorie
und Praxis aufgetan hat, lässt sich in vielen Fällen nur mit kontinuierlicher Überzeugungsarbeit überwinden. Der klassische, mittelständische Unternehmer ist nach wie vor weder
Wissenschaftler noch Kommunikationsspezialist – er braucht greifbare Beispiele, um die
Marke verstehen und nutzen zu können.

2 Barrieren der B-to-B-Markenführung bei KMUs: „Das ist nicht mein Bier – ich verkaufe Maschinen"

Die Schwierigkeit, das Wissen um die Macht der Marke in den Mittelstand zu bringen,
liegt vor allem in der Theorie begründet. Die Grundlagen der Markenführung stützen sich
primär auf Fallstudien aus der Welt der Konsumgüter. Den Erfolg von Marken wie *Coca-
Cola*, *Nivea* oder *Apple* zu verstehen, mag dabei helfen, ein Bewusstsein für die Prinzipien der strategischen Markenführung und die Relevanz von Emotionen und Werten zu
entwickeln. Doch auch wenn die Logik der B-to-C-Markenführung mit der im B-to-B-
Bereich vergleichbar ist, scheitert der Wissenstransfer oftmals an der Adaptierbarkeit. Die
Vermarktung von Produktions- und Investitionsgütern unterliegt per se anderen Gesetzmäßigkeiten, da sich die Anschaffungsgründe von denen im B-to-C-Markt unterscheiden,
das Geschäft vor allem an Personen gebunden ist und die Akteure, die über den Kauf entscheiden, in den seltensten Fällen die späteren Anwender des jeweiligen Produktes sind.
Aus diesen Beziehungs- und Nutzungsunterschieden resultiert auch das Missverständnis,
dass der emotionale Erlebniswert, den eine starke B-to-C-Marke beispielsweise vermitteln
kann, für den klassischen Einkäufer im B-to-B-Unternehmen nicht sonderlich relevant
sei. Spätestens wenn es um die verhaltenswissenschaftlichen Aspekte der Markenführung
geht, stößt man in der Praxis häufig auf Unverständnis seitens mittelständischer B-to-B-
Unternehmen. Fakt ist jedoch: Marke transportiert Werte, mit denen man sich identifizieren kann, die **Emotionen** ansprechen, und somit eine Beziehung aufbauen können. Aber
für wie emotional hält der deutsche Mittelstand ein funktionales Stück Metall, dessen Werte nur als Zahlen auf Produktbroschüren und Datenblättern dargestellt werden? Oder um
einen Kunden zu zitieren, der das erste Mal mit dem Thema Markenführung konfrontiert
wurde: „Ich verkaufe Rohre, da geht es nicht um Emotionen, da zählen nur Fakten!"

Natürlich gibt es hervorragende Beispiele für B-to-B-Markenführung, die nicht auf den
Endverbraucher fokussiert sind und sich somit prinzipiell für die „Überzeugungsarbeit"
im Mittelstand nutzen lassen. Oft zitierte Leuchttürme wie *SAP*, *MAN*, *Bosch*, *Kuka*, *Hilti*
oder *ebm-papst* bieten viele verwendbare Anknüpfungspunkte und anschauliches Material
für die Vermittlung von Grundlagenarbeit mit dem Instrument Marke im B-to-B-Bereich.
Doch auch hier scheitert es oft am **mangelnden Abstraktionsvermögen**. Die eigentlich

falsche Vorstellung, dass große Marken nun mal viel Geld in die Markenführung investieren können, herrscht nach wie vor in den Köpfen vieler kleinerer und mittelständischer Unternehmen. Diese Denkweise ist durchaus nachvollziehbar, wenn man etwas genauer auf die Beispiele der B-to-B-Markenpioniere schaut: Große Firmen können sich den Weg zur Marke allein schon wegen ihrer internen Strukturen, einer meist managementgeführten Geschäftsleitung, einer fachlich versierten Marketingabteilung und den wesentlich höheren Investitionsmöglichkeiten leisten. So gesehen scheitert es auch hier wieder an der Adaptierbarkeit für kleine Unternehmen, in denen das Marketing oftmals auf Werbung reduziert ist und deren primärer Kundenkontakt über eine überschaubare, meist kaum ins Marketing integrierte Vertriebsmannschaft abgewickelt wird.

Das Unverständnis gegenüber der Macht der Marke rührt nicht nur aus der Komplexität der Materie und den begleitenden Vorurteilen, sondern auch aus Missverständnissen in Bezug auf die Bedeutung. Gerade heute ist Marke ein **Trendthema der Kommunikationsbranche**, insbesondere angesichts der Tatsache, dass auch die Leistungen von klassischen Werbeagenturen stark vergleichbar sind. Auf der Suche nach einem Mehrwert bieten viele Werbeagenturen „Markenstrategie" als Leistung an, ohne sich darüber im Klaren zu sein, dass Markenführung ein interdisziplinärer Prozess ist, der von der Marke selbst geleistet werden muss und erst recht nicht auf Gestaltung oder Kommunikation reduziert werden kann, sondern das ganze Unternehmen betrifft. Der Umstand, dass Marketing und Markenführung häufig mit Werbung gleichgesetzt werden, führt zu grundlegenden Missverständnissen. Die Folgen sind uns in unserer Arbeit des Öfteren begegnet: Viele B-to-B-Unternehmen äußerten beim Erstkontakt Unzufriedenheit über „verbrannte Werbebudgets", weil sich der von den hohen Kommunikationsinvestitionen versprochene Erfolg schlicht und ergreifend nicht einstellen wollte. Das überrascht kaum, da in diesen Fällen versucht wurde, eine Markenstrategie über Imagebroschüren, Werbefilme und Online-Maßnahmen umzusetzen und sie auf diese zu reduzieren.

Kleinere und mittelständische Industrieunternehmen für die Marke zu begeistern, ist nach wie vor eine der größten Herausforderungen. Nicht wegen der geschilderten Vorurteile und Probleme – diese lassen sich mit der entsprechenden Beratungsintensität und einer realistischen Einstellung relativ leicht aus dem Weg räumen. Die eigentliche Herausforderung besteht darin, diese Unternehmen in letzter Konsequenz nicht nur zielstrebig zur Marke zu führen, sondern zur effizienten und effektiven Marke zu machen und ihnen dabei zu helfen, diese konsequent und eigenständig zu pflegen.

3   Fallbeispiel *transfluid*

3.1   Ausgangssituation: Man muss sich nicht verbiegen

Die Stadt Schmallenberg, im Süden des Hochsauerlandkreises gelegen, ist in erster Linie für ihre Textilindustrie bekannt. Doch da der nationale Textilmarkt rückläufig ist, dominiert wie in vielen deutschen Kleinstädten der Mittelstand in den Bereichen Industrie und Handwerk. Ein kleiner Star in dieser Region ist die *transfluid* Maschinenbau GmbH, die sich vor rund 20 Jahren auf die Herstellung von Rohrbiege- und Endenbearbeitungsmaschinen spezialisiert hat – ein klassisches B-to-B-Segment. Den Markt an Umformmaschinen als gesättigt zu bezeichnen, wäre übertrieben – dennoch finden sich in dieser Branche eine Vielzahl miteinander konkurrierender Unternehmen, bestehend aus etablierten Anbietern und international operierenden Größen. Hinzu kommt der Trend zu sogenannten Billigmaschinen – auch aus Fernost – der gerade den hiesigen Unternehmen zu schaffen macht – ein typisches B-to-B-Problem.

Als noch recht junge Firma konnte die 1988 gegründete *transfluid* auch ohne die Reputation eines Traditionsunternehmens schon früh Erfolge für sich verbuchen. Durch den konsequenten Anspruch, in bestimmten Segmenten der Rohrbearbeitungstechnik zum Technologieführer aufzusteigen, hat das Unternehmen nicht nur in Deutschland Maßstäbe gesetzt, sondern auch internationale Märkte zügig erschlossen. Dennoch stieß man auf Probleme: Der durchaus präsente und sich größtenteils auf Tradition berufende Wettbewerb verhinderte eine weitere Ausdehnung auf dem Markt. Und immer häufiger achteten Kunden verstärkt auf den Preis und weniger auf die eigentliche Qualität und Zuverlässigkeit der Maschinen – eine Rohrbiegemaschine biegt Rohre, wen interessiert da schon die Marke?

3.2   Aufgabenstellung: Die Marke steckt im Kern

Der Wunsch des Schmallenberger Unternehmens war es, sich klar und deutlich vom Wettbewerb zu differenzieren – und das am besten zügig. Als Marketingagentur lag es für uns auf der Hand, diese Differenzierung über die Kommunikation eines Mehrwerts für die Kunden des Unternehmens zu erreichen. Doch dieser Ansatz erwies sich als wenig zielführend. Denn kommunizierbare Alleinstellungsmerkmale in der mittelständischen Industrie zu finden, ist eine nahezu unlösbare Aufgabe, wenn es sich bei der Unternehmensleistung um ein eigentlich austauschbares Produkt handelt. Gerade Maschinen, die zur Verarbeitung oder Herstellung von Produkten gebraucht werden, mangelt es oft an einem klar vermarktbaren Mehrwert. Einen solchen Mehrwert zu finden, der in letzter Konsequenz zwar produktbezogen ist, sich aber dennoch vom Produkt löst, ist daher eine der großen Herausforderungen bei der Konzeption einer B-to-B-Kommunikationsstrategie. In der Regel wird dieser Mehrwert im Kundennutzen gesucht. Im Falle von *transfluid* war dieser Nutzen jedoch kaum dazu geeignet, um das Unternehmen deutlich vom Wettbewerb differenzieren zu können. Das Grundproblem war: Eine Rohrbiegemaschine biegt Rohre, nicht mehr und nicht weniger.

Die primäre Aufgabenstellung lag zwar im Auffinden und in der Kommunikation eines „greifbaren" Mehrwerts, jedoch hätte die Lösung dieser Aufgabe allenfalls zu einem kurzfristigen Erfolg ausgereicht, da solche vermeintlichen Alleinstellungsmerkmale oft in kürzester Zeit vom Wettbewerb imitiert werden. Auch wenn ein solcher kurzfristige Erfolg ursprünglich gewünscht war, hätte er keinen nachhaltigen Effekt gehabt. Letztlich gab es nur eine Möglichkeit, dem Anspruch von *transfluid* tatsächlich gerecht zu werden: Das kleine Schmallenberger Unternehmen musste sich als Marke begreifen, um einzigartig werden zu können.

Ein erster Schritt auf diesem Weg war die Vermittlung der wesentlichen Grundlagen der Markenbildung. Gerade weil es sich bei Rohrbiegemaschinen um ein letztlich austauschbares Produkt handelt, war es für *transfluid* notwendig, seine Einstellung zur eigenen Leistung grundsätzlich zu wandeln, um das Potenzial der Markenführung überhaupt nutzen zu können. Der Kerngedanke lautete: Wenn es bei der Marke um das Entstehen von Bildern in den Köpfen der relevanten Entscheider geht, darf es in der Kommunikation nicht in erster Linie um konkrete und produktbezogene Inhalte gehen. Vielmehr zählt das Image. Deshalb bestand die Grundlage der Markenbildung von *transfluid* in der Konzentration auf ein wesentliches und vor allem verbindliches **Markenversprechen**, das sich vom eigentlichen Produkt löst und stattdessen imagebildend wirkt. Darüber hinaus sollte dieses Versprechen nicht nur Kern aller **externen Kommunikationsmaßnahmen** sein, sondern vor allem auch als **intern gelebte Unternehmensphilosophie** verstanden werden. Denn eine gesunde und ehrliche Identifikation mit sich selbst ist eine der wichtigsten Voraussetzungen für die Markenbildung. Schließlich geht es nicht nur darum, dass eine Marke etwas verspricht. Die Unternehmung als Botschafter des Versprechens muss dieses in letzter Konsequenz auch halten, damit die Marke ihre Wirksamkeit entfaltet. Und dazu bedarf es der inneren Überzeugung.

Das Markenversprechen von *transfluid* wurde in intensiven Interview-Sessions, Gesprächen und Workshops mit Kunden und Mitarbeitern herausgearbeitet. Im Wesentlichen stützte es sich auf zwei Säulen: die überragende Qualität der Maschinen und die umfassende Serviceleistung des Unternehmens. Diese zwei Kernwerte hatten durchaus das Potenzial, ein neues, stärkeres Selbstbewusstsein der Marke und somit der Unternehmung zu schaffen. Betrachtet man jedoch die Kommunikation von mittelständischen Industrieunternehmen, wird rasch klar, dass die Faktoren Qualität und Service eigentlich kaum Differenzierungsansätze gegenüber dem Wettbewerb bieten. Sie sind zwar nicht unbedingt eine Selbstverständlichkeit, werden aber von Kundenseite als solche vorausgesetzt. Gerade im B-to-B-Bereich, wo es bei einer Marke nicht nur auf Image, sondern vielmehr auf Vertrauensbildung durch konkrete Leistungsmerkmale ankommt, ist diese Austauschbarkeit der Aussagen ein zentrales Problem der Markenbildung.

Die Tatsache, dass sich Produkte und Leistungen im B-to-B-Markt kaum noch unterscheiden, hat in unserer Arbeit zu einem radikalen Umdenken geführt. Zentrale Faktoren wie die Qualität des Angebotes und der begleitende Service werden in der Markenbildung für Industrieunternehmen immer eine große Rolle spielen. Die wirklich wichtige Frage ist jedoch die nach der Relevanz und der Einzigartigkeit der Marke, ihres Angebotes, ihrer Leistung und ihrer Kommunikation. Oft wird der Kunde in der B-to-B-Markenkommunikation schlichtweg vergessen oder einfach nicht verstanden. Doch ähnlich dem B-to-C-Markt geht es auch im B-to-B-Markt darum, für den Entscheider **relevant, informativ, begreifbar** und ein Stück weit **einzigartig** zu sein. Die Herausforderung besteht somit

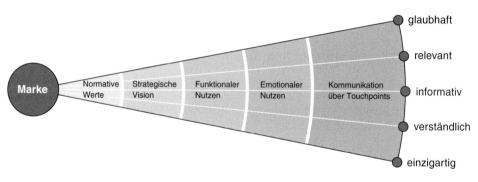

Abb. 1 psv Brand-to-Business-Markenmodell

darin, die entscheidenden Merkmale für Relevanz und Einzigartigkeit zu finden und verständlich zu kommunizieren. Zur Unterstützung dieses Such- und Entscheidungsprozesses wurde ein eigenes Markenmodell eingesetzt (vgl. Abb. 1). Dieses basiert auf fünf Kernfragen, die zur Beurteilung des möglichen Markenpotenzials eines B-to-B-Unternehmens und der daraus resultierenden Differenzierung vom Wettbewerb dienen: Wie weit sind die normative und strategische Ausrichtung des Unternehmens, der funktionale und emotionale Nutzen und das sich daraus ergebende Markenbild für alle Akteure – intern und extern – glaubwürdig, relevant, informativ, verständlich und einzigartig?

3.3 Markenstrategie und Umsetzung: Nicht zeigen, was man kann, sondern wer was davon hat

Der Schlüssel für einen möglichen Mehrwert der Marke *transfluid* lag also darin, die Werte Qualität und Service zur Vertrauensbildung zu nutzen, diese jedoch nicht bloß zum Inhalt der werblichen Kommunikation zu machen, sondern als konkretisierte Grundfeste der unternehmerischen Ausrichtung, der Markenvision und des daraus resultierenden Markenbildes zu implementieren, um sich vom Wettbewerb nachhaltig differenzieren zu können. Um diese Differenzierungspotenziale aufzudecken und gegebenenfalls zu schärfen, war es notwendig, ein grundsätzlich neues Selbstverständnis zu entwickeln und den Qualitätsbegriff zu konkretisieren. Das Unternehmen *transfluid* stellte bisher Maschinen her, in Anbetracht des Wettbewerbs keine nennenswerte Leistung. De facto: Eine Maschine ist eine Maschine. Die tatsächlich relevanten und zur Differenzierung tauglichen Merkmale in den Bereichen Service und Leistung von *transfluid* konnten also kaum in der Herstellung von Maschinen liegen. Was also macht die Marke *transfluid* für die Akteure relevant? Die verblüffend einfache Antwort: Der tatsächliche Nutzen für den Kunden. Das neue Selbstverständnis musste also lauten, dass die Marke dem Kunden dabei hilft, ein perfektes Produkt zu erzeugen. Sowohl in der unternehmerischen Vision als auch in der entsprechend ausgerichteten Markenkommunikation sollte es demnach nicht mehr darum gehen, die perfekten Rohrverarbeitungsmaschinen anzupreisen, sondern dem Kunden Methoden und Mittel für „sein" perfektes Endprodukt zu bieten. So trivial dieses Umdenken im ersten Moment auch erscheinen mag, es hatte signifikante Auswirkungen auf die Marke.

Im Rahmen eines **Change-Management-Prozesses** wurde diese neue Sichtweise auf das gesamte Unternehmen übertragen. Für den ursprünglichen Maschinenhersteller erwies sich die neue Ausrichtung als radikaler Wandel, da bisher in allen Unternehmensebenen die eigene Technologie im Vordergrund stand. Die neue Sichtweise erforderte Mut und Selbstvertrauen, da die Abkehr von der bislang erfolgreichen Strategie von den Mitarbeitern als durchaus riskant empfunden wurde. Hier zeigte sich, wie wichtig der Einfluss der **Geschäftsführung** im Wandlungsprozess ist. Das strenge, disziplinierte Vorleben von Normen, Zielen und Visionen begünstigte die Akzeptanz der neuen, nutzenorientierten Strategie im Unternehmen. Die frühzeitige Schulung und Integration der Mitarbeiter, die sich selbst bisher nur als Maschinenhersteller verstanden und im Sinne der neuen Orientierung das partnerschaftliche Verhältnis zum Kunden als Inhalt ihres Schaffens in den Vordergrund stellen sollten, erwies sich als entscheidender Erfolgsfaktor auf dem Weg zur Marke.

Dieser normative Wandel vollzog sich bis hin zum **Markenbild**: Plötzlich stand nicht mehr die Maschine, sondern das verarbeitete Rohr und sein Anwendungszweck als zentrales Element der Kommunikation im Vordergrund – Leistung und Nutzen für den Kunden wurden auf den Punkt gebracht und konnten somit klar kommuniziert werden. Dieser Grundgedanke war Anlass, eine auf die Maschinen bezogene **Markenarchitektur** zu implementieren. Die *transfluid*-Maschinen wurden nach Funktion und Nutzen segmentiert, in Maschinengruppen unterteilt und im Kontext der neuen Markenstrategie umbenannt, um den kundenspezifischen Nutzen zu verdeutlichen. Als selbstbewusstes Markenzeichen wurde das „t" eingeführt, das in der Unternehmenskommunikation immer gesondert hervorgehoben wird, um den Bezug zur Dachmarke zu verdeutlichen. Die einzelnen Maschinen wurden entsprechend der Funktionen betitelt: *t bend* für Biegemaschinen, *t form* für Rohrumformmaschinen, *t motion* für Automatisierungsmaschinen, *t cut* für Trennmaschinen und *t clean* für Rohrreinigungsmaschinen. Die Vorteile dieser markenorientierten Nomenklatur liegen auf der Hand: Zum einen ist die Funktion der jeweiligen Maschine klar und international verständlich, zum anderen wird das prägnante „t" konsequent als Markenzeichen kommuniziert und garantiert somit die Wiedererkennbarkeit und die Zuordnung zur Marke *transfluid*.

Im nächsten Schritt wurde das eigentliche Markenbild optimiert. Oft unterliegen Technologieunternehmen der Annahme, dass man mit viel Information mehr erreicht. Bedenkt man, dass sich in Zeiten der Informationsüberladung auch die Rezeption von Kommunikation grundlegend verändert hat, darf man jedoch zu Recht die Frage stellen, wie weit text- und faktenlastige Kommunikationsmaßnahmen heute beim ersten Kontakt mit einer B-to-B-Marke noch funktionieren können, insbesondere, wenn es um die Emotionalisierung eines vermeintlich rationalen Geschäftes geht. Relevanz schafft Vertrauen. Insofern ist der Schlüssel für gute Kommunikation im B-to-B-Bereich die Konzentration auf das, was tatsächlich relevant ist und dem Adressaten das gute Gefühl gibt, es mit der für ihn richtigen Marke zu tun zu haben.

Der Weg zum neuen, einzigartigen Markenbild von *transfluid* stützt sich also auf einer simplen Verknüpfung von naheliegenden Faktoren: die Konzentration auf den Kundennutzen und Vertrauen durch eine möglichst konsistente, relevante und vor allem selbstbewusste Darstellung dieses Nutzens und der Unternehmung, die diesen Nutzen anbietet – und das kontinuierlich, über alle Kontaktpunkte hinweg, damit der Adressat lernt, wofür die Marke steht. Neben der gesonderten Hervorhebung des „t" führt vor allem die Ausrichtung von Farbgebung und Tonalität zu dieser Wirkung. So dient als **Hausfarbe** ein sattes Rot, dass sich durch alle Publikationen zieht. Selbst die Maschinen wurden kontinuierlich überarbeitet und dem neuen **Design** angepasst. Darüber hinaus wurde Wert auf eine eigenständige **Bilderwelt** gelegt: In sämtlichen Publikationen steht das rote „t" als universales Markenzeichen im Vordergrund, als begleitendes Element taucht das gebogene Rohr als Symbol für den Kundennutzen auf. Die Unternehmenskommunikation verzichtet auf überbordende Erklärungen, die relevante Leistung wird im Zusatz zum Markennamen einfach und selbsterklärend zusammengefasst: „Die Lösung für Rohre". Das Selbstbewusstsein, dass diese Reduktion auf die wesentliche Leistung von *transfluid* ausstrahlt, führt zum gewünschten Effekt: Durch den Verzicht auf unnötige Informationen, die schnelle und einfache Kommunikation des Nutzens und den Aufbau eines selbstbewussten Images wird die Bildung der Marke signifikant gestützt.

Das Ziel, den eigentlichen Nutzen in den Vordergrund zu rücken, wurde letztlich auf alle relevanten Markenkontaktpunkte übertragen. Sowohl die klassische Kommunikation in Form von Print und Online als auch die Messeauftritte von *transfluid* verzichten seit dem Relaunch der Marke bewusst auf die vordergründige Darstellung von Maschinen. Stattdessen steht das perfekt verarbeitete Rohr im Mittelpunkt aller kommunikativen Maßnahmen (vgl. Abb. 2). Dieser simple Denkansatz brachte erfreuliche Nebeneffekte mit sich: Der Verzicht auf die Inszenierung der Maschinen reduzierte beispielsweise den logistischen Aufwand für Messeauftritte. Da nur das Endprodukt gezeigt wird und man auf den Transport und die Inszenierung der teils recht großen Maschinen verzichtet, konnten Messebudgets effizienter eingesetzt und für eine Ausweitung der Messeaktivitäten genutzt werden. Das ist der Beweis dafür, dass man mit strategischer Markenführung auch Geld sparen kann!

Abb. 2 *transfluid*-Imagebro-
schüre

3.4   Rolle der Mitarbeiter: Marke ist mehr als nur ein Logo

Die Annahme, dass die Markenbildung letztlich über die werbliche Kommunikation erfolgt, ist nach wie vor ein großes Missverständnis im B-to-B-Bereich. Würde man eine
Analogie zum Menschen ziehen, so wäre die Werbung nicht mehr als die Visitenkarte
einer Marke. Entscheidend ist der Mensch, dem diese Visitenkarte gehört. Für eine effektive Markenführung in B-to-B-Unternehmen ist es also wichtig, dass sich die für die
Markenbildung zuständigen Akteure darüber bewusst sind, dass die Markenkontaktpunkte eben nicht nur in kommunikativen Maßnahmen wie Imagebroschüren oder Websites,
sondern vor allem im **persönlichen Kontakt** zu finden sind. Auch hier stößt man in der
praktischen Arbeit auf besondere Herausforderungen.

Gerade mittelständische Unternehmen neigen häufig dazu, die Signifikanz der eigenen
Mitarbeiter für den Markenbildungsprozess zu unterschätzen. Wirklich maßgebend für eine funktionierende B-to-B-Marke sind **Commitment** und **innere Überzeugung**. In den

meisten Fällen wird die integrative Kraft der Marke unterschätzt – eine Marke muss den Entscheider begeistern. Doch es braucht eine Kraft, die diese Begeisterung auslöst. Diese Kraft kann nur von innen kommen, von den Menschen, die die Marke nach außen tragen. Sie sind oftmals wichtiger als die Markenkommunikation in Form von Flyern, Foldern und Broschüren. Gerade in B-to-B-Unternehmen wird oftmals vergessen, dass beispielsweise **Vertrieb** und **Service** die wichtigsten Markenkontaktpunkte überhaupt darstellen. Markenführung und Markenstrategie liegen aufgrund ihrer inhaltlichen Relevanz zwar meist im Aufgabenbereich der Geschäftsleitung. Dass aber die Marke in letzter Konsequenz über die persönlichen Kontaktpunkte, erleb- und spürbar wird, wird oft unterschätzt. Die Problematik liegt somit auch hier im mangelnden Wissenstransfer begründet. Meist scheitert dieser an der innerbetrieblichen, kommunikativen Struktur: Die Mitarbeiter haben die von der Geschäftsleitung getroffenen Entscheidungen zu akzeptieren, schließlich kostet die Markenbildung Geld! Die Folgen einer linearen Top-Down-Strategie sind meist eklatant: Die fehlende Identifikation mit der Marke führt nicht nur zur Unzufriedenheit der Mitarbeiter, sondern auch dazu, dass das Versprechen der Marke, wenn überhaupt, nur unzureichend eingelöst wird und die Marke somit an Kraft einbüßt.

Bei *transfluid* setzte man bereits bei der Erarbeitung der Markenstrategie auf die Integration der Mitarbeiter. Ein großer Vorteil war dabei sicherlich die auf die verständliche Vermittlung von normativen Werten bedachte Geschäftsführung. Das tägliche Vorleben der Marke und der damit verbundenen unternehmerischen Vision seitens der Führungsebene hat in gewissem Maße dazu beigetragen, dass die Marke und ihr Versprechen „Die Lösung für Rohre" in allen Unternehmenshierarchien gelebt und nach außen getragen wird. Auch die Verknüpfung von Marketing und Vertrieb – zwei Bereiche, die in vielen Unternehmen getrennt agieren –, hat dazu beigetragen, dass der Grundgedanke der Marke *transfluid* über alle Berührungspunkten mit voller Kraft nach außen getragen wird.

Die Erkenntnis, dass die Markenkontaktpunkte eben nicht nur in der Werbung, sondern vor allem in der persönlichen Marktbearbeitung liegen, führte zu einer Erweiterung des Markenverständnisses und somit zum Mehrwert, der für die Marke *transfluid* heute ein entscheidender Erfolgsfaktor ist. Der Ursprung dieses Mehrwerts lag in der Analyse der Wertschöpfungskette des Kunden. Neben der eigentlichen Kernleistung, die die Kunden von *transfluid* forderten, nämlich eine Maschine zum Verarbeiten von Rohren und den damit verbundenen Services, kristallisierte sich vor allem das Know-how um das eigentliche Produkt, also das Rohr, als relevanter Nutzen für den Kunden heraus. Denn wer würde sich besser mit der Verarbeitung von Rohren auskennen, als derjenige, der Maschinen herstellt, die Rohre verarbeiten? Dieser simple Denkansatz führte zur dritten strategischen Säule des *transfluid*-Markenkerns: dem Transfer von Fachwissen. Im Sinne des neuen Markenversprechens „Die Lösung für Rohre" wurden die *transfluid*-Mitarbeiter dahingehend geschult, neben den eigentlichen, maschinenbezogenen Serviceleistungen vor allem fachspezifisches Wissen zum Thema Rohrverarbeitung vermitteln zu können.

Um diesen Status als Kompetenzführer zu untermauern, wurde das Konzept des Wissenstransfers auf weitere Markenkontaktpunkte übertragen. So wurden beispielsweise die Mitarbeiter in der Fertigung durch eine stärkere Involvierung in die Unternehmensprozesse aktiv in das Konzept integriert. Da ihre Kernaufgabe nicht mehr das bloße Herstellen von Maschinen, sondern das grundlegende Verständnis für die Belange des Kunden war, konnten die *transfluid*-Mitarbeiter wertvolle Anregungen bei der Optimierung von Herstellungsprozessen einbringen. Bis heute profitiert nicht nur der Kunde, sondern vor allem auch das Unternehmen selbst von dem bidirektionalen Informationsaustausch zwischen Konstruktion und Fertigung. Denn neben dem klaren Informationsgewinn und der Möglichkeit, Potenziale zur Entwicklung von Innovationen und zur effizienteren Gestaltung von Prozessen nicht mehr nur in der Konstruktionsabteilung, sondern auch in der Fertigung zu suchen, steigerte die sukzessive Involvierung der Mitarbeiter und die damit verbundene Wertschätzung ihrer fachlichen Kompetenz vor allem die Identifikation mit der Marke. Oder anders ausgedrückt: Die *transfluid*-Mitarbeiter sind stolz auf ihr Unternehmen, weil sie sich maßgeblich einbringen dürfen.

Auch der *transfluid*-Vertrieb, letztlich einer der wichtigsten Markenkontaktpunkte, konnte seine Leistung durch den Informationsaustausch stetig verbessern. Dank des wachsenden Know-hows inszeniert sich der Vertrieb heute nicht mehr als klassischer „Maschinenverkäufer", sondern als fachlich versierter Problemlöser in Sachen Rohrverarbeitung, der stets auf der Suche nach den sogenannten „Pain Points", also den Prozesslücken in der Wertschöpfungskette des Kunden, ist und diese Lücken mit versiertem Verständnis, angepassten Serviceleistungen und innovativen Lösungsansätzen beseitigt. Dieser Ansatz, sich von den eigenen Bedürfnissen, nämlich der Vermarktung der eigenen Maschinen, zu lösen und stattdessen den Fokus auf die Bedürfnisse des Kunden zu richten, wirkte sich recht schnell auf die Rezeption der Marke *transfluid* aus. Da Kunden sich nicht mehr nur „beliefert", sondern verstanden fühlten, wurde die Vertrauensbildung zur Marke deutlich gestärkt. Umso wichtiger war es, den Faktor „Vertrauen durch Kompetenz" noch weiter auszubauen, um nicht nur Bestandskunden von diesem Mehrwert zu überzeugen, sondern auch Neukunden zu gewinnen.

Ein strategischer Ansatz bestand darin, die Marke mit einem gesteigerten **Innovationsmanagement** zu stärken und den Mehrwert in Zukunft nicht mehr nur durch interne, sondern auch durch externe Wissensquellen zu schaffen. Um diesen Gedanken in die Tat umzusetzen, wurden die „*transfluid* innovation days" ins Leben gerufen, eine Veranstaltung, in der es weniger um die Akquise neuer Kunden als vielmehr um den Wissensaustausch geht – ganz im Sinne des *transfluid*-Markenversprechens. Zum jährlich stattfindenden Event werden Experten aus der Industrie, Anwender und *transfluid*-Kunden zu Fachvorträgen und Workshops geladen, in denen es nicht nur um Innovationen, neue Anwendungsmöglichkeiten und Branchentrends, sondern vor allem um den fachlichen Diskurs geht. Auch hier zeigte sich wieder, wie wichtig es ist, die Markenkontaktpunkte nicht nur in der Werbung zu suchen: Dadurch, dass nicht das Unternehmen *transfluid*, sondern das Thema Rohrverarbeitung sowie die begleitenden Brancheninterna im Mittelpunkt der Veranstaltungsreihe stehen, wird die Marke *transfluid* sowohl von Kundenseite als auch vom Wettbewerb wesentlich differenzierter wahrgenommen. Denn auf den „*transfluid* innovation days" inszeniert sich nicht der Maschinenhersteller, sondern der kompetente Informationsvermittler, der Branche, Anwender und Produkt zusammenbringt.

Natürlich birgt diese offene, informative Ausrichtung auch Risiken – schließlich profitiert nicht nur der Kunde, sondern auch der Wettbewerb von der Offenlegung fachspezifischer Einblicke. Auch hier greift ein Stück weit die Vertrauensbildung zur Marke *transfluid* – mit der offenen und nur im Kern selbstbezogenen Kommunikation von wertvollem und nutzbarem Wissen wird dem Kunden ein ehrliches und aufrichtiges Verständnis für seine Bedürfnisse signalisiert. Wenn Marke per Definition ein Bild in den Köpfen der Entscheider ist, dann liegt der einzig richtige Ansatz von *transfluid* darin, sich mithilfe von Wissenstransfer vom Bild des Maschinenherstellers zu lösen, um sich mit neuen Assoziationen nachhaltig vom Wettbewerb differenzieren zu können.

4 Wissenschaft hat doch Recht: Marke bringt Erfolg

Gemeinhin mag man annehmen, dass es aufwändiger Maßnahmen bedarf, um einen starken Effekt zu erzielen. Eine ähnliche Denkweise beherrscht in weiten Teilen immer noch den B-to-B-Mittelstand: Um eine große Marke zu werden, braucht man große Marketingbudgets, die in großen Marketingabteilungen im Rahmen eines vermeintlichen Kommunikationsroulettes verteilt werden – Markenführung ist also nur etwas für die „ganz Großen", die es sich auch leisten können. Dass dem nicht so ist, beweist das Beispiel *transfluid*. Acht Jahre nach der Initiierung des Markenprozesses ist die Marke konsistent und kontinuierlich expandiert und zum Branchenprimus und technologischen Weltmarktführer gewachsen, und wird gemeinhin mir der „Lösung für Rohre" gleichgesetzt. Die konsequent der Hausfarbe angepassten, leuchtend roten Maschinen mit dem klaren Signet werden wiedererkannt, die Brand Awareness ist überdurchschnittlich gestiegen und das First-to-Mind ist branchenübergreifend besetzt: Wer eine Lösung für Rohre benötigt, braucht *transfluid*. Das neu erschlossene und immer weiter ausgebaute Kompetenzfeld des fachspezifischen Wissenstransfers sorgt nicht nur für großen Andrang auf den internen Fachtagungen. Auch Universitäten und Forschungseinrichtungen setzen heute auf das Know-how des Schmallenberger Unternehmens und laden die Experten nicht nur zu Seminaren, Referaten und Workshops ein, sondern auch dann, wenn es darum geht, neue Verfahren der Rohrbearbeitung zu entwickeln. Hier unterstützt das strategische Innovationsmanagement direkt auch die Markenbildung: Die Facheinrichtungen und Universitäten profitieren vom praktischen Wissen des Schmallenberger Unternehmens. Der offene Austausch mit Studenten und Akademikern bringt noch einen weiteren Effekt mit sich: Indirekt wird nicht nur die Reputation der eigentlichen Marke *transfluid*, sondern auch die der **Arbeitgebermarke** gestärkt.

Darüber hinaus bestätigt das Beispiel *transfluid* eine in der Markenführung oft gehörte These: Marke macht krisenfest. Tatsächlich steht das Schmallenberger Unternehmen auch in wirtschaftlich angespannten Zeiten hervorragend da. Die Auftragslage ist stetig wachsend und sowohl das Geschäft mit Standardmaschinen als auch die Konzeption für Sonderlösungen läuft überdurchschnittlich gut – ganz gleich, was im Markt gerade passiert. Die Tendenz zeigt, dass dies auch in Zukunft so bleiben wird – ein Effekt, den das

Unternehmen wiederum kommunizieren und somit zum weiteren Markenaufbau gewinn-
bringend sowie image- und vertrauensbildend nutzen kann. Bemerkenswerterweise haben
selbst fachfremde Medien erkannt, dass *transfluid* ein Krisengewinner ist. Die bundes-
weite Berichterstattung im deutschen Fernsehen hat einen erfreulichen Nebeneffekt: Der
Dialog über die Marke ist in vollem Gange.

Entscheidend für diesen nachhaltigen Erfolg der Marke *transfluid* war jedoch nicht die
Implementierung und Kommunikation des strategischen Wandels, die Suche nach Relevanz und Einzigartigkeit oder das daraus resultierende prägnante Markenbild. Vielmehr
ist es die Einstellung des Unternehmens selbst, die zur Markenkraft beigetragen hat. Bei
transfluid wird Marke nicht nur kommuniziert, sie wird im ganzen Unternehmen gelebt.
Für diesen normativen Wandel hin zum Selbstverständnis, nicht nur ein Maschinenhersteller, sondern vor allem eine für den Kunden relevante Marke zu sein, braucht man keine
großen Investitionen. Was zählt, ist der Wille, die eigenen Ziele, Visionen und den damit
verbundenen Wandlungsprozess nicht nur zu fixieren, sondern auch konsequent in allen
Unternehmensebenen umzusetzen und zu leben. Erst dann funktioniert Marke. Auch bei
KMUs im B-to-B-Umfeld.

Literatur

Baumgarth, C. (2007a). Markenorientierung kleiner und mittlerer B-to-B-Unternehmen. In J.-A.
    Meyer (Hrsg.), *Planung in kleinen und mittleren Unternehmen – Jahrbuch KMU-Forschung*
    (S. 359–374). Lohmar: Josef Eul.
Baumgarth, C. (2007b). Markenorientierung mittelständischer B-to-B-Unternehmen. In P. Lethma-
    the, J. Eigler, F. Welter, D. Kathan & T. Heupel (Hrsg.), *Management kleinerer und mittlerer
    Unternehmen* (S. 459–474). Wiesbaden: DUV Gabler.
Berthon, P., Ewing, M. T., & Napoli, J. (2008). Brand management in small to medium-sized enter-
    prises. *Journal of Small Business Management, 46*(1), 27–45.
cuecon (2013). *Was ist die B2B-Marke wert?* Köln: cuecon.
Inskip, I. (2004). Corporate branding for small to medium-sized business. *Journal of Brand Manage-
    ment, 11*(5), 358–365.
psv consult (2010). *From brand to business.* Siegen: psv consult.
Silberball & Spectra (2016). *Markenführung im Mittelstand im Spannungsfeld zwischen Kontinuität
    und Veränderung.* Bregenz: Silberball.
Wong, H. Y., & Merrilees, B. (2005). A brand orientation typology for SMes. *Journal of Product &
    Brand Management, 14*(3), 155–162.

B-to-B-Markenführung: Interne Markenführung, Employer Branding und Markenorganisation

Markenorientierung und Interne Markenstärke als Erfolgstreiber von B-to-B-Marken – Empirische Belege und Managementempfehlungen

Carsten Baumgarth und Marco Schmidt

Zusammenfassung

Dieser Beitrag stellt mit der Markenorientierung und der Internen Markenstärke zunächst zwei theoretische Bezugspunkte der internen Markenverankerung und -führung in Unternehmen vor. Dabei wird sowohl auf das jeweilige Konzept als auch auf Ergebnisse der empirischen Überprüfung im B-to-B-Bereich eingegangen. Aus den Ergebnissen resultieren Managementimplikationen für die interne Markenverankerung, für die der vorliegende Beitrag einen Bezugsrahmen vorschlägt. Dieser systematisiert das interne Markenmanagement sowohl nach Informations- und Aktionsebene als auch nach Kultur- und Mitarbeiterebene. Zuletzt werden zusätzlich konkrete Managementinstrumente zur systematischen Beeinflussung der internen Markenverankerung in B-to-B-Unternehmen skizziert.

Schlüsselbegriffe

Interne Markenführung · Interne Markenstärke · Markenorientierung · Unternehmenskultur

C. Baumgarth (✉)
Hochschule für Wirtschaft und Recht Berlin
Berlin, Deutschland
E-Mail: cb@cbaumgarth.net

M. Schmidt
Dr. Oetker GmbH
Toronto, Kanada
E-Mail: marco.schmidt@oetker.ca

Inhaltsverzeichnis

1 Einleitung

Zu Beginn der 1990er-Jahre des letzten Jahrhunderts führte *Caterpillar* eine dezentrale Organisationsform mit 13 Profitcentern weltweit ein (insgesamt zu dem Fallbeispiel Lamons 2005; Walton und Greyser 2004). Diese Organisationsform führte zwar zu einer größeren Flexibilität und Kundennähe (Steigerung der Markt- bzw. Kundenorientierung), aber auch zu einer unklaren Markenidentität und einem diffusen Markenimage (Reduzierung der Markenorientierung). Jedes Profitcenter entwickelte ein eigenes Branding (Name, Logo, Farben etc.) und kommunizierte unterschiedliche Markenaussagen. Zur Schärfung der Markenpositionierung und -identität und zur Verbesserung der Markenkommunikation wurde u. a. das Programm „One Voice" etabliert. Zusätzlich zu klassischen Instrumenten wie schriftliche Fixierung der Markenpositionierung und Markenhandbuch wurde ein interaktiver Workshop ins Leben gerufen. Dieser sollte sicherstellen, dass alle Mitarbeiter und auch externe Dienstleister wie Werbeagenturen die Marke *Caterpillar* gleich verstehen, sich für die Marke engagieren und diese in der Kommunikation mit den Kunden konsistent übermitteln. Die Workshops starteten im Jahre 1994 und bis 2003 nahmen weltweit über 10.000 Teilnehmer an diesem Programm teil. 2015 ist *Caterpillar* laut dem *Interbrand*-Ranking einer der wertvollsten Marken weltweit (72. Rang, Interbrand 2015).

Weitere gut dokumentierte Fallbeispiele aus dem B-to-B-Bereich, die die Bedeutung der internen Markenverankerung für den Markenerfolg betonen, stammen von *TNT* (Kraus et al. 2007; Schmidt und Pfaff 2010), *Hilti* (Meehan und Baschera 2002; Wichert 2004), *DHL* (Giehl und Baumgarten 2005) und *T-Systems* (Rätsch 2008).

Diese Beispiele sind ein Indiz für die hohe Relevanz der Markenverankerung bei den Mitarbeitern für den Erfolg der B-to-B-Marke. Die geringere Bedeutung der medialen Kommunikation im Vergleich zur persönlichen Kommunikation sowie die Vielzahl und Intensität von persönlichen Markenkontakten im B-to-B-Bereich sind verantwortlich für diese Relevanz (Baumgarth und Schmidt 2008). Im Rahmen dieses Beitrags werden mit der Markenorientierung als kultureller Größe und der Internen Markenstärke als individueller Größe zwei theoretische Bezugspunkte vorgestellt. Darüber hinaus werden die Ergebnisse von zwei empirischen Studien aus dem B-to-B-Bereich präsentiert, die u. a. die Frage nach der Relevanz der internen Verankerung für den Markterfolg beantworten. Abgeschlossen wird der Beitrag mit einer Systematik möglicher Ansatzpunkte sowie einer Skizzierung konkreter Instrumente zur Gestaltung der Markenorientierung und zur Steigerung der Internen Markenstärke.

2   Theorie und empirische Ergebnisse

2.1   Markenorientierung als kulturelles Phänomen

Begriff und Modell

Ein theoretisches Konzept, das die interne Verankerung von Marken thematisiert, bildet die Markenorientierung (Brand Orientation). Dabei lässt sich Markenorientierung als eine spezifische Ausprägung der Unternehmenskultur interpretieren, die sich durch eine hohe Relevanz der Marke in der gesamten Unternehmensführung sowie durch ein hohes Ausmaß an systematischer Markenführung auszeichnet (ähnlich Hankinson 2001a, 2001b; Urde 1994, 1999).

In der Literatur finden sich mittlerweile diverse Ansätze zur Messung der Markenorientierung (u. a. Ewing und Napoli 2005; Gromark und Melin 2011; Hankinson 2002, 2012; Schramm et al. 2004). Diese weisen allerdings einen engen Branchenbezug (z. B. Spendenorganisationen) auf. Des Weiteren fehlt diesen Ansätzen eine theoriebasierte Begründung für die Ableitung der Dimensionen. Ferner diskutieren diese Ansätze Markenorientierung als statisches Konstrukt und vernachlässigen dadurch die interne Struktur dieses Phänomens.

Diese Schwächen überwindet das hier vorgestellte Modell, welches auf Forschungsarbeiten zur Marktorientierung basiert (zur Übersicht z. B. Homburg und Pflesser 2000). Zur Konzeption der Marktorientierung lassen sich in der Literatur mit einer **verhaltensorientierten** und einer **kulturellen Perspektive** zwei Richtungen unterscheiden. Während die erste auf konkrete Maßnahmen Bezug nimmt, basiert die kulturelle Perspektive auf einer grundsätzlicheren Betrachtung der Markt- bzw. Markenorientierung als spezifischer Ausprägung der Unternehmenskultur.

Der eigene Ansatz zur Konzeptualisierung der Markenorientierung verbindet diese beiden Perspektiven. Das Fundament des Modells bildet das Unternehmenskulturmodell von Schein (2004), welches zwischen den drei Ebenen Werte, Normen und Artefakte unterscheidet. Ergänzt wird die sichtbare Artefaktebene durch tatsächliches Markenführungsverhalten (ähnlich Homburg und Pflesser 2000).

Die Ebene **Werte** misst dabei die Rolle der Marke im Rahmen der Unternehmensführung sowie das Verständnis der Grundprinzipien der Markenführung. Das Vorleben der Marke und die kontinuierliche Betonung der Relevanz der Marke bei internen Meetings durch die Geschäftsführung sind Beispiele für die Werteebene. Die Ebene **Normen** deckt explizite und implizite Vorschriften und Regeln ab, die zur Einhaltung der Grundprinzipien der Markenführung (z. B. formale Konsistenz) im Unternehmen beitragen. Typische Beispiele für diese Ebene sind schriftlich fixierte Markenpositionierungen, Corporate-Design-Richtlinien und durchsetzungsstarke Markenmanager. Die dritte Ebene **Artefakte** misst den Grad von direkt erfahrbaren Symbolen, die die Wichtigkeit der Marke und deren Positionierung kommunizieren. Architektur der Firmengebäude, Messestände oder auch Markenmanuals sind Beispiele für die Artefaktebene. Die Ebene **Verhaltensweisen** umfasst die konkreten Marketing-Maßnahmen auf der Informations- und Aktionsseite zur Unterstützung der Marke. Die Durchführung eines Markencontrollings und der Einsatz von markenorientiertem Sponsoring sowie Imagekommunikation sind Beispiele für diese vierte Ebene der Markenorientierung.

Markenorientierung lässt sich konzeptionell ähnlich wie Marktorientierung modellieren. Aber die Ausprägungen unterscheiden sich deutlich. Während sich im Rahmen der **Marktorientierung** die vier Ebenen an den Kunden und deren Bedürfnissen ausrichten, steht bei der **Markenorientierung** die Markenidentität und deren Umsetzung im Mittelpunkt. Tab. 1 vergleicht anhand der vier Dimensionen die Markt- und die Markenorientierung miteinander. In der Realität handelt es sich bei der Markt- und Markenorientierung nicht um sich gegenseitig ausschließende Alternativen, sondern Kombinationen sind möglich und häufig auch empfehlenswert (Urde et al. 2013).

Ergänzt wird das Modell durch eine Verknüpfung mit dem Unternehmenserfolg, wobei dieser aufgrund der Heterogenität der von Unternehmen verfolgten Marktzielsetzungen im vorliegenden Modell im Sinne des zielorientierten Ansatzes durch einen interindividuellen Zielindex operationalisiert wird. Die Validierung dieses Indexes für die Marktziele erfolgt durch ökonomische Ziele. Abb. 1 fasst das Modell der Markenorientierung zusammen.

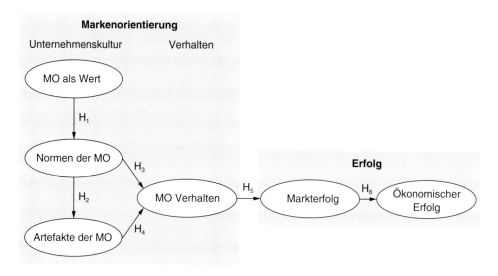

Abb. 1 Modell der Markenorientierung

Tab. 1 Vergleich von Markt- und Markenorientierung

	Marktorientierung	Markenorientierung
Werte	– Befriedigung von Kundenbedürfnissen und Kundenwünschen – Kundenwert und Kundenbindung – geringe zeitliche Stabilität, da sich die Kundenbedürfnisse ändern – Zufriedenheit der Kunden – Outside-in-Perspektive	– Marke basiert auf einer Philosophie, die den Rahmen der Marktbearbeitung bildet – Markenwert und Markenidentifikation – hohe Kontinuität – Einzigartigkeit – Inside-out-Perspektive
Normen	– Kundenwünsche sind immer zu befriedigen – durchsetzungsstarke Key-Account-Manager/Kundenmanager	– Markenkern und Markenwerte sind immer einzuhalten – durchsetzungsstarke Markenmanager
Artefakte	– Geschichten über besondere Anstrengungen zur Befriedigung von Kundenwünschen – offene und für Kunden leicht verständliche Gebäude- und Messestandarchitektur	– Geschichten über konsequentes Verfolgen der Markenphilosophie – markenkommunizierende Gebäude- und Messestandarchitektur
Verhalten	– kundenbezogenes Controlling (z. B. Customer Lifetime Value, Kundendatenbanken, Kundenzufriedenheitsmessungen, Net Promoter Score) – Mitarbeiterschulung in Verkaufstechniken und Kommunikation – adaptives Marketing (z. B. differenzierte Kundenkommunikation, individuelle Preise, Adaptive Selling)	– markenbezogenes Controlling (z. B. Markenimage- und Markenstärkemessung, qualitative und tiefenpsychologische Markenanalysen) – Mitarbeiterschulung über die Marke – konsistentes Marketing (z. B. Integrierte Kommunikation, Preiskonstanz)

Empirische Studie

Der empirische Test des Modells basiert auf einem quantitativen Ansatz (ausführlich Baumgarth 2010). Im Rahmen der Hauptstudie erfolgte eine schriftliche Befragung des Topmanagements mit Hilfe eines standardisierten Fragebogens. Insgesamt wurden 981 Entscheidungsträger von B-to-B-Firmen unterschiedlicher Unternehmensgröße aus dem deutschsprachigen Raum kontaktiert. Durch diverse Maßnahmen zur Rücklauferhöhung konnten 268 Fragebögen (Response: 27,3 %) in der Auswertung berücksichtigt werden.

Die befragten Unternehmen stammen insbesondere aus den Branchen Metallerzeugung/Metallbearbeitung (26,9 %), Elektrotechnik/Elektronik (26,1 %) und Maschinen-/Anlagenbau (22,8 %). Bei den befragten Managern handelt es sich überwiegend um Topmanager (61,7 % Vorstand/Geschäftsführung, 27,3 % Vertriebs-/Marketingleitung).

Zur Auswertung des Modells wurde eine Pfadmodellierung (PLS) unter Verwendung der Software SmartPLS (Version 2.0, Ringle et al. 2006) vorgenommen, da zum einen die Fallzahl für kovarianzbasierte Verfahren zu gering ist und zum anderen sowohl formative als auch reflektive Konstrukte berücksichtigt wurden.

Die vier Ebenen des Grundmodells wurden jeweils als formative Konstrukte operationalisiert. Zur Auswahl der Indikatoren wurde auf bestehende Operationalisierungen der
Markenorientierung (Ewing und Napoli 2005; Hankinson 2001a, 2001b, 2002; Schramm
et al. 2004) sowie auf Ergebnisse von Expertengesprächen zurückgegriffen.

Das Konstrukt des Markterfolges wurde mit Hilfe eines Indexes reflektiv gemessen.
Dieser setzte sich aus der subjektiven Wichtigkeit und dem Ausmaß der Zielerreichung
von 13 Zielen zusammen. Der ökonomische Erfolg wurde ebenfalls reflektiv mit Hilfe von
drei Indikatoren gemessen (ökonomischer Erfolg im Vergleich zum Wettbewerb, Umsatz-
ziel, Gewinnziel). Die Konstruktreliabilität des ökonomischen Erfolges erfüllt mit einem
Wert von 0,84 den in der Literatur empfohlenen Richtwert (z. B. Homburg und Giering
1996). Insgesamt werden daher die Messmodelle nicht modifiziert und als reliable und
valide Messung der sechs Konstrukte angesehen.

Anschließend ist zu klären, ob das vermutete Modell und die darin enthaltenen Hypothesen durch den Datensatz bestätigt werden können. Tab. 2 fasst das Ergebnis dieser
Modellprüfung zusammen. Zunächst einmal zeigt sich, dass das Modell 16 % der Varianz des Markterfolges erklärt. In der Literatur werden zwar häufig höhere Werte gefordert
(z. B. Chin 1998, S. 323), allerdings handelt es sich bei dem vorliegenden Modell um ein
Partialmodell, da nur die Unternehmenskultur in einer bestimmten Ausprägung als beein-
flussende Größe des Markterfolges berücksichtigt wird.

Zum Test der Hypothesen wird auf die Pfadkoeffizienten und die t-Werte, die mit Hilfe eines Bootstrapping gewonnen wurden, zurückgegriffen. Die sechs Pfadkoeffizienten
weisen alle die erwartete Richtung auf und die entsprechenden t-Werte übertreffen die
kritischen t-Werte. Damit wurden alle Hypothesen bestätigt. Zusammenfassend lässt sich
für die Markenorientierung daher festhalten, dass die Werte- die Normenebene, diese
wiederum die Artefakt- und Verhaltensebene sowie die Artefakt- die Verhaltensebene beeinflussen. Ferner üben die markenorientierten Verhaltensweisen im B-to-B-Bereich einen
positiven Effekt auf den Markterfolg aus, der wiederum einen starken Einfluss auf den
ökonomischen Erfolg aufweist.

Tab. 2 Ergebnisse des Strukturmodells der Markenorientierung

Hypothese	Pfad	Pfadkoeffizient	Bestätigung (p < 0,01)
H_1	Werte → Normen	0,639	✓
H_2	Normen → Artefakte	0,726	✓
H_3	Normen → Verhalten	0,322	✓
H_4	Artefakte → Verhalten	0,522	✓
H_5	Verhalten → Markterfolg	0,393	✓
H_6	Markterfolg → ökonomischer Erfolg	0,573	✓

R^2 (Markterfolg) = 0,16; R^2 (ökonomischer Erfolg) = 0,44

2.2   Interne Markenstärke als individuelles Phänomen

Begriff und Modell

Der Begriff der Markenstärke ist in der Literatur bereits häufig diskutiert worden. Trotz der daraus entstandenen großen Vielfalt unterschiedlicher Ansätze besteht in der Literatur überwiegend Einigkeit darüber, dass es sich bei Markenstärke um eine psychografische Erfolgsgröße handelt, die sich in den Köpfen der Abnehmer abspielt (z. B. Keller 1993). Demnach richtet sich die Markenstärke danach, inwieweit die Marke in der Lage ist, Psyche und Verhalten der Abnehmer zu beeinflussen.

Das hier vorgestellte Modell überträgt dieses Konstrukt auf die Mitarbeiterebene. Das Modell soll dabei helfen, zu klären, was Interne Markenstärke genau ist und wie sie sich messen lässt. Ferner untersucht das Modell, inwieweit Markenorientierung als Determinante auf Unternehmensebene und Markencommitment, Markenwissen und Markenbewusstsein als mitarbeiterindividuelle Determinanten die Interne Markenstärke erklären können.

Kern des Modells ist das Konstrukt der **Internen Markenstärke** selbst. In Anlehnung an konsumentenorientierte Ansätze zum Thema Markenstärke lässt sich Interne Markenstärke als subjektive Wertschätzung des individuellen Mitarbeiters für die eigene Unternehmensmarke interpretieren, die zu der Bereitschaft führt, sich aktuell und zukünftig markenkonform und -fördernd zu verhalten. Grundlage eines solchen markenfördernden Mitarbeiterverhaltens bilden drei aus der Organisationsforschung bekannte Verhaltensformen (Katz 1964), die sich auf die Marke übertragen lassen:

- Absicht eines jeden Mitarbeiters, auch zukünftig für die Marke zu arbeiten
- Ausrichtung der eigenen persönlichen Kommunikation im Sinne eines markenunterstützenden Rollenverhaltens
- Brand Citizenship Behavior, das markenfördernde Verhaltensweisen in Form von Extra-Rollenverhalten umfasst, welches über das vom Arbeitgeber geforderte Maß hinausgeht (Zeplin 2006, S. 72 ff.)

Das Konstrukt der **Markenorientierung** wird in dem Modell der Internen Markenstärke als eine eindimensionale Größe betrachtet (Hatch 1993). Darüber hinaus verzichtet das Modell auf die Integration der Verhaltensebene, da diese stärker auf den Markt als auf die Mitarbeiter wirkt.

Bei Markencommitment, Markenwissen und Markenbewusstsein handelt es sich hingegen um Determinanten, die von Mitarbeiter zu Mitarbeiter variieren und demzufolge auf der individuellen Ebene stattfinden. **Markencommitment** beschreibt dabei die emotionale Verbundenheit des Mitarbeiters mit der Marke (Zeplin 2006). Das **Markenwissen** gibt Aufschluss darüber, wie stark die markenrelevanten Kognitionen eines Mitarbeiters ausgeprägt sind (in Anlehnung an Keller 1993). Das **Markenbewusstsein** bezieht sich letztlich auf einen Aktivierungszustand, der sich nach der individuellen Relevanz der Marke für den Mitarbeiter richtet (in Anlehnung an Bekmeier-Feuerhahn 1998) und demzufolge auch

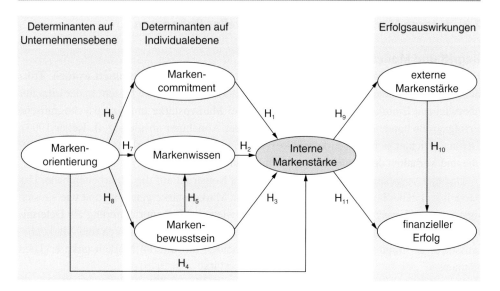

Abb. 2 Modell der Internen Markenstärke

davon abhängt, inwieweit die Mitarbeiter davon überzeugt sind, dass die Marke einen wesentlichen Beitrag zum Unternehmenserfolg leistet.

Schließlich analysiert das Modell auch, inwieweit die Interne Markenstärke Erfolgsrelevanz besitzt. Dabei wird zum einen untersucht, ob sie die externe, d. h. die kundenorientierte Markenstärke positiv beeinflusst, und zum anderen, ob sie sich auch direkt auf den finanziellen Unternehmenserfolg auswirkt. Abb. 2 fasst das Modell zusammen.

Empirische Studie

Da bei Unternehmensbefragungen durch die Wahl einer einzigen Informationsquelle pro Unternehmen häufig die Gefahr eines sogenannten Key Informant Bias besteht (z. B. Mezias und Starbuck 2003), wurden die notwendigen Daten durch eine Kombination von Mitarbeiter- und Managementbefragung erhoben (ausführlich Baumgarth und Schmidt 2010; Schmidt 2009). Zunächst wurde bei 350 Unternehmen jeweils ein Mitglied der Geschäftsführung durch ein Anschreiben kontaktiert, um sie mit den Eckdaten der Studie vertraut zu machen. Im Anschluss daran erfolgte eine telefonische Kontaktaufnahme mit den Managern, um diese für eine Teilnahme zu gewinnen. An Manager von 170 grundsätzlich teilnahmebereiten Unternehmen fand der Versand sowohl des Managementfragebogens als auch der Mitarbeiterfragebögen statt mit der Bitte um Weiterleitung der Mitarbeiterfragebögen an fünf bis zehn Mitarbeiter aus unterschiedlichen Unternehmensbereichen und Hierarchieebenen. Letztlich haben nach zwei Nachfassaktionen 92 Unternehmen (Managementfragebögen) mit insgesamt 481 Mitarbeiterfragebögen an der Studie teilgenommen. Für Unternehmen, von denen mindestens drei Mitarbeiterfragebögen vorlagen, wurden diese zu Indices verrechnet und mit den entsprechenden Managementfragebögen verknüpft. Insgesamt ergaben sich daraus 91 verwertbare Dyaden aus Mitarbeiter- und Managementbeurteilung.

Fast zwei Drittel der teilnehmenden Unternehmen stammen aus den Branchen Metallerzeugung/Metallbearbeitung (23,6 %), Elektrotechnik/Elektronik (21,3 %) und Maschinen-/Anlagenbau (20,2 %). In Bezug auf die Unternehmensgröße dominieren im Vergleich zum Durchschnitt der Grundgesamtheit der deutschen Industrieunternehmen die größeren Unternehmen.

Zur Auswertung des Modells wurde sowohl auf varianzbasierte (SmartPLS, Ringle et al. 2006) als auch kovarianzbasierte (AMOS, Konfirmatorische Faktorenanalyse) Analyseverfahren zurückgegriffen. Die Konfirmatorische Faktorenanalyse dient der Validierung der reflektiven Konstrukte (Gerbing und Anderson 1988), während der varianzbasierte Ansatz (PLS) aufgrund der geringen Fallzahl und der zum Teil formativen Konstrukte bei der Schätzung der Strukturmodelle zum Einsatz kam (Chin und Newsted 1999).

Zunächst bestand das Ziel der empirischen Untersuchung darin, ein geeignetes Instrumentarium zur Erfassung der Internen Markenstärke zu entwickeln. Für die Intention, auch weiterhin für die Marke zu arbeiten (erste der drei Dimensionen), wurde ein einzelnes Item verwendet. Des Weiteren wurde für die Messung der markenunterstützenden persönlichen Kommunikation als markenförderndes Rollenverhalten (zweite Dimension) eine neuentwickelte reflektive Skala aus fünf Items verwendet. Zur Operationalisierung der dritten Dimension (Brand Citizenship Behavior) greift das Modell auf den bereits bestehenden mehrfaktoriellen reflektiven Operationalisierungsansatz von Zeplin (2006) zurück. Allerdings wurde dabei auf jene Indikatoren verzichtet, die sich mehr auf allgemeine menschliche Charaktereigenschaften wie z. B. Hilfsbereitschaft beziehen. Die Analyse ergab letztlich eine eindimensionale Skala aus acht reflektiven Indikatoren.

Weiterhin untersucht das Modell, welchen Beitrag die individuellen Determinanten Markencommitment, Markenwissen und Markenbewusstsein sowie die kollektive Determinante Markenorientierung zur Erklärung der Internen Markenstärke leisten können. Wie Tab. 3 zeigt, kann das Erklärungsmodell insgesamt 55 % der Varianz der Internen Markenstärke erklären. Die Markenorientierung bildet dabei den zentralen Treiber des Modells. Dieses Konstrukt beeinflusst signifikant direkt sowohl die Interne Markenstärke als auch die restlichen individuellen Determinanten.

Darüber hinaus war von Interesse, ob sich die Interne Markenstärke auch auf den Erfolg auswirken würde. Während die Validierung der Skala für die Interne Markenstärke und der Einfluss der Determinanten auf der Basis aller Mitarbeiterfragebögen untersucht wurden, fand die Überprüfung der Erfolgsrelevanz anhand der gebildeten Dyaden aus Mitarbeiter- und Managerbefragung statt. Das auf Grundlage der Mitarbeiter- und Managementfragebögen geschätzte Strukturmodell offenbarte einen signifikanten Einfluss der Internen Markenstärke auf ihr kundenorientiertes Pendant. Es zeigt sich, dass die Interne Markenstärke rund 16 % der externen Markenstärke erklären kann. Ein direkter Einfluss auf den finanziellen Unternehmenserfolg lässt sich hingegen nicht bestätigen, allerdings ein indirekter über den positiven Einfluss der Internen Markenstärke auf die externe Markenstärke und deren Einfluss auf den finanziellen Erfolg. Letztlich lässt sich

Tab. 3 Ergebnisse der Strukturmodelle der Internen Markenstärke

Hypothese	Pfad	Pfadkoeffizient	Bestätigung (p < 0,01)
H_1	Markencommitment → IMS	0,227	✓
H_2	Markenwissen → IMS	0,031	–
H_3	Markenbewusstsein → IMS	0,138	✓
H_4	Markenorientierung → IMS	0,481	✓
H_5	Markenbewusstsein → Markenwissen	0,359	✓
H_6	Markenorientierung → Markencommitment	0,515	✓
H_7	Markenorientierung → Markenwissen	0,275	✓
H_8	Markenorientierung → Markenbewusstsein	0,583	✓
H_9	IMS → externe Markenstärke	0,394	✓
H_{10}	externe Markenstärke → finanzieller Erfolg	0,298	✓
H_{11}	IMS → finanzieller Erfolg	−0,008	–

IMS Interne Markenstärke
R^2 (IMS) = 0,55; R^2 (externe Markenstärke) = 0,16; R^2 (finanzieller Erfolg) = 0,09

im Zusammenhang des Hypothesentests noch feststellen, dass das Modell nicht alle Hypothesen signifikant bestätigt. Entgegen der a priori gemachten Annahmen besitzt das Markenwissen der Mitarbeiter keinen positiven Einfluss auf die Interne Markenstärke.

3 Management der Markenorientierung und der Internen Markenstärke

3.1 Überblick

Die beiden empirischen Studien belegen die hohe Relevanz der internen Verankerung der Marke im B-to-B-Unternehmen als zentrale Voraussetzung für eine starke B-to-B-Marke und die Modelle strukturieren wichtige Bausteine einer solchen internen Verankerung. Die Ergebnisse zeigen, dass der Aufbau und die Pflege einer starken B-to-B-Marke ohne Verankerung im gesamten Unternehmen und bei den einzelnen Mitarbeitern wenig Erfolg versprechend ist. Ein zentrales Aufgabenfeld der B-to-B-Markenführung bildet daher die interne Verankerung. Wie beide Modelle zeigen, stehen dazu grundsätzlich zwei Ebenen zur Verfügung: Kultur- und Mitarbeiterebene. Die **Kulturebene** betrifft die Gestaltung der von allen Mitarbeitern des Unternehmens geteilten Werte, Auffassungen und Regeln. Da es sich dabei um eine kollektive Größe handelt, geht es um Maßnahmen, die mehr oder weniger das gesamte Unternehmen betreffen und nicht auf die Besonderheiten einzelner Mitarbeitergruppen oder Mitarbeiter eingehen. Hingegen zielen Maßnahmen der **Mitarbeiterebene** auf den einzelnen Mitarbeiter oder einzelne Mitarbeitergruppen ab. Das heißt, es erfolgt bewusst eine differenzierende interne Verankerung. Allerdings sind diese beiden Dimensionen nicht überschneidungsfrei, vielmehr bestehen sowohl auf der

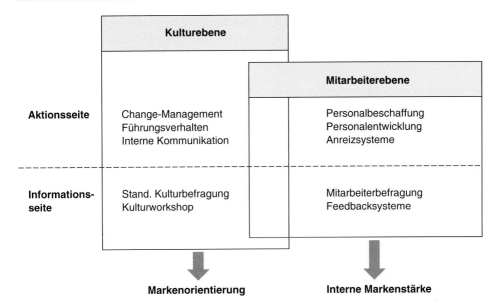

Abb. 3 Managementfelder zur internen Markenverankerung

Wirkungs- als auch der Instrumentalebene Interdependenzen. Des Weiteren weisen beide Dimensionen eine **Aktions-** und eine **Informationsseite** auf. Während die Aktionsebene auf Maßnahmen zur Gestaltung der Markenorientierung bzw. der Internen Markenstärke abzielt, liefert die Informationsseite die notwendigen Informationen zur Gestaltung des Prozesses in der Start- und Durchführungsphase. Abb. 3 fasst diese Überlegungen grafisch zusammen.

3.2 Informationsseite

Kulturebene

Zur informatorischen Unterstützung der Kulturgestaltung bieten sich mehrere Instrumente an, die die vorhandene Unternehmenskultur bzw. deren konkrete Ausprägung Markenorientierung sichtbar machen (allg. Schein 2004). Die erste Form stellen **standardisierte Mitarbeiterbefragungen** dar (z. B. Cameron und Quinn 2006; Deshpandé et al. 1993). Zwar sind diese in der praktischen Anwendung einfach, kostengünstig und auch für Kennzahlensysteme und Zeitvergleiche gut einsetzbar, allerdings messen diese nur die „Oberfläche" der Unternehmenskultur.

Aussagekräftiger sind für die Kulturanalyse eher umfassende und qualitativ orientierte Verfahren. Eine sinnvolle Methodik zur Erfassung der Unternehmenskultur hat Schein (1999) vorgeschlagen. Dieses Vorgehen, das auf einem **Workshop** unter Leitung eines Kulturexperten als Moderator basiert, eignet sich auch zur Analyse der Markenorientierung. Im Einzelnen empfiehlt sich für den Workshop, der mit mehreren Gruppen aus verschiedenen Funktionsbereichen und Ländern durchgeführt werden sollte, folgende Vorgehensweise:

- Definition eines konkreten Entscheidungsproblems (z. B. Einführung eines neuen Produktes, Entwicklung einer Unternehmensstrategie)
- Überblick über das Konzept der Markenorientierung
- Identifizierung und Sammlung aller markenorientierten Verhaltensweisen (Informations- und Aktionsinstrumente), Artefakte und Normen
- Identifizierung der Markenpositionierung und der Werteebene
- Vergleich der Markenpositionierung und der Werteebene mit den Normen, Artefakten und Verhaltensweisen
- Diskussion des Einflusses der Markenorientierung auf das im ersten Schritt formulierte konkrete Entscheidungsproblem

Zur Analyse und Dokumentation der Workshops empfiehlt sich eine elektronische Aufzeichnung (z. B. Diktiergerät, Videokamera) sowie eine Speicherung konkreter Workshopergebnisse wie Metaplan-Sammlungen.

Mitarbeiterebene

(1) Mitarbeiterbefragung

Zur Messung der Internen Markenstärke und deren Determinanten Markencommitment, Markenwissen und Markenbewusstsein bietet sich die Durchführung regelmäßiger Mitarbeiterbefragungen an. Es ist an dieser Stelle nicht möglich, umfassend auf die methodischen, inhaltlichen und rechtlichen Aspekte von Mitarbeiterbefragungen einzugehen (ausführlich Borg 2003). Vielmehr werden die für die erfolgreiche Durchführung zentralen Aspekte skizziert.

Eine Mitarbeiterbefragung ist nicht nur ein Instrument der empirischen Forschung, sondern übt auch immer eine Signalwirkung gegenüber den Mitarbeitern aus. Daher sollte eine Mitarbeiterbefragung zum Thema Interne Markenstärke auch nie isoliert geplant und durchgeführt werden, sondern als umfassendes Projekt implementiert werden. Neben der Planung und Durchführung der eigentlichen Befragung sind insbesondere auch der Umgang mit den Ergebnissen (z. B. Kommunikation der Ergebnisse, Reaktionspläne) sowie die Evaluation des Befragungsprojektes bei der Konzeption zu berücksichtigen (z. B. Borg 2003, S. 29 ff.).

In Bezug auf die Methode sind insbesondere Entscheidungen über die Datenerhebungsmethode sowie die Befragtenauswahl zu treffen. Als Datenerhebungsmethoden kommen alle Formen der Befragung in Betracht, wobei sich speziell für Mitarbeiterbefragungen Internet- bzw. Intranet-gestützte Befragungen anbieten. Allerdings ist diese methodisch und kostenmäßig häufig vorteilhafte Form nur möglich, wenn die Mitarbeiter Internetzugang und Fähigkeiten zur Internetnutzung haben. In Bezug auf die Auswahl der befragten

Mitarbeiter ist eine Entscheidung zwischen Voll- und Stichprobenbefragung sowie bei Stichprobenbefragungen zusätzlich eine Entscheidung über das konkrete Stichprobenverfahren zu treffen. Neben den Kosten sollten dabei auch Kriterien wie Repräsentativität, gewünschter Differenzierungsgrad der Ergebnisse sowie psychologische Aspekte wie Mitarbeitereinbindung und Ergebnisakzeptanz Berücksichtigung finden (Borg 2003, S. 77 ff.).

(2) Feedbacksysteme

Um auf Mitarbeiterebene markenrelevante Informationen zu sammeln, kommen ferner Feedbacksysteme, wie z. B. Mitarbeitergespräche oder das 360-Grad-Feedback, in Frage.

Hauptziel des **Mitarbeitergesprächs** ist es, die Leistungsbereitschaft und Zufriedenheit eines Mitarbeiters wiederherzustellen (Jung 2011, S. 478 ff.). Vor diesem Hintergrund dient das Mitarbeitergespräch dazu, Unsicherheiten oder Widerstände bei dem jeweiligen Mitarbeiter gegenüber der Marke abzubauen, ihm die erforderlichen Verhaltensweisen zu erklären oder ihm eine Rückmeldung bzgl. seiner gezeigten Leistungen zu geben, respektive ihn unter vier Augen zu kritisieren. So kann der Vorgesetzte ganz individuell auf den einzelnen Mitarbeiter eingehen und ggf. markeninkonsistente Verhaltensweisen ansprechen. Andererseits ermöglicht das Mitarbeitergespräch aber auch die Ermittlung der Internen Markenstärke sowie deren Determinanten.

Das **360-Grad-Feedback** als besondere Form der Mitarbeiterbefragung ermöglicht eine Beurteilung der Kompetenzen und des Verhaltens eines Mitarbeiters durch verschiedene Anspruchsgruppen. Es handelt sich also um eine Multi-Perspektiven-Rückmeldung, deren Ziel darin besteht, die individuelle Entwicklung eines Mitarbeiters zu unterstützen. Dies geschieht zum einen durch die Diagnosefunktion, bei der die Mitarbeiter über ihre Leistungen informiert werden und sie somit die Möglichkeit zur Selbstreflexion erhalten. Zum anderen soll damit auch eine Verhaltensmodifikation erreicht werden, indem den Unternehmenszielen zuträgliche Verhaltensweisen ausgelöst werden (Gerpott 2006, S. 217). Gegenstand der Beurteilung sind einzelne Aussagen über die Kompetenzen und das Verhalten des Feedbacknehmers. Eine Ausrichtung dieses Instruments auf markenrelevante Kompetenzen und Fragestellungen kann folglich sowohl einen Beitrag zur Analyse und Diagnose der Internen Markenstärke als auch zu einem besseren Markenverhalten der Mitarbeiter leisten.

3.3   Aktionsseite

Kulturebene

Ob Unternehmenskultur überhaupt gestaltbar ist oder nur als unveränderbare Größe bei der Strategieformulierung und der Markenführung zu berücksichtigen ist, ist in der Literatur umstritten (z. B. Macharzina und Wolf 2015, S. 251 ff.). Hier wird eine mittlere Position, die auch als „kultureller Pragmatismus" (Macharzina und Wolf 2015, S. 253) oder „Kurskorrektur" (Steinmann et al. 2013, S. 675) bezeichnet wird, eingenommen. Das heißt, grundsätzlich ist Kultur durch geeignete Impulse veränderbar, allerdings sind radikale und schnelle Änderungen nicht möglich. Daraus folgt, dass dem Management die Unternehmenskultur vor der Gestaltung zunächst bekannt sein muss und dann bestimmte Facetten durch Impulse betont und weiterentwickelt werden können. Im Folgenden werden mit dem Changemanagement, dem Führungsverhalten und der Internen Kommunikation drei Managementfelder skizziert.

(1) Changemanagement

Das Changemanagement beschäftigt sich umfassend mit allen Veränderungsprozessen in Unternehmen (Auslöser, Veränderungsintensität, Veränderungsebene) (zum empirischen Forschungsstand Stock-Homburg 2007).

Aus einer Managementsicht stehen beim Changemanagement zur Gestaltung einer markenorientierten Kultur und der Soll-Markenidentität insbesondere drei Aspekte im Fokus (ähnlich Steinmann et al. 2013, S. 675):

- Diagnose: Systematische Erfassung der Unternehmenskultur (Werte, Normen, Artefakte, Verhalten)
- Evaluation: Abschätzung des Fits zwischen Unternehmenskultur und Soll-Markenidentität bzw. Markenpositionierung und damit Abschätzung der Änderungsnotwendigkeit und der Änderungsintensität
- Kulturkorrektur: Initiierung des Changeprozesses

Die **Kulturkorrektur** vollzieht sich in einem mehrstufigen Prozess, wobei sich, trotz aller Adaptionen (zum Überblick Stock-Homburg 2007, S. 801 ff.; speziell für den Markenkontext Esch et al. 2005, S. 1004; Wittke-Kothe 2001), im Kern das grundsätzliche Schema von Lewin (1963) bewährt hat, welches die Phasen „Unfreezing", „Moving" und „Refreezing" unterscheidet. Speziell in der Unfreezing-Phase sind Änderungswiderstände zu identifizieren und zu beseitigen. Dabei lassen sich nach Wittke-Kothe (2001) zwei Typen von **Widerständen** voneinander abgrenzen: Widerstand gegen jegliche Art von Veränderung und Widerstand gegen das konkrete Veränderungsprojekt. Beide Typen von Widerständen können entweder in der Person (Anreizdefizite, Überlastung, Ängste, Misstrauen) oder in der Situation (organisatorische Barrieren wie z. B. unzureichende zeitliche und finanzielle Ressourcen, sozialer Druck durch Führungskräfte und Kollegen) begründet sein. Zur Überwindung dieser Widerstände und zur Gestaltung des Changemanagements lässt sich eine Vielzahl von Instrumenten einsetzen (zum Überblick Njaa 2000), wobei die im Folgenden zu skizzierenden Instrumente Führungsverhalten und Interne Kommunikation Schlüsselinstrumente darstellen.

Auf einer abstrakteren Ebene hat Njaa (2000) in einer empirischen Studie die folgenden Erfolgsfaktoren von Changemanagement-Instrumenten identifiziert:

- Steigerung der persönlichen Relevanz
- Steigerung der persönlichen Verantwortung

- Vermeidung von Ablenkung
- gute Verständlichkeit der Botschaften
- Verwendung von einfachen Hinweisreizen
- Einsatz von Kommunikationsquellen mit einer hohen Expertise, Sympathie und Glaubwürdigkeit
- hohe Aufgabenschwierigkeit und Zweideutigkeit
- Existenz von kohäsiven und attraktiven Gruppen
- Belohnungen als Anreiz

(2) Führungsverhalten

Wie bereits erwähnt, stellt das Führungsverhalten ein wirksames Instrument zur Bekämpfung respektive Reduzierung von Widerständen seitens der Mitarbeiter dar. In Bezug auf markenrelevante Themenstellungen geschieht dies, indem sie

- als zentrale Change Agents für die Marke agieren,
- das Markenversprechen gegenüber den Mitarbeitern kommunizieren,
- sich selbst als Markenanwalt begreifen, gleichzeitig aber den Mitarbeitern genügend Freiraum zur individuellen Entfaltung einräumen,
- in Zusammenarbeit mit den Mitarbeitern Konzepte zur Umsetzung der Markenidentität ausarbeiten und
- deren Fortschritte kontrollieren (Esch und Vallaster 2005).

Die Beeinflussung der Mitarbeiter kann durch drei unterschiedliche Ansatzpunkte erfolgen. Es handelt sich dabei um die Vorbildfunktion der Führungskräfte, den Führungsstil sowie die Schaffung von Freiräumen (ausführlich Esch und Knörle 2012, S. 375 ff.).

Eine theoretische Begründung für die Beeinflussung der Mitarbeiter durch die **Vorbildfunktion** der Führungskräfte bildet die soziale Lerntheorie. Diese besagt, dass Menschen neue Einstellungen und Verhaltensweisen durch Beobachtung der Verhaltensweisen anderer erlernen (Bandura 1977). Konkret geschieht dies durch Imitation der Verhaltensweisen oder Beobachtung der Konsequenzen (Homburg und Stock 2004, S. 183 f.).

Neben der Vorbildfunktion wirken sich auch **Führungsstile** unterschiedlich auf die Beziehung zwischen Mitarbeitern und Marke aus (ausführlich Morhart et al. 2012, S. 393 ff.). Im Wesentlichen lässt sich in diesem Zusammenhang der transformationale (ähnlich charismatische) vom transaktionalen Führungsstil abgrenzen. Während entsprechend dem transaktionalen Führungsstil Anstrengungen zu einer erwarteten Belohnung führen sollen, besteht das Ziel des transformationalen Führungsstils darin, so viel Bewusstsein und Akzeptanz bei den Mitarbeitern für die Ziele der Gruppe zu schaffen, dass diese ihre eigenen Interessen denen der Gruppe unterordnen (Bass 1990, S. 20 f.). Vor allem letztgenannter Führungsstil wirkt sich positiv auf die Interne Markenstärke der Mitarbeiter aus. Konkret erfolgt durch die begeisterte Formulierung von Markenvisionen, das authentische Vorleben der Markenwerte, die Anregung und Förderung von kreativem Denken

und durch die individuelle Unterstützung der Mitarbeiter in ihrer Funktion als Markenrepräsentanten durch beispielsweise die Übernahme einer Mentorenrolle (Morhart et al.
2012, S. 395).

Letztlich verbleibt noch die **Schaffung von Freiräumen** (Empowerment), um durch
das Führungsverhalten die Mitarbeiter markenorientiert zu beeinflussen. Das Ziel des
Empowerments besteht darin, durch die Abgabe von Kompetenzen der Führungskraft an
die Mitarbeiter deren Motivation und Kreativität hinsichtlich zu bearbeitender Problemstellungen zu erhöhen. Mitarbeiter, die mit Kompetenzen und genügend Freiräumen für
die Umsetzung der Ziele ausgestattet sind, bearbeiten Aufgaben schneller und verfügen
über größeren Enthusiasmus sowie über mehr Eigeninitiative (Bowen und Lawler 1992,
S. 33 f.).

(3) Interne Kommunikation

Oftmals scheitern erfolgversprechende Markenkonzepte, weil sie innerhalb des Unternehmens nur unzureichend kommuniziert werden (Vallaster und de Chernatony 2006,
S. 771). Gerade die interne Markenkommunikation gilt aber als eine wichtige Einflussgröße des Markencommitments (Burmann und Zeplin 2005, S. 1025) und kann daher auch
als zentraler Treiber der internen Markenverankerung interpretiert werden. Dabei kommt
es darauf an, die Kommunikation im Wesentlichen an der zentralen Markenbotschaft auszurichten. Auf individueller Ebene stehen dafür Instrumente wie z. B. Feedbacksysteme,
Konferenzen, Abteilungsleitertagungen u. ä. zur Verfügung. Als massenkommunikative
Instrumente kommen im Rahmen interner Kommunikationsaktivitäten Mitarbeiterzeitschriften, Intranet, Markenhandbücher (Brand Manuals Brand Books), E-Mails, Schwar-
zes Brett etc. in Frage (Wittke-Kothe 2001, S. 12). Neben diesen klassischen internen
Kommunikationsinstrumenten existiert eine ganze Reihe an weiteren Kommunikationsansätzen. So stellen z. B. Markenwelten, Storytelling, Dialogbilder, Markenspiele und
-wettbewerbe sowie Corporate Songs bzw. Firmenhymnen weitere innovative Kommunikationsinstrumente dar, um die Marke intern zu kommunizieren (Brexendorf et al. 2012,
S. 346 ff.). Bei der internen Kommunikation sind weiterhin unterschiedliche Organisati-
onsansätze zu unterscheiden (Zeplin 2006, S. 116 ff.). Bei einer **zentralen Kommunikation** übernimmt eine Abteilung (z. B. Marketing) die interne Kommunikation. Typisch
sind hierfür zentrale Markenevents oder die Verteilung von Markenhandbüchern. Bei der
kaskadenartigen Kommunikation hingegen kommuniziert der jeweilige Vorgesetzte die
Markenkommunikation an sein Team. Diese Organisationsform bietet sich insbesondere bei der Implementierung von neuen oder adaptierten Markenpositionierungen oder
Brandings mithilfe von mehrstufigen Workshop-Programmen an. Die **laterale Kommunikation** hingegen nutzt die natürliche Kommunikation im Mitarbeiterumfeld. Typische
Spielarten sind ein Storytelling oder auch die Etablierung eines Netzwerks von internen
Markenbotschaftern in den verschiedenen Abteilungen, Hierarchiestufen und Standorten.
Da diese drei Formen jeweils bestimmte Stärken und Schwächen aufweisen, empfiehlt
sich ein kombinierter Einsatz aus zentraler, kaskadenartiger und lateraler Kommunikation
für die interne Markenverankerung.

Mitarbeiterebene

Die Gestaltung der Mitarbeiterebene bedient sich insbesondere dem Instrumentarium des Personalmanagements. Wird dieses in die interne Markenführung eingebunden, so wirkt sich das positiv auf die markenrelevanten Einstellungen und Verhaltensweisen der Mitarbeiter aus (Aurand et al. 2005). Häufig bedeutet dies, dass aufgrund von Kompetenzen und Machtaspekten eine interne Verankerung der Marke ohne die Zusammenarbeit mit der Personalabteilung wenig effektiv ist. Aus der Vielzahl der Personalmanagement-Instrumente (allg. Scholz 2013; Stock-Homburg 2013; speziell zur markenorientierten Gestaltung Schmeichel 2005) werden im Weiteren drei Bereiche skizziert.

(1) Personalbeschaffung

Im Rahmen der Personalbeschaffung geht es darum, so viele Mitarbeiter zu beschaffen, dass sämtliche unternehmerischen Aufgabenstellungen und Zielsetzungen erledigt bzw. erreicht werden können. Gleichzeitig spielt im Rahmen der Personalselektion auch die Wahl der aus qualitativer Sicht richtigen Mitarbeiter eine wichtige Rolle. Das **Employer Branding** bietet in diesem Zusammenhang einen möglichen Ansatzpunkt, die notwendigen Talente zu finden und zu binden (z. B. Krüger 2012). Im Gegensatz zum anspruchsgruppenübergreifenden Corporate Branding zielt das Employer Branding auf die Profilierung der Marke als Arbeitgeber ab, um potenzielle Mitarbeiter für das Unternehmen zu begeistern, Mitarbeiter an die Marke zu binden und sie zu unterstützen (Backhaus und Tikoo 2004, S. 502 f.).

Des Weiteren kann das Personalmanagement die interne Markenverankerung durch eine markenorientierte Personalselektion unterstützen. In diesem Zusammenhang ist darauf zu achten, dass bei der Gestaltung der Personalselektionsinstrumente (z. B. Bewerbungsgespräch, Assessment Center) auch markenrelevante Gesichtspunkte Berücksichtigung finden (Esch et al. 2012, S. 169 ff.). Eine Möglichkeit besteht darin, solche Mitarbeiter zu suchen, die neben den erforderlichen fachlichen Qualitäten einen hohen Fit zur (Unternehmens-)marke besitzen. Dieser liegt dann vor, wenn Marke oder Mitarbeiter entweder etwas bieten, was der andere gebrauchen kann, oder sie zumindest über ein möglichst kongruentes Wertesystem verfügen (ähnlich Kristof 1996, S. 4 f.). Ein solcher Personen-Marken-Fit fördert auch den Selbstselektionsprozess und trägt zudem dazu bei, dass die Mitarbeiter sich wohl fühlen. Konkret bedeutet dies, dass sich Mitarbeiter zu den Marken hingezogen fühlen, die ihrem Selbstkonzept möglichst ähnlich sind (Cable und Judge 1996).

(2) Personalentwicklung

Im Mittelpunkt der Personalentwicklung steht allgemein die Frage, wie die Fähigkeiten der Mitarbeiter in Bezug auf die aktuell bzw. zukünftig zu lösenden Aufgabenstellungen verbessert werden können (Scholz 2013, S. 574). Die Bandbreite der Personalentwicklung erstreckt sich von der Festlegung der individuellen Entwicklungsziele bis hin zur Kontrolle von deren Erreichung. Als grundlegende Entwicklungsmaßnahmen lassen sich folgende voneinander unterscheiden (ausführlich Scholz 2013, S. 579 ff.):

- Into the job (z. B. Berufsausbildung)
- On the job (Training, qualifikationsfördernde Aufgaben)
- Along the job (Laufbahnplanung, Karriereplanung)
- Near the job (Lernstatt, Quality Circles)
- Off the job (externe Bildungsveranstaltung, Inhouse-Schulung, Corporate Universities)
- Out of the job (Ruhestandsvorbereitung, gleitender Ruhestand)

In Bezug auf den Markenkontext ist es entscheidend, in welchem Ausmaß die einzelnen Maßnahmen markenrelevante Aspekte ansprechen. Eine hohe Bedeutung kommt in diesem Zusammenhang vor allem den Entwicklungsmaßnahmen on und near the job zu. So zählen z. B. neben **Markenworkshops** auch Instrumente wie das **Mentoring** oder das **Coaching** zu möglichen wirksamen Mitteln einer markenorientierten Personalentwicklung. In der Vergangenheit hat das Coaching als innovatives Instrument der Personalentwicklung an Bedeutung gewonnen. Mit diesem Ansatz wird das Ziel verfolgt, defizitäre Verhaltensweisen bei den Mitarbeitern abzubauen, zukünftig negative Verhaltensweisen zu verhindern und bisher verborgene Potenziale zu erschließen und effektiv zu nutzen (Thommen 2009). Ein auf Markenaspekte ausgerichtetes Coaching hilft dabei, markenkontroverse Verhaltensweisen abzustellen, sie zukünftig zu verhindern und markenrelevantes Potenzial aufzudecken und zu nutzen. Das Mentoring weist Parallelen zum Coaching auf, unterscheidet sich aber dahingehend, dass sich sowohl Mentor als auch Mentee innerhalb der Organisation befinden. Der Aufbau von Wohlwollen, Wertschätzung und Vertrauen zwischen beiden Parteien bildet die Voraussetzung für einen effektiven Wissenstransfer, der im Markenkontext sämtliche markenrelevanten Facetten des Arbeitslebens beinhalten kann. So lässt sich bspw. einem neuen Mitarbeiter die Markenidentität durch Übernahme der Mentorenrolle eines erfahrenen Mitarbeiters vermitteln.

(3) Anreizsysteme

Um ein erwünschtes Mitarbeiterverhalten zu gewährleisten, müssen auch die Beurteilungs- und die damit verbunden Anreizsysteme entsprechend den zuvor festgelegten Zielsetzungen ausgerichtet werden. Aus Markensicht sollte das Beurteilungssystem demnach auch markenrelevante Dimensionen beinhalten, um ein möglichst markenförderndes Mitarbeiterverhalten sicherstellen zu können. So kann es z. B. sinnvoll sein, schon die Stellenausschreibung markenorientiert zu gestalten und im Rahmen von Beurteilungsskalen (z. B. Domsch und Gerpott 1985; Jung 2011, S. 745 ff.) markenfördernde Verhaltensweisen wie z. B. Markenenthusiasmus oder Markenmissionierung zu berücksichtigen.

Im Rahmen der Anreizsysteme lassen sich grob materielle (Lohn/Gehalt, Boni, Provisionen, Prämien etc.) und immaterielle Anreize (persönliche oder öffentliche Auszeichnungen, Karrierechancen etc.) unterscheiden. Allgemein wie auch in Bezug auf den Markenkontext gilt, dass jene Anreize effektiver sind, welche die intrinsische Motivation eines Mitarbeiters fördern (Brexendorf et al. 2012, S. 365). Die Gefahr der Anreize mit positiver Wirkung auf die extrinsische Motivation besteht darin, dass sie von den Mitarbeitern als Fremdsteuerung wahrgenommen werden können. Für die Erreichung von markenförderndem Mitarbeiterverhalten erscheinen demnach Anreize, die eine gewisse Anerkennung für besonders markenförderndes Verhalten zum Ausdruck bringen (z. B. Auszeichnungen), in diesem Zusammenhang als besonders empfehlenswert (allg. Deci et al. 1999).

4 Fazit

Zu Beginn dieses Beitrags wurden mit der Markenorientierung und der Internen Markenstärke zwei theoretische Bezugspunkte für die interne Verankerung der Marke innerhalb des B-to-B-Unternehmens vorgestellt. Die Ergebnisse der beiden dargestellten Studien zeigen für den B-to-B-Bereich vor allem, dass sich die interne Verankerung der Marke im Sinne einer starken Markenorientierung und hohen Internen Markenstärke auf den Unternehmenserfolg auswirken. Zusätzlich bestand eine zentrale Erkenntnis auch darin, dass die Markenorientierung als markenorientierte Unternehmenskultur auch den zentralen Treiber der Internen Markenstärke und damit auch des markenkonsistenten Mitarbeiterverhaltens darstellt. Aus diesen Erkenntnissen ergibt sich für das Management die Notwendigkeit der internen Markenverankerung. Sowohl auf der Informations- als auch auf der Aktionsseite existieren verschiedene Möglichkeiten, diese interne Markenverankerung auf Kultur- und Mitarbeiterebene gezielt zu beeinflussen. So kommen auf der Aktionsseite Instrumente wie (standardisierte) Mitarbeiterbefragungen, Markenworkshops und Feedbacksysteme in Frage, während auf der Aktionsseite vor allem Instrumente des Changemanagements, Führungsverhalten, Interne Kommunikation, Personalbeschaffung und -entwicklung sowie eine entsprechende Ausgestaltung der Anreizsysteme Ansatzpunkte für eine systematische Beeinflussung der internen Markenverankerung bieten. Es bleibt jedoch an dieser Stelle anzumerken, dass es sich bei den skizzierten Handlungsmöglichkeiten um Orientierungspunkte handelt, deren Effektivität empirisch detaillierter zu untersuchen ist und die unternehmensspezifisch anzupassen sind.

Literatur

Aurand, T. W., Gorchels, L., & Bishop, T. R. (2005). Human resource management's role in internal branding. *Journal of Product & Brand Management*, *14*(3), 163–169.

Backhaus, K., & Tikoo, S. (2004). Conceptualizing and researching employer branding. *Career Development International*, *9*(5), 501–517.

Bandura, A. (1977). *Social learning theory*. Englewood Cliffs: Prentice-Hall.

Bass, B. M. (1990). From transactional to transformational leadership. *Organizational Dynamics*, *18*(3), 19–31.

Baumgarth, C. (2010). Living the brand. *European Journal of Marketing*, *43*(5), 653–671.

Baumgarth, C., & Schmidt, M. (2008). Persönliche Kommunikation und Marke. In A. Hermanns, T. Ringle & P. C. van Overloop (Hrsg.), *Handbuch Markenkommunikation* (S. 247–263). München: Vahlen.

Baumgarth, C., & Schmidt, M. (2010). How strong is the business-to-business brand in the workforce. *Industrial Marketing Management*, *39*(5), 1250–1260.

Bekmeier-Feuerhahn, S. (1998). *Marktorientierte Markenbewertung*. Wiesbaden: DUV.

Borg, I. (2003). *Führungsinstrument Mitarbeiterbefragung* (3. Aufl.). Göttingen: Hogrefe.

Bowen, D. E., & Lawler, E. E. (1992). The empowerment of service workers. *Sloan Management Review*, *33*(3), 31–39.

Brexendorf, T. O., Tomczak, T., Kernstock, J., Henkel, S., & Wentzel, D. (2012). Der Einsatz von Instrumenten zur Förderung von Brand Behavior. In T. Tomczak, F.-R. Esch, J. Kernstock & A. Herrmann (Hrsg.), *Behavioral Branding* (3. Aufl., S. 337–371). Wiesbaden: Gabler.

Burmann, C., & Zeplin, S. (2005). Innengerichtete Markenkommunikation. In F.-R. Esch (Hrsg.), *Moderne Markenführung* (4. Aufl., S. 1021–1036). Wiesbaden: Gabler.

Cable, D. M., & Judge, T. A. (1996). Person-organization fit, job choice decisions, and organizational entry. *Organizational Behavior and Human Decision Processes*, *63*(3), 294–311.

Cameron, K. S., & Quinn, R. E. (2006). *Diagnosing and changing organizational culture* (2. Aufl.). San Francisco: Jossey-Bass.

Chin, W. W. (1998). The partial least squares approach to structural equation modeling. In G. A. Marcoulides (Hrsg.), *Modern Business Research Methods* (S. 295–336). Mahwah: Psychology Press.

Chin, W. W., & Newsted, P. R. (Hrsg.). (1999). *Structural equation modeling analysis with small samples using partial least squares*. Thousand Oaks: SAGE.

Deci, E. L., Koestner, R., & Ryan, R. M. (1999). A meta-analytic review of experiments examining the effects of extrinsic rewards on intrinsic motivation. *Psychological Bulletin*, *125*(6), 627–6668.

Deshpandé, R., Farley, J. U., & Webster, F. E. (1993). Corporate culture, customer orientation, and innovativeness in Japanese firms. *Journal of Marketing*, *57*(1), 23–227.

Domsch, M. E., & Gerpott, T. J. (1985). Verhaltensorientierte Beurteilungsskalen. *Die Betriebswirtschaft*, *45*(6), 666–680.

Esch, F.-R., & Knörle, C. (2012). Führungskräfte als Markenbotschafter. In T. Tomczak, F.-R. Esch, J. Kernstock & A. Herrmann (Hrsg.), *Behavioral branding* (3. Aufl., S. 373–387). Wiesbaden: Gabler.

Esch, F.-R., & Vallaster, C. (2005). Mitarbeiter zu Markenbotschaftern machen. In F.-R. Esch (Hrsg.), *Moderne Markenführung* (4. Aufl., S. 1009). Wiesbaden: Gabler.

Esch, F.-R., Rutenberg, J., Strödter, K., & Vallaster, C. (2005). Verankerung der Markenidentität durch Behavioral Branding. In F.-R. Esch (Hrsg.), *Moderne Markenführung* (4. Aufl., S. 985–1008). Wiesbaden: Gabler.

Esch, F.-R., Fischer, A., & Hartmann, K. (2012). Abstrakte Markenwerte in konkretes Verhalten übersetzen. In T. Tomczak, F.-R. Esch, J. Kernstock & A. Herrmann (Hrsg.), *Behavioral Branding* (3. Aufl., S. 161–180). Wiesbaden: Gabler.

Ewing, M. T., & Napoli, J. (2005). Developing and validating a multidimensional nonprofit brand orientation scale. *Journal of Business Research*, *58*(6), 841–8853.

Gerbing, D. W., & Anderson, J. C. (1988). An updated paradigm for scale development incorporating unidimensionality and its assessment. *Journal of Marketing Research*, *25*(2), 186–1192.

Gerpott, T. J. (2006). 360-Grad-Feedback-Verfahren als spezielle Variante der Mitarbeiterbefragung. In M. E. Domsch & D. Ladwig (Hrsg.), *Handbuch Mitarbeiterbefragung* (3. Aufl., S. 127–161). Wiesbaden: Springer Gabler.

Giehl, W., & Baumgarten, C. (2005). Markenmanagement als Motor der neuen Markenidentität DHL im Konzern Deutsche Post World Net. In H. Meffert, C. Burmann & M. Koers (Hrsg.), *Markenmanagement* (2. Aufl., S. 781–817). Wiesbaden: Gabler.

Gromark, J., & Melin, F. (2011). The underlying dimensions of brand orientation and its impact on financial performance. *Journal of Brand Management*, *18*(6), 394–410.

Hankinson, G. (2012). The measurement of brand orientation, its performance impact, and the role of leadership in the context of destination branding. *Journal of Marketing Management*, *28*(7/8), 974–999.

Hankinson, P. (2001a). Brand orientation in the charity sector. *International Journal of Nonprofit and Voluntary Sector Marketing*, *6*(3), 231–2242.

Hankinson, P. (2001b). Brand orientation in the top 500 fundraising charities in the UK. *Journal of Product & Brand Management*, *10*(6), 346–3360.

Hankinson, P. (2002). The impact of brand orientation on managerial practice. *International Journal of Nonprofit and Voluntary Sector Marketing*, *7*(1), 30–344.

Hatch, M. J. (1993). The dynamics of organizational culture. *Academy of Management Review*, *18*(4), 657–693.

Homburg, C., & Giering, A. (1996). Konzeptualisierung und Operationalisierung komplexer Konstrukte. *Marketing ZFP*, *18*(1), 5–24.

Homburg, C., & Pflesser, C. (2000). A multiple-layer model of market-oriented organizational culture. *Journal of Marketing Research*, *37*(4), 449–4462.

Homburg, C., & Stock, R. (2004). Führungsverhalten als Einflussgröße der Kundenorientierung von Mitarbeitern. In C. Homburg (Hrsg.), *Perspektiven der marktorientierten Unternehmensführung* (S. 175–201). Wiesbaden: Gabler.

Interbrand (2015). Best global brands 2015. http://interbrand.com/wp-content/uploads/2016/02/Best-Global-Brands-2015-report.pdf. Zugegriffen: 23. Febr. 2016.

Jung, H. (2011). *Personalwirtschaft* (9. Aufl.). München: Oldenbourg.

Katz, D. (1964). The motivational basis of organizational behavior. *Behavioral Science*, *9*(2), 131–1146.

Keller, K. L. (1993). Conceptualizing, measuring, and managing customer-based brand equity. *Journal of Marketing*, *57*(1), 1–22.

Kraus, T., Seifert, J., & Blankenfeldt, L. (2007). Markenführung bei TNT. In H. J. Schmidt (Hrsg.), *Internal Branding* (S. 133–151). Wiesbaden: Gabler.

Kristof, A. L. (1996). Person-organization-fit. *Personnel Psychology*, *49*(1), 1–49.

Krüger, D. (2012). Lufthansa: Mit Employer Branding die Richtigen finden. In T. Tomczak, F.-R. Esch, J. Kernstock & A. Herrmann (Hrsg.), *Behavioral Branding* (3. Aufl., S. 31–334). Wiesbaden: Gabler.

Lamons, B. (2005). *The CASE for B2B branding*. Mason: Thomson.

Lewin, K. (1963). *Feldtheorie in den Sozialwissenschaften*. Bonn: Huber.

Macharzina, K., & Wolf, J. (2015). *Unternehmensführung* (9. Aufl.). Wiesbaden: Springer Gabler.

Meehan, S., & Baschera, P. (2002). Lessons from Hilti. *Business Strategy Review*, *13*(2), 31–39.

Mezias, J. M., & Starbuck, W. H. (2003). Studying the accuracy of managers' perceptions. *British Journal of Management*, *14*(3), 3–17.

Morhart, F., Jenewein, W., & Tomczak, T. (2012). Mit transformationaler Führung das Brand Behavior stärken. In T. Tomczak, F.-R. Esch, J. Kernstock & A. Herrmann (Hrsg.), *Behavioral Branding* (3. Aufl., S. 389–406). Wiesbaden: Gabler.

Njaa, N. (2000). *Instrumente des Change Management aus einstellungstheoretischer Sicht*. Berlin: Logos.

Rätsch, C. C. (2008). Markenerlebnis prägt Mitarbeiter, Mitarbeiter prägen Markenerlebnis. In M. Bruhn & B. Stauss (Hrsg.), *Dienstleistungsmarken* (S. 401–421). Wiesbaden: Gabler.

Ringle, C. M., Wende, S., & Will, A. (Hrsg.). (2006). *SmartPLS 2.0(M3)*. Hamburg: SmartPLS.

Schein, E. H. (1999). *The corporate culture survival guide*. San Francisco: Jossey-Bass.

Schein, E. H. (2004). *Organizational culture and leadership* (3. Aufl.). San Francisco: Jossey-Bass.

Schmeichel, C. (2005). *Personalmanagement als Instrument zur Markenbildung im Privatkundengeschäft von Kreditinstituten*. München: Rainer Hamp.

Schmidt, M. (2009). *Interne Markenstärke von B-to-B-Unternehmen*. Frankfurt a. M.: Peter Lang.

Schmidt, H., & Pfaff, D. (2010). Interne Verankerung eines Markenclaims. In C. Baumgarth (Hrsg.), *B-to-B-Markenführung* (S. 379–389). Wiesbaden: Gabler.

Scholz, C. (2013). *Personalmanagement* (6. Aufl.). München: Vahlen.

Schramm, M., Spiller, A., & Staack, T. (2004). *Brand Orientation in der Ernährungsindustrie*. Wiesbaden: DUV.

Steinmann, H., Schreyögg, G., & Koch, J. (2013). *Management* (7. Aufl.). Wiesbaden: Springer Gabler.

Stock-Homburg, R. (2007). Nichts ist so konstant wie die Veränderung. *Zeitschrift für Betriebswirtschaft*, *77*(7/8), 795–7861.

Stock-Homburg, R. (2013). *Personalmanagement* (3. Aufl.). Wiesbaden: Springer Gabler.

Thommen, J.-P. (2009). Coaching als Instrument der Personalentwicklung. In N. Thom & R. J. Zaugg (Hrsg.), *Moderne Personalentwicklung* (3. Aufl., S. 136–158). Wiesbaden: Gabler.

Urde, M. (1994). Brand Orientation. *Journal of Consumer Marketing*, *11*(3), 18–132.

Urde, M. (1999). Brand Orientation. *Journal of Marketing Management*, *15*(1–3), 117–133.

Urde, M., Baumgarth, C., & Merrilees, B. (2013). Brand orientation and market orientation. *Journal of Business Research*, *66*(1), 13–20.

Vallaster, C., & de Chernatony, L. (2006). Internal brand building and structuration. *European Journal of Marketing*, *40*(7/8), 761–7784.

Walton, T., & Greyser, S. A. (2004). *Caterpillar: working to establish "one voice"*. Boston: Design Management Institute.

Wichert, C. (2004). Wie ein Unternehmen Markenstärke von innen heraus generiert. *Absatzwirtschaft*, *47*(4), 30–333.

Wittke-Kothe, C. (2001). *Interne Markenführung*. Wiesbaden: DUV.

Zeplin, S. (2006). *Innengerichtetes identitätsbasiertes Markenmanagement*. Wiesbaden: DUV Gabler.

Interne Markenführung – Mitarbeiter als Botschafter der Marke

Karsten Kilian

Zusammenfassung

Der Beitrag zeigt auf, wie und warum B-to-B-Unternehmen ihre Mitarbeiter zu erfolgreichen Markenbotschaftern machen können und sollten. Es wird erläutert, welche persönlichen, unpersönlichen und strukturellen Instrumente hierfür geeignet sind. Exemplarisch werden 15 Instrumente vorgestellt, die vom Verhalten des Chefs über Markenhandbücher bis hin zu Tätigkeitsbezeichnungen reichen. Zugleich wird verdeutlicht, dass möglichst konkrete, ursächliche, relevante und spezifische Markenwerte als Basis markenkonformen Mitarbeiterverhaltens wichtig sind. Mit Hilfe der vier KURS-Kriterien lassen sich aussagekräftige Markenwerte ableiten, die für sich sprechen und den Mitarbeitern Inspiration und Ansporn sind, die Marke in ihr Fühlen, Denken und Handeln einfließen zu lassen und für die Kunden erlebbar zu machen.

Schlüsselbegriffe

Interne Markenführung · Markenverankerung · Markenbotschafter · Markenidentität · Markenpositionierung · Markenwerte

Inhaltsverzeichnis

K. Kilian (✉)
Hochschule Würzburg-Schweinfurt
Würzburg, Deutschland
E-Mail: kilian@markenlexikon.com

© Springer Fachmedien Wiesbaden GmbH, ein Teil von Springer Nature 2018
C. Baumgarth (Hrsg.), *B-to-B-Markenführung*, https://doi.org/10.1007/978-3-658-05097-9_21

1 Mitarbeiterverhalten prägt die Markenwahrnehmung

Die Marke hat in den letzten zehn Jahren in B-to-B-Unternehmen massiv an Bedeutung gewonnen. Sie wird zukünftig noch wichtiger werden. Hauptgrund hierfür ist, dass Industrieprodukte und industrielle Dienstleistungen zunehmend schneller von Wettbewerbern imitiert oder durch andere Lösungen ersetzt werden. Auch ist der Know-how-Vorsprung in den letzten Jahren deutlich kleiner geworden, da insbesondere asiatische Wettbewerber massiv aufgeholt haben und heute bereits zahlreiche eigene Neuentwicklungen patentieren lassen (Kilian 2016, S. 17). Deshalb stehen in immer mehr B-to-B-Unternehmen die eigenen Mitarbeiter im Fokus der Marken- und Marketingbemühungen. Insbesondere ihrem gezielten Einsatz als Botschafter der Marke wird zunehmend Aufmerksamkeit geschenkt.

Studien zur Relevanz der Beratungs- und Servicequalität beispielsweise machen deutlich, dass das Markenerlebnis des Kunden maßgeblich von der persönlichen Interaktion mit den Mitarbeitern geprägt wird (Bendapudi und Bendapudi 2005, S. 124; Iacobucci et al. 1995, S. 282 ff.). In ähnlicher Weise übt das Interaktionsverhalten einen starken Einfluss auf die Qualitätswahrnehmung und Zufriedenheit der Kunden aus (Bitner et al. 1990; Parasuraman et al. 1985, S. 42 ff.; Zeithaml et al. 1988, S. 36). Auch die Loyalität gegenüber einer Marke wird durch adäquates Mitarbeiterverhalten erhöht (Keaveney 1995, S. 76; Zeithaml et al. 1996, S. 33 ff.). Welchen Stellenwert das Verhalten der Mitarbeiter einnimmt, verdeutlicht auch eine Befragung von 167 Marketingmanagern. Hier zeigt sich im Ergebnis, dass der Markenerfolg eines Unternehmens zu 63,5 % durch massenmediale Einflüsse und zu 31,5 % durch markenspezifisches Mitarbeiterverhalten geprägt wird (Henkel et al. 2007a, S. 313 ff.), wohingegen die rein funktionale Mitarbeiterleistung nur 5 % zum Erfolg der Marke beiträgt. Damit wird deutlich, dass B-to-B-Unternehmen einen beachtlichen Teil ihres Markenpotenzials nicht ausschöpfen, wenn sie die Rolle ihrer Mitarbeiter als Markenbotschafter unterschätzen oder gar ignorieren.

Die eigene Marke zu stärken, eine klare Differenzierung zu Wettbewerbsmarken herbeizuführen, die Zahlungsbereitschaft zu steigern und die Wiederkaufwahrscheinlichkeit zu erhöhen, sollten deshalb übergeordnete Ziele sein (Keller 2013, S. 362; Sattler und Völckner 2013, S. 176 f.; Kotler und Pfoertsch 2006, S. 52 f.). Neben dem vielfach unterschätzten Einfluss markenkonformen Mitarbeiterverhaltens bestehen in vielen B-to-B-

Unternehmen weitere Defizite, die es zu beseitigen gilt, bevor Mitarbeiter zu echten Markenbotschaftern werden können. Aktuelle Studienergebnisse des *Rats für Formgebung* und der *GMK Markenberatung* (2015) machen deutlich, welchen Problemen und Herausforderungen sich B-to-B-Unternehmen gegenübersehen (Kilian 2015a, S. 14; teilweise unveröffentlichte Studienergebnisse). Von den B-to-B-Befragten nannten

- 39 % die unzureichende Implementierung der Markenstrategie im Unternehmen,
- 36 % die Gleichsetzung von Markenführung mit Werbung,
- 34 % die ungenaue Positionierung der Marke,
- 32 % die unklare Rolle und Funktion der Marke für die Mitarbeiter,
- 29 % zu geringe Budgets für Marketing- und Kommunikationsaktivitäten,
- 26 % die zu geringe Aufmerksamkeit des Managements für Markenführung,
- 26 % die mangelnde Differenzierung der Marke zum Wettbewerb,
- 19 % die mangelnde Kommunikation zwischen verschiedenen Abteilungen,
- 17 % unabgestimmtes Agieren in der Markenführung verschiedener Länder,
- 14 % zu geringe Budgets für die interne Implementierung.

2   Aktuelle Herausforderungen für B-to-B-Unternehmen

Während es in B-to-C-Märkten schon seit Jahrzehnten selbstverständlich ist, die eigene Marke professionell zu managen, haben viele B-to-B-Unternehmen gerade erst begonnen, sich mit strategischer Markenführung zu befassen.

2.1   B-to-B-Marken sind mehr als Design und Werbung

Häufig wird „Marke" im B-to-B-Umfeld noch immer auf Design und Werbung sowie auf den rechtlichen Schutz von Namen und Logos reduziert. Meist wird die Corporate Design (CD) konforme Gestaltung von Geschäftsausstattung, Broschüren, Webauftritten und Messeständen und deren Dokumentation in umfangreichen CD-Manuals als ausreichend erachtet (Kilian 2016, S. 17). Dabei handelt es sich jedoch primär um operative Aspekte der Markenführung. Die strategische Sichtweise, insbesondere wofür die eigene Marke stehen soll, was ihre Markenpositionierung ausmacht, bleibt demgegenüber häufig unklar. Unter Markenpositionierung und dem hier synonym verwendeten Begriff der Markenbotschaft wird ein einzigartiges Set an Markenassoziationen verstanden, das es zu etablieren und zu verteidigen gilt. Es bietet dem Unternehmen und seinen Mitarbeitern „direction, purpose and meaning for a brand" (Aaker 1996, S. 68). In der Unternehmenspraxis zeigt sich jedoch noch häufig, dass die Markenpositionierung entweder gar nicht oder nur unzureichend festgelegt ist. Grundsätzlich kann bei der Markenpositionierung, die häufig als Markenprofil dargestellt wird, zwischen einem Markenkernwert und zwei bis vier Markenwerten unterschieden werden. Die Markenwerte vervollständigen dabei den Kernwert – der die zeitlose Essenz der Marke auf einen Begriff oder wenige Worte reduziert – und geben ihm Struktur und Tiefe (Aaker 1996, S. 87 f.; Kilian 2010, S. 40).

2.2 B-to-B-Marken brauchen klare Inhalte und Werte

Häufig sind in Unternehmen Formulierungen wie die Folgende anzutreffen: Unsere Marke steht für Tradition und Vertrauen, für Qualität und Innovation (Brandmeyer et al. 2008, S. 149). Bei *MAN* beispielsweise wurden als Unternehmens- bzw. Markenwerte zuverlässig, innovativ, dynamisch und offen gewählt (MAN 2016, S. 12). Das Problem hierbei ist, dass diese Begriffe für viele erfolgreiche Unternehmen Gültigkeit besitzen, und damit nicht zur Differenzierung beitragen, wie die Ergebnisse dreier Studien deutlich machen (vgl. Tab. 1).

Qualität wird von 30 bis 40 % der Unternehmen als Markenwert verwendet, Innovation von 27 bis 34 %. Im Mittel über alle drei Studien ergibt sich ein Anteil von gut 30 % für den Wert Innovation und 36 % für Qualität, weshalb beide Werte als generische Markenwerte angesehen werden können. Sie sind meist nicht geeignet, die Marke vom Wettbewerb abzugrenzen und Präferenzen zu erzeugen. Neben der häufigen Verwendung inhaltlich austauschbarer Markenwerte lassen sich drei sprachliche Ursachen schwacher Markenpositionierungen benennen: Markenwerte sind häufig

- vieldeutig,
- unrealistisch und/oder
- abstrakt und damit inhaltsleer.

Tab. 1 Beliebte und damit beliebige Markenwerte

Rang	kleiner & bold (2011)	In %	Kilian (2012c)	In %	Ecco (2013)	In %
1.	Qualität	40	Qualität	39	Innovation	34
2.	Zuverlässigkeit	29	Innovation	30	Qualität	30
3.	Innovation	27	Deutsche Wertarbeit	23	Kundenzufriedenheit	28
4.	Kundenorientierung	20	Tradition	18	Integrität	20
5.	Nachhaltigkeit	11	Präzision	18	Umwelt	17
6.	Technologieführer	9	Zuverlässigkeit	18	Know-how	16
7.	Umweltbewusstsein	9	Kundenorientierung	7	Verantwortung	14
8.	Kompetenz	7	Know-how	7	Teamgeist	12
9.	Vertrauen	7	Hochwertigkeit	7	Respekt	12
10.	Respekt	7	Technologieführer	7	Ehrgeiz	11

Die Ergebnisse von kleiner & bold (2011) basieren auf einer branchenübergreifenden Befragung deutscher Mittelständler (n = 55), Kilian (2012c) befragte Manager der deutschen Hightech-Industrie (n = 44) und Ecco (2013) analysierte Unternehmenswebsites in elf europäischen Ländern, Australien und den USA (n = 4348)

Ein deutsches Maschinenbau-Unternehmen beispielsweise hatte seinen Markenkern mit dem Wert „Performance" umschrieben. Neben der sich ergebenden sprachlichen Hürde für einen überwiegend deutschen Mitarbeiterstamm zeigte sich, dass Performance ein weites Bedeutungsspektrum mit über 30 Bedeutungen abdeckt, das von Arbeitsleistung über Leistungscharakteristik bis zu einer Theateraufführung reicht. Einer der führenden europäischen Telekommunikationsanbieter wiederum kündigte vor einigen Jahren an, sich auf die Markenwerte Innovation, Kompetenz und Einfachheit zu konzentrieren. Wie ein Unternehmen mit mehreren hunderttausend Mitarbeitern, das das komplette Spektrum moderner IT- und TK-Dienstleistungen aus einer Hand anbietet, Einfachheit realisieren möchte, bleibt unklar. Was wiederum die Markenwerte Innovation und Kompetenz betrifft, so sind diese zunächst abstrakt und inhaltsleer. Sie erfordern zusätzlich ein komplexes formales System, das diese Markenwerte für verschiedene Bereiche und Abteilungen konkretisiert. Fallweise kommen hierfür Markenscorecards (Linxweiler 2004, S. 339 ff.; Meyer 2007, S. 26 ff.) zum Einsatz. Dieser Ansatz ist grundsätzlich möglich, jedoch mit hohem administrativen Aufwand verbunden, der viel Zeit und Geld kostet. Insbesondere für B-to-B-Unternehmen empfiehlt es sich daher, stattdessen inhaltsstarke Markenwerte zu definieren, die „für sich sprechen" und von den Mitarbeitern (und Kunden) schnell und leicht verstanden und verinnerlicht werden können.

2.3 B-to-B-Marken müssen auf KURS gebracht werden

Zur Etablierung einer langfristig aus sich heraus wirksamen Markenpositionierung gilt es Kilians KURS-Kriterien zufolge, vier Anforderungen zu erfüllen. Die Markenwerte und der Markenkernwert müssen **konkret**, **ursächlich**, **relevant** und **spezifisch** sein (Kilian 2009, S. 42 f., 2012c, S. 65). Die zuvor genannten Markenwerte Qualität, Innovation und Tradition beispielsweise sind alles andere als konkret. Auch sind sie nicht ursächlich für einen Markenwert, sondern lediglich Resultat dahinterliegender Markentreiber (Brandmeyer et al. 2008, S. 152 ff.). Demgegenüber kann beispielsweise der Markenwert „präzise" im Unternehmen sowohl die Bedeutung millimetergenauer Verarbeitung betonen als auch eine klar verständliche Preispolitik sicherstellen. Alles, was Präzision zuwiderläuft, passt nicht zur Marke und wird deshalb nicht gemacht. Das verstehen alle: die Geschäftsführer, die Mitarbeiter in der Produktion und die Damen und Herren am Empfang. „Relevant" wiederum bezieht sich primär auf die Zielgruppe, die Kunden. Nur wenn Präzision für die Kunden relevant ist oder durch entsprechende Kommunikation Relevanz erlangt, macht dies auch als Markenwert Sinn. Ist nun ein B-to-B-Unternehmen in Handeln und Leistungserstellung präzise, stellt sich als Resultat die Qualitätswahrnehmung von selbst ein. „Spezifisch" schließlich meint, dass ein Markenwert nur bzw. insbesondere für die eigene Marke Gültigkeit besitzen sollte, z. B. aufgrund der besonderen Unternehmenshistorie. *Mercedes-Benz* z. B. könnte „erfinderisch" als Markenwert wählen. Als Erfinder des Automobils und Wegbereiter unzähliger technologischer Durchbrüche wäre dieser Markenwert leicht belegbar und für andere Unternehmen nur bedingt kopierbar. Auch würde er dem Autohersteller helfen, sich als Unternehmen „schwäbischer Tüftler" wieder stärker vom Wettbewerb abzugrenzen und die eigenen Mitarbeiter „mit unsichtbarer Markenhand" zu motivieren und zielorientiert anzuleiten (Kilian 2009, S. 43).

3   Voraussetzungen für Interne Markenführung

Sobald eine Marke auf KURS gebracht ist, kann darüber nachgedacht werden, die eigenen Mitarbeiter zu wirkungsvollen Markenbotschaftern zu qualifizieren. Dafür gilt es zunächst zu ermitteln, welchen Stellenwert die Mitarbeiter als Markenbotschafter einnehmen.

3.1   Relevanz der Mitarbeiter als Markenbotschafter

Die Relevanz der Mitarbeiter als Markenbotschafter entscheidet darüber, in welchem Umfang Maßnahmen der Internen Markenführung zum Einsatz kommen sollten und in welcher Höhe personeller und finanzieller Aufwand gerechtfertigt erscheint. In einem ersten Schritt gilt es im Rahmen einer Grobanalyse zu prüfen, ob und inwieweit der eigene Wirtschaftssektor mitarbeiterzentriert ist. Insbesondere bei Industriegütern, bei persönlichen Dienstleistungen und im stationären Handel sind Mitarbeiter für die Markenwahrnehmung meist wichtig bis sehr wichtig (vgl. Abb. 1).

In einer hieran anknüpfenden Feinanalyse kann zweitens die Mitarbeiterrelevanz für das eigene Unternehmen umfassend überprüft werden. Zur Relevanzmessung bieten sich Tomczak et al. (2006, S. 16 f.) zufolge acht Kriterien an, die sich auf das Produkt oder

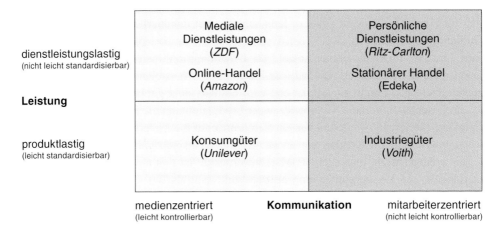

Abb. 1 Sektorbezogene Relevanz der Mitarbeiter als Markenbotschafter. (Quelle: Kilian 2012a, S. 45)

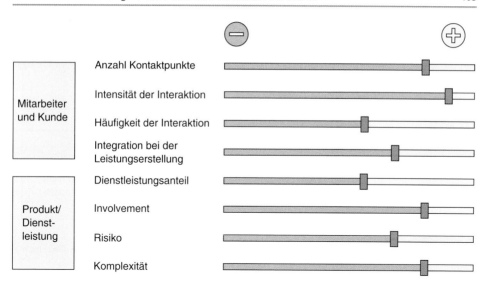

Abb. 2 Unternehmensbezogene Relevanz der Mitarbeiter als Markenbotschafter. (Quelle: in Anlehnung an Tomczak et al. 2006, S. 17)

die Dienstleistung selbst beziehen bzw. die Interaktion zwischen Mitarbeiter und Kunde beschreiben (vgl. Abb. 2).

Mit zunehmender Anzahl an Kundenkontaktpunkten (Customer Touchpoints) beispielsweise steigt die markenprägende Wirkung der Mitarbeiter genauso wie bei zunehmender Intensität bzw. Häufigkeit der Interaktion. Ähnlich trägt die Integration der Mitarbeiter und Kunden bei der Leistungserstellung zu einer stärkeren Bedeutung der Mitarbeiter als Markenbotschafter bei. Im Hinblick auf die vom Unternehmen erbrachte Leistung wiederum steigt die markenprägende Rolle der Mitarbeiter mit zunehmendem Dienstleistungsanteil, mit höherem Produktinvolvement und -risiko sowie mit wachsender Komplexität der Leistung. Konnte im Rahmen von Expertenschätzungen ein ausreichendes Relevanzmaß ermittelt werden, so gilt es im dritten Schritt den aktuellen Grad der Ausrichtung des Mitarbeiterverhaltens an der Marke zu erfassen.

3.2 Status quo der Mitarbeiter als Markenbotschafter

Voraussetzung für markenkonformes Verhalten ist zum einen das **intellektuelle Verständnis** der Marke (Wissen), zum anderen die gefühlte **emotionale Verpflichtung** (Commitment) gegenüber den Markenwerten. Abhängig von der jeweiligen Ausprägung lassen sich vier Mitarbeitertypen unterscheiden: Teilnahmslose, Zuschauer, Unberechenbare und Botschafter (vgl. Abb. 3).

Grundsätzlich gilt es zu beachten, dass in jedem B-to-B-Unternehmen alle vier Mitarbeitertypen vorhanden sind, wobei einer unternehmensübergreifenden Studie in England

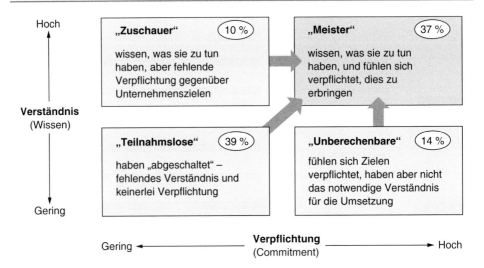

Abb. 3 Status Quo der Mitarbeiter als Markenbotschafter. (Quelle: in Anlehnung an Thomson et al. 1999, S. 828)

zufolge weniger als vier von zehn Mitarbeitern dem Idealtypus „Botschafter" (Champions) zuzuordnen sind. Gemeint sind Mitarbeiter, die wissen, was von ihnen aus Markensicht verlangt wird, und die sich diesem Anspruch verpflichtet fühlen. Demgegenüber zählen zu den „Unberechenbaren" (Loose Cannons) Mitarbeiter, die sich zwar den Markenwerten gegenüber verpflichtet fühlen, jedoch nicht genau wissen, wie sie diese in ihrer täglichen Arbeit berücksichtigen sollen. Bei den „Zuschauern" (Bystanders) wiederum ist es genau umgekehrt. Sie verstehen genau, wofür die Marke steht, fühlen sich aber den Markenwerten (und dem Unternehmen) gegenüber nicht sonderlich verpflichtet. Bei den „Teilnahmslosen" (Weak Links) schließlich ist weder ein profundes Markenverständnis noch eine bedeutsame Verpflichtung gegenüber den Markenwerten vorhanden. Teilnahmslose sind weder fähig noch bereit, im Sinne der Marke zu handeln.

Zur Ermittlung des **intellektuellen Markenverständnisses** bieten sich, in Anlehnung an Thomson et al. (1999, S. 826), fünf Fragen an, die mit Hilfe einer fünfstufigen Likert-Skala erfasst werden können (von „stimme überhaupt nicht zu" bis „stimme voll und ganz zu"):

1. Ich habe eine klare Vorstellung von unseren Markenwerten.
2. Ich weiß, wie ich unsere Markenwerte in meiner täglichen Arbeit berücksichtigen kann.
3. Ich verfüge über das Wissen und die Fähigkeiten, durch meine Arbeit zur Vermittlung der Markenwerte beizutragen.
4. Für mich ist klar ersichtlich, wie meine Arbeitsleistung die erfolgreiche Kommunikation der Markenwerte unterstützt.

5. Die Leute in meinem Team bzw. Arbeitsbereich wissen, wie sie zur Stärkung der Markenwerte beitragen können.

Analog lässt sich die emotionale **Verpflichtung der Mitarbeiter** gegenüber der Marke anhand der folgenden fünf Fragen ermitteln:

1. Unsere Unternehmenskultur ermutigt mich, meine Arbeitsweise an den Markenwerten auszurichten.
2. Ich fühle mich verpflichtet, mein Bestes zu geben, um unsere Markenwerte jeden Tag aufs Neue mit Leben zu füllen.
3. Ich glaube, dass ich bei der Vermittlung unserer Markenwerte gegenüber unseren Kunden eine wichtige Rolle spiele.
4. Ich bin von unseren Markenwerten und der damit verbundenen Zukunftsperspektive für unser Unternehmen überzeugt.
5. Meine Teilhabe am Markenerfolg wird von unserem Unternehmen gewürdigt.

Zur genaueren Interpretation der Ergebnisse bietet es sich an, die Verteilung der Mitarbeitertypen nach Funktionsbereichen, Standorten bzw. Ländern (z. B. räumliche bzw. soziokulturelle Distanz zur Firmenzentrale) und/oder nach Hierarchiestufe bzw. Dauer der Firmenzugehörigkeit zu analysieren. Auf diese Weise lassen sich gezielt adäquate Instrumente zur Förderung markenkonformen Verhaltens auswählen.

3.3 Kontaktpunkte der Mitarbeiter als Markenbotschafter

Des Weiteren empfiehlt es sich, die Ergebnisse der markenbezogenen Befragung in Bezug auf die Art des direkten und indirekten Kundenkontaktes der Mitarbeiter hin näher zu analysieren (Brexendorf und Feige 2008, S. 12 f.). In einem ersten Schritt gilt es, zunächst alle relevanten Markenkontaktpunkte zu ermitteln und hinsichtlich Häufigkeit, Intensität und Beeinflussbarkeit zu bewerten. Zudem sollten die Kontaktpunkte den unterschiedlichen Stufen im Kaufprozess zugeordnet werden, wobei in der Praxis häufig eine Mehrfachzuordnung stattfindet. Hierauf aufbauend können in einem zweiten Schritt die unterschiedlichen Kontaktpunkte entsprechend ihrer markenprägenden Wirkung kategorisiert werden. Höchste Priorität besitzt die interne Vermittlung der Markenwerte bei Mitarbeitern mit häufigem direkten Kundenkontakt. Es gilt aber auch wichtige indirekte Markenkontaktpunkte zu berücksichtigen, bei denen Mitarbeiter durch ihre Arbeit maßgeblich die Markenwahrnehmung beeinflussen, wie Abb. 4 exemplarisch an einem Maschinenbauunternehmen deutlich macht.

Auf Basis der genauen Kenntnis des intellektuellen Markenverständnisses und der emotionalen Verpflichtung der Mitarbeiter gegenüber der Marke lassen sich, ergänzt durch detailliertes Wissen über erfolgskritische Kundenkontaktpunkte, geeignete strukturelle und kommunikative Instrumente zur markenkonformen Verhaltenssteuerung auswählen und gestalten.

Interesse	Kauf	Nutzung
direkt (persönlich)	▪ Maschinenvorführer auf Fachmesse ▪ Vertriebsmitarbeiter beim Kundenbesuch ▪ Technischer Leiter im Kundenbesuchszentrum ▪ …	▪ Vertriebsmitarbeiter am Verhandlungstermin ▪ Vertriebsleiter am Verhandlungstermin ▪ Technischer Berater am Verhandlungstermin ▪ …	▪ Monteur während der Auslieferung ▪ Trainer bei der Vor-Ort-Schulung ▪ Technischer Support bei tel. Rückfragen ▪ …
Kontakt			
indirekt (medial)	▪ Firmenbroschüre ▪ Unternehmens-Website ▪ Fachartikel in Zeitschrift ▪ …	▪ Produktdatenblatt ▪ Vertragsvorschlag ▪ Auftragsbestätigung ▪ …	▪ Betriebsanleitung ▪ Bediensoftware ▪ Wartungsunterlagen ▪ …

Abb. 4 Markenprägende direkte und indirekte Kundenkontaktpunkte

4 Instrumente der Internen Markenführung

Das markenkonforme Verhalten umfasst alle Formen verbalen und nonverbalen Mitarbeiterverhaltens, die die Markenwahrnehmung und den Markenwert direkt oder indirekt beeinflussen (Henkel et al. 2007b, S. 13). Das faktisch beobachtbare Verhalten „im Sinne der Marke" ist das Ergebnis sämtlicher Bemühungen der Internen Markenführung des Unternehmens. Interne Markenführung (synonym: Internal Branding, fallweise auch Behavioral Branding) umfasst „… alle Maßnahmen, die darauf abzielen, die Mitarbeiter in den Prozess der Markenbildung einzubeziehen, sie über die eigene Marke zu informieren, für die Marke zu begeistern und letztendlich ihr Verhalten im Sinne der Marke zu beeinflussen" (Schmidt und Kilian 2012, S. 30). Es richtet sich an alle Mitarbeiter und kann deshalb auch als innengerichtete Markenführung bezeichnet werden. Interne Markenführung sollte dabei stets als Change-Management-Prozess aufgefasst werden, da für einen größeren Markenerfolg fast immer Verhaltensänderungen der Mitarbeiter notwendig sind. Hierzu bietet sich eine Vielzahl möglicher Instrumente an, wie im Folgenden gezeigt wird.

4.1 Systematisierung möglicher Instrumente

Gemeinsam ist allen Instrumenten der Internen Markenführung, dass sie, bei adäquater Ausgestaltung, das markenkonforme Verhalten der Mitarbeiter fördern. Die meisten Instrumente lassen sich dabei einer der folgenden vier Kategorien zuordnen: Kommunikation, Führung, Personal oder Struktur (Zeplin 2006, S. 233; Schmidt 2007, S. 89 ff.; Schmidt und Krobath 2010, S. 25 ff.; Piehler 2011, S. 543; Burmann et al. 2015, S. 193 ff.; für einen Überblick vgl. Schmidt und Kilian 2012, S. 28 ff.).

Zur **Kommunikation** zählt neben der internen Kommunikation, z. B. über Aushänge, Mailings und Mitarbeiterzeitschriften (Kreutzer 2014, S. 29 f.), auch die nach innen gerichtete externe Kommunikation, wie sie uns z. B. in Werbeanzeigen von *ThyssenKrupp*, *DHL* und *UBS* begegnet (Henkel 2008; Henkel et al. 2009, S. 43 f.). **Führung** wiederum umfasst primär informelle Stellhebel wie Führungsstile und Führungskultur sowie Führungsgrundsätze und symbolisches Management. Letzteres beschreibt das Vorleben markenkonformen Verhaltens durch das Topmanagement. Mitarbeiter beobachten ihre Führungskräfte meist genau, fassen sie als Vorbilder auf und imitieren sie deshalb häufig bewusst oder unbewusst. Demgegenüber finden sich im Bereich **Personal** überwiegend formelle Instrumentarien. Hierzu zählen die Stärkung des Unternehmens als Arbeitgebermarke (Employer Branding), die Berücksichtigung der Markenidentität bei der Personalauswahl, ihre Beachtung als Beförderungskriterium, die Förderung der institutionalisierten Sozialisation neuer Mitarbeiter (z. B. über Mentoring-Programme) sowie der gesamte Bereich der Aus- und Weiterbildung (Schmidt und Kilian 2012, S. 31; Schmidt 2007, S. 94 ff.). Was die **Strukturen** betrifft, so sind hierunter monetäre und nicht-monetäre Anreizsysteme genauso zu subsumieren wie Planungs-, Budgetierungs- und Controllingsysteme sowie Veränderungen der Organisationsstruktur.

4.2 Wirkungsweisen ausgewählter Instrumente

Voraussetzung für den gezielten Einsatz der verschiedenen Instrumente ist zunächst eine profunde Kenntnis der erforderlichen psychischen und physischen Dispositionen der Mitarbeiter, wobei zwischen Wissen, Wollen, Können und Tun unterschieden werden kann. Das Markenwissen bezieht sich auf die kognitive Repräsentation der Marke in den Köpfen der Mitarbeiter, insbesondere auf vorhandene Vorstellungen, Assoziationen und Kenntnisse. Ziel ist es, den Mitarbeitern zu vermitteln, wofür die Marke steht und wie sie durch ihr Verhalten zur Markenprofilierung beitragen können. Ergänzend zur Schaffung eines profunden Markenverständnisses gilt es, die innere Überzeugung bzw. freiwillige Verpflichtung zu fördern, die die Mitarbeiter darin bestärkt, ihr Verhalten in den Dienst der Marke zu stellen. Der in diesem Zusammenhang verwendete Begriff des Markencommitments lässt sich definieren als „. . . die psychologische Bindung der Mitarbeiter gegenüber ihrer Unternehmens-, Familien- oder Produktmarke, die zur Bereitschaft führt, Anstrengungen im Sinne dieser Marke zu ergreifen" (Esch und Strödter 2008, S. 143), wobei drei Arten von Commitment unterschieden werden können. Das affektive Commitment bezeichnet die emotionale Bindung der Mitarbeiter an die Marke, während das rationale Commitment Kosten- und Nutzenüberlegungen der Mitarbeiter in den Vordergrund stellt. Das normative Commitment wiederum bezeichnet die empfundene moralische Verpflichtung der Mitarbeiter und wird zumeist durch langfristige Sozialisation erlernt (Allen und John 1990, S. 1).

Neben Verständnis und Commitment gilt es ferner, markenspezifische Fähigkeiten auf- und auszubauen. Dazu zählen sowohl physische als auch psychische Fertigkeiten, die die Mitarbeiter in die Lage versetzen, die Markenwerte in der Interaktion mit den Kunden zu vermitteln (Wentzel et al. 2012, S. 88). Die hierfür notwendigen Fähigkeiten können entweder angeboren sein (z. B. Intelligenz) oder erlernt werden (z. B. Fremdsprachen). Häufig wird zudem zwischen funktionalen und sozio-emotionalen Fähigkeiten unterschieden (Gwinner et al. 1998, S. 102; van Dolen et al. 2002, S. 266; Morhart et al. 2007, S. 255). Diese Unterscheidung erscheint auch im Kontext von Interner Markenführung sinnvoll. So muss z. B. ein *Heidelberg*-Verkäufer die Kompetenz besitzen, Bogenoffset-Druckmaschinen technisch zu erklären, zugleich muss er aber auch über sozio-emotionale Fähigkeiten verfügen, das *Heidelberg*-Markenversprechen „Passion for Print" gegenüber seinen Kunden zum Ausdruck zu bringen. Wissen, Wollen und Können sind eng miteinander verbunden. Sobald ein Mitarbeiter das notwendige Verständnis besitzt, kann er ein Commitment zur Marke aufbauen und die für ihn notwendigen Fähigkeiten erwerben. Erst wenn alle drei Dispositionen vorhanden sind, können die Mitarbeiter de facto markenkonformes Verhalten an den Tag legen (Henkel et al. 2012, S. 208; Wentzel et al. 2012, S. 83 f.).

Wie Abb. 5 zeigt, nehmen die verschiedenen Instrumente unterschiedlich Einfluss auf die affektive und kognitive Verfassung der Mitarbeiter. Steht das Verständnis der Markenpositionierung im Vordergrund, so bieten sich unter anderem Ratespiele und Wettbewerbe an, wohingegen das Commitment durch Firmenhymnen oder Entlohnungsmodelle gefördert werden kann. Schulungen und Workshops wiederum nehmen Einfluss auf alle vier Dispositionsstufen. Gleichzeitig lassen sich die Instrumente dahingehend unterscheiden, ob sie ihre Wirkung im persönlichen Austausch entfalten oder per Definition unpersönlich bzw. strukturell wirksam werden. Während persönliche Instrumente den Markendialog zwischen zwei oder mehr Personen fördern, greift die unpersönliche Kommunikation vielfach auf massenmediale Kommunikationsinstrumente zurück (Esch et al. 2009, S. 1264). Bei *EY* beispielsweise wurde mit „The Branding Zone" eine eigene Website eingerichtet, auf der sich Mitarbeiter umfassend über die Marke informieren können (Davis 2005, S. 236). Grundsätzlich gilt, dass mit unpersönlicher Kommunikation ein größerer Empfängerkreis schneller erreicht werden kann, wohingegen die persönliche Kommunikation, auf den einzelnen Kontakt bezogen, meist wesentlich wirksamer ist.

Weiter gilt es zu beachten, dass sich die in Abb. 5 genannten Instrumente sowohl auf die Förderung des individuellen Mitarbeiters richten können (z. B. Geschichten, Markenerlebniswelten und Dialogbilder) als auch auf die Schaffung von Strukturen, die sich dem direkten Einfluss des Mitarbeiters entziehen, aber wichtige Voraussetzungen für die Interne Markenführung darstellen (z. B. Empowerment sowie Anreiz- und Belohnungssysteme). Des Weiteren kann zwischen formeller und informeller Kommunikation unterschieden werden, wobei Letztere häufig wirksamer, zugleich aber nur bedingt steuerbar ist. Mitarbeiter, die markenbezogen zur Gruppe der „Teilnahmslosen" zählen, können z. B. in eine Gruppe von „Botschaftern" eingebunden werden und durch implizite Gruppennormen und informelle Gespräche an die Marke herangeführt werden. Daneben bieten sich Begegnungsräume im Arbeitsumfeld an, die den Gedankenaustausch über die Marke fördern. Hierzu zählen die Cafeteria oder Kantine genauso wie Betriebsausflüge und Firmenfeste oder informelle Gesprächsrunden (Esch et al. 2009, S. 1267 f.). Beim *TÜV SÜD* beispielsweise wurden an elf Standorten sogenannte „Mehr Wert"-Dialoge angeboten, die

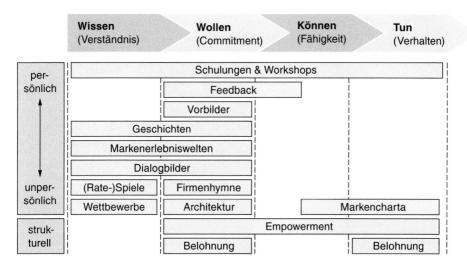

Abb. 5 Wirkungsweisen unterschiedlicher Instrumente. (Quelle: in Anlehnung an Brexendorf et al. 2012, S. 344; Henkel et al. 2012, S. 209)

einen markenbezogenen Gedankenaustausch zwischen Mitarbeitern und Führungskräften ermöglichten. Es wurde insbesondere diskutiert, wie die Markenwerte am Arbeitsplatz am besten umgesetzt werden können (Wegner und Strang 2007, S. 170 f.). Bei *T-Systems* wiederum wurden Kaminabende durchgeführt, bei denen ein selbst produzierter Film über erfolgreiche Marken vorgeführt wurde und anschließend mit Vorstand und Markenteam über die eigene Marke diskutiert werden konnte. Die wichtigsten Instrumente werden im Folgenden näher betrachtet.

4.3   Vorstellung ausgewählter Instrumente

Zur besseren Systematisierung lassen sich grundsätzlich fünf Ansatzpunkte der internen Markenverankerung unterscheiden: Aktivisten, Aktivitäten, Medien, Umfelder und Regelungen (Kilian 2012b, S. 37 f.). Zum ersten Typus Aktivisten zählen alle Personen, die als positive Multiplikatoren der Marke fungieren. Daneben bietet sich eine Reihe von Aktivitäten an, die die Interaktion der Mitarbeiter mit der Marke fördern. Zum dritten Typus zählen Medien, die zur Illustration von Markenkernwert und Markenwerten genutzt werden können. Auch Umfelder können zur Veranschaulichung der Markenpositionierung eingesetzt werden. Schließlich eignen sich verschiedene Regelungen zu Institutionalisierung der Besonderheiten der Marke.

Insgesamt gibt es 65 Instrumente, die zur internen Verankerung der Markenpositionierung genutzt werden können, wie eine umfangreiche Recherche von Markenlexikon.com gezeigt hat (Kilian 2012b, S. 38). Hierauf aufbauend wurden sieben empirische Studien der letzten Jahre ausgewertet und verdichtet. Die Ergebnisse in Abb. 6 zeigen, welche

Abb. 6 Relevanz und Nutzung ausgewählter Instrumente. (Quelle: Kilian 2012b, S. 37; kleiner & bold 2011, S. 12; Rat für Formgebung und GMK Markenberatung 2015, S. 42)

der zwölf untersuchten Instrumente als besonders relevant angesehen und häufig genutzt werden: Mitarbeiterzeitschriften, das Intranet und Vorträge bzw. Präsentationen.

Die Ergebnisse machen zugleich deutlich, dass die Auswahl geeigneter Instrumente vielfach zu einseitig ausfällt, da die zwölf Instrumente lediglich zwei der fünf Ansatzpunkte der vorgestellten Systematisierung von Kilian abdecken. Dies führt dazu, dass die Interne Markenführung häufig weit hinter ihren Möglichkeiten bleibt. Während mit Workshops, Events, Vorträgen/Präsentationen und Postern/Lernlandkarten vier der zwölf Instrumente zu den Aktivitäten zählen, setzen die übrigen acht Instrumente auf die mediale Illustration der Markenpositionierung. Die Nutzung von Multiplikatoren bleibt genauso unberücksichtigt wie Möglichkeiten zur Veranschaulichung und Institutionalisierung. In Abb. 7 sind exemplarisch 15 der 65 möglichen Instrumente zur Markenverankerung wiedergegeben.

In Hinblick auf Aktivisten steht der Chef (z. B. CEO, Inhaber) an erster Stelle. Gemeinsam mit seinem Führungsteam ist er Dreh- und Angelpunkt des Markenerfolgs. Der Chef ist stets erster und ranghöchster Repräsentant des Unternehmens – und seiner Marke(n). Die Mitarbeiter beobachten sein Verhalten und das Verhalten seines Führungsteams genau. Sie ziehen hieraus Rückschlüsse für ihr eigenes Verhalten (Esch und Vallaster 2005, S. 1015). Neben seiner Vorbildfunktion ist der Chef maßgeblich für die Bereitstellung von Ressourcen zum Aufbau und zur Pflege der Marke verantwortlich. Auch

Ansatzpunkte (Funktionen)	Instrumente (Auswahl)	Beispiele (Auswahl)	einmalig	laufend	Kennen	Wollen	Können	Tun
Aktivisten als Multiplikatoren	Chef/Führungsteam	Vorleben im eigenen Verhalten, v.a. bei Entscheidungen		■				■
	Advokaten	Präsenz in Schlüsselgremien (z. B. Produktentwicklung)		■			■	
	Motivatoren	Inspirierende Vorträge bzw. Erfahrungsberichte	■			■		
Aktivitäten zur Interaktion	Seminare/ Workshops	Lern- und Rollenspiele, z. B. eintägiges BrandLab	■				■	
	Events/Feiern	Tag der Marke, Markengipfel, Markenjubiläum	■			■		
	Mitarbeiter-gespräche	Als Teil der Zielvereinbarung im Jahresgespräch		■				■
Medien zur Illustration	Handbücher	Markenbuch mit 50 – 100 Seiten samt vieler Details		■	■			
	Broschüren/Flyer	Leporello mit zentralen Aussagen zur Marke	■		■			
	Storytelling	Erfolgsgeschichten, Metaphern, Roman zur Marke	■		■			
Umfelder zur Veranschau-lichung	Messestände/Shops	Die Marke im Raum (3D) zum Leben erwecken	■				■	
	Museen/ Ausstellungsräume	Markenhistorie und Besonderheiten dar-/ausstellen	■		■			
	Architektur/ Gebäudegestaltung	Architektonische „Verkörperung" der Marke		■	■			
Regelungen zur Institutionali-sierung	Tätigkeits-/ Gebäudebezeich-nungen	Bezeichnungen und Darstellungen mit Markenbezug		■	■			
	Anreize/ Belohnungen	(Nicht) monetäre Verhaltensanreize, z. B. Lob		■		■		
	Ressourcen/ Gestaltungsspiel-räume	Empowerment durch Freiräume bei Entscheidungen		■			■	

Abb. 7 Ansatzpunkte und Instrumente der Internen Markenführung. (Quelle: Kilian 2012b, S. 39)

trägt er die inhaltliche und organisatorische Verantwortung für die Interne Markenführung (Ulrich und Smallwood 2007, S. 100). Ist der Chef nicht „on brand", sind es auch die Mitarbeiter nicht! Als Markenrepräsentant Nr. 1 ist es Aufgabe des Unternehmenslenkers, die Markenpositionierung gegenüber seinen Führungskräften zu kommunizieren, vorzuleben und sein Team dazu anzuhalten, es ihm gleichzutun. Flankiert werden sollte dies durch Train-the-Trainer-Schulungen, die die Führungskräfte in die Lage versetzen, die Marke durch ihr Reden und Tun ihren Mitarbeitern gegenüber zu vermitteln. Ergänzend sollten Advokaten auf den unterschiedlichen Führungsebenen als Multiplikatoren in wichtigen Schlüsselgremien eingebunden werden (Esch et al. 2009, S. 1272 f.; Morhart et al. 2009). Bei *Mennekes*, einem der führenden Anbieter industrieller Steckverbindungen beispielsweise, beginnt das Vorleben mit dem für jeden auf der Firmenwebsite einsehbaren „Bekenntnis" des alleinigen geschäftsführenden Gesellschafters Walter Mennekes zur Unternehmensmarke. Anhand von zehn handgeschriebenen Paragraphen macht er deutlich, „warum Marken unersetzlich sind" (Mennekes 2014). Ergänzend kann punktuell auf externe Motivatoren zurückgegriffen werden, die durch inspirierende Vorträge und eigene Erfahrungsberichte Orientierung und Hilfe bieten können.

Im Rahmen von Aktivitäten zur Interaktion mit der Marke wird häufig auf Seminare und Workshops zurückgegriffen. Auch Lehrgespräche, Fallstudien, Rollenspiele und Exkursionen bieten sich an. Daneben sind vielfach Markenevents sinnvoll, z. B. ein „Markengipfel" als Auftakt des internen Marken-Rollouts oder Jubiläumsfeiern. Auch Mitarbeiter- oder Personalgespräche eignen sich zur Markenverankerung. So kann im Rahmen von Jahresgesprächen oder 360-Grad-Feedbacks eine differenzierte Standortbestimmung der (nicht) gelebten Markenidentität erreicht werden. Gleiches gilt für informelle Rückmeldungen durch Führungskräfte und Markenadvokaten. Ein Abteilungsleiter beispielsweise kann einen Mitarbeiter auf eine Situation ansprechen, in der dieser nicht im Sinne der Marke agiert hat und im persönlichen Gespräch gemeinsam mit ihm herausarbeiten, wie in einer ähnlichen Situation zukünftig markenkonform gehandelt werden sollte. Gleichermaßen kann ein Vorgesetzter vorbildliches Verhalten positiv hervorheben, um den Mitarbeiter in seinem markenkonformen Handeln zu bestärken und andere Mitarbeiter zu ermuntern, es ihrem Kollegen gleich zu tun.

Zur Illustration der Markenpositionierung werden meist verschiedene Medien eingesetzt, allen voran Markenhandbücher, die häufig jedoch nicht allen Mitarbeitern zugänglich gemacht werden. Selbst wenn sie weit verbreitet sind, so werden sie vielfach nicht oder nur oberflächlich gelesen. Wesentlich hilfreicher sind erfahrungsgemäß Broschüren und Flyer, die die Markenpositionierung kompakt und verständlich auf den Punkt bringen. Wann immer möglich, bietet sich der Einsatz von Storytelling zur Veranschaulichung an. Markenbezogene Geschichten und Erzählungen werden häufig informell untereinander ausgetauscht, diskutiert und weitererzählt.

Zur Veranschaulichung der Besonderheiten der eigenen Marke eignen sich auch dreidimensionale Umfelder, z. B. Messestände und Technologiecenter. Sie haben den Vorteil, dass die Markenpositionierung mit allen Sinnen aufgenommen werden kann und bleibenden Eindruck hinterlässt. Idealerweise spiegelt sich die Markenpositionierung auch in der Gebäudegestaltung wider. *BMW* beispielsweise hat bereits vor über 40 Jahren seinem Markenclaim „Freude am Fahren" durch die besondere Gestaltung seines Firmensitzes in München Ausdruck verliehen. Das 1973 eingeweihte Hauptverwaltungsgebäude, das vier in Kreuzform senkrecht nebeneinanderstehende Zylinder darstellt, gilt heute als Wahrzeichen des Unternehmens, steht seit 1999 unter Denkmalschutz und trägt offiziell den Namen „BMW Vierzylinder". In ähnlicher Weise hat *Heidelberg* im Jahr 2000 am Firmensitz die „Print Media Academy" eröffnet, einen 50 m hohen Glaskubus, in dem zwei 12 Stockwerke hohe Türme zu sehen sind, die Druckzylinder symbolisieren und in denen sich Besprechungs- und Konferenzräume des Unternehmens befinden. Die *Deutsche Telekom* wiederum hat beim Bau der Konzernzentrale in Bonn die „Dots" genannten quadratischen Punkte seines Logos in die Architektur aufgenommen, indem es eine Reihe von Fenstern in Dot-Form integriert hat. Wer die eigene Markenidentität in eine Markenarchitektur übersetzen will, muss aber nicht gleich komplett neue Gebäude bauen. Vielfach reicht es aus, ausgewählte Außenbereiche wichtiger Firmenbauten neu zu gestalten, z. B. den Eingangsbereich. So versieht *Rittal* alle Firmenstandorte mit Eingangsbereichen aus Glas. Die sich nach oben hin verjüngenden Glasfronten verleihen dem Anbieter von Schaltschränken nicht nur ein markantes Erscheinungsbild, sondern erinnern auch an das siebenstufige Firmenlogo (vgl. Abb. 8).

Neben regulären Firmenstandorten bieten sich besondere Markenerlebniswelten als dreidimensionale Umfelder zur multisensorischen Vermittlung der Markenwerte an. Dazu zählen nicht nur Markenparks wie die *Volkswagen Autostadt* in Wolfsburg, die *BMW Welt* in München oder die *Swarovski Kristallwelten* in Wattens, Tirol, sondern auch Markenexperimentierfelder (z. B. das *T-Com Haus* oder die *Deutsche Bank der Zukunft*), Corporate Visitor Center (z. B. das *Duravit Design Center* oder das *Festo TechnologieCenter*), Markengemeinschaften (z. B. der *MAN Trucker's World* – Der Fahrerclub für Transportprofis) oder Markenauftritte auf Messen (z. B. die *Wirtgen Group* auf der *drupa* 2016) (Kilian 2008, S. 61 ff.). Sie alle stärken nicht nur die emotionale Bindung der Kunden an das Unternehmen, sondern auch den emotionalen Bezug der Mitarbeiter zur Marke. Markenerlebniswelten lassen nicht nur in den Köpfen der Kunden, sondern auch bei den Mitarbeitern vielfältige und reichhaltige Sinneseindrücke entstehen, die mit der Marke in Verbindung gebracht werden (Kilian 2007, S. 326 ff.).

Schließlich bieten sich verschiedene Regelungen an, um die Markenpositionierung in den Arbeitsalltag einfließen zu lassen. Neben Gebäudenamen zählen hierzu Tätigkeits- und Stellenbezeichnungen. Ein mittelständisches Unternehmen beispielsweise nennt seine monatlichen Treffen zur Entwicklung neuer Ideen nicht einfach „Brainstormings", sondern „Spinnerkonferenzen". Bei der *GLS Bank* wiederum gibt es einen

Abb. 8 Beispiele für eine markenorientierte Architektur

eigenen Markencoach und bei einem US-Unternehmen heißt die Empfangsdame heute „Director of First Impressions". Auch Anreiz- und Belohnungssysteme können der Markenorientierung Rechnung tragen, wobei nicht monetäre Belohnungen wie Auszeichnungen und Pokale häufig wirksamer sind als Boni oder zusätzliche Freizeit. Insbesondere das persönlich oder vor einer größeren Gruppe von Mitarbeitern ausgesprochene Lob sollte als Incentive nicht unterschätzt werden. Es wirkt häufig wesentlich nachhaltiger als „ein paar Euro mehr auf dem Konto".

4.4 Auswahl geeigneter Instrumente

Wie gezeigt wurde, sind zahlreiche Instrumente denkbar, um markenkonformes Verhalten der Mitarbeiter zu fördern. Einer Umfrage zufolge empfehlen sich vor allem Instrumente, die eine persönliche Interaktion ermöglichen (wie z. B. Storytelling, Workshops oder Spiele) sowie ein den Markenerwartungen an die Mitarbeiter entsprechendes Empowerment, da sie besonders geeignet sind, das gewünschte Markenverhalten zu fördern (Henkel et al. 2007a, S. 316 ff.). Welche Instrumente letztendlich zum Einsatz kommen, gilt es unternehmensspezifisch festzulegen. Eine allgemeingültige „Standardlösung" für B-to-B-Unternehmen gibt es nicht. Es empfiehlt sich deshalb, das Spektrum möglicher Instrumente zielgeleitet auf ein handhabbares Maß zu reduzieren.

Ausgangspunkt bildet die zuvor erläuterte Unterteilung in persönliche, unpersönliche und strukturelle Instrumente. In einem ersten Schritt sollten die möglichen Instrumente dahingehend unterschieden werden, ob sie im Unternehmen bereits etabliert sind, wie z. B. Schulungen, Schwarze Bretter oder Jahresgespräche, oder nicht. Allgemein lässt sich auf bestehende Instrumente wesentlich leichter und kostengünstiger aufbauen, als auf ein neu zu schaffendes Instrumentarium. Dafür sorgt der Überraschungseffekt bei neuen Instrumenten häufig für höhere Aufmerksamkeit und ist deshalb wirksamer als etablierte und routinemäßig eingesetzte Instrumente. In einem zweiten Schritt gilt es für jedes der in Betracht gezogenen Instrumente festzulegen, welche Markeninhalte an welche Mitarbeiter übermittelt werden können. Während mit einem „Tag der Marke" das emotionale Erleben ausgewählter Markenwerte für alle Mitarbeiter erreicht werden kann, lassen sich durch Vier-Augen-Gespräche nur einzelne, ausgewählte Mitarbeiter erreichen, denen alle Aspekte der Markenpositionierung vermittelt werden können. Hierauf aufbauend gilt es drittens, die Instrumente dahingehend zu überprüfen, ob sie zielgruppenbezogen verständlich, glaubwürdig, relevant und akzeptiert sind. Schließlich ist es erforderlich, die als geeignet erachteten Instrumente zu priorisieren und in einen Zeitplan zu überführen (Kilian 2012b, S. 40 f.). Anschließend kann mit der konkreten Ausgestaltung und Umsetzung begonnen werden.

Erfahrungsgemäß finden von den 65 möglichen Instrumenten unternehmensbezogen nur 10–15 Anwendung. Dabei gilt: Interne Markenverankerung ist keine einmalige Angelegenheit, sondern muss kontinuierlich betrieben werden, um dauerhaft zum Unternehmenserfolg beitragen zu können. Wenngleich es mit einer einmaligen Aktion nicht getan ist, so macht es durchaus Sinn, die interne Markenverankerung als Projekt zu beginnen. Entscheidend ist jedoch, dass im Zuge dessen wiederkehrende Aktivitäten verankert werden, die nach dem Projektende eine kontinuierliche Markenpräsenz im Arbeitsalltag der Mitarbeiter sicherstellen. Denn nur eine auf Dauer unternehmensweit präsente Markenpositionierung kann von den Mitarbeitern gelebt und damit von den Kunden erlebt werden – und dadurch wertsteigernd wirken (Kilian 2012b, S. 40).

5   Zusammenfassung und Ausblick

Wie gezeigt wurde, gibt es vielfältige Möglichkeiten, aus den Mitarbeitern von B-to-B-Unternehmen wirkungsvolle Markenbotschafter werden zu lassen. Anhand zahlreicher persönlicher, unpersönlicher und struktureller Instrumente wurde deutlich, auf welche Disposition diese Einfluss nehmen, z. B. auf das Wissen oder Können der Mitarbeiter. Zugleich wurde erläutert, wie sich die verfügbaren Instrumente systematisieren und aus Unternehmenssicht auswählen lassen. Dabei wurde betont, dass markenkonformes Mitarbeiterverhalten in B-to-B-Unternehmen am ehesten durch konkrete, ursächliche, relevante und spezifische Markenwerte bewirkt wird. Mit aussagekräftigen Markenwerten, die für sich sprechen und die Mitarbeiter inspirieren und motivieren, lässt sich die Marke am ehesten in das Fühlen, Denken und Handeln der Mitarbeiter überführen.

Es obliegt dabei der Unternehmensleitung, insbesondere dem Chef, gemeinsam mit dem oder den Markenverantwortlichen eine eigenständige Markenpositionierung zu definieren, zu kodifizieren und kontinuierlich zu kommunizieren. Ziel muss es sein, dass die Marke im Unternehmen gelebt und von Mitarbeiter zu Mitarbeiter als Leitprinzip des eigenen Handelns weitergegeben wird. Auf diese Weise kommt die Marke letztendlich auch bei den Kunden vorteilhaft zum Tragen und hat so ihren Anteil daran, dass das Unternehmen auch zukünftig im globalen Wettbewerb bestehen kann, während der technologische Vorsprung kleiner wird. Wettbewerber aus Übersee und Fernost holen immer schneller auf. Damit wiederholt sich, was deutsche B-to-B-Unternehmen schon vor 40 Jahren bei japanischen Unternehmen erlebt haben. Mit China wächst ein neuer veritabler Wettbewerber für die deutschen Industriedomänen heran, insbesondere im Maschinen- und Anlagenbau. In der Autobranche ist dies – mit deutscher Hilfe – längst Realität. Die Antwort auf den neuerlichen Triadenwettbewerb Nordamerika – Mitteleuropa – Südostasien lautet: Innovationen, Innovationen und Marke! Während neue deutsche Maschinen, Anlagen und Technologien vielfach schnell – meist unter Umgehung des Patentschutzes – kreativ nachempfunden werden, ist dies bei Marken kaum möglich, vor allem nicht, was die gelebte Marke im Arbeitsalltag betrifft.

Maßgeblich hierfür verantwortlich sind die Mitarbeiter, die die Marke tagtäglich den Kunden gegenüber repräsentieren. Es gilt deshalb die eigene Marke in den nächsten Jahren noch klarer und noch tiefergehender in der eigenen Belegschaft zu verankern. Auch gilt es bei Neueinstellungen und Karriereplanungen vermehrt auf den Markenfit der Mitarbeiter zu achten. Gute Mitarbeiter sind durch nichts zu ersetzen, auch nicht durch Big Data und Industrie 4.0. Denn Mitarbeiter prägen die Marke. Sie werden die Markenwahrnehmung auch in zehn Jahren noch prägen, möglicherweise sogar noch mehr als heute, weil Komplexität gemanagt werden will und nach Erklärung ruft. Die Mitarbeiter geben die passenden Antworten. Sie machen Technologien anwendbar und verständlich. Sie machen den Vorteil der eigenen Lösungen begreifbar und begehrenswert. Wer gute und passende Mitarbeiter findet und bindet, gewinnt langfristig im Wettbewerb und bindet Kunden dauerhaft an das eigene Unternehmen, da es vor allem kompetente Mitarbeiter sind, die die Marke zum Leben erwecken – und für Kunden erlebbar machen (Kilian 2015b, S. 35).

Literatur

Aaker, D. A. (1996). *Building strong brands*. New York: Free Press.

Allen, N. J., & John, P. M. (1990). The measurement and antecedents of affective, continuance and normative commitment to the organization. *Journal of Occupational Psychology*, *63*(1), 1–18.

Bendapudi, N., & Bendapudi, V. (2005). Creating the living brand. *Harvard Business Review*, *83*(5), 124–132.

Bitner, M. J., Booms, B. H., & Tetreault, M. S. (1990). The service encounter. *Journal of Marketing*, *54*(1), 71–84.

Brandmeyer, K., Pirck, P., Pogoda, A., & Prill, C. (2008). *Marken stark machen*. Weinheim: Wiley.

Brexendorf, T. O., & Feige, S. (2008). Aus Mitarbeitenden Botschafter der eigenen Marke machen. *io new management*, *12/2008*, 12–15.

Brexendorf, T. O., Tomczak, T., Kernstock, J., Henkel, S., & Wentzel, D. (2012). Der Einsatz von Instrumenten zur Förderung der Brand Behavior. In T. Tomczak, F.-R. Esch, J. Kernstock & A. Herrmann (Hrsg.), *Behavioral Branding* (3. Aufl., S. 337–371). Wiesbaden: Gabler.

Burmann, C., Halaszovich, T., Schade, M., & Hemmann, F. (2015). *Identitätsbasierte Markenführung* (2. Aufl.). Wiesbaden: Springer Gabler.

Davis, S. (2005). Building a brand-driven Organisation. In A. M. Tybout & T. Calkins (Hrsg.), *Kellogg on branding* (S. 226–243). Hoboken: Willey.

van Dolen, W., Lemmink, J., de Ruyter, K., & de Jong, A. (2002). Customer-sales employee encounters. *Journal of Retailing*, *78*(4), 265–279.

Ecco (2013). Unternehmenswerte – hohle Phrasen oder gelebte Realität? http://www.ecco-network.de/resources/Corporate_Values/Kurzbericht_Deutschland.pdf. Zugegriffen: 15. Dez. 2016.

Esch, F.-R., & Strödter, K. (2008). Aufbau des Markencommitment in Abhängigkeit des Mitarbeiter-Marken-Fits. In T. Tomczak, F.-R. Esch, J. Kernstock & A. Herrmann (Hrsg.), *Behavioral Branding* (S. 141–159). Wiesbaden: Gabler.

Esch, F.-R., & Vallaster, C. (2005). Mitarbeiter zu Markenbotschaftern machen. In F.-R. Esch (Hrsg.), *Moderne Markenführung* (4. Aufl., S. 1009–1020). Wiesbaden: Gabler.

Esch, F.-R., Fischer, A., & Strödter, C. (2009). Interne Kommunikation. In M. Bruhn, F.-R. Esch & T. Langner (Hrsg.), *Handbuch Kommunikation* (S. 1261–1284). Wiesbaden: Gabler.

Gwinner, K. P., Gremler, D. D., & Bitner, M. J. (1998). Relational benefits in services industries. *Journal of the Academy of Marketing Science*, *26*(2), 101–114.

Henkel, S. (2008). *Werbung als Verhaltensvorbild für Mitarbeiter*. Hamburg: Dr. Kovač.

Henkel, S., Tomczak, T., Heitmann, M., & Herrmann, A. (2007a). Managing brand consistent employee behaviour. *Journal of Product & Brand Management*, *16*(5), 310–320.

Henkel, S., Tomczak, T., & Wentzel, D. (2007b). Bringing the brand to life. *Thexis*, *24*(1), 13–16.

Henkel, S., Wentzel, D., & Tomczak, T. (2009). Die Rolle der Werbung in der internen Markenführung. *Marketing ZFP*, *31*(1), 43–56.

Henkel, S., Tomczak, T., Kernstock, J., Wentzel, D., & Brexendorf, T. O. (2012). Das Behavioral-Branding-Konzept. In T. Tomczak, F.-R. Esch, J. Kernstock & A. Herrmann (Hrsg.), *Behavioral Branding* (3. Aufl., S. 197–212). Wiesbaden: Gabler.

Iacobucci, D., Ostrom, A., & Grayson, K. (1995). Distinguishing service quality and customer satisfaction. *Journal of Consumer Psychology*, *4*(3), 277–303.

Keaveney, S. M. (1995). Customer switching behavior in service industries. *Journal of Marketing*, *59*(2), 71–82.

Keller, K. L. (2013). *Strategic brand management* (4. Aufl.). Upper Saddle River: Pearson.

Kilian, K. (2007). Multisensuales Markendesign als Basis ganzheitlicher Markenkommunikation. In A. Florack, M. Scarabis & E. Primosch (Hrsg.), *Psychologie der Markenführung* (S. 307–340). München: Vahlen.

Kilian, K. (2008). Vom Erlebnismarketing zum Markenerlebnis. In N. O. Herbrand (Hrsg.), *Schauplätze dreidimensionaler Markeninszenierung* (S. 29–68). Stuttgart: Edition Neues Fachwissen.

Kilian, K. (2009). So bringen Sie Ihre Marke auf Kurs. *Absatzwirtschaft*, *52*(4), 42–43.

Kilian, K. (2010). The sound of success. In K. Bronner, R. Hirt & C. Ringe (Hrsg.), *Audio branding academy yearbook 2009/2010* (S. 37–56). Baden-Baden: Nomos Edition Reinhard Fischer.

Kilian, K. (2012a). Mitarbeiter als Markenbotschafter. *Absatzwirtschaft*, *55*(1–2), 44–46.

Kilian, K. (2012b). Interne Markenverankerung bei den Mitarbeitern. *transfer – Werbeforschung & Praxis*, *58*(4), 35–40.

Kilian, K. (2012c). Markenwerte, welche Markenwerte? *Markenartikel*, *74*(5), 64–66.

Kilian, K. (2015a). Die B2B-Marke als Erfolgsgarant. In Marconomy (Hrsg.), *10 Jahre Markenkonferenz B2B* (S. 14–17). Würzburg: Vogel Business Media.

Kilian, K. (2015b). Die Mitarbeiter sorgen bei B2B-Marken für echten Mehrwert. In Marconomy (Hrsg.), *10 Jahre Markenkonferenz B2B* (S. 35). Würzburg: Marconomy.

Kilian, K. (2016). Meisterhafte Markenführung macht B2B-Unternehmen unverwechselbar. In Rat für Formgebung (Hrsg.), *Unverwechselbar. Meisterhaft* (S. 16–18). Frankfurt: Rat für Formgebung Medien.

kleiner & bold (2011). *Wer bin ich? Unternehmenswerte im Mittelstand auf dem Prüfstand*. Frankfurt a. M.: Markt- und Mittelstand-Research.

Kotler, P., & Pfoertsch, W. (2006). *B2B Brand Management*. Berlin: Springer.

Kreutzer, R. T. (2014). *Internal Branding*. Wiesbaden: Springer Gabler.

Linxweiler, R. (2004). *Marken-Design* (2. Aufl.). Wiesbaden: Gabler.

MAN (2016). Unternehmenspräsentation zum Halbjahr 2016. http://www.corporate.man.eu/man/media/de/content_medien/doc/global_corporate_website_1/investor_relations_1/unternehmenspraesentation/unternehmenspraesentation.pdf. Zugegriffen: 15. Dez. 2016.

Mennekes (2014). Warum Marken unersetzlich sind. http://www.mennekes.de/index.php?id=marke&no_cache=1. Zugegriffen: 15. Dez. 2016.

Meyer, T. (2007). *Markenscorecards*. Saarbrücken: VDM Müller.

Morhart, F. M., Herzog, W., & Tomczak, T. (2007). *Driving brand-building behaviours among employees*. American Marketing Association Winter Educators' Conference, San Diego. (S. 1–30).

Morhart, F. M., Herzog, W., & Tomczak, T. (2009). Brand-specific leadership. *Journal of Marketing*, *73*(5), 122–142.

Parasuraman, A., Zeithaml, V. A., & Berry, L. L. (1985). A conceptual model of service quality and its implications for future research. *Journal of Marketing*, *49*(4), 41–50.

Piehler, R. (2011). *Interne Markenführung*. Wiesbaden: Gabler.

Rat für Formgebung, & GMK Markenberatung (2015). *Deutscher Markenmonitor 2015*. Frankfurt a. M.: Rat für Formgebung Medien.

Sattler, H., & Völckner, F. (2013). *Markenpolitik* (3. Aufl.). Stuttgart: Kohlhammer.

Schmidt, H. J. (2007). Internal Branding. In H. J. Schmidt (Hrsg.), *Internal Branding* (S. 13–110). Wiesbaden: Gabler.

Schmidt, H. J., & Kilian, K. (2012). Internal branding, employer branding & co. *transfer – Werbeforschung & Praxis*, *58*(1), 28–33.

Schmidt, H. J., & Krobath, K. (2010). Innen beginnen. In H. J. Schmidt & K. Krobath (Hrsg.), *Innen beginnen* (S. 19–30). Wiesbaden: Gabler.

Thomson, K., de Chernatony, L., Arganbright, L., & Khan, S. (1999). The buy-in benchmark. *Journal of Marketing Management*, *15*(8), 819–835.

Tomczak, T., Brexendorf, T. O., & Morhart, F. (2006). Die Marke nach aussen und nach innen leben. *io new management*, *7–8/2006*, 15–19.

Ulrich, D., & Smallwood, N. (2007). Building a leadership brand. *Harvard Business Manager*, *85*(7–8), 92–100.

Wegner, K., & Strang, R. (2007). Die Marke TÜV SÜD. In H. J. Schmidt (Hrsg.), *Internal Branding* (S. 153–177). Wiesbaden: Gabler.

Wentzel, D., Tomczak, T., Kernstock, J., Brexendorf, T. O., & Henkel, S. (2012). Der Funnel als Analyse- und Steuerungsinstrument von Brand Behavior. In T. Tomczak, F.-R. Esch, J. Kernstock & A. Herrmann (Hrsg.), *Behavioral Branding* (3. Aufl., S. 81–99). Wiesbaden: Gabler.

Zeithaml, V. A., Berry, L. L., & Parasuraman, A. (1988). Communication and control processes in the delivery of service quality. *Journal of Marketing*, *52*(2), 35–48.

Zeithaml, V. A., Berry, L. L., & Parasuraman, A. (1996). The behavioral consequences of service quality. *Journal of Marketing*, *60*(2), 31–46.

Zeplin, S. (2006). *Innengerichtetes, identitätsbasiertes Markenmanagement*. Wiesbaden: DUV.

Markenstolz in B-to-B-Unternehmen – Das vergessene Konstrukt?

Holger J. Schmidt

Zusammenfassung

Die Bedeutung der Markenführung wird in B-to-B-Unternehmen oft unterschätzt. Aus der Perspektive der Forschung gilt jedoch gerade die interne Markenführung in diesem Kontext als besonders wichtig. Überraschenderweise spielt das Konstrukt Stolz in den entsprechenden Modellen des Internal Branding kaum eine Rolle. Einen ersten Beitrag zur Schließung dieser Forschungslücke zu leisten, ist Ziel des vorliegenden Artikels. Dieser beleuchtet die Bedingungsfaktoren und Konsequenzen des internen Markenstolzes. Mit der Geschichte der Marke, der Verdeutlichung des Beitrags der Mitarbeiter zur Markenführung sowie der Betonung von wahrgenommenem Prestige und Nutzen der Marke werden vier Handlungsfelder zur Steigerung des internen Markenstolzes für B-to-B-Unternehmen aufgezeigt und mit konkreten Maßnahmen hinterlegt.

Schlüsselbegriffe

Internal Branding · Markenstolz · Organisationsstolz · Stolz · Technologiemarken

Inhaltsverzeichnis

H. J. Schmidt (✉)
Hochschule Koblenz
Koblenz, Deutschland
E-Mail: hjschmidt@hs-koblenz.de

© Springer Fachmedien Wiesbaden GmbH, ein Teil von Springer Nature 2018
C. Baumgarth (Hrsg.), *B-to-B-Markenführung*, https://doi.org/10.1007/978-3-658-05097-9_22

1 Relevanz der Thematik

In vielen B-to-B-Unternehmen ist die Unternehmenskultur „stark ingenieursgeprägt" (Baumgarth et al. 2016, S. 9). Dies gilt insbesondere für Technologieunternehmen mit gewerblichen Zielgruppen, sogenannte B-to-B-Technologieunternehmen (Schmidt et al. 2017). Die Praxis der Markenführung steckt hier, wie auch allgemein im B-to-B-Umfeld (Heidig et al. 2014, S. 552), noch in den Kinderschuhen (Baumgarth 2014, S. 465). Und das obwohl Untersuchungen immer wieder zeigen, dass die Marke auch für gewerbliche Einkäufer ein wichtiges Kriterium der Kaufentscheidung sein kann (z. B. McKinsey 2013; Walley et al. 2007). Gerade die interne Markenführung gilt aus der Perspektive der Forschung für B-to-B-Unternehmen als besonders wichtig, da hier der persönliche Kontakt zwischen Mitarbeitern des Anbieters und Nachfragers stark ausgeprägt ist und Markenkern und Werte der Marke in jedem Kundenkontakt durch Mitarbeiter repräsentiert werden sollten (Pförtsch und Schmid 2005, S. 86). Doch Führungskräfte und Mitarbeiter von B-to-B-Unternehmen sind vor allem stolz auf die technische Leistungsfähigkeit ihrer Produkte (Schultheiss 2011, S. 32), weniger auf ihre Marke(n). Sie haben häufig ein Defizit darin, „die notwendige Aufmerksamkeit auf ihre Besonderheit, ihre Spitzenleistungen und Errungenschaften zu lenken und mit Hilfe einer starken Marke zum Ausdruck zu bringen" (Baumgarth et al. 2016, S. 15). Vor diesem Hintergrund wäre es interessant zu wissen, ob B-to-B-Unternehmen im Allgemeinen und B-to-B-Technologieunternehmen im Speziellen davon profitieren könnten, bei ihren Mitarbeitern den Stolz auf die Marke zu fördern, und mit welchen Instrumenten dies möglich wäre. Es stellt sich also die Frage nach den Bedingungsfaktoren und Konsequenzen des internen Markenstolzes.

Schon lange beschäftigen sich diverse Wissenschaften, z. B. Psychologie, Soziologie, Philosophie und Wirtschaftswissenschaften, aus unterschiedlichen Perspektiven mit dem Thema Stolz. Doch während die Suche nach den allgemeinen Schlagworten Pride (engl. für Stolz) und Stolz in der Datenbank für wissenschaftliche Texte *Google Scholar* zu rund 2.250.000 Treffern führt, zeigt die Suchmaschine für die auf den Kontext der Markenführung angepassten Suchbegriffe Brand Pride (engl. für Markenstolz) und Markenstolz nur knapp 125 Treffer an. Versieht man diese Suchbegriffe dann noch mit weiteren Einschränkungen und sucht gleichzeitig – mit einer UND-Verknüpfung – nach Brand Pride UND Employee bzw. nach Markenstolz UND Mitarbeiter, so nimmt die Zahl der Treffer weiter ab (vgl. Tab. 1). Im Rahmen der internen Markenführung scheint das Thema Stolz also noch kaum bearbeitet.

Die augenscheinlich geringe Relevanz, die die Markenforschung dem Thema Stolz – aus Kunden- oder Mitarbeiterperspektive – beimisst, ist gleich aus zweierlei Hinsicht überraschend. Zum einen suchen die Menschen in den bewegten Zeiten, in denen wir leben,

Tab. 1 Häufigkeiten bestimmter Suchbegriffe in Google Scholar

Begriff	Treffer bei *Google Scholar* am 31.08.2016
Pride	1.770.000
Stolz	479.000
Organizational Pride[a]	743
Organisationsstolz	33
Brand Pride[a]	102
Markenstolz	20
Brand Pride[a] UND Employee	70
Markenstolz UND Mitarbeiter	25

[a]Begriffe wurden in Anführungszeichen gesetzt, um sie als einen Suchbegriff zu kennzeichnen

nach bedeutungsvollen, emotionalen Berührungen. Positive Gefühle unterstützen dabei, diese Berührungen zu erleben, und deshalb werden Inspiration, Stolz und Dankbarkeit in der aktuellen Emotionsforschung mit zunehmendem Interesse untersucht (eye square 2016). Da Emotionen seit jeher im Konsumentenverhalten eine große Rolle spielen, und dieses die Basis für die Markenführung darstellt, wäre es fahrlässig, dem Stolz nur unzureichend Beachtung zu schenken. Zum anderen gilt allgemein als erwiesen, dass Stolz – empfunden von Kunden, Mitarbeitern oder Führungskräften – das Verhalten von Organisationen essenziell beeinflusst (Kraemer und Gouthier 2014, S. 126) und somit positive Auswirkungen für diejenigen Organisationen haben kann, die Bezugsobjekte des Stolzes sind. Stolze Mitarbeiter sind motivierter und erreichen ihre Ziele besser (Verbeke et al. 2004, S. 386), und stolze Kunden sind eher dazu geneigt, positiv über ein Unternehmen zu sprechen und sich loyal zu zeigen (Decrop und Derbaix 2010, S. 586), um nur einige der in der Literatur untersuchten positiven Auswirkungen von Stolz im wirtschaftlichen Kontext zu nennen. Um die positiven Effekte von Stolz aber realisieren zu können, ist es dringend erforderlich, mehr über seine Auslöser und Wirkungen zu erfahren.

Auch wenn das Phänomen Markenstolz bisher in Marketingpraxis und -forschung insgesamt vernachlässigt wurde (Römhild 2016), liegen dennoch – häufig aus verwandten Disziplinen wie dem Personalwesen oder der Organisationsforschung – einzelne Erkenntnisse zu spezifischen Kontexten vor (vgl. Tab. 2). Nach Wissen des Autors gibt es allerdings weder konzeptionelle Veröffentlichungen noch empirische Studien, die sich explizit mit dem Markenstolz von Mitarbeitern in B-to-B-Unternehmen auseinandersetzen. Aufgrund der Bedeutung des Themas für die Praxis ist dies bedauerlich. Einen ersten Beitrag zur Schließung dieser Forschungslücke zu leisten, ist Ziel des vorliegenden Artikels. Allerdings können an dieser Stelle nur erste Überlegungen skizziert werden, die es in der Zukunft zu konkretisieren gilt.

Tab. 2 Ausgewählte Studien zum Thema Organisationsstolz und Markenstolz

Quelle	Forschungsfrage	Branche/Kontext
Edwards (2016)	Wie wirkt sich externes Sponsoring auf den Stolz der Mitarbeiter aus?	– Unbekannt, aber vermutlich B-to-C, da es sich um das Sponsoring für die Olympischen Spiele handelte
Helm et al. (2016)	Wie beeinflusst die wahrgenommene Ähnlichkeit der Marke des eigenen Arbeitgebers mit dem aktuellen und idealen Selbstbild a) Identifikation und b) Stolz mit der Marke sowie c) markenkonformes Verhalten?	– Unterschiedliche und heterogene Branchen
Mas-Machuca et al. (2016)	Welche Beziehung besteht zwischen dem Konzept der Work-Life-Balance, dem Organisationsstolz sowie der Arbeitszufriedenheit?	– Pharmazie
Bellezza und Keinan (2014)	Wie wirkt es sich auf den Stolz der Stammkunden aus, wenn „non-core users" Zugang zur Marke erhalten?	– Elite-Universitäten (Studie 1) – Analog-Fotografie (Studie 2) – Designermode (Studie 3) – Sportevents (Studie 4) – Weiterbildung (Studie 5) – Exklusiver Sportverein (Studie 6)
Kraemer und Gouthier (2014)	Wie beeinflussen emotionale Erschöpfung und Organisationsstolz die Absicht, den Arbeitgeber zu verlassen?	– Call-Center
Helm (2013)	In welcher Beziehung stehen Arbeitszufriedenheit und Wechselabsicht zu der durch Mitarbeiter wahrgenommenen externen Reputation und ihrem Stolz, Teil der Organisation zu sein?	– Unternehmen des *Fortune's Index of America's Most Admired Companies (AMAC)*
Rhein (2012)	Wie wirkt sich Corporate Social Responsibility und Organisationsstolz auf Mitarbeiter im Kundenkontakt aus?	– Sehr heterogene Branchen, mehrheitlich B-to-C
Veleva et al. (2012)	Welche Auswirkungen hat lokales soziales Engagement auf unternehmerische Kennzahlen (u. a. Stolz)?	– Sicherheitsprüfungen und Zertifizierungen
Gouthier und Rhein (2011)	Wie wirkt sich organisationaler Stolz aus auf Engagement, Einsatz, Kreativität und Wechselbereitschaft von Mitarbeitern im Kundenservice?	– Bank (Vorstudie) – Sonstige Dienstleistungsunternehmen
Decrop und Derbaix (2010)	Wie wirkt sich Stolz auf die Beziehungen von Fußballfans zu ihren Clubs aus?	– Sport

Tab. 2 (Fortsetzung)

Quelle	Forschungsfrage	Branche/Kontext
Michie (2009)	Gibt es eine Verbindung von Stolz und Dankbarkeit mit dem Sozialverhalten von Führungspersönlichkeiten?	– Verschiedene Branchen, u. a. Finanzdienstleistungen, Unternehmensberatung, Gesundheitsbranche, Baugewerbe, produzierendes Gewerbe und Handel
Verbeke et al. (2004)	Wie wirkt sich Stolz auf das Verhalten von Mitarbeitern im persönlichen Verkauf und auf ihre Beziehungen mit Kunden und Kollegen aus?	– Finanzdienstleistungen (Vorstudie) – Industrieprodukte und industrielle Dienstleistungen sowie Versicherungen (Studie 1) – Automobilhandel (Studie 2)

2 Begriffserklärung

2.1 Stolz

Gefühle wie Freude, Überraschung, Scham, Schuld oder Zorn werden als Basisemotionen bezeichnet und stellen psychische Erregungen dar, die subjektiv und häufig kulturübergreifend wahrgenommen werden können (Pepels 2013, S. 50; Tracy und Robins 2007, S. 147). In der Regel wird auch Stolz den Emotionen zugeordnet. Dabei ist man sich weitgehend einig, dass Stolz eine Emotion ist, die von komplexen kognitiven Prozessen abhängt und derer man sich infolgedessen bewusst wird. Stolz wird deshalb als selbstbewusste (self-conscious) Emotion interpretiert (Tangney und Fischer 1995) und gilt als komplexer, aber gleichzeitig starker Treiber unseres sozialen Verhaltens (Tracy und Robins 2007, S. 147). Normalerweise entsteht Stolz in Zusammenhang mit bestimmten Stimuli, z. B. als Reaktion auf ein bestimmtes Ereignis (Basch und Fisher 1998). Dabei wird Stolz oft intensiv, aber normalerweise wenig nachhaltig erlebt (Gouthier und Rhein 2011, S. 635).

Das Empfinden von Stolz kann verschiedene Ursachen haben (Kraemer und Gouthier 2014, S. 128): Stolz kann einerseits über die eigene Leistung entstehen. Helm (2013, S. 544) nennt diese Art von Stolz „personal pride". Der persönliche Stolz kann intrinsisch entstehen, z. B. weil man mit dem eigenen Arbeitsergebnis zufrieden ist. Als Bewertungsmaßstab kann dabei ein Referenzwert (z. B. ein sozialer Standard, ein Vergleich mit anderen oder eine externe Vorgabe) dienen, der in einer Art Selbstbewertung oder Selbstreflektion mit der eigenen Leistung verglichen wird (Gouthier und Rhein 2010, S. 214; Lewis 2008; Verbeke et al. 2004, S. 387). Mitunter ist der persönliche Stolz aber auch extrinsisch ausgeprägt, wenn man z. B. Stolz darüber empfindet, dass Andere die eigene Arbeitsleistung positiv beurteilen. Andererseits kann Stolz aber auch über die Leistung einer nahestehenden Person oder einer verbundenen Gruppe bzw. Organisation empfunden werden, wobei letzteres für Wirtschaftsunternehmen als besonders relevant einzuschätzen ist. Dieser „collective pride" wird oft in der Forschung vernachlässigt (Helm 2013, S. 544). Eine Übersicht über ausgewählte Definitionen und Ursachen von Stolz findet sich im Literaturüberblick der Tab. 3.

Tab. 3 Ein Überblick zu ausgewählten Definitionen und Ursachen von Stolz

Quelle	Definition und Ursachen von Stolz
Stolz über die eigene Leistung (intrinsisch)	
Bellezza und Keinan (2014, S. 400)	„Pride is a feeling of satisfaction and fulfillment over one's achievements and capabilities."
Kraemer und Gouthier (2014, S. 128)	„Psychological research typically defines pride as a positive emotion that emerges if a perceived performance exceeds expectations or social standards."
Helm (2013, S. 544)	„Personal pride is intrinsically motivated and relies on personal achievements such as the quality of one's work and a sense of one's own proper dignity or value and self-respect for work accomplishments."
Michie (2009, S. 393)	„... feelings of pride occur when a positive outcome (for oneself) is attributed to one's own efforts."
Michie (2009, S. 394)	„When we do something right or good, positive feelings of pride and self-approval are likely to result."
Verbeke et al. (2004, S. 387)	„Pride specifically emerges when a person reaches or exceeds social standards or expectations."
Mascolo und Fischer (1995, S. 66)	Pride can be defined as an emotion „generated by appraisals that one is responsible for a socially valued outcome or for being a socially valued person".
Stolz als wahrgenommene Wertschätzung der eigenen Leistung durch andere (extrinsisch)	
Bellezza und Keinan (2014, S. 400)	„Feelings of pride appear when one's behavior is positively valued by others."
Verbeke et al. (2004, S. 386)	„Feelings of pride emerge when salespeople experience personal worth because they match or even exceed expectations with respect to performance."
Stolz als Gefühl der Zugehörigkeit (collective pride)	
Bellezza und Keinan (2014, S. 398)	„Individuals display pride in being associated with specific in-groups and brand communities."
Helm (2013, S. 544)	„Collective pride ... describes pleasure taken in being associated with one's employer."
Pitta et al. (2006, S. 424)	„Pride reflects the degree to which consumers feel appreciated by the company and proud of their personal association with the brand."
Cable und Turban (2003, S. 2249)	Pride can result „from organizational membership."

2.2 Organisationsstolz

In Anlehnung an die Definition von Stolz durch Bellezza und Keinan (2014, S. 400) kann Organisationsstolz definiert werden als Gefühl der Zufriedenheit eines Mitarbeiters mit den Leistungen und Fähigkeiten einer Organisation. Forschungen zum Organisationsstolz legen nahe, dass es einen signifikant positiven Zusammenhang zwischen dem genannten Konstrukt und der Zufriedenheit mit der eigenen Arbeitssituation gibt (Mas-Machuca et al. 2016, S. 587).

Die Überlegungen von Gouthier und Rhein (2010, S. 214 f.) lassen jedoch den Schluss zu, dass es sich beim Organisationsstolz nicht nur um eine Emotion, sondern auch um eine Einstellung handeln kann. Einstellungen sind „relativ stabile, organisierte und erlernte innere Bereitschaften (Prädispositionen)" (Pepels 2013, S. 57). Die Beziehung vom Organisationsstolz als Emotion zum Organisationsstolz als Einstellung ist dabei folgendermaßen zu verstehen: Wird Stolz auf die Organisation immer wieder als Emotion empfunden, kehrt also dieses Gefühl regelmäßig wieder, wird die Entstehung von Organisationsstolz als Einstellung begünstigt. Diese Einstellung basiert auf einer ganzheitlichen Evaluation der organisationalen Leistungsfähigkeit (Kraemer und Gouthier 2014, S. 128). Demzufolge unterscheiden Gouthier und Rhein (2011, S. 635 f.) zwischen „Emotional organizational pride" und „Attitudinal organizational pride". Die erste Art von Stolz entsteht, wenn Mitarbeiter mit Stimuli konfrontiert werden, die sie stolz machen: die Arbeitsergebnisse ihres Teams, anderer Kollegen oder der Firma insgesamt. Dabei erfolgt ein kognitiver Vergleich zwischen der erbrachten bzw. erlebten und der erwarteten Leistung. Solche Stimuli können bspw. Informationen über das externe Image des Arbeitgebers (Cable und Turban 2003, S. 2244; Helm 2013, S. 543; Jones et al. 2014, S. 383), bestimmte Unternehmensaktivitäten, die in der Meinung des Mitarbeiters die Unternehmensreputation erhöhen (z. B. Sponsoring; Edwards 2016, S. 725), oder auch faires Verhalten des Unternehmens gegenüber einzelnen Mitgliedern der Organisation sein (Restubog et al. 2008, S. 1377; Wiesner 2016, S. 204 ff.)

Die zweite Art von Stolz hingegen steht nicht mehr im Zusammenhang mit singulären Ereignissen, sondern hat sich mit der Zeit gebildet und wird bedingt durch den Wunsch der Mitarbeiter, sich mit der Organisation zu identifizieren. Da Organisationsstolz als Einstellung als eine im Zeitverlauf relativ stabile Grundhaltung des Mitarbeiters gegenüber seinem Arbeitgeber interpretiert werden kann und ihn veranlassen kann, in „konsistent positiver Weise" gegenüber diesem zu reagieren (Römhild 2016, S. 7), ist dieses Konstrukt für die Markenführung von besonderem Interesse.

Organisationsstolz kann viele positive Effekte haben, u. a. motiviertere und zufriedenere Mitarbeiter (Gunter und Furnham 1996), bessere Bewerber durch antizipierten Organisationsstolz (Cable und Turban 2003, S. 2244; Jones et al. 2014, S. 385) und weniger Fälle von Burn-out (Mas-Machuca et al. 2016, S. 596). An dieser Stelle besonders relevant ist der positive Zusammenhang zwischen Organisationsstolz und dem Konstrukt „Organizational Citizenship Behavior" (Verbeke et al. 2004, S. 386), da in der Markenführung hierzu analog der Begriff der „Brand Citizenship Behavior" existiert (Burmann und Zeplin 2005, S. 118). Organizational citizenship behavior (OCB), auch als „the good soldier syndrom" bezeichnet (Organ 1988), beschreibt freiwillige Verhaltensweisen, die weder formal – z. B. durch Regeln – festgelegt sind noch durch das Entlohnungssystem anerkannt werden, aber dennoch die Leistungsfähigkeit einer Organisation steigern (Organ 1988, S. 4). Organisationsstolz leistet über OCB also einen Beitrag zum Unternehmenserfolg, was nicht nur konzeptionell begründet (Podsakoff et al. 2000, S. 543 ff.), sondern auch empirisch bestätigt werden kann (Podsakoff et al. 2000, S. 546 ff.).

2.3 Marke und Markenstolz

In der Literatur wird seit vielen Jahrzehnten der Begriff der Marke diskutiert. Dabei hat sich eine Vielzahl von Ansätzen entwickelt, die unterschiedliche Blickwinkel einnehmen und eigene Definitionen hervorbringen. Üblicherweise werden diese in rechtliche, objektbezogene, anbieter- oder nachfragerorientierte Definitionen unterteilt (z. B. Baumgarth 2014, S. 3; Bruhn 2004, S. 9; de Chernatony 2010, S. 29; Schmidt 2015, S. 4). Analog zu Schmidt et al. (2017) in diesem Buch wird auch hier der nachfragerorientierten Auffassung gefolgt, die Marken aus Sicht der relevanten Stakeholder (z. B. Kunden) beschreibt (z. B. Berekoven 1978, S. 43). Burmann et al. (2015, S. 28) definieren eine Marke als „. . . ein Bündel aus funktionalen und nicht-funktionalen Nutzen, deren Ausgestaltung sich aus Sicht der Zielgruppen der Marke nachhaltig gegenüber konkurrierenden Angeboten differenziert". Ähnlich definiert Esch (2014, S. 22) Marken als „Vorstellungsbilder in den Köpfen der Anspruchsgruppen, die eine Identifikations- und Differenzierungsfunktion übernehmen und das Wahlverhalten prägen". Konkretisieren lässt sich diese nachfragerorientierte Perspektive dadurch, dass eine starke Marke aus Sicht der relevanten Stakeholder einen hohen Bekanntheitsgrad am Markt, ein differenzierendes Image im Vergleich zum Wettbewerb sowie eine klare Präferenzbildung bei den Kunden aufweist (Baumgarth 2014, S. 5).

Markenstolz kann nun aus mindestens zwei Perspektiven betrachtet werden: der Perspektive der Kunden und der Perspektive der Mitarbeiter. **Kundenseitiger Markenstolz** „beschreibt eine durch wiederholtes Erleben positiver Emotionen ausgelöste, langfristig stabile, positive Einstellung eines Kunden gegenüber einer Marke" (Römhild 2016, S. 9). Als Ursachen von Markenstolz nennt Römhild (2016, S. 11) eigene Leistungen des Kunden im Kaufprozess, die Antizipation sozialer Anerkennung, Produktprestige, wahrgenommener Produktnutzen, Kundenidentifikation und Kundenzuneigung. Als Konsequenzen identifiziert sie in ihrer Studie Kunden-Commitment, Kundenfürsprache und Markenloyalität (Römhild 2016, S. 12).

Die Ausführungen in diesem Beitrag konzentrieren sich auf den **mitarbeiterseitigen Markenstolz.** Um die Grundlage für die Modellentwicklung in Abschn. 3 zu legen, wurde der Begriff Brand Pride (in Anführungszeichen gesetzt) am 31.08.2016 mithilfe der Suchmaschinen *Google Scholar* und *EBSCO Business Source Premier* einer Analyse unterzogen. In letzterer wurden allerdings nur zwei Treffer erzielt (Helm et al. 2016 sowie ein Konferenzbeitrag der gleichen Autoren), und da sich unter den Ergebnissen Selkänen (2016) auf deren Forschungsergebnisse bezog, wurden in der Folge nur die 102 Suchresultate von *Google Scholar* gesichtet. Davon bezogen sich lediglich 13 Angaben auf den Markenstolz der Mitarbeiter, wovon allerdings nur acht als wissenschaftlich relevant eingestuft werden konnten. Die Tab. 4 gibt einen Überblick über die identifizierte Literatur und die für den vorliegenden Beitrag wichtigsten Erkenntnisse.

Tab. 4 Durch Google Scholar identifizierte Literatur zum Thema Markenstolz der Mitarbeiter

Quelle	Wichtigste Erkenntnisse
Ahn et al. (2016)	Markenorientiertes Verhalten wird durch die Verbundenheit mit der Marke determiniert und führt zu Markenstolz.
Selkänen (2016)	Markenstolz beeinflusst die nach außen gerichtete Kommunikation der Mitarbeiter, wird aber nur in einer Situation erreicht, in der die Marke des Arbeitgebers im Einklang steht mit den idealen Werten der Mitarbeiter. (*Anmerkung*: Der Autor bezieht sich auf die Forschungen von Helm et al. 2016)
Bansal und Pandey (2014, S. 3)	Markenstolz ist ein Begriff für die positive Emotion, die ein Mitarbeiter aufgrund des Gefühls, Teil einer Organisation zu sein, empfindet. Dieses Gefühl kann einerseits aufgrund seiner Zugehörigkeit zu der besten Organisation oder durch die Arbeit mit den besten Leuten in einem bestimmten Bereich entstehen. Andererseits können bewusste organisationale Praktiken, wie der Aufbau eines Markenimages und das Einhalten des Markenversprechens gegenüber den Mitarbeitern, dazu beitragen.
Merk (2014)	Markenstolz kann unterschieden werden in den Stolz dazuzugehören (*pride of belonging*) und Stolz auf den Erfolg (*pride due to success*).
Porricelli (2013)	Markenstolz fungiert als Mediator in der Beziehung zwischen markenorientiertem Verhalten (*brand citizenship behavior*) und Markenverbundenheit (*brand commitment*).
Kulik und Alarcon (2012)	In Kulturen mit starker Ethik ist die Marke des Unternehmens etwas, auf das man stolz sein kann. Produkte und Dienstleistungen, die unter dieser Marke zur Verfügung gestellt werden, sind im Vergleich zu einigen, wenn nicht sogar zu vielen, Wettbewerbern des Unternehmens überlegen.
Jain und Muthukumar (2010)	Der Markenstolz der Mitarbeiter kann eine Kennzahl sein, um die Leistungsfähigkeit der Unternehmensmarke zu messen.
Speak (2000)	Markenbotschafter müssen stolz auf die Marke sein. Dieser Stolz basiert auf ihrem Glauben an das Markenversprechen und auf der Überzeugung, dass sie mit der Marke einige Werte teilen.

2.4   Interner Markenstolz

Marken sind Vorstellungsbilder in den Köpfen der Anspruchsgruppen von Unternehmen
(Esch 2014, S. 22). Wenn Mitarbeiter dauerhaft Stolz für die Marke ihres Arbeitgebers
empfinden, beruht dieses Gefühl auf der Wahrnehmung und Beurteilung solcher Vorstellungsbilder (Images) des Unternehmens durch den Mitarbeiter. Der Beurteilungsprozess
geht einher mit Gefühlen wie Spaß, Sinnhaftigkeit und einem erhöhten Selbstwertgefühl
(Hodson 1998; Kraemer und Gouthier 2014, S. 128; Lowrey und Becker 2004; Tracy und
Robins 2007). In Anlehnung an Römhild (2016, S. 9) lässt sich der interne Markenstolz
folglich als eine durch wiederholtes Erleben positiver Emotionen ausgelöste, langfristig
stabile, positive Einstellung eines Mitarbeiters gegenüber einer Marke definieren, die aufgrund der positiven Einschätzung ihres externen Images entsteht. Dies grenzt den Begriff
Markenstolz vom Organisationsstolz ab. Unter Organisationsstolz versteht man den Stolz,
der sich entwickelt, weil man Teil dieser Organisation ist (Bansal und Pandey 2014, S. 3).
Organisationsstolz ist also der umfassendere Begriff. Anders als Markenstolz beruht Organisationsstolz nicht zwangsläufig auf der Interpretation der externen Wahrnehmung,
sondern kann auch auf Erlebnisse in der Organisation zurückzuführen sein, die keine externe Wirkung haben.

Der interne Markenstolz ist somit auch anders zu interpretieren als andere, in den gängigen Modellen der internen Markenführung häufig diskutierte Zielgrößen (Saleem und
Iglesias 2016, S. 44), wie z. B. die Identifikation (Brand Identification) und Verbundenheit
(Brand Commitment) der Mitarbeiter mit einer Marke sowie ihr markenorientiertes Verhalten (Brand Citizenship Behavior). Die Markenidentifikation bezieht sich dabei auf die
empfundene psychologische Zugehörigkeit zur Marke. Geht diese Zugehörigkeit einher
mit einer tiefen Verbundenheit, welche sich positiv auf die Bereitschaft der Mitarbeiter
auswirkt, sich für die Ziele der Marke einzusetzen, spricht man von Brand Commitment
(Burmann und Zeplin 2005, S. 120). Brand Citizenship Behavior, welches auch als „Mar-
kenbürgertum" bezeichnet wird (Burmann und Zeplin 2005, S. 118), umfasst diejenigen
Verhaltensweisen eines Mitarbeiters, die im Einklang mit der Markenidentität und ihrer
Positionierung stehen (Piehler 2011, S. 303).

3   Markenstolz der Mitarbeiter im Kontext von B-to-B-Marken

Für den Erfolg der im B-to-B-Sektor vorherrschenden Unternehmensmarken ist die interne Markenführung besonders bedeutsam, da aufgrund des hohen Serviceanteils, der
Integration der Abnehmer in die Leistungserstellung und der persönlichen Betreuung eine Vielzahl an Markenkontaktpunkten besteht, an denen die Kunden – anders als bei

Konsumgütern – die Marke und ihre Repräsentanten direkt erleben (Kilian 2012, S. 35; Pförtsch und Schmid 2005, S. 86; Schmidt 2015, S. 70). Auch ist die Interaktionsintensität an diesen Markenkontaktpunkten in der Regel höher als in Konsumgütermärkten (Burmann und Launspach 2010, S. 176). Außerdem bleibt aufgrund der eher knappen Werbebudgets, die in vielen mittelständisch und inhabergeführten Unternehmen des B-to-B-Sektors vorherrschen (Schultheiss 2011, S. 34), häufig gar keine andere Wahl, als Mitarbeiter aktiv am Markenaufbau zu beteiligen.

In der Literatur ist eine Reihe an Vorschlägen entwickelt worden, wie die interne Markenführung ausgestaltet sein sollte, um markenkonformes Verhalten der Mitarbeiter zu begünstigen und letztlich zur Stärkung der Marke beizutragen (Schmidt und Kilian 2012). Überraschenderweise spielt das Konstrukt des Markenstolzes in den entsprechenden Modellen nur selten eine Rolle. Eines der bekanntesten und empirisch validierten (Burmann et al. 2009) Modelle der innen gerichteten Markenführung ist das von Burmann und Zeplin (2005). Die Autoren betonen die Bedeutung der Markenkommunikation, der markenorientierten Führung und markenorientierter Aktivitäten der Personalführung, um Markenverbundenheit aufzubauen und markenorientiertes Verhalten zu begünstigen. Das markenorientierte Verhalten zahlt schließlich auf die Markenstärke ein. Das Wort „Stolz" kommt in den relevanten Ausführungen der Autoren (Burmann und Zeplin 2005, S. 122 ff.) – wie auch in vielen anderen Modellen – nicht vor.

Bereits in Abschn. 2.2 konnte gezeigt werden, dass Organisationsstolz über das Konstrukt „Organisational Citizenship Behavior" den Erfolg eines Unternehmens beeinflusst. Analog hierzu ist zu vermuten, dass Markenstolz der Mitarbeiter – über das Konstrukt „Brand Citizenship Behavior" – zur Stärkung der Marke beiträgt. Die Wirkung von Markenstolz könnte also ähnlich sein wie die von Brand Commitment, unterscheidet sich aber hinsichtlich ihrer Entstehung. Alternativ könnte Markenstolz auch als Mediator zwischen der Verbundenheit mit einer Marke und dem markenorientierten Verhalten fungieren (Porricelli 2013). Das Konstrukt Markenstolz wird somit zu einer zentralen Zielvorgabe für die interne Markenführung (Jain und Muthukumar 2010).

Zwar ist noch zu wenig darüber bekannt, wie genau interner Markenstolz entsteht und welche Wirkungen zu beobachten sind. Gesicherte empirische Erkenntnisse liegen nach Kenntnis des Autors nur sehr wenige vor. Die vorangegangene Argumentation sollte jedoch gezeigt haben, dass Markenstolz der Mitarbeiter in B-to-B-Unternehmen für die Markenstärke eine hohe Relevanz besitzt und verstärkt in den Blickunkt der Markenverantwortlichen rücken sollte. Aufbauend auf den Erkenntnissen zum Organisationsstolz erscheint es deshalb plausibel, die in Tab. 5 genannten Elemente als Auslöser für Markenstolz zu betrachten. Die Tabelle benennt auch mögliche Maßnahmen, die erste Ansätze bieten, um Markenstolz in der Praxis auszulösen.

Tab. 5 Auslöser von Markenstolz und mögliche Maßnahmen für die Praxis

Auslöser von Markenstolz	Begründung	Quellen	Mögliche Maßnahmen für die Praxis
Geschichte der Marke	Stolz kann durch das Gefühl entstehen, Teil einer Gemeinschaft zu sein, die in der Vergangenheit Großartiges geleistet hat.	Bellezza und Keinan (2014), Bansal und Pandey (2014), Merk (2014), Cable und Turban (2003)	– Aufbau eines Markenmuseums (analog oder virtuell) – Sichtbarkeit schaffen für ältere Produkte und Prototypen (z. B. Ausstellung in der Produktionshalle oder in der Kantine, Leihgaben an Museen) – Integration der Unternehmensgeschichte in Seminare (z. B. für neue Mitarbeiter) – Feiern von Firmenjubiläen – Dokumentation historischer Spitzenleistungen (z. B. in Markenbüchern oder durch Fallstudien) – Gezielter Einsatz von Geschichten rund um die Marke (Storytelling)
Eigener Beitrag zur Markenführung	Stolz kann durch die positive Bewertung des eigenen Arbeitsergebnisses entstehen, entweder ohne oder mit Vergleich zu externen Benchmarks. Je mehr man in arbeitsteiligen Prozessen (Markenbildung ist arbeitsteilig) das Gefühl hat, selbst zum Arbeitsergebnis beigetragen zu haben, umso eher wird man auch Stolz darüber empfinden können.	Bellezza und Keinan (2014), Helm (2013), Michie (2009), Mascolo und Fischer (1995)	– Mitarbeiterschulungen zum Thema Marke – Einbeziehung der Mitarbeiter in Projekte der internen Markenführung (z. B. Markenbotschafterprogramme) – Vergabe von Auszeichnungen für besonders markenkonforme Leistungen

Tab. 5 (Fortsetzung)

Auslöser von Markenstolz	Begründung	Quellen	Mögliche Maßnahmen für die Praxis
Wahrgenommenes Prestige der Marke	Je positiver andere die eigene Leistung beurteilen, umso eher entsteht das Gefühl von Stolz. Wenn das Bewusstsein besteht, dass man selbst zum Markenaufbau beiträgt, wird man auch stolz darauf sein, wenn andere diese positiv beurteilen.	Edwards (2016), Römhild (2016), Bellezza und Keinan (2014)	– Publikation von Imagestudien und Rankings – Teilnahme an markenbezogenen Wettbewerben (z. B. „bestbrands" oder „greenbrands") – Veröffentlichung von positiven Kundenmeinungen (Testimonials) – Herausstellen von starken Marken unter den Kunden („Wir beliefern die berühmte Marke XY") – Vorträge durch das Management auf angesehenen Kongressen – Teilnahme des Unternehmens an den wichtigsten Branchenevents (z. B. Messen)
Wahrgenommener Nutzen der Marke	Markenführung bedeutet auch, Versprechen zu halten. Das Einhalten oder Übertreffen von Erwartungen, die aus den Versprechen resultieren, führt zu Kundenzufriedenheit. Der wahrgenommene Nutzen erhöht sich, wenn nicht nur funktionale und emotionale Kundenbedürfnisse erfüllt werden, sondern die Marke auch mit einem spezifischen Sinn verknüpft werden kann.	Kraemer und Gouthier (2014), Michie (2009), Verbeke et al. (2004)	– Publikation von Kundenzufriedenheitsstudien – Teilnahme an sonstigen allgemeinen Awards (z. B. „TOP Service Deutschland", „Ludwig-Erhardt-Preis" bzw. „Deutscher Qualitätspreis" oder fachspezifische Auszeichnungen) – Verknüpfung der Marke mit sozialen Themen (z. B. Sponsoring gemeinnütziger Organisationen)

4   Fazit und Forschungsbedarf

Die interne Markenführung hat in den letzten beiden Jahrzehnten eine Reihe an Vorschlägen entwickelt, wie Marken von innen nach außen zu führen sind. Das Konstrukt
Markenstolz spielt in der diesbezüglichen Literatur bisher jedoch kaum eine Rolle. Dies
ist verwunderlich, da davon auszugehen ist, dass Mitarbeiter, die stolz auf die Marke ihres
Arbeitsgebers sind, sich im Vergleich zu wenig markenstolzen Mitarbeiter stärker markenorientiert verhalten und somit zum Markenaufbau aktiv beitragen. Konkret bedeutet dies
u. a., dass markenstolze Mitarbeiter motivierter sind, das Markenversprechen einzuhalten,
indem sie ...

- sich fundiertes Markenwissen aneignen,
- markenspezifische Fähigkeiten erwerben (z. B. markenspezifische Bearbeitung von
  Kundenbeschwerden),
- ihr Markenwissen durch persönliche Kommunikation weitergeben und
- die Marke auch nonverbal (z. B. über ihre Kleidung) repräsentieren (Wentzel et al.
  2014, S. 233 ff.).

Maßnahmen, die den internen Markenstolz fördern, dürften insbesondere für B-to-B-
Unternehmen relevant sein. Die interne Markenführung nimmt hier in der Regel eine besonders wichtige Stellung ein, da Budgets für die externe Markenführung häufig gering
sind und durch viele Schnittstellen zwischen den Mitarbeitern der Anbieter und Kunden das markenorientierte Verhalten großen Einfluss auf die Markenwahrnehmung nimmt.
Aus den genannten Gründen lässt sich ein dringender Forschungsbedarf zum Thema Markenstolz konstatieren, der sich u. a. folgendermaßen konkretisieren lässt:

- Welche Gemeinsamkeiten und Unterschiede gibt es zwischen dem Markenstolz der
  Kunden (externer Markenstolz) und dem Markenstolz der Mitarbeiter (interner Mar-
  kenstolz)?
- Wie unterscheidet sich interner Markenstolz vom organisationalen Stolz?
- Welche Beziehung besteht zwischen Markenstolz, Markenverbundenheit (brand com-
  mitment) und markenorientiertem Verhalten (brand citizenship behaviour)?
- Welche Auslöser und Wirkungen von Stolz lassen sich empirisch nachweisen?
- Wie kann der interne Markenstolz in Modelle der internen Markenführung integriert
  werden?

Literatur

Ahn, Y.-J., Hyun, S. S., & Kim, I. (2016). City residents' perception of MICE city brand orientation and their brand citizenship behavior. *Asia Pacific Journal of Tourism Research, 21*(3), 328–353.

Bansal, G., & Pandey, P. (2014). Brand pride as a construct contributing to retaining mission critical talent of the organization. *International Journal of Research in Commerce, IT & Management, 4*(10), 1–7.

Basch, J., & Fisher, C. D. (1998). Affective events-emotions matrix. School of Business Discussion Papers. http://epublications.bond.edu.au/discussion_papers/65. Zugegriffen: 12. Jan. 2017.

Baumgarth, C. (2014). *Markenpolitik* (4. Aufl.). Wiesbaden: Springer Gabler.

Baumgarth, C., Gietl, J., Kilian, K., & Schmidt, H. J. (2016). *Technologiemarken.* Arbeitspapiere des Expertenrats Technologiemarken, Bd. 1. Koblenz: Expertenrat Technologiemarken.

Bellezza, S., & Keinan, A. (2014). Brand tourists. *Journal of Consumer Research, 41*(2), 397–417.

Berekoven, L. (1978). Zum Verständnis und Selbstverständnis des Markenwesens. In C.-A. Andreae (Hrsg.), *Markenartikel heute* (S. 35–48). Wiesbaden: Gabler.

Bruhn, M. (2004). Begriffsabgrenzungen und Erscheinungsformen von Marken. In M. Bruhn (Hrsg.), *Handbuch Markenführung* 2. Aufl. (Bd. 1, S. 3–49). Wiesbaden: Gabler.

Burmann, C., & Launspach, J. (2010). Identitätsbasierte Betrachtung von B-to-B-Marken. In C. Baumgarth (Hrsg.), *B-to-B-Markenführung* (S. 155–178). Wiesbaden: Gabler.

Burmann, C., & Zeplin, S. (2005). Innengerichtetes identitätsbasiertes Markenmanagement. In H. Meffert, C. Burmann & M. Koers (Hrsg.), *Markenmanagement* (2. Aufl., S. 115–139). Wiesbaden: Gabler.

Burmann, C., Zeplin, S., & Riley, N. (2009). Key determinants of internal brand management success. *Journal of Brand Management, 16*(4), 264–284.

Burmann, C., Halaszovich, T., Schade, M., & Hemmann, F. (2015). *Identitätsbasierte Markenführung* (2. Aufl.). Wiesbaden: Springer Gabler.

Cable, D. M., & Turban, D. B. (2003). The value of organizational reputation in the recruitment context. *Journal of Applied Social Psychology, 33*(11), 2244–2266.

de Chernatony, L. (2010). *From brand vision to brand evaluation* (3. Aufl.). Amsterdam: Elsevier.

Decrop, A., & Derbaix, C. (2010). Pride in contemporary sport consumption: a marketing perspective. *Journal of the Academy of Marketing Science, 38*(5), 586–603.

Edwards, M. R. (2016). The olympic effect. Employee reactions to their employer's sponsorship of a high-profile global sporting event. *Human Resource Management, 55*(4), 721–740.

Esch, F.-R. (2014). *Strategie und Technik der Markenführung* (8. Aufl.). München: Vahlen.

eye square (2016). Memex 2016: Über Freude. http://www.eye-square.de/memex2016/. Zugegriffen: 20. Nov. 2016.

Gouthier, M. H. J., & Rhein, M. (2010). Serviceorientierung durch Organisationsstolz. In M. Bruhn & B. Stauss (Hrsg.), *Serviceorientierung im Unternehmen* (S. 209–228). Wiesbaden: Gabler.

Gouthier, M. H. J., & Rhein, M. (2011). Organizational pride and its positive effects on employee behavior. *Journal of Service Management, 22*(5), 633–649.

Gunter, B., & Furnham, A. (1996). Biographical and climate predictors of job satisfaction and pride in organization. *The Journal of Psychology, 130*(2), 193–208.

Heidig, W., Jobin, M., Budzanowski, A., & Tomczak, T. (2014). Fallstudie ABB. In F.-R. Esch, T. Tomczak, J. Kernstock, T. Langner & J. Redler (Hrsg.), *Corporate Brand Management* (3. Aufl., S. 549–562). Wiesbaden: Gabler.

Helm, S. V. (2013). A matter of reputation and pride. *British Journal of Management, 24*(4), 542–556.

Helm, S. V., Renk, U., & Mishra, A. (2016). Exploring the impact of employees' self-concept, brand identification and brand pride on brand citizenship behaviors. *European Journal of Marketing*, *50*(1/2), 58–77.

Hodson, R. (1998). Pride in task completion and organizational citizenship behaviour. *Work & Stress*, *12*(4), 307–321.

Jain, S., & Muthukumar, R. (2010). The Godrej Group. *IUP Journal of Entrepreneurship Development*, *7*(1/2), 63–76.

Jones, D. A., Willness, C. R., & Madey, S. (2014). Why are job seekers attracted by corporate social performance? *Academy of Management Journal*, *57*(2), 383–404.

Kilian, K. (2012). Interne Markenverankerung bei den Mitarbeitern. *transfer Werbeforschung & Praxis*, *58*(4), 35–40.

Kraemer, T., & Gouthier, M. H. J. (2014). How organizational pride and emotional exhaustion explain turnover intentions in call centers. *Journal of Service Management*, *25*(1), 125–148.

Kulik, B. W., & Alarcon, M. (2012). Strong culture or secular cult? http://www.g-casa.com/conferences/manila/papers/Alarcon-Cult.pdf. Zugegriffen: 29. Aug. 2016.

Lewis, M. (2008). Self-conscious emotions. In M. Lewis, J. Haviland-Jones & F. L. Barrett (Hrsg.), *Handbook of emotions* (3. Aufl., S. 742–756). New York: Guilford.

Lowrey, W., & Becker, L. B. (2004). Commitment to journalistic work: do high school and college activities matter? *Journalism & Mass Communication Quarterly*, *81*(3), 528–545.

Mas-Machuca, M., Berbegal-Mirabent, J., & Alegre, I. (2016). Work-life balance and its relationship with organizational pride and job satisfaction. *Journal of Managerial Psychology*, *31*(2), 586–602.

Mascolo, M. F., & Fischer, K. W. (1995). Developmental transformations in appraisals for pride, shame, and guilt. In J. P. Tangney & K. W. Fischer (Hrsg.), *Self-conscious emotions* (S. 64–113). New York: Guilford.

McKinsey (2013). Einkäufer vertrauen starken Marken. https://www.mckinsey.de/eink%C3%A4ufer-vertrauen-starken-marken-image-auch-im-b2b-bereich-ein-wichtiger-entscheidungsfaktor-0. Zugegriffen: 1. Sept. 2016.

Merk, M. (2014). *Luxury sales force management*. Basingstoke: Palgrave Macmillan.

Michie, S. (2009). Pride and gratitude. *Journal of Leadership & Organizational Studies*, *15*(4), 393–403.

Organ, D. W. (1988). *Organizational citizenship behavior*. Lexington: Lexington Books.

Pepels, W. (2013). *Käuferverhalten* (2. Aufl.). Berlin: Erich Schmidt.

Pförtsch, W., & Schmid, M. (2005). *B2B-Markenmanagement*. München: Vahlen.

Piehler, R. (2011). *Interne Markenführung*. Wiesbaden: Gabler.

Pitta, D., Franzak, F., & Fowler, D. (2006). A strategic approach to building online customer loyalty: Integrating customer profitability tiers. *Journal of Consumer Marketing*, *23*(7), 421–429.

Podsakoff, P. M., MacKenzie, S. B., Paine, J. B., & Bachrach, D. G. (2000). Organizational citizenship behaviors. *Journal of Management*, *26*(3), 513–563.

Porricelli, M. S. (2013). *The antecedents and consequences of brand citizenship behavior* (Diss.). Nova Southeastern University. Davie.

Restubog, S. L. D., Hornsey, M. J., Bordia, P., & Esposo, S. R. (2008). Effects of psychological contract breach on organizational citizenship behaviour. *Journal of Management Studies*, *45*(8), 1377–1400.

Rhein, M. K. (2012). *Die Auswirkungen von Corporate Social Responsibility und Organisationsstolz auf Mitarbeiter im Kundenkontakt* (Diss.). Technische Universität Berlin. Berlin.

Römhild, J. (2016). Stolz und Vor(ur)teil. *transfer Werbeforschung & Praxis*, *62*(2), 6–19.

Saleem, F. Z., & Iglesias, O. (2016). Mapping the domain of the fragmented field of internal branding. *Journal of Product & Brand Management*, *25*(1), 43–57.

Schmidt, H. J. (2015). *Markenführung*. Wiesbaden: Springer Gabler.

Schmidt, H. J., & Kilian, K. (2012). Internal branding, employer branding & co. *transfer Werbeforschung & Praxis*, *58*(1), 28–33.

Schmidt, H. J., Baumgarth, C., Gietl, J., & Kilian, K. (2017). B-to-B-Technologiemarken. In C. Baumgarth (Hrsg.), *B-to-B-Markenführung. Grundlagen – Konzepte – Best Practices* (2. Aufl.). Wiesbaden: Gabler.

Schultheiss, B. (2011). *Markenorientierung und -führung für B-to-B-Familienunternehmen*. Wiesbaden: Gabler.

Selkänen, T. (2016). Internal employer brand (masterthesis), Lappeenranta University of Technology. Lappeenranta. http://www.doria.fi/bitstream/handle/10024/123496/Master%27s%20Thesis%20-%20Toomas%20Selk%c3%a4nen.pdf?sequence=2. Zugegriffen: 20. Nov. 2016.

Speak, K. D. (2000). Beyond stewardship to brand infusion. *Design Management Journal (Former Series)*, *11*(1), 48–53.

Tangney, J. P., & Fischer, K. W. (1995). *Self-conscious emotions*. New York: Guilford.

Tracy, J. L., & Robins, R. W. (2007). Emerging insights into the nature and function of pride. *Current Directions in Psychological Science*, *16*(3), 147–150.

Veleva, V., Parker, S., Lee, A., & Pinney, C. (2012). Measuring the business impacts of community involvement. *Business and Society Review*, *117*(1), 123–142.

Verbeke, W., Belschak, F., & Bagozzi, R. P. (2004). The adaptive consequences of pride in personal selling. *Journal of the Academy of Marketing Science*, *32*(4), 386–402.

Walley, K., Custance, P., Taylor, S., Lindgreen, A., & Hingley, M. (2007). The importance of brand in the industrial purchase decision. *Journal of Business & Industrial Marketing*, *22*(6), 383–393.

Wentzel, D., Tomczak, T., Kernstock, J., Brexendorf, T. O., & Henkel, S. (2014). Den Funnel als Analyse- und Steuerungsinstrument von Brand Behavior heranziehen. In F.-R. Esch, T. Tomczak, J. Kernstock, T. Langner & J. Redler (Hrsg.), *Corporate brand management* (3. Aufl., S. 227–241). Wiesbaden: Gabler.

Wiesner, K. A. (2016). *Faires Management und Marketing*. Berlin: Oldenbourg.

Für diesen Moment arbeiten wir – Wie *ZEISS* mithilfe einer Kommunikationsmechanik für einheitliche Markenkommunikation sorgt

Jörg Dambacher und Jörg Nitschke

Zusammenfassung

B-to-B-Unternehmen agieren regelmäßig mit Dachmarken in sehr unterschiedlichen Produkt- und Ländermärkten. Gleichzeitig muss eine Dachmarke im B-to-B-Umfeld regelmäßig neben Kunden auch Mitarbeiter und potenzielle Mitarbeiter (Employer Branding) überzeugen. Der Beitrag verdeutlicht am Beispiel des Technologieunternehmens *ZEISS* und der mehrfach ausgezeichneten Kampagne „*ZEISS* Momente" prozessuale, strategische und instrumentelle Erfolgsfaktoren einer integrierten Dachmarkenarbeit.

Schlüsselbegriffe

Cookbook · Dachmarke · Employer Branding · Kommunikationsmechanik · Storytelling

Inhaltsverzeichnis

J. Dambacher (✉)
RTS Rieger Team Werbegentur GmbH
Leinfelden-Echterdingen, Deutschland
E-Mail: info@rts-riegerteam.de

J. Nitschke
Carl Zeiss AG
Oberkochen, Deutschland
E-Mail: joerg.nitschke@zeiss.com

1   Wer ist *ZEISS* und was macht *ZEISS*?

Seit 170 Jahren bringt *ZEISS* die Welt der Optik weiter voran und trägt mit seinen Lösungen zum technologischen Fortschritt bei. Aus der 1846 von *Carl ZEISS* in Jena gegründeten kleinen Werkstatt für Feinmechanik und Optik ist heute ein weltweit tätiger Technologiekonzern in der optischen und optoelektronischen Industrie entstanden – mit rund 25.000 Mitarbeitern und einem Umsatz von rund 4,5 Mrd. € (Geschäftsjahr 2014/15). Ihren Stammsitz hat die heutige *Carl ZEISS AG* in Oberkochen.

Das Unternehmen hat eine besondere deutsch-deutsche Geschichte hinter sich: Nach 1945 wird das Jenaer Unternehmen enteignet und zum bedeutenden Kombinat *VEB Carl ZEISS Jena* – im württembergischen Oberkochen entsteht ein neues Unternehmen mit dem Namen *Carl ZEISS*. Aus den beiden Unternehmen werden Wettbewerber auf dem Weltmarkt. Um Namen und Warenzeichen entbrennt ein jahrzehntelanger Streit. Erst das Londoner Abkommen 1971 regelt, in welchen Ländern *Carl ZEISS*, Oberkochen, und der *VEB Carl ZEISS Jena* die Marke *ZEISS* verwenden dürfen und wo nicht. Im Jahr 1991 wurden die getrennten Unternehmen wiedervereinigt.

Heute umfasst das breite Portfolio der *ZEISS* Gruppe sechs Unternehmens- und diverse Geschäftsbereiche in den vier Sparten Semiconductor Manufacturing Technology, Research & Quality Technology, Medical Technology und Vision Care/Consumer Optics. *ZEISS* entwickelt, produziert und vertreibt Halbleiterfertigungs-Equipment, Messtechnik, Mikroskope, Medizintechnik, Brillengläser sowie Foto- und Filmobjektive, Ferngläser und Planetariumstechnik.

ZEISS ist in mehr als 40 Ländern vertreten und verfügt über mehr als 30 Produktionsstandorte, über 50 Vertriebs- und Servicestandorte sowie rund 25 Forschungs- und Entwicklungsstandorte. Die *Carl ZEISS AG* führt die *ZEISS* Gruppe als strategische Management-Holding. Alleinige Eigentümerin der Gesellschaft ist die *Carl-ZEISS-Stiftung*. Diese besondere Eigentümerstruktur sichert den Spielraum, der auf lange Sicht Investitionen in neue Entwicklungen und Lösungen ermöglicht: In den Forschungs- und Entwicklungsabteilungen von *ZEISS* arbeiten ca. elf Prozent der Belegschaft an neuen Lösungen und Technologien für die optische Industrie. Jährlich werden rund zehn Prozent des Umsatzes für Forschungs- und Entwicklungsaktivitäten aufgewendet. Im Geschäftsjahr 2014/15 hielt *ZEISS* weltweit 7071 Patente und reichte 413 Erfindungen für Patent-Erstanmeldungen ein.

2 Der *ZEISS* Moment

2.1 Der Anlass für die Kommunikationsmechanik

So wie es sich in der Nachbetrachtung darstellt, scheint es aus Sicht der unterstützenden Agentur *RTS Rieger Team* mehrere Auslöser gegeben zu haben, warum sich *ZEISS* mit dem Thema ganzheitliche, integrierte Kommunikation beschäftigen wollte. Die Unternehmensstrukturen und Prozesse von *ZEISS* hatten in den 2000er-Jahren ein Zerrbild der Markenkommunikation von *ZEISS* entstehen lassen: ein in viele Einzelteile zersplittertes mittelständisches Unternehmen mit heterogenen, unkoordinierten Kampagnenansätzen, die bis dato nur noch durch ein umfangreiches Corporate Design zusammengehalten wurden. Also mit rudimentären formalen Mitteln, ohne inhaltlichen Faden. Damit stand die Rolle der Unternehmenskommunikation unumstößlich fest: Sie war die CD-Polizei. Sprich die Marketing- und Kommunikationsverantwortlichen der Unternehmensbereiche entwickelten und realisierten ihre Maßnahmen, während die Unternehmenskommunikation darauf achtete, dass niemand gegen die Regeln des Corporate-Design-Manuals verstieß. Diese Rollenverteilung machte niemanden glücklich. Aber bei *ZEISS* setzte im Laufe des Jahres 2009 ein Umdenken ein.

Ein weiterer Auslöser war eher humorig und wurde von der *Frankfurter Allgemeinen Sonntagszeitung* in Form eines Interviews, das der dänische Branding-Experte Martin Lindstrøm 2009 zum Thema Angela Merkel gegeben hatte, geliefert. Dort wurde er mit den Worten zitiert: „Sie ist zu einer Marke geworden – solide, verlässlich und konservativ. Keine Edelmarke, eher gutes Mittelfeld, so wie *ZEISS*: Die gab es schon immer, und sie wird sich auch noch eine Weile halten." Wohlgemerkt, es ging um Angela Merkel. Trotzdem kann man sich lebhaft vorstellen, dass dieser Vergleich dem einen oder anderen Entscheider in Oberkochen das Sonntagsfrühstück gründlich verhagelte. Denn das Selbstbild, das *ZEISS* von sich hatte und hat, entspricht ganz und gar nicht dem einer Marke aus dem guten Mittelfeld. Ganz im Gegenteil: Mit *ZEISS* Objektiven werden Hollywoodstreifen gedreht – unzählige Blockbuster wie „Der Herr der Ringe" oder „Gravity". Mit *ZEISS* Mikroskopen wurde der Tuberkulose-Erreger entdeckt, mehr als 30 Nobelpreisträger forschten mit *ZEISS* Mikroskopen. Mit *ZEISS* Optiken entstanden die ersten Bilder von der Erde aus der Weltraumperspektive, ebenso die ikonenhaften Bilder der Mondlandung, auch Neil Armstrongs legendärer Fußabdruck im Mondstaub. Die Chipproduktion läge ohne hochpräzise Halbleiterlithographie von *ZEISS* um Jahre zurück. Virtuelle Realität bliebe eine Vision statt bezahlbarer Wirklichkeit für jeden Smartphone-Nutzer. Mithilfe der Medizintechnologie von *ZEISS* werden nahezu Blinde wieder zu Sehenden. Man stellt die Spitze in der optischen Industrie dar – praktisch in allem, was man tut.

Schnell wurde klar, dass es einige spezifische Umstände bei *ZEISS* geben würde, die dieses Projekt zu einem besonderen machen sollten. Insbesondere zwei Themen kristallisierten sich dabei heraus: erstens die unter Kommunikationsgesichtspunkten bis dato weitgehend autark agierenden Bereiche Mikroskopie, Medizintechnik, Halbleitertechnik, Industrielle Messtechnik, Vision Care (Brillengläser) und Camera Lenses in das gesamte Projekt zu integrieren. Zweitens der Agentur klar zu sagen, dass in keiner Weise der Eindruck entstehen dürfe, man würde Grundlegendes an der Marke verändern oder bearbeiten. Was wir zusammen auch nicht taten. Beide Hinweise zeigen, dass solche Projekte in Unternehmen sehr leicht zu einem Politikum werden können, bei dem es am Ende nicht mehr um die Aufgabe geht, sondern darum, wer zu welchem Zeitpunkt wie eingebunden war.

Also: Design, Logo, der Claim „We make it visible", die gesamte Markenbeschreibung mit ihren Werten, ihrer Positionierung und ihren Reasons Why sollten die Basis bilden für das, was wir später taten: eine in sich schlüssige, mit einem inhaltlichen roten Faden versehene, wiedererkennbare, für *ZEISS* typische und unverwechselbare, über alle Bereiche hinweg arbeitende Kommunikationsmechanik entwickeln. Der Begriff Kommunikationsmechanik fiel den Ansprechpartnern bei *ZEISS* in einem der ersten Gespräche ein. Er erschien allen Beteiligten glücklich gewählt, da er einerseits die Tragweite der Aufgabe gut beschrieb und andererseits keine der Befürchtungen weckte, die es zum Start des Projekts gab oder hätte geben können. Außerdem stellte er durch seinen technischen Klang Nähe zur Mentalität der Marke *ZEISS* her, was bei einem B-to-B-Unternehmen prinzipiell nie schaden kann. Die Marke sollte also vor allem mehr Geschichten erzählen und das auf eine Art tun, die sie von allen anderen Unternehmen unterscheiden und über alle Themen und Bereiche wiedererkennbar machen sollte.

2.2   Wo stand die Kommunikation der Marke *ZEISS* Anfang 2010?

Wie bereits erwähnt, war der Eindruck, den die Kommunikation von *ZEISS* beim Betrachter hinterließ, alles andere als in sich stimmig und durchgängig. Dafür sorgte nicht nur, aber auch die Struktur im Haus. Die Unternehmensbereiche waren nun mal in der Kommunikation seit ungefähr zehn Jahren eigenverantwortlich unterwegs. Wie immer in solchen Situationen gab es eine ganze Reihe schlüssiger Argumente, warum jeder Unternehmensbereich im Laufe der Zeit seine eigene Kultur und seinen eigenen Stil entwickelte und eigentlich auch behalten wollte. In jedem Bereich wurde das Corporate Design individuell interpretiert, jeder entwickelte seine eigene Auffassung von der relevanten Botschaft, die es als Unternehmensbereich von *ZEISS* zu verkünden galt. Die Unternehmenskommunikation verfügte, wie bereits erwähnt, nur noch über das Corporate Design als Werkzeug, um wenigstens ansatzweise eine Gemeinsamkeit über alle Bereiche hinweg abzubilden. Was daraus folgte, ist leicht nachvollziehbar: Einerseits pochten die Unternehmensbereiche auf ihre Eigenständigkeit, häufig mit Hinweis auf unterschiedliche Märkte, verschiedene Zielgruppen, nicht vergleichbare Marktsituationen usw. Andererseits versuchte die Unternehmenskommunikation mit permanenten Hinweisen auf Einhaltung der gemeinsamen Designregeln für Durchgängigkeit, Wiedererkennbarkeit und Selbstähnlichkeit zu sorgen. Sie kämpfte dabei allerdings mit einem oftmals zu stumpfen Schwert. Wie stumpf, zeigt die Abb. 1. Aus dieser Sammlung von Anzeigenmotiven diverser Bereiche des Hauses *ZEISS* aus dem Jahr 2009 wird einerseits deutlich, dass eine rudimentär-formale Gestal-

Abb. 1 Ausgangssituation der ZEISS Kommunikation (Stand 2009)

tung nicht dazu geeignet ist, eine integrierte Kommunikation zu erreichen. Andererseits zeigt dieses Bild die Dringlichkeit und den Handlungsdruck zur Veränderung des Status quo.

Obwohl die einzelnen Motive durch das Corporate Design das vorgegebene Layout im Großen und Ganzen einhielten und nur in wenigen Anzeigen echte Verstöße dagegen zu sehen waren, ergab sich kein stimmiges Bild. Vielmehr wurden die Betrachter eher verwirrt. Es wurde gegen die Unteilbarkeit der Marke verstoßen. *ZEISS* hatte zu dem Zeitpunkt bewusst keine Bereichsmarken oder Ähnliches geschaffen. Die Unternehmensbereiche waren zwar wirtschaftlich unabhängig voneinander, nichtsdestotrotz handelte es sich bei *ZEISS* nach wie vor um eine einzige Unternehmensmarke, um ein Branded House. Bei einem Branded House sollte jede Maßnahme dazu dienen, ein Gesamtbild zu schaffen, zu ergänzen, zu schärfen und weiterzuentwickeln. Nichts Derartiges war die Kommunikation der Unternehmensbereiche von *ZEISS* zu diesem Zeitpunkt in der Lage zu leisten. Solitäre Kampagnenansätze, Heterogenität, Vielfalt und Individualität prägten das Erscheinungsbild, nicht Klarheit und Einheitlichkeit. Dem musste in Form einer integrierten Kommunikation dringend Abhilfe geleistet werden. Denn eins war klar, eins ist immer noch klar: Wo immer die Menschen *ZEISS* sehen, erwarten sie *ZEISS*. Zuverlässig, innovativ, durchgängig, selbstähnlich.

2.3   Das Resultat: der *ZEISS* Moment

So unterschiedlich unsere Unternehmensbereiche, Produkte, Leistungen und individuellen Key-Benefits auch sein mögen, wir wissen um die Bedeutung, die unsere Lösungen im Alltag der Kunden spielen, und um die Haltung, die diese Lösungen gegenüber unseren Kunden transportieren. Genau das bringt die neue Markenkommunikation zum Ausdruck (Dr. Michael Kaschke, Vorstandsvorsitzender der *Carl ZEISS AG*).

ZEISS gehört zu den renommiertesten Marken in der globalen Hightechindustrie und genießt einen außergewöhnlich guten Ruf in der Welt der Optik. Man ist sich bei *ZEISS* darüber im Klaren, dass diese beiden Aspekte eine enorme Strahlkraft für das Unternehmen und damit einen wesentlichen Anteil am Erfolg haben. Man versteht die Marke *ZEISS* als Versprechen an die Kunden und als Attraktion für Neukunden. Der Name wird mit führender Technologie, überragender Produktleistung, Qualität, Präzision und optischer Perfektion in Verbindung gebracht. Das sind alles Attribute, die sich das Unternehmen in der Vergangenheit erarbeitet hat und die es bis heute täglich bestätigt. Diese Beschreibung galt vor dem Projekt und gilt heute mehr denn je. Auch die Markenidentität hat sich seither nicht verändert (vgl. Abb. 2). Neu war die Erkenntnis und damit die Forderung an das Projekt, dass alle Handlungen im Einklang mit der Identität stehen sollten, so dass Kunden ein klares, konsistentes Bild der Marke *ZEISS* erhalten. Die Basis sollte das damalige Markenversprechen sein, das sich in dem Claim „We make it visible" artikulierte.

Dabei war den Auftraggebern bei *ZEISS* die kommunikative Umsetzung des Claims als Aufgabenstellung an die Agentur zu wenig. Basierend auf einer vorangegangenen Markenstudie der *ZEISS* Gruppe sollten die drei Kernkompetenzen, die sich in der damaligen *ZEISS* Markenidentität um das Kernversprechen herum gruppierten, Berücksichtigung finden:

1. Die Fähigkeit, technologische Grenzen herauszufordern, diese Grenzen gar zu verschieben: „Pushing the boundaries of optics and precision".
2. Die Rolle als vertrauenswürdiger, zuverlässiger Partner der Kunden: „Trusted Partner".
3. Die Bedeutung eines Anbieters passender Lösungen, die dabei helfen, effektiver und effizienter zu werden: „Superior Solutions".

Es galt, daraus die geforderte integrierte, differenzierende, emotionale Kommunikationsmechanik zu entwickeln. Den Prozess, wie wir dazu kamen, wollen wir aus Sicht von *ZEISS* und *RTS Rieger Team* in Abschn. 3 schildern.

Als führende Marke der optischen und optoelektronischen Industrie trug und trägt *ZEISS* wesentlich zum Erfolg der Kunden bei. Das war klar und darüber hatte *ZEISS* in der Vergangenheit viel gesprochen. Jetzt ging es darum, dieser Beziehung einen neuen Ausdruck zu verleihen, sie um einen neuen Aspekt zu ergänzen, ein Selbstverständnis zu entwickeln, das *ZEISS* untereinander, das aber auch die Marke mit den Kunden verbindet. Denn *ZEISS* Produkte eröffnen für ihre Anwender neue Perspektiven, neue faszinierende Möglichkeiten. Sie bringen neue Erkenntnisse. Die Lösung: *ZEISS* ist die Marke, mit der

Abb. 2 Markenpositionierung *ZEISS*

Kunden faszinierende Momente erleben. Die Menschen erleben mit *ZEISS* besondere M
omente, Momente „made by *ZEISS*": emotional, real – und damit authentisch. Im Fokus
steht ergo nicht mehr allein der USP oder das verkaufsfördernde technische Feature (also
der rationale Benefit), sondern der emotionale Benefit. Ein notwendiger Paradigmenwechsel in der *ZEISS* Kommunikation: Denn die Marke war und ist bis heute voll von faszinie-
renden Geschichten, die viel zu wenig erzählt werden. Die einzige Publikations-Plattform
des Markenpotenzials war bis dato eine Rubrik der *ZEISS* Website mit dem Titel „Wussten Sie, dass …". Wer das Glück hatte, diese Rubrik zu entdecken, las spannende Fakten,
Anwendungen, Geschichten rund um *ZEISS*, um Technologien, Produkte, Menschen und
war garantiert hinterher ein Fan, denn hier erfuhr man wirklich die erstaunlichsten Dinge.
Übrigens: Diese Rubrik existiert heute noch, machen Sie sich mal auf die Suche.

Der Moment holt diese Geschichten aus ihrem Schattendasein. Es entstehen sozusagen besondere Momente, die zum Mittelpunkt der Kommunikation werden. Die Faszination spielt dabei eine Schlüsselrolle. Immer dann, wenn Normen sich verschieben, wenn das Erlebte nicht alltäglich ist, wenn man neue Entdeckungen macht, passieren faszinierende Momente. Ein konkretes Beispiel: „Das Erste, was er nach seiner Augenoperation sah, war etwas ganz besonders Schönes: seine Enkeltochter." Ein Moment für einen Patienten, genauer gesagt für einen Patienten mit grauem Star, der zu erblinden drohte. Ermöglicht durch die Fähigkeiten des behandelnden Mediziners – eines Ophthalmologen – und das *ZEISS* Produkt *Toric Solution*. *Toric Solution* ist eine kombinierte Lösung aus unterschiedlichen *ZEISS* Fabrikaten der Medizintechnologie: einem ergonomischen Operationsmikroskop, einer effizienten und einfach bedienbaren Software zur hochpräzisen Positionierung der Linse –, die dem behandelnden Arzt ebenfalls einen besonderen Moment beschert: nämlich dann, wenn er bereits während der Operation am grauen Star die Gewissheit hat, dass die Behandlung erfolgreich sein wird und nicht erst danach. Das Anzeigenmotiv zeigt Abb. 3. Wie gesagt, das Unternehmen *ZEISS* strotzt geradezu vor solchen Momenten, das Potenzial ist nahezu unerschöpflich – und jeden Tag werden es mehr. Momente, die Kunden täglich mit den Produkten erleben. Momente, die die Präzision, die Innovationskraft und die Faszination, die in der Marke stecken, zum Leben erwecken und spürbar machen. Die Transformation von einem rationalen in einen emotionalen Benefit.

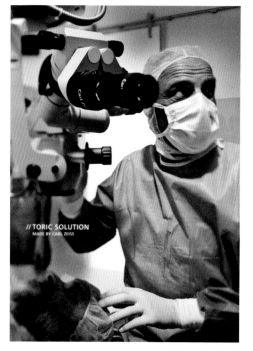

Abb. 3 Ausgewähltes Anzeigenmotiv „*Zeiss* Moment"

Für die Kommunikationsmechanik wurden drei prägende, konstante Bestandteile entwickelt und definiert: Headline, Bildsprache und das sogenannte Stilelement. Die Headline dient als zentraler Ort des Storytelling. Hier wird der Moment lebendig, weil er beschrieben und erzählt wird. Es wurde beschlossen, diesen Headlines zumindest für eine gewisse Zeit eine einheitliche Form zu geben. Sie beginnen mit der Formulierung „Der Moment …" und enden mit dem Satz „Für diesen Moment arbeiten wir". Gerade dem abschließenden „Für diesen Moment arbeiten wir" kam eine besonders hohe, identitätsstiftende Bedeutung zu. Die auffälligste Veränderung in der Bildsprache betraf den Einsatz von Schwarz-Weiß-Fotografien. Die Entscheidung pro Schwarz-Weiß-Bildstilistik war aus mehreren Gründen sinnhaft:

1. Wegen der Genealogie von *ZEISS*: Das Unternehmen wird von den Kunden mit Hightech assoziiert, was oftmals mit einer Farbwelt von Weiß, Silber bis Schwarz plus Blau verbunden wird.
2. Schwarzweiß bewirkt selbst bei heterogenen Bildproduktionen unternehmensbereichsübergreifend eine Wiedererkennung und Einheitlichkeit.
3. Basierend auf der Ästhetik eines „authentischen Moments" (Cartier-Bresson 2014) sollten die Bilder dokumentarischen Charakter haben – keine gestellten, idealisiert überzogenen Szenen, sondern hochwertige, narrative Dokumentarfotografie mit fokussierten Bildebenen.

Damit war das Unternehmen in der Lage, künftige Shootings mit genauen Regieanweisungen zu versehen und effizienter produzieren zu lassen. Das Stilelement – eine Art Lichtmarke im Bild – wurde entwickelt, um dem eingefangenen Moment eine zusätzliche Identität und eine Art „Herkunftszeichen" zu verleihen. Wir gaben dem Stilelement einen starken formalen Charakter, indem wir eine signifikante Leuchtschrift auswählten. Das Stilelement sollte von Anfang an inhaltlich eine tragende Rolle spielen. So wirkt es auch allein mit der Fotografie als kondensiertes Text-Bild-Konzept und dient bis heute als Referenz des Bildes zur Marke (vgl. Abb. 4).

Es ist kein Geheimnis, dass das Erzählen von Geschichten äußerst wirksam ist, um Marken zu inszenieren. Viele Unternehmen müssen Geschichten mühsam suchen oder gar erfinden, Content ist inzwischen zu einem begehrten Gut geworden. *ZEISS* verfügt dabei klar über einen Vorteil, weil die Geschichten authentisch und spannend zugleich sind. Nachdem also das Entdecken der Geschichten kein Problem war, ergaben sich in der Umsetzung für Auftraggeber und Agentur einige spezielle Herausforderungen. Ein paar Beispiele: In wie vielen Sprachen sollte es den Satz „Für diesen Moment arbeiten wir" überhaupt geben? Das Entwicklungsteam beschloss aufgrund der kulturellen Universalität des Moments, ihn in jede erforderliche Sprache zu übersetzen. Herausforderung war die Limitierung der Momente – um die höchstmögliche Relevanz der Botschaft nicht mittelmäßigen Momenten zu opfern: Wie viele Momente sollten pro Kampagne, pro werblicher Maßnahme eingesetzt werden? Wie kann – bei aller Euphorie – eine Momente-Flut verhindert werden? Deshalb wurde empfohlen, nicht mehr als einen Schlüsselmo-

// FASZINATION
MADE BY CARL ZEISS

Der Moment, in dem um 12 Uhr mittags die
Sterne strahlend klar am Himmel erscheinen.
Für diesen Moment arbeiten wir.

Wenn das Licht ausgeht, spüren Besucher von ZEISS Planetarien dasselbe Kribbeln wie ein Kosmonaut,
der die Erdatmosphäre verlässt. Denn seit 1923 stehen unsere Planetarien für ein besonders realisti-
sches Erlebnis des Sternenhimmels. Mit solider Technik und einfacher Handhabung werden wir auch in
Zukunft dafür sorgen, dass sich Wissenschaft mit Begeisterung mischt.

www.zeiss.de

We make it visible.

Abb. 4 Formale Elemente der Kommunikation „*ZEISS* Momente"

ment pro Maßnahme zu verwenden. Allerdings sollte nicht unnötig eingeschränkt werden:
Bei kombinierbaren Produkten könnten durchaus mehrere Momente narrativ zu einem
dramaturgischen Höhepunkt, zu einem Schlüsselmoment verkettet werden. Eine weitere Herausforderung lag in der Implementierung des Kampagnenansatzes innerhalb des
Unternehmens mit dem Ziel, ein motivierendes, verständliches, leicht anwendbares Regel-
werk zu schaffen, das in Summe eine Vereinheitlichung, Stringenz und Selbstähnlichkeit
in der Kommunikation garantiert.

2.4 Cookbook statt Corporate-Design-Manual

Die Antwort auf diese Herausforderung wurde in einem Gespräch über die weitere Vorgehensweise geboren: An Stelle einer aufwändigen CD-Dokumentation wurde ein Cookbook erstellt. Ein Buch, das Rezepte zur Erstellung der eigenen Anzeige, des eigenen Messestands, der eigenen Mikrosite bereitstellte. Ein Buch, das inspirierend erklärte, wie man zu den Momenten kommt und wie man daraus eine wirksame Werbemaßnahme entwickelt, die sich innerhalb der Leitplanken der neuen Kommunikationsmechanik bewegt.

Der Name „Cookbook" ist Programm – es orientiert sich an der Idee eines klassischen Kochbuchs. Die einzelnen Zutaten der Kommunikationsmechanik werden erklärt, es wird gezeigt, wie sie gemeinsam ihre Wirkung entfalten, wie man sie verwendet und wie man daraus eine zielgruppenbezogene relevante Kommunikation zubereitet. Inhaltlich war dieses Cookbook so gegliedert, dass zunächst die Grundprinzipien der Markenkommunikation von *ZEISS* dargestellt werden, also die *ZEISS* Markenidentität, das Markenerlebnis als Ausgangspunkt und zugleich Ziel der Kommunikationsmechanik. Anschließend wurde „der Moment" in seiner Funktion und seiner Ausprägung so präzise wie möglich beschrieben. Mit den Basiselementen wurden die drei entscheidenden Bestandteile – Headline, Bildsprache, Stilelement – aufgeführt. Übungen und Briefingszenarien, „Momente-Brainstorming"-Vorlagen sollten die Anwender kreativ werden lassen. Darin enthalten waren Übungen für die Transformation eines rationalen Benefits (USP) zu einem emotionalen Benefit und final zum zugespitzten Moment. Schließlich gab es konkrete interaktive Beispiele der am meisten bei *ZEISS* eingesetzten Werbemittel, Anzeigen, Großflächen, Broschüren, Messen, Events usw., mit Querverweis auf downloadbare Vorlagen und Gestaltungstemplates. Am Ende war auf rund 80 Seiten alles so beschrieben, dass jeder Marketingverantwortliche bei *ZEISS* entweder in der Lage war, seinen jeweiligen Agenturpartner detailliert über die neue Kommunikationsmechanik in Kenntnis zu setzen oder er konnte vielleicht sogar selbst kochen, einfach nach Rezept (vgl. Abb. 5).

Abb. 5 Auszüge aus dem
ZEISS Cookbook

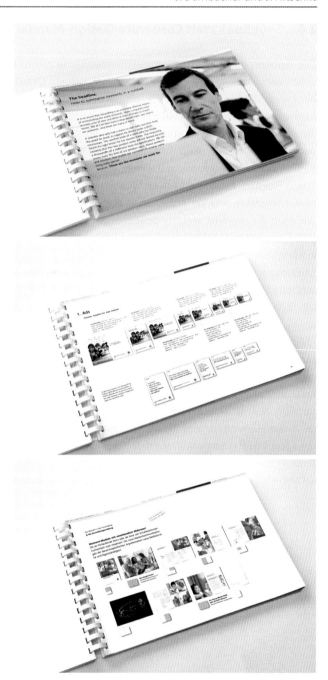

3 Erfolgsfaktoren und Reflektion

3.1 Agentursicht: Kreationsprozess und entscheidende Momente

RTS Rieger Team hatte sich bereits im Agenturauswahlverfahren intensiv mit *ZEISS* und der Situation in Bezug auf die Kommunikation und das Image beschäftigt. Insofern war der Agentur klar, dass es nicht unmöglich war, eine inhaltliche Integration, eine gemeinsame Idee der Kommunikation zu finden. Wie wenige andere Marken ist das Haus *ZEISS* bis heute in der Lage, aus den Anwendungen seiner Technologien spannende Geschichten zu formulieren. *ZEISS* betreibt eines der interessantesten und spannendsten Firmenmuseen in Deutschland, wie erwähnt erzählt *ZEISS* schon seit Jahren auf der Homepage unter der Rubrik „Wussten Sie, dass . . . " erstaunliche Geschichten. Über Vermarktung von Content, über professionelles Storytelling auf höchstem Niveau muss man seinen Ansprechpartnern bei *ZEISS* wirklich nichts erzählen.

Die hauptsächliche Herausforderung lag also im Prozess und in der späteren Umsetzung: Wie konnten wir die Zusammenarbeit so gestalten, dass die Unternehmensbereiche überzeugt, im besten Fall begeistert, die übergreifende Kommunikationsidee für sich übernehmen würden? Wie konnten wir überhaupt unter den gegebenen Umständen für Trägerschaft im Sinne der Dachmarke und im Sinne der gemeinsamen Sache im Unternehmen sorgen? Schließlich hatten wir es mit nichts anderem als einem Changeprozess zu tun. Woran Wandel am häufigsten scheitert, lässt sich in der einschlägigen Fachliteratur leicht nachlesen: am inneren Widerstand, an mangelnder Trägerschaft und fehlendem Umsetzungswillen im Unternehmen selbst. Deshalb gab es für uns, Kunde und Agentur, nur einen Weg zum Ziel: den mit der größtmöglichen Integration aller Beteiligten. „One ZEISS" sollte kein geflügeltes Wort sein, es sollte tatsächlich gelebt und in die Tat umgesetzt werden. Beginnend mit dem Prozess an und für sich, der zu diesem Ergebnis führen sollte.

Die Basis dafür bildete das 3P-Markenmodell von *RTS Rieger Team*. Dieses Modell hatte die Agentur bereits Mitte der 1990er-Jahre entwickelt. Es bildete eine Reaktion auf zunehmend sich verändernde Aufgabenstellungen von B-to-B-Kunden im Kommunikationsbereich. Es wurde im Laufe der Jahre entwickelt, verfeinert und ganz speziell für solche Prozesse ausgelegt, die eine hohe Integration größerer Teams erfordern. Der Name 3P rührt von den hauptsächlichen Phasen, in die das Modell gegliedert ist: Potenzialanalyse, Positionierung und Performance. Wie die Namen schon andeuten, ging es in der ersten Phase darum, die Potenziale auszuloten und die Situation zu analysieren. Im Fall *ZEISS* wollten wir hier schon für die Integration aller Beteiligten sorgen: Neben Bereichsleitern, Vorständen und weiteren Entscheidern sollte jeder am Prozess Mitwirkende einzeln und anonym interviewt werden und so seine ganz persönliche Sicht der Dinge zur Sprache bringen. Weiter setzten wir diverse Analysetools ein, um die Situation in der Kommunikation von *ZEISS* insgesamt besser einschätzen zu können. In der zweiten Phase ging es im Wesentlichen darum, die Analyseergebnisse gemeinsam zu betrachten, zu interpretieren und die entsprechenden Rückschlüsse zu ziehen. Natürlich mussten wir irgendwann einmal an den Punkt gelangen, an dem wir uns einig wurden, was wir gemeinsam aus dem machen konnten, was wir vorgefunden haben, und wie wir One *ZEISS* am besten erreichen konnten.

In der dritten Phase ging es um Implementierung und Umsetzung – ein ganz entscheidender Punkt, der in solchen Prozessen gerne unterschätzt wird. Wer die Performance nicht managt, mag vielleicht einen wunderbaren gemeinsamen Analyse- und Positionierungsprozess gehabt haben, aber er wird nichts davon auf die Straße und in die Öffentlichkeit bekommen. *RTS Rieger Team* stellte *ZEISS* in der dritten Phase des Prozesses eine ganze Reihe Steuerungs- und Controllinginstrumente zur Verfügung. Entscheidend war aber, das Unternehmen, alle verantwortlichen Marketeers und Kommunikatoren in die Realisierung, in die überzeugte Umsetzung der entwickelten Lösung einzubinden. Wie nicht anders zu erwarten, hielt *ZEISS* für die Agentur auch hier eine besondere Herausforderung parat. Schließlich verfügt man in Oberkochen über eine Hausagentur, besetzt wie eine Werbeagentur, einen gut eingespielten Apparat zur internen Umsetzung der überwiegenden Mehrheit der externen Kommunikation des Hauses in beachtlicher Frau- und Mannstärke. Man kann sich gut vorstellen, dass nicht jeder aus der Hausagentur anfangs erfreut war, sich mit einer externen Agentur zur Erarbeitung einer übergreifenden Kommunikationsmechanik an einen Tisch zu setzen.

Aus Sicht der Agentur gab es in den ungefähr zwei intensiven Jahren des Projekts eine ganze Reihe entscheidender Meilensteine, Punkte, an denen Weichen gestellt wurden. Um nicht auszuufern, soll hier nur eine Hand voll erwähnt werden.

(1) Start-Workshop
Wir trafen uns in der Agentur im März des Jahres 2010 in einer interessanten Zusammensetzung. Einmal waren sämtliche Unternehmensbereiche durch mindestens einen Vertreter in der Runde repräsentiert, außerdem nahmen einige Vertreter der Unternehmenskommunikation und der Hausagentur teil, ergänzt durch die Verantwortlichen des Projekts innerhalb der Agentur. Es waren insgesamt 16 Personen an insgesamt eineinhalb Tagen aktiv. Die ersten Analysen waren zu diesem Zeitpunkt gelaufen, die Interviews waren geführt und ausgewertet, die Grundlage für die gemeinsame Arbeit war also gelegt. Obwohl von Anfang an klar war, dass es nur darum gehen konnte, die vom Vorstand formulierte Aufgabe One *ZEISS* zu erreichen und eine gemeinsame Kommunikationsmechanik zu entwickeln, war schon der erste Workshop, wie alle nachfolgenden, alles andere als eine Kuschelveranstaltung. In der Regel wurde in der Sache hart, ehrlich, kontrovers und durchaus heftig diskutiert, aber immer geprägt vom gemeinsamen Spirit, vom definierten Ziel, von Respekt und gegenseitiger Achtung. Allerdings wurde auch schnell klar, dass die beabsichtigte Veränderung nicht von allen Teilnehmerinnen und Teilnehmern in gleichem Maße getragen werden würde. Mit dieser Tatsache umzugehen lag jedoch nicht mehr im Verantwortungsbereich der Agentur.

Am zweiten Tag des Start-Workshops erreichten wir zuerst darüber uneingeschränkte Einigkeit, dass es in der Kommunikation des Unternehmens *ZEISS* auf die bisherige Art nicht mehr weitergehen konnte. Darüber hinaus passierte noch etwas ganz Erstaunliches. Wir hatten einen großen kreativen Teil vorgesehen, in dem wir gemeinsam mit allen Teilnehmern erste Ideen für eine Kommunikationsmechanik entwickeln wollten. Das war durchaus eine Art Wagnis, hatte die Agentur das noch nie in diesem Maße mit Kunden zusammen betrieben und verfügte sie demzufolge über wenige bis gar keine Erfahrungen damit, wie das Ganze wohl laufen würde. Nach einer gemeinsamen Zielformulierung wurde eine besondere Art des Brainstormings angewendet, aufgeteilt in zwei Gruppen, Kunde und Agentur wild gemischt. Nach anfänglicher Skepsis geriet dieser Nachmittag zu einem uneingeschränkten Erfolg. Wir landeten bei mindestens drei bis vier Kreationsszenarien, auf deren Basis sich sofort weiterarbeiten ließ, und hatten damit gleichzeitig in jedem der Teilnehmer große Begeisterung für das gemeinsame Thema geweckt. Unter anderem entstand die Idee des *ZEISS* Moments in einer der Runden an diesem Nachmittag.

(2) Erste Präsentation der entwickelten Ideen
Der Prozess sollte zeitlich schon unter einem gewissen Druck verlaufen, sodass wir uns zusammen nicht allzu viel Zeit lassen wollten, um den nächsten Schritt im Prozess zu gehen. Deshalb trafen wir uns im April 2010 in der Agentur zur Vorstellung der ersten werblichen Umsetzungen unserer gemeinsam gefundenen Kreationsansätze. Das Besondere an dieser Präsentation war die Atmosphäre: Man spürte, wie gespannt alle Teilnehmer auf die Ergebnisse dessen waren, woran sie selbst aktiv mitgearbeitet hatten. Die Agentur hatte sich, wie für vieles in diesem Prozess, auch für diese Präsentation etwas Neues einfallen lassen. Heute war es die mobile Präsentation. Wir wollten nicht für drei Stunden zusammen in einem Raum sitzen und die Entwürfe einfach so frontal mit PowerPoint oder Pappen zeigen, wir wollten im wahrsten Sinne des Wortes für Bewegung sorgen. Weshalb vier Räume der Agentur mit den Ideen und Layouts gepflastert wurden, in jedem dieser Räume wartete ein Vertreter des Agenturteams, bereit, alles vorzustellen. Die Beteiligten von *ZEISS* wurden in vier Gruppen aufgeteilt und hörten sich die Ausführungen zu jedem Vorschlag 20 min an und wechselten anschließend den Raum. Danach traf man sich wieder im zentralen Meetingraum der Agentur zur gemeinsamen Diskussion und Beschlussfassung. Zwei wesentliche Dinge zeigten sich an diesem Tag: Erstens wurde die Art zu präsentieren als abwechslungsreich und anregend empfunden. Zweitens ergaben sich in der Begeisterung für das Projekt erste Risse, weil einigen aus der Runde langsam klar und deutlich wurde, dass die Umsetzung der neuen, integrierten Kommunikation einen gravierenden Bruch zu dem darstellen würde, was sie bisher machten.

(3) Meeting im Mai 2010 in Oberkochen mit dem Titel „Der zweite Schritt zur Kommunikationsmechanik"
Aus Sicht der Agentur war dieses Meeting sicher einer der Tiefpunkte des Prozesses. Denn der bei der ersten Präsentation einsetzende Erkenntnisprozess, wie weitreichend die neue Kommunikationsmechanik für Veränderung sorgen würde, war in der Zwischenzeit fortgeschritten. Plötzlich waren wir an dem Punkt, an dem Grundsätzliches, das eigentlich bereits geklärt schien, erneut hinterfragt und diskutiert wurde. Das Thema, an dem sich alles entzündete, war die Schwarz-Weiß-Fotografie, die als für *ZEISS* perfekt geeignetes

Stilmittel eigentlich bereits praktisch beschlossene Sache war. Damit geriet eine reine Formalie zum Stein des Anstoßes, was angesichts der starken inhaltlichen Fokussierung des Projekts verwunderte.

Trotz der eingetrübten Stimmung gab es bei diesem Meeting noch einen Lichtblick: Die Human-Resources-Abteilung (HR) von *ZEISS* erkannte in dem Moment eine große Chance. HR hatte sich parallel zu beschriebenem Projekt mit dem aktuellen Bild von *ZEISS* und den Werten, die *ZEISS* als Arbeitgeber verkörpern könnte, beschäftigt. Bis zum geschilderten Zeitpunkt nahm man am Prozess eher als Zuschauer und weniger als Beteiligter teil. Das änderte sich schlagartig, als der Satz „Für diesen Moment arbeiten wir" an der Wand hing und HR selbst sich über eigene Haltungen, Botschaften und Werte im Klaren war. Dem Employer Branding, der gesamten Kommunikation um das Thema Human Resources, kam ab diesem Zeitpunkt eine Schlüsselrolle in der Verabschiedung und Umsetzung der Kommunikationsmechanik zu. Denn HR war der erste Bereich von *ZEISS*, der den Moment uneingeschränkt, in vollem Umfang und ohne größere Bedenken für sich anwendete und umsetzte. HR war einer der starken Treiber (vgl. Abb. 6).

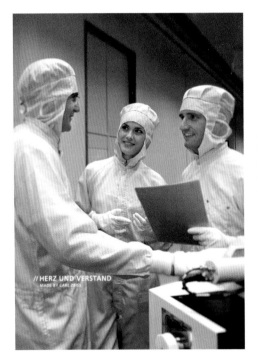

Der Moment, in dem Sie ein Unternehmen entdecken, das an die Grenzen der Physik geht. Und spüren: da stimmt auch die Chemie.
Für diesen Moment arbeiten wir.

We make it visible.

Abb. 6 Employer Branding-Anzeige „*ZEISS* Momente"

(4) Nationaler Roll-out im Februar 2011

Trotz aller Integration kam der Prozess bis zur Verabschiedung des *ZEISS* Moments und der dazugehörenden Kommunikationsmechanik nicht ohne Schmerzen aus. Am Ende des Jahres bedurfte es einer Vorstandsentscheidung, um dafür zu sorgen, dass es zu einem gemeinsamen Bekenntnis und zu einer Entscheidung kam. Davon vollkommen unbeeinträchtigt lief der nationale Roll-out der neuen Kommunikationsmechanik im Februar 2011. Der sehr frühe Zeitpunkt wurde gewählt, um Tatsachen zu schaffen, um zu zeigen, wie ernst es allen mit der neuen Integration war. Wie bereits erwähnt, wartete HR nur darauf, im entschiedenen Duktus loslegen zu können. *ZEISS* hatte sich für den Tag des Roll-outs für einige wenige, aber sehr wirkungsvolle Maßnahmen entschieden. Um die Mitarbeiterinnen und Mitarbeiter zu erreichen, wurden unter anderem Riesenposter an den Standorten aufgehängt, Motive als Großflächen um die Werke platziert, es wurden Anzeigen in diversen lokalen und regionalen Tageszeitungen gebucht. Das Echo war überwältigend positiv. Der Satz „Für diesen Moment arbeiten wir" wurde in die Umgangssprache der Menschen bei *ZEISS* aufgenommen, es gab praktisch von allen Seiten nur positive Rückmeldung. Die Implementierung verfügte über den nötigen Schwung.

(5) Meeting der internationalen Marketingorganisation in München im März 2012

Neben der reinen Umsetzung zahlreicher neuer Maßnahmen innerhalb der frischen Kommunikationsmechanik beschäftigte uns hauptsächlich die Implementierung derselben in der nationalen und internationalen Organisation von *ZEISS*. Eine entscheidende Rolle spielte dabei das Cookbook, die bereits beschriebene Sammlung an Rezepten zur Kreation und Umsetzung von Kommunikationsmaßnahmen innerhalb der neuen Mechanik. Selbst bei einer ziemlich marketingerfahrenen Unternehmung wie *ZEISS* sieht die Realität in den internationalen Märkten ganz oft so aus, dass die Niederlassung oder die Vertretung aus einer überschaubaren Anzahl an Menschen besteht, die alle möglichen Aufgaben auf dem Tisch haben und dazu kommt auch noch Marketing und Marketingkommunikation. Die Unterstützung aller war oberstes Ziel des Cookbooks. Im Rahmen des internationalen Meetings wurde es den deutlich mehr als 100 Teilnehmern aus aller Welt vorgestellt und erklärt. An Hand konkreter Beispiele wurde aufgezeigt, wie man zu einem Moment kommt, wie man ihn in einer Headline formuliert, was das dazugehörende Bild auszeichnet usw. Um die integrierende Funktion der Kommunikation zu erklären, waren alle Teilnehmer am Abend aufgefordert, für sich selbst Hamburger zuzubereiten. Ein Hamburger trifft im Prinzip ganz gut, was wir mit der Kommunikationsmechanik erreichen wollten: oben eine Brötchenhälfte, unten eine Brötchenhälfte, dazwischen Hack, schon ist der Hamburger identifiziert. Aus welchem Mehl die Brötchen gebacken sind, welcher Art das Hackfleisch ist, welche Dekorationen, Saucen, weitere Zutaten gewählt werden, kann der jeweiligen Situation und dem Geschmack des Essers angepasst werden. Im Wesentlichen ist und bleibt es ein Hamburger. Wenn der dann dem Kunden schmeckt und positiv abgespeichert wird – dann ist das der Moment, für den wir gearbeitet haben.

3.2   Unternehmenssicht: Momente des Aufbruchs

Für die *ZEISS* Gruppe ist mit der Entwicklung und Implementierung der Momente-Kampagne etwas gelungen, was zuvor in mehreren Unternehmensbereichen nur schwer möglich schien:

(1) Integrierte Kommunikation und Common Sense
Obwohl das Fokussieren auf besondere Momente in der Werbung zunächst nichts Ungewöhnliches und auch nichts Seltenes ist, bilden die *ZEISS* Momente einen konsequent integrierten Kommunikationsansatz, der über alle Themen- und Geschäftsfelder hinweg eine inhaltliche und visuelle Identität, eine Einheitlichkeit schaffte – bei gleichzeitiger themen- und zielgruppenspezifischer Diversität (vgl. Abb. 7). Dieser universelle und dennoch wiedererkennbare, eigenständige Kampagnenansatz entfaltete seine Wirkung nicht nur nach außen bei den Kunden und Stakeholdern, auch in der unternehmensinternen Wahrnehmung stiftete er hohe Aufmerksamkeit und Identifikation der Mitarbeiter mit der Marke *ZEISS*. Nur durch diese allgemeine Akzeptanz und ihre konsequente Selbstähnlichkeit, einen hohen Grad des „Common Sense", wurde diese Kommunikationsmechanik zum Erfolg.

Abb. 7 Integrierter Kommunikationsansatz „*ZEISS* Momente"

(2) Interne Wirkung

Die *ZEISS* Momente wurden zu einem internen „Mantra", auch weil die Idee von allen Beteiligten aus Marketing und Kommunikation mit hoher Motivation umgesetzt und gelebt wurde. Storytelling und emotionaler Benefit wurden zum Schlüssel der Kommunikation: Produkte, Lösungen oder Kunden-Veranstaltungen, die keinen „Moment" bei der Zielgruppe auslösen konnten, wurden plötzlich kritisch hinterfragt und rejustiert.

(3) Flexibilität und interkulturelle Adaption

Schnell und einfach erklärbar konnten die *ZEISS* Momente auch kulturübergreifend und agenturunabhängig in allen Kernmärkten und Regionen adaptiert und lokalisiert werden – bezogen auf einen internationalen Roll-out einer Kampagnenidee ein synergetisches Novum für ein global agierendes Portfolio-Unternehmen. Namhafte, weltweit operierende Netzwerkagenturen wie auch kleine Agenturen empfanden die *ZEISS* Momente als Inspiration, nicht als Hindernis bei der spezifischen Kampagnenentwicklung.

(4) Ökonomische Effizienz

Die *ZEISS* Gruppe verfügt nicht über einen zentralen Marketingetat, sondern ist in einzelne Geschäftsfelder strukturiert, mit jeweils solitären Marketingabteilungen und eigenverantworteten Werbebudgets. Erstmals gelang es der Gruppe, als Einheit eine prozessuale und inhaltliche Ausrichtung zu verfolgen. Diese Effizienz brachte Synergie, förderte den kommunikativen Wettbewerb und die Vergleichbarkeit der Qualität von Kommunikationsmaßnahmen, gepaart mit ökonomischen Vorteilen beispielsweise durch fokussierte Briefingprozesse, gemeinsame Distributionsplattformen, Pitch-Evaluation etc. Insofern waren die *ZEISS* Momente ein synergetischer Kampagnenansatz mit hoher ökonomischer Relevanz.

Kein Fazit ohne Selbstkritik: Die Marke *ZEISS* hat sich zwischenzeitlich weiterentwickelt und neu positioniert – digitaler, moderner, globaler, zukunftsorientierter. Auch die *ZEISS* Momente wurden zwischenzeitlich empfindsam modifiziert und aktuellen medialen, inhaltlichen Anforderungen angepasst: Ihr größtes Potenzial liefern sie nach wie vor geschäftsfeldübergreifend auf der Image- und Reputationsebene. In der produktbezogenen Kommunikation, wie auch bei Promotion-Aktivitäten (Sales Funnel), sind die *ZEISS* Momente vor allem in der Anbahnungs- und Awareness-Phase ein unschätzbar wertvolles Element der Kommunikation. Bei der Verkaufsförderung – also nahe an der Purchase-Phase – sind es eher die erlebten Momente, die einen Kaufentscheid beeinflussen. Auf Basis dieser Erkenntnis und der Evaluation durch Marktforschungsergebnisse wurde das Kampagnenmodell im Jahr 2016 überarbeitet und optimiert.

Rückblickend sind die *ZEISS* Momente ein Glücksfall und gleichzeitig ein hocheffizientes Werkzeug in der Markenkommunikation des Unternehmens. Sie bilden einen der relevantesten Impulse in der werblichen Kommunikation der *ZEISS* Gruppe. Einen Impuls, der die Identifikation stärkte, Selbstbewusstsein und Selbstähnlichkeit schuf, die Effizienz ebenso wie die Awareness steigerte und den Kunden – nicht das Produkt – in den Mittelpunkt stellte. Für diesen Moment arbeiten wir. Heute und in Zukunft.

Literatur

Cartier-Bresson, H. (2014). *The decisive moment*. Göttingen: Steidl.

Vom Hidden Champion zum börsennotierten Dienstleistungskonzern – Interne Markenführung am Beispiel *DKSH Management LTD*

Johannes Pauen und Dominique Specht

Zusammenfassung

Als das Management der *DKSH* vor mehr als zehn Jahren beschloss, aus drei traditionsreichen Familienunternehmen eine international bekannte Marke zu machen, kam diese Aufgabe einer Mondmission gleich. Der Konzern bestand aus etwa 50 Einzelunternehmen. In der Züricher Zentrale gab es weder eine Marketingabteilung, noch eine unternehmensübergreifende Kommunikation oder einen Markenauftritt, der diesen Namen verdient hätte. In der Zwischenzeit ist der Spezialist für Marktexpansionen mit Schwerpunkt Asien fast jedes Jahr zweistellig gewachsen und seit 2012 an der Züricher Börse notiert. Das internationale Dienstleistungs- und Handelsunternehmen beschäftigte 2015 rund 28.300 Mitarbeiter in 36 Ländern und erwirtschaftete einen Nettoumsatz von 10,1 Mrd. CHF. Zu dieser Erfolgsgeschichte hat die Implementierung der neuen Marken- und Geschäftsstrategie einen erheblichen Beitrag geleistet.

Schlüsselbegriffe

Brand Engagement · Internationales Marketing · Interne Markenführung · Markenimplementierung · Markenwertsteigerung · Marketingorganisation

J. Pauen (✉)
kleiner und bold GmbH
Berlin, Deutschland
E-Mail: pauen@kleinerundbold.com

D. Specht
DKSH Management Ltd.
Zürich, Schweiz
E-Mail: dominique.specht@dksh.com

© Springer Fachmedien Wiesbaden GmbH, ein Teil von Springer Nature 2018
457
C. Baumgarth (Hrsg.), *B-to-B-Markenführung*, https://doi.org/10.1007/978-3-658-05097-9_24

Inhaltsverzeichnis

1 „Stunde Null"

Asien hat seit der Jahrtausendwende als Beschaffungs-, Produktions- und Absatzmarkt stark an Bedeutung gewonnen. China, Japan, Südkorea und die ASEAN-Länder entwickeln sich zu eng verflochtenen Volkswirtschaften mit einer ebenso tiefen wie breit gefächerten Wertschöpfung. Internationale Handelsbeziehungen mit dem Rest der Welt entwickeln sich dynamisch. Die Frage des Markteintritts in Asien bzw. der Marktexpansion innerhalb Asiens stand bzw. steht auf der Agenda nahezu jedes international operierenden Unternehmens. Wie aber lässt sich ein so gigantischer Markt zu vertretbaren Kosten erschließen? Schließlich sind die Systemlogiken Nichteinheimischen ebenso fremd wie die Kultur. Und wie kann man das Geschäft ausbauen, wenn der Einstieg gelungen ist? Genau wie bei der Planung einer großen Expedition gilt auch hier: Wer keine eigenen Erfahrungen hat und auf unwägbare Risiken verzichten will, sollte sich eines erfahrenen Führers bedienen.

Über nachgewiesene Expertise dieser Art verfügt das durch seine Vorgängerfirmen seit über 150 Jahren erfolgreich in Asien tätige Schweizer Unternehmen *DKSH*. Es bietet Dienstleistungen für Unternehmen an, die ihre Geschäftstätigkeit in, von oder nach Asien ausdehnen wollen. Die drei Gründerfamilien Diethelm, Keller und Siber Hegner haben bereits im 19. Jahrhundert erste Handelsniederlassungen in Singapur, Manila und Yokohama etabliert und seitdem ihre Verbindungen und ihre Leistungsportfolios kontinuierlich ausgebaut. *Siber Hegner* ist sogar das älteste ausländische Unternehmen der Welt, das ununterbrochen in Japan präsent ist. 2002 entschieden sich die drei Traditionsunternehmen, den Weg von nun an gemeinsam zu gehen und gründeten *DKSH*. Aufgrund der ähnlichen Geschäftsmodelle, vergleichbarer Dienstleistungen und der jeweils starken Marktposition in unterschiedlichen Regionen ergab sich die Möglichkeit, nun ganz Asien abzudecken. Gleichzeitig konnten die Unternehmen damit auf das zu dieser Zeit schwierige Marktumfeld reagieren und starke Synergieeffekte nutzen, die zu erheblichen Einsparungen führten. Doch Kostensynergien ersetzen keine unternehmerische Vision.

Die Fusion offenbarte gemeinsame Potenziale, die später zu wichtigen „Atomen" des neuen Markenkerns werden sollten. Aufgrund der lang zurückreichenden Geschichte seiner drei Vorgängerunternehmen verfügte *DKSH* von Anfang an über wertvolle gewachsene Geschäftsbeziehungen zu Auftraggebern und Kunden. Durch die Kombination von Marktkenntnis und den immensen Mengen an Transaktionsdaten, auf die das Unternehmen Zugriff hat, lässt sich industrien- und branchenübergreifendes Wissen generieren. In Zeiten der Globalisierung stellen diese Kompetenzen einen unschätzbaren Mehrwert dar. Mit der Fusion zu *DKSH* wurde daher zugleich der Grundstein für ein neues Geschäftsmodell und eine völlig neue Branche gelegt: **Market Expansion Services** (vgl. Abb. 1). Damit manifestierte *DKSH* nicht nur das sich rasant verändernde Anforderungsprofil der globalisierten Wirtschaft, sondern brachte zugleich die Führungsrolle der Marke als strategischer Partner auf den Punkt.

Obwohl von Beginn an von einem ausgeprägten „Entrepreneurial Spirit" getrieben, wurden die Vorgängerunternehmen größtenteils noch – wie in der Branche üblich – als „Box Mover" angesehen. Das neue Geschäftsmodell und den neuen Anspruch als Beratungspartner galt es nun über neue Services und eine strategisch ausgerichtete Markenführung in den Markt zu tragen. Eine derartige Entwicklung machte eine sichtbare Neupositionierung der Marke *DKSH* im Markt erforderlich.

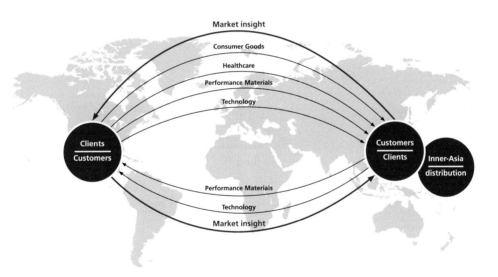

Abb. 1 Clients and Customers (Geschäftsmodell)

2 Markenführung und Unternehmensstrategie

2.1 Strategieentwicklung

(1) Wie sieht die neue Geschäftsstrategie der *DKSH* aus und an wen richtet sie sich?

Die *DKSH* bietet in ganz Asien eine breite Palette von Beratungs- und Fulfillment-Leistungen für Industrien aus den Bereichen Consumer Goods (inklusive Luxury & Lifestyle), Healthcare, Performance Materials und Technology. Dabei richtet sie sich zum einen an Hersteller in Asien, in Europa und in Amerika, die in Asien Beschaffungs-, Produktions- oder Absatzmärkte erschließen oder ausbauen wollen. Zum anderen wendet sie sich an Händler bzw. Vertriebsniederlassungen, die mit passenden Marken in Asien ihr Geschäft beflügeln möchten. Für ihre Kunden aus der Konsumgüter-, Gesundheits-, Technologie- und Rohstoffindustrie bietet das Züricher Unternehmen Dienstleistungen entlang der gesamten Wertschöpfungskette der Market Expansion Services (vgl. Abb. 2). Dazu gehören branchenübergreifend Leistungen wie Markteintrittsberatung, die Beschaffung von leistungsfähigen Rohstoffen, deren sachgerechte Weiterverarbeitung, Verpackungshandling, Lagermanagement, Marketing, Vertrieb und Kundendienst sowie zielgerichtetes Marktinformationsmanagement. Dabei geht es selten um standardisierte Fragestellungen und Prozesse, sondern meistens um individuelle und höchst branchenspezifische Lösungen.

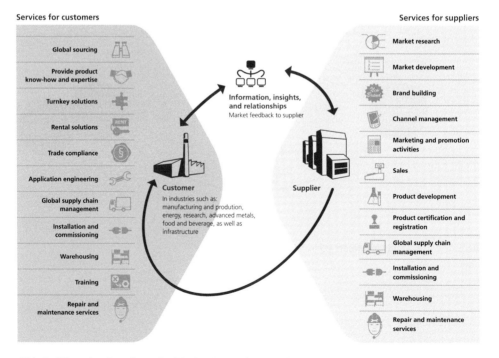

Abb. 2 Wertschöpfungskette der Market Expansion Services

(2) Wie verhält sich die Markenstrategie zur Geschäftsstrategie?

Die Aufgabe der Markenstrategie bestand darin, die neue Ausrichtung zunächst als **internes Steuerungsinstrument** für das internationale Management zu verdichten. Sie sollte die neue Geschäftsstrategie im Unternehmen verständlich machen und den Aufbau neuer Services unterstützen. Erst dann sollte sie in Form einer neuen Positionierung schrittweise im Markt sichtbar werden.

Zunächst musste sich dafür das Selbstverständnis der *DKSH* und seiner Mitarbeiter verändern. Vor der Fusion wurde nicht von Kunden, sondern Auftraggebern (Principals) gesprochen. Metaphorisch gesagt galt es, das „Dienstleister-Gen" mit einem „Beratungs-Gen" zu kreuzen, um mit den Kunden auf Augenhöhe zu kommen. Des Weiteren legte das neue Geschäftsmodell nahe, nicht mehr jedes sich bietende Geschäft zu realisieren und sich dafür stärker auf die zentralen Bereiche, insbesondere die Beratung, zu konzentrieren. Bislang waren Entscheidungen häufig opportunitätsgetrieben, zuweilen auch „aus dem Bauch heraus" und entsprechend der sich jeweils bietenden Möglichkeiten getroffen worden. Mit der neuen Geschäfts- und Markenstrategie trennte sich das Unternehmen von Aktivitäten, die nicht mehr ins Profil passten, wie zum Beispiel die in Thailand von *DKSH* betriebenen Lackierereien oder das Endkundengeschäft unter der eigenen Marke.

(3) Was waren die Herausforderungen und die Vorgehensweise?

Als die Neupositionierung der *DKSH* entwickelt wurde, war dem Management und den Eigentümern klar, dass dies einen mehrjährigen Veränderungsprozess nach sich ziehen würde. Mehr als 140 Jahre Erfahrung und Erfolg von drei Unternehmen lassen sich nicht einfach unter einen neuen Namen in eine neue Organisation „mergen". Sie hängen an gewachsenen, persönlichen Beziehungen der Mitarbeiter, gelernten Abläufen und bekannten Strukturen. Dieses in der Branche einzigartige Kapital musste gehoben und auf die neue Marke übertragen werden. Gleichzeitig kamen auf die Mitarbeiter aber auch gänzlich neue Anforderungen aus den strategischen Dienstleistungen der Market Expansion Services zu. Organisatorisch war die *DKSH* auf die anstehenden Aufgaben der Markenimplementierung kaum vorbereitet, da es bislang weder eine Marketingabteilung noch eine unternehmensübergreifende Kommunikation gab. In der Unternehmenszentrale wurde erst mit dem Start der Strategiephase ein Brand Management als eigenständige Organisationseinheit ins Leben gerufen. Im Anschluss erfolgte der Aufbau des Brand Managements in den Ländern.

Die Markenstrategie wurde auf Basis von Kundenbefragungen und Workshops mit dem internationalen Management entwickelt – also u. a. von den Führungskräften, die das neue Leistungsangebot und die dazugehörigen Prozesse anschließend auch in den Organisationen entwickeln und umsetzen sollten. Es galt, ein präzises Fremdbild einzufangen, das den Status Quo und die Erwartungen an die neue Geschäftsstrategie abbildet. Um das ganze Potenzial der Fusion zu entfalten, wurde auf eine **Dachmarkenstrategie** gesetzt, die auf den anstehenden Transformationsprozess von einem Fulfillment-Dienstleister zu einem Beratungsunternehmen Rücksicht nahm. Die Markenstrategie besteht aus Nutzenversprechen, die das fusionierte Unternehmen bereits zu Beginn erbrachte (Brand Foundation) und aus solchen, die von der Belegschaft erst entwickelt werden mussten (Brand Promise). Brand Promises wurden anfangs nur intern kommuniziert, um die neue Positionierung schrittweise mit Aufbau entsprechender Services glaubwürdig im Markt erlebbar zu machen (vgl. Abb. 3).

Das neue Leistungsangebot „Market Expansion Services" ist integraler Bestandteil der Markenstrategie. Es kommt sowohl in der Vision als auch im Markenkern vor. Die Anforderungen der unterschiedlichen Industrien (von Lifestyle & Luxury bis Performance Materials) wurden über industriespezifische Leistungsversprechen unter der Dachmarke adressiert. Das Herunterbrechen der Markenstrategie auf das Operational Level fand durch die Entwicklung von Werteversprechen (Value Propositons) auf Business-Unit-Level Unterstützung. Innerhalb der Business Units wurden spezifische Anforderungen einzelner Industrien berücksichtigt, um die Arbeit mit den neuen strategischen Leitplanken zu erleichtern.

Die Abb. 4 ist ein Kondensat der umfassenden Marktforschung und Managementbefragung in den unterschiedlichen Industrien. Sie zeigt beispielhaft auf, wie sich die Werteversprechen der Dachmarke mit den Leistungsversprechen der Business Units verschränken lassen. Obwohl zur Vereinfachung für das Management und die Brand Manager gedacht, wird in Abb. 4 allerdings auch deutlich, wie inhaltsreich und anspruchsvoll die strategischen Leitplanken am Ende dennoch ausgefallen sind.

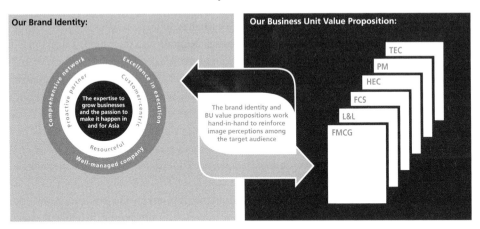

Abb. 3 Vision und Markenstrategie

Brand elements of DKSH

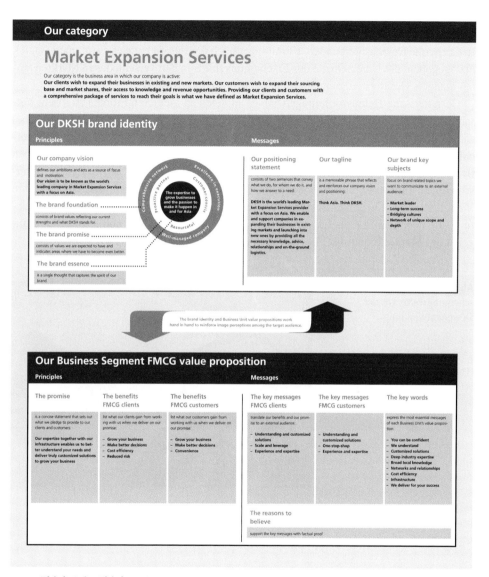

Think Asia. Think DKSH.

Abb. 4 Value Propositions

2.2 Designentwicklung

(1) Wie war die Ausgangssituation? Welche kulturellen, strukturellen und strategischen Themen sollte das Design lösen?

Eng mit dem Aufsetzen einer neuen Dachmarkenstrategie war die Entwicklung eines neuen Corporate Designs verbunden. Unmittelbar nach der Fusion hatte es zwar einen „Quick Fix" gegeben, die Unterschiede des Erscheinungsbilds in den verschiedenen Märkten waren mangels Gesamtsteuerung allerdings sehr groß (vgl. Abb. 5).

Gestalterische Herausforderungen gab es zugleich an mehreren Fronten zu lösen: Verschiedene Designelemente der Vorgängerunternehmen (z. B. der Fantree und die Farbe) sollten im neuen Corporate Design berücksichtigt werden. Zudem mussten bei der Beurteilung des Designs und der Lesbarkeit die Bewertungsmaßstäbe asiatischer Zielgruppen Beachtung finden. Darüber hinaus standen die Designer vor der Schwierigkeit, unterschiedliche Industrien und Services unter einer Dachmarke vereinen und dennoch ihre Vielfalt über das Corporate Design erlebbar machen zu müssen. Hinzu kam die Anforderung, die neue Identität als Fulfilment- und Beratungsunternehmen und das Leistungsangebot des Market Expansion Services grafisch umzusetzen (vgl. Abb. 6).

Abb. 5 Beispiele des Erscheinungsbilds vor der Designentwicklung

Abb. 6 Beispiel für das neue Design von *DKSH*

2.3 Markenimplementierung

Herausforderungen

Im Zuge des Aufbaus der Marken- bzw. Marketingorganisation in der Zentrale und in den Ländern sollten möglichst viele Kollegen aus der bestehenden Organisation rekrutiert werden. Bislang war Markenmanagement im Unternehmen kein Thema gewesen. Es gab keine Marken- und Kommunikationskultur und dementsprechend auch keine Marken- und Kommunikationskompetenz. Bei der Implementierung ging es daher vor allem immer wieder darum, zwei Fragen zu klären: Was bedeutet das Thema? Wie ist es inhaltlich bei uns aufgeladen? Ein Beispiel: Was ist überhaupt eine Marke und wofür braucht man sie? Welche Inhalte hat unsere Marke? (vgl. Abb. 7).

Abb. 7 Trainingsmaterial und Impressionen von Markentrainings

Vorgehensweise

Zunächst erfolgte der Aufbau des Marketing-Kernteams in Zürich und die Definition von Implementierungsprozessen für die Länderorganisationen. In einer einjährigen Roadshow durch 20 Länder in Europa und Asien-Pazifik schwor der **CEO** Jörg Wolle mehr als 2000 Manager persönlich auf die neue Vision, Marken- und Geschäftsstrategie ein. Dabei kam ihm sehr zugute, dass er mit „Market Expansion Services" und dem damit verbundenen Anspruch, die Nummer 1 in Asien zu werden, ein klares, messbares Ziel ausgeben konnte. Die Markenstrategie unterstützte dieses Ziel und konnte so als Motor und Leitplanke für den gesamten Transformationsprozess produktiv genutzt werden. Als Relais zwischen dem Brand Management in der Unternehmenszentrale und dem Ländermanagement wurden die **Brand Champions** eingeführt und in den Länderorganisationen verankert. Sie organisierten die Markenimplementierung vor Ort und erhielten eine Schulung als Trainer. Zur Vermittlung der neuen Strategie wurde mithilfe der Brand Champions und des Ländermanagements ein **Train-The-Trainer-Konzept** entwickelt. In den Ländern erfolgte die Rekrutierung der Mitarbeiter und die Schulung mit speziell entwickelten Schulungsprogrammen.

In Anbetracht der noch wenig ausgeprägten Marketingkultur lag der Schwerpunkt bei der Implementierung von Brand Strategy und Corporate Design auf Best-Practice-Beispielen, Guidelines und detaillierten Prozessvorgaben. Die Herausforderung bestand darin, zeitgleich in allen Ländern einen ähnlichen Implementierungslevel zu erreichen. Dazu wurde auch ein **interaktives Brand Portal** aufgebaut, das neben den Guidelines, Templates und Prozessvorgaben auch das Teilen von Best-Practice-Beispielen, Podcasts, Filmeinspielungen und später auch E-Learning-Tools ermöglichte. Neben der Vermittlung von Markenstrategie und Corporate Design war der Aufbau und die Gestaltung neuer Inhalte und Medien für Image und Vertrieb ein Großprojekt mit vielfältigen Herausforderungen. Generell galt es, die Werteversprechen des neuen Geschäftsmodells in Abgrenzung zur Vergangenheit als „Handelshaus" herauszustellen und als neue Geschäftskategorie attraktiv zu machen. Hier zeigte sich, dass Market Expansion Services Fluch und Segen zugleich waren. Einerseits hatte die *DKSH* mit diesem Gattungsbegriff eine echte Alleinstellung erwirkt, aber andererseits kannten die Stakeholder das Konzept Market Expansion Services auch noch nicht. Erschwerend hinzu kam der Umstand, dass die Ausprägungen und

Leistungsversprechen von Market Expansion Services in jeder Business Unit recht unterschiedlich sind. Als gemeinsamen Nenner gab es lediglich das Leistungsversprechen:

We help companies to grow their business – either in new or in existing markets.

Aber diese Aussage ist noch relativ abstrakt. Vor diesem Hintergrund wurden mit allen Business Units und den wichtigsten Industrien ganz spezifische Kommunikationsmedien mit individuellen Services und Beispielen für die erfolgreiche Wirkung von Market Expansion Services entwickelt. Dieses Basismaterial wurde dann medien- und landesspezifisch ausgestaltet.

Learnings aus Phase 1

(1) Organisationsentwicklung

Obwohl gerade Europäer gewarnt sein müssten, sind die kulturellen Unterschiede innerhalb Asiens eine relevante Größe. Das bezieht sich auf die Mitarbeiterführung, die Ausprägung von Kommunikationsmedien oder auch das Management von Implementierungsprozessen. Während beispielsweise die Brand Champions auf den Philippinen die Schulungen regelrecht als Markenevent zelebriert haben, wurden sie in Japan mit feierlichem Ernst begangen. Das war vor allem für die Markenmanager in der Züricher Zentrale interessant, weil sie das Format und die Materialien für mehr als 30 Länder konzipieren und die Trainer schulen mussten (vgl. Abb. 8). Was in einem Land am besten mit spielerischer Leichtigkeit vermittelt wird, funktioniert in einem anderen Land einfach nicht.

Das Einführen von neuen Standards in der Markenkommunikation nach innen und außen ist ein **Change-Projekt**. Die dazu notwendige Autorität hat die *DKSH* auf mehreren

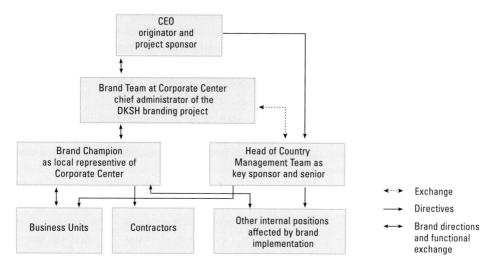

Abb. 8 Aufbau- und Ablauforganisation Brand Champion

Ebenen aufgebaut. Der Sponsor des Projektes war der CEO, die disziplinarische Führung der Brand Champions erfolgte direkt vom Länderchef und die fachliche Führung über eine „Dotted Line" von der Markendirektorin aus Zürich. So konnten auch schwierige Entscheidungen über mehrere Ebenen zielgerichtet unterstützt oder eskaliert werden. Der Aufbau von Kompetenz und Prozessstandards benötigt Jahre und vollzieht sich gerade im schnelllebigen Asien über Mitarbeiterwechsel hinweg. Die durchschnittliche Verweildauer liegt dort bei knapp zwei Jahren. Insofern gilt es bei jedem Mitarbeiterwechsel auch auf den Erfahrungsschatz der neuen Mitarbeiter aktiv aufzubauen.

Ein weiteres Learning der ersten Phase ist der **Austausch von Mitarbeitern** zwischen der Zentrale und den Ländern. Vom Austausch auf Arbeitsebene haben beide Seiten profitiert. Die Mitarbeiter aus der Schweizer Zentrale konnten ihr Fachwissen in den Ländern einbringen. Gleichzeitig konnten sie persönlich die Bedeutung kultureller Unterschiede für die Markenführung kennenlernen. Ein weiteres Instrument sind die jährlichen mehrtägigen **Brand-Champion-Workshops**, die abwechselnd in der Schweiz und in Asien stattfinden. Während diese Meetings anfangs noch den Charakter von Schulungen hatten, haben sie sich zunehmend zu einem Austausch entwickelt. Aus einer reinen Wissensvermittlung wurde eine interaktive Veranstaltung. Die Workshops erleichtern den Perspektivwechsel und vermitteln beispielsweise der Zentrale ein besseres Verständnis dafür, wie Briefings beschaffen sein müssen, damit sie in den Märkten verstanden werden. Auf diese Weise konnten auch Guidelines angepasst werden, die zu stark aus der europäischen Perspektive entwickelt worden waren.

Zu den unterschiedlichen Bereichen der Kommunikation werden während der Workshops Best-Practices geteilt und vertiefende Schulungen durchgeführt. So gibt es etwa eine „**Writing Clinic**", in der anhand der Arbeit an Texten der Umgang mit dem Corporate Wording und der Corporate Language trainiert wird. Regelmäßig sind auch Module enthalten, in denen die Brand Champions Inhalte und Themen gemeinsam erarbeiten, um die länderspezifischen Besonderheiten direkter und schneller zu integrieren. Teilweise handelt es sich bei den Inhalten um die Wiederholung von Grundlagen (vor allem für neue Mitarbeiter). Mehr und mehr sind sie aber auch strategischer und konzeptioneller Natur, um die Brand Champions zu einer stärkeren Eigenständigkeit zu befähigen. Die Qualität des Teams ist über die Jahre deutlich gestiegen. Das hat direkte Auswirkungen auf das Niveau der Workshops und auf die Ergebnisse.

Als vorteilhaft erwies sich auch die Entwicklung einer einheitlichen Titelstruktur in der Aufbauorganisation. Sie trug zur Erleichterung beim Recruitment, zur Professionalisierung von Mitarbeitern und zur Klärung von Erwartungshaltungen bei, bezüglich wer für welche Aufgabe verantwortlich ist.

(2) Strategievermittlung

Die *DKSH* hat Strategie und Design in einem gemeinsamen Prozess implementiert. Das war insofern gut und richtig, als dass neue Design ein sichtbares Zeichen für einen geschäfts- und markenstrategischen Neubeginn setzte. So konnten sich beide Prozesse gegenseitig stützen, auch wenn die internen Stakeholder bei der Strategievermittlung noch weiter gefasst waren als die der Designvermittlung (vgl. Abb. 9).

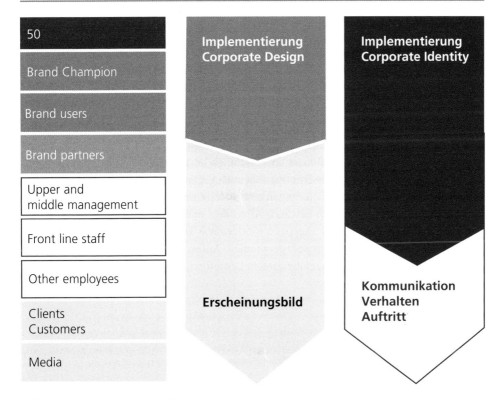

Abb. 9 Stakeholder-Implementierung

Für die Verankerung im Management der Länder war die CEO-Roadshow sowie das „Nachhalten" der Implementierungserfolge auf Managementebene entscheidend. Die *DKSH* ruft einmal im Jahr seine Top-Manager zu einem Strategiemeeting zusammen. Auf diesem Meeting hat die Markenführung seit der Roadshow einen festen Platz. So ist es der *DKSH* gelungen, die Markenführung als Managementaufgabe im Selbstverständnis der neuen Organisation zu verankern.

Eine echte Herausforderung ist die Vermittlung und praktische Arbeit mit Werten. Die *DKSH* verfügt über eine Unternehmensmarke mit sechs Werten und sogenannte Corporate Values mit weiteren Werten. So nachvollziehbar und strategisch korrekt die Definition von jeweils drei Werten für die „Brand Foundation" und das „Brand Promise" war – in der operativen, aber auch in der Konzept- und Strategiearbeit ist das Berücksichtigen von sechs Markenwerten anspruchsvoll. Hier stellt sich die Frage, ob ein stärkerer Fokus auf weniger Werte nicht zu einer höheren Akzeptanz in der Anwendung führt. Hinzu kommt, dass hinter dem Markenmodell auch die Leistungsversprechen der Business Units stehen. Auch wenn sie sich näher an den Geschäfts- und Kommunikationsanforderungen der Mitarbeiter in den Business Units orientieren, nimmt die Komplexität erst einmal weiter zu. Zum Schluss folgen auch noch die Corporate Values, deren Berechtigung neben der Unternehmensmarke schwer zu vermitteln und noch schwerer zu exekutieren ist. Aus heutiger Sicht hätten die Corporate Values im Rahmen der Strategiearbeit mit der Unternehmensmarke konsolidiert werden müssen.

(3) Designvermittlung

Designimplementierung ist ein Handwerk, das sich gut vermitteln und erlernen lässt. Als „Gold wert" erwiesen sich die ausführlichen Guidelines und die präzisen Prozessdefinitionen. Bei den Prozessdefinitionen wurden auch unterschiedliche Rollenbilder wie „hauptverantwortlich", „unterstützend" oder „nachrichtlich beteiligt" definiert. Die Verschriftlichung in Form von Drei-Monats-Briefings hat auch gegenüber Kollegen und Vorgesetzten dazu beigetragen, die Implementierung in einem Zeitkorridor abzuwickeln. Auch die Arbeit mit den Guidelines hat sich bewährt. Allerdings mussten sie auf Basis der Praxiserfahrung zum Teil immer wieder angepasst werden. Was anfangs noch als Makel galt, wird heute als ein lebendes Dokument wahrgenommen. Aufgrund der vielen Designanwendungen gibt es in kurzer Zeit einen relativ großen Lerneffekt, der sich positiv auf die Qualität der Implementierung auswirkt.

2.4   Markenaufbau

Brand Engagement

Brand Engagement zielt darauf ab, dass die Mitarbeiter sich mit dem Unternehmen identifizieren und ein gutes Verständnis für seine Strategie und Identität entwickeln. Dies erhöht die Effizienz im Arbeitsprozess und führt zu besserer Mitarbeiterbindung – was insbesondere in Asien, aber auch verstärkt in westlichen Ländern an Bedeutung gewinnt. Unter Brand Engagement verstehen wir die Identifikation mit und Orientierung der Mitarbeiter an der Identität und dem Leistungsversprechen der Marke. Die Identität respektive das Wertegerüst des Unternehmens wird durch drei zentrale Bereiche erfasst: erstens, die Corporate Values, die darauf fokussieren, wie intern zusammengearbeitet wird; zweitens, die Markenwerte, die vermitteln, welchen Nutzen Geschäftspartner in der Zusammenarbeit erwarten dürfen; und zum dritten die Leadership Principles, sie stellen auf die interne Führungskultur ab. Das Brand-Engagement-Programm der *DKSH* wurde auf vier Ebenen etabliert:

(1) Recruitment und Onboarding

DKSH besitzt eine sehr klar definierte, ausgeprägte und gelebte Unternehmensidentität. Bereits bei der Rekrutierung wird der Fit der potenziellen Mitarbeiter mit den Werten des Unternehmens, wie sie in der Identität verankert sind, überprüft. Dies dient dazu sicherzustellen, dass potenzielle Mitarbeiter die „Best Fitting"-Kandidaten sind und langfristig zum Unternehmen und seiner Identität passen. Um diesen „Best Fit" sicherzustellen, wurden mit einem externen Partner auf *DKSH* zugeschnittene Assessment Center (AC) entwickelt und implementiert. In diesen ACs wird u. a. der Fit zwischen dem Werte-Set eines potenziellen Kandidaten und dem der *DKSH* geprüft.

Ist ein Mitarbeiter eingestellt worden, durchläuft er ein strukturiertes Onboarding-Programm, in dessen Rahmen die Marke, die Werte und die Identität explizit als Modul geschult werden – inklusive praktischer Übungen, um das Verständnis dafür zu schärfen, wie diese Werte sich in die tägliche Arbeit übersetzen. Was bedeutet der Wert „Customer Centric" beispielsweise für mich als Rezeptionistin eines *DKSH*-Büros? Neben diesem Training erhält der Mitarbeiter ein „New Hire Welcome Pack" mit umfangreichen Materialien und Quellen zum Unternehmen und der Identität, sowie eine personalisierte „Fantree ID", ein Dokument, welches einem Ausweis nachempfunden ist und einerseits die Markenidentität vollumfänglich und kompakt darstellt, andererseits Raum bietet, um die Achievements auf der Reise mit *DKSH* (wie zum Beispiel Trainings) in der ID zu dokumentieren. Gleichzeitig symbolisiert die Fantree ID die Zugehörigkeit zur *DKSH* Family und weist den Mitarbeiter entsprechend als Mitglied dieser Family aus (vgl. Abb. 10).

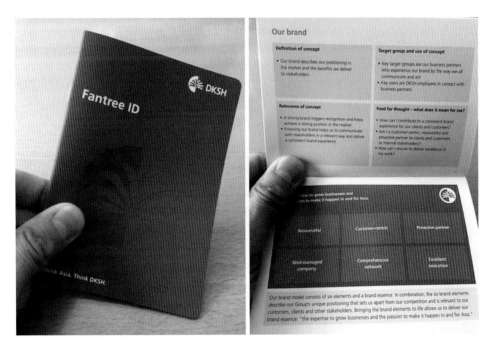

Abb. 10 Fantree ID

(2) Performance Management und Leistungsvereinbarungen

Im Rahmen der individuellen Leistungsvereinbarungen (Performance Management Process) dient Brand Engagement als Führungsinstrument und Personalentwicklungsmaßnahme. Die individuellen Ziele eines Mitarbeiters werden zu Beginn eines Jahres zwischen Vorgesetztem und Mitarbeiter diskutiert und festgelegt. Nach der Hälfte des Jahres wird die Zielerreichung in einer Mid Year Review diskutiert, um zu überprüfen, ob der Mitarbeiter sich auf dem richtigen Pfad befindet und um gegebenenfalls gegensteuern zu können. Die Zielvereinbarungen bestehen dabei aus funktionalen Zielen (Objectives), die mit KPIs hinterlegt werden und einer klassischen MBO-Logik (Management by Objectives) folgen. Dieser Teil der Leistungsvereinbarung ist mit einem finanziellen Bonus gekoppelt. Daneben werden jedoch auch qualitative Ziele überprüft (Behavioral Assessment), welche eine Vielzahl von Wertedimensionen erfasst (acht Dimensionen sowie weitere Unterpunkte). Jede Zielvereinbarung enthält einen Abschnitt zur Identität und den Werten des Unternehmens. Jeder Wert ist tangibel beschrieben und mit konkreten Beispielen hinterlegt, um ihn möglichst greifbar zu machen. Zwischen Vorgesetztem und Mitarbeiter findet eine Reflektion statt, wie „gut" auf einer Dreier-Skala (not fulfilled, fulfilled, exceeded) der jeweilige Mitarbeiter den entsprechenden Wert „gelebt" hat. Dabei sind beide Seiten gefordert, konkrete Beispiele vorzubereiten, um das Gespräch zu unterstützen. Es geht nicht darum, auf jeder Dimension unbedingt ein „exceeded" zu erlangen, sondern um das Herausarbeiten eines Profils, der Identifikation von Verbesserungspotenzial und darum, eine offene und ehrliche Einschätzung zu erhalten. Dieser Prozess ist in einer Online Application, dem „Talent Portal", digitalisiert und global organisiert (vgl. Abb. 11).

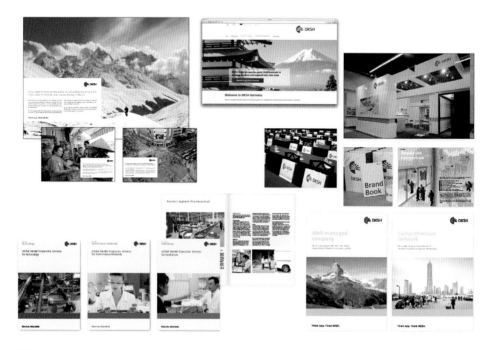

Abb. 11 Talent Portal

(3) Schulungen und Kommunikationsangebote

Brand Engagement ist im Sinne eines Behavioral Branding ein konkretes Hilfsangebot, wie die Identität der Unternehmung durch die einzelnen Mitarbeiter gelebt werden kann. Hierzu gibt es vielfältige interne Schulungs- und Kommunikationsmaterialien. Dabei werden die internen Kommunikationskanäle strukturiert dazu genutzt, den Mitarbeitern die Themen Marke und Identität regelmäßig nahezubringen. Das digitale Mitarbeitermagazin „Fantree News" berichtet neben weiteren Themen regelmäßig über die Marke und die Identität des Unternehmens. Die Zuordnung von Werten zu den einzelnen Beiträgen im Magazin zeigt explizit, wie die Werte im täglichen Business gelebt und übersetzt werden. Poster erinnern in öffentlichen Bereichen der Büros an die Werte. Der „Identity Guide" vertieft die Inhalte. Das Brand Book spricht gezielt über die Marke. Zahlreiche Employee-Testimonial-Videos berichten zielgerichtet und authentisch u. a. über die Werte des Unternehmens und wie diese durch die Mitarbeiter gelebt und von diesen erlebt werden. Hinzu kommen jährliche globale Events wie die „Branding Week" oder „Branding Days", bei denen die Identität und Werte einerseits edukativ, aber andererseits vor allem auch in ihrer praktischen Anwendung, „gelebt", vermittelt werden. Ziel dieser Events ist es, die Organisation mit der Identität der *DKSH* vertraut zu machen und aufzuzeigen, wie sie in der täglichen Arbeit umgesetzt und gelebt werden kann – und zwar vom Rezeptionisten bis zum Top-Manager. Zur Vermittlung der Führungskultur, der Leadership Principles, wurde ein mehrjähriges Programm initiiert, „Living the *DKSH* Leadership Principles", welches, angefangen beim Senior Executive Team, über die Top-100-Führungskräfte in die gesamte Organisation ausgerollt und in die existierenden internen Kommunikations- sowie Schulungsangebote integriert wurde.

(4) Fantree Academy

Neben den regelmäßigen Kommunikationsangeboten über die interne Kommunikation und Events werden die Inhalte der Marke und die Identität des Unternehmens auch durch formale Schulungen über die Fantree Academy, dem internen Learning and Development Center, vermittelt. Die Fantree Academy besteht aus zwei Säulen, den Leadership Programs und den Skills Programs. Die Leadership Programs richten sich mit vier zielgerichteten Programmen an unterschiedliche Hierarchiestufen von Managern im Unternehmen und fokussieren darauf, Kernkompetenzen im Bereich Führung zu vermitteln. Dabei beinhalten sie einen fixen Bestandteil mit Schulungen und praktischen Übungen zu den Identitätsfacetten des Unternehmens, um eine einheitliche Führungskultur und ein „Vorleben" der Unternehmensidentität durch die Führungskräfte auf allen Ebenen sicherzustellen. Der Erfolg der Anstrengungen im Bereich der Schulungs- und Kommunikationsangebote wird regelmäßig über eine Employee Survey erfasst. Die Kenntnis und das Verständnis der Identität der *DKSH* wird hier in Mitarbeiterbefragungen überprüft, um die Planung und Umsetzung der Schulungs- und Kommunikationsangebote zielgerecht zu steuern.

Neben den Schulungs- und Kommunikationsangeboten, die als „Push"-Aktivitäten verstanden werden können, honorieren Anreizsysteme und Wettbewerbe das Verinnerlichen der Identität im Unternehmen. Mit den Fantree President Awards wird zum Beispiel das vorbildliche „Leben" der Corporate Values als Teil der Unternehmensidentität mit einem Preis von 8888 CHF (8 gilt als die asiatische Glückszahl) prominent und öffentlich belohnt – inklusive Flug der Gewinner nach Zürich und Meet & Greet mit den CEO und Chairman sowie einem Kurzausflug in der Schweiz. Die Fantree President Awards haben hierbei einen Pull-Charakter und stärken die Eigeninitiative der Mitarbeiter.

Brand Communication

In der Anfangsphase ging es darum, einheitliche Formate aufzubauen und formale sowie strukturelle Konsistenz sicherzustellen. Es wurde der Grundstein für ein einheitliches Botschaftenmanagement und eine länderübergreifende Informationsarchitektur gelegt. Sie zahlen auf die neue Positionierung der Marke und das neue Leistungsangebot der Business Units ein. Des Weiteren erfolgte die Definition der Aufbau- und Ablauforganisation sowie die Erstellung von Standard Operating Procedures, Policies, Guidelines, Templates und Handbooks für die interne Nutzung innerhalb des Kommunikationsteams. Bei der Produktion von externen Kommunikationsmaterialien lag der Fokus zunächst darauf, globale Materialien für die Corporate- und Business-Unit-Ebene bereitzustellen. Neben der Informationsarchitektur für den Onlineauftritt gestaltete die Zentrale zum Beispiel sämtliche Printmedien inhaltlich sowie formal neu. Zunächst erfolgte die Erstellung der Materialien für die klassischen Corporate Communications. In einem späteren Schritt wurden die Formate und Inhalte verstärkt auf Business-Unit-, Business-Line- und Länderebene heruntergebrochen, um die Kommunikation relevanter für die wichtigen Zielgruppen „Clients" und „Customer" zu gestalten. Die Erweiterung und Ergänzung der Formate und Medien erfolgte mit dem Ziel, die Relevanz in diesen Zielgruppen zu erhöhen. Dies markierte den Beginn einer stärker marktorientierten Kommunikation oder im klassischen Sinne den Aufbau einer Marketing-Kommunikationsfunktion, welche organisatorisch durch die Installierung von Business Unit Communications Managern unterstützt wurde.

Durch das etablierte Netzwerk an globalen Kommunikatoren mit inzwischen stark gestiegenen Fähigkeiten, dem Aufbau lokaler Spezialisten wie etwa Grafik-Designern sowie intensiver Schulung der Organisation wurde die Einhaltung des Corporate Design und der formalen Richtlinien Stück für Stück sichergestellt. Im nächsten Schritt ging es darum, die Kommunikation noch stärker auf die Auftraggeber und Kunden zuzuschneiden und die Relevanz der Botschaften für die Zielgruppen deutlich zu erhöhen. Dafür wurden die noch eher auf Top Level definierten Kommunikationsziele auf Corporate-Communications-Ebene dezidiert und detailliert auf Business-Unit-, Business-Line- und Länderebene heruntergebrochen sowie KPIs für die Kommunikation festgelegt. Die KPIs hielten in die Zielvereinbarungen der lokalen und Business-Unit-Kommunikatoren Einzug und stellen sowohl auf Output- (z. B. Anzahl Press Releases) sowie auf Impact-Kennziffern (z. B. Steigerung des Bekanntheitsgrades) ab. Detaillierte Kommunikationspläne auf Corporate- und Länderebene gewährleisten die Planung, Umsetzung und Kontrolle der Maßnahmen, während das Editorial Planning die Inhalte sauber auf Corporate-Communications- und Marketing-Communications-Ebene orchestriert und ausspielt.

Neben der vertriebsorientierten Regelkommunikation, wie der Onlinepräsenz und den Broschüren, lanciert *DKSH* das Kundenmagazin, das sich zu einem wichtigen Instrument der Kundenkommunikation entwickelte. Seit seinem Start hat es vor allem die Aufgabe, den *DKSH*-Anspruch „No 1 MES Provider" zu sein, besser zu stützen und das Unternehmen noch stärker als Visionär und Vordenker zu positionieren. Die Rolle des Kundenmagazins ist es, den Anspruch und die Leistungsfähigkeit der Marke in ein abwechslungsreiches Redaktionskonzept zu gießen. Es bietet dem Leser echten Mehrwert und geht weit über die reine *DKSH*-Perspektive hinaus. Das Magazinformat bietet die Möglichkeit, die Arbeit des Unternehmens in Marktzusammenhänge zu stellen und die besondere Leistung und Vielfalt herauszuarbeiten. Leser, die an bestimmten Regionen und Industrien interessiert sind, finden hier medial übersetztes Expertenwissen, praxisnahe Cases und echte Insights in hoher redaktioneller Qualität. In diesem Punkt ist es gegenüber klassischen Kommunikationsmitteln, in denen es nach wie vor schwerfällt, das gesamte Spektrum von Konsumgütern über Pharmazeutika und Technologieprodukten bis hin zu Performance Material überzeugend zu vermitteln, klar im Vorteil. Der konsistente Markenauftritt und die gelungene länderspezifische Ausspielung von Inhalten trug dazu bei, das Image und das Geschäft der *DKSH* zu beflügeln.

2.5 Börsengang

Die konsequente Konsolidierung sowie formale und inhaltliche Implementierung der Marke *DKSH* bot eine solide Basis, um das Unternehmen glaubhaft nach innen und außen zu präsentieren. Die Marke schuf damit die perfekte Bühne für die konsequente Vorbereitung und erfolgreiche Durchführung eines Börsengangs. Zu diesem Zeitpunkt hatte die Belegschaft das neue Geschäftsmodell und somit auch die Markenstory verinnerlicht und mit Leben gefüllt. Die stringente Markenstory eignete sich zugleich hervorragend als Basis, um darauf die Börsenstory aufzubauen, was den Börsengang erheblich erleichterte. Am 20. März 2012 debütierte die *DKSH*-Aktie an der SIX Swiss Exchange. Dem Unternehmen ist das Börsendebüt geglückt: Der Aktienkurs schnellte bei Handelsbeginn um 3 CHF über den Ausgabepreis, welcher bei 48 CHF und damit am oberen Ende der vorgegebenen Preisspanne festgesetzt wurde. Bei den Investoren war das Interesse an Anteilscheinen des Unternehmens riesig. Das Aktienbuch war auch beim Preis von 48 CHF pro Aktie mehrfach überzeichnet – dem Vernehmen nach 8,5- bis 9-fach. Der Börsengang der *DKSH* war damit nicht nur der erste an der Schweizer Börse seit fast einem Jahr, er war auch einer der größten der vergangenen Jahre.

3 Fazit

Die Wichtigkeit der Marke bzw. der Identität ist im Unternehmen gut verankert. Ein wesentlicher Erfolgsfaktor hierfür war dabei die Unterstützung des Top-Managements. Das Engagement und Verständnis hat sich durch die Vielzahl und Kontinuität von Maßnahmen deutlich erhöht. Sie sichern die „Awareness" für dieses Thema, unterstreichen die Relevanz und bieten Mitarbeitern nachhaltig die Möglichkeit, sich mit der Kultur und Identität der *DKSH* dezidiert auseinanderzusetzen.

Wohin steuert *DKSH* in der Markenführung?
Die Markenführung der *DKSH* bewegt sich im Zuge der Digitalisierung weg von Printmedien hin zu Onlinemedien. Soziale Netzwerke wie *LinkedIn*, *Xing*, *Baidu*, *Mixi*, *WeChat* oder *Facebook* rücken stärker in den Fokus der Markenführung und werden teilweise auch zur Geschäftsanbahnung genutzt. Für die Markenführung gilt das Credo „From Dogma to Story". Content Marketing und Storytelling gewinnen an Relevanz, nicht anstatt, sondern neben der formal sauberen Markenführung im Sinne des klassischen Corporate Design. Die Markenführung wird „demokratischer", sie wird breiter im Unternehmen verankert. Das geschieht u. a. dadurch, dass neben klassischen Kommunikatoren vermehrt auch Nicht-Kommunikatoren an der Markenführung bzw. Kommunikation beteiligt sind – vorwiegend in den Sozialen Medien. Verstärkt übernimmt Corporate Communications und insbesondere Marketing Communications die Aufgabe, geeignete und „approved" Inhalte neben der Regelkommunikation auch unternehmensintern auf Plattformen zur Verfügung zu stellen, welche dann durch die Kommunikatoren, aber vor allem auch durch Nicht-Kommunikatoren modular, relevant und spezifisch genutzt werden können – beispielsweise für individuell zusammengestellte Kunden-Newsletter oder Beiträge in Social Media. Die Kommunikation wird damit schneller und relevanter. Zudem erhöht sich die Reichweite dramatisch. Der Fokus bewegt sich also etwas weg von formaler Kontrolle hin zu relevanten Inhalten. From Dogma to Story!

B-to-B-Employer Branding – Relevanz, Erkenntnisse und Schlaglichter

Carsten Baumgarth

Zusammenfassung

Employer Branding ist in den letzten Jahren zu einem der Top-Themen der B-to-B-Markenführung geworden. Dieser Überblicksbeitrag thematisiert die Gründe für die hohe Relevanz, definiert das Employer Branding und liefert einen komprimierten Überblick über die Literatur. Darauf aufbauend werden mit dem Arbeitgeberwahlprozess und dem Konstrukt Employer Brand Strength zwei Schlaglichter aus Sicht der Zielgruppe des Employer Branding diskutiert. Abschließend wird mit einem idealtypischen Employer-Branding-Prozess, dem Ansatz des Kategorien-Images, der Nachhaltigkeit als möglichem Positionierungsansatz einer Employer Brand, der Markenarchitekturentscheidung sowie der Employer-Brand-Kommunikation fünf Schlaglichter auf das Management einer Employer Brand im B-to-B-Umfeld geworfen.

Schlüsselbegriffe

Arbeitgeberwahlprozess · Arbeitgebermarke · Employer Branding · Employer Brand Strength · Familienunternehmen · Hidden Champion · Interne Markenführung · Nachhaltigkeit

Inhaltsverzeichnis

C. Baumgarth (✉)
Hochschule für Wirtschaft und Recht Berlin
Berlin, Deutschland
E-Mail: cb@cbaumgarth.net

© Springer Fachmedien Wiesbaden GmbH, ein Teil von Springer Nature 2018   477
C. Baumgarth (Hrsg.), *B-to-B-Markenführung*, https://doi.org/10.1007/978-3-658-05097-9_25

1   Relevanz des Employer Branding für B-to-B-Unternehmen

Spätestens seit 1997 *McKinsey* den „War of Talents" eingeläutet hat, der auch den Titel eines entsprechenden Buches ziert (Michaels et al. 2001), setzte weltweit eine Diskussion über Nachwuchsprobleme sowie Fach- und Führungskräftemangel in Unternehmen ein. Allgemein gibt es für diesen propagierten Fachkräftemangel eine Mehrzahl von Gründen, wie den demographischen Wandel, steigende Arbeitsanforderungen (auch) durch Digitalisierung sowie zunehmende Abhängigkeit des Unternehmenserfolgs von der Qualität und der Bindung der Mitarbeiter. Diese Problematik verschärft sich für den B-to-B-Bereich noch einmal aus drei Gründen:

1. (Deutsche) B-to-B-Unternehmen sind besonders abhängig von Spitzeningenieuren: Deutschland und allgemein Europa kann im weltweiten Wettbewerb nur sehr bedingt durch eine Kosten- und Preisführerschaftsstrategie gewinnen. Da aber speziell der B-to-B-Bereich seit langer Zeit schon international vermarktet und sich häufig im weltweiten Wettbewerb befindet, ist eine Qualitäts- und Innovationsführerschaft i. d. R. die Erfolg versprechende strategische Grundausrichtung. Eine solche Position ist aber nur erreichbar, wenn das eigene Personal auch im internationalen Vergleich in der Lage ist, Spitzenleistungen zu erbringen. Daher ist der langfristige Erfolg von B-to-B-Unternehmen besonders stark von der Personalausstattung abhängig.
2. B-to-B-Branchen sind wenig attraktiv für Nachwuchskräfte: In einer aktuellen Studie von *Ernst & Young* (2016) wurden 3500 Studenten nach den attraktivsten Branchen gefragt. Die höchste Attraktivität besitzt der öffentliche Dienst (32 %), gefolgt von Kultureinrichtungen (23 %) und der Autoindustrie (22 %). Die Kategorien Sonstige Industrie, IT/Software und Maschinenbau – drei Branchen, die eher dem B-to-B-Feld zugeordnet werden können – landen mit jeweils 15 % erst auf dem fünften Platz. Sogar bei Ingenieuren gewinnt die (konsumgüterlastige) Autoindustrie (58 %) deutlich vor IT/Software (35 %) und Maschinenbau (31 %).

3. B-to-B-Unternehmen haben häufig einen Standortnachteil: Aufgrund der erhöhten Nachfragen nach hochausgebildeten Mitarbeitern besitzen diese bei der Wahl des Arbeitgebers zahlreiche Möglichkeiten. Ein zunehmend wichtiges Kriterium dabei spielt auch die Attraktivität des Standortes. Gleichzeitig erleichtert ein attraktiver Standort alleine durch die Einwohnerzahl und die vorhandene Infrastruktur (z. B. Hochschulen) das Finden und Gewinnen von neuen Mitarbeitern. Wenn man sich aber die Standorte der erfolgreichsten (deutschen) B-to-B-Unternehmen anschaut, dann fällt auf, dass diese i. d. R. in der Provinz ihre Headquarters haben. Dies gilt besonders für die sogenannten Hidden Champions (Simon 2012, S. 381 ff.). Wenn man z. B. die Standorte der zwanzig stärksten Hidden-Champion-Marken (Biesalski & Company 2015), die alle dem B-to-B-Bereich zuzuordnen sind, mit den zehn attraktivsten Großstädten in Deutschland (YouGov 2016) vergleicht, fällt auf, dass keines der Unternehmen in einer der Großstädte beheimatet ist und die Distanzen zu attraktiven Großstädten selten unter 100 km liegen. Tab. 1 fasst diese zusammen.

Tab. 1 Räumliche Entfernung der Hidden Champions (Top 20) zu attraktiven Großstädten

Unternehmen	Hauptsitz	Einwohnerzahl	Distanz zu einer attraktiven Großstadt
Herrenknecht	Schwanau	6959	160 km (Stuttgart)
Otto Bock	Duderstadt	21.072	195 km (Leipzig)
Lürssen	Bremen	557.464	130 km (Hamburg)
Delo	Windach	3759	50 km (München)
Windmöller & Hölscher	Lengerich	22.461	160 km (Düsseldorf)
Grimme	Damme	16.872	210 km (Hamburg/Düsseldorf)
Haver & Boecker	Oelde	29.299	135 km (Düsseldorf)
Duravit	Hornberg	4320	125 km (Stuttgart)
Kaeser Kompressoren	Coburg	41.257	110 km (Nürnberg)
Peri	Weißenhorn	13.329	120 km (Stuttgart)
Schunk	Lauffen am Neckar	11.042	50 km (Stuttgart)
Dorma	Ennepetal	29.926	60 km (Düsseldorf)
Sick	Waldkirch	21.561	160 km (Stuttgart)
Mennekes	Kirchhundem	11.854	100 km (Köln)
Abeking & Rasmussen	Lemwerder	6940	145 km (Hamburg)
KWS Saat	Einbeck	31.338	235 km (Hamburg)
Renolit	Worms	82.102	70 km (Frankfurt am Main)
Sennheiser	Wedemark	29.358	180 km (Hamburg)
Max Weishaupt	Schwendi	6520	115 km (Stuttgart)
Big Dutchman	Vechta-Calveslage	31.588	180 km (Hamburg)
Quelle: Biesalski & Company (2015)		Quelle: Wikipedia (2016)	Quelle: Google maps (2016)

Als Reaktion auf diesen Fach- und Führungskräftemangel haben Ambler und Barrow (1996) mit ihrem Beitrag „The Employer Brand" im *Journal of Brand Management* die Diskussion über den Aufbau und die Führung einer attraktiven Arbeitgebermarke angestoßen. Seit dieser Zeit sind eine fast unüberschaubare Anzahl an Publikationen und Studien erschienen, spezialisierte Beratungsunternehmen wie die *Deutsche Employer Branding Academy* gegründet und entsprechende Studiengänge aufgebaut worden. Der vorliegende Beitrag versteht sich nicht als umfassendes und vollständiges Kompendium, sondern als Kompass in dem Dschungel der Employer-Branding-Forschung und -Praxis.

2 Begriff und Ziele des Employer Branding

2.1 Begriff

Der Begriff des Employer Brand (synonym: Arbeitgebermarke) ist rund zwanzig Jahre alt und startete in der wissenschaftlichen Diskussion insbesondere mit dem bereits erwähnten konzeptionellen Beitrag von Ambler und Barrow (1996). Sie definieren Employer Brand als „... the package of functional, economic and psychological benefits provided by employment, and identified with the employing company. The ongoing company/employee relationship provides a series of exchanges of mutual benefit, and is an integral part of the company's total business network." (Ambler und Barrow 1996, S. 187). Seit diesem Beitrag wurde eine Vielzahl von Beiträgen mit unterschiedlichen Definitionen publiziert. *Google Scholar* (Stand: Dezember 2016) bspw. liefert für den Suchbegriff „Employer Brand" fast 6000 Beiträge. Böttger (2012) listet in ihrer Dissertation 16 verschiedene Definitionen auf. Hier wird der Definition von Sponheuer (2010) gefolgt, welche die Employer Brand definiert als „... ein Arbeitgeber-Nutzenbündel mit spezifischen Merkmalen, die dafür sorgen, dass sich dieses Nutzenbündel gegenüber anderen Nutzenbündeln, welche dieselben Basisbedürfnisse erfüllen, aus Sicht der relevanten Zielgruppen am Arbeitsmarkt nachhaltig differenziert." (Sponheuer 2010, S. 26).

Das Employer Branding, welches das Management einer Employer Brand meint, ist von verschiedenen Konzepten wie Interne Markenführung, Corporate Branding, Leadership Branding und Personalmarketing abzugrenzen. Eine Ausweitung des Employer Branding auf das Konzept Interne Markenführung wird zwar von einigen Autoren wie z. B. Kriegler (2015, S. 25 ff.) gefordert, ist aber wenig sinnvoll, da dadurch die Begriffe und die damit verbundenen Zielgruppen, Managementaufgaben und Zuständigkeiten vermischt und unklar werden. Die Interne Marke(nführung) (synonym: Internal Branding, Behavio(u)rial Branding) weist eine abweichende Zielsetzung auf, da es bei letzterer im Kern darum geht, die Marke bei den externen Kunden durch professionelle und markenkonforme Kontakte der Mitarbeiter mit den Kunden zu stärken. Abb. 1 vergleicht das Employer Branding mit der Internen Markenführung.

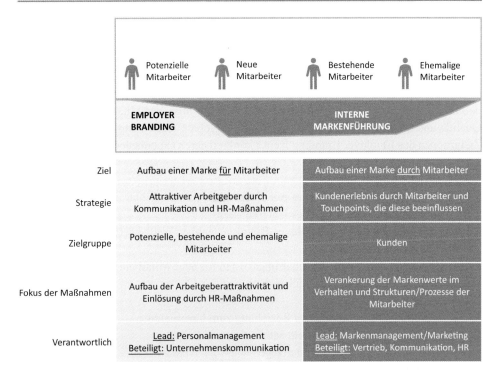

Abb. 1 Vergleich von Employer Branding und Interner Markenführung. (Quelle: in enger Anlehnung an Esch et al. 2014a, S. 28)

Weiterhin ist das Employer Branding vom Corporate Branding (synonym: Unternehmensmarkenführung) abzugrenzen, da ein Corporate Branding neben potenziellen Arbeitnehmern alle internen und externen Stakeholdergruppen wie z. B. Medien, Finanzcommunity und Kunden adressiert. Das heißt, das Employer Branding ist ein Unterfall des Corporate Branding. Ferner ist Employer Branding nicht identisch mit Leadership Branding (Ulrich und Smallwood 2007; Grubendorfer 2012), da Leadership Branding eine spezielle Ausprägung der (Top-)Führung in Richtung der Markenwerte behandelt. Personalmarketing, ein Begriff, der historisch gesehen vor allem im deutschsprachigen Raum älter als Employer Branding ist (z. B. Strutz 1989), fokussiert sich auf Aktivitäten, um den konkreten Personalbedarf zu decken. Ein solches Verständnis von Personalmarketing ist bedarfsorientiert und operativ. Employer Branding hingegen ist deutlich strategischer und legt den Schwerpunkt auf die Schaffung einer attraktiven Marke auf dem Markt der potenziellen Mitarbeiter (Lukascyk 2012).

Allerdings ist festzuhalten, dass Employer Branding sowohl in der Theorie als auch in der Praxis Berührungspunkte und Überschneidungen mit der Internen Markenführung, dem Corporate und dem Leadership Branding aufweist. Die Instrumente des Personalmarketings werden regelmäßig im Rahmen eines strategischen und umfassenden Employer Branding eingesetzt.

2.2 Ziele

Das generelle Ziel des Employer Branding ist es, durch den Aufbau einer starken Arbeit-
gebermarke die richtigen Mitarbeiter für das Unternehmen zu gewinnen und diese an das
Unternehmen zu binden. Dadurch wird sichergestellt, dass die immer wertvoller werden-
de und speziell für den B-to-B-Bereich zentrale Ressource, der Mitarbeiter, in richtiger
Qualität und Quantität zur Verfügung steht. Diese globale Zielsetzung lässt sich nach den
Zielgruppen des Employer Branding weiter konkretisieren (Sponheuer 2010, S. 96 ff.):

(1) Potenzielle Mitarbeiter
   - Gewinnung von Mitarbeitern mit einer hohen Kompatibilität mit den Werten und
     notwendigen Fähigkeiten des Unternehmens
   - Stärkung der eigenen Employer Brand gegenüber Wettbewerbern (auch jenseits
     der eigenen Branche)
   - Reduktion der Personalbeschaffungskosten für neue Mitarbeiter
   - Beschleunigung der Personalbeschaffung
(2) Aktuelle Mitarbeiter
   - Schaffung einer emotionalen Beziehung zum Unternehmen
   - Steigerung von Zufriedenheit, Motivation und Leistung
   - Bindung der „richtigen" Mitarbeiter
   - Gewinnung der Mitarbeiter als Empfehler und Vermittler (Word-of-Mouth) für
     neue Mitarbeiter in persönlichen und digitalen Netzwerken (z. B. *kununu*)
(3) Ehemalige Mitarbeiter
   - Aufrechterhaltung einer emotionalen Beziehung
   - Weitergabe positiver Erfahrungen mit dem Unternehmen als Arbeitgeber in per-
     sönlichen und Netzwerken
   - Gewinnung von Ehemaligen als freie oder zukünftige Mitarbeiter
   - Netzwerkaufbau

3 Erkenntnisstand Employer Branding im B-to-B-Kontext

Der Erkenntnisstand zum Employer Branding ist mittlerweile breit und heterogen, wobei nur wenige B-to-B-spezifische Ausführungen vorliegen. Daher erhebt die folgende
Darstellung, die zwischen einer eher praxis- und wissenschaftlich orientierten Perspektive
unterscheidet, keinen Anspruch auf Vollständigkeit, sondern skizziert wichtige Quellen
und verdeutlicht Forschungsschwerpunkte.

3.1 Praxisperspektive

Die Praxisperspektive des Employer Branding im B-to-B-Bereich wird insbesondere in (Best-Practice-)Fallstudien dargestellt. U. a. behandeln die folgenden **Fallstudien** das Employer Branding von B-to-B-Marken: *4flow* (Stotz und Wedel-Kelin 2013), *Cisco* (Stotz und Wedel-Klein 2013), *sd&m/capgemini* (Kriegler 2015), *Gira* (Kriegler 2015), *OTIS* (Mei-Pochtler et al. 2014), *Otto Bock* (Mei-Pochtler et al. 2014), *Omicron* (Nagel 2011), *Siemens* (Nagel 2011), *Roland Berger* (Nagel 2011), *SAP* (Nagel 2011), *Robert Bosch* (Schrödl et al. 2013) und *Wilo* (Brecht und Schmucker 2013).

Darüber hinaus existieren einige regelmäßige **Awards** und **Siegel**, die erfolgreiche Employer-Branding-Ansätze auszeichnen. Dabei handelt es sich aber mit wenigen Ausnahmen nicht um B-to-B-spezifische Awards (z. B. Sonderkategorie Employer Branding im Rahmen des GWA Profis· GWA 2014, 2015). Tab. 2 liefert einen Überblick über die wichtigsten Awards und Zertifizierungen (ausführlich auch Naundorf 2016).

Ferner gibt es eine Reihe von Studien, die sich entweder aus der Nachfrager-(Beschäftigte, Studierende, Auszubildende, High-Potentials etc.) oder aus der Unternehmenssicht mit dem Employer Branding beschäftigen. Auch hier ist festzuhalten, dass es fast keine spezifischen Studien für den B-to-B-Bereich gibt.

Im Bereich der Nachfragersicht existieren zunächst Studien von Beratungs- und Marktforschungsunternehmen, die sich mit der Bindung bzw. dem Commitment der Mitarbeiter beschäftigen. Die bekannteste Studie in diesem Bereich ist der Engagement Index von *Gallup*, der in Deutschland mittlerweile seit 2001 jährlich durchgeführt wird (Nink 2017). Diese Studie zeigt relativ konstant, dass in Deutschland (2016) nur 15 % eine hohe emotionale Bindung, 70 % eine geringe emotionale Bindung und 15 % keine emotionale Bindung an ihrem Arbeitgeber aufweisen. Ähnliche Studien sind auch verfügbar, u. a. von *Aon Hewitt* (2016) und *TNS* (2003). Die weitaus meisten Praxisstudien untersuchen aber die Anforderungen und Wünsche von potenziellen Arbeitnehmern im Allgemeinen (z. B. Monster.de 2016) oder von speziellen Zielgruppen wie Studierende und Absolventen (z. B. Berufsstart 2015; Universum 2016a), Young Professionals (z. B. Universum 2016b), High Potentials (z. B. McKinsey und e-fellows 2015) oder der Generation Y (z. B. Bernecker und Silberbach 2015).

Die Anbieterperspektive wird im Gegensatz zur Nachfragerseite überwiegend in ad-hoc-Studien analysiert. Nur wenige Studien wiederholen die Datenerhebung und analysieren dadurch Entwicklungen. In der jährlich vom *Bundesverband Industriekommunikation* durchgeführten Studie „B2B-Marketing-Budgets" wird auch nach dem (externen) Budgetanteil für Employer Branding im Marketing (2015: 2 %) und nach der zukünftigen Wichtigkeit (2015: Rang 8 von 14 Themen) gefragt (bvik 2016). Allerdings ist bei dieser Studie, die dem Employer Branding im B-to-B-Sektor eher eine mittlere bis geringe Bedeutung zuordnet, zu berücksichtigen, dass die Antworten von Marketingverantwortlichen und nicht von Personalverantwortlichen oder der Top-Führungsebene stammen. Andere Studien, wie u. a. die Employer Branding Studie 2014 (Esch et al. 2014b), zeigen hingegen für deutsche Unternehmen eine zunehmend steigende Relevanz des Employer Branding.

Tab. 2 Übersicht wichtiger Awards und Zertifizierungen für Employer Branding

Name	Institution	Zielgruppe	Modell + Datenbasis	Kosten	Auszeichnung
Trendence Graduate Barometer	Trendence Institut (Deutschland) www.trendence.com	k. A. (eher Großunternehmen)	Nennung als Top-Arbeitgeber aus einer Liste; Studierendenbefragung	Keine	Award für die 100 besten Unternehmen
Trendence Employer Branding Innovation Award		k. A.	Kurzbewerbung und Beurteilung durch eine Expertenjury und ein Live-Voting	k. A.	Shortlist und Sieger
Germany' Ideal Employer	Universum Communications (Schweden) www.universumglobal.com	k. A. (eher Großunternehmen)	Nennung als idealer Arbeitgeber aus einer Liste; Studierendenbefragung	Keine	Award für die 100 besten Unternehmen
Great Place to Work	Great Place to Work Institute (USA) www.greatplacetowork.de	Unternehmen mit mindestens 50 Mitarbeitern	Modell mit fünf Dimensionen und 15 Qualitäten; Befragung der Personalabteilung und Mitarbeiterbefragung	4500–21.500 €	Siegel für die 100 besten Unternehmen
Top Job	zeag (Deutschland)	Deutscher Mittelstand (20–5000 Mitarbeiter)	Sechs Dimensionen; Befragung Personalabteilung und Mitarbeiterbefragung	8800–18.800 €	Siegel für die 100 besten Unternehmen
Randstad Award	Randstad (Niederlande) www.randstad-award.de/startseite.html	Großunternehmen (mindestens 1000 Mitarbeiter)	Befragung	Keine	Top 3 für 26 Länder
Top employer	Top Employers Institute (Niederlande) www.top-employers.com	Unternehmen mit mindestens 250 Mitarbeitern	Neun Themenfelder mit 600 Kriterien	Nicht bekannt	Zertifikat bei Erreichen einer bestimmten Punktzahl

3.2 Wissenschaftsperspektive

Die wissenschaftliche Diskussion zum Employer Branding startete 1996 mit der Publikation von Ambler und Barrow (1996). Seit dieser Zeit wurde eine große Vielzahl an wissenschaftlichen Studien zum Employer Branding publiziert (zur quantitativen Entwicklung z. B. Melde und Benz 2014). Der vorliegende Beitrag kann daher keinen Überblick über die umfangreiche Forschung geben. Gute Überblicke liefern Theurer et al. (2018), Edwards (2010) sowie Lievens und Slaughter (2016). Interessanterweise ergab eine Datenbankanalyse der wichtigsten internationalen B-to-B-Marketing-Journals (*Industrial Marketing Management, Journal of Business-to-Business Marketing und Journal of Business & Industrial Marketing*) für den Zeitraum 1997 bis 2016 keine expliziten Beiträge zum Employer Branding.

4 Schlaglichter zu den Wirkungen von B-to-B-Employer-Brands

Ziel dieses Beitrags kann es nicht sein, einen vollständigen Überblick über die Wirkungsweise von Employer Brands bei (potenziellen) Arbeitnehmern darzustellen. Vielmehr sollen mit der prozessualen Betrachtung des Arbeitgeberwahlprozesses sowie dem Konstrukt Employer Brand Strength zwei auch für die Praxis hilfreiche Modelle skizziert werden.

4.1 Arbeitgeberwahlprozesse

Hauptziel des Employer Branding ist es, den Arbeitgeberwahlprozess von geeigneten Kandidaten positiv zu beeinflussen. Daher ist es für die Gestaltung und auch das Controlling einer Employer Brand wichtig, diese Wahlprozesse zu verstehen. Die Literatur hat aufbauend auf Arbeitgeberwahltheorien (zum Überblick Böttger 2012, S. 82 ff.) verschiedene, prozessuale Arbeitgeberwahlmodelle vorgeschlagen (z. B. Süß 1996, S. 73 ff.; Böttger 2012, S. 97 ff.; Kranz 2004, S. 86 ff.; Roj 2013, S. 128 ff.; Franca und Pahor 2012). Hier soll das adaptierte Modell von Süß (1996) dargestellt werden, da dieses zum einen verhaltenswissenschaftlich fundiert ist und zum anderen eine auch für das praktische Management handhabbare Komplexität aufweist (vgl. Abb. 2).

In der ersten Phase, der Low-Involvement-Phase, ist die Person noch nicht in der Rolle des Bewerbers. Vielmehr beurteilt sie das Unternehmen oberflächlich aus Sicht eines Kunden. In der zweiten Phase erst beginnt sich die Person zu einem potenziellen Bewerber zu entwickeln. Hier spielt zunächst die Frage nach der Arbeitgeberbekanntheit eine entscheidende Rolle. Falls diese vorliegt oder durch Word-of-Mouth oder andere externen Maßnahmen (z. B. Eintrag auf Karriereseiten, SEO) erreicht werden kann, entsteht nach und nach ein Employer-Brand-Image und eine Employer-Brand-Equity. Diese führt dann in der dritten Phase, der Critical-Contact-Phase, zur Bewerbung, zum Auswahlverfahren und schließlich zum Unternehmenseintritt. Letztlich lässt sich diese Pyramide ähnlich wie

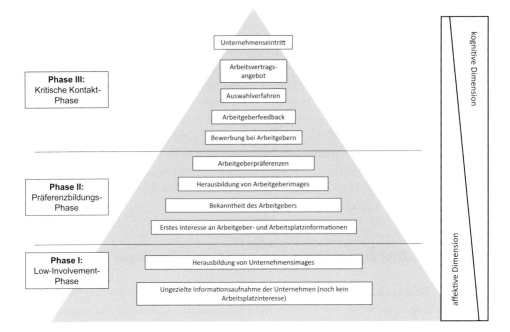

Abb. 2 Arbeitgeberwahlprozess nach Süß. (Quelle: in Anlehnung an Süß 1996, S. 146)

ein Lead Funnel auf Kundenseite interpretieren. Während die erste und zweite Phase mit Ausnahme der Bekanntheit eher auf Emotionen und geringem bis mittlerem Involvement basieren, überwiegen in der dritten Phase eher kognitive Elemente und das Involvement steigt deutlich an (ähnlich auch Simon et al. 1995, S. 107).

Das Employer Branding kann aus diesem Modell konkrete Schritte und Schwerpunkte ableiten. Beispielsweise ist es entscheidend, ob für das B-to-B-Unternehmen in der relevanten Zielgruppe zunächst ein ausreichend hoher Bekanntheitsgrad als potenzieller Arbeitgeber aufgebaut werden sollte, das Employer-Brand-Image diffus ist und deshalb differenziert werden muss oder die Employer Brand nicht relevant und daher die Attraktivität der Employer Brand zu erhöhen ist. Auch verdeutlicht dieses Modell, dass die konkrete Interaktion am Ende der Phase 2 und speziell in Phase 3 entscheidenden Einfluss auf den Erfolg des Employer Branding besitzt. Daher greifen Employer-Branding-Ansätze, die sich nur an der Erhöhung der Bekanntheit oder der Anzahl an Bewerbungen ausrichten, zu kurz. Schließlich verdeutlicht dieses Modell auch, dass ein Employer-Branding-Ansatz sowohl emotional als auch Fakten-orientiert agieren muss, wobei in frühen Phasen eher eine emotionale Low-Involvement-Kommunikation sinnvoll erscheint, die nach und nach dann in späteren Phasen durch Sachargumente und High-Involvement-Kommunikation abgelöst werden sollte.

4.2   Employer Brand Strength

Die Employer Brand Strength (teilw. synonym: Arbeitgeberattraktivität, Markenrelevanz) stellt analog zur allgemeinen B-to-B-Markenstärke (allg. Baumgarth 2004) eine zusammenfassende Größe dar, welche die Stärke der Arbeitgebermarke in den Köpfen der potenziellen Arbeitnehmer abbildet und damit eine der finalen Entscheidung (Bewerbung, Arbeitsangebot annehmen) vorgelagerte Größe darstellt. Die Literatur hat vielfältige Ansätze vorgeschlagen und empirisch für einzelne Branchen (z. B. Consulting: Rampl und Kenning 2014; Banken: Lievens und Highhouse 2003) oder branchenübergreifend (z. B. Franca und Pahor 2012; Berthon et al. 2005; Hillebrandt und Ivens 2013; Kranz 2004) getestet. Speziell für diagnostische Zwecke des Employer Branding sind mehrdimensionale Konzeptualisierungen von Bedeutung, da diese ein differenziertes Bild über die Stärken und Schwächen der B-to-B Employer Brands liefern. Tab. 3 skizziert die Skalen von zwei ausgewählten und branchenübergreifend anwendbaren Ansätzen.

Tab. 3 Ausgewählte Skalen zur Messung der Employer Brand Strength

	Berthon et al. (2005)	Hillebrandt und Ivens (2013)
Dimensionen	1. Development value (z. B. Aufstiegschancen, Gewinnung von Selbstbewusstsein) 2. Social value (z. B. nette Umgebung, gute Beziehungen, „Betriebsklima") 3. Interest value (z. B. innovative und kreative Arbeitsaufgaben, Firma mit Qualitätsprodukten) 4. Economic value (z. B. Arbeitsplatzsicherheit, guter Verdienst) 5. Application value (z. B. Anwendbarkeit von erworbenem Wissen und Fähigkeiten, gesellschaftliche Verantwortung)	1. Culture & Communication (z. B. Unternehmenskultur, offene Kommunikation) 2. Team Spirit (z. B. Team Spirit, angenehmes Arbeitsumfeld) 3. Tasks (z. B. Abwechslung, anspruchsvolle Tätigkeit) 4. International Career & Environment (z. B. internationale Karrieremöglichkeiten) 5. Benefits (z. B. Verdienstmöglichkeiten) 6. Reputation (z. B. guter Name für den eigenen Lebenslauf) 7. Work-Life-Balance (z. B. Vereinbarkeit mit Hobby und Familie) 8. Training & Development (z. B. Weiterbildungsangebote) 9. Diversity (z. B. gleiche Rechte für Mann und Frau) 10. Customers (z. B. interessante Kunden, viele Kundenkontakte) 11. Autonomy (z. B. Freiheit, frühe Übernahme von Verantwortung) 12. Corporate Social Responsibility (z. B. soziales Engagement, ökologische Verantwortung)
Anzahl der Items	25 Items	52 Items
Branchenbezug	Branchenübergreifend	Branchenübergreifend

Auch wenn diese Skalen mit 25 oder sogar 52 Items, sprich Fragen, für den praktischen Einsatz (z. B. Controlling der Employer Brand) i. d. R. zu umfangreich sind, verdeutlichen sie aber die Vielfältigkeit der Attraktivitätsgröße. Damit eröffnet eine solche Größe auch Zugänge zu der Frage, ob und wie wichtig emotionale Werte für die Arbeitgeberwahl sind, für welche Zielgruppen welche Dimensionen relevant sind und ob sich bspw. im Arbeitgeberwahlprozess die Bedeutung einzelner Dimensionen verändert.

5 Schlaglichter zum Management von B-to-B-Employer-Brands

Auch im Bereich des Employer Branding, sprich dem Management, kann der vorliegende Überblicksbeitrag keinen vollständigen und detaillierten Überblick leisten, sondern nur fünf ausgewählte Aspekte, die in der Forschung und Praxis eine besondere Rolle spielen, beleuchten.

5.1 Professionelle und systematische Employer-Branding-Projekte

Employer Branding ist zunächst einmal, wie auch die reguläre Markenführung für die Absatzmärkte, kein Projekt, sondern eine Daueraufgabe. Unabhängig davon erfolgt häufig die Diskussion und Etablierung von Employer Branding in B-to-B-Unternehmen in Markenprojekten, die ganz gezielt aktuelle Bedarfslücken decken sollen. Für solche Employer-Branding-Projekte bietet es sich an, Phasenschemata zu verwenden. Die Unternehmenspraxis (zum Überblick z. B. Sponheuer 2010, S. 118 ff.) und die eher praxisorientierte Literatur (z. B. Stotz und Wedel-Klein 2013, S. 79 ff.; Esch et al. 2014a, S. 36 ff.; Kriegler 2015) haben eine Vielzahl verschiedener Prozessmodelle vorgeschlagen, die sich i. d. R. auch nur im Detaillierungsgrad und im Wording unterscheiden. Daher soll im Weiteren nur der Ansatz von Kriegler (2015) vorgestellt werden, da dieser am detailliertesten ist.

Dieser in Praxisprojekten erprobte Prozess besteht aus vier Phasen: (1) Setup und Analysephase, (2) Strategieentwicklung, (3) interne und externe Implementierung und (4) Employer Brand Management. Diese vier Phasen unterteilen sich in insgesamt 23 einzelne Schritte, wobei diese sich teilweise wiederholen und/oder auch parallel laufen. Aus Vereinfachungsgründen werden diese Schritte in Abb. 3 als unabhängige Schritte unter die jeweiligen Phasen eingeordnet.

Setup- und Analysephase	Strategie entwicklung	Externe und interne Implementier ung	Employer Brand Management
(1) Setup und Kickoff (2) Präferenzmuster der Zielgruppen (3) Analyse von Image der Wettbewerber (4) Analyse von Unternehmensmarke, -zielen, Vision, Leitbild, Werten, Hierarchien, Geschäftsstrategie (5) Analyse von HR-Kennzahlen (6) Analyse der Arbeitgeberattraktivität (7) Interviews mit dem Vorstand zur Erhebung der Soll-Perspektive (8) Stakeholder-Interviews und Mitarbeiter-Fokusgruppen zur Gewinnung spezifischer Insights (9) Integration der Analysen	(10) Positionierung: Markenrelevante Profilthemen für die Arbeitgebermarke (11) Fokusgruppen zur Validierung durch die Mitarbeiter (12) Definition der Arbeitgeberpositionierung und ggf. Ausdifferenzierung z. B. nach Geschäftsbereichen, Submarken oder Ländern (13) Definition und Segmentierung der relevanten Zielgruppen (14) Kommunikationsstrategie: Zielgruppenspezifische Themen und Botschaften	(15) Integration der Arbeitgeber-Positionierung in die HR-Prozesse und das Recruiting sowie Einführung dieser bei den Mitarbeitern (16) Manual für HR und ausführende Agenturen (17) Kreativkonzept für die externe Kommunikation (18) Crossmediale Kommunikations- und Budgetplanung (19) Anpassung des Arbeitgeberauftritts an Arbeitgeber-Positionierung und Kreativkonzept (Karriereseite, Anzeigen, Werbemittel, Messe etc.) (20) Rollout (21) Definition von Kennzahlen (KPI) und Messmethoden	(22) Fortlaufende Steuerung, Controlling und Nachjustierung der externen Arbeitgeber-Markenkommunikation (z. B. Personalmarketing, Networking, Recruiting und Bewerbermanagement, Verzahnung mit Unternehmensmarke) (23) Fortlaufende Steuerung, Controlling und Nachjustierung der internen Verankerung der Arbeitgebermarke (z. B. Verhalten der Führungs-kräfte, Prozesse des Personalmanagements, interne Kommunikation, Gestaltung der Arbeitsumwelt und der generellen Arbeitgeberqualität)

Abb. 3 Idealtypsicher Prozess für ein Employer-Branding-Projekt. (Quelle: in Anlehnung an Kriegler 2015, S. 34 ff.)

5.2 Kategorienimages als Herausforderung und Chance

Neben den eigenen Maßnahmen, welche die Markenstärke der Arbeitgebermarke beeinflussen, hängt die Arbeitsgebermarkenstärke auch von sogenannten Kategorienimages ab, die mit der eigenen Marke mehr oder weniger stark in den Köpfen der (potenziellen) Arbeitnehmer verknüpft werden. Zwei besonders für viele B-to-B-Unternehmen relevante Kategorienimages sind die **Branchenzugehörigkeit** und der Unternehmenstyp **Familienunternehmen**. Bei beiden Kategorienimages geht es zunächst darum, dass nicht die objektiven, sondern die subjektiven, aus Arbeitnehmersicht zugeordneten Kategorien entscheidend für die Bildung des Arbeitgeberimages sind. Empirische Studien haben gezeigt, dass das Branchenimage einen starken Einfluss auf die Beurteilung der Arbeitgebermarke ausübt (Schaefer 2006; Burmann et al. 2008). Ähnlich konnte auch empirisch gezeigt werden, dass das Label Familienunternehmen ein eigenständiges Image mit überwiegend positiven (z. B. Nachhaltigkeit, Kundenorientierung) und wenigen negativen (z. B. Stagnation) Assoziationen aufweist (Krappe et al. 2011; Craig et al. 2008; ausführlich auch Hirmer 2015).

Auch wenn die Attraktivität von Branchen im Zeitablauf nicht stabil ist (zur Übersicht z. B. Böttger 2012, S. 194), weisen die meisten B-to-B-Branchen aus Sicht der potenziellen Arbeitnehmer eher eine mittlere bis geringe Attraktivität auf. Beispielsweise befindet sich in der von *Handelshochschule Leipzig* 2004 durchgeführten Studie die Unternehmensberatung auf Platz 3 und der Maschinenbau auf Platz 10 (Böttger 2012, S. 194). Bei der bereits in Abschn. 1 erwähnten Studie von *Ernst & Young* liegt der Öffentliche Dienst (32 %) vor den Kultureinrichtungen (23 %) und der Automobilindustrie (22 %). Die erste „klassische" B-to-B-Branche, der Maschinenbau, folgt erst auf Platz 6 (11 %) (Ernst & Young 2016). Aus diesem negativen Brancheneffekt ergibt sich die Notwendigkeit, mit dieser Herausforderung aktiv umzugehen. Mögliche Maßnahmen sind u. a. gemeinsame Branchenaktivitäten zur Verbesserung des Branchenimages, der bewusste Wechsel der Branchenzugehörigkeit durch Betonung von Geschäftsfeldern mit einer erhöhten Branchenattraktivität oder die nach außen sichtbare Kooperation mit Unternehmen und Marken aus attraktiveren Branchen (Süß 1996; Schaefer 2006; Burmann et al. 2008).

Wie schon skizziert weist das Assoziationsfeld „Familienunternehmen" eher positive Assoziationen auf. Allerdings zeigt sich, dass z. B. die Medien in ihrer Berichterstattung, vermutlich bedingt durch die tendenziell kleinere Unternehmensgröße, nur selten über Familienunternehmen berichten – und wenn dann häufig ohne den Verweis, dass es sich um ein Familienunternehmen handelt (Hauck und Kahlert 2013). Daher empfiehlt es sich, für familien- bzw. inhabergeführte B-to-B-Unternehmen, dieses Assoziationsfeld insbesondere im Bereich Employer Branding stärker und bewusster in der Markenpositionierung und der Kommunikation herauszustellen.

5.3   Nachhaltigkeit als Employer-Brand-Positionierung

Nachhaltigkeit (synonym: Corporate Social Responsibility) ist häufig sinnvoller Bestandteil des Employer Branding. Nach einer Expertenbefragung von Schmidt (2009) gaben über 50 % der befragten Manager an, dass Nachhaltigkeit fester Bestandteil des eigenen Employer-Banding-Ansatzes ist. Auch die empirische Studie von Weinrich (2014) konnte für das B-to-B-Unternehmen *ThyssenKrupp* zeigen, dass die Beurteilung der ökologischen und sozialen Nachhaltigkeit (nicht aber die ökonomische Nachhaltigkeit) einen signifikanten Einfluss auf die Bewerbungsneigung ausübt. Dieses Ergebnis verweist schon darauf, dass Nachhaltigkeit nicht per se ein sinnvoller Positionierungsansatz für die Employer Brand ist, sondern es auf die Ausprägung der Nachhaltigkeit ankommt. Beispielsweise konnte Grassl (2015) in einer umfangreichen Onlinestudie zum einen zeigen, dass im Rahmen eines Corporate-Brand-Ansatzes Nachhaltigkeit einen stärkeren Einfluss auf die potenziellen Arbeitnehmer im Rahmen des Employer Branding (Anstellungseignung) aufweist als auf Kunden (Kaufabsicht). Zum anderen ist nach dieser Studie für potenzielle Arbeitnehmer (und auch Kunden) besonders die geschäftsmodellbezogene Nachhaltigkeit (z. B. Mitarbeitermaßnahmen, Energiereduktion in der Wertschöpfung, Compliance) und weniger produktbezogene (z. B. Ökodesign) oder philanthropische Nachhaltigkeit (z. B. Spenden für wohltätige Zwecke) von Bedeutung. Auch die in Tab. 4 zusammengefassten Ergebnisse einer Unternehmens- und Mitarbeiterbefragung zeigen, dass Nachhaltigkeit

Tab. 4 Vielfältigkeit und Relevanz von Nachhaltigkeit als Ansatz des Employer Branding. (Quelle: in Anlehnung an Freudenberger et al. 2016, S. 70–71)

	Dimensionen	Inhalte	Relevanz für Employer Branding*	
			Unternehmenssicht	Mitarbeitersicht
Klassische Arbeitgeberkriterien	Arbeitsplatz	▪ Gehalt und materielle Aspekte ▪ Karrierechancen ▪ Arbeitsklima ▪ eigener Handlungsspielraum und Eigenverantwortung ▪ abwechslungsreiche Arbeitsinhalte	2	2
	Unternehmen	▪ Standortattraktivität ▪ Internationalität ▪ Kreativität/Innovation ▪ Reputation des Unternehmens ▪ Zukunftsfähigkeit und Stabilität ▪ Attraktivität der Branche und Produkte	4	3
Nachhaltigkeitsbezogene Kriterien	Mitarbeiter	▪ Leistungen zur Sicherheit und Gesundheit der Mitarbeiter ▪ Work-Life-Balance/ Familienfreundlichkeit ▪ Partizipation und Mitbestimmung ▪ Fairness und Antidiskriminierung bei Bezahlung und Arbeitsbedingungen ▪ Personalentwicklungs- und Weiterbildungsmöglichkeiten ▪ Arbeitsplatzsicherheit und Sozialleistungen	1	1
	Markt	▪ Fairness gegenüber Partnern, Lieferanten und Wettbewerbern ▪ Bedeutung ökologischer und sozialer Kriterien in der Lieferkette ▪ Engagement für überbetriebliche ökologische und soziale Standards	6	5
	Umwelt	▪ Energie- und Ressourceneffizienz ▪ Beitrag zur Emissionsreduktion ▪ Umweltfreundlichkeit der Produkte	7	6
	Gesellschaft	▪ Gesellschaftliches Engagement ▪ Möglichkeiten für Corporate Volunteering/Freiwilligenprogramme	5	7
	Unternehmensführung	▪ Unternehmerische Transparenz ▪ Bedeutung ethischer Prinzipien im Management ▪ Berücksichtigung von Stakeholder-Interessen ▪ Interessen von Anspruchsgruppen	3	4

*: Rang 1: höchste Wichtigkeit; Rang 7: geringste Wichtigkeit

ein mehrdimensionales Konstrukt ist, wobei für die (potenziellen) Mitarbeiter insbesondere die direkt sie betreffende Dimension „mitarbeiterbezogene Nachhaltigkeit" von Bedeutung ist.

Zusammenfassend lässt sich festhalten, dass Nachhaltigkeit einen wichtigen Bestandteil einer Employer-Brand-Positionierung darstellen kann. Allerdings hängt die Effektivität dieses Positionierungsansatzes von folgenden Bedingungen ab (auch Schmidt 2009, S. 69 ff.):

- Auswahl relevanter Nachhaltigkeitsfelder: Nachhaltigkeit ist kein einheitlicher Ansatz, sondern umfasst unterschiedliche Dimensionen und Felder, wobei für das Employer Branding insbesondere geschäftsmodell- und mitarbeiterbezogene Nachhaltigkeitsaspekte von Bedeutung sind.
- Notwendigkeit der strategischen Verankerung der Nachhaltigkeit: Um die Glaubwürdigkeit des Nachhaltigkeitsengagements sicherzustellen und ein Green- oder Bluewashing auf dem Arbeitsmarkt zu verhindern, müssen die Nachhaltigkeitsfelder der Employer Brand langfristig und strategisch verfolgt werden.
- Fit zur Positionierung der Corporate Brand und der Produktmarken: Nachhaltigkeit nur im Bereich des Employer Branding ist zum Scheitern verurteilt, vielmehr muss eine Nachhaltigkeitsausrichtung im Employer Branding zur Corporate Brand und/oder zu den Produktmarken auf den Absatzmärkten einen hohen Fit aufweisen.
- Fokussierung und Professionalisierung: Wie auch in der „normalen" Markenarbeit sollte bei der Auswahl der Nachhaltigkeitsthemen und -instrumente eine Fokussierung auf wenige Aspekte erfolgen, die strategisch und professionell umgesetzt werden. Nur durch eine Fokussierung ist auch eine Differenzierung möglich.

5.4 One-Brand- vs. Multi-Brand-Ansatz

Auf der Ebene der Markenpositionierung und Markenstrategie ist auch zu klären, ob und wie die Employer Brand mit dem Corporate Brand und/oder den Produktmarken des B-to-B-Unternehmens abgestimmt wird (allg. Barrow und Mosley 2005, S. 109 ff.). Dabei lassen sich gedanklich insbesondere zwei Fragestellungen voneinander abgrenzen:

- Ist es sinnvoll und möglich, für die Corporate Brand bzw. Dachmarke und die Employer Brand eine einheitliche und undifferenzierte Positionierung zu wählen?
- Ist es sinnvoll, in das Employer Branding (starke) Produktmarken zu integrieren?

Während beispielsweise *BCG* (Mei-Pochtler et al. 2014) stark für eine Integration der drei Markenebenen plädiert („One-Brand-Ansatz"), lässt sich dagegen anführen, dass fraglich ist, ob die für den Absatzmarkt relevanten Positionierungsaussagen, wie z. B. Performance oder Einfachheit, auch für potenzielle Mitarbeiter relevante Inhalte sind. Auch zeigt eine empirische Studie von *LinkedIn* (2012),vadjust dass die eigenständige Stärke der Employer Brand einen rund zweimal so starken Effekt auf die Bewerbungsabsicht hat als die Stärke der Corporate Brand. Unstrittig ist allerdings, dass ein Employer Branding mit der Corporate Brand abzustimmen ist und daher die Zusammenarbeit der beiden Abteilungen Personal und Marketing schon in frühen Phasen eines Markenentwicklungsprozesses zentral ist. Auch zeigen praktische Erfahrungen, dass ein Employer-Branding-Projekt durch den teilweise beachtlichen Druck ein Startpunkt für umfangreichere B-to-B-Markenprojekte darstellen kann.

Die Einbindung von starken Produktmarken in die Employer-Brand-Kommunikation erscheint insbesondere für schwache Corporate Brands und Employer Brands schlüssig. Dies wurde zumindest tendenziell auch in den Fallstudien von Stritzke (2010) bestätigt, die überwiegend aus dem B-to-B-Bereich stammen. Allerdings konnte die experimentell angelegte Studie von Roj (2013) für diverse Konsumgüterunternehmen (Lebensmittel, Getränke, Autos) keinen Einfluss starker Produktmarken auf die Employer Brand Strength nachweisen. Daher ist eine empirisch gestützte Antwort zur Einbindung von starken Produktmarken in das Employer Branding bislang (noch) nicht möglich.

5.5 Austauschbarkeit der Employer-Brand-Kommunikation

Insgesamt lässt sich für das Employer Branding und damit auch für das Employer Branding im B-to-B-Umfeld feststellen, dass sehr häufig mit austauschbaren Inhalten, Branchenstereotypen und Stockbildern von „glücklichen" Mitarbeitern gearbeitet wird. Schon die Studie von Pawlitzki (2004) belegt eine starke Fokussierung der Employer-Branding-Kommunikation auf wenige Bilderwelten. Dazu wurden im Zeitraum 2000 bis 2003 über 900 Personalanzeigen in Bezug auf die verwendeten Bilder inhaltsanalytisch ausgewertet. Insgesamt zeigte sich, dass fast 90 % aller Bilder einer der sechs vorab definierten Bilderwelten zugeordnet werden konnten. Im einzeln zeigten sich folgende Ergebnisse:

- Individualität: 23 %
- Spiel/Spaß/Spannung: 19 %
- Karriere: 14 %
- Team: 12 %
- Innovisivität (Kunstwort aus Innovation, Vision und Kreativität): 10 %
- Internationalität: 8 %
- Produkt: 6 %
- Bild nicht zuordenbar: 5 %
- Kein Bild: 3 %

Ähnlich belegt eine aktuelle Studie von *textkernel* und *Employertelling* (2016) eine hohe Uniformität der Sprache in Stellenanzeigen. Dazu werteten die Berater über 120.000 Online-Stellenanzeigen aus und ermittelten folgende Reihenfolge von Begriffen: (1) weltweit, (2) führend, (3) international, (4) Technik, (5) innovativ, (6) erfolgreich, (7) Leidenschaft, (8) Produkte, (9) Innovation und (10) Service. Nicht nur, dass diese Begriffe zwischen den einzelnen Arbeitgebermarken mehr oder weniger austauschbar sind, sind sie auch für Zielgruppe „potenzielle Mitarbeiter" kaum relevant, da sie sehr stark die Unternehmensperspektive betonen.

Daher bildet eine differenzierende, für die Zielgruppe verständliche und relevante sowie glaubwürdige Kommunikation eine zentrale Herausforderung des Employer Branding im B-to-B-Umfeld. Eigenständige Bilderwelten und Vermeidung von Stockbildern, Integration und Ablichtung der eigenen und damit authentischen Mitarbeiter und Ausbrechen aus einer Klischeekommunikation stellen drei mögliche Ansätze dar.

6   Fazit

Employer Branding hat sich durch den vielbeschworenen Fachkräftemangel sowie die strategischen Nachteile vieler B-to-B-Unternehmen (geringe Branchenattraktivität, Standortnachteil, hohe Abhängigkeit von High Potentials) in den letzten Jahren speziell in der DACH-Region zu einem der wichtigsten Themen der B-to-B-Markenführung entwickelt. Mittlerweile gibt es in der Literatur auch eine Reihe von veröffentlichten (Best Practice-)Fallstudien von B-to-B-Unternehmen. Die wissenschaftliche Forschung mit Schwerpunkt B-to-B hat sich hingegen bislang kaum mit diesem Thema beschäftigt. Daher diskutierte der Beitrag insbesondere auf der Basis der allgemeinen Literatur zum Employer Branding wichtige Aspekte der Wirkungen und des Managements von B-to-B Employer Brands.

Die insgesamt sieben behandelten Schlaglichter können aber aufgrund des begrenzten Seitenumfangs dieses Beitrags sowie den teilweise fehlenden oder widersprüchlichen empirischen Ergebnissen keine fertigen Antworten liefern, sondern sollen dazu beitragen, die Forschung in diesen Feldern zu initiieren und dem Praktiker eine Orientierung und Sensibilisierung zu geben.

Literatur

Ambler, T., & Barrow, S. (1996). The employer brand. *Journal of Brand Management, 4*(4), 185–206.

Aon Hewitt (2016). *2016 trends in global employee engagement*

Barrow, S., & Mosley, R. (2005). *The employer brand.* Chichester: John Wiley & Sons.

Baumgarth, C. (2004). Markenwert von B-to-B-Marken. In C. Baumgarth (Hrsg.), *Marktorientierte Unternehmensführung* (S. 77–96). Frankfurt a. M.: Peter Lang.

Bernecker, M., & Silberbach, K. (2015). *Die Generation Y*. Köln: DIM.

Berthon, P., Ewing, M., & Hah, L. L. (2005). Captivating company. *International Journal of Advertising, 24*(2), 151–172.

Berufsstart (2015). *Attraktive Arbeitgeber 2015*. Großkneten: Klaus Resch.

Biesalski & Company (2015). *Die Marken der deutschen Hidden Champions 2015*. München: Biesalski & Company.

Böttger, E. (2012). *Employer Branding*. Wiesbaden: Gabler.

Brecht, S., & Schmucker, H. (2013). Employer Branding im Mittelstand. In H. Künzel (Hrsg.), *Erfolgsfaktor Employer Branding* (S. 201–215). Wiesbaden: Springer Gabler.

Burmann, C., Schaefer, K., & Maloney, P. (2008). Industry image. *Journal of Brand Management, 15*(3), 157–176.

bvik (2016). *bvik-Studie B2B-Marketing-Budgets 2015*. Augsburg: bvik.

Craig, J. B., Dibrell, C., & Davis, P. S. (2008). Leveraging family-based brand identity to enhance firm competiveness and performance in family businesses. *Journal of Small Business Management, 46*(3), 351–371.

Edwards, M. R. (2010). An integrative review of employer branding and OB theory. *Personnel Review, 39*(1), 5–23.

Ernst & Young (Hrsg.). (2016). *EY Studentenstudie 2016*. Hamburg: Ernst & Young.

Esch, F.-R., Knörle, C., & Strödter, K. (2014a). *Internal Branding*. München: Vahlen.

Esch, F.-R., Schmitt, M., & Knörle, C. (2014b). Status quo in Deutschland. In The Brand Consultants (Hrsg.), *Employer Branding Studie 2014*. Saarlouis: ESCH – The Brand Consultants.

Franca, V., & Pahor, M. (2012). The strenght of the employer brand. *Journal of Marketing and Management, 3*(1), 78–122.

Freudenberger, F., Deckmann, A., Ehlscheidt, R., Pelzeter, A., & Bustamante, S. (2016). Eigene Interessen stehen im Fokus. *Personalwirtschaft, 10/2016*, 69–71.

Grassl, S. C. (2015). *Corporate Social Responsibility, Stakeholderverhalten und Werte*. Hamburg: Dr. Kovač.

Grubendorfer, C. (2012). *Leadership branding*. Wiesbaden: Springer Gabler.

GWA (Hrsg.). (2014). *GWA Profi 2014*. Frankfurt a. M.: Frankfurter Allgemeine Buch.

GWA (2015). *Business-to-Business-Kommunikation*. Frankfurt a. M.: Frankfurter Allgemeine Buch.

Hauck, J., & Kahlert, C. (2013). Arbeitgebermarke Familienunternehmen. *pFIFig, 1/2013*, o. S.

Hillebrandt, I., & Ivens, B. S. (2013). Scale Development in Employer Branding. In C. Baumgarth & D.-M. Boltz (Hrsg.), *Impulse für die Markenpraxis und Markenforschung* (S. 65–86). Wiesbaden: Springer Gabler.

Hirmer, A.-L. (2015). *Familienunternehmen als Kategorienmarke*. Wiesbaden: Springer Gabler.

Kranz, M. (2004). *Die Relevanz der Unternehmensmarke*. Frankfurt a. M.: Peter Lang.

Krappe, A., Goutas, L., & von Schlippe, A. (2011). The "family business brand". *Journal of Family Business Management, 1*(1), 37–46.

Kriegler, W. R. (2015). *Praxishandbuch Employer Branding* (2. Aufl.). Freiburg, München: Haufe.

Lievens, F., & Highhouse, S. (2003). The relation of instrumental and symbolic attributes to a company's attractiveness as an employer. *Personnel Psychology, 56*(1), 75–102.

Lievens, F., & Slaughter, J. E. (2016). Employer image and employer branding. *Annual Review of Organizational Psychology and Organizational Behavior, 3*, 407–440.

LinkedIn (2012). Why your employer brand matters. https://business.linkedin.com/content/dam/business/talent-solutions/regional/nl_nl/campaigns/PDFs/why-your-employer-brand-matters-whitepaper.pdf. Zugegriffen: 12. März 2017.

Lukascyk, A. (2012). Personalmarketing und Employer Branding. In DGFP (Hrsg.), *Employer Branding* (2. Aufl., S. 11–15). Bielefeld: wbv.

McKinsey, & e-fellows (2015). Arbeitgeberwahl. https://www.mckinsey.de/arbeitgeberwahl-toptalente-setzen-auf-kollegiale-zusammenarbeit-und-fachliche-weiterentwicklung. Zugegriffen: 12. Jan. 2017.

Mei-Pochtler, A., Strack, R., Sokolowski, W., Kanitz, C., & Dederl, M. (2014). *Vom Employer Branding zum ONE-Branding*

Melde, A., & Benz, M. (2014). *Employer Branding in Wissenschaft und Praxis*. Leipzig: Fraunhofer MOEZ.

Michaels, E., Handfield-Jones, H., & Axelrod, B. (2001). *The war of talent*. Boston: Harvard Business Review Press.

de Monster (Hrsg.). (2016). Millennial-Mythen – „World of Work"-Studie von Monster deckt auf. http://info.monster.de/World-of-Work-Studie-2016-Millennials-im-Job/article.aspx. Zugegriffen: 10. März 2017.

Nagel, K. (2011). *Employer Branding*. Wien: Linde.

Naundorf, J. (2016). *Kritische Analyse von Employer Awards im Kontext von Employer Branding*. München: Rainer Hampp.

Nink, M. (2017). *Engagement Index Deutschland 2016*. Berlin: Gallup.

Pawlitzki, M. (2004). *Schöne bunte Arbeitswelt*. Wiesbaden: DUV.

Rampl, L. V., & Kenning, P. (2014). Employer brand trust and affect. *European Journal of Marketing, 48*(1/2), 218–236.

Roj, M. (2013). *Die Relevanz der Markenarchitektur für das Employer Branding*. Wiesbaden: Springer Gabler.

Schaefer, K. (2006). *Branchenimages als Determinanten der Markenprofilierung*. Wiesbaden: DUV.

Schmidt, P. (2009). *CSR im Zeichen der Employer Brand*. Frankfurt: Peter Lang.

Schrödl, K.-H., Baumgartner, A., & Baum, M. (2013). Positionierung einer internationalen Arbeitgebermarke am Beispiel der Robert Bosch GmbH. In R. Stock-Homburg (Hrsg.), *Handbuch Strategisches Personalmanagement* (S. 91–106). Wiesbaden: Springer Gabler.

Simon, H. (2012). *Hidden Champions – Aufbruch nach Globalia*. Frankfurt a. M.: Campus.

Simon, H., Wiltinger, K., Sebastian, K.-H., & Tacke, G. (1995). *Effektives Personalmarketing*. Wiesbaden: Springer.

Sponheuer, B. (2010). *Employer Branding als Bestandteil einer ganzheitlichen Markenführung*. Wiesbaden: Gabler.

Stotz, W., & Wedel-Klein, A. (2013). *Employer Branding* (2. Aufl.). München: Oldenbourg.

Stritzke, C. (2010). *Marktorientiertes Personalmanagement durch Employer Branding*. Wiesbaden: Gabler.

Strutz, H. (Hrsg.). (1989). *Handbuch Personalmarketing*. Wiesbaden: Gabler.

Süß, M. (1996). *Externes Personalmarketing für Unternehmen mit geringer Branchenattraktivität*. München: Rainer Hampp.

textkernel, & Employertelling (2016). *Club der Gleichen*.

Theurer, C. P., Tumasjan, A., Welpe, I. M., & Lievens, F. (2018). Employer Branding. *International Journal of Management Reviews, 20*(1), 155–179.

TNS (2003). Employee commitment links to bottom line success. http://www.worklifeonline.com/pdfs/tns_score.pdf. Zugegriffen: 15. Jan. 2017.

Ulrich, D., & Smallwood, N. (2007). Building a leadership brand. *Harvard Business Review, 85*(7), 92–100.

Universum (2016a). Deutschland attraktivste Arbeitgeber 2016 – Studierende. http://universumglobal.com/de/studentsurvey2016/. Zugegriffen: 15. Jan. 2017.

Universum (2016b). Deutschland attraktivste Arbeitgeber 2016 – Young Professionals. http://universumglobal.com/de/youngprofessionalsurvey2016/. Zugegriffen: 15. Jan. 2017.

Weinrich, K. (2014). *Nachhaltigkeit im Employer Branding*. Wiesbaden: Springer Gabler.

YouGov (2016). (Un)Attraktivste Städte. https://yougov.de/news/2016/02/06/unattraktivste-stadte-imageverlust-fur-koln-und-dr/. Zugegriffen: 12. März 2017.

Die „Formel für Zufriedenheit" – Employer Branding-Kampagne von *Endress+Hauser*

Tim Bögelein und Stephan-Christian Köhler

Zusammenfassung

Die deutschen Unternehmen der *Endress+Hauser* Gruppe standen im Herbst 2012 vor der Herausforderung, qualifizierte Bewerber für mehr als 300 unbesetzte Stellen zu finden. Mit den demografischen Bedingungen im Hinterkopf wollte man für die Zukunft vorsorgen und sich nachhaltig als attraktiver Arbeitgeber positionieren – in einem Umfeld starker Konkurrenz mit bekannten Marken. Obwohl es sich bei *Endress+Hauser* um ein prosperierendes Unternehmen mit einer tollen Arbeitsatmosphäre handelt, ist das Unternehmen im Arbeitsmarkt kaum bekannt. Gleichzeitig gehören viele der Standorte nicht zu den „places to be". Um all dem entgegenzuwirken, beauftragte das Unternehmen *RTS Rieger Team*. Die Agentur entwickelte mithilfe ihres 3P-Markenmodells ein sehr erfolgreiches Employer-Branding-Konzept: Mit umfangreichen Kommunikationsmaßnahmen über alle relevanten Kanäle hinweg wurde die gewünschte Zielgruppe aus Schülern, Studenten, Absolventen und Professionals erreicht. Alle Standorte in Deutschland und der Schweiz wurden mit einer aufmerksamkeitsstarken Kampagne als attraktive Arbeitsplätze positioniert. Resultierend aus diesen Maßnahmen gelang es *Endress+Hauser*, die Anzahl der Bewerber innerhalb eines Jahres signifikant zu steigern. Aktuell (Stand: Juni 2016) sind im deutschsprachigen Raum lediglich noch Positionen im zweistelligen Bereich zu besetzen. Dieser Prozess, von der Positionierung über die Entwicklung des Kommunikationskonzepts

T. Bögelein (✉)
RTS Rieger Team Werbegentur GmbH
Leinfelden-Echterdingen, Deutschland
E-Mail: Tim.Boegelein@rts-riegerteam.de

S.-C. Köhler
Endress+Hauser Conducta GmbH+Co. KG
Gerlingen, Deutschland
E-Mail: Stephan.Koehler@conducta.endress.com

© Springer Fachmedien Wiesbaden GmbH, ein Teil von Springer Nature 2018   497
C. Baumgarth (Hrsg.), *B-to-B-Markenführung*, https://doi.org/10.1007/978-3-658-05097-9_26

und der Maßnahmen bis hin zu fertigen Kampagne, wird im Folgenden sowohl aus Unternehmens- als auch Agentursicht geschildert.

Schlüsselbegriffe

Corporate Branding · Employer Branding · Positionierung

Inhaltsverzeichnis

1   Wer ist *Endress+Hauser*?

Seit seiner Gründung 1953 versteht sich das Familienunternehmen *Endress+Hauser* als Entwickler und Produzent von Lösungen für die industrielle Prozesstechnik und Automatisierung. Mit Hauptsitz in Reinach bei Basel ist die Unternehmensgruppe mittlerweile in über 125 Ländern in den Branchen Chemie und Petrochemie, Lebensmittel, Wasser und Abwasser, Pharma, Öl und Gas, Energie sowie Life Sciences vertreten – in vielen davon als Marktführer. Das Portfolio wird kontinuierlich erweitert: So liefert das Unternehmen u. a. Produkte, Dienstleistungen und Lösungen für Durchfluss-, Füllstand-, Temperatur- und Druckmesstechnik. Zudem sind Prozessanalyse, Datenmanagement und seit Neuestem auch Laborautomatisierung Teil des Angebots.

Die aktuell über 13.000 Mitarbeitenden verteilen sich weltweit auf 134 Gesellschaften in 47 Ländern und sorgen für einen kontinuierlich steigenden Umsatz von über 2,1 Mrd. EUR pro Jahr (Stand 2016). Allein 2016 beantragte das Unternehmen 270 neue Patente und investierte 7,5 % seines Gesamtumsatzes in Forschung und Entwicklung. Derzeit laufen mehr als 6600 Schutzrechte auf den Namen der *Endress+Hauser*-Gruppe.

2   Warum braucht ein international führender Anbieter Employer Branding?

Man könnte annehmen, dass ein erfolgreiches Unternehmen wie *Endress+Hauser* keine nennenswerten Schwierigkeiten haben sollte, ausreichend geeignete Mitarbeitende zu finden. *Endress+Hauser* ist internationaler Marktführer und die Branche legt ein äußert konstantes Wachstum an den Tag. Dabei übersieht man allerdings zwei wichtige Punkte:

- *Endress+Hauser* hatte bislang noch keine starke Arbeitgebermarke: Der Name *Endress+Hauser* ist zwar bei seinen Kunden bekannt und genießt dort einen guten Ruf – unter Arbeitnehmern ist dies jedoch nicht der Fall.
- Die Standorte sind wenig attraktiv oder sind in der Nähe starker Mitbewerber: *Endress+Hauser* konkurriert – vor allem bei den Ingenieuren und IT-Fachkräften – häufig mit Unternehmen wie *Bosch*, *Porsche*, *ARBURG* oder *SICK*, oder ist in ländlichen Regionen wie Maulburg oder Nesselwang angesiedelt. Beides führt oft dazu, dass Young Professionals erst gar nicht an *Endress+Hauser* denken.

Es ist also nicht überraschend, dass sich bis Herbst 2012 allein im deutschsprachigen Raum über 300 offene Positionen angesammelt hatten, die teilweise viele Monate lang nicht besetzt werden konnten.

3   Ausgangslage und Fundament

3.1   Mission: Employer Branding

2012 stellte sich bei den deutschsprachigen Standorten von *Endress+Hauser* eine grundlegende Erkenntnis ein: Um die Attraktivität für Arbeitnehmer merklich zu steigern, der Ablauf des HR-Prozesses maßgeblich verändert werden. Dabei sollten die für Young Professionals wenig attraktiven Standorte der Unternehmen ebenso berücksichtigt werden wie die Dichte an bekannten und interessanten Employer-Wettbewerbern im direkten Umfeld. Um diese beiden Aspekte angemessen zu kompensieren, war es dem Unternehmen umso wichtiger, den viel zu geringen Bekanntheitsgrad der Marke *Endress+Hauser* bei Arbeitnehmern nachhaltig zu steigern. Bislang hatten sich die Recruiting-Maßnahmen von *Endress+Hauser* weitgehend auf Auftritte auf relevanten Messen konzentriert. Das wurde dort zwar wahrgenommen, führte aber aufgrund eines zu geringen Bekanntheitsgrads aufseiten der Arbeitsuchenden selten zu einer erfolgreichen Arbeitsvermittlung. Zusätzlich erschwerend war das Fehlen eines einheitlichen Auftritts am Bewerbermarkt, der *Endress+Hauser* als positiven und vielversprechenden Arbeitgeber darstellt.

Eine unternehmensübergreifende Maßnahme führte die HR-Leitung letztendlich zu der Einsicht, dass folgende Punkte umgehend bearbeitet werden mussten:

- Die Marke *Endress+Hauser* im Bewusstsein des Arbeitsmarktes und der Arbeitnehmer etablieren
- Mit einheitlichen Kommunikationsmaßnahmen die Aufmerksamkeit auf *Endress+ Hauser* als Arbeitgeber lenken

Höchste Priorität kam dabei auch den Werten des Unternehmens zu (Commitment, Excellence, Sustainability, Friendliness), die sich in der Kommunikation unbedingt wiederfinden sollten. Diese Werte wurden über die Jahrzehnte durch die Familie Endress geprägt und spiegeln eine herausragende positive Unternehmenskultur wider. Der Spirit von *Endress+Hauser* ist bei Mitarbeitenden aller Funktionen und Hierarchien ausgeprägt spürbar und bildet somit die Basis für den Erfolg des Unternehmens. Ziel war es also, ein Konzept zu erarbeiten, mit dem diese Werte und Maßnahmen erfolgreich kommuniziert werden können. Allerdings war dabei ein weiterer wichtiger Aspekt zu beachten: Die Kampagne sollte das Potenzial haben, auch auf dem internationalen Markt zu funktionieren.

3.2 Kommunikation der Corporate Brand *Endress+Hauser*

Mit dem Claim „People for Process Automation" präsentiert sich das Unternehmen als Hersteller und Lösungslieferant im Bereich der Prozessautomatisierung mit Anspruch auf Innovationsführerschaft. Diesen Anspruch bestätigt es bis heute mit umfangreichen Forschungs- und Entwicklungstätigkeiten, aus denen kontinuierlich neue Patente entstehen. Kunden und Anwender haben also ein recht klares Bild von *Endress+Hauser*. Sie schätzen das Unternehmen als zuverlässigen und engagierten Partner. Das spiegelte sich aber leider nicht auf dem Arbeitsmarkt wider. Der Claim „People for Process Automation" erklärt offensichtlich nicht, warum *Endress+Hauser* ein attraktiver Arbeitgeber ist. Eine Lücke, die letztlich auch für diejenigen beantwortet werden musste, die bereits dort arbeiten. Es war also nötig, auch die Employer Brand zu positionieren und ein aufmerksamkeitsstarkes Kommunikationskonzept zu entwickeln, das über alle Standorte hinweg implementiert werden konnte.

3.3 Agenturauswahl

Um eine valide Wahl für eine ausführende Agentur zu treffen, waren für *Endress+Hauser* folgende Kriterien ausschlaggebend:

- hohe Qualität in der Kreativität,
- eine starke Reputation,
- Erfahrung und Kompetenz bei der Positionierung von B-to-B-Marken
- und ein internationaler Ansatz

All diese Kriterien sah man bei *RTS Rieger Team* bereits nach den ersten Sondierungsgesprächen erfüllt und entschied sich schnell für eine Zusammenarbeit.

4   Employer-Branding-Prozess

Erfahrungsgemäß ist für erfolgreiches Employer Branding die Identifikation der Mitarbeitenden mit der Arbeitgebermarke unerlässlich. Ein starkes Zugehörigkeitsgefühl der Mitarbeitenden ist auch für Arbeitgeber aus zahlreichen Gründen essenziell – es fördert sowohl die Motivation und das Engagement als auch die Art und Weise, wie ein Arbeitnehmer über das Unternehmen spricht. Um diese Identifikation zu stärken, neue Mitarbeitende zu gewinnen und bestehende Mitarbeitende zu Markenbotschaftern zu machen, musste man für die Arbeitgebermarke *Endress+Hauser* im ersten Schritt ein relevantes Versprechen finden, um es anschließend richtig zu kommunizieren. *Endress+Hauser* entschied sich dafür, dies mit der hierfür idealtypischen Vorgehensweise anzupacken – mit dem von *RTS Rieger Team* entwickelten 3P-Markenmodell.

4.1   Das 3P-Markenmodell: Ein Prozess, drei Meilensteine

Das *RTS* 3P-Markenmodell besteht aus den Meilensteinen Potenzial, Positionierung und Performance. Hinter jedem Meilenstein stehen Formate und Techniken wie Workshops, strukturierte Gespräche, Interviews und Recherchen. Sie sind jeweils mit Werkzeugen hinterlegt, mit denen man an den jeweiligen Themen arbeiten kann.

Mit der Potenzialanalyse beantwortet sich die Frage, was aktuell in der Marke steckt und welche Entwicklungspotenziale sie hat. Was könnte die Marke idealerweise versprechen? Im Meilenstein „Positionierung" werden die Fragen beantwortet, welche Bedeutung das Unternehmen z. Z. für den Markt hat und wie es momentan in den Köpfen der Zielgruppen platziert ist. Man vergleicht bereits mit dem Potenzial und versucht, der Frage nachzugehen, wie man dieses besser ausschöpfen könnte. Die Grundsteine für die zukünftige Markenbildung und -führung werden gelegt und die Marke neu positioniert. Der dritte Meilenstein – die Performance – liefert Antworten auf Fragen wie: Wie tritt die Marke in der Öffentlichkeit auf – woran erkennt man sie? Welche Signale sendet sie bezüglich Bild, Sprache, Farben und Zeichen? Was muss sich ändern, um eine neu definierte Positionierung und Kultur zu implementieren? Wie macht man das Ganze am besten publik?

4.2 Potenzialanalyse

Um das Potenzial der Arbeitgebermarke *Endress+Hauser* zu definieren, war es entscheidend, einen Eindruck davon zu bekommen, wie die Mitarbeitenden das eigene Unternehmen wahrnehmen und erleben. Zu diesem Zweck wurden an insgesamt sechs Standorten persönliche, qualitative Befragungen mit einer repräsentativen Anzahl an Mitarbeitenden durchgeführt. In den Interviews wurden rund 20 Fragen zu Firmenzugehörigkeit, Corporate Identity, Attraktivität des Arbeitsgebers, HR-Leistungen und zur Außendarstellung des Unternehmens gestellt. Gleichzeitig wurden die wichtigsten kommunikativen HR-Botschaften und -Maßnahmen der eingangs genannten Wettbewerber auf dem Arbeitsmarkt analysiert und die Zielgruppen unter die Lupe genommen: Man befragte Young Professionals aus den Bereichen Ingenieurswissenschaften, Wirtschaftswissenschaften und Informatik darüber, wie sie sich einen idealen Arbeitgeber vorstellen.

Der nächste Schritt war die Analyse der wichtigsten HR-Maßnahmen von *Endress+Hauser* selbst. Dafür ordnete man die Aussagen und Botschaften nach ihrem Inhalt, ihrem Grad an Integration und ihrer Konsistenz sowie Effizienz. Um das Bild abzurunden, bewarben Mitarbeiter von *RTS* sich auch „undercover" bei *Endress+Hauser*. Ergänzend wurde ein Workshop mit Recruitern aus allen deutschsprachigen Standorten durchgeführt, um ihren Input und ihre Erfahrungen von der „Bewerberfront" berücksichtigen zu können.

4.3 Positionierung

Nach gemeinsamer Auswertung der Potenzialanalyse ergab sich ein klares Bild: *Endress+Hauser* verfügte weder über eine Positionierung der Arbeitgebermarke noch über maßgebliche Kommunikationsmaßnahmen, um sich beim „War for Talents" kompetitiv behaupten zu können. Aus dem Alltag und in den Mitarbeitenden-Interviews ergab sich jedoch ein ganz anderes, sehr eindeutiges Bild: Das Unternehmen wurde fast ausnahmslos als familiärer, sehr menschlicher Arbeitgeber wahrgenommen. Die Mitarbeitenden sind zufrieden und wechseln selten. Das freute uns, nicht zuletzt, weil wir seit Jahren viel investieren, um unseren Mitarbeitenden ein angenehmes und ihren Fähigkeiten entsprechendes Arbeitsklima zu schaffen. Einer unserer HR-Verantwortlichen brachte diese bizarre Situation einmal treffend auf den Punkt: „Zuerst bekommen wir die Leute nicht hierher, und dann gefällt es ihnen fast zu gut."

Das war eine der wesentlichen Erkenntnisse der Potenzialanalyse, die gemeinsam mit *RTS Rieger Team* im Positionierungsworkshop diskutiert wurde. Einen Tag lang beschäftigte man sich intensiv mit den Ergebnissen der Potenzialanalyse – am Ende des Tages war man dann in der Lage, überzeugende und vor allem differenzierende Positionierungsvorschläge und Versprechen für die Arbeitgebermarke *Endress+Hauser* zu formulieren. Nach einer weiteren internen Abstimmung stand die Positionierung: „*Endress+Hauser* ist einer der international führenden Anbieter von Messgeräten und Dienstleistungen für die industrielle Verfahrenstechnik, der als Arbeitgeber technische und menschliche Benefits zum perfekten Job verbindet". Daraus leitete sich das Versprechen, mit dem man arbeiten wollte, ab: „Arbeiten bei *Endress+Hauser* bedeutet Quality-Time erleben". Das heißt: Wertschätzung erfahren, gefordert und gefördert werden und in einer familiären Gemeinschaft ankommen. Bei *Endress+Hauser* sollte dieses Versprechen nicht nur behauptet, sondern tatsächlich gelebt werden.

4.4 Performance

Auf Basis der nun definierten Positionierung der Arbeitgebermarke *Endress+Hauser* und den Erkenntnissen aus der Potenzialanalyse und den Workshops galt es nun, eine kommunikative Leitidee zu entwickeln, um sämtliche Zielgruppen im gleichen Maße zu erreichen. Die Analyse der unterschiedlichen Berufsbilder unter den Young Professionals zeigte: Die Kombination aus der starken und authentischen Menschlichkeit des Familienunternehmens und der technischen Marktführerschaft trifft exakt den Kern der Ansprüche dieser Zielgruppe. Die Zielgruppe möchte sich fachlich entfalten können und gleichzeitig auch menschlich eine gewisse Wertschätzung erfahren. Diesen starken Insight kann *Endress+Hauser* mehr als viele andere bedienen – nur wurde das bisher nicht deutlich genug kommuniziert.

Hier wollte man daher ansetzen – und fand schließlich die kommunikative Leitidee: Die Formel für Zufriedenheit. Mit ihr werden eine technische und eine menschliche Seite addiert. Die technische Seite besteht aus den anspruchsvollen Aufgaben und Inhalten bei *Endress+Hauser* – die menschliche adressiert die emotionale Heimat, die man bei *Endress+Hauser* finden kann. Mit einem Plus-Design setzte man beide Seiten durch überraschende Begriffspaare in Szene:

- Messwert + Wertschätzung
- Feldtest + Spielwiese
- Paten + Patente etc.

Um die Zielgruppen mit größtmöglicher Genauigkeit anzusprechen, wurden sie im Vorfeld segmentiert und priorisiert und bekamen relevante Botschaften zugeteilt. Auf Basis der Wortpaare entwickelte man anschließend Bildideen, die nicht dem HR-Klischee entsprechen, sondern das Wortpaar auf aufmerksamkeitsstarke Art und Weise illustrieren. Ein wichtiger Aspekt des Konzeptes ist die Authentizität – darum wählte man echte *Endress+Hauser*-Mitarbeitende in ihrem realen Arbeitsumfeld als Teil der Kampagne (vgl. Abb. 1).

In einem abschließenden Workshop überprüfte und diskutierte *RTS* gemeinsam mit *Endress+Hauser* alle Ergebnisse. Im Anschluss legte man die weiteren Schritte und Strategien zur Implementierung an den einzelnen Standorten fest. Für einen derart umfangreichen Prozess war die Timeline außerordentlich straff. Nach einem guten Jahr waren alle Maßnahmen umgesetzt.

Allgemeines Motiv   Standortmotiv „InfoServe"   Zielgruppenmotiv „Schüler"

Abb. 1 Motive der Employer-Branding-Kampagne von *Endress+Hauser*

Die Motive wurden an den für die Zielgruppen wichtigsten Touchpoints eingesetzt. Diese wurden anhand einer speziell für die Zielgruppe entwickelten Employer-Journey definiert: Wer hat wann zu welchem Anlass in welchem Rahmen mit welchem Ziel an welchem Ort mit *Endress+Hauser* Kontakt? Diese Erkenntnisse dienten dazu, die Umsetzung der relevanten Kommunikationsmaßnahmen zu priorisieren und so eine Kampagne zu entwickeln, die die Botschaften in allen relevanten Medien entlang des gesamten Bewerbungsprozesses platzierte. So ließ sich die Leitidee eindringlich, individuell und vor allem konsistent nach außen kommunizieren.

4.5 Reflektion des Prozesses

Das primäre Ziel der Kampagne war, Aufmerksamkeit für *Endress+Hauser* im Bewerberumfeld zu erregen. Auch mit einem vergleichsweise geringen Budget erschien eine Verbesserung des Ist-Zustandes als reelle Benchmark. Die Kampagne von *RTS Rieger Team* sollte mit eingängigen und gezielten Botschaften *Endress+Hauser* als attraktiven und kompetitiven Employer präsentieren. Die Erwartungshaltungen waren zunächst zurückhaltend – ein „Big Bang" war zu keiner Zeit vorausgesetzt. Erklärtes Ziel war es lediglich, einen professionellen und einheitlichen Auftritt von *Endress+Hauser* zu garantieren und ein für Arbeitnehmer interessantes Bild zu erzeugen. Die eigentliche Kernbotschaft sollte verständlich und nachhaltig kommuniziert werden – nämlich die menschlichen Werte und die Unternehmenskultur, die *Endress+Hauser* als Familienbetrieb maßgeblich ausmachen. Kurz, es galt die Marke *Endress+Hauser* in den Köpfen zu verankern.

Alle von *RTS Rieger Team* ermittelten Ergebnisse wurden in den Workshops strukturiert dargelegt und in die anschließende Kampagne perfekt integriert. Diese liefert *Endress+Hauser* eine optimale Kombination aus Professionalität und Aufmerksamkeit erregender Markenkommunikation, was Bewerbern ein ganz neues und nachhaltiges Bild des Unternehmens präsentiert.

5　Umsetzung der Kampagne

Um die Leitidee wirksam umzusetzen, wurde sie an allen deutschsprachigen Standorten in allen relevanten Medien und Kanälen konsistent implementiert. Besonderer Fokus lag hierbei auf der Erhöhung der Bekanntheit von *Endress+Hauser* als Arbeitgeber in der Suchphase der potenziellen Bewerber. Abb. 2 fasst die Umsetzung der Kampagne mit den wichtigsten Kommunikationsinstrumenten zusammen.

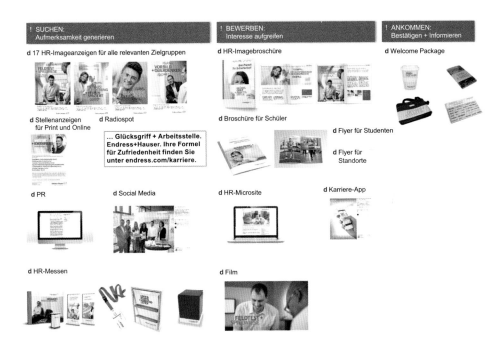

Abb. 2　Phasenspezifische Umsetzung der Employer-Branding-Kampagne von *Endress+Hauser*

6 Ergebnisse

6.1 Unternehmenssicht

Die Kampagne war ein durchschlagender Erfolg. Seit dem Start der Employer-Branding-Kampagne im April 2014 stieg die Zahl der Bewerbungen an allen deutschsprachigen Standorten signifikant an. An einem Standort sogar von 2719 im Jahr 2013 auf 3477 im Jahr 2014 und auf knapp 10.000 in 2015. Aber nicht nur die Anzahl der Bewerber erhöhte sich maßgeblich. Auch die Qualifizierung der Bewerber und die Qualität der Bewerbungen verzeichnete eine deutliche Steigerung: offene Stellen ließen sich deutlich besser und schneller besetzen. Bereits ein knappes Jahr nach Start der Kampagne war die Hälfte der offenen 300 Stellen besetzt. Aktuell (Stand März 2017) geht die Zahl der unbesetzten Stellen weiter stark zurück.

Doch nicht nur auf Bewerberseite erwies sich die Kampagne als äußerst produktiv: auch intern gab es nahezu ausschließlich positives Feedback. Zahlreiche Mitarbeitende beteiligten sich aktiv an der Suche und Entwicklung weiterer Wortpaare und zeigten dadurch, wie sehr sie sich mit *Endress+Hauser* und damit auch mit der Formel für Zufriedenheit identifizieren. Das Konzept war und ist so überzeugend und erfolgreich, dass aktuell die globale Implementierung auf HR-Ebene umgesetzt wird. Dafür hat *RTS Rieger Team* ein Cookbook – eine Art „Bedienungsanleitung" – entwickelt und umgesetzt, mithilfe dessen alle Standorte weltweit selbst Wortpaare und Maßnahmen schaffen können. Das Wortpaar-Design und die gesamte kommunikative Leitidee haben einen derart positiven Eindruck hinterlassen, dass das Konzept nun auch auf die allgemeine Markenkommunikation ausgeweitet wird. Auch dafür setzt man auf die bewährte Kooperation mit *RTS Rieger Team*.

6.2 Agentursicht

Nicht nur aus Kunden-, sondern auch aus Agentursicht darf die Kampagne als großer Erfolg bewertet werden. Die Arbeitgebermarke *Endress+Hauser* ist auf dem Bewerbermarkt mittlerweile bekannt und etabliert, die Werte des Unternehmens sind fest im Bewusstsein der Arbeitnehmer verankert. Eindrucksvoller Beweis dafür: Zahlreiche Bewerber beziehen sich in ihren Anschreiben explizit auf die „Formel für Zufriedenheit". Auch das Feedback aus internationalen Pilotprojekten ist vielversprechend: „This is the best communication concept I've ever seen at *Endress+Hauser*" (Feedback von *Endress+Hauser* Kanada). Die Kampagne wurde sowohl für ihre Kreativität als auch aus Effizienzgesichtspunkten bereits mit zwei bedeutenden Preisen gewürdigt: dem GWA Profi Award 2015 und dem Best Pers-Award 2016.

B-to-B-Markenführung: Branding und Design

B-to-B-Branding – Emotionale Markennamen für funktionale Produkte

Sybille Kircher

Zusammenfassung

Im Zuge steigenden Wettbewerbsdrucks gewinnt das Thema Branding im B-to-B-Geschäft an Relevanz. Indem funktionale Produkte, die im Bewusstsein der Öffentlichkeit bislang einen geringen Stellenwert haben, mit starken Marken aufgewertet werden, lassen sich vorhandene Kundenbeziehungen festigen und zudem neue Zielgruppen erschließen. Das Fundament bildet der Markenname, der sich heute auch im Internet etablieren muss. Unter dem Namen lassen sich komplexe Zusammenhänge leicht verständlich zusammenfassen und er wird so zur griffigen Verkörperung des betreffenden Produktangebotes. Strukturierte Namensportfolios tragen überdies zur Profilierung der Dachmarke bei und sorgen dafür, dass sich die Zielgruppe im Produktangebot des betreffenden Herstellers leichter orientieren kann. Dennoch stellen emotionale Markennamen in der B-to-B-Industrie bislang die Ausnahme dar.

Schlüsselbegriffe

Branding · Corporate Naming · Markenname · Namenportfolio · Namenssystematik · Web-Marken

Inhaltsverzeichnis

S. Kircher (✉)
NOMEN International Deutschland GmbH
Düsseldorf, Deutschland
E-Mail: s.kircher@nomen.de

© Springer Fachmedien Wiesbaden GmbH, ein Teil von Springer Nature 2018   509
C. Baumgarth (Hrsg.), *B-to-B-Markenführung*, https://doi.org/10.1007/978-3-658-05097-9_27

1   Relevanz des Markennamens für die B-to-B-Markenführung

1.1   Warum Markennamen?

Dass emotional ansprechende Markennamen die Grundlage für die erfolgreiche Vermarktung von Konsumgütern bilden, ist unbestritten. Doch wie verhält es sich bei der Vermarktung von Investitionsgütern? Benötigen funktionale Produkte auch emotionale Namen oder sind beschreibende Bezeichnungen völlig ausreichend? Tatsache ist: In der B-to-B-Industrie stellen starke Marken bislang die Ausnahme dar. Dieser Umstand ist deshalb erstaunlich, weil die Hersteller von Investitionsgütern mittlerweile mit ähnlichen Problemen kämpfen wie Konsumgüterhersteller. Immer mehr qualitativ hochwertige und somit vergleichbare Produkte buhlen um die Gunst der Käufer und verstärken so den Preisdruck. Hinzu kommt, dass es sich bei Investitionsgütern vielfach um sehr komplexe Angebote handelt, die mithilfe eines griffigen Namens gut auf den Punkt gebracht werden könnten. Ein Name bündelt nicht nur solche komplexen Angebote, er fungiert gleichzeitig als Garant für gleichbleibende Produkteigenschaften und Produktqualität. Auf diese Weise schafft er Vertrauen und vermittelt dem Kunden die Sicherheit, die er für seine Kaufentscheidung braucht. Auch wenn dies oft in Zweifel gezogen wird – auch im B-to-B-Bereich werden Kaufentscheidungen zu einem großen Teil durch Emotionen beeinflusst. Gerade weil der überwiegende Teil der Produktkommunikation sehr rational ist und häufig auf präzisen technischen Leistungsangaben basiert, sollte der Name emotional und auffallend sein, um das Produkt besser im Wettbewerb zu differenzieren und zu positionieren.

1.2   Anforderungen an Markennamen

Das Fundament für den systematischen Markenaufbau bildet immer eine klare Positionierung, die sich deutlich vom Wettbewerb unterscheidet und die für die ausgewählten Zielgruppen eine hohe Relevanz besitzt. Diese Positionierung erhält mit dem Markennamen ihr einzigartiges Gesicht. Ein starker Markenname zeichnet sich aus durch:

- Einfachheit
- Emotionalität
- Eigenständigkeit

Der Name muss dabei den unverwechselbaren Charakter des Angebotes mit wenigen Buchstaben zusammenfassen. Die Erfolgschancen eines Namens steigen mit seiner Eigenständigkeit und seiner Innovationskraft. Das heißt: Um im Wettbewerbsumfeld positiv aufzufallen, muss sich ein Name strukturell deutlich von den bestehenden Namen innerhalb einer Branche oder eines Segments differenzieren. Durch seine Andersartigkeit fällt der Name auf, erlangt eine Alleinstellung am Markt und bereichert das Produkt durch Individualität. Ein gelungenes Beispiel ist *Siemens Ysio* für eine Kombination aus Dach- und Familienmarke für digitale Radiografie-Systeme. Mit *Ysio* erhalten Arztpraxen und Krankenhäuser ein Röntgensystem, das sich nahezu allen klinischen Anforderungen anpasst. Die Gerätefamilie wird als ein System mit einem starken Namen vermarktet; die Markenpositionierung lautet „The most direct way to the image." Der Kunde kann sich sein Produkt modular selbst zusammenstellen. Die Hauptproduktcharakteristika sind:

- schnelle Diagnosen
- vereinfachte Arbeitsabläufe
- leichte Bedienbarkeit

Der Name *Ysio*, abgeleitet vom englischen „easy", spiegelt nicht nur den Innovationsgrad und den Nutzen der Produkte wider, sondern erhöht auch deren emotionale Attraktivität.

1.3 Entwicklung von Markennamen

Die professionelle Kreation von Markennamen vollzieht sich in mehreren Stufen (z. B. Kircher 2005a; Herstatt und Sachse 2004; Kohli und LaBahn 1997). Sie beginnt mit der Entwicklung einer individuellen **Namensstrategie**. Auf dieser Basis werden **zahlreiche Namensvorschläge** entwickelt, die in einem dritten Schritt nach **linguistischen** und **juristischen** Aspekten **selektiert** werden. Last but not least folgen die **juristische Absicherung** sowie **Namenstests** bei den relevanten Zielgruppen. Im Hinblick auf das Prozedere gibt es keinen Unterschied, ob ein B-to-B- oder ein B-to-C-Produkt getauft werden soll. Allerdings müssen Namen für Investitionsgüter für gewöhnlich andere Anforderungen erfüllen als Namen für Konsumgüter. Gerade B-to-B-Produkte werden in der Regel wesentlich häufiger global vermarktet als Konsumgüter, bei denen eine globale Vermarktung infolge kultureller Unterschiede (z. B. in der Lebensmittelindustrie) häufig nicht möglich ist. Hinzu kommt, dass der Markenschutz vor dem Hintergrund zunehmender Produktpiraterie für die Hersteller von Investitionsgütern höchste Priorität hat. Im B-to-

B-Bereich müssen die Inhalte des Namens dabei stärker herausgearbeitet werden. Häufig kreist man um Themen wie Innovation und Qualität, die jedoch für die Namensgebung nicht differenzierend genug sind.

1.4 Erkenntnisse der Neuroökonomie

Die These, dass emotionale Markennamen Kaufentscheidungen positiv beeinflussen, wird durch die Erkenntnisse der Neuroökonomie untermauert. Als Neuroökonomie bezeichnet man die interdisziplinäre Verknüpfung der Neurowissenschaften mit den Wirtschaftswissenschaften (zum Überblick Kenning et al. 2007). Anhand medizinischer Verfahren, z. B. der funktionellen Magnetresonanztomographie (fMRI), wird untersucht, nach welchen Kriterien Menschen wirtschaftliche Entscheidungen treffen. Das Team um P. Read Montague vom *Baylor College of Medicine* in Texas machte die Wirkung von Marken mithilfe der funktionellen Kernspintomographie sichtbar. Aufbauend auf Versuchsreihen aus den 1970er und 1980er-Jahren testeten sie die Marken *Pepsi* und *Coca-Cola* (McClure et al. 2004). Dabei stellte sich heraus, dass den Probanden im Rahmen von Blindverkostungen *Pepsi-Cola* eindeutig besser schmeckte als *Coca-Cola*. Sobald den Testpersonen das Getränk zusammen mit der Marke angeboten wurde, schmeckte ihnen *Coca-Cola* besser. Das Forscherteam konnte nachweisen, dass sich die Markenpräferenz auch auf die Hirnaktivität der Probanden auswirkte. Im Unterschied zu *Pepsi* stimulierte der Markenname *Coca-Cola* den medialen präfrontalen Cortex, eine vordere Hirnregion, welche die höheren kognitiven Fähigkeiten des Menschen steuert und für dessen Selbstbild verantwortlich ist. Anders ausgedrückt: Die psychologische Wirkung einer Marke ist stärker als die Eigenschaften des dazugehörigen Produkts.

Dass ein direkter Zusammenhang zwischen der Markenpräferenz und der Gehirnaktivität bei der Wahl einer Marke besteht, wies auch eine neuroökonomische Arbeitsgruppe der *Universität Münster* nach. Hierzu wurden 24 Testpersonen verschiedene Kaffeemarken in zufälliger Reihenfolge präsentiert mit der Bitte, sich für eine Marke zu entscheiden. Die Gehirnaktivität der Probanden wurde dabei mithilfe der funktionellen Magnetresonanztomografie gemessen. Auch hier ließ sich nachweisen, dass bei Personen mit einer starken Markenpräferenz andere Hirnbereiche aktiv sind als bei Personen, die der Marke neutral gegenüberstehen. Allerdings beobachteten die Wissenschaftler genau das Gegenteil dessen, was ihre amerikanischen Kollegen um P. Read Montague festgestellt hatten. Immer, wenn ein Proband in einem Entscheidungsprozess eine bestimmte Marke bevorzugte, verringerte sich die Aktivität in Bereichen der vorderen Hirnrinde. Dafür erhöhte sich die Durchblutung in Arealen, welche die emotionale Wahrnehmung steuern. Die Münsteraner Wissenschaftler, die diesen Effekt auch beim Testen von Biermarken sowie Dienstleistungs- und Unternehmensmarken aus dem Handel nachweisen konnten, bezeichnen dieses Phänomen als „kortikale Entlastung". Sie vertreten die Ansicht, dass Verbraucher starken Marken blind vertrauen und damit den Prozess der Kaufentscheidung deutlich abkürzen (Kenning et al. 2005, S. 55).

2   Besonderheiten im B-to-B-Branding

2.1   Markennamen in der B-to-B-Industrie

Die Relevanz von Marken im B-to-B-Bereich hat in den letzten Jahren zweifellos zugenommen. Abzulesen ist dies nicht zuletzt an steigenden Markenwerten von B-to-B-Marken. Dennoch nutzen nur wenige Unternehmen die Chance, sich mithilfe einer stringenten Namensstrategie im Wettbewerbsumfeld zu differenzieren. Vielfach fungiert ausschließlich der Firmenname als Dachmarke. Er steht im Vordergrund der Marketing-Kommunikation und dient als Imageträger und Indikator für die Qualität und Wertigkeit der vom Unternehmen angebotenen Produkte (Baumgarth 2006, S. 6). Kennzeichnend ist dabei, dass das gesamte Produktportfolio unter dieser Dachmarke geführt wird und es keine Benennungsebenen darunter gibt. Somit entsteht ein Sammelsurium unterschiedlicher Namen und Kürzel, deren einzige Klammer die Dachmarke ist. In manchen Unternehmen beträgt die Anzahl der unter einer Marke geführten Produkte 40.000 bis 70.000.

2.2   Zahlen-Buchstaben-Kürzel vs. Namen

In dem Bemühen, möglichst durchdacht und geradlinig zu erscheinen, werden in Unternehmen immer wieder Produktbezeichnungen ohne emotionale Tiefe entwickelt – allen voran Zahlen-Buchstaben-Kombinationen oder Abkürzungen. Das klassische Argument für die Kürzel aus Zahlen und Buchstaben: Sie bringen Inhalte kurz und knapp auf den Punkt, sind rational zu erklären und einfach auszusprechen. Und sie sind scheinbar schnell gefunden – man reiht einige Zahlen oder Buchstaben aneinander und fertig ist der Name. So verwendet etwa *Jungheinrich*, einer der vier großen Anbieter in den Bereichen Flurförderzeug-, Lager- und Materialflusstechnik weltweit, für eine Schubmaststapler-Reihe die Kürzel ETV 110/112/114/116, für eine Reihe von Elektro-Deichselhubwagen die Kürzel EJE 220/225/230 und EJE 220r/222r oder für eine Reihe Elektro-Hochhubwagen die Kürzel EJC 212/214/216/220. Eine andere Strategie verfolgt der Staplerhersteller *Toyota Material Handling*: Hier werden die unterschiedlichen Produktreihen mit eigenständigen Namen gekennzeichnet. Diese mögen auf den ersten Blick ungewöhnlich erscheinen, stellen jedoch im Sinne besserer Merkfähigkeit langfristig die eingängigere Lösung dar (vgl. Abb. 1).

Auch der auf Landmaschinen spezialisierte Anbieter *Claas* strukturiert sein umfangreiches Produktsortiment mithilfe einer stringenten Namenssystematik. So tragen hier beispielsweise große Traktoren den Namen *Xerion*, während besonders schmale Traktoren, die in Plantagen und Weinbergen zum Einsatz kommen, *Nectis* heißen. Das Pressen-Sortiment des Herstellers trägt dagegen die Namen *Quadrant*, *Rollant* und *Variant*.

Bei einer internationalen Expansion eines Unternehmens können Abkürzungen an ihre Grenzen stoßen. So lassen sie sich aufgrund von sprachlichen Unterschieden nicht immer logisch übertragen. Das Kürzel „ZP" für Zählerplatz macht nur im Deutschen Sinn,

Abb. 1 Kürzel vs. Namen

ein Franzose oder Engländer hat damit Schwierigkeiten. Gleiches galt auch für den LT (= Lastentransporter) von *Volkswagen*. Nach der Umbenennung in den Namen *Crafter* gewann das Produkt länderübergreifend deutlich mehr an Attraktivität. Werden Buchstabenkürzel dagegen der jeweiligen Landessprache angepasst, so ist ein und dasselbe Produkt in unterschiedlichen Märkten unter anderem Namen erhältlich. Dieser Zustand ist nicht nur **kostenintensiv** für das Unternehmen, sondern auch **verwirrend** und ärgerlich für den Kunden. Wildwuchs in der Namensstrategie führt über kurz oder lang immer zu einer Desorientierung der Kunden und zu einer Abwertung des Produkteindrucks. Erschwerend kommt hinzu, dass Zahlen und Kürzel **juristisch nicht schützbar** sind und somit beliebig kopiert werden können. Auch markenstrategisch betrachtet ist ein solcher Markenwildwuchs bedenklich: In einem undurchschaubaren Markenportfolio kann die Fülle unterschiedlicher Marken **nicht mehr intensiv kommuniziert** werden, sodass es nur noch für einige privilegierte Produkte gelingen kann, die notwendige Markenbekanntheit aufzubauen. Zwangsläufige Folge einer unkontrollierten Dachmarkenpolitik ist die Markenerosion. Jede Dachmarke wird zwangsläufig verwässern, wenn zu viele oder zu unterschiedliche Produkte unstrukturiert unter ihr angeboten werden. Problematisch ist zudem, dass der **Innovationsgrad** einzelner Produkte nach außen **nicht mehr ausreichend deutlich** wird und Marktpotenziale nicht mehr optimal ausgeschöpft werden können. Der Imageschaden, den ein solches Durcheinander hervorrufen kann, darf nicht unterschätzt werden.

Dass eine derartige Strukturierung im Sinne der Zielgruppe ist, belegt beispielsweise eine interne Untersuchung von *Toyota Industrial Equipment Europe* (TIEE). Das Unternehmen führte im Jahr 2006 eine internationale Distributoren-Befragung durch, um die Wahrnehmung und die Wiedererkennbarkeit der B-to-B-Marke *Traigo* zu überprüfen. Befragt wurden 20 Distributoren, vorwiegend Marketing- und Vertriebsmanager. Der Name, der für eine Reihe kleiner, kompakter Elektrostapler unter der Marke *Toyota* steht, hatte im Januar 2006 die bisherige Bezeichnung *7FBest* ersetzt. Die Resonanz auf die Namensänderung war überdurchschnittlich positiv: 90 % der Kunden ziehen den emotionalen Namen *Traigo*, der im Spanischen „Ich bringe" bedeutet, dem Zahlen-Buchstaben-Kürzel *7FBest* vor.

2.3   Ingredient Branding

Ein innovativer Teilbereich des B-to-B-Branding, in dem in der Vergangenheit Pionierarbeit geleistet wurde, ist das Ingredient Branding. „Unter Ingredient Branding versteht man die Markenpolitik investiver Verbrauchsgüter (Rohstoffe, Einsatzstoffe und Teile), die aus Sicht der jeweiligen Zielgruppe eine Marke darstellen" (Freter und Baumgarth 2005, S. 462). Ein Unternehmen, das auf diesem Gebiet Pionierarbeit geleistet hat, ist *Intel*. Dem Unternehmen gelang es, mit der *„Intel Inside"*-Strategie das bis dato abstrakte Produkt „Mikroprozessor" für Verbraucher greifbar zu machen. Ein Blick auf das vertraute Logo genügt und schon hat auch der Laie das beruhigende Gefühl, die richtige Kaufentscheidung getroffen zu haben.

Auch andere Unternehmen haben Produktkomponenten mit einer konsequenten Markenstrategie in das Bewusstsein der Verbraucher gerückt. Fahrräder gewinnen heute durch Gangschaltungen der Marke *Shimano* an Wert, Autos durch *Tiptronic*-Schaltgetriebe und auch *Bluetooth* ist in aller Munde. Der Name bezeichnet einen von der gemeinnützigen Bluetooth Special Interest Group patentierten Industriestandard für Funkvernetzung – zu den Mitgliedsunternehmen gehören u. a. *Ericsson, Intel, Lenovo, Microsoft, Motorola, Nokia* und *Toshiba*. Der Name *Bluetooth* geht auf den dänischen König Harald Blauzahn aus dem 10. Jahrhundert zurück. König Blauzahn, der im Englischen Harold Bluetooth heißt, war maßgeblich an der Vereinigung der Kriegsfraktionen in Teilen des heutigen Norwegens, Schwedens und Dänemarks beteiligt. Genauso wurde die Bluetooth-Technologie entworfen, um die Zusammenarbeit zwischen unterschiedlichen Industriezweigen wie der Computer-, Mobiltelefon- und Fahrzeugbranche zu ermöglichen. All dies sind Beispiele für professionelles und äußerst erfolgreiches Ingredient Branding. Sie zeigen, wie Produkte oder Technologien, die in Endprodukte einfließen, durch eine konsequente Markenpolitik ein eigenständiges Qualitätsprofil entwickeln und so das Interesse einer breiten Käuferschicht auf sich ziehen. Dem Markennamen kommt dabei eine tragende Rolle zu, denn er fasst einen komplexen Zusammenhang leicht verständlich zusammen und wird zur griffigen Verkörperung eines Produkts, das für den Kunden in der Regel wenig transparent ist. Da dieser die Qualität von Produktionsgütern in den meisten Fällen nicht unmittelbar überprüfen oder beurteilen kann, müssen die Markenkommunikation und allem voran der Markenname in besonderem Maße Glaubwürdigkeit und Kompetenz vermitteln (Kircher 2001, S. 4).

2.4 Web-Marken

Insbesondere im B-to-B-Bereich ist die Sichtbarkeit von Marken im Internet in erheblichem Maße erfolgsentscheidend. Durch ihre Präsenz im World Wide Web sind Online-Marken automatisch international. Sie haben – und das ist ihr großer Vorsprung vor Offline-Marken – nahezu unbegrenzten Zugang zu Abermillionen von Internet-Nutzern in aller Welt und können relevante Inhalte zu jedem erdenklichen Markenthema schnell und für den Markeninhaber kostengünstig bereitstellen. Web-Marken können durch kommunikative Signale, wie das Anstoßen von Diskussionen und Blogs, in einen ständigen Dialog mit Kunden und Interessenten treten. Darüber hinaus laden sie zur Interaktion ein – durch das Teilen, Liken, Kommentieren, Bewerten und natürlich auch Kaufen. Inwieweit digitale Marketing-Aktivitäten in die Marke einzahlen, lässt sich leicht feststellen. Zur Messung der Online-Markenstärke stehen unterschiedliche Web-Analyse-Tools zur Verfügung, die Kennzahlen zur Anzahl der Besucher auf der Website, zur Aufenthaltsdauer, Absprungrate, Konversionsrate etc. liefern.

Auffällige Marken sichern sich grundsätzlich einen besseren Platz in der Wahrnehmung der Zielgruppe als unauffällige Marken. Im Suchmaschinenranking wird dies besonders deutlich. Eine starke Online-Marke, die durch gutes Content Marketing und kontinuierliche gute Leistungen die Zielgruppen zum Wiederkehren bewegt, gilt als besonders vertrauenswürdig und wird weit oben gelistet. Wer es also schafft, mehr Nachfrage für seine Marke zu generieren, der hat auch entsprechende Vorteile im Ranking. Allerdings kommt eine Top-Platzierung nicht alleine durch die Quantität der Online-Aktivitäten zustande. Ebenso wichtig ist die Qualität des Markennamens. Denn je einzigartiger und ungewöhnlicher der Name ist, desto größer ist die Chance, ein hohes Ranking in den Suchmaschinen zu erreichen.

Beschreibende Namen mögen auf den ersten Blick ansprechend sein, weil sich ihre Botschaft direkt erschließt. Bei genauerer Betrachtung bergen sie jedoch eine Menge Nachteile. Deskriptive Namen sind markenrechtlich nicht schutzfähig und kollidieren somit mit zahlreichen ähnlichen Begriffen (ein Problem, das sie mit Offline-Marken gemeinsam haben). Daher werden sie von den Suchmaschinen kaum auf einem der oberen Plätze gelistet. Selbst mit intensivem Suchmaschinenmarketing haben Beschreibungen nur geringe Chancen, sich im Internet abzuheben. Weiterhin lenken solche konkreten Begriffe von dem umfassenden Angebotssortiment ab. So wird bei einem Namen wie *hotel.de* nicht deutlich, dass sich über diesen Anbieter auch Übernachtungen in Ferienwohnungen oder auf Campingplätzen buchen lassen. Von der Kommunikation, die eine Marke wie *hotel.de* durchführt, profitiert zudem nicht nur der Markeninhaber. Die teuer bezahlten Marketing-Maßnahmen fördern gleichzeitig die gesamte Hotel-Branche – die Kommunikation läuft also ins Leere. Gerade bei der Werbung mit Anzeigen (Adwords) ist ein beschreibender Markenname sehr unvorteilhaft.

Ein Trend bei Web-Marken besteht darin, beschreibende Namen mit Fantasieendungen zu kombinieren. Doch die Differenzierung über die Namensendung reicht nicht aus, um sich gegenüber den zahlreichen Wettbewerbern wirklich abzuheben. Namen wie *Lieferservice, Lieferdienst, Lieferando* oder *Lieferheld* sind austauschbar, daran ändern auch unterschiedliche Suffixe nichts. Im Hinblick auf die Online-Werbung gilt auch hier: Einer zahlt und alle profitieren. Wer das nicht möchte, muss mutig vorangehen: Also eine einzigartige Marke schaffen und die gesamte Kommunikation auf die Bekanntmachung dieser Marke richten (vgl. Abb. 2).

Auch im Online-Marketing wird die Zukunft smart, d. h. intelligent vernetzt. Gerade im B-to-B-Marketing wird der Aufbau von Plattformmarken eine große Rolle spielen. Plattformmarken verknüpfen verschiedene Angebote auf einer Plattform zu einem Ökosystem mit extrem hohem Nutzwert für den User. Die Plattformmarke ist gleichzeitig Produkt, Interface zum Kunden und Kommunikationszentrum. Sie ist das Bindeglied zum Kunden. Beim Aufbau von Plattformmarken ist es unverzichtbar, aus der Perspektive des Users zu denken, um die Marke ganz gezielt an seinen sich ändernden Bedürfnissen auszurichten. Wesentlich für den Erfolg ist, dass der Name möglichst zukunftsfähig ist, damit bei dem rasanten Tempo der technischen Entwicklungen auch langfristig viele weitere Produkte und Dienstleistungen über diese Plattformmarke bereitgestellt werden können. Eine solche von *Nomen Deutschland* entwickelte Marke ist *Axoom.com*. Der IT-Dienstleister für fertigende Unternehmen bedient herstellerunabhängig die gesamte Wertschöpfungskette. Durch seine modularen Lösungen können sich Fertigungsbetriebe mit *Axoom* in individuellem Tempo Schritt für Schritt in Richtung Industrie 4.0 entwickeln.

Abb. 2 Möglichkeiten der Bekanntmachung von Web-Marken

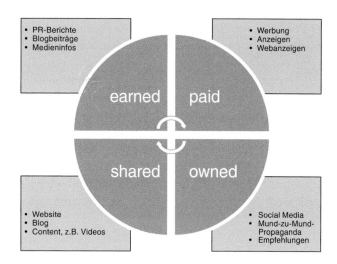

3 Namenssystematiken: Mehr Effizienz und Schlagkraft im Markenportfolio

3.1 Professionelle Herangehensweise an eine Namenssystematik (Corporate Naming)

Eine unternehmenseigene Namenssystematik (Corporate Naming) differenziert das Markenportfolio vom Wettbewerb und spart langfristig Kosten. Doch in den meisten deutschen Unternehmen sucht man eine strukturierte Nomenklatur bislang vergeblich. Gerade wenn ein historisch gewachsenes Produktsortiment über die Jahre hinweg immer weiter ausgedehnt und mit neuen Namen bereichert wurde, ist eine stringente Nomenklatur in der Regel kaum noch erkennbar. Die Ursachen für diese Entwicklung sind vielfältig. Während manche Portfolios von Anfang an eine Systematik vermissen lassen, können in anderen Fällen die strategische Neuausrichtung von Marken, die internationale Vereinheitlichung eines Markenportfolios, Unternehmenszusammenschlüsse oder juristische Zwänge dazu führen, dass ein ursprünglich angelegtes Namensportfolio seine Systematik verliert (Kircher 2005b, S. 32).

Durch zu viele unlogisch strukturierte Markennamen können folgende Schwierigkeiten auftreten:

- unzureichende Transparenz für den Kunden durch mangelnde Sichtbarkeit der Produkte
- erhöhter Erklärungsbedarf aus Unternehmenssicht
- mangelnde Differenzierungsfähigkeit im Markt
- Probleme, den Namen eindeutig dem Produkt zuzuordnen
- erhöhte Kosten im Hinblick auf Markenkommunikation und Markenschutz

Corporate Naming sorgt für mehr Transparenz und weniger Komplexität im Markenportfolio. Bei einer Corporate-Naming-Strategie werden nicht nur bestehende Namen in einen logischen Zusammenhang gebracht. Im Zuge der Überarbeitung von Markenportfolios werden Produktsortimente neu definiert und restrukturiert. Meist geht eine Bereinigung oder auch eine Fokussierung des Produktsortiments mit einer solchen Corporate-Naming-Strategie einher. Definiert wird auch, welche Produkte in Zukunft Namen erhalten sollen und nach welchem Namensbildungsmodell diese zu entwickeln sind. Abb. 3 stellt idealtypisch den Prozess der Neustrukturierung eines Namensportfolios dar.

Abb. 3 Prozess der Neustrukturierung des Namensportfolios (Corporate Naming)

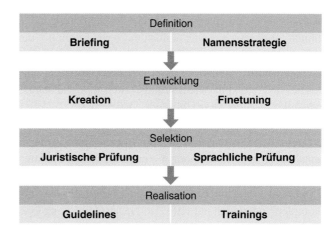

Eine Corporate-Naming-Strategie gibt unter anderem Antworten auf diese Fragen:

- Wie ist das Produktportfolio für den Kunden besser erfahrbar?
- Wie kommt der Kunde mit wenigen Klicks zu dem gewünschten Produkt?
- Sollen neue Produkte unter einer Dachmarke zusammengefasst werden oder sollen sie jeweils einen neuen Namen erhalten?
- Wann bieten Namen einen Mehrwert für den Kunden und wann sind deskriptive Gattungsbegriffe ausreichend?
- Ab wann ist eine Namensgebung überhaupt erforderlich? Für welche Produkte bieten sich Zahlen als Benennungsmöglichkeit an?

Wie Corporate Naming erfolgreich in die Praxis umgesetzt werden kann, hat die Automobilindustrie bewiesen. Die Autohersteller haben nur in Ausnahmefällen mit den genannten Schwierigkeiten zu kämpfen, besitzen doch die meisten von ihnen seit Jahren klar definierte Standards für die Taufe neuer Modelle und wenden diese konsequent an. So werden die Limousinen unter der Marke *Mercedes-Benz* traditionell mit Buchstaben („*A-Klasse*", „*E-Klasse*", „*S-Klasse*" etc.) gekennzeichnet. *Opel* fährt eine ähnliche Strategie. Viele Modellnamen der Personenkraftwagen enden auf „-ra" oder „-a" („*Astra*", „*Meriva*", „*Agila*"), während die Namen der Nutzfahrzeuge auf „-o" („*Combo*", „*Movano*") ausklingen. Bei der Benennung der neueren Kleinwagenmodelle schlug man dagegen eine neue Richtung ein. Mit der Marke *Opel* assoziierte Personennamen wie *Adam* und

Karl signalisieren eine neue, jüngere Positionierung unter Beibehaltung bewährter Traditionen. *Audi* setzt auf eine alphanumerische Logik mit den Modellnamen *A3, A4, A6* wie *A8* oder *Q1, Q3, Q5* und *Q7*. *Citroën* belegt den Buchstaben *C* mit *C2, C3, C4, C5* und *C8*. Demgegenüber strukturiert *Seat* sein Portfolio nach semantischen Gesichtspunkten. Der spanische Autobauer wählt grundsätzlich topografische Bezeichnungen zur Taufe seiner Modelle – *Toledo*, *Leon*, *Ibiza* oder *Alhambra*.

Mittlerweile werden Corporate-Naming-Strategien auch im B-to-B-Geschäft umgesetzt. Im Zuge kostensenkender Sortimentsstraffungen unterziehen immer mehr Unternehmen das eigene Markenportfolio einer kritischen Prüfung mit dem Ziel, die vorhandenen Produktnamen international zu vereinheitlichen und gleichzeitig logisch zu strukturieren. Die Entwicklung und Etablierung einer Namenssystematik ist zweifellos ein Kraftakt: Die komplette oder auch nur teilweise Neustrukturierung eines Markenportfolios kostet Zeit, Geld und auch kommunikative Überzeugungskraft. Doch der Aufwand zahlt sich aus, das bestätigen Unternehmen, die den Schritt gewagt haben. Eine klare und übersichtliche Namensgebung dämmt Namenswildwuchs ein und sorgt so für Transparenz im Sortiment. Dies wirkt sich nicht nur sehr positiv auf die Außendarstellung des Unternehmens aus. Auch interne Prozesse lassen sich damit erheblich simpler gestalten. Klare Standards vereinfachen die Herleitung von neuen Namen und reduzieren die häufig auftretenden subjektiven Diskussionen über die Namenswahl auf ein Minimum. Das spart nicht nur Zeit, sondern auch Kosten für aufwändige und vielfach überflüssige Recherche- und Eintragungskosten. Außerdem ermöglicht ein verbindliches Naming-Regelwerk den Aufbau eines Namenspools, auf den man im Bedarfsfall kurzfristig zurückgreifen kann. Damit eine Namenssystematik auch in der Praxis erfolgreich umgesetzt werden kann, sollte sie in jedem Fall einfach und flexibel sein. Eine Namensstruktur, die zu kompliziert ist, wird von Mitarbeitern und Kunden nicht akzeptiert. Außerdem muss sie im Bedarfsfall noch erweiterbar sein. Tab. 1 fasst die Beurteilung der Corporate-Naming-Strategie zusammen.

Tab. 1 Chancen und Risiken einer Corporate-Naming-Strategie

Risiken	Chancen
– Kommunikationsaufwand zur Bekanntmachung der neuen Namen – Kosten durch Umstellung der Produktinformationen – Lernaufwand für alle Mitarbeiter, die mit der bisherigen Namensgebung vertraut waren – Restriktionen bei der (zukünftigen) Namenskreation	– Reduzierung von Prozesskosten durch Vermeidung von Namenswildwuchs – Differenzierung vom Wettbewerb – Erhöhung der Produktwahrnehmung durch schnellere Wiedererkennbarkeit der Produkte – Stärkung der Absendermarke

3.2 Fallbeispiel: Neue Markenstrategie für Klebstoffe

Die *Henkel AG & Co. KGaA* hat den Unternehmensbereich *Adhesive Technologies* vor einiger Zeit markenstrategisch komplett neu aufgestellt. Der Unternehmensbereich bietet weltweit Lösungen für sehr unterschiedliche und spezialisierte Marktsegmente an. Das breit aufgestellte Leistungsangebot wendet sich an Kunden im Industriegeschäft sowie an Konsumenten, Handwerker und Kunden im Baugeschäft. Im Industriegeschäft ist der Bereich Adhesive Technologies in den Geschäftsfeldern Verpackungs- und Konsumgüterklebstoffe, Transport und Metall, Allgemeine Industrie sowie Elektronik aktiv. *Henkel* hat zusätzlich zu dem organischen Wachstum und der kontinuierlichen Forschung und Entwicklung auch zahlreiche Übernahmen getätigt. Auf Basis dieser Entwicklung konnte *Henkel* seine weltweite Marktführerschaft aufbauen, die jedoch mit der Anhäufung einer großen Zahl von Produktnamen und Marken einherging. Insgesamt hatte *Henkel* über 400 Marken im Unternehmensbereich Adhesive Technologies. Durch die große Anzahl von Produktnamen und Marken wurde es für Kunden und Mitarbeiter zunehmend schwieriger sich zurechtzufinden. Außerdem verschleierte die Markenvielfalt, dass Henkel eine führende Rolle auf dem Markt der Industrieklebstoffe besitzt.

Vor diesem Hintergrund nahm *Henkel* eine Umgruppierung des Produktangebotes in Verbindung mit der Einführung eines vereinfachten Branding-Konzeptes vor. Ziel war es, neben der Reduzierung der Markenvielfalt auch eine weltweit einheitliche Benennung der Produkte zu gewährleisten. Somit wurden die bisherigen Produktmarken auf fünf wesentliche Technologiecluster-Marken reduziert. Der Fokus liegt nun jeweils auf der führenden Marke in dem Segment. So ist die Marke *Loctite* bekannt für technische Lösungen mit Hochleistungsprodukten zum Kleben, Dichten und Beschichten. Die Marke *Technomelt* gilt als erste Wahl für industrielle Verklebungen mit Schmelzklebstoffen und bietet optimale Ergebnisse in den Fertigungsprozessen der Kunden sowie beim fertigen Produkt. Weitere Technologieclustermarken sind *Bonderite, Teroson* und *Aquence*. Alle Produkte wurden diesen fünf Clustermarken zugeordnet. Der ursprüngliche Markenname fiel weg, jedoch blieb die Produktspezifikation unverändert. Die Clustermarken wurden als Kernmarken definiert, in denen die Stärken von *Henkel Adhesive Technologies* zum Ausdruck kommen sollte. Die neue Markenstrategie wurde auf die gesamte Organisation angewendet und in allen Geschäftsbereichen und Regionen ausgerollt.

Es war wichtig, die Markenauftritte zu vereinfachen, ohne dabei Verwirrung auf Kundenseite zu stiften. Daher galt es, die Produkte sinnvoll in die fünf Cluster einzugruppieren und gleichzeitig chemische Formulierungen, alphanumerische Codes sowie alle Freigaben und Zertifizierungen beizubehalten. Um diese Vereinfachung zu erreichen, musste es für einen gewissen Zeitraum eine doppelte Namensführung auf Dokumenten, wie Rechnungen, Sicherheitsdatenblättern und technischen Datenblättern geben. So existiert beispielsweise ein technisches Datenblatt mit dem ursprünglichen Namen und eines mit dem neuen Produktnamen. Mit der neuen Markenstrategie wird *Henkel* als Herstellermarke konsequent gestärkt und ausgebaut. Die Technologieclustermarken repräsentieren glaubwürdig die Spezialistenrolle von *Henkel* in den Industriemärkten. Die Neustrukturierung des Markenportfolios hat die Geschäftsentwicklung dieses Unternehmensbereiches weiter beflügelt. Der Unternehmensbereich Adhesive Technologies setzte sein profitables Wachstum auch im Jahr 2014 fort. Das organische Wachstum entwickelte sich mit 3,7 % insgesamt stärker als der Markt.

4   Fazit

Zweifellos steckt die Namensgebung der B-to-B-Industrie im Vergleich zu den ausgefeilten Markenstrategien der Konsumgüterindustrie noch in den Kinderschuhen. Doch gerade diese Tatsache eröffnet all jenen Unternehmen, die sich heute dafür entscheiden, einen echten Wettbewerbsvorsprung. Wer sich am Markt zuerst einen guten Namen macht, setzt die Maßstäbe, an denen sich alle anderen messen lassen müssen. Der erste Schritt, eine Marke im Wettbewerbsumfeld trennscharf zu positionieren, besteht in der Wahl eines markanten, sprich: emotional ansprechenden Namens. Denn was nicht auffällt, wird von der Zielgruppe auch nicht bemerkt. Angesichts der Tatsache, dass allein in Deutschland derzeit rund zwei Millionen Marken eingetragen sind und jährlich etwa 60.000 weitere hinzukommen, ist Differenzierung heute wichtiger denn je. Dies gilt umso mehr, weil im B-to-B-Branding die Informationsbeschaffung über das Internet mittlerweile an erster Stelle steht. Ob online oder offline: Namenssystematiken helfen, die enorme Produktvielfalt zu beherrschen.

Literatur

Baumgarth, C. (2006). B-to-B-Branding weist noch Defizite auf. *Rumpelstilzchen – Das Namen-Magazin*, *11*(36), 6.

Freter, H., & Baumgarth, C. (2005). Ingredient Branding. In F.-R. Esch (Hrsg.), *Moderne Markenführung* (4. Aufl., S. 455–480). Wiesbaden: Gabler.

Herstatt, D. H., & Sachse, K. (2004). Entwicklung und Gestaltung von Markennamen. In M. Bruhn (Hrsg.), *Handbuch Markenführung* 2. Aufl. (Bd. 2, S. 1177–1202). Wiesbaden: Gabler.

Kenning, P., Plassmann, H., Deppe, M., Kugel, H., & Schwindt, W. (2005). Wie eine starke Marke wirkt. *Harvard Business Manager*, *27*(3), 53–57.

Kenning, P., Plassmann, H., & Ahlert, D. (2007). Consumer neuroscience. *Marketing ZFP*, *29*(1), 55–67.

Kircher, S. (2001). Ingredient Branding. *Rumpelstilzchen – Das Namen-Magazin*, *6*(20), 4–5.

Kircher, S. (2005a). Gestaltung von Markennamen. In F.-R. Esch (Hrsg.), *Moderne Markenführung* (4. Aufl., S. 587–602). Wiesbaden: Gabler.

Kircher, S. (2005b). System im Markenportfolio. *marketingjournal*, *38*(4), 32–33.

Kohli, C., & LaBahn, D. W. (1997). Creating effective brand names. *Journal of Advertising Research*, *37*(1), 67–75.

McClure, S., Li, J., Tomlin, D., Cypert, K., Montague, L., & Montague, P. (2004). Neural correlates of behavioral preference for culturally familiar drinks. *Neuron*, *44*(2), 379–387.

Corporate Design als effektives Mittel zur Stärkung der Marke *SEW-EURODRIVE*

René Will

Zusammenfassung

Rund um den Begriff „Corporate" kursieren in Theorie und Praxis mehr Missverständnisse und individuelle Interpretationen als fundierte Inhalte. Dieser Beitrag liefert Hilfestellung, um abstrakte Begriffe wie Corporate Design, Corporate Identity und identitätsorientierte Markenkommunikation mit realen Inhalten zu füllen. Dass der Fokus in diesem Kontext auf den Bereich B-to-B gerichtet ist, liegt in den Erfahrungswerten des Autors und in der Breite des Themas begründet. Noch immer gelten Markenkommunikation und Markenpositionierung im weiten Feld des Maschinenbaus als „Terra incognita" und harren einer dezidierten wissenschaftlichen Auseinandersetzung, wie sie seit vielen Jahren für Konsumgütermarken gang und gäbe ist.

Schlüsselbegriffe

Corporate Design · Corporate Identity · Interne Verankerung · Markenpositionierung · Marktkommunikation

Inhaltsverzeichnis

R. Will (✉)
SEW-Eurodrive GmbH & Co. KG
Bruchsal, Deutschland
E-Mail: Rene.Will@sew-eurodrive.de

© Springer Fachmedien Wiesbaden GmbH, ein Teil von Springer Nature 2018   523
C. Baumgarth (Hrsg.), *B-to-B-Markenführung*, https://doi.org/10.1007/978-3-658-05097-9_28

1   Einführung

Das Phänomen „Marke" und die daraus resultierenden Effekte sind von jeher fester Bestandteil der Marktkommunikation. Dies war schon zu Zeiten so, als der Begriff der „Marke" im uns bekannten Sinn noch gar nicht existierte. So belegen etwa Funde aus der Antike, dass bereits die Römer prägnante Zeichen in ihrem Handelsimperium verwendet haben, um besondere Waren gezielt hervorzuheben und unverwechselbar zu machen. An diesem Grundprinzip hat sich bis heute wenig verändert. Hinter einer solchen Strategie verbirgt sich das Kalkül, dem Kunden einen Orientierungspunkt zu geben, durch den er ein Produkt – vorzugsweise eines, das er schätzt – immer wieder erkennt und auch immer wieder kauft. Die Marke ist demzufolge nicht mehr und nicht weniger als ein gezielt eingesetztes Kundenbindungsinstrument.

Wenn heute der Begriff der Marke verwendet wird, dann geschieht dies primär im Zusammenhang mit Konsumgütern und dem B-to-C-Markt. Im Bereich der Investitionsgüter war die Marke als feststehendes Marketinginstrument bis vor wenigen Jahren sowohl in der Praxis als auch in der Wissenschaft eher wenig verbreitet (z. B. Baumgarth und Douven 2006). Durch die Globalisierung der Märkte und den damit verbundenen Wettbewerbsdruck hat sich das jedoch grundlegend geändert. Mehr denn je sind auch die Investitionsgüterhersteller gefordert, ihren Produkten ein unverwechselbares Image zu verleihen, für das eine ausgefeilte Markenstrategie der ideale Weg ist. Doch solche Prozesse erfordern Zeit, Konsequenz und vor allem die richtigen Grundlagen. Das gilt insbesondere dann, wenn man sich in einem Markt bewegt, der sich in vielen Bereichen wesentlich von dem der Konsumgüter unterscheidet.

2   Marke im B-to-B-Umfeld

2.1   Eigenheiten des B-to-B-Marktes

Das Kundenprofil im B-to-B-Bereich und die daraus resultierenden Herausforderungen für die Markenführung unterscheiden sich essenziell vom klassischen Konsumgütermarkt (z. B. Baumgarth 2015, S. 387 ff.; Kemper 2000, S. 42 ff.). Für einen Investitionsgüterkunden ist nicht der Imagewert eines Produktes von Bedeutung, sondern ausschließlich seine Tauglichkeit für den von ihm vorbestimmten Zweck. Das gilt sowohl für den Komponentenbereich als auch für Systemlösungen und komplette Anlagen. Jede Investition des Kunden ist darauf ausgelegt, dass er mit den Produkten, die er erwirbt, selbst Umsätze generiert, seine Erträge maximiert und die eigenen Kosten minimiert. Analog dazu gestalten sich seine Einkaufspolitik und seine Kalkulation.

Im Bereich des Maschinenbaus wird zwischen zwei Kundengruppen unterschieden: zum einen die Anlagenbauer und zum anderen die Anlagenbetreiber. Die Anlagenbauer sind gegenüber dem Betreiber dafür verantwortlich, dass die Anlage termingerecht fertiggestellt wird, ohne Verzögerungen in Betrieb genommen werden kann und im laufenden Einsatz störungsfrei funktioniert. Für den Betreiber ist es von existenzieller Bedeutung, dass Stillstand- und Ausfallzeiten auf ein absolutes Minimum reduziert werden und langfristig die Funktion der kostenintensiven Investition sichergestellt ist.

Wer sich eine moderne Produktionsanlage einmal näher anschaut, der wird feststellen, dass dort eine Vielzahl von Komponenten und Baugruppen zu finden ist, die von ebenso vielen unterschiedlichen Herstellern stammen. Die Aufgabe des Anlagenbauers liegt darin, diese Vielzahl von Komponenten zu einem leistungsfähigen Gesamtsystem zusammenzufügen. Spart er dabei an der falschen Stelle oder verwendet er auch nur ein ungeeignetes Teil, so kann das schnell zu gravierenden Problemen führen. Aus diesem Grund ist jeder Anlagenbauer bemüht, Komponenten zu verwenden, auf die er sich verlassen kann, die langfristig zur Verfügung stehen und für die er von den Herstellern weitreichende Garantien bekommt. Dabei kann er grundsätzlich zwischen mehreren Anbietern auswählen. Das Spektrum reicht von anerkannten Markenprodukten bis hin zu preisaggressiver Ware minderer Qualität. Ohne konkrete Vorgaben im Pflichtenheft des späteren Anlagenbetreibers kann der Anlagenbauer frei entscheiden, welche Variante er wählt. Und diese Entscheidung darf er sich nicht leichtmachen. Sicher kann er mit günstigen No-Name-Produkten kurzfristig Kosten einsparen, aber langfristig können sich daraus unkalkulierbare Folgekosten ergeben. Jeder Anlagenbauer hat demzufolge ein großes Interesse an der Funktionssicherheit der von ihm verwendeten Komponenten. Hierzu gehört die Berücksichtigung möglichst langer Produktlebenszyklen ebenso wie ein sparsamer Energieverbrauch, die langfristige Verfügbarkeit von Ersatzteilen und die Kompatibilität mit anderen Komponenten. Dass diese Sicherheit auch ihren Preis hat, versteht sich von selbst. Bei Projekten, die leicht den Umfang eines zweistelligen Millionenbetrages erreichen können, gibt es in der Regel auch keine Alternativen zu Qualitäts- und Markenprodukten. Zu groß wäre das Risiko gegenüber dem Betreiber und viel zu groß wäre die Gefahr für den Anlagenbauer, durch ein paar tausend eingesparte Euro einen Schaden zu verantworten, der schnell ein Vielfaches der Einsparung betragen könnte.

Aus diesen Gründen hat Qualität bei seriösen Anlagenbauern absolute Priorität und davon profitieren diejenigen Komponentenanbieter, die in der Lage sind, genau diese Qualität und Innovationskraft zu bieten. Kleine mittelständische Unternehmen, die sich auf ein bestimmtes Produkt spezialisiert haben, können dies ebenso wie große Konzerne – entscheidend ist nicht die Größe des Unternehmens, sondern vielmehr die dahinterstehende Philosophie und Strategie. Eine dieser Philosophien ist die der B-to-B-Marke.

2.2   B-to-B-Marke als Orientierungspunkt und Garant für Sicherheit

Es kann also festgestellt werden, dass B-to-B-Kunden ein hohes Maß an **Sicherheit beanspruchen** und sich ihre Auswahlkriterien zunehmend an Faktoren ausrichten, die über die unabdingbare Funktionalität und Qualität eines Produktes hinausgehen. Ein entscheidendes Kriterium ist in diesem Kontext die Marke (zur Risikoreduktionsfunktion von B-to-B-Marken vgl. Backhaus und Gausling 2015). Ein Kunde verbindet mit dem Markenbegriff immer einen besonderen Mehrwert und dieser Mehrwert muss ihm im Rahmen der Markenkommunikation nachvollziehbar vermittelt werden.

Seit vielen Jahren ist der Begriff der Marke fest in den Vorstellungen der Marketingstrategen verankert, aber fast nur im Zusammenhang mit Konsumgütern. Viele Markenprodukte stehen in diesem Kontext stellvertretend für ganze Produktgruppen und sind bei Konsumenten zu einer festen Größe geworden, mit der sie ein ganz spezielles Erscheinungsbild und im günstigsten Fall unverwechselbare Eigenschaften assoziieren.

2.3   B-to-B-Marke im globalen Kontext

Eine globale Marke zeichnet aus, dass sie in jedem Land der Welt zu finden ist, dass die Qualität der Produkte – unabhängig von ihrem Herstellungsort – gleich hoch ist und dass jeder Verbraucher oder Nutzer überall auf der Welt die gleichen Benefits mit ihr assoziiert. Dies ist insofern von entscheidender Bedeutung, als selbst hochwertige Markenprodukte niemals eine Monopolstellung auf dem Markt haben. Mit patentrechtlichen und formaljuristischen Maßnahmen lassen sich eine Marke und die mit ihr verbundenen Produkte zwar bis zu einem gewissen Punkt schützen und absichern – es kann aber in der Regel kaum verhindert werden, dass Mitbewerber mit „Me-too"-Produkten für einen permanenten Wettbewerbsdruck sorgen. Eine Marke muss über einen längeren Zeitraum entstehen, sie muss wachsen und zunächst auf einem begrenzten regionalen Markt ihre Markttauglichkeit unter Beweis stellen.

2.4   Konstanten und Wechselwirkungen im Markenbildungsprozess

Kein Produkt, ganz gleich ob im B-to-B- oder im B-to-C-Bereich, kommt als Markenprodukt auf die Welt. Vielmehr muss jede Marke **individuell konzipiert** und **aufwendig erarbeitet** werden. Es reicht nicht aus, dass ein Unternehmen beschließt, ab sofort als Markenanbieter zu agieren und seine Produkte als Markenprodukte zu deklarieren. Die entscheidende Größe in diesem Kontext ist immer der Kunde. Er muss im Mittelpunkt jedes Markenbildungsprozesses stehen und seine spezifischen Anforderungen sind die Eckpunkte jeder Markenstrategie:

- Ausschließlich der Kunde definiert, ob und wann eine Marke zur Marke wird,
- nur er entscheidet, ob er einem Getriebemotor, einem Schaltschrank, einem Werkzeug oder einem Betriebsstoff Markencharakter zubilligt und
- einzig und allein der Kunde trifft die Entscheidung, ob ihm das Markenprodukt Vorteile gegenüber vergleichbaren „No-Name"-Alternativen liefert.

Auf den Punkt gebracht: Eine moderne Markenstrategie kann nur durch engsten Kundenkontakt, effektive Marktforschung und eine Vielzahl miteinander vernetzter Maßnahmen entstehen und nachhaltig Bestand haben. Im Endeffekt geht es mehr um die Führung des Kunden als um die Führung der Marke. Dies ist besonders dann von existenzieller Bedeutung, wenn wir es mit einer Marke zu tun haben, die global vertreten ist und daher auf der ganzen Welt ihre Ausnahmeposition jeden Tag aufs Neue unter Beweis stellen muss. Und genau hier liegen die Wurzeln einer erfolgreichen Markenführung. Es gilt, dem Kunden einen nachvollziehbaren Nutzen zu vermitteln, der ihm das gute Gefühl verleiht, eine richtige Investitionsentscheidung getroffen zu haben. Kurz: Die **höheren Kosten** für ein Markenprodukt müssen sich für den **Kunden auszahlen**. Hier kommt die Marktkommunikation ins Spiel. Ihr obliegt die sensible Aufgabe, dem weltweiten Kunden eine klare Kosten-/Nutzenrechnung zu präsentieren, die glaubwürdig ist und dabei alle relevanten Fakten berücksichtigt, die für den potenziellen Kunden eines Markenproduktes von Bedeutung sind. Entscheidend sind hierbei die richtigen Signale. Diese müssen so formuliert sein, dass sie als deutliche Orientierungspunkte und feste Versprechen wahrgenommen werden, eine Erwartungshaltung aufbauen und immer den Nutzen für den Kunden im Auge haben. Diese Signale sind:

- Qualitätssignal, das dem Kunden die Angst vor Risiken nimmt,
- Vertrauenssignal, durch das man ihm zu verstehen gibt, dass alle seine Bedürfnisse ernst genommen werden,
- Identifikationssignal, durch das er sich langfristig an eine Marke binden kann,
- Wertesignal, aus dem hervorgeht, dass er nicht nur ein Produkt oder eine Dienstleistung erhält, sondern etwas, das einen ganz besonderen Wert besitzt und nicht zuletzt
- Statussignal, mit dem er die Marke als für ihn in allen Belangen vorteilhaft anerkennt.

Anbieter, die diese Signale versenden, müssen aber auch in der Lage sein, den an sie gestellten Ansprüchen jederzeit und an jedem Ort der Welt vollständig gerecht zu werden. Tun sie das nicht, dann verlieren sie schnell die Basis für eine gezielte Markenbildung.

2.5   Corporate Design

Bedeutung

Der Fokus jeder Markenstrategie muss auf der Vermittlung der mit ihr verbundenen Signale und Werte liegen. Es bringt einem Unternehmen rein gar nichts, Qualitätsprodukte mit einem maximalen Zusatznutzen für den Kunden zu entwickeln, ein leistungsoptimiertes Servicenetz aufzubauen und die Produktion auf höchste Flexibilität auszulegen, wenn die potenziellen Kunden nichts davon mitbekommen. „Wir haben etwas zu bieten, sagen aber keinem etwas davon" ist definitiv die falsche Strategie. Es ist die Aufgabe des Marketings, der Marktkommunikation und des Vertriebs, an den Kunden heranzutreten und für ein Höchstmaß an Präsenz und die Vermittlung der beabsichtigten Markenassoziationen zu sorgen. Der abstrakte Begriff der Marke muss greifbar gemacht werden und so an die spezifischen Zielgruppen herangetragen werden, dass unmittelbar ein Wiedererkennungseffekt eintritt. Von zentraler Bedeutung ist dabei das Erscheinungsbild der Marke.

Was sieht der Adressat? Was verbindet er damit? Und fühlt er sich davon angesprochen? Hinter diesen drei einfachen Fragen verbirgt sich der komplexe Themenbereich des Corporate Designs. Über Corporate Design existiert eine Vielzahl an Literatur, Praxisbeispielen und individuellen Meinungen (z. B. Wheeler 2006; Birkigt et al. 2002). Jeder Art-Director, den man zu diesem Thema befragt, wird spontan eine mehr oder minder prägnante Definition geben können, aber auf die Frage, wie der Königsweg zu einem guten Corporate Design aussieht, wird er kaum eine zufriedenstellende Antwort parat haben. Zu vielfältig sind rund um das Corporate Design die Rahmenbedingungen, die Voraussetzungen und vor allem die Möglichkeiten, einen Markenauftritt zu gestalten, und zu abstrakt sind die jeweiligen Zielsetzungen. Worin sich jedoch alle einig sind, ist die Feststellung, dass jede Marke ihr unverwechselbares Erscheinungsbild braucht.

Suche nach dem „richtigen" Corporate Design

Jedes Unternehmen verfügt heute zwangsläufig über einen Firmennamen, eine formal-juristisch korrekte Bezeichnung und über ein mehr oder weniger systematisch gestaltetes Logo. Auf diese Weise will sich jeder Anbieter eines Produktes oder einer Dienstleistung von seinen Mitbewerbern unterscheiden und sich auf dem Markt präsentieren. Dabei fällt immer wieder auf, dass der Phantasie keine Grenzen gesetzt und die gesamte Bandbreite der Auftritte von „unglaublich schlecht" bis „phänomenal gut" ausgenutzt wird. In erster Linie liegt es im subjektiven Empfinden des Betrachters, wie er den Auftritt eines Unternehmens bewertet und was er mit dem Erscheinungsbild assoziiert. Oftmals genügt ein Blick auf das Erscheinungsbild eines Unternehmens und es hat sich spontan und unwiderruflich eine negative Meinung gebildet. Umgekehrt funktioniert es aber auch und der Betrachter gewinnt in wenigen Sekunden einen positiven Eindruck. Das Erstaunliche dabei ist die Tatsache, dass diese Wahrnehmung in der Regel unabhängig von objektiven Bewertungskriterien erfolgt und zudem gar nichts mit der Leistungsfähigkeit des Unternehmens zu tun hat. Die Gründe für spontane Ablehnung oder spontane Akzeptanz liegen in der Wahrnehmungspsychologie. Jeder Mensch verfügt über ein ganz individuelles ästhetisches Empfinden, bevorzugt bestimmte Farben und Formulierungen. Es ist unmöglich, konkret auf jede persönliche Vorstellung bei der Gestaltung eines Erscheinungsbildes einzugehen, aber es gibt gewisse Regeln, die ein gutes Corporate Design ausmachen. Es würde an dieser Stelle zu weit gehen, diese im Detail zu betrachten, aber der entscheidende Punkt ist, dass es mit der richtigen Beratung und der notwendigen Konsequenz immer möglich ist, einen Auftritt zu gestalten, der den Großteil der Betrachter anspricht. Ein gut klingender Name für ein Unternehmen und ein handwerklich solide gestaltetes Logo sind jedoch noch lange kein Corporate Design. Allenfalls sind sie die Grundlage für die konsequente und kontinuierliche Entwicklung eines einheitlichen Erscheinungsbildes.

Erscheinungsbild als integraler Markenbestandteil

Ein Anbieter, der sich auf dem Investitionsgütersektor für eine Markenstrategie entschieden hat und bereit ist, die internen Voraussetzungen dafür zu schaffen, muss sich so früh wie möglich mit der Ausarbeitung eines für ihn optimalen Corporate Designs auseinandersetzen. Es ist die Aufgabe des Erscheinungsbildes und der mit ihm verbundenen Maßnahmen, die Markenbotschaft zu transportieren und stellvertretend für die Kontinuität der Marke zu stehen. Dabei darf jedoch nicht der Fehler begangen werden, zu starre Richtlinien festzulegen, die in der Praxis ein zu enges Korsett bilden, das unter Umständen kontraproduktiv wirken kann. Speziell für Global Player ist es wichtig, ein funktionales Erscheinungsbild zu entwickeln, mit dem auch die Bedürfnisse und Wahrnehmungsgewohnheiten von Märkten bedient werden können, die sich vom eigenen nationalen Markt unterscheiden. Umso klarer müssen dabei die unveränderlichen Konstanten definiert sein.

Corporate Design im Kontext der Corporate Identity

Wenn wir vom Erscheinungsbild eines Unternehmens und dem Auftritt einer Marke reden, dann ist man leicht geneigt, dieses auf das Corporate Design – sprich auf die reine Visualisierung – zu reduzieren. Allzu oft gerät dabei in den Hintergrund, dass das Corporate Design nur ein „Pars pro toto" im Gesamtkontext darstellt. Korrekterweise muss in diesem Zusammenhang an erster Stelle von der Corporate Identity gesprochen werden (z. B. Wiedmann 2004). Das Corporate Design ist wesentlicher Bestandteil der Corporate Identity, da es quasi als visualisiertes Aushängeschild fungiert und den ersten Eindruck prägt, den das Unternehmen bzw. die Marke beim Adressaten hinterlässt. Aber erst im engen Zusammenwirken mit dem Corporate Behavior, der Corporate Social Responsibility und anderen Faktoren kann das Corporate Design vollständig wirken. Anders formuliert: Ohne ein optimales Corporate Design geht in den Prozessketten der Markenentwicklung und der späteren Markenführung nichts, Corporate Design ist aber bei der Umsetzung einer Markenstrategie längst nicht alles.

Zu dem Themenbereich Corporate Design als fester Bestandteil der Corporate Identity gibt es eine Vielzahl von Theorien und Standpunkten. Die gesamte Komplexität der damit verbundenen Prozesse erschließt sich jedoch erst in der praktischen Umsetzung. Aus diesem Grund ist es an dieser Stelle sinnvoll, in medias res zu gehen und anhand des Beispiels *SEW-EURODRIVE* den Markenbildungsprozess in einem erfolgreichen Unternehmen der Investitionsgüterbranche darzustellen.

3 Markenbildung bei *SEW-EURODRIVE*

3.1 Ausgangslage

Als *Ernst Blickle* – Gründer des Unternehmens *SEW-EURODRIVE* – vor über 75 Jahren begann, moderne Antriebslösungen für Industrie und Technik herzustellen, hatte er noch nicht die globale Marke *SEW-EURODRIVE* im Auge. Wichtiger war ihm, Produkte herzustellen, die allen anderen überlegen waren. Mit reiner Innovationskraft, technischem Know-how und einem untrüglichen Gespür für die Anforderungen des Marktes ist *Ernst Blickle* das auf eindrucksvolle Art gelungen und er konnte das Unternehmen optimal in einem Nischenmarkt positionieren. Von entscheidender Bedeutung war die hohe Produktakzeptanz durch die Kunden. Die *Süddeutschen-Elektromotoren-Werke* mit Hauptsitz in Bruchsal sind so zu einer festen Größe im deutschen Anlagenbau geworden, eine Marke oder gar eine Weltmarke waren sie aber noch lange nicht. Erst mit dem Schritt auf die internationalen Märkte wurde das Thema Markenbildung wichtiger und erst seit zwei Jahrzehnten hat die Markenentwicklung bei *SEW-EURODRIVE* die höchste Priorität in der Marktkommunikation. Durch eine optimale internationale Aufstellung, ein weltweit reibungslos laufendes Logistik-Konzept und ein auf die internationalen Märkte abgestimmtes Produktportfolio war es möglich, eine erfolgreiche Markenstrategie zu realisieren. Die globale Aufstellung des Unternehmens und die genaue Beobachtung der spezifischen lokalen Märkte mit ihren besonderen Mechanismen wurden zur Basis dessen, was die Kunden rund um den Globus heute in der Marke *SEW-EURODRIVE* sehen.

Eine zentrale Bedeutung kommt dabei der **länderspezifischen Kommunikation** auf den einzelnen Märkten zu. Selbst eine starke B-to-B-Marke wie *SEW-EURODRIVE* kann auf einem Markt nur Erfolg haben, wenn sie auch nachgefragt wird. Die Kombination aus einem vielseitigen Produktportfolio, einer marktorientierten Kommunikation und einem klar definierten Zusatznutzen für den Kunden ist dafür ausschlaggebend.

In der Entwicklung und Führung einer modernen B-to-B-Marke kommt eine ganze Reihe von Faktoren zum Tragen. Und die zentrale Frage lautet in diesem Zusammenhang: Welchen Nutzen hat der einzelne Kunde von der Marke – hier der Marke *SEW-EURO-DRIVE*?

Wenn *SEW-EURODRIVE* sein Marken-Manual unter das Motto „Orientierung und Verpflichtung" stellt, dann bringen diese beiden Begriffe die Ausrichtung der Markenstrategie auf den Punkt. Nur: *SEW-EURODRIVE* wurde lange Zeit nicht als Marke kommuniziert; das Unternehmen hat sich zwar als Markenhersteller begriffen, dies jedoch nicht konsequent in einer Markenstrategie formuliert und umgesetzt. Seit dem Jahr 2000 ordnet *SEW-EURODRIVE* der Marke und allen damit verbundenen Herausforderungen jedoch einen hohen Stellenwert zu. Mit großem Aufwand hat das Unternehmen konsequent eine eigene Markenphilosophie entwickelt, die in allen Bereichen langfristig ausgelegt ist und ihm ebenso wie den weltweiten Kunden entscheidende Vorteile verschafft.

3.2 Bedeutung der Marke für *SEW-EURODRIVE*

Viele Markenprodukte – vorzugsweise im Bereich der Konsumgüter – stehen stellvertretend für ganze Produktgruppen und sind bei den Abnehmern zu einer festen Größe geworden, mit der sie ein spezielles Erscheinungsbild und im günstigsten Fall unverwechselbare Eigenschaften assoziieren. In der Investitionsgüterbranche folgen die Entscheider mittlerweile ähnlichen Denkweisen und Tendenzen, die *SEW-EURODRIVE* mit seiner Markenstrategie unterstützen und fördern will.

Es ist das erklärte Ziel von *SEW-EURODRIVE*, dass man in der Zielgruppe – oder vielmehr den Zielgruppen – nicht mehr von Antriebstechnologie spricht, sondern von *SEW-EURODRIVE*-Technologie. Ein Getriebemotor soll – so der Idealfall – nur noch als SEW-Motor wahrgenommen werden. Mit dem Markennamen *SEW-EURODRIVE* soll der Fachmann ein systematisch aufgebautes Produktportfolio verbinden, zu dem es in der Form, wie es von *SEW-EURODRIVE* entwickelt wurde, keine Alternativen gibt.

SEW-EURODRIVE hat seine Markenstrategie aus einem tatsächlichen Produkt- und Nutzwertversprechen abgeleitet und setzt ausschließlich auf **nachweisbare „Hardfacts"**, um das Vertrauen seiner Kunden zu gewinnen und sie so langfristig und nachhaltig an das Unternehmen zu binden. Das bedeutet: Objektive Produktvorteile definieren den Kundennutzen und aus beiden Aspekten zusammen leitet *SEW-EURODRIVE* die Positionierung der Marke ab (vgl. Abb. 1).

Von zentraler Bedeutung sind für den Kunden in diesem Kontext eindeutig nachvollziehbare und deutlich formulierte Orientierungspunkte. Diese lauten:

- Was leistet die Marke?
- Wodurch unterscheidet sich die Marke im Wettbewerb?
- Wie gibt sich die Marke?

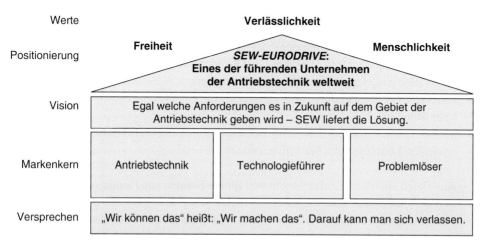

Abb. 1 Markenhaus der Markenpositionierung von *SEW-EURODRIVE*

- Welche Signale sendet die Marke aus?
- Wie werden diese Signale interpretiert?

An diesem Punkt gewinnen die **Brand Essentials**, wie sie von *SEW-EURODRIVE* konzipiert wurden, die entscheidende Bedeutung. Sie stellen den Kern des Nutzenversprechens dar und müssen in jeder Marktsituation Bestand haben:

- *SEW-EURODRIVE* ist Weltmarktführer im Bereich geregelter Getriebemotoren.
- *SEW-EURODRIVE* verfügt über ein auf der Welt einmaliges modulares Baukastensystem.
- *SEW-EURODRIVE* bietet seinen Kunden ein großes Produktportfolio.
- *SEW-EURODRIVE* ist innovationsstark und setzt einen Schwerpunkt in Forschung und Entwicklung.
- *SEW-EURODRIVE* verfügt über ein globales Service-Netzwerk mit optimaler Verfügbarkeit und Zuverlässigkeit.
- *SEW-EURODRIVE* hat den erklärten Willen zur Marktführerschaft auf dem umkämpften Sektor der Antriebselektronik und der Antriebssysteme.

Durch die Festlegung dieser Brand Essentials will sich *SEW-EURODRIVE* positionieren und sich deutlich von seinen Mitbewerbern abheben. Der dabei angestrebte Solitärstatus wird durch **konkrete Fakten** und jederzeit verifizierbare Aussagen bewiesen. Höchsten Stellenwert hat die praxisorientierte Belastbarkeit dieser Aussagen. Im Mittelpunkt stehen hierbei:

- globale Verfügbarkeit aller Produkte und Dienstleistungen auf einem gleichbleibend hohen Niveau,
- einzigartige Logistik und Herstellungskonzept mit Fertigungswerken und dezentralen Montagewerken, die sich in unmittelbarer Nähe zu allen wichtigen Märkten der Welt befinden,
- bis ins Detail durchdachte Service-, Aftersales- und Dienstleistungskonzepte,
- direkter und konstruktiver Dialog mit den Kunden und eine auf Kundennähe und Kommunikation ausgelegte Unternehmensphilosophie,
- hohes Applikations-Know-how in Verbindung mit einer herausragenden Branchen- und Marktkenntnis,
- höchste Qualitätsstandards in der Entwicklung, Fertigung und Endabnahme,
- erwiesene Leistungs- und Marktführerschaft.

Aus diesen einzelnen Punkten ergibt sich für die Kunden und Partner von *SEW-EURODRIVE* ein spezifisches Bild, das zudem durch die Kongruenz zwischen den Bedürfnissen und Erwartungen der Kunden und der Marke *SEW-EURODRIVE* unterstrichen wird. Der gewünschte Effekt kann jedoch nur dann erreicht werden, wenn sich alle Beteiligten im Klaren darüber sind, wie sich das Unternehmen nach außen darstellen soll. Genau das kann gezielt gesteuert werden – und muss auch immer zielgerichtet navigiert werden, um zu vermeiden, dass das Image des Unternehmens durch äußere Einflüsse bestimmt wird, die eine unkontrollierbare Eigendynamik entwickeln können. Solchen Entwicklungen im Nachhinein entgegenwirken zu müssen, ist immer zeit- und kostenintensiv, zumal in keinem Fall gesichert ist, dass sich eine fremdbestimmte Image-Wahrnehmung überhaupt noch im eigenen Sinne korrigieren lässt. Bei *SEW-EURODRIVE* hat man im Sinne einer **identitätsorientierten Markenführung** konsequent die Selbstwahrnehmung definiert und daraus ebenso konsequent das gewünschte, nach außen zu kommunizierende Image aufgebaut (allg. Burmann et al. 2015). Demzufolge gibt sich die Marke *SEW-EURODRIVE*:

- souverän und selbstbewusst, aber nicht arrogant,
- professionell, kompetent und sachlich, aber nicht trocken, humorlos und bürokratisch,
- seriös, zuverlässig und zuhörend, aber nicht langweilig oder als „graue Maus",
- als Global Player, der konsequent die internationalen Märkte anstrebt, aber dennoch eine lokale Verbundenheit demonstriert,
- intelligent, innovativ und Trends setzend, aber nicht belehrend,
- modern und zukunftsorientiert, aber nicht modernistisch und abgehoben.

Langfristig ist es das erklärte Ziel der Markenentwicklung und der späteren Markenführung, das Image der Marke nachhaltig zu prägen und aufrechtzuerhalten. Hier darf **keine Schere** zwischen **Selbstwahrnehmung (Identität)** und **Fremdwahrnehmung (Image)** entstehen. Aus diesem Grund ist es von entscheidender Bedeutung zu berücksichtigen, dass ein **Markenbildungsprozess niemals vollständig abgeschlossen** ist und dass hinter jeder erfolgreichen Marke eine kontinuierliche und konsequente Weiterentwicklung steht.

3.3 Erfolgsfaktoren und Optionen für globale Sollprozesse im Ländermarketing

Hinter der Marke *SEW-EURODRIVE* steht ein klares Versprechen gegenüber dem Kunden (Brand Promise). Wenn das Unternehmen argumentiert: „Wir können das!", dann bedeutet dies immer zugleich „Wir machen das auch!" – und auf diese Kernaussagen der Marke *SEW-EURODRIVE* müssen sich die Kunden auf der ganzen Welt zu jeder Zeit und an jedem Ort verlassen können. Aus diesem Grund hat *SEW-EURODRIVE* einen **Markenkern** fixiert, der in Form drei einfacher Schlagworte unmittelbar mit dem Unternehmen *SEW-EURODRIVE* assoziiert werden muss (Brand Essence): „Antriebstechnik", „Technologieführer" und „Problemlöser". Setzt sich ein Konstrukteur an einem Ort irgendwo auf der Welt mit einer Antriebsfrage auseinander, dann soll er sofort und ausschließlich an *SEW-EURODRIVE* denken müssen und ein Bild vor Augen haben, welches ihm suggeriert, dass er mit *SEW-EURODRIVE* immer die für ihn richtige Antwort auf alle seine Fragen erwarten kann.

An dieser Stelle ist ein Blick darauf zu werfen, was die Marke *SEW-EURODRIVE* auf globaler Ebene auszeichnet. Der internationale Erfolg des Unternehmens liegt darin begründet, dass das Branding von Beginn an nicht nur auf einen lokalen Markt ausgelegt war, sondern so vollzogen wurde, dass es auf alle Märkte der Welt übertragen werden kann. Hierzu ist es notwendig zu wissen, dass sich die Marke *SEW-EURODRIVE* an Zielgruppen richtet, die ebenfalls international denken und handeln. Für diese Zielgruppe zählen Effektivität, Verfügbarkeit und der Preis. Wenn eine anerkannte Weltmarke wie *SEW-EURODRIVE* diese Zielgruppe erreichen will, dann gelingt dies nur durch konsequente Marktpräsenz, eine gleichbleibend gute Kommunikation auf höchstem internationalen Niveau und ständigen Dialog, der grundsätzlich und permanent von einem Markenanbieter ausgehen muss.

Darauf gründet auch gleichzeitig die Markenvision von *SEW-EURODRIVE* (Brand Vision). Diese Markenvision ist der Dreh- und Angelpunkt jeder auf Langfristigkeit und Kontinuität ausgerichteten Markenentwicklung und Markenführung. Sie definiert das, was der Kunde von einer starken Marke – speziell auf dem Investitionsgütersektor – erwartet. Nur wer in der Lage ist, eine solche Markenvision klar zu formulieren und sie als zentralen Bestandteil des Unternehmensziels zu betrachten, wird mit seinem Branding Erfolg haben. *SEW-EURODRIVE* hat dies getan und diesbezüglich eine Aussage auf den Weg gebracht, die mit wenigen Worten deutlich macht, was der Kunde von einer leistungsfähigen B-to-B-Marke auch in Zukunft und mit dem Anspruch auf maximale Kontinuität erwarten kann:

„Egal welche Anforderungen in Zukunft auf dem Gebiet der Antriebstechnik gestellt werden – *SEW-EURODRIVE* liefert die Lösung!"

3.4   Markengestaltung über Corporate Design

Im Folgenden soll der Fokus darauf gerichtet werden, wie eine Marke rein handwerklich zu gestalten ist, wie sie innerhalb und außerhalb eines Unternehmens zu kommunizieren ist und welche Rahmenbedingungen für eine nachhaltige und erfolgreiche Markenkommunikation erfüllt sein müssen.

Grundlagen einer erfolgreichen Markenkommunikation

Wer sich den Grundlagen der Markenkommunikation annähern will, der sollte sich zunächst einmal das klassische Beispiel für Antikommunikation vor Augen halten: „Wir haben ein tolles Produkt – aber wir sagen es niemandem." Diese Aussage ist weit weniger ironisch gemeint, als es den Anschein hat, denn genauso agieren viele Unternehmen, besonders im B-to-B-Bereich. Daraus folgt für *SEW-EURODRIVE*: Erfolgreiche Markenkommunikation beginnt mit der Aussage – „Wir haben ein Spitzenprodukt und wir erzählen es jedem!"

Von zentraler Bedeutung ist die **richtige Zielgruppendefinition**. Die erste Frage, die sich ein Markenentwickler im Vorfeld des Brandings also stellen muss, ist, wen spreche ich eigentlich an; die zweite Frage ist, wie erreiche ich meine Zielgruppe und die dritte – für diesen Beitrag entscheidende – Frage ist, wie bleibe ich bei meinen Zielgruppen nachhaltig präsent und wie gelingt es, die Markenbotschaft nachhaltig zu positionieren. Die Basis zur Beantwortung dieser Fragen findet sich immer zuerst im Unternehmen selbst. Der Kunde verlangt nach Lösungen, die auch verfügbar sind. Marketing, Entwicklung, Fertigung und Vertrieb müssen folglich darauf hinarbeiten. Das bedarf keiner hellseherischen Fähigkeiten, sondern lediglich eines geschärften Blickes und des Mutes zu Forschung und Entwicklung. Und genau hier liegt der Unterschied zwischen einem erfolgreichen und einem weniger erfolgreichen Anbieter.

Zu diesem Zweck steht eine beinahe unüberschaubare Zahl an Kommunikationsformen, Kommunikationsmaßnahmen, Kommunikationsmitteln und Kommunikationswegen zur Verfügung (zum Überblick Baaken et al. 2012; Fuchs 2003). Diese gilt es, vernünftig und auf der Grundlage von Informationen über die entsprechende Zielgruppe auszuwählen und mit den richtigen Kommunikationsinhalten zu füllen. Es ist noch gar nicht so lange her, da reichte in vielen Unternehmen eine begrenzte Zahl von Außendienstmitarbeitern, der Auftritt auf einer großen Industriemesse und ein mittelmäßiger Katalog aus, um einen erfolgreichen Investitionsgütervertrieb zu ermöglichen.

Heute ist es mit solchen klassischen Vertriebsmethoden nicht mehr getan. Wer im aktuellen Marktumfeld eine überzeugende, markenbasierte Vertriebsstrategie anstrebt, der muss sich konsequent moderner Customer-Relationship-Management-Instrumente bedienen, die ihm zur Verfügung stehenden Kundendaten gezielt nutzen und für eine effektive Verknüpfung dieser Daten sorgen. Auf diese Weise lassen sich Bedürfnisse, Anforderungen und individuelle Kundenprofile zu einem Gesamtbild zusammensetzen, dass den Vertriebsmitarbeitern bereits im Vorfeld die Erarbeitung eines kundenspezifischen Beratungs-, Dienstleistungs- und Produktpaketes erlaubt. Speziell dem Customer-Relationship-Management – kurz CRM – kommt in diesem Kontext eine tragende Rolle zu. Dieses muss im Rahmen der Gesamtmarkenstrategie so konzipiert sein, dass es in enger Zusammenarbeit mit dem Marketing exakt die Marketingziele abbildet, sich optimal in die entsprechende Ausrichtung einfügt und zu einem Markenkommunikationsmix führt, der maßgeschneidert auf die Bedürfnisse des Kunden ausgerichtet ist. Bei *SEW-EURODRIVE* wurde im Rahmen der B-to-B-Markenkommunikation ein CRM-System implementiert, dass all diese wesentlichen Faktoren optimal miteinander vereint. Die daraus resultierenden Prozesse basieren auf einem konsequenten und markenspezifischen Konzept, mit dem den Vertriebsmitarbeitern optimale Rahmenbedingungen für ihre jeweiligen Aufgaben gegeben wurden. Entsprechend erfolgreich gestaltet sich diese durchdachte Strategie auch in der Praxis. Klare Aufgabenstellungen, signifikant weniger Reibungsverluste und – vor allem – eine hochgradig positive Resonanz auf Kundenseite. Dabei ist diese Strategie so ausgelegt, dass sie auch international umgesetzt werden kann. Diese Variabilität innerhalb des weltweiten Marketings ist insbesondere für einen Global Player von entscheidender Bedeutung. Hier zeigt sich, wie die ebenfalls variabel und marktspezifisch adaptierbare Markenkommunikationsstrategie sich auf wesentliche Unternehmensprozesse positiv auswirkt.

Bei *SEW-EURODRIVE* ist man bewusst einen anderen Weg gegangen und hat konsequent auf eine durchdachte Marktkommunikation gesetzt. Wenn wir an dieser Stelle über **integrierte Kommunikation** reden, dann ist es sinnvoll, einmal zu schauen, was sich dahinter bei *SEW-EURODRIVE* verbirgt. Integrierte Kommunikation ist in diesem Unternehmen nicht nur einfach die Summe verschiedener Maßnahmen, sondern ein komplexes Gebilde aufeinander abgestimmter Vorgehensweisen (z. B. Bruhn 2009). Das gilt für den Umgang mit den klassischen Printmedien ebenso wie für die Nutzung multimedialer Konzepte oder innovativer Dialogmedien. Mit der *DriveAcademy* steht *SEW-EURODRIVE* ein solch dialogisches Kommunikationsmedium zur Verfügung, mit dem das Unternehmen ganz nah an seinen Kunden ist. Hierbei geht es nicht nur um Fort- und Weiterbildung der eigenen Mitarbeiter und Kunden, sondern zusätzlich um die Imagebildung und die Markenprägung. Über diese Formen der integrierten Kommunikation landet man immer wieder bei der Marke *SEW-EURODRIVE*. Das gesamte Räderwerk der weltweiten Kommunikationsmaßnahmen zielt darauf ab, das Gesamterscheinungsbild des Unternehmens positiv zu prägen.

Corporate Identity und Corporate Design

An dieser Stelle gilt es, sich mit der praktischen Umsetzung, sprich dem Erscheinungsbild, den gestalterischen Richtlinien und den daraus resultierenden Effekten auseinandersetzen. Dreh- und Angelpunkt des Markenauftrittes ist die Corporate Identity des Unternehmens *SEW-EURODRIVE*. Es würde hier zu weit führen, alle Facetten der Corporate Identity von *SEW-EURODRIVE* zu behandeln. Aus diesem Grund erfolgt eine Beschränkung auf das Corporate Design, da es die wesentlichen Aspekte der visuellen Identität der Marke *SEW-EURODRIVE* darstellt.

Hierzu hat *SEW-EURODRIVE* Anfang 2000 ein durchdachtes und leistungsoptimiertes Corporate-Design-System entwickelt und dies in den Jahren 2005 und 2006 inhaltlich stringent so lange weiterentwickelt, bis es in allen Bereichen den gewünschten Anspruch auf Allgemeingültigkeit erreicht hat. Dieses System deckt alle Komponenten der visuellen und inhaltlichen Selbstdarstellung ab. Ein solches Vorgehen war erforderlich, weil sich die Bandbreite der Kommunikationsmaßnahmen kontinuierlich erweitert hat und durch den Einsatz in der Praxis immer wieder neue Fragestellungen und Unsicherheiten aufgetreten sind.

Um allen Mitarbeitern des Unternehmens rund um den Globus ein verbindliches und praxistaugliches Marketinginstrument an die Hand zu geben, ist aus diesem **Corporate Design Guide** ein siebenbändiges Werk geworden, mit dessen Hilfe sich jeder Anwender orientieren kann und das praktisch keine Fragen offen lässt. Die vergleichsweise hohe Investition dafür zahlt sich in jeder Beziehung aus, weil im Tagesgeschäft und im Umgang mit dem gewünschten Erscheinungsbild weniger Fehler gemacht werden, zeitintensive Rückfragen und Bestätigungsaktionen reduziert werden konnten und kaum noch Kommunikationsmittel wegen offensichtlicher Mängel im Corporate Design zurückgezogen werden müssen. Auf den Punkt gebracht: Wer durch ein detailliert erarbeitetes Corporate Design einen Beitrag zur Reduzierung von Kundenunsicherheiten leisten will, der muss zuerst einmal die Unsicherheiten im eigenen Unternehmen wirkungsvoll ausräumen. Die Corporate-Design-Richtlinien von *SEW-EURODRIVE* gliedern sich in folgende Bereiche:

- Band I: Grundlagen/Basics
- Band II: Drucksachen/Print
- Band III: Geschäftsausstattung und Werbemittel
- Band IV: Multimedia
- Band V: Messen
- Band VI: Sprache/Wording
- Band VII: Bilder, Bildsprache, Fotografie
- Band VIII: Internet und soziale Medien

Darüber hinaus existieren spezielle Guidelines für die *DriveAcademy* und andere klar definierte Anwendungen, z. B. Lehrvideos zu kommunikationsspezifischen Themen.

Unverzichtbare Basics im Corporate Design

Die Signale, die *SEW-EURODRIVE* aussendet, manifestieren sich auf der ersten Stufe in dem weltweit verwendeten **Claim**. Mit „Driving the world" bringt das Unternehmen klar zum Ausdruck, welchen Anspruch die Marke *SEW-EURODRIVE* inhaltlich nach innen und nach außen vertritt. Dass dieser Claim in Englisch ausgearbeitet wurde, hat viele gute Gründe. Zunächst muss er immer und überall verstanden werden. Weiterhin ist die Zielgruppe von *SEW-EURODRIVE* durchgängig international aufgestellt. Schließlich wird vermieden, dass es im Marketing auf den unterschiedlichsten Regionalmärkten zu mehr oder weniger abenteuerlichen Übersetzungsversuchen kommt.

Auf der zweiten Stufe findet sich die **Corporate Colour** von *SEW-EURODRIVE*, ein intensives, warmes Rot. Rot ist hier als die Farbe der Leidenschaft gedacht, die der Motor für das Handeln des Unternehmens ist. Darüber hinaus ist Rot die Signalfarbe schlechthin und setzt jederzeit unübersehbare Impulse. Neben der reinen Farbpsychologie waren es natürlich auch ganz praktische Erwägungen, die zu dieser Corporate Colour geführt haben. Rot als Farbe des Unternehmens war seit vielen Jahrzehnten in der Kommunikation von *SEW-EURODRIVE* eingeführt und bei den Kunden als unverwechselbares Erkennungsmerkmal präsent. Da es jedoch nicht immer möglich ist, die Corporate Colour Rot in der Praxis auch einzusetzen, war es erforderlich, auch Varianten in Grau und Schwarz zu entwickeln. Diese kommen jedoch nur dann zum Einsatz, wenn es keine kostenneutralen Alternativen gibt, z. B. bei Kartonagen oder in bestimmten Medien, die nur auf Schwarz/Weiß-Umsetzungen ausgelegt sind. Aber grundsätzlich gilt bei *SEW-EU-RODRIVE*: „Wenn eine Farbe in der Kommunikation – gleich ob intern oder extern – Verwendung findet, dann ist das die Corporate Colour, die in ihren Farbwerten exakt definiert ist und nicht variiert."

Das dritte Essential ist das **Logo** von *SEW-EURODRIVE*. Im Wesentlichen seit vielen Jahren unverändert und nur in wenigen Ausnahmefällen als Variante verwendbar, ist dieses Logo das zentrale Markenzeichen. Es ist international, besitzt einen hohen Wiedererkennungswert und findet sich auf jeder Kommunikationsmaßnahme des Unternehmens. Das Gesamtdesign ist gewollt puristisch, formstreng, geordnet und klar. Die daraus resultierende Anmutung ist hochwertig und einheitlich.

Hinter diesen zentralen Gestaltungselementen verbirgt sich weit mehr als reine Ästhetik und Kommunikationspsychologie. In ihnen manifestiert sich ein großer Teil der Markenphilosophie von *SEW-EURODRIVE*, die sich in allen medialen Kommunikationsmaßnahmen wiederfindet. Auch dort dominieren Klarheit und Reduktion auf das Wesentliche. Dies kommt im Wording, in der Bildsprache und dem Design von Broschüren, Anzeigen und vielem mehr zum Ausdruck. Auch in diesem Kontext liegt der Fokus eindeutig auf den Inhalten, den Fakten und letztendlich dem Kundennutzen (vgl. Abb. 2).

Konsequenterweise finden sich die stringenten Gestaltungsmerkmale von *SEW-EURODRIVE* auch in der Architektur, der optischen Gestaltung der Gebäude (vgl. Abb. 3) und der Gestaltung der Messeauftritte wieder (vgl. Abb. 4). Es ist das erklärte Ziel von *SEW-EURODRIVE*, dass der Kunde in jeder Situation und an jedem Ort der Welt auf den ersten Blick erkennt: „Das ist *SEW-EURODRIVE*".

Um jedoch aus vielen einzelnen Corporate-Design-Bausteinen eine harmonische Gesamtheit zu entwickeln und diese auch konsequent umzusetzen, ist großer Aufwand und vor allem ein **konsequentes Controlling** notwendig. Hierbei werden im Rahmen zyklischer Kundenzufriedenheitsanalysen (durchgeführt durch das strategische Marketing) und

Abb. 2 Exemplarische mediale Marktkommunikation von *SEW-EURODRIVE*

Abb. 3 Exemplarische Gebäudearchitektur von *SEW-EURODRIVE*

Abb. 4 Exemplarische Messestandarchitektur von *SEW-EURODRIVE 2016*

stichpunktartiger Umfragen die Bekanntheit der Marke und deren Attraktivität für die Kunden auf der Grundlage belastbarer Daten gemessen. Das gilt sowohl bei der Entwicklung von neuen Kommunikationsmitteln als auch im gesamten Markenführungsprozess. Aus diesem Grund laufen bei *SEW-EURODRIVE* alle Fäden, wenn es um das Corporate Design geht, an einem Ort zusammen. Es ist die Aufgabe der „**Hüter" des Corporate Designs** sicherzustellen, dass nichts dem Zufall überlassen wird und alle Maßnahmen so umgesetzt werden, wie es für die Führung einer weltweiten Marke sinnvoll und notwendig ist. Das **Prinzip der zentralen Markenführung** – und daraus folgend – der zentralen Überwachung des Corporate Designs mag zunächst autoritär klingen, ist bei einem Global Player mit Niederlassungen und Produktionsstätten auf fünf Kontinenten jedoch nicht anders umsetzbar. Dieses von *SEW-EURODRIVE* praktizierte Vorgehen ist durchaus mit dem Bau einer gotischen Kathedrale vergleichbar. Auch diese architektonischen Meisterwerke des Hochmittelalters wurden von oben geplant und von unten gebaut. Verantwortlich dafür war stets nur ein Baumeister. Das Ergebnis war immer ein ganz eigenständiges Bauwerk, das durch sein ganz individuelles Erscheinungsbild geprägt war. Das Corporate Design ist in seinen Grundzügen nicht sehr viel anders angelegt. Es repräsentiert die Unverwechselbarkeit, es untermauert die Markenphilosophie und es steht stellvertretend für die **Added Values** einer modernen Marke. Mit seinem ganz besonderen Corporate Design visualisiert *SEW-EURODRIVE* nicht nur das Unternehmen, sondern gibt dem Versprechen, das hinter der Marke steht, ein Gesicht. Ohne dieses markante Gesicht wäre selbst ein Markt- und Technologieführer wie *SEW-EURODRIVE* nur ein Anbieter unter vielen, der schnell in Austauschbarkeit und Beliebigkeit versinken würde. Das hätte fatale Folgen für das Unternehmen selbst, aber auch für seine Kunden, die auf die unübersehbaren Vorteile einer weltweit anerkannten Marke bauen.

Interne Verankerung und Steuerung in den internationalen Organisationen

Wer eine Marke fest in den Köpfen seiner Kunden und Partner etablieren will, der muss in einem ersten Schritt dafür sorgen, dass die Marke bei all seinen **Mitarbeitern dauerhaft präsent** ist. Im Rahmen der Corporate Identity eines Unternehmens muss eine Marke nicht nur kommuniziert werden, vielmehr ist es unerlässlich, sie mit all ihren Inhalten auch intern zu leben (Tomczak et al. 2012; Baumgarth 2010; Schmidt 2007). Das mag für manch einen etwas hochgestochen erscheinen, ist jedoch in der praktischen Umsetzung unverzichtbar. Jeder einzelne Mitarbeiter muss sich voll und ganz darüber im Klaren sein, welchen hohen Anspruch das Unternehmen mit seiner Marke verfolgt, welche Ziele damit ins Auge gefasst werden und welchen Einfluss eine Marke auf die gesamte Unternehmenskultur hat. Insbesondere für Global Player, die – wie *SEW-EURODRIVE* – mit ihrer Markenstrategie weltweit Akzente setzen, ist es ein absolutes Muss, konsequent und vor allem auch permanent auf seine Mitarbeiter positiv einzuwirken, um die Markenphilosophie mit allen daraus resultierenden Effekten fest zu verankern. Dazu ist es definitiv nicht ausreichend, ein Rundschreiben zu versenden und zu glauben, jetzt sei die Markenstrategie bei allen angekommen und werde von nun an vorbehaltlos umgesetzt. Die Führung einer internationalen B-to-B-Marke ist vielmehr ein ausgesprochen komplexer Gesamtprozess, der immer wieder auch intern kommuniziert werden muss. Aus diesem Grund hat man bei *SEW-EURODRIVE* gleich eine ganze Reihe von Maßnahmen initiiert. Neben regelmäßigen Seminaren für Führungskräfte, in denen die neuesten Entwicklungen in Sachen Marke thematisiert werden, kommt dem Markenhandbuch eine besondere Rolle zu. Das Markenhandbuch, nicht zu verwechseln mit dem CD-Guide, gehört zur Grundausstattung an jedem einzelnen Arbeitsplatz. Es liegt jedem einzelnen der über 16.000 Mitarbeiter (Stand März 2016) vor, ist in elf Sprachen jederzeit verfügbar und stellt eine echte Konstante im gesamten Unternehmen dar. Dabei ist es notwendig, auch einen kritischen Diskurs innerhalb des Unternehmens zu führen, Überzeugungsarbeit zu leisten und die Mitarbeiter über alle Ebenen hinweg in diesen Dialog einzubeziehen. Solche Vorgänge benötigen Zeit und sind nicht über Nacht zu erreichen. Vielmehr ist in Bezug auf die interne Markenkommunikation ein hohes Maß an Sensibilität gefragt, das mit einem weitreichenden Maßnahmenpaket gekoppelt werden muss. Zu diesen Maßnahmen gehören optimal vorbereitete Seminare und Schulungen ebenso wie detailliert ausgearbeitete Informationsmaterialien. Koordiniert werden alle internen Kommunikationsmaßnahmen durch einen zentralen Mitarbeiterstab, der die Aufgabe hat, Fragen zu beantworten, Unsicherheiten zu minimieren und generell als Ansprechpartner zu fungieren.

SEW-EURODRIVE ist es gelungen, diese Maßnahmen zur internen Markenkommunikation über einen längeren Zeitraum erfolgreich durchzuführen. Das Resultat dieses, vielfach auch mit Schwierigkeiten behafteten, Prozesses ist eine gemeinsame Richtung, die von allen Mitarbeitern vorbehaltlos mitgetragen wird. Auf diese Weise ist man bei *SEW-EURODRIVE* jetzt in der Lage, eine Markenphilosophie auch nach außen zu kommunizieren, die auf einem festen internen Fundament beruht.

Der Wert einer leistungsfähigen B-to-B-Marke wird bestimmt durch eine Vielzahl von Faktoren. Produktqualität, Innovationskraft und messbarer Zusatznutzen allein machen die Marke noch nicht aus. Vielmehr muss die Markenbotschaft, wenn sie formuliert ist, für den Kunden aufbereitet werden. Dies ist die Aufgabe der Kommunikation. Das Corporate Design der Marke kann seine Leistungsfähigkeit nur dann unter Beweis stellen, wenn es von allen Abteilungen, Auslandsvertretungen und Tochtergesellschaften einheitlich angewendet wird und so ein einheitliches Markenbild entsteht. Mit diesen fest umrissenen Vorgaben ist es *SEW-EURODRIVE* gelungen, ein Höchstmaß an **Verbindlichkeit** und **Anwendungssicherheit** zu erreichen. Das gilt nicht nur für die Mitarbeiter der Marketingabteilungen, sondern spiegelt sich im gesamten Unternehmen wider. Insbesondere wenn es um Bereiche geht, die bislang nicht in erster Linie mit der Marktkommunikation zu tun hatten, konnte oftmals eine ausgeprägte Individualität, z. B. in der Gestaltung von Powerpoint-Präsentationen und internen Unterlagen, beobachtet werden, die nunmehr durch verbindliche Richtlinien Corporate-Design-konform korrigiert wurde. Dabei ist es nicht die Aufgabe des Corporate-Design-Manuals, alles in rigide Regeln zu fassen, die keine Freiräume mehr zulassen. Vielmehr ist es das erklärte Ziel, Hilfestellungen zu leisten, die das Tagesgeschäft erleichtern, Zeit einsparen und ein hohes Maß an Anwendungssicherheit generieren. Auf diese Weise zahlen sich die Investitionskosten für ein solch aufwendiges Nachschlagewerk rasch aus, zumal auch externe Dienstleister, wie Agenturen, Medienunternehmen und Messebauer davon profitieren. Die Reduzierung interner Anwendungsunsicherheiten im Umgang mit der Markenphilosophie, dem Corporate Design und letztendlich mit der eigenen Corporate Identity führt konsequenterweise auch dazu, dass die Kommunikation nach außen an Qualität gewinnt.

3.5   Employer Branding

Wenn wir den Begriff Marke hören, dann entsteht vor dem geistigen Auge ein – mehr oder weniger deutlich definiertes Bild von gegenständlichen Produkten und Dienstleistungen. Das gilt sowohl für den B-to-C-Bereich, als auch für das breite Feld des B-to-B-Sektors. Eine Marke leistet jedoch noch weitaus mehr. Sie schafft ein Image, dessen Auswirkungen sich auf die Gesamtheit der Marke und des Unternehmens beziehen. Ein entscheidender Bereich in diesem gesamtheitlichen Komplex ist die Wahrnehmung der Stakeholder bezüglich des Markenwertes eines Unternehmens als Arbeitgeber. Eine Kernaufgabe des ganzheitlichen Corporate-Gedankens ist es, die spezifische Wahrnehmung einer Marke so konkret zu steuern, dass ein Unternehmen nicht nur als Markenanbieter für z. B. Investitionsgüter auftritt, sondern sich auch gleichzeitig als **Markenarbeitgeber** präsentiert. Dies ist insofern von entscheidender Bedeutung, wenn es um ein Industrieunternehmen geht, dessen wirtschaftlicher Erfolg auf Manpower, Innovationskraft und besonders hochwertigen Lösungen basiert. Hier muss die Marke insbesondere auf der Ebene eines nachhaltigen und zielorientierten Mitarbeiter-Recruitings greifen, um langfristig die Leistungsfähigkeit sicher zu stellen und somit konkret auch die Markenkerne auf Produkt- und Dienstleistungsebene zu bewahren. Anders formuliert: Eine Marke, die als besonders hochwertig interpretiert wird, muss von leistungsfähigen, leistungsbereiten und hochgradig mit dem Unternehmen assoziierten Mitarbeitern am Leben gehalten werden.

Diese Mitarbeiter zu gewinnen – und langfristig an den Markenanbieter zu binden – ist Aufgabe des Personalreferates. Und genau an dieser Stelle setzt auch die Entwicklung einer nachhaltig leistungsfähigen Arbeitgebermarke an. Die Arbeitgebermarke – oder auch Employer Brand – ist dabei nichts anderes als die konsequente Weiterführung des Corporate-Gedankens. Entsprechend ähnlich verhalten sich auch die zum Brand Building einer Arbeitgebermarke notwendigen Mechanismen, Kriterien und Zielsetzungen. Erfahrungsgemäß reicht es dabei nicht, sich selbst zu einer Marke zu erklären, sondern es muss in detaillierten Schritten ausgearbeitet werden, wie die Arbeitgebermarke aufgebaut sein soll, welche Inhalte transportiert werden müssen und wie sie wahrgenommen werden soll. Speziell für den Bereich des Employer Branding gilt, dass es sinnvoll ist, hierfür geeignete Dienstleister aus der Kommunikationsbranche mit ins Boot zu holen, da in der Regel eine Schere zwischen Selbstwahrnehmung und Fremdwahrnehmung zu beobachten ist. Diese Differenzen basieren darauf, dass Unternehmen dazu neigen sich selbst positiver wahrzunehmen, als sie von außen gesehen werden. Mit der kritischen Distanz eines externen Fachspezialisten werden diese Faktoren weitgehend eliminiert und es kann im Rahmen einer gezielten Evaluierung ein neutraler Ist-Zustand dargestellt werden. Auf dieser Grundlage – und den damit verbundenen Erkenntnissen – entsteht auch eine Definition, wie das Unternehmen selbst seine Arbeitgebermarke definiert, mit Inhalt gefüllt und umgesetzt sehen will. Das sind komplexe Vorgänge, die auch mit entsprechenden Organisations- und Veränderungsprozessen im Unternehmen selbst verbunden sind und konsequent umgesetzt werden müssen. Ein solcher Vorgang ist demzufolge auch immer ein Eingriff in bestehende Strukturen und bedarf guter Planung unter Hinzuziehung aller Entscheidungsträger.

Betrachtet man die Arbeitgebermarke *SEW-EURODRIVE* näher, dann wird sofort deutlich, wo die Gemeinsamkeiten zwischen der klassischen Markenbildung und der Entwicklung eines nachhaltigen Employer Brands liegen. Für die B-to-B-Marke *SEW-EURODRIVE* wurde ein signifikanter Markenkern definiert, der die Punkte **Antriebstechnologie, Innovationsführer** und **Problemlöser** beinhaltet und konsequent transportiert. Der Markenkern der Arbeitgebermarke ist ähnlich aufgebaut. Auch er kommuniziert den Primär- und Zusatznutzen der Marken, formuliert gleichzeitig ein Versprechen und zeichnet sich durch die für eine Marke unverzichtbare Kontinuität und Verlässlichkeit aus. Dabei ist der Markenkern der Arbeitgebermarke *SEW-EURODRIVE* wie folgt definiert: *SEW-EURODRIVE* ist ein herausragender Arbeitgeber für Ingenieure und technikaffine Fachspezialisten. Dabei gilt es zu berücksichtigen, dass es quasi für jede Zielgruppe ganz eigene Detail- und Schwerpunkte gibt, die die Nutzenebene auf der Recruitingseite eindeutig definieren.

Analog zu den Maßnahmen und Strategien der B-to-B-Markt- und Markenkommunikation, sind auch die entsprechenden Kommunikationsformen gestaltet (vgl. Abb. 5).

Abb. 5 Exemplarische Arbeitgebermarkenkommunikation von *SEW-EURODRIVE*

Insbesondere bezüglich des Corporate-Gedankens wird großer Wert auf weltweit einheitliche Darstellung, Wording und Formulierung des Markenkerns gelegt. Speziell hier zeigt sich wieder, dass eine komplett zu Ende gedachte Corporate-Identity solche spezifischen Adaptionen problemlos zulässt. Einerseits gibt sie deutlich definierte Orientierungspunkte, andererseits erlaubt sie Variationen, wie sie für den Bereich des modernen Personalmanagements notwendig, sinnvoll und typisch sind. Bei *SEW-EURODRIVE* gehen somit Dachmarke und Arbeitgebermarke eine Symbiose miteinander ein, die Synergien bietet und gleichzeitig die Marke aufwertet. So werden künstlich wirkende Konstrukte verhindert, wie sie – speziell, wenn es um Personalthemen geht – in vielen anderen Unternehmen zu beobachten sind.

3.6   Digitale Markenkommunikationsstrategie

Eine moderne Markenkommunikation – speziell auf dem sensiblen B-to-B-Sektor, so wie sie von *SEW-EURODRIVE* konsequent umgesetzt wird – muss alle Kommunikationsformen und Kommunikationsmöglichkeiten abbilden. Beschränkungen und Selektion auf einzelne Formen und Maßnahmenbereiche sind kontraproduktiv. Eine besondere Rolle in diesem Kontext nehmen die elektronischen Medien, Social-Media-Plattformen und die daraus resultierenden dialogischen Optionen ein. Vor diesem Hintergrund ist es logisch, diese Optionen auch in der Markenführung zu nutzen und konsequent in die Markenkommunikation mit einzubinden. Hierbei muss jedoch klar zwischen einzelnen Medien und Kommunikationsplattformen differenziert werden bzw. es muss ihre Aufgabe im Rahmen der Gesamtmarkenkommunikation klar definiert werden.

Von zentraler Bedeutung ist im Kontext der elektronischen B-to-B-Markenkommunikation der Internetauftritt des jeweiligen Unternehmens. Diese sogenannte Homepage ist der Dreh- und Angelpunkt einer Vielzahl von Informations- und Funktionsoptionen. Entsprechend sorgsam muss sie aufgebaut sein und entsprechend konsequent muss dabei der Corporate-Gedanke mit allen seinen einzelnen Elementen umgesetzt werden. Wenig zielführend ist es, wenn versucht wird, das Corporate Design der entsprechenden Marke einfach aus dem Printbereich zu übernehmen und quasi eins zu eins zu übertragen. Sehr viel sinnvoller und konsequenter ist eine auf das entsprechende Medium zugeschnittene Adaption unter Berücksichtigung der spezifischen Eigenheiten elektronischer Medien. Hierzu gehören unter anderem folgende Faktoren:

- Anpassung des Wordings und des Satzbaus an die nutzerspezifischen Anforderungen,
- konsequente Einbindung onlinespezifischer technischer Möglichkeiten, wie z. B. Verlinkungen, Mouse-Over-Funktionen und Darstellungsmöglichkeiten,
- intelligente Vernetzung von Informations- und Funktionsebenen,
- nutzerfreundliches Handling und intuitive Bedienung,
- klar strukturierter Aufbau mit einfach zu überschauenden Navigationsmenüs,

- sachlogische Verknüpfung und Zusammenstellung von Inhalten,
- Integration einer leistungsfähigen und intelligenten Suchfunktion.

Ein besonderes Augenmerk liegt neben der technischen Funktionalität auf den Gestaltungselementen. Diese müssen konsequent auf den Corporate-Design-Vorgaben für die Gesamtmarkenkommunikation basieren und dürfen keine wesentlichen Abweichungen beinhalten. Dies wird insofern zu einer Herausforderung für die kreativen Umsetzer, da die Darstellung – und auch Darstellbarkeit – der Inhalte von Endgerät zu Endgerät stark variieren kann, weil unterschiedliche Displaygrößen und Displayformate evident werden. Was hierbei für reine Textpassagen und Bilder weniger problematisch ist, wird bei anderen Inhalten schnell zu einer großen Herausforderung. Bereits in der Frühphase der Gestaltung muss dieser Umstand berücksichtigt werden, wobei es dringend abzuwägen gilt, ob die Darstellungsfunktionen maßgeblich für die Definition des Contents sind – oder auch umgekehrt. Ganz klar im Zentrum aller Überlegungen muss hier der Nutzen für den Adressaten gesehen werden. Nur, wenn der User von der Funktionalität des Angebots überzeugt ist, er einen klar erkennbaren Nutzen erfährt und sich schnell zurechtfindet, wird er auch vom Content überzeugt sein.

Im Klartext bedeutet dies: Ein zentraler, markentechnisch optimal gestalteter Online-Auftritt, wie ihn *SEW-EURODRIVE* umgesetzt hat, muss genau geplant, perfekt konzipiert und auf Corporate-Design-Ebene sicher umgesetzt werden. Schnellschüsse und die „ganz einfachen Lösungen" sind kontraproduktiv und zahlen sich in der Regel für keinen Beteiligten aus. Das ist insbesondere dann von extremer Bedeutung, wenn der Onlineauftritt seinen Schwerpunkt auf der Funktionsebene definiert. Speziell in der B-to-B-Marktkommunikation sind Onlineauftritte so konzipiert, dass sie dem User durch den Zugriff auf zahlreiche Tools, Kommunikationsfunktionen und praktische Hilfsmittel einen markenspezifischen Zusatznutzen bieten. Hierzu gehören Bestellmöglichkeiten, Konfiguratoren, Datenbanken oder auch Servicetools. So ergeben sich zwangsläufig zwei Metaebenen in einem Onlineauftritt. Erstens die rein öffentliche Plattform, auf die alle Nutzer frei zugreifen können, und eine zweite, passwortgeschützte Ebene, für die sich der Nutzer registrieren muss. Um hier ein Maximum an Bedienfreundlichkeit und praktischer Funktionalität zu schaffen, muss diese Schnittstelle deutlich gekennzeichnet werden und über einen Zugangsweg zu öffnen sein. Anders formuliert: Der Nutzer darf keinesfalls durch übermäßig viele Registrierungs- und Zugangsvorgänge frustriert werden. Dies ist ein technischer Aspekt, der auf die Gestaltung wenig Einfluss hat, sich aber auf die Gesamtheit der Markenwahrnehmung sowohl positiv als auch negativ auswirken kann.

Um die positive Wahrnehmung und Kommunikation der Marke geht es auch ganz klar im Rahmen der Nutzung des Gesamtkomplexes Social Media. Plattformen wie *Facebook*, *Twitter*, *WhatsApp* oder auch *YouTube* schaffen Öffentlichkeit und bedienen innerhalb der Markenkommunikationsarchitektur eine sehr breit gefächerte Zielgruppe bzw. Zielgruppen. Aus diesem Grund ist es speziell für Markenanbieter aus dem B-to-C-Bereich unerlässlich, diese Plattformen auch konsequent zu nutzen. Im Umfeld der Investitionsgüter-Markenkommunikation können Social-Media-Aktivitäten ebenfalls zielführend sein, auch wenn diese These unter B-to-B-Markenprofis vielfach kritisch betrachtet wird. Alle Pro- und Kontrapositionen in diesem Kontext hier wiedergeben zu wollen, würde jedoch den Rahmen sprengen und unter dem Strich nicht zu stichhaltigen Resultaten führen. Grundsätzlich spricht nichts gegen eine Nutzung von Social-Media-Plattformen im B-to-B-Bereich, doch sollte man ebenso grundsätzlich keine überhöhten Erwartungen darauf setzen. Als integraler Bestandteil der Online-Markenkommunikation und der Markenführung sind Social-Media-Plattformen ein pars pro toto, das sich primär an Sekundärzielgruppen richtet und das breite Feld der Stakeholder-Kommunikation bedient. Von besonderer Bedeutung sind die Social-Media-Auftritte dann, wenn sie ab einer gewissen Abonnentengröße als Kommunikationswege der User untereinander dienen. Das kann sowohl positive als auch negative Effekte haben, da Administratoren z. B. keinerlei Einfluss auf die interne Kommunikation auf PN-Ebene haben und lediglich auf Userposts zugreifen können.

Für die Markenkommunikation, ihr Content Management und die Gestaltung gelten die gleichen Regeln, wie für andere Kommunikationskanäle auch. Die Unverwechselbarkeit des Erscheinungsbildes, der konsequente Transport der Markenbotschaft und die eindeutige Positionierung gegenüber den Wettbewerbern darf nicht aufgrund technischer Vorgaben verwässert werden. Somit gilt es die gleichen Herausforderungen zu bewältigen, wie in allen anderen Bereichen der Onlinepräsenz einer belastbaren Marke. Die Adaption des bestehenden Markenauftritts auf „Social-Media-Format" ist nicht ausreichend. Vielmehr ist es zwingend erforderlich, sich mit den besonderen Eigenheiten der jeweiligen Plattform auseinanderzusetzen, die kommunikationstechnischen Optionen zu erkennen und sowohl das Corporate Design als auch den Content entsprechend darauf abzustimmen. Besondere Sorgfalt muss auf die konsequente Pflege der Inhalte und auf die Kontrolle der Userposts gelegt werden, um keinen Wildwuchs oder gar kontraproduktive Effekte durch „gekaperte" Posts zu erzielen. Besonders auf Content-Ebene ist es darüber hinaus wichtig, eine sorgfältige Selektion der Inhalte vorzunehmen. Jedes Unternehmen muss sich darüber bewusst sein, dass die User von Social-Media-Plattformen die Option haben, Inhalte quasi unbegrenzt zu teilen und herunterzuladen. So können Beiträge sehr schnell eine Eigendynamik in der Verbreitung entwickeln, die sich weder effektiv kontrollieren noch verhindern lässt. Auch hier kommt wieder der Gedanke des aktiven Content Managements zum Tragen.

Ein entscheidender Vorteil von Social-Media-Plattformen im Rahmen sowohl der B-to-B- als auch der B-to-C-Markenkommunikation liegt in der Möglichkeit, eine Basis zur Vernetzung von Inhalten und Kommunikationsmaßnahmen anzulegen. Durch ihren relativ einfachen und überschaubaren Aufbau sind Social-Media-Plattformen optimal als Basis für Verlinkungen und mehr oder minder komplexe Vernetzungen geeignet. Das eröffnet dem Nutzer eine Vielzahl praktischer Optionen und wir finden uns schnell auf der Ebene des aktiven Zusatznutzens einer Marke wieder. Aber auch hier gilt, dass die Inhalte und Verknüpfungen sorgfältig ausgewählt, gepflegt und ergänzt werden müssen. Geschieht dies nicht, so wird aus einem angepriesenen Zusatznutzen ganz schnell ein Ärgernis für den User. Solche „Fails" gilt es auf alle Fälle zu vermeiden.

Zusammenfassend kann gesagt werden: Die Integration von Social-Media-Plattformen in eine B-to-B-Markenkommunikation ist nur dann wirklich sinnvoll, wenn sie vom ersten Schritt an einem durchdachten Konzept folgt. Hierzu gehört die konsequente Nutzung aller gestalterischer Möglichkeiten, die die entsprechende Plattform bietet, ebenso wie die intelligente Adaption des Markenerscheinungsbildes auf diese Optionen. Analog dazu verhält es sich mit den Inhalten. Klare Aussagen, die auf das jeweilige Plattformumfeld zugeschnitten sind, kurze Texte im Corporate Wording und eine permanente Pflege sind die Zauberformeln, um einen Social-Media-Auftritt als ergänzende Maßnahme in den Gesamtmarkenkommunikations-Mix zu implementieren. Stückwerk und ein reiner Auftritt, um des Auftritts willen, verbietet sich, weil eine solche Intention von den Adressaten der Markenbotschaft sehr schnell als „halbe, nicht ernsthaft betriebene Sache" erkannt und interpretiert wird. Bei *SEW-EURODRIVE* war man sich exakt dieser Herausforderungen bewusst und hat entsprechend gehandelt. Klare gestalterische Linienführung und ein durchdachtes Content Management auf ausgewählten Social-Media-Plattformen ergänzen sich optimal und schaffen ein Gesamterscheinungsbild, das unverkennbar alle Merkmale der *SEW-EURODIVE*-Marke trägt.

4 Fazit

Markeninhalte und Markenerscheinungsbild sind untrennbar miteinander verbunden. Das Corporate Design visualisiert und verstärkt den Mehrwert und das Nutzenversprechen für den Kunden. Anders formuliert: So wie die Marke mit allem, wofür sie steht, auftritt, so wird sie auch wahrgenommen. Ein nachlässig ausgearbeitetes Corporate Design, wechselnde Logos oder uneinheitliche Produktbezeichnungen werden von den Kunden als Unsicherheiten interpretiert und genau diese Unsicherheiten wollen B-to-B-Kunden mit ihren hohen Ansprüchen nicht. Die Entscheidung für ein qualitativ hochwertiges Markenprodukt im B-to-B-Bereich ist eine Kopfentscheidung, bei der es immer um „Hardfacts" geht. Diese „Hardfacts" müssen so durch das Corporate Design transportiert werden, dass sie zu jedem Zeitpunkt und unter allen Rahmenbedingungen glaubwürdig sind. Genau dieses hohe Maß an Glaubwürdigkeit einer Marke ist es, das dem Kunden Sicherheit vermittelt. Ergo muss in der Markenphilosophie eines Unternehmens alles so zusammenpassen, dass es zu keinen Ungereimtheiten, Widersprüchen und Fehlern in der Markenkommunikation kommt. Das vergleichsweise hohe Preisniveau anerkannter Markenprodukte darf nicht in einen billig wirkenden Auftritt verpackt werden, weil der Kunde klare Vorstellungen davon hat, was Qualität für ihn bedeutet, und vor allem, wie sich Qualität auch in ihrem Erscheinungsbild darstellt. Wenn es hierbei zu Differenzen und Wahrnehmungsscheren kommt, kann sich das erklärte Ziel, dem Kunden Sicherheit zu vermitteln, ihm Investitionsängste zu nehmen und ihn von dem Mehrwert einer leistungsfähigen Marke zu überzeugen, rasch ins Gegenteil verkehren. Jeder Markenanbieter wird alles dafür tun, dass seine Kommunikation selbst einem maximalen Qualitätsanspruch entspricht, in sich schlüssig ist und auch langfristig auf dem hart umkämpften Investitionsgütermarkt Bestand hat.

Erfahrungsgemäß ist dies nicht zum Nulltarif zu haben. Die Markenkommunikation ist die Aufgabe von Spezialisten, die nur erfolgreich arbeiten können, wenn sie auch mit den notwendigen Mitteln ausgestattet sind. Aber genau diese Investition in die Markenbildung, die Markenführung und die Marktkommunikation wird von vielen B-to-B-Anbietern gescheut. Deshalb ist es nicht verwunderlich, dass es auf dem vergleichsweise großen B-to-B-Markt erstaunlich wenige Markenanbieter gibt, obwohl die meisten Hersteller aufgrund der Qualität ihrer Produkte, ihrer Leistungsfähigkeit und ihrer Möglichkeiten dazu in der Lage wären. Auf der anderen Seite werden diejenigen Anbieter von den Kunden belohnt, die den Mut und das Investment aufbringen, sich dem Thema Marke zu widmen, und diesen Weg konsequent verfolgen.

Literatur

Baaken, T., Kesting, T., Kliewe, T., & Pörner, R. (Hrsg.). (2012). *Business-to-Business-Kommunikation* (2. Aufl.). Berlin: Erich Schmidt.

Backhaus, K., & Gausling, P. (2015). Markenrelevanz auf Industriegütermärkten. In K. Backhaus & M. Voeth (Hrsg.), *Handbuch Business-to-Business-Marketing* (2. Aufl., S. 365–383). Wiesbaden: Springer Gabler.

Baumgarth, C. (2010). "Living the brand": brand orientation in the business-to-business sector. *European Journal of Marketing, 44*(5), 653–671.

Baumgarth, C. (2015). B-to-B-Marken: Forschungsstand und Bezugsrahmen der Markenführung. In K. Backhaus & M. Voeth (Hrsg.), *Handbuch Business-to-Business-Marketing* (2. Aufl., S. 385–414). Wiesbaden: Springer Gabler.

Baumgarth, C., & Douven, S. (2006). Business-to-Business-Markenforschung. In A. Strebinger, W. Mayerhofer & H. Kurz (Hrsg.), *Werbe- und Markenforschung* (S. 135–167). Wiesbaden: Gabler.

Birkigt, K., Stadtler, M. M., & Funk, H. J. (2002). *Corporate Identity* (11. Aufl.). Landsberg: Moderne Industrie.

Bruhn, M. (2009). *Integrierte Unternehmens- und Markenkommunikation* (5. Aufl.). Stuttgart: Schäffer-Poeschel.

Burmann, C., Halaszovich, T., Schade, M., & Hemmann, F. (2015). *Identitätsbasierte Markenführung* (2. Aufl.). Wiesbaden: Springer Gabler.

Fuchs, W. (2003). *Management der Business-to-Business-Kommunikation*. Wiesbaden: Gabler.

Kemper, A. C. (2000). *Strategische Markenpolitik im Investitionsgüterbereich*. Lohmar, Köln: Eul.

Schmidt, H. J. (2007). *Internal Branding*. Wiesbaden: Gabler.

Tomczak, T., Esch, F.-R., Kernstock, J., & Herrmann, A. (Hrsg.). (2012). *Behavioral branding*. Wiesbaden: Springer Gabler.

Wheeler, A. (2006). *Designing brand identity* (2. Aufl.). Hoboken: Wiley.

Wiedmann, K.-P. (2004). Markenführung und Corporate Identity. In M. Bruhn (Hrsg.), *Handbuch Markenführung* 2. Aufl. (Bd. 2, S. 1411–1439). Wiesbaden: Gabler.

Design als Instrument der B-to-B-Markenführung

Christoph Herrmann und Günter Moeller

Zusammenfassung

Hat es im B-to-B-Umfeld die Marke trotz gestiegener Bedeutung schon schwer, die ihr gebührende Beachtung zu erzielen, so gilt dies erst recht für das Design. Dies ist insbesondere dann der Fall, wenn man das Design als aktives Instrument der Markenführung begreift, die wiederum im B-to-B-Bereich nie ausschließlich von der Marketing- und Kommunikationspolitik, sondern auch vom Produkt- und Innovationsmanagement eines Unternehmens abhängt. Der folgende Beitrag gibt einen umfassenden Überblick darüber, wie man das Design gezielt zum Aufbau und zur Weiterentwicklung der Markenidentität des eigenen Unternehmens nutzen kann. Gleichzeitig macht er deutlich, warum gerade im B-to-B-Umfeld ein zukunftsorientiertes Designmanagement weit mehr ist als nur die Sicherstellung einer zeitgemäßen Ästhetik.

Schlüsselbegriffe

Design · Erfolgsfaktoren im industriellen Design · Innovationsmanagement · Markendesign · Markenidentität · Markenimage · Strategisches Designmanagement

Inhaltsverzeichnis

C. Herrmann (✉) · G. Moeller
hm+p Herrmann, Moeller + Partner
München, Deutschland
E-Mail: c.herrmann@hmp-innovation.de

G. Moeller
E-Mail: g.moeller@hmp-innovation.com

© Springer Fachmedien Wiesbaden GmbH, ein Teil von Springer Nature 2018   549
C. Baumgarth (Hrsg.), *B-to-B-Markenführung*, https://doi.org/10.1007/978-3-658-05097-9_29

1   Einleitung

Heute brauchen Unternehmen ihre Maschinen oder Anlagen nicht mehr durch einen grün-
grauen Anstrich in den Hintergrund treten zu lassen, heute können B2B-Hersteller stolz ihre
Produkte im [. . .] ansprechenden Design präsentieren. [. . .] Design avanciert zum Wettbe-
werbsfaktor gegenüber den Billigherstellern aus den Niedriglohnländern (Prof. Dr. Waldemar
Pförtsch und Dr. Michael Schmid, 2005).

Design prägt sichtbar das Marken- und Unternehmensprofil, nicht nur im Konsumgüter-, sondern auch im Investitionsgüterbereich. Es schafft Kundenidentifikation und damit Kundenbindung, differenziert Produkt und Unternehmen, erzeugt eine Preisvorstellung beim Kunden, positioniert ein Produkt am Markt und verdeutlicht Unternehmensidentität – Hightech-
Produkt, Präzision, technische Kompetenz – informierend und imageprägend (Stefan Schönherr, Leiter Design der Produktsparte Bus der MAN Nutzfahrzeuge AG, 2009).

Ähnlich wie seit einigen Jahren die Marke erfreut sich auch das Design aktuell einer
wachsenden Aufmerksamkeit. So hat die Berichterstattung der Wirtschaftspresse zu De-
signthemen erkennbar zugenommen (vgl. Abb. 1). Ursächlich für die aktuelle Medienkar-
riere des Designthemas ist nicht zuletzt der nachweisliche Erfolg, den in den letzten Jahren
viele Konsumgüterhersteller wie z. B. *Alessi*, *Apple*, *Bulthaupt*, *Erco*, *Loewe*, *Samsung*, *Vi-
tra*, *Wilkhahn* und andere mehr (so z. B. die Automobilindustrie) durch eine konsequente
Designpolitik erzielen konnten.

Dass Design dabei keineswegs nur ein Thema für wirtschaftlich gute Zeiten ist, sondern eines, in das es sich gerade in stagnativen Phasen zu investieren lohnt, zeigen diverse
Studien. Beispielsweise belegen Studien der *GfK*, dass es in Zeiten der allgemeinen Kon-
sumzurückhaltung interessanterweise vor allem den Unternehmen gelingt, Wachstum zu
generieren, die auf absolute Premium-Qualität und dabei auch auf das Thema Design setzen (z. B. im Bereich Consumer Electronics oder Badarmaturen) (GfK 2006a, 2006b).
Der aktuelle „Hype" um das Thema Design sollte allerdings nicht darüber hinwegtäu-
schen, dass Design in der unternehmerischen Praxis, vor allem im B-to-B-Umfeld, nach
wie vor mit einigen Herausforderungen zu kämpfen hat.

Abb. 1 Design als Trendthema in der Wirtschaftspresse

Eine erste zentrale **Herausforderung** liegt darin, dass Design von vielen Menschen – so auch von den meisten Entscheidungsträgern im B-to-B-Kontext – nach wie vor **primär als „Verschönerungsleistung"** gesehen wird (Davis 2006). Jedes Design, auch das von Maschinen, Anlagen und sonstigen Industriegütern, besitzt immer auch eine ästhetische Dimension. Dem Design kommen jedoch auch und gerade im B-to-B-Umfeld neben der rein ästhetischen Funktion zahlreiche weitere wichtige Aufgaben zu. So ist das Design im Entwicklungsprozess neuer industrieller Produkte häufig ein wichtiger **Impulsgeber**, nicht nur bei der Generierung neuer Produktideen, sondern auch in technischkonstruktiver Hinsicht. Es kann darüber hinaus helfen, die **Funktionalität**, **Ergonomie** und **Sicherheit** von Produkten zu erhöhen, deren **Qualität**, **Langlebigkeit** und **Wiedererkennbarkeit** zu gewährleisten, das eigene **Produktportfolio** wirksam vom Wettbewerb zu **differenzieren** und Produkte im **Lebenszyklus zu verjüngen**. Diese wichtigen Aufgaben des Designs finden in der industriellen Praxis wie Theorie immer noch wenig Beachtung, verlangen aber nach einem ganz anderen Umgang mit dem Design als ein ausschließlich am „Schönen" ausgerichtetes Verständnis (Herrmann und Moeller 2006).

Eine weitere Herausforderung, die noch ausführlicher zu diskutieren sein wird, besteht darin, dass sich Manager gerade im B-to-B-Umfeld häufig schwer damit tun, Designleistung objektiv zu bewerten und entsprechend zu managen. Eher von rationalen Überlegungen getrieben, erscheint ihnen das Design als eine Größe, die im Wesentlichen subjektivemotionalen Einschätzungen unterliegt und daher nicht wirklich fassbar ist. Mit derartigen Urteilen wird man einem zeitgemäßen Umgang mit dem Thema Design nicht gerecht. Dass man dieses Thema jedoch wie jede andere Größe im Unternehmen als „Ressource" begreifen muss, die entsprechend strategisch ausgerichtet und gesteuert werden sollte – diese Erkenntnis ist in vielen B-to-B-Unternehmen noch relativ neu (Herrmann 2005).

Aufgrund der vornehmlich ästhetischen Sichtweise des Designs gilt dieses vielen Entscheidungsträgern nach wie vor nur für solche Branchen als relevant, in denen entsprechend dem Motto „Sex sells" der Schönheit eines Produktes eine zentrale Bedeutung zukommt, so etwa im Bereich der Unterhaltungselektronik (Fernseher, MP3-Player, Hi-Fi-Anlagen etc.), des Interior-Designs (Möbel, Lampen, Küchen etc.) oder der Fast Moving Consumer Goods (Packaging, Retail Design etc.). Gerade bei Ingenieuren trifft man immer wieder auf das **Vorurteil**, dass **Design** auf ihren – eher technisch geprägten Märkten – **allenfalls eine sekundäre Bedeutung** habe: „Viele Produkte, besonders aus dem Investitionsgüterbereich, galten lange als nicht designrelevant. Weder ein verkaufsfördernder noch ein gewinnbringender Nutzen wurden gesehen und deshalb Gestaltung ausgeschlossen. Dem Gedanken, den Produkten eine neue Qualität zu geben, auch wenn sich der Grundnutzen dadurch nicht steigern lässt, wurde auf lange Sicht nicht stattgegeben" (Reese 2005b, S. 28). Dass diese Vorstellung nicht mehr der Realität eines modernen industriellen Managements entspricht, darauf wird im Folgenden näher eingegangen, bevor im Weiteren die Schnittstellen des Designs mit der Markenführung und dem Strategischen Management im B-to-B-Umfeld beleuchtet werden.

2   Design im B-to-B-Umfeld

Anders als vielfach angenommen, spielt das Design nicht nur in B-to-C-Märkten, sondern zunehmend auch in B-to-B-Märkten eine wichtige Rolle. Unternehmen wie *BASF*, *Bosch*, *Heidelberger Druck*, *Festo*, *Gildemeister*, *MAN*, *Still*, *Zeiss* und viele andere haben dabei in den letzten Jahren bewiesen, dass dem industriellen Design nicht nur im Produktentwicklungsprozess, sondern darüber hinaus für Innovationserfolg, Umsatzwachstum und Markenstärkung von B-to-B-Unternehmen ein hoher Stellenwert zukommt. Aber auch mittelgroße und kleinere Investitionsgüterhersteller wie z. B. die *PCS Systemtechnik* GmbH aus München, die *Sick Engineering* GmbH aus Dresden oder das Unternehmen *Starmed* aus Ulm haben erkannt, dass das Design ihnen wichtige Marktvorteile bietet. Wer die Erfolgsrate von Neuprodukteinführungen am Markt erhöhen, seine Produkte wirksam vom globalen Wettbewerb differenzieren und dabei die Qualität und Wertigkeit der angebotenen Leistungen unterstreichen will, der kann auch im B-to-B-Bereich eine systematische Designpolitik betreiben (Herrmann et al. 2009).

Dieser Zusammenhang findet in der betriebswirtschaftlichen Theorie und Praxis nach wie vor nur geringe Beachtung. Sieht man einmal von einigen wenigen Arbeiten aus der betriebswirtschaftlichen Forschung ab, die sich gezielt mit Fragestellungen des Designs im B-to-B-Umfeld beschäftigt haben (z. B. Geipel 1989; Kiss 1998; Lenzen 1993; Steinmeier 1998), so stellt das industrielle Designmanagement aus betriebswirtschaftlicher Sicht ein weitgehend unerschlossenes Terrain dar. Auch in der betriebswirtschaftlichen Praxis bestehen, vor allem in B-to-B-Unternehmen, noch Defizite. Viele B-to-B-Unternehmen nutzen das Design zwar bereits für sich. Dabei fokussieren sie ihre Initiativen jedoch vornehmlich auf eher produktferne Bereiche (z. B. Gestaltung der Geschäftsausstattung, Design von Jahresberichten, Messedesign, Webauftritt) und vernachlässigen eine Vielzahl möglicher Handlungsfelder (vgl. Abb. 2).

Dass die **vornehmliche Orientierung auf das Corporate Design** (i. e. S.) nicht nur im B-to-B-Umfeld, aber auch gerade dort ein Thema ist, lässt sich empirisch nachweisen. So hat etwa eine Befragung von Technologieunternehmen durch das *IDZ Berlin* ergeben, dass die Mehrzahl der Unternehmen sich zwar für Designfragen interessieren, dabei jedoch das Corporate Design als deutlich wichtiger einstufen als etwa die Professionalisierung des Produktdesigns (Wabersky 2007). Erstaunlich ist nur, dass gerade im B-to-B-Umfeld, in dem den objektiven Produkt- und Angebotsdimension eine elementare Rolle zukommt, diese in Bezug auf Design häufig vernachlässigt wird. Dass Produktfaktoren, und zu diesen zählt auch die Gestaltung einer Maschine, eines Halbwerkzeuges oder eines Kunststoffteils, im Kaufentscheidungsprozess von B-to-B-Märkten eine dominante Rolle spielen, ist allgemein akzeptiert (z. B. Pförtsch und Schmid 2005). Oder anders formuliert: Wer gerade in B-to-B-Märkten seine **technologische** und **ingenieurstechnische Kompetenz** nach außen tragen will, der kommt nicht umhin, seinen **Produkten auch eine Gestalt** zu geben, die eben diese Kompetenzen deutlich macht (vgl. Abb. 3). Diejenigen B-to-B-Unternehmen, die das Produktdesign bereits als wichtigen Markenbotschafter für sich nutzen, haben davon meist erheblich profitieren können. Andere B-to-B-Unternehmen, die dies noch nicht tun, sind gut beraten, die strategischen Potenziale zu erkennen, die mit einer nachhaltigen Designpolitik verbunden sind.

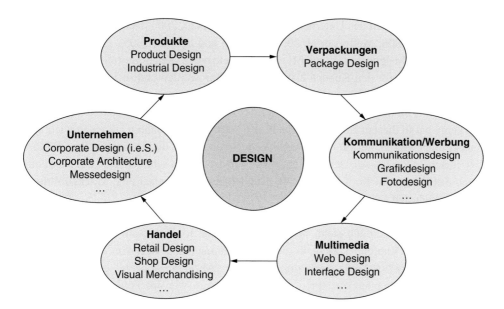

Abb. 2 Handlungsfelder des Designs. (Quelle: Herrmann und Moeller 2006, S. 258)

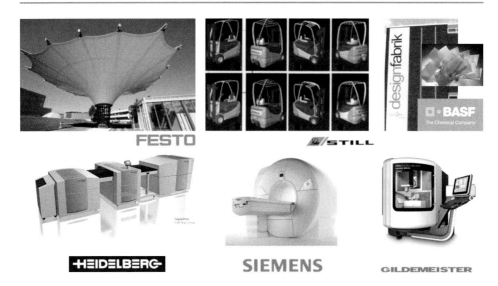

Abb. 3 Beispiele für ein erfolgreiches Produktdesign im B-to-B-Kontext

3   Zusammenhang von Design und Marke

Die umfangreiche Literatur zum Thema Marke zeigt anschaulich, dass sich die Marke durch eine Vielzahl von Eigenschaften auszeichnet, die auch für B-to-B-Unternehmen gelten. Sie sorgt für Wiedererkennbarkeit, Profilierung und Differenzierung und unterstreicht den Qualitätsanspruch des Unternehmens (Backhaus et al. 2002; Herrmann 1999; Kotler und Pfoertsch 2006; Meffert et al. 2005; Pförtsch und Schmid 2005). Eine wesentliche **Funktion des Designs** besteht aus **Markenperspektive** in seinem Beitrag dazu, dass diese Eigenschaften für den Kunden erst **wahrnehmbar** werden und so in das Markenbild eingehen, das der Kunde von dem jeweiligen Unternehmen besitzt (Karjalainen 2004). Kapferer (1992), der als einer der Vorreiter des Markenwesens in Europa betrachtet werden kann, hat in diesem Kontext bereits in den frühen 1990er-Jahren auf einen wichtigen Aspekt hingewiesen, der für das Zusammenspiel von Marke und Design im B-to-B-Kontext entscheidend ist. Aus seiner Sicht muss vor der hier beschriebenen Markenbildung durch das Design im Kopf des (B-to-B-)Kunden zunächst einmal eine **Markenbildung im Unternehmen** selbst stattfinden.

Dies bedeutet nichts anderes, als dass das Unternehmen eine Idee dafür entwickeln muss, wofür es eigentlich steht, bevor es eine solche Idee wirksam nach außen transportieren kann. Kapferer spricht in diesem Zusammenhang auch von der Identität als „Aussagekonzept" in Abgrenzung zum Image als „Akzeptanzkonzept" der Marke: „Das Image ist ein Akzeptanzkonzept … Das Image zeigt, wie das Publikum die Impulse dekodiert, die von Produkten, Dienstleistungen oder auch Werbekampagnen einer Marke ausgehen. Die Identität ist dagegen ein Aussagekonzept, das heißt Inhalt, Idee und

Eigendarstellung der Marken werden spezifiziert. Das Image ist ein Ergebnis, eine Dekodierung. Für die Verantwortlichen des Unternehmens ist die Markenidentität wichtiger als das Markenimage, denn bevor sich die Öffentlichkeit ein Bild macht, sollte die Idee der Marke geklärt sein. Um akzeptiert zu werden, muss die Marke zunächst konzipiert werden" (Kapferer 1992, S. 44 f.).

Interessanterweise hat die Praxis genau mit dieser wichtigen strategischen Identitätsarbeit immer wieder Probleme. Sieht man einmal von der Formulierung meist allgemein gehaltener Unternehmensvisionen und Markenwerte ab, so hat das Management vieler Unternehmen mit der Ausgestaltung einer klaren, an realen Produktwerten und einem nachvollziehbaren Leistungsversprechen orientierten Identität nach wie vor Schwierigkeiten. Die Konsequenz daraus sind häufig oberflächliche Imagestrategien, die Kapferer zutreffend als „kosmetische Schminke" und als „Mimikry" bezeichnet (Kapferer 1992, S. 45). In Abgrenzung zu einem derart oberflächenorientierten Markenverständnis forderte Kapferer bereits 1992 eine verstärkte Ausrichtung am Konzept einer realitätsbezogenen Markenidentität. Wissen, wofür man steht und wo man hin will, um so einen klaren Korridor für die eigene Geschäfts-, Marketing-, Sortiments-, Produkt-, Innovations- und Designpolitik zu schaffen, darin ist das Wesen eines solchen identitätsorientierten Markenverständnisses zu sehen.

Gerade im B-to-B-Umfeld ist diese Ausrichtung wichtig. Während nämlich in B-to-C-Märkten Konsumenten durchaus auch einmal bereit sind, sich durch ein gut gemachtes Äußeres eines Produktes verführen zu lassen, ist dies im B-to-B-Umfeld deutlich seltener der Fall. Hier zählen **objektive Faktoren** wie die tatsächliche **Ingenieurskompetenz**, die messbare **Leistungsfähigkeit**, die **Funktionalität** und **Innovativität der Produkte** – alles Merkmale, die ebenfalls nach außen **wahrnehmbar** gemacht werden müssen und es daher eines entsprechenden Designs bedarf. Deshalb sind in B-to-B-Märkten Identitätsaspekte (also die tatsächlichen Unternehmens- und Produktwerte) deutlich wichtiger als Imageaspekte. Weniger das Markenimage als vielmehr die wert- und produktseitige Identität des Unternehmens sollte Ausgangspunkt der Entwicklung einer unternehmensspezifischen Marken- und Designstrategie sein (vgl. Abb. 4).

Es kann äußerst kontraproduktiv sein, die Marke in den Vordergrund zu rücken, wenn es darum geht, eine nachhaltigere und markenorientiertere Designpolitik in B-to-B-Unternehmen zu fördern. Das hat unter anderem das Forschungsprojekt „Markenbildung durch Industrial Design – Konzepte für kleinere und mittlere Investitionsgüterhersteller" gezeigt, welches die Forschungsgruppe „Industrial Design & Innovationsmanagement" an der European Business School von Mai 2007 bis April 2009 mit Unterstützung der Stiftung Industrieforschung durchgeführt hat (Gleich et al. 2008; Herrmann et al. 2009). Im Rahmen dieses Forschungsprojektes wurden nicht nur umfangreiche sekundäranalytische Betrachtungen zum Thema durchgeführt, sondern 20 Good-/Best-Practice-Unternehmen detailliert im Hinblick auf ihre Erfolgsfaktoren im Design empirisch untersucht. Anschließend wurden die Ergebnisse noch einmal in einer quantitativen Befragung von über hundert Führungskräften aus B-to-B-Unternehmen verifiziert.

Abb. 4 Zusammenspiel von Unternehmens-, Produkt- und Markenidentität bei Industriegütern. (Quelle: Herrmann et al. 2009)

Die Untersuchung hat bereits in Frühphasen gezeigt, dass ein markenorientierter Designbegriff bei der im B-to-B-Kontext wichtigen Zielgruppe der Entwicklungsleiter, Ingenieure und bei den meist technisch orientierten Produktmanagern häufig falsche Assoziationen auslöst, etwa dahingehend, dass mit dem Design eine am Konsumgütermarkt orientierte oberflächliche Unternehmens- und Produktkosmetik intendiert sei. Erfolgreicher ist es hingegen, die direkten **Vorteile** eines konsequenten Produktdesigns im B-to-B-Kontext zu betonten (Herrmann et al. 2009):

- funktionelle und ergonomische Produktgestaltung
- Schaffung starker, zuverlässiger, attraktiver Produkte mit hoher Qualitätsanmutung
- nonverbale Kommunikation technologischer Kompetenz (z. B. German Engineering)
- optimierter Abgleich konstruktiver Möglichkeiten mit Kunden-/Markterfordernissen
- Ermöglichung eines eigenständigen und einheitlichen Produktauftritts
- Differenzierung vom Wettbewerb
- Erhöhung der wahrgenommenen Innovationsstärke und Preiswürdigkeit des Marktangebotes
- Sicherstellung von Wiedererkennbarkeit
- Reduzierung von Sortimentskomplexität und Kommunikation von Sortimentslogiken
- Unterstützung von Marketing und Vertrieb
- Förderung der Unternehmensreputation
- Stärkung der Wahrnehmung als führende B-to-B-Marke

Dass viele dieser Faktoren dabei implizit auch wichtige **markenbildende Effekte** besitzen und das Design seinen „Markierungscharakter" vor allem dann entfaltet, wenn es keine „Eintagsfliege" bleibt, sondern auf **Langfristigkeit** angelegt ist, sollte dabei eher indirekt kommuniziert werden. Mit anderen Worten: Wer das Design als Instrument der Markenführung im B-to-B-Kontext fördern will, tut gut daran, in seiner Argumentation weder die Marke noch die Ästhetik, sondern vielmehr die zahlreichen immanenten betriebswirtschaftlichen Vorteile einer konsequenten Designpolitik in den Vordergrund zu rücken.

4 Vom Designprojekt zum strategischen Design

Dass die Gestaltungsarbeit in vielen B-to-B-Unternehmen noch erhebliche Defizite aufweist, hängt nicht zuletzt damit zusammen, dass viele Unternehmen die Arbeit am Design häufig als reine Projektaufgabe verstehen (Herrmann 2005). Die nächste Maschine, der nächste Messeauftritt, der nächste Flyer – auf die Lösung derartiger Einzelprobleme wird die Designarbeit in vielen B-to-B-Unternehmen häufig reduziert. Dass das **Design** jedoch eine wichtige **strategische Ressource** ist, die wie andere Ressourcen im Unternehmen gezielt aufgebaut, entwickelt, gesteuert und in gewissem Maße auch kontrolliert werden muss, diese Erkenntnis ist zumindest im deutschen Sprachraum noch relativ neu. Im angloamerikanischen wie auch im skandinavischen Sprachraum hat inzwischen die Zahl an Publikationen zu Themen wie Design Management, Strategic Design und Design Innovation zugenommen (z. B. Antikainen 2004; Borja de Mozota 2003; Bruce und Bessant 2002; Design Management Institute Boston 2004; Karjalainen 2004; Laurel 2003; Stamm 2003).

Während sich das Operative Designmanagement mit der Vorbereitung, Steuerung und Abwicklung konkreter Designprojekte beschäftigt, ist es Aufgabe des **Strategischen Designmanagements,** die **Voraussetzungen für zukünftige Designerfolge** am Markt zu schaffen und das Unternehmen insgesamt für die Wichtigkeit des Designs zu sensibilisieren (vgl. Abb. 5).

Neben der Sicherstellung der für zukünftige Designerfolge benötigten Ressourcen und Kompetenzen (Design-Know-how, Designstrukturen, Designprozesse, Designbudgets etc.) umfasst das Strategische Designmanagement daher vor allem auch die für die Realisierung erfolgreicher Designstrategien notwendigen Aspekte der Designplanung, Designsteuerung, Designbeurteilung, Designkommunikation und -legitimation sowie eine übergreifende Designkontrolle. Als **Kernaufgaben** des Strategischen Designmanagements lassen sich identifizieren (Herrmann und Moeller 2006, S. 298, 2008, S. 82):

- Formulierung einer unternehmens-, marken- und produktorientierten Designstrategie
- Entwicklung von Designleitbildern für alle Designaktivitäten im Unternehmen
- Etablierung einer designorientierten Markt-, Trend- und Konzeptforschung

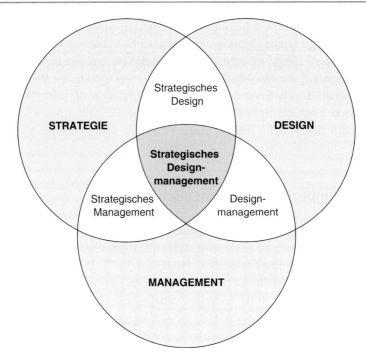

Abb. 5 Grundverständnis des Strategischen Designmanagements. (Quelle: Herrmann und Moeller 2006, S. 290, 2008, S. 87)

- Bewertung von Design-Know-how und Designpotenzialen im strategischen und operativen Designprozess
- inhaltliche und organisatorische Integration der strategischen Designarbeit in den interdisziplinären Innovations- und Produktentwicklungsprozessen im Unternehmen (Unternehmensstrategie und Design, Engineering und Design, Marketing und Design)
- Aufstellung und Steuerung von Leitlinien für das Corporate Design bzw. die langfristig zu entwickelnde Marken- und Unternehmensidentität
- integrative Koordinierung aller Designaktivitäten im Unternehmen sowie permanente Überprüfung ihrer Ergebnisse

Wie wichtig die strategische Bedeutung des Designmanagements für Unternehmen geworden ist, lässt sich unter anderem an den zahlreichen **Schnittstellen** erkennen, die das Design im Unternehmensalltag besitzt. Neben offensichtlichen Verknüpfungen mit der Produkt- und Markenpolitik, der Forschung und Entwicklung sowie der Unternehmenskommunikation gewinnen auch andere Schnittstellen, z. B. mit der Preis- und Distributionspolitik, zunehmend an Bedeutung. So haben am Markt häufig nur visuell überlegene und profilstarke Produkte überhaupt eine Chance, sich dem immer aggressiveren Preiswettbewerb zu entziehen. Eine höhere Preispositionierung und die nachhaltige Realisierung so genannter Preispremiums setzen jedenfalls einen deutlich wahrnehmbaren

Mehrwert für die Kunden voraus. Ein auf die Marke und das Produkt abgestimmtes Designkonzept kann helfen, diesen Mehrwert auch im B-to-B-Umfeld zu schaffen (Herrmann et al. 2009).

Ein wichtiges Element zur Durchsetzung eines nachhaltig strategisch orientierten Designmanagements in B-to-B-Unternehmen ist dessen angemessene **organisatorische Verankerung** im Unternehmen. Grundsätzlich gibt es eine Vielzahl von Möglichkeiten, wie das Design intern und auch extern in die sonstigen Prozesse des Unternehmens eingebunden sein kann. Schon die für B-to-B-Unternehmen nicht unwichtige Frage, ob das Design inhaltlich eher im Marketing oder in der Technik bzw. F&E angesiedelt sein sollte, ist nicht eindeutig zu beantworten. Die Praxis zeigt, dass hier unterschiedliche Strategien erfolgreich sein können. So ist etwa bei *Bosch Thermotechnik* das Designmanagement im Marketing situiert. Dies stellt sicher, dass das Design bei der Produktentwicklung genau auf die unterschiedlichen Marken des Unternehmens *Bosch* im Bereich Thermotechnik abgestimmt werden kann. Anders bei *MAN* Nutzfahrzeuge: Hier ist das Design in den Bereich Technik integriert, um so den hohen technischen Anforderungen an das Nutzfahrzeugdesign zu genügen (Herrmann et al. 2009). Unabhängig aber von der jeweiligen Organisationsform eines Unternehmens sind auf jeden Fall alle **relevanten Bereiche** (F&E, Produktmanagement, Marketing, Vertrieb, Controlling etc.) in die Entwicklung einer stimmigen **Designstrategie einzubeziehen**. Denn nur diejenigen Produkte erweisen sich in der Regel als erfolgreich, die sowohl technischen als auch marktbezogenen und finanziellen Anforderungen in gleichem Maße gerecht werden. Abb. 6 fasst die verschiedenen Möglichkeiten zur Designorganisation zusammen.

Externe Design-Dienstleister

Externe Designer	Externes Designnetzwerk	Externe Designberatung	Designmarktforschung

Interne Design-Organisation

Interne Designer	Interne Designabteilung	Internes Designmanagement

Eingliederung des Designs in die sonstige Organisation

Eigener Funktionsbereich	Teil von F&E, Marketing, Einkauf	Stabsfunktion	Spin-Off

Design-Hierarchieebenen

Designer	Design-Projektleiter	Design-Manager	Leiter Design, Chief Design Officer (CDO)	Design Steering Board

Abb. 6 Formen der internen und externen Designorganisation. (Quelle: Herrmann und Moeller 2006, S. 293, 2008, S. 83)

5 Ansatzpunkte für ein erfolgreiches Designmanagement

Der wichtigste Aspekt im Hinblick auf die Umsetzung einer konsequenten Designpolitik im B-to-B-Umfeld ist – neben der richtigen Designstrategie und dem richtigen Zusammenspiel mit der Marke – die **Implementierung** in die Gesamtstrategie des Unternehmens und die Frage nach den Faktoren, welche diese Implementierung ermöglichen. Auch hierzu liefert das bereits erwähnte Projekt der Forschungsgruppe „Industrial Design & Innovationsmanagement" an der *European Business School* einige wichtige Hinweise. Die B-to-B-Unternehmen, die das Design erfolgreich für sich nutzen, tun dies auf der Grundlage verschiedener Erfolgsfaktoren. Nicht alle diese Faktoren sind den zuständigen Managern dabei immer selbst bewusst, was deren Bedeutung jedoch keineswegs schmälert. Insgesamt lassen sich vier Gruppen von **Erfolgsfaktoren** unterscheiden:

- Einstellungen, Bewusstsein und Haltung
- Strukturen, Prozesse und Ressourcen
- Instrumente, Methoden und Verfahren
- Wissen, Kompetenz und Erfahrung

5.1 Einstellung, Bewusstsein und Haltung

Der vielleicht wichtigste Erfolgsfaktor für eine erfolgreiche Designpolitik im B-to-B-Kontext ist zunächst, dass die Unternehmensleitung wie auch das mittlere Management (F&E, Produktmanagement, Marketing etc.) ein **hinreichendes Bewusstsein** für die Bedeutung des Designs, aber auch für die Notwendigkeit von Innovationen, einer grundsätzlichen Marktorientierung sowie einer Differenzierung vom Wettbewerb besitzen. Vor allem die Einsicht in die Notwendigkeit einer frühzeitigen Vernetzung des Designs mit anderen Faktoren (wie z. B. der technischen Entwicklung, dem Marketing, aber auch der Unternehmens- und Sortimentsstrategie) sind für den Erfolg eines angewandten Designmanagements im Industriegüterkontext und darüber hinaus wichtig. In allen im Rahmen des Forschungsprojektes untersuchten Good- und Best-Practice-Unternehmen konnte eine solche Grundhaltung entdeckt werden, wenn auch nicht immer überall im Unternehmen, so doch bei einigen entscheidenden Promotoren, die durch ihr Engagement sicherstellen, dass dem Design eine genügend große Bedeutung zuerkannt wird. Dabei haben die untersuchten Fallstudienunternehmen auch gezeigt, dass der Weg hin zu einer solchen Haltung kein einfacher ist. Zu umfangreich sind oftmals die Vorurteile, zu ausgeprägt die jeweiligen entgegenstehenden Bereichsmentalitäten. Wie wichtig es ist, solche **mentalen Barrieren** bei der Umsetzung einer erfolgreichen Designarbeit zu berücksichtigen, lässt sich allein schon an deren Vielzahl erkennen (vgl. Tab. 1). Sie reichen von fehlendem Wissen zum Design über einen Mangel an Vorstellungskraft hinsichtlich der Potenziale des Designs bis hin zu Unsicherheiten beim Einkauf von Designdienstleistungen, schließen aber auch ein übertriebenes Kostendenken und eine generelle Risikoaversion ein, die

Tab. 1 Barrieren einer Designarbeit. (Quelle: Bruce et al. 2003, S. 6)

Barriere	Kurzerläuterung
Unkenntnis über das Design	Manager wissen oft nicht, was alles Teil einer erfolgreichen Designarbeit ist. Ihnen fehlt die Erfahrung aus erfolgreichen Designprojekten, um das Design richtig wertschätzen zu können.
Abspaltung der Designfunktion	Da Unternehmen die Designfunktion häufig outsourcen, haben viele von ihnen einen diesbezüglichen Tunnelblick. Designdienstleister werden oftmals nur mit ganz bestimmten Projektarbeiten beauftragt und haben wenig Einfluss auf andere wichtige Innovationsfragen jenseits des konkreten Projektauftrages.
Mangel an visionärer Vorstellungskraft	Vielen Managern fehlt das Vorstellungsvermögen, um die Potenziale, die ein strategisches Design für das eigene Produktportfolio besitzt, zu erkennen. Da sie zudem ungern Risiken eingehen und bei Investitionen in Konzeptentwicklungen eher zurückhaltend sind, ist es schwer, diese visionäre Barriere zu durchbrechen.
Schlechte Kommunikation und Interaktion	Unzureichende Abstimmung, unklare Zielsetzungen, fehlende Teambildung und Mangel an Koordination sind alles Gründe, die häufig zu Problemen und Reibungsverlusten bei Designprojekten führen und die Skepsis vieler Manager gegenüber dem Design erhöhen.
Wahrgenommenes Risiko	Nicht wenige Unternehmen sehen im Design eine risikobehaftete Aufwendung, deren Wirksamkeit sie nur schlecht beurteilen können. Auch dies führt zu einer gewissen Zurückhaltung gegenüber dem Design.
Fehlende Sourcing-Kompetenz	Unternehmen sind häufig mit der Frage überfordert, von welchen Dienstleistern sie Designleistungen am besten erbringen lassen sollen und wie sie diese Designdienstleister am besten steuern können. Die fehlende Anleitung führt häufig zu Problemen im Designprozess und dazu, dass man zukünftigen Designprojekten eher skeptisch gegenübersteht.
Kostendruck	Viele Manager sehen das Design vornehmlich als Kostenfaktor und erkennen nur unzureichend die damit verbundenen Erfolgspotenziale. Umso wichtiger sind Beispiele, die aufzeigen, dass die Nutzenvorteile eines richtig eingesetzten Industriedesigns die Kosten in der Regel weit übertreffen.
Poltische Faktoren	Wie in anderen Bereichen verhindern häufig auch im Design politische Prozesse (z. B. die Konkurrenz einzelner Abteilungen untereinander) das Entstehen erfolgreicher Designlösungen. Bereits die Frage, welcher Funktionsbereich für Designfragen zuständig ist (z. B. F&E, Produktmanagement, Konstruktion), kann reichlich Konfliktpotenzial bergen.
Kulturelle Defizite	Vor allem solche Unternehmen, die nach wie vor hierarchisch und bürokratisch strukturiert sind, tun sich häufig schwer mit der Umsetzung von Designprojekten. In solchen Strukturen ist es schwieriger, innovative Ideen umzusetzen, was leicht zu Frustrationen bei den Innovations- und Designverantwortlichen führen kann.

es kaum möglich macht, Designinnovationen zu entwickeln und am Markt erfolgreich umzusetzen (Bruce et al. 2003; Peters 2004; Reese 2005a, 2005b; Zerweck 2008). Nur wer diese Faktoren ernst nimmt und durch entsprechende Instrumente gezielt mit ihnen umzugehen weiß, kann die Grundlage dafür schaffen, dass dem Design überhaupt der Stellenwert zugewiesen wird, der ihm im industriellen Kontext gebührt.

5.2 Strukturen, Prozesse und Ressourcen

Neben einem entsprechenden Bewusstsein und einer grundsätzlich offenen Haltung gegenüber dem Thema Design und dessen Integration in den Innovationsprozess eines Unternehmens spielt die Zurverfügungstellung und Nutzung von Ressourcen, Strukturen und Unternehmensprozessen eine wichtige Rolle bei der Ausgestaltung einer erfolgreichen Designpolitik. In allen im erwähnten Forschungsprojekt untersuchten Fallstudienunternehmen bestanden relativ **eindeutige Verantwortlichkeiten**, **Prozesse** und **Strukturen** im Bereich der Strategie- und Produktentwicklung und eine, wenn auch in jeweils unterschiedlicher Form ausgestalteten, **Integration des Designs** in die **Unternehmensprozesse**. Darüber hinaus gab es **Personen**, die das Thema eindeutig **verantworten** (Humanressourcen) sowie **Budgets** (finanzielle Ressourcen), um entsprechende Designprojekte überhaupt realisieren zu können.

Hierbei gilt, dass es auch in struktureller Hinsicht nicht nur eine erfolgreiche Option gibt, sondern stets mehrere Wege zum Ziel führen können. So haben einige der untersuchten B-to-B-Unternehmen, für die das Design eine zentrale strategische Kernkompetenz darstellt (z. B. *MAN*, *EDAG*, *Angell-Demmel*, *Festo*), diese organisatorisch eingebunden und eine eigene Designabteilung aufgebaut. Andere B-to-B-Unternehmen hingegen, bei denen das Design zwar einen wichtigen Erfolgsfaktor, aber nicht unbedingt eine Kernkompetenz darstellt, kaufen mit nicht weniger Erfolg am Markt Designleistungen zu (z. B. *SFC*, *Bosch*, *Kärcher*). Unternehmen, die Design für sich nutzen wollen, tun daher gut daran zu überlegen, wie sie diese Ressource am effizientesten für sich einsetzen wollen.

Dies gilt insbesondere für die Frage, wie und wo das Design jeweils im Entwicklungsprozess zu integrieren ist. Auch hier gibt es unterschiedliche Modelle. Während in einigen der untersuchten Unternehmen das Design wichtigster Motor des Innovationsprozesses ist, übernimmt es in anderen B-to-B-Unternehmen eher eine unterstützende Funktion. Wer die Potenziale, die das Design für den Innovations-, Produkt-, Marken- und Unternehmenserfolg besitzt, in besonderem Maße für sich nutzen will, sollte dem Design dabei eine möglichst umfassende Rolle zuweisen – nicht in dem Sinne, dass es andere Funktionsbereiche (wie z. B. das Engineering oder das Marketing) dominiert, wohl aber, indem es diese Bereiche in allen Entwicklungsstufen sinnvoll ergänzt und so möglichst umfangreiche Impulse für die Schaffung neuer Produkte liefert.

5.3 Instrumente, Methoden und Verfahren

Die moderne Betriebswirtschaftslehre ist Verfechter einer Instrumenten-, Methoden- und Verfahrenslogik. Verkürzt dargestellt, sind Unternehmenserfolge somit ohne die Umsetzung entsprechender Management-, Planungs-, Steuerungs-, Innovations- und Kontrollinstrumente („Tools") kaum denkbar. Tatsache ist, dass in Zeiten, in denen selbst kleinere Unternehmen immer globaler agieren, Marktbedingungen immer dynamischer, Innovationsprojekte komplexer und Unternehmensstrukturen vielschichtiger werden, betriebswirtschaftliche Techniken mehr und mehr an Bedeutung gewinnen. Es verwundert daher nicht, dass auch die Designliteratur zunehmend die Bedeutung betont, die entsprechende Instrumente, Methoden und Verfahren im Bereich des strategischen und operativen Designmanagements für den Designerfolg von Unternehmen besitzen. Hierzu zählen **designbezogene Analyse- und Planungsinstrumente** (wie z. B. branchenspezifische Trendstudien, Designleitbilder, Produkt- und Markenroadmaps etc.) genauso wie **Steuerungs**- und **Kontrollinstrumente** (Meilensteinmodelle, Projektmanagement-Tools etc.; siehe hierzu u. a. Borja de Mozota 2003; Bruce und Bessant 2002; Herrmann und Moeller 2006, 2008, 2009; Herrmann et al. 2009; Karjalainen 2004; Stamm 2003).

Die untersuchten Good- und Best-Practice-Unternehmen haben gezeigt, dass derartige Instrumente bei der Entwicklung einer erfolgreichen Designpolitik nicht unwichtig sind. Sie helfen, die eigene Designstrategie zu festigen, erleichtern die Kommunikation von Designrichtlinien und schaffen Anschlussfähigkeit zu anderen wichtigen Unternehmensbereichen (Unternehmensentwicklung, Markenführung, Engineering etc.). Allerdings zeigen diese Unternehmen auch, dass man betriebswirtschaftliche Instrumente im **Designprozess keineswegs überbetonen sollte.** Diese stellen weniger eine elementare Voraussetzung für gelingende Designpolitik dar als vielmehr eine wichtige Ergänzung, die z. B. die Effizienz, Nachhaltigkeit und Kommunikationsfähigkeit des Designs erhöht. Dabei gilt für den Bereich der Instrumente, Methoden und Verfahren Ähnliches wie für die Strukturen, Prozesse und Ressourcen: Eine „Systematisierung light" – im Sinne einer klaren Vorstellung darüber, wohin die Reise grundsätzlich gehen soll und wie und wann man das Design in den Entwicklungsprozess integrieren will – ist notwendig. Ein starres, engmaschiges System-, Prozess- und Controlling-Denken ist dabei jedoch für den Marken-, Design- und Innovationserfolg eher hinderlich. Der goldene Weg liegt hier, wie so oft, in der Mitte (Herrmann und Rüsen 2008).

Neben betriebswirtschaftlichen sind auch bestimmte **technische Verfahren** (designorientierte Konzeptions-/Entwicklungs-/Herstellungs-/Bearbeitungsverfahren wie z. B. CAD, Rapid Prototyping, Veredelungstechniken etc.) für eine erfolgreiche Designarbeit von Industrieunternehmen unerlässlich. Für einige Unternehmen wie z. B. *Angell-Demmel* sind es proprietäre Kompetenzen in diesem Bereich, die es überhaupt erst ermöglichten, dass sich diese Unternehmen erfolgreich am Markt etabliert haben.

5.4   Wissen, Kompetenz und Erfahrung

Einen weiteren wichtigen und in B-to-B-Unternehmen häufig defizitären Erfolgsfaktor stellen ausreichendes Wissen, hinreichende Kompetenz und entsprechende Erfahrung im Umgang mit Designprojekten dar. Auch bei den untersuchten Good- und Best-Practice-Unternehmen sind diese Fähigkeiten nicht von Anfang an vorhanden gewesen. Vielmehr haben sich diese Unternehmen ein entsprechendes Know-how erst über die Jahre hinweg aufgebaut oder aber diesbezügliche Kompetenzen durch Heranziehung externer Designexperten zugekauft. Wer diese Option wählt, ist gut beraten, den wichtigen Unterschied zwischen „Kennen" und „Können" zu berücksichtigen. Über Design reden (und sich dazu eine Meinung bilden) können viele. Komplexe Designprozesse gerade im industriellen Bereich entwickeln, implementieren und managen können jedoch nur wenige. So haben gleich mehrere der untersuchten Benchmark-Unternehmen zugegeben, beim Aufbau der eigenen Designkompetenz einiges an Lehrgeld bezahlt zu haben, und zwar unabhängig davon, ob sie das Thema eher intern (über eigene Entwicklungsteams) oder extern (über den Rückgriff auf externe Designbüros) angegangen sind. Derartige Lernprozesse sind durchaus hilfreich und führen langfristig, sofern daraus die richtigen Schlüsse gezogen werden, in der Regel zu positiven Resultaten.

Allerdings stellt sich gerade für Unternehmen, die Design neu für sich nutzen wollen, die Frage, wie sich solche Lernprozesse verkürzen und Designprozesse von Anfang an effizienter gestalten lassen. Hier gibt es prinzipiell zwei Möglichkeiten: (1) **Kompetenzaufbau** durch entsprechende Qualifizierungs- und Schulungsinitiativen (eine Maßnahme, die in der Regel erst nach einiger Zeit greift) und (2) **Kompetenzergänzung** durch Unterstützung neutraler (weder den internen Entwicklungsteams noch externen Designdienstleistern verpflichtete) Designmanagement-Experten. Dabei sollte nicht übersehen werden, dass es sich beim Designmanagement vor allem in Deutschland um eine noch recht junge Disziplin handelt, die daher noch über Qualifizierungslücken verfügt (vor allem in strategischen Fragen; vgl. hierzu ausführlicher Herrmann 2005).

Die in Abb. 7 zusammengefassten Erfolgsfaktoren verdeutlichen, dass das Thema Design auch und gerade im B-to-B-Kontext keineswegs trivial ist. Es geht nicht darum, Design nur einfach irgendwie für sein Unternehmen und seine Produkte zu nutzen, frei nach dem Motto: „Ein guter Designer wird's schon richten." Vielmehr müssen die Unternehmen, die vom Erfolgsfaktor Design profitieren wollen, erkennen, dass die Erfolgsvoraussetzungen häufig im Unternehmen selbst zu suchen sind und weniger beim einzelnen Designer.

1. Einstellung | Bewusstsein | Haltung
Geschäftsführung, Mittleres Management, Mitarbeiter
- Grundsätzliche Einstellung zu Themen wie Marktorientierung, Innovationsmanagement, Marke und Industriedesign
- Bewusstsein für die strategische Dimension und Einsicht in die Notwendigkeit einer proaktiven Entwicklung und Steuerung dieser Größen

2. Strukturen | Prozesse | Ressourcen
- Interne Organisation: Personen/Abteilungen, Verantwortlichkeiten, Prozesse in den Bereichen F&E, Produktkonzeption und -gestaltung, sowie Produktmanagement und Marketing; Schnittstellenmanagement
- Externe Organisation: Steuerung externer Zulieferer und Design-Dienstleister; Organisation der Zusammenarbeit mit Kunden; Netzwerkkompetenz

Erfolgsfaktoren des Strategischen Industriegüterdesigns

3. Instrumente | Methoden | Verfahren
- Analyseinstrumente: Markt/Kunde/Wettbewerb/Potenziale/Trends etc.
- Planungsinstrumente: Leitbilder, Strategien, Positionierung/ Segmentierungen, Roadmaps etc.
- Steuerungs-/Kontrollinstrumente: Meilensteine/Stage Gate, Briefings, Projekt-Management und -Controlling-Tools etc.
- Spezielle technische Verfahren: Designorientierte Konzeptions-/ Entwicklungs-/Herstellungs-/Bearbeitungsverfahren (CAD, Rapid Prototyping etc.)

4. Wissen | Kompetenz | Erfahrung
- Internes Wissen: Qualifikationen der Geschäftsführung und Mitarbeiter, Personalentwicklung und Schulungsmaßnahmen (Aufbau)
- Externes Wissen: Zusammenarbeit mit Marken-, Marketing- und Designexperten sowie mit Forschungs- und Entwicklungseinrichtungen, Hochschulen (Zukauf, Strategische Allianzen, internationale Netzwerke)

Abb. 7 Erfolgsfaktoren des Strategischen Industriegüterdesigns. (Quelle: Herrmann et al. 2009)

6 Umsetzung in der Praxis

Bleibt zum Schluss die Frage, wie B-to-B-Unternehmen, die sich bisher überhaupt nicht mit dem Thema Design beschäftigt haben, eine solche „Systematisierung light" für sich erreichen können. Wie gelangt man hier möglichst rasch zu einer soliden Basis, wie lässt sich mit wenigen überschaubaren Maßnahmen ein optimales Designmanagement in der industriellen Praxis implementieren? Hierzu sind im Wesentlichen vier Schritte notwendig, die Abb. 8 zunächst im Überblick zeigt.

Abb. 8 Idealtypischer Prozess zur Implementierung eines Designmanagements. (Quelle: Herrmann et al. 2009)

6.1 Designpotenzialanalyse

Zunächst einmal ist es wichtig, dass B-to-B-Unternehmen die Chancen und Potenziale, aber auch Risiken richtig einschätzen, die in ihrer jeweiligen Branche im Hinblick auf das Thema Design bestehen. Dabei müssen auch die Stärken und Schwächen des Unternehmens im Umgang mit dem Design analysiert werden. Jedes Produkt (auch das nicht explizit designte) ist auf die eine oder andere Arte und Weise gestaltet. Daher ist es wichtig, diese Gestaltung sorgfältig zu beurteilen und zu reflektieren, wie das Design jeweils unter **betriebswirtschaftlichen** (z. B. Kosten, Ertragspotenziale, Preis-/Qualitätsanmutung, Sortimentslogik, Markenarchitektur, Wettbewerbsstärke, strategische Konsequenz), **technisch-konstruktiven** (z. B. Innovativität, Funktionalität) sowie **ästhetischen** Gesichtspunkten (z. B. Formensprache, Ergonomie, Materialität) zu beurteilen ist. Eine derartige Designpotenzialanalyse sollte jedoch nicht nur auf das eigene Unternehmen beschränkt werden, sondern auch den Wettbewerb, Referenzbranchen sowie die allgemeine industrielle Innovations- und Trendlandschaft berücksichtigen.

6.2 Designstrategie

Aufbauend auf einer Designpotenzialanalyse gilt es, in einem nächsten Schritt eine verbindliche strategische Plattform für die eigene Designarbeit zu schaffen. Hierbei geht es darum, wichtige strategische Zielsetzungen und **Eckpfeiler** für die Gestaltungsarbeit der Zukunft zu **fixieren** und sicherzustellen, dass das zukünftige Design direkt auf die allgemeinen Unternehmens-, Marken- und Innovationsziele des Unternehmens einzahlt. Die Auswahl der passenden Designstrategie (Design als Innovationsfaktor, Zulieferstrategie, eigenständige Serviceleistung, Markierungs- und Kommunikationsinstrument etc.), Empfehlungen für die zukünftige Designorganisation (Struktur & Prozess) und die Designbudgetierung, aber auch Überlegungen dazu, wie man auf der Grundlage stimmiger Segmentierungen und Positionierungen integrative Produkt-, Technologie-, Marken-,

Sortiments- und Designroadmaps entwickeln kann, um das Unternehmen nach vorne zu bringen, sind die zentralen Themen, die im Rahmen einer solchen Designstrategie behandelt werden sollten.

6.3 Designrahmenkonzeption

Ist eine stimmige Designstrategie erst einmal formuliert, fällt es Unternehmen in der Regel leichter, in die eigentliche gestalterische Arbeit einzusteigen. Bevor B-to-B-Unternehmen jedoch mit der konkreten Gestaltung von einzelnen Produkten beginnen, sollten sie die verbale Designstrategie auch in eine **gestalterische Rahmenkonzeption** übersetzen. Deren Ziel ist es, ein allgemeinverbindliches produktsprachliches Raster zu entwickeln, das mit den zentralen Unternehmens- und Markenwerten übereinstimmt und eine hohe Einheitlichkeit und Wiedererkennbarkeit des zukünftigen Produktauftritts am Markt sicherstellt. Immer wieder trifft man gerade im B-to-B-Bereich auf Unternehmen, die Designer mit der Überarbeitung von Einzelprodukten beauftragen, ohne im Vorfeld eine grundsätzliche Rahmenkonzeption erarbeitet zu haben. Dies ist insofern problematisch, als so Ad-hoc-Lösungen entstehen, die zwar im Einzelfall durchaus funktionieren können, jedoch kaum zum Aufbau eines nachhaltigen Marktauftritts von Produkt, Sortiment und Unternehmen beitragen. Wer das verhindern will, braucht nicht nur in strategischer, sondern auch in gestalterischer Hinsicht grundlegende Festlegungen in Form klarer Designrichtlinien. Diese sollten gleichermaßen einfach, allgemeinverständlich wie verbindlich sein, dabei gleichzeitig jedoch auch über eine hinreichende Entwicklungs- und Anpassungsfähigkeit im Hinblick auf unterschiedliche Markt- und Produktkontexte verfügen. Damit diese Richtlinien nicht „totes Papier" bleiben, empfiehlt es sich, sie von Anfang an mit konkreten Designkonzeptentwicklungen zu verknüpfen. So werden die zuvor entwickelten Designvorgaben konkret erlebbar und für Mitarbeiter wie auch Kunden im wahrsten Sinne des Wortes „begreifbar".

6.4 Detaillierte Designentwicklungen

Liegt eine grundsätzliche strategische Marschrichtung fest und ist eine gestalterische Rahmenkonzeption geschaffen, kann mit der Übertragung dieser Rahmenkonzeption auf neue und in Überarbeitung befindliche bestehende Produkte des Unternehmens begonnen werden. Industrieunternehmen, die die ersten drei Stufen des hier vorgestellten Verfahrens durchgeführt haben, fällt die erfolgreiche Gestaltung ihrer Produkte erkennbar leichter. Während die ersten drei Stufen bevorzugt in einem zusammenhängenden Projekt entwickelt werden sollten, verläuft die vierte Stufe einer systematischen **Designarbeit fortlaufend** und **parallel** zum eigentlichen Prozess der Produktentwicklung im Unternehmen. Um hier zu den gewünschten Ergebnissen zu gelangen, ist es wichtig, Designaspekte möglichst **früh** und **umfassend** im **Innovationsprozess** zu berücksichtigen. Die Untersuchungen zum Zusammenhang von Industriellem Design und Innovation haben deutlich gezeigt, dass die Art und Weise, wann und wie Designer in den Entwicklungsprozess einbezogen werden, wie sie „gebrieft" und wie konkrete Designprojekte gesteuert werden, von Bedeutung für die Effizienz und den Erfolg der Designarbeit im Unternehmen ist (Hardt 2004; Lindemann 2005; Marsili und Ammon 2006; Mutlu und Er 2003; Pappas 2002; Reese 2005a, 2005b). Darüber hinaus ist zu beachten, dass das hier beschriebene Vorgehen keineswegs einseitig linear, sondern gemäß einer zeitgemäßen Organisation von Innovations- und Designprozessen (Crilly et al. 2006; Dodgson 2000; Rothwell 1994) zirkulär zu gestalten ist, indem die ursprünglich einmal unternommenen Potenzialanalysen und darauf aufbauenden Strategie- und Rahmenvorgaben vor dem Hintergrund sich verändernder Rahmenbedingungen und möglicher Neuerkenntnisse aus der konkreten Entwicklungsarbeit immer wieder vorsichtig zu überprüfen und gegebenenfalls anzupassen sind.

7 Fazit

Vor allem solche Unternehmen, die das industrielle Design erst neu für sich entdecken, scheuen oftmals vor der hier beschriebenen systematischen Herangehensweise zurück. Gerade sie sind jedoch gut beraten, von Anfang an über das einzelne Entwicklungsprojekt hinaus zu denken. Wie jede andere Innovationstätigkeit kann auch das Design nur dann seine Kraft voll entfalten, wenn es keine Eintagsfliege bleibt, sondern in eine stimmige Gesamtkonzeption eingebettet ist. Gerade Käufer von Industriegütern durchschauen schnell, ob die Gestaltung eines neuen Produktes Teil einer glaubhaften am Produkt ausgerichteten unternehmerischen Gesamtstrategie darstellt oder aber nur als Marketing-Spielerei für die nächste Messe gedacht ist. Konsequenz zahlt sich also auch hier aus. Grund genug, gerade im B-to-B-Kontext verstärkt auf eine konsequente Produkt- und Designpolitik statt auf pure Effekthascherei zu setzen.

Literatur

Antikainen, T. (2004). *Strategic Design, Arbeitspapier*. Helsinki: University of Art and Design.
Backhaus, K., Schröder, J., & Perrey, J. (2002). B2B-Märkte. *Absatzwirtschaft, 45*(11), 48–54.
Borja de Mozota, B. (2003). *Design management*. New York: Allworth Press/DMI.
Bruce, M., & Bessant, J. (2002). *Design in Business*. Harlow: Pearson Education.
Bruce, M., Cooper, R., Daly, L., Hands, D., & Wootton, A. (2003). Machiavelli and innovation. In *Proceedings*. 5th European Academy of Design Conference, Barcelona, 28–30 April 2003. http://www.ub.edu/5ead/PDF/2/CooperHands.pdf. Letzter Zugriff: 12.01.2009.
Crilly, N., Blackwell, A., & Clarkson, P. J. (2006). Graphic elicitation. *Qualitative Research, 6*(3), 341–366.
Davis, G. (2006). Industrial design and human factors. *applianceDESIGN, 9/2006*, 50–53.

Design Management Institute Boston (2004). Investing in and supporting design innovation. In Design Management Institute Boston (Hrsg.), *Design Management Review* Bd. 2004. Boston: DMI. Special Issue.

Dodgson, M. (2000). *The management of technological innovation*. Oxford: Oxford University Press.

Geipel, P. (1989). *Industrie-Design als Marktfaktor bei Investitionsgütern*. München: GBI.

GfK (2006a). *Electro Scope*. Nürnberg: GfK.

GfK (2006b). *Home scope*. Nürnberg: GfK.

Gleich, R., Herrmann, C., Moeller, G., Russo, P., & Tilebein, M. (Hrsg.). (2008). *Markenbildung durch Industriedesign, Berichtsband 1: Herausforderungen, Chancen, Potenziale*. Oestrich/Winkel: European Business School.

Hardt, M. (2004). Do you speak design? *Design Report*, *1/2004*, 30–31.

Herrmann, C. (1999). *Die Zukunft der Marke*. Frankfurt a. M.: Frankfurter Allgemeine Zeitung.

Herrmann, C. (2005). *Strategic design*. Vortrag an der Bergischen Universität Wuppertal, 20.10.2004.

Herrmann, C., & Moeller, G. (2006). *Innovation – Marke – Design*. Düsseldorf: Symposium.

Herrmann, C., & Moeller, G. (2008). Design Entrepreneuring. In P. Russo, R. Gleich & F. Strascheg (Hrsg.), *Von der Idee zum Markt* (S. 78–99). München: Vahlen.

Herrmann, C., & Moeller, G. (2009). *Design governance*. Hyderabad: ICFAI University Press.

Herrmann, C. & Rüsen, T. (11. Aug. 2008). Innovation von Familienunternehmen. *Frankfurter Allgemeine Zeitung*, S. 18.

Herrmann, C., Moeller, G., Gleich, R., & Russo, P. (Hrsg.). (2009). *Strategisches Industriegüterdesign, Innovation und Wachstum durch Gestaltung*. Heidelberg: Springer.

Kapferer, J.-N. (1992). *Die Marke: Kapital des Unternehmens*. Landsberg/Lech: Verlag Moderne Industrie.

Karjalainen, T.-M. (2004). *Semantic transformation in design*. Helsinki: University of Art and Design.

Kiss, E. (1998). *Integriertes Industriedesign*. Bamberg: Difo-Druck.

Kotler, P., & Pfoertsch, W. (2006). *B2B Brand Management*. Berlin: Springer.

Laurel, B. (2003). *Design research, methods and perspectives*. Cambridge: University Press Group.

Lenzen, T. (1993). *Industriedesign als Erfolgsfaktor für mittelständische Unternehmen*. Bamberg: Difo-Druck.

Lindemann, U. (2005). Der Ingenieur und seine Designer – oder der Ingenieur und seine Partner. In J. Reese (Hrsg.), *Der Ingenieur und seine Designer* (S. 297–313). Berlin: Springer.

Marsili, O., & Ammon, S. (2006). The dark matter of innovation. *Journal Technology Analysis & Strategic Management*, *18*(5), 515–534.

Meffert, H., Burmann, C., & Koers, M. (Hrsg.). (2005). *Markenmanagement* (2. Aufl.). Wiesbaden: Springer.

Mutlu, B., & Er, A. (2003). *Design innovation*. 5th European Academy of Design Conference, Barcelona.

Pappas, E. (2002). Creative problem solving in engineering design. In *Proceedings*. 2002 ASEE Southeastern Section Meeting. Gainesville: University of Florida.

Peters, S. (2004). *Modell zur Beschreibung der kreativen Prozesse im Design unter Berücksichtigung der ingenieurtechnischen Semantik*. Duisburg, Essen: Universität Duisburg-Essen.

Pförtsch, W., & Schmid, M. (2005). *B2B-Markenmanagement*. München: Vahlen.

Reese, J. (Hrsg.). (2005a). *Der Ingenieur und seine Designer*. Berlin: Springer.

Reese, J. (2005b). Von der Anstrengung, der Technik ein Gesicht zu geben. In J. Reese (Hrsg.), *Der Ingenieur und seine Designer* (S. 6–107). Berlin: Springer.

Rothwell, R. (1994). Towards the fifth-generation innovation process. *International Marketing Review, 11*(1), 731.

Schönherr, P. (2009). Interview im Rahmen der MAN-Fallstudie zum Forschungsprojekt „Markenbildung durch Industriedesign". In C. Herrmann, G. Moeller, R. Gleich & P. Russo (Hrsg.), *Strategisches Industriegüterdesign, Innovation und Wachstum durch Gestaltung*. Heidelberg: Springer.

v. Stamm, B. (2003). *Managing innovation, design and creativity*. London: Wiley.

Steinmeier, I. (1998). *Industriedesign als Innovationsfaktor für Investitionsgüter*. Frankfurt a. M.: form.

Wabersky, M. (2007). Wo drückt der Schuh? In Internationales Design Zentrum Berlin (Hrsg.), *Design Management im Fokus* (S. 65–69). Berlin: IDZ.

Zerweck, P. (2008). Warum Designer nicht einparken können und Ingenieure nirgendwo hinkommen. In N. Hentsch, G. Kranke & C. Wölfel (Hrsg.), *Industriedesign und Ingenieurwissenschaften* (S. 127–134). Dresden: TUDpress.

Rechtliche Absicherung – Fundament einer starken B-to-B-Marke

Undine von Diemar und Jakob Guhn

Zusammenfassung

Die rechtliche Absicherung des Markenschutzes ist die Grundlage für den Aufbau einer werthaltigen Marke. Neben dem Schutz durch deutsche Marken auf der Grundlage des Markengesetzes ist in der Regel auch ein Schutz durch eine Unionsmarke für die Europäische Union oder international registrierte Marken (IR-Marken) angezeigt. Dabei gibt es keine markenrechtlichen Sondervorschriften für B-to-B-Marken. Als Marke schutzfähig ist jede Erscheinungsform eines Zeichens, die den menschlichen Sinnen zugänglich ist (z. B. Wörter, Buchstaben, Abbildungen, dreidimensionale Gestaltungen, Hörzeichen, Farben). Eine Marke gewährt ihrem Inhaber ausschließliche, gegen jedermann wirkende Rechte. Diese Rechte bestehen jedoch nicht unbeschränkt. So kann der Markeninhaber beispielsweise einem Dritten nicht verbieten, Waren weiter zu vertreiben, die durch den Markeninhaber selbst oder mit seiner Zustimmung im EU/EWR-Gebiet in Verkehr gebracht worden sind (Erschöpfung). Auch sind bestimmte ältere Rechte Dritter zu respektieren bzw. können dem Markeninhaber entgegengehalten werden (z. B. identische oder verwechslungsfähige ältere Marken oder Unternehmenskennzeichen). Marken lassen sich vielfältig verwerten. Besondere Bedeutung kommt dabei der Einräumung von Lizenzen an der Marke zu.

U. von Diemar (✉) · J. Guhn
Jones Day
München, Deutschland
E-Mail: uvondiemar@jonesday.com

J. Guhn
E-Mail: jguhn@jonesday.com

© Springer Fachmedien Wiesbaden GmbH, ein Teil von Springer Nature 2018   571
C. Baumgarth (Hrsg.), *B-to-B-Markenführung*, https://doi.org/10.1007/978-3-658-05097-9_30

Schlüsselbegriffe
ältere Drittrechte · Ausschließlichkeitsrecht · Erschöpfung · Garantiefunktion ·
geschützte Ausdrucksformen · Herkunftsfunktion · Kennzeichnungskraft ·
Lizenzen · Markengesetz · Markenschutz · Schranken · Verwechslungsgefahr ·
Verwertung · Werbefunktion

Inhaltsverzeichnis

1 Einleitung

1.1 Definition und Bedeutung der Marke

Eine Marke dient dazu, Waren oder Dienstleistungen eines Unternehmens von Waren
und Dienstleistungen eines anderen Unternehmens zu unterscheiden (§ 3 Abs. 1 Markengesetz [MarkenG]). Der Marke kommt deshalb vor allem eine **Herkunftsfunktion** zu.
Daneben ist die Marke ein wichtiges Werbemittel (**Werbefunktion**) und wird als Garantie
für eine bestimmte Qualität der damit bezeichneten Ware oder Dienstleistung angesehen

(**Garantiefunktion**). Die Marke gewährt ihrem Inhaber ausschließliche, gegen jedermann wirkende Rechte (vgl. § 14 Abs. 1 MarkenG).

Das Markenrecht entzieht der Konkurrenz die Benutzung geschützter Kennzeichen und vermeidet damit Verwechslungen im Markt. Folglich schützt das Markenrecht das Amortisationsinteresse des Unternehmens, das mit erheblichem Aufwand ein Produkt oder eine Dienstleistung am Markt bekannt macht und aus der Masse der im Wettbewerb stehenden Produkte oder Dienstleistungen heraushebt. Marken dienen damit nicht zuletzt der Absicherung des Goodwills von Unternehmen.

Heute wird zunehmend erkannt, dass der eigentliche Wert eines Unternehmens keineswegs durch seine Anlagegüter und Forderungen gegen Dritte allein bestimmt wird, sondern die immateriellen Wirtschaftsgüter eines Unternehmens in vielen Fällen eine wesentlich größere Rolle für die Wertermittlung spielen. Daher kommt der rechtlichen Absicherung des Markenschutzes eine ganz entscheidende Bedeutung für den Wert eines Unternehmens zu: Denn ein Produkt mag noch so gut sein, es wird nicht erfolgreich, wenn es im Markt nicht auffindbar ist. Und die Marke dient dazu, die Zuordnung zum Unternehmen zu gewährleisten, und sie ermöglicht, ein gutes Image von bestehenden Produkten auf zukünftige Produkte desselben Unternehmens zu transferieren.

1.2 Rechtsgrundlagen des Markenschutzes

Rechtsgrundlage für den Schutz deutscher Marken sowie geschäftlicher Bezeichnungen und geographischer Herkunftsangaben ist das deutsche **Markengesetz** (MarkenG). Es wird flankiert von einer Markenverordnung, die Einzelheiten, z. B. für das Verfahren der Anmeldung und Eintragung der Marke in das *Deutsche Patent- und Markenamt* (DPMA), näher regelt. Der Schutz sogenannter IR-Marken mit Schutzwirkung in Deutschland richtet sich ebenso nach dem Markengesetz (vgl. Abschn. 3.1). Unionsmarken genießen Schutz im Gebiet der gesamten Europäischen Union und damit auch in Deutschland (vgl. Abschn. 3.1). Ihre Rechtsgrundlage ist die Unionsmarkenverordnung EU/2015/2424.

Neben den gesetzlichen Grundlagen spielt im Markenrecht auch die **Rechtsprechung** eine große Rolle. Das MarkenG enthält z. B. viele unbestimmte Begriffe. So gibt es etwa keine starre Definition dafür, wann sich eine Marke im Verkehr durchgesetzt hat oder Verwechslungsgefahr besteht. Maßgeblich sind hierbei höchstrichterliche Entscheidungen zu ähnlichen, bereits entschiedenen Fällen. Dabei sind nicht nur die Entscheidungen deutscher Gerichte von Belang. Das Markenrecht ist nahezu vollumfänglich innerhalb der Europäischen Union harmonisiert (durch die Europäische Markenrechtsrichtlinie 2015/2436/EU) und deshalb hat neben den deutschen Gerichten die Rechtsprechung der europäischen Gerichte den mittlerweile maßgeblichen Einfluss auf die Auslegung und Entwicklung des Markenrechts in Europa.

1.3 Besonderheiten von B-to-B-Marken

Weder im Markengesetz noch in der Unionsmarkenverordnung gibt es Sondervorschriften
für B-to-B-Marken. Das Markenrecht differenziert grundsätzlich nicht danach, ob es sich
um eine B-to-B- oder B-to-C-Marke handelt. Die folgenden Ausführungen zur rechtlichen
Absicherung von Marken sind dementsprechend allgemein gehalten. Als Beispiele werden
jedoch primär B-to-B-Marken angeführt.

B-to-B-Marken und B-to-C-Marken unterscheiden sich insoweit, dass bestimmte Markenformen im B-to-B-Bereich häufiger vorkommen. Dies betrifft insbesondere so genannte **Firmenmarken** (diese bestehen aus oder beinhalten das Unternehmenskennzeichen)
und **Serienmarken** (einem gleichbleibenden Stammbestandteil wird zur näheren Kennzeichnung der einzelnen Produkte oder Dienstleistungen ein wechselnder Abwandlungs-
bestandteil hinzugefügt). Beispiele für bekannte Firmenmarken aus dem B-to-B-Bereich
sind *SAP* oder *Kuka*. Serienmarken aus dem B-to-B-Bereich sind z. B. die zahlreichen
Zusammensetzungen mit dem Stammbestandteil *BASF* (*Trizid-BASF, Sota-BASF, Furo-
BASF* und *Gallo-BASF*).

Ferner wird die Frage der Markenverletzung infolge einer Verwechslungsgefahr anhand des Verkehrskreises bestimmt, der sich bei B-to-B-Marken allein aus professionellen
Marktteilnehmern zusammensetzt, die sich in der Regel besser mit den Kennzeichnungs-
gewohnheiten der Unternehmen auskennen (vgl. Abschn. 4.1).

2 Welche Ausdrucksformen lassen sich durch eine Marke schützen?

2.1 Markenfähigkeit

Nicht jede Bezeichnung und nicht jedes sonstige Merkmal ist ein zur Kennzeichnung
von Produkten oder Dienstleistungen geeignetes Unterscheidungszeichen und kann damit eine Marke sein. Damit Markenfähigkeit i. S. d. § 3 Abs. 1 MarkenG gegeben ist,
müssen vielmehr die folgenden Voraussetzungen vorliegen: Die Marke ist nicht mit der
Ware/Dienstleistung gleichzusetzen, sondern ein Element mit Kennzeichnungsfunktion
(Büscher et al. 2008, Teil 1, Kap. 3, § 3, Rn. 8; Ingerl und Rohnke 2010, § 3, Rn. 6). Es
muss sich um ein Zeichen handeln, welches nicht physisch, doch aber gedanklich von der
Ware abstrahierbar ist (BGH GRUR 2008, 71-Fronthaube) mit der Folge, dass das Zei-
chen Informationen über die Art der Ware und deren Hersteller gibt und dient damit im
Verkehr der Unterscheidung der Ware von anderen Waren (Ingerl und Rohnke 2010, § 3,
Rn. 6).

Das Zeichen muss ferner sinnlich wahrnehmbar und bestimmbar sein. Ein Markenschutz für abstrakte Konzepte, die unterschiedliche Varianten umfassen, ist nicht möglich
(EuGH GRUR 2007, 231-Dyson). Marken müssen geeignet sein, die Waren und Dienstleistungen eines Unternehmens von denen eines anderen zu unterscheiden (§ 3 Abs. 1
MarkenG). Es genügt die theoretische Möglichkeit, dass ein Zeichen Unterscheidungs-

kraft besitzt, denn es geht um eine abstrakte Unterscheidungseignung, welche großzügig zu bestimmen ist. Selbst bei Vorliegen eines unterscheidungskräftigen einheitlichen Zeichens kommt ein Schutz dann nicht in Betracht, wenn bestimmte Unzulässigkeitskriterien vorliegen, etwa fehlende konkrete Unterscheidungskraft oder ein Freihaltebedürfnis (vgl. Abschn. 3.1).

2.2 Zeichenformen

Nach § 3 Abs. 1 MarkenG können nur **Zeichen** geschützt werden. Dieser Begriff wird gesetzlich nicht näher definiert, es wird lediglich eine beispielhafte Aufzählung von Zeichenformen vorgenommen, nämlich: Wörter (auch Personennamen), Abbildungen, Buchstaben, Zahlen, Hörzeichen, dreidimensionale Gestaltungen (einschließlich der Form der Ware oder ihrer Verpackung) sowie sonstige Aufmachungen (einschließlich Farben und Farbzusammenstellungen) (Hasselblatt 2009, § 36, Rn. 11). Die Aufzählung ist nicht abschließend. Damit kommt letztlich jede den menschlichen Sinnen zugängliche Erscheinungsform in Betracht.

Zu den wichtigsten Marken gehören die **Wortmarken**. Jedes Wort kann dabei im Grunde eine Marke bilden, sofern es für irgendeine Ware oder Dienstleistung Unterscheidungskraft besitzt. Auch **Einzelbuchstaben** sowie jegliche **Buchstabenkombinationen**, unabhängig davon, ob sie aussprechbar sind oder einen erkennbaren Sinngehalt haben, sind markenfähig (BGH GRUR 2001, 161-Buchstabe K; BPatGE 39, 140, 142-M.; Ingerl und Rohnke 2010, § 3, Rn. 27). Beispiele für Buchstabenmarken sind *BMW, BASF*, aber auch der *T*-Präfix der *Deutschen Telekom*. Auch **Zahlen** sind grundsätzlich markenfähig (BGH GRUR 2000, 231-FÜNFER).

Bildmarken können Abbildungen aller Art sein. Markenfähig sind z. B. Etiketten, Siegel, Randstreifen, Reliefs, Hologramme, Logos, synthetische Bilder, Kombinationen von Farben, graphisch gestaltete Schriftzüge. Problematisch ist die Abbildung der Ware oder ihrer Verpackung. Zwar liegt ein Zeichen vor, jedoch fehlt es in der Regel an der abstrakten Unterscheidungseignung, wenn es sich lediglich um eine naturgetreue Wiedergabe handelt. Anders jedoch, wenn die konkrete Abbildung eine bestimmte Eigenart aufweist (Fezer 2009, § 3, Rn. 527 ff.; abstrakte Unterscheidungskraft bejaht bei zeichnerischer Stilisierung BGH GRUR 1999, 495-Etiketten).

Satzzeichen wie Ausrufezeichen oder Fragezeichen und geometrische Grundformen wie Kreis, Dreieck oder Viereck können unter Umständen abstrakt unterscheidungskräftig sein. Allerdings scheitert ein Markenschutz hier oft an der konkreten Unterscheidungseignung im Sinne des § 8 Abs. 2 Nr. 1 MarkenG (Fezer 2009, § 3, Rn. 525). Dem *Joop*-Ausrufezeichen ist dagegen als so genannter Positionsmarke Markenschutz gewährt worden, weil es auf der Jeanstasche an gleichbleibender Stelle, in gleicher Größe und in einem bestimmten farblichen Kontrast zum Jeans-Stoff auf der Tasche eines Bekleidungsstücks aufgenäht ist (BPatGE 40, 71-Jeanstasche mit Joop-Ausrufezeichen).

Worte und Bildzeichen können schließlich auch zusammengesetzt werden (**Wort/ Bildmarke**). Dazu zählen z. B. das *Bayer*-Kreuz oder das *Osram*-Zeichen mit der Abbildung einer Glühbirne. Eine Wort/Bildmarke kann z. B. auch dann gewährt werden, wenn der Wortbestandteil beschreibend und damit allein nicht eintragungsfähig wäre, solange der grafische Bestandteil ausreichende Kennzeichnungskraft aufweist (z. B. die Wort/Bildmarke *Kinder-Überraschung*). Die Verwendung gewöhnlicher grafischer Bestandteile, wie z. B. die Benutzung marktüblicher Schriftarten oder Farben, ist hingegen nicht geeignet, eine hinreichende Unterscheidungskraft für beschreibende Wortbestandteile zu begründen.

Auch **dreidimensionale Gestaltungen** sind markenschutzfähig, wenn sie abstrakte Unterscheidungskraft besitzen. Die **Form einer Ware** und ihre **Verpackung** (z. B. *Tetra-Pack*-Tüten, *Cola*-Flaschen) können ebenfalls schutzfähig sein. Bei Formmarken muss jedoch beachtet werden, dass die Marke sich grundsätzlich von der technisch bedingten Produktgestaltung unterscheiden muss. Die Form darf also nach § 3 Abs. 2 MarkenG nicht etwa durch die Art der Ware oder ihre technische Funktionalität bedingt sein. Andernfalls wären Mitbewerber daran gehindert, identische oder ähnliche Produkte mit notwendigen technischen Merkmalen herzustellen oder zu vertreiben. Dieser Schutz kann allerdings nicht durch eine Marke, sondern nur durch ein technisches Schutzrecht, wie ein Patent oder ein Gebrauchsmuster, erreicht werden.

Ausgefallen, aber zulässig sind **Hörmarken** (z. B. ein klangliches Kennzeichen wie die Mitteilung des E-Mail-Accounts „Sie haben Post" oder das *Telekom*-Jingle). Bei **Geruchs-** und **Geschmackszeichen** stellen sich Probleme praktischer Art, weil die Zeichen graphisch kaum darstellbar sind (§ 8 Abs. 1 MarkenG; vgl. zu der Problematik Fezer 2009, § 3, Rn. 605 ff., 612 ff.). Geschützt werden können auch Farben (sogenannte **Farbmarken**), also Farbtöne als solche (z. B. EuGH GRUR 2016, 1167-*Sparkassen*-Rot; BGH GRUR 2015, 1012-NIVEA-blau) und Farbzusammenstellungen (z. B. magenta/grau der *Deutschen Telekom:* BGH GRUR 1999, 730 f.). Zwar kann die Farbe über ein Farbklassifikationssystem (Angabe der RAL-Nummern) auch eindeutig graphisch dargestellt werden (§ 8 Abs. 1 MarkenG), oftmals besteht aber ein Problem aufgrund des Freihaltebedürfnisses und der konkreten Unterscheidungskraft (vgl. Abschn. 3.1).

3   Wie erlangt man markenrechtlichen Schutz?

Markenschutz kann gemäß § 4 MarkenG entweder durch Eintragung des Zeichens als Marke in das vom DPMA geführte Register (formelles Schutzrecht, § 4 Nr. 1 MarkenG) erlangt werden oder durch Aufnahme von dessen Benutzung im Falle der Verkehrsgeltung des Zeichens (sachliches Schutzrecht, § 4 Nr. 2 MarkenG) (vgl. Abschn. 3.2). Markenschutz kann ferner aufgrund notorischer Bekanntheit des Zeichens i. S. d. Art 6 PVÜ entstehen (§ 4 Nr. 3 MarkenG).

3.1 Schutz durch Anmeldung und Eintragung

Materielle Eintragungsvoraussetzungen

Folgende materielle Voraussetzungen müssen vorliegen, damit eine Marke eingetragen wird.

- Es muss sich um ein markenfähiges Zeichen handeln (§ 3 MarkenG). Welche Zeichen als Marke schutzfähig sind, wurde bereits in Abschn. 2 erläutert.
- Es dürfen keine absoluten Schutzhindernisse bestehen (§ 8 MarkenG). Hierauf soll im Folgenden näher eingegangen werden.

§ 8 MarkenG regelt die **absoluten Schutzhindernisse**, die vom DPMA im Rahmen des Anmeldeverfahrens von Amts wegen zu prüfen sind. Hintergrund der absoluten Schutzhindernisse ist, das Entstehen unerwünschter Monopolrechte im Interesse der Allgemeinheit zu verhindern (Ingerl und Rohnke 2010, § 8, Rn. 1; Hasselblatt 2009, § 36, Rn. 17). Das Markenrecht kennt auch relative Schutzhindernisse (z. B. wenn eine ältere identische Marke vorliegt, § 9 Abs. 1 Nr. 1 MarkenG). Diese werden jedoch noch nicht bei der Eintragung geprüft, sondern können im Rahmen eines Widerspruchs gegen die Eintragung der Marke oder im Verfahren zur Löschung der Marke geltend gemacht werden.

(1) Graphische Darstellbarkeit

Nach § 8 Abs. 1 MarkenG sind solche Zeichen nicht als Marke schutzfähig, die sich nicht grafisch darstellen lassen. Bei den zweidimensionalen **Wort-, Bild-** und **Kombinationszeichen** besteht hier kein Problem. **Dreidimensionale Zeichen** können durch Fotos oder Zeichnungen dargestellt werden. Bei den **Hörmarken** können Tonfolgen in Notenschrift wiedergegeben werden. Problematischer ist dagegen die Darstellung von Geräuschen. Umstritten ist z. B., ob für die Markenfähigkeit die Wiedergabe lediglich durch ein Sonagramm ausreichend ist. Überwiegend wird dies bejaht (Ingerl und Rohnke 2010, § 8, Rn. 103; EUIPO GRUR 2006, 343; kritisch Ströbele und Hacker 2015, § 3, Rn. 66 ff.). Im deutschen Recht ist für die Eintragung hingegen die Wiedergabe in Notenform und auf Dateiträger nach § 11 MarkenV zwingend vorgegeben. Die Anforderungen der Rechtsprechung an die Darstellung von **Geruchs-** und **Geschmacksmarken** sind dagegen kaum zu erfüllen. So wird selbst deren Darstellung in Form einer chemischen Struktur- oder Summenformel als nicht verständlich genug angesehen (EuGH GRUR 2003, S. 145 ff.-Siekmann).

(2) Sonstige absolute Schutzhindernisse

§ 8 Abs. 2 MarkenG nennt in den Ziffern 1–10 weitere Ausschlusskriterien. Besondere Bedeutung in der Praxis haben dabei die fehlende Unterscheidungskraft (Nr. 1), das Bestehen eines Freihaltebedürfnisses (Nr. 2) und die Qualifizierung als besondere Gattungsbezeichnung (Nr. 3).

Fehlende konkrete Unterscheidungskraft (Nr. 1): § 8 Abs. 2 Nr. 1 MarkenG regelt die konkrete Unterscheidungskraft (im Unterschied zu § 3 MarkenG, der die abstrakte Eignung zur Unterscheidung der Produkte am Markt voraussetzt). Nach der Rechtsprechung des BGH ist Unterscheidungskraft die „einer Marke innewohnende (konkrete) Eignung, vom Verkehr als Unterscheidungsmittel für die von der Marke erfassten Waren oder Dienstleistungen eines Unternehmens gegenüber solchen anderer Unternehmen aufgefasst zu werden" (z. B. BGH GRUR 2002, 1070-Bar jeder Vernunft; BGH GRUR 2002, 64-IN-DIVIDUELLE). Die Marke muss die Ware oder Dienstleistung nach ihrer betrieblichen Herkunft, nicht nach ihrer Beschaffenheit oder Bestimmung unterscheidbar machen, sie muss also die Eignung besitzen, die Ursprungsidentität des gekennzeichneten Produkts zu bestimmen (BGH GRUR 2002, 1070-Bar jeder Vernunft). In diesem unmittelbaren Produktbezug liegt der Unterschied zur abstrakten Unterscheidungseignung (Fezer 2009, § 8, Rn. 39).

Beispiele für **fehlende** konkrete Unterscheidungskraft:

Wortmarken: „Eurotax" für Dienstleistungen einer Treuhand- und Steuerberatungsgesellschaft (BPatG GRUR 2001, 509); „Retail Link" für Warenverwaltungssoftware zum Gebrauch durch Einzelhandelsgeschäfte (BPatG GRUR 2003, 714); „Cityservice" für Dienstleistungen (BGH GRUR 2003, 1050); „nolimits!" für Reisedienstleistungen und Sportartikel (BPatG Beschl. vom 29.11.2006, 26W(pat) 180/05); „Kalenderfabrik" für Druckerzeugnisse, insbesondere Kalender (BPatG Beschl. vom 22.11.2006, 29W(pat) 229/03); „ecoDoor" für weiße Ware (EuGH GRUR-RR 2014, 448-ecoDoor); „EXACT" für Computer-Hardware und -Software (EuG T-228/13-EXACT); „watt" für Energieversorgung (EuG T-494/13 und T-495/13-watt); „GentleCare" für Reinigungsmaschinen (EuG T-188/14-GentleCare); „Moon" für Lampen (EuG T-374/13-Moon); „Yoghurt Gums" für Süßwaren (EuG T-366/12-Yoghurt Gums); „HOT" für Parfümartikel (EuG T-611/13-HOT).

Werbesprüche: Hier ist dann von fehlender Unterscheidungskraft auszugehen, wenn der Werbespruch lediglich beschreibender Art ist oder Anpreisungen und Werbeaussagen allgemeiner Art enthält: „Das Beste für Ihren Erfolg" für Unternehmensberatung (BPatG Beschl. vom 23.01.2007, 33W(pat) 6/05); „Die Bank mit doppelt guten Zinsen" für Bankgeschäfte (BPatG Beschl. vom 13.02.2007, 33W(pat) 264/04); „WET DUST CAN'T FLY" für Reinigungsmittel (BPatG Urteil v. 22.01.2015, T-133/13-WET DUST CAN'T FLY); „Ab in den Urlaub" für Reiseveranstaltungen (EuG T-273/12-Ab in den Urlaub); „BE HAPPY" für Spielzeug und Süßwaren (EuG T-707/13 und T-709/13-BE HAPPY).

Waren- und Verpackungsform und -muster: Auch die naturgetreue Wiedergabe einer Ware oder Verpackung kann unterscheidungskräftig sein, wenn ihre Gestaltung über warentypische oder nur dekorative Elemente hinausgeht (Ströbele und Hacker 2015, § 8, Rn. 283). Solche Gestaltungen müssen allerdings von der Norm- oder Branchenüblichkeit erheblich abweichen (vgl. zur Unterscheidungskraft solcher dreidimensionaler Marken z. B. BGH GRUR 2004, 504-Gabelstapler II; Urteil des EuG v. 21.04.2015, T-359/12 und T-360/12-Schachbrettmuster, Urteil des EuG v. 06.11.2014, T-53/13-Wellenlinie; Urteil des EuG v. 09.09.2015, T-530/14-schwarze Schleife, Urteil des EuG v. 03.03.2015, T-492/13-Spielbrett eines Gesellschaftsspiels; Urteil des EuGH vom 16.09.2015, C-215/14-Kit Kat).

Bestehen eines Freihaltebedürfnisses (Nr. 2): Nach § 8 Abs. 2 Nr. 2 MarkenG sind Zeichen von der Eintragung ausgeschlossen, die ausschließlich aus Bestandteilen oder Angaben bestehen, die im Verkehr zur Bezeichnung der Art, der Beschaffenheit, der Menge, der Bestimmung des Wertes, der geographischen Herkunft, der Zeit der Herstellung von Waren oder der Erbringung von Dienstleistungen oder zur Bezeichnung sonstiger Merkmale der Waren oder Dienstleistungen dienen können.

Diesem Ausschlussgrund liegt der Gedanke zugrunde, dass bestimmte Bezeichnungen der Allgemeinheit, und damit auch Konkurrenten, zur Kennzeichnung zur Verfügung stehen müssen (Ströbele und Hacker 2015, § 8, Rn. 12). Ein Beispiel dafür ist der Begriff „Software". Hersteller und Benutzer haben gleichermaßen ein schutzwürdiges Interesse daran, diesen Begriff verwenden zu dürfen. Für rein beschreibende Worte besteht in der Regel ein Freihaltebedürfnis, oft wird es in diesem Fall aber bereits an der Unterscheidungskraft fehlen. Geringe Abweichungen gegenüber der freizuhaltenden Angabe können ausreichen, damit das Zeichen nicht mehr unter Nr. 2 fällt (BGH GRUR 1985, 1053-LECO). Allerdings sind auch mögliche zukünftige Entwicklungen zu berücksichtigen, soweit diese vernünftigerweise zu erwarten sind (Ingerl und Rohnke 2010, § 8, Rn. 242).

Bei einzelnen Zahlen besteht in der Regel kein **Freihaltebedürfnis** (z. B. im Hinblick auf die Zahl 1 für Tabakwaren, BGH GRUR 2002, 971; oder für „quattro" im Zusammenhang mit Autos, BGH GRUR 1997, 366). Es ist jedoch etwas anderes, wenn die konkrete Zahl als Mengenangabe verwendet wird oder eine bestimmte beschreibende Bedeutung hat. Dabei muss gerade das Bedürfnis zur Freihaltung der infrage stehenden Zahl mit Bezug auf die konkreten Waren, für die sie geschützt werden soll, bestehen. Dies ist etwa der Fall, wenn bei Computern die Prozessorkapazität in Zahlen angegeben wird (z. B. 286, 133; vgl. BPatGE 39, 110-Zahl 9000).

Qualifizierung als besondere Gattungsbezeichnung (Nr. 3): Zeichen oder Angaben, die im allgemeinen Sprachgebrauch oder nach ständiger Verkehrsgepflogenheit zur Bezeichnung von Waren oder Dienstleistungen üblich geworden sind, sind ebenfalls von der Eintragung als Marke ausgeschlossen (§ 8 Abs. 2 Nr. 3 MarkenG). Damit erfasst § 8 Abs. 2 Nr. 3 MarkenG einerseits ursprünglich unterscheidungskräftige Zeichen, die zur Bezeichnung bestimmter Waren oder Dienstleistungen üblich geworden sind und deshalb vom Verkehr nun nicht mehr als Hinweis auf eine bestimmte betriebliche Herkunft verstanden werden (BGH GRUR 2011, 1043-TÜV II).

(3) Ausnahme bei Verkehrsdurchsetzung

Die Eintragungshindernisse des § 8 Abs. 1 Nr. 1 bis 3 MarkenG können gemäß § 8 Abs. 3 MarkenG überwunden werden, wenn sich die Marke infolge ihrer Benutzung für die Waren oder Dienstleistungen, für die sie angemeldet worden ist, in den beteiligten inländischen Verkehrskreisen als Kennzeichen für diese Waren oder Dienstleistungen durchgesetzt und damit herkunftskennzeichnende Wirkung erlangt hat (**Verkehrsdurchsetzung**).

Die erforderliche Verkehrsdurchsetzung kann durch demoskopische Gutachten oder Befragung betroffener Unternehmen sowie Fachkreise nachgewiesen werden. Die deutsche Rechtsprechung geht davon aus, dass der Durchsetzungsgrad zwar je nach Einzelfall zu bestimmen ist, in der Regel aber über 50 % liegen muss (vgl. etwa BGH GRUR 2001, 1042-REICH UND SCHÖN; BGH GRUR 2007, 1071-KINDER II). Der EuGH will sich allerdings nicht auf eine prozentuale Grenze festlegen (EuGH GRUR 1999, 723-Chiemsee).

Bei der Feststellung der Verkehrsdurchsetzung sind alle objektiven Umstände, wie etwa der Marktanteil, Dauer und Intensität der Benutzung, die geographische Verbreitung oder der Umfang der Werbeaufwendungen für die Marke und die dadurch erreichte Marktpräsenz, zu berücksichtigen. Die Marke darf jedoch nicht nur bei den entsprechenden Zielgruppen bekannt sein, sondern auch bei den „beteiligten Verkehrskreisen" (BGH GRUR 2008, 710-VISAGE). Sie muss sich gerade auch als Hinweis auf denjenigen durchgesetzt haben, der sie für sich schützen will. So konnte die FIFA keinen Schutz für das Zeichen „Fußball WM 2006" in Deutschland erlangen, weil dieses vom Verkehr nicht einmal zu 40 % der FIFA zugerechnet wurde (BGH GRUR 2006, 850-Fußball WM 2006).

Formelle Eintragungsvoraussetzungen und Eintragungsverfahren

Das Vorliegen der zuvor beschriebenen materiellen Voraussetzungen führt nicht automatisch zum Entstehen einer deutschen Marke. Erforderlich ist ein Eintragungsverfahren vor dem DPMA. Das Eintragungsverfahren beginnt mit der Einreichung einer Anmeldung beim DPMA (§ 32 MarkenG). Die Anmeldung muss nach § 32 Abs. 2 enthalten: (1) Angaben, die es erlauben, die Identität des Antragstellers festzustellen, (2) die Wiedergabe der Marke, (3) ein Verzeichnis der Waren und Dienstleistungen, für die die Eintragung erfolgen soll.

Mit der Anmeldung ist eine Grundgebühr nach § 3 des Patentkostengesetzes (PatKostG) zu bezahlen. Grundsätzlich beträgt diese derzeit 300 € (§ 2 Abs. 1 PatKostG i. V. m. GebVerz. Nr. 331 100). Mit dieser Gebühr sind Waren oder Dienstleistungen von drei Klassen abgedeckt. Für jede weitere von der Anmeldung berührte Klasse wird eine zusätzliche Klassengebühr von 100 € fällig (GebVerz Nr. 331 300). Wer Anmelder sein kann, bestimmt § 7 MarkenG. In Betracht kommen natürliche Personen, juristische Personen (z. B. eine GmbH) oder Personengesellschaften, sofern sie Rechte erwerben können (z. B. eine oHG oder GbR).

Das DPMA prüft die in § 36 MarkenG genannten **formellen Anmeldevoraussetzungen**, welche durch die Markenverordnung konkretisiert werden: die Mindesterfordernisse für die Zuerkennung eines Anmeldetages, den Gebühreneingang, ob der Anmelder Markeninhaber sein kann und ob die sonstigen Anmeldevoraussetzungen vorliegen. Außerdem prüft das DPMA gemäß § 37 MarkenG, ob die oben unter Abschn. 3.1 dargestellten **materiellen Eintragungsvoraussetzungen** vorliegen: ein schützbares Zeichen (§ 3 MarkenG), keine absoluten Schutzhindernisse (§ 8 MarkenG) und keine notorisch bekannten älteren Marken (§ 10 MarkenG). Das DPMA ermittelt dabei den Sachverhalt von Amts wegen, sodass der Anmelder neben der formgerechten Anmeldung keine weiteren Angaben machen muss (§ 59 Abs. 1 MarkenG). Ergibt sich kein Grund zur Beanstandung, so erfolgt der Beschluss über die Eintragung der Marke in das vom DPMA geführte Register. Die Eintragung wird sodann in dem vom DPMA herausgegebenen Markenblatt veröffentlicht (§ 41 MarkenG). Damit ist der Markenschutz entstanden.

Internationaler Markenschutz

Da Unternehmen in der Regel über das Territorium der Bundesrepublik hinaus geschäftlich aktiv sind, besteht neben dem Schutz durch eine deutsche Marke auch das Bedürfnis, das Zeichen durch eine IR-Marke oder eine Unionsmarke zu schützen.

(1) IR-Marken

Der Inhaber einer deutschen Marke kann den Schutz für seine Marke im Wege der **internationalen Registrierung** nach dem sogenannten **Madrider System** auf andere Staaten ausdehnen. Die Grundlage für das Madrider System bilden das Madrider Markenabkommen (**MMA**, Madrider Abkommen über die internationale Registrierung von Marken vom 14. April 1891, BGBl. 1970 II S. 418) und das Protokoll zum Madrider Markenabkommen (**PMMA**, Protokoll zum Madrider Abkommen über die internationale Registrierung von Marken, angenommen am 27. Juni 1989, BGBl. II S. 1016).

Durch **IR-Marken**, d. h. international registrierte Marken, kann Markenschutz in den Mitgliedsländern des MMA oder des PMMA jeweils auf der Grundlage einer schon in einem Mitgliedsland registrierten nationalen Basismarke (dies kann, muss aber keine deutsche Marke sein) in einem einheitlichen Eintragungsverfahren vor der World Intellectual Property Organization (WIPO) erlangt werden. Die Vorteile dieses Verfahrens liegen auf der Hand. Anstelle einer Direktanmeldung in einer Vielzahl von Staaten kann der Anmelder die Markenrechte parallel in einem Verfahren erwerben.

Wenn die Voraussetzungen des MMA/PMMA eingehalten sind, nimmt die WIPO die Eintragung vor. Das Zeichen wird sodann in das internationale Register eingetragen, in der Zeitschrift „Les Marques internationales" veröffentlicht und den nationalen Behörden der Staaten mitgeteilt, für die Schutz begehrt wird. Die betroffenen Länder können das Vorliegen von Schutzhindernissen dann selbstständig überprüfen und gegebenenfalls den Schutz versagen. Letztendlich beurteilt also jedes Land selbst, ob die Marke den eigenen nationalen Anforderungen genügt.

Wird der Schutz für ein Land versagt, hat dies grundsätzlich keine Auswirkungen auf die Anmeldung für andere Länder. Für in Deutschland international registrierte Marken ist dies in §§ 113, 114, 124 MarkenG geregelt. Schutz kann den IR-Marken aus den gleichen

Aspekten verweigert werden wie einer nationalen Marke, etwa wegen absoluter Schutz-hindernisse (§ 113 MarkenG). Einer IR-Marke kommt, sofern Schutz für Deutschland angestrebt wurde, die gleiche Schutzwirkung zu wie einer nationalen, beim Deutschen Patentamt eingetragenen Marke (§§ 112, 124 MarkenG).

(2) Unionsmarken

Die **Unionsmarke** ist ein eigenes, von der nationalen Marke unabhängiges Schutzrecht auf europäischer Ebene, welches Wirkung für die gesamte EU entfaltet. Geregelt ist sie in der Unionsmarkenverordnung (UMV). Der Schutz als Unionsmarke wird in einem An-meldeverfahren vor dem Europäischen Intellectual Property Office (EUIPO) in Alicante, Spanien, erlangt. Dabei handelt es sich, wie beim deutschen Eintragungsverfahren, um ein sachliches Prüfungsverfahren. Die Kriterien für die Eintragung einer Unionsmarke ähneln denen des deutschen Rechts. Das EUIPO prüft, ob das Zeichen als solches markenfä-hig ist (Art. 4 UMV) und ob absolute Schutzhindernisse einer Eintragung entgegenstehen (Art. 7 Abs. 1 UMV). Dabei erstreckt sich die Prüfung auf die gesamte Europäische Uni-on, d. h. sämtliche Mitgliedsstaaten (Art. 7 Abs. 2 UMV), sodass eine Anmeldung einer Unionsmarke schon dann scheitern kann, wenn nur in einem Land der Union ein absolutes Schutzhindernis besteht.

(3) Strategien für die Markenanmeldung

Für einen Markeninhaber, der lediglich in Deutschland ansässig ist und regional Waren vertreibt, mag eine rein nationale Anmeldung ausreichend sein, wenn er nicht das Ziel verfolgt, in Zukunft zu expandieren (z. B. ein regionaler Catering-Service in Deutsch-land). Für einen in Deutschland ansässigen Markeninhaber, welcher sich im Wesentlichen darauf beschränkt, Waren in einer Grenzregion zu vertreiben, z. B. auch in die Schweiz und Österreich, wäre überlegenswert, ob er nicht über die IR-Marke in den drei Ländern Markenschutz erlangen möchte. Dies kann schneller und kostengünstiger sein als etwa drei separate Anmeldungen in Deutschland, Österreich und der Schweiz (vertiefend zu Gestaltungsmöglichkeiten im Rahmen von IR-Markenanmeldungen vgl. Jaeger-Lenz und Freiwald 2005, S. 118 ff.).

Infolge des freien Waren- und Dienstleistungsverkehrs in der Europäischen Union ist aber in der Regel ein zumindest europaweiter Markenschutz durch eine Unionsmarke in Betracht zu ziehen. Hierbei ist auch zu bedenken, dass die Internetpräsenz bereits als zielgerichtetes Angebot an Schweizer und Österreicher (in deutscher Sprache) oder als Angebot an jedermann in der Europäischen Union (in englischer Sprache beim Ange-bot des europaweiten Vertriebs) verstanden werden kann (vgl. BGH GRUR 2005, 431-HotelMaritime). Insoweit ist heutzutage jedem B-to-B-Unternehmen eine zumindest eu-ropaweite Markenanmeldung zu raten. Mit einer einzigen Anmeldung einer Unionsmarke kann Schutz in allen Mitgliedstaaten der EU erlangt werden. Die Kosten der Eintragung wurden dabei zum 1. Mai 2009 deutlich gesenkt. Für Anmeldung und Eintragung einer Marke in drei Waren- bzw. Dienstleistungsklassen sind vom Anmelder derzeit 1050 € und für jede weitere Klasse 150 € zu veranschlagen (vgl. zu den Kosten der Eintragung einer

Unionsmarke: https://euipo.europa.eu/ohimportal/de/), während im Vergleich dazu über 3000 € (vgl. zu den Kosten der Eintragung einer IR-Marke: http://www.wipo.int/madrid/en/fees/sched.html) fällig werden für die Erweiterung einer deutschen Basismarke auf sämtliche weiteren Mitgliedstaaten der Europäischen Union mittels einer internationalen Registrierung.

Es gibt noch einen weiteren Vorteil der Unionsmarke gegenüber einer IR-Markenregistrierung. Grundsätzlich muss eine Marke in jedem Land, in dem sie angemeldet worden ist, auch benutzt werden (**Benutzungszwang**). Geschieht dies nicht, besteht die Gefahr, dass die Marke in dem Land, in dem sie längere Zeit nicht benutzt wird (zumeist beträgt die Frist drei oder fünf Jahre), löschungsreif wird (zur Rechtslage in Deutschland vgl. Abschn. 5.2). Weil die Unionsmarke eine Marke für die gesamt EU ist, ist es ausreichend, dass sie in der EU ernsthaft benutzt wird, wobei für die Annahme der Ernsthaftigkeit der Benutzung nach der Rechtsprechung die Benutzung der Marke in nur einem Land bereits ausreichen kann (EuGH GRUR 2013, 182-ONEL/OMEL). Der Art. 15 EUMV sieht lediglich vor, dass der Inhaber einer Unionsmarke diese innerhalb von fünf Jahren ab Eintragung ernsthaft „in der Europäischen Union" benutzen muss.

Nachteilig am Schutz durch eine Unionsmarke ist, dass sie nur dann zur Eintragung gelangt, wenn nach keiner Amtssprache der EU ein absolutes Schutzhindernis besteht. Da es sich nur um **eine** Marke handelt, kann sie auch einheitlich für die gesamte EU zu Fall gebracht werden, d. h., die Löschung der Unionsmarke bezieht sich immer auf das gesamte EU-Territorium. Bei einer IR-Marke ist dagegen der Schutz in den einzelnen Ländern grundsätzlich voneinander unabhängig. Ferner erfolgt die Eintragung der Unionsmarke erst, wenn kein Widerspruch durch einen Dritten erhoben wurde.

Schutzdauer

Anders als andere geistige Eigentumsrechte (z. B. Patent, Urheberrecht, Gebrauchsmuster), deren Schutz zeitlichen Begrenzungen unterliegt (Schutzdauer eines deutschen Patents z. B. 20 Jahre), ist die Marke verlängerbar und verfügt theoretisch über eine unbegrenzte Schutzdauer. So beträgt die **Schutzdauer** einer deutschen eingetragenen Marke und einer Unionsmarke nach Eintragung zehn Jahre und kann beliebig oft durch Zahlung einer **Verlängerungsgebühr** um jeweils zehn weitere Jahre verlängert werden. Die Schutzdauer einer IR-Marke beträgt nach dem MMA 20 Jahre und nach dem PMMA zehn Jahre. Sie kann ebenfalls durch Zahlung von Verlängerungsgebühren beliebig oft verlängert werden.

3.2 Schutz durch Benutzung bei Verkehrsgeltung

Auch nicht angemeldete bzw. nicht anmeldefähige Marken können Schutz genießen, nämlich dann, wenn sie **Verkehrsgeltung** erworben haben (§ 4 Nr. 2 MarkenG). Ein Zeichen hat dann als Marke Verkehrsgeltung erlangt, wenn ein nicht unerheblicher Teil der angesprochenen Verkehrskreise es für bestimmte Waren oder Dienstleistungen einem bestimmten Unternehmen als Herkunftshinweis zuordnet. Maßgeblicher Bezugspunkt sind die beteiligten **Verkehrskreise**. Wer darunter zu verstehen ist, hängt davon ab, wo und wie ein Unternehmen tätig ist, etwa wer als Käufer und Verwender des gekennzeichneten Produktes oder der Dienstleistung bzw. konkurrierender Waren oder Dienstleistungen der gleichen Qualitäts- und Preisklasse in Betracht kommt (BGH GRUR 1982, 672, 674-Aufmachung von Qualitätsseifen). So sind die beteiligten Verkehrskreise für den Absatz von Aktenordnern andere und wesentlich größer als die für den Absatz von Walzmaschinen.

Der erforderliche **Bekanntheitsgrad**, den das Zeichen innerhalb dieser Verkehrskreise haben muss, lässt sich nicht starr festlegen und ist einzelfallabhängig (Ingerl und Rohnke 2010, § 4, Rn. 19 ff.; EuGH GRUR 1999, 723-CHIEMSEE; eine detaillierte Aufschlüsselung nach einzelnen Markenformen, die weitere Anhaltspunkte bilden kann, findet sich in Fezer 2009, § 4, Rn. 154 ff.). In dieser Rechtsunsicherheit liegt ein Schwachpunkt der Benutzungsmarke gegenüber der eingetragenen Marke.

Der Begriff Verkehrsgeltung darf nicht mit dem der **Verkehrsdurchsetzung** im Sinne des § 8 Abs. 3 MarkenG verwechselt werden. Verkehrsgeltung kann bereits bei einem geringeren Bekanntheitsgrad vorliegen. Wäre das Zeichen auch als Marke ohne Weiteres eintragbar, dann genügt eine **einfache Verkehrsgeltung** (Zuordnungsgrad von 20–25 %). Stehen der Eintragung der Marke dagegen Schutzhindernisse nach § 8 Abs. 2 Nr. 1 und Nr. 2 MarkenG entgegen, die nur durch Verkehrsdurchsetzung nach § 8 Abs. 3 MarkenG zu überwinden wären (Durchsetzungsgrad von über 50 % erforderlich, vgl. Abschn. 3.1), dann bedarf es einer **qualifizierten Verkehrsgeltung** (Zuordnungsgrad von nicht unter 50 %), um die Anforderungen von § 8 Abs. 3 MarkenG bei den Benutzungsmarken nicht zu umgehen. Festgestellt werden kann die Verkehrsgeltung durch Umfragegutachten bei den beteiligten Verkehrskreisen, weitere Indizien sind etwa Werbeaufwendungen, Medienberichte etc (Ingerl und Rohnke 2010, § 4, Rn. 28).

Anders als bei eingetragenen Marken, die immer für ganz Deutschland gelten, kann der Schutz einer **Benutzungsmarke regional beschränk**t sein. Verkehrsgeltung entsteht häufig erst, wenn das Zeichen eine Weile benutzt worden ist. Je unterscheidungskräftiger und einprägsamer ein Zeichen ist, desto schneller wird sich dieser Prozess vollziehen. Die Strategie der Markteinführung, insbesondere entsprechende Werbekampagnen und eine auf die Zielgruppe abgestimmte Medienpräsenz ist deshalb nicht nur für den Absatz eines neuen Produktes, sondern auch für den Schutz seines Namens von wesentlicher Bedeutung (Fezer 2009, § 4, Rn. 127). Ebenso wie die Verkehrsgeltung entsteht, kann sie auch wieder verloren gehen. Dies kann etwa durch mangelnde Benutzung passieren, jedoch in der Regel nicht sofort, sondern erst wenn der Sachverhalt über eine längere Zeitdauer anhält.

3.3 Abgrenzung: Schutz für geschäftliche Bezeichnungen und geografische Herkunftsangaben

Der Schutz **geschäftlicher Bezeichnungen** (§ 5 MarkenG) und **geografischer Herkunftsbezeichnungen** (§ 126 MarkenG) ist zwar ebenso wie der Schutz von Marken im Markengesetz geregelt, diese Kennzeichen stellen jedoch keine Marken im rechtlichen Sinne dar. Insbesondere die geschäftlichen Bezeichnungen sind aber in der Praxis wichtige Kennzeichenrechte, die neben der Marke einen zusätzlichen Schutz für die „Firmenmarke" begründen. Denn auch sie können jüngeren ähnlichen Marken in der gleichen Branche entgegengehalten werden.

Schutzfähig als **geschäftliche Bezeichnungen** sind Unternehmenskennzeichen und Werktitel. Das **Unternehmenskennzeichen** (§ 5 Abs. 2 MarkenG), also insbesondere die Firma, bezieht sich auf ein Unternehmen und unterscheidet dieses von anderen Unternehmen, während die Marke Waren und Dienstleistungen kennzeichnet. Damit kann eine Bezeichnung zur gleichen Zeit Marke und Unternehmenskennzeichen sein (z. B. *SAP* als Marke für Software-Produkte und -services und gleichzeitig als Unternehmenskennzeichen i. S. d. § 5 MarkenG). **Werktitel** dienen nicht zur Bestimmung der Herkunft, sondern zur Unterscheidung eines Werkes von einem anderen. Anders als die Unternehmenskennzeichen bezeichnen Werktitel nicht ein bestimmtes Unternehmen, sondern eine bestimmte geistige Leistung. Auch Unternehmenskennzeichen und Werktitel haben einen enormen Wert für das betroffene Unternehmen.

Das MarkenG schützt neben Marken und geschäftlichen Bezeichnungen schließlich auch **geographische Herkunftsangaben**. Diese sind in § 126 Abs. 1 MarkenG als Namen von Orten, Gegenden und Gebieten oder Ländern sowie sonstige Angaben oder Zeichen definiert, die im geschäftlichen Verkehr zur Kennzeichnung der geographischen Herkunft von Waren oder Dienstleistungen genutzt werden (z. B. *Emmentaler, Champagner, Bordeaux, Tiroler Schinken, Schwarzwälder Schinken, Parmeggiano*). Entscheidend ist hier die Kennzeichnung der geographischen Herkunft und nicht, wie bei Marken, die betriebliche Herkunft von Waren oder Dienstleistungen. Im Unterschied zu Marken und geschäftlichen Bezeichnungen, welche Ausschließlichkeitsrechte zugunsten eines bestimmten Inhabers sind, handelt es sich bei geographischen Herkunftsangaben um Rechtspositionen, die allen Unternehmen eines bestimmten Gebietes bezüglich ihrer Waren und Dienstleistungen zukommen.

Der Schutz für Unternehmenskennzeichen und Werktitel entsteht durch tatsächliche Handlungen. Unternehmenskennzeichen (§ 5 Abs. 2 MarkenG) müssen im geschäftlichen Verkehr gebraucht werden. Ob eine Eintragung einer Firma ins Handelsregister bereits vorliegt, ist allenfalls ein Indiz für die Benutzung (Ingerl und Rohnke 2010, § 5, Rn. 33). Für Unternehmenskennzeichen, die keine eigene Kennzeichenkraft besitzen, reicht die bloße Benutzung im geschäftlichen Verkehr allein nicht aus. Sie müssen zusätzlich erst Verkehrsgeltung erlangen. Geographische Herkunftsangaben werden geschützt, sobald sie im geschäftlichen Verkehr zur Kennzeichnung der Herkunft von Waren oder Dienstleistungen genutzt werden.

4 Welche Rechte gewährt die Marke?

Die Marke gewährt ein ausschließliches Recht gegen die Benutzung in den Schutzumfang fallender Kennzeichen durch jeden beliebigen Dritten, § 14 Abs. 1 MarkenG (Ströbele und Hacker 2015, § 14, Rn. 8).

4.1 Umfang des ausschließlichen Rechts des Markeninhabers

Der Schutzumfang des § 14 Abs. 2 MarkenG kann in drei Fallgruppen eingeteilt werden: Identitätsschutz, Verwechslungsschutz und Bekanntheitsschutz. In allen drei Fallgruppen ist die **Benutzung des Zeichens im geschäftlichen Verkehr** erforderlich. Die Benutzungserfordernis ist dabei einschränkend auszulegen. Nur eine **markenmäßige Benutzung** ist untersagt. Eine Benutzung ist nur dann markenmäßig, wenn sie im Rahmen des Produktabsatzes der Kennzeichnung der Herkunft einer Ware oder Dienstleistung dient (Ströbele und Hacker 2015, § 14, Rn. 74 ff.).

(1) Identitätsschutz
Der § 14 Abs. 2 Nr. 1 MarkenG vermittelt **Identitätsschutz**. Der Markeninhaber wird geschützt gegen die Verwendung eines identischen Zeichens für identische Waren oder Dienstleistungen. Hauptanwendungsgebiet von § 14 Abs. 2 Nr. 1 MarkenG sind Fälle der Markenpiraterie sowie Fälle offener Markenkopien.

(2) Verwechslungsschutz
Der § 14 Abs. 2 Nr. 2 MarkenG vermittelt **Verwechslungsschutz**. Danach darf ein Dritter ein Zeichen nicht benutzen, welches mit der geschützten Marke entweder identisch oder dieser ähnlich ist. Gleiches gilt, wenn das Zeichen und die Marke zudem identische oder ähnliche Waren oder Dienstleistungen kennzeichnen, wenn hierdurch für das Publikum die Gefahr von Verwechslungen besteht. Die Voraussetzungen des Verletzungstatbestands der Verwechslungsgefahr entsprechen denen des relativen Schutzhindernisses in § 9 Abs. 1 Nr. 2 MarkenG, wonach der Inhaber der älteren Marke Löschung verlangen kann (vgl. Abschn. 5.1).

Ab wann Verwechslungsgefahr vorliegt, ist nach der sogenannten Wechselwirkungstheorie zu beurteilen. Maßgeblich sind hierbei (1) die Ähnlichkeit der Zeichen, (2) die Ähnlichkeit der mit ihnen gekennzeichneten Waren oder Dienstleistungen sowie (3) die Kennzeichnungskraft der möglicherweise verletzten Marke. Diese Faktoren stehen zueinander in Wechselwirkung (vgl. BGH GRUR 2004, 865, 866-Mustang). Das bedeutet, dass ein geringerer Grad der Ähnlichkeit der Zeichen durch einen höheren Grad der Ähnlichkeit der Waren oder Dienstleistungen oder durch erhöhte Kennzeichnungskraft der verletzten Marke ausgeglichen werden kann und umgekehrt (BGH GRUR 1998, 387-Sabél/Puma; Hasselblatt 2009, § 36, Rn. 82). Bei der Bestimmung der Verwechslungsgefahr ist auf das „Publikum" abzustellen. Gemeint ist damit die Durchschnittsauffassung der maßgeblichen Verkehrskreise, also all derjenigen, die als potenzielle Abnehmer oder Wiederverkäufer der jeweiligen Ware oder Dienstleistung in Betracht kommen (Ingerl und Rohnke 2010, § 14, Rn. 445). Zu tatsächlichen Verwechslungen muss es nicht gekommen sein, es genügt die Gefahr derselben.

Beispiele: Schriftbildliche/klangliche Ähnlichkeit wurde angenommen bei *T-Online* und *Donline* (BGH GRUR 2004, 239, 240). Verneint wurde hingegen die Verwechslungsgefahr zwischen den Zeichen *AntiVir* und *AntiVirus* (BGH GRUR 2003, 963). Bei den Marken *BANK24* für Finanzdienstleistungen und *IMMOBILIEN24* für eine Internet-Plattform mit Immobilienangeboten hielt der BGH eine Verwechslungsgefahr im weiteren Sinne für möglich (BGH GRUR 2002, 544, 547). Es gibt umfangreiche Rechtsprechung zur Ausfüllung der Begriffe Ähnlichkeit und Verwechslungsgefahr; maßgeblich nach der Rechtsprechung des EuGH ist immer die Beurteilung des konkreten Einzelfalls anhand aller relevanten Umstände (EuGH GRUR 1998, 387-Sabél/Puma). Die Frage der Markenverletzung infolge einer Verwechslungsgefahr erfordert daher eine genaue Analyse der oben benannten Umstände.

(3) Bekanntheitsschutz

Der § 14 Abs. 2 Nr. 3 MarkenG vermittelt **Bekanntheitsschutz**. Danach darf ein Dritter ein mit der geschützten Marke identisches oder dieser ähnlichen Zeichen auch nicht für solche Waren oder Dienstleistungen benutzen, für die die Marke keinen Schutz genießt, wenn es sich bei der Marke um eine im Inland bekannte Marke handelt und die Benutzung des Zeichens die Unterscheidungskraft oder die Wertschätzung der bekannten Marke ohne rechtfertigenden Grund in unlauterer Weise ausnutzt oder beeinträchtigt. Markenschutz will also nicht nur Nachahmung und Verwechslung vorbeugen, sondern sichert in Form des Bekanntheitsschutzes auch den Goodwill eines Unternehmens.

Es lässt sich kein konkreter Prozentsatz finden, ab wann eine Marke ausreichend bekannt ist (Ingerl und Rohnke 2010, § 14, Rn. 1252). Maßgeblich ist, dass der Bekanntheitsgrad zumindest so hoch sein muss, dass es gerechtfertigt ist, dem Zeichen einen Schutz auch gegenüber der Verwendung für völlig anders geartete Waren oder Dienstleistungen zuzubilligen als die, für welche es ursprünglich gedacht war. Die Marke muss also so bekannt sein, dass – unabhängig von der damit gekennzeichneten Ware oder Dienstleistung – immer eine Verbindung zum Markeninhaber hergestellt werden kann. Kommt es auf die Ähnlichkeit zwischen den Waren bzw. Dienstleistungen nicht an, dann gilt die Regelung entgegen ihrem Wortlaut natürlich erst recht, wenn es sich um ähnliche oder identische Waren handelt.

§ 14 Abs. 2 Nr. 3 MarkenG enthält folgende Verletzungswirkungen: die Beeinträchtigung der Unterscheidungskraft der bekannten Marke (**Verwässerung**), die Beeinträchtigung der Wertschätzung der Marke (**Rufschädigung**) sowie die Ausnutzung der Unterscheidungskraft und Wertschätzung der bekannten Marke (**Rufausbeutung**). Die Beeinträchtigung bei der sogenannten **Verwässerung** liegt darin, dass die Kennzeichnungskraft durch die Benutzung eines ähnlichen Kennzeichens gemindert wird (z. B. „Allianz" als

Name einer Musikgruppe, OLG München MarkenR 2000, 65; Produktnachahmung im Parfümbereich: EuGH GRUR 2009, 756-L'Oreal).

Eine **Rufschädigung** liegt etwa vor, wenn die Marke für qualitativ minderwertige Produkte verwendet wird oder für Produkte, die nicht zum Image der Marke passen (z. B. Yves Rocher für Billigalkoholika: OLG Hamburg GRUR 1999, 339; NIVEA für Kondome: BGH GRUR 1995, 57-Markenverunglimpfung II; Produktnachahmungen im Parfümbereich: EuGH GRUR 2009, 756-L'Oreal). Bei der **Rufausbeutung** werden bestimmte Gütevorstellungen oder andere Assoziationen im Hinblick auf unter der Marke vertriebene Produkte für den eigenen Warenvertrieb ausgenutzt (z. B. Ausnutzung des Sendetitels „Gute Zeiten, Schlechte Zeiten" durch „Gute Nachbarn, Schlechte Nachbarn", KG GRUR 2000, 906; zum erforderlichen „Imagetransfer" auf die neuen Waren: EuGH GRUR 2009, 756-L'Oreal; sowie EuGH C-136/08-Japan Tobacco).

Bei der **Ausnutzung der Unterscheidungskraft** macht sich der Verletzer den Aufmerksamkeitswert der Marke zunutze (z. B. Nutzung der Second-Level-Domain „derrick.de", auf der „Lösungen für das Internet" angeboten werden, als Ausnutzung des Aufmerksamkeitswertes der Kriminalreihe *Derrick*, OLG Hamburg GRUR-RR 2002, 100; siehe hierzu auch EuGH GRUR 2010, 445-Google France und Google).

(4) Besonders geregelte Fälle der Benutzung der Marke
§ 14 Abs. 3 und Abs. 4 MarkenG beschreiben, welche konkreten Handlungen – vorbehaltlich der Schranken des Markenschutzes – untersagt sind, wenn die Voraussetzungen von § 14 Abs. 2 MarkenG erfüllt sind. Dazu zählen u. a. das Anbringen des Zeichens auf der Ware oder ihrer Aufmachung sowie Verpackung und das Anbieten der Waren unter dem Zeichen im Verkehr. Da die Aufzählung nicht abschließend ist, kommen noch weitere verbotene Benutzungshandlungen in Betracht.

4.2   Schranken des Markenschutzes

Der zuvor dargestellte Markenschutz besteht nicht unbeschränkt. Seine Schranken bilden Verjährung, Verwirkung, Bestandskraft der jüngeren eingetragenen Marke, beschreibende Benutzung, Erschöpfung und mangelnde Benutzung (§§ 20–26 MarkenG). Auf die drei zuletzt genannten Schranken soll im Folgenden vertieft eingegangen werden.

(1) Beschreibende Benutzung
Der Markeninhaber darf einem Dritten nicht verbieten, seinen Namen oder seine Anschrift zu verwenden (§ 23 Nr. 1 MarkenG). So kann es keinem Herrn Maier verboten werden, sich – auch im geschäftlichen Verkehr – Maier zu nennen, nur weil das Unternehmen XY über eine Marke „Maier" verfügt. Auch lediglich **beschreibende Angaben** sind zulässig (§ 23 Nr. 2 MarkenG) ebenso wie die Verwendung des Zeichens im Zusammenhang mit dem Zubehör- und Ersatzteilgeschäft (§ 23 Nr. 3 MarkenG).

Die Monopolisierung des Kennzeichens im geschäftlichen Verkehr hat zurückzutreten, soweit die Benutzung von Angaben unmöglich würde, auf die andere Unternehmen angewiesen sind. So ist es z. B. zulässig, dass eine nicht zum *BMW*-Vertriebsnetz gehörende Kfz-Werkstatt mit Gebrauchtwagenhandel auf Firmenschildern mit „spezialisiert auf *BMW*" oder „Instandsetzung und Wartung von *BMW*-Fahrzeugen" wirbt (EuGH GRUR Int 1999, 438-BMW). Allerdings darf die beschreibende Benutzung nicht sittenwidrig sein. So darf z. B. ein Händler als Benutzer der Marke nicht den Anschein erwecken, er sei ein autorisierter Vertragshändler des Markeninhabers (OLG Düsseldorf GRUR-RR 2007, 102-peugeot-tuning.de).

(2) Erschöpfung

Erschöpfung (§ 24 MarkenG) tritt ein, wenn durch den Markeninhaber selbst oder mit seiner Zustimmung Waren im Gebiet der EU bzw. des EWR erstmalig in den Verkehr gebracht worden sind (Ingerl und Rohnke 2010, § 24, Rn. 17). Der Markeninhaber kann einem Dritten dann nicht mehr verbieten, diese Waren weiter zu vertreiben. Würde sich das Markenrecht nicht erschöpfen, dann könnte der Markeninhaber den Vertrieb der Waren bis zum Endverbraucher kontrollieren. Dies ginge aber über den Zweck des Markenrechts hinaus, nämlich die Herkunft der Waren erkennbar und ihren Hersteller für die Qualität verantwortlich zu machen (Ströbele und Hacker 2015, § 24, Rn. 1). Infolge der Erschöpfung dürfen also Dritte, wie Importeure, Groß-, Einzel- oder Vertriebshändler, die mit der Marke versehene Originalware in unveränderter Form europaweit verkaufen und diese auch bewerben.

Erschöpfung tritt jedoch nicht ein, wenn berechtigte Gründe des Markeninhabers entgegenstehen, insbesondere wenn der Zustand der Waren verändert oder verschlechtert wird (§ 24 Abs. 2 MarkenG). Der Schutz der Garantie- und Herkunftsfunktion der Marke überwiegt hier das Interesse an der Verkehrsfähigkeit der mit ihr gekennzeichneten Waren. Beispiele hierfür sind Veränderungen des Produkts selbst, z. B. Entfernung einzelner Bestandteile eines vom Hersteller gebildeten Software-Pakets (OLG Karlsruhe CR 2000, 285), Entfernen der Sperre von Mobiltelefonen, Entfernen von Kontrollnummern und Vertriebskennzeichen, die dem Schutz eines selektiven Betriebssystems dienen (BGH GRUR 2001, 448; BGH GRUR 2002, 709), oder die Veränderung der Verpackung, insbesondere das Umverpacken von Waren (Ingerl und Rohnke 2010, § 24, Rn. 63 ff.).

Andererseits kann eine Umverpackung etwa dann erforderlich sein und den Erschöpfungseintritt somit nicht verhindern, wenn dies wie etwa bei der Einfuhr von Arzneimitteln objektiv erforderlich ist, um das Produkt in einem Land unter der Marke überhaupt vertreiben zu können (Grundsatz-Entscheidung: EuGH GRUR Int. 1996, 1144-Bristol-Myers-Squibb; modifiziert durch BGH GRUR 2007, 1075-STILNOX; BGH GRUR 2008, 156-Aspirin II; und BGH GRUR 2008, 160-CORDARONE).

(3) Nichtbenutzung

Grundsätzlich sollen nur aus benutzten Marken Rechte hergeleitet werden können (§§ 25, 26 MarkenG). Eine Marke, die innerhalb der letzten fünf Jahre vor der Geltendmachung des Anspruchs für die Waren oder Dienstleistungen, auf die sich der Markeninhaber zur Begründung seines Anspruchs beruft, nicht benutzt worden ist, ist daher **löschungsreif** (§ 25 MarkenG). Dem Markeninhaber ist es dann verwehrt, Rechte aus dieser Marke geltend zu machen und insbesondere andere Zeichen anzugreifen (vgl. Abschn. 5.2 zu weiteren Konsequenzen der Nichtbenutzung).

4.3 Ansprüche des Markeninhabers

Wird eine Marke entgegen § 14 Abs. 1–4 MarkenG (Identitätsschutz, Verwechslungsschutz, Bekanntheitsschutz, vgl. Abschn. 4.1) benutzt und ist diese Benutzung nicht durch eine Schranke des Markenrechts erlaubt, dann hat der Markeninhaber gegen den Verletzer einen Anspruch auf **Unterlassung** der markenverletzenden Handlung (§ 14 Abs. 5 MarkenG). Hat der Verletzer zudem schuldhaft gehandelt, was in der Regel der Fall ist, sieht er sich zudem einer **Schadensersatzpflicht** ausgesetzt (§ 14 Abs. 6 MarkenG).

Dabei kommen unterschiedliche Wege der **Schadensberechnung** in Betracht (Ingerl und Rohnke 2010, Vor §§ 14–19, Rn. 229). Den Nachweis des durch die Verletzung konkret entgangenen Gewinns wird der Markeninhaber meist nur schlecht führen können oder wollen (z. B. müssten dafür bestimmte eigene Geschäftszahlen offengelegt werden). Deshalb kann er auch den **Gewinn** des Verletzers herausverlangen. In Betracht kommt außerdem eine **Lizenzanalogie**, bei der berechnet wird, was der Verletzer dem Markeninhaber als marktübliche Lizenzgebühr für die Benutzung der Marke hätte zahlen müssen. Daneben bestehen schließlich noch Ansprüche auf **Vernichtung** der zu Unrecht mit der Marke gekennzeichneten Waren (§ 18 MarkenG) und auf **Auskunft** über deren Herkunft und Vertriebsweg (§ 19 MarkenG). Der Markeninhaber kann zudem aufgrund älterer Markenrechte die Löschung von jüngeren eingetragenen Marken durch Widerspruchs vor dem *DPMA* oder im Löschungsverfahren vor den ordentlichen Gerichten erreichen (vgl. Abschn. 5.1).

5 Welche Risiken birgt mangelhafter Markenschutz?

Mit der Eintragung der Marke ist nicht alles getan, um die Marke dauerhaft als Herkunftshinweis für die eigenen Waren und Dienstleistungen unter Ausschluss Dritter nutzen zu können. Die Marke muss vielmehr auch nach ihrer Eintragung genutzt, ggf. territorial ausgedehnt und gegen Angriffe verteidigt werden.

5.1 Ältere Rechte Dritter

(1) Ältere Marken

Das DPMA überprüft vor der Eintragung nicht, ob die Marke mit bestehenden älteren Rechten vereinbar ist. Die Eintragung erfolgt sogar in den Fällen, in denen das einzutragende Zeichen mit einem bereits eingetragenen Zeichen identisch ist. Der Inhaber einer älteren angemeldeten, eingetragenen oder notorisch bekannten Marke kann aber die Löschung der eingetragenen jüngeren Marke im **Widerspruchsverfahren** vor dem **DPMA** (§ 42 i. V. m. §§ 9, 10 MarkenG) oder im **Löschungsverfahren** vor den ordentlichen **Gerichten** (§§ 51, 55 i. V. m. § 9 MarkenG) durchsetzen, wenn die Zeichen entweder identisch sind oder zumindest Verwechslungsgefahr besteht. Unter einer notorisch bekannten Marke ist eine Marke mit gesteigerter Verkehrsgeltung in allen durch die geschützten Waren oder Dienstleistungen angesprochenen Verkehrskreisen (Verbraucher, Händler, Wettbewerber) zu verstehen, deren allgemeine Bekanntheit deutlich über 50 % liegt (§§ 4 Nr. 3, 10 MarkenG). Die **Kollisions-Tatbestände** des § 9 MarkenG sind denen des § 14 Abs. 2 MarkenG angeglichen. Daher wird auf die Ausführungen zum Identitäts- und Verwechslungsschutz unter Abschn. 4.1 verwiesen.

(2) Sonstige ältere Rechte

§ 11 MarkenG regelt die Löschung von Marken, die ohne Zustimmung des Markeninhabers für dessen Agenten oder Vertreter eingetragen wurden (sogenannte Agentenmarke). Die Marke des Geschäftsherrn muss dabei nicht in Deutschland, sondern kann als älteres Recht in jedem Drittstaat bestehen; insoweit wird das Territorialitätsprinzip des Markenrechts durchbrochen. Auch ältere Benutzungsmarken nach § 4 Nr. 2 MarkenG oder geschäftliche Bezeichnungen (Unternehmenskennzeichen und Werktitel) nach § 5 MarkenG können jüngere Marken zum Erlöschen bringen (§ 12 MarkenG).

Schließlich können sich auch noch aus anderen Ausschließlichkeitsrechten Löschungsansprüche ergeben, so etwa aus älteren Namensrechten oder aus Urheberrechten (§ 13 MarkenG). Die in § 13 Abs. 2 MarkenG enthaltene Aufzählung von Rechten, aufgrund derer eine eingetragene Marke gelöscht werden kann, ist nicht abschließend. In Einzelfällen kommt z. B. auch das Recht am eingerichteten und ausgeübten Gewerbetrieb als sonstiges Recht im Sinne des § 13 MarkenG in Betracht (Ingerl und Rohnke 2010, § 13, Rn. 13, 14). Mit der Ausnahme der Agentenmarke, deren Löschung sowohl im Widerspruchsverfahren als auch im Löschungsverfahren durchgesetzt werden kann, ist die Löschung von jüngeren Marken aufgrund der anderen, zuvor dargestellten älteren Rechte nur im Löschungsverfahren zu erreichen.

(3) Markenrecherche

Um eine Kollision mit älteren Rechten Dritter zu verhindern, sollte der Anmelder einer Marke daher vor der Anmeldung eine umfangreiche Recherche nach identischen und verwechslungsfähigen Altzeichen vornehmen lassen. Von darauf spezialisierten Anbietern wird sowohl die Suche nach identischen als auch nach ähnlichen älteren Rechten (z. B.

Marken, Firmen, Werktitel, Domains) angeboten. Ohne vorherige Recherche kann sich der Anmelder kaum darauf verlassen, dass die eingetragene Marke dauerhaften Schutz genießt.

5.2 Verfall wegen Nichtbenutzung

Werden Marken nicht rechtserhaltend genutzt, können sie nach Ablauf eines ununterbrochenen Zeitraums von fünf Jahren durch jedermann zur Löschung gebracht werden (§§ 49 Abs. 1, 55, 26 MarkenG). Eine bestehende **Löschungsreife** kann zwar nach § 49 Abs. 1 S. 2 MarkenG geheilt werden, wenn die Benutzung der Marke wieder aufgenommen wird, allerdings nur bevor der Antrag auf Löschung gestellt wird. Dabei ist auch § 49 Abs. 1 S. 3 MarkenG zu beachten, der die Aufnahme der Nutzung dann für unbeachtlich erklärt, wenn sie innerhalb von drei Monaten vor dem Zeitpunkt erfolgt, zu dem der Löschungsantrag gestellt wird. Das bedeutet, dass es nicht ausreicht, wenn der Markeninhaber nach Androhung des Löschungsantrags durch einen Konkurrenten Benutzungshandlungen vornimmt, wenn der Konkurrent seinen Löschungsantrag dann innerhalb von drei Monaten einreicht (Hasselblatt 2009, § 36, Rn. 290).

Der Markeninhaber muss die Marke nicht selbst benutzen. Auch die **Drittbenutzung** mit seiner Zustimmung wird dem Markeninhaber zugerechnet (§ 26 Abs. 2 MarkenG). So ist dem Markeninhaber auch die vertragsgemäße Nutzung der Marke durch seinen **Lizenznehmer** zuzurechnen. Markeninhaber sollten zudem die Nachweise der Benutzung von Marken (z. B. in Form von Verpackungen, Lieferpapieren, Werbematerialien) sorgfältig aufbewahren.

In der Praxis kommt es häufig dann zur Nichtbenutzung von Marken, wenn deren Darstellung im Rahmen der Produktentwicklung (z. B. von Verpackungen) soweit geändert wird, dass sie dem kennzeichnenden Charakter der Eintragung nicht mehr entspricht (§ 26 Abs. 3 MarkenG). In diesem Fall gilt die ursprünglich eingetragene Form der Marke als nicht mehr benutzt, während für die neue Form häufig kein Markenschutz beantragt sein dürfte.

5.3 Verfall wegen Umwandlung zur Gattungsbezeichnung

Wenn die Marke im geschäftlichen Verkehr nach ihrer Eintragung zur gebräuchlichen **Gattungsbezeichnung** für die Waren oder Dienstleistungen geworden ist, für die sie eingetragen wurde, kann die Marke durch jedermann zur Löschung gebracht werden (§§ 49 Abs. 2 Nr. 1, 55 MarkenG). Ob eine solche Umwandlung in eine Gattungsbezeichnung vorliegt, bestimmt sich nach der Auffassung der angesprochenen Verkehrskreise. Die Umwandlung in eine Beschaffenheitsangabe kommt dann in Betracht, wenn zum Zeitpunkt der Entscheidung über den Löschungsantrag festzustellen ist, dass nur noch ein völlig unbeachtlicher Teil des Verkehrs mit dem Zeichen Herkunftsvorstellungen bezüglich eines bestimmten Unternehmens verbindet (Ingerl und Rohnke 2010, § 49, Rn. 34).

Deshalb sollte der Markeninhaber darauf achten, sein Markenzeichen stets nur als Herkunftshinweis für seine Produkte, keinesfalls aber zur sachlichen Umschreibung seiner Produkte zu verwenden. Auch kann sich bei umwandlungsgefährdeten Marken die Verwendung des ®-Zeichens empfehlen. Der Markeninhaber kann zudem versuchen, durch Aufklärungskampagnen auf das Verständnis der Verkehrskreise einzuwirken oder sich des Hinweisanspruchs aus § 16 MarkenG zu bedienen und regelmäßig gängige Nachschlagewerke auf die Verwendung seiner Marke als Gattungsbezeichnung zu überprüfen. Verhindert werden kann der Verfall nur, indem eine Rückbildung zur Marke erreicht wird, also der Begriff aus dem ständigen Sprachgebrauch wieder verschwindet (Fezer 2009, § 8, Rn. 523 ff.). Beispiele für eine erfolgte Umwandlung: *KLETT*verschluss (BGH GRUR 1990, 274), *Foen* für Haartrockner (ursprünglich war dies eine eingetragene Marke der *AEG Hausgeräte* GmbH), *Diesel* für Motoren (nicht hingegen für Jeans).

5.4 Territorialitätsprinzip

Für Marken gilt das **Territorialitätsprinzip** (ausführlich Fezer 2009, Einl H, Rn. 7 ff.). Danach genießen nach deutschem Recht entstandene Kennzeichen nur in Deutschland Schutz, umgekehrt sind ausländische Marken in Deutschland nur aufgrund von Sonderregelungen schutzfähig. Damit fehlt dem Markeninhaber ein einheitliches, weltweit gültiges Markenrecht. Grenzüberschreitend agierende Markeninhaber können hier jedoch auf die IR-Marken und Unionsmarken zurückgreifen. In der Praxis ist darauf zu achten, dass der Markenschutz auch mit der geschäftlichen Entwicklung Schritt hält. In den Ländern, in denen Produkte oder Dienstleistungen unter einer Marke vertrieben werden oder ein solcher Vertrieb geplant ist, sollte diese auch Schutz genießen.

6 Wie lassen sich Marken verwerten?

Die Marke stellt ein (nahezu) **selbstständiges Immaterialgut** dar und ist deshalb auch nicht untrennbar mit dem Unternehmen verbunden, aus dem die betreffenden Waren/Dienstleistungen stammen. Marken können daher ganz oder teilweise übertragen (§ 27 MarkenG) und lizenziert (§ 30 MarkenG) werden. Markenrechte können außerdem verpfändet werden oder Gegenstand eines Nießbrauchs (§ 29 Abs. 1 Nr. 1 MarkenG), einer Zwangsvollstreckung (§ 29 Abs. 1 Nr. 2 MarkenG) und eines Insolvenzverfahrens sein (§ 29 Abs. 3 MarkenG) (ausführlich zur Verwertung von Marken Repenn und Weidenhiller 2005, S. 21 ff.).

6.1 Übertragung und Lizenzierung

Die Marke kann als Gegenstand des Vermögens unbeschränkt auf andere übertragen werden (§ 27 MarkenG), ohne dass – anders als nach dem früheren Warenzeichengesetz – zugleich die Übertragung des Geschäftsbetriebs erforderlich wird. Die **Übertragung** erfolgt durch das Rechtsgeschäft im Wege der **Abtretung** (§§ 413, 398 ff. Bürgerliches Gesetzbuch [BGB]). Auch **Teilübertragungen** sind möglich, wenn die Eintragung der Marke für mehrere Produkte besteht, das Markenrecht aber nur an einzelne Produkte übergehen soll (vgl. §§ 46, 27 MarkenG).

An der Marke kann einem anderen auch vertraglich ein **Nutzungsrecht** eingeräumt werden (**Lizenz**, § 30 MarkenG). Der § 30 Abs. 1 MarkenG unterscheidet dabei zwischen ausschließlichen und nichtausschließlichen Lizenzen. Die Lizenz kann für alle oder einen Teil der Waren oder Dienstleistungen, für die die Marke eingetragen ist, erteilt werden. Sie kann sich auf das gesamte Gebiet der Bundesrepublik Deutschland beziehen oder nur Teile davon. Der Lizenznehmer kann zudem berechtigt werden, Dritten Lizenzen an den ihm zur Nutzung überlassenen Markenrechten einzuräumen (sogenannte Sub- oder Unterlizenzen).

Die Verwertung von Marken durch die Gewährung von Lizenzen ist in der Praxis die wichtigste Form der Markenverwertung. Die aus der Lizenzierung einer Marke zu erzielenden Einnahmen lassen sich häufig durch ein professionelles **Lizenzmanagement** optimieren. Dies betrifft z. B. die zu erzielende Lizenzrate, die Auswahl der Lizenznehmer, die Kontrolle der Einhaltung der Lizenzbedingungen und die Erweiterung der Marke auf neue Lizenzfelder. Ein professionelles Lizenzmanagement zeichnet sich insbesondere durch eine Verbindung von markenstrategischer und rechtlicher Kompetenz aus.

6.2 Marke als Sicherungsmittel

Der **Sicherungsübereignung** einer Marke kommt in der Praxis ebenfalls große Bedeutung zu. Banken und andere Finanzgeber (Sicherungsnehmer) lassen sich Marken häufig zur Sicherung ihrer Forderungen von den Markeninhabern (Sicherungsgebern) übertragen. Die Übertragungsvereinbarung wird durch einen Sicherungsvertrag ergänzt, in dem unter anderem festgelegt wird, unter welchen Voraussetzungen der sogenannte Sicherungsfall eintritt und der Sicherungsnehmer die Marke verwerten kann. Die **Verwertung** der Marke erfolgt entweder durch Weiterveräußerung an einen Dritten oder durch Lizenzerteilung (Ingerl und Rohnke 2010, § 27, Rn. 13). Bei der Gestaltung des Sicherungsvertrages sind die Parteien weitestgehend frei, sodass der ebenfalls möglichen **Verpfändung** der Marke nach § 29 MarkenG neben der Sicherungsabtretung kaum mehr Bedeutung zukommt (Ströbele und Hacker 2015, § 29, Rn. 5). Ein Nießbrauch an Marken wird in der Praxis ebenfalls selten bestellt. Seine Eignung zur insolvenzfesten Absicherung von Lizenzen ist umstritten (Ströbele und Hacker 2015, § 29, Rn. 8, § 30, Rn. 100).

6.3 Marke in der Zwangsvollstreckung und Insolvenz

Ist vertraglich die Übertragung der Marke geschuldet, so kann die Abgabe der auf Übertragung gerichteten Erklärung (§§ 413, 398 BGB) im Wege der **Zwangsvollstreckung** gemäß § 894 Zivilprozessordnung (ZPO) durchgesetzt werden. Auch wenn eine beliebige Geldforderung geschuldet ist, kann die Zwangsvollstreckung in eine Marke des Schuldners betrieben werden (§ 857 ZPO). Der Gläubiger erhält durch die Pfändung der Marke ein sogenanntes Pfändungspfandrecht daran (§ 804 ZPO), aber kein Recht zur Nutzung der Marke. Um seine Ansprüche aus der Marke befriedigen zu können, muss er das Pfändungspfandrecht verwerten. Dies kann durch Veräußerung der Marke (§ 857 Abs. 5 ZPO) oder in anderer Weise (§ 844 Abs. 1 ZPO) erfolgen, z. B. durch Versteigerung, Lizenzierung oder durch Überweisung der Marke an den Gläubiger an Zahlungs statt (§ 835 Abs. 1 Alt. 2, 836 ZPO).

Im Falle der **Insolvenz** des Zeicheninhabers fällt die Marke gemäß § 35 Insolvenzordnung (InsO) in die Insolvenzmasse. Das ist deshalb von Bedeutung, weil die Marke im Einzelfall einen erheblichen Wert oder auch den größten noch verbliebenen Wert darstellen kann, insbesondere wenn sie über einen längeren Zeitraum oder in erheblichem Umfang genutzt worden ist oder mit dem Firmennamen übereinstimmt. Gegebenenfalls kann das Markenrecht gemäß § 159 InsO durch den Insolvenzverwalter verwertet werden, z. B. durch Verkauf (ausführlich Ingerl und Rohnke 2010, § 29, Rn. 12 ff.).

7 Fazit

Eine starke B-to-B-Marke fußt auf einer umfassenden rechtlichen Absicherung. Der Anmeldung einer Marke sollte in den meisten Fällen eine umfassende Recherche auf ältere Drittzeichen vorangehen. Diese Recherche sollte alle Länder umfassen, in denen eine geschäftliche Tätigkeit unter der Marke zukünftig geplant ist. Es ist dann nicht damit getan, eine Marke national und gegebenenfalls international zur Eintragung gebracht zu haben. Nach der Eintragung ist die Marke weiter zu pflegen und vor Angriffen Dritter zu schützen. Neben der rechtzeitigen Zahlung von Verlängerungsgebühren ist darauf zu achten, dass die Marke auch tatsächlich benutzt wird. Außerdem sollte der Markt regelmäßig dahingehend beobachtet werden, ob Dritte die Marke verletzen. Damit sich die häufig umfangreichen Investitionen in den Aufbau einer Marke auch amortisieren, sollte auf die Verwertung der Marke besonderes Augenmerk gelegt werden. Dazu zählt in erster Linie der Aufbau eines professionellen Lizenzmanagements.

Literatur

Büscher, W., Dittmer, S., & Schiwy, P. (Hrsg.). (2008). *Gewerblicher Rechtsschutz, Urheberrecht, Medienrecht*. Köln: Carl Heymanns.

Fezer, K. H. (2009). *Markenrecht, Kommentar* (4. Aufl.). München: C. H. Beck.

Hasselblatt, G. N. (Hrsg.). (2009). *Münchener Anwaltshandbuch Gewerblicher Rechtsschutz* (3. Aufl.). München: C. H. Beck.

Ingerl, R., & Rohnke, C. (Hrsg.). (2010). *Markengesetz, Kommentar* (3. Aufl.). München: C. H. Beck.

Jaeger-Lenz, A., & Freiwald, S. (2005). Die Bedeutung der Erweiterung des Madrider Markensystems für die markenrechtliche Praxis. *Gewerblicher Rechtsschutz und Urheberrecht, 107*(2), 118–122.

Repenn, W., & Weidenhiller, G. (2005). *Markenbewertung und Markenverwertung* (2. Aufl.). München: C. H. Beck.

Ströbele, P., & Hacker, F. (2015). *Markengesetz, Kommentar* (11. Aufl.). Köln: Carl Heymanns.

Rechtsprechung und Stellungnahmen

BGH GRUR 2015, 1012-NIVEA-blau

BGH GRUR 2011, 1043-TÜV II

BGH GRUR 2008, 710-Visage

BGH GRUR 2008, 160-Cordarone

BGH GRUR 2008, 156-Aspirin II

BGH GRUR 2008, 71-Fronthaube

BGH GRUR 2007, 1075-Stilnox

BGH GRUR 2007, 1071-KINDER II

BGH GRUR 2006, 850-Fußball WM 2006

BGH GRUR 2005, 431-HotelMaritime

BGH GRUR 2004, 865-Mustang

BGH GRUR 2004, 504-Gabelstapler II

BGH GRUR 2004, 239-Donline

BGH GRUR 2003, 1050-Cityservice

BGH GRUR 2003, 963-Antivir

BGH GRUR 2002, 1070-Bar jeder Vernunft

BGH GRUR 2002, 971-1

BGH GRUR 2002, 709-Kontrollnummernbeseitigung III

BGH GRUR 2002, 544-Immobilien24

BGH GRUR 2002, 64-Individuelle

BGH GRUR 2001, 1042-Reich und Schön

BGH GRUR 2001, 448-Kontrollnummernbeseitigung II

BGH GRUR 2001, 161-Buchstabe K

BGH GRUR 2000, 231-Fünfer

BGH GRUR 1999, 730-magenta/grau

BGH GRUR 1999, 495-Etiketten

BGH GRUR 1998, 387-Sabél/Puma

BGH GRUR 1997, 366-Quattro

BGH GRUR 1995, 57-Markenverunglimpfung II

BGH GRUR 1990, 274-Klettverschluss

BGH GRUR 1985, 1053-LECO

BGH GRUR 1982, 672-Aufmachung von Qualitätsseifen

BPatG Urteil vom 22.01.2015, T-133/13-WET DUST CAN'T FLY

BPatG Beschl. vom 13.02.2007, 33W(pat) 264/04-Die Bank mit doppelt guten Zinsen

BPatG Beschl. vom 23.01.2007, 33W(pat) 6/05-Das Beste für Ihren Erfolg

BPatG Beschl. vom 29.11.2006, 26W(pat) 180/05-nolimits!

BPatG Beschl. vom 22.11.2006, 29W(pat) 229/03-Kalenderfabrik
BPatG GRUR 2003, 714-Retail Link
BPatG GRUR 2001, 509-Eurotax
EuGH GRUR 2016, 1167-Sparkassen-Rot
EuGH GRUR-RR 2014, 448-ecoDoor
EuGH GRUR 2013, 182-ONEL/OMEL
EuGH GRUR 2010, 445-Google France und Google
EuGH GRUR 2009, 756-L'Oreal
EuGH GRUR 2007, 231-Dyson
EuGH GRUR 2003, 145-Siekmann
EuGH GRUR 1999, 723-Chiemsee
EuGH GRUR Int. 1999, 438 Tz. 56–64
EuGH GRUR Int. 1996, 1144-Bristol-Myers-Squibb
EUIPO GRUR 2006, 343-Arzneimittel Ihres Vertrauens-Hexal!
KG, GRUR 2000, 906-Gute Nachbarn, schlechte Nachbarn
OLG Düsseldorf GRUR-RR 2007, 102-peugeot-tuning.de
OLG Hamburg GRUR-RR 2002, 100-derrick.de
OLG Hamburg, GRUR 1999, 339-Yves Rocher
OLG Karlsruhe, CR 2000, 285-OEM-Software
OLG München, MarkenR 2000, 65-Allianz

WIE MAN NICHT NUR DIE
AUFMERKSAMKEIT
SONDERN AUCH DAS
VERTRAUEN
SEINER KUNDEN GEWINNT

B-to-B-Markenführung: Markenkommunikation

Kommunikative Markenführung im B-to-B-Bereich

Frank Merkel

Zusammenfassung

Dieser Überblicksartikel verdeutlicht die Notwendigkeit und die Barrieren einer professionellen und strategisch ausgerichteten B-to-B-Markenkommunikation. Dazu werden zunächst sieben Erfolgsfaktoren abgeleitet und erläutert: Interne Markenverankerung, Organisatorische Verankerung der Markenführung, Klarheit über die eigene Identität, Fokussierung der Botschaften, Evaluierung der Kommunikationsarbeit, Dachmarkenstrategie und Integrierte Kommunikation. Abgerundet wird der Beitrag durch drei Best-Practice-Beispiele (*ebm-papst*, *MDC Power* und *BAU*), die die praktische Anwendung der Erfolgsfaktoren verdeutlichen.

Schlüsselbegriffe

Digitalisierung · Employer Branding · Integrierte Kommunikation · Interne Markenverankerung · Vertrieb

Inhaltsverzeichnis

F. Merkel (✉)
wob AG
Viernheim, Deutschland
E-Mail: frank.merkel@wob.ag

© Springer Fachmedien Wiesbaden GmbH, ein Teil von Springer Nature 2018
C. Baumgarth (Hrsg.), *B-to-B-Markenführung*, https://doi.org/10.1007/978-3-658-05097-9_31

1 Einleitung

2008 stellte der Herausgeber dieses Buches noch fest: „Häufig wird das Thema Markenführung im B-to-B-Bereich noch als Modethema betrachtet" (Baumgarth 2008, S. 432)
und Kemper spricht sogar vom „Stiefkind der Markenwissenschaften" (Kemper 2000,
S. 1). Etliche Studien, die die Relevanz von Marken und die Wirksamkeit von Markenkommunikation im B-to-B-Bereich nachweisen, haben Beiträge zum Umdenken geliefert
(u. a. Schmidt 2001; Caspar et al. 2002; Homburg et al. 2007; Bauer et al. 2010). Offenbar
brauchte es aber eine gewisse Zeit, bis die Wirkung einsetze.

Seit der ersten Ausgabe dieses Buches, dem wohl umfassendsten deutschsprachigen
Werk zum Thema B-to-B-Markenführung (Baumgarth 2010), im Jahr 2010 hat sich daher
vermeintlich einiges getan, um dem strategischen Aufgabenfeld „B-to-B-Markenführung"
mehr Aufmerksamkeit und Bedeutung zu geben. Mit *marconomy* hat der *Vogel-Verlag*
mittlerweile ein akzeptiertes Medium etabliert, das sich allerdings primär mit Themen
der operativen Markenführung beschäftigt. Neben dem Internetportal gibt es Newsletter,
Veranstaltungen und Webinare, die eine gute Resonanz haben. Der *bvik* (Bundesverband
Industrie Kommunikation e. V.), in dem Unternehmen und Agenturen Mitglieder sind, verzeichnet einen soliden Mitgliederzuwachs. Zahlreiche Vor-Ort-Veranstaltungen und ein
gut besuchter „Tag der Industriekommunikation" bieten Gelegenheiten, sich über die aktuellsten Trends zu informieren und den Austausch zu pflegen. Der *GWA* konnte beim
auf die B-to-B-Branche ausgerichteten 8. *GWA Profi Award* 2016 die meisten Einrei-
chungen seit seiner Gründung verzeichnen und konstatierte ein kontinuierlich gestiegenes
Niveau. Dieser Award hat den Anspruch, „der einzige Markenpreis für B-to-B-Marketing"
in Deutschland zu sein.

Auf den ersten Blick eine erfreuliche Entwicklung. Aber betrachtet man die Gesamtzahl der Teilnehmer und Nutzer der verschiedenen Angebote, hat man unverändert den
Eindruck, dass es sich immer noch nur um eine vergleichsweise kleine Anzahl von B-to-B-
Unternehmen handelt, die die Chancen einer professionellen und konsequenten Markenführung erkannt haben und diese wirklich strategisch und operativ nutzen. In Fachartikeln
wird auch unverändert angemerkt, dass der B-to-B-Bereich im Markenmanagement noch
kräftig hinterherhinkt (Honal 2013), oder „die Bedeutung von Markenführung in B-to-B-

Märkten unterschätzt wird" (Schäckermann 2012). Ebenso heißt es, die „Marke wird im B2B verstanden, aber nicht geführt" – das ist das Ergebnis einer Studie der Markenberatung *cuecon* (2013).

Immer noch herrscht in vielen Unternehmen der irrige Glaube, dass Markenführung ein Thema der Fachabteilung Marketing sei und es primär um Fragen der operativen Markenführung wie Logo, Erscheinungsbild oder Kommunikation ginge. Mit den Fragen der strategischen Markenführung wie dem Definieren von Markenzielen, Bestimmen der Markenidentität, Entwickeln einer Markenarchitektur, Planen der Markenevolution und Klären der Positionierung, mit klarer Differenzierung zum Wettbewerb und Organisation des Markenmanagements setzt man sich nicht oder nicht genügend auseinander. Das Ergebnis oberflächlicher Markenprozesse sind dann Allerweltswerte wie „innovativ", „partnerschaftlich", „offen" und eine im Formalen stecken gebliebene Markenarbeit.

Das tiefe Misstrauen gegenüber den weichen Faktoren ist längst nicht verschwunden, sondern besteht unverändert in vielen Unternehmen, die sich jahrzehntelang durch harte Fakten und objektive Leistungen am Markt behauptet und differenziert haben. Viele Unternehmenslenker sind naturwissenschaftlich geprägt und tun sich mit „intangible assets" sehr schwer – egal, wie viele Studien inzwischen die Bedeutung immaterieller Werte nachweisen (KPMG 2008; PwC et al. 2006) oder ob *Interbrand* die reinen B-to-B-Marken wie *IBM, Cisco, Oracle, SAP, J.P. Morgan* und *accenture* zu den weltweit wertvollsten Marken zählt (Interbrand 2016).

Wie begrenzt rein rationales Denken ist und wie stark stattdessen das Unterbewusste im Spiel ist, zeigt der Nobelpreisträger für Wirtschaft *Daniel Kahneman* mit seinem Buch „Schnelles Denken, langsames Denken" auf (Kahneman 2012). Es bleibt zu wünschen, dass möglichst schnell viele dieser Forschungserkenntnisse – so ernüchternd sie für den Homo rationalis sein mögen – ihren Weg in die Unternehmensspitzen finden. Letztendlich geht es nämlich darum, den bisher oft stiefmütterlich behandelten Erfolgsfaktor „Marke" genauso professionell zu behandeln, wie man es in den Bereichen Produktentwicklung und -produktion, Technologie, Logistik etc. tut.

Offenbar gibt es dazu nach wie vor einen hohen Aufklärungsbedarf. Insofern erfüllt dieses Buch einen sehr sinnvollen, gerade in Deutschland sogar notwendigen Zweck: Unternehmern und Entscheidern mehr Sicherheit zu geben, in ihre B-to-B-Marke zu investieren, strategische Markenführung als eine Aufgabe des Top-Managements anzusehen und die Differenzierungschancen in einem internationalen Wettbewerbsumfeld besser zu nutzen.

Dieser Beitrag kommt aus der Praxis für die Praxis und zeigt auf, welche Voraussetzungen zu schaffen sind, damit Markenführung die erhofften Ergebnisse bringt. Es werden Modelle und Methoden vorgestellt, mit denen die *wob* (eine Markenagentur spezialisiert auf B-to-B-Unternehmen) sowohl für Großunternehmen als auch für Mittelständler Marken definiert und die operative Führung begleitet. Ebenso wird anhand von drei Fallbeispielen – alle drei von einer Fachjury zum Teil bereits mehrfach ausgezeichnet – die Beweisführung angetreten, dass konsequente Markenarbeit wirtschaftlichen Erfolg bringt.

2 Erfolgsfaktoren für die gelungene Markenführung im B-to-B-Bereich

2.1 Interne Verankerung des Markengedankens

Top-Management

Um es nochmals in aller Deutlichkeit zu sagen: Markenführung ist Chefsache (Honal 2013). In jedem Unternehmen, das wir in den letzten Jahren kennengelernt haben und das nachweisbar erfolgreiche Markenarbeit betreibt, wird die Markenstrategie von der Geschäftsführung vorgegeben oder zumindest massiv beeinflusst. Und – was noch viel wichtiger ist – das Top-Management versteht sich auch immer als oberster Markenbotschafter, lebt die definierten Werte vor und achtet darauf, dass der Markenkern nicht verletzt wird. Eine erfolgreiche Markenführung muss im strategischen Kontext eines Unternehmens stehen und kann sich nicht auf zeitgemäßes Corporate Design, kreative Kommunikationskampagnen und flotte Claims beschränken. Dies wäre eindeutig zu kurz gedacht und würde der Bedeutung des Themas nicht gerecht.

Mit den identitätsbasierten Ansätzen der Markenführung (Aaker 1996; Kapferer 1992) wurde die Basis für eine strategisch orientierte Markenarbeit geschaffen. Es gilt als das leistungsfähigste Managementmodell im Kontext von Marken (Schmidt 2015). Wesentliche Elemente sind die strategische Vision mit den strategischen Zielen und den strategischen Entscheidungen des Top-Managements, die Unternehmenskultur mit den von allen Mitarbeitern geteilten Wertvorstellungen und das Image, das auf den Erwartungen der externen Stakeholder basiert. Damit wird deutlich, dass es nicht um oberflächliche Kosmetik und gute „Verkäufe" geht, sondern um eine tiefgehende interne Perspektive. Dies ist auch der Grund, warum eine B-to-B-Marke nie von außen „gemacht" werden kann, sondern von innen heraus entwickelt werden muss. Externe Berater und spezialisierte Markenagenturen können Entwicklungsprozesse methodisch begleiten und Impulse setzen, die wesentlichen Inhalte kommen aber aus dem Unternehmen selbst. Daher gilt bei *wob* der Grundsatz „finden, nicht erfinden".

Die in Abschn. 3 vorgestellten Fallbeispiele waren nur möglich, weil sich das Top-Management und die nächsten Führungsebenen massiv eingebracht haben, sowohl als Interviewpartner als auch als Workshop-Teilnehmer beteiligt sind und darauf achten, dass Vereinbartes konsequent gelebt wird. Nur so entsteht Glaubwürdigkeit bei allen Mitarbeitern.

Häufig findet man in Unternehmen des B-to-B-Bereichs noch eine aus der Werbeabteilung entwickelte „Marketingabteilung" vor, die primär ihre Aufgabe in der operativen Umsetzung von Werbemitteln sieht und nur einen geringen Einfluss auf die Unternehmenspolitik und Geschäftsstrategie hat. Wird die Markenführung ausschließlich auf diese Ebene delegiert, ist eine strategische Markenarbeit nahezu unmöglich.

Um nicht falsch verstanden zu werden: Die operativen Abteilungen haben eine wesentliche Bedeutung dafür, dass Strategien auch auf die Straße kommen und nicht bei

PowerPoint-Präsentationen, Strategiepapieren und Schönwetterreden enden. Aber: Echtes Markenmanagement ist nun mal integrativer Bestandteil der Unternehmensführung und kein rein operativer Ansatz. Strategische Markenführung zielt auf die langfristige Steigerung des wirtschaftlichen Erfolges und des Unternehmenswertes, was sich mit modernen Möglichkeiten der digitalen Welt immer besser messen und belegen lässt.

Führungskräfte

Auch alle weiteren Führungskräfte eines Unternehmens müssen die Marke verinnerlichen. Sie sind es, die die Inhalte und Werte der Marke kaskadenförmig an ihre Mitarbeiter weitergeben und kontrollieren, ob diese die Marke auch „leben". Damit die Führungskräfte diese Arbeit auch mit voller Überzeugung leisten, ist es wichtig, dass sie an dem Prozess der Markendefinition beteiligt sind. Sie müssen aktiv mitwirken können, damit das „not invented here"-Syndrom mit der dazugehörigen Motivationsschwäche nicht auftritt. Leider erlebt man in der Praxis immer wieder die Ignoranz dieses „Buy-in-Prozesses" und wundert sich dann, warum auf Mitarbeiterebene nicht verstanden wird, um was es eigentlich geht, und weshalb im schlimmsten Fall das ganze positive Bemühen karikiert wird. Markenführung ist ein Investment, das sich lohnt, aber für das es keine einfachen und schnellen Lösungen gibt. Die Entwicklung einer starken Unternehmenskultur mit wirklich erlebbaren Werten ist eine mühsame Arbeit mit Fort- und Rückschritten. Letztendlich ist es aber ein Investment mit einer sehr hohen Renditechance.

Mitarbeiter

Eine der großen Besonderheiten des B-to-B-Bereichs ist die Bedeutung des einzelnen Mitarbeiters als Markenbotschafter des Unternehmens. Diverse Studien zeigen auf, dass eine Marke bis zu 80 % über das Mitarbeiterverhalten wahrgenommen wird (z. B. Burkhardt et al. 2005, S. 36). „Die Mitarbeiter sind ein elementarer Bestandteil der Markenstrategie" (Honal 2013, S. 24). Spezielle Markenschulungen zum Verständnis der Strategie, die Entwicklung von Markenbotschaftern und Kommunikationstrainings von Vertriebsmitarbeitern sind wesentliche Bausteine, um aus Theorie Praxis zu machen. Die Vielzahl an persönlichen Kontaktpunkten mit Vertretern des Buying Centers beim Kunden – vom Vertriebsmitarbeiter bis zum Servicetechniker – schafft Chancen, das Markenerlebnis zu vertiefen oder nachhaltig zu stören. Insofern ist eine enge Verzahnung der Arbeit von Marketing, Vertrieb und Personalentwicklung nötig. Leider wird vielfach die Bedeutung des Mitarbeiters als Werttreiber der Marke unterschätzt. Die einseitige Shareholder-Value-Fokussierung der letzten Jahre und die Vernachlässigung strategischer Fragen war eine Fehlorientierung, die korrigiert werden sollte.

Im Rahmen der Verknappung von Fach- und Führungskräften durch den demografischen Wandel verändert sich die Sichtweise zunehmend und die Frage des Arbeitgebers als Marke („Employer Branding") gewinnt als Mitarbeiterbindungs- und Gewinnungsstrategie an Aufmerksamkeit. Obwohl bei *Google* mittlerweile 1.290.000 Treffer zum Stichwort „Employer Branding" zu verzeichnen sind (im Jahr 2009 waren es noch 553.000), ist laut einer Studie von *Kienbaum Communications* im Jahr 2012 noch sehr viel Luft nach oben (Kienbaum Communications 2012). So investieren nur ein Viertel der Befragten in die Ausbildung ihrer Mitarbeiter zu Markenbotschaftern und sogar nur ein Fünftel der Befragten führen Markenschulungen durch. Auffallend ist auch, dass bei vielen Fachbeiträgen zum Thema „Employer Branding" vor allem die mediale Ansprache neuer Mitarbeiter gemeint ist, nicht aber die ganzheitliche Betrachtung der Arbeitgeberidentität intern und des Arbeitgeberimages extern.

Im Fallbeispiel zu *MDC Power*, dem Motorenwerk von *Daimler* in Kölleda, wird aufgezeigt, dass ein Werteversprechen wie „Wir sind der Motor – du bist das Herz", nachhaltig an die bestehenden Mitarbeiter zu kommunizieren ist und durch konkrete Taten untermauert werden muss, um akzeptiert zu werden. In der ersten Phase der Entwicklung einer starken Arbeitgebermarke im Jahr 2016 galt es, eine hohe Zahl neuer Mitarbeiter zu gewinnen und gleichzeitig die bestehende Mannschaft mitzunehmen. In der zweiten Phase ab 2017 geht es primär um die bestehenden Mitarbeiter, um deren Loyalität, Identifikation und Leistungsbereitschaft. Nur wenn die Mitarbeiter Markenkern, -werte und -versprechen in ihrem Alltag erleben, entsteht eine glaubwürdige Arbeitgebermarke.

2.2 Organisatorische Verankerung der Markenführung

Auch wenn im Idealfall in einem B-to-B-Unternehmen jeder Mitarbeiter vom Vorstand oder Geschäftsführer bis zum Pförtner ein Markenbotschafter sein sollte, ist eine klare organisatorische Verantwortung der Markenführung unerlässlich. Insbesondere aufgrund der Heterogenität der Zielgruppen ist eine enge Anbindung an die Geschäftsführung notwendig. Dies gilt insbesondere, wenn das Verhalten im Unternehmen beeinflusst werden soll und eine konsequente Führung, orientiert an Markenwerten, gefordert ist. Da in vielen Unternehmen der Gedanke eines ganzheitlichen Markenmanagements noch eher unterentwickelt ist, bedarf es neben Überzeugungsarbeit auch klarer hierarchischer Vorgaben und eines konsequenten Controllings. Oftmals wird unterschätzt, wie mühsam es ist, alle Mitarbeiter eines Unternehmens auf eine gemeinsame gelebte Identität einzuschwören und diese dann auch in allen Handlungen spürbar zu machen. Das Führen einer Konsumgütermarke ist dagegen deutlich einfacher, weil der Faktor Mensch als Träger der Markenidentität dort eine weniger große Bedeutung für eine starke Marke hat als im B-to-B-Bereich. Denn im Konsumgüterbereich findet der Kontakt zwischen Kunden und Marke primär über Massenkommunikation und der Begegnung im Regal statt.

Trotz der zunehmenden Einführung von E-Commerce-Lösungen (IFSMA 2016) wird der Vertrieb in B-to-B-Unternehmen noch zum großen Teil durch den persönlichen Kontakt geleistet. Allerdings wächst die zunehmende Bedeutung des Internets während des gesamten Verkaufsprozesses – von der Erstinformation bis zur Kaufbestätigung (vgl. Abb. 1).

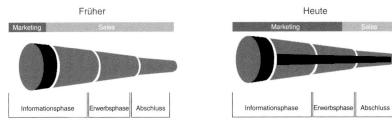

Vertrieb dominiert.
(Einwegkommunikation, persönliche Beziehungen dominieren).

Marketing unterstützt stärker.
(Digital und Data Analytics getrieben, Leadmanagement als Vertriebssupport).

Abb. 1 Veränderte B-to-B-Kommunikationsprozesse

2.3 Klarheit über die eigene Identität

In zahlreichen B-to-B-Unternehmen besteht – zu Recht – ein großer Stolz auf die technischen Leistungen des Unternehmens. Dies führt allerdings häufig zu einer sehr engen Sichtweise und versperrt den Blick auf die Identität des Unternehmens als Ganzes. Damit fehlt eine Grundvoraussetzung für den erfolgreichen Markenaufbau. Mithilfe praxiserprobter Instrumente kann diese Lücke geschlossen werden.

In der von *wob* und Kollegen aus dem internationalen Netzwerk *BBN* entwickelten „Brand Journey" ist die erste Phase eine systematische Markenstatusanalyse mit intensiver Beschäftigung mit allen für die Markenführung relevanten Stakeholdern, Wettbewerbern sowie dem eigenen Unternehmen und der eigenen Marke. Für Letztere werden die aktuellen rationalen und emotionalen Nutzen, die Werte und die Essenz bestimmt. In Workshops definieren Mitarbeiter aller Hierarchieebenen und – bei internationalen Unternehmen – aus allen Schlüsselländern die Ausgangsbasis. Ergänzt wird dies durch Marktforschung bei externen Anspruchsgruppen. Auf diese Weise erhält man ein umfassendes Bild über Innen- und Außensicht und somit die Basis zur Definition der zukünftig gewünschten Markenidentität.

Diese definierte Markenidentität sollte als Grundlage dienen, um alle Handlungen des Unternehmens auf die Marke auszurichten. Kein noch so gutes Markenmodell, egal ob als „Markensteuerrad" nach *Icon* (Zednik und Strebinger 2005) oder als „Markenidentitätskarte" nach *wob/BBN* (vgl. Abb. 2), erspart es einem Unternehmen, die Marke in allen Kleinigkeiten zu leben. Kotler und Pfoertsch (2007) haben es auf den Punkt gebracht: „Your brand strategy should always be the guiding principle behind every decision and every action".

Alle Erfahrungen der letzten Jahre haben gezeigt, dass eine B-to-B-Marke nur von innen nach außen entwickelt werden kann. Ohne Berücksichtigung der Historie und der DNA eines Unternehmens, des Markenursprungs und des existierenden Wertekanons wird jede Positionierung scheitern. Selbst wenn ein umfassender Relaunch notwendig ist, wird es ohne Statusanalyse, in der in breitem Umfang Mitarbeiter involviert sind, keine glaubwürdige Lösung geben.

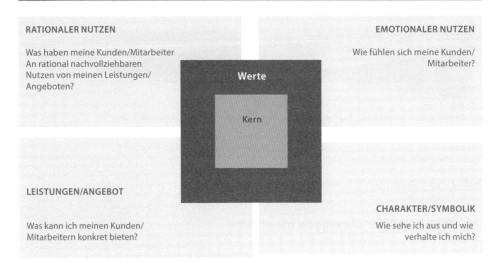

RATIONALER NUTZEN

Was haben meine Kunden/Mitarbeiter
An rational nachvollziehbaren
Nutzen von meinen Leistungen/
Angeboten?

EMOTIONALER NUTZEN

Wie fühlen sich meine Kunden/
Mitarbeiter?

Werte

Kern

LEISTUNGEN/ANGEBOT

Was kann ich meinen Kunden/
Mitarbeitern konkret bieten?

CHARAKTER/SYMBOLIK

Wie sehe ich aus und wie
verhalte ich mich?

Abb. 2 Markenidentitätskarte nach *wob/BBN*

2.4   Fokussierung der Botschaften

Der Kardinalfehler vieler B-to-B-Unternehmen liegt immer noch in einer zu großen In-
formationsfülle der eingesetzten Maßnahmen. Auch Fachanzeigen haben eine maximale
Betrachtungszeit von drei Sekunden. Schon 1987 haben Kroeber-Riel und Esch (2015,
S. 13 f.) auf die Informationsüberlastung der Rezipienten hingewiesen. Danach erreichen
98 % der Botschaften ihre Adressaten nicht. Nur durch eine starke Reduktion der Kernaussagen und eine klare Priorisierung der Botschaften lässt sich die Lernkurve positiv
beeinflussen.

Ein wirksames Instrument der B-to-B-Kommunikation ist eine Werbemittelhierarchie,
die bei primär imageorientierten Instrumenten mit wenigen Kernbotschaften beginnt und –
einen tiefergehenden Informationsbedarf vorausgesetzt – bei einer detaillierten technischen Dokumentation endet. Eine systematische Strukturierung der Werbemittel mit einer klar zugeordneten Kommunikationsaufgabe vermeidet unnötige Redundanzen und
ermöglicht es, Zielgruppen mit bedarfsgerechten Botschaften zu versehen. Hierzu ist es
auch unerlässlich, im Rahmen einer kommunikativen Zeitachse den Informationsstand
der Zielpersonen zu berücksichtigen. Ein Erstinformierer erwartet andere Inhalte als ein
Stammkunde oder sogar Weiterempfehler. Gerade die digitale Kommunikation eröffnet
durch Tracking des digitalen Verhaltens neue Möglichkeiten, z. B. via Marketing Automation zielpersonengenau Informationen entlang der Customer Journey zu liefern (siehe
Kap. 40).

Viel zu häufig werden Maßnahmen immer noch zu oberflächlich und zu wenig empfän-
gerorientiert entwickelt. Hier besteht großes Differenzierungspotenzial im Rahmen eines

kommunikativen Wettbewerbs. Durch den explosionsartigen Anstieg der Möglichkeiten der digitalen Kommunikation wird eine ausgefeilte Kommunikationsdramaturgie mit einer sinnvollen „Arbeitsteilung" der Kanäle unerlässlich. Weder ist Print tot, noch ist die digitale Kommunikation das Allheilmittel. In diesem Zusammenhang lohnt ein Blick in die Welt der B-to-C-Kommunikation: Hier schalten zahlreiche reine Internet-Anbieter massiv 30-Sekunden-TV-Spots, um auf ihr digitales Angebot aufmerksam zu machen.

2.5 Evaluierung der Kommunikationsarbeit zum Markenaufbau

Analyse des beruflichen Informationsverhaltens

Die nahezu explosionsartige Zunahme an Medien zur Ansprache beruflicher Zielgruppen hat die Mediaplanung vor große Herausforderungen gestellt. Die etablierten Nutzeranalysen wie LAE (Leseranalyse Entscheidungsträger) oder branchenorientierte Fachzeitschriftenanalysen (z. B. Leseranalyse Fachpresse) beschränken sich auf zu wenige Mediagattungen und helfen bei Fragen zu intermedialem Informationsverhalten nur bedingt weiter. 1994 wurde von der Mediagesellschaft der wob „die-media" ein neuer Forschungsansatz entwickelt und inzwischen zu einer Studie, der metra®analyse, ausgebaut, die das berufliche Informationsverhalten von Produktentscheidern über alle Kanäle hinweg untersucht. Berücksichtigt werden Fachzeitschriften und Special-Interest-Titel genauso wie Messen, Direktmarketingmaßnahmen, Broschüren, das Internet oder der Außendienst. Motive im Informations- und Kaufverhalten können genauso abgefragt werden wie Aspekte des Markenstatus.

Copytest als Hilfe für Wahrnehmung und Akzeptanz

Die im Vergleich zu Konsumgütermarken deutlich kleineren Kommunikationsetats des B-to-B-Bereichs erfordern pragmatische Controllinginstrumente, die mit überschaubaren Kosten Entscheidungshilfen liefern. Um die Aufmerksamkeit klassischer Werbung testen zu können, bieten viele Verlage Copytests an, die sowohl ungestützt als auch gestützt Antworten zu Wahrnehmung und Akzeptanz geben. Diese Tests untersuchen pro Befragungsintervall mehrere Anzeigen. Man attestiert ihnen jedoch immer wieder nur eine eingeschränkte Aussagekraft, da die Stichprobengröße aus Aufwandsgründen eher klein ist. Dennoch lassen sich Schlüsselerkenntnisse ableiten. Eindeutige Ergebnisse aus der jahrelangen Analyse von Copytests lauten: Prägnante, auf das wesentliche reduzierte Anzeigen, die den Nerv der Zielgruppe treffen, werden hoch positiv bewertet. Kryptische, überladene Anzeigen fallen durch. Bekannte Unternehmen und Marken scoren grundsätzlich besser als unbekannte. Das heißt, ein Déjà-vu-Effekt verstärkt Akzeptanz und Erinnerung. Dies mag banal klingen, wird aber bis heute von vielen Mediaplanungen nicht berücksichtigt. Immer noch verzetteln sich Unternehmen in ihren Schaltplänen, wählen zu viele Medien und zu geringe Frequenzen. Allein durch eine intelligente Mediaplanung ließen sich in vielen Budgets große Effizienzreserven ausschöpfen.

Internet als Controllinginstrument „365/24"

In der Vergangenheit konnten Ergebnismessungen einer Kampagne oft nur mit erheblicher Verzögerung erfolgen. Bei gleichzeitigem Einsatz unterschiedlicher Kanäle und Medien war eine Zuordnung der Reaktionen auf das einzelne Werbemittel nahezu unmöglich. Das Internet eröffnet hier völlig neue Möglichkeiten, die vor allem eine Feinsteuerung während der laufenden Kampagne – und damit eine höhere Effizienz der eingesetzten Werbegelder – ermöglichen. Herzstück ist eine Datenbank, in die alle gemessenen Kontakte, dem jeweiligen Herkunftsmedium zugeordnet, einfließen (vgl. Abb. 3). Reaktionen aus dem Internet werden sofort erfasst, bei eher klassischen Reaktionskanälen wie Mailing, Antwortkarte oder Anruf werden diese zeitnah eingesteuert.

Autorisierte Personen können je nach Hierarchiestufe via Internet den aktuellsten Stand der Reaktionen und deren Bearbeitung einsehen und entsprechende Aktionen auslösen. So erhält der Verkäufer verzögerungsfrei seine Leads, der Verkaufsleiter erkennt Stärken und Schwächen in der Bearbeitung durch seine Vertriebsmitarbeiter und der Marketingleiter kennt die Leistung seiner Kampagne und kann während des Flights Anpassungen vornehmen. Voraussetzung für dieses Vorgehen ist eine Flexibilität auf Kunden- und Dienstleisterseite. Es geht dabei nie um die Verteidigung geplanter Maßnahmen, sondern um das Bewusstsein, dass die Realität nun einmal Abweichungen von der Planung erfordert. Aber nicht im Sinne der Killerphrase „Planung ist der Versuch, den Zufall durch den Irrtum zu ersetzen", sondern durch die Akzeptanz, dass nicht alle Variablen im Vorfeld berücksichtigt werden können.

Mit *Google Analytics* haben mittlerweile auch kleinere Unternehmen die Möglichkeit, die Wahrnehmung von relevanten Keywords kostengünstig zu analysieren. „Gefunden werden" ist in einer digitalisierten Welt der Schlüssel zum Erfolg. Die Bewertungsal-

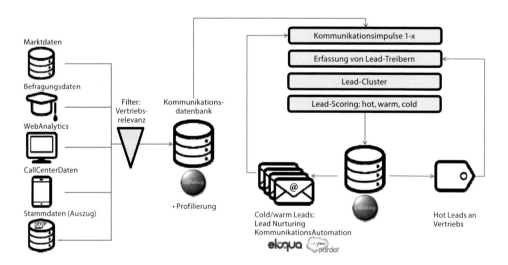

Abb. 3 Datengestütztes Kommunikationsmodell

gorithmen werden dabei häufig verändert und den technologischen Entwicklungen und medialen Möglichkeiten angepasst. Daher ist es unerlässlich, mit einer zeitgemäßen Digitalstrategie am Markt zu sein und nicht darauf zu vertrauen, dass die gute Website von vor vier Jahren heute noch genauso gut funktioniert. Die rasende Verbreitung mobiler Endgeräte und deren berufliche Nutzung, auch außerhalb der eigentlichen Arbeitszeit, erfordern weitere Anpassungen der Kommunikation wie z. B. responsive Design von Websites, die sich der jeweiligen Displaygröße anpassen. Was dabei vor Kurzem noch Differenzierungskriterium war, entwickelt sich zu einem „must have", will man nicht als veraltet wahrgenommen werden.

2.6 Weniger ist mehr – von der verzettelten Pseudo-Markenführung zur konzentrierten Dachmarkenstrategie

In etlichen Unternehmen hat sich im Lauf der Jahre eine Vielzahl von „Namen" angesammelt, die – weil vielleicht sogar beim Patentamt angemeldet – fälschlicherweise als Marken bezeichnet werden. Häufig trifft man bereits im Unternehmen selbst auf eine gewisse Verwirrung darüber, welche „Marke" eigentlich für welches Anwendungsgebiet, welche Lösung, welches Marktsegment steht. In der Praxis ist dabei immer wieder festzustellen, dass die Namensgebung zwar als kreativer Prozess verstanden wird, die negativen Folgen einer inflationären Namensvielfalt jedoch leider häufig zu wenig bedacht werden.

Baumgarth definiert drei Schlüsselkriterien einer Marke: hoher Bekanntheitsgrad, im Vergleich zum Wettbewerb differenzierendes Image sowie Präferenzen (Baumgarth 2014, S. 5). Bruhn führt eine Markenerfolgskette aus Sicht des Nachfragers auf: Markenbekanntheit, Markenimage, dauerhaftes werthaltiges Nutzenversprechen, Markenvertrauen, Markenloyalität und Markensympathie (Bruhn und GEM 2002). Die erforderlichen Kräfte für die entsprechende Führung einer Marke bedürfen gerade aufgrund der oft schlanken personellen und finanziellen Ressourcen einer starken Konzentration.

Unilever hat mit dem „Path to Growth" vorgemacht, was es heißt, wenn ein echter Markenartikler der Meinung ist, dass er sich in seiner Markenführung verzettelt. Die radikale Reduktion der Marken von 1600 auf 400 innerhalb von vier Jahren brachte eine Fokussierung in jeder Beziehung: sei es im Bereich F & E, der Werbung oder den Vertriebsaufwendungen. Nur noch erwiesenermaßen starke Marken überlebten diesen Aussonderungsprozess. „Die Unternehmen erkennen zunehmend die Notwendigkeit einer systematischen und gezielten Gestaltung und Steuerung ihres Markenportfolios" (Gaiser 2005, S. 83). In einer 2017 von *Havas Media* veröffentlichten Studie werden 73 % aller Marken weltweit als überflüssig bezeichnet sowie 60 % des produzierten Contents (Reidel 2017). Gleichzeitig wird aber angemerkt, dass Marken, die es schaffen, als sinnstiftend wahrgenommen zu werden, wirtschaftlichen Erfolg bringen.

Was für den Konsumgüterbereich gilt, trifft noch viel mehr auf den B-to-B-Bereich zu. Eine mögliche Erfolgsstrategie ist hierbei die Konzentration auf eine Dachmarke – in den

meisten Fällen ist dies sogar die Unternehmensmarke. Prominente Beispiele sind *BASF*,
IBM, Siemens, SAP und *accenture*. Der eigentliche Schwerpunkt liegt aber immer auf
der Dachmarke. Das mehrfach mit dem *GWA*-Profi für seine konsequente Markenarbeit
ausgezeichnete Unternehmen *ebm-papst* wurde aus einstmals drei Unternehmen zu einer
weltweit führenden Dachmarke aufgebaut.

2.7 Integrierte Kommunikation

Obwohl der Begriff der Integrierten Kommunikation erstmals bereits 1980 auf den Herbst-
arbeitstagen des *BDW Kommunikationsverband e. V.* einem breiteren Publikum vorgestellt
wurde und die Literatur zu diesem Thema inzwischen Regale füllt, erlebt man in der Praxis
immer noch eine verengte Betrachtungsweise dieses Ansatzes. Dies gilt für Auftraggeber
gleichermaßen wie für die Agenturdienstleister.

Meist bleibt es bei einer engen formalen Integration mit der Definition einiger Merkmale des Erscheinungsbildes wie Logo, Farbe, Typografie und grundsätzlicher gestalterischer
Elemente. Bereits bei der Festlegung von Bildstilen endet die Integration. Munter werden in regelmäßigen Abständen Kommunikationsideen über den Haufen geworfen und
Kreativität in falsch verstandenem Sinne gefordert. Ein nachhaltiger Auftritt mit einer eindeutig erkennbaren Idee findet leider häufig nicht statt. Diese Erfahrung musste der Autor
selbst z. B. als mehrmaliger Juryvorsitzender des *GWA* B-to-B Awards *Profi* machen. Von
vielen eingereichten Arbeiten erfüllten über etliche Jahre bis zu 40 % nicht die Mindestanforderungen, die an einen kommunikativen Beitrag zur Markenführung gestellt werden.
Mittlerweile hat sich dies glücklicherweise geändert und es gibt erkennbare Fortschritte
in der Professionalisierung, allerdings auch noch gravierende Defizite.

Echte integrierte Kommunikation erfüllt die drei Mindestanforderungen, wie sie in der
Literatur z. B. von Bruhn (2006) bis Esch (2001) definiert werden: formale, zeitliche sowie inhaltliche Integration. Eine von *wob* gesponserte empirische Arbeit (Bauer et al.
2010) belegte die signifikante Leistung „richtiger" integrierter Kommunikation. Umso
verwunderlicher ist es, dass in Unternehmen nach wie vor eine heillose „Patchwork-Kom-
munikation" betrieben und gleichzeitig die Ineffizienz der durchgeführten Maßnahmen
beklagt wird. Ursachen hierfür sind einerseits die unkoordiniert nebeneinander arbeitenden Kommunikationsabteilungen, in denen immer noch isoliert in den verschiedenen
Kommunikationsdisziplinen gearbeitet wird. Andererseits dreht sich auch das Personal-
karussell sowohl auf Kunden- als auch Dienstleisterseite gelegentlich sehr schnell, sodass
wertvolles Markenwissen verloren geht.

Aufgrund der „Vielkanaligkeit" stellt die instrumentelle Integration im B-to-B-Markt
eine zusätzliche Herausforderung dar. Der richtige Transfer einer kommunikativen
Leitidee von der klassischen Werbung auf die Broschürenwelt ist nur ein Teil der Aufgabe. Darüber hinaus gilt es, von der Zweidimensionalität der Print-Kommunikation
konsequent auf die Dreidimensionalität eines Messestandes überzuleiten und die Online-
Kommunikation ebenso zu integrieren wie die Art der Präsentationen auf Events.

Manche Autoren halten die Marken für „zentrale immaterielle Wertschöpfer in Unternehmen" (Esch 2014, S. 5), für andere ist „a strong brand [...] the most important and sustainable asset your company can have" (Kotler und Pfoertsch 2007, S. IX). Vergleicht man die Begeisterung für den Nutzen einer Marke mit den Erfordernissen und beobachteten Defiziten im B-to-B-Bereich, scheint weiterhin einige Aufklärungsarbeit nötig zu sein, um aus Empfehlungen echte Erfolge zu machen.

3 Beispiele für erfolgreiche Markenkommunikation im B-to-B-Bereich

3.1 Vom Hidden-Champion zum attraktiven Arbeitgeber: *ebm-papst*

Seit 2003 agiert *ebm-papst* unter dieser Dachmarke sehr erfolgreich und hat seine Stellung als weltweiter Marktführer in der Luft- und Antriebstechnik konsequent ausgebaut (auch Merkel 2010). Produkte von *ebm-papst* sind in unzähligen Anwendungen des Alltags zu finden – von Kühltechnik bis zum Automobilbereich. Die wenigsten Menschen wissen allerdings, welches Unternehmen dahintersteht – ein Problem vieler Hidden Champions, die als Marke wenig bekannt und zudem an eher wenig attraktiven Standorten angesiedelt sind.

Mit dieser doppelten Herausforderung ist auch das auf Wachstum ausgerichtete Unternehmen *ebm-papst* konfrontiert. So wuchs der Umsatz von ca. 450 Mio. € in 2002 auf ca. 1,6 Mrd. € in 2016. Damit einher ging auch ein kontinuierlicher Bedarf an neuen Mitarbeitern – vom angelernten Produktionsmitarbeiter bis zum hochqualifizierten Ingenieur. Bei der letzteren Zielgruppe kämpft man an Standorten wie Mulfingen, St. Georgen und Landstuhl um die gleichen Bewerber wie *Porsche*, *BOSCH* und *Siemens*. Nur, dass diese in Stuttgart bzw. München angesiedelt sind und über eine wesentlich größere Bekanntheit und einen hohen Begehrlichkeitsfaktor verfügen.

Die Lösung lag darin – aufbauend auf den Markenwerten „Effizienz, Begeisterung, Menschlichkeit" –, diejenigen Kandidaten anzusprechen, für die ein großes, erfolgreiches Technologie-Unternehmen, das aus einer Mittelstandsposition kommt, sehr wohl attraktiv ist. Weniger Bürokratie und Hierarchie, mehr Flexibilität und Perspektive haben für viele qualifizierte Arbeitnehmer eine große Anziehungskraft.

Kunde und *wob* haben in einem Employer-Branding-Arbeitskreis, bestehend aus allen beteiligten Abteilungen und Funktionen, einen mehrstufigen Prozess initiiert und durchgeführt. Konkret waren es die Entwicklung und Ableitung der Arbeitgeber-Markenidentität aus der Unternehmensmarke. Eine Analyse des regionalen und überregionalen Wettbewerbs, die Betrachtung der kommunikativen Benchmarks, die Identifikation und Definition von Kernzielgruppen, die Formulierung von Zielgruppen-Profilen, Insights und Kernaussagen sowie die Entwicklung einer „Big-Long-Idea" für eine Kampagne, die im Sinne der Arbeitgebermarke neue Impulse setzt sowie flexibel, differenzierend und langfristig für alle Standorte einsetzbar ist, umfassten diesen Prozess.

Als Essenz der Arbeitgebermarke wurde definiert: *ebm-papst* ist der Arbeitgeber, der nicht nur technisch, sondern auch menschlich begeistert. Die strategische Plattform war die zuvor entwickelte Imagekampagne „Entdecken Sie *ebm-papst*". Echte Mitarbeiter wurden in den Mittelpunkt gestellt und fordern dazu auf, *ebm-papst* zu entdecken – allerdings nicht in einer Anwendung oder Branche, sondern in sich selbst. Dort schlummert die Begeisterung, die *ebm-papst* wecken möchte. Kurt Klein, strategischer Kopf bei *wob* seit Beginn der Zusammenarbeit, bezeichnet dies als „doppelte Entdeckerkampagne".

In der operativen Umsetzung wurde ein voll integrierter Medienmix eingesetzt: zielgruppenspezifische Motive in Anzeigen, auf Plakaten, Infoständen und in Bussen (vgl. Abb. 4). In Projektteams wurden für jeden Standort relevante Kontaktpunkte definiert. Dort wurden die Zielgruppen angesprochen und auf eine neu entwickelte Karriere-Webseite geführt. Zielgruppeneinstiege sowie ein optimiertes Nutzerführungskonzept ermöglichen eine intuitive Navigation mit individuell zugeschnittenen Inhalten. So setzt sich das Thema „Entdecken" bis in die letzte Unterseite fort.

Im Tracking der Web-Nutzung konnten sprunghaft gestiegene Werte gemessen werden. Die Verweildauer war überdurchschnittlich hoch und die Absprungrate gering. In Bewerberinterviews wurde eine große Akzeptanz festgestellt. Durch eine direkte Anbindung des Bewerbermanagementsystems an die Website können sich die Bewerber direkt digital bewerben. Das sorgt für eine schnellere und systematischere Bearbeitung der Bewerbungen innerhalb des Unternehmens. Zudem konnten die ausführlichen FAQ (häufige Fragen und Antworten), die Anfragen zu Jobs und Bewerbungsprozessen betreffen, auf ein Minimum reduziert werden, was die Mitarbeiter im HR-Service deutlich entlastet.

Employer Branding ist aber nicht nur Recruiting und aufmerksamkeitsstarke Kampagnen, sondern richtet sich auch an die bestehenden Mitarbeiter. Hierzu wurde in einer internen Organisationsstruktur das Thema „Arbeitgebermarke" als kontinuierlicher Prozess verankert. Auch dies wurde gemeinsam mit den verschiedenen Standorten und Abteilungen von *ebm-papst* entwickelt.

Fazit: Wurde „Hidden Champion" noch vor wenigen Jahren stolz als Differenzierungsmerkmal gefeiert, so stellt es heute viele der betroffenen Unternehmen vor große Herausforderungen und kann – verstärkt durch den demografischen Wandel – zu echten Engpässen und Wachstumsbremsen führen. Eine konsequente Markenarbeit in diesem Feld ist für viele Unternehmen neu – zahlt sich aber in Form von mehr Wettbewerbsstärke aus. *ebm-papst* hat es auf dem Absatzmarkt geschafft, beim Markenfünfklang – bestehend aus Bekanntheit, Relevanz, Sympathie, Erfahrung und Präferenz – den Wettbewerb deutlich hinter sich zu lassen. Dies wurde in einer repräsentativen Marktstudie belegt. Das gleiche Ziel verfolgt man auch auf dem relevanten Personalmarkt. Denn wirtschaftlicher Erfolg und die richtigen Mitarbeiter sind zwei Seiten der gleichen Medaille.

Abb. 4 Beispiel für die Employer Branding-Kampagne von *ebm-papst*

3.2   Das Herz einer ganzen Region schlägt im kleinen Kölleda: *MDC Power*

Im Jahr 2003 eröffnete der *Daimler*-Konzern mitten auf der grünen Wiese in Thüringen, nahe Kölleda, eines der modernsten Motorenwerke der Welt. Was eher überschaubar begann, entwickelte sich im Verlauf der letzten Jahre zu einem leistungsstarken Montagewerk, das 2016 den Bau des fünf-millionsten Motors feiern konnte. Um solch ein Ergebnis zu erreichen, ist nicht nur eine hocheffiziente Fertigungstechnologie und Logistik erforderlich, sondern es bedarf einer Vielzahl von leistungsbereiten, engagierten Mitarbeitern vom IT-Spezialisten bis zum Bandarbeiter. Das Recruitment von Mitarbeitern war in den ersten Jahren noch vergleichsweise einfach, denn zum einen war die Arbeitslosenzahl in Thüringen hoch, zum anderen stieg der Bedarf an Mitarbeitern erst langsam an. Außerdem genoss *MDC Power* (abgeleitet von *Mitsubishi Daimler Chrysler*) eine große mediale Aufmerksamkeit.

Durch eine geplante Erweiterung um zwei neue Produktionslinien entstand 2015 ein hoher Bedarf an Mitarbeitern für die verschiedenen Bereiche. Bei einer umfassenden Situations-, Markt- und Wettbewerbsanalyse stellten sich mehrere Herausforderungen dar: Einerseits hatten sich im Verlauf der letzten Jahre zahlreiche große Arbeitgeber im Umfeld der Landeshauptstadt Thüringens angesiedelt, sodass der Arbeitsmarkt deutlich umkämpfter war, und andererseits ging die mediale Beachtung inzwischen merklich zurück, sodass es *MDC Power* sowohl an Bekanntheit als auch an einem adäquaten Image mangelte. Hinzu kam, dass eine große Zahl neuer Mitarbeiter möglichst schnell und konfliktfrei in die bestehende Mannschaft zu integrieren war, was gemeinsam geteilte Werte und eine starke, erlebbare Unternehmenskultur erforderte. Damit entstand eine Employer Branding-Aufgabe par excellence: beachtliche Erhöhung des Bekanntheitsgrades und Schaffung eines klaren Profils als Arbeitgeber, beim angelernten Montagemitarbeiter genauso wie bei den Akademikern in verschiedenen Tätigkeitsfeldern. Zusätzlich ging es um die Entwicklung einer starken inneren Markenidentität, die in einem rasch wachsenden Unternehmen Zusammenhalt und Identifikation schafft.

Seit Beginn der Zusammenarbeit zwischen *MDC Power* und *wob* war klar, dass die bestehenden Werte – soweit sie glaubwürdig waren – als Anker dienen sollten, aber trotzdem kritisch überprüft werden mussten. Für die Statusanalyse wurden zahlreiche Interviews, Fokusgruppengespräche und Workshops durchgeführt. Die Ergebnisse waren sehr aufschlussreich in Bezug auf die bereits im Unternehmen definierten Werte. Zweifelsfrei und unumstritten war der Wert „Qualität". Er konnte Tag für Tag an den exzellenten Produktionskennziffern abgelesen werden. Gleichzeitig galt es aber, diesen Wert um die Dimension „Führungsqualität" zu erweitern. Der Wert „kontinuierliche Verbesserung" stand zwar nicht zur Disposition, er musste aber aus dem Korsett eines starren KVP-Programms befreit und auf alle Handlungen des Unternehmens übertragen werden. Der Wert „Familie" stand hingegen massiv in der Kritik: Durch das starke Wachstum war die familiäre Atmosphäre der ersten Jahre nicht mehr aufrechtzuerhalten und damit war dieser Wert unglaubwürdig. Gleichzeitig bestand ein hoher Bedarf an etwas emotional Verbindendem, jenseits der reinen Rationalität mit nüchternen KPIs. In einem intensiven Diskussionsprozess schälte sich der Wert „Teamgeist" heraus und zwar in einer sehr weitreichenden Bedeutung, die mehr umfasst als nur den engeren Kollegenkreis.

Als Kern der Marke wurde im Unternehmen der Satz „Wir sind der Motor" entdeckt. Mit ihm verbindet *MDC Power* sein ganzes Selbstbewusstsein, nicht nur die besten Motoren der Welt zu bauen, sondern auch der Wirtschaftsmotor für eine ganze Region zu sein. Aufbauend auf diesen Schlüsselerkenntnissen entstand die Botschaft: „Wir sind der Motor – du bist das Herz", denn es sind die Menschen, die diese exzellenten Motoren bauen. Dieses Bekenntnis zu den weichen Faktoren war dem Führungsteam ein großes Anliegen. Die Botschaft richtet sich nach innen wie nach außen, ist Anerkennung, Verpflichtung und Versprechen. Visuell wurde die Botschaft mit einem Motorenherz umgesetzt – gestaltet aus Original-Teilen von *MDC Power* mithilfe eines computergenerierten Bildes (vgl. Abb. 5).

Die neue Kampagne startete am 23. Oktober 2015, pünktlich zum Tag der Einweihung von zwei neuen Produktionshallen, mit denen 250 neue Arbeitsplätze geschaffen wurden. Wirtschaftsminister Tiefensee und Landtagspräsident Carius waren anwesend, als die Kampagne im Rahmen eines großen Mitarbeiterfestes Premiere feierte. Zum Start wurde orchestriert eine Vielzahl von Kommunikationsmaßnahmen eingesetzt: Kinospots, Citylight und Großplakate, Banner, Anzeigen und Social-Media-Aktivitäten. Die gesamte Startkampagne wurde fünf Monate lang getrackt und auf ihre Wirkung hin untersucht. Die Ergebnisse übertrafen die Erwartungen und bestätigten die Richtigkeit des gesamten Ansatzes.

Seit 2016 geht es vor allem um die Weiterentwicklung der Unternehmenskultur und das spürbare Erleben der definierten Werte. Hierzu wurden die Mitarbeiter über verschiedene Maßnahmen um ihr Feedback gebeten. 35 Markenbotschafter – aus allen Bereichen des Unternehmens – wurden etabliert. Sie sind sowohl Sprecher für die Arbeitgebermarke als auch Impulsgeber und geben ungefiltert ihre Wahrnehmungen an Vertreter des „First Line Teams" (dem Managementboard bei *MDC Power*) weiter. Ziel ist eine möglichst rasche Rückmeldung an die Mitarbeiter mit klaren Entscheidungen. *MDC Power* geht einen sehr konsequenten Weg, um als moderner Arbeitgeber in der Region angesehen zu werden.

Hierzu zählt auch ein sichtbares soziales Engagement, das sich alle zwei Jahre in einem gespendeten Arbeitstag für hilfsbedürftige Einrichtungen der Region ausdrückt. Für diesen Tag der „Herzensangelegenheiten" bringen Mitarbeiter Vorschläge ein, wer unterstützt werden soll. Die gesamte Produktionsleistung kommt dann diesen Einrichtungen zugute. An diesem Tag stehen Mitarbeiter aus allen Bereichen – inklusive der Führungsmannschaft – am Band und arbeiten für einen guten Zweck. Im September 2016 wurden zusätzlich die Werkstore geöffnet und die Familienmitglieder zur Besichtigung eingeladen. Eine großzügige Bewirtung, unterhaltsame Elemente und Hintergrundinformationen zur Arbeitgebermarke rundeten den Tag ab. Das Ergebnis war nicht nur eine lockere Atmosphäre und Arbeit mit Freude, sondern auch ein gutes Gefühl und Stolz auf einen Arbeitgeber, der lebt, was er verkündet: „Wir sind der Motor – du bist das Herz".

Abb. 5 Key Visual der Employer-Branding-Kampagne von *MDC Power*

3.3 Eine Leitmesse wird zur Weltmarke: *BAU*

Messen gehören – aller Digitalisierung zum Trotz – nach wie vor zu den wichtigsten analogen Kommunikationsformen. So stellt der *bvik* bei seinen jährlichen Erhebungen immer wieder fest, dass durchschnittlich ein Drittel des B-to-B-Marketingbudgets in Messen und Ausstellungen fließt. Hier werden Milliarden investiert, um Milliardenumsätze zu generieren. Damit das auch in Zukunft so bleibt, müssen sich Messen kontinuierlich weiterentwickeln, um für Aussteller wie Besucher gleichermaßen relevant zu sein. Es genügt daher längst nicht mehr, nur Flächen zur Verfügung zu stellen und ein paar Vorträge anzubieten. Es müssen die attraktivsten Produkte und Lösungen präsentiert werden, um mit denen die richtigen Besucher anzuziehen. Und die Vermarktung muss auf einem Niveau sein, das den gehobenen Anspruch deutlich macht. So finden immer mehr Messen nicht nur an den eigentlichen Ausstellungstagen statt, sondern sie vernetzen ihre Zielgruppen an 365 Tagen im Jahr zu Interessens-Communities.

Die *BAU* in München gehört als ausschließliche Fachpublikumsmesse seit vielen Jahren zu den großen Messen für alle Angebote rund ums Bauen. Der Claim „Die Zukunft des Bauens" ist nicht nur ein wohlklingendes Versprechen, sondern gleichzeitig die Verpflichtung für das gesamte Messekonzept – und für die dazu notwendige Messekommunikation.

Normalerweise wechseln Messen in einem regelmäßigen Turnus sowohl ihre Botschaften als auch ihre Kreatividee. Als die Marketingverantwortlichen der Bau 2003 die Kreativen der *wob* zu einem Pitch einluden, machten diese erst einmal gründlich ihre Hausaufgaben und setzen sich mit der inhaltlichen Dimension des Claims auseinander. War Bauen nach dem Zweiten Weltkrieg über mehrere Jahre eine eng funktionale Angelegenheit mit wenig Innovationen und überschaubarer Ästhetik, so setzte in den 1980er-Jahren eine rasante Entwicklung ein. Frank O. Gehry war mit seiner dekonstruktivistischen Architekturauffassung genauso bahnbrechend wie Santiago Calatrava mit seiner organisch-futuristischen Formensprache. Hinzu kamen technologische Innovationen, die alle Möglichkeiten eines digitalisierten Zeitalters nutzen.

Um diese revolutionäre Entwicklung zu visualisieren, wählten die Kreativen von *wob* einen bionischen und organischen Ansatz und transferierten die neue Entwicklung des Bauens in „Bauwerke" der Natur. Auf Basis dieser Idee entstehen spannende Hybridmodelle aus Natur und innovativen Gebäudestrukturen bzw. zeitgemäßen Materialien wie Aluminium, Glas, Stein, Keramik oder Holz. Die futuristischen Gebilde bringen lebendige Kreativität, Innovationsstärke und Nachhaltigkeit der Messe *BAU* zum Ausdruck.

Die Key-Visuals erscheinen auf allen Medien, mit denen die Messe Aussteller und Besucher erreicht: Anzeigen, Direkt-Mailings, Website, Newsletter, Pläne, Auswertungen, Großflächen etc. So formen sie ein konsistentes Erscheinungsbild der Marke. Realisiert wurde alles mit aufwändiger Computerillustration und unendlicher Liebe für Details. So ist der Gesamteindruck jedes Motivs faszinierend und gleichzeitig auch impulsgebend.

Zur *BAU* 2005 wurde erstmals dieses Konzept eingesetzt und nach begeisterten Reaktionen aus dem Markt kontinuierlich fortgeführt. Was bei der Entstehung niemand für möglich gehalten hatte, ist mittlerweile Realität: eine ununterbrochene Kontinuität wun-

derschöner „Kunstwerke", die faszinierend das verbale Versprechen visualisieren. Keine
Messe in Deutschland hat über einen so langen Zeitraum so konsequent ihre Marke geführt und in der Kommunikation eine große Idee leben lassen (vgl. Abb. 6).

Wie sehr die Messe *BAU* den artikulierten Anspruch auch mit Leben füllt, erkennt man
an den Leitthemen des Jahres 2017: Intelligente Fassade; Digitales Planen, Bauen, Betreiben; Vernetzte Gebäude; Bauen und Wohnen 2020. Diese brandaktuellen Themen wurden
umfassend in Foren und einem Kongress aufgegriffen. Alle digitalen Kanäle und Möglichkeiten werden genutzt – von einem *YouTube*-Channel bis zu Blogs, in denen Experten
zu Wort kommen.

Die Erfolge geben dem Konzept recht: Die *BAU* ist seit Jahren in Bezug auf die Aus-
stellerflächen ausgebucht. Im Jahr 2017 kamen über 250.000 Besucher, davon 80.000 aus

Abb. 6 Markenkampagne für die BAU im Zeitablauf

dem Ausland. 2120 Aussteller kamen aus 45 Ländern, sodass der Anspruch, „Weltleitmesse des Bauens" zu sein, mit Recht besteht. Die *wob* selbst wurde mehrfach mit dem *GWA-Profi-Award* ausgezeichnet, zu Beginn für die Kreatividee und brillante Umsetzung, im Verlauf der Jahre zweimal für eine hohe Kontinuität und Konsequenz. Das besonders Schöne an dem gewählten Konzept: Es wird weltweit verstanden und genießt wegen seiner Ästhetik eine hohe Akzeptanz bei den unterschiedlichsten Zielgruppen.

4 Resümee: Integrierte Kommunikation als wichtiger Werttreiber beim Aufbau von B-to-B-Marken

Der wichtigste Kommunikationskanal im B-to-B-Bereich ist der Mensch. Alle medialen Maßnahmen müssen so angelegt sein, dass sie den Weg zu einer erfolgreichen Geschäftsbeziehung ebnen – und diese Beziehung pflegen. Software ist kein Ersatz für echtes Beziehungsmanagement. Der über Jahre propagierte CRM-Ansatz mit einem technokratischen Verständnis ist eine Sackgasse. Datenbanken können die Arbeit systematisieren und Effizienz messen. Sie sind aber kein Ersatz für das Verständnis menschlicher Motive und Bedürfnisse. B-to-B-Kommunikation ist folglich nicht nur der Aufbau von Markenbekanntheit und -image, sondern sie ist auch Informationsvermittlung und Informationsaufbau, Vermittlung von Sicherheit und Vertrauen als handlungsrelevante Emotionen. B-to-B-Kommunikation funktioniert dabei nicht nur von Unternehmen zu Unternehmen, sondern auch von Person zu Person, unterstützt durch das ganze Orchester der Marketinginstrumente.

In einer Welt, in der Messbarkeit einen hohen Stellenwert einnimmt, reichen Vermutungen nicht mehr aus, um Investitionen zu rechtfertigen. Es wird weiter intensiv daran gearbeitet werden müssen, um auf der Landkarte der integrierten Kommunikation weiße Flächen zu erkunden – und dabei Wertorientierung und Messbarkeit zu vereinen.

In keinem Bereich der Wirtschaft gibt es so viele kommunikative Kontaktpunkte wie im Bereich B-to-B. Nichtsynchronisierte Kommunikation ist Vernichtung von Kapital – materiell und immateriell. Integrierte B-to-B-Kommunikation hingegen braucht formale, zeitliche und inhaltliche Vernetzung, wenn sie ihre volle Wirkung entfalten soll. Was aber ist der Lohn für all diese Aufwendungen? Eine Differenzierung vom Wettbewerb durch den Aufbau immaterieller Werte in den Köpfen der Kunden, potenziellen Kunden, Mitarbeiter und der Gesellschaft. Kurz: Nachhaltigkeit statt Kurzatmigkeit; mit einem ROI, der nachweisbar ist.

Eine Thematik, die derart komplex ist, stellt höchste Anforderungen an die Vordenker, die Macher und nicht zuletzt die Ausbildungseinrichtungen. Erfreulich ist, dass einige Hochschulen erkannt haben, dass sie ein hochrelevantes Thema bisher – zu Unrecht – vernachlässigt haben. Insgesamt hat der Wettbewerb damit im besten Sinne eine zusätzliche Qualitätsdimension bekommen: echte Markenführung mit Markenkommunikation als Werttreiber.

Literatur

Aaker, D. A. (1996). *Building strong brands.* New York: Free Press.

Bauer, H. H., Donnevert, T., Wetzel, H., & Merkel, J. (2010). Integration als Garant erfolgreicher Markenkommunikation. In C. Baumgarth (Hrsg.), *B-to-B-Markenführung* (S. 613–634). Wiesbaden: Gabler.

Baumgarth, C. (2008). Marken, persönliche Beziehungen oder Leistung. In H. H. Bauer, F. Huber & C. Albrecht (Hrsg.), *Erfolgsfaktoren der Markenführung* (S. 431–444). München: Vahlen.

Baumgarth, C. (2010). *B-to-B-Markenführung.* Wiesbaden: Gabler.

Baumgarth, C. (2014). *Markenpolitik* (4. Aufl.). Wiesbaden: Springer Gabler.

Bruhn, M. (2006). *Integrierte Unternehmens- und Markenkommunikation.* Stuttgart: Poeschel.

Bruhn, M., & GEM (2002). *Was ist Marke?* Wiesbaden: GEM.

Burkhardt, A., Kumbartzki, A., & Franzen, O. (2005). Der Mitarbeiter als Botschafter der Marke. *Personalwirtschaft, 32*(9), 36–39.

Caspar, M., Hecker, A., & Sabel, T. (2002). *Markenrelevanz in der Unternehmensführung.* Münster: MCM. Arbeitspapier des MCM Münster und McKinsey

cuecon (2013). *Was ist die die B2B-Marke wert?* Köln: cuecon.

Esch, F.-R. (2001). *Wirkung Integrierter Kommunikation* (5. Aufl.). Wiesbaden: Gabler.

Esch, F.-R. (2014). *Strategie und Technik der Markenführung* (8. Aufl.). München: Vahlen.

Gaiser, B. (2005). Strategien zur Gestaltung von Markenportfolios. In B. Gaiser, R. Linxweiler & V. Brucker (Hrsg.), *Praxisorientierte Markenführung* (S. 81–99). Wiesbaden: Gabler.

Homburg, C., Jensen, O., & Richter, M. (2007). Sind Marken im Industriegüterbereich relevant. In H. H. Bauer, F. Huber & C. Albrecht (Hrsg.), *Erfolgsfaktoren der Markenführung* (S. 399–413). München: Vahlen.

Honal, A. (2013). Wachsende Bedeutung von Marken im B2B-Business. *Be – Dossier für Markenkultur, 1*(1), 22–24.

IFSMA (2016). *B2B-Studie Marketing und Sales Automation in Deutschland.* Ludwigshafen: ISFMA.

Interbrand (2016). Best global brands 2016 rankings. http://interbrand.com/best-brands/best-global-brands/2016/ranking/. Zugegriffen: 6. März 2017.

Kahneman, D. (2012). *Schnelles Denken, langsames Denken.* München: Siedler.

Kapferer, J. N. (1992). *Die Marke.* Landsberg: Moderne Industrie.

Kemper, A. Ch (2000). *Strategische Markenpolitik im Investitionsgüterbereich.* Köln: Joseph Eul.

Kienbaum Communications (2012). *Internal employer branding 2012.* Köln: Kienbaum.

Kotler, P., & Pfoertsch, W. (2007). *B2B Brand Management.* Heidelberg, New York: Springer.

KPMG (2008). *Patente, Marken, Verträge, Kundenbeziehungen.* Köln, München: KPMG.

Kroeber-Riel, W., & Esch, F.-R. (2015). *Strategie und Technik der Werbung* (8. Aufl.). Stuttgart: Kohlhammer.

Merkel, F. (2010). Kommunikative Markenführung im B-to-B-Bereich. In C. Baumgarth (Hrsg.), *B-to-B-Markenführung* (S. 481–503). Wiesbaden: Gabler.

PwC, GfK, Sattler, H., & Markenverband (2006). *Praxis von Markenbewertung und Markenmanagement in deutschen Unternehmen.* Frankfurt a. M.: PwC.

Reidel, M. (2017). 74 % aller Marken weltweit sind überflüssig. Horizont-Online vom 06.02.2017. http://www.horizont.net/marketing/nachrichten/Alarmierende-Studie-74-Prozent-aller-Marken-weltweit-sind-ueberfluessig-145817. Zugegriffen: 6. März 2017.

Schäckermann, A. (2012). Bedeutung von Markenführung in B-to-B-Märkten wird unterschätzt. Absatzwirtschaft Online vom 13.11.2012. http://www.absatzwirtschaft.de/bedeutung-von-markenfuehrung-in-b-to-b-maerkten-wird-unterschaetzt-13837/. Zugegriffen: 6. März 2017.

Schmidt, H. J. (2001). *Markenmanagement bei erklärungsbedürftigen Produkten.* Wiesbaden: DUV.

Schmidt, H. J. (2015). Bezugsrahmen und Anwendungsbeispiele eines integrierten Corporate Strategic & Brand Management. In H. J. Schmidt & C. Baumgarth (Hrsg.), *Forum Markenforschung* (S. 87–99). Wiesbaden: Springer Gabler.

Zednik, A., & Strebinger, A. (2005). *Marken-Modelle in der Praxis*. Wiesbaden: DUV.

Klassische Werbung als Instrument der B-to-B-Markenführung – Hier herrscht *Lexware*

Armin Reins und Veronika Classen

Zusammenfassung

Die Fallstudie *Lexware* belegt, dass auch im B-to-B-Bereich durch den intelligenten Einsatz von klassischer Werbung Kommunikationsziele erfüllt, eine Marke gestärkt und Marktziele realisiert werden können. Als Erfolgsfaktoren der klassischen Kommunikation für *Lexware* lassen sich die Fokussierung auf zentrale und relevante Botschaften („Ordnung", „Fertig", „Einfach machen"), eine eigenständige Marken- und Bildsprache, ein origineller und differenzierender Kommunikationsstil sowie ein hoher Integrationsgrad der verschiedenen Kommunikationsinstrumente (u. a. Anzeigen, Direct Mails, Ambient Media) identifizieren. Diese Erfolgsbausteine lassen sich auch auf andere Marken und Kommunikationssituationen adaptieren.

Schlüsselbegriffe

Integrierte Kampagne · Klassische Werbung · Software-Marketing

Inhaltsverzeichnis

A. Reins (✉) · V. Classen
Reinsclassen GmbH & Co. KG
Hamburg, Deutschland
E-Mail: reins@reinsclassen.de

V. Classen
E-Mail: classen@reinsclassen.de

© Springer Fachmedien Wiesbaden GmbH, ein Teil von Springer Nature 2018
C. Baumgarth (Hrsg.), *B-to-B-Markenführung*, https://doi.org/10.1007/978-3-658-05097-9_32

1 Ausgangssituation: Der Accounting-Markt wächst, die Konkurrenz auch

Die *Lexware* GmbH & Co. KG ist ein deutscher Hersteller von Standardsoftware mit Sitz in Freiburg im Breisgau. Das Unternehmen entwickelt und vertreibt kaufmännische Software für Selbstständige, Freiberufler sowie kleine und mittelständische Unternehmen. Das Produktportfolio besteht aus sich ergänzenden Softwaremodulen, die die Finanzbuchhaltung, Lohnbuchhaltung, Anlagenbuchhaltung sowie die Warenwirtschaft (Faktura, Lagerbuchhaltung, Einkauf) umfassen. 1989 gegründet, ist das Unternehmen inzwischen auf weit über 200 Mitarbeiter angewachsen und hat heute mehr als eine Million Kunden. Seit 1993 ist *Lexware* Mitglied der *Haufe Mediengruppe*, einer der führenden deutschen Verlagsgruppen in den Bereichen Wirtschaft, Recht, Steuern und Informationsverarbeitung. Damit erhalten die Nutzer hervorragend aufbereitete Informationen und eine Rundum-Betreuung in Sachen Anwendung und Serviceleistung aus einer Hand.

Der Markt, auf dem *Lexware* tätig ist, wuchs in den letzten Jahren kontinuierlich – und das, obwohl das Statistische Bundesamt keine signifikante Steigerung bei Selbstständigen sowie Klein- und Kleinstunternehmen (KKU) verzeichnen konnte. Gründe für das Marktwachstum lagen zum einen in einer Steuergesetzgebung, die trotz aller Regierungsversprechen immer unübersichtlicher wurde, zum anderen im stark gestiegenen Kostendruck, mit dem Selbstständige, Freiberufler sowie kleine und mittelständische Unternehmen zu kämpfen hatten. Um Kosten zu sparen, wurden gerade von kleinen Firmen und Unternehmensgründern mit wenig kaufmännischer Erfahrung günstige und einfach zu bedienende Buchhaltungs-Software-Pakete nachgefragt.

Dies erkannten neben *Lexware* auch andere Software-Anbieter, die das Freiburger Unternehmen Mitte 2005 von oben und unten in die Zange nahmen: Neben bestehenden Wettbewerbern wie *DATEV* und *SAGE*, die im Zaum gehalten werden mussten, drängten von unten Anbieter wie *Buhl* aus dem semiprofessionellen bzw. privaten Bereich ins Revier von *Lexware*. Von oben musste sich *Lexware* gegen Angriffe der „Großen" behaupten. So kündigte *SAP* an, nicht mehr nur große Unternehmen ins Visier zu nehmen und bereitete eine große „Mittelstandsoffensive" mit einem erheblichen Werbedruck vor. Auch Software-Gigant *Microsoft* plante einen groß angelegten Deutschland-Start im Bereich Buchhaltungs-Software.

Lexware war für die neue Konkurrenz-Situation schlecht aufgestellt: Die Marke arbeitete bis dahin mit fünf verschiedenen Kampagnen, benutzte für jedes Medium ein anderes Motiv und verkaufte jedes seiner Produkte mit einer anderen Botschaft. Ein übergeordnetes Markenversprechen sowie eine visuelle Klammer existierten in dieser Form nicht. Das schwächte die Marke. Erschwerend kam hinzu, dass Buchhaltungssoftware bei der anvisierten Zielgruppe im Allgemeinen als kompliziert und schwierig zu bedienen galt. Dass *Lexware*-Software-Pakete einfach zu bedienen sind, war bei der Zielgruppe noch nicht ausreichend verankert.

2   Kommunikationsziele: Die Marke *Lexware* stärken

Das wachsende Angebot von Anbietern, die zunehmende Fragmentierung der Märkte und die steigende Komplexität der Produkte erhöhen die Bedeutung der Marke im B-to-B-Marketing. Dies erkannte auch *Lexware*. Erklärtes Ziel des Software-Anbieters: Dem Eindringen neuer Wettbewerber sollte nicht tatenlos zugesehen werden. Somit galt es, die Marke *Lexware* mit Hilfe einer integrierten Kampagne zu stärken. *Lexware* sollte sich in dem zunehmend wettbewerbsintensiven Umfeld durchsetzen und so seinen Marktanteil halten, besser noch ausbauen.

Um dies zu erreichen, sollten u. a. neue Kundengruppen für *Lexware* gewonnen werden. Allerdings bestand hierbei die Herausforderung, heterogene Kundensegmente anzusprechen und abzudecken: von Kfz-Betrieben über Friseursalons und Modeboutiquen bis hin zu Tattoo Studios.

Darüber hinaus plante *Lexware*, den Online-Vertrieb seiner Produkte über die Firmenhomepage auszubauen, um so Vertriebskosten zu senken.

Von diesen übergeordneten Marketingzielen wurden folgende Kommunikationsziele abgeleitet:

- **Markenbekanntheit erhöhen:** *Lexware* wollte neue Zielgruppen und Nutzer ansprechen und sie auf das Software-Angebot und die Homepage bzw. den Online-Shop des Unternehmens aufmerksam machen.
- **Ausbau der Image-Position:** *Lexware* sollte als *die* Buchhaltungssoftware für kleine und mittelständische Unternehmen positioniert werden.
- **Verbesserung des Produktimages:** *Lexware*-Software-Lösungen zeichnen sich u. a. durch eine einfache Bedienung aus. Dieser Vorteil sollte stärker kommuniziert werden. *Lexware*-Software-Pakete sollten in den Köpfen der Kernzielgruppe stärker als einfache und sichere Software verankert werden.
- **Verbesserung der Werbeeffizienz:** Der zunehmende Wettbewerb erhöhte den Kostendruck auf *Lexware*, was dazu führte, dass die Werbeausgaben für die Marke *Lexware* im Vergleich zu den Vorjahren reduziert wurden. Somit wurden auch Effizienz und Qualität der Werbung zu wichtigen Werbezielen, was nicht nur Einfluss auf die Wahl der Werbeträger hatte, sondern auch auf die Werbebotschaft und deren Gestaltung.

3 Kommunikationsstrategie: Ordnung, Zeit, Kontrolle

Um die ehrgeizigen Ziele zu erreichen, wurde Ende 2005 ein umfangreicher Markenre-launch eingeleitet, der auf drei zentralen Elementen fußte:

1. Die Marke *Lexware* sollte sich künftig auf **einen Kerngedanken** fokussieren, der ein relevantes Leistungsversprechen für die Zielgruppe darstellt.
2. Die Marke sollte Abschied nehmen von unterschiedlichen Auftritten und Botschaften und stattdessen mit einer **eigenständigen Marken- und Bildsprache** über alle Medien und Kanäle hinweg ihr Profil schärfen.
3. Das trockene Thema Buchhaltung sollte mit Hilfe einer integrierten Kampagne **frisch, originell** und **sympathisch** dargestellt werden und so die Zielgruppe auf die *Lexware*-Homepage und in den Online-Shop leiten.

Dazu beschäftigte sich die betreuende Agentur *REINSCLASSEN* zunächst eingehend mit der Zielgruppe und deren Einstellungen zum Thema Buchhaltung und Buchhaltungs-software. Fokusgruppen und Einzelinterviews zeigten, dass – im Gegensatz zu größeren Betrieben – in kleinen und mittelständischen Firmen häufig die Anwender bzw. Nutzer selbst über die Anschaffung von Buchhaltungssoftware entscheiden. Doch diese Zielgrup-pe hat oft keine Zeit, sich mit komplizierten und zeitintensiven Buchhaltungsprogrammen zu beschäftigen, ganz zu schweigen von der Werbung hierfür. Das Sortieren von Rechnun-gen, Abheften von Quittungen und Erfassen der dazugehörigen Beträge kostete wertvolle Zeit und war zudem extrem langweilig. Dementsprechend wurden Buchhaltungsaufgaben von den meisten Gewerbetreibenden, Geschäftsbesitzern oder anderweitig Selbstständi-gen als lästige Pflicht und notwendiges Übel erlebt. Einen direkten und unmittelbaren Nutzen der Buchhaltung erkannten nur die wenigsten von ihnen.

Erst auf intensive Nachfrage wurde von der Zielgruppe realisiert, dass diese Vorgän-ge unbedingt notwendig sind, um im Geschäftsleben erfolgreich zu sein. Lässt man die Verwaltungsarbeit schleifen, verliert man schnell den Überblick über Einnahmen und Aus-gaben. Mögliche Folgen: Zahlungsausfälle können übersehen werden, vielleicht wird die ein oder andere Quittung nicht von der Steuer abgesetzt und so Geld verschenkt.

Diese Erkenntnisse veranlassten das Freiburger Unternehmen dazu, neu über die Mar-ke *Lexware* nachzudenken und ein Markenversprechen zu definieren: Mit *Lexware* sind die Finanzen schnell und einfach selbst erledigt. So behalten die Zielgruppen das Wich-tigste immer und überall selbst im Griff und im Blick – und legen damit die Basis für ihren geschäftlichen Erfolg. Dieses Markenversprechen bildet die Basis einer Kommuni-kationsstrategie, die bisher drei Phasen umfasst. In der ersten Phase (2006–2010) wurde die grundlegende Botschaft kommuniziert, dass *Lexware* Ordnung in die Bereiche Per-sonal, Buchhaltung, Rechnungswesen und Faktura Finanzen bringt. Schließlich ist dies existenzsichernd für Kleinunternehmer, die es sich nicht leisten können, diese Aufgabe abzugeben. Im Claim wurde *Lexware* zum Synonym für Ordnung: „Hier herrscht *Lex-ware*". In der zweiten Phase (2011–2012) der Kommunikationsstrategie wurde der Faktor

Zeit hinzugefügt. Nachdem die Zuverlässigkeit von *Lexware* implementiert war, sollte so die schnelle Handhabung der Produkte kommuniziert werden. Daher führte *Lexware* das One-Word-Capital „Fertig!" ein. Der neue Claim brachte die Markenbotschaft auf den Punkt: „Alles in Ordnung". In Phase 3 (seit 2013) der Kommunikationsstrategie kam der Aspekt Kontrolle hinzu. Die Zielgruppen sollten lernen, wie problemlos sie selbst alles im Griff behalten können. Dementsprechend lautet der Claim jetzt: „Einfach machen".

4 Kommunikationsmaßnahmen und -instrumente: *Lexware* setzt auf integrierte Imagekampagnen

Um die gesteckten Ziele zu erreichen, setzte *Lexware* – anders als die Konkurrenz – nicht nur auf eine reine Produktkampagne. Stattdessen wurden, gemeinsam mit der Agentur *REINSCLASSEN*, integrierte Imagekampagnen entwickelt, die die Themen Ordnung, Einfachheit und Kontrolle in den Mittelpunkt stellten und verbal wie visuell in Szene setzten.

Für Anzeigen und Plakate schuf die Agentur eine eigenständige und unverwechselbare **Bildsprache**, die den Kerngedanken wörtlich nahm und das Leistungsversprechen auf überhöhte Weise sichtbar macht. Sie zeigt penibel aufgeräumte Betriebe, die stellvertretend für die unterschiedlichen Zielgruppen von *Lexware* stehen (vgl. Abb. 1).

Die Motive der Kampagne wurden in Fachmagazinen wie u. a. dem *Gründermagazin* und dem *Handwerker Magazin* sowie in Special-Interest-Titeln wie *Computer Bild*, *BusinessIT* und *PC go!* geschaltet. Dazu kamen Titel wie *Stern*, *Focus*, *Manager-Magazin* und *Spiegel*.

Flankiert wurde die Anzeigen- und Plakat-Schaltung u. a. durch ein **Mailing**, bei dem die Zielgruppe einen Schuhkarton zusammen mit einer übersichtlich gestalteten Faxantwortseite zugeschickt bekam, die als Responseelement diente. Das Motto: Schluss mit der „Schuhkarton-Buchhaltung" (vgl. Abb. 2).

Darüber hinaus sorgten mehrere Promotion-Aktionen für einen Aha-Effekt: So wurden beispielsweise an den Flughäfen in München, Stuttgart und Hannover jeweils 30 Mülleimer platziert, in die man ordnungsgemäß seinen Müll entsorgen konnte – von Bananenschalen über Herrenmagazine bis hin zu Kaffeesahne-Döschen (vgl. Abb. 3).

Abb. 1 Ausgewählte Printmotive der *Lexware*-Kampagne

Abb. 2 Direct-Mailing für *Lexware*

Abb. 3 Ambient-Media für *Lexware*

5   Kontrolle: *Lexware* baut seine Führungsrolle ordentlich aus

Die integrierten Kampagnen schafften es, *Lexware* zum Inbegriff für Arbeitserleichterung in Sachen Finanzen in kleinen und mittelständischen Betrieben zu machen. Im Einzelnen wurden folgende Ergebnisse erzielt:

(1) Werbeerinnerung
Trotz des vergleichsweise geringen Werbedrucks erzielten die *Lexware*-Anzeigenmotive besonders hohe Aufmerksamkeits- und Recognition-Werte. So bescheinigte beispielsweise der *Spiegel*-Anzeigenmonitor der Kampagne die höchsten, bis dahin gemessenen Werte im Bereich Software-Anzeigen (Spiegel 2006a, 2006b).

Auch der Copytest der Zeitschrift *Capital* bestätigte den Motiven eine hohe Aufmerksamkeits- und Wiedererkennungsleistung: 91 % der Produktinteressierten gaben an, die *Lexware*-Anzeige gesehen zu haben. Anzeigen anderer Softwareanbieter wie beispielsweise *Microsoft* wurden dagegen – je nach Format – lediglich von 47 bis 74 % der Produktinteressierten beachtet (Capital 2006).

Eine Imageanalyse des *Siegfried Vögele Institutes* vom März 2008 wies zudem nach, dass sich die *Lexware*-Anzeigen positiv von denen anderer Softwareanbieter abheben (Siegfried Vögele Institut 2008).

(2) Markenbekanntheit
Mit der integrierten Kampagne konnte darüber hinaus relativ schnell und vor allem effektiv die Markenbekanntheit von *Lexware* gesteigert werden.

Nannten bei einer Nullmessung im Dezember 2005 vor Kampagnenstart 54 % der befragten Gewerbetreibenden, Geschäftsbesitzer oder anderweitig Selbstständigen die Marke *Lexware*, waren es im März 2006 – nach dem ersten Kampagnenflight – bereits 60 % und nach einer weiteren Befragungswelle im Februar 2008 63 %. Damit konnte *Lexware* bereits nach nur zwei Monaten den neuen Wettbewerber *SAP* überholen, dessen gestützte Bekanntheit zu diesem Zeitpunkt lediglich bei 56 % lag (Siegfried Vögele Institut 2006, 2008).

Die langfristige Wirksamkeit der Kampagne bescheinigte auch die *Allensbacher Computer- und Technik-Analyse (ACTA)*: Hier lag 2007 die gemessene Markenbekanntheit 20 % über dem Wert von 2006 (Institut für Demoskopie Allensbach 2006, 2007).

(3) Marken- und Produktimage
Gemäß einer Studie des *Trendbüros* schaffte es die *Lexware*-Kommunikation „hervorragend, Aufmerksamkeit zu erregen und zugleich den relevanten Benefit ‚Ordnung' zu transportieren". Der Aspekt „Ordnung" wurde von den Probanden schnell erkannt und verstanden. Durch die klare und aufgeräumte Optik der Motive wurden zudem Produktassoziationen in Richtung „unkompliziertes, einfaches, seriöses, ehrliches Produkt" ausgelöst (Trendbüro 2007).

Damit konnte offensichtlich nicht nur das Profil der Marke geschärft, sondern auch das Produktimage signifikant verbessert werden. Dies zeigte sich u. a. auch in einer Analyse des *Sigfried Vögele Instituts* zum Produktimage eines der Hauptprodukte aus dem Hause *Lexware*: Rund 85 % der Befragten gaben hierbei an, dass dieses ihrer Meinung nach eine einfache und sichere Software sei. Bei der Nullmessung zuvor behaupteten dies lediglich 70 % (Siegfried Vögele Institut 2006, 2008).

(4) Produktinteresse, Bestellungen und Marktanteil

Lexware baut seit Jahren seinen hohen Marktanteil weiter aus. Seit der letzten Erhebung aus dem Jahr 2012 steigt er bis heute von 82 % auf insgesamt 87 % innerhalb der Zielgruppen. Die Anzahl der Seitenabrufe der *Lexware*-Homepage stieg nach den ersten Kampagnenflights in 2006 um rund 30 %. Hierdurch konnten mehr neue Adressen von Interessierten generiert sowie mehr Produkte über den Onlineshop verkauft werden. Insgesamt stieg die Anzahl der Software-Bestellungen um 25 % im Vergleich zum Vorjahreszeitraum (Lexware 2006a, 2006b).

Hierdurch gelang es der Marke, ihren Marktanteil nicht nur zu verteidigen, sondern deutlich auszubauen. Der Marktanteil konnte von 2005 auf 2006 um rund 38 % gesteigert werden. Von den drei etablierten Anbietern im Accounting-Markt für kleine und mittelständische Betriebe war *Lexware* der einzige Anbieter, der deutlich zulegen konnte (GfK 2006).

6 Fazit

In den drei Phasen ihrer Kommunikationsstrategie konnte *Lexware* das Bewusstsein dafür schaffen, wie wichtig es fürs Business ist, die Finanzen selbst zu erledigen. *Lexware* hat sich dabei als Partner und Unterstützer der Zielgruppen etabliert. Die zielgruppenspezifischen Maßnahmen sprechen dabei übergreifend stets alle Zielgruppen an. Schwierige und eher dröge Themen wie Buchhaltungssoftware werden frisch, modern, aufmerksamkeitsstark und verkaufsfördernd kommuniziert. Damit konnte *Lexware* nicht nur seine Führungsposition in einem hart umkämpften Markt ausbauen, sondern auch beweisen, dass sich B-to-B-Markenarbeit in keiner Weise hinter B-to-C-Konzepten verstecken muss. Dafür erhielt *Lexware* sowie die betreuende Agentur *REINSCLASSEN* u. a. Gold in der Kategorie Anzeigen- und Beilagenserien beim *Best of Business-to-Business Award 2008* sowie einen der begehrten *Profis des Gesamtverbands Kommunikationsagenturen e. V. (GWA)*. Darüber hinaus wurde die Kampagne mehrfach vom *ECON Jahrbuch der Werbung* (Bereichssieger Computer- und IT-Dienstleistungen 2008 sowie 2007) sowie bei den *LeadAwards 2008* ausgezeichnet. 2010 zeichnet der *AME Award* „Hier herrscht *Lexware*." mit einer Silber Medaille aus. 2011 reiht sich ein weiterer *GWA* Profi Gewinn ein – gefolgt von Bronze beim *Best of Business-to-Business Award* in der Kategorie „Crossmediale- und Integrierte Kommunikationskampagnen". 2013 wird „Alles in Ordnung." mit einem GWA Profi ausgezeichnet. „Alles Wichtige mach' ich selbst!" erhält 2014 Bronze beim *Best of Business-to-Business Award* in der Kategorie „Crossmediale- und Integrierte Kommunikationskampagnen". Gefolgt von einem *GWA Profi* in 2015. Ebenso wird 2015 die konsequente Markenführung von *Lexware* mit einem *GWA Profi* geehrt. Und die Erfolgsgeschichte geht weiter: Für die Cloud-basiert Buchhaltungs-Software *lexoffice* erhält *REINSCLASSEN* 2016 beim *BoB* Silber für den Film Küchenschlacht und Bronze für die Out of Home Aktion „Mobile Ads".

Literatur

Capital (2006). *Capital Copytest 25/2006*. Köln: Capital.

GfK (2006). *Special report software*. Nürnberg: GfK.

Institut für Demoskopie Allensbach (2006). *ACTA 2006*. Allensbach: IfD.

Institut für Demoskopie Allensbach (2007). *ACTA 2007*. Allensbach: IfD.

Lexware (2006a). *Lexware Webtrends 2005/2006*. Freiburg: Lexware.

Lexware (2006b). *Lexware interne Unterlagen zu Bestellungen und Umsätzen*. Freiburg: Lexware.

Siegfried Vögele Institut (2006). *Crossmedia im Anzeigenmarketing – Ergebnisse der Werbewirkungs-Messung der Kampagne von Lexware*. Königstein/Taunus: SVI.

Siegfried Vögele Institut (2008). *Imageanalyse Anzeigen „Lexware"*. Freiburg: SVI.

Spiegel (Hrsg.). (2006a). *Spiegel Anzeigen-Barometer*. Spiegel 43/2006. Hamburg: Spiegel.

Spiegel (Hrsg.). (2006b). *Spiegel Anzeigen-Barometer*. Spiegel 49/2006. Hamburg: Spiegel.

Trendbüro (2007). *Hier herrscht Lexware*. Hamburg: Trendbüro.

Interaktive Markenführung – Der Vertrieb als Instrument der B-to-B-Marken-Kommunikation

Lars Binckebanck

Zusammenfassung

Unternehmen im B-to-B-Geschäft brauchen eine „andere" Markenführung. Empirische Studien belegen den Einfluss von Verkäuferpersönlichkeit und Beziehungsverhalten auf die B-to-B-Markenstärke und damit die Notwendigkeit einer interaktiven Markenführung. Letztlich geht es darum, den Vertrieb als Transmissionsriemen für die Kommunikation differenzierender Unternehmenswerte im Markt systematisch in die Markenführung einzubinden und eine Strategie der „Beziehungsführerschaft" umzusetzen. Aus einer managementbezogenen Perspektive untersucht dieser Beitrag Ansatzpunkte zur Implementierung der interaktiven Markenführung. So kann der Vertrieb im Rahmen eines integrierten Gesamtkonzepts als Kommunikationskanal mit der Markenführung vernetzt werden.

Schlüsselbegriffe

Interaktive Markenführung · Verkäuferische Markenidentität · Vertrieb · Vertriebsmodell · Vertriebswert

Inhaltsverzeichnis

L. Binckebanck (✉)
Hochschule Furtwangen
Villingen-Schwenningen, Deutschland
E-Mail: lars.binckebanck@hs-furtwangen.de

© Springer Fachmedien Wiesbaden GmbH, ein Teil von Springer Nature 2018
C. Baumgarth (Hrsg.), *B-to-B-Markenführung*, https://doi.org/10.1007/978-3-658-05097-9_33

1 Einleitung

Die Marktdynamik von Globalisierung und Digitalisierung zu Beginn des 21. Jahrhunderts erfordert von Entscheidungsträgern in Unternehmen die Fähigkeit, Entwicklungen im Markt- und Wettbewerbsumfeld frühzeitig zu identifizieren und umgehend sowie adäquat darauf zu reagieren (Kumar et al. 2011). Nach dem „resource-based View" (Wernerfelt 1984) liegt der Schlüssel zu nachhaltigen Wettbewerbsvorteilen in der Fähigkeit von Unternehmen, interne Ressourcen zur Schaffung von im Wettbewerb überlegenem Kundennutzen einzusetzen. Diese Ressourcen sind firmenspezifisch auf einzigartige sowie innovative Weise langfristig miteinander zum Vorteil der Kunden zu kombinieren. Nach Hamel und Prahalad (1997) bezeichnet die „Kernkompetenz" ein integriertes Bündel von strategisch relevanten Fähigkeiten eines Unternehmens, das auf Lernprozessen und Know-how basiert, wesentlich zum Kundenutzen beiträgt, das Unternehmen gegenüber der Konkurrenz differenziert und nicht oder nur langfristig nachahmbar ist.

Besonders der positive Zusammenhang von Marktorientierung (Kohli und Jaworski 1990) und Unternehmenserfolg ist empirisch belegt (z. B. Kirca et al. 2005; Kumar et al. 2011, Urde et al. 2013). Erforderlich sind „investments in capabilities, such as active information acquisition through multiple channels (e. g., sales force, channel partners, suppliers), incorporation of the customer's voice into every aspect of the firm's activities, and rapid sharing and dissemination of knowledge of the firm's customers and competition [. . .]" (Kumar et al. 2011, S. 17). Vertrieb und Marketing kommt hierbei eine zentrale Verantwortung im Sinne einer „shared responsibility" (Hughes et al. 2012, S. 57) zu. Ahlert erweitert diese Überlegungen um die Markenführung. Er fordert eine ressortübergreifende Koordination und sieht dabei im teamorientierten Triumvirat von Vertriebs-, Marketing- und Markenmanagement das „Gebot der Stunde" (Ahlert 2005, S. 229). Durch ein integriertes Management lassen sich die funktionalen Spezialisierungen zu einer Kernkompetenz im oben skizzierten Sinne weiterentwickeln, die zu schwer imitierbaren Wettbewerbsvorteilen führen kann (Guenzi und Troilo 2007). Hierzu ist ein systematischer und planvoller Ansatz notwendig. Da das Schnittstellenmanagement zwischen Vertrieb und Marketing bereits vielfach thematisiert worden ist (z. B. Baumgarth und Binckebanck 2011a; Binckebanck und Kämmerer 2013), beziehen sich die folgenden Überlegungen in erster Linie auf die Verzahnung von Vertriebsmanagement und Markenführung.

2 Das Konzept der interaktiven Markenführung

„Business-to-Business-Marken haben Füße" – dieses Statement aus der Praxis illustriert den Einfluss des persönlichen Verkaufs und damit des Vertriebs auf die Markenführung im Business-to-Business-Bereich (B-to-B) (Baumgarth und Binckebanck 2011b). Wo komplexe Organisationen, Rollen im Kaufentscheidungsprozess und mannigfaltige Leistungen in zahlreichen Teilmärkten miteinander interagieren, dort kann der Vertrieb schnell wichtiger sein als die Werbung und Techniker im Kundendienst prägen die Unternehmenswahrnehmung häufig stärker als Marketingmanager. Der persönliche Verkauf ist dabei aufzufassen als ein wirtschaftssozialer Interaktionsprozess zur Schaffung von Mehrwert in Geschäftsbeziehungen mit dem Ziel, direkt oder indirekt Kaufabschlüsse zu erzielen (Binckebanck 2016a).

Durch global einheitliche Standards, neue Wettbewerber insbesondere aus Schwellenländern, deren Markterschließungsstrategie zumeist auf Imitation setzt, sowie durch Downsizing-Aktivitäten der nordamerikanischen, japanischen und europäischen Anbieter werden die physischen Produkte immer ähnlicher (Kotler und Pfoertsch 2006). Vor diesem Hintergrund bildet die Qualität der Interaktion zwischen den Repräsentanten des Lieferanten (Selling Center) und des Abnehmers (Buying Center) auf vielen Märkten einen signifikanten Differenzierungsansatz. Es ist daher anzunehmen, dass die Stärke von B-to-B-Marken stark von der Qualität persönlicher Kommunikation und daraus resultierender zwischenmenschlicher Interaktion abhängt (Baumgarth und Binckebanck 2011b). Auf B-to-B-Märkten sind die Zielgruppen klein und überschaubar, die Botschaften dagegen vielfältig und anspruchsvoll. „Entscheidend ist die Frage, wo Anbieter von komplexen Leistungen und Investitionsgütern den Mehrwert ihrer Marke schaffen. (…) Gelingt es einem Anbieter, die vielfältigen Interaktionen mit Kunden zu gestalten und einen eigenständigen Ansatz zu verwirklichen, so sind nachhaltige Wettbewerbsvorteile und Kundenvorteile möglich. (…) Neue Ansätze der interaktiven Markenführung sind gefragt" (Belz 2006, S. 35).

B-to-B-Marken haben eine Anbahnungs- und Vermittlungsfunktion und erleichtern so die Identifizierung und Differenzierung von Anbietern (Anderson et al. 2008). Weitere positive Effekte sind Spielraum für ein Preispremium sowie erhöhte Kundenloyalität im Rahmen stabilerer Geschäftsbeziehungen (Lynch und de Chernatony 2004). Eine starke B-to-B-Marke sichert die Berücksichtigung bei Ausschreibungen und kann bei weitgehend vergleichbaren Angeboten den Ausschlag für den Zuschlag geben (Wise und Zednickova 2009). Daher muss das Management systematisch Markenwerte entwickeln und kommunizieren, die das Unternehmen aus Kundensicht im Wettbewerbsumfeld differenzieren und überlegenen Kundennutzen schaffen (Davies et al. 2008).

Der Wert von Marken ist auch im B-to-B-Kontext das aggregierte Ergebnis der relevanten Kundenwahrnehmungen (Michell et al. 2001). Nach der „service-dominated logic" (Vargo und Lusch 2004) des B-to-B-Marketings wird das Markenimage dynamisch durch soziale Interaktionen konstruiert. Daraus folgt: „A brand is created in continuously developing brand relationships where the customer forms a differentiating image of a physical good, a service or a solution including goods, services, information and other elements, based on all kinds of brand contacts that the customer is exposed to" (Grönroos 2007, S. 290).

Trotz der zunehmenden Anzahl an Alternativen im Marketing-Mix ist und bleibt daher der Vertrieb mit seiner Dominanz an persönlicher Interaktion ein zentraler Kommunikationskanal der Markenwerte (Bettencourt et al. 2005; Bingham et al. 2005). Dies liegt insbesondere an der einzigartigen Fähigkeit des persönlichen Verkaufs, im Verkaufsgespräch auf die individuelle Kundensituation und auf die persönlichen Bedürfnisse der Gesprächspartner flexibel einzugehen (Lynch und de Chernatony 2007; Spiro und Weitz 1990). Dass Kunden von Industriegütern bei ihrer Kaufentscheidung von persönlichen Bedürfnissen beeinflusst werden, wurde lange bestritten (Rosenbröijer 2001). Es wurde stattdessen unterstellt, dass „hard facts" die Grundlage streng rationaler Entscheidungen bilden. Diese Vorstellung kritisieren Kotler und Pfoertsch: „Is this true? Does anybody really believe that people can turn themselves into unemotional and utterly rational machines when at work? We don't think so" (Kotler und Pfoertsch 2006, S. 357).

Lynch und de Chernatony definieren Marken allgemein als „clusters of functional and emotional values that promise a unique and welcome experience between a buyer and a seller" (Lynch und de Chernatony 2004, S. 404). Die Relevanz dieser Auffassung für B-to-B-Marken wird gestützt durch eine Reihe früher Studien (z. B. Gordon et al. 1991; Lehmann und O'Shaughnessy 1974; Mudambi et al. 1997; Saunders und Watt 1979). Während also funktionale Argumente manche Kaufentscheidungen im B-to-B-Geschäft dominieren, lassen sich individuelle Mitglieder des Buying Centers durchaus von Emotionen, wie z. B. Vertrauen, Sicherheit oder Sympathie, beeinflussen (Gilliland und Johnson 1997; Schmitz 1995). Lynch und de Chernatony sprechen in diesem Zusammenhang vom „fear factor" (Lynch und de Chernatony 2004, S. 409) und meinen damit das mit substanziellen Kaufentscheidungen verbundene wahrgenommene Risiko, welches sich neben finanziellen und organisationalen Aspekten vor allem auch auf die persönliche Karriere beziehen lässt. Aaker und Jacobson (2001) haben in einer Studie der Markenrelevanz für Technologiemärkte neben der zentralen Bedeutung des Produkts auch die Wichtigkeit peripherer Eindrücke für die Markenbildung nachgewiesen, also z. B. Bilder, äußere Erscheinung der Verkäufer oder auch die Art und Weise der Präsentation von Fakten. Unter Umständen können emotionale Aspekte sogar eine wichtigere Rolle spielen als funktionale Argumente (Bennett et al. 2005).

Insofern kann die Berücksichtigung emotionaler Mehrwerte auf Märkten, die, wie etwa im Falle von Commodities, typischerweise durch funktionale Verkaufsargumente geprägt sind, zu nachhaltigen und schwer imitierbaren Wettbewerbsvorteilen führen (de Chernatony und McDonald 2003). Gleichzeitig werden herkömmliche funktionale Verkaufsargumente, wie etwa Zuverlässigkeit oder Qualität, zu Hygienekriterien (Humphreys und Williams 1996). Vor diesem Hintergrund bedarf es einer holistischen Perspektive auf das Zusammenspiel von Marke und Vertrieb. „To succeed, B-to-B brands should accommodate the perspectives and needs of all buying centre members and this necessitates acknowledging that buyers are influenced by both rational and emotional motivations" (Lynch und de Chernatony 2007, S. 125).

Der persönliche Verkauf impliziert Interaktion, die Analyse von Gedanken und Gefühlen, den Austausch von Informationen sowie die Entwicklung neuer Positionen und Beziehungen (Bonoma et al. 1978). Die Vertriebsmitarbeiter spielen eine zentrale Rolle in der B-to-B-Markenkommunikation und personifizieren häufig als Markenbotschafter die Werte des Unternehmens (Mudambi 2002). Ihr Verhalten dient Interessenten und Kunden als Indikator für den Umgang des Anbieters mit Kunden und ihren Interessen sowie für den Stellenwert des Kundenbeziehungsmanagements (Humphreys und Williams 1996). Vertriebsmitarbeiter müssen nicht nur funktionale Vertriebsziele erreichen, sondern sie sollten sich auch als integraler Teil einer langfristigen und nachhaltigen Markenführung begreifen (Binckebanck 2006). Verkäuferischer Interaktionsstil und kundenorientierte Überzeugungsarbeit erzeugen Vertrauen und Commitment in Geschäftsbeziehungen (Wren und Simpson 1996) und haben so einen signifikanten Einfluss auf Markenwahrnehmung und -wert (Ahearne et al. 2007). Brexendorf et al. (2010) haben gezeigt, dass der Vertriebsmitarbeiter als Repräsentant der Marke im Rahmen der persönlichen Interaktion den Kunden an eine Marke binden kann. Positive Erfahrungen aus dem Verkaufsgespräch werden auf die Marke übertragen und erhöhen so die Markenloyalität. Direkter Verkauf und Kundendienst sind regelmäßig wichtigster Customer Touchpoint in der Interaktion mit der B-to-B-Marke (Esch et al. 2014).

Lynch und de Chernatony (2004) weisen darauf hin, dass es für eine effektive externe Kommunikation der Markenwerte notwendig ist, diese zunächst nach innen zu vermitteln. Markenwerte sind zentrales Element der Markenführung, denn sie sind Haupttreiber von Einstellungen und Verhaltensweisen (de Chernatony 2002; Rohan 2000). Die Markenwerte werden im B-to-B-Geschäft über drei Kanäle entwickelt und intern verankert (Lynch und de Chernatony 2004):

- die Unternehmenskultur,
- interne Kommunikationsmedien und
- Qualifizierungs- und Trainingsmaßnahmen.

Internes Markenverständnis und -commitment haben nachweislich einen positiven Einfluss auf den Geschäftserfolg (Thomson et al. 1999). Bergstrom et al. (2002) identifizieren drei Kernelemente der internen Markenführung:

- effektive Markenkommunikation an alle Mitarbeiter,
- Überzeugung der Mitarbeiter bezüglich des Wertes und der Relevanz der Marke und
- Verknüpfung aller Funktionsbereiche im Unternehmen mit der Verantwortung für die Umsetzung der Markenwerte.

Die vorliegenden Forschungsarbeiten belegen in der Summe klar einen Zusammenhang zwischen Vertriebsaktivitäten und B-to-B-Markenführung. Zur strategischen Nutzung dieser Zusammenhänge sollten B-to-B-Marken sowohl rationale als auch emotionale Werte beinhalten, die intern zu verankern und sodann extern zu kommunizieren sind. Der Vertrieb ist hierbei ein zentrales Instrument. Durch die kundenindividuelle Verknüpfung von funktionalen und relationalen Vorgehensweisen (Homburg et al. 2011) kann er im Wettbewerb den Unterschied machen, die Erfolgswahrscheinlichkeit erhöhen und die Marke stärken, was wiederum zu positiven und selbstverstärkenden Rückkopplungseffekten auf den Verkaufserfolg führen kann.

Insgesamt kann konstatiert werden, dass eine enge Zusammenarbeit zwischen dem Marketing bzw. dem Markenmanagement und der Vertriebsorganisation nach innen und außen zu einer gesteigerten Zufriedenheit der Kunden mit der Interaktionsqualität führen und so den Markenwert positiv beeinflussen kann (Brexendorf et al. 2010). Der B-to-B-Vertrieb kann und muss also mehr als „nur" verkaufen: Er kommuniziert darüber hinaus die Markenwerte und schafft eine differenzierende Positionierung in den Köpfen der Kunden.

Dafür muss das komplette Vertriebssystem jedoch als Instrument der B-to-B-Markenführung systematisch in ein Gesamtkonzept integriert werden. Das Konzept der interaktiven Markenführung liefert Ansatzpunkte, um die vertrieblichen Leistungspotenziale im B-to-B-Geschäft im Rahmen einer Wettbewerbsstrategie der „Beziehungsführerschaft", das heißt des Angebots der „besten" Geschäftsbeziehungen, systematisch zu erschließen. Gleichzeitig bietet sich die B-to-B-Marke zur Koordinierung der dezentralen Vertriebsaktivitäten als Steuerungsmechanismus im Sinne eines „Management by Values" an (Baumgarth und Binckebanck 2011b). Dabei fungiert die Markenidentität als Richtungsanzeiger für das Denken, Fühlen und Handeln der Mitarbeiter im Kundenkontakt (Esch 2012). Das resultierende ganzheitliche Kundenerlebnis („Customer Experience") wird zum „Moment of Truth" und damit zum zentralen Prüfstein für die B-to-B-Markenführung. Das gilt auch in Zeiten der Digitalisierung, denn persönliche Interaktionen bestätigen oder zerstören das digitale Leistungsversprechen, gerade auch auf B-to-B-Märkten (Binckebanck 2015).

Die wissenschaftliche Literatur hat sich mit den beschriebenen Zusammenhängen zwischen Marke, Marketing und Vertrieb in den letzten Jahren vermehrt beschäftigt und bietet mittlerweile eine ganze Reihe von Lösungsansätzen. Allerdings wird die Orientierung hierbei insbesondere auch für Praktiker durch den Umstand erschwert, dass sich bislang keine einheitlichen Begrifflichkeiten herausgebildet haben. Vielmehr existiert zum Themenkomplex eine Vielzahl von Konzepten mit unterschiedlichen, aber ähnlich anmutenden Bezeichnungen, die sich teilweise überschneiden, vielfach aber auch ergänzen (Schmidt und Kilian 2012). Im Folgenden sollen einige ausgewählte Ansätze knapp charakterisiert werden:

- „Employee brand-building behavior" (Miles und Mangold 2004; Morhart et al. 2009): Der (berufliche sowie private) Beitrag von Mitarbeitern zur kundenorientierten Markenführung lässt sich anhand von drei Dimensionen operationalisieren. „Retention" bezieht sich auf die dauerhafte Aufrechterhaltung der beruflichen Bindung an die Anbietermarke, denn fehlende personelle Kontinuität erschwert den Aufbau von Geschäftsbeziehungen. „In-role brand-building behavior" bezeichnet die Umsetzung von durch den Arbeitgeber vorgesetzten Qualitätsstandards in der Kundeninteraktion, denn Widersprüche zwischen Markenpositionierung und Mitarbeiterverhalten schwächen die Glaubwürdigkeit der Anbietermarke. „Extra-role brand-building behavior" umfasst markenförderndes Verhalten, das über die kodifizierten Standardanforderungen hinausgeht, z. B. Beiträge zur marktorientierten Weiterentwicklung der Anbietermarke oder Handeln als Markenbotschafter auch außerhalb der Arbeitszeit. Der Ansatz beschreibt die Verhaltensebene der Kundeninteraktion, thematisiert jedoch weder die Verankerung von Markenwerten in den Köpfen der Mitarbeiter noch die psychologischen Auswirkungen auf Kundenseite. Auch fehlen Hinweise zur ganzheitlichen organisatorischen Umsetzung in der Vertriebsorganisation.

- „Behavioral Branding" (Esch et al. 2014; Tomczak et al. 2012): Aufbau und Pflege von Marken sind durch zielgerichtetes Verhalten und persönliche Kommunikation zu unterstützen. Um Mitarbeiter zu Markenbotschaftern zu machen, müssen die interaktiv zu vermittelnden Markenwerte eindeutig definiert und den Mitarbeitern bekannt sein. Die Mitarbeiter in Vertrieb und Kundendienst müssen die Markenwerte darüber hinaus verinnerlicht haben, sich mit ihnen einverstanden fühlen und auch fähig sein, sie den Zielgruppen zu vermitteln (Brand Behavior Funnel). Das Markencommitment der Mitarbeiter wird zum zentralen Wertschöpfungstreiber. Dabei fungiert die Markenidentität als Richtungsanzeiger für das Denken, Fühlen und Handeln der Mitarbeiter im Kundenkontakt. Ziel ist also das Ausrichten des Mitarbeiterverhaltens an der Identität der Marke. Voraussetzung ist jedoch der Aufbau von Markenwissen bei den Mitarbeitern durch interne Kommunikation (Internal Branding, auch häufig als Synonym für Behavioral Branding verwendet, vgl. Schmidt und Kilian 2012). Der Ansatz konzentriert sich unter Rückgriff auf zentrale Erkenntnisse des Personalmanagements auf die interne Verankerung von Markenwerten. Jedoch fehlt dem Ansatz ein spezifischer Bezug zum Vertrieb. So werden Wirkungen auf Kundenseite ebenso vernachlässigt wie Fragen der Verankerung innerhalb der Vertriebsorganisation.

- „Leadership Branding" (Grubendorfer 2012; Ulrich und Smallwood 2007): Im Mittelpunkt steht ein an der Markenidentität ausgerichteter Organisationsentwicklungsprozess mit der Zielsetzung, ein einheitliches und unternehmensspezifisches Führungsverständnis zu entwickeln, da Führungskräften sowohl bei der internen Markenentwicklung als auch bei der dauerhaften organisatorischen Implementierung eine Schlüsselrolle zukommt (z. B. Burmann und Zeplin 2005). Daher ist sicherzustellen, dass Führungskräfte sich in den Dienst der internen Markenverankerung stellen und die Führungskultur konform mit den Markenwerten ausgestaltet ist. Jedoch ist Führung ein dialektischer Prozess, d. h. Führungsverhalten kann nicht allein an der Marke ausgerichtet werden, sondern sollte Unternehmenssituation, Zielvorgaben sowie die persönliche Beziehung zwischen Managern und Mitarbeitern sowie deren beider Einbettung in Teilsysteme (z. B. Abteilungen) und in das Gesamtsystem des Unternehmens berücksichtigen (Schmidt und Kilian 2012). Der Ansatz fokussiert damit einseitig auf die Führungsebene, zeigt aber grundsätzlich, dass die interne Implementierung eine ganzheitliche Herausforderung für die Organisation des Anbieterunternehmens darstellt. Jedoch lässt der Ansatz einen spezifischen Bezug zum Vertrieb vermissen und vernachlässigt insbesondere auch externe Wirkungen auf Kundenseite.

Zusammenfassend lassen sich die folgenden Anforderungen an eine Konzeption für das integrierte Management von Marke, Marketing und Vertrieb im B-to-B-Geschäft ableiten:

- Der Ansatz sollte die Spezifika von Vertriebsorganisationen berücksichtigen,
- hinsichtlich der internen Implementierung ganzheitlich konzipiert sein und
- die kundenseitigen Wirkungen in einem B-to-B-Kontext erfassen.

Das resultierende Konzept der interaktiven Markenführung lässt sich definieren als der Managementprozess der Planung, Implementierung und Kontrolle beziehungsgestaltender Interaktionsprozesse mit aktuellen und potenziellen Geschäftskunden eines B-to-B-Unternehmens durch seine Vertriebsorganisation mit dem Ziel, ein identitätskonformes und differenzierendes Image in den Köpfen der relevanten Buying-Center-Mitglieder zu verankern, welches zu Präferenzen und Wettbewerbsvorteilen führt (Binckebanck 2006).

Für Vertriebsorganisationen ist dieser Ansatz als zweistufiger Prozess umzusetzen. In einem ersten Schritt sind die Markenwerte intern zu definieren und zu verankern. Anschließend ist die so entstandene Markenidentität extern in geeigneter Form durch adäquate Kommunikationsmedien interaktiv zu konkretisieren, wobei der Vertrieb eine zentrale und aktive Rolle spielt. Im Folgenden werden diese beiden grundsätzlichen Schritte jeweils eingehend erläutert.

3 Interne Perspektive der interaktiven Markenführung

„Successful external brand communication is highly dependent on employees understanding and committing to brand values" (Lynch und de Chernatony 2004, S. 411). Vor diesem Hintergrund bieten sich als Ausgangspunkt für die interaktive Markenführung insbesondere identitätsbasierte Markenansätze an (de Chernatony 2010; Hatch und Schultz 2001; Meffert et al. 2005), da diese die Außensicht (Image) mit der Innensicht (Identität) verknüpfen und damit Marken ganzheitlich betrachten. Für eine systematische interne Markenverankerung sind vor diesem Hintergrund Ziele, Strukturen und Prozesse erforderlich (Binckebanck 2006). Diese drei Aspekte werden im Folgenden skizziert.

3.1 Entwicklung einer vertriebsorientierten Ziel-Markenidentität

Das grundsätzliche Ziel der Markenführung ist nach dem identitätsorientierten Verständnis eine Soll-Markenidentität, welche die essenziellen und charakteristischen Merkmale der Marke determiniert. Für die interaktive Markenführung ist das Konzept des Identitätsansatzes auf die vertriebsdominierte Interaktionsebene eines Unternehmens im B-to-B-Geschäft zu übertragen. Es gilt, eine mit der übergeordneten Gesamtmarkenstrategie kompatible Identität im Sinne eines gemeinsam getragenen Selbstverständnisses und konstruktiven Wir-Gefühls in der Vertriebsorganisation aufzubauen. Nur Vertriebsmitarbeiter, die sich im Sinne der Gesamtunternehmensstrategie verhalten, können gleichzeitig individuell erfolgreich sein, übergreifende Kundenprogramme (etwa Customer Relationship Management oder Key Account Management) umsetzen und die Wertschöpfung des Gesamtunternehmens steigern. Sie identifizieren sich mit ihrem Arbeitgeber und positionieren sich selbst als Mehrwertleistung, die im Einklang mit dem Markenversprechen des Lieferanten steht.

Homburg et al. (2011) weisen darauf hin, dass der Kontext der Vertriebsaktivitäten ein wichtiger Treiber für die Effektivität von Vertriebsmitarbeitern ist. So bietet sich ein funktionaler Verkaufsstil mit einer starken Betonung rationaler Werte in einem Markt an, der von aufgabenorientierten Einkäufern, High-Involvement-Produkten und schwachen Marken geprägt ist. Dagegen ist ein relationaler Verkaufsstil mit einer stärkeren Betonung emotionaler Werte in Situationen mit interaktionsorientierten Einkäufern, starken Marken und individualisierten Produkten adäquat. Diese Ergebnisse zeigen, dass die Vertriebsorganisation so zu konfigurieren ist, dass die jeweiligen Marktanforderungen an das Verhältnis zwischen funktionalem und relationalem Verkaufen optimal berücksichtigt werden (Anderson und Onyemah 2006). Für Unternehmen, die auf mehreren Märkten simultan aktiv sind, bedeutet dies, dass es nicht *die eine* Markenidentität geben kann. Vielmehr gilt: „(...) practitioners are advised to develop specific interaction models, depending on the characteristics of the customers and products in a specific market" (Homburg et al. 2011, S. 808). So hat etwa *BASF* sechs verschiedene „Customer Interaction Models" entwickelt, wobei jedes einer anderen Geschäftsbeziehungslogik von niedriger Intensität (z. B. Zwischenhändler) bis hin zu hoher Interdependenz (z. B. Wertschöpfungspartner) folgt (Deiser 2009).

In einer Untersuchung von 200 Geschäftsbeziehungen auf B-to-B-Märkten konnten mittels multivariater Analyseverfahren drei grundlegend unterschiedliche Formen von Geschäftsbeziehungen identifiziert werden, die jeweils deutliche Konsequenzen für die Markenführung haben (Binckebanck 2006):

- In **unternehmensorientierten Geschäftsbeziehungen** spielen weder Verkäufer noch Win-Win-Prinzip eine entscheidende Rolle. Solche Geschäftsbeziehungen sind demnach eher durch einen sachlichen Umgang miteinander geprägt. Zwar wird die Verfolgung einer langfristigen Zusammenarbeit durch den Lieferanten aus der Perspektive des beschaffenden Unternehmens durchaus geschätzt, jedoch nur unter Beachtung formaler Regeln. Dazu gehört ein ausgeprägtes Monitoring der gegenseitigen Rechte und Pflichten ebenso wie eine langfristige Planung mit der daraus resultierenden Berechenbarkeit. Die persönliche Interaktion der Unternehmensrepräsentanten ist eher sekundär. Interessant ist nun, dass eine solche Haltung zur Geschäftsbeziehung mit einer niedrigen Markenstärke des Lieferanten aus Kundensicht einhergeht. Vor dem Hintergrund der in der Studie gefundenen starken Einstellungs- und Verhaltenswirkung von Marken bedeutet dies, dass solche Geschäftsbeziehungen tendenziell instabil sind. Demnach kommt der Markenführung in solchen Fällen die Aufgabe zu, für emotionale Differenzierung zu sorgen. Es ergeben sich damit interessante Perspektiven für die interaktive

Markenführung, denn das Differenzierungspotenzial des Vertriebs stellt in solchen Geschäftsbeziehungen häufig „Neuland" dar. Jedoch wird es auch Fälle geben, in denen das beschaffende Unternehmen solche Ansätze bewusst ablehnt. Relationale Ansätze wären ineffektiv und möglicherweise sogar negativ für die Kundenbeziehung (Homburg et al. 2011). In solchen Fällen ist der Einfluss der Markenführung beschränkt und es gilt, die Geschäftsbeziehung im Rahmen des bestehenden Leistungssystems abzusichern.

- In **beziehungsorientierten Geschäftsbeziehungen** steht das Win-Win-Prinzip stark im Mittelpunkt. Zur gegenseitigen Unterstützung vor allem in problematischen Phasen gehört durchaus auch, dass Informationen offen ausgetauscht werden und die künftige Entwicklung der Geschäftsbeziehung systematisch geplant angegangen wird. Dagegen spielen Machtfragen und unpersönliche Marktbearbeitung eine eher schwache Rolle. Die eigentliche Leistung scheint in solchen Fällen eher Hygienefaktor zu sein. Man kann sagen, dass das Kundenunternehmen eine positive Einstellung sowohl zum Lieferantenunternehmen als auch zu dessen Repräsentanten hat, ohne jedoch den Verkäufer zu sehr im Fokus zu haben. Das Ergebnis ist in diesen Fällen eine insgesamt mittlere Markenstärke. Demnach ist eine konsistente Win-Win-Orientierung beider Elemente, also des Lieferanten und seiner Verkäufer, markentreibend. Für die Markenführung bedeutet dies, strategische Konsistenz zwischen den verschiedenen Unternehmensfunktionen sicherzustellen und insbesondere den Vertrieb hierbei zu integrieren.

- In **verkäuferorientierten Geschäftsbeziehungen** steht die Verkäuferpersönlichkeit mit ihren Facetten (Persönlichkeitsmerkmale, Sozial- und Fachkompetenz, vgl. Homburg et al. 2016) im Mittelpunkt. Dabei ist jedoch entscheidend, dass der Verkäufer auch die Bedürfnisse seiner Kunden optimal erfüllt, sich flexibel veränderten Rahmenbedingungen anpasst und Konflikte früh und systematisch entschärft. Insofern geht es hierbei nicht um „Verkäufergurus", denen die Kunden vor Begeisterung blind folgen, sondern um solche Verkäufer, die ihre Qualitäten konsequent im Sinne des Kunden einsetzen. Dieser Prozess läuft jedoch offenkundig auf einer persönlich und emotional verbindlichen Basis ab. Das Ergebnis ist eine hohe Markenstärke. Der Verkäufer erweist sich in dieser Art von Geschäftsbeziehungen als stärkster Markentreiber. Demnach ist es die Aufgabe der Markenführung, den Erfolgsfaktor Vertrieb systematisch in die Markenstrategie einzubinden.

Insgesamt wird deutlich, dass Markenstärke und Geschäftsbeziehungstypus zusammenhängen. Letzterer wiederum wird im B-to-B-Geschäft determiniert durch den Stellenwert, der dem persönlichen Verkauf zugemessen wird: Je wichtiger (und besser) der Mitarbeiter, desto höher die Markenstärke. Umgekehrt haben Homburg et al. gezeigt: „Brand strength enhances the effectiveness of relational customer orientation, whereas it reduces the effectiveness of functional customer orientation" (Homburg et al. 2011, S. 805).

In Anlehnung an das Markensteuerrad als Identitätsansatz (Esch 2014) muss die Vertriebsorganisation marktspezifisch definieren, für welche Kernkompetenz es steht, welcher

Kundennutzen hieraus entsteht, welchen Stellenwert die emotionalen Aspekte von Geschäftsbeziehungen haben sollen und wie der verkäuferische Auftritt gestaltet werden soll. Bei aller notwendigen Individualität und situativen Flexibilität im täglichen Verkauf entsteht so nach innen ein Leitbild, das die Mitglieder einer Vertriebsorganisation für einen spezifischen Markt auf gemeinsame Ziele, Werte und Normen festlegt. Ohne eine solche Vertriebsidentität entwickelt sich die Markenwahrnehmung aus einem Nebeneinander individuell determinierter und zufälliger Interaktionen im Markt. Mit der Ausrichtung an einem „Vertriebssteuerrad" ergibt sich dagegen durch einen integrierten Marktauftritt die Chance, positive Markeneffekte zu realisieren. Nach innen stiftet die Vertriebsidentität darüber hinaus Orientierung für die Handelnden, die sich auch positiv auf Mitarbeiterzufriedenheit und -loyalität auswirkt.

So kann die Erarbeitung eines Ziel-Vertriebssteuerrads als Ausgangspunkt der interaktiven Markenführung angesehen werden. Selbstverständlich ist dieser Prozess unternehmensindividuell auf der Basis einer umfassenden Analyse der Marktsituation zu konkretisieren. Zur Illustration und als Leitbild für die Praxis sind in Abb. 1 Beispiele auf der Basis der drei beschriebenen Geschäftsbeziehungscluster dargestellt.

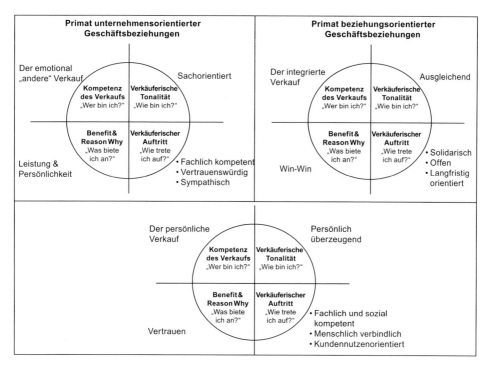

Abb. 1 Beispielhafte generische Vertriebssteuerräder. (Quelle: Binckebanck 2006, S. 177)

3.2 Strukturmodell eines markenbasierten Vertriebssystems

Für eine ganzheitliche Perspektive auf die vielfältigen Stellschrauben einer interaktiven Markenführung in der Vertriebsorganisation bietet sich der Rückgriff auf ein normatives Strukturmodell an, bei dem alle relevanten Entscheidungsfelder des Vertriebsmanagements simultan zusammengestellt und hinsichtlich ihrer Beziehungen zueinander verknüpft werden (Binckebanck 2016b).

Das in Abb. 2 dargestellte Vertriebsmodell betont die zentrale Rolle der Führungskraft als Transmissionsriemen zwischen einer konzeptionellen Entscheidungs- und einer operativen Umsetzungsebene im Vertrieb. Die Vertriebsleitung muss demnach einerseits konzeptionelle Rahmenbedingungen der Vertriebsarbeit mit Blick auf die strategischen Grundsatzentscheidungen und die gewünschten Vertriebsergebnisse konfigurieren. Diese Parameter bilden die Voraussetzungen für den Verkaufserfolg. Andererseits muss die Führungskraft Akzeptanz und ein einheitliches Verständnis von Vertriebsstrategie und Systemumfeld unter den Mitarbeitern schaffen und gleichzeitig als Trainer und Coach im operativen Tagesgeschäft fungieren. Die Durchführungsebene umfasst die individuelle Verkaufsleistung und ihre Einflussfaktoren als Stellhebel für die Vertriebsoptimierung. Aus dem Zusammenspiel dieser Führungsaktivitäten entstehen vertriebliche Aktivitäten (im Sinne von „brand-building behavior"), welche wiederum zu Vertriebsergebnissen führen, die im Rahmen eines Vertriebscontrollings permanent überwacht und optimiert werden müssen (Binckebanck 2013a). Im Folgenden sollen die Stellschrauben des Vertriebsmodells mit Blick auf die interaktive Markenführung kurz charakterisiert werden.

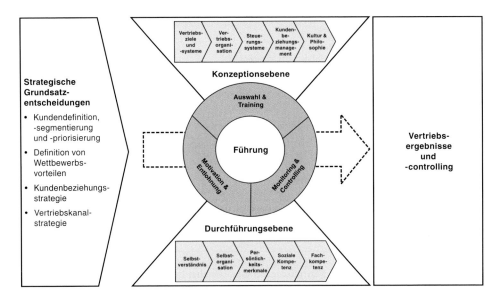

Abb. 2 Strukturelle Stellschrauben der interaktiven Markenführung in der Vertriebsorganisation. (Quelle: Binckebanck 2016c, S. 15)

Die folgenden Entscheidungstatbestände determinieren typischerweise eine Vertriebsstrategie (Binckebanck 2013b):

- Ausgangspunkt des strategischen Vertriebsmanagements ist die **Definition** der zu bear-
  beitenden Kunden und die Analyse ihrer Bedürfnisse. Diese Analyse liefert die Basis
  für die Marktbearbeitung und sollte im vorliegenden Kontext insbesondere auch den
  Stellenwert von Interaktionen berücksichtigen. Handelt es sich um eine große Zahl heterogener Kunden, so sollte im nächsten Schritt eine **Kundensegmentierung** erfolgen.
  Hierbei können Präferenzen hinsichtlich der Interaktion mit dem Anbieterunternehmen als Segmentierungsvariable dienen. Die so definierten Segmente sind schließlich
  mit Blick auf eine differenzierte Marktbearbeitung nach ökonomischen Kriterien zu
  priorisieren, denn der Aufwand für eine interaktive Markenführung muss sich in entsprechender Zahlungsbereitschaft und Kundendeckungsbeiträgen niederschlagen.
- Im zweiten Schritt ist die Leistung zu definieren, die der Marktbearbeitung zugrunde
  gelegt werden soll. Diese Leistung muss gleichzeitig Kundenbedürfnisse befriedigen,
  sich vom Wettbewerb abheben und ökonomisch ertragreich sein. Es geht also um die
  Identifikation strategischer **Wettbewerbsvorteile**. Mit Blick auf die interaktive Markenführung ist insbesondere der Beitrag des Vertriebs hierzu zu klären. In der Praxis
  emanzipiert sich der Vertrieb zunehmend von der ihm zugedachten ausführenden Rolle
  hin zu einer unternehmerischen Kernkompetenz. Interaktive Markenführung kann so
  zum strategischen Wettbewerbsvorteil werden.
- Im dritten Schritt ist die **Kundenbeziehungsstrategie** auszugestalten. Bereits im vorhergehenden Abschnitt wurde gezeigt, dass interaktive Markenführung und die Art der
  Geschäftsbeziehung zusammenhängen. In der Praxis müssen solche konzeptionellen
  Fragen stärker gewichtet werden als IT-systemische. Die Kundenbindungsinstrumente
  sind in Abstimmung mit der Markenpositionierung gezielt und systematisch einzusetzen.
- Im letzten Schritt müssen die Träger des Kundenbeziehungsmanagements ausgewählt
  werden. Vertriebswege und Vertriebspartner müssen die Zielkunden mit den definierten Leistungen in der vorgegebenen Art und Weise der Interaktion erreichen und dabei
  die Anbietermarke positionieren und differenzieren. Im Rahmen der Festlegung der
  vertikalen und horizontalen **Vertriebskanalstruktur** ist insbesondere zu klären, ob
  das Unternehmen direkt, indirekt oder parallel im Rahmen eines Mehrkanalvertriebs
  vertreiben möchte. Im indirekten Vertrieb sind weiterführend zwischenbetriebliche Ko-
  operationsformen vertraglich abzusichern und Schwerpunkte in der Zielrichtung der
  Stimulierungsmaßnahmen festzulegen.

Auf der Konzeptionsebene sind die folgenden Rahmenbedingungen des Vertriebs zu
definieren (Binckebanck 2016c):

- **Vertriebsziele und -systeme**: Vertriebsziele sind aus den übergeordneten Zielen abzuleiten und hinsichtlich Quantität (z. B. Anzahl der Vertriebsgespräche), Qualität (z. B.

Abschlussquoten) und Richtung (z. B. Quoten für Produktgruppen) der gewünschten Vertriebsaktivitäten zu operationalisieren. Hier sollten auch Zielgrößen für die interaktive Markenführung (z. B. Net Promoter Score) hinterlegt werden.

- **Vertriebsorganisation**: Verbreitete Organisationsformen sind die Linien-, Funktional- und Matrixorganisation. Dabei ist die Frage nach der optimalen Leitungsspanne und -tiefe ebenso zu berücksichtigen wie die nach dem Zentralisierungsgrad. Eine zentralisierte Vertriebsorganisation bietet Spezialisierungsvorteile (z. B. klare Konzentration auf einzelne Leistungen oder Zielgruppen), ein dezentralisierter Regionalvertrieb dagegen Generalisierungsvorteile (z. B. „One Face to the Customer"). Innerhalb der Vertriebsorganisation lässt sich die Zusammenarbeit der Mitarbeiter durch moderne Ansätze des Team Selling optimieren. Abteilungsübergreifend sollte die für die interaktive Markenführung notwendige Zusammenarbeit von Vertrieb mit anderen Unternehmensfunktionen im Rahmen eines Schnittstellenmanagements klar definiert werden.
- **Steuerungssysteme & Kundenbeziehungsmanagement**: Steuerungssysteme ermöglichen das zielgerichtete Management der Vertriebsorganisation. Einen wesentlichen Beitrag hierzu leisten IT-gestützte Informationssysteme (z. B. Markt-, Kunden- und Wettbewerbsinformationen) sowie IT-Lösungen für CRM mit geeigneten analytischen, operativen und kollaborativen Modulen.
- **Kultur & Philosophie**: Die Vertriebskultur begründet Identität und stützt das „Wir-Gefühl" des Vertriebspersonals, sie vermittelt den Sinn des unternehmerischen Handelns, motiviert die Mitarbeiter und legitimiert ihr Handeln gegenüber Außenstehenden. Die Vertriebskultur stiftet Konsens, indem sie ein gemeinsames Verständnis über fundamentale Werte und Normen schafft (Homburg et al. 2016). So entsteht ein Orientierungsrahmen für das Handeln, was die (informelle) Koordination der Aktivitäten im Unternehmen deutlich vereinfachen kann. In Anbetracht dieser Vorteile sollte die Entwicklung der Vertriebskultur nicht dem Zufall überlassen werden. Als ein mögliches Instrument hierfür wurde bereits im vorhergehenden Abschnitt das Instrument des Vertriebssteuerrads vorgeschlagen.

Die Durchführungsebene ist im Sinne des zuvor beschriebenen „Behavioral Branding" eine wesentliche Manifestation der interaktiven Markenführung. Typische Erfolgsfaktoren auf der Durchführungsebene mit Bezug zur interaktiven Markenführung sind (Homburg et al. 2016):

- **Selbstverständnis**: Das Selbstverständnis des Vertriebspersonals sollte mit den vertrieblichen Zielen, der Markenidentität und der Vertriebskultur kompatibel sein.
- **Selbstorganisation**: Die Fähigkeit zur Selbstorganisation ist eine zentrale Grundvoraussetzung für die Beherrschung des Vertriebsprozesses und die Qualität der Kundeninteraktionen.
- **Persönlichkeitsmerkmale**: Vertriebsrelevante Persönlichkeitsmerkmale sind etwa Selbstwertgefühl, Kontaktfreudigkeit, Optimismus und Empathie.

- **Soziale Kompetenz:** Vertriebsrelevante soziale Kompetenzen sind etwa Kommunikations- und Wahrnehmungsfähigkeit, Freundlichkeit, Teamfähigkeit und Flexibilität.
- **Fachkompetenz:** Vertriebsrelevante fachliche Kompetenzen sind etwa Markt- und Produktkenntnisse, betriebswirtschaftliches Wissen und vertriebsprozessbezogene Fähigkeiten.

In der Praxis zeigt sich immer wieder eine Diskrepanz zwischen strategischer Konzeption und dem persönlich erlebten Vertriebsalltag. Diese Kluft kann zu wahrgenommener individueller Überforderung (und damit zu Stress und Änderungswiderständen) führen und so den nachhaltigen Erfolg der interaktiven Markenführung gefährden. Vor diesem Hintergrund kommt den Führungskräften die zentrale Rolle zu, Strategie, konzeptionelle Rahmenbedingungen und individuelle Vertriebsleistung markenkonform zu integrieren. Wesentliche Aufgaben der Führungskraft im Vertrieb im Sinne des zuvor beschriebenen „Leadership Branding" sind (Binckebanck 2016c):

- **Mitarbeiterauswahl und -entwicklung:** Besonders in mittelständischen Unternehmen liegt die Verantwortung für die Einstellung von geeigneten Mitarbeitern für die Vertriebsorganisation häufig unmittelbar bei der Führungskraft. Diese sollte daher die Anforderungen der jeweiligen Tätigkeit genau kennen und mithilfe geeigneter Instrumente der Personalauswahl (z. B. Interview, Tests, Referenzen) in der Lage sein, den Fit von Kandidaten mit der Markenidentität und den Markenwerten im Rahmen einer systematischen Eignungsdiagnostik beurteilen zu können. Zur Mitarbeiterentwicklung zählen Aufgaben wie die Analyse individueller Kompetenzdefizite und die Festlegung passgenauer Qualifizierungsmaßnahmen. Voraussetzung hierfür ist die Personalbeurteilung, also die systematische und faire Bewertung von Eigenschaften und/oder Leistungen von Vertriebsmitarbeitern.
- **Motivation und Entlohnung:** Ein wesentlicher Erfolgsfaktor für die Führung von Vertriebspersonal ist ein grundlegendes Verständnis von Mitarbeitermotivation. Für Personal im Vertrieb spielen materielle Anreize erfahrungsgemäß eine besonders wichtige Rolle. Die Führungskraft muss dies durch ein adäquates Entlohnungssystem berücksichtigen, das Anreize für markenkonforme Verhaltensweisen enthält.
- **Monitoring und Controlling:** Für die Kontrolle der Vertriebsorganisation ist ein professionelles Monitoring erforderlich. Dieses sollte nicht nur eine reine Ergebniskontrolle (z. B. Abschlüsse von Kaufverträgen) inklusive Soll-Ist-Vergleich ermöglichen, sondern auch die markenkonforme Kontrolle von Aktivitäten (z. B. Art und Qualität, Zeitaufwand) umfassen.

Es wird deutlich, dass professionelles Vertriebsmanagement eine Führungsebene erfordert, die willens und in der Lage ist, Brücken zwischen Strategie und Konzeption einerseits und Mitarbeitern andererseits zu bauen. Sie muss als Transmissionsriemen der interaktiven Markenführung dienen, um nachhaltigen Erfolg im Vertrieb sicherzustellen.

Die Führungskraft wird damit zu einem zentralen Erfolgsfaktor sowohl für Vertrieb als auch für die Markenführung.

3.3   Prozessmodell zur Implementierung der interaktiven Markenführung

Während Strukturmodelle, wie im vorhergehenden Abschnitt gezeigt, ein breites Spektrum von Einflussfaktoren simultan berücksichtigen und Beziehungen untereinander erklären, betonen Prozessmodelle die Ablaufdimension durch eine Phasenbetrachtung (Homburg 2015; Homburg und Schneider 2001; Meffert et al. 2015). Wittke-Kothe (2001) hat ein verhaltensorientiertes Phasenmodell der internen Markenführung vorgelegt, das in modifizierter Form als Grundlage für die Implementierung einer markenkonformen Vertriebskonzeption ergiebig erscheint. Abb. 3 zeigt die Prozessphasen der Implementierung und verknüpft diese mit den zuvor beschriebenen Ebenen des Vertriebsmodells.

Der Prozess beginnt mit einer Zieldefinition. Diese findet im Rahmen vertriebsstrategischer Überlegungen statt und beinhaltet vor allem eine kodifizierte Soll-Vertriebsidentität (Phase I). Diese wiederum gilt es im Verlauf des Implementierungsprozesses in eine Ist-Vertriebsidentität zu übersetzen. Dazu findet zunächst eine Analyse der Ausgangslage statt (Phase II), die in eine Umsetzungsplanung mündet (Phase III). Da hierbei die normativen Vorgaben für die Führungs- und Durchführungsebene entwickelt werden, lassen sich diese beiden Prozessschritte der Konzeptionsebene zurechnen. Im nächsten Schritt sind die Führungskräfte als Multiplikatoren (Esch und Vallaster 2005) aktiv in den Im-

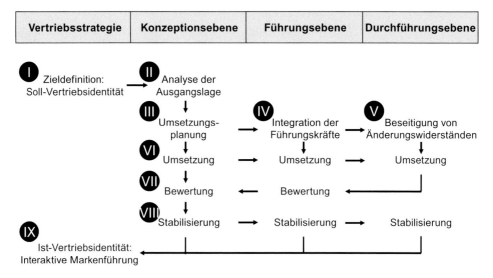

Abb. 3 Prozessmodell zur Implementierung der interaktiven Markenführung. (Quelle: in Anlehnung an Binckebanck 2006, S. 206)

plementierungsprozess einzubinden (Phase IV). So ist die Führungsebene etwa bereits im nächsten Prozessschritt gefordert, zur Beseitigung von Änderungswiderständen unter den Vertriebsmitarbeitern beizutragen (Phase V). Erst dann geht es an die Umsetzung, und zwar simultan auf allen drei Ebenen (Phase VI). Zur Motivation der Mitarbeiter auf der Durchführungsebene ist dabei grundsätzlich top-down vorzugehen, d. h. interne Rahmenbedingungen und Vorbildfunktion der Führungskräfte sollten den Mitarbeitern beweisen, dass die Implementierung der interaktiven Markenführung von entsprechender Bedeutung ist und sie nicht einseitig mit Veränderungen belastet werden.

Die Bewertung des Umsetzungserfolgs (Phase VII) sollte dagegen bottom-up erfolgen, d. h. die Analyse beginnt beim Individuum, wird auf der Führungsebene aggregiert und schließlich auf der Konzeptionsebene mit dem Plan verglichen. Im Falle einer positiven Bewertung setzt schließlich eine systematische Stabilisierung ein (Phase VIII), die von der Konzeptionsebene ausgehend über die Führungskräfte und das Verhalten der Mitarbeiter auf der Durchführungsebene die interaktive Markenführung als Ist-Vertriebsidentität (Phase IX) langfristig absichern soll.

3.4 Standardisierung vs. Individualisierung im Vertrieb

Es ist zu erwarten, dass bei der Implementierung der interaktiven Markenführung Widerstände auftreten. In der Praxis wird Individualität und weitgehende Unabhängigkeit im Vertrieb regelmäßig mit allen Mitteln verteidigt. Viele Vertriebsorganisationen erweisen sich als außerordentlich veränderungsresistent. Es ist zu erwarten, dass sich viele Vertriebsmitarbeiter bei Vorgaben hinsichtlich ihres Auftretens darauf berufen werden, dass ihre Persönlichkeit und Individualität „den Unterschied ausmacht". Ein Ersatz von Individualität durch Konformität wird daher mit hoher Wahrscheinlichkeit (und wohl auch zu Recht) Proteste auslösen.

Bei genauer Betrachtung sind Individualität und Konformität im Vertrieb nur scheinbar Gegensätze. Empirische Studienergebnisse (Binckebanck 2006) belegen, welchen entscheidenden Beitrag die Individualität des Vertriebsmitarbeiters zum Markenwert und zur Qualität der Geschäftsbeziehung leistet. Individualität ist daher ein Wert, den es zu erhalten gilt, jedoch nicht uneingeschränkt. Ebenso wahr ist nämlich, dass jeder Vertriebsmitarbeiter Angestellter seines Unternehmens und damit zur Strategieumsetzung verpflichtet ist. Im Falle der interaktiven Markenführung ist ein möglichst einheitlicher Marktauftritt des Vertriebssystems zentraler Bestandteil der Strategie. Diese Einheitlichkeit braucht jedoch situative Flexibilität, die durch die Individualität des Vertriebsmitarbeiters gewährleistet wird. Erfahrene Vertriebsmitarbeiter haben in aller Regel persönliche Standards für ihr Verhalten in bestimmten, wiederkehrenden Situationen entwickelt, die je nach situativen Rahmenbedingungen modifiziert werden. Es ist sicherzustellen, dass diese individuellen Standards kompatibel mit der Markenstrategie sind.

In der Literatur wird in diesem Kontext häufig auf das Konzept des „Adaptive Selling" verwiesen (Lynch und de Chernatony 2007; Spiro und Weitz 1990), d. h. „the altering of sales behaviours during a customer interaction or across customer interactions based on perceived information about the nature of the selling situation" (Weitz et al. 1986, S. 176). Allerdings darf die flexible Anpassung der verkäuferischen Botschaft nicht beliebig erfolgen, denn wahrgenommene Anbiederung oder gar vermutete Manipulationsabsichten können negative Auswirkungen auf die Kundenbeziehung haben (Homburg et al. 2011). Eine Marke sollte den Vertriebsmitarbeitern rationale und emotionale Argumente liefern, die situationsabhängig verwendet werden können. Gleichwohl sollte die verkäuferische Vorgehensweise stets auf den Werten der Marke basieren. „Adaptive Selling" benötigt Markenwerte als Regulativ.

Insofern bedeutet interaktive Markenführung nicht etwa die Einführung von „Verkaufsrobotern". Sie verlangt jedoch die reflektierte Einordnung persönlicher Interessen in einen strategischen Kontext. Zielvorgaben für die Einstellungs- und Verhaltenswirkung der Vertriebsaktivitäten können somit Leitplanken für die tägliche Arbeit darstellen, innerhalb derer die individuelle Souveränität unangetastet und „Adaptive Selling" möglich bleibt. Diese Vorgaben stellen sicher, dass der einzelne Vertriebsmitarbeiter sich, ebenso wie die gesamte Vertriebsorganisation, in die gewünschte Richtung entwickelt. Diese Einsicht ist die notwendige Voraussetzung dafür, dass der einzelne Vertriebsmitarbeiter seine eigenen Glaubenssätze verlässt und sich an der gemeinsam entwickelten und getragenen Vertriebsidentität orientiert. Der scheinbare Interessenkonflikt zwischen Individualität und Konformität ist daher von Anfang an explizit zu thematisieren und im Verlaufe des Implementierungsprozesses möglichst vollständig aufzulösen. Das muss deutlich werden: „Das, was nach motivierenden Freiräumen und Flexibilität vor Ort aussieht, führt letztlich nur zu einem dramatischen Profilverlust im Markt" (Dannenberg 1997, S. 93).

4   Externe Perspektive der interaktiven Markenführung

Nachdem die Markenwerte im ersten Schritt im Vertrieb verankert wurden, rückt die Rolle des Vertriebs bei der externen Kommunikation der Markenwerte in den Mittelpunkt. Damit verbunden ist eine der zentralen Fragen der Marketingwissenschaft, nämlich welchen relativen Erfolgsbeitrag die einzelnen Elemente des Marketing-Mix liefern (Aaker 1991; Ailawadi et al. 2003; Ataman et al. 2010; Yoo et al. 2000). Bisherige Forschungsarbeiten legen nahe, dass die Bedeutung des Vertriebs im Vergleich zu Kommunikation, Produkt und Preis größer ist als häufig angenommen. So beschäftigt sich etwa die Marketingliteratur sehr viel intensiver mit den Erfolgswirkungen von Werbemaßnahmen und Preisaktionen als mit Distributionsentscheidungen (Ataman et al. 2010).

Im Konsumgüterbereich konnten Ataman et al. (2010) zeigen, dass Produkt und Distribution einen signifikant höheren Einfluss auf den Abverkauf von Marken haben als Werbung und Preisnachlässe. Hughes und Ahearne (2010) haben für den indirekten Vertrieb von Konsumgütern herausgefunden, dass die vertrieblichen Aktivitäten des Verkaufspersonals von Absatzmittlern signifikant davon abhängen, wie stark sich diese mit den jeweiligen Marken in ihrem Sortiment identifizieren. Homburg et al. stellen für den

Business-to-Business-Bereich fest, „that customer communication styles as well as product characteristics have a substantial influence on the effectiveness of customer oriented behaviors" (Homburg et al. 2011, S. 805).

Nach dem Elaboration Likelihood Model (ELM) (Gilliland und Johnston 1997; Schmitz 1995) verarbeiten Individuen Informationen in Abhängigkeit von ihren kognitiven Fähigkeiten und ihrem Involvement auf unterschiedlichen Wegen. Das „buy-task involvement" (BTI) bedingt die wahrgenommene persönliche Relevanz einer Kaufentscheidung. „Buyers possessing a high BTI will be persuaded by rational, functional messages while others with a lower BTI will process information peripherally and may be influenced by the emotive elements of a brand message" (Lynch und de Chernatony 2007, S. 130). Insofern ist die Wirkung einzelner Kommunikationsinstrumente von einer Vielzahl möglicher Moderatoren abhängig. Obgleich damit Generalisierungen problematisch sind, lassen sich aus verschiedenen empirischen Studien Hinweise darauf ableiten, dass der Vertrieb im B-to-B-Geschäft ein wesentlicher Kommunikationskanal der Markenführung ist.

Zur Analyse des vertrieblichen Einflusses auf den B-to-B-Markenerfolg haben Baumgarth und Binckebanck (2011c) eine Befragung von 200 B-to-B-Unternehmen ausgewertet. Entscheidungsträger dieser Unternehmen wurden nach ihrer Einschätzung zu ihren Lieferanten befragt. Dabei wurde zwischen Markentreibern und Markeneffekten unterschieden.

- **Persönliche Markentreiber**: Zu unterscheiden ist zunächst zwischen Verkäuferpersönlichkeit und Beziehungsverhalten. Die Verkäuferpersönlichkeit lässt sich wiederum in die Dimensionen Persönlichkeitsmerkmale, Sozial- und Fachkompetenz aufspalten und operationalisieren (Homburg et al. 2016). Das Beziehungsverhalten wird dagegen auf der Basis der Theorie relationaler Verträge operationalisiert (Macneil 1980). Die grundlegende Annahme dabei ist, dass schriftliche Verträge nur ein Teil der Grundlage für die Regelung langfristiger Geschäftsbeziehungen sind. Daneben entwickeln die Geschäftspartner implizit und informell, aber nicht rechtsverbindlich, gemeinsame Werte und Einigkeit hinsichtlich verschiedener „relevanter Fragen", die als relationale Normen bezeichnet werden. Hierbei spielen vergangene, gegenwärtige und zukünftige persönliche Beziehungen eine zentrale Rolle. Diese Faktoren lassen sich überwiegend dem Vertrieb zuordnen.
- **Unpersönliche Markentreiber**: Trotz der zentralen Rolle des Vertriebs im B-to-B-Geschäft existieren Grundvoraussetzungen für erfolgreiche Geschäftsbeziehungen, die jenseits der Vertriebspolitik anzusiedeln sind. So ist die Bekanntheit der Marke durch Maßnahmen der unpersönlichen Kommunikation, wie z. B. Anzeigen, Öffentlichkeitsarbeit und Imagewerbung, häufig der erste notwendige Schritt im Kaufentscheidungsprozess. Ebenso kann auch eine wettbewerbsfähige Produktqualität als notwendige Voraussetzung für verkäuferischen Erfolg und Folgekäufe angesehen werden. Daher werden Produktqualität und unpersönliche Kommunikation ebenfalls als Einflussfak-

toren berücksichtigt. Die Produktqualität und die unpersönliche Kommunikation sind überwiegend Instrumentalbereiche, die das Marketing dominiert.

- **Markeneffekte**: Grundsätzlich ergibt sich der Wert einer Marke aus den unterschiedlichen Reaktionen (z. B. Preisbereitschaft) der Kunden auf Basis des markenspezifischen Wissens im Vergleich zu einer unmarkierten Leistung (Keller 1993). Dieser Differenzierungseffekt lässt sich auf der Ebene individuellen Verhaltens (z. B. Markenloyalität) ebenso messen wie durch aggregierte monetäre Größen (z. B. monetärer Markenwert). Während sich klassische Modelle (z. B. Aaker 1991) auf unterschiedliche und weitgehend voneinander unabhängige Dimensionen fokussieren, unterstellen Trichter- bzw. Brand-Funnel-Ansätze (Kotler et al. 2006) eine hierarchische Abfolge einzelner Phasen von Werteffekten. Unter Rückgriff auf das „Eisberg-Modell" (Musiol et al. 2004) wurden für die vorliegende Studie drei Phasen modelliert. Die erste Phase wird als Markenwahrnehmung bezeichnet, ist kurzfristig, relativ flexibel und daher durch Maßnahmen gut beeinflussbar. Ein beispielhaftes Konstrukt zur Operationalisierung dieser Phase ist das innere Markenbild. Die zweite Phase ist die resultierende Markenstärke. Sie ist langfristiger Natur, relativ stabil und nur noch indirekt durch Marketingmaßnahmen steuerbar. Relevante Konstrukte sind Vertrauen oder auch Sympathie. In der letzten Phase der Markenloyalität beeinflussen die gespeicherten, aggregierten Haltungen zur Marke das Verhalten. Dieser letztlich entscheidende Effekt lässt sich durch tatsächliches Entscheidungsverhalten oder auch durch Verhaltensabsichten der Kunden messen.

Das Ergebnis dieser Überlegungen ist ein Kausalmodell, das mithilfe des Partial-Least-Squares-Ansatzes (PLS) getestet wurde. Das Modell sowie die zentralen Ergebnisse fasst Abb. 4 zusammen.

Das quantifizierte Kausalmodell zeigt, dass alle vier Markentreiber im B-to-B-Kontext einen stark signifikanten bzw. tendenziellen und positiven Einfluss auf Markenwahrnehmung, -stärke und schließlich -loyalität aufweisen. Jedoch erklären die beiden vertriebsdominierten Markentreiber, Verkäuferpersönlichkeit (0,24) und Beziehungsverhalten (0,42), gemeinsam rund drei Viertel der Markenwahrnehmung (0,66/0,89), wobei sich insbesondere das Beziehungsverhalten als stärkster Markentreiber herausstellt. Dagegen erklären die beiden marketingdominierten Variablen, Produktqualität (0,14) und unpersönliche Kommunikation (0,09), lediglich rund ein Viertel der Markenwahrnehmung. Das Modell belegt darüber hinaus die Relevanz der B-to-B-Marke, denn die unmittelbar beeinflussbare Markenwahrnehmung determiniert deutlich die Markenstärke, die wiederum im Rahmen der Markenloyalität das konkrete Entscheidungsverhalten der Kunden beeinflusst.

Diese Ergebnisse bestätigen erneut die Aussage, dass der Vertrieb als zentrales Instrument der B-to-B-Markenführung zu berücksichtigen ist. Dabei muss das Markenmanagement sowohl die Verkäuferpersönlichkeit als auch das Beziehungsverhalten der Vertriebsmitarbeiter berücksichtigen und gegebenenfalls gestalten (z. B. durch Personalauswahl und -entwicklung oder interne Markenführung; Baumgarth und Schmidt 2010). Insbesondere das relationale Beziehungsverhalten verdient dabei im Vergleich zu herkömmlichen, im B-to-B-Geschäft eher funktionalen Markendimensionen eine besondere Aufmerksamkeit.

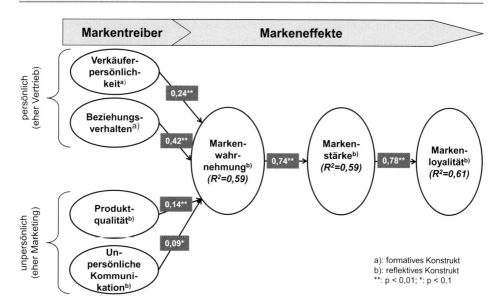

Abb. 4 Quantifiziertes Kausalmodell der B-to-B-Markentreiber und -effekte. (Quelle: Baumgarth und Binckebanck 2011c, S. 490)

5 Fazit: Vom Markenwert zum Vertriebswert

Dynamische Veränderungen im Unternehmensumfeld lassen die Markenorientierung eines Unternehmens zum zentralen Erfolgsfaktor werden. Sie erfordert ein ganzheitliches Management von Marke, Marketing und Vertrieb. Im B-to-B-Geschäft sollte ein spezieller Schwerpunkt auf die Integration von Vertriebsmanagement und Markenführung gelegt werden. Denn der Vertrieb prägt die B-to-B-Marke stärker als jedes andere Marketinginstrument. Umgekehrt profitiert der Vertrieb in vielfacher Hinsicht von einer professionell geführten, starken Marke. Der Ansatz der interaktiven Markenführung zeigt konzeptionell, wie Vertrieb und Marketing gemeinsam die Marke als Integrationsmechanismus verwenden können, um eine Strategie der Beziehungsführerschaft umzusetzen und strategische Wettbewerbsvorteile zu generieren.

In einem ersten Schritt ist die Markenidentität hinsichtlich ihrer rationalen und emotionalen Werte im Vertrieb zu verankern. Dabei ist es zielführend, drei Elemente zu berücksichtigen, nämlich die Entwicklung einer anzustrebenden Vertriebsidentität, ein geeignetes Strukturmodell und ein Prozessmodell zur internen Implementierung. Dies impliziert die Standardisierung vertrieblicher Prozesse sowie verkäuferischer Routinen und provoziert damit mit hoher Wahrscheinlichkeit Änderungswiderstände, die im Gesamtkonzept zu berücksichtigen und aufzulösen sind.

In einem zweiten Schritt müssen die Markenwerte effektiv extern kommuniziert werden. Dies kann persönlich und unpersönlich erfolgen. Im B-to-B-Geschäft ist der persönliche Verkauf im Rahmen einer funktionalen wie auch relationalen Umsetzung wesentlicher Kommunikationskanal und damit Markentreiber. Daher muss eine Integration des Vertriebs in den Marketing-Mix und damit eine Abstimmung mit unpersönlichen Kommunikationsinstrumenten vorgenommen werden. Dies führt in der Praxis häufig zu Schnittstellenproblemen zwischen Vertrieb und Marketing, die durch ein ganzheitliches Schnittstellenmanagement überwunden werden können. Für Aspekte der Ressourcenoptimierung erscheint darüber hinaus aber auch eine monetäre Zielgröße wünschenswert. So wird in der Praxis etwa häufig die Frage gestellt, was eine Vertriebsorganisation eigentlich kosten dürfe. Auch für die Allokation eines Markenführungsbudgets ist es hilfreich zu wissen, welche relativen Beiträge die Dimensionen Leistung, unpersönliche und persönliche Marktbearbeitung zum Unternehmenserfolg liefern.

Im Folgenden soll eine mögliche Lösung dieser Problemstellung für den Fall skizziert werden, dass der Umsatz die zu betrachtende Zielgröße des Unternehmenserfolgs darstellt (grundlegend: Baumgarth 2004). Dann ist zunächst der jeweilige Umsatzbeitrag von Leistung, unpersönlicher und persönlicher Marktbearbeitung zu ermitteln, etwa analog der empirischen Untersuchung von Binckebanck (2006). Wesentlich fundierter ließe sich dieser Schlüssel noch durch dekompositionelle (z. B. Conjoint-Analysen) und kompositionelle Verfahren bestimmen.

Als Ergebnis resultieren statt einer globalen Umsatzgröße drei Teilgrößen. Der **Leistungsumsatz** ergibt sich aus objektiven und sachlichen Aspekten der Unternehmensleistung (beispielsweise Produktqualität, Preis etc.). Der Umsatz, der auf die Qualität der persönlichen Marktbearbeitung zurückzuführen ist, soll vereinfacht als **Vertriebsumsatz** bezeichnet werden. In analoger und ähnlich vereinfachender Form soll derjenige Umsatzbeitrag als **Werbeumsatz** bezeichnet werden, welcher der unpersönlichen Marktbearbeitung zuzurechnen ist.

Diesen drei Umsatzgrößen lassen sich nun die jeweiligen Kosten gegenüberstellen, d. h. die Kosten der Leistungserstellung, der unpersönlichen Marktbearbeitung und des Vertriebssystems. Hinsichtlich des Vertriebs ergibt sich aus der Differenz aus Vertriebsumsatz und Vertriebskosten ein Delta, das die Wertschöpfung des Vertriebs widerspiegelt. Diese Differenz lässt sich als Steuerungsgröße für den Vertriebswert (Sales Force Equity) interpretieren. Ist sie positiv, so schafft das Vertriebssystem einen Mehrwert. Die interaktive Markenführung kann in diesem Fall für eine Absicherung bzw. für einen Ausbau dieses Mehrwerts eingesetzt werden. Ist die Differenz dagegen negativ, so wird das Vertriebsbudget nicht effektiv verwendet. Es ist dann unternehmensspezifisch zu prüfen, inwieweit ein Mix aus Kosteneinsparungen und Effizienzsteigerungen (etwa durch eine systematische interaktive Markenführung) in dieser Situation Verbesserungen herbeiführen kann. Abb. 5 fasst die Vorgehensweise zur Bestimmung des Vertriebswerts als monetäre Zielgröße zur Steuerung des Vertriebs beispielhaft zusammen.

Im Ergebnis stellt die interaktive Markenführung einen konzeptionellen Ansatz dar, durch den der persönliche Verkauf (Vertrieb) als Markeninstrument aktiv und systematisch im Sinne der Unternehmensstrategie gesteuert werden kann. Vor dem Hintergrund der Zusammenhänge von Geschäftsbeziehung, Marke und Unternehmenserfolg erscheint eine

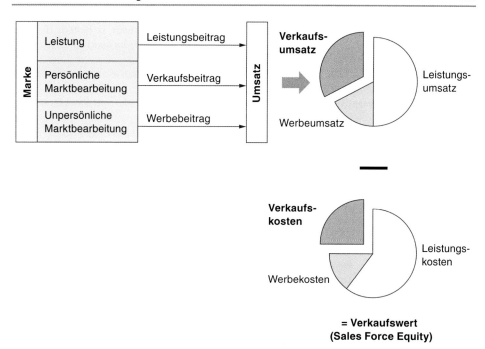

Abb. 5 Beispielhafte Vorgehensweise zur Bestimmung des Vertriebswerts. (Quelle: Binckebanck 2006, S. 210)

stärkere Berücksichtigung von Markenaspekten im B-to-B-Geschäft im Allgemeinen und im Vertrieb im Besonderen wünschenswert.

Unternehmen sollten in Krisenzeiten weder der Vergangenheit nachtrauern, noch dem neuesten Managementtrend hinterherlaufen, sondern sich vielmehr auf die eigenen Stärken besinnen. Im Hinblick auf den Vertrieb bedeutet dies, den Verkäufer nicht lediglich als ausführendes Organ der Distributionspolitik zu betrachten. Der persönliche Verkauf kann mehr als „nur" verkaufen: Er kommuniziert darüber hinaus die unternehmerischen (Mehr-)Werte und schafft eine differenzierende Positionierung in den Köpfen der Kunden. Die Frage ist, ob es sich Unternehmen heute noch leisten können, diese Prozesse dem Zufall zu überlassen.

Literatur

Aaker, D. A. (1991). *Managing brand equity*. New York: The Free Press.
Aaker, D. A., & Jacobson, R. (2001). The value relevance of brand attitude in high-technology markets. *Journal of Marketing Research, 38*(4), 485–493.
Ahearne, M., Jelinek, R., & Jones, E. (2007). Examining the effect of salesperson service behavior in a competitive context. *Journal of the Academy of Marketing Science, 35*(4), 603–616.

Ahlert, D. (2005). Markenmanagement, Marketing und Vertrieb. In D. Ahlert, B. Becker, H. Evanschitzky, J. Hesse & A. Salfeld (Hrsg.), *Exzellenz in Markenmanagement und Vertrieb* (S. 211–
   229). Wiesbaden: DUV.

Ailawadi, K. L., Lehmann, D. R., & Neslin, S. A. (2003). Revenue premium as an outcome measure
   of brand equity. *Journal of Marketing, 67*(4), 1–17.

Anderson, E., & Onyemah, V. (2006). How right should the customer be? *Harvard Business Review,
   84*(7/8), 59–67.

Anderson, J. C., Narus, J. A., & Narayandas, D. (2008). *Business market management* (3. Aufl.).
   Upper Saddle River: Prentice-Hall.

Ataman, M. B., van Heerde, H. J., & Mela, C. F. (2010). The long-term effect of marketing strategy
   on brand sales. *Journal of Marketing Research, 47*(5), 866–882.

Baumgarth, C. (2004). Markenwert von B-to-B-Marken. In C. Baumgarth (Hrsg.), *Marktorientierte
   Unternehmensführung* (S. 77–96). Frankfurt a. M.: Peter Lang.

Baumgarth, C., & Binckebanck, L. (2011a). Zusammenarbeit von Verkauf und Marketing – reloa-
   ded. In L. Binckebanck (Hrsg.), *Verkaufen nach der Krise* (S. 43–60). Wiesbaden: Gabler.

Baumgarth, C., & Binckebanck, L. (2011b). Nachhaltige Markenimplementierung im B-to-B-
   Geschäft. *Business + Innovation – Steinbeis Executive Magazin, 2*(2), 20–26.

Baumgarth, C., & Binckebanck, L. (2011c). Sales force impact on b-to-b brand equity: conceptual
   framework and empirical test. *Journal of Product and Brand Management, 20*(6), 487–498.

Baumgarth, C., & Schmidt, M. (2010). Markenorientierung und Interne Markenstärke als Erfolgstreiber von B-to-B-Marken. In C. Baumgarth (Hrsg.), *B-to-B-Markenführung* (S. 333–356).
   Wiesbaden: Gabler.

Belz, C. (2006). *Spannung Marke*. Wiesbaden: Gabler.

Bennett, R., Härtel, C. E., & McColl-Kennedy, J. R. (2005). Experience as a moderator of involvement and satisfaction on brand loyalty in a business-to-business setting. *Industrial Marketing
   Management, 34*(1), 97–107.

Bergstrom, A., Blumenthal, D., & Crothers, S. (2002). Why internal branding matters: the case of
   Saab. *Corporate Reputation Review, 5*(2/3), 133–142.

Bettencourt, L. A., Brown, S. W., & MacKenzie, S. B. (2005). Customer-oriented boundary-
   spanning behaviors: test of a social exchange model of antecedents. *Journal of Retailing, 81*(2),
   141–157.

Binckebanck, L. (2006). *Interaktive Markenführung*. Wiesbaden: DUV.

Binckebanck, L. (2013a). Schnittstellenmanagement zwischen Vertrieb und Marketing durch interaktive Markenführung. In L. Binckebanck, A.-K. Hölter & A. Tiffert (Hrsg.), *Führung von
   Vertriebsorganisationen* (S. 209–250). Wiesbaden: Springer Gabler.

Binckebanck, L. (2013b). Grundlagen zum strategischen Vertriebsmanagement. In L. Binckebanck,
   A.-K. Hölter & A. Tiffert (Hrsg.), *Führung von Vertriebsorganisationen* (S. 3–35). Wiesbaden:
   Springer Gabler.

Binckebanck, L. (2015). Digital Sales Excellence – Systematischer Einsatz neuer Technologien im
   Vertrieb. *Marketing Review St. Gallen, 32*(6), 44–52.

Binckebanck, L. (2016a). Digital Sales Excellence: Neue Technologien im Vertrieb aus strategischer
   Perspektive. In L. Binckebanck & R. Elste (Hrsg.), *Digitalisierung im Vertrieb* (S. 189–354).
   Wiesbaden: Springer Gabler.

Binckebanck, L. (2016b). Digital Sales Excellence: Systematischer Einsatz neuer Technologien im
   operativen Vertrieb. In L. Binckebanck & R. Elste (Hrsg.), *Digitalisierung im Vertrieb* (S. 521–
   558). Wiesbaden: Springer Gabler.

Binckebanck, L. (2016c). Führung im Spannungsfeld. *Sales Management Review, 15*(4), 12–20.

Binckebanck, L., & Kämmerer, P. (2013). Schnittstellenmanagement zwischen Marketing und Verkauf im B-to-B-Geschäft bei Castrol. *Marketing Review St. Gallen, 30*(2), 70–79.

Bingham, F. G. Jr., Gomes, R., & Knowles, P. A. (2005). *Business marketing* (3. Aufl.). New York: McGraw-Hill.

Bonoma, T. V., Bagozzi, R., & Zaltman, G. (1978). The dyadic paradigm with specific application toward industrial marketing. In T. V. Bonoma & G. Zaltman (Hrsg.), *Organizational buying behavior* (S. 49–66). Chicago: American Marketing Association.

Brexendorf, T. O., Mühlmeier, S., Tomczak, T., & Eisend, M. (2010). The impact of sales encounters on brand loyalty. *Journal of Business Research, 63*(11), 1148–1155.

Burmann, C., & Zeplin, S. (2005). Innengerichtetes identitätsbasiertes Markenmanagement. In H. Meffert, C. Burmann & M. Koers (Hrsg.), *Markenmanagement* (2. Aufl., S. 115–139). Wiesbaden: Gabler.

de Chernatony, L. (2002). Would a brand smell any sweeter by a corporate name? *Corporate Reputation Review, 5*(2/3), 114–132.

de Chernatony, L. (2010). *From brand vision to brand evaluation* (3. Aufl.). New York: Routledge.

de Chernatony, L., & McDonald, M. (2003). *Creating powerful brands in consumer, service and industrial markets* (3. Aufl.). Oxford: Elsevier, Butterworth-Heinemann.

Dannenberg, H. (1997). *Vertriebsmarketing* (2. Aufl.). Neuwied: Luchterhand.

Davies, D. F., Golicic, S., & Marquardt, A. J. (2008). Branding a B2B service: does a brand differentiate a logistics service provider? *Industrial Marketing Management, 37*(2), 218–227.

Deiser, R. (2009). *Designing the smart organization*. San Francisco: Jossey-Bass.

Esch, F.-R. (2012). Markenidentität als Basis für Brand Behavior. In T. Tomczak, F.-R. Esch, J. Kernstock & A. Herrmann (Hrsg.), *Behavioral Branding* (3. Aufl., S. 35–46). Wiesbaden: Gabler.

Esch, F.-R. (2014). *Strategie und Technik der Markenführung* (8. Aufl.). München: Vahlen.

Esch, F.-R., & Vallaster, C. (2005). Mitarbeiter zu Markenbotschaftern machen: Die Rolle der Führungskräfte. In F.-R. Esch (Hrsg.), *Moderne Markenführung* (4. Aufl., S. 1009–1020). Wiesbaden: Gabler.

Esch, F.-R., Knörle, C., & Strödter, K. (2014). *Internal Branding*. München: Vahlen.

Gilliland, D. I., & Johnston, W. J. (1997). Toward a model of business-to-business marketing communications effects. *Industrial Marketing Management, 26*(1), 15–29.

Gordon, G. L., Calantone, R. J., & di Benedetto, A. (1991). How electrical contractors choose distributors. *Industrial Marketing Management, 20*(1), 20–42.

Grönroos, C. (2007). *In search of a new logic for marketing*. Chichester: John Wiley.

Grubendorfer, C. (2012). *Leadership branding*. Wiesbaden: Springer Gabler.

Guenzi, P., & Troilo, G. (2007). The joint contribution of marketing and sales to the creation of superior customer value. *Journal of Business Research, 60*(2), 98–107.

Hamel, G., & Prahalad, C. K. (1997). *Wettlauf um die Zukunft* (2. Aufl.). Wien: Ueberreuter.

Hatch, M. J., & Schultz, M. (2001). Are the strategic stars aligned for your corporate brand? *Harvard Business Review, 79*(2), 128–134.

Homburg, C. (2015). *Marketingmanagement* (5. Aufl.). Wiesbaden: Springer Gabler.

Homburg, C., & Schneider, J. (2001). Industriegütermarketing. In D. K. Tscheulin & B. Helmig (Hrsg.), *Branchenspezifisches Marketing* (S. 587–613). Wiesbaden: Gabler.

Homburg, C., Müller, M., & Klarmann, M. (2011). When does salespeople's customer orientation lead to customer loyalty? The differential effects of relational and functional customer orientation. *Journal of the Academy of Marketing Sciences, 39*(6), 795–812.

Homburg, C., Schäfer, H., & Schneider, J. (2016). *Sales excellence* (8. Aufl.). Wiesbaden: Springer Gabler.

Hughes, D. E., & Ahearne, M. (2010). Energizing the reseller's sales force: the power of brand identification. *Journal of Marketing, 74*(4), 81–96.

Hughes, D. E., Le Bon, J., & Malshe, A. (2012). The marketing-sales interface at the interface: creating market-based capabilities through organizational synergy. *Journal of Personal Selling & Sales Management, 32*(1), 57–72.

Humphreys, M. A., & Williams, M. R. (1996). Exploring the relative effects of salesperson interpersonal process attributes and technical product attributes on customer satisfaction. *Journal of Personal Selling & Sales Management, 16*(3), 47–57.

Keller, K. L. (1993). Conceptualizing, measuring, and managing customer-based brand equity. *Journal of Marketing, 57*(1), 1–22.

Kirca, A. H., Jayachandran, S., & Bearden, W. O. (2005). Market orientation: a meta-analytic review and assessment of its antecedents and impact on performance. *Journal of Marketing, 69*(2), 24–41.

Kohli, A. K., & Jaworski, B. J. (1990). Market orientation: the construct, research propositions, and managerial implications. *Journal of Marketing, 54*(2), 1–18.

Kotler, P., & Pfoertsch, W. (2006). *B2B brand management.* Berlin: Springer.

Kotler, P., Rackham, N., & Krishnaswamy, S. (2006). Ending the war between sales and marketing. *Harvard Business Review, 84*(7/8), 68–78.

Kumar, V., Jones, E., Venkatesan, R., & Leone, R. P. (2011). Is market orientation a source of sustainable competitive advantage or simply the cost of competing? *Journal of Marketing, 75*(1), 16–30.

Lehmann, D. R., & O'Shaughnessy, J. (1974). Difference in attribute importance for different industrial products. *Journal of Marketing, 38*(1), 36–42.

Lynch, J., & de Chernatony, L. (2004). The power of emotion: brand communication in business-to-business markets. *Brand Management, 11*(5), 403–419.

Lynch, J., & de Chernatony, L. (2007). Winning hearts and minds: business-to-business branding and the role of the salesperson. *Journal of Marketing Management, 23*(1–2), 123–135.

Macneil, I. R. (1980). *The new social contract.* New Haven: Yale University Press.

Meffert, H., Burmann, C., & Koers, M. (Hrsg.). (2005). *Markenmanagement* (2. Aufl.). Wiesbaden: Gabler.

Meffert, H., Burmann, C., & Kirchgeorg, M. (2015). *Marketing* (12. Aufl.). Wiesbaden: Springer Gabler.

Michell, P., King, J., & Reast, J. (2001). Brand values related to industrial products. *Industrial Marketing Management, 30*(5), 415–425.

Miles, S. J., & Mangold, G. (2004). A conceptualization of the employee branding process. *Journal of Relationship Marketing, 3*(2–3), 65–87.

Morhart, F. M., Herzog, W., & Tomczak, T. (2009). Brand-specific leadership: turning employees into brand champions. *Journal of Marketing, 73*(5), 122–142.

Mudambi, S. (2002). Branding importance in business-to-business markets: three buyer clusters. *Industrial Marketing Management, 31*(6), 525–533.

Mudambi, S., Doyle, P., & Wong, J. (1997). An exploration of branding in industrial markets. *Industrial Marketing Management, 26*(5), 433–446.

Musiol, K.-G., Berens, H., Spannagl, J., & Biesalski, A. (2004). Icon Brand Navigator und Brand Rating für eine holistische Markenführung. In A. Schimansky (Hrsg.), *Wert der Marke* (S. 370–399). München: Vahlen.

Rohan, M. J. (2000). A rose by any name? The values construct. *Personality and Social Psychology Review, 4*(3), 255–277.

Rosenbröijer, C.-J. (2001). Industrial brand management: a distributor's perspective in the UK fine-paper industry. *Journal of Product & Brand Management, 10*(1), 7–24.

Saunders, J. A., & Watt, F. A. W. (1979). Do brand names differentiate identical industrial products? *Industrial Marketing Management, 8*(2), 114–123.

Schmidt, H. J., & Kilian, K. (2012). Internal Branding, Employer Branding & Co.: Der Mitarbeiter im Markenfokus. *transfer Werbeforschung & Praxis, 58*(1), 28–33.

Schmitz, J. M. (1995). Understanding the persuasion process between industrial buyers and sellers. *Industrial Marketing Management, 24*(2), 83–90.

Spiro, R. L., & Weitz, B. A. (1990). Adaptive selling: conceptualisation, measurement and nomological validity. *Journal of Marketing Research, 27*(1), 61–69.

Thomson, K., de Chernatony, L., Arganbright, L., & Khan, S. (1999). The buy-in benchmark: how staff understanding and commitment impact brand and business performance. *Journal of Marketing Management, 15*(8), 819–835.

Tomczak, T., Esch, F.-R., Kernstock, J., & Herrmann, A. (Hrsg.). (2012). *Behavioral Branding* (3. Aufl.). Wiesbaden: Gabler.

Ulrich, D., & Smallwood, N. (2007). *Leadership brand*. Boston: Harvard Business School Press.

Urde, M., Baumgarth, C., & Merrilees, B. (2013). Brand orientation and market orientation – from alternatives to synergy. *Journal of Business Research, 66*(1), 13–20.

Vargo, S. L., & Lusch, R. F. (2004). Evolving to a new dominant logic for marketing. *Journal of Marketing, 68*(1), 1–17.

Weitz, B. A., Sujan, H., & Sujan, M. (1986). Knowledge, motivation and adaptive behavior: a framework for improving selling effectiveness. *Journal of Marketing Research, 50*(4), 174–191.

Wernerfelt, B. (1984). A resource-based view of the firm. *Strategic Management Journal, 5*(1), 171–180.

Wise, R., & Zednickova, J. (2009). The rise and rise of the B2B brand. *Journal of Business Strategy, 30*(1), 4–13.

Wittke-Kothe, C. (2001). *Interne Markenführung*. Wiesbaden: DUV.

Wren, B. T., & Simpson, J. T. (1996). A dyadic model of relationships in organizational buying: a synthesis of research results. *Journal of Business & Industrial Marketing, 11*(3/4), 63–79.

Yoo, B., Donthu, N., & Lee, S. (2000). An examination of selected marketing mix elements and brand equity. *Journal of the Academy of Marketing Sciences, 28*(2), 195–211.

Trialogische Markenführung – Agilität und Vernetzung im B-to-B

Florian Maier

Zusammenfassung

Der Beitrag beschäftigt sich mit den Auswirkungen von Social Media, Web und Mobile auf die B-to-B-Markenführung. Basierend auf empirischen Erkenntnissen über Wirkungen auf Markenkommunikation, Markenmanagement und die Marke-Nachfrager-Beziehung werden Ergänzungen der identitätsbasierten Markenführung für mehr Agilität vorgeschlagen. Dazu wird ein Grundmodell der trialogischen Markenführung vorgestellt, das ein neues Verständnis für die markenferne Sphäre und vernetzte Nachfrager beinhaltet sowie die Marke-Nachfrager-Nachfrager-Beziehung einführt. Um Aufbau und Pflege von starken Marken in dynamischen Zeiten professionell zu begegnen, wird darüber hinaus ein Managementansatz der trialogischen Markenführung aufgebaut, der die identitätsbasierte Markenführung mit Dynamisierungsschritten ergänzt und somit der Marketing-Organisation mehr Agilität verleiht.

Schlüsselbegriffe

Agile Markenführung · Netzwerkorientiertes Marketing · Social Media · Trialogische Markenführung

Inhaltsverzeichnis

F. Maier (✉)
Jungheinrich AG
Hamburg, Deutschland
E-Mail: florian.maier@jungheinrich.de

1   Einleitung

Social Media hat Einzug in den Alltag und die aktuelle gesellschaftliche Diskussion gehalten, was allein schon die Nennungen von sozialen Netzwerken in allen traditionellen Medien beweisen. In der Marketing-Praxis gewinnt das Thema in den letzten Jahren immer weiter an Bedeutung. Diese immer wichtigere Entwicklung von vernetzten, publizierenden und aktiven Informationen zu praktisch jedem Thema austauschenden Nachfragern trifft im B-to-B-Markt zum einen auf organisationale Kaufentscheidungen komplexer Leistungsbündel. Zum anderen sind Marketingabteilungen in Unternehmen häufig organisational noch nicht darauf eingestellt oder aktuell mitten im Veränderungsprozess.

An organisationalen Kaufentscheidungen beteiligte Menschen sind dagegen Teil persönlicher Netzwerke, lassen sich durch soziale Interaktion innerhalb von Buying Center und darüber hinaus von diesen beeinflussen und sind – wie alle Menschen – über „social bonds" mit anderen Menschen verbunden (Maier 2016, S. 279; Löffler und Maier 2015, S. 296 ff.). Die benötigten Informationen, um subjektiv wahrgenommene Risiken zu reduzieren, werden dabei häufig selbst und aktiv selektiert, was die hohe Bedeutung der Markenkommunikation im B-to-B-Bereich erklärt. Darüber hinaus spielen aber gerade die persönliche Kommunikation mit Mitarbeitern anbietender Unternehmen und Empfehlungen über persönliche Netzwerke eine entscheidende Rolle. Social Media und die webbasierte Kommunikation verändern diese Grundmuster nicht grundlegend, verstärken sie jedoch (Maier 2016, S. 281; Schneidermeier et al. 2013, S. 99 ff.). Dieser Beitrag geht der Frage auf den Grund, welche Wirkung Social Media, Web und Mobile auf die B-to-B-Markenführung haben und welche Handlungsempfehlungen sich daraus ergeben.

2   Begriffsklärung

Ziel einer professionellen Markenführung ist die Differenzierung der Marke vom Wettbewerb und die Generierung von Präferenzen für die eigenen Leistungen (Meffert et al. 2015, S. 327; Burmann et al. 2015, S. 12). Die identitätsbasierte Markenführung definiert die **Marke** als „*. . . ein Bündel aus funktionalen und nicht-funktionalen Nutzen, deren Ausgestaltung sich aus Sicht der Zielgruppen der Marke nachhaltig gegenüber konkurrierenden Angeboten differenziert*" (Burmann et al. 2015, S. 28). Im B-to-B-Bereich werden Leistungsbündel zwischen Unternehmen und durch deren Mitarbeiter erbracht, die ebenfalls Bündel aus funktionalen und nicht-funktionalen Nutzen darstellen sowie sich ebenso von konkurrierenden Angeboten differenzieren müssen. Folglich erfasst diese Definition auch die **B-to-B-Marke** (Maier 2016, S. 28).

Obgleich die Disziplin im Vergleich zu anderen Marketingfachbereichen noch recht jung scheint, sind die Hintergründe dieser Entwicklung keinesfalls erst kürzlich entstanden. Online Communities, die grundlegenden Fundamente sozialer Medien, existieren bereits seit fast dreißig Jahren (Maier 2016, S. 47 f.; Ebersbach et al. 2011, S. 15 ff.; Bogner 2006, S. 18). Zum einen hat die Vernetzung zwischen Nachfragern und die Erstellung von nutzergenerierten Inhalten also bereits vor Jahrzehnten ihren Anfang genommen, was sich in den Gewohnheiten und Erwartungen von mit dem Internet aufwachsenden Generationen an Nachfragern tief verankert hat. Zum anderen ist die Bandbreite der hierbei entstandenen Kommunikationskanäle und -plattformen sehr heterogen, was für ein Verständnis im nachfragerorientierten Umgang mit diesen Medien entscheidend ist. Daraus ergibt sich die Notwendigkeit einer begriffsklärenden Definition von Social Media. Eine fundierte Definition wird möglich, wenn man die naheliegenden Begrifflichkeiten von Web 2.0, Social Web und Social Software genauer betrachtet und Social Media davon klar abgrenzt (Maier 2016, S. 48 ff.): Web 2.0 meint die Philosophie, die User zu aktiven Teilnehmern im Web macht, die sich mit anderen Nutzern und Unternehmen vernetzen. Social Software umfasst alle Anwendungen, die dies technisch und konzeptionell im Inter- oder Intranet ermöglichen. Social Web dagegen ist ein Sammelbegriff für alle wahrnehmbaren Plattformen im Internet, die das ermöglichen. Folglich sind **Social Media (SM)** *„onlinebasierte Medien, die es Nutzern erleichtern, mit anderen Nutzern und Unternehmen oder Organisationen zu interagieren, multimediale Inhalte auszutauschen, ihre sozialen Netzwerke zu pflegen und Teil einer Community zu werden"* (Maier 2016, S. 56).

Als Charakteristika einer Kommunikation in Social Media lassen sich die Verbundenheit und Identifikation mit der entstehenden Gemeinschaft, die Vernetzung und Interaktion zwischen Nachfragern sowie persönliche, auf Interaktion abzielende, nutzergenerierte Inhalte beschreiben (Maier 2016, S. 145 ff.; Hettler 2010, S. 14 ff.). Kreutzer fasst als Voraussetzung für eine erfolgreiche Kommunikation in Social Media fünf Grundprinzipien zusammen: Authentizität, Offenheit, Relevanz, Kontinuität und Kommunikation auf Augenhöhe (Kreutzer 2012, S. 335 ff.). Dabei wird die Glaubwürdigkeit der Marke oder des Unternehmens in Social Media maßgeblich durch die Einhaltung dieser Prinzipien beeinflusst (Maier 2016, S. 170 ff.; Kreutzer 2012, S. 337). Somit lässt sich **Social Media-Kommunikation (SMK)** als *„eine online-basierte Kommunikation, die die Interaktion mit anderen Nutzern, Unternehmen und Organisationen, den Austausch multimedialer Inhalte, die Pflege sozialer Netzwerke sowie die Beteiligung in Communities erleichtert"*, definieren (Maier 2016, S. 143).

3 Erkenntnisse der empirischen Untersuchung

Da es sich bei Social Media in der B-to-B-Markenführung um ein neues Forschungsfeld handelt, in dem bislang wenig wissenschaftliche Auseinandersetzung stattgefunden hat und folglich ein geringer Kenntnisstand herrscht, wurden im Rahmen einer explorativen Studie qualitative Experteninterviews mit B-to-B-Markenentscheidern durchgeführt (ausführlich Maier 2016, S. 183 ff.). Dabei lassen sich Experten als Personen beschreiben, die über technisches Prozess- und Deutungswissen sowie konkretes Praxis- und Handlungswissen verfügen, das sich auf ihrem spezifischen beruflichen Handlungsfeld begründet. Diese Personen besitzen außerdem die Durchsetzungsmöglichkeit, dieses Wissens in konkrete Handlungen umzusetzen, und sind als „Key Informants" zugänglich und auskunftsbereit (Hurrle und Kieser 2005, S. 584 ff.; Bogner und Menz 2002, S. 46).

Abb. 1 zeigt im Überblick die Ergebnisse des untersuchten Phänomens „Social Media beeinflusst die B-to-B-Markenführung".

Um die Ergebnisse der explorativen Untersuchung sinnvoll zusammenzufassen, wird eine phänomenologische Aufbereitung herangezogen, die für die Kodierung und Konzeptualisierung der Empirie verwendet wurde. Dieser einfache, aber dennoch allgemeine Rahmen erfasst die Beziehungen zwischen dem Phänomen, seinen Ursachen, dem Kontext, den von Beteiligten gewählten Strategien und den daraus entstehenden Konsequenzen bzw. Wirkungen. Das Kodierparadigma erleichtert es, Ordnung herzustellen (Strauss und Corbin 1990, S. 78). Dem Charakter der qualitativ-explorativen Untersuchung entsprechend bietet diese Darstellungsform des Weiteren die Möglichkeit, zwischen induktivem und deduktivem Denken hin- und herzuwechseln (Flick 2012, S. 393 f.).

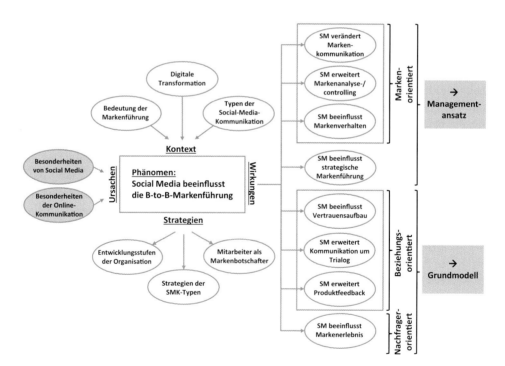

Abb. 1 Phänomenologischer Überblick über die empirischen Ergebnisse. (Quelle: in enger Anlehnung an Maier 2016, S. 258)

So führen die beschriebenen Besonderheiten von Social Media und der online-basierten Kommunikation als **Ursachen** zu bestimmten **Kontexten**, denen das markenführende Unternehmen ausgesetzt ist. Empirisch zeigt sich, dass zunächst die grundsätzliche Bedeutung der Markenführung steigt, allerdings auch die durch veränderte Nachfragererwartungen und Verhaltensweisen ausgelöste digitale Transformation organisationale Anpassungen fordert und die konversationsorientierte Social Media-Kommunikation auf Unternehmensseite auf unterschiedliche Erfahrungsstände bei verschiedenen Typen trifft (Maier 2016, S. 251 f.). Die Ursachen und Kontexte führen dazu, dass Markenentscheider bestimmte **Strategien** im Umgang mit Social Media wählen. Zum einen hängen diese vom Erfahrungsstand ab. Hier lassen sich vier verschiedene Social Media-Kommunikations-Typen aufzeigen: Der Zurückhaltende (SMK Typ 1), der Nutzende (SMK Typ 2), der Integrative (SMK Typ 3) und der Weiterentwickelnde (SMK Typ 4) (Maier 2016, S. 204 ff.). Zum anderen handeln Markenentscheider entsprechend der Entwicklungsstufen ihrer Organisation. Dabei lassen sich drei Stufen der Social Media-Organisation identifizieren: Während auf Stufe 1 Social Media als zusätzliche Aufgabe von Mitarbeitern verstanden wird, wird es auf Stufe 2 bereits als eigenständige Aufgabe mit dedizierten Personen erfasst und auf Stufe 3 schließlich mit einem Team und globalen Prozessen versehen (Maier 2016, S. 209 ff.). Je mehr Erfahrung mit Social Media vorhanden ist, desto aktiver werden Mitarbeiter als Markenbotschafter eingesetzt (Maier 2016, S. 236 ff.).

Resultierend aus der Kombination der Ursachen, den entstehenden Kontexten und den daraus gewählten Strategien lassen für die B-to-B-Markenführung zahlreiche **Wirkungen** beschreiben (Maier 2016, S. 240 ff.). Neben der offensichtlichen Beeinflussung der Markenkommunikation (Maier 2016, S. 213 ff.) sind auf der markenorientierten Seite die erweiterten Möglichkeiten von Markenanalyse- und -controlling hervorzuheben (Maier 2016, S. 220 ff.). Auf beziehungsorientierter Seite erscheint, neben der ebenfalls naheliegenden Beeinflussung des Vertrauensaufbaus, besonders die erweiterte Möglichkeit zur Erfassung von Produktfeedback und die erweiterte Sphäre der Kommunikation zwischen Nachfragern sowie die trialogischen Beteiligung an einer Konversation zwischen Nachfragern. Ebenfalls nicht sonderlich überraschend ist die Beeinflussung des Markenerlebnisses (Maier 2016, S. 218 ff.). Der, wenn auch nur von Markenentscheidern mit umfangreicher Social Media-Erfahrung gesehene, Einfluss auf die strategische Markenführung kann als spannende Erkenntnis gewertet werden. Auf die dadurch entstehenden Rückkopplungen, Feedbackschleifen und Dynamisierungseffekte gehen die Handlungsempfehlungen im folgenden Abschnitt ein.

4 Handlungsempfehlungen für die B-to-B-Markenführung

Die Wirkungen von Social Media auf die B-to-B-Markenführung sind vielfältig. Dabei lassen sich die Einflüsse von Social Media auf den Vertrauensaufbau, die trialogische Kommunikation zwischen Nachfragern und Marke sowie das Produktfeedback als beziehungsorientierte Wirkungen zusammenfassen. Die Beeinflussung des Markenerlebnisses stellt eine nachfrageorientierte Wirkung dar. Die beziehungs- und nachfragerorientierten Wirkungen führen dazu, dass das Grundmodell der identitätsbasierten Markenführung trialogisch ergänzt werden sollte (Abschn. 4.1).

Andererseits beschreiben die Einflüsse auf die Markenkommunikation, die Markenanalyse und -controlling und das Markenverhalten markenorientierte Wirkungen. Zusammen mit der expliziten Beeinflussung der strategischen Markenführung wird durch sie deutlich, dass der Managementansatz der identitätsbasierten Markenführung um Aspekte erweitert werden sollte. Das Management der trialogischen Markenführung erfasst diese Dynamisierungsaspekte und formuliert einen agilen Markenmanagementansatz (Abschn. 4.2).

4.1   Grundmodell der trialogischen Markenführung im B-to-B-Markt

In der Marken- und Marketingforschung existieren zahlreiche Denkschulen zur Deskription und Erklärung interessanter Phänomene. Die verhaltenswissenschaftliche Schule ist dabei eine etablierte Stoßrichtung in der Management-, Marketing- und Markenlehre. Im Kern befasst sich die Verhaltenswissenschaft mit der Analyse und Erklärung tatsächlichen Verhaltens von Menschen (Baumgarth und Meissner 2010). Auf Basis von verhaltenswissenschaftlichen Erkenntnissen aus der empirischen Untersuchung, insbesondere der Interaktion mit und zwischen Nachfragern, wird daher das Grundmodell der identitätsbasierten Markenführung (ausführlicher Burmann et al. 2015, S. 29 ff.) im Folgenden eine Ergänzung erhalten.

Trialog: Marke-Nachfrager-Nachfrager-Beziehung

Die trialogische Markenführung fügt auf beiden Seiten des Grundmodells der identitätsbasierten Markenführung Ergänzungen hinzu. Das Konzept der unternehmensspezifischen Markenidentität und des einheitlichen Selbstbilds der internen Zielgruppen der Marke ergänzt es dabei zum einen um zwei kleinere symbolische Köpfe, die für eine differenzierte Betrachtung der im B-to-B-Bereich so zentralen Mitarbeiter stehen. Zum anderen wird durch einen zweiten Kopf auf der Seite des Markenimages dem Zusammenhang Rechnung getragen, dass Nachfrager sich untereinander austauschen, vernetzen und somit eine gewisse Beziehung zueinander aufbauen. Neben der dadurch entstehenden Triade zwischen der Marke und den zwei symbolischen Nachfragern werden zwei Arten von Beziehungen deutlich: Die Marke-Nachfrager-Beziehungen und die Nachfrager-Nachfrager-Beziehung. Da sich alle drei mit der Marke beschäftigen, führt die trialogische Markenführung somit das Konstrukt der **Marke-Nachfrager-Nachfrager-Beziehung** ein. Da Marke-Nachfrager-Beziehungen subjektiv bewertet und individuell ausgestaltet werden, geschieht dies folglich auch bei einer Aufteilung, weshalb die von der markenseitigen Aspekte des Markennutzenversprechens und des Markenverhaltens und die nachfragerseitigen Elemente der Markenerlebnisse und Markenerwartungen sich verdoppeln (Wenske 2008, S. 76; Maier 2016, S. 63 ff.). Die soziale Vernetzung zwischen Nachfragern unterstützt die emotionale Differenzierung der Marke gegenüber Wettbewerbern. Dies geschieht zum einen durch die soziale Interaktion und daraus entstehende Bindung zwischen Marke und Nachfrager. Zum anderen erhöht die Verknüpfung mit den persönlichen sozialen Netzwerken von Nachfragern die Relevanz und damit die Glaubwürdigkeit von Informationen, die durch deren persönliche Kontakte gefiltert und bewertet werden (Maier 2016, S. 271). Somit steigt mit dem Vernetzungsgrad zwischen Nachfragern einerseits die Wahrscheinlichkeit auf eine höhere Anzahl entstehender Marke-Nachfrager-Beziehungen und andererseits das Sozialkapital der Marke (Maier 2016, S. 272).

Die Unterscheidung in eine markennahe und eine markenferne Sphäre eröffnet dem Markenentscheider eine differenzierte Behandlung des Markenverhaltens und ermöglicht unterschiedliche Vorgehensweisen (Maier 2016, S. 275). Die **markennahe Sphäre** beschreibt das unmittelbare Umfeld mit markeneigenen Kanälen und den klassischen Marke-Nachfrager-Beziehungen (Abschn. 4.1.2). Die **markenferne Sphäre** ergänzt die markeneigenen um markenfremde Kanäle und Interaktionsorte, an denen Nachfrager in Beziehung zueinander treten (Abschn. 4.1.3).

Die Abb. 2 fasst diese Ergänzungen zusammen und verdeutlicht darüber hinaus die daraus entstehenden Beziehungen und Sphären (ausführlicher Maier 2016, S. 270 ff.).

Bevor auf die Details des Konzepts eingegangen wird, sei kurz der Begriff des **Nachfragers** erläutert. Dieser wird im Rahmen der trialogischen Markenführung als Erweiterung des Konstrukts des Kunden verstanden. Ein Nachfrager im B-to-B-Bereich lässt sich als eine Person beschreiben, die Interesse an einer Marke hat und daher Informationen zu ihr nachfragt (Maier 2016, S. 63). Dadurch trägt der Begriff der Vielzahl an beteiligten Personen einer multipersonellen und multiorganisationalen Beschaffungsentscheidung im B-to-B-Bereich Rechnung und eröffnet die Möglichkeit, weitere Personenkreise als nur aktuell bereits bestehende Kunden in den Fokus zu rücken (Burmann und Launspach 2010, S. 158; Maier 2016, S. 276): Kunden, potenzielle Kunden, an der Marke interessierte Stakeholder, Markenfans, Leser markenfokussierter Publikationen, auf markenorientierten Online-Plattformen aktive Kommentatoren, Brand-Community-Mitglieder oder selbst einfache User einer Website mit markenspezifischen Themen. Sobald diese in Verbindung zu Marke, deren Mitarbeitern oder anderen Nachfragern treten und sich dabei ein Bezug zur Marke ergibt, entsteht die beschriebene Triade von Marke-Nachfrager-Nachfrager.

Markennahe Sphäre und Mitarbeiter-Nachfrager-Beziehung

Die trialogische Markenführung versteht markeneigene Kanäle als Plattformen, die die Markenidentität adäquat und konsistent abbilden müssen, stimmige Aussage wiedergeben, relevante Themen für Nachfrager ansprechen und für ein positives Markenerlebnis sorgen (Maier 2016, S. 269). Dabei sollte sich das Markenunternehmen als Gastgeber verstehen und eine positive Atmosphäre schaffen (Maier 2016, S. 275).

Mitarbeiter einer Marke gelten im B-to-B-Bereich als wichtigste Beziehungspartner für Nachfrager, sind zentrale Kontaktpunkte der Marke und stellen wesentliche Kommunikatoren in der direkten persönlichen Kommunikation sowie auf markeneigenen Kanälen dar (Krause 2013, S. 70 ff.). Daher wird das Selbstbild der Marke durch zwei unterschiedliche Mitarbeiter symbolisierende Köpfe ergänzt. Damit soll die Besonderheit im B-to-

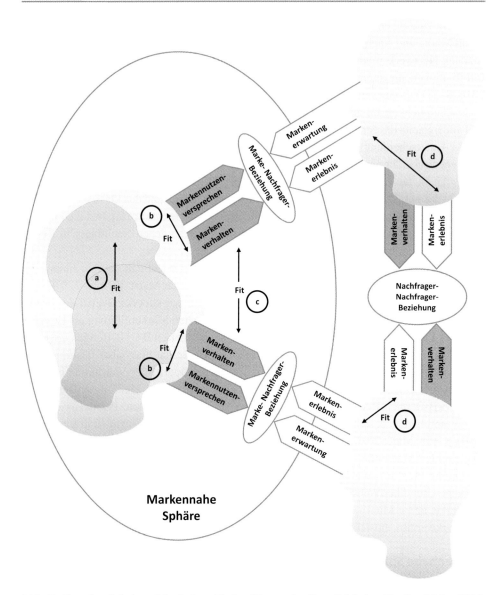

Abb. 2 Grundmodell der trialogischen Markenführung im B-to-B-Markt. (Quelle: Maier 2016, S. 273)

B-Markt ausgedrückt werden, dass es zwar symbolisch eine Marke-Nachfrager-Beziehung mit allen Nachfragern gibt bzw. geben sollte. Darüber hinaus bestehen aber zahlreiche Mitarbeiter-Nachfrager-Beziehungen, die ebenfalls Beachtung finden und in die Marke-Nachfrager-Beziehung überführt werden müssen (Maier 2016, S. 272). Die sogenannte **Mitarbeiter-Nachfrager-Beziehung** beschreibt die subjektiv bewertete, inhaltlich zusammenhängende, soziale Interaktion zwischen Mitarbeitern und Nachfragern einer Marke (Krause 2013, S. 202 f.). Da Mitarbeiter die zentralen Beziehungspartner, Markenbotschafter und Multiplikatoren der Marke sind, kommt der Verankerung der Marke durch interne Markenführung eine tragende Rolle zu.

Die Erhöhung der symbolischen Köpfe innerhalb des Selbstbildes führt dazu, dass sich auch die Anzahl der notwendigen Übereinstimmungen bzw. Fits zwischen ihnen erhöht. In der markennahen Sphäre ergeben sich somit drei notwendige Übereinstimmungen: Intra-Identitäts-Fit, Inter-Identitäts-Fit und Inter-Verhaltens-Fit (in Abb. 2 mit a–c bezeichnet) (auch im Folgenden Maier 2016, S. 273 ff.).

Der **Intra-Identitäts-Fit** (a) beschreibt die Notwendigkeit einer Übereinstimmung des Markenselbstbilds von Mitarbeitern untereinander, also deren Vorstellung von der Marke. Bei diesem internen Fit geht es somit um die Kongruenz der Markenidentität zwischen den Mitarbeitern einer B-to-B-Marke. Entscheidend hierfür ist ein klar verankertes, glaubwürdiges und nachvollziehbares Bild der Marke bei Mitarbeitern, was durch ein unternehmensweites Brand Citizenship Behavior erreicht werden kann.

Der **Inter-Identitäts-Fit** (b) ähnelt der Forderung der identitätsbasierten Markenführung nach Übereinstimmung des Nutzenversprechens und Markenverhaltens an allen Kontaktpunkten mit der Marke. Durch die erweiterte Betrachtung mehrerer Mitarbeiter ergänzt die trialogische Markenführung diese Forderung um eine Übereinstimmung des Nutzenversprechens und Markenverhaltens aller Markenmitarbeiter an allen Kontaktpunkten. Durch Social Media, Web und Mobile sind Informationen und Meinungsäußerungen zu Marken sehr schnell verfüg- und auffindbar. Diese Transparenz stellt allerdings zunächst weder Vor- noch Nachteile für Marken dar. Es stehen lediglich mehr Informationen für Nachfrager zur Verfügung, die weiterhin eine Übereinstimmung zwischen Nutzenversprechen und Markenverhalten durchführen. Besonders glaubwürdig sind dabei persönliche soziale Netzwerke. Die früher eher auf wenige Vertriebs- und Servicemitarbeiter sowie das Management konzentrierte persönliche Kommunikation weitet sich folglich auf eine Vielzahl von Mitarbeitern und Kanäle aus. Um also der digital einfacheren Überprüfbarkeit der Übereinstimmung von Versprechen und Verhalten zu begegnen, müssen Markenentscheider für ein authentisches Markenverhalten, für die Glaubwürdigkeit der Aussagen und der Kommunikatoren sowie für inhaltlich adäquate Gesprächspartner auf Markenseite sorgen. Organisatorisch kann dies durch eine Kombination aus zentralen Vorgaben (z. B. Managementsysteme, Prozesse, Templates, Cookbooks, Leitfäden) und Unterstützungen (z. B. zentrale Ansprechpartner, Hotline, interne Themenverantwortliche) sowie dezentralem Fachwissen (z. B. durch Experten aus bestimmten Ländern oder Fachbereichen) bewerkstelligt werden.

Der **Inter-Verhaltens-Fit** (c) beschreibt die Forderung nach einem einheitlichen Markenverhalten aller Mitarbeiter und somit einem konsistenten Markenbild in der persönlichen sowie medialen Kommunikation.

Markenferne Sphäre und Nachfrager-Nachfrager-Beziehung

Während die drei Arten der Übereinstimmung auf markennaher Seite noch die Aktivität der Marke und das Verhalten ihrer Mitarbeiter im Fokus hatte, geht es in der markenfernen Sphäre darum, den sozialen Interaktionen zwischen Nachfragern Freiraum zu lassen (Maier 2016, S. 275 f.). Markenferne oder -fremde Kanäle sind dabei Plattformen, die das Markenerlebnis auch und gerade im B-to-B-Bereich in persönliche soziale Netzwerke von Nachfragern und Letztverwendern bringen und daher als Communities im eigentlichen Sinne zu verstehen sind (Maier 2016, S. 269). Der trialogische Aufbau bildet eine neue Beziehungsmöglichkeit zwischen den beiden Nachfragern innerhalb des Modells ab. Diese sogenannte **Nachfrager-Nachfrager-Beziehung** beschreibt die subjektiv bewertete, inhaltlich zusammenhängende soziale Interaktion zwischen Nachfragern einer Marke (Maier 2016, S. 276). Diese Beziehungen entstehen überall dort, wo Nachfrager untereinander in Verbindung treten und sich ein Bezug zur Marke ergibt.

Dabei weitet sich die Spielfläche für Markenerlebnisse deutlich aus. Zum einen können markenfremde Kanäle als Außenstelle der Marke verstanden werden, die wie Brand Communities behandelt werden sollten. Im Kern geht es darum, als Marke Mehrwert für Nachfrager zu stiften, Sozialkapital aufzubauen und eine loyale Fanbase zu etablieren. Zum anderen werden Markenerlebnisse durch die soziale Interaktion zwischen Nachfragern und deren persönlicher sozialer Netzwerke von Nachfragern intensiver erlebt. Die Markenerlebnisse sollten bei allen Nachfragern eine übereinstimmende Wirkung entfalten. Diese beschreibt der vierte und einzige Fit der markenfernen Sphäre, der **Inter-Erlebnis-Fit** (in Abb. 2 mit d bezeichnet).

Da die Wahrnehmung des Markenerlebnisses und das konkrete Markenverhalten in den Händen von Nachfragern liegen, können Marken dies allerdings nur indirekt beeinflussen. Basierend auf den Ansätzen der sozialen Interaktion ergeben sich in der trialogischen Markenführung hierfür sechs denkbare Rollen für die Marke bzw. ihre Mitarbeiter: Beobachter, Teilnehmer, Vermittler, Mediator, Initiator und Moderator (Maier 2016, S. 277 f.; Blankenberg et al. 2012; Godes et al. 2005, S. 421 ff.; Löffler und Maier 2015, S. 298 ff.; Radic und Posselt 2009, S. 263; Burmann und Arnhold 2008, S. 108.)

- So haben Markenmitarbeiter die Möglichkeit, Interaktionen und Diskussionen zwischen Nachfragern als „**Beobachter**" zu folgen, was prinzipiell dem Social Media Monitoring oder Listening entspricht und eher als passive Strategie verstanden werden kann.
- Darüber hinaus können sich Markenmitarbeiter als „**Teilnehmer**" aktiv an Gesprächen beteiligen, wobei auf Authentizität, Ehrlichkeit und die Einhaltung der Etikette zu achten ist.
- Der „**Vermittler**" streut relevante Informationen über viele Kanäle und vernetzt sich mit vielen „weak ties", um in möglichst viele persönliche soziale Netzwerke einzudringen.
- Der „**Mediator**" geht noch einen Schritt weiter und bildet regelrecht Markenbotschafter aus, was vergleichbar zur Nutzung von Referenzkunden ist. Dabei steht allerdings

Beschreibung gerade in der operativen Markenführung ein besseres Verständnis für die konkreten Handlungsfelder und Aufgaben im Team.

In der operativen **Situationsanalyse** werden alle internen und externen Einflüsse auf die Markenkommunikation gesammelt und verarbeitet (Maier 2016, S. 260). In diesem Schritt werden durch die Gegenüberstellung eigener und kompetitiver externer Kommunikation bereits erste Anhaltspunkte für die Botschaftsformulierung und -gestaltung gesammelt, die durch tagesaktuelle und inhaltstiefere Auseinandersetzung zu konkreten Themen, Stories, Formaten und Budgets noch weiter ergänzt werden. Die interne Betrachtung von noch nicht veröffentlichten Geschichten zur Marke, aber auch von vorhandenen Ressourcen und konkreten Erstellungs- und Veröffentlichungsabläufen ist dabei erfolgskritisch.

Im nachfolgenden Schritt werden **Kommunikationsziele** aus Unternehmens-, Marken- und Marketingzielen abgeleitet, deren Erreichung durch messbare Erfolgsgrößen oder Key Performance Indicators (KPIs) für alle Beteiligten transparent gemacht wird (Maier 2016, S. 94 f.).

Danach erfolgt die Festlegung attraktiver **Zielgruppen**, die Erarbeitung deren Bedürfnisse und relevanter Kontaktpunkte sowie Kommunikationsmedien, über die sie erreicht werden können. Im Kern geht es darum, bei an Einkaufsprozessen direkt oder indirekt beteiligten Personen für zukünftige Investitionsentscheidungen im Gedächtnis zu bleiben (Maier 2016, S. 95 f.).

Im vierten Schritt der Markenkommunikation werden dann **Leitidee und Botschaften** festgelegt, um allen kommunikativen Maßnahmen ein konsistentes Bild in Form, Inhalt und Tonalität zu geben. Die Kernbotschaft bildet den Rahmen für alle weiteren Ausgestaltungen und konkretisiert die Markenpositionierung von der kommunikativen Leitidee über die Kernaussagen an Hauptzielgruppen bis hin zu abgeleiteten Einzelaussagen (Maier 2016, S. 97).

Im fünften Schritt **Budget und Maßnahmenplanung** werden dann Maßnahmen im Detail durchdacht, Feinkonzepte erstellt, medien- und kanalspezifische Taktiken entwickelt (u. a. durch Channel Planning), entstehende Kosten gesammelt und mit dem geplanten Budget abgeglichen (Maier 2016, S. 98; Schneidermeier et al. 2013, S. 95 ff.).

Der sechste Schritt der **Umsetzung** erfasst dann zum einen die Produktion aller relevanten Materialien in Bild, Text, Bewegtbild etc. für alle geplanten Medien. Zum anderen umspannt es das weite Spektrum von Schaltung, Distribution, Online-Stellung, Druck, Versand und sonstiger Realisierung aller Kommunikationsmaßnahmen (Maier 2016, S. 98).

Im letzten Schritt der **Kontrolle** findet dann die Erfassung sowie Erfolgsmessung der einzelnen Kommunikationsmaßnahmen und der Abgleich mit den gesetzten Kommunikationszielen statt (Maier 2016, S. 98).

Ergänzend zu diesen linearen Prozessschritten wird parallel die fortlaufende Aufgabe der **unternehmensinternen Organisation** eingeführt. Hierbei werden Erfahrungs- und Lerneffekte in und zwischen den Prozessschritten verarbeitet und organisational umgesetzt (Maier 2016, S. 260). Aus Literatur und Empirie lässt sich ein Dreiklang aus Verantwortlichkeiten, Prozessen und Systemen ableiten, wobei unter Systeme neben Richtlinien und Vorgaben auch technische Systeme und Software gemeint ist, die dabei unterstützen (Maier 2016, S. 167 ff. und 209 ff.; Blanchard 2012; Eck 2010, S. 122 f.). Abhängig von der Größe des Unternehmens, der Anzahl der Mitarbeiter der markenführenden Abteilung, der globalen Verbreitung und der konkreten Aufgabenstellung sind zahlreiche Organisationsformen denkbar. Bei erfahrenen Social Media-Kommunikationstypen hat sich vor allem eine zentral-dezentrale Mischform (z. B. Multiple Hub-and-Spoke) als erfolgreich erwiesen. Bei SMK-Typen mit weniger Erfahrung im Trialog scheint eine zentrale Organisationsform üblicher zu sein (Maier 2016, S. 260 f.). Aufgrund begrenzter zentraler Ressourcen und dem Vorteil lokaler Kenntnisse sowie eines stärkeren Zielgruppenverständnisses scheint die Nutzung dezentraler Ressourcen für die dialogische und trialogische Kommunikation wesentlich besser geeignet. So scheint es ein erfolgreiches Konzept zu sein, markeneigene Kanäle (z. B. Facebook-Page einer Landesgesellschaft) dezentral verantworten und betreuen zu lassen, allerdings zentral mit Richtlinien, Vorlagen, Schulungen und einem globalen Krisenmanagement zu unterstützen. Dieses Prinzip kann auf andere Kommunikationsmaßnahmen und die Organisation im operativen Markenmanagement in Summe übertragen werden (Maier 2016, S. 261).

Um der unternehmensweiten und damit abteilungsübergreifenden Aufgabe der Markenführung gerecht zu werden, eingefahrene Kommunikationsbahnen aufzubrechen und fachübergreifend zusammenzuarbeiten, wird die ursprüngliche Aufgabe der Markenintegration zwischen der internen und externen operativen Markenführung erweitert. Die neue Funktion der **Markenintegration und -koordination** umfasst damit die außengerichtete Markenintegration und die innengerichtete Markenkoordination (Maier 2016, S. 266 f.). Der außengerichteten Markenintegration geht es dabei um eine Abstimmung aller markenpolitischen Maßnahmen mit dem Ziel eines konsistenten Markenverhaltens, womit wiederum der Aufbau und die Pflege einer starken Marke unterstützt wird. Die Integration erfolgt dabei über die Handlungsfelder der formalen, inhaltlichen, zeitlichen und instrumentellen Integration (Maier 2016, S. 86 ff.). Die innengerichtete Markenkoordination befasst sich mit unternehmensinternen, systematischen Steuerungsmechanismen, wobei eine Kombination aus strukturellen und nicht-strukturellen Maßnahmen zu gewährleisten ist. Während die strukturelle Koordination auf klaren Regeln, Vorgaben und Vorschriften beruht, besteht die nicht-strukturelle Koordination aus informellen Abstimmungen zwischen Organisationsmitgliedern. So erscheint die konkrete Verbindung aus hierarchisch verbindlichen Regeln, prozessunterstützenden Arbeitsunterlagen (z. B. Vorlagen, Markenhandbücher und Cookbooks) und fortlaufender Unterstützung der dezentral mit markenbezogenen Aufgaben betrauten Personen als erfolgsversprechend (Maier 2016, S. 88 f.). Die Integrations- und Koordinationsfunktion stellt also die Orchestrierung aller internen und externen Maßnahmen sicher, erstellt zentrale Vorgaben und unterstützt die dezentrale Umsetzung. Des Weiteren sorgt diese Funktion für den Austausch zwischen den Beteiligten (Maier 2016, S. 267).

Sowohl die **rechtliche Absicherung** als auch die internen Aufgaben der **markenorientierten Mitarbeiterführung**, des **markenorientierten Personalmanagements** und der **markenorientierten innengerichteten Kommunikation** entsprechen der identitätsbasierten Markenführung. Hierbei erscheint es allerdings sinnvoll, die im B-to-B-Sektor so entscheidenden Markenmitarbeiter auf ihre Rolle als geplante oder zufällige Markenbotschafter auch in Social Media vorzubereiten. Somit steigt die Notwendigkeit der kognitiven und emotionalen Markenverankerung bei allen Mitarbeitern durch Brand Commitment und Brand Citizenship Behavior (Maier 2016, S. 269).

Iterationen, Rückkopplungen und das Markencontrolling

Neben diesen Ergänzungen auf Detailebene und entlang bzw. zwischen den Handlungsfeldern führt die Anforderung nach fortlaufenden Rückkopplungen und Iterationen zwischen Vorgaben und Umsetzung zu einer deutlichen Steigerung der Verbindungen untereinander. Dabei geht es darum, der Dynamik durch eine gesteigerte Interaktion mit Nachfragern, Forderung nach schnellerer Reaktionsgeschwindigkeit und den damit verbundenen organisationalen Abläufen in einer professionellen Markenführung Rechnung zu tragen. Hierbei wird eine Kombination aus prozessualer Integration von Feedback und kontinuierlichen Lerneffekten angestrebt (Maier 2016, S. 267 f.).

Die prozessuale Integration von Feedback von Nachfragern zu Produkten und Leistungen des Unternehmens kann dabei passiv durch das Monitoring oder „Listening", also Zuhören und Auswerten, von Diskussionen auf markenfremden Plattformen, reaktiv durch Nachfrager-Meldungen auf markeneigenen Kanälen oder proaktiv durch Open-Innovation-Ansätze erfasst werden (Maier 2016, S. 268; Löffler und Maier 2015, S. 298 ff.). Darüber hinaus wird auch Feedback von Beteiligten verarbeitet. Die Integration von Feedback wird prozessual durch Rückkopplungen und die Weitergabe von Erfahrungswerten in Form von Linien in der Abb. 3 (mit Buchstaben A-H bezeichnet) dargestellt. Durchgehende Linien beschreiben den zyklischen Ablauf und angepasste regelmäßige Berichtswege. Gestrichelte Linien beschreiben schnelle Erfahrungswerte entgegen dem zyklischen Prozess.

So liefert die fortlaufende operative Umsetzung und Kontrolle einerseits Erkenntnisse für die operativen Maßnahmen und die Budgetplanung (A) und für die fortlaufende operative Situationsanalyse (B). Andererseits fließen die Erkenntnisse auch im normalen Verlauf in die regelmäßige Markenerfolgsmessung mit ein. Auf dem Weg dorthin werden sie außerdem an die Markenintegration und -koordination weitergegeben (C). Innerhalb des Markencontrollings werden aus regelmäßigen Markenerfolgsmessungen dann im Markenberichtswesen Reportings für die strategische Markenführung erstellt (D). Bei den meisten B-to-B-Unternehmen erfolgt eine regelmäßige Erfassung markenrelevanter Erfolgsmesswerte in ein- bis zweijährige Kundenzufriedenheitsbefragungen (Maier 2016, S. 268). Die verarbeiteten Erkenntnisse aus den operativen Markenmaßnahmen werden darüber hinaus auf direktem Weg in die Auswertung der strategischen Situationsanalyse geschickt, um dieser eine fortlaufende Rückmeldung und damit beschleunigte Aussagefähigkeit zu ermöglichen (E). Neben dem direkten Bottom-Up-Feedback an das strategische Markenmanagement findet außerdem ein fortlaufender zweiseitiger Austausch zwischen strategischer und kommunikativer Situationsanalyse statt, das heißt, es werden Top-Down und Bottom-Up kombiniert (F) (Maier 2016, S. 269). Ein weiterer direkter Austauschprozess von Lern- und Erfahrungswerten findet beidseitig zwischen der Markenintegration und -koordination, der unternehmensinternen Organisation und der kommunikativen Situationsanalysen statt (G). Um neben dem im Markencontrolling rund zweijährig stattfindenden Zyklus an Auswertungen zu Einstellung, Zufriedenheit oder Nutzen bei Kunden und Nachfragern eine weitere kurzfristige Dimension zu addieren, werden über eine tägliche oder zumindest zeitnahe webbasierte Erfassung und Verarbeitung von Erkenntnissen in der kommunikativen Situationsanalyse Frühindikatoren gebildet, die durch einfließende Erkenntnisse aus der Maßnahmen-Kontrolle auch noch weiter angereichert werden. Damit erhält die Markenführung zeitnahe Tendenzbewertungen im Markt und die Möglichkeit, auf aktuelle Strömungen und Diskontinuitäten schneller zu reagieren (H) (Maier 2016, S. 269).

5 Fazit

In immer mehr Unternehmen stehen Marketingabteilungen vor einem Veränderungsprozess oder sind bereits mitten drin. Dabei geht es den Marketingentscheidern um die Beschleunigung von Abläufen, die Steigerung der Reaktionsgeschwindigkeiten auf Anfragen aus dem Markt, von Nachfragern, dem Kundendienst und Vertrieb sowie einer zeitgemäßen Kombination von Top-Down- und Bottom-Up-Einflüssen – alles mit dem Ziel, eine starke Marke auch in dynamischen Zeiten zu führen. Obwohl sich die „Wunderwaffe" Marke allmählich auch im B-to-B-Bereich durchsetzt, ist die Führung von Marken allerdings häufig noch unterentwickelt (Schultheiss 2011, S. 3; Schmitt 2011, S. 2; Richter 2007, S. 4 f.).

Allerdings wird der Markenkommunikation immer mehr Bedeutung zugesprochen. Da sich aber in der Kommunikation in den letzten Jahren ein Wandel durch Internet und Social Media vollzogen hat, der die grundlegenden Zusammenhänge der in der Markenführung zentralen Marken-Nachfrager-Beziehung zu beeinflussen scheint, wurde das zum Anlass genommen und eine umfangreiche explorative Untersuchung über die Auswirkungen auf die Markenführung im B-to-B-Markt unternommen.

Die daraus abgeleitete trialogische Markenführung im B-to-B-Sektor bietet somit einen Ansatz, um mit der sozialen Vernetzung von Nachfragern und den unterschiedlichen Beziehungsstrukturen zwischen Mitarbeitern, Nachfragern sowie Marke adäquat umzugehen. Trialog meint dabei den Dialog in der Triade Marke-Nachfrager-Nachfrager. Die trialogische Markenführung im B-to-B-Bereich versteht sich somit als Markenführungskonzept, das auf der identitätsbasierten Markenführung beruht, die Handlungen der Mitarbeiter in der markennahen Sphäre in den Fokus rückt, den Umgang mit Interaktionen zwischen Nachfragern in der markenfernen Sphäre unterstützt und den Zusammenhang zwischen Mitarbeitern, Marke und Nachfragern deutlich macht. Es geht darum, ein Verständnis für die netzwerkorientierten Zusammenhänge in der B-to-B-Markenführung zu entwickeln und der Unternehmenspraxis Handlungsoptionen anzubieten. Der dabei aufgebaute Managementansatz integriert Lerneffekte auf unterschiedlichen Ebenen, vernetzt diese mit mehreren Handlungsfeldern und beschleunigt damit die organisationale Markenführung. Neben dieser Beschleunigung bietet es aber auch dem Markenentscheider Möglichkeiten, Abläufe durch kürzere Abstimmungswege und direkte Verantwortung mehr Flexibilität einzuräumen. Die trialogische Markenführung ebnet also den Weg zu einer agilen Markenführung in B-to-B-Unternehmen.

Literatur

Baumgarth, C., & Meissner, S. (2010). Verhaltenswissenschaftliche Betrachtung von B-to-B-Marken. In C. Baumgarth (Hrsg.), *B-to-B-Markenführung* (S. 125–154). Wiesbaden: Gabler.

Blanchard, O. (2012). *Social Media ROI – Messen Sie den Erfolg Ihrer Marketing-Kampagne*. München: Addison-Wesley.

Blankenberg, N., Bartsch, S., Fichtel, S., & Meyer, A. (2012). Die menschliche Kraft der Marke. In H. H. Bauer, D. Heinrich & M. Samak (Hrsg.), *Erlebniskommunikation* (S. 53–72). Heidelberg: Springer.

Bogner, T. (2006). *Strategisches Online-Marketing*. Wiesbaden: DUV Gabler.

Bogner, A., & Menz, W. (2002). Das theoriegenerierende Experteninterview. In A. Bogner, B. Littig & W. Menz (Hrsg.), *Das Experteninterview* (S. 33–70). Wiesbaden: VS.

Böhler, H. (1993). Früherkennungssysteme. In E. Grochla & W. Wittmann (Hrsg.), *Handwörterbuch der Betriebswirtschaft* (S. 1256–1270). Stuttgart: Schäffer-Poeschel.

Böhler, H., & Scigliano, D. (2005). *Marketing-Management*. Stuttgart: Kohlhammer.

Burmann, C., & Arnhold, U. (2008). *User generated branding*. Berlin: LIT.

Burmann, C., & Launspach, J. (2010). Identitätsbasierte Betrachtung von B-to-B-Marken. In C. Baumgarth (Hrsg.), *B-to-B-Markenführung* (S. 155–178). Wiesbaden: Gabler.

Burmann, C., Halaszovich, T., Schade, M., & Hemmann, F. (2015). *Identitätsbasierte Markenführung*. Wiesbaden: Springer Gabler.

Ebersbach, A., Glaser, M., & Heigl, R. (2011). *Social web* (2. Aufl.). Konstanz: UVK.

Eck, K. (2010). *Transparent und glaubwürdig*. München: Redline.

Flick, U. (2012). *Qualitative Sozialforschung* (5. Aufl.). Reinbek bei Hamburg: Rowohlt.

Fuchs, W. (2003). *Management der Business-to-Business-Kommunikation*. Wiesbaden: Gabler.

Godes, D., Mayzlin, D., Chen, Y., Das, S., & Dellarocas, C. (2005). The firm's management of social interactions. *Marketing Letters, 16*(3–4), 415–428.

Hettler, U. (2010). *Social Media Marketing – Marketing mit Blogs, sozialen Netzwerken und weiteren Anwendungen des Web 2.0*. München: Oldenbourg.

Hurrle, B., & Kieser, A. (2005). Sind Key Informants verlässliche Datenlieferanten? *Die Betriebswirtschaft, 65*(6), 584–602.

Krause, J. (2013). *Identitätsbasierte Markenführung im Investitionsgüterbereich: Management und Wirkungen von Marke-Kunde-Beziehungen*. Wiesbaden: Springer Gabler.

Kreutzer, R. T. (2012). *Praxisorientiertes Online-Marketing*. Wiesbaden: Springer Gabler.

Löffler, R., & Maier, F. (2015). Das Cluetrain Manifest. In D. Michelis & T. Schildhauer (Hrsg.), *Social Media Handbuch* (3. Aufl., S. 296–306). Baden-Baden: Nomos.

Maier, F. (2016). *Trialogische Markenführung im Business-to-Business*. Wiesbaden: Springer Gabler.

Meffert, H., Burmann, C., & Kirchgeorg, M. (2015). *Marketing* (12. Aufl.). Wiesbaden: Gabler.

Radic, D., & Posselt, T. (2009). Word-of-Mouth Kommunikation. In M. Bruhn, F.-R. Esch & T. Langner (Hrsg.), *Handbuch Kommunikation* (S. 249–266). Wiesbaden: Gabler.

Richter, M. (2007). *Markenbedeutung und -management im Industriegüterbereich.* Wiesbaden: DUV Gabler.

Schmitt, J. (2011). *Strategisches Markenmanagement in Business-to-Business-Märkten.* Wiesbaden: Gabler.

Schneidermeier, T., Maier, F., & Schricker, J. (2013). *Human-centered communication planning. Design, user experience, and usability – web, mobile and product design.* Proceedings of Second International Conference, DUXU 2013, HCI International 2013, Las Vegas, 21.–26. July. (S. 94–102).

Schultheiss, B. (2011). *Markenorientierung und -führung für B-to-B-Familienunternehmen.* Wiesbaden: Gabler.

Strauss, A. L., & Corbin, J. (1990). *Basics of qualitative research.* London: SAGE.

Wenske, V. (2008). *Management und Wirkungen von Marke-Kunde-Beziehungen.* Wiesbaden: Gabler.

Social Media bei der *Krones AG* – Mit Dialog zur starken Marke

Charles Schmidt und Maria Seywald

Zusammenfassung

Bereits seit 2010 ist die *Krones AG* als B-to-B-Unternehmen auf zahlreichen Social Media-Kanälen aktiv. Dabei setzt das Unternehmen auf vielseitige Inhalte, eine breit aufgestellte Zielgruppe und gelebten Dialog. Dieser Beitrag erzählt über das Konzept und die tägliche Arbeit auf den Kanälen und stellt immer wieder die Bedeutung von „echter" Kommunikation in den Fokus. Als Sender und Empfänger von Beiträgen gelingt es der *Krones AG* ein starkes Netzwerk aus Mitarbeitern, Kunden und interessierten Personen zu schaffen.

Schlüsselbegriffe

Employer Branding · Kommunikation · Markenwert · Soziale Medien · Social Media

Inhaltsverzeichnis

C. Schmidt (✉) · M. Seywald
Krones AG
Neutraubling, Deutschland
E-Mail: charles.schmidt@krones.com

M. Seywald
E-Mail: maria.seywald@krones.com

© Springer Fachmedien Wiesbaden GmbH, ein Teil von Springer Nature 2018   683
C. Baumgarth (Hrsg.), *B-to-B-Markenführung*, https://doi.org/10.1007/978-3-658-05097-9_35

1   Die *Krones AG*: Aus Neutraubling in die (Online-)Welt

Medienkompetenz bei einem Maschinenbauer? Zugegebenermaßen keine naheliegende Verbindung. Und dennoch: Es gibt sie, sogar in wachsendem Ausmaß.

Als Maschinen- und Anlagenbauer ist die *Krones AG* von jeher ein klassisches Unternehmen aus dem B-to-B-Bereich. Seit der Gründung 1951 hat sich der Maschinenbauer allerdings vom Familienunternehmen in Neutraubling zu einem international präsenten Unternehmen entwickelt, welches sein Produktportfolio seitdem deutlich vergrößert hat.

Steckbrief *Krones AG*

Neben der Planung, Entwicklung und Fertigung von Maschinen und kompletten Anlagen für die Bereiche Prozess-, Abfüll- und Verpackungstechnik bietet der Konzern zudem Informationstechnologie, Fabrikplanung sowie zahlreiche ergänzende Produkte der Tochtergesellschaften.

- Weltweit beschäftigt *Krones* über 15.000 Mitarbeiter (Stand Ende 2017).
- Rund 90 % der Produkte gehen ins Ausland.
- Der Konzernumsatz 2016 betrug 3,39 Mrd. €

Neben den „klassischen" Kommunikationskanälen ist die *Krones AG* bereits seit 2010 außerdem auf diversen Social Media-Kanälen aktiv. Während das Engagement auf den Kanälen *YouTube*, *Facebook*, *Twitter*, *Xing* und *LinkedIn* begann, wurden nach und nach zusätzliche Kanäle ergänzt. So werden mittlerweile auch *Instagram*, *Vine*, *Google+*, *Pinterest* sowie drei unterschiedliche Blogs regelmäßig bespielt (vgl. Abb. 1).

 Facebook

Verschiedenstes aus Unternehmen, Branche und Region – alles Wichtige in Bildern, Videos und Text. Und jede Menge Dialog.

> Krones auf Facebook

 Twitter

Manchmal reichen 140 Zeichen völlig aus. Hier kommen wir schnell auf den Punkt.

> Krones auf Twitter

YouTube

Mitarbeiter, Technologie und Veranstaltungen live und in Aktion – zum Miterleben und Verstehen.

> Krones auf YouTube

 Instagram

Hier glänzen und scheinen unsere Anlagen um die Wette: Industrie-Ästhetik im Quadrat.

> Krones auf Instagram

 LinkedIn

Berufliches Netzwerk ausbauen? Professionell mit uns in Kontakt stehen? Und dabei die wichtigsten Neuigkeiten mitbekommen? Geht hier alles – und das weltweit.

> Krones auf LinkedIn

XING

Auch hier geht's ums Netzwerken und Informieren. Allerdings eher deutschsprachig und D-A-CH fokussiert.

> Krones auf XING

 Google+

Neuigkeiten aus Unternehmen und Branche im Google-typischen Design: mit viel Bild und Eleganz.

> Krones auf Google+

 Vine

Ganze sechs Sekunden müssen hier ausreichen. Und genau das zeigt unsere Technologie in einem ganz anderen Licht.

> Krones auf Vine

Pinterest

Stöbern, finden, sammeln. Nach diesem Prinzip füllen wir hier unsere Pinnwände mit Bildern rund um Bier, Wein, Technologie, Design – und vieles mehr.

> Krones auf Pinterest

Abb. 1 Ausschnitt der Kanalübersicht auf blog.krones.com/krones-kanaele/

2 Viele Wege, ein Ziel: Zugang zum Dialog

Die Verschiedenheit dieser Kanäle bietet dabei sowohl Chancen, als auch Risiken: So ist ein undifferenziertes Bespielen der Kanäle in der Regel wenig zielführend (beizeiten sogar kontraproduktiv). Während ein Inhalt beispielsweise auf *Instagram* womöglich sehr positive Reaktionen erhält, kann der gleiche Beitrag auf einem Kanal wie *LinkedIn* zu Irritationen führen oder schlichtweg mit Desinteresse gestraft werden. Für die tägliche Arbeit heißt das: Nicht jeder Inhalt eignet sich für jeden Kanal. Und selbst wenn sich ein Posting inhaltlich für verschiedene Medien anbietet, so eignet sich doch meist eine andere Darstellungsform.

Umständlich? Ja, vielleicht. Aber auch eine Chance. Denn schließlich hat sich jeder Nutzer bewusst dafür entschieden, auf welchen Kanälen er aktiv sein möchte. Also erwartet er auch eine Darstellung, einen Tonfall und einen Dialog, die dem Umfeld auf diesem Kanal entsprechen. Bei der *Krones AG* bemüht man sich deshalb um **Authentizität** auf jedem Kanal und versucht, verschiedenste Menschen auf den unterschiedlichen Kanälen zu erreichen (vgl. Abb. 2).

Und letztendlich ziehen alle diese verschiedenen Beiträge an einem Strang. Denn sie alle dienen zunächst einmal dem Ziel, Interesse zu generieren und mit Nutzern in den Dialog zu treten.

2.1 Zielgruppe und Inhalte

Für die Wahl der Kanäle, Konzeption der Inhalte und Moderation der Dialoge ist nicht zuletzt die Definition der gewünschten Zielgruppe der Social Media-Maßnahmen von Bedeutung. Nur mit einer bekannten, klar definierten Zielgruppe lassen sich schließlich relevante Themen identifizieren und ein passender Tonfall wählen. Ein besonderer Fokus liegt dabei dennoch auf (potentiellen) Kunden und deren Mitarbeitern. Dabei steht auch bei der Kommunikation mit Firmenkanälen stets der Mensch im Mittelpunkt. Schließlich sind es auch bei Kunden letztendlich Menschen, die den Dialog führen und deren Interesse geweckt werden muss. Vom klassischen B-to-B-Verständnis in der Kommunikation differenziert man sich bei *Krones* also absichtlich. Stattdessen besinnt man sich gezielt auf den Dialog mit Menschen, also **Business-to-Human** (B-to-H). Dabei geht es in der Kommunikation mit (möglichen) Geschäftspartnern nicht nur um das Gewinnen neuer Kunden, sondern stets auch um die Stabilisierung bestehender Beziehungen – beispielsweise durch unkomplizierten, direkten Service. Neben den Mitarbeitern der Kunden werden gleichermaßen auch eigene Mitarbeiter und potentielle Bewerber adressiert und mit (teils anderen) Inhalten informiert und unterhalten. Zusätzlich zu diesen Personengruppen bleibt die Zielgruppe der *Krones AG* in den sozialen Medien sehr vielseitig und beinhaltet Nutzer mit verschiedensten Hintergründen. Denn letztendlich ist das Ziel, die Markenbekanntheit im Allgemeinen zu stützen und als Firma einen positiven, bleibenden Eindruck bei sämtlichen Interessierten zu hinterlassen.

Diese sehr breite, allgemeine Ansprache von sämtlichen Interessierten spiegelt sich auch in der Wahl der Inhalte wieder. Wie in Abb. 3 ersichtlich ist, postet die *Krones AG* auf ihren Kanälen Beiträge zu unterschiedlichsten Themen. Zwar spielen Beiträge zu Technologie, Kundenprojekten und Mitarbeiterthemen die größten Rollen, aufgelockert werden diese aber unter anderem durch regionale Inhalte und externe Seiten mit teils rein unterhaltenden Inhalten. So entsteht eine möglichst spannende und lockere Mischung an Beiträgen, mit der man bei *Krones* versucht, immer wieder interessant zu sein und mit Nutzern in den Dialog zu kommen.

Abb. 2 Unterschiedliche
Kanäle – verschiedene Inhalte

Krones AG
17 December at 06:44 · 🌐

Good morning everyone!
Business in our halls is already up and running!
http://gph.is/1O7SoBe
#StarWars #DasErwachenDerMacht #TheForceAwakens

Krones Craftmate - The craft brewers' new friend

1.973

Krones @KronesAG · 20. Apr.
"Das Allgäu Kräuter-Märchen ist unser
ganzer Stolz."
Neugierig geworden? Mehr dazu auf
unserem #Blog:

Ein Bier wie eine Bergwiese
Brennnessel im Bier? „Muss nicht sein" ist meine erste,
spontane Reaktion. Irgendwie verbinde ich mit der
Pflanze zu viele Erinnerungen an brennende Untersch...
blog.krones.com

🔁 4   ♥ 5   •••

Abb. 3 Mitarbeiterin erzählt
auf dem Corporate Blog aus
dem Leben bei *Krones*

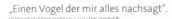

2.2 Kommunikation in zwei Richtungen

Nachdem in einem ersten Schritt die Aufmerksamkeit des Nutzers geweckt wurde und
dieser mit dem Profil der *Krones AG* interagiert, ist die Arbeit für das Social Media-Team
allerdings noch nicht getan. Bei *Krones* misst man der **Niederschwelligkeit** der Kommunikation in den sozialen Netzwerken eine hohe Bedeutung zu: Nutzer sollen sehr gezielt
die Möglichkeit bekommen, auf direktem Weg – ohne Warteschleife, Kontaktformulare,
oder Ähnliches – mit Mitarbeitern des Unternehmens in Kontakt zu treten. Dem Team,
bestehend aus zwei Vollzeitkräften, ist es dabei wichtig, nicht nur konkrete Anfragen zu
beantworten, sondern auch auf scheinbar belanglose Nachrichten und Grüße zu reagieren.

Man ist sich also des „social" in Social Media sehr bewusst und legt großen Wert
darauf, den geschaffenen Dialog auch anzunehmen und zielführend zu pflegen. Dabei
spielt es keine Rolle, ob Kontaktanfragen als Kommentare, Direktnachrichten oder Mail
an die Kontaktadresse ankommen. Deutlich wird dies unter anderem beim Blick auf die
Kommentare unter einem Beitrag der *Krones AG*. Außerdem deutet die Reaktionszeit auf
Facebook an, dass das Thema ernst genommen wird.

Dabei kann allerdings auch mit eigenem Social Media-Team nicht jede Anfrage innerhalb weniger Minuten beantwortet werden. Dazu sind die Fragen oftmals schlichtweg zu
technisch orientiert, zu komplex oder sprachlich eine Herausforderung. In solchen Fällen werden die Nachrichten schnellstmöglich mit der Bitte zur Mithilfe an entsprechende
Kollegen weitergeleitet. In der Zwischenzeit ist das Ziel, dem interessierten Nutzer mitzu-
teilen, dass seine Anfrage angekommen ist und derzeit bearbeitet wird – so ist ein erster
Schritt der Kommunikation gemeistert. Andere Anfragen können im Team selbst beantwortet werden. Einige Nachrichten, wie beispielsweise Interesse an Stellenangeboten,
erreichen die *Krones AG* so regelmäßig, dass hier intern mit einem **Fragen & Antworten-
Katalog** gearbeitet wird. Dieser hilft dem Team bei der Vermittlung des richtigen Kontakts
beziehungsweise bei der Suche nach einem hilfreichen Link. So kann dem anfragenden
Nutzer schnellstmöglich, im Schnitt spätestens innerhalb einer Stunde, geantwortet wer-

den. Der Verweis auf die Website ist allerdings nur in Einzelfällen (z. B. zur Stellenbörse) Ziel in der Kommunikation. Stattdessen soll interessierten Nutzern, wo möglich, immer mit einem konkreten Kontakt oder einer direkten Antwort geholfen werden.

Diese soziale Komponente der Zwei-Wege-Kommunikation spielt auch außerhalb der Kommentar- und Nachrichtenfunktion eine Rolle. So legt man bei *Krones* auf sämtlichen Kanälen Wert darauf, nicht nur selbst Beiträge zu veröffentlichen, sondern auch mit Profilen und Posts anderer zu interagieren. Zum täglichen Arbeitsablauf zählt deshalb auch, die Aktivitäten anderer zu verfolgen, *Twitter*-Listen zu pflegen, fremde Inhalte zu kommentieren und an der ein oder anderen Stelle Antworten oder Nettigkeiten zu hinterlassen. Einfach gesagt: Man verhält sich sozial im eigenen Netzwerk. Die Beziehungen und Online-Freundschaften, die so entstehen, bilden schließlich ein stabiles Netzwerk aus Influencern; seien es Mitarbeiter, Kunden oder Spezialisten aus der Branche.

3   Die *Krones AG* im Gespräch

Sowohl die breit aufgestellte Zielgruppe als auch die vielseitigen Inhalte führen also dazu, dass die *Krones AG* mit verschiedensten Nutzern im Dialog steht. Dabei sind für die Tonalität des Gesprächs neben Inhalt und Gesprächspartner auch immer Charakteristika des jeweiligen Kanals entscheidend. Betrachtet man die Kriterien Gesprächspartner, Inhalt des Dialogs und genutzte Plattform, so lassen sich einige Interaktions-Typen identifizieren, die für die *Krones AG* vermehrt von Bedeutung sind.

3.1   Von Arbeitgeber zu Mensch

Der (potentielle) Mitarbeiter als Mensch im Zentrum der Kommunikation: Employer Branding ist auch bei der *Krones AG* ein bedeutender Aspekt der Social Media-Aktivität. Gerade dabei kommt es dem Unternehmen immer wieder darauf an, nahbar und menschlich zu sein und so als attraktiver und sympathischer Arbeitgeber Präsenz zu zeigen. Zu den häufigsten Anfragen in Kommentaren und Nachrichten zählen Fragen nach internationalen Bewerbungsmöglichkeiten. Allerdings gehen auch vollständige Initiativbewerbungen über die Social Media-Kanäle ein, welche dann vom Social Media-Team direkt an den entsprechenden HR-Mitarbeiter weitergeleitet werden. Für den Bewerber können die sozialen Netzwerke also eine Alternative zum gängigen Formular für Initiativbewerbungen auf der Website darstellen. Auch Mitarbeiter nutzen die sozialen Netzwerke als direkten Weg der Kommunikation und suchen den Dialog in Kommentaren oder Nachrichten. Neben dem Umgang mit konkreten Bewerbungen und Anfragen umfasst die Aktivität der *Krones AG* als Arbeitgeber allerdings auch andere Themen. So werden beispielsweise vermehrt regionale Themen veröffentlicht, außerdem spielen immer Ereignisse aus dem Alltag der Mitarbeiter eine Rolle. Diese Geschichten werden vorrangig auf den verschiedenen Unternehmensblogs erzählt, wo die Mitarbeiter als individuelle Autoren ein persönliches Gesicht bekommen (vgl. Abb. 3).

Dabei ist man sich bei *Krones* der Bedeutung des Mitarbeiters bewusst: Nicht nur als Arbeitskraft, sondern auch in der externen Kommunikation. Auf den verschiedenen Kanälen verleihen sie dem Unternehmen das Gesicht und die Glaubwürdigkeit, mit denen man sich neuen Bewerbern gegenüber präsentieren will.

Gerade für die Zielgruppen der Mitarbeiter und Bewerber bemüht man sich bei *Krones* um Lockerheit in den Inhalten, aber auch im Umgangston. So werden beispielsweise auf *Facebook* immer wieder auch Beiträge veröffentlicht, die zwar einen Bezug zu Unternehmen und Branche haben, bei denen der Unterhaltungswert aber im Vordergrund steht.

3.2 Erfahrungen aus der Branche

Auf anderen Kanälen wiederum liegt der Fokus auf dem professionellen Austausch von Erfahrungen und Branchenwissen – allen voran hier die Kanäle *Xing* und *LinkedIn*. Mit Bildern und Videos zu technologischen Inhalten erzielt die *Krones AG* gerade auf *LinkedIn* überwiegend sehr hohe Interaktionsquoten und kommt ins Gespräch mit Menschen aus der Branche. Dabei entwickelt sich ein Netzwerk aus eigenen Mitarbeitern, externen Experten, aber auch Mitarbeitern aus der Produktion von Kunden. Gerade deren Feedback macht den Dialog auf *LinkedIn* für *Krones* besonders spannend, da hier Erfahrungswerte derer eingeholt werden können, die tatsächlich täglich mit den Produkten der *Krones AG* arbeiten. Ergänzend dazu bietet natürlich der Austausch mit Experten und Mitarbeitern in der Führungsebene spannende Aspekte für Forschung und Vertrieb.

Auch auf anderen Kanälen finden sich jedoch Wettbewerbsbegleiter, Kunden und Unternehmen aus der Branche, die hier einen aufgeschlossenen Dialog pflegen. Auf *Twitter* beispielsweise sind stetig mehr B-to-B-Unternehmen aktiv, die das Potential der Onlinekommunikation sehen. Zu einer anderen Nutzergruppe aus der Getränkeindustrie, die in den sozialen Medien besonders aktiv ist, zählen Craft Brewer und junge, dynamische Unternehmen aus der Brau-Szene im Allgemeinen. In ihnen findet auch die *Krones AG* aktive Gesprächspartner, die mit für sie relevanten Inhalten bedient werden.

3.3 Auf ein Bier mit …

In Richtung dieser Nutzergruppe werden also allgemein Inhalte rund um die Themen Bier und Brauen kommuniziert. Dabei liegt der Fokus immer wieder auf der Technologie, die *Krones* für die Branche zu bieten hat. Geschichten über Rohstoffe, Brauer und Traditionen runden das Themenfeld ab. Ausgangsplattform für diese Geschichten bietet der 2015 ins Leben gerufene Craft Beer Blog der *Krones AG*, der sich gänzlich dem Themenfeld Bier widmet (vgl. Abb. 4). Auch hier stammen die Geschichten größtenteils von verschiedenen Autoren aus dem Unternehmen, vereinzelt auch von Gastautoren. Vom Blog aus werden

Abb. 4 Beseelt vom Gedanken an gutes Bier – der Craft Beer Blog

Inhalte dann auf den verschiedenen Kanälen übernommen und der Dialog initiiert. Ziel ist es, wie auch auf anderen Gebieten, mit gutem Content ein Netzwerk zu schaffen, in dem die *Krones AG* aktiv mit Nutzern ins Gespräch kommt: als Sender mit Know-how aus der Branche, aber auch als Zuhörer und Feedback-Empfänger.

3.4 Chance auf mehr

Aus diesem Netzwerk mit verschiedensten Gesprächspartnern soll letztendlich aber mehr entstehen, als „nur" gute Gespräche. Denn trotz, oder gerade wegen, der großen Bedeutung, die man bei *Krones* der Kommunikation an sich beimisst, hat der Dialog (in den sozialen Medien) eine tiefergehende Funktion. Ziel ist ein Transformationsprozess, der über die Grenzen der Unternehmenskommunikation hinweg in das ganze Unternehmen reicht. Ein Beispiel für den Erfolg dieses Vorhabens sind Kaufanfragen, bei denen die Arbeit des Social Media-Teams direkt in die Aktivität der Vertriebskollegen greift. Geht über die sozialen Medien eine konkrete Anfrage mit Kaufinteresse ein, so wird diese unverzüglich an die entsprechenden Zuständigen aus dem Vertrieb weitergeleitet. Nachdem der Kontakt zwischen Interessent und Vertrieb hergestellt ist, übernimmt der Vertrieb den Fall und meldet dann in der Regel ein abschließendes Feedback an die Social Media-Mitarbeiter. Solche Anfragen sind letztlich über sämtliche Kanäle möglich, erfahrungsgemäß werden jedoch vorrangig *Twitter*, *Instagram* und die Social Media-Kontakt-Mailadresse genutzt.

Im Beispiel in Abb. 5 ist die Anfrage der kroatischen Brauerei *Nova Runda* eine Reaktion auf einen Tweet der *Krones AG*. Der Beitrag über einen Dosenfüller für den niedrigeren

Abb. 5 Beispielhafter Verlauf
einer Kundenanfrage

Leistungsbereich weckt das Interesse des Unternehmens. Vom ersten Kontakt auf Twitter bis zum Anruf des Vertriebskollegen vergehen nur wenige Stunden, anschließend gibt der Interessent eine positive Rückmeldung.

4 Erfolge erkennen und erfassen

Erfolgsgeschichten wie das Beispiel in Abb. 5 zeigen das Potential der sozialen Medien wohl am deutlichsten. Zwar ersetzen die „neuen" Medien nicht klassische Kanäle, sie bieten aber zusätzliche Möglichkeiten, schnell und einfach mit dem Unternehmen in Kontakt zu treten – beispielsweise mit Produkt- und Preisanfragen.

4.1 Basis des Erfolgs

Allerdings zeigen Anfragen wie diese zwar ein mögliches Ergebnis der Aktivität in den sozialen Netzwerken, die Arbeit dahinter sollte jedoch nicht vergessen werden. Die Basis solcher Erfolge ist das oben beschriebene tägliche Netzwerken und Kommunizieren.

Bei der *Krones AG* wird also in der Erfolgsanalyse Wert daraufgelegt, auch Aspekte der grundlegenden Arbeit zu betrachten. Neben quantitativen Zahlen zur Orientierung spielen dabei in erster Linie qualitative Kennzahlen eine Rolle. So orientiert man sich unter anderem an Kommentaren, Nachrichten und Erwähnungen, bei denen Technologie, die *Krones AG*, Neuigkeiten aus der Branche, etc. im Fokus stehen (vgl. Abb. 6).

Es wird also betrachtet, ob eigene Inhalte den Dialog mit anderen Nutzern initiieren können und in welchem Ausmaß die verschiedenen Kanäle für die direkte Kommunikation mit der *Krones AG* genutzt werden. Im Jahr 2015 entwickelte man für die Erfolgsmessung bei Krones eigens den „*Krones* Social Media-Score", der gerade auch unternehmensintern als Orientierung dienen soll und sämtliche Social Media-Kanäle betrachtet, auf denen die *Krones AG* aktiv ist. Neben verschiedenen quantitativen und qualitativen Kennzahlen berücksichtigt der Score unter anderem auch Referrerzahlen (mit Ziel Website bzw. Online-Shop) und externe Rankings. Ergänzt und „gekrönt" wird die Erfolgsbewertung dann durch Fälle, in denen über die sozialen Medien direkt ein Vertriebskontakt oder eine qualifizierte Bewerbung zustande kommt.

Außerdem wird mit Hilfe eines Monitoring-Tools stets im Netz „zugehört", sodass relevante Artikel, Meinungen und Beiträge im Internet schnell entdeckt, beobachtet und gegebenenfalls moderiert werden können. Dies ermöglicht einerseits entschärfende Maßnahmen im Fall von kritischen Inhalten. Zudem können so interessante Meinungen und Einsichten für verschiedene Bereiche des Unternehmens gewonnen werden, nicht zuletzt für Vertrieb oder Forschung & Entwicklung.

Abb. 6 Ein Bild regt den
Dialog über einen Füller an

4.2 Leitplanke zur Orientierung

Die oben beschriebenen Indikatoren, die bei *Krones* als Erfolgsfaktoren gesehen werden, werden vom Social Media-Team regelmäßig ausgewertet und dokumentiert. Im Zeitverlauf erlaubt diese Entwicklung des Scores eine Analyse der aktuellen Social Media-Aktivitäten – und bietet so die Möglichkeit, auf negative Entwicklungen zu reagieren und aus positiven Erfahrungen zu lernen. Die Erfolgsbewertung bildet also eine „Leitplanke", die dem Social Media Team zur Orientierung dient. Entsprechend der Analyse werden dann neue Inhalte erarbeitet, die eine positive Entwicklung unterstützen oder aber einem negativen Trend gegensteuern können. Dabei wird eng mit Kollegen aus anderen Bereichen des Unternehmens zusammengearbeitet: Mitarbeiter aus HR oder Vertrieb, Produktspezialisten und andere Kollegen unterstützen mit inhaltlichem Input dabei, aktuelle Beiträge zu erstellen und Nutzerfragen zu beantworten.

„The Duel" und mehr – Virale Markenkommunikation von *KUKA*

Andreas Bauer und Carsten Baumgarth

Zusammenfassung

Die Fallstudie präsentiert den Hintergrund der viralen Testimonialkampagne des Roboterherstellers KUKA und Sportlers Timo Boll im Rahmen der Eröffnung einer neuen Produktionsanlage in China 2014. Aufgrund des großen Erfolgs wurden insgesamt drei virale Spots in den Jahren 2014 bis 2016 produziert und lanciert. Der Beitrag schließt mit der Ableitung von sechs Erfolgsfaktoren des viralen Marketings für B-to-B-Marken: Spannung, Selbstironie, Details, Loslassen, Reaktionsbereitschaft und -schnelligkeit sowie Erfahrungen im Social-Media- und nicht-klassischem Kommunikationsbereich.

Schlüsselbegriffe

Robotik · Testimonial · Virales Marketing

A. Bauer (✉)
KUKA Roboter GmbH
Augsburg, Deutschland
E-Mail: Andreas.Bauer@kuka.com

C. Baumgarth
Hochschule für Wirtschaft und Recht Berlin
Berlin, Deutschland
E-Mail: cb@cbaumgarth.net

© Springer Fachmedien Wiesbaden GmbH, ein Teil von Springer Nature 2018   697
C. Baumgarth (Hrsg.), *B-to-B-Markenführung*, https://doi.org/10.1007/978-3-658-05097-9_36

Inhaltsverzeichnis

1   *KUKA*: Steckbrief des Unternehmens und der Marke

Im Jahr 1898 gründen Johann Josef Keller und Jakob Knappich das **Acetylenwerk für Beleuchtungen** in Augsburg. Ihr Ziel ist es, günstige Haus- und Straßenbeleuchtungen zu produzieren. 1905 weitet die Keller und Knappich GmbH ihre Produktion auf eine neue Erfindung aus: das Autogen-Schweißen. Ab diesem Zeitpunkt setzt *KUKA* immer wieder Maßstäbe in der Schweißtechnik. 1936 baut *KUKA* die erste elektrische Punktschweißzange in Deutschland. Bereits in den 1920er-Jahren verwenden Keller und Knappich immer öfter ein Telegramm-Kürzel: Aus den **Anfangsbuchstaben von „Keller und Knappich Augsburg"** entsteht der bis heute gültige Markenname *KUKA*.

Bald beginnt *KUKA*, das Know-how aus der industriellen und handwerklichen Schweiß- und Schneidebearbeitung auch in anderen Bereichen zu nutzen. Das Unternehmen fertigt größere Behälter und baut Aufbauten für Fahrzeuge – und das so erfolgreich, dass *KUKA* 1966 **Marktführer im Bereich Kommunalfahrzeuge in Europa** wird. Parallel wächst der Bereich Schweißanlagen. 1956 baut *KUKA* die ersten automatischen Schweißanlagen für Kühlschränke und Waschmaschinen und liefert die erste Vielpunkt-Schweißstraße an die *Volkswagen AG*. Für *Daimler-Benz* baut *KUKA* 1971 **Europas erste Schweißtransferstraße mit Robotern**. Auch die Schweiß-Technologien entwickelt *KUKA* in seiner Geschichte laufend weiter. Ab 1966 etabliert *KUKA* das Reibschweißen. Danach folgen zahlreiche Innovationen, zum Beispiel das Kurzzeitschweißen oder das positionierte Reibschweißen.

Im Jahr 1970 fusioniert die *KUKA* GmbH mit der Industrie-Werke Karlsruhe AG. Ab sofort heißt das Unternehmen Industrie-Werke Karlsruhe Augsburg Aktiengesellschaft, kurz *IWKA AG*. Der Hauptsitz ist in Karlsruhe. In Augsburg werden die drei Geschäftsbereiche Umwelttechnik, Schweißtechnik und Wehrtechnik gebildet. Zusätzlich ist die neue *IWKA AG* in den Bereichen Verpackungsmaschinen, Textiltechnik, Regeltechnik, Umformtechnik und Werkzeugmaschinen tätig. Parallel arbeitet *KUKA* an weiteren Innovationen für das Fügen von Metall. 1972 präsentiert das Unternehmen die erste Magnetarc-Schweißmaschine. Das Verfahren ist bis heute eines der schnellsten und sichersten beim Zusammenfügen von Bauteilen, die höchsten Belastungen standhalten müssen.

1973 schreibt *KUKA* Geschichte als Robotik-Pionier und entwickelt den *FAMULUS* – den weltweit ersten Industrieroboter mit sechs elektromechanisch angetriebenen Achsen. 1995 wird aus der *KUKA* Schweißanlagen + Roboter GmbH die Robotertechnik ausgegründet. 1996 setzt *KUKA* als erster Roboterhersteller auf die offene, PC-basierte Steuerung. Ab 2004 konzentriert sich die *IWKA AG* auf die Automationstechnologie in den Kerngeschäftsfeldern **Robotertechnik** sowie **Anlagen- und Systemtechnik**. Die übrigen Geschäftsbereiche werden nach und nach verkauft: Bis 2007 trennt sich die *IWKA* von den Bereichen Prozesstechnik, Produktionstechnik und Verpackungstechnik für die Konsumgüterindustrie. Anschließend wird das Unternehmen 2007 wieder in *KUKA* Aktiengesellschaft umfirmiert. Der Sitz des Unternehmens wird zurück nach Augsburg verlegt.

2007 kommt der *KR titan* auf den Markt: Mit 1000 kg Traglast und einer Reichweite von 3200 Millimetern ist er der größte und stärkste 6-Achs-Industrieroboter der Welt. Es folgt ein Eintrag in das *Guinness*-Buch der Rekorde. 2008 schließlich läutet *KUKA* eine neue Robotergeneration ein: Sogenannte Cobots (fühlende Roboter) sind Industrieroboter, die direkt mit Menschen zusammenarbeiten. Mit dem *LBR iiwa* präsentiert *KUKA* 2013 den weltweit ersten industrietauglichen Cobot mit integrierter Sensorik in jeder Achse.

KUKA entwickelt sich zu einem globalen Unternehmen. Seitdem wurde die Marktpräsenz immer weiter ausgebaut. So ist das Unternehmen seit 1981 mit eigenem Standort in Nordamerika präsent und im Jahr 2000 wird die *KUKA Robotics China Co., Ltd.* offiziell gegründet. China ist der größte Wachstumsmarkt für Automatisierung. Hauptsitz für das Asien-Geschäft ist Shanghai, von dort werden Roboter in den asiatischen Markt ausgeliefert. 2014 eröffnet die neue Roboterproduktion in Shanghai, die auch die Motivation für das virale Marketing dieser Fallstudie darstellt. 2014 schließen sich die *KUKA AG* und die *Swisslog Holding AG* zusammen. Durch *Swisslog* erhält *KUKA* Zugang zu besonders attraktiven Wachstumsmärkten, wie die Warehouse-Logistik und die Healthcare-Industrie. Ende 2016 übernimmt das chinesische Unternehmen *Midea* mit 95 % die Aktienmehrheit an *KUKA*.

KUKA ist heute einer der weltweit führenden Anbieter von Automatisierungslösungen. Als Technologieführer mit rund 13.000 Mitarbeitern erwirtschaftet *KUKA* einem Gesamtumsatz von rund 3 Mrd. €. Das Unternehmen gliedert sich aktuell in vier Sparten: *KUKA* Robotics, *KUKA* Systems, *KUKA* Industries und *Swisslog*. Neben dem Hauptsitz am Produktions- und Entwicklungsstandort Augsburg ist der Konzern mit rund 100 Gesellschaften international vertreten. Die Fallstudie in diesem Beitrag befasst sich mit der Sparte *KUKA* Robotics, die mit rund 4700 Mitarbeitern ungefähr ein Drittel des Gesamtumsatzes erwirtschaftet.

Die Marke *KUKA* existiert seit fast 100 Jahren und steht im Kern für die Werte **gestaltend, integrierend** und **wirkungsvoll**. Diese drei Markenattribute sind unter dem Begriff „Orange Intelligenz" zusammengefasst und durch je drei Markeneigenschaften weiter spezifiziert. Ein kreisförmiges Bildzeichen symbolisiert die drei Kernwerte (Abb. 1).

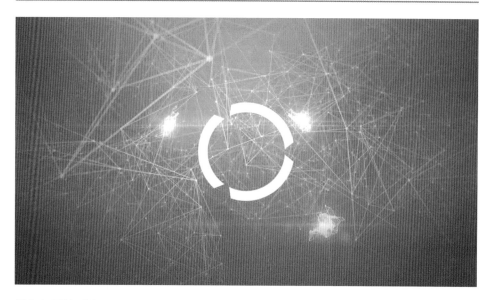

Abb. 1 Bildzeichen „Orange Intelligenz" der Marke KUKA

2 „The Duel" und mehr

Das virale Konzept von *KUKA* startete 2014 mit der viralen Kampagne „The Duel". Diese Kampagne unterstützte kommunikativ die Werkseröffnung 2014 in Shanghai, China. Im Folgenden werden die Entwicklung und der Hintergrund, die drei viralen Spots sowie die Erfolgsmessung vorgestellt.

2.1 Ausgangssituation und Big Idea

China ist für die Robotics-Industrie das größte Absatzland mit gleichzeitig höchstem Wachstum. *KUKA* entschloss sich daher, in China eine eigene Produktionsstätte zu bauen. In diesem Zusammenhang hatte das Marketing in 2013 die Aufgabe, die Marke *KUKA* im chinesischen Roboter-Markt deutlich bekannter zu machen mit dem Ziel, die Absatzzahlen in diesem Markt bis 2017 zu verdoppeln. Die offizielle Eröffnung der neuen Roboter-Produktionsanlage in Shanghai im Frühjahr 2014 gab den zeitlichen Rahmen für das Marketingkonzept vor. In China fehlten größtenteils die *KUKA* aus anderen Ländern bekannten B-to-B-Kommunikationskanäle, wie Fachzeitschriften oder überregionale Fachmessen. Ebenso konnte nicht auf relevante Adressdaten für Direkt-Marketing-Maßnahmen zurückgegriffen werden. Gleichzeitig war bekannt, dass die Zielgruppe technikaffin ist und Online-Communities in China weit verbreitet sind. Daher wurde im ersten Schritt ein rein digitaler Marketingansatz in Betracht gezogen.

Als Konzept wurde ein Testimonial-Ansatz gewählt, der insbesondere im Zielland China viral funktionieren sollte. Über Online-Medien wurde auch die kommunikative Abdeckung der Zielgruppe innerhalb der Budgetrestriktionen als möglich gesehen. Das richtige Testimonial könnte dabei schnell die Bekanntheit in der relevanten Zielgruppe erhöhen und die Marke *KUKA* in dem Relevant Set der Entscheider verankern. In einer ersten Phase wurde über die Wahl des Testimonials nachgedacht, wobei insbesondere das Genre (Film, Sport) und die Herkunft des Testimonials (China, Deutschland) intensiv in der Marketing-Abteilung diskutiert wurden. Aufbauend auf den Rahmenbedingungen, den Markenwerten von *KUKA*, der Bekanntheit und Attraktivität des Testimonials sowie der Relevanz des Genres im Zielland China entschied sich *KUKA* 2013 für den deutschen Tischtennisspieler *Timo Boll*. Die Begründungen für diese Wahl fasst Tab. 1 zusammen.

Umsetzung und Kampagnenverlauf

Die Realisierung erfolgte in Zusammenarbeit mit der Agentur *Sassenbach Advertising*, da diese sowohl über Erfahrungen im Testimonial-Bereich als auch im chinesischen Markt verfügt. In Zusammenarbeit mit einem erfahrenen Regisseur wurden insgesamt drei virale Spots produziert.

(1) The Duel

Zur Eröffnung des neuen Werks am 11. März 2014 in Shanghai wurde der erste, knapp 4-minütige virale Spot „The Duel" lanciert. In diesem Spot tritt *Timo Boll* gegen den *KUKA* Roboter *KR Agilus* an (vgl. Abb. 2). Der Mensch-Maschine-Duell-Spot greift vom „Look and Feel" bewusst einen westlich geprägten Stil auf, um die deutsche Herkunft der Marke zu kommunizieren. Während zu Beginn des Spots der Roboter die Oberhand innehat, dreht sich das Blatt während des Wettkampfes, da *Timo Boll* dann durch Schnelligkeit, Präzision und Intelligenz mit Netzrollern oder mit Schlägen jenseits der Reichweite des Roboters agiert. Der Video-Spot wurde hochwertig in einer alten Sporthalle in Sofia mit vielen Schnitten und Zeitlupen produziert. Der Spot endet mit dem Slogan „Not the best in table tennis. But probably the best in robotics."

Tab. 1 Auswahlkriterien für den Testimonial *Timo Boll*

Rahmenbedingungen	Marke *KUKA*	*Timo Boll*	Tischtennis
– schneller Aufbau der Markenbekanntheit in China – Exklusivität des Testimonials – skandalfreies Testimonial – Budgetrestriktion	– präzise – faszinierend – erfolgreich – deutsch	– erfolgreichster deutscher Tischtennisprofi – Star in der Chinesischen Super League – Nr. 4 der Weltrangliste (2013) – Bekannt für Fairness durch ein Ereignis bei der Tischtennis-WM 2005 in Shanghai	– Tischtennis ist Nationalsport in China mit rund 100 Mio. aktiven Spielern – Sportart steht für Tempo (bis 180 km/h Ballgeschwindigkeit) und Präzision

Abb. 2 Szene aus der viralen Kampagne „The Duel" mit dem Tischtennisprofi Timo Boll

Der virale Spot wurde im Vorfeld zur Werkseröffnung durch einen kurzen Teaser ein-geleitet, der auf das Duell hinwies. Begleitet wurde der Film auch durch einen Making-of-Film sowie den Einsatz von einer Microsite und Social-Media-Kanälen. Die Teaser-Kampagne verbreitete sich nicht nur im Tischtennisland China bereits viral, sondern weltweit. Darüber hinaus wurde *Timo Boll* auch als Markenbotschafter in die Live-Kommunikation des Eröffnungsevents eingebunden (vgl. Abb. 3).

(2) The Revenge
Aufgrund des großen Erfolgs des ersten viralen Spots wurde 2015 ein weiterer Film mit *Timo Boll* und einem *KUKA*-Roboter produziert. In dem knapp 3-minütigen Video „The Revenge" tragen *Timo Boll* und der Roboter *Agilus* ein musikalisches Duell aus. Beide Protagonisten bringen im Sinne einer Glasorgel mit Wasser gefüllte Gläser melodisch zum Klingen. Zunächst scheint auch hier der Roboter zu gewinnen, da *Timo Boll* beim Musizieren ein Glas zerstört. Allerdings dreht sich das Duell, weil *Timo Boll* mit zwei Händen musiziert und einen solch hohen Ton erzeugt, dass alle Gläser zerspringen.

(3) The Perfect Match
Nach den zwei Duellen basiert der 2016 produzierte Spot „The Perfect Match" nicht auf der Idee „Maschine vs. Mensch", sondern auf der perfekten Symbiose von Roboter und *Timo Boll. Timo Boll* sitzt in großer Höhe auf einer Plattform und balanciert auf sei-nem Tischtennisschläger einen Ball. Der Roboter hingegen balanciert eine lange Stange, welche die Plattform mit *Timo Boll* trägt, ebenfalls auf einem Tischtennisschläger. Diese perfekte Symbiose funktioniert auch dann noch, wenn *Timo Boll* den Ball verliert und der Roboter den herabfallenden Ball wieder nach oben katapultiert.

Abb. 3 Impressionen von der Einbindung des Testimonials *Timo Boll* in das Eröffnungsevent

Für das Jahr 2017 wurde der Testimonial-Vertrag mit *Timo Boll* verlängert, wobei er aktuell insbesondere für Live-Events und klassische Kommunikation eingesetzt wird. Ein weiterer viraler Spot ist zunächst nicht in Planung.

2.2 Erfolgsmessung und -nachweis

Die Erfolgsmessung für das virale Konzept erfolgte insbesondere über Social-Media-Kennzahlen (Abrufe, Likes, Kommentare etc.) sowie Mediaresonanzanalysen. Darüber hinaus spielen auch Kommunikations-Awards eine Rolle für den Erfolgsnachweis. Umfangreiche Studien zum Nachweis der Markenstärkesteigerung (z. B. durch eine Vorher-Nachher-Messung in China) oder eine ROMI-Berechnung waren aufgrund des zu hohen Aufwands nicht realisierbar. Tab. 2 fasst einige Erfolgsnachweise für den viralen Marketingansatz von *KUKA* zusammen.

Tab. 2 Erfolgsnachweise des viralen Marketings von *KUKA*

	The Duel (2014)	The Revenge (2015)
Social Media	Youtube[a]: 8.685.722 (+: 37.978; −: 10.707) Youku.com: 2.056.188	Youtube[a]: 1.187.559 (+: 7122; −: 430)
Medien-resonanz	Presse-Erwähnungen (vorgeschaltete Teaser-Kampagne): vor dem 11. März 2014: 160 11.–13. März 2014: 78 Medienäquivalenz (in China): ca. 12 Mio. €	
Awards	„Bester Imagefilm im Netz" (Preis für Onlinekommunikation 2014), „Bester Image-film" (Digital Communication Award 2014), Best of the Best (red dot award 2014), 2. Platz: marconomy B2B Marketing Awards, Goldmedaille: „Corporate Film and Video" (European Excellence Awards 2014) etc.	„Excellence in Social Media & Virals" (German Brand Award 2016), Online Communication Award; German Digital Award; German price for digital com-munication; Nominee Deutscher Werbefilmpreis 2016

[a] Stand: 25.02.2017

3 Statt einer Zusammenfassung: Erfolgsfaktoren von viralem Marketing im B-to-B-Umfeld

Bislang finden sich nur relativ wenige Beispiele für ein erfolgreiches virales Marketing im B-to-B-Umfeld (Ausnahmen: 2013: *Volvo Trucks* – The Epic Split feat. Van Dam-me; 2013: *IBM* – A Boy And His Atom: The World's Smallest Movie). Daher ist die Fallstudie für *KUKA*s „The Duel" besonders lehrreich. Insgesamt lassen sich aus der Erfolgsgeschichte von „The Duel" und deren Fortsetzungen sechs Erfolgsfaktoren des viralen Marketings ableiten, die auch auf andere B-to-B-Marken übertragbar sind.

(1) Spannungsfeld
Die virale Verbreitung von Content funktioniert nur, wenn der virale Spot in der Com-munity Spannungen erzeugt, die Diskussionen sowie positive und negative Kommen-tierungen anregen. Dieses Erfolgsmuster zeigt auch der *KUKA*-Fall. Zum einen ist das Verhältnis von Maschine und Mensch, bzw. die Furcht vor dem Ersatz des Menschen durch Maschinen und Roboter, ein aktuelles und kontroverses Thema, mit welchem sich die Community intensiv auseinandersetzt. Zum anderen wurde von der Community und den Medien auch stark diskutiert, dass das im Vorfeld angekündigte Duell in Wirklichkeit kein echtes Duell, sondern nur ein mit Kamera- und Techniktricks produzierter Werbefilm von *KUKA* ist. Diese Spannungsfelder zeigen sich z. B. auch in der Vielzahl von positiven und negativen Kommentaren auf der *YouTube*-Plattform (ca. 78 % der rund 50.000 Kom-mentare sind positiv). Ohne eine solche Spannung und Kontroverse funktioniert der virale Effekt des aktiven Kommentierens und Teilens nicht.

(2) Selbstironie

Zur Auflösung des Spannungsfeldes sowie zur Steigerung der Sympathie eignet sich das Stilmittel der Selbstironie. Im Ansatz von *KUKA* findet sich diese u. a. in den abschließenden Slogans „Not the best in table tennis. But probably the best in robotics." und „Not the best in chamber music. But probably the best in robotics and automation."

(3) Details

Neben dem eigentlichen viralen Spot hängt der Erfolg auch von der Detailarbeit im Umfeld ab. Das beginnt in dem Fallbeispiel mit dem Titel der Spots (z. B. Markenname plus aufmerksamkeitsstarker Titel), geht weiter mit den informativen und auch erklärenden Beschreibungstexten und endet mit der Ergänzung um Teaser- und Making-of-Spots sowie Verlinkungen auf relevante Social-Media-Plattformen.

(4) Loslassen

Virales Marketing basiert auf dem Teilen, Kommentieren und Diskutieren in der Community. Daher ist es entscheidend, dass sich der eigentliche Sender – hier *KUKA* und seine Mitarbeiter – nicht aktiv in die Kommunikation einschaltet. Dies wurde im Vorfeld dadurch sichergestellt, dass auch alle Mitarbeiter darüber informiert und dazu angehalten wurden, nicht zu kommentieren. *KUKA* hat sich ebenfalls nur bei konkreten Informationsanfragen (z. B. Warum wurde der Spot in Sofia gedreht?) an der Diskussion in den diversen Social-Media-Kanälen beteiligt.

(5) Reaktionsbereitschaft und -schnelligkeit

Aufgrund der notwendigen Spannungsfelder sowie dem viralen Charakter des Teilens und Diskutierens setzt ein viraler Marketing-Ansatz ein genaues Monitoring und eine ggf. schnelle Reaktion voraus. Auch in der *KUKA*-Fallstudie gab es mehrere kritische Ereignisse wie z. B. die negative Berichterstattung in der *FAZ* am 12. März 2014. Daher müssen auch Szenarien und Reaktionsoptionen proaktiv durchdacht werden, um gegebenenfalls schnell reagieren zu können. Im vorliegenden Fall war eine Reaktion nicht notwendig, da sich die Presseberichterstattung anschließend positiv entwickelt hat. Allerdings wurde im Beschreibungstext des Videos „The Duel" eine zusätzliche Information hinzugefügt, die darauf hinweist, dass das Video das zukünftige Potenzial von Robotern verdeutlichen soll.

(6) Erfahrungen im Social-Media- und im nicht klassischen Kommunikationsbereich

Das virale Marketing von *KUKA* funktionierte auch nur so gut, da dieses Unternehmen sowohl umfangreiche und langjährige Erfahrungen im Social-Media-Bereich aufweist als auch immer wieder für den B-to-B-Bereich nicht klassische Kommunikationsinstrumente erprobt. Beispielsweise ist *KUKA* schon seit 2009 mit einem eigenen Kanal auf *You-Tube* mit rund 500 Videos, 40.000 Abonnenten und knapp 18 Mio. Abrufen aktiv (Stand Mai 2017). Auf *Facebook* ist *KUKA* ebenfalls seit 2009 vertreten und hat aktuell knapp 100.000 „Gefällt mir"-Angaben. Diese Social-Media-Präsenz und -Erfahrung konnte auch zur Verbreitung der viralen Kampagne genutzt werden. Weiterhin ist *KUKA* schon seit geraumer Zeit für ungewöhnliche und für den B-to-B-Bereich nicht klassische Kommunikationsansätze bekannt. Beispiele dafür sind das Product Placement im *James Bond*-Film „Another Day" (2002) oder der Einsatz des „Robocoaster" auf Messen und Live-Events. Diese Erfahrungen belegen die für das virale Marketing notwendige Offenheit und auch Risikobereitschaft.

Konzepte und Instrumente des B-to-B-Dialog-Marketings im Kontext der Markenführung

Ralf T. Kreutzer

Zusammenfassung

Dialog-Marketing wird von immer mehr im B-to-B-Markt tätigen Unternehmen eingesetzt, um den Return-on-Marketing-Investment nachhaltig zu steigern. Die Instrumente des Dialog-Marketings ermöglichen es, die Effizienz und Effektivität von Marketing-Aktivitäten gezielt zu messen und damit zu bewerten. Die Einsatzfelder des Dialog-Marketings umfassen zum einen den Bereich der Kundengewinnung. Darüber hinaus stellen die Kundenentwicklung und das Kundenbindungsmanagement einen zentralen Handlungsschwerpunkt des Dialog-Marketings dar. Grundlage hierfür sind umfassende Informationen über die eigenen Interessenten und Kunden. Diese Informationen ermöglichen eine Ermittlung des jeweiligen Kundenwertes und eine darauf aufbauende individualisierte Ansprache und Betreuung. Hierdurch werden die Voraussetzungen für den Aufbau eines Customer-Relationship-Managements (CRM) geschaffen. Die gesamte Ausgestaltung von CRM und Dialog-Marketing muss sich dabei konsequent an den Markenwerten orientieren, um einen Beitrag zum Aufbau des angestrebten Markenimages sowie zur Markenführung zu leisten.

Schlüsselbegriffe

CRM · Dialog-Instrumente · Dialog-Marketing · Direkt-Marketing · Internal Branding · Kundenbindung · Kundenwert · Markenführung

R. T. Kreutzer (✉)
HWR Berlin
Königswinter, Deutschland
E-Mail: kreutzer.r@t-online.de

© Springer Fachmedien Wiesbaden GmbH, ein Teil von Springer Nature 2018
C. Baumgarth (Hrsg.), *B-to-B-Markenführung*, https://doi.org/10.1007/978-3-658-05097-9_37

Inhaltsverzeichnis

1   Grundlagen des B-to-B-Marketings

1.1   Kennzeichnung des Dialog-Marketings

Dialog-Marketing begegnet uns heute in einer Vielzahl von unterschiedlichsten Erscheinungsformen, zum Beispiel als Mailings und Postwurfsendungen, die regelmäßig in unseren Briefkästen zu finden sind. Auch gewünschte und unerwünschten Telefonanrufe, *Twitter-*, *WhatsApp-* und weitere Push-Nachrichten, Werbe-E-Mails sowie Posts bei *Facebook* gehören zum Dialog-Marketing. Ebenso zählen Werbebanner und Sponsored-Links sowie eine Vielzahl von Dialog-Angeboten auf Corporate Websites dazu, genauso wie spezifische Anzeigenformate, die zu einer unmittelbaren Reaktion auffordern (sogenannte Response-Anzeigen). Ebenso sind TV- und Radio-Spots sowie Plakate, die durch die Auslobung einer Telefonnummer oder einer Internet-Adresse zur direkten und unmittelbaren Kontaktaufnahme auffordern, Dialog-Marketing. Schließlich sind auch die Kontakte zum Außendienst oder zu einem Customer-Service-Center hinzu zu rechnen.

Was haben alle diese Kommunikationsformen gemeinsam? Die Aufforderung zum Einstieg in einen Dialog! Folgende Zielgruppen können im Mittelpunkt des angestrebten Dialoges stehen:

- Ist- und Wunsch-Kunden (für die unternehmerische Kernleistung),
- potenzielle Mitarbeiter,
- allgemeine Öffentlichkeit (bspw. hinsichtlich der Akzeptanz von Atomenergie und Windrädern, Gen-Produkten oder neuen Technologien),
- Gesetzgeber (etwa bezüglich rechtlicher Rahmenbedingungen für Forschung und Industrieansiedlung, bspw. durch Subventionen oder Steuervorteile) oder

- Kooperationspartner auf den Beschaffungs- und Absatzmärkten (bspw. zur gemeinsamen Erschließung von Auslandsmärkten, einer kooperativen Produktentwicklung oder gemeinsamen Forschungsaktivitäten).

Die Dialog-Marketing-Instrumente zielen darauf ab, eine unmittelbare Beziehung und damit gleichsam einen Dialog mit den angesprochenen Zielpersonen zu eröffnen. Da hierzu i. d. R. „direkte" Reaktionen des Angesprochenen angestrebt werden, werden die Begriffe des Direkt-Marketings und des Dialog-Marketings häufig synonym verwendet. Oft ist, wenn von Dialog- oder Direkt-Marketing gesprochen wird, im Kern die Dialog- bzw. Direktkommunikation gemeint. Diese umfasst alle Aktivitäten, die sich einer einstufigen (direkten) Kommunikation bedienen, um Zielgruppen möglichst gezielt zu erreichen (Dallmer 2002, S. 11; Kreutzer 2016a, S. 81 ff.). Dies gelingt bspw. durch Telefonanrufe, Mailings, E-Mails, Push-Nachrichten oder einen Außendienstbesuch bei den anvisierten Unternehmen bzw. deren Repräsentanten. Zur Dialogkommunikation gehören auch die Aktivitäten, die sich einer mehrstufigen Kommunikation bedienen, um einen direkten individuellen Kontakt herzustellen. Hierzu zählen Anzeigen mit einer Aufforderung an den Leser, bspw. eine aufgespendete Responsekarte einzusenden, eine Telefonnummer anzurufen oder die Corporate Website des entsprechenden Unternehmens zu besuchen.

Auch hier wird versucht, den Angesprochenen zu einer unmittelbaren Reaktion im Sinne einer Direct-Response (DR) zu bewegen. Folglich zählen alle Marketinginstrumente, die auf eine unmittelbare Reaktion der Zielpersonen abheben, ebenfalls zum Dialog-Marketing. Die Zielsetzung besteht darin, den Zuschauer, Zuhörer oder Leser aus seiner Anonymität herauszuführen und ihn direkt adressierbar zu machen. Erst wenn eine Adresse vorliegt, kann eine direkte Interaktion bzw. ein Dialog mit der dahinterstehenden Person beginnen.

Von Direktkommunikation und nicht von Direktwerbung ist dann zu sprechen, wenn beim Einsatz der entsprechenden Kommunikationsinstrumente nicht zwangsläufig Werbeziele im Mittelpunkt stehen. So kann bspw. ein Interessensverband der pharmazeutischen Industrie wichtige Politiker per Mailing ansprechen, um diese zu einer bestimmten Intervention bei anstehenden Gesetzgebungsverfahren zu motivieren. Dabei stehen der PR zuzurechnende Ziele im Mittelpunkt. Von Dialog- bzw. Direktwerbung ist zu sprechen, wenn direkt wirkende bzw. auf einen Dialog abzielende Kommunikationsinstrumente zur Erreichung werblicher Ziele eingesetzt werden. Dies ist bspw. dann der Fall, wenn Coupons versandt werden, die unmittelbar einen Verkauf auslösen sollen, z. B. als Vorbereitung auf den Besuch bei einer B-to-B-Messe.

1.2 Verhältnis von Marke und Dialog-Marketing

Bei der Ausgestaltung der Instrumente des Dialog-Marketings ist deren Beitrag zur Markenführung konsequent zu berücksichtigen. Auch wenn das Dialog-Marketing seinen Schwerpunkt auf die Auslösung einer unmittelbaren Reaktion setzt, sind die Guidelines für die Markenführung konsequent zu berücksichtigen. Diese können entweder auf Unternehmensebene für die Unternehmensmarke in Gestalt von Vorgaben für die Ausgestaltung von Corporate Design, Corporate Communications und Corporate Behavior vorgegeben werden. Oder sie liegen für Produkt- oder Dienstleistungsmarken in einem Brand-Manual vor und definieren so die Spielregeln, die bei der Ausgestaltung des Dialog-Marketings zu berücksichtigen sind. Die explizite Nennung des Corporate Behavior in diesem Kontext resultiert aus der Tatsache, dass bei dialogisch ausgerichteter Kommunikation in hohem Maße eine Interaktion zwischen Zielpersonen und Unternehmen zustande kommt, sei es durch Mitarbeiter eines Customer-Service-Centers oder des Außendienstes. Deshalb kommt dem Handlungsfeld des Internal Branding mit der Zielsetzung, Mitarbeiter zu Markenbotschaftern zu machen, eine besondere Bedeutung zu (Esch et al. 2014; Kreutzer 2014a; Piehler 2011; Schmidt 2007).

Die Notwendigkeit, die Guidelines für die Markenführung auch im Dialog-Marketing zwingend vorzuschreiben, resultiert daraus, dass die Gefahr besteht, um einer schnellen Response willen von dem Pfad der Markenwerte abzurücken. Außerdem ist in vielen Unternehmen nach wie vor das Phänomen einer „kognitiven Firewall" zwischen den für die unterschiedlichen Kommunikationsinstrumente zuständigen Mitarbeitern bzw. Abteilungen zu finden, was sich teilweise auch in der unpräzisen Differenzierung zwischen Above-the-Line- und – teilweise auch despektierlich verwendet – Below-the-Line-Instrumenten konkretisiert. Der Above-the-Line-Kommunikation werden i. d. R. die klassischen Formen (Anzeigen, TV-, Rundfunk- und Kino-Spots, Plakate) bzw. die klassischen Medien (TV, Radio, Zeitung, Zeitschrift, Plakatwand, Kino) zugerechnet. Auf die Below-the-Line-Kommunikation entfallen dagegen alle nicht-klassischen Formen, so bspw. Telefon-Marketing, Mailing und Online-Marketing. Wenn diese Termini eingesetzt werden, ist zunächst einmal zu klären, welche imaginäre Linie („Line") gemeint ist. Am Bild eines Schiffes wird deutlich, dass nur das der allgemeinen Öffentlichkeit sichtbar ist, was sich oberhalb der Wasserlinie befindet („Above-the-Line"). Alles andere („Below-the-Line") bleibt den Personen vorbehalten, auf die die Maßnahmen unmittelbar ausgerichtet werden. Dies ist im Dialog-Marketing etwa beim Einsatz von Mailings und Telefon-Marketing der Fall. Diese Abgrenzung nach der Sichtbarkeit der Aktivitäten bewährt sich aber nicht. Eine klassische Anzeige („Above-the-Line") in der Fachzeitschrift „*adhäsion – Kleben und Dichten*" ist für die breite Öffentlichkeit wesentlich weniger sichtbar als eine Mailing-Kampagne von *UNICEF*, die an zwei Millionen potenzielle Spender versendet wird („Below-the-Line"). Die sprachliche Differenzierung zwischen diesen Instrumentengruppen geht häufig auch mit einer inhaltlichen und prozessualen Differenzierung einher. Damit ist die Gefahr verbunden, dass bei den Zielpersonen, bei denen idealerweise die unterschiedlichen Kommunikationsaktivitäten zusammenlaufen, kein konsistentes Bild erzeugt wird.

Zur Erreichung eines insgesamt konsistenten Markenauftritts ist es deshalb unverzichtbar, dass medienübergreifend ein Markenidentitätsansatz zum Einsatz kommt, der für die klassische wie für die dialogische Kommunikation gleichermaßen verbindlich ist. Die Markenattribute umfassen die sachlichen Eigenschaften des Unternehmens, eines Angebotes oder der Marke selbst. Sie können mit der Frage erfasst werden, über welche Eigenschaften die Marke verfügt. Aus den Attributen kann der rationale Markennutzen abgeleitet werden. Dieser ergibt sich aus der kundenorientierten Frage, was angeboten wird. Die Markentonalität bezieht sich stärker auf die emotionalen Komponenten der Marke und kann durch die Frage erschlossen werden, wie etwas angeboten wird. Das Markenbild selbst umfasst die unmittelbar erlebbaren Dimensionen der Marke; diese können durch die Frage nach dem Auftritt der Marke erhoben werden (vertiefend siehe Baumgarth 2014, S. 209 ff.). Die gesamte Kommunikation zur Vermittlung der zentralen Elemente der Marke sowie zur Auslösung unmittelbarer Reaktionen muss auf einem solchen Markenidentitätsansatz aufsetzen. Damit dieser seine Wirkung entfalten kann, darf er nicht wie ein Geheimnis des Markenmanagements gehütet, sondern muss offensiv ins Unternehmen vermittelt werden – bis zum „letzten" Mitarbeiter im Customer-Service-Center, der für viele Zielpersonen u. U. die persönlichste Begegnung mit einem Unternehmen darstellt.

Bevor auf die Ausgestaltung des Dialog-Marketings im B-to-B-Markt eingegangen wird, soll zunächst einmal aufgezeigt werden, wie sich die Bedeutung des Dialog-Marketings entwickelt hat.

1.3   Entwicklung der Bedeutung des Dialog-Marketings

Bis in die 1960er und 1970er-Jahre des letzten Jahrhunderts hinein dominierte sowohl bei der Ansprache wie auch bei der Leistungserbringung das Prinzip „One-to-Mass". Hiermit verbunden waren eine weitgehend undifferenzierte Kundenansprache und die Vermarktung standardisierter Angebote. Die zunehmende Entstehung von Käufermärkten erforderte von den Unternehmen eine stärkere Berücksichtigung segmentspezifischer Anforderungen – in Kommunikation und Leistungserbringung gleichermaßen. Die Möglichkeit zur Umsetzung des Prinzips „One-to-Many" wurde durch die zunehmende Verbreitung von IT-gestützten Lösungskonzepten in Kommunikation und Produktion möglich. In den 1980er und 1990er-Jahren wurde eine umfassende Marktsegmentierung Grundlage vieler Unternehmens- und Marketing-Strategien, die in Form einer zielgruppenspezifischen Kommunikation sowie einer Differenzierung der Leistungserbringung – orientiert an den Kundenerwartungen – erfolgte.

Mit dem verstärkten Aufkommen von Kundenbindungsprogrammen in den 1990er-Jahren in den Bereichen B-to-C wie B-to-B gleichermaßen sowie durch das Customer-Relationship-Management (CRM) wurde in der Kommunikation der Schritt zum „One-to-One" systematisch vorbereitet. Zielsetzung dabei wurde es, den Kunden im Sinne des Zielunternehmens bzw. seine Repräsentanten in den Mittelpunkt der Kommunikation zu stellen und diesen differenziert zu betreuen. Diese Personalisierung und Individualisierung der Ansprache orientiert sich dabei am spezifischen Wissen über das Unternehmen und seine Repräsentanten sowie an der individuellen Historie dieser zum eigenen Unternehmen. Bei der Umsetzung dieser individualisierten Ansprache kommt dem Dialog-Marketing eine Schlüsselstellung zu. Im Vergleich zu den klassischen Kommunikationsinstrumenten, die häufig einen vorrangigen Beitrag zum Imageaufbau leisten sollen und können, dient die Dialogkommunikation i. d. R. sehr viel stärker als verkaufsvorbereitendes bzw. einen Verkauf unmittelbar auslösendes Instrument. Hierdurch wird nachvollziehbar, dass die klassischen und die dialogorientierten Kommunikationsinstrumente in integrierte Konzepte eingebunden werden müssen, um die vorhandenen synergetischen Effekte zu erschließen.

Welche Bedeutung dem Dialog-Marketing generell und seinen unterschiedlichen Instrumenten im Speziellen heute zukommt, kann der regelmäßig von der *Deutschen Post* durchgeführten Studie *Dialog Marketing Monitor* (Deutsche Post 2015) entnommen werden. Hierzu wurden 2014 insgesamt 2727 Marketing-Verantwortliche bezüglich der Marketing-Aktivitäten ihres Unternehmens befragt. Der *DMM 2015* weist aus, dass 2014 von 74,2 Mrd. € Werbeausgaben in Deutschland 74 % für die direkte Kundenkommunikation (Dialog-Marketing-Medien und Medien mit Dialog-Elementen) eingesetzt wurden. Damit stellt die direkte Kundenansprache einen wesentlichen Teil des gesamten Werbemarktes in Deutschland dar. Die verbleibenden 36 % wurden für Klassikmedien eingesetzt. Das wichtigste Dialog-Marketing-Medium stellt im Jahr 2014 die eigene Website dar (vgl. Tab. 1). In diese haben Unternehmen im Jahr 2014 6,45 Mrd. € investiert. Zusätzlich wurden für Online-Werbung 7,2 Mrd. € ausgegeben. In Summe wurden für das Online-Marketing damit 13,5 Mrd. € eingesetzt. Für den volladressierten Werbebrief kam ein Budget von 8,6 Mrd. € zum Einsatz. Das Telefon-Marketing (aktiv und passiv) hat insgesamt ein Volumen von 2,7 Mrd. € erreicht. Teil- und unadressierte Werbesendungen wiesen einen Betrag von 2,5 Mrd. € auf. Tab. 1 zeigt auch, welche Dialog-Marketing-Medien in welchen Branchen jeweils bevorzugt eingesetzt wurden.

Tab. 1 Budgeteinsatz der Dialog-Marketing-Medien 2014 in Mrd. Euro. (Deutsche Post 2015, S. 13)

Dialog-Marketing-Medien	Anzahl der Nutzer (in Tsd.)	Gesamtaufwendungen (in Mrd. Euro)	Ø Aufwendungen pro Nutzer (in Tsd. Euro)	Ranking: Anteile der Aufwendungen für die Medien nach Branchen		
				1	2	3
Eigene Website	2.341	6,4	2,8	Dienstleister (52 %)	Prod. Gewerbe (25 %)	Handel (23 %)
Onlinemarketing	1.528	7,1	4,6	Dienstleister (53 %)	Handel (26 %)	Prod. Gewerbe (21 %)
Volladressierte Werbesendungen	524	8,6	16,5	Handel (61 %)	Dienstleister (32 %)	Prod. Gewerbe (7 %)
Passives Telefonmarketing	401	1,1	2,7	Dienstleister (58 %)	Handel (26 %)	Prod. Gewerbe (16 %)
Aktives Telefonmarketing	392	1,6	4,1	Dienstleister (56 %)	Handel (25 %)	Prod. Gewerbe (20 %)
Teil- u. unadressierte Werbesendungen*	346	2,5	7,1	Handel (48 %)	Dienstleister (39 %)	Prod. Gewerbe (12%)
Gesamt	**2.721**	**27,3**	**10,0**			

Basis: Alle Unternehmen, Mehrfachnennungen
Rundungsbedingte Abweichungen zu 100 %
* Geringe Fallzahlen bei mindestens einer Branche.

Tab. 2 Budgeteinsatz der Medien mit Dialog-Marketing-Elementen 2014 in Mrd. Euro. (Deutsche Post 2015, S. 14)

Medien mit Dialogelementen	Anzahl der Nutzer (in Tsd.)	Gesamtaufwendungen (in Mrd. Euro)	Ø Aufwendungen pro Nutzer (in Tsd. Euro)	Ranking: Anteile der Aufwendungen für die Medien nach Branchen		
				1	2	3
Messen	704	15,5	22,0	Prod. Gewerbe (42 %)	Dienstleister (34 %)	Handel (24 %)
Aktionen in Geschäften, z. B. Promotion, Couponing*	303	1,7	5,7	Dienstleister (46 %)	Handel (36 %)	Prod. Gewerbe (18 %)
Kundenzeitschriften	222	2,6	11,7	Dienstleister (60 %)	Handel (28 %)	Prod. Gewerbe (12 %)
Gesamt	991	19,8	20,0			

Basis: Alle Unternehmen, Mehrfachnennungen
Rundungsbedingte Abweichungen zu 100 %
* Geringe Fallzahlen bei mindestens einer Branche.

Bei den Medien mit Dialog-Elementen dominieren – wie schon seit vielen Jahren – die Messen den Budgeteinsatz mit 15,5 Mrd. € deutlich, gefolgt von den Investitionen in Kundenzeitschriften mit 2,6 Mrd. € und Promotion-Aktionen mit 2,7 Mrd. € (vgl. Tab. 2). Hier wird ebenfalls aufgezeigt, in welchen Branchen sich die einzelnen Medien besonderer Beliebtheit erfreuen.

1.4 Erfolgsfaktoren des Dialog-Marketings

Worauf ist zurückzuführen, dass die Instrumente des Dialog-Marketings einen gewichtigen Anteil an den Werbebudgets der Unternehmen gewonnen haben? Welche sind die zentralen Erfolgsfaktoren des Dialog-Marketings?

- Stärkere Fokussierung auf einzelne Zielgruppen:
  Einige Instrumente des Dialog-Marketings (bspw. Mailings, Telefon-Marketing, E-Mail, Außendienst, ausgewählte Formate der Online-Werbung) erlauben eine Fokussierung auf einzelne Zielgruppen. So können im B-to-B-Markt Mailings ganz gezielt an angemietete Adressen von Unternehmen versandt werden, die im folgenden Jahr ein rundes Jubiläum feiern. Diesen kann die Erarbeitung einer Festschrift oder die Organisation des gesamten Firmenjubiläums angeboten werden. Oder es können GmbH-Manager angemailt werden, um diese zu einem Seminar zu den neuen Haftungsfragen für GmbH-Manager einzuladen. Auf der Basis von Targeting-Ansätzen können auch Online-Banner auf verschiedene Interessentengruppen ausgerichtet werden (vertiefend Kreutzer 2014b, S. 175 ff.).

- Individualisierung der übermittelten Botschaften:
  Teilweise bieten die eingesetzten Instrumente die Möglichkeit, eine Individualisierung der übermittelten Botschaften im Hinblick auf die Zielperson vorzunehmen. Dies
  gelingt bspw. bei Außendienstbesuchen, Telefonanrufen und Anschreiben, in denen
  aufgrund einer bestehenden Kundenhistorie oder auf Basis von Informationen über anstehende Projekte des potenziellen Kunden maßgeschneiderte Angebote unterbreitet
  werden.
- Angebot einer unmittelbaren Reaktionsmöglichkeit:
  Instrumente des Dialog-Marketings können aufgrund einer unmittelbaren Handlungs-
  aufforderung teilweise eine höhere Aufmerksamkeit erzielen. Denn im Gegensatz zu
  den klassischen Monolog-Instrumenten stellen die Dialog-Instrumente keine kommunikative Einbahnstraße dar, da hier der Angesprochene unmittelbar reagieren kann. Um
  den Einstieg in den Dialog zu erleichtern, ist auf vielen Websites ein Call-Back-Button
  integriert, um so einen Rückruf des Unternehmens zu ermöglichen.
- Persönliche Interaktion:
  Beim Telefon-Marketing, auf Messen oder im Zuge des Außendiensteinsatzes steht der
  unmittelbare Dialog im Zentrum. Hier besteht nicht nur die Möglichkeit, eine Vielzahl
  von Informationen im direkten Gespräch zu gewinnen, sondern auch individualisierte
  Lösungen zu präsentieren. Ein solcher Dialog wird auch möglich, wenn bspw. auf einer Website eine Chat-Funktion angeboten wird, damit der Kunden sich parallel zum
  Website-Besuch beraten lassen kann und ggf. durch einen Bestellprozess geführt wird.
- Einsetzbarkeit auch bei kleinen Budgets für Kommunikation:
  Viele Instrumente des Dialog-Marketings lassen sich auch bei kleinen Budgets realisieren. Die Anmietung von 100 Adressen, um alle Hersteller von Eisen- und Metallröhren
  in Deutschland anzusprechen, ist dabei ebenso möglich, wie die telefonische Ansprache von 50 Kunden, die ein Händler auf Basis einer Analyse der Kaufwahrscheinlich-
  keit für eine neue IT-Anlage identifiziert hat. Auch der Einstieg in die Online-Werbung,
  bspw. mit Anzeigen im Umfeld der Suchmaschinen-Ergebnisse (bspw. mit *Google Ad-
  Words*), gelingt auch mit kleinen Budgets.
- Bewertbarkeit der Ergebnisse der Dialog-Marketing-Instrumente:
  Da die Instrumente des Dialog-Marketings immer auf eine unmittelbare Reaktion der
  angesprochenen Personen abzielen, ergeben sich hierdurch „systembedingt" schnell
  Reaktionsdaten, die die Erfolgsträchtigkeit der eingeleiteten Maßnahmen zeigen.
- Transparente Datengrundlagen und vernetzte Systeme:
  Grundlage für einen zielorientierten Einsatz der Instrumente des Dialog-Marketings
  stellen „sprechende" Daten dar. Die Technik stellt immer leistungsfähigere Systeme
  zur Verfügung, um Daten und Auswertungen verfügbar zu haben. Voraussetzung für
  einen erfolgreichen Einsatz ist allerdings, dass diese Daten eine einheitliche Kundensicht ermöglichen und entscheidungsorientiert in kunden- und interessentenbezogene
  Prozesse integriert werden.

Damit die Instrumente des Dialog-Marketings die hier aufgezeigten Vorteile erreichen können, ist eine umfassende Integration dieser Instrumente in das gesamte Marketing-Konzept erforderlich. Diese Integration muss dabei den folgenden Anforderungen Rechnung tragen:

- Inhaltliche und formale Integration:
  Im Mittelpunkt stehen hier die zentralen Elemente des Markenidentitätsansatzes, die die Markenattribute, den Markennutzen, die Markenemotionalität und das Markenbild beschreiben und medienübergreifend konsequent einzusetzen sind.
- Prozessuale und zeitliche Integration:
  Die klassischen und dialogisch ausgerichteten Instrumente müssen „wie ein Räderwerk" ineinandergreifen. Dafür ist sicherzustellen, dass die Mitarbeiter im Customer-Service-Center – vor den Kunden – über Anzeigen- und Internet-Kampagnen informiert werden. Außerdem ist sicherzustellen, dass Landingpages im Online-Bereich, auf die in Offline-Anzeigen verwiesen wird, tatsächlich auch zu finden sind. Hierbei handelt es sich zwar um Selbstverständlichkeiten; die Realität sieht aber häufig anders aus. Denn noch zu häufig werden Online- und Offline-Aktivitäten nicht integriert geplant. Da Interessenten und Kunden aber häufig zwischen der Online- und Offline-Welt hin und her wechseln, sind Kommunikationskonzepte „online" vorzudenken – als holistischer Gesamtansatz.

Die Ursachen einer fehlenden Integration der Kommunikationsmaßnahmen liegen darin, dass klassische und direkte Kommunikation häufig von verschiedenen organisatorischen Einheiten verantwortet werden. Zusätzlich sind i. d. R. auch unterschiedliche Agenturen für PR, Werbung, Dialog-Marketing, POS-Marketing, Event-Marketing und Online-Marketing (ggf. getrennt nach Online-Werbung, Suchmaschinen-Optimierung, Social-Media-Marketing) zuständig, die der zwingend notwendigen Integration zuwiderlaufen. Deshalb sind die zwischen Abteilungen und/oder Verantwortungsträgern vorhandenen „kognitiven Firewalls" niederzureißen, weil diese eine zielorientierte Kommunikation zur Integration der verschiedenen Maßnahmen deutlich erschweren oder gänzlich verhindern. Ein nicht ausreichend integrierter Einsatz verschiedener Medien geht nicht nur zulasten eines überzeugenden Auftritts gegenüber den Kunden, sondern gefährdet auch einen konsistenten Markenauftritt und damit die Erreichung der unternehmerischen Ergebnisziele.

Häufig ist der Repräsentant eines Unternehmens als Zielobjekt der unternehmerischen Kommunikation allerdings der einzige, der feststellt, ob die einzelnen Kommunikationsmaßnahmen umfänglich aufeinander abgestimmt sind. Um einen konsistenten Gesamtauftritt zu erreichen, kann ein integrativer Planungs- und Implementierungsprozess zum Einsatz kommen, der alle kundenorientiert ausgerichteten Aktivitäten zusammenführt. Die Frage lautet folglich nicht, ob Dialog-Marketing eine integrierte Kommunikation unterstützen kann. Vielmehr gilt: Dialog-Marketing muss vielmehr selbst integraler Bestandteil der integrierten Kommunikation sein.

1.5   Einordnung des Dialog-Marketings ins CRM

Dialog-Marketing hat im Zuge der sich immer stärker vollziehenden Etablierung des CRM in Unternehmen der unterschiedlichsten Branchen an Bedeutung gewonnen. CRM ist ein konzeptioneller Ansatz im Marketing, der eine ganzheitliche, Einzelkunden-orientierte Betreuung von Zielpersonen im Rahmen des Kundenbeziehungslebenszyklus durch integrierte Marketing-Maßnahmen anstrebt. Im Kern geht es damit – orientiert an den Begriffen „Customer", „Relationship" und „Management" – um das zielorientierte Ausgestalten von Beziehungen zu Kunden. Die Grundlage hierfür bildet eine Datenbank, die die erforderlichen Informationen für die Schaffung von Mehrwert in der Beziehung zwischen Unternehmen und Kunden bereitstellt (weiterführend Kreutzer 2016a). Beim CRM stehen folgende Zielgruppen im Mittelpunkt:

- Wunsch- oder Ziel-Kunden,
- Interessenten,
- gegenwärtige und ehemalige Kunden.

Die Ziele des CRMs lassen sich wie folgt konkretisieren:

- Informationsziele:
  Im Rahmen des CRM sollen bestimmte Informationen über das Unternehmen, dessen Kultur, Leistungsprogramm, Stellung im Markt etc. an Ziel-/Wunsch-Kunden sowie bestehende Kunden und Interessenten des Unternehmens übermittelt werden. Dabei stehen die Bekanntmachung des Unternehmens und dessen Leistungen an erster Stelle. Gleichzeitig strebt das Unternehmen allerdings auch die Gewinnung von Informationen über die Zielpersonen und/oder Zielunternehmen an.
- Beeinflussungsziele:
  Die Bereitstellung von Informationen erfolgt nicht als Selbstzweck, sondern dient wiederum der Erreichung übergeordneter Ziele. So soll bspw. durch die Kommunikation ein bestimmtes Bild bzw. Image des Unternehmens bei Zielgruppen entstehen.
- Steuerungsziele:
  Schließlich sollen durch die Veränderung von Einstellungen sowie durch die Präsentation von konkreten Produkten und Lösungen bestimmte Verhaltensweisen erreicht werden. Dies kann die Abforderung von Informationen über eine neue Logistikdienstleistung von *DHL*, das erstmalige Leasen von Firmenfahrzeugen vom Anbieter *AUDI* oder der wiederholte Einkauf von Chemikalien bei *BASF* sein.

Eine Einzelkunden-bezogene Betreuung setzt eine umfassende Transparenz der Interessenten und Kunden, die das Unternehmen zurzeit bedient, voraus:

- Welche Art von Interessenten und Kunden hat ein Unternehmen bisher gewonnen?
- Wodurch zeichnen sich die Ansprechpartner bzw. die entsprechenden Unternehmen aus?

- Wie groß ist dabei der Anteil, der dem vom Unternehmen definierten „Beuteraster", d. h. den angestrebten Kundenprofilen, entspricht?
- Wie hoch ist der Kundenwert der einzelnen Kunden oder Kundengruppen?

Ohne eine solche Transparenz können keine weiteren zielführenden Maßnahmen zur Kundengewinnung im Sinne einer Erhöhung der Anzahl an Zielkunden durchgeführt werden. Denn erst durch die Schaffung der entsprechenden Transparenz im Unternehmen wird deutlich, welches eigentlich die „gewünschten" Zielkunden eines Unternehmens sind. Außerdem werden nur durch eine umfassende Transparenz bezüglich der eigenen Kundenstruktur Ansatzpunkte zur Steigerung des Kundenwertes ersichtlich.

Zur Erreichung dieser übergeordneten Ziele sind u. a. folgende Zwischenziele für eine Dialog-Marketing-Kampagne zu definieren:

- Adressgenerierung, bspw. durch Coupon-Anzeigen, Messeauftritte, Sponsored Links oder Werbebanner,
- Interessenten- bzw. Neukunden-Gewinnung durch ein- oder mehrstufige Aktionen offline und im Internet,
- Vorbereitung einer Produkteinführung im Handel,
- Förderung der Bindung wichtiger Kunden, indem diese einen „Care-Call" oder ein „Streichel-Mailing" zur Festigung der Kundenbeziehung erhalten oder zu einem Kundenevent eingeladen werden,
- Ausschöpfung von More-, Cross- und Up-Sell-Potenzial, indem zielgruppenspezifische Angebote an bestehende Kunden versandt werden,
- Reaktivierung inaktiver Kunden, bspw. durch „Aufmunterungs-Mailings", in denen die Attraktivität des Leistungsangebots nochmals verdeutlicht wird,
- Rückgewinnung von Kündigern, indem diese per Telefon-Marketing oder durch den Außendienst angesprochen und mit attraktiven Angeboten zum Bleiben motiviert werden,
- Beeinflussung der Willensbildung bei politischen Entscheidungsträgern, indem diese über eine konzertierte Mailing- und Telefon-Aktion auf die Auswirkung eines geplanten Gesetzgebungsverfahrens hingewiesen werden,
- Unterstützung des Außendienstes, indem dessen Einsatz in einem vorlaufenden Mailing avisiert wird,
- Vor- und Nachbereitung eigener Messeaktivitäten, um zum einen die gewünschten Teilnehmer gezielt anzusprechen und zum anderen die Messebesucher zeitnah mit den gewünschten Informationen zu versorgen.

Eine besondere Bedeutung kommt der Planung der „Execution" bei Dialog-Maßnahmen zu. Im Gegensatz zu klassischen Anzeigen, die keine unmittelbaren Reaktionen der Zielpersonen auslösen sollen, fordern Dialog-Instrumente zur unmittelbaren Reaktion auf. Auf diese sind alle relevanten Customer-Touch-Points, d. h. die Anlaufstellen für Kunden, vorzubereiten. Dies gilt für den Außendienst genauso wie für ein Customer-Service-Center, in dem nach der Schaltung entsprechender Maßnahmen ein verstärkter Telefon-, E-Mail-, Fax- und/oder Post-Eingang zu verzeichnen sein wird. Zusätzlich können weitere Mitteilungen aus den sozialen Medien zu bearbeiten sein, die sich durch Anfragen oder Kommentare bei *Facebook, Twitter* & Co. niederschlagen können. Hierzu sind zunächst die für eine Nachbereitung der dabei entstehenden Kontakte erforderlichen Mitarbeiter einzuplanen und diese mit einem entsprechenden Briefing hinsichtlich der Aktion zu versehen. Treffen Interessenten dagegen auf schlecht vorbereitete Mitarbeiter oder ist das Customer-Service-Center dauernd belegt, ist der Erfolg der Aktion gefährdet. Zusätzlich muss eine Planung der Erfolgskontrolle erfolgen, um aus den Erkenntnissen abgeschlossener Aktionen zu lernen.

2 Konzeptionelle Grundlagen des Dialog-Marketings

2.1 Kundenwert als zentrale Steuerungsgröße des Dialog-Marketings

Viele der nachfolgenden Fragen bleiben heute in Unternehmen nach wie vor unbeantwortet:

- Wer sind meine „besten" Kunden und woran wird deren Wert gemessen?
- Wie loyal sind die Kunden und woran wird „Loyalität" gemessen?
- Auf welche Segmente werden heute Kundenbindungsmaßnahmen fokussiert – und warum?
- Über welche Akquisitionswege und -maßnahmen werden die besten/schlechtesten Kunden gewonnen – und warum?
- Durch welche Angebote werden die besten/schlechtesten Kunden gewonnen – und warum?
- Durch welche Betreuungsmaßnahmen werden Kunden am effizientesten gebunden – und warum?

Wenn solche Fragen nicht fundiert beantwortet werden können, erreicht die Marketing-Steuerung weder ihre Effektivitäts- noch ihre Effizienzziel. Hieraus ergibt sich folglich die Notwendigkeit, ein tragfähiges Bewertungskonzept einzusetzen, welches hilft, diese Fragen zu beantworten. Die qualifizierte Ermittlung des Kundenwertes stellt daher die Grundlage für ein wertorientiertes Kundenmanagement dar. Hierunter ist die Entwicklung von Konzepten zu verstehen, die zur Auswahl und Bearbeitung profitabler Kundenbeziehungen beitragen. Auf diese Weise wird deutlich, dass beim wertorientierten Kundenmanagement zwei Aufgaben zentral sind: zum einen die Auswahl der zu gewinnenden und zu behaltenden Kunden, zum anderen die Ausgestaltung der Kundenbetreuung.

Die Aufgaben eines wertorientierten Kundenmanagements können als Selektion, Aufbau, Gestaltung, Erhaltung und Beendigung von Geschäftsbeziehungen zu einzelnen Kunden oder Kundengruppen auf Basis derer Wertbeiträge zu definierten Unternehmenszielen gekennzeichnet werden (weiterführend siehe Helm et al. 2016). Diese Wertbeiträge werden – da sie vom Kunden herrühren – auch als Kundenwert bezeichnet. Ihrer Ermittlung kommt folglich ein zentraler Stellenwert zu.

Beim Aufbau eines wertorientierten Kundenmanagements gilt es, die nachfolgend beschriebenen Fehlerquellen zu vermeiden. Zunächst einmal findet häufig eine Kundenwertermittlung ex post statt, ohne kritisch zu hinterfragen, ob das von Kunden in der Vergangenheit gezeigte Verhalten auch in der Zukunft zu erwarten ist. Durch eine solche Vorgehensweise wird folglich systematisch verhindert, dass Kunden mit Entwicklungspotenzial erkannt und dementsprechend auch angemessen bearbeitet werden können. Ein weiterer Kritikpunkt sind statische Modelle, die auf eine reine Trendextrapolation nach dem Motto „mehr vom Gleichen" setzen, ohne mögliche Systembrüche (auch Diskontinuitäten genannt) zu antizipieren und bei der Kundenwertermittlung zu berücksichtigen. Ein undifferenzierter Ansatz liegt dann vor, wenn bei der Kundenwertermittlung nicht beachtet wird, dass sich unterschiedliche Kundengruppen im Zeitablauf verschieden entwickeln können. Bei einer Eindimensionalität der Kundenwertermittlung wird lediglich ein Kriterium zur Wertermittlung herangezogen. Häufig ist dies der Umsatz, ohne zu berücksichtigen, dass dieser nicht bei allen Kundengruppen positiv mit Deckungsbeitrag korreliert. Zusätzlich ist die Aktionsunabhängigkeit der Kundenbewertung zu kritisieren. Dabei bleibt unberücksichtigt, dass ein großer Unterschied hinsichtlich des Kundenwertes vorliegen kann, je nach dem, über welchen Weg ein Kunde angesprochen bzw. welches Angebot diesem unterbreitet werden soll.

Die Folgen eines solchen Vorgehens sind Defizite in der Kundenakquisition. Durch eine ungenügende Kundenwertermittlung werden u. U. marginale, d. h. nur noch „am Rande" für ein Unternehmen relevante Kunden gewonnen, die keine oder negative Deckungsbeiträge erwirtschaften. Außerdem werden möglicherweise weiterhin Kommunikationskanäle, Angebote zur Neukundengewinnung oder spezifische Anreizmechanismen eingesetzt, die nicht zu langfristig werthaltigen Kunden führen. Zusätzlich treten Defizite in der Kundenentwicklung auf, weil More-, Up- und Cross-Sell-Potenziale nicht erkannt oder nicht auf geeignete Weise ausgeschöpft werden können. Schließlich stellen sich auch Defizite in der Kundenrückgewinnung ein, weil bei dieser ein falscher Fokus vorliegt. So können u. U. auch „marginale Kunden" zurückgewonnen werden, die für das Unternehmen nur noch am Rande interessant sind. Ohne eine tiefgehende Transparenz über die Wertschöpfung mit den eigenen Kunden kann keine Optimierung der Kundenakquisition und -betreuung erreicht werden.

Obwohl ein wertorientiertes Kundenmanagement für den langfristigen Unternehmenserfolg entscheidend ist, setzt nach wie vor nur eine Minderheit entsprechende Konzepte ein. Welche Methoden bei diesen Unternehmen zum Einsatz kommen, zeigt Abb. 1. An erster Stelle steht mit 73 % eine einfache ABC-Analyse. 37 % ermitteln Deckungsbeiträge auf Kundenebene. 18 % verwenden ein Scoring-Modell und 4 % ermitteln den Customer-Lifetime-Value (CLV). Der logischen Korrektheit ist die Anmerkung geschuldet, dass auch die Konzepte zur Ermittlung des CLV als Scoring-Modell ausge-

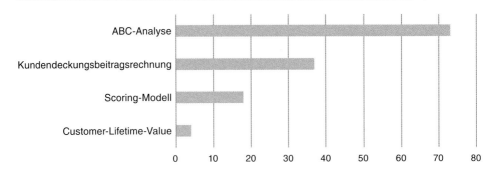

Abb. 1 Verwendete Ansätze zur Kundenwertermittlung (n = 120; Deutschland; Mehrfachnennungen möglich). (Mengen 2012, S. 21)

staltet sein können, wenn neben einem monetären Wert weitere Kriterien zur Ermittlung herangezogen werden.

Um der Meinungsführerschaft in den digitalen Medien Rechnung zu tragen, bieten sich verschiedene Konzepte an. Neben Social-Scoring-Konzepten wie *Klout* und *PeerIndex* kommen auch individuelle Konzepte zur Ermittlung des (Customer) Reference Value (CRV) zum Einsatz (weiterführend siehe Kreutzer 2016b).

2.2 Kundenbeziehungslebenszyklus als Orientierungsrahmen

In Abgrenzung zum klassischen Produktlebenszyklus steht beim Konzept des Kundenbeziehungslebenszyklus nicht das Produkt, sondern die Beziehung einer einzelnen Person oder eines Unternehmens bzw. die Beziehungen einer entsprechenden Gruppe von Personen oder Unternehmen zu einem spezifischen Unternehmen im Mittelpunkt der Betrachtung. Dabei wird aufgezeigt, wie sich diese Beziehung (gemessen bspw. am Kundenwert) über die Zeit entwickelt (vgl. Abb. 2).

In der Phase des Interessentenmanagements geht es zunächst darum, eine Beziehung zum Unternehmen anzubahnen. In diese Phase fallen die Maßnahmen eines Unternehmens zur Akquisition neuer Kunden. Die Phase des Kundenbindungsmanagements beschreibt, wie sich ein Kunde im Zeitablauf entwickelt und welche Subphasen er dabei durchlaufen kann. In dieser Phase können Unternehmen verschiedene Maßnahmen einsetzen, um den Kunden an das Unternehmen zu binden. Der Übergang von Kundenbindungs- zum Rückgewinnungsmanagement wird geprägt von der Degenerationsphase, bei der die Beziehungsintensität abnimmt und der Kunde für das Unternehmen verloren zu gehen droht. Jede dieser Phasen geht – für jede Person bzw. jedes Unternehmen sowie für die entsprechenden Gruppen – mit spezifischen Anforderungen an das betreuende Unternehmen einher. Gerade die Instrumente des Dialog-Marketings ermöglichen es, diesen Spezifika umfassend Rechnung zu tragen.

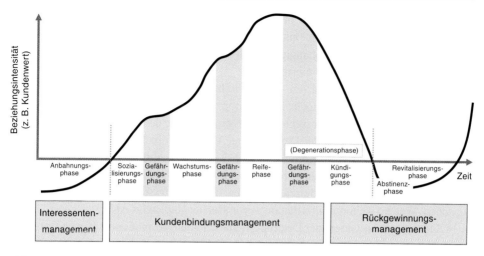

Abb. 2 Konzept des Kundenbeziehungslebenszyklus. (Stauss 2000, S. 16)

Bevor ein Interessentenmanagement erfolgen kann, ist im Rahmen des CRMs der Fokus zunächst auf die akquisitionsorientierte Segmentierung zu legen (Kreutzer 2013, S. 193). Dabei wird – basierend auf den Akquisitionszielen und/oder auf den Erkenntnissen der Kundenwertermittlung – definiert, welche Zielsegmente ein Unternehmen ansprechen möchte („Definition des Beuterasters"). Damit wird festgelegt, auf welche Zielgruppe oder Zielgruppen das Marketing ausgerichtet werden soll. Im Rahmen der Interessenten-Gewinnung können u. a. Response-Anzeigen, Beilagen (etwa in Fachzeitschriften), Mailings, E-Mails und (E-)Newsletter, Werbebanner (auf den Ergebnisseiten der Suchmaschinen oder bei *Facebook, YouTube*), die Corporate Website, Telefonanrufe und Außendienstbesuche eingesetzt werden (weiterführend Kreutzer 2016a, S. 81 ff.).

Neben den primär zur Zielgruppendefinition genutzten akquisitionsorientierten Segmentierungskriterien und -konzepten ist für die bereits gewonnenen Interessenten und Kunden eines Unternehmens eine transaktionsorientierte Segmentierung durchzuführen (Kreutzer 2013, S. 199 f.). Diese kann bereits auf den Informationen aufsetzen, die im Zuge der Transaktionen zwischen Interessenten und Kunden einerseits und dem Unternehmen andererseits gewonnen wurden. Damit wird deutlich, dass die transaktionsorientierte Segmentierung eine viel größere Tiefe und Schärfe in der Segmentbeschreibung und -bearbeitung ermöglicht als die akquisitionsorientierte Segmentierung.

Die Phase des Kundenbindungsmanagements umfasst mehrere Stufen, die wiederum verschiedene Anforderungen an das Marketing stellen. In der Sozialisationsphase sind die Kunden zunächst mit ihrem neuen Leistungspartner vertraut zu machen. Im B-to-B-Bereich gestaltet sich diese Phase besonders anspruchsvoll, wenn sich die Anwender bspw. mit einer komplexen ERP-Software von *SAP* oder einer neuen Druckmaschine von *Heidelberger Druck* sowie dem dahinterstehenden Unternehmen und seinen Mitarbeitern (Vertrieb, Service, Schulung) vertraut zu machen haben. Diesem Prozess schließt sich im

Idealfall eine Wachstumsphase an, in der die Umsätze steigen werden, weil man zu seinem neuen Anbieter Vertrauen gefasst hat und zusätzliche Leistungen in Anspruch nimmt. Die Reifephase kann sich – in Abhängigkeit vom Leistungsangebot – nach wenigen Tagen, Wochen, Monaten oder Jahren einstellen.

Die zentrale Voraussetzung, um eine Beziehung zu Unternehmen aufzubauen, sind aussagefähige und qualitativ hochwertige Informationen. Dies beginnt zunächst mit der Adresse, die im Zuge des Interessenten-, spätestens im Zuge des Kundenbindungsmanagements gewonnen werden sollte. Denn nur bei Vorliegen einer Adresse können weitere Botschaften – über welchen Kommunikationskanal auch immer – gezielt auf einzelne Personen bzw. Unternehmen ausgerichtet werden. Und erst eine gezielte, vielfach individualisierte Ansprache und Betreuung lassen längerfristig stabile Kundenbeziehungen entstehen. Welche weiteren Informationen von Belang sind, zeigt Abb. 3.

In Summe gilt das Gesetz der Disproportionalität von Informationen: Je mehr Informationen über einen Entscheidungsträger oder ein Unternehmen vorliegen, desto trennschärfer können Angebote platziert werden. Das heißt, wir benötigen mehr Informationen über Interessenten und Kunden, um diesen weniger, dafür aber relevantere Informationen zu übermitteln. Die Herausforderung besteht zusätzlich darin, die Vielzahl an Informationen, die über Interessenten und Kunden in den unterschiedlichsten Teilen eines Unternehmens auftreten, an einer zentralen Stelle zusammenzuführen und zu konsolidieren. So liegen im Controllingbereich Informationen zum Zahlungsverhalten, im Customer-Service-Center Anfragen, Bestellungen, Reklamationen, Posts in den sozialen Medien sowie im Retouren-Center eines B-to-B-Versenders Daten zum Rücksendeverhalten vor. Diese Informationen sind für alle kundenorientiert arbeitenden Funktionen verfügbar zu machen.

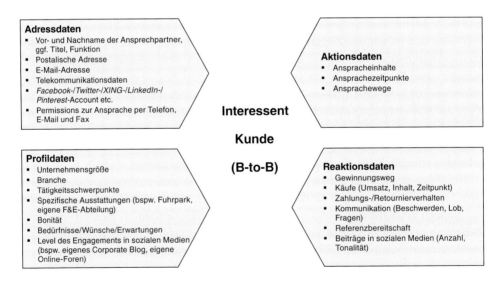

Abb. 3 Informationskategorien im B-to-B-Markt

In Summe geht es um die Schaffung eines „Single View of Customer", d. h. einer system- und datentechnisch einheitlichen Sicht auf Kunden und Interessenten. Diese sollte dabei unabhängig davon sein, auf welchem Kanal welche Informationen gewonnen wurden. Im Kern geht es um den Aufbau einer Kundendatenbank, in der diese unterschiedlichen Informationen auswertbar erfasst werden. Der Erfolg eines CRM geht mit dem Aufbau und der Pflege einer solchen Kundendatenbank Hand in Hand. Dabei unterliegen die hier gespeicherten Daten einem hohen Veralterungsrisiko. Es muss davon ausgegangen werden, dass ca. 10 bis 30 % der in Unternehmen in Deutschland eingesetzten B-to-B-Adressen fehlerhaft sind. Die Gründe hierfür sind Neueintragungen und Löschungen/Insolvenzen von Unternehmen, Wechsel in der Geschäftsführung sowie neue Firmennamen. Deshalb bedarf es laufender Pflege, um die Daten aktuell und damit relevant zu halten (zu entsprechenden Konzepten siehe Kreutzer 2016a, S. 61 ff.).

3 Relevante Dialog-Konzepte und Dialog-Instrumente des B-to-B-Marketings

3.1 Akquisitionskonzepte im B-to-B-Marketing

Unter Neukundenakquisition sind alle Maßnahmen zu verstehen, die ein Unternehmen einsetzt, um erstmalig Personen oder Unternehmen für den Einstieg in die Beziehung zum eigenen Unternehmen zu motivieren. Die Grundlage jeglicher Form von Neukundenakquisition stellt eine präzise Definition der gewünschten Neukunden dar. Dieses zielorientierte Vorgehen sollte sich an den genannten Kriterien zur Definition des Kundenwertes orientieren. Zentral ist hierbei, dass ein erfahrungsgestütztes Vorgehen zum Tragen kommt, d. h., dass bei der Ausgestaltung von neuen Akquisitionsmaßnahmen auf den Erfahrungen früherer Aktionen aufgesetzt wird. Dies setzt voraus, dass deren Ausgestaltung sowie die dadurch gewonnenen Erkenntnisse nachvollziehbar dokumentiert und zentrale Erfolgsfaktoren herausgearbeitet wurden.

Zu den besonders relevanten Akquisitionsinstrumenten des Dialog-Marketings im B-to-B-Markt zählen die in Abb. 4 aufgezeigten Instrumente. Der Außendienst ist hier in der zentralen Position zu finden, weil er nicht nur ein effektives, sondern auch ein kostenintensives Instrument zur Kundenakquisition darstellt.

Ein klassisches Instrument zur Kundengewinnung sind Response-Anzeigen, die in zielgruppenaffinen Zeitungen und Zeitschriften geschaltet werden und – im Gegensatz zu einer „normalen" Anzeige – eine unmittelbare Reaktion der angesprochenen Person auslösen sollen. Deshalb wird auch von einer Direct-Response-Anzeige (auch DR-Anzeige) gesprochen. In Abb. 5 ist eine solche Response-Anzeige dargestellt, die unmittelbar zum Download einer App auffordert. Zusätzlich wird noch die Internet-Adresse angegeben, um einen weiteren Kontaktkanal zu offerieren.

Soll eine solche Anzeige – wie in Abb. 6 zu sehen – unmittelbar zum Kauf motivieren, wird von einem One-Shot (auch einstufige Maßnahme) gesprochen, weil der

Angesprochene gleichsam mit einem Anstoß als Kunde gewonnen werden soll. Hier wird unmittelbar dazu aufgerufen: „Jetzt bestellen auf die druckerei.de". Auch hier werden weitere Responsekanäle angeboten, um den unterschiedlichen Präferenzen der Leser zu entsprechen.

Wird dagegen im ersten Schritt lediglich versucht, Interessenten für ein bestimmtes Angebot zu gewinnen, so spricht man von einer mehrstufigen Kampagne. Unternehmen,

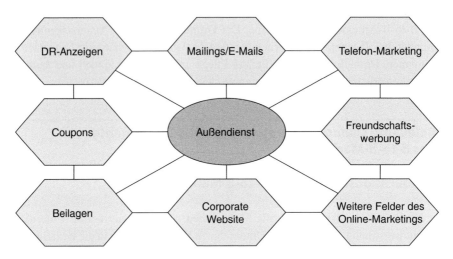

Abb. 4 Zentrale Akquisitionsinstrumente des Dialog-Marketings im B-to-B-Kontext

Abb. 5 Direct-Response-Anzeige von *müllerritzrow*. (In Horizont 4/2016, S. 25)

Abb. 6 Response-Anzeige von *diedruckerei*. (ONEtoONE 5/2016, S. 48)

die auf eine solche Anzeige reagieren, erhalten zunächst den Interessenten-Status, von dem aus sie weiter in Richtung Kunde zu entwickeln sind. Eine große Bedeutung bei der Interessenten- und Kundengewinnung im B-to-B-Markt kommt auch sogenannten Coupons zu. Teilweise sind solche Coupons in Scheckhefte eingebunden, wie sie bspw. an die Besucher einer Messe im Vorfeld versandt werden. Auf diese Weise sollen den Besuchern weitere Anreize vermittelt werden, bestimmte Aussteller zu besuchen. Die Belohnungen, die durch den Coupon angeboten werden, sollten sich konsequent an der unternehmerischen Kernleistung orientieren, damit keine „Schnäppchen-Jäger" angezogen und belohnt werden.

Ein weiteres intelligentes Konzept, um neue Interessenten und Kunden bzw. deren Adressen zu gewinnen, stellen Beilagen dar, die durch Zeitungen und Zeitschriften verteilt werden. Zu den Instrumenten des Dialog-Marketings zählen die Werbebeilagen, die einen Mechanismus zur unmittelbaren Bestellung oder zur Abforderung von Informationen vorsehen. Durch die Auswahl des Trägers einer Werbebeilage kann eine mehr oder weniger präzise Zielgruppenselektion erfolgen. Zudem wird dadurch auch der Rahmen für die Wahrnehmung der eigenen Marke definiert. In Abb. 7 ist eine als Beilage gestreute Einladung der *Conference Group* zu sehen.

Abb. 7 Beilage der
Conference Group. (Horizont 16/2016)

Eines der wichtigsten Instrumente zur Akquisition von Interessenten und Kunden wie auch zur Betreuung der Kunden selbst stellt das Mailing dar, auch Direct Mail, Werbebrief oder in Abgrenzung zum E-Mail White Mail genannt. Eine direkte Ansprache von Wunsch-Kunden kann erfolgen, indem deren Adressen für werbliche Zwecke angemietet werden. Beim Mailing handelt es sich klassisch um eine papiergestützte werbliche Ansprache von Zielpersonen. Sie stellt – neben den Online-Kanälen – die dominierende Werbeform im Dialog-Marketing dar. Die Ansprache durch ein Mailing kann dabei in verschiedenen Formen erfolgen:

- Individuelle Einzelansprache:
  Die individuelle Einzelansprache erfolgt namentlich und inhaltlich ausgerichtet auf jeden einzelnen Empfänger. Basierend auf der bisherigen Kundenhistorie (etwa bisher getätigte Käufe) oder auf weiteren Daten (bspw. eine anstehende Messebeteiligung) erfolgt eine individuelle Ansprache.
- Persönliche Einzelansprache:
  Bei der persönlichen Einzelansprache wird eine größere Zielgruppe – bspw. Fuhrpark-Manager oder die Marketing-Leitung jeweils mit identischem Inhalt namentlich und damit persönlich angesprochen („Sehr geehrte Frau Paschen, …"). Eine weiterführende Individualisierung der Inhalte des Schreibens erfolgt dagegen nicht.

Die individuelle Einzelansprache dominiert im Kontext der Interessenten- und Kundenbetreuung. Sie setzt auf die – idealerweise in einer systematisch aufgebauten und gepflegten CRM-Database – gespeicherten Daten zum Kundenprofil sowie zur bisherigen Kundenhistorie auf. Ihr kommt deshalb auch im Bereich der Kundenentwicklung und -bindung eine zentrale Bedeutung zu. Eine Umsetzung der individualisierten Einzelansprache kann bspw. die Unterbreitung eines spezifischen Angebots von IT-Zubehör sein, welches sich an den Merkmalen der früher erworbenen IT-Anlage orientiert.

Eine persönliche Einzelansprache kann sich sowohl auf Zielkunden wie auch auf Interessenten und Kunden beziehen. Dabei erfolgt eine Personalisierung lediglich im Hinblick auf den Namen, wie sie heute bei den meisten Mailings eingesetzt wird – bspw. auch für Mailings von *Staedtler Mars*. Zielsetzung der in Abb. 8 zu sehenden Mailing-Kampagne war es, den neuen Stift *The Pencil* an Entscheider in Agenturen und Verlagen zu verkaufen. Durch die Beifügung einer Bestellkarte wird dieses Mailings zum unmittelbaren Verkaufsinstrument.

Grundlage derartiger Ansprachen können folglich sowohl der eigene Datenbestand wie auch angemietete Adressbestände sein. Welche Adressbestände dabei zum Einsatz kommen können, zeigt beispielhaft Abb. 9. Orientiert an der unternehmensspezifisch definierten Zielgruppe können anhand dieser Kriterien gezielt die Unternehmen und Entscheider ausgewählt werden, bei denen die höchsten Abschlussquoten erwartet werden.

Einen unverzichtbaren Bestandteil der B-to-B-Kommunikation stellen auch E-Mails und E-Newsletter dar. Diese Instrumente eignen sich

- zur Ansprache potenzieller Kunden (durch angemietete E-Mail-Adressen),
- zur Kontaktaufnahme bei Interessenten (die bspw. auf einer Website ihre E-Mail-Adresse hinterlassen haben),
- zur Erbringung von verschiedenen Serviceleistungen sowie
- zur Vertiefung der Beziehung bei Kunden.

Folglich können potenzielle und aktuelle Kunden angesprochen und über das Leistungsangebot von Unternehmen informiert werden. Außerdem können Dienstleistungen

Abb. 8 Mailing von *Staedtler Mars* (2015)

Firmen-klassifikation	• Jahresumsatz • Beschäftigtenzahl • Rechtsform (AG, GmbH, GmbH & Co. KG, KG, OHG)
Branche	• Industriebetriebe, verarbeitendes Gewerbe, Handwerksbetriebe • Dienstleister, Einzelhandel, Großhandel • Verbände, Vereine, freie Berufe
Entscheider	• Entscheider der 1. Führungsebene (Aufsichtsratsmitglieder, Vorstandsmitglieder, geschäftsführende Gesellschafter, Entscheider im allgemeinen Management) • Entscheider der 2. Führungsebene (Controlling/Rechnungswesen, Verkauf/Vertrieb, EDV/IT-Infrastruktur, Einkauf, Fuhrpark, Marketing/Werbung, Personal- und Sozialwesen, Produktion)
Kommuni-kations-daten	• Telefon • Fax • Internet • E-Mail
Gebiet	• Bundesweit • Bundesland • PLZ-Gebiet (auch mit Umkreisradius) • Kreise, Städte, Gemeinde

Abb. 9 Selektionsmöglichkeiten bei Business-Adressen. (In Anlehnung an Schober 2016; BeDirect 2016)

über die E-Kommunikation erbracht werden (bspw. durch die Bereitstellung relevanter Informationen oder die Übersendung von Text-, Musik- oder Video-Files). Dabei ist es zweckmäßig, zwischen den folgenden vier Ausprägungen der E-Kommunikation zu unterscheiden:

1. Trigger-E-Mails,
2. Transaction-E-Mails,
3. After-Sales-E-Mails,
4. E-Newsletter.

Der Einsatz von Trigger-E-Mails (von Englisch „trigger" für „Auslöser") erfolgt bspw. im Rahmen von Stand-alone-Kampagnen, bei denen die Erreichung von Kommunikationszielen mit einem E-Mail-Versand angestrebt wird. Ziele können der Verkauf bestimmter Produkte oder die Bekanntmachung eines neuen Produktes mit der Aufforderung sein, ein stationäres Ladengeschäft oder einen Online-Shop aufzusuchen bzw. einen Außendienstbesuch zu vereinbaren. Viel häufiger sind Trigger-E-Mails aber als Startpunkt längerfristiger Kampagnen gedacht, bei denen komplexe Kommunikationsketten eingesetzt werden, wie sie auch papiergestützt im klassischen Kundenbeziehungsmanagement Verwendung finden.

Transaction-E-Mails begleiten dagegen die Geschäftsvorgänge zwischen dem Unternehmen und seinen Kunden und Interessenten. Diese E-Mails können die Eingangsbestätigung einer Anfrage oder Bestellung zum Inhalt haben, über den Stand der Bearbeitung informieren, die Lieferung ankündigen, die Rechnung präsentieren, eine Zahlungserinnerung aussprechen und nach Abschluss des Vorgangs die Zufriedenheit mit der Leistung erheben. Sie sind ein wichtiger Begleiter vieler Transaktionen, um bei den Nutzern über den gesamten Prozess hinweg ein Gefühl des Vertrauens gegenüber dem – oft nur virtuell erlebbaren – Geschäftspartner aufzubauen und Prozesse abzuwickeln. Zu den Transaction-E-Mails gehören auch solche, die im Zuge der Anmeldung zu einem E-Newsletter versendet werden.

After-Sales-E-Mails sind an der Schnittstelle zwischen Transaction- und Trigger-E-Mails positioniert. Auf der einen Seite tragen sie dazu bei, einen Kaufprozess erfolgreich abzuschließen, indem bspw. wichtige Informationen über die Nutzung und Pflege der erworbenen Produkte bereitgestellt werden. Auf der anderen Seite kann auf interessante Zusatzangebote hingewiesen werden, wodurch eine solche Mail einen Trigger-Charakter für Neukäufe aufweist. Generelle Leitidee der After-Sales-Mails ist es, den Kontakt zum Kunden nicht abbrechen zu lassen, sondern einen Kauf insbesondere „emotional" erfolgreich abzuschließen, um idealerweise einen weiteren Kauf vorzubereiten.

Dem E-Newsletter kommt im Rahmen des E-Mail-Marketings eine besondere Bedeutung zu, um sowohl Interessenten als auch Kunden sowie andere Stakeholder (bspw. Mitarbeiter oder Pressevertreter) zu informieren. Die hauptsächliche Zielsetzung ist es, eine regelmäßige Kommunikation insbesondere mit den Interessenten und Kunden aufzubauen, um eine möglichst hohe Bindung und damit auch eine hohe Kaufintensität bei den Empfängern zu erreichen.

Einen Schwerpunkt dieser E-Mails und E-Newsletter umfassenden E-Kommunikation bildet das Ziel, einen direkten Handlungsimpuls auszulösen (bspw. den Besuch einer stationären Filiale, Anruf im Service-Center oder bei dem betreuenden Außendienstmitarbeiter) oder den Empfänger auf den eigenen Online-Auftritt zu lenken, um dort bestimmte Aktivitäten vorzunehmen. Die E-Kommunikation kann auch automatisierte E-Mail-Strecken umfassen, um eine kontinuierliche und differenzierte Ansprache unterschiedlicher Zielgruppen zu gewährleisten. Die Content-Strategie für ein solches E-Mail-Marketing ist als Redaktionsplan – zeitlich und inhaltlich – für verschiedene Zielgruppen aufzubereiten. So können Interessenten durch automatisierte E-Mails („automatisierte Begrüßungs-Strecke") sukzessive zu Käufern entwickelt werden. Hierzu sind die eigenen Leistungen zu präsentieren und attraktive Einstiegsangebote zu unterbreiten. Kunden dagegen können durch „automatisierte More-, Cross- und Up-Sell-Strecken" zu weiteren Käufen motiviert werden (weiterführend siehe Kreutzer 2016a, S. 127 ff.).

Telefon-Marketing gehört zu den wichtigen Instrumenten der Dialogkommunikation. Hierunter fällt zunächst das Inbound-Telefon-Marketing (im Sinne von hereinkommend; auch passives Telefon-Marketing genannt). Hier nimmt eine Person mit dem Unternehmen Kontakt auf, um bspw. Informationen anzufordern oder eine erste Bestellung zu platzieren. Dem Inbound-Telefon-Marketing kommt über die Akquisitionsphase hinaus auch im Rahmen der Kundenbetreuung als Leistung eines Customer-Service-Centers eine zentrale Bedeutung zu. Beim Outbound-Telefon-Marketing (im Sinne von hinausgehend; auch aktives Telefon-Marketing genannt) suchen Unternehmensmitarbeiter oder entsprechende

Dienstleister den direkten Kontakt zur Zielperson. Basierend auf den im Unternehmen bereits vorhandenen Daten können zur weiteren Informationsgewinnung sowie zum aktiven Verkauf Outbound Calls durchgeführt werden. Während bei solchen Anrufen bei Privatpersonen darauf zu achten ist, dass die für diese Ansprache notwendigen „Permissions" – im Sinne einer Erlaubnis zur telefonischen Kontaktaufnahme – vorliegen, ist es nach der Definition des Gesetzgebers im B-to-B-Markt dann nach § 7 UGW (2) 2 keine „unzumutbare Belästigung", wenn zumindest eine „mutmaßliche Einwilligung" des Angerufenen für die Angebote des anrufenden Unternehmens vorliegt.

Eine unverzichtbare Maßnahme für jedes B-to-B-Unternehmen stellt heute auch der Aufbau einer eigenen Internet-Präsenz durch eine Corporate Website dar. Diese weist – im Vergleich zu anderen Werbeformen im Internet – nicht nur die größte Reichweite auf, weil sie i. d. R. weltweit angesteuert werden kann. Sie stellt auch gleichsam den Nukleus der gesamten Dialogkommunikation eines Unternehmens dar und wird häufig bei kommunikativen Multichannel-Kampagnen eingebunden. Die Corporate Website bezeichnet den gesamten Internet-Auftritt eines Unternehmens. Die Corporate Website umfasst als virtueller Platz im Internet die Dokumente und weitere Ressourcen, die über eine einheitliche Navigation (bspw. unter basf.de, audi.de, siemens.com) zusammengefasst und erreichbar sind.

Bestandteil einer Corporate Website können die Möglichkeit zur Anforderung von Informationen, eine E-Commerce-Plattform für direkte Bestellungen, ein Produkt-Konfigurator, ein Store-Finder sowie geschlossene Nutzerbereiche für besonders wichtige Kunden oder Mitglieder sein. Auch die Vernetzung mit den sozialen Medien, wie bspw. die Verlinkung zu eigenen Blogs, Online-Communitys oder dem eigenen Auftritt bei *YouTube, Facebook, Pinterest* und *Twitter*, sind hier zu finden. Deshalb sollte man sich vor Augen führen, dass die Corporate Website die digitale Visitenkarte eines Unternehmens darstellt. Wenn sie nicht überzeugt, verliert der Nutzer vielleicht schon beim ersten Kontakt das Interesse am Unternehmen und an dessen Angeboten. Hier gilt: Der Aufbau einer Corporate Website ist kein Projekt mit definiertem Anfang und Ende, sondern vielmehr ein Prozess, der nie zu Ende ist bzw. nie zu Ende sein sollte.

Die Startseite eines Unternehmens dient als Einstieg in die Web-Präsenz und kann gleichsam den zentralen Dreh- und Angelpunkt der Offline- und Online-Dialog-Aktivitäten darstellen (vgl. Abb. 10). Bei vielen Offline-Aktivitäten wird auf den Internet-Auftritt eines Unternehmens darauf hingewiesen. Dies ist (fast) standardmäßig bei Anzeigen, Plakaten, Mailings und Flyern der Fall. Die zentrale Bedeutung der Homepage für Online-Maßnahmen ergibt sich dadurch, dass die in Bannern, in Suchmaschinen oder in Preis- und Qualitätsbewertungs-Portalen zu findenden Links häufig zu dieser Page führen. Zielführender ist es jedoch, wenn im Rahmen von Marketing-Kampagnen durch das Anklicken einer Anzeige oder eines Hyperlinks auf kampagnenspezifische Microsites (Mikro-Website) oder entsprechende Landingpages verlinkt wird, um Kampagnen online zu erweitern (weiterführend siehe Kreutzer 2014b, S. 94 ff.).

Eine im B-to-B-Markt noch vernachlässigte Form der Neukundengewinnung stellt die Freundschaftswerbung (auch Member-Gets-Member – MGM, Tip-a-Friend; Mund-zu-

Abb. 10 Corporate Website als Dreh- und Angelpunkt des Offline- und Online-Dialog-Engagements

Mund-Propaganda) dar. Die Grundidee der Freundschaftswerbung ist, dass eigene Kunden andere Personen aus ihrem Umfeld für die Leistungen eines Unternehmens gewinnen und dafür belohnt werden. Freundschaftswerbung ist eine besonders glaubwürdige Werbeform, da das „Verkaufsgespräch" auf einer persönlichen Beziehung basiert. Die Freundschaftswerbung wird dabei häufig von besonders guten Kunden initiiert.

Dem Außendienst kommt im Zuge der Akquisition eine besondere Bedeutung zu. Der Einsatz eines Außendienstes zur Kundenakquisition und -betreuung erfolgt häufig bei hochwertigen, erklärungsbedürftigen Gütern, bspw. beim Investitionsgüter- und Dienstleistungsvertrieb. Zum Personal Selling bzw. zum persönlichen Verkauf zählen nicht nur der Besuch eines Mitarbeiters im Auftrag eines Anbieters, um in anderen Unternehmen bestimmte Produkte oder Dienstleistungen anzubieten, sondern bspw. auch das Verkaufsgespräch auf Messen, Verhandlungsrunden mit dem Kunden und telefonische Verkaufsgespräche (vertiefend siehe Backhaus und Voeth 2014, S. 401 ff., 388 ff.; Godefroid und Pförtsch 2013, S. 288 ff.). Über einen Außendiensteinsatz können i. d. R. die höchsten Erfolgsquoten in der Kundenakquisition erzielt werden; allerdings geht sein Einsatz auch mit den höchsten Kosten einher. Deshalb muss dieser Einsatz konsequent auf Basis erwarteter Kundenwerte gesteuert werden. Zu einem persönlichen Verkaufsgespräch kann es auch beim Kontakt mit einem Customer-Service-Center kommen, das bei vielen Unternehmen die zentrale Anlaufstelle für Interessenten und Kunden darstellt. Um einen markenkonformen Auftritt der Mitarbeiter sicherzustellen, sind folgende Aspekte zu prüfen:

- Haben die eingebundenen Mitarbeiter die Fähigkeit, einen wesentlichen Beitrag zur erfolgreichen Vermarktung und zum Brand Building zu leisten?

- Verfügen die Mitarbeiter über die notwendige Motivation, um ihrer Funktion als vertriebsorientierte Markenbotschafter zu entsprechen?
- Werden die Mitarbeiter durch Systeme so unterstützt, dass sie die Werte der Marke gegenüber Kunden und Interessenten glaubhaft vermitteln können?

Dabei ist festzustellen, dass manche Personen eine von Natur aus höhere Kongruenz zwischen ihrer eigenen Identität und der Markenidentität aufweisen als andere Personen. Es wird in diesem Zusammenhang von einer hohen Stimmigkeit zwischen Person und Marke gesprochen, die bei der Personalauswahl sowie bei der Personaleinsatzplanung berücksichtigt werden sollte.

Bei der Analyse des Beziehungsaufbaus zwischen Geschäftspartnern liegt der Fokus häufig fälschlicherweise vor allem auf der sogenannten Sachebene: Es geht um Zahlen, Daten, Fakten und sachliche Qualifikationen – als ob damit alleine heute ein Kunde zu begeistern wäre. Tatsächlich gelingt dies immer weniger, weil Angebote in vielen Bereichen austauschbar geworden sind. Dann wird die Qualität der Beziehungsebene erfolgsentscheidend. Trotz dieser Erkenntnis dominiert bei der Gestaltung kundennaher Prozesse häufig noch die Sachebene. Allerdings kommt auch im Geschäftsleben nur selten eine Beziehung rein auf der Sachebene („von Kopf zu Kopf") zustande. Denn auch hier ist der Kunde immer auf der Suche nach „guten" Gefühlen. Deshalb ist bei allen Transaktionen mit Kunden die Beziehungsebene („von Herz zu Herz") zwingend zu berücksichtigen. Dabei gilt, dass i. d. R. die Beziehungsebene die Dialog-Bilanz dominiert: Das bedeutet, dass Gespräche mit solchen Anbietern fortgesetzt werden, die insbesondere die (unausgesprochenen) Erwartungen auf der Beziehungsebene erfüllen.

Eine beispielhafte Analyse der Aufgabenfelder in einem Customer-Service-Center zeigt, dass die überwiegende Mehrheit der dort erbrachten Leistungen auf die Beziehungsebene einzahlen und nicht – wie vielleicht häufig vermutet – auf die Sachebene (vgl. Abb. 11). Es wird deutlich, dass viele Faktoren, die auf den ersten Blick der Sachebene zugerechnet würden, tatsächlich zur Beziehungsebene gehören. So etwa die Individualisierung eines Angebotes, die Qualität und der Inhalt des Anschreibens, die Schnelligkeit, mit der auf Brief-, Fax- oder Telefonanfragen geantwortet wird. Auch ein Nachfassanruf als Nachbetreuung im Anschluss an ein unterbreitetes Angebot zahlt primär auf die Beziehungsebene ein. Dominant auf die Sachebene wirken dagegen Faktoren wie Preis- und Mengenangaben, Lieferbedingungen und technische Spezifikationen. Nur wenn beide Aspekte berücksichtigt werden, kann das gewünschte Brand Behavior gegenüber den Interessenten und Kunden erreicht werden.

Die beschriebenen Dialog-Instrumente bieten einem Unternehmen im Vergleich zu klassischen Kommunikationsmaßnahmen den wichtigen Vorteil, dass der Erfolg einer Maßnahme unmittelbar erfasst werden kann. Bei einer Response-Anzeige kann die relevante zeitliche Rücklaufperiode in Abhängigkeit des Mediums wenige Stunden (bei einer Kontaktaufnahme per E-Mail oder Telefon), wenige Tage (bei Tageszeitungen und Mailings), mehrere Wochen (bei Wochentiteln) bzw. mehrere Monate (bei Monatstitel) umfassen. Dann kann bspw. eine umfassende Auswertung der Aktion anhand der Bestel-

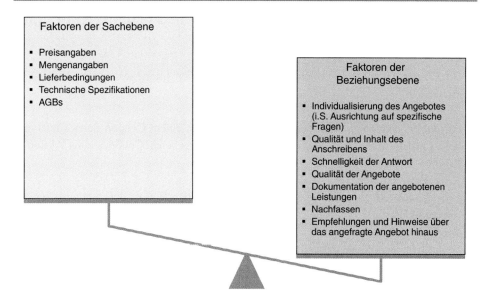

Abb. 11 Faktoren der Sach- und Beziehungsebene im Customer-Service-Center

lungen und/oder der angeforderten Informationen oder Außendienstbesuche erfolgen. Bei online-basierten Maßnahmen kann stündlich oder täglich der Erfolg von Einzelmaßnahmen ermittelt und aufgrund der erzielten Ergebnisse sehr kurzfristig reagiert werden.

Der Erfolg der dargestellten Dialog-Instrumente kann anhand mehrerer Kriterien bewertet werden. Wie aufgezeigt, besteht der Vorteil gegenüber der klassischen Kommunikation darin, dass sich Reaktionen i. d. R. unmittelbar auf bestimmte Anstöße und damit verbundene Kosten zurückführen lassen, auch wenn andere Kommunikationsaktivitäten (bspw. Image-Spots, PR-Maßnahmen, Sponsoring) eine verstärkende oder abschwächende Wirkung auf den Erfolg haben. Im Mittelpunkt einer solchen Erfolgsanalyse stehen u. a. die folgenden Kriterien:

- Response-Quote:
  Anzahl der Personen, die die gewünschte Reaktion gezeigt haben (sei es bspw. eine Informationsabforderung, eine direkte Bestellung oder die Anforderung eines Außendienstbesuches), gemessen in Relation zur Gesamtzahl der angesprochenen Personen in einer Aktion in Prozent
- Bestell-Quote:
  Anzahl der Unternehmen, die gekauft haben, in Relation zur Gesamtzahl der angesprochenen Unternehmen in einer Aktion in Prozent
- Cost-per-Interest (CPI):
  Teilung der Akquisitionskosten durch alle Interessenten einer Aktion, um die Kosten pro gewonnenem Interessenten zu ermitteln
- Cost-per-Order (CPO):

Teilung der Akquisitionskosten durch alle Besteller einer Aktion, um die Kosten pro gewonnenem Besteller zu erfassen

- Contacts-per-Order (ConPO):
  Anzahl der Kontakte, die notwendig waren, um einen Interessenten zum Kunden zu entwickeln
- Einlösequote:
  Anzahl der Personen, die einen Coupon (bspw. aus einem Coupon-Scheckheft) eingelöst haben, in Relation zur Gesamtzahl der ausgegebenen Coupons einer Aktion in Prozent
- Umsatz pro Coupon:
  Umsatz, den teilnehmende Personen bei einem Coupon-Einsatz durchschnittlich getätigt haben
- Break-Even-Point:
  Ermittlung der Verkaufsmenge bei einer bestimmten Dialog-Marketing-Aktion, an der die erzielten Umsatzerlöse und die Kosten der Aktion gleich hoch sind.

Die meisten für die Ermittlung dieser Kennzahlen notwendigen Daten sind nach Abschluss der Aktion vorhanden und müssen u. U. „nur" aus verschiedenen Systemen zusammengeführt werden. Die hier vorgestellten Kennzahlen beziehen sich dabei schwerpunktmäßig darauf, aus abgeschlossenen Aktionen Erkenntnisse abzuleiten. Dabei wird von Reporting bzw. Analysen und damit von retrospektiven Konzepten gesprochen. Bei den oben aufgezeigten Kennzahlen werden somit Antworten auf die Fragen „Was ist passiert?" und z. T. auf die Frage „Warum ist es passiert?" geliefert. Im Idealfall kommt ein Monitoring zum Einsatz und zeigt Antworten auf die Frage „Was passiert momentan?", um bei Bedarf in den laufenden Prozess einzugreifen. Erst das Data Mining erstellt auf der Basis von Entwicklungen in der Vergangenheit Vorhersagemodelle und liefert damit Antworten auf die Frage: „Was wird passieren?" (vertiefend siehe Kreutzer 2016a, S. 69 ff.).

3.2 Kundenbindungskonzepte

Bei der Ausgestaltung von Kundenbindungskonzepten sollte man sich vor Augen führen, dass das Ziel der Kundenbindung rein „unternehmensgetrieben" ist. Denn kein Kunde möchte i. d. R. „gebunden" oder „angebunden" werden. Deshalb ist bei der Entwicklung entsprechender Konzepte darauf zu achten, dass sie sich konsequent an den Erwartungshaltungen der Zielgruppe orientieren. Welche Treiber der Kundenbindung eingesetzt werden können, zeigt Abb. 12. Im Rahmen einer konkreten Kundenbeziehung sind dabei häufig mehrere Treiber gleichzeitig „aktiv".

Zur Erreichung einer Kundenbindung können ganz gezielt sogenannte Wechselbarrieren aufgebaut werden. Zielsetzung ist dabei, dass die eigenen Kunden „auf etwas Wesentliches" verzichten müssen, wenn sie ihren Lieferanten wechseln. Bei der Entwicklung der Kundenbindungsstrategie sind mehrere Fragen zu beantworten. Zunächst ist das Be-

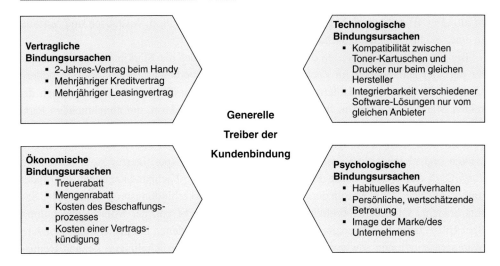

Abb. 12   Generelle Treiber der Kundenbindung

zugsobjekt der Kundenbindung zu definieren. Dies können einzelne Produkte, ein Vertriebskanal, eine Marke oder ein Unternehmen sein. Zusätzlich ist die Zielgruppe der Kundenbindung zu beschreiben. Dies können alle Kunden, nur Top-Kunden oder solche sein, die bereit sind, für eine Betreuungsleistung auch zu bezahlen.

Hier wird bereits deutlich, dass die Frage nach der Zielgruppe mit dem Konzept der Kundenbindung selbst eng verbunden ist. Im Rahmen eines Betreuungsprogramms können folgende spezifische Instrumente Verwendung finden, die speziell auf die Erhöhung der Kundenloyalität einzahlen sollen – sie können dabei einzeln oder in Kombinationen zur Anwendung kommen: Dialogprogramme, Newsletter (offline und/oder online), Customer-Service-Center als Anlaufstelle für die betreuten Kunden (offline und/oder online), Kundenkarte, Treuebelohnungsprogramm (bspw. mit einer Bonifizierung getätigter Umsätze), Vorteilsprogramm (mit eigenen sowie mit Leistungen von Kooperationspartnern), Kundenclub, Kundenmagazin, Chat-Rooms/Communitys, Shop und Events.

In welcher Form ein Vorteilsprogramm ausgestaltet werden kann, wird am Beispiel *Lufthansa* deutlich. In Abhängigkeit der geflogenen oder bei Partnern erworbenen Meilen werden die Kunden – orientiert an ihrem Kundenwert – segmentiert:

- Einfache *Miles & More*-Mitgliedschaft
- *Frequent Traveller*
- *Senator*
- *Hon Circle*

Teilweise kommen zur Steigerung der Beziehung zwischen Unternehmen umfassende Club-Konzepte zum Einsatz. Um die Leserschaft des *Handelsblatts* zu binden und neue Abonnenten zu gewinnen, wurde eine leistungsstarke Konzeption entwickelt: *Handels-*

blatt – Der Wirtschaftsclub. Die Leitidee dabei ist: „Inspiration, Austausch und Vorteile in einer exklusiven Gemeinschaft" (Handelsblatt 2016).

Bei Händlerclubs stehen eine Incentivierung und/oder die Stärkung der Absatzmittler oder der Handwerker im Zentrum, um über deren verbesserte Marktposition höhere Umsätze für das eigene Unternehmen zu realisieren. Da die Zulieferer hier keinen direkten Marktzugang haben, besteht die Herausforderung darin, die abnehmenden Partner so zu unterstützen, dass diese an der Verkaufsfront erfolgreicher sind. Dazu werden produkt- oder dienstleistungsbegleitende Angebote eingesetzt, die verkaufsunterstützend wirken und gleichzeitig in die Marke einzahlen. Ein Beispiel hierfür stellt der *Grohe Profi Club* dar. Dieser wurde 1993 von *Grohe* für seine Fachhandelskunden gegründet und ist mit über 1000 Mitgliedern das größte Handwerkerbindungsprogramm in der Sanitärbranche. Die kostenpflichtige Leistungspalette reicht von der Mitarbeiterschulung über Hilfen beim Kundenmanagement bis hin zu verschiedenen Events. Durch besondere Warenpräsentationen sowie durch die Teilnahme an *Grohe*-Schulungen können Bonuspunkte erworben werden, die zum Zugriff auf bestimmte Club-Leistungen berechtigen. Ein Erfolgsfaktor dieser Händler-Clubs stellt die Einbindung der Zielgruppe in die Club-Organisation dar. Beim *Grohe Profi Club* werden gewählte Mitglieder als Senatoren in die Club-Führung eingebunden. So können sie maßgeblichen Einfluss auf die Ausgestaltung des Clubs nehmen (Grohe 2016). Ein weiteres Beispiel für einen Händler- bzw. Mittler-Club liefert der *Spies Hecker Profi-Club* (Spies Hecker 2016). Beispiele wie „Betriebsvergleich", „Rechtsbeistand" und „Fördermittel-Hotline" zeigen deutlich auf, dass hier eine unmittelbare Unterstützung für die teilnehmenden Unternehmen geleistet wird.

Die Unternehmens-Clubs haben im Gegensatz zu den Händler- und Mittler-Clubs ihren Fokus auf einer unmittelbaren Betreuung der Zielunternehmen selbst. Diese Art von Clubs kann dabei einen Fokus mehr auf unmittelbar geschäftsfördernde Elemente haben oder eher Entertainment-Leistungen umfassen. Ein Beispiel hierfür liefert das Bonusprogramm *Spaceback* der *Nürnberger Spielwarenmesse.* Die Zielsetzung des Programms ist es, den Ausstellern Anstöße für eine erfolgreiche Messebeteiligung zu geben. Führen die Aussteller im Vorfeld der Messe Einladungsaktionen oder Presseaktivitäten durch, schalten sie Anzeigen oder wird Werbung gebucht, so werden „Spacepoints" auf einem Konto gesammelt, die mit den Standkosten verrechenbar sind. Damit werden für Messeveranstalter wie Aussteller mehrere Ziele erreicht: eine Intensivierung der Kommunikation, eine Erhöhung der Besucherzahl und eine Bindung von Ausstellern dank der Möglichkeit zur Punkteübertragung auf das Folgejahr (Spielwarenmesse 2016).

Idealerweise sollte die aktive Informationsbereitstellung durch die Schaffung von Online- und Offline-Plattformen ergänzt werden, die es den interessierten Mitgliedern erlaubt, selbst aktiv zu werden. Hierzu bietet sich der Aufbau von Chat-Rooms zum nationalen oder weltweiten Informationsaustausch mit Fachkollegen wie auch zum Aufbau einer entsprechenden Community an. Gegebenenfalls können Mitglieder hier ihre Fragen einbringen, die von Unternehmensseite kompetent beantwortet werden.

Bevor kundenbindende Programme gestartet werden, müssen neben den bereits oben definierten Zielen und den Anforderungen an die Leistungserbringung auch ganz konkrete Kriterien für die Bewertung der kundenbindenden Effekte festgelegt werden. Beim Scheitern von Kundenbindungskonzepten konnte immer wieder festgestellt werden, dass sowohl über die zu erreichenden Ziele als auch über die relevanten Messkriterien zur Erfassung der kundenbindenden Effekte keine Klarheit bestand. Aber wie soll der Erfolg gemessen werden, wenn dieser weder definiert noch Wege zu dessen Ermittlung festgelegt wurden? Deshalb ist es wichtig, dass die Konzepte zum differenzierten Controlling bereits in der Entwicklungs-, spätestens jedoch in der Startphase des Bindungsprogramms vorliegen. Nur dann kann ein kontinuierliches Messen der Effekte auf den beschriebenen Ebenen ermöglicht werden. Dabei gilt es, Milestones zu definieren, deren Nichterreichung entweder zur Rejustierung oder auch zum Abbruch der Aktivitäten führt. Auf diese Weise wird im Unternehmen ein Commitment zum Timing wie auch für die erwarteten Wirkungen sichergestellt. Dies ist für die erfolgreiche Gestaltung der Anlaufphase besonders wichtig (vertiefend siehe Kreutzer 2016a, S. 200 ff.).

4   Ausblick

Die Bedeutung des Dialog-Marketings – sei es online oder offline – hat in den letzten Jahren kontinuierlich zugenommen. Immer mehr Unternehmen haben entdeckt, dass die Instrumente des Dialog-Marketings eine große Bandbreite von Möglichkeiten bieten, um fokussiert neue Kunden zu gewinnen. Wichtig bleibt dabei allerdings, dass weit mehr Unternehmen als bisher die Möglichkeiten der unmittelbaren Erfolgsanalyse für sich nutzen. Die schon zitierte Studie der *Deutschen Post* zeigt die Herausforderung (Deutsche Post 2015):

- Nur 48 % führen bei volladressierten Werbesendungen Erfolgsanalysen durch.
- 43 % analysieren die erzielten Ergebnisse bei teil- und unadressierten Werbesendungen.
- 34 % prüfen ihre Online-Marketing-Aktionen im Hinblick auf die Zielerreichung.
- 39 % setzen bei Crossmedia-Kampagnen auf die Erfolgsanalyse.

Schon alleine diese Zahlen irritieren, weil die überwiegende Mehrheit der Unternehmen darauf verzichtet, den Closed-Loop des Marketings zu schließen – von der Zieldefinition, Maßnahmenableitung und Umsetzung über die Erfolgsanalyse hin zur Optimierung. Zusätzlich wird in der Studie aber auch aufgezeigt, dass die Unternehmen überwiegend völlig ungeeignete Instrumente zur Erfolgsanalyse einsetzen. So werden bspw. nur die Rückläufer oder die Clicks und Visits gezählt, ohne die dafür investierten Kosten zu berücksichtigen und Cost-per-Lead oder Cost-per-Order zu ermitteln. In Summe wird deutlich, dass die Erfolgsanalyse noch viel stärker am Conversion-Funnel, d. h. an der Entwicklung von einem Nicht-Kunden über verschiedene Stufen zum Erst- und Wiederholungskäufer, auszurichten ist. Gerade hierin liegt eine große Stärke des gesamten Dialog-Marketings. Hierbei ist allerdings sicherzustellen, dass „um des schnellen Erfolges willen" nicht zentrale Markenwerte und Guidelines der Markenführung missachtet werden. In welcher Form eine ideale Synthese zwischen Markenkonformität einerseits und Aktivierungsstärke andererseits erreicht werden kann, ist branchen- und unternehmensspezifisch zu ermitteln. Dabei sollte die zentrale Leitidee des Dialog-Marketings systematisch zum Einsatz kommen: Testen, Testen, Testen. Denn nur selten lassen sich die Erfolgskonzepte von gestern eins zu eins auf das Morgen übertragen. Gleichzeitig unterscheiden sich die Erfolgsfaktoren deutlich, die zur Neukundengewinnung und Kundenbindung in verschiedenen Branchen und bei unterschiedlichen Unternehmen ermittelt wurden. Und auch diese haben häufig keinen dauerhaften Bestand. Einmal mehr gilt nach *Heraklit*: Panta rhei – alles fließt.

Literatur

Backhaus, K., & Voeth, M. (2014). *Industriegütermarketing* (10. Aufl.). München: Vahlen.

Baumgarth, C. (2014). *Markenpolitik* (4. Aufl.). Wiesbaden: Springer.

BeDirect (2016). Bonitätsgeprüfte Businessadressen. http://www.bedirect.de/Produktwelt/Address-Services/beSelect. Zugegriffen: 16. Apr. 2016.

Dallmer, H. (2002). Das System des Direct Marketing. In H. Dallmer (Hrsg.), *Das Handbuch – Direct Marketing & More* (8. Aufl., S. 3–32). Wiesbaden: Gabler.

Deutsche Post (2015). *Dialog Marketing Monitor, Studie 27*. Bonn: Deutsche Post AG.

Esch, F.-R., Knörle, C., & Strödter, K. (2014). *Internal Branding*. München: Vahlen.

Godefroid, P., & Pförtsch, W. A. (2013). *Business-to-Business-Marketing* (5. Aufl.). Ludwigshafen: Kiehl.

Grohe (2016). Grohe profi club. http://www.grohe.de. Zugegriffen: 13. Apr. 2016.

Handelsblatt (2016). Handelsblatt – Der Wirtschaftsclub. http://club.handelsblatt.com/. Zugegriffen: 23. Apr. 2016.

Helm, S., Günter, B., & Eggert, A. (Hrsg.). (2016). *Kundenwert* (4. Aufl.). Wiesbaden: Gabler.

Kreutzer, R. (2013). *Praxisorientiertes Marketing* (4. Aufl.). Wiesbaden: Gabler.

Kreutzer, R. (2014a). *Internal branding*. Wiesbaden: Gabler.

Kreutzer, R. (2014b). *Praxisorientiertes Online-Marketing* (2. Aufl.). Wiesbaden: Gabler.

Kreutzer, R. (2016a). *Kundenbeziehungsmanagement im digitalen Zeitalter*. Stuttgart: Kohlhammer.

Kreutzer, R. (2016b). Ansätze zur (Kunden-)Wert-Ermittlung im Online-Zeitalter. In S. Helm, B. Günter & A. Eggert (Hrsg.), *Kundenwert* (4. Aufl., S. 312–346). Wiesbaden: Gabler.

Mengen, A. (2012). Kundenmanagement mit dem Kundenwert. *Controller-Magazin, 6/2012*, 20–26.

Piehler, R. (2011). *Interne Markenführung*. Wiesbaden: Gabler.

Schmidt, H. (2007). *Internal Branding*. Wiesbaden: Gabler.

Schober (2016). Business targetbase. http://schober.de/go/business-targetbase/. Zugegriffen: 16. Apr. 2016.

Spielwarenmesse (2016). Bonusprogramm Spaceback. http://www.spielwarenmesse.de/aussteller/bonusprogramm. Zugegriffen: 4. Apr. 2016.

Spies Hecker (2016). Profi club. http://www.spieshecker.com/de/de_DE/partner-programs/profi-club.html#.Vx8jC3rMe1s. Zugegriffen: 23. Apr. 2016.

Stauss, B. (2000). Perspektivenwandel. *Thexis, 17*(2), 15–18.

Integration als Garant erfolgreicher Markenkommunikation – Eine empirische Untersuchung im B-to-B-Markt

Hans H. Bauer, Tobias Donnevert, Hauke Wetzel und Jan Merkel

Zusammenfassung

Trotz zahlreicher Beiträge zur Bedeutung der Integrierten Kommunikation für den Aufbau einer starken Marke blieben in der Wissenschaft wie auch in der Praxis bislang grundlegende Aspekte unberücksichtigt. Erstens ist die Relevanz der Marke in B-to-B-Märkten noch nicht geklärt. Somit fehlt dem Einsatz der Integrierten Kommunikation zum Aufbau starker Marken hier noch die Legitimation. Zweitens wurde in Bezug auf den B-to-B-Markt weder die Frage nach der Wirkung der Integrierten Kommunikation auf die Markenstärke beantwortet noch existieren ausreichende Erkenntnisse über Moderatoren dieses Zusammenhangs. Die vorliegende Studie zeigt, dass in B-to-B-Märkten Investitionen in den Aufbau einer starken Marke aufgrund der großen Verhaltenswirkung gerechtfertigt sind. Des Weiteren zeigt sich, dass die Integrierte

H. H. Bauer (✉)
Universität Mannheim
Mannheim, Deutschland
E-Mail: hans.h.bauer@gmx.de

T. Donnevert
Dr. Ing. h.c. F. Porsche AG
Stuttgart, Deutschland
E-Mail: tobias.donnevert@porsche.de

H. Wetzel
Massey University
Auckland, Neuseeland
E-Mail: h.wetzel@massey.ac.nz

J. Merkel
Simon, Kucher & Partner
Köln, Deutschland
E-Mail: Jan.Merkel@simon-kucher.com

© Springer Fachmedien Wiesbaden GmbH, ein Teil von Springer Nature 2018
C. Baumgarth (Hrsg.), *B-to-B-Markenführung*, https://doi.org/10.1007/978-3-658-05097-9_38

Kommunikation ein wirkungsvolles Instrument zur Schaffung einer starken Marke im B-to-B-Markt darstellt, vor allem bei einer hohen Produktkomplexität.

Schlüsselbegriffe

B-to-B-Marke · Integrierte Kommunikation · Markenloyalität · Markenrelevanz · Markenstärke

Inhaltsverzeichnis

1 Einfluss der Integrierten Kommunikation auf die Markenstärke in B-to-B-Märkten

Kommunikationsmaßnahmen von Unternehmen haben u. a. zum Ziel, den Erfolg am Markt durch den Aufbau einer starken Marke sicherzustellen. Aufgrund des hohen Kommunikationswettbewerbs kommt es heute jedoch auf den meisten Märkten zu einer Reduktion der Kommunikationswirkung durch die Überlastung der Informationsempfänger. Zudem steht den Unternehmen eine immer größere Zahl an Kommunikationsinstrumenten zur Verfügung, deren Einsatz koordiniert werden muss. Die Integrierte Kommunikation bietet eine Möglichkeit, diesen Herausforderungen zu begegnen. Indem die einzelnen Kommunikationsinstrumente in inhaltlicher, formaler und zeitlicher Hinsicht aufeinander abgestimmt werden, kann die Wirkung der Instrumente im Vergleich zu deren isoliertem Einsatz verstärkt werden (Kroeber-Riel und Esch 2004, S. 106 ff.). Somit kann eine wirkungsvollere Kundenansprache erreicht und Kunden können trotz ansteigender Informationsflut positiv beeinflusst werden (Calder und Malthouse 2005, S. 356).

In der Literatur dominieren bislang Studien zum Verbreitungsgrad des Konzepts, die vorwiegend das Verständnis sowie die Organisation der Integrierten Kommunikation untersuchen. Empirische Erkenntnisse zu deren Auswirkungen existieren dagegen bisher nur vereinzelt (Smith et al. 2006, S. 565). Sowohl Befürworter als auch Kritiker des Konzepts sind sich deshalb in der Forderung nach mehr empirischer Forschung zu der Messung, den Dimensionen und vor allem zu der Wirkung der Integrierten Kommunikation einig (Cook 2004, S. 1 f.; Cornelissen und Lock 2000, S. 10 ff.; Gould 2000, S. 22). Insbesondere im B-to-B-Markt wurden diese Aspekte bisher stark vernachlässigt.

Die vorliegende Untersuchung leistet folgende Beiträge: Aufgrund der Tatsache, dass die generelle Bedeutung von Marken im B-to-B-Markt nach wie vor umstritten ist (Bauer 2007, S. 14), wird zunächst die **Markenrelevanz im B-to-B-Markt** analysiert. Dadurch wird überprüft, ob der Aufbau einer starken Marke grundsätzlich eine sinnvolle Zielsetzung für die Integrierte Kommunikation im B-to-B-Bereich darstellt. Kernbeitrag ist die Analyse des **Einflusses der Integrierten Kommunikation auf die Markenstärke**, da diese als wesentliche Zielgröße der Integrierten Kommunikation angesehen wird (Reid et al. 2001, S. 239). Schließlich werden die Komplexität der angebotenen Produkte sowie die Positionierung der Marke als **Moderatoren** berücksichtigt, die den Zusammenhang zwischen der Integrierten Kommunikation und der Markenstärke beeinflussen.

2 Grundlegende Markenerfolgsgrößen und das Konzept der Integrierten Kommunikation

2.1 Markenrelevanz als Maß des Zusammenhangs zwischen Markenstärke und Markenloyalität

Der vorliegenden Studie liegt die wirkungsbezogene Sichtweise von Marken zugrunde. Demnach ist unter einer Marke ein „in der Psyche des Konsumenten verankertes, unverwechselbares Vorstellungsbild von einem Produkt oder einer Dienstleistung" zu verstehen (Meffert und Burmann 1998, S. 81). **Markenstärke** stellt eine differenzierende Größe dar, welche sich in den Kundenreaktionen auf Marketingmaßnahmen äußert und das erworbene Markenwissen widerspiegelt. Eine hohe Markenstärke liegt dann vor, wenn ein Rezipient mit der Marke vertraut ist sowie positive, starke und einzigartige Assoziationen mit dieser Marke verbindet (Keller 1993, S. 3 ff.; Schulz und Brandmeyer 1989, S. 365). Kapferer (1992, S. 9) spricht in diesem Zusammenhang von einem „Markenwert in den Köpfen der potenziellen Kunden". Die Markenstärke wird in dieser Untersuchung durch drei Dimensionen konzeptualisiert: die kognitive und affektive Markenstärke sowie die Einzigartigkeit der Marke. Die kognitive Markenstärke ist gleichbedeutend mit der Markenbekanntheit und beschreibt das Wissen der Kunden. Die affektive Markenstärke repräsentiert die Art und die Vorteilhaftigkeit der Kundenassoziationen mit der Marke (Keller 1993, S. 3 ff.). Die Einzigartigkeit der Marke ist von Bedeutung, da erst durch einzigartige Assoziationen eine Differenzierung von Konkurrenzmarken ermöglicht wird (Bauer et al. 2004, S. 7).

Das Ziel des Aufbaus von Markenstärke ist die Steigerung des ökonomischen Unternehmenserfolgs durch die positive Beeinflussung des Kundenverhaltens (Keller und Lehmann 2006, S. 747). Daher wird in dieser Studie der Einfluss des einstellungsähnlichen Konstrukts Markenstärke auf das verhaltensbezogene Konstrukt **Markenloyalität** analysiert. Hierbei kann auf die vielfach bewährte und weit verbreitete Konzeptualisierung der Loyalität als mehrdimensionales Konstrukt zurückgegriffen werden. Somit werden neben dem Wiederkauf der Zusatzkauf weiterer Produkte derselben Marke sowie die Weiterempfehlung an andere Personen als Dimensionen berücksichtigt (Dick und Basu 1994, S. 100 ff.). Die letzte Dimension ist nach Giering (2000, S. 156 f.) im B-to-B-Bereich nicht relevant, da Unternehmen ihren Konkurrenten keine Wettbewerbsvorteile „weiterempfehlen" würden. An dieser Stelle wird diese Dimension aber dennoch aufgenommen, da Mitarbeiter z. B. auf Messen oder in Verbänden durchaus ihre Erfahrungen mit den unterschiedlichen Marken austauschen, was unseres Erachtens der Weiterempfehlungsabsicht gleichkommt.

Die Bedeutung von Marken im B-to-B-Markt wurde aufgrund einiger Besonderheiten des organisationalen Beschaffungsverhaltens, wie z. B. dem vermeintlich rationaleren Kaufentscheidungsprozess, lange Zeit kritisch diskutiert (Homburg et al. 2008). Inzwischen wird jedoch auch hier zunehmend die Bedeutung der Marke als Kaufentscheidungskriterium erkannt (Bendixen et al. 2004, S. 371 f.). Die Marke ist dann „bedeutend", wenn sie einen Einfluss auf die Kaufentscheidung der Kunden und damit auf die Umsätze bzw. den Erfolg des Unternehmens ausübt (Hammerschmidt et al. 2008, S. 48). **Markenrelevanz** ist in diesem Zusammenhang ein Maß für den Grad des Einflusses des Kriteriums Marke auf die Kaufentscheidungen der Konsumenten in einer Produktkategorie (Fischer et al. 2004, S. 335 f.). Je höher der Einfluss der Marke auf die Kaufentscheidung ist, desto höher ist die Markenrelevanz. Die Markenrelevanz erfasst dabei nicht den Einfluss einzelner Marken, sondern den generellen Einfluss des Kriteriums Marke in einer Branche oder Produktkategorie bzw. deren „Markengetriebenheit" (Hammerschmidt et al. 2008, S. 48).

Zur Bestimmung der Ausprägung der Markenrelevanz existieren verschiedene Messansätze (Donnevert 2009, S. 38 ff.). Hier wird Markenrelevanz als Stärke des Einflusses der Markenstärke (Einstellung) auf die Markenloyalität (Verhalten) ermittelt. Markenrelevanz liegt demnach vor, wenn sich Markenstärke auch in Markenloyalität bzw. einer markenbezogenen Verhaltensabsicht manifestiert (vgl. Abb. 1). Nur in diesem Fall sind Unternehmen in der Lage, die getätigten Markeninvestitionen am Absatzmarkt zu kapi-

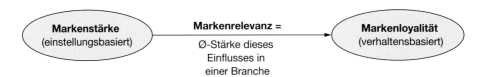

Abb. 1 Markenrelevanz als durchschnittlicher Zusammenhang zwischen Markenstärke und Markenloyalität über alle Marken einer Branche

talisieren (Hammerschmidt et al. 2008, S. 48). Folglich ist von hohen Investitionen in den Markenaufbau abzuraten, wenn sich Kunden bei ihrer Kaufentscheidung nicht an der Marke, sondern primär an anderen Kaufentscheidungskriterien orientieren.

2.2 Integrierte Kommunikation

Obwohl der Begriff der **Integrierten Kommunikation** mittlerweile in Forschung und Praxis weitverbreitet ist, hat sich bisher keine einheitliche Definition durchgesetzt. Duncan und Everett (1993, S. 32) verstehen darunter „the strategic coordination of all messages and media used by an organization to influence its perceived brand value" und stellen dabei explizit die Markenstärke als Hauptziel der Integrierten Kommunikation in den Vordergrund. Der Begriff wurde im deutschsprachigen Raum insbesondere durch die Autoren Bruhn (2006a, 2006b) und Esch (2006) geprägt. Laut Bruhn (2006b, S. 10) stellt Integrierte Kommunikation einen Prozess zur Koordination der verschiedenen Kommunikationsmittel dar. Dabei wird die Absicht verfolgt, den angesprochenen Zielgruppen ein konsistentes und einheitliches Erscheinungsbild des Unternehmens zu vermitteln (Bruhn 2006b, S. 17). Dies wird durch die **inhaltliche, formale** und **zeitliche Integration** der Kommunikation sowohl in Bezug auf die verschiedenen Zielgruppen als auch auf die Instrumente möglich. Diese drei Dimensionen werden auch von Esch (2006) genannt. Für ihn ist die Integrierte Kommunikation gekennzeichnet durch eine „durchgängige Umsetzung eines Kommunikationskonzepts durch die Abstimmung der Kommunikation im Zeitablauf und der eingesetzten Kommunikationsinstrumente zur Optimierung der Kontaktwirkung" (Esch 2006, S. 27). Nach Esch ist es das Ziel der Integration, die durch die Kommunikation erzeugten Eindrücke und Wirkungen zu vereinheitlichen und zu verstärken (Esch 2006, S. 77).

Die deutschen Autoren betonen folglich drei Dimensionen der Integrierten Kommunikation: die inhaltliche, die formale und die zeitliche Integration. Englischsprachige Forscher heben dagegen das Ziel eines langfristigen strategischen Aufbaus von Markenstärke stärker hervor. Um den verschiedenen Schwerpunkten deutsch- und englischsprachiger Autoren Rechnung zu tragen, wird in der vorliegenden Arbeit eine eigene Definition vorgeschlagen, die auf beiden Ansätzen basiert (Bruhn 2006b, S. 66 ff.; Duncan und Everett 1993, S. 32; Esch 2006, S. 27; Kroeber-Riel 1993, S. 300). Integrierte Kommunikation ist demnach die inhaltliche, formale und zeitliche Abstimmung der gesamten Kommunikation über alle Zielgruppen hinweg. Dabei wird das langfristige Ziel verfolgt, Markenstärke aufzubauen.

Die **drei Dimensionen** der Integrierten Kommunikation werden hier als eigenständige Konstrukte konzeptualisiert, um den Einfluss der verschiedenen Dimensionen auf die Markenstärke detailliert untersuchen zu können. Die **inhaltliche Integration** beschreibt die thematische Abstimmung sämtlicher Kommunikationsbotschaften über alle Kommunikationsinstrumente und Zielgruppen hinweg (McGrath 2005, S. 191). Dadurch soll die Widerspruchsfreiheit und die gegenseitige Verstärkung der inhaltlichen Aussagen erreicht werden. Bei der **formalen Integration** steht die einheitliche Gestaltung im Vordergrund. Bei der **zeitlichen Integration** wird die Kommunikation über mehrere Perioden hinweg aufeinander abgestimmt, wodurch Kontinuität in der Kommunikation erreicht werden soll (Esch 2006, S. 70).

Zur Erläuterung der Auswirkungen der Integrierten Kommunikation können verschiedene Theorien herangezogen werden. Diese werden in Abschn. 3 kurz erläutert, um die Hypothesen theoretisch zu fundieren. Hierbei wird insbesondere der Einfluss der drei Dimensionen auf die Markenstärke betrachtet.

3   Erfolgsauswirkungen der Integrierten Kommunikation

3.1   Theoretische und empirische Erkenntnisse zu den Erfolgsauswirkungen der Integrierten Kommunikation

Die betrachteten Erfolgsauswirkungen der Integrierten Kommunikation lassen sich theoretisch und empirisch begründen. Für die **theoretische Fundierung** können die Schematheorie, die klassische Konditionierung, die Theorie der kognitiven Dissonanz und die Encoding-Variability-Theorie herangezogen werden.

Die **Schematheorie** erklärt, wie Wissensstrukturen (Schemata) im Langzeitgedächtnis gebildet werden. Schemata enthalten die wichtigsten Merkmale eines Bezugsobjekts (z. B. einer Marke) und haben einen großen Einfluss auf kognitive Prozesse (Fiske und Dyer 1985, S. 839). Im Rahmen eines Kommunikationsprozesses werden neue Informationen mit bestehenden Schemata verglichen. Dabei erhalten schemakonsistente Informationen mehr Aufmerksamkeit und werden deshalb mit einer größeren Wahrscheinlichkeit gespeichert. Des Weiteren erfordert die Informationsverarbeitung hier weniger Aufwand als bei Informationen, die von bestehenden Schemata abweichen (Braun-LaTour und LaTour 2004, S. 50). Die Integration der Kommunikation kann demzufolge als wichtige Voraussetzung für den Aufbau von Markenschemata angesehen werden. Die formale und inhaltliche Integration bewirkt, dass neue und alte Informationen im Einklang miteinander stehen und die Assoziationen mit der Marke verstärkt werden (Grunert 1996, S. 99). Eine konsistente Kommunikation führt im Laufe der Zeit zu immer reichhaltigeren, exakteren und besser organisierten Markenschemata (Linville und Jones 1980, S. 701), die zudem eine höhere Widerstandsfähigkeit gegenüber abweichenden Informationen aufweisen (Fiske und Taylor 1991, S. 128).

Die **klassische Konditionierung** besagt, dass zwei Stimuli, die während einer Lernphase gemeinsam auftreten, nach dem Erlernen auch unabhängig voneinander zur gleichen Reaktion führen (Kroeber-Riel und Weinberg 2003, S. 335 ff.). Ein unkonditionierter Reiz bewirkt demnach eine bestimmte Reaktion. Durch die Kopplung eines neutralen Stimulus an einen unkonditionierten Stimulus wird während einer Lernphase der neutrale Reiz derartig konditioniert, dass er danach die gleiche Reaktion hervorruft wie der unkonditionierte Reiz. Diese Konditionierung führt mit einer steigenden Anzahl an Wiederholungen zu einem stärkeren Lerneffekt. Bezüglich der Integrierten Kommunikation bedeutet dies, dass durch konstante Kommunikation (unkonditionierte Stimuli) Marken (neutrale Stimuli) besser mit den gewünschten Inhalten verknüpft werden. Bei wechselnden Kommunikationsinhalten wird der Effekt dagegen abgeschwächt oder tritt gar nicht erst auf. Die klassische Konditionierung weist somit auf die Bedeutung der einheitlichen Kommunikationsinhalte hin.

Die **Theorie der kognitiven Dissonanz** besagt, dass Menschen ein Bedürfnis nach kognitiver Konsistenz haben. Widersprüchliche Kognitionen führen zu einem aversiven Spannungszustand, dessen Aufhebung angestrebt wird. Zur Spannungsreduktion stehen z. B. eine Neuinterpretation von Situationen oder eine Verhaltensänderung zur Auswahl. Für die Integrierte Kommunikation bedeutet dies, dass starke Brüche in der Kommunikation von den Kunden als negativ empfunden werden können (Moriarty 1996, S. 341). Die inhaltliche Integration verhindert, dass der Kunde widersprüchliche Botschaften empfängt, die kognitive Dissonanzen auslösen können (Schumann et al. 1996, S. 60 ff.).

Die **Encoding-Variability-Theorie** postuliert, dass eine Information auf vielfältigere Art im Gedächtnis gespeichert wird, wenn sie in verschiedenen Kontexten empfangen wurde (Unnava und Burnkrant 1991, S. 406 f.). Dies resultiert in einem reichhaltigeren Informationsnetzwerk im Gedächtnis, was wiederum die Wahrscheinlichkeit erhöht, dass die Informationen korrekt abgerufen werden (Stammerjohan et al. 2005, S. 56). Zusammengefasst unterstreicht die Encoding-Variability-Theorie die Wichtigkeit, verschiedene Kommunikationsinstrumente aufeinander abgestimmt einzusetzen. Dadurch werden die Empfänger in unterschiedlichen Situationen erreicht, wodurch die Inhalte besser gespeichert werden können.

Während die angesprochenen theoretischen Erkenntnisse für das allgemeine Verständnis der Wirkung der Integrierten Kommunikation hilfreich sind, postulieren verschiedene **empirische Untersuchungen** einen positiven Einfluss der Integrierten Kommunikation auf die Markenstärke oder ähnliche Konstrukte. Sowohl Bruhn (2006a) als auch Reid et al. (2001) haben diesen Einfluss untersucht. Bruhn (2006a) konnte die positive Wirkung auf das Unternehmens- bzw. Markenimage nachweisen. Reid et al. (2001) haben die positive Auswirkung auf die Markenperformance bezüglich Markenbekanntheit, Kundenzufriedenheit und Markenloyalität beobachtet. Die positive Wirkung der inhaltlichen Integration auf die Markenstärke wurde von Esch (2006) sowie Edell und Keller (1989) nachgewiesen, während die Ergebnisse der Untersuchungen von Keller (1991) und McGrath (2005) der formalen Integration eine positive Auswirkung auf die Markenbeurteilung bzw. -einstellung bestätigen. Braun-LaTour und LaTour (2004) schließlich belegen die positive Wirkung der zeitlichen Integration auf die Stabilität von Markenschemata.

Zusammengefasst lassen sich aus der theoretischen und empirischen Betrachtung folgende Schlüsse ziehen: Erstens bieten die dargestellten Theorien verschiedene Erklärungsansätze für die Wirkung der Integrierten Kommunikation auf die Markenstärke. Zentraler Betrachtungsgegenstand ist einerseits das Erlernen neuer Informationen sowie andererseits der Abruf bereits gespeicherter Kenntnisse aus dem Gedächtnis. Dabei wird deutlich, dass der Einsatz der Integrierten Kommunikation prinzipiell einen unterstützenden Einfluss auf diese beiden Prozesse besitzt. Zweitens beziehen sich die angesprochenen Studien ausschließlich auf den B-to-C-Markt. Insgesamt lässt sich ein erhebliches Forschungsdefizit bezüglich der Übertragbarkeit der Erkenntnisse zu der Wirkung der Integrierten Kommunikation vom B-to-C- auf den B-to-B-Markt feststellen.

3.2 Hypothesen zu den Erfolgsauswirkungen der Integrierten Kommunikation

Dem Aufbau einer starken Marke liegt der Gedanke zugrunde, dass im betrachteten Markt das Kriterium Marke eine tatsächliche Wirkung auf das Verhalten der Kunden ausübt. Eine starke Marke resultiert demnach in loyalem Kundenverhalten. Dieser grundlegende Zusammenhang ist aber im B-to-B-Markt nach wie vor umstritten. Hypothese 1 überprüft deshalb zunächst die **Markenrelevanz** im deutschen B-to-B-Markt anhand der Wirkung der Markenstärke auf die Markenloyalität (vgl. Abschn. 2.1).

H_1: Je höher die Markenstärke, desto höher ist die Markenloyalität im B-to-B-Markt.

Zentraler Gegenstand der in Abschn. 3.1 abgehandelten Theorien ist das Erlernen neuer Informationen sowie der Abruf bereits gespeicherter Kenntnisse aus dem Gedächtnis. Die Integrierte Kommunikation besitzt prinzipiell auf beide Prozesse einen unterstützenden Einfluss. Da der Aufbau von Markenstärke sowohl das Erlernen neuer Informationen als auch den Abruf gespeicherter Kenntnisse erfordert, ist von einer positiven Auswirkung der inhaltlichen, der formalen und der zeitlichen Integration auf die Markenstärke auszugehen. Diese Einflüsse konnten in den in Abschn. 3.1 angesprochenen Studien bereits einer isolierten Untersuchung unterzogen und erfolgreich nachgewiesen werden (Braun-LaTour und LaTour 2004; Bruhn 2006a; Edell und Keller 1989; Esch 2006; Keller 1991; McGrath 2005; Reid et al. 2001). Auf der Grundlage dieser Überlegungen lassen sich die folgenden Hypothesen 2 bis 4 zu den **Dimensionen der Integrierten Kommunikation** herleiten:

H_2: Je höher die inhaltliche Integration, desto höher ist die Markenstärke der jeweiligen B-to-B-Marke.
H_3: Je höher die formale Integration, desto höher ist die Markenstärke der jeweiligen B-to-B-Marke.
H_4: Je höher die zeitliche Integration, desto höher ist die Markenstärke der jeweiligen B-to-B-Marke.

Für einen effektiven Markenaufbau müssen sich alle Botschaften der Marketing-Kommunikation an der strategischen Positionierung der Marke ausrichten (Reid et al. 2005, S. 14 f.). Die Positionierung einer Marke bestimmt den Kern, den Nutzen und die Persönlichkeit einer Marke in Abgrenzung zu den Wettbewerbsmarken. Durch die Orientierung an der Positionierung wird sichergestellt, dass die kommunizierten Botschaften dem vorher definierten Markenbild entsprechen. Die strategische Positionierung hat demnach einen großen Einfluss auf eine gelungene inhaltliche Integration. Je stärker die Kommunikation eines Unternehmens an der strategischen Positionierung der Marke ausgerichtet ist, desto wirksamer wird tendenziell die inhaltliche Integration sein. Dementsprechend postuliert Hypothese 5 einen moderierenden Einfluss der Kommunikationsausrichtung an der strategischen **Positionierung** auf den Zusammenhang zwischen inhaltlicher Integration und Markenstärke.

H_5: Je stärker die Ausrichtung der Kommunikation an der strategischen Positionierung der Marke, desto stärker ist der Einfluss der inhaltlichen Integration auf die Markenstärke.

In der Literatur wird häufig auf die Bedeutung der Komplexität von Produkten als moderierende Variable hingewiesen (Homburg et al. 2008). Mit der Komplexität steigt jedoch auch die Erklärungsbedürftigkeit eines Produktes. Kunden benötigen bei erklärungsbedürftigen Produkten tendenziell mehr Informationen, um eine rationale Entscheidung treffen zu können und das wahrgenommene Kaufrisiko zu reduzieren. Dadurch erlangen Kommunikationsinhalte mehr Aufmerksamkeit, weshalb auch inkonsistente Informationen vom Kunden leichter wahrgenommen werden. Gemäß der Theorie der kognitiven Dissonanz kann dies zu Irritationen beim Kunden führen. Zur Vermeidung möglicher Brüche in der Kommunikation ist demnach die inhaltliche Integration der Kommunikationsbotschaften bei komplexen bzw. erklärungsbedürftigen Produkten besonders wichtig. Hypothese 6 überprüft deshalb den moderierenden Effekt der **Komplexität** der Produkte auf die Beziehung zwischen inhaltlicher Integration und Markenstärke.

H_6: Je höher die Komplexität der Produkte ist, desto stärker ist der Einfluss der inhaltlichen Integration auf die Markenstärke.

Die hergeleiteten Hypothesen werden im Zusammenhang in Abb. 2 deutlich.

4   Empirische Untersuchung der Zusammenhänge zwischen Integrierter Kommunikation, Markenstärke und Markenloyalität

4.1   Operationalisierung der Konstrukte

In Tab. 1 ist das **Messinstrumentarium** zur Erfassung der mehrfaktoriellen Variablen Markenstärke, Markenloyalität, der drei Dimensionen der Integrierten Kommunikation sowie der beiden Moderatoren Positionierung und Komplexität dargestellt. Die Komplexität wird als Single-Item-Konstrukt operationalisiert. Die höhere Komplexität der Produkte geht dabei mit einer höheren Erklärungsbedürftigkeit einher. Alle Items werden mittels einer siebenstufigen Likert-Skala mit den Endpunkten „Stimme weniger zu" und „Stimme voll zu" abgefragt.

4.2   Datenerhebung und externe Validierung

Die in der vorliegenden Arbeit verwendete Stichprobe basiert auf der Akquise- und Kundendatenbank der Kommunikationsagentur *wob*. Als geeignete Schlüsselinformanten wurden **Marketingmanager** in B-to-B-Unternehmen identifiziert. Es wurden 1204 Kontakte anhand der **B-to-B-Branchenzugehörigkei**t sowie der Position des Befragten ausgewählt. Insgesamt wurden Mitte 2007 in einer schriftlichen Befragung 395 verwertbare Fragebögen generiert. Daraus ergibt sich eine effektive **Rücklaufquote** von 32,8 %. Ungefähr 80 % der Probanden sind in leitenden Positionen mit Marketingbezug tätig und können größtenteils langjährige Erfahrung in der jeweiligen Position vorweisen. Es ist demnach davon auszugehen, dass die Probanden sowohl mit der Marketingkommunikati-

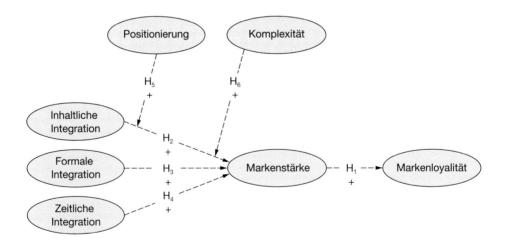

Abb. 2 Struktur des Untersuchungsmodells

on des Unternehmens als auch den Kundenwahrnehmungen ihrer Marke in hohem Maße vertraut sind. Die vorliegende Studie deckt zudem die wichtigsten B-to-B-Branchen in Deutschland ab (vgl. Tab. 2).

Die Messung der Konstrukte Markenstärke und Markenloyalität beruht auf einer Fremdeinschätzung der Kundenmeinung durch die Marketingmanager. Da diese Fremdeinschätzung verzerrt sein könnte, muss eine Überprüfung der Validität der Einschätzungen

Tab. 1 Operationalisierung der Konstrukte

Faktor	Notation	Item	Quelle
Markenstärke			
Kognitive Marken- stärke	MSk1	Unsere Marke kommt den Entscheidern unserer Kunden als erstes in den Sinn, wenn sie an die entsprechende Produktkategorie denken.	In Anlehnung an Ha (1996)
	MSk2	Unsere Marke ist bei den Entscheidern unserer Kunden viel bekannter als die Wettbewerbsmarken.	In Anlehnung an Ha (1996)
	MSk3	Unsere Marke kann von den Entscheidern unserer Kunden immer eindeutig bestimmten Produktkategorien zugeordnet werden.	Eigene Entwicklung
Affektive Marken- stärke	MSa1	Unsere Marke wird von den Entscheidern unserer Kunden sehr positiv bewertet.	In Anlehnung an Bruner et al. (2001)
	MSa2	Unsere Marke ist bei den Entscheidern unserer Kunden beliebter als Konkurrenzmarken.	In Anlehnung an Ha (1996)
Einzig- artigkeit der Marke	MSe1	Unsere Marke wird von den Entscheidern unserer Kunden als etwas Besonderes angesehen.	In Anlehnung an Valtin (2005)
	MSe2	Unsere Marke hebt sich für die Entscheider unserer Kunden stark von den Konkurrenzmarken ab.	In Anlehnung an Valtin (2005)
Markenloyalität			
Weiter- empfeh- lung	MLe1	Unsere Kunden empfehlen unsere Marke oft an andere potenzielle Kunden weiter.	In Anlehnung an Zeithaml et al. (1996)
	MLe2	Unsere Kunden sind gerne dazu bereit, öffentlich zu unserer Marke Stellung zu beziehen (Testimonial).	Eigene Entwicklung
Wieder- kauf	MLw1	Unsere Kunden entscheiden sich trotz harter Konkurrenz meistens für unsere Marken.	In Anlehnung an Giering (2000), Putrevu und Lord (1994)
	MLw2	Unsere Kunden bleiben uns über einen längeren Zeitraum treu.	In Anlehnung an Giering (2000)
Zusatzkauf	MLz1	Unsere Kunden ziehen nach dem Kauf eines unserer Produkte meistens weitere Produkte unserer Marke in Betracht.	In Anlehnung an Giering (2000)
	MLz2	Unsere Kunden kaufen verschiedene Produkte unserer Marke.	Eigene Entwicklung

Tab. 1 (Fortsetzung)

Faktor	Notation	Item	Quelle
Inhaltliche Integration			
	INH1	Unsere Kommunikationsaktivitäten werden thematisch miteinander verknüpft (z. B. durch Schlüsselbilder, Erlebniswelten oder Kernbotschaften).	Eigene Entwicklung
	INH2	Unser Unternehmen stimmt die Inhalte der verschiedenen Kommunikationsinstrumente stark aufeinander ab.	Eigene Entwicklung
	INH3	In unserem Unternehmen gibt es für die Kommunikation verbindliche Begriffe (Corporate Wording).	Eigene Entwicklung
	INH4	Zur Vermittlung einer einheitlichen Botschaft werden gleiche Argumente bei verschiedenen Kommunikationsinstrumenten verwendet.	In Anlehnung an Bruhn (2006a)
Formale Integration			
	FOR1	Unser Unternehmen besitzt für alle relevanten Gestaltungselemente Corporate-Design-Vorgaben.	Eigene Entwicklung
	FOR2	Die Beachtung formaler Gestaltungsrichtlinien erfolgt grundsätzlich über alle Gestaltungselemente hinweg (Logo, Farben, Schrifttypen, Schriftgrößen, Bildsprache etc.).	Eigene Entwicklung
	FOR3	Unsere gesamte Kommunikation besitzt eine hohe optische Wiedererkennung.	Eigene Entwicklung
	FOR4	Unser optischer Auftritt ist so prägnant, dass man sofort weiß, wer der Absender ist.	Eigene Entwicklung
Zeitliche Integration			
	ZEI1	Unsere Marketing-Kommunikation bleibt über einen längeren Zeitraum (> 1 Jahr) konstant.	Eigene Entwicklung
	ZEI2	Der Einsatz verschiedener Kommunikationsinstrumente wird zeitlich über mehrere Planungsperioden beibehalten (d. h., der Instrumentenmix bleibt über mehrere Perioden hinweg weitestgehend unverändert).	Eigene Entwicklung
	ZEI3	Der optische Auftritt unserer Kommunikation bleibt über mehrere Perioden hinweg konstant.	Eigene Entwicklung
	ZEI4	Die Kommunikationsidee bleibt über einen längeren Zeitraum hinweg unverändert.	Eigene Entwicklung
	ZEI5	Unsere Kommunikation folgt über einen Zeitraum von mindestens einem Jahr einer eindeutig festgelegten Dramaturgie.	Eigene Entwicklung

Tab. 1 (Fortsetzung)

Faktor	Notation	Item	Quelle
Positionierung			
POS1		Unsere komplette Kommunikation richtet sich an einheitlichen übergeordneten Aussagen zur Marke aus.	Eigene Entwicklung
POS2		Wir achten sehr stark darauf, dass unsere Kommunikation im Einklang mit den Kernwerten unseres Unternehmens steht.	Eigene Entwicklung
POS3		Die Ausrichtung unserer Kommunikation auf die strategische Positionierung ist für alle Kommunikationsbeteiligten im Unternehmen verbindlich.	Eigene Entwicklung
Komplexität			
EKL		Unsere Produkte weisen eine sehr hohe Komplexität auf.	Eigene Entwicklung

Tab. 2 Berücksichtigte Branchen

Branche				
Maschinen-/ Anlagenbau	IT/Telekommunikation	Automobil	Finanzdienstleister/ Versicherer	Baugewerbe
22,80 %	14,40 %	11,90 %	7,10 %	6,10 %
Chemie	Handel	Healthcare	Elektro	Sonstige
5,30 %	4,30 %	4,10 %	3,30 %	20,70 %

erfolgen. Zur **externen Validierung** der Kundeneinschätzungen wurde eine zusätzliche telefonische Befragung durchgeführt, bei der Geschäftskunden ihre tatsächliche Meinung zur jeweiligen B-to-B-Marke abgeben sollten. Befragt wurden dabei insgesamt 48 Unternehmen zu je einer von zwölf verschiedenen B-to-B-Marken, wobei das gleiche Messinstrumentarium wie bei den Marketingmanagern zum Einsatz kam.

Die Ergebnisse der externen Validierung zeigen eine hohe Übereinstimmung zwischen der Fremdeinschätzung der Markenstärke durch die Marketingmanager und der Selbsteinschätzung der Geschäftskunden. Bei der Markenstärke besteht eine Korrelation von 0,704, bei der Markenloyalität eine Korrelation von 0,631. Beide Werte sind auf dem Fünf-Prozent-Niveau signifikant. Diese Ergebnisse sprechen für eine gute externe Validität der beiden Markenkonstrukte. Somit können die erhobenen Daten für die weitere Analyse herangezogen werden.

4.3 Validierung des Mess- und Strukturmodells sowie der Moderatoreffekte

Zur Analyse der Daten und zur Prüfung des Hypothesensystems wird das leistungsfähige Verfahren der **Kausalanalyse** eingesetzt. Ein vollständiges Kausalmodell besteht aus drei

Teilen: dem Messmodell der latenten exogenen (erklärenden) Variablen, dem Messmodell der latenten endogenen (zu erklärenden) Variablen und dem Strukturmodell (Beziehungen zwischen den Variablen). Darüber hinaus dient die Untersuchung von Moderatoreffekten im Rahmen der Mehrgruppenkausalanalyse zur Identifizierung von gruppenspezifischen Besonderheiten. Die gewählte Vorgehensweise bei der Analyse lehnt sich an den Leitfaden von Homburg und Giering (1996) an. Zunächst werden mithilfe von Gütemaßen die einzelnen Messmodelle isoliert untersucht. Werden die geforderten Anspruchsniveaus nicht erfüllt, so werden gegebenenfalls Indikatoren aus der weiteren Analyse ausgeschlossen. Anschließend werden im Zuge der Strukturmodellanalyse die Hypothesen und zudem die Diskriminanzvalidität der Konstrukte überprüft.

Im Rahmen der **Messmodellprüfung** werden zunächst die Konstrukte Markenstärke und Markenloyalität untersucht. Wie Tab. 3 veranschaulicht, werden für das Konstrukt Markenstärke alle geforderten Gütekriterien erfüllt. Bei der Markenloyalität liegt die Wiederkaufsdimension jedoch mit einem Cronbachschen Alpha von 0,530 unter dem geforderten Schwellenwert, weshalb ein Item eliminiert wird. Da die Dimension nun mittels eines einzelnen Items erfasst wird, ist keine Gütebeurteilung durch lokale Anpassungsmaße mehr möglich. Die globalen Gütekriterien können jedoch weiterhin zur Gütebeurteilung herangezogen werden. Hier verfehlen der χ^2/df-Wert mit 5,30 sowie der RMSEA mit 0,105 die anvisierten Schwellenwerte. Alle anderen Anpassungsmaße wei-

Tab. 3 Gütekriterien der endogenen Konstrukte (Markenstärke und -loyalität)

Gütekriterien der ersten Generation

Item	FL EFA ($\geq 0,4$)	EV ($\geq 50\,\%$)	Alpha ($\geq 0,7$)
MSk	0,933	87,03 %	0,850
MSa	0,911	83,05 %	0,795
MSe	0,927	85,87 %	0,835
MLe	0,873	76,23 %	0,686
MLw	–	–	–
MLz	0,884	78,22 %	0,721

Lokale Gütekriterien der zweiten Generation (KFA)

Item	IR ($\geq 0,4$)	FL ($\geq 0,5$)	t-Wert ($\geq 1,65$)	FR ($\geq 0,6$)	DEV ($\geq 0,5$)
MSk	0,71	0,84	18,79	0,851	0,740
MSa	0,58	0,76	14,18	0,800	0,667
MSe	0,71	0,84	16,83	0,833	0,714
MLe	0,44	0,66	11,14	0,691	0,530
MLw	–	–	–	–	–
MLz	0,51	0,72	11,52	0,727	0,571

Globale Gütekriterien der zweiten Generation (KFA)

Konstrukt	χ^2/df (≤ 5)	RMSEA ($\leq 0,1$)	SRMR ($\leq 0,08$)	NFI ($\geq 0,9$)	NNFI ($\geq 0,9$)	CFI ($\geq 0,9$)
MS	3,09	0,073	0,019	0,990	0,983	0,993
ML	5,30	0,105	0,034	0,979	0,942	0,982

Tab. 4 Gütekriterien der exogenen Konstrukte (Dimensionen der IK)

Gütekriterien der ersten Generation

Konstrukt	FL EFA ($\geq 0,4$)	EV ($\geq 50\%$)	Alpha ($\geq 0,7$)
INH	0,775 (min)	69,84 %	0,852
FOR	0,817 (min)	76,69 %	0,845
ZEI	0,749 (min)	67,02 %	0,872

Lokale Gütekriterien der zweiten Generation (KFA)

Konstrukt	IR ($\geq 0,4$)	FL ($\geq 0,5$)	t-Wert ($\geq 1,65$)	FR ($\geq 0,6$)	DEV ($\geq 0,5$)
INH	0,42 (min)	0,64 (min)	13,30 (min)	0,856	0,600
FOR	0,48 (min)	0,69 (min)	9,60 (min)	0,865	0,686
ZEI	0,44 (min)	0,67 (min)	11,89 (min)	0,877	0,589

Globale Gütekriterien der zweiten Generation (KFA)

Konstrukt	^{2}/df (≤ 5)	RMSEA ($\leq 0,1$)	SRMR ($\leq 0,08$)	NFI ($\geq 0,9$)	NNFI ($\geq 0,9$)	CFI ($\geq 0,9$)
INH/FOR	2,79	0,067	0,042	0,981	0,980	0,988
ZEI	3,51	0,080	0,029	0,987	0,981	0,991

sen sehr gute Werte auf. Aufgrund seiner inhaltlichen Bedeutung wird das Messmodell deshalb beibehalten (Homburg und Klarmann 2006, S. 19).

Im Anschluss an die Überprüfung der endogenen Messmodelle werden die exogenen Messmodelle untersucht. Das Konstrukt der formalen Integration wird in einem Konstruktverbund mit der inhaltlichen Integration berechnet, da es nach dem Ausschluss eines Items nur noch drei Items besitzt. Sowohl die lokalen als auch die globalen Gütekriterien übertreffen die geforderten Schwellenwerte deutlich, weshalb von einer guten Reliabilität und Validität der Konstrukte auszugehen ist. Das über fünf Items gemessene Konstrukt der zeitlichen Integration erfüllt ebenfalls alle geforderten Gütekriterien (vgl. Tab. 4).

Die globalen Gütekriterien des **Strukturmodells** sind in Tab. 5 aufgeführt. Dabei erreichen sämtliche Anpassungsmaße hervorragende Werte. Dies impliziert eine sehr gute Reliabilität und Validität des Gesamtmodells. Zur Überprüfung der Diskriminanzvalidität wird das Fornell/Larcker-Kriterium angewendet. Da die durchschnittlich erfasste Varianz (DEV) durchweg höhere Werte aufweist als die jeweiligen quadrierten Korrelationen mit den anderen Faktoren, ist die Diskriminanzvalidität zwischen den Konstrukten ebenfalls sichergestellt.

Nach der Analyse der verschiedenen Messmodelle und des Strukturmodells erfolgt die **Hypothesenprüfung**. Wie Abb. 3 veranschaulicht, können alle postulierten Beziehun-

Tab. 5 Gütekriterien des Strukturmodells

Globale Gütekriterien der zweiten Generation (KFA)

^{2}/df (≤ 5)	RMSEA ($\leq 0,1$)	SRMR ($\leq 0,08$)	NFI ($\geq 0,9$)	NNFI ($\geq 0,9$)	CFI ($\geq 0,9$)
2,02	0,056	0,062	0,964	0,976	0,980

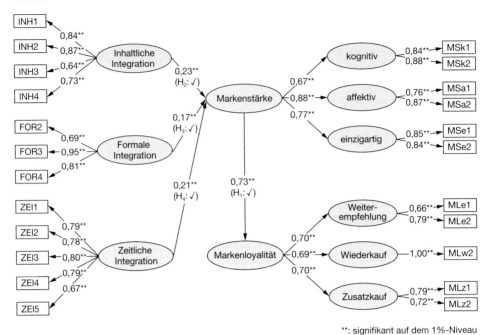

**: signifikant auf dem 1%-Niveau

Abb. 3 Untersuchungsmodell mit Ergebnissen

gen des Basismodells auf dem Ein-Prozent-Signifikanzniveau bestätigt werden. Zunächst wurde die **Markenrelevanz** (der Einfluss der Markenstärke auf die Markenloyalität) untersucht. Mit einem standardisierten Pfadkoeffizienten von 0,73 hat die Markenstärke dabei auch im B-to-B-Markt einen sehr hohen Einfluss auf die Markenloyalität (H_1). Die standardisierten Pfadkoeffizienten der drei Konstrukte der **Integrierten Kommunikation** auf die Markenstärke weisen nur geringe Differenzen auf (H_2–H_4). Den stärksten Einfluss besitzt mit einem standardisierten Pfadkoeffizienten von 0,23 die inhaltliche Integration. Die Wirkung der formalen Integration auf die Markenstärke hat mit 0,17 den schwächsten Einfluss.

Die **Moderatoreffekte** werden anhand der Mehrgruppenkausalanalyse untersucht. Der erste betrachtete Moderator ist die strategische Positionierung (H_5). Das arithmetische Mittel aus den drei verwendeten Items ist das Trennungskriterium, wobei die Daten in eine Gruppe mit hohen Ausprägungen und eine Gruppe mit niedrigen Ausprägungen unterteilt werden, wie Tab. 6 zu entnehmen ist. Die Ergebnisse der Mehrgruppenkausalanalyse zeigen, dass die strategische Positionierung einen positiv moderierenden Effekt auf die Kausalbeziehung zwischen der inhaltlichen Integration und der Markenstärke aufweist. Der Einfluss des Moderators kann dabei auf dem Ein-Prozent-Signifikanzniveau bestätigt werden, da die Differenz des χ^2-Werts zwischen dem freien und dem restringierten Modell mit 18,61 die erforderliche Grenze von 6,63 weit übersteigt. Die globalen Gütekriterien

Tab. 6 Gütekriterien des Moderators Positionierung

Gütekriterien	χ^2	df	RMSEA	SRMR	NFI	NNFI	CFI
M1: Modell frei geschätzt	455,93	275	0,058	0,0754	0,868	0,936	0,943
M2: Modell restringiert	474,54	276	0,061	0,0754	0,863	0,930	0,937
Δ M2–M1	18,61**	1					

Hypothese	Effekt des Moderators auf die Kausalbeziehung	γ bei POS (hoch)	γ bei POS (niedrig)	Differenz	Befund
H5: (+)	INH → MS	0,20**	0,17*	+0,03	✓

n. s.: nicht signifikant, *: signifikant auf dem 5 %-Niveau, **: signifikant auf dem 1 %-Niveau

Tab. 7 Gütekriterien des Moderators Komplexität

Gütekriterien	χ^2	df	RMSEA	SRMR	NFI	NNFI	CFI
M1: Modell frei geschätzt	396,07	275	0,0479	0,0717	0,931	0,975	0,978
M2: Modell restringiert	401,25	276	0,0486	0,0718	0,931	0,975	0,977
Δ M2–M1	4,18*	1					

Hypothese	Effekt des Moderators auf die Kausalbeziehung	γ bei POS (hoch)	γ bei POS (niedrig)	Differenz	Befund
H6: (+)	INH → MS	0,27**	0,15*	+0,12	✓

n. s.: nicht signifikant, *: signifikant auf dem 5 %-Niveau, **: signifikant auf dem 1 %-Niveau

der Mehrgruppenkausalanalyse erreichen bis auf den NFI durchgängig die erforderlichen Gütekriterien.

Als zweiter Moderator wird der Einfluss der **Komplexität** der Produkte auf die Kausalbeziehung zwischen der inhaltlichen Integration und der Markenstärke untersucht (H_6). Der postulierte Moderatoreffekt der Komplexität der Produkte konnte mit einem Delta von 4,18 zwischen dem freien und dem restringierten Modell auf dem Fünf-Prozent-Signifikanzniveau bestätigt werden. Die Auswirkungen der inhaltlichen Integration auf die Markenstärke sind bei hoher Komplexität der Produkte deutlich stärker ausgeprägt als bei einer geringen Komplexität. Die globalen Gütekriterien erreichen dabei alle die erforderlichen Anpassungswerte (vgl. Tab. 7).

5 Zusammenfassung und Managementimplikationen

Ausgangspunkt dieses Beitrags war der fehlende empirische Nachweis des Einflusses der Integrierten Kommunikation auf die Markenstärke im B-to-B-Markt. Da dieser Einfluss nur von Bedeutung ist, wenn sich die Einstellung zu einer Marke (Markenstärke) auch auf das Kaufverhalten (Markenloyalität) auswirkt, wurde jedoch zunächst die Markenrelevanz untersucht. Die gewonnenen Erkenntnisse besitzen aufgrund der großen Stichprobe, der Anwendung der leistungsstarken Kausalanalyse sowie der externen Validierung eine hohe Aussagekraft für den B-to-B-Markt.

Als **zentrale Erkenntnisse** der vorliegenden Studie können folgende Punkte festgehalten werden: Bemühungen um Integrierte Kommunikation sind nur gerechtfertigt, wenn im Zielmarkt eine starke Marke von Bedeutung für den unternehmerischen Erfolg ist. Aufgrund der starken positiven Wirkung der Markenstärke auf die Markenloyalität kann von einer hohen Markenrelevanz in den betrachteten B-to-B-Märkten ausgegangen werden. Somit ist der Einsatz der Integrierten Kommunikation auch im B-to-B-Markt sinnvoll. Die These, dass der Aufbau einer starken Marke im B-to-B-Markt durch die Integrierte Kommunikation besonders effektiv gelingt, wurde nicht verworfen. Dies gilt für alle drei Dimensionen der Integrierten Kommunikation: Die inhaltliche, die formale und die zeitliche Integration haben einen bedeutenden Einfluss auf die Markenstärke. Den größten Effekt auf die Markenstärke weist die inhaltliche Integration auf, gefolgt von der zeitlichen und der formalen Integration.

Wie die Betrachtung der moderierenden Variablen gezeigt hat, kann die Wirkung der inhaltlichen Integration auf die Markenstärke noch verstärkt werden, indem Unternehmen ihre gesamte Markenkommunikation an einer zeitlich stabilen strategischen Positionierung der Marke ausrichten. Schließlich kann nachgewiesen werden, dass sich der ohnehin starke Einfluss der inhaltlichen Integration signifikant erhöht, wenn Unternehmen sehr komplexe und damit erklärungsbedürftige Produkte anbieten.

Aus den genannten Ergebnissen lassen sich folgende **Managementimplikationen** ableiten: Der erste Ansatzpunkt behandelt den Stellenwert von Marken in B-to-B-Märkten. Wie die vorliegende Untersuchung aufzeigt, besitzen Marken auch hier eine hohe Relevanz (Pfadkoeffizient = 0,73). Starke Marken haben einen Einfluss auf das tatsächliche Verhalten der Kunden, indem sie vermehrt weiterempfohlen oder nachgefragt werden. Dementsprechend sollten Entscheidungsträger in B-to-B-Unternehmen dem Markenmanagement zunehmende Bedeutung beimessen.

Des Weiteren zeigen die Ergebnisse der vorliegenden Studie, dass die Integrierte Kommunikation auch im B-to-B-Markt einen großen Einfluss auf die Markenstärke hat. Deshalb kann B-to-B-Unternehmen angeraten werden, sich mit den Leitgedanken der Integrierten Kommunikation intensiv auseinanderzusetzen. Bezüglich der Dimensionen der Integrierten Kommunikation wird die formale Integration aufgrund der verhältnismäßig einfachen Umsetzbarkeit von den betrachteten Unternehmen am häufigsten eingesetzt, während die inhaltliche und die zeitliche Integration bisher in der Praxis vernachlässigt werden. Dieser Umstand ist angesichts des hohen Einflusses der inhaltlichen und der zeitlichen Integration auf die Markenstärke als kritisch zu erachten. Für den Praktiker lässt sich die Empfehlung ableiten, vermehrt auch die inhaltliche und die zeitliche Integration im Rahmen der Kommunikationsplanung zu berücksichtigen. In Bezug auf die inhaltliche Integration gilt dies vor allem für Unternehmen, die komplexe Produkte anbieten. Zudem sollte die Kommunikation an der strategischen Positionierung der Marke ausgerichtet werden. Abschließend lässt sich feststellen, dass das Konzept der Integrierten Kommunikation aller Begriffsermüdung zum Trotz nicht an Bedeutung verloren hat. Angesichts der geringen Verbreitung im B-to-B-Bereich ist der verstärkte Einsatz unabdingbar.

Literatur

Bauer, H. H. (2007). Die Bedeutung von Marken im Business-to-Business-Bereich. In Gesamtverband Kommunikationsagenturen (GWA) (Hrsg.), *Business to Business Kommunikation 2007* (S. 14–18). Frankfurt a. M.: GWA.

Bauer, H. H., Sauer, N., & Schmitt, P. (2004). *Die Erfolgsrelevanz der Markenstärke in der 1. Fußball-Bundesliga.* Arbeitspapier des Instituts für Marktorientierte Unternehmensführung (Nr. W75). Mannheim: Universität Mannheim.

Bendixen, M., Bukasa, K. A., & Abratt, R. (2004). Brand equity in the business-to-business market. *Industrial Marketing Management, 33*(5), 371–381.

Braun-LaTour, K. A., & LaTour, M. S. (2004). Assessing the long-term impact of a consistent advertising campaign on consumer memory. *Journal of Advertising, 33*(2), 49–61.

Bruhn, M. (2006a). *Integrierte Kommunikation in den deutschsprachigen Ländern.* Wiesbaden: Gabler.

Bruhn, M. (2006b). *Integrierte Unternehmens- und Markenkommunikation* (4. Aufl.). Stuttgart: Schäffer-Poeschel.

Bruner, G. C., Gordon, C., James, K. E., & Hensel, P. J. (2001). *Marketing Scales Handbook* (Bd. 3). Chicago: American Marketing Association.

Calder, B. J., & Malthouse, E. C. (2005). Managing media and advertising change with integrated marketing. *Journal of Advertising Research, 45*(4), 356–361.

Cook, W. A. (2004). IMC's fuzzy picture: breakthrough or breakdown? *Journal of Advertising Research, 44*(1), 1–2.

Cornelissen, J. P., & Lock, A. R. (2000). Theoretical concept or management fashion? *Journal of Advertising Research, 40*(5), 7–20.

Dick, A. S., & Basu, K. (1994). Customer loyalty: toward an integrated conceptual framework. *Journal of the Academy of Marketing Science, 22*(2), 99–113.

Donnevert, T. (2009). *Markenrelevanz.* Wiesbaden: Gabler.

Duncan, T. R., & Everett, S. E. (1993). Client perceptions of integrated marketing communications. *Journal of Advertising Research, 33*(3), 30–39.

Edell, J. A., & Keller, K. L. (1989). The information processing of coordinated media campaigns. *Journal of Marketing Research, 26*(2), 149–163.

Esch, F.-R. (2006). *Wirkung integrierter Kommunikation* (4. Aufl.). Wiesbaden: Gabler.

Fischer, M., Meffert, H., & Perrey, J. (2004). Markenpolitik. *Die Betriebswirtschaft, 64*(3), 333–356.

Fiske, S. T., & Dyer, L. M. (1985). Structure and development of social schemata. *Journal of Personality and Social Psychology, 48*(4), 839–852.

Fiske, S. T., & Taylor, S. E. (1991). *Social cognition* (2. Aufl.). New York: McGraw-Hill.

Giering, A. (2000). *Der Zusammenhang zwischen Kundenzufriedenheit und Kundenloyalität.* Wiesbaden: DUV.

Gould, S. J. (2000). The state of IMC research and applications. *Journal of Advertising Research, 40*(5), 22–23.

Grunert, K. G. (1996). Automatic and strategic processes in advertising effects. *Journal of Marketing, 60*(4), 88–101.

Ha, L. (1996). Observations: Advertising Clutter in Consumer Magazines: Dimensions and Effects. *Journal of Advertising Research, 36*(4), 76–84.

Hammerschmidt, M., Donnevert, T., & Bauer, H. H. (2008). *Brand efficiency and brand relevance.* Proceedings of the AMA 2008 Winter Educators' Conference, Austin, 15.–18. Februar. (S. 48–57).

Homburg, C., & Giering, A. (1996). Konzeptualisierung und Operationalisierung komplexer Konstrukte. *Marketing ZFP*, *18*(1), 5–25.

Homburg, C., & Klarmann, M. (2006). *Die Kausalanalyse in der empirischen betriebswirtschaftlichen Forschung*. Wissenschaftliches Arbeitspapier des Instituts für Marktorientierte Unternehmensführung, Nr. W103. Mannheim: Universität Mannheim.

Homburg, C., Klarmann, M., & Schmitt, J. (2008). *Do B2B brands make a difference?* Proceedings of the AMA 2008 Winter Educators' Conference, Austin, 15.–18. Februar. (S. 204–205).

Kapferer, J.-N. (1992). *Die Marke*. Landsberg/Lech: Moderne-Industrie.

Keller, K. L. (1991). Memory and evaluation effects in competitive advertising environments. *Journal of Consumer Research*, *17*(4), 463–476.

Keller, K. L. (1993). Conceptualizing, measuring, and managing customer-based brand equity. *Journal of Marketing*, *57*(1), 1–22.

Keller, K. L., & Lehmann, D. R. (2006). Brands and branding. *Marketing Science*, *25*(6), 740–759.

Kroeber-Riel, W. (1993). *Bildkommunikation*. München: Vahlen.

Kroeber-Riel, W., & Esch, F.-R. (2004). *Strategie und Technik der Werbung* (6. Aufl.). Stuttgart: Kohlhammer.

Kroeber-Riel, W., & Weinberg, P. (2003). *Konsumentenverhalten* (8. Aufl.). München: Vahlen.

Linville, P. W., & Jones, E. E. (1980). Polarized appraisals of out-group members. *Journal of Personality and Social Psychology*, *38*(5), 689–703.

McGrath, J. M. (2005). A pilot study testing aspects of the integrated marketing communications concept. *Journal of Marketing Communications*, *11*(3), 191–214.

Meffert, H., & Burmann, C. (1998). Abnutzbarkeit und Nutzungsdauer von Marken. In H. Meffert & N. Krawitz (Hrsg.), *Unternehmensrechnung und -besteuerung* (S. 75–126). Wiesbaden: Gabler.

Moriarty, S. (1996). The circle of synergy. In E. Thorson & J. Moore (Hrsg.), *Integrated communication. Synergy of persuasive voices* (S. 333–353). Mahwah: Psychology Press.

Putrevu, S., & Lord, K.R. (1994). Comparative and Noncomparative Advertising. *Journal of Advertising*, *23*(2), 77–90.

Reid, M., Johnson, T., Ratcliffe, M., Skrip, K., & Wilson, J. (2001). Integrated marketing communications in the Australian and New Zealand wine industry. *International Journal of Advertising*, *20*(2), 239–262.

Reid, M., Luxton, S., & Mavondo, F. (2005). The relationship between integrated marketing communication, market orientation, and brand orientation. *Journal of Advertising*, *34*(4), 11–23.

Schulz, R., & Brandmeyer, K. (1989). Die Marken-Bilanz. *Markenartikel*, *51*(7), 364–370.

Schumann, D. W., Dyer, B., & Petkus, E. Jr. (1996). The vulnerability of integrated marketing communication. In E. Thorson & J. Moore (Hrsg.), *Integrated communications: synergy in persuasive voices* (S. 51–64). Mahwah: Psychology Press.

Smith, T. M., Gopalakrishna, S., & Chatterjee, R. (2006). A three-stage model of integrated marketing communications at the marketing-sales interface. *Journal of Marketing Research*, *43*(4), 564–579.

Stammerjohan, C., Wood, C. M., Yuhmiin, C., & Thorson, E. (2005). An empirical investigation of the interaction between publicity, advertising and previous brand attitudes and knowledge. *Journal of Advertising*, *34*(4), 55–67.

Unnava, H. R., & Burnkrant, R. E. (1991). Effects of repeating varied ad executions on brand name memory. *Journal of Marketing Research*, *28*(4), 406–416.

Valtin, A. (2005). *Der Wert von Luxusmarken: Determinanten des konsumorientierten Markenwerts und Implikationen für das Luxusmanagement*. Wiesbaden: Deutscher Universitätsverlag.

Zeithaml, V.A., Berry, L.L., & Parasuraman, A. (1996). The Behavioral Consequences of Service Quality. *Journal of Marketing*, *60*(2), 31–46.

B-to-B-Markenführung: Markentools, Markenforschung und Markencontrolling

B-to-B-Markencontrolling – Überblick und Instrumente

Carsten Baumgarth und Salima S. Douven

Zusammenfassung

Ein erfolgreiches B-to-B-Markenmanagement bedarf eines systematischen Markencontrollings, dass als Korrektiv und Steuerungsmechanismus dient. In B-to-B-Branchen weist das Markencontrolling, wie das gesamte Markenmanagement, jedoch deutliche Defizite auf. Wenige Unternehmen haben bislang entsprechende Konzepte in ihrem Management verankert. Dabei stellt dieser bislang weithin vernachlässigte Bereich einen wichtigen Baustein dar, um dem Markenmanagement Informationen bereitzustellen, Schwachstellen aufzudecken, eine Planung zu erstellen und kontinuierliches Lernen zu fördern. Darüber hinaus ist Markencontrolling ein wichtiger Hebel, um unternehmensintern die Relevanz und Legitimation markenbezogener Aktivitäten zu verdeutlichen und damit auch die Nachhaltigkeit der B-to-B-Markenführung sicherzustellen.

Die Gestaltung des Markencontrollings ist nicht auf eine bestimmte Vorgehensweise beschränkt. So existieren Ansätze, die sich auf die interne bzw. externe Perspektive konzentrieren oder auch eine integrierte Sichtweise verfolgen. Des Weiteren können Ansätze genutzt werden, die bestimmte Bereiche des Markenmanagements prüfen, wie die markenkonforme Umsetzung der Kommunikation oder die Verankerung eines Markenbewusstseins bei den Mitarbeitern. Der vorliegende Beitrag bündelt Ansätze des Markencontrollings, die besonders im B-to-B-Kontext Beachtung finden (sollten), legt das jeweilige Konzept dar und gibt Hinweise für die praktische Umsetzung.

C. Baumgarth (✉)
Hochschule für Wirtschaft und Recht Berlin
Berlin, Deutschland
E-Mail: cb@cbaumgarth.net

S. S. Douven
Henkel AG & Co. KGaA
Mönchengladbach, Deutschland
E-Mail: salima.douven@henkel.com

© Springer Fachmedien Wiesbaden GmbH, ein Teil von Springer Nature 2018   761
C. Baumgarth (Hrsg.), *B-to-B-Markenführung*, https://doi.org/10.1007/978-3-658-05097-9_39

Inhaltsverzeichnis

1   Bedeutung und aktueller Stand

Das Marketing im Allgemeinen und die Markenführung im Speziellen müssen zunehmend ihren Erfolgsbeitrag belegen (z. B. Homburg et al. 2015; Lüers 2006; Srivastava et al. 1998; Verhoef et al. 2011; Verhoef und Leeflang 2009). Ohne diesen Nachweis verliert das Marketing in der Unternehmensführung an Bedeutung. Doyle (2000, S. 299) spricht in diesem Zusammenhang gar von einer „marginalization of marketing professionals". Dies trifft speziell auch für die überwiegend technisch geprägten und zahlenorientierten B-to-B-Unternehmen zu. In der Studie „B2B-Marketing-Budgets 2014" (bvik 2015) wurde u. a. auch der Einfluss verschiedener Charakteristika der Marketingabteilung auf die Wahrnehmung dieser durch das Topmanagement untersucht. Dabei zeigt sich, dass den größten Einfluss auf die Wahrnehmung der Marketingabteilung die Schnittstellenorientierung (0,48) gefolgt von der Controllingorientierung (0,33) aufweist. Hingegen zeigen weder die Kundenorientierung noch die Kreativitäts- und Innovationsorientierung einen signifikanten Einfluss.

Daher hat auch das *Marketing Science Institut* für den Zeitraum 2014–2016 das Thema „Measuring and Communicating the Value of Marketing Activities and Investments" als eines der elf Top-Forschungsthemen bestimmt (MSI 2014). Trotz dieser wachsenden Forderung seitens der Praxis und der intensiveren Beschäftigung der Wissenschaft mit dem Marketingcontrolling ist der Entwicklungsstand in den Unternehmen noch relativ gering ausgeprägt (Reinecke und Herzog 2006, S. 86). Beispielsweise gaben in der Studie „Budgetverteilung von Marketing-Ausgaben in Industrieunternehmen 2012" (bvik 2013) 62 % der befragten Marketingverantwortlichen aus B-to-B-Unternehmen an, dass sie keine KPIs zur Steuerung des Marketings einsetzen. In der bereits erwähnten Studie „B2B-

Marketing-Budgets 2014" (bvik 2015) weisen die Items der Controllingorientierung im Vergleich zu den anderen Dimensionen die geringsten Ausprägungen auf.

Diese fehlende Controllingorientierung gilt besonders auch für die B-to-B-Marke. Wie eine Befragung von B-to-B-Unternehmen im deutschsprachigen Raum belegt, stellt das Controlling von B-to-B-Marken einen vernachlässigten Baustein dar (vgl. Abb. 1; ähnlich Richter 2007, S. 172). Nur knapp 6 % der befragten Unternehmen messen ihren Markenwert und nur 16 % haben in der Vergangenheit schon einmal eine Markenimagemessung durchgeführt.

Neben der grundsätzlichen Bedeutung eines Marketing- und Markencontrollings konnte Richter (2007, S. 158 f.) im B-to-B-Umfeld mit Hilfe einer Kausalanalyse empirisch nachweisen, dass die **Intensität des Markencontrollings** einen signifikant positiven Einfluss auf den **Markenerfolg** (gemessen als Markenloyalität) hat.

Daher sollte das Markencontrolling einen zentralen Bestandteil der B-to-B-Markenführung darstellen. Das notwendige Investment in den Aufbau von B-to-B-Marken sollte zunehmend als „klassisches" Investitionsobjekt interpretiert werden, welches entsprechend zu messen und zu beurteilen ist.

Im Folgenden werden nach der Begriffsbestimmung zunächst die Funktionen und die Anforderungen an ein „ideales" B-to-B-Markencontrollingsystem erläutert und ein Bezugsrahmen für ein solches System vorgestellt. Anschließend werden ausgewählte Instrumente des internen, des externen sowie des integrierten B-to-B-Markencontrollings skizziert.

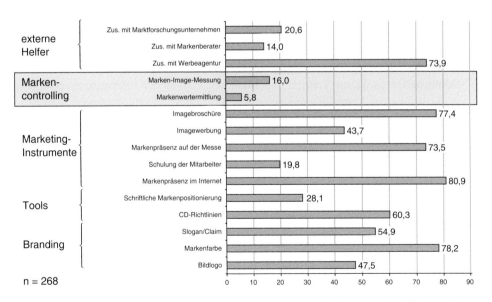

Abb. 1 Stand des B-to-B-Markencontrollings in der Praxis. (Quelle: Baumgarth 2008a, S. 433)

2 Grundlagen

2.1 Begriff

Marketingcontrolling lässt sich allgemein als Instrument der Führungsunterstützung definieren, welches die Rationalität der markenorientierten Unternehmensführung gewährleistet (Reinecke und Janz 2007, S. 47; Weber und Schäffer 1999a, 1999b). Dabei wird Rationalität als Zweckrationalität verstanden, die Effektivität („Wirksamkeit") und Effizienz („Wirtschaftlichkeit") gewährleistet. Als einzelne Ebenen der Rationalität unterscheiden Weber und Schäffer (1999b) sowie Reinecke und Janz (2007) für das Marketingcontrolling die folgenden Aspekte:

- Informationsversorgung der marktorientierten Unternehmensführung: Die Verbesserung des Informationsstands durch relevante Informationen über das Unternehmen (z. B. Kosten) und die Umwelt (z. B. Kunden, Konkurrenz) stellt einen zentralen und ursprünglichen Ansatz zur Rationalitätssicherung dar.
- Ausgewogenes Verhältnis von Intuition und Reflexion: Marketingcontrolling darf nicht nur für Reflexion und Sachlichkeit stehen, sondern muss auch Raum für Intuition und Kreativität lassen.
- Sicherstellung der Wirksamkeit des Führungszyklus: Durch die Vorgabe von ergebnisorientierten Anweisungen und deren Kontrolle wird die Umsetzung von Marketingkonzepten in tatsächliche Maßnahmen unterstützt.
- Verbindung des Führungszyklus mit der Kompetenz- und Anreizgestaltung: Marketingcontrolling sichert die Koordination innerhalb und außerhalb des Marketings durch entsprechende Systeme des Personalmanagements (z. B. Vorgaben für die Personalselektion, Ziel- und Anreizsysteme im Vertrieb), der Organisationsgestaltung (z. B. Schnittstellen zwischen Vertrieb und Marketing) sowie der Informationsversorgung (z. B. Aufbau von Kennzahlensystemen).

Das B-to-B-Markencontrolling als spezielle Form des Marketingcontrollings lässt sich daher als ein Unterstützungssystem zur **Rationalitätssicherung der Markenführung** definieren, d. h., es stellt ein System zur Sicherstellung der Effektivität und Effizienz der B-to-B-Markenführung dar. Da speziell die B-to-B-Markenführung sich nicht nur auf den Marketingbereich, sondern aufgrund der hohen Bedeutung von Dachmarken und der Mitarbeiter als zentrale Markenbotschafter auf das gesamte Unternehmen bezieht, unterstützt das B-to-B-Markencontrolling alle für die Marke relevanten Funktionsbereiche.

2.2 Funktionen und Anforderungen

Ein solches Verständnis des B-to-B-Markencontrollings umfasst eine Vielzahl von Funktionen (z. B. Meffert et al. 2015, S. 812 f.), wovon insbesondere die folgenden sechs zu erfüllen sind:

- **Informationsfunktion:** B-to-B-Markencontrolling muss entsprechende Informationen bereitstellen, bündeln und interpretieren. Dabei geht es nicht um eine reine Analyse von Informationen, sondern um eine problemorientierte Interpretation.
- **Überwachungs- und Lernfunktion:** B-to-B-Markencontrolling hat durch rückblickende Soll-Ist-Vergleiche, durch Vergleiche zwischen Einheiten (z. B. Benchmarking) und zukunftsorientierte Überwachung durch Audits und Prognosen Schwachstellen der B-to-B-Markenführung zu identifizieren und dadurch organisationales Lernen zu ermöglichen.
- **Planungsfunktion:** B-to-B-Markencontrolling unterstützt durch die Generierung von Alternativen (z. B. Positionierungsmöglichkeiten) das kritische Beurteilen von Handlungsalternativen (z. B. finanzwirtschaftliche Konsequenzen einer bestimmten Markenstrategie) sowie durch die Gestaltung von Implementierungssystemen (z. B. Anreizsysteme für markenorientiertes Verhalten) die Willensbildung und Willensdurchsetzung.
- **Koordinationsfunktion:** B-to-B-Markencontrolling unterstützt die Abstimmung sowohl innerhalb des Marketings (z. B. Integrierte Markenkommunikation) als auch funktionsübergreifend (z. B. Abstimmung von Marketing und Personalmanagement).
- **Motivationsfunktion:** B-to-B-Markencontrolling fördert durch zeitnahe und spezifische Informationen die Motivation einzelner Mitarbeiter und Teams.
- **Legitimationsfunktion:** Durch die Bereitstellung von führungsorientierten Informationen (z. B. Kennzahlen) wird das Konzept der B-to-B-Markenführung im Topmanagement als Daueraufgabe legitimiert. Ohne einen Nachweis der Effektivität und Effizienz der B-to-B-Marke ist die notwendige Nachhaltigkeit der B-to-B-Markenführung gefährdet.

Aus diesen Funktionen lassen sich Anforderungen an ein Controllingsystem für B-to-B-Marken ableiten (allg. Meffert und Koers 2005, S. 278 f.), die aber auch die real beschränkten Ressourcen der meisten B-to-B-Unternehmen (z. B. geringe Marketingbudgets, geringes Marketing-Know-how) zu berücksichtigen haben. Ein optimal angepasstes B-to-B-Markencontrolling sollte folgende Charakteristika aufweisen:

- **Umfassend:** Ein solches System sollte nicht nur die externe Wirkungsebene, sondern auch die internen Treiber der B-to-B-Marke berücksichtigen. Des Weiteren sollten neben quantitativen auch qualitative Informationen sowohl über die Vergangenheit und Gegenwart (ex post) als auch über die Zukunft (ex ante) zur Verfügung gestellt werden.

- **Einfach, kostengünstig und transparent:** B-to-B-Markenführung erfolgt in B-to-B-Unternehmen, die sich i. d. R. durch relativ geringe Budgets und geringes Know-how der Verantwortlichen in Bezug auf Markenführung auszeichnen. Daher sollten die installierten Controllingsysteme einfach, kostengünstig und transparent sein. Zu komplexe Systeme werden kaum verstanden und können daher die erwähnten Funktionen nicht erfüllen. Zu aufwändige Verfahren wiederum werden nicht oder nur selten eingesetzt, wodurch u. a. die Lern- und Motivationsfunktionen gefährdet sind.

- **Integriert:** B-to-B-Markencontrolling sollte keine „Insellösung" darstellen, sondern sollte mit anderen Controllingsystemen abgestimmt und in diese integriert werden. Auch sollten die einzelnen Instrumente des B-to-B-Markencontrollings aufeinander abgestimmt sein. Ferner empfiehlt sich die Nutzung vorhandener Instrumente (z. B. Mitarbeiterbefragung), weil dadurch die Kosten eines solchen Systems reduziert und die Akzeptanz erhöht werden können.

- **Standardisiert:** Da jede Änderung der Informationsbeschaffung (z. B. des Fragebogens) und -aufbereitung (z. B. des Analyseverfahrens) die Ergebnisse beeinflusst, sollte das B-to-B-Markencontrolling einen hohen Grad an Standardisierung aufweisen. Ohne diesen Standardisierungsgrad ist ein Vergleich von Ergebnissen im Zeitverlauf oder zwischen Einheiten (z. B. Markenstärke in verschiedenen Regionen oder Zielgruppen) kaum möglich.

- **Verdichtend:** B-to-B-Markencontrolling soll u. a. die B-to-B-Marke intern beim Topmanagement legitimieren. Daraus folgt zwingend, dass die gewonnenen Informationen stark verdichtet werden. Dazu bietet sich insbesondere die Bildung von Spitzenkennzahlen (Key Performance Indicators, KPIs) wie Markencommitment bei den Mitarbeitern oder Markenstärke bei den Kunden an.

2.3 Controllingsystem für B-to-B-Marken

Aufbauend auf den skizzierten Funktionen und Anforderungen lässt sich ein Bezugsrahmen für ein B-to-B-Markencontrolling ableiten (vgl. Abb. 2).

Zunächst einmal lassen sich eine interne und eine externe Perspektive des B-to-B-Markencontrollings unterscheiden. Die interne Perspektive umfasst alle vom Unternehmen gestaltbaren Treiber der B-to-B-Marke. Als deren wichtige Bereiche sind die Mitarbeiter als Markenbotschafter, die Kommunikation sowie sonstige Ressourcen (z. B. F & E) zu nennen. Die externe Perspektive lässt sich weiter aufteilen in eine verhaltens- („Markteffekte") und eine finanzorientierte („Ökonomische Effekte") Sicht.

Auf einer zweiten Ebene sind für die drei Perspektiven entsprechende Kennzahlen zu definieren.

Auf der letzten Ebene sind entsprechende Instrumente zur Informationsversorgung und -aufbereitung auszuwählen, zu gestalten und einzuführen. Abb. 2 listet einzelne Kennzahlen und Instrumente exemplarisch auf.

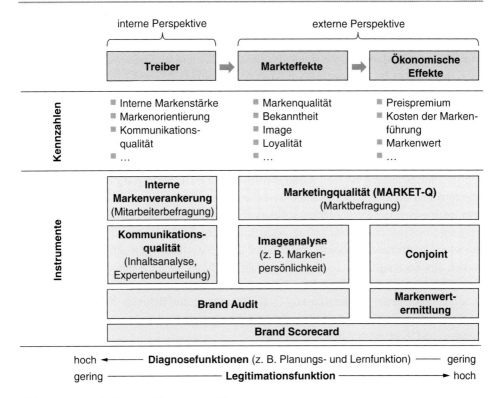

Abb. 2 System des B-to-B-Markencontrollings

Ein solches System ist durch die explizite Berücksichtigung der drei Perspektiven umfassend und integriert, durch die Bildung von Kennzahlen und Auswahl von Instrumenten verdichtend und standardisiert und durch die Fokussierung auf wenige Kennzahlen und Instrumente einfach, kostengünstig und transparent.

Dabei erfüllen die interne und die Markteffekte-Perspektive insbesondere die ersten fünf Funktionen, die Perspektive der ökonomischen Effekte insbesondere die Legitimationsfunktion.

Im Weiteren erfolgt die Skizzierung ausgewählter Instrumente zur Informationssammlung und -aufbereitung.

3 Ausgewählte Controlling-Instrumente

Im Rahmen dieses Beitrags ist es nicht möglich, alle Instrumente zu thematisieren. Die im Folgenden dargestellten Instrumente stellen eine Auswahl relevanter und für den B-to-B-Bereich geeigneter Instrumente dar. Darüber hinaus sollen die Ausführungen das Spektrum an Möglichkeiten sowie die Umsetzung der Anforderungen an das B-to-B-Markencontrolling in konkrete Instrumente verdeutlichen.

3.1 Internes B-to-B-Markencontrolling

Mit der internen Markenstärke sowie der Kommunikationsqualität werden im Folgenden zwei Instrumente des internen B-to-B-Markencontrollings skizziert.

(1) Messung der internen Markenverankerung durch Mitarbeiterbefragung

Speziell im B-to-B-Bereich hängt die Stärke der Marke von der persönlichen Kommunikation zwischen Mitarbeitern des Unternehmens (z. B. Vertrieb) und Kunden ab (Baumgarth und Schmidt 2008). Daher ist die interne Verankerung der Marke bei den Mitarbeitern eine zentrale Voraussetzung für eine starke B-to-B-Marke (z. B. Baumgarth 2015, S. 402). Zur Messung und Analyse dieser internen Verankerung empfiehlt sich neben umfassenden und eher qualitativ-orientierten Markenaudits (vgl. Abschn. 3.3) insbesondere die Durchführung regelmäßiger Mitarbeiterbefragungen (allg. Borg 2003). Da Mitarbeiterbefragungen in vielen Unternehmen etablierte Instrumente des Personalmanagements darstellen, bietet es sich aus Kostengründen häufig an, im Rahmen dieser auch Größen der internen Markenstärke zu erheben. Als Grundlage für eine solche Befragung dienen die verschiedenen Modelle der internen Markenführung (z. B. Baumgarth und Schmidt 2010; Bruhn 2005; Zeplin 2006, S. 36 ff. und S. 67 ff.). Tab. 1 fasst zentrale Konstrukte dieser Modelle zusammen und listet exemplarisch Items auf.

Neben der Formulierung des Fragebogens und der Auswahl der Befragungsform (ausführlich Borg 2003, S. 207 ff.) sind speziell auch Entscheidungen über die **Auswahl** der zu

Tab. 1 Konstrukte der internen Markenverankerung und exemplarische Items

Konstrukt	Exemplarische Frageformulierung	Quellen
Markenorientierung (Brand Orientation)	„Wir haben in unserem Unternehmen eine klare Vorstellung davon, wofür unsere Marken stehen. Identität und Nutzenversprechen sind eindeutig definiert."	Baumüller (2008, S. 113)
Markenwissen	„Ich bin vertraut mit unserer Markenkommunikation (Anzeigen, Internet, Messen etc.)."	Baumgarth und Schmidt (2010, S. 1258)
Markenbewusstsein	„Mir ist bewusst, dass unsere Marke stark den Erfolg unseres Unternehmens beeinflusst."	Baumgarth und Schmidt (2010, S. 1258)
Markencommitment (Brand Commitment)	„Ich fühle mich unserer Marke verbunden, weil sie für die Werte steht, die mir persönlich wichtig sind."	Zeplin (2006, S. 199)
Markenengagement (Brand Citizenship Behavior)	„Meine Kollegen setzen sich freiwillig durch ihre täglichen Entscheidungen und Verhaltensweisen für unsere Marke ein, auch über das hinaus, was minimal von ihnen verlangt wird, und auch ohne dass sie dafür besonders belohnt werden."	Zeplin (2006, S. 191)
Markenbindung	„Meine Kollegen möchten auch in Zukunft für die Marke bzw. das Unternehmen arbeiten."	Baumgarth und Schmidt (2010, S. 1258)

befragenden Mitarbeiter von Bedeutung. Bei KMUs mit entsprechend geringen Beschäftigtenzahlen bietet sich i. d. R. eine Vollerhebung an. Bei großen und weltweit agierenden Unternehmen hingegen führen Kostenüberlegungen zu Stichprobenerhebungen. Aus Gründen der Forschungsökonomie empfiehlt es sich dabei, insbesondere diejenigen Mitarbeitergruppen auszuwählen, die in direktem persönlichen Kontakt zu den Kunden stehen. Dabei ist zu berücksichtigen, dass nicht nur Vertrieb und Marketing, sondern häufig auch Entwicklung, Service, Geschäftsleitung und andere Unternehmensbereiche persönlich mit dem Kunden kommunizieren. Des Weiteren sollten solche Mitarbeiter berücksichtigt werden, die aufgrund ihrer formalen oder informalen Machtposition als Promotoren oder Opponenten eines Markenkonzeptes von besonderer Relevanz für die interne Markenstärke sind.

Schließlich sollte das Controlling der internen Markenstärke sich nicht auf die Ad-hoc-Messung beschränken, sondern in ein **umfassenderes Konzept** der internen Markenführung eingebunden sein. Als Rahmen kann dabei das Phasenschema von Borg (2003) für Mitarbeiterbefragungen dienen, welches in Tab. 2 an den Bereich der internen Markenverankerung angepasst wurde.

(2) Evaluation der Kommunikationsqualität durch Inhaltsanalysen (COM-Q)

Grundsätzlich stellt die Inhaltsanalyse ein Verfahren zur Erhebung der sozialen Wirklichkeit durch die Analyse manifester, d. h. explizit vorliegender Texte dar, wobei der Begriff Texte jegliche Art von Kommunikation wie Wörter, Bilder, Videos etc. umfasst (Merten 1995, S. 59). Die Inhaltsanalyse wurde auch schon häufig im Rahmen der Marktkommunikation z. B. zur Analyse von Werbeinhalten (z. B. Resnik und Stern 1977) oder zur Evaluation der Integrierten Kommunikation (z. B. Esch 2011) eingesetzt. An dieser Stelle ist es jedoch nicht möglich, auf ihre vielfältigen Formen und methodischen Details einzugehen (z. B. Baumgarth und Koch 2009; Krippendorff 2004; Neuendorf 2002), vielmehr soll mit dem COM-Q-Modell (COM-Q = Communication Quality) ein grundsätzlicher Ansatz zur Nutzung der Inhaltsanalyse im Rahmen der Beurteilung der Kommunikationsqualität skizziert werden.

Dieser Ansatz geht davon aus, dass die Qualität der B-to-B-Markenkommunikation insbesondere von vier Dimensionen abhängt:

- **Positionierung:** Unterstützung der schriftlich fixierten Markenpositionierung durch die aktuelle Kommunikation an allen Markenkontaktpunkten
- **Kontinuität:** Konstanz der formalen und inhaltlichen Kommunikation über einen längeren Zeitraum (konkret: Vergleich der aktuellen Kommunikation mit der Kommunikation vor drei Jahren)
- **Konsistenz:** keine Widersprüche der aktuell eingesetzten Markenkontaktpunkte in Form und Inhalt
- **Differenzierung:** Unterscheidbarkeit der eigenen Kommunikation gegenüber der Kommunikation der wichtigsten Wettbewerber

Tab. 2 Einbindung der Messung „Interne Markenverankerung" in die „Interne Markenführung".
(Quelle: in Anlehnung an Borg 2003, S. 29)

Nr.	Projektteam	Vorgänge
Phase 1		
1	Förderung, Planung, Durchführung und Entscheidungsvorbereitung	Ziele der Mitarbeiterbefragung zur Messung der internen Markenverankerung (MBIM) und grundsätzliches Design (Timing, Zielgruppen, Datenerhebungsmethode etc.) werden festgelegt
2		MBIM wird im Detail geplant, Fragebogen entwickelt und im Pretest getestet, Datenerhebung wird organisiert, Datenerfassung und -auswertung werden vorbereitet
3		Feldphase, Dateneingabe, Datenanalyse und Aufbereitung der Daten
Phase 2		
4	Präsentation und Moderation	Ergebnisse der MBIM werden der Geschäftsleitung (GL) und dem Markenmanagement (MM) präsentiert und mit diesen zusammen interpretiert
5		GL und MM entscheiden über Schwerpunktthemen und evtl. über Handlungsfelder, zu denen die verschiedenen Organisationseinheiten ihren Beitrag leisten sollen
Phase 3		
6	Koordination und Unterstützung	Ergebnisse werden zusammen mit den Reaktionen der GL und des MM in Top-down-Kaskade an die Organisation zurückgespielt. Dies wird verbunden mit vertiefenden Diskussionen, weiteren Konkretisierungen und Anregungen zur Steigerung der internen Markenverankerung
7		Reaktionen auf die MBIM-Ergebnisse (z. B. konkrete Verbesserungsmaßnahmen, Projekte) werden überlegt und geplant
Phase 4		
8	Bericht	Reaktionspläne werden umgesetzt und an die Mitarbeiter „vermarktet"
9		Erfolg der Reaktionen wird evaluiert
Phase 5		
10	Förderung, Planung, Durchführung und Entscheidungsvorbereitung	Regelmäßige Wiederholung der MBIM (Empfehlung: alle 2 Jahre) und Aufbau eines Reportingsystems

Zur praktischen Durchführung von COM-Q erfolgt in einem ersten Schritt die Sammlung der wichtigsten Markenkontaktpunkte (z. B. Anzeigen, Internet, persönliche Kommunikation des Vertriebs, Geschäftsausstattung, Messen etc.). Um den Aufwand der Analyse zu reduzieren, empfiehlt sich eine Beschränkung auf die zehn oder fünfzehn wichtigsten Markenkontaktpunkte. Des Weiteren sollte eine Eingrenzung der Markenkontaktpunkte auf die Kommunikation der letzten drei Jahre sowie die entsprechende Kommunikation der wichtigsten Konkurrenten erfolgen. Ferner bedarf es für die Durchführung des Verfahrens der schriftlichen Markenpositionierung. In einem nächsten Schritt erfolgt durch zwei oder mehr Personen, die mit der Methodik vertraut, aber keine Unternehmensangehörige sind, die Durchführung einer Inhaltsanalyse. Dazu wird ein standardisiertes Kategoriensystem verwendet. Der Einsatz von zwei oder mehr Codern erlaubt die Überprüfung der Reliabilität der Bewertung (sog. Intercoderreliabilität). Anschließend erfolgen eine Verdichtung der verschiedenen Codierungen zu den vier genannten Dimensionen mit Hilfe eines Scoring-Verfahrens sowie die Ergebnisdarstellung. Dieses Verfahren verdeutlicht Stärken und Schwächen der eigenen Marktkommunikation, wobei häufig schon die systematische Sammlung und Sichtung des Materials erste Erkenntnisse liefert.

3.2 Externes B-to-B-Markencontrolling

Marktcontrolling

Es existieren verschiedene Ansätze des externen Markencontrollings, die sich auf einzelne Bestandteile des Markenmanagements beziehen, also nicht ganzheitlich ausgerichtet sind. So evaluiert die Imageanalyse die Positionierung bzw. einzelne Bestandteile des Markenwissens. Markencontrolling in diesem isolierten Sinne weist zwei wesentliche Schwächen auf: Zum einen fehlt bei der bloßen Messung der Ist-Positionierung die Verbindung zu den erzielbaren, ökonomischen Effekten. Zum anderen kann nicht dargelegt werden, welche anderen, kundenrelevanten Bereiche des Unternehmens, wie z. B. die Vertriebsmannschaft oder die Produkt- und Prozessqualität, zur Markenwahrnehmung beitragen und welche Rolle sie in der Erzielung der ökonomischen Größen spielen.

Das MARKET-Q-Modell (MARKET-Q = Marketing Quality; Baumgarth 2008a, 2008b; Douven 2009; Douven und Baumgarth 2008a, 2008b) stellt ein kombiniertes Controllinginstrument dar, das die von außen wahrgenommene Stärke der Marke (z. B. Image, Bekanntheit, Markenvertrauen) mit Outputgrößen (z. B. Preispremium, Wiederkauf) verbindet. Darüber hinaus berücksichtigt das Modell mit der Leistungs- und Beziehungsqualität weitere Marketinggrößen und erlaubt so die Bestimmung des Status quo des gesamten Marketings aus Kundensicht. Diese breite Perspektive repräsentiert die Besonderheiten des B-to-B-Markenmanagements. Die Ausdehnung des Markencontrollings auf die Leistungs- und Beziehungsqualität sowie die Integration dieser Größen ist deshalb sinnvoll, weil die Stärke der Marke im B-to-B nicht nur durch deren mediale Präsenz und kommunikative Umsetzung erklärt wird, sondern die tatsächliche Erfahrung der Marke durch den Kunden eine wichtige Rolle spielt und in dieser Hinsicht die Mitarbeiter mit Kundenkontakt die Wahrnehmung der Marke wesentlich prägen. MARKET-Q bildet darüber hinaus auch die wichtigsten Wettbewerbsmarken ab. Diese umfassende Betrachtung gibt dem Management nicht nur einen Überblick über die eigene Marke, sondern lässt eine direkte Gegenüberstellung mit den Wettbewerbern zu. Die externe Betrachtung und Bewertung der in MARKET-Q integrierten Größen zeigt die von außen wahrgenommene Beurteilung der Marke sowie die zugehörigen Bereiche Leistung und Mitarbeiter. Abb. 3 präsentiert das MARKET-Q Modell im Überblick.

Im Folgenden werden die einzelnen Komponenten von MARKET-Q näher erläutert.

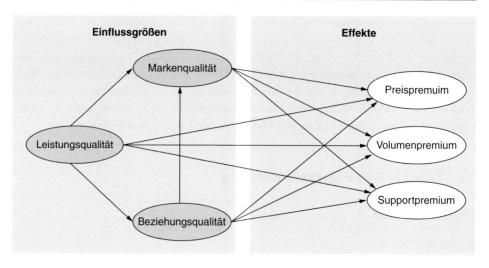

Abb. 3 Überblick über MARKET-Q als externes Markencontrollingsystem

(1) Markenqualität

Markenqualität (auch Markenstärke, Brand Strength) bezeichnet die Attribute einer Marke, deren Ausprägungen die Fähigkeiten und Attraktivität der Marke aus externer Perspektive (z. B. Kunde) charakterisieren.

Für die Erfassung der Markenqualität stellt sich die Frage, welche Facetten die Markenqualität repräsentieren. In der Literatur herrscht kein Konsens über die Bestandteile einer starken Marke, was die vielfältigen Ansätze zur Markenwertbestimmung verdeutlichen (z. B. Salinas 2009; Schimansky 2004; Veloutsou et al. 2013; Zimmermann et al. 2001). Je nach Bewertungsansatz stehen finanzielle Aspekte, psychografische Aspekte oder Kombinationsmodelle zur Darstellung der Markenstärke im Vordergrund. Existierende Markenwertkonzepte sind jedoch vor allem auf die Bedürfnisse des B-to-C ausgerichtet und vernachlässigen die B-to-B-Spezifika (Baumgarth 2004, S. 82). Auch die wenigen B-to-B-bezogenen Ansätze zur Bestimmung des Markenwertes differieren in ihrer Ausgestaltung (z. B. Bendixen et al. 2004; Davis et al. 2009; Gordon et al. 1993; Kuhn et al. 2008; Michell et al. 2001; Sinclair und Seward 1988). Bei der Auswahl der Facetten müssen neben den B-to-B-Besonderheiten auch die unternehmensindividuellen Besonderheiten der Marke berücksichtigt werden. Im MARKET-Q-Modell werden folgende Facetten zur Messung der Markenqualität verwendet:

- Markensympathie
- Einzigartigkeit
- Risikoreduktion
- Markenvertrauen
- Wahrgenommene Qualität

(2) Beziehungsqualität

Im B-to-B-Marketing erleben die Kunden den Kontakt mit dem Unternehmen vielfach auf personeller Ebene, d. h., die Außendienstmitarbeiter, Projektmanager, Techniker und Ingenieure prägen maßgeblich das Bild des Kunden vom jeweiligen Unternehmen. Typisch für B-to-B-Unternehmen ist, dass eben nicht nur die jeweiligen Produkte verkauft werden, sondern diese in beratungsintensiven Projekten entsprechend den Kundenanforderungen getestet, freigegeben und in der laufenden Verarbeitung beim Kunden überprüft und angepasst werden müssen. Diese durch Mitarbeiter des Anbieters erfolgten Beratungen und Services bedeuten langfristige Projekte und eine entsprechend intensive Zusammenarbeit. Durch diesen engen Austausch erhält der Kunde ein umfassendes Bild von der Kompetenz, der Flexibilität, dem Engagement und der Arbeitsweise des Anbieters und dessen Mitarbeitern. Erfolg und Misserfolg der Auftragsausführung und Erzielung von Folgeaufträgen hängen nicht zuletzt von den Faktoren der erlebten Zusammenarbeit ab. Somit stellt die Qualität der Beziehung zwischen Kunde und Anbieter eine wichtige Determinante der Stabilität und Intensität innerhalb der Beziehung dar. Als Facetten der Beziehungsqualität verwendet das MARKET-Q-Modell die folgenden:

- Fachkompetenz (Fach- und Marktkenntnisse)
- Verbundenheit
- Langfristige Zusammenarbeit
- Fairness und Offenheit
- Verlässlichkeit

(3) Leistungsqualität

Die Leistungsqualität ist im B-to-B-Bereich ein etablierter Erklärungsansatz für unternehmerischen Erfolg. Die Annahme, dass B-to-B-Geschäfte das Ergebnis rationaler Entscheidungen auf der Sachebene seien, d. h. auf Kosten-Nutzen-Überlegungen basieren, lässt die wahrgenommene Qualität der Industriegüter ins Zentrum des unternehmerischen Interesses rücken. Zwar werden in B-to-B-Unternehmen durch das Qualitätsmanagement intern Kennzahlen über die Qualität der Produkte (z. B. Ausschussquote, Anzahl Reklamationen etc.) und der Prozesse (z. B. Lieferpünktlichkeit, Verfügbarkeit etc.) generiert, diese geben jedoch keinen Aufschluss über die vom Kunden subjektiv wahrgenommene Qualität der Produkte und Prozesse. Für die Leistungsqualität werden im Rahmen des MARKET-Q-Ansatzes zwei Facetten mit jeweils branchenspezifischen Items eingesetzt:

- Produktqualität (z. B. störungsfreie Weiterverarbeitung)
- Prozessqualität (z. B. Einhaltung der Lieferzeit)

(4) Effekte

Die alleinige Erhebung der Marken-, Beziehungs- und Leistungsqualität gibt zwar schon Auskunft über die vom Kunden wahrgenommene Qualität des Marketings, jedoch kann nicht geklärt werden, welche Effekte sich am Markt erzielen lassen bzw. welche Treiber diese Effekte am stärksten beeinflussen. Insbesondere diese Verknüpfung der Marketingaktivitäten einerseits und der Performance des Unternehmens andererseits verdeutlicht den Effekt des Marketings und zeigt, welchen Beitrag die einzelnen Dimensionen am Erfolg haben.

Als Erfolgskategorien lassen sich in der Literatur drei aggregierte Größen ableiten: Preis-, Volumen- und Supportpremium (ähnlich Baumgarth 2008a, 2008b). Das Preispremium summiert direkt monetär erzielbare Vorteile, das Volumenpremium bezieht Größen ein, die sich auf die Kundenloyalität beziehen. Das Supportpremium als relativ „weiche" Größe wirkt indirekt vorteilhaft, da es bspw. Weiterempfehlung oder Kooperationen beinhaltet.

Die Durchführung des MARKET-Q-Modells erfordert die Erhebung von Kundenurteilen. Dabei müssen die Gegebenheiten von B-to-B-Märkten bei der **Datenerhebung** berücksichtigt werden.

- Zum einen agieren B-to-B-Unternehmen oftmals international, so dass die Erhebung der Daten in den relevanten Ländern erfolgen und die Analyse entsprechende Länderunterschiede herausarbeiten sollte. Eine landesspezifische Befragung bedeutet, dass der Fragebogen in die jeweilige Landessprache übersetzt werden sollte, um Missverständnisse zu vermeiden und die Teilnahmebereitschaft zu erhöhen.
- Des Weiteren tragen die Buying-Center-Strukturen (Webster und Wind 1972, S. 77 ff.) dazu bei, dass die Entscheider in B-to-B-Unternehmen verschiedene Positionen in unterschiedlichen Abteilungen einnehmen. Die Bewertung des Einkäufers und des Technikers kann sich aufgrund verschiedener Perspektiven unterscheiden (z. B. Kosten- vs. Qualitätsfokus). Dementsprechend empfiehlt es sich mehrere Personen im Kundenunternehmen zu befragen, um ein möglichst umfassendes Bild zu erhalten. Auch dies bedeutet erhöhten Aufwand.
- B-to-B-Unternehmen agieren häufig nicht nur auf einem Abnehmermarkt, sondern bearbeiten verschiedene Märkte oder bedienen Direktkunden, Beeinflusser und Händler. Auch diese Strukturen müssen bei der Auswahl der Befragten und der Analyse Berücksichtigung finden.
- Idealerweise sollten auch Informationen von Nicht-Kunden oder potenziellen Kunden hinzugezogen und mit denen bestehender Kunden verglichen werden, um weitere Faktoren der erfolgreichen Marktbearbeitung herausfiltern zu können.
- Um die Ergebnisse über einen längeren Zeitraum miteinander vergleichen und Entwicklungen erkennen zu können, ist es notwendig, die Daten standardisiert zu erheben und die Erhebung in regelmäßigen Abständen zu wiederholen.

Der **Datenauswertung** kommt eine entscheidende Bedeutung für die Verwertbarkeit, das Verständnis und die Interpretationen der Ergebnisse zu. Ziel der Auswertung sollte sein, ein möglichst umfassendes Bild der Ergebnisse zu erhalten, das gleichzeitig den verschiedenen Zielgruppen im Unternehmen gerecht wird. Das heißt, die Auswertungen sollten zum einen für einen Personenkreis (z. B. Vertrieb, Management) verständlich sein, der mit der Auswertungsmethodik weniger vertraut ist, sich aber einen Überblick über die relevanten Ergebnisse verschaffen möchten. Zum anderen sollte die Datenerhebung und -auswertung auch komplexere Analysen des Markenmanagements ermöglichen.

Zu den komplexeren Auswertungen gehören Strukturgleichungsmodelle, die Abhängigkeiten zwischen verschiedenen Konstrukten überprüfen. Diese bestehen aus verschiedenen Elementen: dem inneren Strukturmodell und dem äußeren Messmodell. Das Strukturmodell bildet die hypothetischen Beziehungen zwischen den latenten Variablen (auch Faktoren oder Konstrukte genannt) ab. Das Messmodell stellt die Verbindung zwischen latenten Variablen und ihren beobachtbaren Indikatoren (auch als Items bezeichnet) her. Explizit gemessen, also durch den Fragebogen erhoben, werden in Strukturgleichungsmodellen nur die Messmodelle zur Bewertung der Indikatoren. Zur Berechnung von Strukturgleichungsmodellen existieren verschiedene Verfahren, die unterschiedlichen Anwendungsbedingungen unterliegen (Bliemel et al. 2005, S. 11). In der Praxis spielt vor allem die Stichprobengröße eine wichtige Rolle. Die traditionell angewandte Kovarianzstrukturanalyse (z. B. LISREL, AMOS) erfordert zur Modellschätzung eine wesentlich größere Stichprobe (> 200) als der in jüngerer Vergangenheit vermehrt angewandte PLS-Ansatz (> 30) (Chin und Newsted 1999, S. 314).

Abb. 4 zeigt beispielhaft anhand der Pkw-Zulieferindustrie den Aufbau und die Ergebnisse eines Strukturmodells mit den zu überprüfenden Konstrukten. Die Pfeile drücken die Richtung der Beziehung aus und die Pfadkoeffizienten geben die Stärke des Zusammenhangs an. Diese Ergebnisse stellen die Zusammenhänge der verschiedenen Konstrukte dar.

Die Ergebnisse dieses Beispiels zeigen, dass in dieser Studie die Marke gegenüber der reinen Leistung einen stärkeren Einfluss auf die Outputgrößen hat. Allerdings wird die Marke auch positiv von der Leistung beeinflusst. Das Strukturmodell kann über die gesamten Daten erhoben werden, je nach Datenmenge jedoch auch getrennt nach eigenem Unternehmen und Wettbewerbern oder nach Ländern. So erhält man Aufschluss über die unterschiedliche Wirkung und Relevanz der Marke im jeweiligen Umfeld.

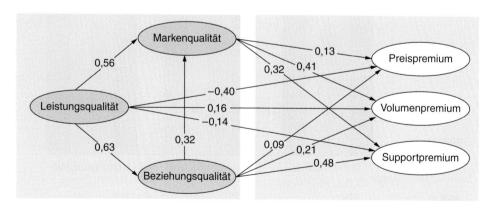

Abb. 4 Beispielhaftes Ergebnis einer MARKET-Q-Strukturanalyse. (Quelle: Douven 2009, S. 231)

Des Weiteren können deskriptive Auswertungen und alternative Darstellungsformen dem Management zusätzliche Informationen liefern. Exemplarisch lässt sich die Performance der einzelnen Dimensionen (Marke, Leistung, Beziehung) über Indizes verdeutlichen. Die Indexbildung liefert anschauliche Erkenntnisse über das eigene Marketing im Wettbewerbsvergleich. Zur Indexbildung bietet sich eine Transformation in eine leichter verständliche Prozentskala von 0–100 an (zur Indexberechnung z. B. Hadwich 2003, S. 201) (vgl. Abb. 5).

Eine weitere, visuelle Möglichkeit der Ergebnisdarstellung auf Indikatorebene ist der Einsatz von Netzdiagrammen. Hier kann man die Erfüllung der einzelnen Indikatoren, ebenfalls auf einer Prozentskala dargestellt, für jede Dimension (hier: Marke) im Vergleich ablesen (vgl. Abb. 6). Würde die Erhebung über mehrere Perioden durchgeführt, ließe sich die Veränderung ebenfalls in einem Diagramm schnell erfassen. Auch hier bietet sich eine Auswertung nach Ländern, Zielgruppen oder Abnehmerstufen an.

Ökonomisches Controlling

Ziel eines ökonomisch orientierten Controllings ist die Analyse des Zusammenhangs zwischen Marke und ökonomischen Größen wie Kosten, Gewinn, Rentabilität oder Markenwert. Speziell im Markenbereich wird seit geraumer Zeit intensiv über die Möglichkeiten und Ansätze zur Messung des **monetären Markenwertes** diskutiert (allg. Schimansky 2004; Salinas 2009; speziell für den B-to-B-Bereich Baumgarth 2004). Da sich bislang

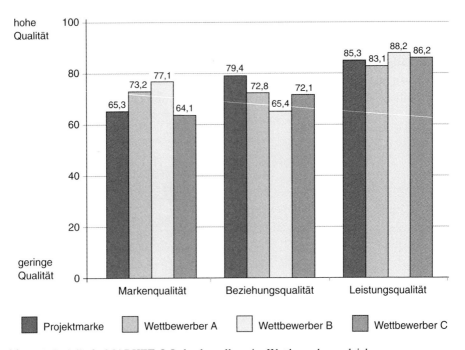

Abb. 5 Beispielhafte MARKET-Q-Indexdarstellung im Wettbewerbsvergleich

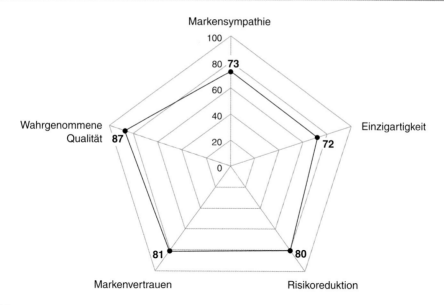

Abb. 6 Beispielhafte MARKET-Q-Detailanalyse

trotz verschiedener Normierungsversuche (z. B. BDU o.J.; Brand Valuation Forum 2007; DIN 2010; IDW 2011) (noch) kein Standard herausgebildet hat, der Einsatz verschiedener Verfahren zu deutlich unterschiedlichen Markenwerten führt (z. B. Absatzwirtschaft 2004) und der Aufwand dieser Verfahren als sehr hoch eingeschätzt werden muss, empfehlen sich diese Verfahren für den Großteil der B-to-B-Unternehmen nur bedingt.

Ein Verfahren, das aber die aktuelle Relevanz einer Marke bestimmt und diese auch monetär im Sinne von Preisprämien ausdrücken kann, stellt die im Weiteren dargestellte **Conjoint-Analyse** dar (allg. z. B. Green und Srinivasan 1978, 1990; Teichert et al. 2008). Die Grundidee dieses Verfahrens besteht darin, im Rahmen einer Befragung nicht die Relevanz der Marke oder sonstiger Attribute direkt abzufragen, sondern dem Befragten jeweils eine gewisse Zahl an Attributen und deren Ausprägungen zur Beurteilung vorzulegen. Zur Beurteilung dieser Profile muss der Befragte die Vorteile einzelner Merkmale mit den Nachteilen anderer Merkmale „verrechnen". Diese ganzheitlichen Urteile bilden dann die Ausgangsbasis zur Bestimmung der Wichtigkeit einzelner Attribute (z. B. Marke) und der Teilnutzen ihrer Ausprägungen (z. B. Marke *John Deere*).

Die Conjoint-Analyse ist in der Vergangenheit auch schon häufiger im Kontext von B-to-B-Marken eingesetzt worden (z. B. Baumgarth und Haase 2005; Bendixen et al. 2004; Homburg et al. 2006; Walley et al. 2007).

Das Beispiel einer Studie zu Traktorenmarken bei englischen Landwirten von Walley et al. (2007) skizziert die grundsätzliche Vorgehensweise der traditionellen Conjoint-Analyse (alternative Verfahren: Adaptive Conjoint-Analyse [ACA] und Wahlbasierte Conjoint-Analyse [CBC]; zu einem anwendungsorientierten Vergleich vgl. Orme 2007).

In einem ersten Schritt wurden auf der Basis von Sekundäranalysen und Experteninterviews fünf Merkmale (Marke, Preis, Nähe des Händlers, Qualität des Händlerservices, Erfahrungen mit dem Händler), die die Kaufentscheidung der Landwirte bei Traktoren beeinflussen, identifiziert. Bei der traditionellen Form der Conjoint-Analyse ist es notwendig, die Zahl der berücksichtigten Merkmale relativ klein zu halten, weil sonst der Befragte mit seinen globalen Urteilen überfordert ist. Anschließend wurden für diese Merkmale die wichtigsten Ausprägungen festgelegt (z. B. Traktor-Marke mit den Ausprägungen *Case, John Deere, Massey Ferguson, New Holland, Valtra*). Um die Anzahl der Profile zu reduzieren, wurden dann mit Hilfe eines sog. orthogonalen Designs 25 Karten produziert. Bei diesem Design, welches z. B. in SPSS erzeugt werden kann, werden nicht alle Kombinationsmöglichkeiten der Ausprägungen berücksichtigt, sondern es wird paarweise nur jede Ausprägung eines Merkmals mit jeder anderen Ausprägung eines anderen Merkmals kombiniert. Im vorliegenden Fall wären sonst 270 Profile notwendig gewesen.

Nach einem Pretest wurden die „Karten" an 1492 Landwirte in England versandt. 428 Landwirte, die die vollständigen Profile mit Hilfe eines Rankings oder von Präferenzskalen beurteilten, wurden in der Auswertung berücksichtigt.

Mit Hilfe des Conjoint-Moduls in SPSS wurden dann die globalen Urteile, die Teilnutzen der verschiedenen Ausprägungen und die Wichtigkeit der Merkmale bestimmt. Abb. 7 zeigt die Wichtigkeit der Marke im Vergleich zu den anderen berücksichtigten Merkmalen (Markenrelevanz), differenziert nach den Besitzern der einzelnen Marken sowie im Durchschnitt.

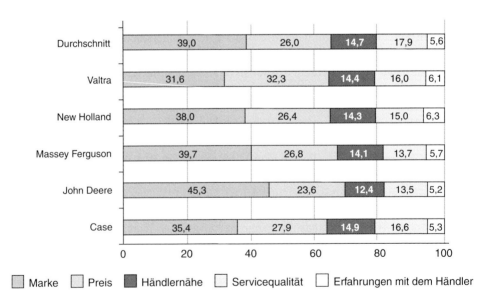

Abb. 7 Wichtigkeit von Merkmalen im Rahmen einer Conjoint-Analyse. (Quelle: Walley et al. 2007, S. 388)

Die Ergebnisse verdeutlichen die hohe Relevanz von Marken für die untersuchte Branche. Darüber hinaus lässt sich der Teilnutzenunterschied zwischen zwei Marken in Geldeinheiten umrechnen, da gleichzeitig der Teilnutzen für verschiedene Preise ermittelt wurde und damit Preis und Marke auf der gleichen Dimension, nämlich Teilnutzen, gemessen wurden.

3.3 Integrierende Ansätze

(1) Brand Scorecard

Die Balanced Scorecard (Kaplan und Norton 1992) ist ein strategisches Konzept zur Steuerung des Unternehmens und zur Umsetzung der Unternehmensziele mittels Kennzahlen. Wesentlicher Bestandteil ist die Betrachtung des Unternehmens aus verschiedenen Perspektiven: Finanzen, Nachfrager, Interne Prozesse sowie Lernen und Wachstum der Organisation und Mitarbeiter. Sie beinhaltet damit sowohl interne als auch externe Faktoren. Diese grundlegende Idee greift die Brand Scorecard auf. In der Literatur existieren verschiedene Adaptionen der Balanced Scorecard für die Markenführung (z. B. Esch et al. 2007; Linxweiler 2001; Meffert und Koers 2005; Schulz-Moll und Kam 2003). Meffert und Koers (2005) und ähnlich Esch et al. (2007) schlagen in ihrer Brand Scorecard eine **interne Perspektive,** eine **Marktperspektive** und eine **Ergebnisperspektive** vor. Damit weisen diese Ansätze inhaltlich eine hohe Verwandtschaft mit dem in Abb. 2 dargestellten Bezugsrahmen auf. Aus jeder dieser Perspektiven lassen sich strategische Ziele, Erfolgsfaktoren und Messgrößen ableiten. So beinhaltet die Marktperspektive bspw. wettbewerbs- und kundengerichtete Größen wie Preisbereitschaft, Differenzierung, Qualität und Loyalität, die sich im Innovationsgrad gegenüber dem Wettbewerb und in der Kundenzufriedenheit ausdrücken. Die interne Perspektive umfasst Größen wie Mitarbeiterzufriedenheit. Esch et al. (2007) beziehen in die interne Perspektive auch Prozesszielgrößen wie Markensynergien oder Kundenwanderungsanalysen ein. Neben diesen beiden aggregierten Zielgrößen der Markt- und internen Perspektive werden schließlich die Ergebnisperspektive berücksichtigt und ökonomische Zielgrößen (z. B. Umsatz, ROI) abgebildet (Esch et al. 2007, S. 344). Die Brand Scorecard nach Linxweiler (2001) ist in eine **Struktur-** und eine **Prozessdimension** gegliedert. Die Strukturdimension umfasst die verschiedenen internen und externen Perspektiven wie Unternehmen, Marke, Lieferanten, Wettbewerb, Kunden und Handel. Die Prozessdimension legt dar, welche Maßnahmen, z. B. Zielformulierung, Strategieformulierung, Umsetzung, in den jeweiligen Strukturdimensionen durchzuführen sind (Linxweiler 2001, S. 218). Die Brand Balanced Scorecard von Schulz-Moll und Kam (2003) greift die vier Perspektiven der klassischen Balanced Scorecard auf. Es werden Kennzahlen für verschiedene Elemente der Bereiche **Finanz-, Kunden-, Prozess-** und **Kompetenzperspektive** erhoben. Die Kundenperspektive ist bspw. durch Markenbekanntheit, Markenimage, Kaufbereitschaft, Kauf und Loyalität erfasst. Sowohl die vier Perspektiven als auch die darunter gefassten Kennzahlen werden durch ein Scoringmodell je nach Relevanz gewichtet. Tab. 3 fasst die unterschiedlichen Elemente der verschiedenen Brand Scorecard-Ansätze zusammen.

Den unterschiedlichen Auslegungen des Brand-Scorecard-Konzepts als Controllinginstrument ist gemeinsam, dass einzelne Messgrößen vereint und sowohl die interne als auch die externe Perspektive beleuchtet werden.

In der praktischen Umsetzung stellt sich jedoch die Frage nach der Zweckmäßigkeit. Der Vorteil des Konzepts ist, dass die ganzheitliche Perspektive einen umfassenderen Einblick und somit eine verbesserte Markensteuerung ermöglicht als die Einzelbetrachtung. Dem stehen jedoch Nachteile gegenüber:

- Die Brand Scorecard erfasst vielfältige Bereiche, wodurch eine hohe Komplexität entsteht, die die praktische Anwendung erschwert.
- Teilweise sind die vorgeschlagenen Kennzahlen der Brand-Scorecard-Modelle zu breit aufgestellt, d. h., ihre Performance hängt von vielen weiteren im Unternehmen ablaufenden Prozessen oder auch gesamtwirtschaftlichen Faktoren ab. So kann zwar ein Zusammenhang zwischen Lieferpünktlichkeit oder Mitarbeiterfluktuationsrate und dem Unternehmenserfolg angenommen werden, jedoch verantwortet das Markenmanagement als solches in der Regel nicht die Lieferprozesse oder das Personalmanagement.
- Das Konzept der Brand Scorecard sieht nicht vor, die verschiedenen Perspektiven im Hinblick auf ihren unterschiedlichen Beitrag zum Markenerfolg einander gegenüberzustellen. Vielmehr werden verschiedene Perspektiven untersucht und dazu Kennzahlen erhoben, die in einer gemeinsamen „Karte" abgebildet werden. Ein Zusammenhang lässt sich jedoch wegen der isolierten Erhebung der Kennzahlen nicht ermitteln.
- Ein Vergleich mit dem Wettbewerb ist mit der Brand Scorecard schwierig. Dazu müsste ein Unternehmen eine Vielzahl an Kennzahlen ermitteln, die für den Wettbewerber teilweise nicht ohne Weiteres zu erheben sind. Dazu zählen bspw. die Kennzahlen der internen Perspektive wie Markenverständnis oder Mitarbeiterzufriedenheit der konkurrierenden Unternehmen.

Die Grundidee der Brand Scorecard, verschiedene Perspektiven in das Markencontrolling zu integrieren, ist sinnvoll. Bei der Umsetzung sollte jedoch darauf geachtet werden, kein Konstrukt zu bauen, das letztlich die gesamten Unternehmensfunktionen und deren

Tab. 3 Zusammengefasste Elemente und Messgrößen der Brand Scorecard

Interne Perspektive (Prozesse und Mitarbeiter)	Markt-/Kundenperspektive	Unternehmens-/ Finanzperspektive
Mitarbeiterzufriedenheit	Markenimage	Umsatz
Fluktuationsrate	Markenbekanntheit	Markenwert
Verantwortlichkeit/Kompetenz	Markenloyalität	ROI
Klarheit der Prozesse	Konkurrenzanalyse	Marktanteil
Kundenwanderung	Kauf-/Preisbereitschaft	–

Performance abbilden will. Zwar sollte ein ganzheitlicher Markenansatz die verschiedenen Unternehmensbereiche wie Prozessmanagement und Personal beeinflussen und die Umsetzung der Markenpositionierung darin verankert sein, jedoch unterstützt die Konzentration auf markenbezogene Aktivitäten ein in der Praxis durchführbares Markencontrolling.

(2) Markenaudit

Ein Markenaudit (Brand Audit) stellt im Vergleich zum ökonomisch kontrollierten Markencontrolling und den Brand Scorecards den breitesten, eher explorativ orientierten Controllingansatz dar, welcher der Analyse des Status quo und der Zukunftsperspektiven dient (Jenner 2005, S. 200). Keller spricht auch von „... comprehensive examination of a brand to discover its sources of brand equity" (Keller 2013, S. 293). Ein Markenaudit lässt sich definieren als „... eine umfassende, systematische, unabhängige und in zeitlichen Abständen wiederholte Bewertung der Qualität der Marke sowie darauf aufbauend die Ableitung von Verbesserungsansätzen." (Baumgarth et al. 2014, S. 40).

Markenaudits zeichnen sich dadurch aus, dass der genaue Analysebereich und auch die Analyseinstrumente a priori nicht begrenzt sind und feststehen, sondern sich im Laufe des Audits **entwickeln** können. Auch werden darin ein hoher Anteil an qualitativen Informationen über die Marke sowie die **Sichtweisen verschiedener Beteiligter** (z. B. Marketing, Unternehmensführung, Vertrieb, F & E) berücksichtigt (Jenner 2005, S. 201). Häufig wird zur Sicherstellung der Objektivität und auch der Expertise empfohlen, solche Audits vollständig durch **externe Berater** durchführen zu lassen oder zumindest externe Berater in das Auditteam zu integrieren.

In Bezug auf die Inhalte eines Markenaudits liegt bislang kein Konsens vor. Es empfiehlt sich aber für B-to-B-Marken auf jeden Fall die Betrachtung externer und interner Aspekte, wobei sowohl der Status quo als auch die möglichen zukünftigen Entwicklungen berücksichtigt werden sollten. Als Orientierungspunkte für ein Markenaudit im B-to-B-Umfeld können die Brand Report Card von Keller (2000), der Branding-Excellence-Ansatz von Homburg und Richter (2003) sowie das Markenaudit für Kulturinstitutionen (MAK) (Baumgarth et al. 2014) dienen. Im Folgenden wird ein Markenaudit für B-to-B-Marken skizziert (ausführlich Baumgarth 2014).

Kern eines B-to-B-Markenaudits stellt ein Markenmodell dar, welches umfassend die wichtigsten Facetten einer B-to-B-Marke abbildet. Es wird dabei ein Markenmodell zugrunde gelegt, welches sowohl die Treiber als auch die Effekte einer starken B-to-B-Marke abbildet. Weiterhin wird bei den Treibern zwischen Potenzialfaktoren und Markenkontaktpunkten unterschieden. Erstere, die im Hintergrund und für den Kunden unsichtbar wirken, bilden das Fundament einer starken B-to-B-Marke. Hingegen sind die Markenkontaktpunkte sicht- und erlebbar und bilden die Schnittstelle zum Kunden. Die Markenperformance bildet die Wirkung der B-to-B Marke bei den Kunden ab. Diese drei Faktoren – Potenzialfaktoren, Markenkontaktpunkte und Markenperformance – lassen sich weiter in jeweils mehrere Dimensionen aufteilen. Abb. 8 fasst das Markenmodell des B-to-B-Markenaudits grafisch zusammen.

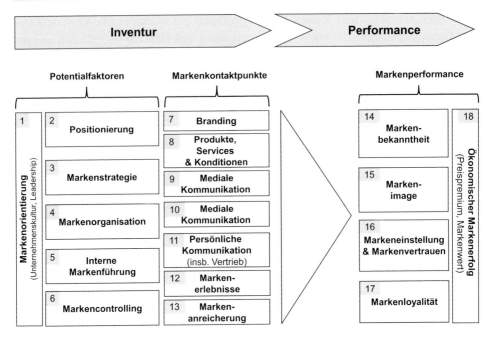

Abb. 8 Markenmodell des B-to-B-Markenaudits

Zur praktischen Durchführung eines B-to-B-Markenaudits sind insbesondere die Träger, die Beurteilungsmethodik sowie der Prozess festzulegen.

Beim Träger eines B-to-B-Markenaudits wird eine Durchführung durch Externe empfohlen. Dabei bietet sich die Bildung eines Teams an, welches unterschiedliche Expertisen und Kompetenzen (z. B. Strategie, Kommunikation, Vertrieb, Branchen-Know-how) integriert und bei der Durchführung durch die gemeinsame Diskussion zu ausgewogenen Evaluationen gelangen kann.

In Bezug auf die Beurteilungsmethodik empfiehlt sich der Einsatz eines Scoringmodells. Dazu müssen in einem ersten Schritt für jede einzelne der 18 Dimensionen ein oder mehrere Items zur Messung ausgewählt werden und mit einer einheitlichen Skala (z. B. 5er-Skala von 1 = geringe bis 5 = exzellente Ausprägung) verknüpft werden. Weiterhin bietet es sich an, die einzelnen Skalenausprägungen durch Ankerbeispiele oder – falls möglich – konkrete Zahlenangaben zu beschreiben. Dadurch reduziert sich zum einen der Evaluationsaufwand und zum anderen wird die Objektivität im Sinne einer intersubjektiven Nachvollziehbarkeit der Beurteilungen gesteigert. Ferner sind zur Beurteilung auch konkrete Instrumente zur Datensammlung auszuwählen. In der praktischen Durchführung von Markenaudits haben sich u. a. Instrumente wie Auswertungstools für Internet und Social Media (z. B. *Google Analytics*), eigene Beobachtungen und fotografische Dokumentation durch das Auditteam (z. B. Messen, Gebäudearchitektur), inhaltsanalytische Auswertung von externen (z. B. Geschäftsausstattung, Anzeigen, Prospekte, Homepage) sowie internen Marketingmaterialien (z. B. Leibilder und Positionierungsstatements, Briefings, Markenbücher), Leifadeninterviews mit Führungskräften, (Marketing-)Dienstleistern, Händlern etc., Mystery-Techniken und Begleitung des Vertriebs, Sekundärrecherche sowie standardisierte Kunden- und Mitarbeiterbefragungen bewährt. Diese Vielfalt an Instrumenten ist erforderlich, da die verschiedenen Dimensionen und Items des Markenmodells unterschiedliche Informationen benötigen. Weiterhin sollte ein Markenaudit versuchen, im Sinne eines Multi-Method-Ansatzes die Beurteilung jedes einzelnen Items durch mindestens zwei Quellen abzusichern (Prinzip der Triangulation, hierzu auch Davidson 2005, S. 54 f.). Tab. 4 zeigt für einen Indikator der Dimension Markeneinstellung & Markenvertrauen exemplarisch die Konstruktion einer Beurteilungsskala im Rahmen des B-to-B-Markenaudits.

Schließlich ist im Rahmen der Beurteilung auch die Verrechnung der Einzelurteile zu Indizes auf Ebene der Dimensionen und des Gesamtaudits zu bestimmen. Im Kern geht es um eine Gewichtung der einzelnen Items bzw. Dimensionen. Zur Bestimmung der Gewichtungen existieren mit einer unabhängigen Expertenbefragung im Rahmen der Auditkonstruktion sowie mit einer Diskussion der Gewichte mit dem Auftraggeber des jeweiligen B-to-B-Unternehmens im Vorfeld des eigentlichen B-to-B-Markenaudits zwei grundsätzliche Ansätze, die jeweils Vor- und Nachteile aufweisen (vgl. allg. auch Davidson 2005, S. 99 ff.).

Zusätzlich ist ein B-to-B-Markenaudit im Sinne eines Projektes mit einem Aufgaben- und Zeitplan zu versehen. Grob lässt sich ein konkretes B-to-B-Markenaudit in die drei Phasen „Vorbereitung", „Durchführung" und „Kommunikation" einteilen. In der Vorbereitungsphase sind das Auditteam zusammenzustellen, mit dem B-to-B-Unternehmen die vorhandenen Informationsquellen (z. B. Kundenbefragung) zu sichten und zu beurteilen, notwendige Primärforschung (z. B. Leitfadeninterviews) unter Berücksichtigung des Budgets und des Timings abzustimmen sowie der Zeitplan für das gesamte Audit inklusive des

Tab. 4 Exemplarische Skala im Rahmen eines B-to-B-Markenaudits

B-to-B-Marke …	100 % (positiv)	75 %	50 %	25 %	0 % (negativ)	**Quellen & Begründung**
…						
Dimension 16: Markeneinstellung & Markenvertrauen						
Risikoreduktion	… reduziert aus Sicht der Nachfrager im Vergleich zum Wettbewerb das Risiko von Fehlentscheidungen.	Top-Marke	Top-3	Mittelfeld	Unteres Mittelfeld	Keine Risikoreduktion	(Internationale) Kunden- und Marktbefragungen, Awards
…						

Abschlussworkshops zu beschließen. Die Durchführung des B-to-B-Markenaudits bildet die Kernphase und lässt sich idealtypisch in drei Teilschritte einteilen. Zunächst sind alle notwendigen Daten mit Hilfe der Sekundär- und Primärforschung zu erheben. Dann erfolgt die Beurteilung der einzelnen Items durch das Auditteam. Schließlich werden unter Berücksichtigung der Gewichtungen die Scores für die 18 Dimensionen, die drei Faktoren sowie der Gesamtindex berechnet. Die letzte Phase dient der Kommunikation der Ergebnisse. Dabei bietet sich ein Workshopformat mit einem heterogenen Teilnehmerkreis aus dem B-to-B-Unternehmen an. Die Präsentation der eigentlichen Markenauditergebnisse inklusive der Stärken und Schwächen sollten dabei kompakt erfolgen. Größeres Augenmerk sollte hingegen auf die Diskussion von tatsächlichen Verbesserungsansätzen gelegt werden. Um die Nachhaltigkeit des B-to-B-Markenaudits sicherzustellen, sollten sowohl konkrete Maßnahmen, Meilensteine und Verantwortlichkeiten vereinbart als auch in einem mehrmonatigen Abstand Folgeworkshops zum Stand der Verbesserungen terminiert werden.

4   Fazit

„If you can't measure it, you can't manage it." Dieses Zitat, welches dem Management-Vordenker Peter F. Drucker zugeschrieben wird, verdeutlicht die Bedeutung des Controllings und ist auch für das B-to-B-Markenmanagement relevant. Ihm stehen verschiedene Instrumente zur Verfügung, um die Markenaktivitäten zu überprüfen und zu steuern. Die vorgestellten Ansätze tragen den Besonderheiten des B-to-B-Markenmanagements Rechnung und berücksichtigen sowohl interne als auch externe Faktoren. Wirkungsvolles B-to-B-Markenmanagement fängt beim Verständnis, der Akzeptanz und der Umsetzung durch die Mitarbeiter an und lässt so die interne Verankerung der Marke zum festen Bestandteil eines B-to-B-Markencontrollingkonzepts werden. Das extern gerichtete Markencontrolling hat die Aufgabe, den Grad der Umsetzung des Markenmanagements im Markt und bei den Kunden zu messen. Erst die Betrachtung beider Komponenten gibt ein aufschlussreiches, umfassendes Bild über den Zustand der B-to-B-Marke.

Das methodische Vorgehen des Markencontrollings zeichnet sich durch eine hohe Bandbreite aus und reicht von qualitativ orientierten Markenaudits bis hin zur multivariaten, statistischen Analyse der Ursache-Wirkungs-Prinzipien von B-to-B-Marken. Markenmanagement hat im B-to-B bisher nicht den gleichen Stellenwert wie im B-to-C und verfügt somit nicht über die gleichen finanziellen und personellen Ressourcen. Es ist somit in der Regel nicht möglich, große Imagestudien jährlich durchzuführen, einzelne Marketingkampagnen auf ihren Beitrag zum Markenerfolg zu messen oder zusätzliche Mitarbeiterbefragungen zur Erhebung der internen Markenstärke durchzuführen. Markencontrolling im B-to-B muss sich, um in der Praxis durchführbar zu sein und Anerkennung zu finden, den jeweiligen Unternehmensgegebenheiten anpassen. In erster Linie geht es demnach nicht darum, die möglichst umfassendste Methode zu wählen, sondern die markenrelevanten Aktivitäten transparent zu messen und zu steuern.

Literatur

Absatzwirtschaft (Hrsg.). (2004). *Die Tank AG*. Düsseldorf: Verlagsgruppe Handelsblatt.

Baumgarth, C. (2004). Markenwert von B-to-B-Marken. In C. Baumgarth (Hrsg.), *Marktorientierte Unternehmensführung* (S. 77–96). Frankfurt a. M.: Peter Lang.

Baumgarth, C. (2008a). Marke, persönliche Beziehungen oder Leistung? In H. H. Bauer, F. Huber & C.-M. Albrecht (Hrsg.), *Erfolgsfaktoren der Markenführung* (S. 431–444). München: Vahlen.

Baumgarth, C. (2008b). Integrated model of marketing quality (MARKET-Q) in the B-to-B sector. *Journal of Business Market Management, 2*(1), 41–57.

Baumgarth, C. (2014). Markenaudit für B-to-B-Marken. In T. Kliewe & T. Kesting (Hrsg.), *Moderne Konzepte des organisationalen Marketing* (S. 357–373). Wiesbaden: Springer Gabler.

Baumgarth, C. (2015). B-to-B-Marken. In K. Backhaus & M. Voeth (Hrsg.), *Handbuch Business-to-Business Marketing* (2. Aufl., S. 385–414). Wiesbaden: Springer Gabler.

Baumgarth, C., & Haase, N. (2005). Markenrelevanz jenseits von Konsumgütern. *planung & analyse, 3/2005*, 44–48.

Baumgarth, C., & Koch, J. (2009). Inhaltsanalyse. In C. Baumgarth, M. Eisend & H. Evanschitzky (Hrsg.), *Empirische Mastertechniken* (S. 131–163). Wiesbaden: Gabler.

Baumgarth, C., & Schmidt, M. (2008). Persönliche Kommunikation und Marke. In A. Hermanns, T. Ringle & P. C. van Overloop (Hrsg.), *Handbuch Markenkommunikation* (S. 247–263). München: Vahlen.

Baumgarth, C., & Schmidt, M. (2010). How strong is the business-to-business brand in the workforce? *Industrial Marketing Management, 39*(5), 1250–1260.

Baumgarth, C., Kaluza, M., & Lohrisch, N. (2014). *Markenaudit für Kulturinstitutionen*. Wiesbaden: Springer VS.

Baumüller, N. (2008). *Unternehmensinterne Erfolgsfaktoren von Markentransfers*. Wiesbaden: Gabler.

BDU (Hrsg.) (o. J.). *Grundsätze ordnungsgemäßer Markenbewertung*. Bonn: BDU.

Bendixen, M., Bukasa, K. A., & Abratt, R. (2004). Brand equity in the business-to-business market. *Industrial Marketing Management, 33*(5), 371–380.

Bliemel, F., Eggert, A., Fassott, G., & Henseler, J. (2005). Die PLS-Pfadmodellierung. In F. Bliemel, A. Eggert, G. Fassott & J. Henseler (Hrsg.), *Handbuch PLS-Pfadmodellierung* (S. 10–16). Stuttgart: Schäffer-Poeschel.

Borg, I. (2003). *Führungsinstrument Mitarbeiterbefragung* (3. Aufl.). Göttingen: Hogrefe.

Brand Valuation Forum (2007). *Zehn Grundsätze der modernen Markenbewertung*. Berlin: GEM/Markenverband.

Bruhn, M. (2005). Interne Markenbarometer. In F.-R. Esch (Hrsg.), *Moderne Markenführung* (4. Aufl., S. 1037–1060). Wiesbaden: Gabler.

bvik (2013). *Budgetverteilung von Marketing-Ausgaben in Industrieunternehmen 2012*. Augsburg: bvik.

bvik (2015). *B2B-Marketing-Budgets 2014*. Augsburg: bvik.

Chin, W., & Newsted, P. (1999). Structural equation modeling analysis with small samples using partial least squares. In R. Hoyle (Hrsg.), *Statistical methods for small sample research* (S. 307–342). Thousand Oaks: SAGE.

Davidson, J. E. (2005). *Evaluation methodology basics*. Thousand Oaks: SAGE.

Davis, D. F., Golicici, S. L., & Marquardt, A. (2009). Measuring brand equity for logistic services. *International Journal of Logistics Management, 20*(2), 201–212.

DIN (Hrsg.). (2010). *DIN ISO 10688*. Berlin: Beuth.

Douven, S. (2009). *Markenwirkungen in der Automobilzulieferindustrie*. Wiesbaden: Gabler.

Douven, S., & Baumgarth, C. (2008a). Ist die Marke eine effektive Marketingorientierung im B-to-B-Kontext? In C. Baumgarth, G. Kelemci Schneider & B. Ceritoglu (Hrsg.), *Impulse für die Markenforschung und Markenführung* (S. 187–208). Wiesbaden: Gabler.

Douven, S., & Baumgarth, C. (2008b). Automobilzulieferer und Markenmanagement. *Zeitschrift für die gesamte Wertschöpfungskette Automobilwirtschaft, 11*(4), 6–13.

Doyle, P. (2000). Value-based marketing. *Journal of Strategic Marketing, 8*(4), 299–311.

Esch, F.-R. (2011). *Wirkungen integrierter Kommunikation* (5. Aufl.). Wiesbaden: Gabler.

Esch, F.-R., Geus, P., Kernstock, J., & Brexendorf, T. (2007). Controlling des corporate brand management. In F.-R. Esch, T. Tomczak, J. Kernstock & T. Langner (Hrsg.), *Corporate band management* (S. 313–346). Wiesbaden: Gabler.

Gordon, G. L., Calantone, R. J., & di Benedetto, C. A. (1993). Brand equity in the business-to-business sector. *Journal of Product & Brand Management, 2*(3), 4–16.

Green, P. E., & Srinivasan, V. (1978). Conjoint analysis in consumer research. *Journal of Consumer Research, 5*(2), 103–123.

Green, P. E., & Srinivasan, V. (1990). Conjoint analysis in marketing. *Journal of Marketing, 54*(4), 3–19.

Hadwich, K. (2003). *Beziehungsqualität im Relationship Marketing*. Wiesbaden: Gabler.

Homburg, C., & Richter, M. (2003). *Branding excellence*. Mannheim: Universität Mannheim.

Homburg, C., Jensen, O., & Richter, M. (2006). Die Kaufverhaltensrelevanz von Marken im Industriegüterbereich. *Die Unternehmung, 60*(4), 281–296.

Homburg, C., Vomberg, A., Enke, M., & Grimm, P. H. (2015). The loss of the marketing department's influence. *Journal of the Academy of Marketing Science, 43*(1), 1–13.

IDW (Hrsg.). (2011). *Grundsätze zur Bewertung immaterieller Vermögenswerte* (S. 5). Düsseldorf: IDW.

Jenner, T. (2005). Funktion und Bedeutung von Marken-Audits im Rahmen des Marken-Controlling. *Marketing ZFP, 27*(3), 197–207.

Kaplan, R., & Norton, D. (1992). The balanced scorecard. *Harvard Business Review, 70*(1), 71–79.

Keller, K. L. (2000). The brand report card. *Harvard Business Review, 78*(1), 147–157.

Keller, K. L. (2013). *Strategic brand management* (4. Aufl.). Boston: Pearson.

Krippendorff, K. (2004). *Content analysis* (2. Aufl.). Thousand Oaks: SAGE.

Kuhn, K. L. A., Alpert, F., & Pope, N. K. L. (2008). An application of Keller's brand equity model in a B2B context. *Qualitative Market Research, 11*(1), 40–58.

Linxweiler, R. (2001). *BrandScoreCard*. Gross-Umstadt: Sehnert.

Lüers, T. (2006). *Shareholder Value-Orientierung im Marketing*. Wiesbaden: Gabler.

Meffert, H., & Koers, M. (2005). Identitätsorientiertes Markencontrolling. In M. Meffert, C. Burmann & M. Koers (Hrsg.), *Markenmanagement* (2. Aufl., S. 273–296). Wiesbaden: Gabler.

Meffert, H., Burmann, C., & Kirchgeorg, M. (2015). *Marketing* (12. Aufl.). Wiesbaden: Gabler.

Merten, K. (1995). *Inhaltsanalyse* (2. Aufl.). Opladen: VS.

Michell, P., King, J., & Reast, J. (2001). Brand values related to industrial products. *Industrial Marketing Management, 30*(5), 415–425.

MSI (2014). *2014–2016 research priorities*. Cambridge: Marketing Science Institut.

Neuendorf, K. A. (2002). *The content analysis guidebook*. Thousand Oaks: SAGE.

Orme, B. (2007). Which conjoint method should i use?, In Swatooth Software (Hrsg.), Research Paper Series. http://www.sawtoothsoftware.com/download/techpap/whichmth.pdf. Zugegriffen: 21. Apr. 2009.

Reinecke, S., & Herzog, W. (2006). Stand des Marketingcontrollings in der Praxis. In S. Reinecke & T. Tomczak (Hrsg.), *Handbuch Marketingcontrolling* (2. Aufl., S. 81–95). Wiesbaden: Gabler.

Reinecke, S., & Janz, S. (2007). *Marketingcontrolling*. Stuttgart: Kohlhammer.

Resnik, A., & Stern, B. L. (1977). An analysing of information content in television advertising. *Journal of Marketing, 41*(1), 50–53.

Richter, M. (2007). *Markenbedeutung und -management im Industriegüterbereich*. Wiesbaden: Gabler.

Salinas, G. (2009). *The international brand valuation manual*. Chichester: Wiley.

Schimansky, A. (Hrsg.). (2004). *Der Wert der Marke*. München: Vahlen.

Schulz-Moll, P., & Kam, P. (2003). Brand balanced scorecard (BBS). In O. Göttgens, A. Gelbert & C. Böing (Hrsg.), *Profitables Markenmanagement* (S. 199–216). Wiesbaden: Gabler.

Sinclair, S. A., & Seward, K. E. (1988). Effectiveness of branding a commodity product. *Industrial Marketing Management, 17*(1), 23–33.

Srivastava, R., Shervani, T. A., & Fahey, L. (1998). Market-based assets and shareholder value. *Journal of Marketing, 62*(1), 2–18.

Teichert, T., Sattler, H., & Völckner, F. (2008). Traditionelle Verfahren der Conjoint-Analyse. In A. Herrmann, C. Homburg & M. Klarmann (Hrsg.), *Handbuch Marktforschung* (3. Aufl., S. 650–685). Wiesbaden: Gabler.

Veloutsou, C., Christodoulides, G., & de Chernatony, L. (2013). A taxonomy of measures for consumer-based brand equity. *Journal of Product and Brand Management, 22*(3), 238–248.

Verhoef, P. C., & . Leeflang, P. S. H. (2009). Understanding the marketing department's influence within the firm. *Journal of Marketing, 73*(1), 14–37.

Verhoef, P. C., Leeflang, P. S. H., Reiner, J., Natter, M., & Baker, W. (2011). A cross-national investigation into the marketing department's influence within the firm. *Journal of International Marketing, 19*(3), 59–86.

Walley, K., Custance, P., Taylor, S., Lindgreen, A., & Hingley, M. (2007). The importance of brand in the industrial purchase decision. *Journal of Business & Industrial Marketing, 22*(6), 383–393.

Weber, J., & Schäffer, U. (1999a). Sicherstellung der Rationalität in der Willensbildung durch die Nutzung des fruchtbaren Spannungsverhältnisses von Reflexion und Intuition. *Zeitschrift für Planung, 10*(2), 205–244.

Weber, J., & Schäffer, U. (1999b). Sicherstellung der Rationalität von Führung als Funktion des Controlling. *Die Betriebswirtschaft, 59*(6), 731–746.

Webster, F., & Wind, Y. (1972). *Organizational buying behavior*. Englewood Cliff: Prentience Hall.

Zeplin, S. (2006). *Innengerichtetes identitätsbasiertes Markenmanagement*. Wiesbaden: Gabler.

Zimmermann, R., Klein-Bölting, U., Sande, B., & Murad-Aga, T. (2001). *Brand equity review*. Bd. 1. Düsseldorf: BBDO.

Echtzeit B-to-B-Markenführung mit Marketing Automation

Thomas Foell

Zusammenfassung

Die Frage nach Effizienz und Effektivität ist ein Dreh- und Angelpunkt der B-to-B-Markenführung. Durch die Digitalisierung entstehen bislang ungeahnte Möglichkeiten. Zunehmendes Interesse erfährt dabei die Automatisierung von Kommunikationsprozessen – kurz Marketing Automation. Die hierdurch entstehenden Chancen und Herausforderungen für die B-to-B-Markenführung sind in Deutschland noch kaum erforscht. Anhand von aktuellen empirischen Erhebungen wird der lokale Entwicklungsstand von Marketing Automation verortet sowie die Planung der Unternehmen skizziert. Beispiele für den Einsatz von Marketing Automation verdeutlichen die Möglichkeiten. Klarer Fokus ist die Einbindung der B-to-B-Markenführung, um einen möglichst nachhaltigen Erfolg im Einsatz von Marketing Automation zu erreichen.

Schlüsselbegriffe

Content Marketing · Digitale B-to-B-Markenführung · Customer Journey ·
Customer Touchpoints · Lead Management · Marketing Automation

Inhaltsverzeichnis

T. Foell (✉)
wob AG
Viernheim, Deutschland
E-Mail: thomas.foell@wob.ag

© Springer Fachmedien Wiesbaden GmbH, ein Teil von Springer Nature 2018
C. Baumgarth (Hrsg.), *B-to-B-Markenführung*, https://doi.org/10.1007/978-3-658-05097-9_40

1   Einleitung

Die deutsche Industrie beschäftigt sich seit Jahren erfolgreich mit der Automatisierung von Prozessen. So ist die Automatisierung in der industriellen Produktion ein Feld, in dem deutsche Anbieter inzwischen im internationalen Wettbewerb auf den vorderen Plätzen mitspielen. Für *Siemens*-Chef Kaeser geht es für Deutschland bei Industrie 4.0 darum, „die technologische Führerschaft und Vordenkerrolle in der industriellen Produktion zu verteidigen" (Kaeser 2015). Anders verhält es sich dagegen noch in den Methoden und Prozessen der B-to-B-Kommunikation. Aktuelle Studien zeigen, dass die Automatisierung in Marketing und Vertrieb in den deutschen Unternehmen noch nicht angekommen ist (bvik 2016; IFSMA 2016a). Internationale (Vorreiter USA), aber auch europäische Unternehmen (Vorreiter UK) sind im Vergleich schon weit stärker entwickelt (vgl. Abschn. 5.2). Professionelle Kommunikations- und Markenarbeit ist dabei für deutsche B-to-B-Unternehmen im deutlich verschärften, international geprägten Wettbewerb erfolgskritischer denn je (Masciadri und Zupancic 2013). Die technischen Grundlagen haben sich rasant entwickelt und bieten Wachstumsmöglichkeiten wie wohl selten zuvor. Durch Marketing Automation wird der Einfluss von Marketing und Markenführung auf Umsatz und Ertrag erstmalig in Echtzeit mess- und steuerbar. Daraus resultieren neue Chancen, sich im Kreis der Top-Entscheider von der Kostenstelle zum nachweisbaren und unverzichtbaren Mitspieler in Sachen Kundengewinnung, -bindung, -rückgewinnung und Umsatzwachstum zu entwickeln (Wizdo 2014).

Damit die Automatisierung in der Marken- und Marketingkommunikation in Zukunft auch für deutsche B-to-B-Unternehmen die im Markt erforderlichen Effizienz- und Effektivitätsgewinne bringen kann, ist eine intensive Auseinandersetzung mit dem Thema in Wissenschaft und Praxis erforderlich. Dieser Beitrag beleuchtet Marketing Automation in Bezug auf die moderne B-to-B-Markenführung in Deutschland.

2 Definition, Einsatz und Status von Marketing Automation

2.1 Definition Marketing Automation

Das *Institut für Sales und Marketing Automation* (IFSMA 2016b) definiert Marketing Automation wie folgt: „Unter Marketing Automation versteht man die IT-gestützte Durchführung wiederkehrender Marketingaufgaben mit dem Ziel, die Effizienz von Marketingprozessen und die Effektivität von Marketingentscheidungen zu steigern."

Marketing Automation ist im Kern ein moderner, vornehmlich digitaler Dialog-Ansatz. Die intelligente Vernetzung von verschiedenen Software-Lösungen ermöglicht eine zentrale Auswertung und Steuerung und zielt auf die fortlaufende, mehrwertorientierte Interaktion mit den professionellen Nachfragern. Wer hier aber an ein Perpetuum mobile glaubt, liegt falsch. Die Systeme funktionieren vor allem teilautomatisiert und erfordern Planung, Organisation, Durchführung, Steuerung und Optimierung durch ein dediziertes Team von Mitarbeitern – bereichsübergreifend zumindest aus Marketing und Vertrieb, im besten Fall auch IT.

Die Kommunikation zu Marketing Automation wird oft technisch und komplex über Software-Funktionalitäten geführt – u. a. auch getrieben durch die zumeist anglo-amerikanischen Software-Anbieter, die den Markt zurzeit noch dominieren. Diese treiben ebenso den Einsatz der Technologie für das Lead Management voran. **Lead Management** behandelt dabei den Prozess von der Generierung neuer Leads, der weiteren Qualifizierung dieser Leads, der Übergabe an den Vertrieb und im Abschluss die Konversion in einen neuen Kunden bzw. in Neugeschäfte mit bestehenden Kunden.

Zur Entwicklung eines Leitmodells für den Einsatz von Marketing-Automation-Systemen (MAS) nutzte *Forrester Research* verschiedene Studien über professionelle B-to-B-Nachfrager auf der einen und Software-Systemanbietern auf der anderen Seite. Die daraus entstandene Empfehlung konzentriert sich auf eine Prozesskette für die Kundengewinnung vom Erstkontakt zum Ertrag (vgl. Abb. 1). Der mehrphasige Kreislauf wird aus Perspektive der potenziellen Kunden (Buyer Journey) und der agierenden Unternehmen (Lead to Revenue Management = L2RM) dargestellt. Der als Kontaktprozess bezeichnete Weg bis zum Kauf wird aus Kundensicht stark vereinfacht in nur drei Stufen dargestellt, aber kann je nach Komplexität des Beschaffungsprojektes in deutlich mehr Stufen unterteilt sein (z. B. Backhaus und Voeth 2014, S. 44). Gerade für die Markenführung entscheidend ist das durchgängige Bindeglied zwischen beiden Perspektiven: personalisierte und crossmedial-ausgespielte Inhalte (international etablierter Fachbegriff „Content") als determiniertes Betriebsmittel von Marketing Automation. Die Einbindung bzw. Verankerung im aktuell viel diskutierten **Content Marketing** ist somit ein entscheidender Erfolgsfaktor für Marketing Automation.

Die aktuell zur Verfügung stehenden Software-Systeme bieten integrierte Funktionalitäten über alle Phasen in der Prozesskette hinweg, z. B. für die

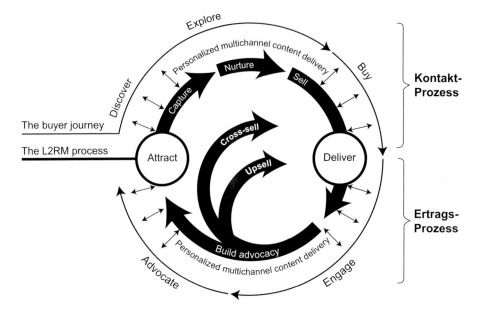

Abb. 1 Übersicht Kontakt- und Ertragsprozess nach Forrester. (Quelle: in Anlehnung an Wizdo 2014)

- Suchmaschinen-Optimierung und Attrahierung neuer und bestehender Kontakte
- Umwandlung von unbekannten in bekannte und rechtlich nutzbare Kontakte durch Einsatz von Formularen und Einholung einer Kontakterlaubnis (Double-Opt-In)
- E-Mail-Erstellung und -Versand mit automatisierten Dialog-Strecken
- Erstellung und Publikation von vernetzten Internetseiten und Social Media Postings
- Sukzessive Qualifizierung der Kontakte über deren digitales Verhalten (sogenanntes „Profiling")
- Individuelle Ausspielung von Inhalten passend auf das qualifizierte Interesse der Nutzer (sogenanntes „Targeting")
- Dramatisierung im Kaufprozess gemäß steigendem Involvement (sogenanntes „Nurturing")
- Automatisierte Synchronisierung der Nutzerdaten mit dem CRM und somit automatisierte Anbindung an den Vertrieb
- Priorisierte Übergabe von qualifizierten Kontakten vom Marketing an den Vertrieb (sogenanntes „Scoring").

Ein Großteil der Systeme ist als moderne **SaaS**-(Software-as-a-Service-)Lösung verfügbar. Das heißt, der Anbieter betreibt das System zentral und stellt es den Kunden mittels geschütztem Zugriff über Internetbrowser zur Verfügung. Eine Einbindung der IT-Abteilung ist oft – wenn überhaupt – erst mit der Anbindung an weitere wichtige Unternehmenssysteme (vor allem CRM) erforderlich. Die Rolle der IT sowie die Bestimmungen und der Umgang mit dem deutschen Datenschutz werden in diesem Beitrag nicht weiter elaboriert.

2.2 Beispielhafter Einsatz im Lead Management

Die Generierung von neuen potenziellen Kunden (Leads) und die Vertriebsunterstützung ist aktuell die am stärksten geplante Marketingkommunikations-Aktivität für B-to-B-Unternehmen (vgl. Abschn. 2.4). Je komplexer die Produkte bzw. angebotenen Leistungen sind, desto langwieriger sind in der Regel auch die Beschaffungsprozesse. Vom Erstkontakt bis zum Kaufabschluss müssen die neuen Kontakte durch die verantwortlichen Außendienst-Mitarbeiter qualifiziert werden. Im Rahmen dieser Qualifizierung wird jeder Lead auf sein Kaufinteresse geprüft. Am Ende bleibt so nur eine kleinere Anzahl von Kontakten übrig, die es bis zum Kaufabschluss schafft. Marketing Automation übernimmt einen guten Anteil dieser Vorqualifizierung, liefert dem Vertrieb nur die Kontakte mit einem hohen Abschlusspotenzial und bringt damit eine für den Unternehmenserfolg bedeutsame Entlastung: Vertrieb ist eine der wichtigsten und teuersten Ressourcen in B-to-B-Unternehmen. Jede Minute, die in die Qualifizierung fließt, steht nicht für andere Aufgaben wie Kundenbindung, -beratung, Kontaktpflege und -ausbau zur Verfügung.

Mit Marketing Automation lassen sich für unterschiedliche Zielgruppen die Inhalte identifizieren und definieren, die diese über die unterschiedlichen Phasen ihres Kaufprozesses (Buyer Journey) benötigen. Jede Zielgruppe kann dabei spezifischen Content auf Basis von Interesse, Position im Buying Center etc. zugespielt bekommen. Dies wird im folgenden fiktiven Beispiel illustriert:

Beispiel

Ein themenbezogener Artikel in einem digital publizierten Newsbeitrag („organische" Leadgenerierung) oder eine Anzeige in Suchmaschinen („paid" Leadgenerierung) verweist den Interessenten auf ein informatives Whitepaper zu diesem Thema auf einer Landingpage. Ein professioneller Nachfrager bestellt das Whitepaper über ein Formular, stimmt dabei über den Double-Opt-In-Prozess dem weiteren digitalen Dialog mit dem Anbieter zu und beginnt somit seine Customer Journey. In einer ersten automatisierten „Willkommens-Kampagne" stellt das System das Whitepaper zu. Wenige Tage später folgt eine E-Mail mit dem Angebot für ein allgemeines E-Book A und weitere Whitepaper zu den unterschiedlichen Themen B, C und D. Entscheidet er sich für ein spezifisches Themen-Whitepaper D, wird die „Willkommens-Kampagne" beendet und eine neue Kampagne zu dem ausgewählten Thema D gestartet. Wenn er sich für das E-Book A entscheidet, läuft die „Willkommens-Kampagne" weiter und das System bietet dem Interessenten eine Fallstudie zum Download an. Wenige Tage später erhält er ein „Why us"-Dokument zum Download, in dem Nutzen und Vorteile einer Zusammenarbeit mit dem Anbieter auf Basis der Markenwerte vorgestellt werden. Während der neue Kontakt die erste Kampagne digital durchläuft, wird er – je nach eingesetztem System – automatisiert nach weiteren expliziten Informationen zu seiner Person oder seinem Kaufanliegen befragt („Profiling") und/oder sein implizites digitales Verhalten an den Kontaktpunkten (Landingpage, Download, weitere Themenseite, etc.) wird über das System anonymisiert festgehalten und über ein vorher definiertes Punktesystem („Scoring") bewertet. Wenn der Interessent alle zu seinem Zielgruppenprofil passenden Inhalte („Targeting") aus der „Willkommens-Kampagne" oder dem von ihm ausgewählten Thema („Nurturing") angenommen hat und er durch seine expliziten und impliziten Informationen einen definierten Scoring-Wert überschreitet, wird er als hochqualifizierter Lead über das CRM (Customer Relationship Management) automatisch an den verantwortlichen Mitarbeiter im Außendienst für einen persönlichen Erstkontakt delegiert. Falls der Kontakt dem Außendienst signalisiert, dass noch keine konkrete Kaufabsicht besteht oder er aus einer Kampagne aussteigt, wird er in den Newsletter-Verteiler oder eine Folge-Kampagne aufgenommen.

Die Ergebnisse durch den Einsatz von Marketing Automation sind somit Effizienzoptimierungen in Prozess und Organisation, die einen Anstieg der Verkaufsabschlüsse und des Unternehmensertrags ermöglichen durch

- die aktive Bearbeitung und Qualifizierung von neuen Leads in Echtzeit und somit ohne Zeitverzug,
- konsistente Markenführung über geeignete Inhalte und Erlebnisse (Customer Experience) an allen relevanten Kontaktpunkten (Customer Touchpoints),
- die Begleitung der Zielpersonen in der Beschaffungsphase mit individuell passenden Inhalten und Tempo,
- die Vermeidung des „Versickerns" von möglichen Käufern im Qualifizierungsprozess und
- die Konzentration des Vertriebs auf hochqualifizierte Leads.

2.3   Status in der Wissenschaft

In der wissenschaftlichen Auseinandersetzung und Forschung im deutschsprachigen Raum gibt es seit Anfang 2016 die ersten tiefergehenden Studien, die Status, Potenziale, Hürden und Konsequenzen für den unternehmerischen Einsatz von Marketing Automation im B-to-B-Umfeld erforschen (bvik 2016; IFSMA 2016a). Die wissenschaftliche Forschung für die B-to-B-Markenführung durch Marketing Automation steht aber noch am Anfang. Zum derzeitigen Betrachtungsstand gibt es im deutschsprachigen Raum keine wissenschaftliche Literatur, die sich dem Thema widmet. Der folgende Beitrag nimmt Bezug auf die beiden genannten Studien und interpretiert die deskriptiven Ergebnisse. Auch wenn in den vorliegenden Studien die Repräsentativität der Ergebnisse aufgrund der geringen Stichprobengröße nicht gewährleistet werden kann, werden diese als Bestandsaufnahme zum Entwicklungsstand von Marketing Automation im deutschsprachigen Raum genutzt und für die eigene Interpretation eingesetzt.

2.4   Status in der Praxis im DACH-Raum

Marketing-Automation-Systeme (MAS) wurden zuerst im anglo-amerikanischen Umfeld entwickelt und sind dort vor allem bei B-to-B-Unternehmen bereits seit mehr als zehn Jahren bekannt und im praktischen Einsatz. Wie auch bei anderen digitalen Großentwicklungen – siehe z. B. CRM-Systeme – handelt es sich vornehmlich um eine technische Weiterentwicklung, die zum erfolgreichen Einsatz auch die Einbindung in das unternehmerische Ziel- und Strategiesystem sowie die Umgestaltung der Organisation und der abteilungsübergreifenden Prozesse erfordert. Das Thema selbst ist in Deutschland erst bei etwas mehr als der Hälfte (57 %) der Marketingentscheider bekannt (bvik 2016). Lediglich etwas mehr als ein Viertel (29 %) der Anfang 2016 befragten B-to-B-Unternehmen (IFSMA 2016a) setzen bereits ein MAS ein. In der Befragung der Industrie liegt die Zahl der Implementierungen mit 5 % sogar noch weit darunter (bvik 2016). Die damit verbundenen Möglichkeiten und Potenziale werden somit in Deutschland noch wenig genutzt.

Auf der Seite der B-to-B-Unternehmenspraxis lassen sich in Deutschland zum jetzigen Zeitpunkt zwar bereits positive Nutzererkenntnisse, aber auch Unklarheiten – vor allem bei der Partei der Nichtnutzer – identifizieren. Das oben genannte Lead Management ist eine zentrale Prozesskette in der Marketingkommunikation, in der Marketing Automation große Effizienz- und Effektivitätsgewinne bewirken kann.

Befragungen im Marketing und Vertrieb deutscher B-to-B-Unternehmen der letzten zwei Jahre zeigen die aktuelle Bedeutung des Themas:

- Mit 66 % war die Leadgenerierung/Vertriebsunterstützung die am stärksten geplante Marketingkommunikations-Aktivität der befragten Unternehmen für 2016 (wob 2015).
- Mit 42 % rangiert das Leadmarketing für Deutschland auf dem ersten Platz einer Befragung von deutschen Industrie-Unternehmen (bvik 2016) als das wichtigste Thema, mit dem sich die Unternehmen in den nächsten drei Jahren am intensivsten beschäftigen wollen – immerhin acht Prozentpunkte vor weiteren Themen, wie Content Marketing (34 %) oder internationales Marketing (32 %).

Bei einer Umfrage unter Nutzern von MAS (IFSMA 2016a) haben

- 65 % die zunehmende Expertise im Bereich Lead Management als Grund für den Einsatz genannt,
- 86 % „besseres Lead Management" als Ziel der Nutzung angegeben,
- 75 % der Führungskräfte die Bedeutung von Marketing Automation als wichtig bis sehr wichtig eingestuft,
- 75 % bereits eine effektivere bis sehr viel effektivere Zusammenarbeit zwischen Marketing und Vertrieb realisiert (vgl. Abb. 2),
- 63 % die Zufriedenheit mit der bisherigen Zielerreichung mit „zufrieden" bis „sehr zufrieden" eingestuft und
- 89 % weitere Investitionen in Marketing Automation geplant.

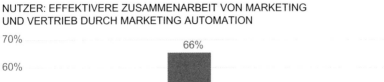

NUTZER: EFFEKTIVERE ZUSAMMENARBEIT VON MARKETING
UND VERTRIEB DURCH MARKETING AUTOMATION

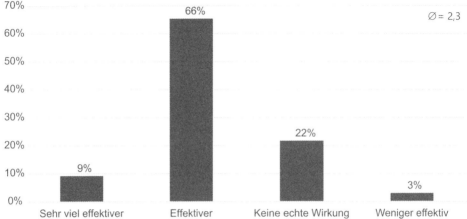

33. In welchem Ausmaß hat Marketing Automation es aus Ihrer Sicht ermöglicht, dass Marketing und Vertrieb effektiver zusammenarbeiten?
Basis = Nutzer MAS

Abb. 2 Nutzerbefragung „Ausmaß einer effektiveren Zusammenarbeit von Marketing und Vertrieb durch Marketing Automation". (Quelle: IFSMA 2016a)

Ein Großteil der Nutzer bestätigt somit, dass Marketing Automation ein folgerichtiger Schritt in der Evolution einer zunehmenden Professionalisierung im Lead Management ist. Diese Erkenntnis hat den großen Anteil der Nichtnutzer dagegen noch nicht erreicht. Von den verbleibenden 71 % Unternehmen, die Marketing Automation noch nicht einsetzen, planen lediglich 39 % die Einführung in den nächsten zwölf Monaten (= 17 %) oder 24 Monaten (= 11 %). 61 % der Nichtnutzer haben eine Einführung in absehbarer Zeit nicht geplant (vgl. Abb. 3). Aber nur 2 %, die eine Einführung auch in absehbarer Zeit nicht planen, stehen dem Thema grundsätzlich negativ gegenüber. Immerhin 62 % sind positiv und 36 % neutral eingestellt.

Die Gründe für die Zurückhaltung liegen bei den Nichtplanern zu 39 % bei den Kosten und zu 30 % bei der mangelnden Überzeugung von den Vorteilen. Immerhin 25 % sehen einen Mangel an Inhouse-Kompetenzen als Grund gegen den Einsatz (vgl. Abb. 4).

Ähnlich wie bei Social Media bietet diese disruptive Marketing-Entwicklung ein vielfältiges Spektrum von Einsatzmöglichkeiten für die Markenführung und Marketingkommunikation. Ziel ist die automatisierte Verbreitung der richtigen Inhalte an die richtigen Zielgruppen zum richtigen Zeitpunkt und unter Nutzung der für sie richtigen Kanäle. Die richtigen Inhalte spielen dabei gerade für die Markenführung eine entscheidende Rolle. In einem digitalen Tsunami von oft austauschbaren Daten und Fakten sind es die am Kundennutzen und den charakteristischen (Marken-)Werten ausgerichteten relevanten Inhalte, die dem professionellen Nachfrager das Vertrauen bzw. die Sicherheit bei der Präferenzbildung und Entscheidungsfindung geben (Wünsche 2010). Abhängig von der Phase im Entscheidungsprozess der Interessenten bedingen sich der Grad durch die Markenwerte

Abb. 3 Einsatz MAS im
DACH-Raum. (Quelle: IFS-
MA 2016a)

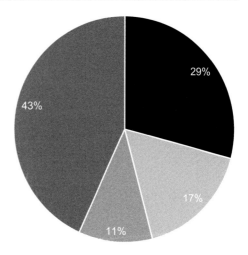

- Bereits im Einsatz
- Geplant in den nächsten 12 Monaten
- Geplant in den nächsten 24 Monaten
- In absehbarer Zeit nicht geplant

26. Setzt Ihr Unternehmen heute bereits ein Marketing-
Automation-System (MAS) ein oder ist ein Einsatz geplant?

GRÜNDE GEGEN DEN EINSATZ VON MAS

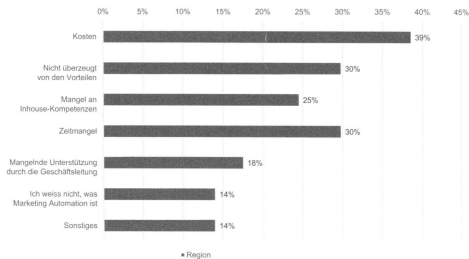

46. Aus welchen Gründen plant man in Ihrem Unternehmen nicht den Einsatz von Marketing Automation Software?
Basis = Nichtplaner Marketing Automation

Abb. 4 Gründe gegen den Einsatz von MAS. (Quelle: IFSMA 2016a)

gestützter, emotionaler Inhalte und die sachlich, faktischen Produkt- bzw. Leistungsinformationen.

Nur wenn Unternehmen die Problemstellungen und Interessen ihrer Zielgruppen sowie deren Bedarf im Entscheidungsprozess kennen, können sie aus diesen Kenntnissen relevante Inhalte erstellen. Diese Inhalte werden von unbekannten Nutzern über die Eigenrecherche (Inbound Marketing) gefunden und für bekannte Nutzer mit Marketing Automation über die bereits genannten Nurturing-Prozesse zugänglich gemacht. Dabei gilt: Nur relevante Inhalte erzeugen Aufmerksamkeit bei der Zielgruppe und nur markengerechte und emotional dramatisierte Inhalte sind relevant für die Differenzierung und Präferenzbildung.

Die Anpassung auf die in einer digitalisierten Welt veränderten Gewohnheiten der professionellen Nachfrager und die Anzahl der neuen Kanäle erfordern bei den betroffenen Unternehmen meist ein starkes organisatorisches Umdenken und einen unterschiedlich hohen personellen Aufwand für die Anpassung der internen Prozesse und Strukturen. Um die neuen, zwischenzeitlich nicht mehr linearen Kaufprozesse der B-to-B-Nachfrager über vielfältige Kontaktpunkte zu verstehen und mit einem kanalübergreifenden Messaging zu bedienen, liefert Marketingtechnologie eine unverzichtbare Unterstützung (vgl. Abb. 5).

Die Aufgabe von Marketing und Markenführung mithilfe von Marketing Automation ist es demzufolge

- die Komplexität technisch zu reduzieren und Datenmengen auf Erkenntnisse zu verdichten,
- sich mit relevanten Inhalten von den Wettbewerbern zu differenzieren,
- Marketing und Vertrieb über Prozesse und Markenwerte zu vereinen,
- ein konsistentes Markenerlebnis für die Kunden (Customer Experience) über alle Kontaktpunkte (Customer Touchpoints) hinweg zu realisieren,
- in Echtzeit zu reagieren und damit
- einen messbaren Anteil am Unternehmensertrag zu erreichen.

Abb. 5 Moderner Dreiklang: Marke, Mitarbeiter, Maschine. (Quelle: IFSMA 2016a)

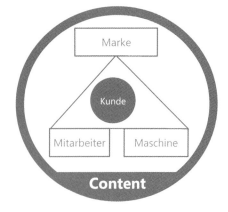

Erfolgreiche Marketing Automation ist dabei weniger der Fokus auf ein Software-System, sondern ein bereichsübergreifendes und digital getriebenes Denk- und Arbeitsmodell für Marketing, Vertrieb und IT.

3 Marken- und Marketingkommunikation mit Marketing Automation

3.1 Veränderte Prinzipien der Marketingkommunikation

Die professionellen Nachfrager nutzen immer mehr digitale Kanäle in einem immer komplexeren Kaufprozess. Für die Recherche ist das Internet die erste Anlaufstelle; der Vertrieb konzentriert sich dadurch mehr auf die anspruchsvollere Beratung (Heuer 2013). Die Digitalisierung der Recherche durch Verlagerung in das Internet führt schon seit Längerem dazu, dass für die B-to-B-Anbieter die Platzierung in Suchmaschinen, die sogenannte „Findability" (Kreutzer und Merkle 2015), von zunehmender Bedeutung ist.

Durch die stärkere selbständige Internetsuche mit Suchmaschinen, die Nutzung von Social Media zum Auffinden und eventuell auch Diskussion von Bewertungen finden professionelle Nachfrager von heute über selbstgesteuerte Wege zu digitalen Inhalten. Diesen Vorgang nennt man „**Inbound Marketing**": Der moderne Käufer findet, sichtet, diskutiert und bewertet benötigte Leistungsangebote im Alleingang. Das Marketing-Instrumentarium wandelt sich von der klassischen Media-Platzierung zum hybriden Ansatz mit Kombinationen aus organischen und bezahlten Inhalten gefolgt vom digitalen Dialog.

Bei den deutschen B-to-B-Unternehmen sind Marketing-Maßnahmen noch stark auf den persönlichen Dialog konzentriert und die Ergänzung auf die neuen digitalen Gewohnheiten der Zielgruppen spiegelt sich nur langsam in der Verschiebung der Marketing-Budgets (vgl. Abb. 6).

Auch wenn es sich nur um wenige Tage im Jahr handelt, werden die Marketing-Budgets der deutschen B-to-B-Industrie von Live Events wie **Messen/Ausstellungen/Kundenevents** dominiert (39 % – mit Wachstum um 3 % zum Vorjahr), klassische Printwerbung (13 %) und Produktinformationen (13 %) folgen. Der erste digitale Kanal ist die Unternehmens-Homepage mit 7 % Budget-Anteil und einige Plätze dahinter folgt Online-Werbung mit 5 % (bvik 2016). Der Großteil der Marketing-Budgets der Industrie wird so in das etablierte Outbound Marketing und innerhalb weniger Zeitfenster im Jahr investiert. Damit steigert das Unternehmen den Druck auf die (potenziellen) Kunden durch Werbung, Direktmarketing etc., hat aber das Problem, nicht immer den richtigen Kunden zur richtigen Zeit mit dem richtigen Inhalt und über die richtigen Kanäle zu treffen. Kurz: „Der Response des Kunden wird zum Engpass" (Belz 2010). Vor diesem Hintergrund ist eine praktische Einstiegsmöglichkeit für den effizienz- und/oder effektivitätsorientierten Einsatz von Marketing Automation die Unterstützung des „Live-Kanals" Messe (vgl. Abschn. 3.4).

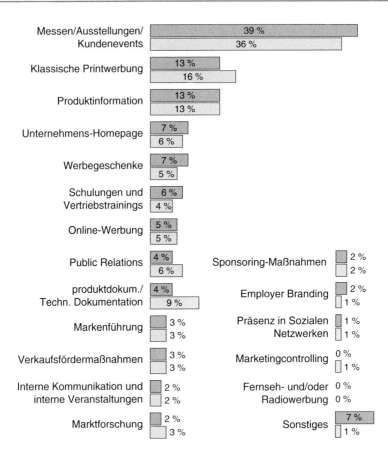

Abb. 6 Verteilung des externen Marketing-Budgets in der Industrie. (Quelle: bvik 2016)

Marketing Automation ermöglicht automatisierte E-Mail-Versand- und -Reaktionsstre-
cken, Social Media Postings und andere automatisierte Impulse. Die so initiierte digitale
Interaktion mit den B-to-B-Nachfragern führt durch Einsatz von integrierten Analyse- und
Monitoring-Instrumenten zu einer größeren Transparenz und Messbarkeit in der Customer
Journey.

Professionelle Nachfrager sind inzwischen aber eine 24/7-Zugänglichkeit zu den von
ihnen gewünschten Inhalten gewohnt. Entsprechend müssen die Zeitfenster der themen-
orientierten Markenpräsenz genauso ausgedehnt werden. Leadgenerierung bzw. Lead
Management sind als Folge in der Praxis eine gerne genutzte Einstiegsmöglichkeit in
Marketing Automation und unterstützen die Ubiquität der eigenen Themen und Inhalte
im digitalen Universum. Die verbundene digitale Messbarkeit der Marketing-Automation-
Aktivitäten erlaubt eine bessere Prüf- bzw. Nachweisbarkeit der Rentabilität und liefert
damit eine belastbarere Grundlage für Entscheidungen.

Mögliche Ergebnisse im Einsatzgebiet Lead Management sind u. a.

- Steigerung der Anzahl von relevanten Leads,
- Senkung der Kosten für die Leadqualifizierung,
- Verbesserung der Qualität der marketingqualifizierten Leads für den Vertrieb,
- bessere Personalisierung der eingesetzten Inhalte für die Zielgruppen,
- Ausbau der erforderlichen Inhalte für die zielgruppenorientierte Markenführung,
- qualifiziertere Inhalte in Bezug auf Zielgruppen-Relevanz,
- markenkonformere Erlebnisse an den Kunden-Kontaktpunkten,
- Erhöhung der Verkaufschancen durch die inhaltsgetriebene Leadqualifizierung,
- Steigerung der Kaufabschlüsse bei qualifizierten Leads,
- höhere Rentabilität der eingesetzten Marketing-Maßnahmen.

3.2 Marketing Automation und B-to-B-Markenführung

In und über das Lead Management hinaus gilt es, den gesamten Kreislauf der Kundenbeziehung bzw. die Kundenkontaktpunkte **markenorientiert** mit Kommunikation zu begleiten bzw. zu stützen – auch diskutiert als markenorientiertes Customer Touchpoint Management (Esch et al. 2014). Kreislauf- und kanalübergreifende Markenführungsansätze, die auch im Aftersales oder Service einen wichtigen Platz einnehmen können, erfahren aktuell nur wenig Beachtung in der Auseinandersetzung mit dem Thema.

Der Wirkungsansatz der B-to-B-Markenführung nach Baumgarth (2010) lässt sich dagegen einfach und stimmig mit dem Kontakt- und Ertragsprozess nach *Forrester* vernetzen. Die drei Ausprägungen des Wirkungsansatzes nach Baumgarth (2010)

- hoher Bekanntheitsgrad,
- differenzierendes Image im Wettbewerbsvergleich und
- Präferenz beim professionellen Nachfrager für ein Leistungsangebot

lassen sich klar im *Forrester*-Modell verorten und im Ergebnis als Leitmodell der kombinierten Umsetzung von Markenführung und Marketing Automation einsetzen (vgl. Abb. 7).

Die Digitalisierung der Kommunikation bringt gerade für die Markenführung ein großes Potenzial für den Bedeutungszuwachs. Es gibt immer mehr Möglichkeiten, die drei Kriterien in der Markenführung zu planen, zu organisieren und in Echtzeit zu kontrollieren. Damit wird die Messbarkeit der Wirkkraft der Markenführung zur täglichen Instanz und nicht mehr auf (teure) Einzelbewertungen im Rahmen von – gerade im B-to-B-Segment – selten durchgeführten Marktforschungsprojekten reduziert.

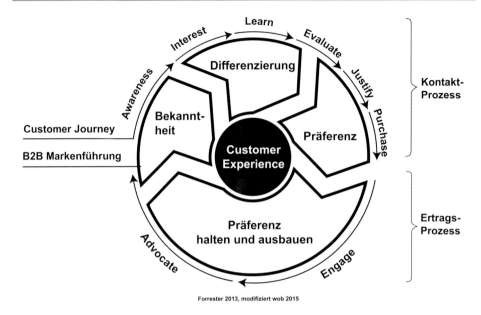

Forrester 2013, modifiziert wob 2015

Abb. 7 Wirkungsansatz nach Baumgarth eingebunden in den Kontakt- und Ertragsprozess

3.3 Technologie und/oder Markenführung?

Marketing Automation fußt zwar stark auf dem E-Mail-basierten Dialog, versucht sich aber mit zunehmendem Erfolg an der technischen Integration von weiteren Kanälen – online wie auch offline. Die Vernetzung der Kanäle ermöglicht den Erkenntnisgewinn über die Nutzer und den (teil-)automatisierten Einsatz der Erkenntnisse im direkten Dialog – ebenso einer der wesentlichen Erfolgsfaktoren von Marketing Automation.

Die Einsicht, dass für eine erfolgreiche Kommunikationsarbeit nicht der isolierte Einsatz einzelner Kommunikationsinstrumente, sondern eine konsequente inhaltliche, formale und zeitliche Abstimmung sämtlicher Instrumente notwendig ist, führte zu einem Bedeutungszuwachs der **Integrierten Kommunikation** (Bruhn et al. 2014). Laut Belz liegt die Herausforderung für das Marketing jedoch nicht in der Integration der Kanäle, sondern in der Wettbewerbs-Differenzierung (Belz 2010, S. 65). Unter anderem durch die zunehmende Anzahl an Kommunikationskanälen und den damit verbundenen Herausforderungen besteht die Gefahr, dass Kunden und Mitarbeiter den Überblick verlieren und kaum mehr wissen, wofür ein Unternehmen steht (Belz 2010, S. 66).

Eine Einbindung in die Markenführung ist für Marketing Automation idealerweise Grundlage wie Hilfsmittel zugleich. Besonders in den ersten Phasen der Customer Journey gilt es, die Probleme der Nachfrager und den Nutzen der angebotenen Leistungen zu dramatisieren und weniger die klassisch-faktische und auch austauschbare Produktkommunikation. Die Entwicklung und Multichannel-Aussteuerung der dafür notwendigen Inhalte zur Differenzierung von anderen Anbietern sollte dafür durchgängig an den Markenwerten ausgerichtet sein. Die optional resultierende, erfolgreiche Präferenzbildung im Kontaktprozess lässt sich mit einem gut aufgesetzten MAS und einer funktionierenden Vernetzung zwischen Marketing und Vertrieb am Kaufabschluss in Echtzeit direkt im angebundenen CRM-System messen.

3.4 Beispiel im praktischen Kontext

Im Folgenden wird am Beispiel eines Messe-Projekts der praktische Einsatz von Marketing Automation dargestellt. Die deutschen B-to-B-Unternehmen setzen mit steigender Tendenz einen Großteil ihres Budgets für die Live-Kommunikation mit den professionellen Nachfragern auf Messen und Veranstaltungen ein (vgl. Abschn. 3.1). Auch sind Messen ein zentraler Ausstellungsort für Markenwerte und -präsenz. Entsprechend sind hier markenorientierte Maßnahmen zur Steigerung von Effizienz und Effektivität besonders sinnvoll und leicht zu argumentieren.

Mit einer crossmedialen, automatisierten Messekampagne für eine wichtige Messe lässt sich ein pragmatischer, relativ unkomplizierter Einstieg in Marketing Automation realisieren. Ziele können die Effizienzsteigerung im Einladungs- und Nachbereitungsprozess und bessere Leadgenerierung sowie -qualifizierung sein (vgl. Abb. 8).

Ein mehrstufiges Marketing-Automation-Konzept kann so eine übergreifende Messe-Kampagne adaptieren mit Automatisierung der Impulse und Follow-ups.

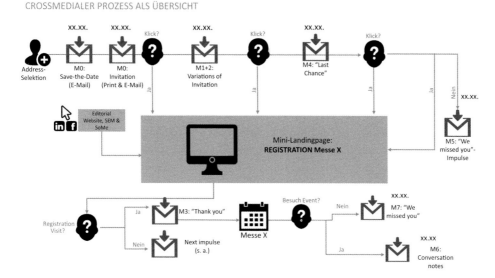

Abb. 8 Crossmedialer Marketing-Automation-Prozess

Die Kampagne wird so konzipiert, dass sowohl Nicht-Reagierer mit Remindern an die Einladung erinnert, als auch die Reagierer mit Follow-up-Mailings bestens mit Vorab-Informationen versorgt werden können.

Durch die Automatisierung wird es möglich, die Kunden und Interessenten schon während der Vorbereitung auf ihren Messebesuch effizient zu qualifizieren und so die Termine auf der Messe professioneller vorzubereiten. Für eine Online-Registrierung zum Messebesuch hat sich u. a. die Incentivierung durch kostenlose Messe-Voucher etabliert. Die Registrierer erhalten automatisiert ihren Voucher für die Eintrittskarte, was einen manuellen und hoch aufwändigen Prozess erheblich vereinfacht. Die Registrierungen sowie die Neugenerierung und Qualifizierung von Leads können dank Marketing Automation zusätzlich live getrackt und somit die Zielerreichung der Registrierungsquote in Echtzeit kontrolliert werden. Dort, wo der Messeerfolg sonst erst im Nachgang resümiert wird, ermöglicht es Marketing Automation, die Anzahl der Registrierungen sowie deren Qualifizierung aktiv zu steuern. Die zeitnahe Messenachbereitung ist für alle Messe-Teams eine erfahrungsgemäß große Herausforderung. Im Falle einer digitalen Erfassung der Gesprächsprotokolle auf der Messe können automatisierte Follow-ups wenige Tage nach der Messe an die Teilnehmer verschickt werden.

4 Implementierung von Marketing Automation mit Fokus auf B-to-B-Markenführung

Marketing Automation erfordert vor dem technischen Einsatz nicht nur eine konkrete Zielsetzung und das richtige Software-System inklusive dem richtigen Setup. Stattdessen liegen die fundamentalen Anpassungen zum größeren Teil in den erforderlichen organisatorischen und inhaltlichen Umstellungen im Unternehmen. Bei der erfolgreichen Implementierung von Marketing Automation lassen sich genauso wie für die allgemeine Managementlehre und auch die Markenführung funktionale und institutionelle Aspekte unterscheiden (Linxweiler und Siegle 2011). Die funktionalen Punkte beschäftigen sich mit den Prozessen der Planung, Organisation und Kontrolle; die institutionellen u. a. mit den Verantwortlichkeiten in einem Unternehmen und den gesamten organisatorischen und strukturellen Rahmenbedingungen, in denen sich die Marke befindet.

Die *wob AG* hat für die Erleichterung und Vereinheitlichung der Einführung von Marketing Automation in B-to-B-Unternehmen einen Implementierungsprozess entwickelt (vgl. Abb. 9). Die Praxiserfahrung belegt, dass die Einbindung in die Markenführung für bestimmte Prozesskomponenten besonders wichtig ist, weswegen sie in den folgenden Abschnitten elaboriert wird.

Abb. 9 *wob* Implementierungsprozess für Marketing Automation

4.1 Ausgewählte Aktivitäten in Stufe 1: Analyse und Konzeption

Zum Start der Implementierung ist es wichtig, ein Ziel für die Einführung von Marketing Automation zu finden und festzulegen. Hierzu eignet sich ein Scoping-Workshop mit den relevanten Beteiligten aus Marketing und Vertrieb. Die beiden Bereiche agieren oft noch als voneinander getrennte Silos, deren Termini und Prozesse nicht aufeinander abgestimmt bzw. nicht miteinander verzahnt sind. Daraus resultieren unnötige Effizienz- und Effektivitäts-Einbußen für die gesamte Organisation.

Die für das Unternehmen hilfreiche, aber für Marketing Automation grundsätzlich erforderliche Kollaboration zwischen Marketing und Vertrieb kann durch Angleichung der Prozesse im Rahmen der Implementierung eines MAS erheblich vereinfacht werden. Im Rahmen der Implementierung sind die Erkennung und Vereinheitlichung von unterschiedlichen Begriffsdefinitionen (z. B. Was ist ein Lead?) und die Verabredung von Regeln (sogenannte „Service Level Agreements") für den gemeinsamen Umgang mit Schnittstellen erfolgsentscheidend (mit welcher Qualifizierung wird ein Lead von wem an wen übergeben und wann erfolgt eine Rückmeldung?) – sie fördern die Regelmäßigkeit und Zielorientierung im gemeinsamen Austausch zwischen Marketing und Vertrieb.

Für diese Aufgaben ist ein gemeinsames Commitment der Mitarbeiter in Marketing und Vertrieb ein wichtiges Fundament. Interne Markenführung kann helfen, die Mitarbeiter gemeinsam auf die gleichen, wenigen Markenwerte einzuschwören und sie auf das gewünschte gemeinsame Ergebnis auszurichten. Durch die Markenführung nach innen „... gibt der Anbieter ein Leistungs- und Qualitätsversprechen nach innen ab, das bei den Mitarbeitenden psychologische Wirkungen erzielt. Aus der Beurteilung und den psychologischen Wirkungsgrößen einer Marke resultieren die Verhaltenskonsequenzen der Mitarbeitenden. Das Verhalten der Mitarbeitenden hat schließlich Auswirkungen auf den ökonomischen Erfolg der Marke" (Bruhn und Batt 2009, S. 4 f.).

4.2   Ausgewählte Aktivitäten in Stufe 2: Auswahl und Definition

Auf die Tool-Auswahl sowie die Prozessdefinition soll hier nicht weiter eingegangen werden. Wenn nicht schon in Stufe 1 oder früher geschehen, ist diese Stufe der richtige Zeitpunkt für das Buy-in aller weiteren Stakeholder aus C-Level, Sales, E-Commerce und IT. Die Lösung, der anvisierte Nutzen und ihre Aufgabe in der Markenführung sollten vorgestellt und gemeinsam verabschiedet werden. Viel zu oft erfolgt die Einbindung von Top-Entscheidern zu spät und bringt damit unnötige Irritationen. Wie auch in einem Markenprojekt ist das Commitment der Top-Entscheider ein wichtiger Erfolgsfaktor.

4.3   Ausgewählte Aktivitäten in Stufe 3: Design

In dieser Stufe werden die übergreifenden Ideen für die inhaltliche Ausspielung gemeinsam mit den Kampagnen-Strecken für die Customer Touchpoints konzipiert. Für die Entwicklung der erforderlichen Inhalte im Rahmen der Markenführung ist aber nicht nur die Visualisierung entsprechend des Corporate Design erforderlich, sondern vor allem die inhaltliche Ausrichtung der für die Zielgruppen relevanten Inhalte an den Markenwerten und deren Emotionalisierung. Die Inhalte sind eventuell schon im Einsatz oder können auch außerhalb der Automatisierung effizient mehrfach verwertet werden (z. B. eine „Why us"-Formatadaption für den Direkteinsatz im Außendienst). Das übergreifend markengerechte Content Marketing ist inzwischen eine eigene Disziplin, die den Rahmen dieses Beitrags sprengen würde.

4.4   Ausgewählte Aktivitäten in Stufe 4: Produktion

In der Produktionsphase erfolgt das System-Setup, die Definition erster Regeln für das Lead Scoring (die im Praxisbetrieb weiter zu verfeinern sind), die Corporate-Design-gerechte Umsetzung der Templates und Assets und vor allem die Erstellung der erforderlichen Contents. Das Qualitätsmanagement bei der Content-Entwicklung gewährleistet die markengerechte Umsetzung.

4.5 Ausgewählte Aktivitäten in Stufe 5: Integration

In dieser letzten Stufe der Implementierung erfolgt das Daten-Audit für die Prüfung und Einbindung der einzusetzenden Bestandskontakte sowie der Abgleich der relevanten Daten-Entitäten der Organisation und des MAS. Das MAS wird über Schnittstellen mit dem CRM-System vernetzt. CRM-Systeme sind schon heute bei einem Großteil (77 %) der B-to-B-Unternehmen im Einsatz (ISFMA 2016a). Bislang haben leider noch weniger als die Hälfte (38 %) der deutschen B-to-B-Unternehmen CRM im unternehmensübergreifenden Einsatz und mit Systemen außerhalb des Vertriebs, z. B. MAS, vernetzt (IFSMA 2016a). Ein derartiger Betrieb im Silo reduziert das Potenzial für überdurchschnittliche Ergebnisse in der abteilungsübergreifenden Nutzung eines MAS erheblich.

Die Schulung zum Einsatz der Systeme kann für eine weitere interne Aktivierung im Sinne der Markenführung nach innen eingesetzt werden. Die Markenbindung der Mitarbeiter wird hiermit ausgebaut und ermöglich im besten Fall direkten ökonomischen Erfolg (Bruhn und Batt 2009) durch den richtigen Einsatz des MAS. Die Kosten für markenbezogene Mitarbeiterschulungen sind eventuell zu hoch, um sie in der erforderlichen Regelmäßigkeit durchzuführen; daher ist jede Gelegenheit, die Markenbindung der Mitarbeiter zu steigern, in diesem Kontext eine gute Gelegenheit.

5 Herausforderungen und Zukunft im DACH-Raum

5.1 Einführung von Marketing Automation

Die größten Herausforderungen für die Nutzer liegen im organisatorischen und technischen Setup – darunter Anpassung der Prozesse im Marketing (39 %) und Vertrieb (25 %), die CRM-Anbindung (31 %), Zusammenführung unterschiedlicher Datenbestände (25 %) – sowie der Bereitstellung der relevanten Inhalte (33 %) und dem Mangel an geeigneten Mitarbeitern (vgl. Abb. 10).

Die Änderung der Organisation sowie in diesem Rahmen anfallende IT-Aufgaben sind entsprechend ernsthaft einzuplanen. Es handelt sich aber um einmalige Leistungen, die – wenn erfolgreich abgeschlossen – im Betrieb nur noch Feinjustierung erfordern. Anders ist es bei der Bereitstellung von relevanten Inhalten. Aus der Erfahrung mit unseren Kunden wissen wir aber auch hier, dass die Angst meist unbegründet ist und im Unternehmen oft Inhalte existieren, die aktualisiert bzw. zweitverwertet werden können. Die Schulung der Mitarbeiter ist heute eine fortlaufende Aufgabe und auch MAS sind in Bezug auf die administrative Usability gut erlernbar.

Für die Planer liegen die größten Herausforderungen dagegen in Budgetrestriktionen und der Integration mit dem CRM-System (vgl. Abb. 11). Dies lässt den Schluss zu, dass die Planer noch keine klare Kosten-Nutzen-Argumentation kennen, mit der Budgets bewilligt werden, und sich von einmaligen Setup-Aufgaben abschrecken lassen.

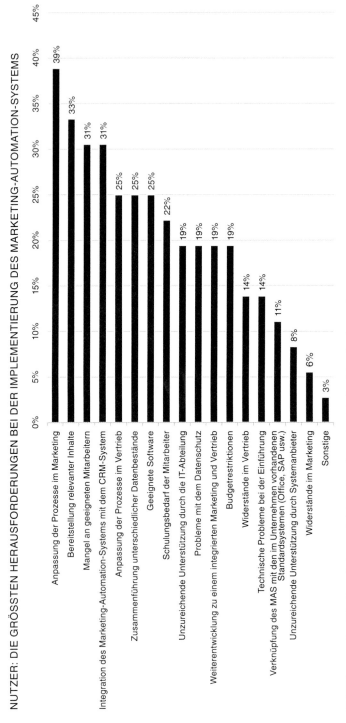

NUTZER: DIE GRÖSSTEN HERAUSFORDERUNGEN BEI DER IMPLEMENTIERUNG DES MARKETING-AUTOMATION-SYSTEMS

Anpassung der Prozesse im Marketing	39%
Bereitstellung relevanter Inhalte	33%
Mangel an geeigneten Mitarbeitern	31%
Integration des Marketing-Automation-Systems mit dem CRM-System	31%
Anpassung der Prozesse im Vertrieb	25%
Zusammenführung unterschiedlicher Datenbestände	25%
Geeignete Software	25%
Schulungsbedarf der Mitarbeiter	22%
Unzureichende Unterstützung durch die IT-Abteilung	19%
Probleme mit dem Datenschutz	19%
Weiterentwicklung zu einem integrierten Marketing und Vertrieb	19%
Budgetrestriktionen	19%
Widerstände im Vertrieb	14%
Technische Probleme bei der Einführung	14%
Verknüpfung des MAS mit den im Unternehmen vorhandenen Standardsystemen (Office, SAP usw.)	11%
Unzureichende Unterstützung durch Systemanbieter	8%
Widerstände im Marketing	6%
Sonstige	3%

31. Welche waren die größten Herausforderungen bei der Implementierung des Marketing-Automation-Systems?
Basis = Nutzer MAS

Abb. 10 Herausforderungen bei der Implementierung des MAS für Nutzer. (Quelle: IFSMA 2016a)

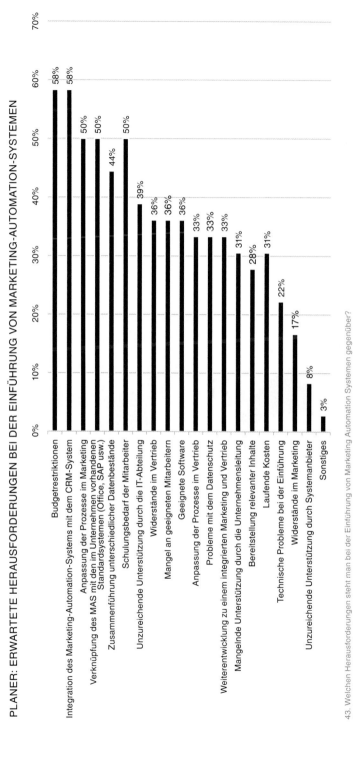

PLANER: ERWARTETE HERAUSFORDERUNGEN BEI DER EINFÜHRUNG VON MARKETING-AUTOMATION-SYSTEMEN

Budgetrestriktionen	58%
Integration des Marketing-Automation-Systems mit dem CRM-System	58%
Anpassung der Prozesse im Marketing	50%
Verknüpfung des MAS mit den im Unternehmen vorhandenen Standardsystemen (Office, SAP usw.)	50%
Zusammenführung unterschiedlicher Datenbestände	44%
Schulungsbedarf der Mitarbeiter	50%
Unzureichende Unterstützung durch die IT-Abteilung	39%
Widerstände im Vertrieb	36%
Mangel an geeigneten Mitarbeitern	36%
Geeignete Software	36%
Anpassung der Prozesse im Vertrieb	33%
Probleme mit dem Datenschutz	33%
Weiterentwicklung zu einem integrierten Marketing und Vertrieb	33%
Mangelnde Unterstützung durch die Unternehmensleitung	31%
Bereitstellung relevanter Inhalte	28%
Laufende Kosten	31%
Technische Probleme bei der Einführung	22%
Widerstände im Marketing	17%
Unzureichende Unterstützung durch Systemanbieter	8%
Sonstiges	3%

43. Welchen Herausforderungen steht man bei der Einführung von Marketing Automation Systemen gegenüber?
Basis = Planer Marketing Automation

Abb. 11 Erwartete Herausforderungen bei der Einführung von MAS für die Planer. (Quelle: IFSMA 2016a)

MAS-Anbieter wie auch externe Berater sind entsprechend gut beraten, Kosten-Nutzen-Beispiele klarer herauszuarbeiten und die CRM-Integration als Chefsache voranzutreiben.

5.2   Vergleich DACH vs. UK

Einige Fragen an die Nutzer von MAS in der IFSMA-Studie Anfang 2016 im Raum DACH wurden aus einer Studie von B2B Marketing und Circle Research (2015) in UK von Anfang 2015 adaptiert mit dem Ziel der internationalen Vergleichbarkeit. Der Ergebnisvergleich zeigt, dass die UK aktuell bereits fast doppelt so viele MAS-Nutzer hat, wie der DACH-Raum (vgl. Abb. 12). Zählt man jene Unternehmen hinzu, die in den nächsten zwei Jahren MAS implementieren wollen, werden insgesamt nahezu 90 % der befragten B-to-B-Unternehmen in der UK ein MAS einsetzen.

In diesem Rahmen muss man fragen: Stellt sich die B-to-B-Branche im DACH-Raum der internationalen Aufholjagd?

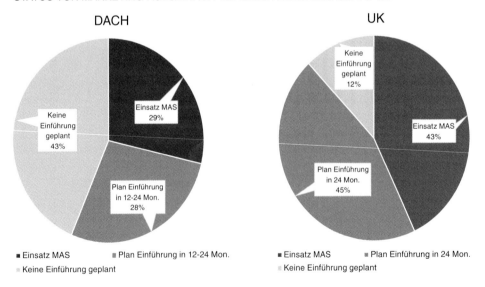

Abb. 12   Status-Vergleich Implementierung von MAS in DACH vs. UK. (Quelle: zusammengestellt aus IFSMA 2016a; B2B Marketing und Circle Research 2015)

6 Fazit und Ausblick

Die Geschwindigkeit des Wandels wird sich auch in absehbarer Zeit nicht verlangsamen – das war schon Ende der 1990er-Jahre des letzten Jahrtausends absehbar und hat sich nicht geändert. Im Gegenteil wird sich der Wettbewerb in den meisten Branchen in den nächsten Dekaden wahrscheinlich noch weiter beschleunigen. Antreiber dafür sind die wirtschaftliche Globalisierung zusammen mit den einhergehenden technologischen und sozialen Entwicklungen (Kotter 1996).

Die Aufgabe der konsistenten Markenführung an den Customer Touchpoints sowie professionelles Lead Management werden mit weiterer Zunahme der Digitalisierung in den Beschaffungsprozessen ohne den Einsatz von Marketing-Technologien nicht mehr wettbewerbsfähig leistbar sein. Marketing Automation ist in diesem Kontext ein modernes Dialog-Instrument mit einem Potenzial für künstliche Intelligenz, das sich in Zukunft weltweit und auch im DACH-Raum weiter zu etablieren scheint. Silke Lang, bvik-Vorstand und Leitung Marketing Europa Mitte (DCEM) bei *Bosch Rexroth*, sieht bei B-to-B-Unternehmen für die Einführung von Marketing Automation den Bedarf für „. . . ein intensives Change Management in Organisation und Kultur. Hierfür müssen die notwendigen internen Ressourcen bereitgestellt werden. Das ist eine mittel- bis langfristige Aufgabe." Sie meint, die B-to-B-Marketingabteilungen „. . . sollten sich dieser Herausforderung möglichst rasch stellen, um künftig von der Effizienz solcher Lösungen zu profitieren." (Lang 2016)

Bereits zur Direktmarketing Messe *Dima* im Jahr 2000 riet Philip Kotler den Unternehmen zu deutlich mehr Direktmarketing und einer drastischen Umverteilung der Kommunikationsbudgets. Schon damals steigerte das Internet die Erosion der Preise. Nach seiner Meinung gab es in vielen Branchen nur zwei Mittel dagegen: „Aufbau starker Marken und Aufbau von engen Kundenbindungen" (Nöcker 2000). Sein Rat ist aus der vorliegenden Reflektion auch heute noch sinnvoll. Der Einsatz von Marketing Automation für die moderne Markenführung ist in diesem Kontext für jeden B-to-B-Entscheider zumindest eine intensive Prüfung wert.

Literatur

B2B Marketing & Circle Research (2015). *Marketing Automation 2015*. London: B2B Marketing.

Backhaus, K., & Voeth, M. (2014). *Industriegütermarketing* (10. Aufl.). München: Vahlen.

Baumgarth, C. (2010). Status quo und Besonderheiten der B-to-B-Markenführung. In C. Baumgarth (Hrsg.), *B-to-B-Markenführung* (S. 37–62). Wiesbaden: Gabler.

Belz, C. (2010). Markenführung für komplexe B-to-B-Unternehmen. In C. Baumgarth (Hrsg.), *B-to-B-Markenführung* (S. 63–77). Wiesbaden: Gabler.

Bruhn, M., & Batt, V. (2009). *Der Einfluss der Mitarbeitenden auf den Markenerfolg (WWZ-Forschungsbericht 07/09)*. Basel: Universität Basel.

Bruhn, M., Martin, S., & Schnebelen, S. (2014). *Integrierte Kommunikation in der Praxis*. Wiesbaden: Springer Gabler.

bvik (2016). *B2B-Marketing-Budgets 2015*. Augsburg: bvik.

Esch, F.-R., Klein, J. F., Knörle, C., & Schmitt, M. (2014). Customer Touchpoint Management für Corporate Brands umsetzen. In F.-R. Esch, T. Tomczak, J. Kernstock, T. Langner & J. Redler (Hrsg.), *Corporate Brand Management* (3. Aufl., S. 427–448). Wiesbaden: Springer Gabler.

Heuer, M. (2013). Three myths of the "67 percent" statistic. https://www.siriusdecisions.com/Blog/2013/Jul/Three-Myths-of-the-67-Percent-Statistic.aspx. Zugegriffen: 2. Juni 2016.

IFSMA (2016a). *B2B Studie Marketing und Sales Automation in Deutschland*. Ludwigshafen: IFSMA.

IFSMA (2016b). Definition marketing automation. http://www.ifsma.de. Zugegriffen: 6. Juni 2016.

Kaeser, J. (2015). Schicksalsfrage der deutschen Industrie. manager magazin online. http://www.manager-magazin.de/unternehmen/industrie/joe-kaeser-ueber-industrie-4-0-schicksalsfrage-a-1028179.html. Zugegriffen: 1. Juni 2016.

Kotter, J. (1996). *Leading change*. Boston: Harvard Business School Press.

Kreutzer, R. T., & Merkle, W. (2015). *Ausgewählte Aspekte des Digital Branding*. Wiesbaden: Springer Gabler.

Lang, S. (2016). bvik-Pressemeldung. „Content ist der kreative Treibstoff für Marketing Automation im B2B", 23.05.2016. http://www.bvik.org/de/presse/pressemeldungen.htm. Zugegriffen: 5. Juni 2016.

Linxweiler, R., & Siegle, A. (2011). Marke und Markenführung. In E. Theobald & P. Haisch (Hrsg.), *Brand Evolution* (S. 39–60). Wiesbaden: Springer Gabler.

Masciadri, P., & Zupancic, D. (2013). *Marken- und Kommunikationsmanagement im B-to-B-Geschäft* (2. Aufl.). Wiesbaden: Springer Gabler.

Nöcker, R. (2000). Die meisten Werbekampagnen sind reine Geldverschwendung. http://www.archipoint.de/PPM-System/One-to-One-Marketing/one-to-one-marketing.php. Zugegriffen: 6. Juni 2016.

Wizdo, L. (2014). *The Forrester Wave™: Lead-To-Revenue Management Platform Vendors, Q1 2014*. Cambridge: Forester Research.

wob (2015). *Digitalisierung vs. Marketing-Organisation*. Viernheim: wob.

Wünsche, W. (2010). Marken- und Unternehmenswert im B-to-B-Bereich. In C. Baumgarth (Hrsg.), *B-to-B-Markenführung* (S. 79–100). Wiesbaden: Gabler.

Marktforschung und Markenwertmessung von B-to-B-Marken

Alexander Biesalski und Fritz Brandes

Zusammenfassung

Marken sind wichtige Werttreiber des Unternehmens – darüber herrscht in Wissenschaft und Praxis Einigkeit. Eine Auswertung der Markenwertdatenbank von *Biesalski & Company*, die mehr als 600 im Kundenauftrag ermittelte Markenwerte aus unterschiedlichsten Branchen umfasst, hat ergeben, dass in B-to-B-Branchen im Durchschnitt mehr als 30 % des Unternehmenswertes auf die Marke entfallen.

Ziel des Beitrags ist es, das Verständnis für die Marke als zentralen Wertgegenstand zu vertiefen. Daher wird zu Beginn der Wertcharakter der Marke näher beleuchtet sowie deren Werthaltigkeit begründet. Im nächsten Schritt folgt eine Diskussion zum aktuellen Stand der monetären Markenbewertung im B-to-B-Umfeld, die wiederum die Grundlage für zahlreiche Anwendungsfelder bildet. Eine nachvollziehbare und valide Markenbewertung ermöglicht die Nutzung der Marke zu Kapitalisierungszwecken, z. B. als Finanzierungsmittel im Rahmen eines Sale-and-Lease-Back der Markenrechte, zur Kaufpreisermittlung bei Markenkäufen und -verkäufen oder zur Bestimmung einer objektiven Lizenzgebühr. Ein weiteres wesentliches Einsatzgebiet der monetären Markenbewertung stellt die wertorientierte Markenführung dar. Der Markenmanagementprozess bildet hierbei einen Leitfaden zur strukturierten und effizienten Absicherung und Steigerung des Markenwertes. Um den Markenwert messen und optimieren zu können, ist die Erfassung der Markenleistung auf der Grundlage von Marktforschung

A. Biesalski (✉)
Biesalski & Comapny GmbH
München, Deutschland
E-Mail: biesalski@biesalski-company.com

F. Brandes
FBInnovation GmbH
Köln, Deutschland
E-Mail: fritz.brandes@fbinnovation.de

© Springer Fachmedien Wiesbaden GmbH, ein Teil von Springer Nature 2018   813
C. Baumgarth (Hrsg.), *B-to-B-Markenführung*, https://doi.org/10.1007/978-3-658-05097-9_41

unabdingbar. Ohne detaillierte Ermittlung der Wahrnehmung und Einschätzung der Marke durch die Marktteilnehmer ist eine Aussage über den Wert der Marke sowie eine wertorientierte Markenführung nicht möglich.

Schlüsselbegriffe
Internationale Marktforschung · Discounted-Cashflow-Ansatz · Markenkapitalisierung · Markenwert · Marktforschung · Treiberanalyse

Inhaltsverzeichnis

1   Verständnis der Marke als Wertgegenstand des Unternehmens

Jeder Unternehmensbereich – von Forschung und Entwicklung über Einkauf, Produktion, Personal und Vertrieb bis hin zum Marketing – beeinflusst zweifelsfrei den wirtschaftlichen Erfolg. Die spezifischen Kompetenzen in diesen Bereichen werden in Verbindung mit der Marke im Markt kommuniziert bzw. über das Verhalten der Mitarbeiter zum Ausdruck gebracht. Dazu zählen beispielsweise eine besondere Innovationskraft, exzellente Produktqualität oder einzigartige Service-Leistungen. Aus der Summe aller wahrgenommenen Kompetenzen und der eigenen Erfahrungen mit den Produkten und Leistungen des Unternehmens bildet sich langfristig ein spezifisches Markenimage bei der Zielgruppe aus. Die Marke fungiert damit als eine Klammer für die Gesamtheit aller Kontaktpunkte, die von der Zielgruppe entlang der sogenannten „Customer Journey" erlebt werden. So wird ein unverwechselbares Vorstellungsbild in Kopf und Herzen der Zielgruppe verankert und mit einem konkreten Produkt- und Dienstleistungsversprechen verbunden.

Gerade in homogenen und wettbewerbsintensiven B-to-B-Märkten, in denen Produkte und Leistungen immer austauschbarer werden, bietet die Marke somit ein Differenzierungsmerkmal im Wettbewerbsumfeld, liefert eine Orientierungshilfe und schafft Vertrauen. Nicht zuletzt aus diesen Gründen generieren Marken einen funktionalen und/oder emotionalen Mehrwert und wirken positiv auf Absatz und Preis (z. B. Musiol et al. 2004). Damit tragen Marken direkt zur Wertschöpfung eines Unternehmens bei.

Zugespitzt bringt die Aussage „Marken sind die Dampfmaschinen der postindustriellen Gesellschaft" (Grauel 2003, S. 66) die Bedeutung von Marken auf den Punkt: Marken sind in vielen Industrien einer der zentralen Werttreiber mit einem erheblichen Einfluss auf den Unternehmenswert. Die strukturelle Veränderung der Unternehmenswerte in Deutschland spiegelt dabei die Entwicklung vom Produktions- hin zum Dienstleistungs- und Technologiestandort wider: Materielle Vermögenswerte nehmen anteilig ab, der Anteil immaterieller Vermögenswerte nimmt zu (Biesalski und Kilian 2015). Zu den immateriellen Unternehmenswerten zählt neben Mitarbeitern, Kundenbeziehungen, Technologien etc. eben auch die Marke als zentraler Wertbestandteil. Eine Auswertung der Markenwertdatenbank von *Biesalski & Company*, die mehr als 600 im Kundenauftrag ermittelte Markenwerte aus unterschiedlichsten Branchen umfasst, hat ergeben, dass der realisierte Markenwert in B-to-B-Branchen durchschnittlich mehr als 30 % des Unternehmenswertes ausmacht (vgl. Abb. 1).

Aus dem Verständnis der Marke als Wertgegenstand des Unternehmens ergeben sich vielfältige Anwendungsgebiete. Die gezielte Steuerung der Markenwertschöpfung ermöglicht die Absicherung und Steigerung des Markenwertes und damit des Unternehmenswertes. Die Möglichkeiten zur Kapitalisierung der Marke verhelfen dem Markenmanagement zu einer Querschnittsfunktion, die verstärkt auch im Finanzbereich des Unternehmens Akzeptanz findet. Eine wichtige Voraussetzung zur weiteren Etablierung der Marke als Wertgegenstand ist das Selbstverständnis des Markenmanagements. Dabei sollte Markenführung nicht allein auf Kommunikation reduziert sein, sondern vielmehr als eine betriebswirtschaftliche Disziplin verstanden werden. Das Markenmanagement sollte also einen positiven Beitrag zum Unternehmensergebnis und zum Unternehmenswert leisten. Um den Erfolgsbeitrag der Marke isoliert erfassen und gestalten zu können, muss eine entsprechende Steuerungsgröße gefunden werden – der monetäre Markenwert bildet hierfür eine adäquate Grundlage.

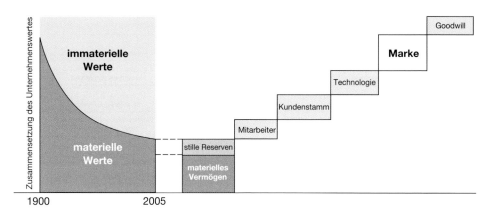

Abb. 1 Marke als zentraler Bestandteil des Unternehmenswertes. (Quelle: Biesalski & Company GmbH)

2 Monetäre Markenbewertung im B-to-B-Bereich

2.1 Nutzen einer monetären Markenbewertung im B-to-B-Bereich

Wer sich mit dem Thema monetäre Markenbewertung beschäftigt, stellt sich die Frage, in welchen konkreten Anwendungsfeldern die Quantifizierung der Markenleistung einen nutzbaren Mehrwert stiftet. In der täglichen Markenpraxis ergeben sich unterschiedliche Einsatzmöglichkeiten, die sich, wie in Abb. 2 veranschaulicht, in zwei thematisch überge-ordnete Anwendungsgebiete zusammenfassen lassen.

Kapitalisierung des Markenwertes
Immaterielle Vermögenswerte im Allgemeinen und Marken im Speziellen spielen bei Unternehmensfinanzierungen heute nur noch eine untergeordnete Rolle. Das liegt insbe-sondere darin begründet, dass die meisten immateriellen Werte ihren vollen Nutzen und damit auch ihren vollen Wert nur in einem bestimmten wirtschaftlichen bzw. technischen Kontext entfalten können. Dementsprechend kann es schwierig sein, die Marke isoliert zu verwerten. Eine weitere Herausforderung stellt bei der Bewertung das Ausfall- und Verlustrisiko dar, da der Wert einer Marke durch die Erwartung zukünftiger Cashflows be-gründet wird. Eine langfristige Werthaltigkeit und die Möglichkeit, auch zukünftig einen Mehr-Gewinn zu erwirtschaften, müssen also gewährleistet sein.

Wenn diese Voraussetzungen erfüllt sind, stellt sich aus Sicht von Unternehmen und Finanzmittelgebern die wesentliche Frage, in welchen Fällen der Wert einer Marke sinn-voll kapitalisiert werden kann. In der Praxis haben sich folgende Anwendungsfelder als relevant herausgestellt:

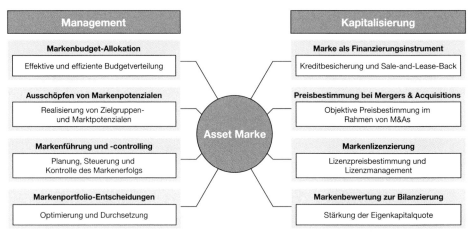

Abb. 2 Anwendungsfelder einer monetären Markenbewertung. (Quelle: Biesalski & Company GmbH)

- Marke als Finanzierungsinstrument
- Preisbestimmung bei Fusionen und Akquisitionen
- Markenlizenzierung
- Erstellen eines Überschuldungsstatus

Marke als Finanzierungsinstrument

Da Marken, wie bereits erwähnt, nicht nur wesentliche Werttreiber des Unternehmens sind, sondern auch einen Bestandteil des Unternehmenswertes darstellen, ist es nur sinnvoll, diese auch im Rahmen von Unternehmensfinanzierungen einzusetzen. Der steigende Finanzierungsbedarf und der gleichzeitig erschwerte Zugang zu klassischen Finanzierungsformen machen die Unternehmensfinanzierung auf Basis der Marke immer attraktiver. Zu Finanzierungszwecken haben sich in der Praxis insbesondere zwei Finanzierungsformen als praktikabel erwiesen, und zwar die Hinterlegung der Marke als **Kreditsicherheit** und das **Sale-and-Lease-Back von Markenrechten**. Letzteres soll als innovative Form der Unternehmensfinanzierung im Folgenden kurz beschrieben werden.

Es sind viele Gründe und Situationen denkbar, in denen das Sale-and-Lease-Back von Markenrechten eine attraktive Finanzierungsalternative darstellt, unter anderen zählen hierzu:

- Generierung von zusätzlicher Liquidität, z. B. zur Wachstumsfinanzierung
- Steuerschonende Aufdeckung stiller Reserven
- Optimierung der Struktur der Verbindlichkeiten auf der Passivseite
- Verbesserung der Bilanzstruktur durch Monetarisierung der Marke

Sale-and-Lease-Back bezeichnet grundsätzlich eine Sonderform des Leasings, bei der ein Unternehmen seine Marke an eine Leasinggesellschaft verkauft und sie zur weiteren Nutzung gleichzeitig wieder zurückleast. Im Rahmen des sogenannten Einbringungsmodells ist dabei eine Objektgesellschaft zwischengeschaltet. Die Gesamtlaufzeit des Leasingvertrages kann individuell abgestimmt werden. Zum Laufzeitende wird die Marke zum vereinbarten Rückkaufpreis zurückerworben. Das Unternehmen partizipiert damit in voller Höhe an den Wertsteigerungen sowie den neu gebildeten stillen Reserven. Abb. 3 stellt die Struktur der Sale-and-Lease-Back-Transaktion vereinfacht dar.

Vorteil der Sale-and-Lease-Back-Finanzierung für das Unternehmen ist insbesondere die Aufdeckung und Nutzung von stillen Reserven im Anlagevermögen. Durch den erhaltenen Kaufpreis kann das Unternehmen Kapital freisetzen und erhöht kurzfristig seine Liquidität bei weiterer Nutzung der Marke.

Preisbestimmung bei Fusionen und Akquisitionen

Einen der häufigsten Anlässe für eine Markenbewertung im Rahmen der Kapitalisierung stellt der klassische Kauf und Verkauf von Marken dar. Ziel ist hierbei die objektive Bestimmung des Transaktionspreises. Sowohl aus Verkäufer- als auch aus Käufersicht

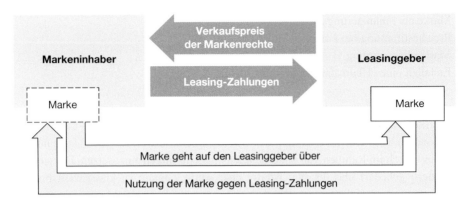

Abb. 3 Sale-and-Lease-Back von Markenrechten (vereinfachte Darstellung). (Quelle: Biesalski & Company GmbH)

sind die beteiligten Unternehmen im Rahmen von Markentransaktionen mit zahlreichen Herausforderungen konfrontiert. Je nach Zielsetzung sind für die Markenbewertung unterschiedliche Maßgaben zu berücksichtigen. Aus Verkäufersicht bietet die Markenbewertung insbesondere eine Unterstützung hinsichtlich der **Argumentation des Verkaufspreises**. Ein belastbarer monetärer Markenwert unter Berücksichtigung der individuellen Transaktionsszenarien schafft zu allererst eine Entscheidungsgrundlage. Diese wird durch die Offenlegung der markenspezifischen Wertschöpfungspotenziale, Chancen und Risiken zusätzlich objektiviert. Eine weitergehende Bestimmung des „strategischen Wertes" der Marke unter Berücksichtigung von Dehnungspotenzialen schafft eine weitere Argumentationsunterstützung im Verkaufsprozess. Aus Käufersicht bedeutet der Zukauf einer Marke eine strategische Weiterentwicklung, die vielseitige Potenziale auch in Bezug auf die Durchdringung und Erschließung von Zielgruppen und Märkten darstellt. Die monetäre Markenbewertung gibt dem Käufer zusätzliche **Sicherheit für die geplante Akquisition**. Einen wesentlichen Mehrwert liefert die monetäre Markenbewertung hinsichtlich konkreter Ansätze zur Integration und Markenführung und damit zur Absicherung und zum Ausbau der Markenwertschöpfung nach dem Kauf (Post Merger Integration).

Bei der monetären Markenbewertung im Rahmen von Unternehmenstransaktionen ergibt sich für den Käufer die Möglichkeit, die Marke in die Unternehmensbilanz aufzunehmen. Sowohl nach HGB als auch IFRS müssen nach dem heutigen Stand erworbene immaterielle Vermögenswerte in der Bilanz abgebildet werden. Hierbei ist zu berücksichtigen, dass nach HGB für die Marke eine Abschreibungspflicht besteht. Der IFRS fordert einen Impairment-Test, der den Zeitwert der Marke in der Bilanz abbildet.

Markenlizenzierung

Bei einer Markenlizenzierung gewährt der Markeneigentümer einem anderen Unternehmen das Recht, die Marke gegen Einhaltung vertraglicher Vorgaben und einer Lizenzgebühr zur Vermarktung seiner eigenen Leistungen zu nutzen (allg. zur Markenlizenzierung

Binder 2005). Hierdurch erspart sich der Lizenznehmer nicht nur die mit der Entwicklung und dem Aufbau der Marke verbundenen Risiken und Kosten, sondern kann auch die hierfür notwendigen Gelder gezielt in die Vermarktung seines Angebots investieren.

Die Vergabe von Nutzungsrechten an Marken findet in der Regel ausschließlich an Unternehmen statt, die nicht mit den bestehenden Produkten oder Dienstleistungen des Markeninhabers konkurrieren. Häufig wird Markenlizenzierung als Mittel zur Marktexpansion eingesetzt, wobei zwischen der Vermarktung neuer Produkte und der Vermarktung bestehender Produkte in neuen Märkten oder Regionen unterschieden werden kann.

Obwohl Markenlizenzierung bereits seit langer Zeit praktiziert wird, weisen die bisher am Markt gängigen Verfahren zur Bestimmung der Markenlizenzgebühr erhebliche Schwächen auf. In den häufigsten Fällen werden bisher Lizenzraten aus bestehenden Datenbanken recherchiert und zugrunde gelegt. Diese Lizenzraten orientieren sich an den am Markt gehandelten Lizenzen. Problematisch bei dieser Vorgehensweise ist die Vergleichbarkeit der vorhandenen Datenbankinformationen mit der individuellen Situation der zu lizenzierenden Marke. Die fehlende Transparenz der Lizenzverträge bezüglich der Rechte und Pflichten der Lizenzgeber und Lizenznehmer macht die Übertragung der Markenlizenzraten zudem sehr schwierig.

Der optimale Ansatz zur Bestimmung der Markenlizenzrate sollte daher auf der Analyse der individuellen Markenstärke und Markenwertschöpfung basieren. Das Mehrgewinn-Verfahren bietet nicht nur eine geeignete Methode zur Ableitung der individuellen Lizenzgebühr auf Grundlage des monetären Markenwertes, sondern liefert auch Antworten zu den oben genannten Kriterien zur Eignung der Marke für Lizenzierungszwecke.

Erstellen eines Überschuldungsstatus

Im Falle der bilanziellen Überschuldung eines Unternehmens ist die Aktivierung steuerlich nicht bilanzierungsfähiger immaterieller Vermögenswerte zulässig. Zielsetzung ist hierbei die Vermeidung einer Insolvenz durch die Schaffung von Transparenz über die tatsächliche Vermögenslage des Unternehmens. Die Berücksichtigung der Marke als Aktivposten des immateriellen Vermögens bietet – bei entsprechender Werthaltigkeit der Marke – somit die Möglichkeit, den Geschäftsbetrieb fortzuführen. Eine regelmäßige Folgebewertung zur Prüfung der Wertstabilität ist in diesem Zusammenhang empfehlenswert.

Absicherung und Steigerung des Markenwertes

Eine wesentliche Voraussetzung für die Steigerung und Absicherung des Markenwertes ist ein ganzheitliches Verständnis der Marke als Wertschöpfungsfaktor. Die Analyse der Marke entlang der gesamten **Markenwirkungskette** (vgl. Abb. 4) zeigt auf, welche Faktoren den Wert einer Marke bestimmen. Ohne das Wissen um die Stellhebel für die Wertentwicklung wird der Erfolg der Marke in hohem Maße Zufall bleiben. Der monetäre Markenwert bildet dabei das Ergebnis und zwar auf Basis der in der Zielgruppe verankerten Vorstellungsbilder zu einer Marke, die mit einem konkreten Leistungsversprechen verknüpft ist.

Abb. 4 Markenwirkungskette. (Quelle: Biesalski & Company GmbH)

Ziel der Markenführung muss es demnach sein, die Markenentwicklung entlang der Markenwirkungskette gezielt zu steuern, damit der Wertbeitrag der Marke zum Unternehmenswert auch in der Zukunft abgesichert und gesteigert werden kann. Hierzu bietet der Markenmanagementprozess eine strukturierte und in der Praxis erprobte Vorgehensweise (vgl. Abb. 5). Die größten Herausforderungen für ein funktionierendes Markenmanagement liegen in der Überwindung von Brüchen in den internen Prozessen und der Verbesserung der Informationsweiterverteilung zwischen den Beteiligten (Biesalski und Holzer 2008). Nur wenn dies gewährleistet ist, lässt sich auch eine konsistente und stringente Umsetzung über alle Kontaktpunkte entlang der Customer Journey realisieren, die auf eine Steigerung der Markenwertschöpfung fokussiert. Die Notwendigkeit eines integrierten Prozesses wird daher deutlich.

Den Ausgangspunkt eines solchen Markenmanagementprozesses bildet die **Analyse**, in der die Stärken und Schwächen, Chancen und Risiken entlang der Markenwirkungskette ermittelt und analysiert werden. Dies umfasst in einem wertorientierten Markenführungssystem neben den Parametern zu Markenwahrnehmung, Markenstärke und zum Zielgruppenverhalten auch die Messung der Markenwertschöpfung.

Im Rahmen der **Zieldefinition** erfolgt zunächst die Ableitung und Definition der Markenstrategie. Auf übergeordneter Ebene definieren die markenstrategischen Ziele die zukünftigen Stoßrichtungen und Handlungsfelder in Hinblick auf Kundenbindung, Kundengewinnung und Erzielung eines Preispremiums. In einem weiteren Schritt werden die markenstrategischen Ziele sowohl in verhaltenswissenschaftliche (z. B. Markenbekanntheit, Markeninhalte, Markenpräferenz) als auch wirtschaftliche (z. B. Quantifizierung Preis-/Mengenpremium) Zielgrößen für die operative Umsetzung heruntergebrochen. Denn die Markenstrategie wird erst dann für alle Betroffenen im Unternehmen nachvollziehbar, wenn sie mit greifbaren Kriterien hinterlegt wird.

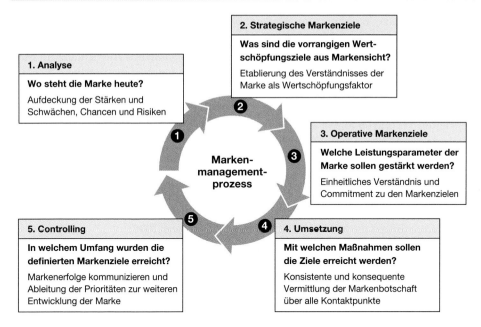

Abb. 5 Markenmanagementprozess. (Quelle: Biesalski & Company GmbH)

Die **Markenidentität** umfasst die Beschreibung einer relevanten, differenzierenden und glaubwürdigen Markenpositionierung. Diese bildet den Handlungsrahmen für die Umsetzung in Kommunikation und Verhalten. In der nächsten Stufe wird die **Maßnahmenumsetzung** durch eine konkrete Zeit- und Meilensteinplanung sowie die konzeptionelle Ausgestaltung der Markenkontaktpunkte strukturiert vorbereitet. Mit der Phase **Kontrolle der Zielerreichung** schließt sich der Kreislauf des Markenmanagementprozesses. Die Gegenüberstellung der definierten Markenziele mit aktuellen Ergebnissen verdeutlicht den Grad der Zielerreichung. Zur Unterstützung der Zielkontrolle hilft eine sogenannte Markenscorecard. Durch die Verknüpfung von Steuerungs-, Planungs- und Kontrollgrößen ergibt sich ein ganzheitlich operierendes Steuerboard.

2.2 Methoden der monetären Markenbewertung

Mit den methodischen Grundlagen zur monetären Markenbewertung befassen sich seit geraumer Zeit diverse Institutionen, u. a. das *Institut der Wirtschaftsprüfer (IDW)*, das *Deutsche Institut für Normung (DIN)* und der *Markenverband (Brand Valuation Forum)*. Zentrale Aufgabe ist die Schaffung eines gemeinsamen Verständnisses sowie allgemeingültiger Qualitätsstandards zur monetären Markenbewertung (z. B. zehn Grundsätze der monetären Markenbewertung, Brand Valuation Forum 2007).

Die bekannten Verfahren zur Markenbewertung (zum Überblick z. B. Schimansky 2004) sind durch den Gegensatz zwischen der finanzorientierten Ausrichtung im Finanz- und Rechnungswesen einerseits und der eher inhaltlichen Ausrichtung im Marketing andererseits gekennzeichnet. Insbesondere **verhaltenswissenschaftliche Ansätze** bilden den Markenwert primär nicht in Geldeinheiten ab, sondern nähern sich der Bewertung über eine qualitative Beschreibung der Markenleistung. Die **finanzwirtschaftlich geprägten Verfahren** folgen dagegen dem heute allseits anerkannten Grundsatz, dass in Analogie zur Unternehmensbewertung der Markenwert die Summe der Barwerte aller in der Zukunft aus der Marke zufließenden Zahlungen darstellt (**Discounted-Cashflow-Ansatz**). Zentrale Aufgabe der monetären Markenbewertung ist es demnach, die Frage zu beantworten, welche Cashflows ein Unternehmen aufgrund der Marke zukünftig erwirtschaften kann. Dabei liegt die besondere Herausforderung darin, den Teil des Cashflows zu isolieren, der auf die Marke entfällt (Biesalski und Beyer 2005).

Neben den mit der Marke erzielten Erträgen müssen weitere Faktoren berücksichtigt werden, um die individuelle Markenleistung ganzheitlich widerzuspiegeln. So sind die Aufwendungen für Erhalt und Pflege der Marke vom markenbezogenen Mehrerlös abzuziehen. Derartige Aufwendungen können beispielsweise im B-to-B-Bereich anteilig Kosten für Vertriebsmitarbeiter als Vermittler der Markenkompetenz, markenspezifische Forschungs- und Entwicklungsleistungen, Kommunikationsaktivitäten wie Anzeigen in Fachmedien oder Messeaktivitäten beinhalten.

Der ermittelte jährliche Marken-Netto-Cashflow muss um die Unternehmenssteuern bereinigt werden, da die Unternehmenssteuer nicht dem Markeninhaber zufließt und daher abzuziehen ist. Ebenso sind bei der Berechnung des Markenwertes die anzunehmende Nutzungsdauer der Marke sowie der rechtliche Schutz zu untersuchen. Die voraussichtliche Nutzungsdauer der Marke bestimmt den Zeitraum der Kapitalisierung der zu erwartenden Cashflows. Da der Wert einer Marke vom Risikograd des Geschäftsumfeldes abhängt, ist darüber hinaus der Einfluss des individuellen Branchenumfeldes zu berücksichtigen. Das markt- und markenspezifische Risiko wird im Diskontierfaktor abgebildet und beantwortet die Frage, wie hoch die Rendite für das eingesetzte Kapital sein sollte. Diese Kennzahl beeinflusst in erheblichem Maß den Wert der Marke. In der Praxis haben sich drei auf dem Discounted-Cashflow-Ansatz basierende, grundsätzliche Methoden etabliert: das Indikator-Verfahren, die Relief-from-Royalty-Methode und die Mehrgewinn-Methode.

Die zunächst verbreiteten **Indikator-Modelle**, die auf die Ergebnisrechnung des Unternehmens abzielen, verdeutlichen die Schwierigkeit bei der Abgrenzung der Marken-Cashflows. Der Unternehmensgewinn ist durch zahlreiche nicht-markenrelevante Faktoren, wie dem spezifischen Geschäftsmodell, finanziellen Ressourcen oder der Bilanzpolitik des Unternehmens, beeinflusst. Stellt man den Unternehmensertrag in den Mittelpunkt, kann eine klare Abgrenzung der Markenleistung von der Unternehmensleistung kaum gewährleistet werden. Der Markenwert spiegelt den um einen Faktor korrigierten Unternehmenswert wider (Biesalski und Spannagl 2005).

Die **Relief-from-Royalty-Methode** basiert auf den Ersparnissen eines Markeninhabers für die Lizenzierung einer Marke. Es wird untersucht, welche fiktiven Aufwendungen dem Unternehmen entstehen würden, wenn es die Marke nicht im Eigentum hätte, sondern diese von einem fremden Dritten lizenzieren müsste. Die fiktiven Lizenzzahlungen werden anhand von marktüblichen Lizenzraten für vergleichbare Marken abgeleitet, die sich beispielsweise auf Umsatzerlöse beziehen. Diese Methode setzt voraus, dass es vergleichbare Marken gibt, die regelmäßig im Geschäftsverkehr lizenziert werden. Das ist jedoch insbesondere in B-to-B-Branchen häufig nicht der Fall. Darüber hinaus weisen die zur Verfügung stehenden öffentlichen Datenquellen häufig erhebliche Schwankungsbreiten auf und bieten gleichzeitig wenig Hintergrundinformationen über die Umstände der Lizenzierung, um die Vergleichbarkeit zu überprüfen. Des Weiteren sind bei der Ableitung der Lizenzrate die individuelle Markenstärke und Markenrelevanz zu würdigen.

Im **Mehrgewinn-Verfahren** resultieren die markenspezifischen Mehrerlöse aus der Nutzung einer Marke gegenüber einem nicht markierten, vergleichbaren Leistungsangebot. Jedoch ist gerade im B-to-B-Umfeld die Gegenüberstellung mit einem unmarkierten vergleichbaren Angebot oft nicht möglich, da zumeist keine vergleichbaren No-Name-Angebote existieren. Um die reale Kaufentscheidungssituation abzubilden, bietet sich daher die Preisabstandsmessung im Wettbewerbsumfeld zu dem aus Zielgruppensicht günstigsten vergleichbaren Angebot an.

Die markenspezifischen Mehrerlöse setzen sich aus einer Preis- und einer Mengenkomponente zusammen. Die **(Mehr-)Preiskomponente** ist in der häufig zu beobachtenden Eigenschaft markierter Leistungen begründet, mit denen im Vergleich zu anderen markierten Leistungen oder gar unmarkierten Leistungen ein Preisaufschlag durchgesetzt werden kann. Dieser Preisaufschlag ist in dem Zusatznutzen begründet, den Marken dem Käufer im Rahmen des Entscheidungsprozesses sowie gegebenenfalls bei Ge- oder Verbrauch der jeweiligen Leistung stiften. Zentrale Aufgabe im Rahmen der Ermittlung des Preispremiums ist es, eine geeignete Referenzleistung oder eine geeignete Gruppe von Referenzleistungen (= Peer Group oder Relevant Set) zu identifizieren, gegen die das Preispremium gemessen werden soll. Neben dem Preispremium ist der durch die Markierung induzierte **Mengeneffekt** zu berücksichtigen. Dieser Effekt wird besonders dann relevant, wenn, wie in B-to-B-Branchen häufig der Fall, eine Ausschreibung zugrunde liegt und kein Preispremium durchsetzbar ist. Hier gilt es, die Preissensibilität der Zielgruppe zu untersuchen und Preisgrenzen zu ermitteln, bei denen eine Wechselwahrscheinlichkeit besonders hoch ist. Die ermittelten Preisgrenzen werden in ein potenzielles Preispremium transformiert und mit dem relevanten Mengenanteil hinterlegt.

Da das Mehrgewinn-Verfahren nicht auf dem Unternehmensertrag fußt, können mit diesem Ansatz auch Marken von Unternehmen mit defizitärer Ertragslage, Organisationen ohne primäre Gewinnerzielungsabsicht, wieder zu belebende Marken oder auch neue, alternative Markenkonzepte bewertet werden. Das a priori standardisierte Vorgehen ermöglicht zudem die Multiplizierbarkeit des Verfahrens im Zeitverlauf und stellt darüber hinaus die Vergleichbarkeit mit anderen Marken und Produktkategorien sicher.

Nach den Erfahrungen von *Biesalski & Company* setzt sich sowohl in der wissenschaftlichen Diskussion als auch in der Bewertungspraxis das Mehrgewinn-Verfahren zunehmend durch. Dagegen weisen die indikatorbasierten Verfahren sowie die Relief-from-Royalty-Methode einen entscheidenden Schwachpunkt auf. Der nach diesen Verfahren bestimmte monetäre Markenwert wird maßgeblich durch Faktoren beeinflusst, die in keinem direkten Zusammenhang mit der individuellen Wertschöpfung der Marke stehen. Darüber hinaus bietet das Mehrgewinn-Verfahren den Vorteil, dass die Markenwertschöpfung als Ergebnis aller Einflussfaktoren, wie Markenbekanntheit, wahrgenommene Qualität und Markenbindung sowie weitere markenbezogene Wettbewerbsvorteile, indirekt abgebildet wird. Die Quantifizierung dieser Stellhebel der Markenwertschöpfung ermöglicht es, markenstrategische Führungsentscheidungen aus wertbasierten Analysen abzuleiten, sodass eine gezielte Steuerung des zukünftigen Markenerfolgs ermöglicht wird. Auch das *Institut der Wirtschaftsprüfer (IDW)* hat im September 2007 mit dem IDW S 5 einen neuen Standard zur Bewertung von immateriellen Vermögensgegenständen veröffentlicht, der diese Auffassung teilt. Demnach ist die Mehrgewinn-Methode präferiertes Verfahren für die Isolierung von Marken-Cashflows (IDW 2007).

Wenn nun der wirtschaftliche Erfolg einer Marke auf der Wahrnehmung innerhalb der Zielgruppe basiert, ist es im Rahmen einer ganzheitlichen Markenbewertung unabdingbar, das vorhandene Markenkapital auf der Grundlage von Marktforschung zu analysieren. Um die Markenleistung erklären und optimieren zu können, muss ein adäquater Marktforschungsansatz über die bloße Ermittlung der Markenstärke hinausgehen. Marktforschung muss vielmehr diagnostizieren, worin die Ursachen für die Markenstärke als Vorstufe zur Markenpräferenz und damit zur Generierung des Markenwertes liegen.

3 Marktforschung als Grundlage der monetären Markenbewertung

3.1 Auftrag an die Marktforschung

Die Markenstärke- und Markenwertbestimmung basiert auf Marktforschungsinformationen, die entsprechend zu beschaffen sind. Ohne valide und reliable Informationen ist auch keine valide und reliable Markenwertbestimmung realisierbar. Konkret sind zur Durchführung der Markenbewertung nach der Mehrgewinn-Methode Informationen über das erzielbare Preispremium und Mengenpremium sowie Informationen zur Abschätzung des Risikos und damit zur Bestimmung des Diskontierungsfaktors notwendig. Darüber hinaus ist eine wertorientierte Markenführung nur realisierbar, wenn man die Ursachen – also die Treiber – des Markenwertes kennt. Typische Forderungen an die Marktforschung im Feld der B-to-B-Markenwertmessung sind daher die folgenden Zusatzinformationen:

- Bekanntheitsgrad (erkennen, erinnern, dass die Marke zu einem bestimmten Produkt gehört) in verschiedenen Intensitäten

- Zufriedenheit mit der Marke
- Markenruf und -image (z. B. Markenvertrauen, Markenpersönlichkeit)
- Markentreue, Loyalität, Wahrscheinlichkeit eines Wiederholungskaufs
- Kaufintensität (wie viel Prozent des Gesamtbedarfs entfallen auf die Marke im Fall der Nutzung verschiedener Lieferanten)
- Empfehlungsbereitschaft und -wahrscheinlichkeit
- Differenzierungspotenzial gegenüber Wettbewerbsmarken (je stärker das Produkt durch die Marke geprägt ist, desto höher der Beitrag der Marke zum Produktvertrieb)
- Verwendungsspektrum (in welchem Bereich, für welche Branche wird die Marke als relevant wahrgenommen?)
- Geografische Abdeckung: Der Wert der Marke korreliert mit der geografischen Ausdehnung der Markenbekanntheit in den Zielmärkten (z. B. hohe Bekanntheit in Europa, hingegen geringe Bekanntheit in Asien; Reichweite/Internationalität der Marke)
- Unterstützung der Marke durch die Beschäftigten
- Wichtigkeit der Einflussfaktoren (Treiber) für die Markenwahl und den Markenwert

Die Informationslieferung der Marktforschung basiert auf den verschiedenen Methoden der Datenerhebung sowie Datenanalyse und Ergebnisdokumentation. Bei der Beschaffung dieser Informationen durch Marktforschung sind die Besonderheiten des B-to-B- im Vergleich zum B-to-C-Bereich zu berücksichtigen (z. B. Baumgarth 2004, S. 85 ff.; Caspar et al. 2002, S. 18 ff.; Koch und Gietl 2009, S. 13):

- Höheres Fachwissen der B-to-B-Kunden
- Einkäufe erfolgen entweder aufgrund standardisierter Prozesse oder die B-to-B-Kunden sind persönlich bekannt
- Kollektive Kaufentscheidungen (Buying Center)
- Länger dauernde Kaufentscheidungsprozesse
- B-to-B-Kunden verkaufen häufig die gekaufte Leistung weiter (Relevanz nicht nur der direkten, sondern auch der nachgelagerten Märkte)
- Komplexere Leistungsanforderungen
- Internationale Märkte
- Vertrieb ist dem Marketing häufig zahlenmäßig und in Bezug auf Macht überlegen

Abb. 6 fasst den Beitrag der Marktforschung zur Markenwertbestimmung zusammen.

Im Folgenden geht es nicht um einen vollständigen Überblick über die Methoden und Vorgehensweisen der Marktforschung (zu umfassenden Überblicken vgl. Churchill und Iacobucci 2002; Herrmann et al. 2008), sondern um die Skizzierung von Besonderheiten der B-to-B-Marktforschung, verknüpft mit Erfahrungen aus der eigenen Marktforschungspraxis.

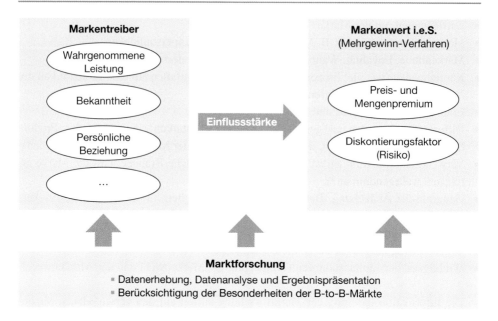

Abb. 6 Beitrag der Marktforschung zur Markenwertbestimmung

3.2 Methoden der Marktforschung

Datenerhebung

Die wichtigste Datenerhebungsmethode im Rahmen der Markenwertbestimmung ist die Befragung. Als grundsätzliche Formen kommen die schriftliche, mündliche, telefonische und Online-Befragung in Betracht (allg. z. B. Böhler 2004, S. 91 ff.). Im B-to-B-Bereich ist die persönliche bzw. telefonische Befragung für die meisten der erwähnten Aufgaben allen schriftlichen und Online-Methoden weit überlegen, weil es auf emotionale Bezüge und Wahrnehmungen ankommt, die durch schriftliche Verfahren kaum erfassbar sind. Auch wenn man annehmen darf, dass insgeheim das Vertrauen in die Marke eine große Rolle für die Kaufentscheidung spielt, werden Einkäufer immer behaupten, dass der günstigste Preis ausschlaggebend sei. Dies erschwert die Markenwertmessung, jedenfalls ist sie durch einen schriftlichen Fragebogen (auf Papier oder online) in den wenigsten Fällen möglich. Die über den Kauf entscheidenden Personen müssen vielmehr durch ein offenes Gespräch über ihre Erfahrungen mit Produkt und Service eines Unternehmens (gegebenenfalls im Vergleich mit denen anderer Anbieter) dazu angeregt werden, mehrere Parameter neben dem Preis-Leistungs-Verhältnis zu beurteilen und nach ihrer Wertigkeit einzustufen.

Dadurch können die wesentlichen Treiber abgesehen vom Preis identifiziert werden. Nur das mündliche Interview erlaubt es, eine Vertiefung entscheidender Punkte sowie Stimmungslagen herauszuhören. Es ermöglicht so eine wesentlich umfangreichere und intimere Information, als sie durch schriftliche Befragungen je erreicht werden kann. Im B-to-B-Bereich geht es in wesentlich höherem Maße um kontinuierliche zwischenmenschliche Zusammenarbeit als im B-to-C-Bereich. Daher spielen die persönlichen Beziehungen eine größere Rolle für die Beurteilung des Anbieters – und damit auch für die Marke. Viele Studien der letzten Jahrzehnte haben übereinstimmend belegt, dass unter den Gründen für Lieferantenwechsel zu etwa zwei Drittel Betreuungsmängel oder Kommunikationsprobleme verantwortlich sind. Preise und andere sonst oft vorgeschobene, leichter zu erklärende Gründe spielen demgegenüber in Wahrheit eine eher untergeordnete Rolle. Beispielsweise zeigte eine Studie im Maschinen- und Anlagenbau, dass mit 65 % die Unzufriedenheit mit den Services während der gesamten Nutzungsdauer der wichtigste Grund für einen Lieferantenwechsel darstellt; technisch bessere Produkte oder günstigere Preise sind nach dieser Studie nur für 20 bzw. 15 % der Befragten ein Grund für einen Lieferantenwechsel (Absatzwirtschaft 2003). Im Umkehrschluss belegt dies die hohe Bedeutung der Mitarbeiter für die Gestaltung des Markenbildes.

Darüber hinaus ist zu berücksichtigen, dass die oft komplexe Gesamtleistung im B-to-B-Geschäft von einer Vielzahl von Funktionen des Unternehmens gemeinsam erbracht wird. Beratung, Entwicklung, Produktion, Konfektionierung und Logistik sind nur einige Beispiele. Gerade an dem immer wichtiger werdenden Phänomen Gemeinschaftsentwicklung wird deutlich, dass nicht nur der traditionelle Außendienstverkäufer eine wichtige Aufgabe der Beziehungspflege innehat, sondern dass viele Mitarbeiter an der Leistungserstellung mitwirken und zum Teil ebenfalls Kundenkontakt haben. In den Augen der Kunden bildet sich ein Zusammenspiel aus nicht direkt sichtbarer Leistungserbringung „hinter den Kulissen" und dem „Gesicht nach außen". Beide sind wichtig und prägen die Gesamtwahrnehmung.

Als **Frage-Techniken** werden – ganz ähnlich wie in der B-to-C-Marktforschung – Zustimmungsskalen, offene Fragen, visuelle (Logo-)Vergleiche, gestützte und/oder ungestützte Abfragen eingesetzt (ausführlich z. B. Noelle-Neumann und Petersen 1998, S. 128 ff.). Festzuhalten bleibt jedoch, dass bei Markenuntersuchungen mehr als bei anderen Analysen mit offenen Fragen zu arbeiten ist. Die Textantworten, die unterschiedlich ausfallen können, müssen anschließend auf intelligente Weise gruppiert und kategorisiert werden. Da im B-to-B-Bereich die Kundenzahlen begrenzt sind, ist der Aufwand jedoch überschaubar.

Bei Marktbefragungen wird man bei einer größeren Kundenanzahl aus ökonomischen Gründen auf **Stichprobenerhebungen** zurückgreifen (z. B. Homburg und Krohmer 2008, S. 37 ff.). Die Stichprobengröße richtet sich u. a. nach

- der geforderten Messgenauigkeit: Die Stichprobengröße muss groß genug sein, um mit einer akzeptablen Fehlerquote sichere Erkenntnisse zu gewinnen.
- der Responsequote: Die effektive, d. h. die in der Auswertung zur Verfügung stehende Stichprobengröße hängt von der Antwortquote ab (zu Methoden der Erhöhung der Responsequote siehe Dillman 2008).

- dem Profil des Marktes (heterogen oder homogen): Wenn die Wahrnehmung auch kleinerer Untergruppen wichtig erscheint, sollten auch diese repräsentativ erfasst werden, was die Gesamtgröße der Stichprobe erhöht.
- der Anzahl der Marktteilnehmer: In Nischenmärkten kann die Zahl der Kunden sehr gering sein, sodass möglicherweise eine Vollerhebung anzuraten ist.

Markenstudien sind im B-to-B-Bereich regelmäßig **internationale Marktforschungsprojekte**, da B-to-B-Märkte sich überwiegend international und global erstrecken. Besonders Nischenprodukthersteller müssen die Weltmärkte erobern, wenn sie ökonomische Produktionsmengen erreichen wollen. Dies bedingt, dass sich die Markenwertmessung auch auf Auslandsmärkte erstreckt. Um vergleichbare Aussagen zur Markenstärke in Auslandsmärkten treffen zu können, ist eine globale Marktforschung erforderlich, allerdings mit Kenntnis der kulturellen Unterschiede und landestypischen Besonderheiten (ausführlich Holzmüller und Woisetschläger 2008). Sprachliche und interkulturelle Missverständnisse können im internationalen Geschäft zu Verzerrungen führen, die einen Vergleich der Markenwertmessung in verschiedenen Ländern unmöglich macht. Daher sollten Fragebögen an die lokalen Besonderheiten und Gepflogenheiten so angepasst werden, dass sie vergleichbare Antworten liefern. Da es in den Interviews unter anderem um Beziehungsfragen geht, liegt es nahe, sie in der Landessprache durchzuführen (zu Übersetzungsproblemen siehe Bauer 1989). Technische Details und Bestellungen können die meisten Kunden in Englisch abhandeln, aber detaillierte Anforderungen an die Leistungsausprägungen und Verhaltensweisen des Lieferanten sowie eigene subjektive Wahrnehmungen formulieren sie in aller Regel lieber und besser in ihrer Muttersprache.

Selbst bei identischen Sachverhalten unterscheidet sich das numerische Benotungsverhalten in den Ländern erheblich. Während manche dazu neigen, im Zweifel eher positive Bewertungen (etwa auf einer Skala von 1 bis 10) abzugeben, reagieren andere eher kritisch (es könnte ja immer noch besser werden). Viele weltweit tätige Institute haben sich daher Index-Listen erarbeitet, die zur Interpretation von Länderergebnissen herangezogen werden. Zum Teil sind auch nur unterschiedliche Erwartungshaltungen für die Messergebnisse verantwortlich. So haben etwa Kunden in den ehemaligen Ostblockländern während der ersten eineinhalb Jahrzehnte nach dem Fall des „Eisernen Vorhangs" westliche Produkt- und Serviceleistungen fast euphorisch begrüßt und überaus positiv beurteilt. Dieses Phänomen ist allerdings inzwischen dem in den westlichen Industriestaaten üblichen, also einem nivellierten Bewertungsniveau gewichen, da die Erwartungshaltung in den osteuropäischen Ländern nachgezogen ist.

Ferner ist bei den Markenbefragungen zu berücksichtigen, dass viele B-to-B-Kunden ihre Einkaufsentscheidungen kollektiv in einem **Buying Center** treffen, d. h. einem Einkaufsgremium, das aus Personen mit unterschiedlichen Funktionen besteht (z. B. Verwender im Betrieb, F&E, Einkauf, Finanzen, Controlling, Geschäftsleitung). Dies kann dazu führen, dass bei wichtigen Kunden (wie etwa in der Automobilindustrie) mehr als 20 Personen zu interviewen sind, um ein vollständiges Bild zu erhalten. Problematisch ist dabei die Bestimmung des Entscheidungseinflusses dieser Personen bzw. ihrer Funktionen. Die

Marktforschung muss daher nicht nur die Verankerung der Marke bei den Teilnehmern des Entscheidungsprozesses ermitteln, sondern auch ihren Einfluss auf die Kaufentscheidung abschätzen. So ist der Einkauf in manchen Unternehmen weitgehend mit der technischen Produktbeurteilung betraut ("technischer Einkauf"), während er in anderen lediglich für das Aushandeln der letzten Preisabschläge zuständig ist, die technischen Entscheidungen aber anderen Funktionsbereichen im Haus überlässt. Solche Unterschiede lassen sich bei einer Befragung relativ leicht feststellen: Manche Einkäufer beweisen hervorragende technische Kompetenz bei der Beantwortung von Detailfragen zur Lieferantenleistung, andere verweisen auf die Ingenieure in den Fachabteilungen.

Eine Erhebungs- und Auswertungsmethode, die auch im Rahmen der Markenwertermittlung speziell zur Bestimmung des Preispremiums genutzt werden kann, stellt die **Conjoint-Analyse** dar (allg. z. B. Green und Srinivasan 1978, 1990; speziell zur Anwendung im B-to-B-Bereich z. B. Baumgarth und Haase 2005; Homburg et al. 2006; Walley et al. 2007). Dieses zu den multivariaten Analysemethoden zählende Verfahren folgt bei der Erfassung von Kundenpräferenzen einer sogenannten dekompositionellen Vorgehensweise. Präferenzen werden dabei ausgehend von einer ganzheitlichen Leistungsbeurteilung ermittelt. Die Probanden beurteilen vorgegebene Produktbündel aus systematisch kombinierten Eigenschaften. Anschließend werden mittels mathematisch-statistischer Verfahren (metrische) Nutzenwerte für die einzelnen Produkteigenschaften gewonnen. In der Regel wird dabei unterstellt, dass sich der Gesamtnutzen additiv aus den Nutzen der einzelnen Eigenschaften (Teilnutzenwerte) zusammensetzt. Ziel der Conjoint-Analyse ist es, die Bedeutung einzelner Eigenschaften für das Zustandekommen der Gesamtpräferenz zu ermitteln. Sie lässt sich auch zur Bestimmung des Markenwerts nutzen: Werden in der Conjoint-Analyse verschiedene Marken aufgeführt, spiegeln die Nutzenwerte für die Marken den jeweiligen Wert der Marken wider. Wird ferner neben der Marke auch der Preis berücksichtigt, so lässt sich das Preispremium einer B-to-B-Marke in monetärer Form bestimmen.

Soweit bisher nur von externen Befragungen mit Kunden und anderen Marktteilnehmern (z. B. Zielkunden) die Rede war, sollte die **interne Markenanalyse** nicht vergessen werden. Eine kostengünstige, wenn auch mit Unsicherheiten behaftete Methode ist die Befragung von Mitarbeitern mit Kundenkontakt nach ihren Vermutungen über die Assoziationen der Kunden darüber, ob und welche regionalen Unterschiede bestehen, welche Konsequenzen bei einem Markenwechsel drohen und wie Kundenverlust vermieden werden könnte. Auch diese Angaben sind systematisch auszuwerten, um einen Gesamtüberblick zu gewinnen, der nicht von einigen wenigen Meinungsführern im Unternehmen maßgeblich beeinflusst wird. Dass deren Eigenbild nicht immer mit dem Außenbild übereinstimmt, haben viele Vergleichsanalysen belegt. Besonders bei "weichen Faktoren", wie z. B. flexibles Eingehen auf Kundenwünsche, sind die Abweichungen zum Teil erheblich (z. B. Homburg 1999, S. 9). Ausgehend von der hohen Bedeutung des Mitarbeiterverhaltens für den Markenwert im B-to-B-Bereich lohnt es sich zu ermitteln, wie engagiert die Beschäftigten die Marke im Markt vertreten. Diese Bereitschaft wird in der Regel im Rahmen von Beschäftigtenbefragungen festgestellt. Als neutraler externer Dienstleister, der die Anonymität und damit möglichst ehrliche Antworten garantiert, wird auch hierfür meistens ein Marktforschungsinstitut eingeschaltet.

Es gibt zwei unterschiedliche Typen der Mitarbeiterbefragung: a) die zu den Arbeitsbedingungen, zur Führung und Unternehmensstrategie und b) die zur Leistung zuarbeitender anderer Abteilungen oder Funktionen des eigenen Unternehmens (auch „interne Kundenbefragung" genannt). Für eine Einbettung der Fragen zum Engagement für die eigene Marke bietet sich der erste Typ an. Wie sehr das gesamte Unternehmen markengerichtet geführt wird und die Beschäftigten bereit und in der Lage sind, Kunden kaufentscheidend zu beeinflussen, lässt sich an den Antworten ablesen. Auch das ist somit ein wichtiger Indikator für den Markenwert. Wie wichtig die Durchdringung der Organisation mit Markenengagement ist, wird gerade durch die vielfältigen, oft nicht einmal geplanten Kundenkontakte von Mitarbeitern aus sogenannten Back-Office-Bereichen, aus der Entwicklung oder dem technischen Bereich deutlich. Da muss plötzlich ein Entwicklungsingenieur beim Kunden aushelfen, da wird die Anwesenheit eines Controllingmitarbeiters in einer Projektbesprechung beim Kunden verlangt. Nur wenn alle Kontaktpunkte einen ähnlichen Eindruck und ähnliche Botschaften übermitteln, kann der Kunde – und bei ihm wiederum die vielen Beteiligten des Buying Centers – ein klares Bild davon gewinnen, wofür die Marke steht.

Datenanalyse und Ergebnispräsentation

Im Rahmen der Datenanalyse geht es insbesondere um den Einsatz von statistischen Methoden der uni- und multivariaten Statistik (zum Überblick z. B. Backhaus et al. 2016; Hair et al. 2009). Darüber hinaus gibt es eine Vielzahl von Techniken und Ansätzen zur Ergebnispräsentation, die über die üblichen Texte, Tabellen und Diagramme (z. B. Balken- oder Kreisdiagrammen) hinausgehen. Im Folgenden werden einige typische Verfahren skizziert.

Semantisches Differential

Das in der Psychologie entwickelte **Semantische Differential** oder **Polaritätenprofil** kann als eine Sonderform der grafischen Darstellung in einigen Fällen geeignet sein. Die multidimensionale Skalierung mit gegensätzlichen Eigenschaftspaaren und einer bipolaren Rating-Skala erlaubt die Darstellung eines Markenimages mit seinen Ausprägungen, also eine gegenüber der eindimensionalen Darstellung auf einer Skala von z. B. 1 bis 5 differenzierte Präsentation. Abb. 7 zeigt ausschnittsweise ein solches Profil.

Die Wortpaare sollten jedoch vorab in einer Stichprobe verifiziert werden, um valide Ergebnisse zu garantieren. Dann lassen sich aus den gewonnenen Angaben Stärken und Schwächen des Markenauftritts ablesen, die in die Bewertung der Marke einfließen können.

Kundenloyalitätsmatrix

Die Kundenwirkung des Zusammenspiels der beiden Faktoren Wettbewerbs- bzw. Leistungsfähigkeit des Unternehmens (Attraktivität) und persönliche Beziehungen haben Jes-

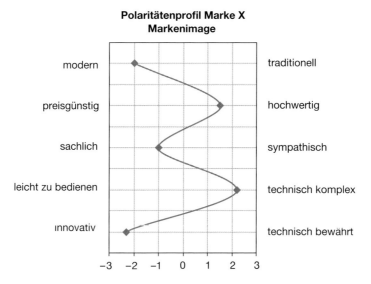

Abb. 7 Markenimage als Semantisches Profil

per J. Elling und Stig Jørgensen in ihrem Buch „Customer Loyalty – for lasting profits and growth" (Elling und Jørgensen 1997) herausgearbeitet. Dieses Einordnungs- und Analysesystem bringt Sicherheit und ermöglicht eine Konzentration auf die wesentlichen Punkte der Stammkundenbetreuung. Dadurch werden auch Ressourcen für eine verstärkte Neukundengewinnung frei. Es erklärt aber auch, wie das Zusammenspiel von Markenimage und der Qualität der zwischenmenschlichen Beziehungen im B-to-B-Geschäft den Wert einer Marke prägt. Abb. 8 zeigt exemplarisch eine solche Kundenloyalitätsmatrix (Customer Loyalty Matrix).

Diese Matrix wird aus den Angaben der Kunden erstellt: Im Rahmen einer Kundenbefragung werden sie gefragt, wie sie den Lieferanten (nach verschiedenen Kriterien) beurteilen (Attraktivität) und wie sie die persönliche Beziehung zu den Mitarbeitern mit Kundenkontakt empfinden. Hinzu kommen Ermittlungen der Empfehlungsbereitschaft und der Wahrscheinlichkeit eines Wiederholungskaufs – die wesentlichen Gradmesser der Loyalität. Für die so eingeordneten Kunden und jede Gruppe lässt sich der Grad der Kundenbindung ermitteln. Attraktivität des Lieferanten und persönliche Beziehung allein bedeuten jedoch nicht notwendigerweise Kundenbindung. Mit zunehmender Experimentierfreude haben sich diese Kategorien teilweise entkoppelt. Für den Markenwert ist daher die Loyalität als Indikator wesentlich wichtiger als die bloße Attraktivität des Leistungsangebotes.

Weiterhin wird dargestellt, wie die Kunden eines Typs (z. B. die treuen) bestimmte Leistungskomponenten beurteilen. Daraus leitet man ab, welche Komponenten für die Kundenbindung wichtiger sind als andere und was genau bei jeder Kundengruppe getan werden muss, um sie nach „oben rechts" in die profitableren Kategorien zu entwickeln.

XY AG		Persönliche Beziehung		
		schwach	normal	sehr gut
Attraktivität des Lieferanten i. S. v. Markenstärke/ Wettbewerbsfähigkeit	groß	0 % Risikokunden	24 % treue Kunden	21 % Botschafter
	mittel	5 % auf dem Sprung	29 % Risikokunden	14 % treue Kunden
	gering	2 % verloren	3 % auf dem Sprung	2 % Risikokunden

☐ 21 % für Wettbewerber fast unerreichbar
☐ 38 % hat man relativ sicher
☐ 31 % bedürfen mehr Aufmerksamkeit
◼ 8 % kaum noch aufzuhalten
◼ 2 % verloren

Abb. 8 Kundenloyalitätsmatrix. (Quelle: Elling und Jørgensen 1997, S. 49 ff.)

Die Kriterien, die den „Botschafter" überzeugt haben, können durchaus von größtem Interesse für Vertrieb und Marketing sein.

Es liegt auf der Hand, dass der Markenwert in erheblichem Maße davon abhängt, wie viele Kunden in den Gruppen „treue Kunden" oder gar „Botschafter" eingeordnet werden können. Diese garantieren am ehesten die zukünftigen Cashflows des Unternehmens. „Botschafter" sind solche Kunden, bei denen der Anbieter ein Monopol in der Kundenpsyche aufzubauen vermochte, um damit nachhaltigen Ertrag und Wachstum zu erwirtschaften (Koch und Gietl 2009, S. 13). Auf diesem Gedanken basiert auch der Net Promoter Score (NPS), ein Index zur Messung der Wahrscheinlichkeit, mit der Kunden ein Produkt, ein Unternehmen oder eine Dienstleistung weiterempfehlen. Die Methode basiert auf dem Loyalty Business Model von Fred Reicheld (z. B. Reicheld und Seidensticker 2006). Wer nicht so weit gehen möchte wie *GE*, die ausschließlich diese eine Frage nach der Empfehlungswahrscheinlichkeit stellt und daraus laufend ihre Position im Markt ableitet, sollte zumindest Elemente des NPS-Modells in seine Untersuchungen einbeziehen.

Im Gegensatz zu der beschriebenen, eher globalen Einstufung wird oft (auch) eine detaillierte Untersuchung erforderlich. Hierbei kann es sich um die folgenden Elemente handeln, die einzeln, aber auch in der Gesamtschau für die Treiberanalyse des monetären Markenwertes wichtig sind:

- Attraktivität des Lieferanten: Markensympathie, Markentreue/Loyalität, Einzigartigkeit, Risikoreduktion, Markenvertrauen („Ruf", „Reputation"), wahrgenommene Qualität (wird das Qualitätsversprechen eingehalten?)
- Persönliche Beziehung: Fachkompetenz, Verbundenheit, langfristige Zusammenarbeit, Fairness und Offenheit, Verlässlichkeit

Einen wichtigen Punkt hinsichtlich der Kundenbindung darf der Marktforscher bei B-to-B-Beziehungen in seiner Analyse nicht übersehen: **Wechselbarrieren**! In der Industrie ist der Wechsel zur Konkurrenz oft mit erheblichem finanziellen und zeitlichen Aufwand verbunden, müssen doch dafür u. a. technische Umstellungen in der Ersatzteilversorgung, Dokumentation und Wartungsstruktur vorgenommen werden. Der Marktforscher sollte daher ein Gespür dafür entwickeln, ob der Kunde nur diesen Aufwand scheut oder aus Zufriedenheit und Überzeugung seinem Lieferanten treu bleibt. Ähnlich verhält es sich bei einer monopolähnlichen Position des Anbieters. Hier gibt es Anbieter, deren Kunden bei der ersten sich bietenden Alternative oder einem plötzlich verfügbaren Substitut wechseln würden und andere, deren Kunden aus Überzeugung Treue beweisen, weil sie durch Leistungs- und Beziehungsqualität laufend erneut für den Lieferanten eingenommen werden.

Es ist offensichtlich, dass solche feinen Unterschiede nur im mündlichen Gespräch ermittelt werden können. Sie haben einen signifikanten Einfluss auf den Markenwert, denn was ist eine Marke wert, wenn die Mehrheit der Kunden sich bei der erstbesten Gelegenheit von dieser verabschieden würde (auch wenn die bisherigen Umsätze diese Gefahr noch nicht andeuten)?

Psychologisches Preis-Leistungs-Verhältnis

Um das subjektive Preis-Leistungs-Verhältnis genauer zu untersuchen, muss das Preisniveau mit den anderen für das Kaufverhalten maßgeblichen Parametern, also der Leistungs- und Beziehungsqualität, in Bezug gesetzt werden. Zwar wird bei einer ausdrücklichen Urteilsabfrage zum Preis-Leistungs-Verhältnis das Gesamtergebnis (Durchschnittswert) in der Regel unter dem Durchschnitt der anderen Parameter liegen, denn Kunden hören/lesen bei dieser Frage vor allem das Wort „Preis" und dieser sollte aus ihrer Sicht immer niedriger sein. Die Frage ist aber, um wie viel Prozent die Bewertung des Preis-Leistungs-Verhältnisses unter dieser Messlatte liegt. Langjährige Erfahrungen aus Hunderten Kundenzufriedenheitsanalysen zeigen, dass eine Differenz von 15 % (auf einer der üblichen Skalen) einen „gesunden" Zustand anzeigt. In diesem Bereich sind die Kunden zwar nicht begeistert vom Preisniveau, Leistungs- und Beziehungsqualität bewirken aber dennoch Loyalität, sie sind ja schließlich noch Kunden – und zwar auch langfristig, wie Wiederholungsanalysen und Daten aus den CRM-Systemen der Lieferanten belegen.

Anders verhält es sich bei einer Differenz von mehr als 20 %. In diesen Fällen ist bereits eine Schmerzgrenze erreicht oder gar überschritten, die sich nur wegen eventuell vorhandener Wechselbarrieren oder einer monopolähnlichen Stellung des Lieferanten noch nicht kaufhemmend ausgewirkt hat. Marken, deren Qualitätsniveau offenbar so stark unter dem Preisniveau liegt, haben ein Problem, das entweder durch eine Preisreduktion gelöst werden kann oder dadurch, dass der Marke ein zusätzlicher Mehrwert verschafft wird. Im Gegensatz dazu gibt es Lieferanten, bei denen die Differenz zwischen 0 und 5 % beträgt. Hier darf man davon ausgehen, dass das subjektiv wahrgenommene Preisniveau unter dem Qualitätsniveau liegt und eine Preiserhöhung vorgenommen werden kann, ohne dass der Lieferant Absatzverluste befürchten muss.

Werbewirksamkeitsanalyse

Der Einfluss der Werbung auf den Markenwert mag im B-to-B-Bereich nicht dieselbe große Rolle spielen wie bei B-to-C-Produkten, ist aber dennoch nicht zu vernachlässigen. **Emotionale Akzeptanz**, **erinnerte Inhalte** und **Wiedererkennung** der Werbung können daher als Prüfergebnisse von Werbewirksamkeitsanalysen auch für B-to-B-Unternehmen durchaus von Bedeutung sein. Da absolute Maßstäbe kaum vorliegen, werden solche Studien meist als Vergleichsuntersuchungen der Werbung für verschiedene Marken einer Branche durchgeführt. Diese Studien werden auch regelmäßig und relativ kostengünstig von Verlagen angeboten.

Treiberanalyse

Um Unternehmen die Möglichkeit der Stärkung ihrer Marke zu geben, müssen sie wissen, auf welche Kriterien es den Kunden wirklich ankommt. Während viele Anbieter von B-to-B-Produkten oft mit Kompetenz und Flexibilität punkten wollen, suchen Kunden Zuverlässigkeit, Garantie und Qualität (also Sicherheit). Wenn man aber eine realistische Markenwertmessung vorlegen möchte, kommt es auf die Kriterien an, die dem Kunden wichtig sind. Daher gehört die Ermittlung der Bedeutung der Detailaspekte notwendigerweise zum Arbeitsauftrag des Marktforschers (Treiberanalyse). Tatsächlich können in verschiedenen Situationen oder Branchen unterschiedliche Kriterien oder Kriterienkombinationen für die Vermittlung der notwendigen Sicherheit beim Kunden ausschlaggebend sein.

Erschwert wird diese Analyse durch die Existenz eines Buying Centers mit Personen, die unterschiedliche Anforderungen, Präferenzen und Beurteilungsmaßstäbe haben. Daraus können außerordentlich komplexe Anforderungsprofile entstehen, die auf die Markenwertmessung Einfluss ausüben. Im besten Fall ergeben sich bei mehreren Kunden ähnlich gelagerte Strukturen, die dann z. B. darin resultieren, dass die technischen Anforderungen der Ingenieure in mehreren Buying Centern vom Anbieter bestens erfüllt werden, während das von der kommerziellen Seite gewünschte Verhalten in den Angebots- und Verhandlungsphasen hinter den Erwartungen zurückbleibt.

4 Anwendungsbeispiel für Marktforschung im B-to-B-Bereich

Im Folgenden wird exemplarisch für eine Produktmarke aus der Petrochemie der Einsatz der Marktforschung verdeutlicht. Der Geschäftsbereich Styrolpolymere eines internationalen Petrochemie-Unternehmens plante mit einem Chemieunternehmen die Gründung eines Joint Ventures, in das seine Produktbereiche eingebracht werden sollten. Polystyrol, der Hauptumsatzträger dieses Bereichs, wurde unter einer Produktmarke X vertrieben. Es handelte sich um ein in 50-kg-Säcken geliefertes Ausgangsprodukt für Haushaltsgeräte, medizinische Geräte, Lebensmittelbehälter und andere Schutzverpackungen. Auf den Säcken war die Wort- und Bildmarke aufgebracht.

Das beauftragte Marktforschungsinstitut sollte den monetären Nutzen der Marke im Vergleich zum Aufwand für die Markenpflege ermitteln und dies insbesondere vor dem Hintergrund, dass

- es sich um eine Marke für ein Massengut (Commodity) handelte,
- es zukünftig auch von dem Joint Venture, also einem rechtlich anderen Anbieter, genutzt werden sollte und
- auch das Polystyrol aus der Fertigung des Joint-Venture-Partners dann unter dieser Marke geführt werden sollte.

Daher wurden im Rahmen der Marktforschungsstudie Kunden beider Joint-Venture-Partner in die Untersuchung einbezogen. Insgesamt beantworteten telefonisch rund 440 Polystyrol-Verwender in 18 europäischen Ländern und in 13 Sprachen die Fragen. Die Befragung dauerte vier Wochen, die anschließende Auswertung und Analyse zwei Wochen.

Einige der Fragen lauteten:

- Welche Bezeichnung verwenden Sie intern vorwiegend für Polystyrol? (Marke, Herstellername oder Typenbezeichnung)
- Welche Polystyrol-Marken sind Ihnen bekannt? (getrennt nach Herstellernamen und Produktmarken)
- Wie beurteilen Sie die Zusammenarbeit mit Ihren (verschiedenen) Polystyrol-Lieferanten?
- Welches Bild oder Logo verbinden Sie mit der Marke X?
- Wie stimmen Sie mit den folgenden Aussagen überein?
  - X bedeutet für mich Vertrauen in beständige Produktqualität.
  - X bedeutet für mich unproblematische Materialverarbeitung.
  - Für mich steht X für gute Betreuung (durch verschiedene Funktionen).
  - Mit X verbinde ich ein akzeptables Preis-Leistungs-Verhältnis.
  - Hinter X steht ein leistungsstarkes Unternehmen.
  - X ist eine im Polystyrol-Markt sehr bekannte Marke.
  - Das Logo von X finde ich sympathisch.
  - Das Logo von X beschreibt das Produkt zutreffend.

Das Ergebnis der Studie zeigte u. a., dass die Mehrheit der Teilnehmer eine eher gleichgültige Haltung gegenüber der untersuchten Produktmarke besaß. Ausnahme waren einige Distributoren mit größeren Produktkenntnissen, die sich für die Erhaltung der bisherigen Marke aussprachen. Dies unterstreicht die Schwierigkeiten und besonderen Anstrengungen, die erforderlich sind, um eine Produktmarke für Commodities aufzubauen und zu pflegen. Nur ein Viertel der Teilnehmer verschiedener Branchen verwendete bei Bestellungen den Namen einer Produktmarke. Ansonsten wurden üblicherweise eher Firmennamen, Abkürzungen oder Typenbeschreibungen benutzt. Nur ein Drittel aller Befragten nannte ungestützt den Namen der untersuchten Marke als bekannte Marke im Markt und nur die Hälfte der Kunden des Auftraggebers erinnerte sich an die Marke.

Hinsichtlich Zusammenarbeit und Image erzeugte die untersuchte Produktmarke unter den Kunden und Nicht-Kunden keine herausragend positiven Assoziationen. Viele andere bekannte Produkt- bzw. Unternehmensmarken erzielten weitaus positivere Beurteilungen als die untersuchte Marke. Man konnte daraus schließen, dass es vorteilhafter gewesen wäre, die Aufmerksamkeit der Kunden eher auf die übergeordnete Dachmarke zu konzentrieren, als sie auf Firmen- und Produktmarke aufzuteilen. Weiterhin war das Logo der Produktmarke vielen Kunden nicht bekannt, sondern sie assoziierten die Marke eher mit dem übergeordneten Firmenlogo. Auch wurde das bestehende Logo mehrheitlich als für den Produktbereich nicht passend empfunden.

Die Markierung eines Massengutes als Ausweg aus dem reinen Preis- und Mengenwettbewerb setzt besondere Anstrengungen voraus, um den komplexen Markenaufbau mit allen Facetten zu bewältigen. Dies war hier offensichtlich nicht gelungen. Eine monetäre Betrachtung ergab, dass der Preis- und Mengeneffekt der Marke X nicht ausreichte, um die Kosten der fortgesetzten Pflege der Marke zu rechtfertigen.

Beide zukünftigen Joint-Venture-Partner erhielten einen ausführlichen 300-seitigen Bericht über die Details der Auswertung und Analyse und eine Management Summary. Nach einer kontroversen Ergebnisbesprechung wurde die Empfehlung des Instituts, die bisherige Marke nicht als Produktmarke für das neue Joint Venture zu verwenden, angenommen. Die Entscheidungsgrundlage, die das Institut dafür geliefert hatte, kostete den Konzern 26.000 €. In der Folgezeit wurden mehr als 90.000 € pro Jahr für die Pflege der Produktmarke eingespart, ohne dass Mengen- oder Margennachteile entstanden.

5   Fazit

Die Betrachtung der Marke als „Kommunikationsvehikel" greift deutlich zu kurz und wird ihrer Bedeutung für den Unternehmenserfolg nicht gerecht. Die Marke als wesentlicher Wertschöpfungsfaktor wird auch für B-to-B-Unternehmen zum zentralen Werttreiber des Unternehmens und verlangt nach einem professionellen Management. Markenmanager müssen stärker die Rolle eines „Asset-Managers" übernehmen und sich ihrer Verantwortung im Unternehmenskontext bewusst werden.

Die monetäre Markenbewertung liefert in diesem Zusammenhang einen wesentlichen Beitrag: Die auf die Marke zurückführende Wertschöpfung wird aufgedeckt und begründet. Im Rahmen der wertorientierten Markenführung wird die Marke entlang der gesamten Markenwirkungskette analysiert, die die Stärken, Schwächen, Chancen und Risiken der Marke offenlegt. Auf Basis einer reliablen, validen und die Besonderheiten der B-to-B-Märkte berücksichtigenden Marktforschung liefert eine Markenbewertung wesentliche Ansatzpunkte für die Markenführung und stellt zugleich sicher, dass die Markeninhalte und -kontaktpunkte fokussiert werden, die zur Steigerung der Markenleistung maßgeblich beitragen. Zukünftige Markeninvestitionen werden auf dieser Grundlage plan-, steuer- und kontrollierbar. Die Markenführung erfährt somit eine Weiterentwicklung zur betriebswirtschaftlichen Disziplin.

Gleichzeitig erfüllen Marken die wichtigen Voraussetzungen der Separierbarkeit, der rechtlichen Durchsetzbarkeit und der langfristigen Werthaltigkeit, um im Rahmen der Kapitalisierung eine aktive Rolle zu übernehmen. Diese besonderen Eigenschaften der Marke werden zunehmend bei der Strukturierung der Unternehmensfinanzierung berücksichtigt, da neben der Generierung von zusätzlicher Liquidität insbesondere die steuerschonende Aufdeckung stiller Reserven ermöglicht wird. Dadurch stellt die Markenfinanzierung eine innovative und relevante Alternative im Rahmen der Unternehmensfinanzierung dar.

Literatur

Absatzwirtschaft (Hrsg.). (2003). *Wachstumsmotor Service*. Düsseldorf: Absatzwirtschaft.

Backhaus, K., Erichson, B., Plinke, W., & Weiber, R. (2016). *Multivariate Analysemethoden* (14. Aufl.). Berlin: Gabler.

Bauer, E. (1989). Übersetzungsprobleme und Übersetzungsmethoden bei einer multinationalen Marketingforschung. *Jahrbuch der Absatz- und Verbrauchsforschung, 35*(2), 174–205.

Baumgarth, C. (2004). Markenwert von B-to-B-Marken. In C. Baumgarth (Hrsg.), *Marktorientierte Unternehmensführung* (S. 77–96). Frankfurt a. M.: Peter Lang.

Baumgarth, C., & Haase, N. (2005). Markenrelevanz jenseits von Konsumgütern. *planung & analyse, 3/2005*, 44–48.

Biesalski, A., & Beyer, S. (2005). Starkes Asset. *Corporate Finance Update, 3/2005*, 8–10.

Biesalski, A., & Holzer, M. (2008). Markenmanagementprozess. *Absatzwirtschaft, 51*, 140–142. Sonderausgabe Marken.

Biesalski, A., & Kilian, K. (2015). Markenwert – quo vadis? *Absatzwirtschaft, 58*(11), 55–58.

Biesalski, A., & Spannagl, J. (2005). Wertorientierte Markenführung. In B. Gaiser, R. Linxweiler & V. Brucker (Hrsg.), *Praxisorientierte Markenführung* (S. 201–220). Wiesbaden: Gabler.

Binder, C. U. (2005). Lizenzierung von Marken. In F.-R. Esch (Hrsg.), *Moderne Markenführung* (4. Aufl., S. 523–548). Wiesbaden: Gabler.

Böhler, H. (2004). *Marktforschung* (3. Aufl.). Stuttgart: Kohlhammer.

Brand Valuation Forum (2007). *Zehn Grundsätze der monetären Markenbewertung*. Berlin: Markenverband.

Caspar, M., Hecker, A., & Sabel, T. (2002). *Markenrelevanz in der Unternehmensführung, Arbeitspapier des Marketing Centrum Münster in Kooperation mit McKinsey*. Münster: MCM Münster.

Churchill, G. A., & Iacobucci, D. (2002). *Marketing Research* (8. Aufl.). Mason: South-Western.

Dillman, D. A. (2008). *Mail and internet surveys* (3. Aufl.). Hoboken: John Wiley & Sons.

Elling, J. J., & Jørgensen, S. (1997). *Customer loyalty*. Hørsholm: Stig Jørgensen & Partners AIS.

Grauel, R. (2003). Die Pein der Weisen. *brand eins, 2/2003*, 64–70.

Green, P. E., & Srinivasan, V. (1978). Conjoint analysis in consumer research. *Journal of Consumer Research, 5*(2), 103–123.

Green, P. E., & Srinivasan, V. (1990). Conjoint analysis in marketing. *Journal of Marketing, 54*(4), 3–19.

Hair, J. F., Anderson, R. E., Tatham, R. L., & Black, W. C. (2009). *Multivariate data analysis* (7. Aufl.). Harlow: Pearson.

Herrmann, A., Homburg, C., & Klarmann, M. (Hrsg.). (2008). *Handbuch Marktforschung* (3. Aufl.). Wiesbaden: Gabler.

Holzmüller, H. H., & Woisetschläger, D. M. (2008). Herausforderungen in internationalen Forschungsprojekten. In A. Herrmann, C. Homburg & M. Klarmann (Hrsg.), *Handbuch Marktforschung* (3. Aufl., S. 123–147). Wiesbaden: Gabler.

Homburg, C. (1999). Kundennähe als Managementherausforderung. In *Arbeitspapier M20, Institut für Marktorientierte Unternehmensführung der Universität Mannheim*. Mannheim: Universität Mannheim.

Homburg, C., & Krohmer, H. (2008). Der Prozess der Marktforschung. In A. Herrmann, C. Homburg & M. Klarmann (Hrsg.), *Handbuch Marktforschung* (3. Aufl., S. 21–51). Wiesbaden: Gabler.

Homburg, C., Jensen, O., & Richter, M. (2006). Die Kaufverhaltensrelevanz von Marken im Industriegüterbereich. *Die Unternehmung, 60*(4), 281–296.

IDW (2007). *Grundsätze zur Bewertung immaterieller Vermögenswerte (IDW S5)*. IDW Fachnachrichten, 11/2007, Düsseldorf: IDW Fachverlag.

Koch, K.-D., & Gietl, J. (2009). *B2B-Marken in der Praxis*. Nürnberg: BrandTrust.

Musiol, K. G., Berens, H., Spannagl, J., & Biesalski, A. (2004). Icon Brand Navigator und Brand Rating für eine holistische Markenführung. In A. Schimansky (Hrsg.), *Der Wert der Marke* (S. 370–399). München: Vahlen.

Noelle-Neumann, E., & Petersen, T. (1998). *Alle, nicht jeder* (2. Aufl.). München: Springer.

Reicheld, F., & Seidensticker, F.-J. (2006). *Die ultimative Frage*. München, Wien: Hanser.

Schimansky, A. (Hrsg.). (2004). *Der Wert der Marke*. München: Vahlen.

Walley, K., Custance, P., Taylor, S., Lindgreen, A., & Hingley, M. (2007). The importance of brand in the industrial purchase decision. *Journal of Business & Industrial Marketing, 22*(6), 383–393.

B-to-B-Markenwert – Ein Ansatz für eine professionelle B-to-B-Markenführung

Galina Biedenbach und Peter Hultén

Zusammenfassung

In Wissenschaft und Praxis ist die Notwendigkeit einer expliziten B-to-B-Markenführung zur Steigerung ihres Wertes unstrittig. Allerdings werden konkrete Tools zur Unterstützung einer effektiven Markenführung sowohl in der Forschung als auch der Praxis häufig unterschätzt. Dieser Beitrag diskutiert die Herausforderungen und Möglichkeiten den Ansatz des (verhaltenswissenschaftlichen) Markenwertes für die B-to-B-Markenführung als ein solches Tool zu nutzen. Abgeschlossen wird der Beitrag mit Ideen für die zukünftige Forschung sowie konkreten Managementempfehlungen.

Schlüsselbegriffe

Markenwert · Markenmanagement von Professional Services

Inhaltsverzeichnis

Übersetzung und Adaption durch den Herausgeber.

G. Biedenbach (✉) · P. Hultén
Umeå Univerity
Umeå, Schweden
E-Mail: galina.biedenbach@umu.se

P. Hultén
E-Mail: peter.hulten@umu.se

© Springer Fachmedien Wiesbaden GmbH, ein Teil von Springer Nature 2018
C. Baumgarth (Hrsg.), *B-to-B-Markenführung*, https://doi.org/10.1007/978-3-658-05097-9_42

1 Einführung

Die Kernprinzipien des Marketings betonen die Bedeutung, die kognitiven und emotionalen Reaktionen der Kunden zu berücksichtigen und diese als Basis für die Entwicklung einer erfolgreichen Markenführung zu nutzen. Im aktuellen Marktumfeld bildet die Marke einen der wirkungsvollsten Stimuli. Marken umfassen kognitive und emotionale Werte, die einen starken Einfluss auf die Einstellungen und das Verhalten der Kunden haben. Starke Marken besitzen eine einzigartige Stellung in der Psyche der Nachfrager. Marken können daher als dominantes Entscheidungskriterium sowohl im B-to-C- als auch B-to-B-Kontext dienen. Positive kognitive und emotionale Reaktionen, die durch die Marke beim Kunden ausgelöst werden, steuern dessen Präferenzen und führen zu einer starken Marktposition im intensiven Wettbewerbsumfeld.

Der Markenwert (teilw. synonym: Brand Equity) ist definiert als „. . . the differential effect of brand knowledge on consumer response to the marketing of the brand" (Keller 1993, S. 8). Ein tiefes Verständnis des Markenwertes kann dem Management wertvolle Informationen darüber liefern, wie die Markenwahrnehmung die Reaktionen, die Wahlentscheidungen und das Verhalten der Kunden steuert. Ein hoher Markenwert ist gekennzeichnet durch eine hohe Bekanntheit, positive Assoziationen sowie eine positive Qualitätswahrnehmung bzgl. der Produkte und/oder der Services. Dies führt schließlich auch zu einer hohen Loyalität. In turbulenten Umfeldern wie gesamtwirtschaftliche oder unternehmerische Krisen, erhöht ein hoher Markenwert die Widerstandsfähigkeit von Unternehmen, um diese negative Ereignisse zu überstehen. Beispielsweise überlebten und festigten die „Big Four" (*Deloitte, Ernst & Young, PricewaterhouseCoopers, KPMG*) der Wirtschaftsprüfungsgesellschaften ihre Position, obwohl sie in die *Enron*-Krise mit ihren diversen Skandalen verstrickt waren.

Der Markenwert hat einen großen Einfluss auf den Erfolg einer Marke in verschiedenen Märkten und Branchen. Allerdings hat sich die bisherige Forschung dazu bisher überwiegend auf den B-to-B-Kontext konzentriert. Diese Forschungslücke in konzeptioneller und empirischer Hinsicht kann mit dem traditionellen Verständnis von professionellem Kaufverhalten, welches als rational und an tangiblen Eigenschaften orientierte Entscheidung interpretiert wird, erklärt werden. Allerdings ist in den letzten Jahren die Anzahl an wissenschaftlichen Arbeiten zum B-to-B-Markenwert deutlich angestiegen. Auch die überwiegend skeptische Haltung von B-to-B-Managern zum Einsatz des Markenkonzeptes in B-to-B-Umfeldern wandelt sich langsam. Als Konsequenz steigt auch das Interesse der B-to-B-Markenpraxis am Konzept des Markenwertes. Vor dem Hintergrund dieser Entwicklungen zielt dieser Beitrag darauf ab, aufzuzeigen, wie der Markenwert als ein strategischer und taktischer Ansatz zur Führung von B-to-B-Marken genutzt werden kann.

2   Theoretische Bezugspunkte des Markenwertes

2.1   Konzept des B-to-B-Markenwertes

Das Konstrukt Markenwert wurde in der Markenwissenschaft entwickelt, um den spezifischen Beitrag einer Marke zu einem Marktangebot zu erfassen (Farquhar 1989). Traditionell wird der Markenwert innerhalb von Unternehmen als finanzielle Größe unter Zuhilfenahme von Methoden des externen Rechnungswesens bestimmt. Während dieses Vorgehen grundsätzlich geeignet ist, um markenbezogene Umsätze und Cash-Flows zu bestimmen, ist es wenig geeignet, um Informationen für die strategische und taktische Markenführung zur Verfügung zu stellen. Um dieses Informationsproblem zu lösen, haben verschiedene Unternehmensberatungen Ansätze zur Bestimmung des Markenwertes entwickelt. Das Markenranking von *Interbrand* repräsentiert das bekannteste Markenwertverfahren, welches von einem Beratungsunternehmen entwickelt wurde (Salinas und Ambler 2009). Durch Integration von ökonomischen Daten, Marktforschung zur Kundenwahrnehmung und Experteneinschätzungen entsteht eine vollständigere Basis für Managemententscheidungen als allein durch klassische Techniken des externen Rechnungswesens.

In der Wissenschaft hat diese theoretische Position zu einer Vielzahl verschiedener Perspektiven zur Messung des Markenwertes geführt. Im Laufe der Jahre hat sich aber die Perspektive der **kognitiven Psychologie** zur Messung des Markenwertes durchgesetzt (Seyedghorban et al. 2016). Ein zentraler Grundsatz dieser Perspektive ist, dass die Bildung des Markenwertes in den Köpfen der Nachfrager stattfindet. Die Ausformung des Markenwertes im Kopf der Nachfrager umfasst dabei **mehrere Dimensionen**, wobei die Marke verschiedene Bereiche des gespeicherten Markenwissens aktiviert. Keller beschreibt dieses Markenwissen wie folgt: „… consisting of brand node in memory to which a variety of associations are linked" (Keller 1993, S. 3). Folgerichtig bildet das gespeicherte Markenwissen die Grundlage des Markenwertes. Der Markenwert kann daher definiert werden als „… a set of assets and liabilities linked to a brand's name and symbol that add to, or subtract from the value provided by a product or service to a firm and/or that firm's customers" (Aaker 1991, S. 15).

Nach der Etablierung des Markenwertkonstrukts in der Forschung, hat sich die Wissenschaft im B-to-C-Kontext in der Folge mit der Dimensionalität und der Messung befasst. Parallel dazu haben Forscher mit einem B-to-B-Fokus erste Arbeiten veröffentlicht, die grundsätzlich aufzeigen, dass der Markenwert auch in diesen Märkten von Bedeutung ist. Beispielsweise hat Mudambi (2002) empirisch nachgewiesen, dass es Nachfragersegmente mit einer hohen Markenrelevanz gibt. Eine weitere Studie hat belegt, dass die Mitglieder eines Buying Centers in B-to-B-Unternehmen die Marke als eines von mehreren relevanten Merkmalen in ihren Kaufentscheidungen berücksichtigen (Bendixen et al. 2004). Die traditionelle Sicht auf das organisationale Kaufverhalten unterstützend hat diese Studie zusätzlich „harte" Merkmale wie Lieferzeit, Preis, Technologie und Verfügbarkeit von Ersatzteilen berücksichtigt (Bendixen et al. 2004).

Im Laufe der Jahre hat eine zunehmende Anzahl von Studien die Vorteile einer systematischen B-to-B-Markenführung, die zu einer Steigerung des Markenwertes führt, empirisch nachgewiesen. Marken mit einem hohen Markenwert können dem Kunden einen Zusatznutzen in Form von Sicherheit und Vertrauen liefern. Für Unternehmen führt ein steigender Markenwert bzw. eine zunehmende Reputation zur Erzielung eines echten Wettbewerbsvorteils (Michell et al. 2001). Im letzten Jahrzehnt hat das Interesse am B-to-B-Markenwert in Wissenschaft und Praxis deutlich zugenommen, was zu einer steigenden Anzahl an speziellen Modellen geführt hat. Aber die Mehrheit dieser Modelle zur Konzeptualisierung und Messung des B-to-B-Markenwertes orientiert sich an den Annahmen und Modellen der wegweisenden Beiträge zum kundenbezogenem Markenwert von Aaker (1991, 1996) und Keller (1993). Allerdings ist die Frage nach den Inhalten und der Anzahl an B-to-B-Markenwert-Dimensionen sowie dem Management zur Steigerung des Markenwertes eine noch nicht abgeschlossene Diskussion.

2.2   Dimensionen des B-to-B-Markenwertes

Theoretische Überlegungen und empirische Daten sowohl im B-to-C- als auch B-to-B-Kontext verdeutlichen die **Mehrdimensionalität des Markenwertes** (Veloutsou et al. 2013). Die verschiedenen Dimensionen erlauben es dem Markenverantwortlichen die Komplexität des komplexen Markenwissens der Nachfrager zu erfassen und daraus Hypothesen über das zukünftige Verhalten der Nachfrager aufzustellen. Die Messung der verschiedenen Dimensionen und das Verständnis über deren Beziehungen sind eine sinnvolle Basis für eine effektive Markenführung. Allgemein propagiert die bisherige Forschung vier zentrale Dimensionen des Markenwertes, die schon in den Grundlagenarbeiten von Aaker (1991, 1996) identifiziert wurden. Auch wenn einige wenige frühere B-to-B-Studien Gegenargumente zur Rolle einzelner Dimensionen und deren Einfluss auf den Gesamtmarkenwert vorgebracht haben, konzeptualisiert der Großteil der Studien den Markenwert über die folgenden vier Dimensionen (Biedenbach 2012):

- Markenbekanntheit
- Markenassoziationen
- wahrgenommene Qualität
- Markenloyalität

(1) Markenbekanntheit
Markenbekanntheit bildet eine der fundamentalen Dimensionen des Markenwissens. Markenbekanntheit umfasst die Vertrautheit des Nachfragers mit der Marke und deren Branding (Aaker 1991). Diese Dimension wird regelmäßig über die **ungestützte Bekanntheit (Recall)** oder das **Wiedererkennen (Recognition)** des Branding wie Name oder Logo gemessen (Aaker 1991). In B-to-B-Märkten kann die Markenbekanntheit darüber entscheiden, ob eine bestimmte Marke in einem Kaufentscheidungsprozess überhaupt Berück-

sichtigung findet (Davis et al. 2008). In Situationen, in denen die Mitglieder des Buying Centers nur über eingeschränkte Informationen verfügen, kann die Markenbekanntheit einen starken Einfluss auf die finale Entscheidung ausüben. Allerdings unterscheiden sich B-to-B-Märkte sehr stark voneinander. Beispielsweise gibt es transparente Märkte mit einer hohen Bekanntheit aller relevanten Marken. In diesen Märkten spielt die Markenbekanntheit für die Kaufentscheidung eine untergeordnete Rolle. Allerdings beeinflusst die Markenbekanntheit bzw. die Vertrautheit auch in diesen Märkten die Beurteilung der Vertrauenswürdigkeit eines ganzen Unternehmens bzw. der angebotenen Produkte und Leistungen. In anderen Märkten mit geringen Eintrittsbarrieren bildet der Aufbau einer entsprechenden Markenbekanntheit für das Unternehmen oder einzelne Leistungen eine der zentralen Herausforderungen für den Markteintritt neuer Unternehmen. Zusammenfassend bildet die Markenbekanntheit nicht nur eine der elementaren Dimensionen des Markenwertes, sondern sie beeinflusst in einigen Branchen auch weitere Größen wie Präferenzen.

(2) Markenassoziationen

Markenassoziationen (teilw. synonym: Markenimage) bilden die Grundlage des Markenwertes. Diese Dimension steuert die globale Wahrnehmung der Marke. **Starke**, **positive** und **einzigartige** Assoziationen führen zu einer positiven Markeneinstellung (Keller 2013). Markenassoziationen sind im Kopf des Nachfragers gespeichert und basieren auf der Interpretation von wahrgenommenen Markenbedeutungen. Diese mentalen Knoten und Verbindungen können durch primäre oder sekundäre Informationen ausgelöst werden. Informationen und Bedeutungen der B-to-B-Marke können aus der Kommunikation des B-to-B-Unternehmens, aus der Interaktion verschiedener Akteure oder aus eigenen Erfahrungen des Nachfragers resultieren. Während der Grad der Markenbekanntheit darüber entscheidet, ob eine Marke überhaupt in einem Entscheidungsprozess berücksichtigt wird, beeinflussen die Markenassoziationen die finale Kaufentscheidung (Gordon et al. 1993). In Branchen mit einer hohen Standardisierung der Leistungen (z. B. Commodity-Märkte), sind einzigartige Markenassoziationen eine der wenigen Möglichkeiten zur Differenzierung. Allerdings sind Markenassoziationen nicht immer positiv. Die Transformation von negativen zu positiven Markenassoziationen stellt eine der schwierigsten Herausforderungen für die Markenführung dar und benötigt ausreichende Ressourcen sowie Zeit. Der Faktor Zeit ist insoweit entscheidend, als dass es durch ihn möglich wird, die Stärke der Verbindung zwischen Marke und negativen Assoziationen zu reduzieren. Auf der anderen Seite profitieren Marken mit starken und positiven Markenassoziationen auch in Krisensituationen (z. B. Skandale). Für neue B-to-B-Unternehmen ist insbesondere in Märkten mit etablierten Wettbewerbsmarken der Aufbau von starken und positiven Markenassoziationen ein zeitintensiver Prozess. Allerdings können sich Neumarken durch die Etablierung von starken, bisher nicht besetzten und positiven Markenassoziationen einen hohen Markenwert erarbeiten.

(3) Wahrgenommene Qualität

Die wahrgenommene Qualität bildet eine weitere zentrale Dimension des Markenwertes, da diese direkt mit Verhaltensabsichten verknüpft ist. Die Forschung zum Markenwert betont die Bedeutung der wahrgenommenen Qualität einer Marke im Vergleich zu Wettbewerbsmarken (Aaker 1996). Die Ergebnisse eines solchen Vergleichs liefern daher wertvolle Informationen über die Stellung der Marke in den Köpfen der Nachfrager. Mit Ausnahme von Monopolsituationen, spielt für Mitglieder des Buying Centers die wahrgenommene Qualität zusammen mit dem Preis und den technischen Spezifikationen eine zentrale Rolle zur Beurteilung der Attraktivität von Angeboten. Allerdings gibt es auf B-to-B-Märkten auch Situationen mit langfristigen Verträgen (z. B. basierend auf Ausschreibungen), welche die Relevanz der wahrgenommenen Qualität als Entscheidungskriterium verringern. Aber auch in diesen stärker formalisierten Kaufsituationen wird eine als gering wahrgenommene Qualität langfristig zu einem Vertrauensverlust und zu einem Wechselverhalten führen. Insgesamt bezieht sich die wahrgenommene Qualität aber nicht nur auf die angebotenen Produkte, sondern auch zunehmend auf die begleitenden Services (Kuhn et al. 2008). Speziell im B-to-B-Dienstleistungskontext spielt aufgrund der Intangibilität des Angebots die wahrgenommene Qualität eine noch zentralere Rolle für die Kaufentscheidung (Roberts und Merrilees 2007). In den meisten B-to-B-Märkten bestimmt sie den Markenwert und ist die entscheidende Determinante für die Markenloyalität (Michell et al. 2001). Daher müssen Markenverantwortliche immer versuchen, die Erwartungen der Nachfrager an die Qualität zu erfüllen, um damit die wahrgenommene Qualität als Basis für eine starke Wettbewerbssituation zu nutzen.

(4) Markenloyalität

Die Arbeiten von Aaker (1991, 1996) haben die Markenloyalität als die stärkste Dimension des Markenwertes charakterisiert. Oft interpretieren Markenverantwortliche eine hohe Markenloyalität als Merkmal einer erfolgreichen Markenführung. Eine loyale Kundenbasis bildet eine hohe Eintrittsbarriere gegenüber neuen Wettbewerbern. Darüber hinaus können Zahlen zur Markenloyalität eine wichtige informatorische Basis für strategische und taktische Markenentscheidungen darstellen. Zusätzlich kann auch bei verlorenen Kunden die im Kopf gespeicherte Markenloyalität einen Ansatzpunkt für die zukünftige Rückgewinnung darstellen. Das ist deshalb möglich, da die Mehrheit der B-to-B-Kunden neutrale oder sogar positive Einstellungen und Loyalitätswerte für ehemalig gekaufte Marken aufweisen (Bogomolova und Romaniuk 2010). Um die Markenloyalität zu stärken, müssen Markenverantwortliche sowohl funktionale (z. B. Technologie, Infrastruktur, Services) als auch emotionale Qualitäten (z. B. Risikoreduktion, Vertrauen, Glaubwürdigkeit) betonen (Leek und Christodoulides 2012). Im Vergleich zu den anderen Markenwertdimensionen weist die Markenloyalität den stärksten Einfluss auf rationale und emotionale Kundenreaktionen auf.

3 Markenwert und B-to-B-Markenführung

Markenmanager, die ihre Marken effektiv führen wollen, müssen ein tiefes Verständnis für das Zusammenspiel von langfristigen Strategien und kurzfristigen taktischen Aktionen entwickeln. Sie können den Markenwert als Tool zur Unterstützung von Markenentscheidungen nutzen und damit eine systematischere und effektivere Markenführung erreichen. Marketingaktivitäten sind immer vor dem Hintergrund des zukünftigen Markenwertes unter Berücksichtigung von Kundenbedürfnissen und Wettbewerbsverhalten zu planen und umzusetzen. Konsequenterweise ist es für das Markenmanagement daher wichtig, den eigenen Markenwert im Vergleich zu Wettbewerbsmarken zu kennen sowie zu wissen, wie Kunden die einzelnen Dimensionen des Markenwertes wahrnehmen. Auf der Basis dieser Informationen kann das Markenmanagement Aktivitäten und die dazu notwendigen Ressourcen für die Dachmarke sowie Produkt- bzw. Servicemarken planen. Markenmanager müssen verstehen, dass die Stärkung des Markenwertes eine strategische und taktische Perspektive umfasst.

3.1 Strategische Perspektive des B-to-B-Markenwertes

Im Rahmen der strategischen Perspektive ist der Markenwert eine strategische **Unternehmensressource**, die entsprechend zu managen ist. B-to-B-Unternehmen setzen zunehmend Strategien und Konzepte zum Aufbau und zur Pflege von starken Marken ein (Seyedghorban et al. 2016).

Aus einer strategischen Perspektive ist die Konsistenz des gesamten **Marketing-Mix** mit der Marke und deren Markenwert wichtig (Kim und Hyun 2011; Berry 2000). Hohe Markenwerte erhöhen im B-to-B-Umfeld die Wahrscheinlichkeit, dass Buying Center Produkte und Services dieser Marke im Vergleich zu Wettbewerbsangeboten präferieren. Auch erhöhen B-to-B-Marken mit einem hohen Markenwert die Wahrscheinlichkeit einer positiven Weiterempfehlung und die Akzeptanz von Preisaufschlägen (Kumar et al. 2015; Bendixen et al. 2004). Ein strategischer Ansatz des Markenmanagements muss auch dieses positive Weiterempfehlungsverhalten, welches zu neuen Kunden oder zu verstärktem Kaufverhalten von bestehenden Kunden führen kann, berücksichtigen.

Die bisherige Forschung hat gezeigt, dass der Markenwert sowohl den Markterfolg (z. B. Kundenloyalität) als auch den finanziellen Erfolg positiv beeinflusst (Vomberg et al. 2015). Daher kann ein hoher Markenwert auch die Attraktivität sowohl für Investoren als auch für potenzielle Arbeitnehmer erhöhen. Aktuelle Studien haben auch nachgewiesen, dass Marken zusammen mit dem Humankapital die wertvollsten Ressourcen von Unternehmen darstellen (Wilden et al. 2010). Die Strategien und Bemühungen von B-to-B-Unternehmen, die besten und am stärksten motivierten Arbeitnehmer für das eigene Unternehmen zu gewinnen, haben einen langfristig positiven Effekt auf die Marken- und Unternehmensperformance (Coleman et al. 2015; Baumgarth und Binckebanck 2011; Biedenbach et al. 2011). Daher beeinflussen die **Employer Branding**-Aktivitäten auch den Markenwert eines B-to-B-Unternehmens.

Das strategische Management des Markenwertes führt auch zu **Co-Branding** mit anderen Marken. Dieser Ansatz ist auch im B-to-B-Bereich immer häufiger zu beobachten (Kalafatis et al. 2012). Co-Branding, welches auch teilweise als Markenallianz bezeichnet wird, benennt die Zusammenarbeit zwischen zwei oder mehr Marken (Bengtsson und Servais 2005). Co-Branding führt zu einer Vielzahl von Fragen, wie die Auswahl des richtigen Partners, die möglichen positiven Wirkungen oder die Aufteilung der positiven Beiträge zwischen den Partnern. Co-Branding hat auch oft strategische Implikationen, da damit neue Kundensegmente und neue Wettbewerber in neuen Märkten verknüpft sind. Daher sollten die Markenverantwortlichen den potenziellen Partner inklusive der gesamten Wertschöpfungskette im Vorfeld analysieren. Diese Analyse sollte auch die positiven und negativen Effekte auf den eigenen Markenwert abschätzen. Die Marketing-Mix-Entscheidungen, das Personalmanagement inklusive Employer Branding sowie das Co-Branding sind nur drei Beispiele, welche den Zusammenhang von strategischen Entscheidungen und B-to-B-Markenwert verdeutlichen.

3.2   Taktische Perspektive des B-to-B-Markenwertes

Im Rahmen des taktischen Markenmanagements können die Dimensionen des Markenwertes sowie deren Beziehungen die Planung und Umsetzung von konkreten Marketingaktivitäten steuern. Ein effektives Markenmanagement setzt voraus, dass die Markenverantwortlichen für einzelne Marketingaktivitäten deren Einfluss auf die Markenbekanntheit sowie die Markenassoziationen in der Planungsphase abschätzen. Beispielsweise will ein neues Zulieferunternehmen im Maschinenbau seine Marke mit den Assoziationen hohe Qualität und Langlebigkeit sowie zuverlässige und kompetente Servicemitarbeiter verknüpfen. Um dies zu erreichen, müssen die Marketingaktivitäten zunächst die Markenbekanntheit aufbauen und dann die gewünschten Markenassoziationen betonen. Dies kann unter anderem durch den Einsatz verschiedener Kommunikationsinstrumente erfolgen.

Weiterhin können Markenverantwortliche stärker das Marketing auf die Beziehungen zwischen den Dimensionen des Markenwertes ausrichten. Empirische Studien haben gezeigt, dass spezifische Dimensionen des Markenwertes andere Dimensionen stärken (Biedenbach 2012; Biedenbach und Marell 2010; Gordon et al. 1993). Dabei müssen Markenverantwortliche darauf achten, dass die relevanten Ansprechpartner in den Kundenunternehmen zur richtigen Zeit die richtigen Informationen erhalten, um diese vom Status der reinen Markenbekanntheit hin zu positiven Markenassoziationen weiter zu entwickeln. Diese Weiterentwicklung kann beispielsweise dann erfolgen, wenn der Kunde den Markenknoten im Gehirn mit einer aktuellen Kaufentscheidung verknüpft. Die sich daran anschließenden Marketingaktivitäten müssen insbesondere dafür sorgen, dass sich die Markenassoziationen zur Markenloyalität entwickeln.

Zusätzlich ist es die Aufgabe des Markenmanagements in taktischer Hinsicht immer wieder intangible Nutzenelemente für die Kunden zu finden und anzubieten, damit die Zufriedenheit sichergestellt und das Vertrauen der Kunden ausgebaut wird (Michell et al. 2001). Dieser intangible Nutzen kann zu einer Risikoreduktion im Rahmen einer Kaufentscheidung führen (Bengtsson und Servais 2005). Dazu tragen entscheidend die persönlichen Beziehungen inklusive der emotionalen Dimension wie Vertrauen bei (Leek und Christodoulides 2012). Die investierte Zeit und Ressourcen, um das Kundenerlebnis zu verstehen, sind gerechtfertigt, da diese Informationen dabei helfen, Maßnahmen zur Steigerung der wahrgenommenen Qualität und zur Markenloyalität zu implementieren. Insgesamt sollten die taktischen Marketingmaßnahmen immer dazu beitragen, die Zufriedenheit und damit die Loyalität der Kunden zu steigern.

Im Allgemeinen nutzen Markenverantwortliche ihre eigenen Erfahrungen als Maßstab und Leitlinie für ihre tägliche Arbeit. Mehr oder weniger haben alle Firmen schon einmal erfolgreiche und problematische Phasen erlebt. Die Arbeit an der Stärkung des Markenwertes inklusive der intangiblen Nutzenelemente ist komplex. Häufig ist die genaue Formulierung des Problems schwieriger als die eigentliche Lösung. Nicht selten hört man von Marketingverantwortlichen, dass diese erst ein Problem erkennen, wenn sie sehen, wie andere Unternehmen agieren. Daraus folgt, dass es wichtig ist, andere erfolgreiche Unternehmen zu beobachten und von diesen zu lernen, wie diese die Markenbekanntheit, die Markenassoziationen, die wahrgenommene Qualität sowie die Markenloyalität managen (**Benchmarking**).

3.3 Empirische Studie im Bereich Professional Services

Die empirische Studie verdeutlicht die Bedeutung der Fähigkeiten zum Beziehungsaufbau der eigenen Mitarbeiter für den Markenwert. Diese Studie wurde im Bereich der Professional Services durchgeführt. Insgesamt wurden 587 Manager (CFOs, CEOs) in Schweden befragt, die in ihren Unternehmen über die Beauftragung von Wirtschaftsprüfungsgesellschaften und Unternehmensberatung entscheiden. Die Responsequote betrug 20 %.

Das zugrundeliegende Markenwert-Modell umfasst mit den Markenassoziationen, der wahrgenommenen Qualität sowie der Markenloyalität drei zentrale Dimensionen des Markenwertes (vgl. Abb. 1). Die Bekanntheit wurde ausgeklammert, da die in der Studie berücksichtigten „Big Four" der Wirtschaftsprüfung bei den Befragten eine ähnliche und sehr hohe Markenbekanntheit aufweisen. Die empirische Studie beschränkt sich auf eine Facette der Beziehung zwischen Wirtschaftsprüfung und Unternehmen. Diese deckt die Fähigkeiten aus Kundensicht ab, den Kunden zu verstehen, diesem zuzuhören und sich um ihn zu bemühen. Zur Messung des Markenwertes (Biedenbach und Marell 2010; Pappu et al. 2005; Yoo und Donthu 2001) und der Beziehungsqualität (Breivik und Thorbjørnsen 2008) wurden etablierte Skalen verwendet.

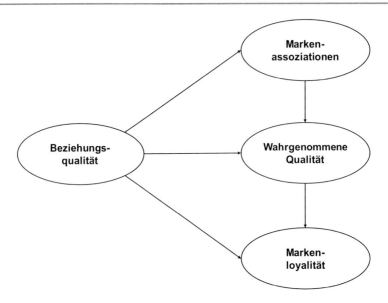

Abb. 1 Konzeptionelles B-to-B-Markenwertmodell

Das konzeptionelle Modell wurde mithilfe von Strukturgleichungsmodellen getestet. Tab. 1 fasst die Ergebnisse zusammen. Die Ergebnisse bestätigen die signifikanten Zusammenhänge zwischen den Markenwertdimensionen. Das heißt die Ergebnisse zeigen einen starken positiven Effekt zwischen Markenassoziationen und wahrgenommener Qualität sowie zwischen wahrgenommener Qualität und Markenloyalität. Die Ergebnisse belegen ferner einen positiven Einfluss der Beziehungsqualität auf die Markenassoziationen sowie auf die Markenloyalität. Hingegen wurde die Hypothese zum positiven Einfluss der Beziehungsqualität auf die wahrgenommene Qualität nicht bestätigt. Allerdings zeigt eine nähere Betrachtung der Ergebnisse des Strukturgleichungsmodells einen indirekten Effekt der Beziehungsqualität auf die wahrgenommene Qualität. Die empirischen Daten dieser

Tab. 1 Ergebnisse des Strukturgleichungsmodells für Professional Services

Hypothese	Standardisierte Strukturgleichungs-koeffizienten	Ergebnis
H_1: Markenassoziationen → Wahrgenommene Qualität	0,75 (p < 0,01)	Bestätigt
H_2: Wahrgenommene Qualität → Markenloyalität	0,46 (p < 0,05)	Bestätigt
H_3: Beziehungsqualität → Markenassoziationen	0,73 (p < 0,01)	Bestätigt
H_4: Beziehungsqualität → Wahrgenommene Qualität	0,06 (p = 0,32)	Nicht bestätigt
H_5: Beziehungsqualität → Markenloyalität	0,37 (p < 0,01)	Bestätigt

Fit Indices: $\chi^2 = 277{,}39$, df = 72, $\chi^2/\text{df} = 3{,}85$, RMSEA = 0,07, GFI = 0,95, AGFI = 0,90, NFI = 0,94, CFI = 0,95, IFI = 0,95

Studie bestätigen, dass Marketingverantwortliche die Wirkungen ihrer Maßnahmen auf den Markenwert berücksichtigen sollten. Weiterhin kann das vorgestellte Markenwertmodell als ein strategisches Tool im Rahmen einer professionellen Markenführung und eines Markencontrollings dienen.

4 Fazit

Der immer komplexer und intensiver werdende Wettbewerb fordert Marketingverantwortliche heraus, deren Ziel es ist, starke Marken aufzubauen und zu pflegen. Dieser Beitrag zeigt auf, wie der B-to-B-Markenwert als Tool und Bezugsrahmen für die strategische und taktische Markenführung genutzt werden kann. Allgemein wird dem Management empfohlen, das mehrdimensionale Markenwertkonstrukt im Rahmen von strategischen und taktischen Entscheidungen zu berücksichtigen. Ein professionelles Markenmanagement sollte die Kerndimensionen des Markenwertes immer messen und kennen und diese als Basis für Entscheidungen nutzen. Die Kerndimensionen des Markenwertes sind die Markenbekanntheit, die Markenassoziationen, die wahrgenommene Qualität sowie die Markenloyalität. Der Beitrag thematisiert auch die Herausforderungen und Chancen sowohl für etablierte als auch junge Marken und behandelt bei der strategischen Perspektive die Beziehung von B-to-B-Markenwert zum Marketing-Mix, zum Humankapital und zum Co-Branding. Im Rahmen der taktischen Perspektive wird aufgezeigt, wie die Dimensionen des Markenwertes bei der Planung und Implementierung von Marketinginstrumenten vom Management beachtet werden können.

Zusammenfassend lässt sich festhalten, dass die Berücksichtigung des B-to-B-Markenwertes ein wichtiger Schritt ist, um die B-to-B-Markenführung weiter zu professionalisieren.

Literatur

Aaker, D. A. (1991). *Managing brand equity: capitalizing on the value of a brand name*. New York: The Free Press.

Aaker, D. A. (1996). Measuring brand equity across products and markets. *California Management Review, 38*(3), 102–119.

Baumgarth, C., & Binckebanck, L. (2011). Sales force impact on B-to-B brand equity: conceptual framework and empirical test. *Journal of Product & Brand Management, 20*(6), 487–498.

Bendixen, M., Bukasa, K. A., & Abratt, R. (2004). Brand equity in the business-to-business market. *Industrial Marketing Management, 33*(5), 371–380.

Bengtsson, A., & Servais, P. (2005). Co-branding on industrial markets. *Industrial Marketing Management, 34*(7), 706–713.

Berry, L. L. (2000). Cultivating service brand equity. *Journal of the Academy of marketing Science, 28*(1), 128–137.

Biedenbach, G. (2012). Brand equity in the business-to-business context. *Journal of Brand Management, 19*(8), 688–701.

Biedenbach, G., & Marell, A. (2010). The impact of customer experience on brand equity in a business-to-business services setting. *Journal of Brand Management*, *17*(6), 446–458.

Biedenbach, G., Bengtsson, M., & Wincent, J. (2011). Brand equity in the professional service context. *Industrial Marketing Management*, *40*(7), 1093–1102.

Bogomolova, S., & Romaniuk, J. (2010). Brand equity of defectors and never boughts in a business financial market. *Industrial Marketing Management*, *39*(8), 1261–1268.

Breivik, E., & Thorbjørnsen, H. (2008). Consumer brand relationships: an investigation of two alternative models. *Journal of the Academy of Marketing Science*, *36*(4), 443–472.

Coleman, D. A., de Chernatony, L., & Christodoulides, G. (2015). B2B service brand identity and brand performance: an empirical investigation in the UK's B2B IT services sector. *European Journal of Marketing*, *49*(7/8), 1139–1162.

Davis, D. F., Golicic, S. L., & Marquardt, A. J. (2008). Branding a B2B service. *Industrial Marketing Management*, *37*(2), 218–227.

Farquhar, P. H. (1989). Managing brand equity. *Marketing research*, *1*(3), 24–33.

Gordon, G. L., Calantone, R. J., & di Benedetto, C. A. (1993). Brand equity in the business-to-business sector. *Journal of Product & Brand Management*, *2*(3), 4–16.

Kalafatis, S. P., Remizova, N., Riley, D., & Singh, J. (2012). The differential impact of brand equity on B2B co-branding. *Journal of Business & Industrial Marketing*, *27*(8), 623–634.

Keller, K. L. (1993). Conceptualizing, measuring, managing customer-based brand equity. *Journal of Marketing*, *57*(1), 1–22.

Keller, K. L. (2013). *Strategic brand management: building, measuring and managing brand equity* (4. Aufl.). Boston: Pearson.

Kim, J. H., & Hyun, Y. J. (2011). A model to investigate the influence of marketing-mix efforts and corporate image on brand equity in the IT software sector. *Industrial Marketing Management*, *40*(3), 424–438.

Kuhn, K.-A. L., Alpert, F., & Pope, N. K. L. (2008). An application of Keller's brand equity model in a B2B context. *Qualitative Market Research*, *11*(1), 40–58.

Kumar, V., Cohen, G. S., & Rajan, B. (2015). Establishing brand equity among business-to-business referral sources in the emerging markets: the case of specialty medical practice. *Industrial Marketing Management*, *51*, 26–34.

Leek, S., & Christodoulides, G. (2012). A framework of brand value in B2B markets: the contributing role of functional and emotional components. *Industrial Marketing Management*, *41*(1), 106–114.

Michell, P., King, J., & Reast, J. (2001). Brand values related to industrial products. *Industrial Marketing Management*, *30*(5), 415–425.

Mudambi, S. (2002). Branding importance in business-to-business markets: three buyer clusters. *Industrial Marketing Management*, *31*(6), 525–533.

Pappu, R., Quester, P. G., & Cooksey, R. W. (2005). Consumer-based brand equity: improving the measurement – empirical evidence. *Journal of Product & Brand Management*, *14*(3), 143–154.

Roberts, J., & Merrilees, B. (2007). Multiple roles of brands in business-to-business services. *Journal of Business & Industrial Marketing*, *22*(6), 410–417.

Salinas, G., & Ambler, T. (2009). A taxonomy of brand valuation practice: methodologies and purposes. *Journal of Brand Management*, *17*(1), 39–61.

Seyedghorban, Z., Matanda, M. J., & LaPlaca, P. (2016). Advancing theory and knowledge in the business-to-business branding literature. *Journal of Business Research*, *69*(8), 2664–2677.

Veloutsou, C., Christodoulides, G., & de Chernatony, L. (2013). A taxonomy of measures for consumer-based brand equity. *Journal of Product & Brand Management*, *22*(3), 238–248.

Vomberg, A., Homburg, C., & Bornemann, T. (2015). Talented people and strong brands. *Strategic Management Journal*, *36*(13), 2122–2131.

Wilden, R., Gudergan, S., & Lings, I. (2010). Employer branding. *Journal of Marketing Management*, *26*(1–2), 56–73.

Yoo, B., & Donthu, N. (2001). Developing and validating a multidimensional consumer-based brand equity scale. *Journal of Business Research*, *52*(1), 1–14.

Markenpersönlichkeitsmessung von B-to-B-Marken

Uta Herbst und Markus Voeth

Zusammenfassung

Obgleich der professionelle Einsatz von Marken im B-to-B-Bereich zunehmend wichtiger erscheint und vor diesem Hintergrund mittlerweile eine Vielzahl von Konzepten aus dem Konsumgüterbereich übertragen worden sind, wurde das Konzept der Markenpersönlichkeit in diesem Zusammenhang noch nicht diskutiert. Vor diesem Hintergrund entwickelt der vorliegende Beitrag eine Markenpersönlichkeitsskala, die auf die spezifischen Herausforderungen des B-to-B-Kontexts eingeht, und überprüft sie im Rahmen einer mehrstufigen empirischen Untersuchung. Aus den hierbei resultierenden Ergebnissen werden Handlungsempfehlungen für die industrielle Praxis als auch für die Wissenschaft abgeleitet.

Schlüsselbegriffe

Persönlichkeitsforschung · Markenpersönlichkeit · Strukturgleichungsmodell

Inhaltsverzeichnis

U. Herbst (✉)
Lehrstuhl für Marketing II, Universität Potsdam
Potsdam, Deutschland
E-Mail: uta_herbst@uni-potsdam.de

M. Voeth
Lehrstuhl für Marketing und Business Development, Universität Hohenheim
Stuttgart, Deutschland
E-Mail: voeth@uni-hohenheim.de

1 Bedeutung und Herausforderung eines systematischen Markenmanagements auf B-to-B-Märkten

In Anbetracht eines zunehmend stärkeren Wettbewerbsdrucks sowie einer fortschreitenden Angleichung von Qualität und Leistungsniveau hat der professionelle Einsatz von Marken mittlerweile auch Einzug in den B-to-B-Bereich gehalten. Allerdings stehen viele Unternehmen erst am Anfang des in der Regel mit hohen Investitionen verbundenen Markenaufbaus. Angesichts der lange Zeit vorherrschenden Technologiedominanz sowie der damit verbundenen Kommunikation eher funktionaler Leistungsbestandteile existieren bislang wenig Erkenntnisse, wie der Markencode differenzierend, aber dabei authentisch formuliert und somit durch einprägsame Maßnahmen gepflegt und gesteuert werden kann. Dies liegt nicht zuletzt daran, dass es – im Gegensatz zum Konsumgüterbereich – noch weitestgehend an Erfolg versprechenden Markenkonzepten und -ansätzen fehlt.

Ein Instrument, das zur Entwicklung und Führung von B-to-B-Marken in diesem Zusammenhang besonders geeignet erscheint, stellt die Markenpersönlichkeit dar. Angesichts der Tatsache, dass jede Persönlichkeit einzigartig ist, geht das Konzept der Markenpersönlichkeit davon aus, dass die Personifizierung von Marken überaus Erfolg versprechende Profilierungsmöglichkeiten bietet und sich daher für eine langfristige Differenzierung gegenüber dem Wettbewerb empfiehlt. Für die praktische Umsetzung existiert mittlerweile eine Vielzahl von Skalen, die für die Bestimmung einer einzigartigen Zielpersönlichkeit, d. h. dem Markencode, ein umfassendes Attribut-Inventar zur Verfügung stellen. Der Zielpersönlichkeit selbst kommt für den Markenaufbau sowie die Markenführung eine entscheidende Bedeutung zu, da sie die Botschaften und Inhalte für sämtliche markenspezifischen Aktivitäten über die sie charakterisierenden Persönlichkeitseigenschaften determiniert. Der Erfolg der getätigten Maßnahmen kann dabei durch einen Vergleich der gewünschten Positionierung mit der tatsächlich wahrgenommenen Markenpersönlichkeit überprüft werden.

Allerdings wurde das Konzept der Markenpersönlichkeit, obgleich es eine nahezu passende Antwort auf die angesprochenen Probleme des Managements von B-to-B-Marken zu liefern scheint, in diesem Zusammenhang noch nicht diskutiert. Insbesondere fehlte es bislang an einer spezifischen Skala für B-to-B-Marken. Vor diesem Hintergrund liegt der Schwerpunkt dieses Beitrags auf der Frage, ob bestehende Markenpersönlichkeitskonzepte auf Industriegüterunternehmen übertragbar sind und inwiefern diese aufgrund marktspezifischer Besonderheiten gegebenenfalls angepasst werden müssen. Ziel ist es, jene Übertragbarkeit zu untersuchen und gegebenenfalls eine für das B-to-B-Markenmanagement anwendbare Markenpersönlichkeitsskala zu generieren.

2 Konzept der Markenpersönlichkeit als Ansatz für das Management von B-to-B-Marken

2.1 Entstehungsgeschichte der Markenpersönlichkeitsforschung

Auch wenn das Konzept der Markenpersönlichkeit bislang noch keinen Einzug in die Industriegütermarketing-Literatur gehalten hat, ist es ein im Marketing mittlerweile fest etablierter und beliebter Ansatz. Seinen Ursprung nimmt das Markenpersönlichkeitskonzept jedoch in der Persönlichkeitspsychologie. Hier wird auf der bereits im Jahr 1919 von Gilmore postulierten „Theory of Animism" die Annahme vertreten, dass Menschen dazu neigen, unbeseelte Gegenstände durch die Zuweisung menschlicher Persönlichkeitsattribute zu personifizieren, um die Interaktionen mit diesen Objekten zu vereinfachen (Gilmore 1919; Mäder 2005, S. 5 f.).

Für die Identifikation der für die Persönlichkeitsanalyse erforderlichen Attribute wird dabei in der Regel auf den psycholexikalischen Ansatz verwiesen (Mäder 2005, S. 52 ff.). Eigenschaften zur Persönlichkeitsbeschreibung finden sich ihm zufolge in der Sprache und somit in Lexika wieder. Damit einhergehend liegt der Vorteil des psycholexikalischen Ansatzes in der umfassenden Ausgangsmenge der Variablen, welche für eine vereinfachte Interpretation und Anwendung häufig noch in Hintergrundfaktoren zusammengefasst werden. Allport und Odbert (1936) extrahierten beispielsweise 17.953 englische Begriffe, die von Cattell (1943) auf 35 Variablen reduziert wurden. Darauf basierend ermittelte Fiske (1949) eine 5-Faktoren-Lösung zur Beschreibung der menschlichen Persönlichkeit. Diese waren Verträglichkeit, Extrovertiertheit, Gewissenhaftigkeit, Kultur und Neurotizismus (De Raad 2000, S. 3 ff.). Die als „Big Five" bekannt gewordene Skala wurde in der Folgezeit in einer Vielzahl weiterer Studien bestätigt, sodass heute von einer breiten empirischen Unterstützung dieser 5-Faktoren-Lösung gesprochen werden kann. Der wesentliche Vorteil dieses Ansatzes ist neben seiner zugänglichen Operationalisierbarkeit vor allem sein Anspruch, der Persönlichkeit als Gesamtheit gerecht zu werden, sodass ein geeignetes Theoriekonzept zur Analyse der unterschiedlichsten Persönlichkeiten vorliegt.

Vor diesem Hintergrund verwundert es nicht, dass Wissenschaft und Praxis versuchten, die hier gewonnenen Erkenntnisse auch auf die Messung von Markenpersönlichkeiten zu übertragen (Geuens et al. 2009, S. 97 ff.; Grohmann 2009, S. 105 ff.; Hieronimus 2003, S. 66 ff.; Weis und Huber 2000, S. 46 ff.). In diesem Zusammenhang gelang es zunächst Wells et al. (1957) Produktpersönlichkeiten wie *Cadillac* oder *Chevrolet* anhand einer 108 Eigenschaften umfassenden Adjektivliste zu umschreiben.

Nachfolgende Forschungen konzentrierten sich zum einen stärker darauf herauszufinden, welche menschlichen Persönlichkeitseigenschaften grundsätzlich geeignet sind, um Marken zu beschreiben, und zum anderen einzelne Dimensionen von Markenpersönlichkeiten zu identifizieren. Plummer (1984) erstellte eine Checkliste mit 50 Eigenschaften, die Markenpersönlichkeitsprofile möglichst präzise beschreiben sollte. Alt und Griggs (1988) änderten die Vorgehensweise zur Generierung der Attribut-Batterie, indem sie ausgehend von Experteninterviews mit Werbepraktikern jene Charaktereigenschaften herausfilterten, die zur Beschreibung erfolgreicher und weniger erfolgreicher Marken geeignet erschienen. Mithilfe einer Faktorenanalyse wurden 70 relevante Attribute zu drei Dimensionen zusammengefasst. Markenpersönlichkeit ließe sich demnach durch die Faktoren „Extraversion", „Soziale Akzeptanz" sowie „Tugend" bestimmen. Batra et al. (1993) wählten eine ähnliche Methodik, indem sie 200 als geeignet erscheinende Merkmale Marketingdoktoranden vorlegten, um deren Tauglichkeit für die Persönlichkeitsbeschreibung von Marken zu überprüfen. Aus 35 Attributen wurde dann eine 7-Faktoren-Lösung zur Beschreibung von Markenpersönlichkeiten generiert.

Obgleich diese Ad-hoc-Skalen die Grundlage für die heute existierende Markenpersönlichkeitsforschung darstellen, weisen sie einige zentrale Schwachpunkte auf. So erfolgte die Item-Auswahl in der Regel willkürlich, sodass immer die Gefahr der Unvollständigkeit gegeben war. Darüber hinaus wurden die Skalen jeweils für einen spezifischen Forschungszweck entwickelt, entsprechend blieb ihnen eine umfassende Anerkennung verwehrt. Dies liegt nicht zuletzt auch an der teilweise stark differierenden Anzahl von Attributen und extrahierten Faktoren. Folgerichtig kam die Forderung nach einem eigenen Untersuchungsdesign für die Messung der Markenpersönlichkeit auf (Hieronimus 2003, S. 70).

2.2 Entwicklung der Brand Personality Scale

Aaker (1997) folgte diesem Aufruf und legte 1997 die von ihr entwickelte Brand Personality Scale vor. Sie stellt die erste reliable, valide und allgemein anwendbare Skala zur Messung der Markenpersönlichkeit dar und gilt als die bisher umfangreichste Studie. Unter Markenpersönlichkeit versteht Aaker dabei „[...] the set of human characteristics associated with a brand" (Aaker 1997, S. 347). Auf Basis der Arbeit von Malhotra (1981), welche einen Prozess zur Skalenentwicklung für Selbst-, Persönlichkeits- und Produktkonstrukte entwickelt hatte, generierte Aaker eine Skala, die dem „Big-Five"-Modell der Persönlichkeitsforschung in vielerlei Hinsicht ähnelt. Mithilfe dieser Skala sollen die der Markenpersönlichkeit zugrundeliegenden Dimensionen ermittelt werden können. Zudem wird damit ein Instrument zur Beschreibung von Markenpersönlichkeiten aus unterschiedlichen Produktkategorien bereitgestellt. Im Gegensatz zu den eingangs erwähnten Ad-hoc-Skalen überzeugt Aakers Arbeit in erster Linie durch ihre breite empirische Fundierung und die exakte methodische Vorgehensweise.

Um eine hohe Konstruktvalidität zu gewährleisten, griff Aaker (1997) bei der Identifikation der relevanten Markenpersönlichkeitsmerkmale auf drei verschiedene Quellen zurück. Neben den Forschungsergebnissen von Tupes und Christal (1958) und Norman (1963) wurden weitere Skalen herangezogen, die zur Entwicklung und Redefinition der

„Big Five" der menschlichen Psychologie entstanden waren. Dazu zählten unter anderem Arbeiten von McCrae und Costa (1989) und Piedmont et al. (1991). Als zweite Quelle dienten die Ergebnisse früherer Arbeiten zur Messung von Markenpersönlichkeiten, darunter Wells et al. (1957), Levy (1959), Malhotra (1981), Plummer (1984), Alt und Griggs (1988) sowie Batra et al. (1993). Diese wurden zusätzlich um Attribut-Listen von Marktforschungsinstituten und Werbeagenturen ergänzt. Um keine relevanten Merkmale zu übersehen, wurden im Rahmen freier Assoziationstechniken von 16 Probanden weitere 295 Eigenschaften generiert. Nach Ausschluss redundanter Eigenschaften konnten somit zunächst 309 Persönlichkeitswesenszüge definiert werden. In einer zweiten Stufe wurden diese von 25 Probanden hinsichtlich ihrer Eignung für die Beschreibung von Marken bewertet. Als Stimuli dienten 37 Konsumgütermarken, welche unter den Gesichtspunkten der Markenbekanntheit und vor dem Hintergrund der Generalisierbarkeit, unterschiedlicher Ausprägungen hinsichtlich Funktionalität (z. B. Schmerzmittel- und Zahnpastamarken) und Symbolik (z. B. Kosmetik- und Parfümmarken) ausgewählt wurden.

Die Bewertung der Marken anhand der Persönlichkeitsmerkmale erfolgte im Rahmen eines für die US-Bevölkerung repräsentativen Haushaltspanels. 631 Probanden bewerteten jeweils zehn Markenstimuli anhand der 114 Persönlichkeitsmerkmale auf einer fünfstufigen Likert-Skala. Auf Basis der Rating-Ergebnisse wurde anschließend mittels einer explorativen Faktorenanalyse eine 5-Faktoren-Lösung extrahiert. Insgesamt wurden die ursprünglich 114 Merkmalen aufgrund geringer Item-to-Total-Korrelation nochmals um 72 auf die finale Skala von 42 Merkmalen gekürzt. Die fünf Dimensionen wurden aus Gründen der besseren Handhabung in 15 Facetten untergliedert, welche zwei bis drei Persönlichkeitsmerkmale enthalten (vgl. Abb. 1).

Wie Abb. 1 zeigt, entsprechen die ersten drei Faktoren den menschlichen „Big-Five"-Dimensionen „Verträglichkeit", „Extrovertiertheit" und „Gewissenhaftigkeit", während „Kultur" und „Neurotizismus" davon abweichen. Aaker schließt daraus, dass Markenpersönlichkeiten Konsumpräferenzen auf unterschiedliche Arten beeinflussen. Sind die ersten drei Faktoren angeborene Dimensionen der menschlichen Persönlichkeit, stellen „Kul-

Aufrichtigkeit	Erregung/Spannung	Kompetenz	Kultiviertheit	Robustheit
bodenständig	**gewagt**	**zuverlässig**	**bodenständig**	**naturverbunden**
familienorientiert kleinstädtisch	modisch aufregend	hart arbeitend sicher	vornehm glamourös	männlich abenteuerlich
ehrlich	**temperamentvoll**	**intelligent**	**charmant**	**zäh**
aufrichtig echt	cool jung	technisch integrativ	weiblich weich	robust
heiter	**modern**	**erfolgreich**		
gefühlvoll freundlich	unabhängig zeitgemäß	führend zuversichtlich		
gesund	**phantasievoll**			
ursprünglich	einzigartig			

Abb. 1 Brand Personality Scale. (Quelle: in Anlehnung an Aaker 2001, S. 100)

tiviertheit" und „Robustheit" Eigenschaften dar, die ein Individuum begehrt, aber nicht zwingend besitzt, und die somit durch Werbung für Marken entwickelt werden können (Fennis et al. 2005, S. 376; Maehle et al. 2011, S. 301). Die ermittelte Markenpersönlichkeitsskala konnte von Aaker in einer weiteren Untersuchung empirisch bestätigt werden. 180 Probanden bewerteten dabei 20 neue Markenstimuli aus zuvor noch nicht betrachteten Produktkategorien anhand der isolierten 42 Items. Eine konfirmatorische Faktorenanalyse lieferte zufriedenstellende globale Gütemaße für die explorativ ermittelte Struktur.

2.3 Konzeptionelle Weiterentwicklungen der Brand Personality Scale

Trotz der methodischen Exaktheit und Repräsentativität der Gesamtstudie hat Aakers Brand Personality Scale Anlass für eine große Anzahl von Weiterentwicklungen geben. Dies liegt insbesondere daran, dass die Studie ausschließlich in der amerikanischen Bevölkerung und hier im Hinblick auf Konsumgütermarken durchgeführt wurde. Vor diesem Hintergrund stand die Übertragbarkeit der gefundenen Markenpersönlichkeitsskala sowohl auf andere Kulturkreise als auch auf andere Markentypen im Mittelpunkt weiterer Forschungsbemühungen.

Im Bereich der interkulturellen Übertragbarkeit sind zunächst die Studien von Aaker et al. (Spanien/Japan, 2001), Koebel und Ladwein (Frankreich, 1999), Smit et al. (Niederlande, 2002) sowie Hieronimus (Deutschland, 2003) erwähnenswert. Stellvertretend für alle Studien kann festgehalten werden, dass die von Aaker ermittelte Skala im interkulturellen Kontext variiert. Sowohl in der Anzahl der Faktoren als auch in der Faktorinterpretation sind deutliche kulturspezifische Unterschiede erkennbar. Während Hieronimus (2003) z. B. für Deutschland eine 2-Faktoren-Lösung generiert, ergeben sich in Frankreich und den Niederlanden jeweils sechs Faktoren, sodass als Ergebnis festgehalten werden kann, dass Markenpersönlichkeitsskalen für unterschiedliche Kulturräume angepasst werden müssen. Geuens et al. (2009) entwickeln schließlich eine Markenpersönlichkeitsskala, die auch den interkulturellen Vergleich bestehen soll. Aufbauend auf Aakers Markenpersönlichkeitsskala und Weiterentwicklungen der „Big-Five"-Skala beinhaltet ihre Skala fünf Faktoren (Verantwortung, Aktivität, Aggressivität, Simplizität und Emotionalität), die sich auch in vergleichenden Studien mit neun europäischen Ländern (Deutschland, Frankreich, Italien, Niederlande, Polen, Rumänien, Schweiz, Spanien, Türkei) und den USA als robust erwiesen haben.

Vergleichbare Erkenntnisse ergaben sich auch für Studien, die den Einsatz von Aakers Brand Personality Scale für unterschiedliche Markentypen untersuchen. Anders als im interkulturellen Forschungsbereich scheinen hier jedoch die unterschiedlichen Funktionsakzentuierungen einzelner Markentypen für die mangelnde Übertragbarkeit verantwortlich zu sein. So existiert mittlerweile beispielsweise eine eigenständige Corporate Character Scale mit sieben Faktoren und insgesamt 49 Merkmalen (Davies et al. 2004), die das Konzept der Markenpersönlichkeit als Instrument zur Messung der Unternehmensreputation einsetzen. Gleichermaßen entwickelten Venable et al. (2005) angesichts einer mangelnden Übertragbarkeit von Aakers Markenpersönlichkeitsskala auf Non-Profit-Marken eine eigenständige Skala für diesen Bereich. Auf Basis von vier Faktoren geht diese auf die spezifischen Erwartungen an Non-Profit-Marken ein, die im Rahmen der ursprünglichen Aaker-Skala nicht ausreichend enthalten waren. Ebenso entwickelten Hosany et al. (2006) für den Tourismus eine eigenständige Skala, um das Image von Tourismusregionen in Anlehnung an Aakers Markenpersönlichkeitsskala besser beschreiben und darauf aufbauend akzentuieren und steuern zu können. Daraus ergibt sich ein Subset von fünf Faktoren und 27 Merkmalen, die für die spezifischen Anforderungen von Tourismusregionen relevant sind. Betrachtet man die Markenfunktionen im Industriegüterbereich, so liegt die Vermutung nahe, dass auch hier bestehende Markenpersönlichkeitskonzepte angepasst werden müssen, da sie für andere Anwendungsbereiche entwickelt worden sind und somit nicht den spezifischen Anforderungen Rechnung tragen können.

2.4 Besonderheiten von B-to-B-Marken als Notwendigkeit der Generierung einer B-to-B-Markenpersönlichkeitsskala

Obgleich eine B-to-B-Marke – wie jede andere Marke auch – der stärkeren Differenzierung und Profilierung dient, hebt sie sich durch spezifische Funktionsakzentuierungen ab. Wie die folgenden Ausführungen zu erkennen geben, liegen diese in den Besonderheiten industrieller Vermarktungsprozesse begründet. So handelt es sich bei Industriegütermärkten bekanntermaßen nicht um eine originäre Nachfrage von Individuen, sondern um eine derivative von Organisationen. Diese entsteht aus der Nachfrage nach Leistungen, die mithilfe der Industriegüter erstellt werden (Sitte 2001, S. 24; Kleinaltenkamp 2000, S. 285). Leistungen im Industriegüterbereich stellen somit in der Regel Problemlösungen dar und sollen einen funktionalen Nutzen erfüllen. Daher werden sie häufig kundenindividuell und mit hohem Spezifitätsgrad gemeinsam von Anbietern und Kunden entwickelt. Angesichts der zunehmenden Technologiedominanz müssen Anbieter dabei verstärkt Kompatibilität und Integrationsfähigkeit ihrer Leistungen kommunizieren, um bestehende Unsicherheiten auf Kundenseite zu minimieren.

Aus den soeben erwähnten Merkmalen ergeben sich weitere Konsequenzen für den Transaktionsverlauf: Multipersonale Entscheidungsgremien (Buying Center) treffen Kaufentscheidungen zumeist im Rahmen formalisierter, langwieriger Beschaffungsprozesse. Die Mitglieder der Buying Center verfügen in der Regel über ein hohes Maß an Professionalität und Fachwissen und treffen ihre Entscheidungen vor dem Hintergrund rationaler Überlegungen (Gilliland und Johnston 1997, S. 15 ff.). Angesichts dieser Besonderheiten spielt der ideelle Nutzen einer Marke hier eine sehr viel geringere Rolle als auf Konsumgütermärkten. Dafür müssen B-to-B-Marken verstärkt eine Herkunftsfunktion erfüllen. Denn aufgrund des individuellen und häufig komplexen Leistungsangebots sowie des Risikos, welches durch eine mangelnde Vergleichbarkeit sowie die zumeist hohen Investitionssummen entsteht, müssen Anbieter auf diesen Märkten kontaktierbar sein, um mögliche Informationsdefizite und Qualitätsunsicherheiten auszuräumen. Die

Marke fungiert hier gewissermaßen als „Visitenkarte" des Unternehmens. Darüber hinaus übernimmt sie eine Garantie- und Vertrauensfunktion, indem Markenanbieter mit ihrem Namen für die Einhaltung der individuell vereinbarten Qualität und Leistung und somit auch für das Gelingen der Geschäftsbeziehung garantieren.

Interessanterweise lässt sich in den vergangenen Jahren beobachten, dass die geschilderten originären B-to-B-Markenfunktionen zunehmend durch emotionale Werte angereichert werden. Dies liegt daran, dass der Industriegüterbereich langsam erkennt, dass sich auch eine stark funktional ausgerichtete Marke so besser abheben und länger im Gedächtnis bleiben kann (Lynch und Chernatony 2004, S. 403 ff.; Baumgarth 2010, S. 666). Trotz der hiermit zu konstatierenden Annäherung geben die Ausführungen zusammenfassend zu erkennen, dass eine eigenständige Skala für Industriegütermarken benötigt wird. Welche Auswirkungen die auf Industriegütermärkten herrschenden Besonderheiten und daraus abgeleiteten Markenfunktionen dabei auf die Entwicklung, Steuerung und Messung von Markenpersönlichkeiten im B-to-B-Bereich haben, wird im nächsten Abschnitt erläutert.

3 Übertragung des Konzeptes der Markenpersönlichkeit auf den B-to-B-Bereich

3.1 Entwicklung der B-to-B-Markenpersönlichkeitsskala

Die Entwicklung einer für das Management von B-to-B-Marken geeigneten Skala orientierte sich an der bereits beschriebenen Vorgehensweise von Aaker, da diese als methodisch exakt anerkannt ist und bereits zahlreichen weiterführenden Studien als Vorbild diente.

(1) Attribut-Identifikation
Da die Eignung von Konstrukten zur Messung von Markenpersönlichkeiten entscheidend von den verwendeten Attributen abhängt, welche die Besonderheiten des jeweiligen Marktes und die speziellen Markenfunktionen widerspiegeln, wurden im Rahmen der Attribut-Identifikation zwei unterschiedliche Quellen herangezogen, auf deren Basis ein – zusätzlich zu den bereits von Aaker identifizierten Merkmalen – spezifisches B-to-B-Persönlichkeitsset generiert werden sollte: zunächst erfolgte eine schriftliche Expertenbefragung unter Marketing- und Marktforschungsspezialisten aus verschiedensten Industriegüterbranchen. Im Rahmen offener Fragestellungen sollten die Experten Angaben über die Markenfunktionen auf Industriegütermärkten machen, wichtige Eigenschaften von Geschäftspartnern nennen sowie ihre eigene plus zwei weitere Industriegütermarken anhand von Persönlichkeitsmerkmalen beschreiben. Diese qualitative Befragung wurde durch die Analyse der Unternehmensleitbilder der größten deutschen Industriegüterunternehmen ergänzt, welche im Deutschen Aktienindex (DAX) gelistet sind. Nach Ausschluss redundanter Items sowie Antonymen und Synonymen ergaben sich aus diesen beiden Quellen insgesamt 72 neue Persönlichkeitsmerkmale.

(2) Attribut-Selektion

In einem zweiten Schritt wurden die verbliebenen 72 Merkmale von 18 Mitarbeitern unterschiedlicher Firmen hinsichtlich ihrer Eignung für die Beschreibung von Industriegütermarken auf einer sechsstufigen Skala bewertet. Durch einen Cut-off bei einem Mittelwert von 4 konnten die 31 am besten geeigneten Merkmale identifiziert werden. Zuzüglich der 42 Attribute der Brand Personality Scale von Aaker ergaben sich insgesamt 73 Eigenschaften, die in der explorativen Hauptuntersuchung verwendet wurden.

(3) Explorative Untersuchung

Als Stimuli dienten vier Marken, welche zum einen unter dem Gesichtspunkt der Markenbekanntheit als auch vor dem Hintergrund der Heterogenität der im industriellen Sektor befindlichen Geschäftstypen ausgewählt wurden. Da nach dem Geschäftstypenansatz von Backhaus vier Geschäftstypen entlang der Dimensionen „Einzeltransaktion versus Kaufverbund" sowie „Individuallösung versus Standardfertigung" unterschieden werden können (Backhaus und Voeth 2014), fiel die Wahl auf *Bosch* (Integrationsgeschäft), *Bayer* (Produktgeschäft), *T-Systems* (Systemgeschäft) sowie *McKinsey* (Projektgeschäft) (vgl. Abb. 2).

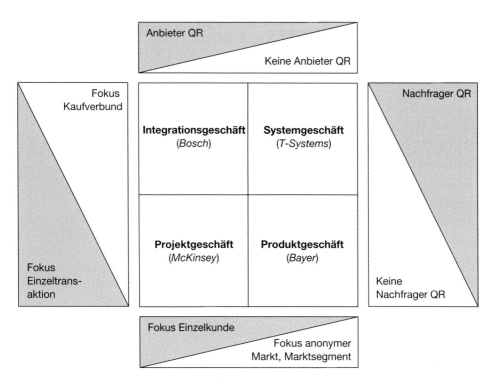

Abb. 2 Stimuli-Auswahl nach dem Geschäftstypenansatz von Backhaus. (Quelle: in Anlehnung an Backhaus und Voeth 2014, S. 217)

Die Bewertung der Marken wurde von insgesamt 138 Mitarbeitern aus verschiedenen B-to-B-Unternehmen auf Basis einer Onlinebefragung vorgenommen. Bedingt durch die Tatsache, dass der Fragebogen von Berufstätigen ausgefüllt werden sollte, war die Bestrebung groß, diesen so effizient wie möglich zu gestalten. Vor diesem Hintergrund wurde in jedem Fragebogen nur eine Markenbewertung gefordert. Auf Basis der Rating-Ergebnisse wurde anschließend mittels einer explorativen Faktorenanalyse eine 3-Faktoren-Lösung extrahiert. Vergleichbar zu Aakers Studie mussten jedoch die ursprünglichen 73 Eigenschaften aufgrund geringer Item-to-Total-Korrelation bzw. geringer Test-Retest-Korrelation auf 39 verbleibende Kriterien gekürzt werden. Hierauf wurden die Faktoren zur besseren Interpretierbarkeit in Facetten unterteilt. Die finale Markenpersönlichkeitsstruktur ist dabei in Abb. 3 veranschaulicht.

Bei der näheren Betrachtung von Abb. 3 fällt auf, dass der erste Faktor überwiegend aus neu definierten Merkmalen besteht und lediglich zwei Merkmale der Aaker-Skala (hart arbeitend, intelligent) enthält. Diese Merkmale beschreiben damit den rationalen, leistungsorientierten Teil einer B-to-B-Markenpersönlichkeit, der im zweiten Abschnitt als elementar für Industriegütermarken definiert wurde. Im Gegensatz dazu stammen die

Leistungsfähigkeit	Erregung & Spannung	Aufrichtigkeit
leistungsorientiert	**aufregend**	**aufrichtig**
hart arbeitend	jung	ehrlich
analytisch	gut aussehend	echt
intelligent	glamourös	bodenständig
denkt mit	cool	familienorientiert
professionell	modisch	freundlich
gebildet	gewagt	ursprünglich
kompetent	abenteuerlich	
ordentlich	phantasievoll	
sorgfältig	**charmant**	
erfahren	heiter	
problemlösend	weiblich	
pflichtbewusst	temperamentvoll	
rational		
innovativ		
international		
führend		
wissenschaftlich		
erfinderisch		

Abb. 3 B-to-B-Markenpersönlichkeitsskala

Eigenschaften des zweiten Faktors aus dem Inventar der Brand Personality Scale. Unverkennbar deckt er den auch für B-to-B-Marken als notwendig erachteten emotionalen, anziehenden Aspekt ab. Auch der dritte Faktor ist durch Eigenschaften aus der Brand Personality Scale bestimmt. Allerdings sind es genau jene Eigenschaften, die für Industriegüter als besonders relevant eingestuft wurden: „Aufrichtigkeit", „Ehrlichkeit" und „Bodenständigkeit" induzieren Vertrauen und sind Risiko-Antonyme.

(4) Konfirmatorische Untersuchung

In einem letzten Schritt wurde die ermittelte Persönlichkeitsskala für B-to-B-Marken einer weiteren Untersuchung unterzogen. 168 Probanden aus erneut verschiedensten Industriegüterunternehmen bewerteten vier neue, als bekannt zu betrachtende Marken, die wiederum je einem Geschäftstyp zugeordnet werden konnten (*BASF*: Produktgeschäft; *Boston Consulting Group*: Projektgeschäft; *IBM*: Systemgeschäft; *Hella*: Integrationsgeschäft). Eine konfirmatorische Faktoranalyse ergab dabei zufriedenstellende globale Gütemaße für das Gesamtsample als auch diverse Subsamples. Da alle Faktoren zusätzlich das Kriterium von Nunally ($> 0{,}7$) erreichten (Nunally 1978), kann die für den industriellen Bereich entwickelte Markenpersönlichkeit als reliabel und stabil betrachtet werden.

3.2 Einsatzmöglichkeiten der B-to-B-Markenpersönlichkeitsskala

Entsprechend der getroffenen Annahmen hinsichtlich unterschiedlicher Funktionsakzentuierungen in verschiedenen Märkten unterscheidet sich die extrahierte B-to-B-Markenpersönlichkeitsskala von Aakers 5-Faktoren-Lösung. Die als relevant definierten Eigenschaften bezüglich Leistungswille, Kompetenz und Innovation finden sich in einem Faktor „Leistungsfähigkeit" wieder. Die zunehmend auch wissenschaftlich bestätigte Emotionalisierung der bisher eher funktional-sachlich geprägten Industriegütermärkte zeigt sich im zweiten Faktor „Erregung & Spannung", während der Faktor „Aufrichtigkeit" die für Industriegüterunternehmen wichtige Vertrauenswürdigkeit reflektiert. Aus diesen Erkenntnissen ergeben sich zahlreiche Einsatzmöglichkeiten für das Markenmanagement von B-to-B-Unternehmen. Diese reichen, wie eingangs bereits dargestellt, von der Entwicklung eines Erfolg versprechenden Markencodes über sämtliche Aktivitäten im Bereich der Markenführung bis hin zur Überprüfung der Effektivität und Effizienz des implementierten Markenmanagements.

Dabei lässt sich im Hinblick auf die Entwicklung eines Erfolg versprechenden, da differenzierenden und einprägsamen, Markencodes aus den bisherigen Ausführungen generell schließen, dass Industriegütermarken als Vertrauensmarken positioniert werden sollten. Entsprechend sind die Faktoren „Leistungsfähigkeit" und „Aufrichtigkeit" bei der Ableitung der Zielpersönlichkeit als besonders relevant einzustufen. Im Gegensatz dazu sollten die Eigenschaften des Faktors „Erregung und Spannung" als eher emotionale Zusatzaufladung verstanden werden.

Angesichts der Heterogenität industrieller Vermarktungsprozesse ist jedoch davon aus-zugehen, dass die Bedeutung einzelner Markenpersönlichkeitsdimensionen in den un-terschiedlichen Geschäftstypen variiert. Ein Vergleich von Vermarktungsaktivitäten im Rahmen einer Einzeltransaktion und in einer Geschäftsbeziehung macht dies deutlich: Bindet sich ein Kunde längerfristig an einen Anbieter, muss er sich dessen Leistungsfä-higkeit und Innovationsfähigkeit sicher sein. Aufrichtigkeit hingegen spielt in der Regel eine geringere Rolle, da bei Kaufverbunden eine gewisse Absicherung durch die Dauer der Zusammenarbeit vermittelt wird. So könnten negative Abweichungen in den nächs-ten Verhandlungsrunden geahndet werden, da die Partner gegenseitig gebunden und somit schwerer substituierbar sind. Umgekehrt hierzu ist die wahrgenommene Aufrichtigkeit im Rahmen von Einzeltransaktionen umso wichtiger, da im Sinne eines spieltheoretischen Ansatzes bei endlicher Transaktionsdauer für beide ein Abweichen von den vereinbarten Leistungen zur individuellen Nutzenmaximierung sinnvoll erscheint.

Wie bereits erwähnt, übernimmt der ermittelte Markencode eine Steuerfunktion für sämtliche Aktivitäten im Bereich der Markenführung. Vor diesem Hintergrund erscheint es wenig vielversprechend, ihn lediglich gemäß der dargestellten Standardrichtlinie aufzu-laden. Eine einprägsame und differenzierende Zielpersönlichkeit kann vielmehr nur dann entstehen, wenn man die einzelnen Dimensionen unternehmensspezifisch und damit in Anlehnung an die jeweils vorherrschende Unternehmenskultur ausgestaltet. Denn hier-durch wird ein authentischer und damit einzigartiger Markenauftritt sichergestellt. Als erfolgreich wird sich der gefundene Markencode dabei insbesondere dann erweisen, wenn das zunächst intern ermittelte Persönlichkeitsprofil mit den Erwartungen und Bedürfnissen der Zielgruppen abgeglichen wird. Dies ermöglicht eine Fokussierung auf die Dimensio-nen sowie eine Auswahl der Facetten und Kriterien, die zum einen für den Markeninhaber typisch sind und zum anderen den Zielgruppen einen Mehrwert bieten. Die operative Um-setzung ist für B-to-B-Unternehmen dabei durch eine Gegenüberstellung von intern als auch extern vorgenommenen Bewertungen auf Basis der neu entwickelten Skala möglich.

Im Hinblick auf die Integration der externen Perspektive erscheint es dabei zusätzlich ratsam, die Multipersonalität des organisationalen Entscheidungsverhaltens zu berück-sichtigen. Konkret bedeutet das, dass die Bestimmung der gewünschten Markenpersön-lichkeit nicht nur durch einzelne Entscheidungsträger aufseiten der relevanten Kunden-gruppen, sondern idealerweise durch sämtliche Mitglieder der jeweiligen Buying Center erfolgen sollte. So ist nämlich – vergleichbar zu der unterschiedlichen Bedeutung der ein-zelnen Dimensionen in den verschiedenen Geschäftstypen – davon auszugehen, dass je nach Fachbereich und Beschaffungsfunktion Unterschiede in der Wahrnehmung der Ideal-marke existieren. Geschäftsführer werden in der Regel eine rationale und strategischen Erfolg versprechende Markenpersönlichkeit eher positiv beurteilen als beispielsweise Mit-arbeiter der Ingenieursabteilung, die sich durch eine stark technische Ausrichtung des Markencodes angesprochen fühlen.

Entscheidend ist die differenzierte Erfassung der kundenseitigen Erwartungen und Be-dürfnisse dabei nicht nur für die Definition eines auch wirklich alle Entscheidungsträger ansprechenden Markencodes, sondern insbesondere auch für die konkrete Ausgestaltung der kommunikationspolitischen Aktivitäten im Rahmen der Markenführung. Denn um die gewünschte Positionierung der Marke in den Köpfen der Entscheidungsträger zu erlangen, muss es gelingen, die unterschiedlichen Bedeutungsgewichtungen der einzelnen Buying-Center-Mitglieder entsprechend ihres jeweiligen Informationsverhaltens in der Mediaplanung zu berücksichtigen (Backhaus und Voeth 2014). Auf das obige Beispiel bezogen, würde das die Betonung allgemeiner Leistungsvorzüge in der Wirtschaftspresse sowie der Hervorhebung technischer Details auf den Fachmessen bedeuten.

Ob der ermittelte Markencode und die darauf aufbauenden Aktivitäten im Bereich der Markenführung zu einer erfolgswirksamen Differenzierung des Unternehmens bzw. seiner Produkte und Dienstleistungen geführt haben, gilt es auf der letzten Stufe des Markenmanagements, dem Markencontrolling, zu überprüfen. Mithilfe der gefundenen B-to-B-Persönlichkeitsskala können hier die Markenwahrnehmungen durch Kunden gemessen und im Sinne eines Soll-Ist-Vergleichs Handlungsimplikationen für die zukünftige Ausgestaltung der Markenführung abgeleitet werden. Durch die Beurteilung einzelner Buying-Center-Mitglieder kann dabei nicht nur der Erfolg des Markenmanagements in seiner Gesamtheit, sondern auch die Wirksamkeit einzelner Kommunikationsmedien im Einzelnen überprüft werden.

4   Fazit

Markenpersönlichkeitsskalen stellen ein interessantes Instrument für die Definition von Marken im Rahmen des Markenaufbaus sowie für die anschließende Markenführung dar. Allerdings muss das Inventar solcher Markenpersönlichkeitsskalen an die jeweiligen Markt- und Branchenbesonderheiten angepasst werden, sodass Markenpersönlichkeitsskalen für spezifische Vermarktungskonstellationen erforderlich sind. Im vorliegenden Beitrag wurde gezeigt, dass sich die für andere als B-to-B-Märkte entwickelten Markenpersönlichkeitsskalen für B-to-B-Marken nicht verwenden lassen und dass daher eine spezifische B-to-B-Markenpersönlichkeitsskala zu entwickeln ist. Anschließend wurde eine speziell für den B-to-B-Sektor entwickelte Markenpersönlichkeitsskala vorgestellt und diskutiert. Mithilfe der gefundenen Skala sind Unternehmen in der Lage, eine starke B-to-B-Marke überhaupt erst aufzubauen oder aber bestehende Marken neu auszurichten und damit näher an den Erwartungen und Bedürfnissen ihrer Zielgruppen zu positionieren.

Für die Wissenschaft hingegen induziert die gefundene Lösung weiteren Forschungsbedarf: So gilt es – vergleichbar zu den bereits existierenden Skalen – ein tiefergehendes Verständnis für die Korrelation zwischen Markenpersönlichkeit und dem Entscheidungsverhalten, der Zahlungsbereitschaft sowie der Kundenloyalität zu schaffen. In diesem Zusammenhang sollte auch die Wirkung der Markenpersönlichkeit auf die Entstehung von Buying-Center-Emotionen und damit verbundener Alternativenauswahl untersucht werden. Die zunehmende Internationalisierung und weltweite Tätigkeit der meisten Industriegüterhersteller wirft darüber hinaus die Frage der Reproduzierbarkeit der gefundenen Lösung im interkulturellen Kontext auf. Die in Abschn. 2 skizzierten länderspezifischen

Weiterentwicklungen von Aakers Markenpersönlichkeitsskala legen die Vermutung nahe, dass möglicherweise auch Anpassungen im B-to-B-Kontext notwendig sein könnten.

Literatur

Aaker, J. L. (1997). Dimensions of brand personality. *Journal of Marketing Research, 34*(8), 347–356.

Aaker, J. L. (2001). Dimensionen der Markenpersönlichkeiten. In F.-R. Esch (Hrsg.), *Moderne Markenführung* (3. Aufl., S. 93–102). Wiesbaden: Gabler.

Aaker, J. L., Benet-Martínez, V., & Garolera, J. (2001). Consumption symbols as carriers of culture. *Journal of Personality and Social Psychology, 81*(3), 492–508.

Allport, G. W., & Odbert, H. S. (1936). Trait names. *Psychological Monographs, 47*(1).

Alt, M., & Griggs, S. (1988). Can a brand be cheeky? *Marketing Intelligence and Planning, 6*(4), 9–16.

Backhaus, K., & Voeth, M. (2014). *Industriegütermarketing* (10. Aufl.). München: Vahlen.

Batra, R., Lehmann, D. R., & Singh, D. (1993). The brand personality component of brand goodwill. In D. A. Aaker & A. L. Biel (Hrsg.), *Brand equity and advertising* (S. 83–96). London: Psychology Press.

Baumgarth, C. (2010). Living the brand: brand orientation in the business-to-business sector. *European Journal of Marketing, 44*(5), 653–671.

Cattell, R. B. (1943). The description of personality. *Journal of Abnormal and Social Psychology, 38*(4), 476–506.

Davies, G., Chun, R., da Silva, R. V., & Roper, S. (2004). A corporate character scale to assess employee and customer views of organization reputation. *Corporate Reputation Review, 7*(2), 125–146.

De Raad, B. (2000). *The big five personality factors*. Seattle: Hogrefe & Huber.

Fennis, B. M., Pruyn, A. T. H., & Maasland, M. (2005). Revisiting the malleable self. *Advances in Consumer Research, 32*, 371–377.

Fiske, D. W. (1949). Consistency of the factorial structures of personality ratings from different sources. *Journal of Abnormal and Social Psychology, 44*(3), 329–344.

Geuens, M., Weijters, B., & Wulf, K. (2009). A new measure of brand personality. *International Journal of Research in Marketing, 26*(2), 97–107.

Gilliland, D. I., & Johnston, W. J. (1997). Toward a model of business-to-business marketing communications effects. *Industrial Marketing Management, 26*(1), 15–29.

Gilmore, G. W. (1919). *Animism*. Boston: Marhall Jones.

Grohmann, B. (2009). Gender dimensions of brand personality. *Journal of Marketing Research, 46*(1), 105–119.

Hieronimus, F. (2003). *Persönlichkeitsorientiertes Markenmanagement*. Frankfurt a. M.: Peter Lang.

Hosany, S., Ekinci, Y., & Uysal, M. (2006). Destination image and destination personality. *Journal of Business Research, 59*(5), 638–642.

Kleinaltenkamp, M. (2000). *Strategisches Business-to-Business-Marketing*. Berlin: Springer.

Koebel, M.-N., & Ladwein, R. (1999). L'échelle de personnalité de la marque de Jennifer L. Aaker. *Décisions Marketing, 16*, 81–88.

Levy, S. J. (1959). Symbols for sale. *Harvard Business Review, 37*(4), 117–124.

Lynch, J., & de Chernatony, L. (2004). The power of emotion. *Journal of Brand Management, 11*(5), 403–419.

Mäder, R. (2005). *Messung und Steuerung der Markenpersönlichkeit*. Wiesbaden: DUV.

Maehle, N., Otnes, C., & Supphellen, N. (2011). Consumers' perceptions of the dimensions of brand personality. *Journal of Consumer Behaviour*, *10*(5), 290–303.

Malhotra, N. K. (1981). A scale to measure self-concepts, person concepts and product concepts. *Journal of Marketing Research*, *18*(4), 456–464.

McCrae, R. R., & Costa, P. T. (1989). The structure of interpersonal traits. *Journal of Personality and Social Psychology*, *56*(4), 586–595.

Norman, W. T. (1963). Toward an adequate taxonomy of personality attributes. *Journal of Abnormal and Social Psychology*, *66*(6), 574–583.

Nunally, J. C. (1978). *Psychometric theory*. New York: McGraw-Hill.

Piedmont, R. L., McCrae, R. R., & Costa, P. T. (1991). Adjective check list scales and the five-factor model. *Journal of Personality and Social Psychology*, *60*(4), 630–637.

Plummer, J. T. (1984). How personality makes a difference. *Journal of Advertising Research*, *24*(6), 27–31.

Sitte, G. (2001). *Technology branding*. Wiesbaden: DUV.

Smit, E. G., van den Berge, E., & Franzen, G. (2002). Brands are just like people! In F. Hansen & L. B. Christensen (Hrsg.), *Branding and advertising* (S. 22–43). Copenhagen: Copenhagen Business School Press.

Tupes, E. C., & Christal, R. E. (1958). *Stability of personality trait rating factors obtained under diverse conditions*. USAF WADS technical report no. 58–61. Lackland Air Force Base: U.S. Air Force.

Venable, B. T., Rose, G. M., Bush, V. D., & Gilbert, F. G. (2005). The role of brand personality in charitable giving. *Journal of the Academy of the Marketing Science*, *33*(3), 295–312.

Weis, M., & Huber, F. (2000). *Der Wert der Markenpersönlichkeit*. Wiesbaden: DUV.

Wells, W. D., Andriuli, F. J., Goi, F. J., & Seader, S. (1957). An adjective check list for the study of product personality. *Journal of Applied Psychology*, *5*(2), 317–319.

Leitlinien der B-to-B-Markenführung

Aufbau starker B-to-B-Marken – Ein Leitfaden

Kevin Lane Keller

Zusammenfassung

B-to-B-Markenführung weist sowohl Gemeinsamkeiten als auch Unterschiede zur klassischen B-to-C-Markenführung auf. Obwohl die Grundprinzipien der Markenführung auch für den Aufbau und die Pflege von B-to-B-Marken gelten, erfordern die abweichenden Kundensegmente, Beschaffungsprozesse und Einflussfaktoren der Kaufentscheidung eine deutlich unterschiedliche Behandlung im Rahmen der Markenstrategie und Markenumsetzung. Zum Aufbau einer starken B-to-B-Marke formuliert der Beitrag sechs Leitlinien, die den Einsatz der Internen Markenführung, die Verwendung einer Dachmarke in Verbindung mit einer Markenhierarchie, die klare kundenorientierte Werteargumentation, den Einsatz nicht-produktbezogener und emotionaler Markenwerte sowie die Berücksichtigung von Segmenten empfehlen.

Schlüsselbegriffe

Dachmarke · Emotionale Markenwerte · Framing · Interne Markenführung · Markenhierarchie · Marktsegmentierung · Vertrieb

Übersetzung und Adaption durch den Herausgeber. Eine erweiterte Version ist unter dem Titel „Building a Strong Business-to-Business Brand" in dem Buch „Advances in Business Marketing & Purchasing", herausgegeben von Mark Glynn und Arch Woodside, erschienen. Der Herausgeber dankt den Herausgebern und Kevin Lane Keller für die freundliche Erlaubnis, den Beitrag für das vorliegende Buch adaptieren zu dürfen.

K. L. Keller (✉)
Tuck School of Business at Dartmouth College
Hanover, USA
E-Mail: kevin.keller@dartmouth.edu

© Springer Fachmedien Wiesbaden GmbH, ein Teil von Springer Nature 2018   871
C. Baumgarth (Hrsg.), *B-to-B-Markenführung*, https://doi.org/10.1007/978-3-658-05097-9_44

Inhaltsverzeichnis

1   Einleitung

Der B-to-B-Markt macht einen Großteil der globalen Volkswirtschaft aus. Einige der renommiertesten Marken wie *ABB*, *Caterpillar*, *DuPont*, *FedEx*, *Hewlett-Packard*, *IBM*, *Intel*, *Microsoft*, *Oracle*, *SAP* und *Siemens* stammen aus dem B-to-B-Bereich.

Bei genauer Betrachtung wird deutlich, warum Marken im B-to-B-Bereich eine signifikante Rolle spielen (Kotler und Pfoertsch 2006). Die grundsätzlichen Funktionen einer Marke sind die Vereinfachung von Entscheidungen, der Aufbau von Erwartungen und die Risikoreduktion (Keller 2013, S. 34 f.). Die hohe Komplexität, das hohe Investment und der hohe Grad an Unsicherheit von Kaufentscheidungen im B-to-B-Bereich begründen das hohe Potential von B-to-B-Marken. Eine starke Marke im B-to-B-Bereich kann Sicherheit und Vereinfachung für das Unternehmen sowie für den (Einkaufs-)Manager bedeuten.

Im einfachsten Fall basiert eine B-to-B-Marke auf einem positiven Image und einer hohen Reputation des gesamten Unternehmens. Der Aufbau eines solchen Goodwills führt zu besseren Verkaufsmöglichkeiten und zu profitableren Kundenbeziehungen. Eine starke B-to-B-Marke kann einen echten Wettbewerbsvorteil darstellen.

Eine zentrale Herausforderung beim Aufbau einer starken Marke ist die Vermeidung bzw. der Abbau des Commodity-Status, d. h. die Reduzierung des Risikos, dass die auf dem Markt angebotenen Leistungen von den Kunden als austauschbar wahrgenommen werden, und die Etablierung relevanter Unterschiede des Leistungs- oder Serviceangebots. Die Komplexität einer B-to-B-Markenführung resultiert darüber hinaus auch daraus, dass sowohl auf Unternehmens- als auch auf Kundenseite eine Vielzahl von Personen beteiligt ist und die einzelne Marke in einer Vielzahl an Märkten und Marktsegmenten agiert. Diese Herausforderungen machen es notwendig, Markenführung von B-to-B-Marken an die Besonderheiten des B-to-B-Sektors anzupassen (allg. zu Unterschieden vgl. Bendixen et al. 2004; Mudambi et al. 1997; Webster und Keller 2004). Im Folgenden werden die wichtigsten Besonderheiten und deren Implikationen für die B-to-B-Markenführung im Sinne eines Leitfadens behandelt.

2 Leitlinien der B-to-B-Markenführung

Unabhängig vom konkreten B-to-B-Geschäft lassen sich sechs Leitlinien für den Aufbau und die Führung von B-to-B-Marken formulieren. Die in der Übersicht zusammengefassten Leitlinien werden im Folgenden ausführlich behandelt.

Leitlinien für die B-to-B-Markenführung

Leitlinie 1: „*Stelle sicher, dass die ganze Organisation die Marke verstanden hat und die Marke und das Markenmanagement unterstützt!*"

Leitlinie 2: „*Verwende falls möglich eine Dachmarkenstrategie und implementiere eine stringente Markenhierarchie!*"

Leitlinie 3: „*Gestalte den wahrgenommenen Wert für den Kunden!*"

Leitlinie 4: „*Verbinde mit der Marke auch nicht-leistungsbezogene Markenwerte!*"

Leitlinie 5: „*Identifiziere und etabliere emotionale Markenwerte für die Marke!*"

Leitlinie 6: „*Segmentiere sorgfältig die Kunden und entwickle die Marke und das Marketingprogramm zielgruppenorientiert!*"

2.1 Interne Verankerung der Marke

Leitlinie 1: „*Stelle sicher, dass die ganze Organisation die Marke verstanden hat und die Marke und das Markenmanagement unterstützt!*"

Die vollständige **Akzeptanz** und ein umfassendes **Verständnis** des Potentials einer Marke **innerhalb** der gesamten **Organisation** ist der erste und kritische Schritt beim Aufbau einer B-to-B-Marke. Viele B-to-B-Unternehmen reagieren auf das Thema Marke mit Skepsis und Unverständnis, die dazu führen, dass sie nicht vollständig vom Wert einer Marke überzeugt sind. Sie setzen fälschlicherweise Markenführung mit Namensgebung oder Corporate Design-Richtlinien gleich und sehen Marken als Thema des Konsumgütersektors.

Zum Abbau dieser Widerstände und zur Erreichung einer einheitlichen Ausrichtung aller Mitarbeiter eines Unternehmens an den Markenwerten ist eine Interne Markenführung notwendig. Ihr Ziel sollte sein, dass die Mitarbeiter die Markenvision verstehen und wissen, wie sie durch ihr Handeln das Erreichen dieser Vision unterstützen können. Interne Markenführung umfasst eine Vielzahl von Strategien und Instrumenten wie z. B. Weiterbildung, interne Kommunikation, Kontrolle und Leistungsbeurteilungen (Davis und Dunn 2002; Gad 2000; Ind 2007; Pringle und Gordon 2001).

Der Markenexperte Scott Davis formuliert, dass Mitarbeiter leidenschaftliche Markenanwälte werden können, wenn sie verstanden haben, was eine Marke ist, wie eine Marke funktioniert, wofür die eigene Marke steht und was sie persönlich dazu beitragen können, damit das Markenversprechen eingehalten wird (Davis 2005). Konkreter geht er davon aus, dass die interne Verankerung der Marke bei den Mitarbeitern die folgenden drei Schritte umfasst:

- Informieren: Wie können wir sicherstellen, dass unsere Mitarbeiter die notwendigen Informationen wahrnehmen?
- Überzeugen: Wie können wir unsere Mitarbeiter von unserer Marke kognitiv überzeugen?
- Leben: Wie können wir erreichen, dass sich unsere Mitarbeiter für die Marke begeistern?

An dieser Stelle sollen insbesondere zwei Aspekte der internen Markenführung genauer beleuchtet werden:

- Horizontale und vertikale Abstimmung
- Marken-Mantra

(1) Horizontale und vertikale Abstimmung

Um sicherzustellen, dass das gesamte Unternehmen den Markenaufbau und die Markenpflege leidenschaftlich unterstützt, ist es sinnvoll, das Unternehmen gedanklich in eine vertikale und eine horizontale Dimension aufzuteilen. Die vertikale Dimension umfasst die verschiedenen Hierarchieebenen und die horizontale Dimension deckt alle Funktionsbereiche ab. Beide Dimensionen sollten im Rahmen der Internen Markenführung berücksichtigt werden.

Das **Topmanagement** in B-to-B-Unternehmen muss von der Relevanz der Markenführung überzeugt sein. In einem Top-down-Ansatz kommuniziert es die Bedeutung einer B-to-B-Marke, die genaue Soll-Positionierung und die Einzigartigkeit der eigenen Marke sowie die Erwartungen an die Mitarbeiter zur Erfüllung des Markenversprechens. Das Topmanagement muss ausreichende Ressourcen zur Verfügung stellen sowie dafür sorgen, dass geeignete Instrumente und Vorgehensweisen implementiert werden. Die Mitglieder des Topmanagements eines B-to-B-Unternehmens sind die zentralen Markenbotschafter, die die Wichtigkeit und die Werte der Marke nach innen und außen kommunizieren. Ein CEO, Geschäftsführer oder andere wichtige Topmanager haben einen entscheidenden Einfluss auf die öffentliche Wahrnehmung der Marke. Diese Manager übermitteln implizit und explizit das Markenversprechen und erzeugen Kundenerwartungen.

In der horizontalen Dimension ist es wichtig, dass auch die Abteilungen jenseits des Marketing die Marke verstehen, deren Wert schätzen und sie aktiv unterstützen. Eine besonders kritische Abteilung in B-to-B-Unternehmen bildet regelmäßig der **Vertrieb** als der häufig zentrale Treiber von Umsatz und Gewinn. Der Vertrieb muss auf die Marke eingeschworen werden, um das Markenversprechen wirksam einzusetzen und zu stärken. Bei sachgemäßer Umsetzung kann der Vertrieb sicherstellen, dass die Kunden die

Nutzenvorteile der Marke wahrnehmen und bereit sind, für die Markenleistung ein entsprechendes Preisäquivalent zu zahlen. Der Vertrieb ist die persönliche Verbindung des Unternehmens zu seinen Kunden. Fred Hassan, CEO des weltweit agierenden Pharmaunternehmens *Schering-Plough*, charakterisiert Vertriebsmitarbeiter folgendermaßen:

> … active representatives of the company [who] can influence people's perception of it through their ability to interact, to customize, and to build relationships with customers.

(2) Marken-Mantra

Ein zentraler Baustein der Internen Markenführung ist die Etablierung einer internen Markenbotschaft, des Marken-Mantras, das als Parole für die Mitarbeiter dient (Keller 1999). Diese Markenbotschaft ist die Artikulation des „Herzens und der Seele" einer Marke. Konkret ist ein Marken-Mantra eine **kurze**, drei bis fünf Wörter umfassende Aussage, die den **unveränderlichen Kern** der Markenpositionierung zusammenfasst. Aufgabe dieses Marken-Mantras ist, dass alle Mitarbeiter und externen Marketingpartner den Markenkern verstehen und ihre Handlungen an diesem ausrichten können.

Ein Marken-Mantra ist ein mächtiges Instrument, um Orientierung für Entscheidungen zu liefern, welche Produkte und Serviceleistungen unter der Marke neu angeboten, wo und wie die Produkte verkauft und welche Kommunikationsinhalte gewählt werden sollen.

Die Funktion eines Marken-Mantras geht weit über diese taktischen Marketingentscheidungen hinaus. Ein Marken-Mantra kann auch Orientierung für Abteilungen und Entscheidungsbereiche liefern, die auf den ersten Blick wenig mit Markenführung und Marketing zu tun haben, wie z. B. das Erscheinungsbild der Empfangshalle oder die Art und Weise, wie ein Telefongespräch mit Kunden geführt wird. Im Endeffekt fungiert das Marken-Mantra als mentaler Filter, der alle markenschädigenden Aktionen des Unternehmens, im Marketing und darüber hinaus, identifiziert und verhindert.

Ein Marken-Mantra erfüllt einige wichtige Funktionen. Jeder Kontakt des Kunden mit dem Unternehmen bzw. der Marke führt zu einer Bestätigung oder einer Veränderung seines Markenwissens und damit auch zu einem Einfluss auf die Markenstärke. Da eine Vielzahl von Mitarbeitern direkte oder indirekte Kundenkontakte haben, die das Markenwissen des Kunden beeinflussen, ist es notwendig, dass die Kommunikation und das Verhalten der Mitarbeiter konsistent die Markenaussagen unterstützen und stärken. Viele Mitarbeiter und auch externe Marketingpartner, die die Marke potenziell stärken oder schwächen, sind wenig in die Formulierung strategischer Entscheidungen integriert und kennen ihre Rolle als Beeinflusser der Markenstärke nur bedingt. Die Existenz und Kommunikation eines Marken-Mantras signalisiert allen Mitarbeitern und externen Marketingpartnern die Wichtigkeit der Marke, das Verständnis der Markenpositionierung sowie die zentrale Rolle jedes Einzelnen für die Markenstärke. Weiterhin dient das Marken-Mantra als Kürzel für die Aussagen der Marke, die bei allen Entscheidungen relevant sein sollten. Ein gutes Marken-Mantra ist **einfach**, **anschaulich** und **inspirierend**.

2.2 Markenstrategie

Leitlinie 2: „Verwende falls möglich eine Dachmarkenstrategie und implementiere eine stringente Markenhierarchie!"

Bedingt durch die für B-to-B-Branchen hohe und komplexe Anzahl von Produkten und Services ist die Entwicklung einer logischen und gut organisierten Markenarchitektur notwendig. Eine Markenarchitektur spiegelt die Anzahl und Art gemeinsamer und unterschiedlicher Brandingelemente der verschiedenen von einem Unternehmen angebotenen Leistungen wider. Die Markenarchitektur definiert sowohl die Grenzen als auch die Komplexität der Markenführung. Typische Fragen sind dabei: Welche Produkte oder Services sollen den gleichen Markennamen tragen? Wie viele Varianten eines Markennamens sollen verwendet werden?

Aufgrund der Breite und Komplexität der Leistungen eignet sich für B-to-B-Unternehmen i. d. R. eine **Dachmarkenstrategie** (synonym: Unternehmensmarke, Corporate Brand). Dies belegen viele Beispiele erfolgreicher B-to-B-Marken wie *GE*, *Hewlett-Packard*, *IBM*, *ABB*, *BASF* und *John Deere*. Eine zunehmende Zahl von Unternehmen erkennt den Wert einer starken Dachmarke für Geschäftsbeziehungen mit anderen Unternehmen. Beispielsweise war *Emerson Electric*, ein global agierender Anbieter u. a. von Kompressoren, elektrischen Werkzeugen, Industrieautomatisation und Klimaanlagen, ein Konglomerat von 60 unabhängigen und häufig auch anonymen Unternehmen(smarken). Der neue CMO vereinheitlichte die vorher unabhängigen Marken unter einer neuen globalen Markenarchitektur, die *Emerson Electric* eine globale Präsenz ermöglichte bei gleichzeitig lokal orientiertem Verkauf. Rekordumsätze und steigende Aktienkurse waren die Folge (Krauss 2006).

(1) Glaubwürdigkeit des Unternehmens
Für eine Dachmarke im B-to-B-Bereich lässt sich eine Vielzahl an Imagedimensionen identifizieren (vgl. Tab. 1).

Besonders im B-to-B-Bereich ist darüber hinaus eine hohe Glaubwürdigkeit der Dachmarke notwendig. Diese stellt für den Käufer häufig den zentralen Aspekt zur Reduktion

Tab. 1 Exemplarische Imageoptionen für eine Dachmarke im B-to-B-Umfeld

Dimensionen	Einzelne Imagemerkmale
Gemeinsame Produkteigenschaften, -nutzen oder -einstellungen	– Qualität – Innovationsstärke
Menschen und Beziehungen	– Kundenorientierung
Werte und Überzeugungen	– Umweltschutz – Soziale Verantwortung
Glaubwürdigkeit des Unternehmens	– Expertise – Vertrauenswürdigkeit – Beliebtheit

des wahrgenommenen Risikos dar. Für viele Jahre war ein Schlüsselvorteil von *IBM*, dass die Märkte mit dieser Marke Folgendes verknüpft haben:

You'll never get fired for buying *IBM*.

Wenn dieses Vertrauenssignal schwindet, verliert die Marke an Stärke und rutscht in einen Verdrängungswettbewerb.

Die **Glaubwürdigkeit** des Unternehmens resultiert aus dem Grad, zu dem der Kunde davon überzeugt ist, dass das Unternehmen Produkte und Services entwickeln und liefern kann, die seine Wünsche und Bedürfnisse erfüllen. Die Glaubwürdigkeit des Unternehmens hängt dabei von der **Reputation** ab, die es sich in der Vergangenheit auf dem Markt erarbeitet hat. Konkret wird die Glaubwürdigkeit von drei Faktoren beeinflusst:

- Expertise: Ausmaß, in dem das Unternehmen in der Lage ist, kompetent seine Produkte und Services herzustellen und zu verkaufen.
- Vertrauenswürdigkeit: Ausmaß, in dem das Unternehmen motiviert ist, ehrlich, verlässlich und einfühlsam auf die Kundenwünsche einzugehen.
- Beliebtheit: Ausmaß, in dem das Unternehmen als sympathisch, attraktiv, dynamisch etc. angesehen wird.

Anders formuliert, zeichnet sich ein glaubwürdiges Unternehmen durch eine hohe Produkt- und Servicequalität, die Suche nach der für den Kunden besten Lösung und eine angenehme Zusammenarbeit aus. Weitere Merkmale wie Erfolg und Leadership können mit diesen Glaubwürdigkeitsdimensionen verbunden sein. Vertrauenswürdigkeit hängt von mehreren Faktoren der persönlichen und organisationalen Interaktion wie z. B. wahrgenommener Kompetenz, Integrität, Aufrichtigkeit und Wohlwollen ab. Positive Einstellungen gegenüber dem Unternehmen als Ganzem und Vertrauen entwickeln sich mit zunehmender positiver Erfahrung.

Die Glaubwürdigkeit eines Unternehmens ist besonders im B-to-B-Bereich kritisch. Wahrgenommene Markenglaubwürdigkeit steigert die Wahrscheinlichkeit, dass der Kunde das Unternehmen im Auswahlprozess berücksichtigt und letztendlich auch wählt (Erdem und Swait 2004; Goldberg und Hartwick 1990). Eine stabile Reputation beeinflusst zusätzlich, dass der Kunde dem Lieferanten als Geschäftspartner im Laufe der Kundenbeziehung vertraut.

Eine hohe Glaubwürdigkeit und eine stabile Reputation haben aber auch über den Absatzmarkt hinausgehende positive Effekte. Sie führen zu einer positiveren Behandlung durch externe Institutionen wie Staat und Gerichte sowie zu einer höheren Attraktivität auf dem Arbeitsmarkt. Auch wirkt eine hohe Glaubwürdigkeit positiv auf die Motivation und Loyalität der eigenen Mitarbeiter.

Eine starke Reputation hilft dem Unternehmen auch, Krisen und öffentliche Kritik besser zu überstehen, die potentiell einen negativen Einfluss auf den Absatz, Kritik der Gewerkschaften und Betriebsräte heraufbeschwören und Expansionspläne blockieren. Dies formuliert der Harvard-Professor Steve Greyser wie folgt: „Corporate reputation [. . .] can serve as a capital account of favorable attitudes to help buffer corporate trouble".

(2) Markenhierarchie

Neben der Dachmarke nutzen B-to-B-Unternehmen zur Vervollständigung der Markenhierarchie Einzelmarken und Beschreibungen zur klaren und unterscheidbaren Markierung von Produkten und Services. Eine besonders effektive Markenstrategie für B-to-B-Unternehmen ist der Aufbau von **Submarken**, die mit der starken Dachmarke verknüpft werden. Bei vielen Unternehmen besteht die Notwendigkeit, für die eindeutig abgrenzbaren Leistungskategorien auch klar abgegrenzte Subbrands zu entwickeln. Positive Beispiele dafür sind u. a. *Medipure* von *Praxair* (Medizinische Gase), *Lexan* von *Sabic* (ehemals *GE*), *Teflon* von *DuPont* oder *Centrino* von *Intel*. Allerdings sollten B-to-B-Unternehmen Submarken nur selektiv einsetzen.

2.3   Framing und Differenzierung

Leitlinie 3: „Gestalte den wahrgenommenen Wert für den Kunden!"

Der größte Feind im B-to-B-Marketing ist die Commoditisierung (Low und Blois 2002). Diese schmälert die Gewinne und schwächt die Kundenloyalität. Commoditisierung kann nur überwunden werden, wenn die Zielpersonen davon überzeugt sind, dass der Anbieter einen **relevanten Unterschied** im Vergleich zum Wettbewerb aufweist und dass dieser Unterschied den höheren Preis rechtfertigt. Die Identifizierung und Kommunikation dieses relevanten Unterschieds stellt einen zentralen Baustein des B-to-B-Marketing dar.

Differenzierung kann in vielfacher Weise erfolgen, wie die folgende Diskussion der zentralen Ansatzpunkte verdeutlicht. Bedingt durch den hohen Wettbewerbsdruck auf B-to-B-Märkten muss der Marketingmanager immer wieder sicherstellen, dass der Kunde wahrnimmt, in welcher Weise sich das eigene Unternehmen von den Konkurrenzunternehmen unterscheidet. Zentral dafür ist das Framing, welches den Kunden einen Referenzpunkt liefert, anhand dessen sie erkennen, dass das Unternehmen das Bestmögliche tut. Im einfachsten Fall stellt ein solcher Frame sicher, dass der Kunde alle Nutzen- und Kostenvorteile, die eine Marke liefert, erkennt. Ein Framing erfordert zunächst ein **tiefes Verständnis** für das Denken und Entscheiden des Kunden. Anschließend lässt sich festlegen, nach welchem Muster der Kunde denken sollte.

Framing ist oft notwendig, wenn der Einkäufer unter Druck steht, die Einkaufspreise zu reduzieren – eine nicht seltene Situation im B-to-B-Umfeld. Marketingmanager von B-to-B-Unternehmen können auf solche Forderungen in vielfältiger Weise reagieren: Sie können aufzeigen, dass die „Total Cost of Ownership", d. h. die Gesamtkosten während der Lebensdauer des Produktes, geringer sind als bei Konkurrenten. Sie können aber auch die Vorteile der Produkte oder Services betonen, insbesondere dann, wenn diese über den Wettbewerbsleistungen liegen. Beispielsweise hat eine empirische Studie belegt, dass Serviceunterstützung, persönliche Interaktion, Lieferanten-Know-how und die Fähigkeit, die Time-to-market des Kunden zu verkürzen, mögliche Differenzierungen sind, um eine Schlüssellieferanten-Position aufzubauen (Ulaga und Eggert 2006).

Marketingkommunikation spielt beim Framing eine herausragende Rolle. Aufgrund der gut definierten Zielmärkte und der hohen Produktkomplexität sind im Vergleich zum Konsumgüterbereich dabei vor allem Ansätze der persönlichen Kommunikation bedeutsam. Daher nimmt der Vertrieb einen zentralen Stellenwert ein und muss dementsprechend ausgebildet sein, um den Kaufprozess in die richtige Richtung zu „framen".

Unabhängig von den eingesetzten Mitteln muss der Marketingmanager darauf achten, dass die Differenzierung des Produktes oder der Services stark genug ausgeprägt ist, um ein wie auch immer geartetes Preispremium beim Kunden zu erzielen. *Oricia*, früher *ICI Australia*, agiert in dem ruinösen Markt für Explosionsstoffe. Kunden von *Oricia* sind Steinbrüche, die den Explosionsstoff dazu benutzen, Steinblöcke in bestimmter Größe aus den Felsen zu sprengen. *Oricia* versucht laufend, die Kosten einer Sprengung zu reduzieren. Das Unternehmen erkannte, dass ein Wert durch die Steigerung der Effizienz der einzelnen Sprengung geschaffen werden kann. Um dies zu realisieren, hat das Unternehmen über 20 Parameter identifiziert, die den Erfolg einer Sprengung beeinflussen. Für diese Parameter und den Erfolg der jeweiligen Sprengung wurden dann Daten der Kunden gesammelt. Die Analyse dieser gesammelten Daten erlaubte es den Ingenieuren von *Oricia*, die Gründe für unterschiedliche Sprengresultate zu verstehen und zu prognostizieren. Aufbauend auf diesen Erkenntnissen bietet *Oricia* nun den Kunden nicht mehr nur Sprengstoff an, sondern einen Vertrag über „broken rock", also die Menge abgesprengten Gesteins. Der Erfolg dieser Strategie „Lösungsanbieter", d. h. Verkauf der gesamten Sprengung anstatt von einfachem Sprengstoff, festigte den Ruf von *Oricia* als führendem Lieferanten von Sprengstoff (Dawar und Vandenbosch 2004).

2.4 Verknüpfung mit nicht-produktbezogenen Assoziationen

Leitlinie 4: „Verbinde mit der Marke auch nicht-leistungsbezogene Markenwerte!"

Ein markenunterstützendes Marketing im B-to-B-Bereich unterscheidet sich bedingt durch den organisationalen Beschaffungsprozess vom Marketing für Konsumgüter. Im B-to-B-Bereich spielt i. d. R. die Performance der Leistung eine größere Rolle als die symbolischen Eigenschaften. Dies führt dazu, dass viele B-to-B-Marken die Funktionalität und das Kosten-Nutzen-Verhältnis betonen.

Unabhängig davon können aber nicht-produktbezogene, d. h. **symbolische Assoziationen**, hilfreich sein. Im B-to-B-Bereich können sich diese nicht-produktbezogenen Assoziationen auf die Größe oder den Typ des Unternehmens beziehen. Beispielsweise werden *Microsoft* oder *Oracle* als aggressiv und *3M* oder *Apple* stärker als innovativ wahrgenommen. Symbolische Eigenschaften können auch aus dem Verhältnis des Unternehmens mit seinen Kunden resultieren. Beispielsweise könnten Kunden davon überzeugt sein, dass ein Unternehmen mit einer hohen Kundenanzahl etabliert und Marktführer ist.

In B-to-B-Märkten ist die Verknüpfung mit führenden und hochangesehenen Kundenunternehmen (Referenzkommunikation) ein häufig verwendetes Instrument zur Kommunikation von Glaubwürdigkeit. Solche Referenzen dienen als Signal für eine hohe Qualität. Eine Herausforderung der Referenzkommunikation ist, dass der Referenzkunde nicht von dem eigentlich beworbenen Unternehmen und deren Marke ablenkt.

Die nicht-produktbezogenen Assoziationen können also aus immateriellen Merkmalen der Produkte und Leistungen, aber auch aus anderen Quellen resultieren. Mit einem Umsatz von mehr als 1,1 Mrd. US-$ und einem sehr großen „Fanclub" von IT-Kunden schien *SAS*, ein Anbieter von Business-Intelligence-Software, 1999 in einer beneidenswerten Situation. Jedoch besaß die Marke mit einem Image, welches ein Branchenkenner als „Streber-Marke" charakterisierte, ein Imagedefizit. Um weiter zu wachsen, musste *SAS* versuchen, nicht wie bislang nur die IT-Manager mit einem Doktorgrad in Mathematik oder Statistik zu erreichen, sondern das Topmanagement der Großunternehmen, das bislang weder eine Vorstellung über die *SAS*-Software hatte noch Business-Ingelligence als strategisches Thema betrachtete. In Zusammenarbeit mit einer Werbeagentur – der ersten Zusammenarbeit mit einer externen Werbeagentur überhaupt in der Geschichte von *SAS* – wurden ein neues Logo, ein neuer Slogan („The Power to Know") und eine Serie von Fernsehspots und Printanzeigen, die in Businesstiteln wie *Business Week*, *Forbes* und *Wall Street Journal* geschaltet wurden, entwickelt. Ein TV-Spot verdeutlicht die Umpositionierung von *SAS*:

The problem is not harvesting the new crop of e-business information. It's making sense of it. With e-intelligence from *SAS*, you can harness the information. And put the knowledge you need within reach. *SAS*. The power to know.

Anschließende Marktforschung zeigte, dass *SAS* sich zu einer etablierten Marke für Management-Unterstützungssysteme gewandelt hat, die aus Sicht der Kunden sowohl nutzerfreundlich als auch wichtig ist (Lamons 2005).

Viele B-to-B-Unternehmen unterscheiden sich ferner durch **produktbegleitende Services** (Added-Value Services). Durch das Engagement im Servicebereich verlangt *Premier Industrial Corporation* beispielsweise bis zu 50 % höhere Preise als die Konkurrenz für jedes der 250.000 Produkte. Dies belegt auch die folgende Story (Philips und Dunkin 1990):

An einem Nachmittag 1988 bekam *Premier Industrial* einen Telefonanruf von einem Manager von *Caterpillar*, der für die Zugmaschinenproduktion in Decatur, Illinois verantwortlich war. Ein elektrisches Bauteil mit einem Wert von 10 $ war ausgefallen und hat die gesamte Produktion stillgelegt. Ein Verkäufer von *Premier Industrial*, der im Ersatzteillager in Los Angeles ansässig war, hetzte zum Flughafen, um eine Maschine nach St. Louis zu erreichen. Um 22:30 Uhr am gleichen Tag wurde das entsprechende Teil ausgeliefert und das Fließband konnte wieder gestartet werden. Ein Einkaufsmanager von *Caterpillar* merkte dazu an: Du kannst keine Zugmaschinen produzieren, wenn du nicht das Fließband bewegen kannst. *Premier Industrial* hat uns eine Menge Geld gespart.

Weitere Beispiele verdeutlichen, dass intelligente Services zum Aufbau von Markenstärke beitragen können und Firmen wie z. B. *Armstrong World Industries* für seine Holzfußböden und *Weyerhaeuser* für seine Commodity-Produkte Kanthölzer deutlich höhere Preise erzielen können. Dem Beispiel *IBM* folgend hat auch *Lucent*, nachdem es im Hardwarebereich für Telekommunikation deutliche Verluste erlitten hat, damit begonnen, differenzierte Services anzubieten (Lyons 2004).

2.5   Etablierung von emotionalen Assoziationen

Leitlinie 5: „Identifiziere und etabliere emotionale Markenwerte für die Marke!"

Vermutlich ist eines der hartnäckigsten Gerüchte über die B-to-B-Marke, dass der Kaufentscheidungsprozess im B-to-B-Bereich nur rational abläuft und Emotionen keine entscheidende Rolle spielen (Lynch und de Chernatony 2004). Zweifellos können Konsumgütermarken im Vergleich zu B-to-B-Marken eine größere Vielfalt an Emotionen einsetzen. Aber mindestens drei **Emotionen** spielen auch für den B-to-B-Kaufentscheidungsprozess eine Schlüsselrolle:

- Sicherheit: Die Marke gibt dem Kunden das Gefühl der Sicherheit, der Behaglichkeit und des Selbstbewusstseins. Die Marke führt dazu, dass der Kunde sich nicht schlecht oder unwohl fühlt.
- Soziale Anerkennung: Die Marke führt dazu, dass der Kunde positive Gefühle hat und zufrieden ist, weil andere positiv auf ihn reagieren.
- Selbstwertgefühl: Die Marke führt dazu, dass sich der Kunde besser fühlt. Er empfindet Gefühle wie Stolz, Zufriedenheit mit der eigenen Arbeit und persönliche Erfüllung.

2.6   Marktsegmentierung und differenzierte Markenführung

Leitlinie 6: „Segmentiere sorgfältig die Kunden und entwickle die Marke und das Marketingprogramm zielgruppenorientiert!"

Wie bei jeder Marke ist es auch im B-to-B-Bereich wichtig, zu verstehen, wie einzelne Kunden und Kundensegmente die Marke beurteilen. Im B-to-B-Umfeld ist dies umso entscheidender, da sowohl innerhalb des Unternehmens als auch organisationsübergreifend unterschiedliche Kundensegmente existieren. Markenführung muss bei Aufbau und Pflege einer Marke diese Kundenunterschiede berücksichtigen.

(1) Organisationsinterne Segmentierung
Innerhalb einer Organisation existieren unterschiedliche Segmente, die Webster und Wind (1972a) grundlegend im Konzept des **Buying Centers** beschrieben haben. Das Buying

Center umfasst alle Individuen und Gruppen, die an einer Kaufentscheidung beteiligt sind
und teilweise gemeinsame Ziele und Risiken teilen. Typische Rollen sind der Initiator,
der Nutzer, der Beeinflusser, der Entscheider, der Vorgesetzte, der Käufer sowie der Ga-
tekeeper. Dabei können einzelne Personen einzelne Rollen wie z. B. Anwender, aber auch
durchaus mehrere Rollen übernehmen (Anderson et al. 2008; Enright 2006; Webster und
Wind 1972b). Beispielsweise besetzt der Einkaufsmanager häufig gleichzeitig die Rollen
des Käufers, des Beeinflussers sowie des Gatekeepers. Er kann oft anderen Personen in
der Organisation vorschreiben, welche Ansprechpartner welcher Firmen kontaktiert werden, welches Budget und welche weiteren Bedingungen beim Kauf zu beachten sind und
welcher Lieferant letztendlich ausgewählt wird, auch wenn andere Personen (Entscheider)
zwei oder mehr Lieferanten ausgewählt haben, welche die entsprechenden Anforderungen
erfüllen.

Diese am Kaufprozess beteiligten Personen mit ihren unterschiedlichen Rollen besitzen
differenzierte Bedürfnisse und beurteilen die Marke unterschiedlich. Dementsprechend
unterscheiden sich sowohl die speziellen Assoziationen, die für die Markenstärke verantwortlich sind, als auch die grundsätzliche Markenrelevanz (Mudambi 2002; Rozin 2004).
Die Markenexperten de Chernatony et al. (2011, S. 163 f.) beschreiben das folgendermaßen:

> In consumer marketing, brands tend to be bought by individuals, while many people are
> involved in organizational purchasing. The business-to-business brand marketer is faced with
> the challenge of not only identifying which managers are involved in the purchasing decision,
> but also what brand attributes are of particular concern to each of them. The various benefits of
> the brand, therefore, need to be communicated to all involved, stressing the relevant attributes
> to particular individuals. For example, the brand's reliable delivery may need to be stressed
> to the production manager, its low life-cycle costs to the accountant, and so on.

Ein Beispiel, welches die Bedürfnisunterschiede innerhalb eines Buying Centers verdeutlicht, ist ein Anbieter für Einwegkittel für Operationen in Krankenhäusern. Auf Seiten
des Krankenhauses sind an dieser Entscheidung der Einkaufsleiter, der OP-Leiter und die
operierenden Ärzte beteiligt. Der Einkaufsleiter analysiert, ob aus wirtschaftlichen Gründen eher der Einsatz von Einwegkitteln oder Mehrwegkitteln sinnvoll ist. Falls sich zeigt,
dass Einwegkittel die effizientere Lösung darstellen, vergleicht der OP-Leiter Produkte
und Preise der verschiedenen Anbieter und trifft eine Entscheidung. Dabei berücksichtigt
der OP-Leiter Eigenschaften wie z. B. Saugfähigkeit, antiseptische Qualität, Form und
Kosten. Er wählt normalerweise die Marke, die am besten die funktionalen Bedürfnisse
zu geringen Kosten erfüllt. Die operierenden Ärzte beeinflussen diesen Entscheidungsprozess durch ihre geäußerte Zufriedenheit mit einzelnen in der Vergangenheit verwendeten
Marken.

Marketing muss die verschiedenen Rollen im Buying Center wie Initiator, Beeinflusser,
Käufer etc. berücksichtigen. Für einige Personen innerhalb der Organisation sind langfristige und tiefe Beziehungen mit dem Lieferanten wichtig, weshalb diese stärkeres Gewicht
auf Vertrauen und Glaubwürdigkeit legen. Andere Personen hingegen suchen vorteilhafte

Einzeltransaktionen und legen mehr Wert auf Produktqualität und Expertise. Von besonderer Wichtigkeit ist es, dass die Marke für alle Rollen die sog. Points-of-Parity erfüllt, d. h. von allen Rollen als grundsätzlich akzeptabel angesehen wird. Ferner müssen sie dann die Points-of Difference aufweisen, welche die Marke von anderen Marken positiv abgrenzen.

Unterschiedliche Kommunikationsinstrumente und -kanäle sind dabei notwendig, um die unterschiedlichen Informationen an die entsprechenden Zielpersonen zu transportieren. Wichtig ist auf der einen Seite, dass das zentrale Markenversprechen über alle Marketingaktivitäten und für die unterschiedlichen Mitglieder des Buying Centers konstant und konsistent bleibt. Das Marken-Mantra ist ein gutes Instrument, um diese notwendige Konstanz und Konsistenz sicherzustellen. Auf der anderen Seite ist es unabdingbar, rollenspezifische Marketingprogramme zu entwickeln. Dieser differenzierte Kommunikationsmix, der die unterschiedlichen Kommunikationswege und Überzeugungsansätze der Buying-Center-Mitglieder berücksichtigt, stellt einen kritischen Erfolgsfaktor dar.

(2) Organisationsübergreifende Segmentierung
Neben dieser organisationsinternen Segmentierung ist oftmals eine organisationsübergreifende Segmentierung sinnvoll. Firmen im B-to-B-Umfeld können teilweise nach ähnlichen Kriterien, wie z. B. Geographie, Nutzen oder Kaufintensität im B-to-C-Bereich, segmentiert werden. Darüber hinaus sind weitere Segmentierungsmerkmale sinnvoll. Branche oder Unternehmensgröße beeinflussen häufig die Produktansprüche. Die Bedürfnisse der industriellen Nachfrager variieren oft auch in Abhängigkeit von der benutzten Technologie und anderen Fähigkeiten, von der Organisation des Beschaffungsprozesses und den verwendeten Beschaffungsrichtlinien sowie von persönlichen Eigenschaften wie Risikofreude oder Loyalität.

Diese Faktoren können unterschiedliche Markenstrategien und Marketingprogramme bedingen. B-to-B-Marketingmanager müssen ein geeignetes Segmentierungskonzept für Markenführung und Verkaufssteigerung entwickeln. Ein Reifenhersteller kann beispielsweise seine Reifen an Hersteller von PKW, LKW, Traktoren, Gabelstaplern und Flugzeugen verkaufen. Innerhalb einer Branche kann eine weitere Segmentierung nach der Unternehmensgröße erfolgen (z. B. Groß- und Kleinkunden). Innerhalb eines solchen Segments kann weiter nach den in den Organisationen relevanten Beschaffungskriterien segmentiert werden.

3 Zusammenfassung

Die Grundprämisse dieses Beitrags ist, dass B-to-B-Markenführung sowohl Gemeinsamkeiten als auch Unterschiede gegenüber der klassischen B-to-C-Markenführung aufweist. Obwohl die meisten der grundsätzlichen Prinzipien der Markenführung auch für den Aufbau und die Pflege von B-to-B-Marken gelten, erfordern die abweichenden Kundensegmente, Beschaffungsprozesse und Einflussfaktoren der Kaufentscheidung deutliche Unterschiede im Rahmen der Markenstrategie und Markenumsetzung. Der Beitrag hat insgesamt sechs Leitlinien formuliert, deren Anwendung die Wahrscheinlichkeit erhöht, eine starke Marke auch im B-to-B-Bereich zu entwickeln.

Literatur

Anderson, J. C., Narus, J. A., & Narayandas, D. (2008). *Business market management* (3. Aufl.). Upper Saddle River: Prentice Hall.

Bendixen, M., Bukasa, K. A., & Abratt, R. (2004). Brand equity in the business-to-business market. *Industrial Marketing Management, 33*(5), 371–380.

de Chernatony, L., McDonald, M. H. B., & Wallace, E. (2011). *Creating powerful brands* (4. Aufl.). Amsterdam: Elsevier.

Davis, S. M. (2005). Building a brand-driven organization. In A. M. Tybout & T. Calkins (Hrsg.), *Kellogg on branding* (S. 226–243). Hoboken: John Wiley & Sons.

Davis, S. M., & Dunn, K. (2002). *Building the brand-driven business.* San Francisco: Jossey-Bass.

Dawar, N., & Vandenbosch, M. (2004). The seller's hidden advantage. *MIT Sloan Management Review, 45*(2), 83–88.

Enright, A. (2006). It takes a committee to buy into B-to-B. *Marketing News, 15,* 12.

Erdem, T., & Swait, J. (2004). Brand credibility, brand consideration and choice. *Journal of Consumer Research, 31*(1), 191–198.

Gad, T. (2000). *4D branding.* New York: Financial Times, Prentice Hall.

Goldberg, M. E., & Hartwick, J. (1990). The effects of advertiser reputation and extremity of advertising claim on advertising effectiveness. *Journal of Consumer Research, 17*(2), 172–179.

Ind, N. (2007). *Living the brand* (3. Aufl.). London: Kogan Page.

Keller, K. L. (1999). Brand mantras. *Journal of Marketing Management, 15*(1–3), 43–51.

Keller, K. L. (2013). *Strategic brand management* (4. Aufl.). Boston: Pearson.

Kotler, P., & Pfoertsch, W. (2006). *B2B Brand Management.* Berlin: Springer.

Krauss, M. (2006). Warriors of the heart. *Marketing News, 1,* 7.

Lamons, B. (2005). Branding, B-to-B style. *Sales and Marketing Management, 157*(9), 46–50.

Low, J., & Blois, K. (2002). The evolution of generic brands in industrial markets. *Industrial Marketing Management, 31*(5), 385–392.

Lynch, J., & de Chernatony, L. (2004). The power of emotion. *Journal of Brand Management, 11*(5), 403–419.

Lyons, D. (2004). You want fries with that. *Forbes, 24,* 56.

Mudambi, S. M. (2002). Branding importance in business-to-business markets. *Industrial Marketing Management, 31*(6), 525–533.

Mudambi, S. M., Doyle, P., & Wong, V. (1997). An exploration of branding in industrial markets. *Industrial Marketing Management, 26*(5), 433–446.

Philips, S., & Dunkin, A. (1990). King customer. *Business Week, o.Jg.*(12), 88–94.

Pringle, H., & Gordon, W. (2001). *Brand manners.* Chichester: John Wiley & Sons.

Rozin, R. S. (2004). Buyers in business-to-business branding. *Journal of Brand Management, 11*(5), 344–345.

Ulaga, W., & Eggert, A. (2006). Value-based differentiation in business relationships. *Journal of Marketing, 70*(1), 119–136.

Webster, F. E., & Keller, K. L. (2004). A roadmap for branding in industrial markets. *Journal of Brand Management, 11*(5), 388–402.

Webster, F. E., & Wind, Y. (1972a). *Organizational buying behavior*. Englewood Cliffs: Prentice-Hall.

Webster, F. E., & Wind, Y. (1972b). A general model for understanding organizational buying behavior. *Journal of Marketing*, *36*(2), 12–19.

Marken- und Unternehmensverzeichnis

© Springer Fachmedien Wiesbaden GmbH, ein Teil von Springer Nature 2018   887
C. Baumgarth (Hrsg.), *B-to-B-Markenführung*, https://doi.org/10.1007/978-3-658-05097-9

Stichwortverzeichnis